名老中医之路续编

卷二

张奇文　柳少逸　郑书翰 ◎ 主编

全国百佳图书出版单位

中国中医药出版社

·北 京·

图书在版编目（CIP）数据

名老中医之路续编：全四卷／张奇文，柳少逸，郑
书翰主编. —北京：中国中医药出版社，2023.12
ISBN 978 - 7 - 5132 - 8176 - 8

Ⅰ.①名…　Ⅱ.①张…②柳…③郑…　Ⅲ.①中医临
床 - 经验 - 中国 - 现代　Ⅳ.①R249.7

中国国家版本馆 CIP 数据核字（2023）第 089825 号

中国中医药出版社出版

北京经济技术开发区科创十三街 31 号院二区 8 号楼
邮政编码　100176
传真　010 - 64405721
山东临沂新华印刷物流集团有限责任公司印刷
各地新华书店经销

开本 787×1092　1/16　印张 189　字数 3078 千字
2023 年 12 月第 1 版　2023 年 12 月第 1 次印刷
书号　ISBN 978 - 7 - 5132 - 8176 - 8

定价　989.00 元（全四卷）
网址　www.cptcm.com

服 务 热 线　010 - 64405510
购 书 热 线　010 - 89535836
维 权 打 假　010 - 64405753

微信服务号　zgzyycbs
微商城网址　https://kdt.im/LIdUGr
官方微博　http://e.weibo.com/cptcm
天猫旗舰店网址　https://zgzyycbs.tmall.com

如有印装质量问题请与本社出版部联系（010 - 64405510）

目　录

卷一

卷二

卷三

卷四

闻善乐

闻善乐（1929—　），男，生于河南省邓州市罗庄乡，全国著名中医骨伤科专家，中共党员，河南省洛阳正骨医院（河南省骨科医院）主任医师，从事骨伤临床、教学、科研工作，国家人事部、卫生部、国家中医药管理局第二批及第五批确认的具有带徒资格的名老中医，历任《中医正骨》杂志编委，全国骨伤科外固定学会理事，河南省风湿病医院顾问，中华医学会、中华中医药学会会员。1997年荣获河南省卫生厅、中医管理局颁发的"对中医药事业发展做出显著成绩的特别贡献奖"，2000年由中华人民共和国人事部、卫生部、国家中医药管理局联合颁发"为培养中医药人才做出贡献"荣誉证书，2008年6月河南省中医管理局授予"对河南中医事业终身成就奖"，连续多年被评为河南省洛阳正骨医院优秀共产党员。

闻善乐早年就读于河南平乐正骨学院，深得我国著名正骨专家高云峰院长传授与教诲，毕业时以优异的成绩留校工作。从医70多年来，兢兢业业、刻苦钻研、勤于积累，具有深厚的专业理论和丰富的临床经验，既擅长传统医学的复位手法及辨证用药，又对现代医学诊治骨伤、骨病及矫形术等比较通晓。尤其对关节内及近关节部位损伤的诊治，更有独到之处。他关心青年人成长，诲人不倦，一直担负医院历届各种类型进修班、大专班及外籍学员的讲课与带教任务，为我国骨伤科事业培育出大批新生力量。2007年他所带出的传承人荣获中华中医药学会"全国首届中医药高徒奖"。他作为导师同获"名师"称号，

从医70多年来，获得省部级科技成果奖4项。出版了《腕关节损伤》《腕部损伤诊疗学》《肘关节损伤》《肘部损伤诊疗学》《距骨及周围相关损伤》《医学科研、论文与学风》《闻善乐主任医师从医六十年论文集》《流年忆梦》及续编本等8部著作和专题单行本16册。在《中华骨科》《中华外科》《中华创伤》《骨与

关节损伤》《中医正骨》及《中国骨伤》《骨科疾病 X 线百例解》等医学期刊发表论文 70 余篇，部分论文被收入《名医医案》。

本人出身于中医世家，自幼受家人影响颇深，耳濡目染他们治病救人的医技，对神奇的中医产生了浓厚的兴趣，萌生了长大后当医生的念头。时至 1948 年，我所上的高级职业学校停办，便回乡跟家人学习中医，其间自感中医的博大精深，同时感到自己对医学知识的欠缺。1950 年得以进入县办的医校开始为期 3 年的学习，系统而又正规地学习中医、西医理论，使我的中医基础知识得到了全面提升，毕业后，分配到镇平县工作，初在基层卫生所，后又调至县医院，跟随一位老中医从事临床工作。其间在与一些老中医的临床接触中，深切感到我们中医在诊治疾病方面，其精确性、通透性与标准化和规范化，尚存在一些不足之处，这有碍于中医药事业的提高与发展，为了振兴中医事业，我产生了进入中医高等学府去学习深造的念头。那时国家为了尽快继承与发扬中医学，除了首先重点在全国几个大城市成立中医学院外，还号召西医学习中医及中西医结合的方针，力求以现代科学来助力中医事业的发展。

1958 年河南洛阳平乐正骨学院这一高等学府成立了，那时我以在职的医者身份考入了这所大学。在校学习期间，我从中医内科临床转变为中医骨伤科学习，全新的学科、全新的学习内容、全新的诊疗技术，促使我奋发努力，积极进取，克服了家庭及社会的一切困难，深得我国著名中医正骨大师高云峰（郭氏正骨第五代传人）院长的传授与教诲。3 年后我以优异的成绩毕业并留校工作，这是我走上继承中医学遗产——平乐正骨的重要一步，也是我有幸学得一门家传中医正骨专业技术的开端。此时，我非常热爱这门正骨技术，因为骨科在临床上患者的体征多较明显，特别是影像学的问世，使得骨科从诊断、治疗及预后均可清晰地显现出来。因而，我在留校进入临床后，在时任主任郭维准（平乐正骨第六代传人）的领导下，开展了医疗、教学与科研工作，并在这三项工作的互动中，业务水平得到了迅速提高。

1989 年，60 岁的我已到了退休之年，当时由于单位的工作需要，后经省人事局的批准，又将我退休年限推迟 5 年，社会上一些退休后的医师接受外院的高薪聘请走上谋利之路，又把我推到了搞谋利和做学问的岔道口。我拒绝了多家外院的高薪聘请，毅然决然地接受本单位返聘，从事原来的临床工作。

在从事骨伤科的 70 多年生涯中，我非常重视自身的医德医风修养，并常以"角色法"（或称换位法）来规范自己。做到了急病人之所急，痛病人之所痛，想病人之所想，体现了文明行医的准则，深受广大患者的信任和爱戴。多年来，我总是勤奋学习，精于临床，不断阅读文献，摘写文献卡，以更新与扩大知识面。我一直奋斗在医疗第一线，且对每一个病例的诊断、治疗与预后观察及资料的收集，非常细心认真，从而积累了丰富的临床经验及学术造诣，更为医、教、研奠定了雄厚的基础，形成了既擅长传统医学的复位手法及辨证用药，同时又能利用现代医学诊治骨病与矫形等手术疗法，满足不同病人的不同病种治疗的需求，尤其对关节内及近关节部位损伤的诊治更有独到之处。同时，在长期的临床工作中，还常常遇到一些典型和罕见的病例，通过这些事例反映出了医者的仁心、医者的信念、医者的艰辛。

病案 1

1982 年春季的一天，我正在门诊上班时，新安县卫生院（即现在的新安县人民医院）的一名医生开着救护车来到我院，邀请我到他们医院去协助处理一位距骨损伤的病人。因为过去他在这里进修学习过，并听过我讲课，知道"距骨损伤"是我临床研究的项目，也读过我所发表的有关这方面的文章。当时，我立即安排了工作，同他们一起乘车前往。

在行车途中，他们讲该病人好像是"距骨周围跗骨脱位"。但当我到达该院病房，对该病人进行一般检查，并阅读其 X 线片后，吃惊地发现，这是一位"距骨全脱位"的病人，而这比距骨周围跗骨脱位更为少见，且病变更加严重。

我对他们讲了"距骨全脱位"与他们所认为的"距骨周围跗骨脱位"的诊断与鉴别诊断要点，以及对这种新鲜病例应首先选用闭合复位的疗法为主，后较顺利地完成了复位术。之后我立即拍了术后片，得以证实复位满意，然后以石膏固定。通过现场示范与现场教学，在场的医护人员受益很大。后在他们的同意下，我将该病例的术前、术后 X 线片带走，以充添我在这个项目中的科研资料。

正当我怀着喜悦的心情登上该院的救护车准备返回时，见一位大夫拿着一张 X 线片飞快地跑到车前，气喘吁吁地告诉我，他们医院刚来了一位腕部损伤病人，想让我帮忙看看病人的片子。我接过片子一看，大吃一惊，这是一种罕见的"月骨周围性腕骨掌侧脱位"，目前全世界报告尚不足 10 例。

我立即跳下车来，和他们一起回到该院门诊，见到了该中年患者，得知患者的左腕摔伤仅2个小时，患腕肿胀疼痛，活动受限，并有正中神经刺激症状。我结合这个典型病例，从其受伤机制、诊断、治疗及预后，系统地给在场的医护人员讲述了一遍，然后在两位助手的帮助下，对病人成功进行了闭合手法复位，并以小夹板固定之。同时，也拍下了术后片。

"腕关节损伤"也是我的临床研究项目，这些珍贵的资料成为我的科研资料充添，也是难得一见的新篇章，我由此倍感幸运，深深地感到这次出诊意义非凡，是一次收获颇丰的出诊，让我终生难忘。这也更坚定地鼓舞我今后多到基层去，在提高基层医务人员的技术水平，达到现场教学目的的同时，亦可为我的个人研究扩大阵地。

病案2

20世纪70年代，有一次我与3位同志一起赴南宁市参加全国骨伤科学术会议。列车驶出巩义车站不久，车上的广播响了，"各位乘客请注意！现在7号车厢内有位乘客掉了下巴，如有这方面的医务人员，望速来给病人进行诊治"。

得知消息后，出于医者的本能，我立即向其他同志打招呼说："让我前去看看吧。"接着我就主动向我身边的乘务员简单进行了自我介绍及要前去看望病人的想法，并在乘务员的带领下来到了7号车厢。只见一位老妇下颌下垂，嘴张得很大而不能合住，且不断有唾液淌出，不断地"嗯嗯啊啊"发声但说不出话来，表情十分痛苦，其身边的儿子也焦急得不知所措。我立即给病人进行了检查，并确认患者系"双侧下颌关节脱位"。继而在他儿子的协助下，我对患者进行手法复位，结果顺利地完成了复位术。此时患者立刻就能自动合口，痛苦的面容变成了笑容，并激动地说："谢谢大夫……谢谢大夫……"他儿子也紧紧握住我的双手，久久不愿松开，激动得说不出话来，顿时车厢中围观的乘客们一片赞扬。列车员介绍说："这位就是众所周知的洛阳白马寺正骨医院的大夫。"此时有人伸出大拇指动情地说："洛阳正骨真棒！"也有人说："洛阳正骨真是名不虚传！"后来，我又给患者的下颌进行了简单固定，并交代了固定时间与今后应注意的事项，以免再次脱位。车厢内爆发出热烈的掌声，我带着欣慰回到自己的座位，此时此刻我为我是一名医务工作者而感到自豪并与同志们分享着当时的喜悦与自豪感。

列车在呼啸着向前飞驶，窗外的景物像闪电般向后依次消失着。但作为以救死扶伤为职业的我，在从医生涯中，那如此许多生动而感人的事例，却深深印记在我的脑海中，常常在激励着我更加爱岗敬业，我也从中得到了无穷的精神享受。

病案 3

1973 年春的一天，有位中年妇女由郑州上街来到我的诊室，伸出她那看似"正常"的右手食指，且很痛心地对我说："大夫啊！请你把我这个手指去掉吧。"当时我惊异地看着她，心中暗想，莫非这是一位精神病病人吗？看着我疑惑的目光，她顿时满含眼泪对我说："我这个手指不知啥原因已经疼了 3 年多了，我什么活也不敢干，有时一滴水滴到这个指头上，就可引起一阵揪心的剧痛，最痛苦的是冬季我这个有病指的手只好露在棉被外面，否则一旦病指碰到被子上，就会疼痛难忍，严重影响我的正常睡眠和生活。3 年来，我在郑州各大医院都看过，均未看出毛病，我也吃了不少药，花了不少钱，可就是不见效果，弄得我再婚后的丈夫竟怀疑我是装病不想干家务活。大夫呀！我一个中年家庭妇女，长期不能干活，且饱受疾病的折磨，终日东奔西跑、吃药花钱，又遭家人的不理解，你说我要这个手指有啥意思呢？"

听完她的叙述后我心中立刻泛起了怜悯与同情，此时一种责任感在激发着我，且已意识到她要求去掉那手指是出于无奈。我心想，一个中年妇女若少了一根手指，不但外观受影响，同时也降低了手部功能，给患者机体与精神上造成了永久的缺陷。去掉一根手指对骨科医生来说倒不是什么难事，但我必须首先将患者疼痛的原因搞清楚，贸然去掉她那根手指是万万不能的。

我对她的手指进行了认真细致的检查，见该指外观基本正常，无任何炎症迹象，血运良好，指关节活动自如，可当我仔细观察，看到她指甲下隐约有一个小紫红色点时，又阅读了患者带来的 X 线片，惊奇地发现在该指末节背侧的骨质竟有一个完整的小陷凹，且该陷凹正与那个小红点位于同一部位，也更是不敢触碰的部位。此时我恍然大悟，这不就是折磨患者 3 年多的元凶吗？这不正是病灶所在之处吗？这不正是在医学上非常少见的"血管球瘤"吗？由于指甲紧贴末节指骨的背面，其间不能容纳任何具有占位的东西存在，否则不但会引起局限性疼痛，时间久了还会造成局部骨质因受到持续性挤压而发生凹陷（压迹），由于痛点非常局限且敏感，所以医生检查时常用大头针来探查与寻找痛点，因而本病在诊断时常用"大头针试验"阳性来作为诊断依据之一。

通过以上检查，我已胸有成竹了，首先跟病人说，你这是良性病变，并以此来消除病人的恐惧心理。接着我又对她讲，现在我要给你进行手术探查，这样既是诊断又是治疗，具有双重作用，尽可能地保留你的手指。患者同意后，我开始实施探查术，在指神经阻滞麻醉下，从甲沟切开皮肤，当掀开病指指甲时，约2mm大的红色圆形瘤体出现在我的视野中，该瘤体只有一微血管连系着，而瘤体大半嵌在指骨的陷凹内，我用手术镊子将瘤体轻轻一拨动，瘤体即从骨陷凹中滚出。后经病理检查报告为"血管球瘤"，从而也证实了术前诊断的正确性。术后采用油纱布覆盖包扎，不久即痊愈。折磨患者3年多的疼痛完全消失，2个月后患者即可从事家务劳动，全家人也从此过上安宁、和谐而幸福的生活。

病案4

1990年9月27日下午5点多时，正骨医院白马寺院区大部分职工正在门诊楼前西边的操场上举行秋季运动会，当时我也在场围观，突然领导通知我说，门诊来了一位外宾伤员，要我前去处理，我就立即前往。只见一位外国老妇人，她右手扶托着左侧伤手，表情十分痛苦，经翻译介绍，她是德国人，现年67岁，名叫卡拉米斯（音译），于1小时前在白马寺门前不慎摔伤左手。

经检查，患者虽年龄较高，但体质及精神状态均佳，全身除左手外别无异常发现，唯左腕关节明显肿胀，且略呈"餐叉状"畸形，局部压痛，活动受限，且桡侧三个半指有麻木感。X线片确诊为"左腕关节月骨周围性腕骨背侧半脱位并桡骨远端背侧缘骨折及正中神经激惹症状"。

我们向翻译讲明诊断情况，并提出应及时进行闭合手法复位术，即在无须实施麻醉情况下，在两位助手的协助下进行闭合手法复位，结果复位进行得顺利成功，后拍X线片验证了患腕已达解剖复原。此时腕部畸形消失，正中神经激惹症状亦不复存在。继而用3块小夹板固定患腕于略掌屈位，并开了一些活血化瘀消肿之类的中成药，亦交代了术后应注意的事项。

正当我和其他医护人员因能为这位国际友人及时解除伤病，并显示中国骨伤科治疗的特色及平乐正骨的非凡技艺而高兴时，翻译对我说：这位老人对你的治疗方法感到非常惊讶，但也有一些不理解的地方，老人说在他们国家骨伤是必须在麻醉下开刀治疗的，而在你们这里既不用麻醉又不用开刀，而是一拉、一捏、一对就这么简单解决了，在他们那里术后总是要打上沉重的石膏，而今你们仅用3块小夹板捆起来就行了，还有那些中成药，这对她来说是从没见过的事，并疑虑这种治疗方法能行吗？

在临床上如果病人对你的治疗措施尚存在不理解甚或疑虑时，这说明医者的工作尚不到位。此时，我就通过翻译向病人进行耐心讲解与开导。我说：由于她是新鲜性腕骨半脱位，整复起来比较轻松容易，这样何须实施麻醉呢？不用开刀却采用了闭合手法复位，这是我们中医正骨的优势与强项，更是我们平乐正骨的特色，因为闭合复位法损伤组织少，病人痛苦小，医疗费用低，功能恢复快，更不会有感染的可能，所以该法既安全又可靠，至于使用小夹板固定，这也是中医治疗骨伤所独有的，它具有比石膏固定轻便，且不影响 X 线检查，并便于调节其固定的松紧度以利肢端血液循环。另外，小夹板固定范围有限，不像石膏固定必须包括病变的上下关节，这也是夹板固定功能恢复快的原因所在。我们所用的药物完全是活血化瘀之剂，以便消除因损伤所致瘀血滞留的肿痛。继而我又向她展现了术前、术后的 X 光片，分别讲给她看，经过这番解释，患者终于点头表现出信服与理解的意思。

按照常规，对新复位的患者必须在门诊短期观察为妥，但该患者所参与的旅行团是集体行动，尤其患者系外籍老人，不可能将她一人留在医院观察，所以必须随团离开，但患者的腕伤尚在恢复期，为了让她在旅途中及时方便地到其他医院复查，我破例将患者的术前、术后 X 线片连同门诊病历一同让她带去，这样她到任何医院复查时，接诊医生一看到这些病历材料，即可对该患者的早期诊断与处理情况一目了然，也为患者节约了复诊时间。

这位受伤的老妇人离开医院后，出于医生的职业责任感，我的心还一直放不下，她的患腕是否疼痛？复位后腕关节肿胀是否加重？外固定的夹板后来是过松还是过紧？药是否按时吃了……当日晚饭后我怀着忐忑不安的心情向医院领导做汇报，院方派了车让我到市内看望这位患者。遗憾的是，患者离开我们医院时，我没有问她回到市内的详细住处，我们只好到市内查找，驱车先到洛阳宾馆却未能找到，后驱车来到洛阳国际旅行社，才得知患者已随团于 1 小时前乘火车去北京了。此时我虽有点失望，但听说到北京去了，我的心也随即平静下来，因为一方面她带有在洛阳就诊的病历资料，另一方面北京的医疗条件更优越了，患者的患腕如有什么情况，定会得到及时而妥善的处理，我还有什么不放心呢？

在教学方面，多年来我一直担负着我院所办的各种类型的进修班及大专班，以及外籍学员的授课及带教任务，并为此制作了多部幻灯片，以提高教学质量。其中也总是将自己的临床经验或成熟的正骨技术传授给学生，为我国骨伤科事业培养了新生力量。我也经常参加有关的学术会议，进行学术交流，并已结识了不少学术界的精英。1997年1月，我被国家中医药管理局确定为第二批全国老中医药专家学术经验继承工作指导老师，同年又荣获河南省卫生厅、中医管理局颁发的"对中医药事业发展做出显著成绩的特别贡献奖"；2000年12月，由国家人事部、卫生部、国家中医药管理局联合为我颁发"为培养中医药人才做出贡献"荣誉证书；2007年我所带出的继承人荣获中华中医药学会所颁发的"全国首届中医药高徒奖"；2008年6月，由河南中医管理局授予我"河南中医事业终身成就奖"；2011年我再次被选为第五批全国老中医药专家学术经验继承工作指导老师，且为此建立了传承工作室。如今我已是桃李满天下，有不少昔日的学员现已成为当地的学术带头人。

在此，附两位年轻医生要求从师深造的来信：

敬爱的闻老：

您好！

我们是广东省中医院骨五科的小李和小管医生（李想、管华），在此特向您奉上您在广州讲学及参加"名老中医带徒颁奖"时的照片，以表达我们对您的敬意及思念！由于技术原因，未能及时将照片寄达，我们深表歉意！

闻老在骨伤科学术方面有较深的造诣，并擅长关节内及近关节部位损伤的诊治，早已为广大中医骨伤科工作者所熟悉，有幸与闻老见面，近距离交谈，感受您的治学、学风。您的广州之行，和蔼可亲，平易近人，给我们留下了深刻的印象，您丰富的临床经验，精彩的讲授，让我们受益匪浅！同时，能够得到闻老的厚爱，喜获两本骨关节损伤方面专著——《肘关节损伤》《距骨及周围相关损伤》，更是让我们兴奋不已！

在了解了您以往的求学及治学经历后，我们对闻老当时孜孜不倦的治学经历惊叹不已，对闻老长期坚持不断学习、钻研深感佩服！同时，您也为作为新一代中医骨伤人的我们树立了榜样，使我们更加坚定信念，继续发扬您刻苦学习、认真钻研的精神！在认真研读了闻老所赠予的《肘关节损伤》《距骨及周围相关损伤》，以及我科存书《腕关节损伤》后，我们都被闻老在关节内及近关节部位损伤的广博学识所折服。然而，在临床工作中，我们遇到过不少从事骨伤科的年轻医生，大家有着相同的困惑，即读了很多书，能理解书中的内容，但遇到实际病例，"照葫芦画瓢"地将手法、辨证、用药施于患者身上，却未能收到相同的效果，而且临证施治，心中没底。我们深刻认识到，仅有书本知识，没有实践经验，很容易成为一个"文学医"，出口千言，遇到临床实践问题仍难以很好解决。先辈们的经验证明，师带徒是中医人才培养的重要途径，是中医的传统传承方式，继承名老中医的医疗经验及手法等，单纯靠书本是很难的，只能由掌握者口传心授、手把手地教才能让我们真正理解其中的精髓，为此，学生李想和管华，借此机会诚恳地感谢闻老同意了我们的跟师请求。

在经济高速发展，知识日新月异，现代医学快速发展的年代，在中医药的发祥地，在有五千年文化渊源的中国，博大精深的中医药学术却被一些人斥为"伪科学"，我们深刻地认识到，作为一名中医医生，一名中医骨伤科医生的责任。我们只有用中医药的知识武装自己，使我们变得强大，用疗效与事实说话，这样才能驳斥他们，我们才能振兴中医，弘扬国粹。

以上请托，恳盼慨允！

祝：身体健康！心想事成！

广东省中医院骨五科　李想、管华

2011 年，经国家中医药管理局批准，在邓州市建设"张仲景展览馆"，以作为全国中医药文化宣传教育基地，这对于继承和发展中医药、弘扬中医药文化、普及中医药知识有着积极意义。2014 年该馆建成后，应邀将我个人的全部医学业绩资料长期展出，我能为繁荣中华优秀传统文化做出一些贡献，甚感欣慰。

临床与科研：我总是遵循着一个格言："科学就是整理知识，发现规律，得出结论。"所以，我对临床资料总是很认真、重视、珍惜与痴迷，我常常为保留一张有价值的 X 线片而自己出钱拍照，有时为了跟踪观察某一病种的远期疗效，我就要进行 3 ~ 5 年甚或 10 年以上，曾多次跋山涉水到病人家中进行随访调查，以确保科研资料的完整性和准确性。我认为，这样的研究成果方具有真实性、科学性与实用性，才能推动该领域学术的创新、发展与进步。

有耕耘必有收获，在从医 70 年来，我共获得了省部级科技成果 4 项，在核心期刊上共发表论文近 70 篇，荣获许多优秀论文证书，还主编并出版了 6 部骨科专著，以及 10 册相关单行本。在这些论文或专著中亦不乏一些新经验、新见解、新发现，曾多次为国内同道们所引用。尤其是在腕部损伤、踝部损伤、肘部损伤的诊断治疗研究方面达到了国内外领先水平，对距骨骨折脱位的分类和命名不正确之处给予纠正，并提出了新的分级分类方法。对腕部损伤、肘部损伤、足踝损伤等研究已获得多项成果，得到了骨科界知名大师王树寰、孔令震、朱通伯、田慧中等的赞赏。医院多次对我进行通报表扬，并号召全院同志向我学习。

作为医者，作为老一代骨伤学者，有必要将我的从医之路、从医心得、从医感悟和广大的医疗工作者，特别是从事骨伤科的同仁们进行交流。

潜心学习，与时俱进：我常常这样对弟子们讲，当今世界是知识爆炸的时代，其知识更新的迅猛之势，对知识所有者的威胁也日益加重。比如骨伤诊断的手段，过去主要依赖医生的手摸、心会、X 线图像，而今相继出现了 CT、CR 与 MRI 等先进的诊查技术。再如，过去著书立说，常用"笔杆子"去"爬格子"，那是何等的艰辛！如今有了电脑就快捷轻松多了。医学理论或骨伤疗法，则更是日新月异。所以，如果没有与时俱进的精神，不去不断地学习新知识、新技术，那么你的医疗水平与工作效率就很难提高，就会落后，有被时代抛弃之危机。这就需要活到老学到老，不断地用新知识、新技术来充实自己，以满足人们对医疗事业的需要，从而也决定了医生这个职业是终身学习的职业，何况《希氏内科学》的前言也告诉我们，"医学是一门博学的人道主义学问"。

中西医结合发展中医：即以现代医学等科学知识来继承和发展中医药，中西医学相互补充，取长补短，使中医更加科学化，且可与国际接轨，更好地服务于人民。当今的科学技术已为中医的发展提供了良好的条件，我们应该珍惜并加以利用，且此项工作目前已显示出巨大的生命力，并取得了一些可喜的成就。就我们中医骨伤科来说，正因为大家学习与运用了现代科学（如解剖学、生物学、生物力学、检验学、影像学等），所以我们能把中医学中的诊治技能加以提高与创新，从而使我们的文章也能为权威杂志所采用，我们研究的成果也会得到学术界的承认，我们的专著也可展现于世人，由此可见，中西医结合才是中医现代化的必经之路。

医学人文，切勿忽视：医学不是一门纯粹的科学，而是人类的感情表达或延伸，病人看病，医生治病，不是生硬冷漠的机器在运作。说到底是人与人在打交道，沟通很重要，信任更重要，强化双方沟通，增进社会互信。因而，作为医者必须拿出良心和爱心，设身处地为患者着想，体现仁心、仁术，最终才能实现双赢。

勤于临床，细心耕耘：最丰富的教材莫过于临床实践，因为书上的知识多为一般的或普遍的规律，而骨病的复杂性与特殊性常存在于临床实践中，可以说是新的问题层出不穷。这就会给临床工作者提出新的思考或新的研究任务，而后使你获得新的认识与新的发现，这就是实践出真知或理论来源于实践的体现，会使你在原有的教科书上书写新的篇章，这就是科学的发展。

治疗骨伤，尤重功能：治疗骨伤最注重功能第一的原则。骨伤患者就医时，最强烈的愿望就是尽快恢复其伤肢的功能。医者应依据患者的具体情况细心研究，选择与制定有利于伤肢功能恢复的最佳疗法，是行闭合手法复位，还是行开放复位。我强调新鲜闭合性骨折脱位，行闭合手法复位对功能恢复有利，应首选；对需要手术的病例，应对术式的选择详加研究，以有利于功能的恢复为准则。总之，手法或手术只是治疗的开始阶段，而最卓越的成绩只能从功能恢复上的成功去衡量。

爱护骨骼，维系平衡：骨骼是一种有生命的、具有新陈代谢功能的、按力学原理构成的组织结构。当发生骨折后，其自身就有修复愈合与自然塑形能力，而医者就应为这种愈合与塑形创造有利的条件（如复位与制动等），切不可横加干扰或破坏这种生理功能。因而在行闭合复位时，手法切勿粗暴。如行开放复位，要尽可能对附于骨上的组织稍加剥离，保护其血供，切不可破坏骨内在的平衡，招致骨折迟延愈合、不愈合的不良后果。所以有人说，骨科医生，应是生理学家，又是临床学家。

功能锻炼，重在自主：由于在任何骨与关节损伤的治疗过程中，均需要一定时间的制动（固定），这种制动虽对受损组织的修复愈合有利，但制动后伤肢难免会出现组织粘连、萎缩与功能的减退，这均要依靠自动性功能锻炼来解决，而实施强力的被动活动，其结果则是欲速而不达，使原受损的组织再次遭受损害，甚或造成永久性病废。

来源于民，回报于民：医生医疗技术的提高来源于患者，是从患者身上获得的诊断经验和治疗技术，对于认识的深化与经验的积累，每一病例都是一份具体而现实的临床资料与生动的教材。医生离开病人，就成了无源之水、无本之木。因而，医者要将在临床上获得的临床经验与实际技能更好地服务于患者，回报于社会，但这种回报不能是1∶1的，而应是受滴水之恩，以涌泉给人民以丰厚的回报。

而今我虽已至耄耋之年，但我依然能保持旺盛的工作热情与崇高的理想，并以只争朝夕的姿态致力于著书立说及人生经验的总结。我决心以丰硕的成果，书写无悔的人生。

王国三

王国三（1930—　　），河北省丰南县（现为唐山市辖丰南市）人。中医主任医师，曾任唐山市中医院副院长、院长。为全国五百名老中医之一，国家级评审鉴定专家，全国脾胃病专业委员会委员、顾问，中国名医名术大典编纂委员会专家组成员，国际中医心病学术委员会副主席，河北省政协委员，河北省中医药学会副理事长，光明中医函授大学河北分校顾问，《河北医药》《河北中医》编委，唐山市人大代表，唐山市政协委员，唐山市科协副主席，唐山市中医药学会理事长。撰写学术论文70余篇，如《张仲景组方配伍的规律》《论张仲景剂量应用的规律》等，分别发表在《中医杂志》《北京中医学院学报》《上海中医药杂志》等十几家专业刊物上。同时参加了《自学中医阶梯》《急症胃痛证治》《临床中医内科学》等医著的编撰。先后承担多项科研项目，获得部、省、市级25项成果奖。其中，其精心研制的治疗心气虚损型冠心病的方药——补心合剂，获河北省卫生厅科技进步一等奖、全国中医药博览会"神农杯"优秀奖。主要著作有《王国三医学文集》《百年百名中医临床家丛书·王国三》等。精通中医内科、妇科、儿科，尤其对心病、肾病、肝病和脾胃病的治疗有独到的研究，疗效显著。因业绩突出，先后被评为全国优秀医务工作者、全国"五一劳动奖章"获得者，享受政府特殊津贴，获得河北省优秀专家、河北省劳动模范、唐山市劳动模范、"振兴唐山功臣"等荣誉称号。

文是基础医是楼

余1930年出生于河北省丰南市一知识分子家庭，幼年父兄管教较严，不让余随意外出逗留，因此，接触文化知识较早。余5岁开始在家学习，初为朱子治家格言，继则学习《孟子》《论语》《诗经》及唐诗等，当时虽不甚解其意，但均能出口成诵，现在看来是颇有用处的。"文是基础医是楼"，学习中医专业，没有一定的古文修养，是难以学好的。后余考入国立学校学习现代文化知识，辍学后，遵父命拜在老中医皇甫先生的门下，开始了中医专业的学习。因为中医书籍文字古奥，又有父兄在旁，所以余加强了对古典著作的学习，其间学习了《古文观止》中的许多文章和诗词。通过对古典著作的学习，减少了许多文字上的障碍，同时也学到了古人的治学精神和治学方法。韩愈在《进学解》一文中有"纪事者必提其要，纂言者必钩其玄"的论述，指出学习要讲究方法，否则会不得其门而入，不入其门，就难登奥堂了。此即宋代苏轼"学以明理，文以述志，思以通其学，气以达其文"之意也。

1950年，余受父命又拜近代著名中医学家岳美中为师。《北周书·卢诞传》云："经师易求，人师难得。"岳老学识渊博，医术精湛，有深厚的文史哲基础。他治学严谨，对学生从不稍加宽容，重视文学修养，强调背诵。当时岳老一面讲医学，一面讲古文诗词。几年间，讲述了《史记》中纪、传、世家等许多文章，以及《汉书》中的一些文章，还有歌、词、诗，如《长恨歌》《琵琶行》等。岳老尝谓："没有一定的古文化、文字知识，中医的经典著作就不易读懂，读懂了，也难于读深。理解上，或浮于约略，或止于沿演，可以逐浪而难于探源。"几十年来，余之所以学有所得，与自幼学习古典文学，进入中医大门之后，又在岳老教导下不断学习古文学知识，打下较好的古典文学基础，有着极为重要的关系。此即欧阳修"古之学者必严其师，师严然后道尊"之谓也。

书山有路勤为径

余1946年辍学，跨入医学大门之后，在皇甫先生的指导下，开始学习中医。先生先授以《汤头歌诀》《药性赋》，继之授以《医宗金鉴》《黄帝内经》。皇甫先生谓：书要背熟，要出口成诵，既要背熟条文、方药，又要背熟剂量、服法。否则临证之际，知其证而不知其方药，知其方药而不知其剂量、服法，都不能正确及时地治疗疾病，获得满意效果。4年间所授课程，余悉能背诵。1950年，余拜读于岳老门下，学习环境很好，"谈笑有鸿儒，往来无白丁"，耳濡目染，使余有很大提高。岳老先授《伤寒论》，继之授《金匮要略》《温病条辨》《内经》等。岳老强调熟读理解，强调实践。几年之间，余白天侍诊，晚上听课，而后自己读书，每天必至深夜。此时方悟《千字文》"尺璧非宝，寸阴是竞"之意也。

明代宋濂尚云："夫医之为道，必志虑渊微，机颖明发，然后可与于斯。"余几十年治医生涯，稍可慰藉者，唯有勤和问。勤者：要手勤脑勤嘴勤，要勤学习，苦读书。岳老指出：一个好的医生，要知本、知变，既博且巧。又指出：四部经典是背诵的书，各家著作是浏览的书，各家医案是经常翻阅的书。因而在经典著作的基础上，余勤奋阅读《备急千金要方》《外台秘要》和金元四大家、张路玉、张景岳、叶天士、程钟龄、何廉臣等的著作，以及《名医类案》《柳选四家医案》《临证指南医案》等各家医案，以求在知本知变的基础上，达到博和巧。勤背诵：经典著作要熟读背诵，此即《三国志·魏书》"读书百遍，其义自见"之谓也。这样临证之时，不但能触机即发，左右逢源，还可熟能生巧，别有会心。否则书到用时又记不起，就难于得心应手了。勤记录：是帮助学习、帮助记忆、积累资料的好方法。但记录的形式应据情而定，精华段落，可整段摘抄；散漫于各篇者，可贯以条理；领悟的可做出分析或附以己见。分门别类，日久可收著效。勤思考：思考是治学的重要方法。发挥独立思考的过程，是消化吸收的过程。读书不思考，等于吃饭不消化，就要食谷不化。不思考就没有分析归纳和综合，医学就难于入细，难于求得规律，难于创新。故宋代杨万里有"学而不化，非学也"之言；张载有"学贵心悟，守旧无功"之论。余曾于1965～1968年用4年时间采用列表统计的方法对《伤寒论》《金匮要略》《温病条辨》及《脾胃论》等四部医籍中的方剂、药物、剂量、煮服方法等进行统计，制成4张独立的统计分析表，1969年用了1年时间对统计数据进行梳理、对照比较、归纳分析，找出规律，撰写成文，受益匪浅。当时，余见《伤寒论》之柴胡加龙骨牡蛎汤、桂枝甘草龙骨牡蛎汤、桂枝去芍药加蜀漆龙骨牡蛎救逆汤三方主治之病，均因下之、火逆下之、火迫劫之所致，因而都有津液损伤之证，但仲景都不用养阴增液之品治疗，久思不得其解。后经反复思考，悟出误汗、误下、误治，表里阴阳之气惧已乖逆，此时若误用阴柔之药，必致郁滞不和，反生他变。所以仲景配用不同剂量之龙骨、牡蛎，先收散乱之阳气，调和而镇摄之，气和则津液自生。后来，我在临床上得到证实，果然如此。读书中类此者多矣！足见勤思善悟之可贵。

《论语·述而》云："三人行，必有我师焉。"唐·韩愈《师说》云："道之所存，师之所存也。"古之圣贤告诉人们，要有学问，就要不耻下问。除向书本和师长学习之外，要随时随地向周围的人问难请教。30 年前，一位农村医生谓有治妇女白带频下的药方，余当即躬身下问，乃煅龙骨、煅牡蛎、海螵蛸、芡实、焦白术各 1 两，研细末，每服 10g，日服 3 次。余后用此方治疗两例子宫颈癌患者，均获得良好效果，现仍健在。余在北京全国中医研究班学习时，就腹水的治疗，问询于方药中教授，方老教予苍牛防己汤，后经临床证实，疗效颇佳。总之，要做好自己的学问，就必须坚持勤学好问，此即"学向勤中得"之谓也。

杏林循理以求道

宋代苏辙云："循理以求道，落其华而收其实。"自然界的一切事物，都是按照自己的固有规律向前发展的，医学也不例外。清·赵学敏在《串雅内编》中尝云："用药难，识证难。非通乎阴阳，察乎微妙，安能使沉疴顿起，名医拱手！谁谓小道不有可观者欤？"说明作为医生，就必须探索规律，掌握规律，然后才能临阵不慌，应手取效。急性病的特点和规律为：起病急、病程短、病情重、变化快，古有"走马看伤寒，回头看痘疹"的说法。治必有胆有识，大剂频服，才能挽救于危殆之倾。一上行性脊髓炎患者，2 天之间，自主呼吸消失，靠人工呼吸维持。临床呈现阳明腑实证，急用大承气汤大剂频服，2 剂后，患者自主呼吸恢复。急病之宜攻者如是，急病之宜补者，亦当如是，方能取得速效。一咯血患者，身体健壮，素无所苦，一日因过劳而咯血盈碗。此过劳而中气暴伤，气伤则血不固。予补中益气汤治之，10 剂未效。后悟及气暴伤者，小剂无益，宜制大其服。因而原方加大剂量再服，2 剂药下，病势尽瘳。观此非辨证之不确，亦非用药之不当，乃药力不足之故耳。慢性病也有其特点和规律，病程较久，病情复杂，正气已虚，变化缓慢，量变已久，难收速效。同是虚证，有的虚则受补，有的虚极反不受补者，则宜缓缓调理。一慢性肠胃炎 10 年患者，骨瘦如柴，日食不足 2 两。饮食尚且如此，重补药亦难吸收，后用小剂资生汤调理年余而愈。急慢性病如此，方剂的组成亦应寻求其规律。临床之际，必须药证合拍，丝丝入扣，方能收到桴鼓之效。故明·张介宾有"用药处方，最宜通变，不当执滞"之论，清·杨乘云有"立方各有其旨，用方必求其当"之语。譬如瓜蒌薤白半夏汤，该方针对的主证为：胸闷痛，心悸，短气，舌苔白厚腻，脉濡滑。张仲景用宣痹通阳的瓜蒌薤白半夏汤治疗，可谓恰到好处。薤白辛温通阳、散滞逐寒；半夏苦温燥湿祛痰；白酒辛热通阳。这些臣使之药，都是针对痰湿之阳邪而设的。病痰饮者，当以温药和之。虽非君药，但都必不可少。方剂中应用最妙的一味是君药瓜蒌，此药性属寒润，于痰湿之邪为患，似非所宜，恐其助阴伤阳，然而其涤除胸膈痰湿之效，却非他药可比，仲景独取其长，不仅用此药，而且以之为君。君药确定之后，又考虑与之相对应的配伍药，推敲每味药的用量。如此组成一个药味与用量基本都是三与一之比的方剂，此为张仲景制短扬长的组方规律。诚如岳美中先生所云："仲景用方随病以决药，辨证而论治。"《伤寒论》中治疗伤寒脉结代、心动悸的炙甘草汤，是动静结合的组方类型。此方治津血虚衰、真气不足所致之脉结代、心动悸。原方炙甘草、麦冬、生地、阿胶、大枣等多属益阴之品，用量亦较重，而人参、桂枝、生姜、酒均为阳药，用量亦较轻。实际上是一组阴药，以益阴补血；一组阳药，以益气通阳。而仲景除益阴补血、益气通阳之外，还有一番心意在其间。这是张仲景为后世创制的阴药与阳药、动药与静药相结合组方的法则。他创制的法则，是经得起重复验证的。余1959年曾接治一位脉结代、心动悸的病人，临诊时，拿出前医治疗的处方，为炙甘草汤加减，服30余剂，未见效果。四诊合参，病为津血虚衰，真气不足。予原方原比例的药量，加酒煮服，5剂病愈。方药的组成规律如此，方药的加减使用也有规律。然而剂量素为中医不传之秘，同样几味药物组成的方剂，因为用量不同，其性质、作用、适应证等，可以完全不同，其方名也随之改变。临床上因剂量适宜而收卓效，因剂量不当而治疗失败者，屡见不鲜。如厚朴大黄汤、厚朴三物汤、小承气汤均为厚朴、枳实、大黄组成。因用量不同，而方名、作用各异。三方之证：一为支饮胸满；一为痛而闭；一为腹大满不通。饮为阴邪，胸为阳位，支饮胸满为饮塞胸中，阴邪居于阳位，阳气凝而不行，故用宽胸涤饮之厚朴一尺为君，大黄六两直决地道，使饮邪顺流而下，枳实四枚，为胸满不可少之药也；痛而闭，为内实气滞，腹痛大便不通之证，故用厚朴八两以行气，气行则不滞，佐用枳实五枚，以泄气止痛，大黄四两以通腑气，自然痛止便通；腹大满不通，为宿食积滞与热邪相搏，不得排除所致，自当以荡涤肠胃、推陈致新之大黄四两，以攻积泄热，厚朴二两以除脘腹之满胀，消痞利膈则依三枚枳实之功了。小承气汤，枳、朴量少，且三药同煎，欲大黄之荡涤；厚朴三物汤，枳、朴量大，且先煎，后纳大黄，欲枳、朴之行气止痛；厚朴大黄汤，大黄量多，欲其通地道而除饮邪也。三方仅三味药，唯剂量不同，则有三种不同的作用、三个不同的方名。故明·李士材《伤寒括要》有"方者，定而不可易者也；法者，活而不可拘者也。非法无以善其方，非方无以疗其症"的精论。再譬如桂枝汤，为治疗太阳中风、营卫不和之方，加大黄则变为双解表里的方剂；加附子则变为温经扶阳的方剂；加葛根则变为治疗项背强几几的方剂。若桂枝汤中芍药加量，则变为治太阴腹痛的方剂；若芍药倍量加饴糖，则转为缓中补虚的方剂。剂量的应用也有规律，《伤寒论》中五个泻心汤中之黄连，因均用以健胃消痞，其用量均为一两。而葛根黄芩黄连汤、干姜黄芩黄连人参汤、黄连汤中之黄连，因用以清泻实火而解毒，故其用量均为三两。急慢性病和方药组成加减以及剂量应用的规律如此，其他规律也莫不如是，只是为医者当细心探究。当年余制表统计四部经典并分析归纳总结后，先后于1978年发表《略谈脾胃论风燥升阳药的应用》，1987年发表《脾胃病临证体会》，1989年发表《临床方药配伍与用药剂量》，1992年发表《脾胃论苦寒降火类药物的应用》，1993年发表《论张仲景组方配伍的规律》，同时发表了《试论张仲景剂量应用的规律》等学术论文。

清代张山雷在《论方案》中有"方者，法也，必有法乃可有方"的论述，而清代石寿棠在《医原》中则有"夫天地阴阳之道，即升降开合之道，人苟知此，立方自错综变化，妙不测矣"及"用药治病，开必少佐以阖，阖必少佐以开，升少佐以降，降必少佐以升。或正佐以成辅助之功，或反佐以作向导之用。阴阳相须之道，有如此者"的记载。余经近60年临床经验总结认为，组方配伍必须注意与气机升降相结合。主要应从以下几个方面着眼：①从量上掌握，如交泰丸中黄连降心火，肉桂升肾水，二者比重则据证情调整，心火偏亢者加重黄连剂量，肾水不升者加大肉桂剂量。再如左金丸，辛开苦降，泄肝和胃，同样应根据临床辨证灵活调整药物比例。②根据配伍掌握，如补中益气汤，纯升不降，三黄汤纯降不升，升阳益胃汤升多降少，调肠丸升少降多等，由于升降之物比例不同而具不同功效，临证时熟谙药物应用比例，则升降之机达矣。③凭借药物浮沉属性纠正脏腑升降平衡之偏。升浮药的特点是向上、向外，具有升降举陷之功；沉降药则有向下、向内、降逆潜阳的作用。"如阳气下降者，用味薄气轻之品，若柴胡、升麻之举而扬之……阳气不降者……瞿麦、扁豆之类抑而降之。"④利用药物寒热性能与质地轻重来影响升降程度，热者多升，寒者多降，这是药物升降的基本规律。若配以不同质地的药物则升降程度可以改变，如治温热而引起之吐血，在以甘寒之石膏为君药的方中常配重镇的代赭石以加强降火的程度；治疗肝火上炎之高血压，在用夏枯草、菊花、石决明、牛膝清降肝火的同时配以重镇的磁石，加强平降肝火的作用以达到降压的目的；治疗脾胃阳虚之泄泻时，用理中丸的同时常用温酒送服，旨在加强阳气升发之性，从而促进脾胃之阳而止泄。⑤利用药物气味与脏腑生理特性结合来调整升降。药物不但有气味之厚薄，亦有不同趋势，如苦入心、咸入肾、酸入肝、辛入肺、甘入脾，所以选择药物应注意其气味与脏腑生理特性相结合。人体脏腑的升降有自调能力，药物入体后必然依五脏苦欲而归，如辛味药对肝具有升发作用，对肺则有降泄效能。相同性能的药物入体后，因气味之所归与脏腑苦欲之不同而产生不同的升降补泻作用，所以临证之际应根据五脏苦欲而选择具有升降双重作用的药物，药物性能一旦和五脏苦欲相结合，便能更好地发挥其升降作用和更好地掌握升降的尺度。

汉代杨雄《法言·学行》云："务学不如务求师。"唐·韩愈《师说》云："古之学者必有师。"中医学已有数千年的历史，名师高徒式学问的传承具有极其重要的意义。正所谓，师者人生之大宝也。这不仅是学业的传承，更是敬业精神的传承。恩师能以学为乐，终身不倦，给了自己无尽的精神财富。1963年4月，余奉医院派遣去北京中医研究院跟随恩师岳美中等名老中医进修学习，时值岳老正在为某国元首治疗肾结石，余有幸目睹了岳老临证用药之规矩准绳。此次进修学习，完成了3个任务：①系统学习继承了岳老治疗泌尿系统结石的经验。②系统整理了古代医学著作和当今各家杂志发表的有关泌尿系结石的病因、病机、诊断、分型治疗、应用方药等方面的记载。③积极学习总结了中医研究院名老中医治疗泌尿系结石的经验和规律。是时，余整理编写了《泌尿系统结石治疗简编》一书，十余万字待出版。后随岳老去解放军302医院（现解放军总医院第五医学中心），对急慢性肝炎、肝功能改变、肝硬化等进行专门研究，探索出治疗急性肝炎之利胆清热法；慢性肝炎之益气化瘀法；肝硬化腹水之化瘀利湿法；肝功谷丙转氨酶升高，在降酶的同时要调整肠胃及相关脏腑的功能，否则酶虽降，停药后必反跳。同时，余又跟随赵老、徐老等老前辈在门诊病房学习，学到了赵老对经方的应用规律以及徐老对温病学派方剂的应用标准。因有恩师耳提面命，余对中医的认识有了突飞猛进的提高，发现了由继承进而走向发展创新的道路。几十年间，余在科研方面，部、省、市级获奖成果有二十余项；2005年又承担国家"十五"科技攻关课题，对"王国三学术思想经验传承"进行研究。经过几年时间，余带领课题组成员共同努力，通过回顾性和前瞻性研究，分析诊治疾病的理论依据和临床舌脉的辨证规律，总结临证诊疗经验、共性规律及客观化相关指标，形成了规范化治疗，进而发掘并阐发了学术思想，推广了诊疗经验，从而建立起科学的、可行的、可重复的、可以推广的中医临床经验继承的新模式和新方法，使中医发扬光大。2006年底，按科技部对课题的各项要求，保质保量完成了任务。

宋·王安石云："君子不可以不知恒。"在中医学发展的长河中，探索规律，掌握规律，每一代中医都有不容推卸的责任。"不言春作苦，常恐负所怀。"岁月蹉跎，余如今已是古稀之年，但仍愿燃尽余焰。现在正当科学昌盛时期，中医事业必将要有大的发展，中国医学必将以更绚丽的身姿，挺立于世界科学之林。文后以宋·欧阳修"广其学而坚其守"语，与杏林同道共勉。

（梁凤兰、王洪林、张新双协助整理）

张琼林

张琼林（1930—　），安徽省六安市人。1945年师事皖西名医刘惠卿先生，五年期满，悬壶乡邑。1954年结业于安徽省中医进修学校（安徽中医药大学前身）；1958年调赴卫生部中医教学研究班（南京中医药大学）学习。其本着生在皖西、服务皖西的精神，立足基层，乐道遗荣。医教生涯50余年，以"弘扬岐黄，求实存真"为宗旨，协助卫生主管部门创办各类进修班，如中医温课班、中医进修班、中医学院临床实习辅导班、高级西医离职学习中  医班等。参与组建六安地区中医院。退休之后，自筹资金，又创办了金安中医门诊部，为六安市乃至安徽省保持了一块具有传统特色的中医药"净土"。

崇尚务实精神，不善高谈阔论，更反对技术保守、个人垄断等有损于医道和谐的不良倾向。临证广征博览，汇集诸家临证经验，创立临床常用验方80余首，刊行全国，得到许多中医临床家的赞许和好评。主张"医可有派，医不守派；治可有方，治不泥方"。提出"师其派而不悖其旨，寻其法而不囿其方"。专方专病与辨证论治相结合，以削弱门户之见在中医领域中长期泛滥。先后主编中专教材四部，发表学术论文和科普资料等30余篇。总结师徒三代人60余年的临床经验，著述36万字中医临床专著《临证碎金录》，填补了皖西自古无医著的空白。先后担任中华中医药学会第二、三届理事，安徽省中医学会副理事长，《中医临床杂志》编委副主任等职务。

有了"锲而不舍，金石可镂"的决心，再加上自强不息、上下求索的刻苦精神，可谓是任何事业成功之路的基石。中医也不例外。本人步入医林60余载，以此治学、临证、课徒、著述，视为座右铭。此外与特殊的"天缘"也不无关系，记得年值顽童时代（1938年），邻居请来一位针灸医家，气宇轩昂，举止文雅，循经取穴，至精至熟，艾烟馥郁，使人陷入梦幻，在我幼小心灵中刻下了深深的烙印，未料他竟是我八年后的恩师刘惠卿先生。

学医发蒙　针灸诱我入医林

20 世纪中叶，张氏门下已是 50 余口人的大家庭。由于当时医疗条件很差，求医艰难。祖父决心要在孙辈中物色人选，专攻医道。1944 年冬，祖母病"奔豚气"，腹痛欲死，诸药无效，连德国进口的"拜尔加当""阿扑吗啡"也不止痛，已备后事，刘惠卿先生针药并用，立挽危候。这第二次激发了我的习针之志。但习针必先习医，于是次年（1945 年，16 岁）经地方绅士引荐，以高额学费正式拜刘氏为师，医文兼学，有幸成为刘氏医家的关门弟子（注：此前十七位师兄，皆因秘术不传，更操他业）。转瞬 3 年将逝，辍学厄运，眼看将临，我于是对老师更加敬孝，顺心从事，并寻找机会为之修针、制艾、擀药条（太乙神针）、重修木制铜人等。老人家晚年崇尚佛学，更使我有机会施展我之雕刻绘画技术，为之彩绘各类佛像，着色用墨，致精致美，深得老师喜爱。"精诚所至，金石为开"，终于在 1948 年春，师曰："我今老矣，见汝习针心切，也具备继承绝学（当时称针灸疗法为绝学）的德行。余当年拜师胡维镜先生，交 100 块银圆，磕 100 个头。你也照此办理。"因此待机再行第二次拜师仪式。1948 年农历五月初九日上午，我师徒在佛堂孙思邈塑像下点燃香烛，升表叩头，我于是正式成为自蒋世威先师起，历经邓献章、左胜德、罗树仁、胡维镜、刘惠卿诸师的第七代针灸传人。事后泄密，引起刘氏举家反对。师母说："刘氏家学，理当传代，绝不外传。"一时合伙家人，藏匿所有书籍、针具。尊师喝道："家人不学，又不准外传，岂有此理！没关系，书都在我的头脑中！"我亦乘机汇款至江苏省苏州市司前街 32 号中国针灸学研究社（刘师原为通函社员）邮购各类书籍、挂图、针具。打开邮件时，恩师大喜，因第一次见到了承淡安先生东渡日本归来时引进的不锈钢毫针，该针应用快捷，得气迅速，从此淘汰了以前用马口铁自炼之钢针。之后我便开始进行划经点穴，一丝不苟，每晚必随师静坐、调息、养气、练指，背诵针灸经络俞穴歌诀，切摩周身骨度计算方法，修炼运针不痛心法，切循针下感传速度标准，细读熟悟，终日不辍。一年之后走上临床。5 年期满（3 年习医，1 年习针，谢师 1 年。即第 5 年不交学费，帮助老师处理日常医事），回乡开业（见《临证碎金录》）。

开业行医　尊贤重道攻重症

本人正式私人开业于1950年，时年21岁。虽然思想上早有"板凳要坐十年冷，文章不著一字空"的准备，但20来岁的小伙子独立应诊，总不免冷淡、寂寞和胆怯。无人问津的日子非常难熬。且又生长在一个繁华的小镇，名医荟萃，强手如林。作为医林幼苗，却成为众矢之的的压制对象，身处逆境，只觉得前途渺茫。家父察觉此情后，反复教诲："第一，继续深入学习，不得气馁；第二，尊师重道，对各位长者一一登门求教，称之为师。"我照此办理，果然生效，并自我制定了奋斗目标，等待机会，创造条件，接诊他人治不好的病证（所谓接二手活）。抓住一个就不放，针药并用，内治外疗，并不辞劳苦为之配方、采药、煎药，甚至待在病人家中兼做护理工作，不至痊愈，绝不放手。如此孤军作战，各个击破。接着机会到来，有幸治好了几位社会影响较大人物的危急顽症，又不收诊费（开业之初，家庭小康），加之老师生前留下的社会影响，于是名声很快传播开来。

例一：陈某，年61岁，抽鸦片，是镇上帮派头目。患肺痈，咳吐臭痰脓血。镇上中西医均治之，当时美国施贵宝盘尼西林每天用到2万单位均无效，诸医束手。弟子有人建议："不妨请张二先生诊之试试看！"有人反对，有人支持。有人说："他老师是官医（过去凡为县长诊过病的医师，就当然称官医，不要考核），如在世，求诊可能有希望，他才二十几岁的小子，岂能治好此般危险之证？"争持中果然来邀，其实我早已准备接诊！世事巧合太多，1950年《中华医学杂志》报道（当时国内唯一的一份医学杂志）了北京协和医院以"蕺菜桔梗汤治愈32例肺化脓"的观察。奈何自习医以来，口传师授，《药性赋》中均无此药，请教诸药师，有的连"蕺"字都认不得，有的说是"荠"菜。正在焦急之际，突然接到从上海千顷堂书局邮购的《现代实用中药》。叶橘泉先生为我送来了"东风"。我立即深入山林，走访农户核实鱼腥草的标本，并采集了大量又肥又嫩的鲜芦根。以鱼腥草为主，加芦根煮汤，每日3～4次，每服一小碗（200～300mL），兼配服桔梗、甘草、黄芩、南沙参、瓜蒌仁、生薏米等，7天后，臭痰已少。周余体温正常。兼用陈芥菜汁煮豆腐，佐餐。因病人经济条件好，吃了大量的燕窝（光燕）、百合、花生粥、西洋参等。月余康复。我旗开得胜，名声大振，一时在镇上酒楼、茶社传为头条新闻。

例二：左某，男，22岁，为镇上富豪大贾之子。自小遗尿，婚后不止，娇子害羞，绝对不准父母和他人提起此病，否则哭闹如狂。经我治月余痊愈。治愈此例是运用的中国传统的针术，结合燔针捷刺第二骶孔（次髎穴），睡前施术获效。当时苏联医家是用"探针"（卷棉拭子）代针（请见拙作《临证碎金录》）。

例三：程某，男，36岁，糟坊（酿酒业）老板。温热病后，气阴两伤，心肾不交，虚烦不寐，惊悸不宁，类似"百合病"。我以黄连阿胶鸡子黄汤、百合地黄汤、百合知母汤；兼用针刺间使、三阴交、通里、足三里，配合心理暗示，结束其长达两个月幻荡如癫、心神不敛的神经精神症状。

如此日耕夜读，奋斗不息，师承刘氏医技加上博采众长，临床初展宏图，故而比较一帆风顺地步入医道大门。青年得时，是来自"锲而不舍，金石可镂"的精神支柱。22岁起，天天有病看，23岁大行其道，24岁（1954年）进入苏埠镇中西医联合诊所，每天门诊人数达50~70人次。不分上下班，家人送饭吃，晚间安排出诊。当年秋，被抽调去安徽省中医进修学校（安徽中医药大学前身）学习。

参加工作　领导暗访到门诊

1954年夏，洪灾泛滥。适逢六安县（现六安市）卫生科（即卫生局）宋家明科长视察防汛工作，来到小镇。传闻其趁机暗访，目睹室内外病人拥满，遂进入诊室，翻阅病案，略问师事情况。窗外陪同的所长道："张医师，这是宋科长，来看你。"我愕然。宋科长回县不久，即派六安县医务工作者协会副主席、六安名老中医储后尘先生徒步25千米专程采风访贤（新中国成立初期名词，即考核），要我解释辛凉解表与辛温解表的临床运用，并列出代表方剂。什么叫"募原"？背诵小青龙汤、柴胡疏肝汤、八味逍遥散的歌诀和十四经俞穴总歌的手太阴肺经，指出八脉交会八穴的"阴维脉与阳维脉"，并翻阅门诊病历和处方。当时储老对在基层能用到仙鹤草和黛蛤散，感到新奇可取。回县汇报后于当年秋即派我赴安徽省中医进修学校进修学习。在校期间，我第一次担任了针灸课划经点穴的辅导员。结业之际，查少农教授一再劝我留校任教，未就。1957 年调至六安县卫生院。1958 年由安徽省卫生厅调赴卫生部办中医教学研究班（南京中医药大学）学习。第二次担任三个班的针灸课划经点穴辅导员。因当时大兴西医学习中医之风，我还兼任了南京中医学院的院外教学任务，如南京药学院、南京市第一人民医院、南京儿童医院、工人医院……因教学效果显著，奖励医书四部。结业回省后，留安徽省中医学院本草检验室任教，因故亦未就。这便是我踏上"医教相兼之路"的开端。

学有所专 中医政策指征程

新中国成立初期（1951 年），王斌、贺诚主持中央卫生工作时，颁布了《中医暂行条例》。《条例》指出：中医必须学习西医，否则不准开业。于是我便邮购了专修教材一部，20 余本，真是"一部二十四史，从何学起"？正在我忧虑自学无门之际，恰逢被抽调去安徽省中医进修学校学习，攻读了西医的全部课程。正值风华正茂年纪，真是如鱼得水，嗜学如癖，从课堂到实验室，废寝忘食，日夜不辍，受益匪浅。王斌、贺诚受批判之后，党的中医政策得到贯彻，要求中医必须重温四大经典，我又获益良多。卫生部要求每个县卫生院必须设立中医科，这个机遇使我一个社会医生进入了国家医疗机构，从而获得了多次学习进修机会。政策支持我们，我们必须为振兴中医药事业做出贡献。医教工作 50 年来，我刻意奋勉，力求上进，先后主办或协办了各类培训班，如针灸训练班、在职中医温课班、中医学徒辅导班、西医学习中医班、高级西医离职学习中医班等，并应邀担任了安徽省高级西医离职学习班、中国人民解放军"8·6"医院高级西医离职学习中医班的中医内科教学和进行专题讲座的工作。

改革开放 30 年来，看到举国上下伟大复兴的光明前景，而中医药之复兴，迫在眉睫。于是我对直接影响中医存亡的中药问题，进行了一次从农村到城市；从产地到市肆；从统货到饮片；从加工到包装，深入而全面的调查研究，发现极其严重的伪、贵、缺、乱、滥等亟待解决的严重问题，遂总结成文，疾笔上书党中央，最后由卫生部转新华通讯社全文载入《内部参考》，要求全国各级领导都要关心这个关系到保护我国文化遗产的严重问题。于是我以身作则，身体力行，竭诚竭智地投入到振兴中医药的浪潮中去。在卫生厅中医处、医教处领导下，无论是命题编写、临床考核、实地采药、专家门诊、科普讲座、学术论坛，均积极而踊跃地参加，并做出了应有的贡献。历任县、地、市、省乃至中华全国中医学会理事，为了发扬中医学、活跃学术气氛，常对三级学会慷慨解囊，捐款赞助，受到了各位同道的好评。

振兴中医　积极策办中医院

20 世纪 70 年代，全国各级中医医院如雨后春笋般地相继成立，而六安地区落后于形势，竟没有一所比较正规的中医医疗机构。为了催生六安地区中医院，上至卫生厅中医处，下及地方政府有关部门，我都直言上谏，多次提出要求，做了 8 年（1970～1978 年）舆论宣导工作。终于在 1978 年 6 月 26 日，由 2 位中医师、2 位中药剂师共计 18 人组成的六安地区中医医院门诊部，正式揭牌开诊。创业之初，我与沪籍名老中医史松庭先生连日应诊，冬战三九，夏战三伏，积累资金，使医院日益壮大。30 年来已发展成为拥有 400 多张病床、800 余名医务人员的"三级甲等"医院，其设备能与六安市人民医院媲美，并设有国医堂，为安徽省中医学院教学医院。

弘扬国粹　成立金安中医门诊部

我身居基层，医海荡舟 50 余年，深深体会到就如何能真正地把中华民族最优秀的非物质文化遗产——中医中药保存下来，单靠口头上"空喊"是不行的，必须唤醒举国上下有识之士，下最大决心，共同唱起呼唤歌——"中医中药！到了最危险的时候！"让每个人都能脚踏实地、力所能及地投入到爱我中华、保我中医的浪潮中去，并应根据当前所处的严峻形势，献计献策，来改善中医中药当前所面临的人人皆知，而人人都未能拿出好办法来解决的严重局面：①中医院"穿上西装"，挂羊头卖狗肉，中医成为陪衬！②中医学院毕业生分配不掉，即使分配了，也必须先改行（大部分改行，到目前为止，还没有一所中医教学单位敢拿出两个班毕业生进行调查研究，看有几个还在中医岗位）。③冒充"博士""专家"的假中医和"医骗"门诊挂号费高达 300 元，鱼目混珠，败坏中医名誉的情况非常严重。④中医师本身不争气，开大处方，拿提成。⑤每个县还有一个"中医院"在支撑着，其他医疗单位统统砍了中医科。⑥大量的假药和"冲剂"充斥市场，拖了中医的后腿。⑦中医中药搞活动，也是形式主义走过场，一"轰"而了之。⑧名老中医正在日益减少，第二"梯队"目前很难形成，青黄不接。照此下去，不要多久，中医中药将陪着另一位非物质文化遗产——京剧，姐妹俩一同成为"保留艺种"，被国家养活起来。"知我者为我心忧，不知我者谓我何求"，作为一名老中医，目睹现状，能不感到惋惜和悲愤吗？为了捍卫岐黄之术，渴望在有生之年，竭尽全力为弘扬国学办点实事，为皖西乃至安徽省保留一块中医中药的"净土"，我于是在退休之后，自筹资金，艰苦创业，准备打造一个传统特色很浓的中医临床基地。在省、市各级领导的关怀和支持下，金安中医门诊部终于于1990年成立了，近20年来两次改建，四次搬迁，现已成为占地2200平方米，各科室齐备，初具规模的基层中医门诊部，从基建施工到园林设置；从诊室部署到就诊环境，处处注意突出浓郁的、古朴典雅的、能体现传统中医特色的氛围。让病人就诊时进入中医药世界、领略中医药文化、感受中医药服务、体验中医药疗效，在脑海里留下难忘的印象。20年来医院坚持一手抓医，一手抓药；从多渠道多方位采药、备药、购药、制药；用统货（自己加工）不用饮片；用原生药不用"冲剂"，大大地提高了临床疗效。三天应诊，三天制药，仍不能满足省内外就诊者的需求。凤愿已酬，老而弥坚，耄耋之年，依然应诊。有人问我："老兄，红旗还能再打多久？"我曰："薪火永传，代有智者。"

慷慨解囊　成立中医基金会

党的十一届三中全会以来，各级、各类学会相继成立，迎来了科学的春天，学术活动非常活跃而频繁。我经常主持各类学术报告会，其中最大的全省性学术报告会两次，每次来自省内外的听众达500多人次，安徽中医学院礼堂不能容纳，需借省政协礼堂讲演。京师名耆董建华、赵绍琴、方药中、路志正、颜振华、朱良春等均登台传道，收到出人意料的效果。近年来，各级学会处于"冷冻"状态。我今老矣，谨将历年来的稿费、讲学费、处方专利费等12.66万元捐赠给六安市中医学会，成立发展皖西中医药基金，奖励有贡献的中医工作者。

济世济人 实行诊费减免制

医乃仁术，济世为先。金安中医门诊部自成立以来，肩负着两项社会任务：一为济世扶贫，二为发展学会。20 年来对农村特困户、五保户和城市贫民，施行门诊药费减免制，截至目前已用去 319837 元。

秘方公开 弘扬国粹为己任

绝密保守，个人垄断，是中国几千年来的社会病态，严重地影响了社会进步和事业发展。我拜师刘惠卿先生，是针灸疗法单线独传的第七代传人。从焚香叩头、升表发誓的拜师仪式起（自得之后，一心不二，永归系统，成己成人，不得妄泄，轻传非人，违道谬行，甘受雷威），就深有感触地认为针灸疗法简便验廉，为了拯救疾苦，造福人民，应当公开普及，不应个人垄断，占为己有。中国针灸学研究社承淡安先生堪称弘扬国学的巨擘旗手，令人崇拜之至。我业医以来，曾多次筹办针灸培训班，学子布满江淮大地，针灸疗法已不再称为"绝学"了。拜师的誓言成为我传承的动力。

医乃仁术，济世为先。著名医家理应对"专利"二字看得淡泊。医者在长期攻克难、顽、怪、急症的临床实践中，各自都有自己的制方心得。我从医以来，亦留心于斯，根据临证诊疗需要，广泛参考前贤制方经验，结合现代药理药化的实验研究，不拘一格，撷采众长，诸如古今中外、经传民藏、他人经验、个人心得、奥秘发掘或成方化裁，择善而取。凡一个验方（一般为专病专方）构建组合成功之后，再经过临床检验，不断增补修订，反复锤炼，而后成方，即为"个人经验方"。我自制验方 84 首（内服方 67 首，外用方 17 首）和若干专用饮料，分功效、主治、方药、方论，并编以"歌括"以便读者背诵。验方刊行全国以来，从读者反馈信息得知，效果良好。能够为方药集成的普及做一点力所能及的工作，我亦感到欣慰之至。

积累心得 铸就《临证碎金录》

考之医籍，皖西六安地区，自古无医籍问世。根据《中国历代医史》（上海中医文献馆编）记载，明代"喻仁，字本元，六安州人。与弟杰（字本亨）共著《疗马集》六卷"，仅是一部兽医著作。尊师刘惠卿先生，虽医儒双冠，素怀著述之志，因诊务繁忙，未能实现，常为之憾。

我从医之始，即存志于斯。我父子临证，长期以来，医海拾贝，蓄意采珍。本着"无长无少、无贵无贱，道之所存、师之所存也"的精神，以能者为师，走访百家，不拘一格，择善而从。诸如证候发挥、观念更新、证治发微、启奥揭秘、验方发掘、古方钩沉以及砭弊护道、捍卫国学……凡相关者，靡不采备。除每周三天应诊，监制筹药外，焚膏继晷，兀兀穷年，悉心笔耕，著述成篇。尝谓："碎金片玉，弥为可珍。"故名《临证碎金录》，分方药评述、专病论治、诊余话医、论著选辑四篇，于2006年由中国中医药出版社出版发行，2008年增订再版。该书发行以来，来访、来函、来电者络绎不绝，受到国内中医临床家的重视和欢迎，评价该方书具有实践性、实用性、可行性，符合时代特征，是基层中医临证裁治的重要参考书，且陈述了如面瘫一诊牵正饮、强骨丸、红藤六妙饮、小儿健脾敛肠粉等方剂的应用心得和临床疗效。如浙江省永康市方姓读者来信道："《临证碎金录》字字是真言。"对此评价，我欣慰之至。

从另一侧面可以看出，几百年来，张洁古先生的"古方今病，不相能也"仍有其一定的现实意义。随着人类疾病谱的不断扩大，医学模式也在生物—社会—心理方面不断改变。中医中药的方、药、辨、治，也得随着形势的发展，不断变更，如此才符合科学发展观在中医中药领域的重要指导意义。

附方四则

一、面瘫一诊牵正饮

功效：解毒祛风，活络牵正。

主治：口眼㖞斜（周围性面神经瘫痪发病之初者）。

方组：金银花25g，连翘15g，葛根20g，羌活10g，僵蚕20g，蝉衣15g，赤芍15g，防风10g，野菊花15g，甘草8g，川桂枝6g。

歌诀：面瘫初起用银花，翘葛羌蝉赤芍加。

野菊防桂炙甘草，能矫口眼正歪斜。

按：面瘫一诊就能牵正，难以令人相信。也是在拟用常规的针药并用，内服外疗方法，疗效不佳或难以速效的情况下，穷则思变，悟出此方。本病初期为外感风邪，上犯阳明经，以致经气阻滞，经筋失养，纵横不收而致。发病之初，邪在肌表，尚未入络，服用活血牵正之剂，乱针猛刺，故疗效并不理想。治当解毒疏风，活络牵正。以金银花配连翘等五组药对，组合成方。分之各有专效，合之互为协同。对本病初期（1~7 天，投药越早，疗效越好）效著。一般 6 剂药，服十余天后再诊。必须做到药选精良，每帖药先用温水浸 2~3 小时（冬天浸一夜），大火煮沸后立即离火！头二汁得药 1500mL，每服 250mL，一日三次，饭后服，两天一剂（二汁沸后小火须再煮 5 分钟）。疗效一般分为显效、基本治愈或痊愈。部分病例服药 3~4 天后，症状反剧，劝其坚持服药，效达自缓。本方只适用于周围性面瘫。中枢性面瘫及病程超过 1~2 月者无效（见《临证碎金录》）。

二、强骨丸

功效：消坚散结，续骨定痛。

主治：痹证（风湿、类风湿关节炎及其关节僵肿变形，肌筋膜炎，肌纤维组织炎，各类骨质增生症，肩周炎，急性腰扭伤，腰椎间盘突出症及其手术后遗症，肋软骨炎，骨折外伤血肿疼痛，慢性骨髓炎之死骨形成，胸膜粘连症，关节粘连症，盆腔淤血症，盆腔粘连症，重症肌无力，再生障碍性贫血等）。

方组：制马钱子（砂炒至有爆裂声，表面膨起，压之即碎，呈棕黄或枣红色）1000g，全蝎 110g，地龙干 110g，地鳖虫 110g，研极细粉，炼蜜为丸，如梧子大，晒干后每丸约 0.3g，含净马钱子约 0.2g。

服法：配合其他药服用，每晚睡前服 2 粒；如单独服用，中午、晚饭后各服 2 粒；再生障碍性贫血者，每晚睡前服 1 粒。均用淡红糖水送下（按《中国药典》规定制马钱子常规剂量，一次 0.3~0.6g）。

反应：按此剂量服用，一般无不良反应，少数病例有反应者，如晨间感到头晕、足软等现象要立即减量或停药。

禁忌：高血压病患者慎服。孕妇及慢性胃炎、胃溃疡病患者忌服。

按：痹证自古称难证、顽证。痹之为病，四肢百骸，筋经络脉，骨介分肉，无处不创。发展到全身，叶天士先生称之为"周痹"。或痛、或麻、或木、或酸、或灼热、或冰冷……真是"病家痹痛"，"医家头痛"。且致病广，病邪深。治痹之医论、医著、方药、疗法，也难以尽述，终于难取一效。本人制化坚逐痹汤、化坚逐痹酒、强骨丸等，也是急则思变。依然落实在"痹者闭也、痹者滞也、痹者阻也、痹者着也"等正虚邪客的特殊病理，悟出"以通为先，养正次之"而制强骨丸。本方以制马钱子为君药，突出一个"化"字；其他三味药是取其一个"通"字。一通一化，互以为用，力专任宏，安全效捷。本人应用30多年来，只要如法制剂服用，把握剂量，很少出现毒副作用（见《临证碎金录》）。

三、健脾敛肠粉

功效：健脾益气，敛肠固脱。

主治：小儿顽固性泄泻（慢性菌痢、肠炎、菌株失调、肠功能紊乱等久泻不止者）。

方组：怀山药50g（洗净），生薏米30g（淘净晒干），石榴皮15g（捡质优者），罂粟壳10g（枯黄壳厚者），微火共炒至焦黄色，共研极细粉，过100目筛，密藏备用（最好现配现用，以防久藏变质）。

服法：一周岁以内，每服2g，一周岁以上每服3～4g，沸水冲匀，再搅匀煮沸如糊状服之，一日三次，加糖亦可。

歌诀：顽泄健脾须敛肠，罂榴药薏共成方。

净干微火同炒研，沸水冲调再煮尝。

按：小儿痢疾既久，大多为患病之初滥用或过用各类抗生素，以致肠道菌群失调，微生态内环境受到破坏，肠功能紊乱。最后导致一派脾虚气陷、滑脱不敛的证候。临床最为常见，治之却难以收效，亦为医家棘手之证。余制健脾敛肠粉，具有亦食亦药的特点。改革了给药途径，便于小儿服用。再加以精心护理，常获良效（见《临证碎金录》）。

四、红藤六妙饮

功效：燥湿清热，涤浊浣带。

主治：湿热带下（急慢性盆腔炎、宫颈炎、宫颈糜烂、子宫内膜炎、附件炎、盆腔炎性包块等）。

方组：黄柏12～15g，炒苍术12～15g，红藤30g，败酱草30g，生薏米50g，甘草8g。

加减：腰痛甚者加川牛膝12g、粉防己12g；腹痛甚者加白芍20g、柴胡12g；腹胀甚者加香附15g、台乌药12g；带下夹血者，减轻红藤剂量，加红鸡冠花15g、红苍术12g；带下臭秽者加土茯苓30g、墓头回15g；尿频灼者加石韦

30g、冬葵子12g；盆腔囊性占位加桂枝10g、茯苓30g；炎性包块加莪术15g、瞿麦20g；早期癌变加蛇舌草30g、白英30g。若有霉菌和滴虫感染，当配合外用药为主（亦可用牛西西或桃树叶，切碎煮水坐浴，外洗）。

歌诀：红败二妙薏苡草，清燥浣带疗效高。

骨盆腔内诸炎症，加减变通一服消。

按：湿热带下（妇科慢性生殖系炎症等）是临床常见妇科难证之一，素有"十女九带"之称。余制红藤六妙饮也是在应用完带汤（傅青主）、止带汤（陆九芝）等方疗效欠佳后，创立而成的。本方是以治疗急性阑尾炎的一组"药对"，红藤配败酱，加入四妙汤中"移植"而成，共建清热燥湿、败毒逐秽之效，达到了真正的浣带涤垢之功。随症加减，可以解决骨盆腔内各脏器之急、慢性炎症和粘连等症。故歌括："骨盆腔内诸炎症，随证加减一服消。"（见《临证碎金录》）

段富津

段富津（1930—2019），吉林省怀德县人。黑龙江中医药大学方剂学教研室教授，博士生导师，博士后指导老师。全国老中医药专家学术经验继承工作指导老师，黑龙江省名老中医。国家中医药管理局及省重点学科带头人，国家重点学科方剂学学科奠基人。国家级教学名师，全国优秀教师，全国师德先进个人。享受国务院政府特殊津贴。曾任哈尔滨市动力区第八届人民代表，中华医学会黑龙江省分会理事，黑龙江省中药学会副主任委员，国家新药审评委员会委员，中华中医药学会方剂学委员会常务副主任、顾问，黑龙江省学位委员会学科评议组成员，哈尔滨市医药科技专家咨询委员会副主任委员，全国普通高等教育中医药类规划教材编审委员会委员及《方剂学》主编。先后主编出版了《金匮要略方义》、国家规划教材《方剂学》《教与学参考书·方剂学》《方剂学学习指导》，全国高等教育自学考试指定教材《方剂学》《方剂学辅导书》《方剂学同步练习册》等。主持完成国家自然科学基金课题"苓桂术甘汤、苓桂草枣汤、茯苓甘草汤作用机理与实验研究"及省级课题 3 项、厅局级课题 8 项。获国家级教学成果一等奖 1 项、省优秀教学成果二等奖 2 项、省科技进步二等奖 2 项、厅局级科技进步奖 9 项。

我的学医之路是由父亲选择的，自从踏上学医道路，我便对中医学产生了浓厚的兴趣，并把读书治学和治病救人视为人生的最高境界。这种理念伴随着我历经了痛苦与磨难、自豪与骄傲的五十余载岁月，力求用自己勤奋的汗水将教书育人与治病救人完美地结合起来。

医贵权变　虚心求索

我出生在偏僻农村，父亲是乡村中技术精湛的木匠。我6岁时便随兄长诵读《百家姓》《三字经》《千字文》《名贤集》等。7岁时邻村成立小学，我便随同姐姐一起入青山小学读书，四年后入珊树优级学校。毕业后由于身体孱弱，不耐劳役，父亲便为我选择学医之路。从此只身离家，去二十里外的五站镇拜老中医李子芳为师，老师是一位知名的儿科医生，家里开了个医师铺（即自己开设药房），有些药材还要自己加工与炮制，老师还编有家传的《儿科指纹图论》，从那时起我一方面念些医书，一方面随师临诊，同时逐渐认识了许多中药饮片，学会了一些炮制方法。两年后，由于老师年老体弱，减少了医事，我又另拜著名内科老中医曲培文为师。曲老师自幼熟读中医经典，临床辨证入微，对学生要求严格，每日为我划定学习内容，清晨聆听我背诵，然后开门应诊。我始读《四百味》《药性赋》《濒湖脉学》《汤头歌诀》等入门医书，以奠医学之基。继而随师应诊，先认舌脉，随识方药。同时，阅读《医宗金鉴》临床各科，进而熟读《伤寒论》《金匮要略》《温病条辨》及《黄帝内经》等经典。

"书山有路勤为径，学海无涯苦作舟"。旧时学徒，全靠苦读，老师不讲，全凭背诵。尤其中医古籍，佶屈聱牙，只有诵之有声，唇舌相应，才能读之上口，且能帮助记忆。周而复始，循环往复，即所谓熟能生巧。我终日专心致志，手不释卷，常常不舍昼夜，或起于鸡鸣，或读至深夜，吃饭、走路、寝前、醒后，无时不在口诵心惟。不仅勤用功，而且巧用功，边朗读、边理解，边思考、边背诵。半个多世纪过去了，青年时代所背之书，至今仍历历在目，朗朗上口。因而我也总是不断地教导学生："知识的海洋，源于记忆的冰峰。学好中医，首先要过背书这一关，无论是本科生，还是研究生，均应先打下扎实的基本功。"此即苏轼"故书不厌百回读，熟读深思子自知"之谓也。

孟子云："思则得之，不思则不得也。"要把记下的知识，切磋琢磨，使之融会贯通，方能知此达彼。只有持之有故，方能炉火纯青。否则按图索骥，死于句下，必画虎类犬，动辄得咎。

一次随师往诊，治一热厥病人，孟姓，男，52岁，患阳明温病，数日不大便，腹满胀大，神昏谵语，通体皆厥，舌苔焦黑起刺，脉沉而似有若无。师曰：

"此乃热深厥深，病甚危殆，治当何如？"我当即按经取法，处以大承气汤。师曰："此患唇干口燥，肌肤干涩，虽属阳明腑实，需急下以救垂危之阴，然温热之邪，最易耗液，不增其水，焉能行舟？"我恍然大悟，遂加玄参、麦冬。嘱其只煮一煎，分两次服之，一服不知，即进二服。病者申时服药，酉时取肥皂水灌肠，片刻，即下燥屎十余枚，腑气得通，浊热得下。亥时，肢体渐温，脉自微续。只此一例，使我顿开茅塞，豁然通达，终身不忘。

嗣后，我独诊一患者，身热谵语，八日不大便，昨起下利稀水，日五六行。诊其神志朦胧，腹虽硬而不满，下利清水无粪而恶臭，小便短赤，舌苔焦黑，脉沉数有力。经四诊合参，确认热结旁流。遂处调胃承气汤冲服安宫牛黄丸，一剂燥屎下而泻利止，神志清醒，身热告退。后以益胃汤冲服清心丸调理而愈。此诊之验，明于经理，贵在变通，一着得法，全盘皆活。

在随师应诊的实践中，我充分认识到经方之有效和实用，故发奋苦读《伤寒论》与《金匮要略》，运用经方治愈了多例疑难杂症。一次，治一女性患者，34岁，工人，时发寒热，四月有余，经多方医治不效。主诉初因外感，终未痊愈，现乍寒乍热，发无定时，尤以经前为著，伴心悸，头眩，烦躁易怒，食少呕哕，经期小腹微痛，舌苔薄白，脉虚弦稍数。详询得知，其病之始，正值月经适断，继发寒热。经曰："妇人中风七八日，续得寒热，发作有时，经水适断者，此为热入血室，其血必结，故使如疟状，发作有时，小柴胡汤主之。"观其前方，有和解、疏肝、养血、和血等法，并有小柴胡汤加味者。仍处以柴胡25g，当归20g，丹皮15g，黄芩、半夏、党参、甘草、生姜各10g，大枣4枚。煎服四剂，月经来潮，经后又进四剂，其病告愈。追访两月，未曾复发。此例虽前医曾用小柴胡汤，但柴胡用量最多不过15g，且与方中他药药力相当，实不足以疏利肝胆，透达血海之邪热，故增至五钱以为君，且虑血室瘀阻，其血必结，本钱天来"小柴胡汤中应另加血药"之意，遂入丹皮15g，《本经》云：丹皮"主寒热"，李时珍谓丹皮"治血中伏火"。得此诸意，不无小补，使我认识到学习经方，不但要注意方中诸药，还应注意每味药的用量，才能发挥其应有的药力。

时移光转，随师六载有余，1949年我以甲等十三名的优异成绩通过全县中医甄别考试，获得中医师资格。但自知经验匮乏，恐有济人之心，而无治人之术，甚或坐误时机，草菅人命，故复随师试诊年余，后乃独立悬壶于乡里。

1952 年，响应政府号召，与几位同道组建了黑龙江省肇东县（现肇东市）民主联合诊所，担任所长。长年坚持不懈地出诊看病，求诊病人与日俱增，联合诊所的声誉也日益扩大，也有不少患者从周边村镇来请往诊，不管刮风下雨，严冬酷暑，我一心救治，从不考虑个人得失。由于深受广大群众爱戴，1953 年我被推选为肇东县第一届人民代表大会代表。不久，黑龙江省筹建中医学院，遂于 1958 年调至黑龙江中医学院执教。

勤求古训　博采众长

书到用时方恨少。临床实践之初，我常有空虚之感，幸得 1957 年入黑龙江省中医进修学校系统地学习了中医四大经典，理论水平得到很大提高。调入中医学院任教之后，尤感理论匮乏，经验不足，教学、医疗如履薄冰，于是下定决心，苦读经典，博览群书，系统地阅读了《脾胃论》《丹溪心法》《证治准绳》《景岳全书》《张氏医通》等书籍，同时，数种中医杂志每期必阅。勤读书，方能明理，广读书，庶可达辨，不经几番风霜苦，难得春梅吐清香。几十年来，每于临诊之隙，教学之暇，远溯灵素，崇尚仲景，潜心诸家之说，颇得新意。每当伏案灯下，涉猎各门方书，颇感盛唐孙思邈治学严谨，力掘仲景之学，熔百家于一炉，堪称方之大主，故专心于《千金》，深究其方意。东垣之学，崇尚内伤脾胃，为补土派之宗师，遵其意，而常以顾护脾胃为先。景岳之学，独树一帜，开归类注释《内经》之先河，倡"阳非有余""真阴不足"之理论，得其旨，而临证喜用温补之剂，慎用寒凉攻伐之品。

曾治一徐姓患者，男，45 岁，军人。素患慢性胃炎、神经衰弱。常失眠多梦，眩晕头痛，饮食减少，时有脘腹疼痛。近月余小腹明显胀痛，甚则上攻。曾服木香顺气丸、附子理中丸（汤剂）十余剂，未见好转。诊其脉弦，尺部无力。仔细辨证后，处以《景岳全书》暖肝煎加减：当归、枸杞、盐茴各 15g，沉香 5g，乌药 20g，桂枝 25g，川楝 10g，炙甘草 10g，生姜为引。煎服四剂，症状减轻，继进四剂，胀消痛止。寒凝气滞之证，治当温中行气，然该患以寒气上攻，夹冲气上逆为主。故于暖肝煎中以桂枝易桂心，并用为君药，取其温肝肾而降冲气。

另一病人陶某，女，57 岁。周身关节疼痛数年，近因劳役受凉而加重，四肢无力，身重怠惰，饮食乏味，时而两胁作痛，舌淡苔白，脉沉无力，左微弦。处以升阳益胃汤加减：白参 15g，黄芪 30g，焦白术 15g，茯苓 20g，羌活 15g，独活 15g，柴胡 15g，酒芍 15g，防风 15g，秦艽 15g，姜黄 15g，川芎 15g，炙甘草 15g。煎服七剂而愈。升阳益胃汤出自《内外伤辨惑论》，主治脾胃虚弱，湿热滞留中焦证。此案患者平素脾虚湿阻，复感风湿而身痛加重，故加细辛、秦艽祛风除湿止痛，因患病日久而致经络瘀阻，故加川芎、姜黄，不仅能祛风止痛，尚可活血，乃"治风先治血，血行风自灭"之义。因其无热象，故去黄连。

明代李中梓《医宗必读》尝云："证不辨则无以治，治不辨则无以痊。"故辨证施治是中医之精髓，医不可偏，方不可执，要全面分析病情，准确进行辨证。组方遣药，力求简要精当，药物用量，不宜过大过小。小则邪气不负，大则正气有伤。

尝治一牙宣出血案，男性，年 43。素体健壮，就诊三天前患牙痛，齿龈红肿，诊时赤烂出血，痛不可忍，坐立不安，夜不能寐，口渴咽干，脉洪大而数。经辨证认为此乃胃火炽盛，气血俱热。遂处以清胃散加味：生地黄 25g，丹皮 15g，生石膏 50g，黄连 15g，升麻 20g，水煎服。患者晚 6 时服药，及至入静，便和衣而卧。逐渐蒙眬欲寐，不时口唾频频，自觉味咸，约一时许，疼痛大减，酣睡一宵。晨起观之，床前有一大血块。患者惊喜来询，是否继服二煎。诊之脉来和缓，血止肿平痛除。细思之，前方升麻用量过大，其清解热毒、引药上行之力虽佳，但亦升之太过，反引血上僭，遂停服前药。

坚持实践 继承创新

实践出真知，实践是理论源泉，实践升为理论，理论指导实践。中医学是一门实践性很强的医学，俗云："久读王叔和，不如临证多。"我临床 50 余年，偶遇繁杂之疾，常有不知所措之苦。时代在前进，疾病在变化，坚持临床，在实践中提高，这是永恒的。诚如明代孙一奎在《医旨绪余》中所云："医以通变称良，而执方则泥。故业医者，能因古人之法，而审其用法之时，斯得古人立法之心矣。"我今年已经 77 岁，除担任教学、科研任务及带研究生外，仍坚持每周出 3~4 次专家门诊。我的研究生在三年学习期间内，必须有二分之一的时间随我出诊，并且要记好病案，写好笔记。长年坚持随诊，才能有所感悟，逐渐积累独立诊疗能力。有一位硕士留学生经过临床体会到，中医治病，重在正气，正气抗邪，祛邪不伤正，邪气去正气复，机体达到阴平阳秘，才是病愈之理，于是执意撰写《正气论》作为毕业论文。许多博士研究生以总结临床经验为研究课题，感到收获较大，受益匪浅。

清代赵晴初尝云："论药则得一药之功能，论方则观众药之辅相，凡药皆然。"故在临床实践中，深感君臣佐使乃遣药组方之圭臬，故谨遵《素问·至真要大论》"主病之谓君，佐君之谓臣，应臣之谓使"。但又感张元素"力大者为君"之语发展了《素问》之说，尤其是《医学启源·用药各定分量》"为君者最多，为臣者次之，药之于证，所主停者，则各等分"论之更为具体。我体会"力大者为君"，详言之，大凡有三：其一，在单位药力基本相等的情况下，用量大者即为君药。如紫苏与荆芥、柴胡与黄芩等，若用量相同，则药力相当，难分君臣，故小柴胡汤中将柴胡与黄芩的用量定为 8∶3，使柴胡的药力居全方之首。其二，在单位药力悬殊的情况下，用量虽小，然其药力仍超于他药者，亦为君药。如牛黄与黄连、犀角与生地等，犀角清热凉血之力远为生地所不及，故犀角地黄汤中虽生地黄八两，犀角一两，仍推犀角为君。其三，在相互配伍中，药力被加大者，亦为君药。故临证处方与分析方义时，我十分注重药量和配伍，方中药物的配伍关系亦是随着药量的多少（药力的大小）而产生不同的变化，此即清代王清任"药味要紧，分量更要紧"之谓。

曾治一慢性肝炎患者，王某，女性，38 岁，医生。患慢性肝炎两年余，近月常右胁疼痛，喜长太息，心烦易怒，睡眠欠佳，食少腹胀，下肢明显水肿，身重嗜卧，月经常后期而至，血色浅淡而量少。观其舌苔白腻，脉象左弦右缓。此乃血虚肝脾不和之逍遥散证。但病者自述，已服逍遥散（汤剂）近二十剂不效。经反复斟酌，确认逍遥散证，遂处以茯苓 50g，白术 25g，当归、白芍、柴胡各 15g，腹皮、橘皮各 10g，甘草 7.5g，薄荷、生姜少许。煎服二剂，尿量增多，水肿渐消。继服四剂，肿平痛轻，食欲有增。后按此方加减，共服十余剂，诸症大减而出院。本例虽为逍遥散证，但由于病者现以水肿为主，并见身重嗜卧，食少腹胀，舌苔白腻等脾虚湿盛之候，故将逍遥散之茯苓变为君药，以其健脾利湿，白术为臣健脾燥湿，以助茯苓之力，且助脾之运化，湿去脾健，水不复聚。佐以柴、芍疏肝，当归养血，更加腹皮、橘皮行气，以助湿邪之运行，肝气之条达。如此配伍，祛湿不伤正，养血不碍湿，湿邪去，脾气旺，血得养，肝得疏，诸症自解。鉴于此，我先后发表了《君臣佐使之辨当责药力论》《方剂与辨证施治》等文章，并提出了药力判定公式（药力 = 药性 + 药量 + 配伍），从而不仅解决了古今医家的诸多争议，而且培养了学生辩证唯物的分析方法。

临床也是科学研究，能为科研提供素材，科研能充实和提高临床疗效。在继承中创新，在创新中发展。明代孙吉宏尝云："医有成法，有活法。成法师古不可悖，活法因时不可拘。"多年来，以中医方剂配伍规律的研究为核心，我主持完成了国家自然科学基金课题——苓桂术甘汤、苓桂草枣汤、茯苓甘草汤的作用机理与实验研究，通过拆方"正交试验"，将三首方剂配伍为 24 组不同方剂，以泌尿系、消化系、心血管系的造模实验，提示各方药物之间的内在配伍意义，取得多项阶段性成果。通过黑龙江省"八五"重点攻关项目——康寿胶囊的研究，证实了补肾药与活血药配伍在抗衰老作用中的配伍关系。此外，还主持完成省级科研项目"冠心康胶囊的研制""天麻降压胶囊的药效学及临床研究"，以及"疏风凉血解毒法治疗过敏性紫癜的临床与实验研究""益气养阴法治疗消渴病的基础研究"等 10 余项科研课题。研制出"寒痹冲剂""宁嗽胶囊""小儿厌食口服液""秘真回春液"等 10 余种新药，并均已投入生产。先后发表了《麻杏薏甘汤的方义与临床应用》《芪药消渴胶囊治疗 Ⅱ 型糖尿病的临床与实验研究》等 40 余篇学术论文。获得省政府科技成果二等奖 2 项，厅局级科技进步奖 9 项。这些均是以临床疗效为基础的科研成果。通过临床与科研的密切结合，不仅锻炼了自己的科研能力，而且培养了大批研究生，培养了他们的科研意识和科研方法，培养了他们的科研设计和实验能力，尤其是提高了临床实践能力。虽有收获，但亦有不少疑虑，特别是目前这种一般的实验方法还很不成熟，很不成功，亟待今后多方努力。

传道授业　以德育人

自 1958 年调入黑龙江中医学院，现已 50 个春秋，我深知"善教者以不倦之意须持久之功"之理，先后为中医本科生、硕士研究生、博士研究生、中医进修班、西医离职学习中医班、函授班、夜大班以及留学生等，讲授《本草备要》及《方剂学》《中药学》《古今方论选》等课程，累计逾 2 万学时。我 1983 年开始招收硕士研究生，1990 年被国务院学位委员会批准为博士研究生导师，1992

年黑龙江中医学院方剂学学科经国家批准为博士授权点。1994 年以方剂学为主体建立了中医学博士后流动站。先后招收培养了 24 名硕士和 40 名博士，其中有我国第一位中医博士后，有全国先进工作者、全国优秀教师、国家重点学科带头人、黑龙江省劳动模范、中国百名青年中医、黑龙江省名中医以及学科骨干等。

唐代韩愈《师说》尝云："师者，所以传道、授业、解惑也。"在教学中我注意言传身教，要求学生热爱中医事业，认真读书。《医宗金鉴·凡例》云："医者，书不熟则理不明，理不明则识不清，临证游移，漫无定见，药证不合，难以奏效。"可见书熟才能明理，明理才能识清，识清才能临证自如而效著。同时要将理论和临床密切结合，特别是通过实践能更好地加深理解理论知识，体验中医的理论和奇特的疗效，激励学习中医的信念，掌握中医的辩证思维和诊治技巧。要注重培养学生的独立思考能力和实际诊疗能力，只有主动理解了辨证方法和组方原理，才能认识深刻，记忆扎实，慎思明辨，掌握真谛。随着时代的前进，科学的发展，作为 21 世纪的中医，应该掌握一些现代医学知识，二者相互补充，会对中医学术有所裨益。但中医必须先学会中医的辨证论治，发挥中医特色。中医学有其独特的理论体系，处方用药更有其独到之处，西医的诊断技术与检查方法，只供临证参考，切不可轻易对号、攀附，亦不可中药西用，而失中医之本。

宋代张载云："教人至难，必尽人之才，乃不误人。"王安石尝云："教人治人，宜皆以正直为先。"故我认为：作为一名教师，除了要具备深厚的专业知识外，还必须加强自身的道德修养，育人必当先修身，坚持把德育放在首位，培养学生树立正确的人生观、世界观和价值观。同时要视病人如亲人，不论富贵贫贱，长幼妍媸，一视同仁。"见彼苦恼，若己有之"。不为名，不为利，一心为病人着想，一心为中医事业着想。即或门诊量总是超负，但对每位患者都必须悉心诊治，审慎处方，力求精简廉验。同时还要耐心指导病人进行恰当的休养与调护，治病治身更治心，鼓励患者要有乐观精神，树立战胜疾病的信心。

我在教学中十分注重教学方法，寻求方与病的内在联系，探索组方原理。运用逻辑推理教学法，从方剂组成药物入手，剖析配伍关系，论证全方的功用，依据功用推导主治病证；或者从方剂的主治病证入手，分析其病因病机，探求遣药组方原理，从中辨别药物的特性与配伍意义。从方到病或从病到方的反复推理，不仅使学生运用了已学的基础知识，而且提纲挈领，层次清晰，使学生易于理解，印象深刻。同时结合多连博贯教学法（类方多连、单方博贯）、博约相应教学法（由博返约、由约推博）、教思相资教学法（教中寓思、思以为教）、温故知新教学法（配伍温故、主治温故）、知行统一教学法（临床经验、实验观察）等，使抽象问题形象化、分散问题系统化、理论问题实际化、复杂问题条理化、枯燥问题趣味化，使学生感到直观、形象、生动、具体、实际、有趣。授课有理有据，有声有色，启发了学生的学习兴趣，调动了学生的学习积极性，强化了知识输入效果，提高了方剂学的教学质量。先后获得国家级教学成果一等奖 1 项和黑龙江省优秀教学成果二等奖 2 项。

方剂学是一门既古老又新兴此课程。古者，有方剂即有方剂学；新者，即1956 年建立中医学院之后才开始组建此课程。教材建设是中医院校共同的迫切任务，参加编写教材亦是培养学生的极好机遇。自 1960 年以来，我先后参加编写东北三省协作教材，全国统编《方剂学》第三、四、五版教材。1992 年，国家教委和国家中医药管理局根据《全国普通高等教育"八五"期间教材建设规划纲要》的要求，组织编写规划教材，经过投标，我被聘为《方剂学》主编，之后又相继主编出版了与规划教材相匹配的《教与学参考书·方剂学》《方剂学学习指导》，并建立了国家试题库。1999 年又受全国高等教育自学考试指导委员会的委托，主编出版了全国自学考试指定教材《方剂学》及与其配套的《方剂学自学辅导》《方剂学同步练习册》。共开审、定稿会不下 20 次，每次我都带领几名学生（青年教师）参加，聆听编委们的讨论。学生们说："这样深入地辩解，印象极深，机会难得。"在上述教材中，我以"力大者为君"为准则，明确了五苓散以泽泻为君，炙甘草汤以生地为君，以及黄土汤中黄芩具有防止血得热（附子、伏龙肝）则行，桃核承气汤中桂枝具有防止血得寒（大黄、芒硝）则凝之功用等，均为前人所未发。特别是在规划教材中增设了"现代运用""临床报道""实验研究"等内容，对培养学生的临床能力和科研能力，坚定学习信心，巩固专业思想，均起到了潜移默化的作用，对青年教师讲好方剂学课程以及素质的提高有非常显著的效果。

"路漫漫其修远兮，吾将上下而求索。"以此与同道及后学共勉，愿将毕生精力奉献给中医事业。

（陈宝忠、段凤丽协助整理）

王 烈

王烈（1930—　），辽宁省盖州市人。1954年毕业于哈尔滨医科大学儿科专业。1961年于长春中医学院西医离职学习中医班学习，从事中医儿科的医疗、教学和科研工作至今。系国家中医药管理局确定的第一、二、三、四批名老中医药专家学术经验继承工作指导老师，第二批全国优秀中医临床人才指导教师，享受国务院政府特殊津贴。获中华中医药学会先进学会干部、"大医精诚"奖、中医儿科发展特殊贡献奖及吉林省中医学会终身成就奖。为吉林省中医终身教授，长春中医药大学附属医院儿科主任医师，硕士生导师，为吉林省有突出贡献的科技专家、拔尖人才、白求恩式医生、吉林英才，长春市资深名医。2017年当选为"国医大师"。曾当选为长春市人大代表，并多次荣获省、市劳动模范和先进工作者光荣称号。担任首届世界中医药联合会儿科学会名誉会长、吉林省中医药学会儿科专业委员会名誉主任委员、吉林省中西医结合学会儿科专业委员会名誉主任委员，《中医外治杂志》《中医儿科杂志》及《中国中西医结合儿科学》顾问。著述颇丰，主编《婴童肺论》《婴童哮论》《婴童病案》等专著10部；协编、参编《中医儿科学》《实用中医儿科学》等13部；审订儿科专著5部。在省级以上期刊发表学术论文130篇；科普作品43篇。研制了"小儿清热灵""肺热平"等9种新药；研制院内制剂70种，其中"小儿哮咳喘""抗毒灵""婴儿壮"等12种获准院内投产并广泛应用于临床。临证61年，致力于小儿肺系病证的研究，尤以哮喘防治为专。有关学术经验被收录于《中国历代名医名方全书》等近百部著作。

严谨治学 一信二学三研究

我1930年10月出生于辽宁省盖县，即现在之盖州市。因当年父亲在沈阳市当一个小职员，所以我8岁时就随父亲在沈阳上小学。年幼时特别喜欢读书，可以称得上过目不忘，能把一本字典从头背到尾，并且准确地说出每一个字的页码，因此被同学们称为"活字典"，后来就读于国民党统治下的中学，1947年投笔从戎，参加了人民军队，不久即被派往辽宁省医务学校学习医学，2年后因成绩优秀留校从事儿科工作。1953年被选送哈尔滨医科大学深造，攻读儿科专业，次年毕业，在长春第一汽车制造厂医院儿科任负责医师。

我对中医的兴趣，始于幼时的一件事。那时家母曾患尿频之症，乡医建议应用一两竹叶而愈，那时就觉得中药很神奇。我在从事西医儿科临床的过程中曾遇一黄姓患儿，因发热住院104天，应用多种西药治疗罔效，终用中医药获愈，更使我对中医学产生了浓厚的兴趣。所以在从事西医期间，我自学中药四百味，并在老中医的指导下应用经典方剂治疗常见病。1958年，我被组织选派至长春中医学院，参加卫生部举办的首届西医离职学习中医班，使我对中医有了更深入的认识。在西学中实习期间，我刻苦学习，并得到长春市名老中医朱志龙先生的尽心传授，毕业时因成绩优秀获卫生部嘉奖。1961年调入长春中医学院，从事中医儿科的教学、医疗和科研工作至今。

我从一个中医的"门外汉"到今天对中医有所领悟，是因为从学习伊始，就制定了"一信、二学、三研究"的自勉原则，并以此作为终生遵循之道。我认为，一信，信为首要，中医从古应用至今，疗效肯定无疑，由相信始能潜心学习。二学，应既学古亦通今。中医学历史悠久，名医辈出，著作汗牛充栋，只有勤奋博学才能有所收获，如徐春圃所言，"盖医出于儒，非读书明理，终是庸俗昏昧，不能疏通变化"，那种"晨读方书，暮则悬壶"的医生孤陋寡闻，势必为害病家。三研究，医学是不断发展进步的科学，中医学同样如此，尽管有几千年的文化积淀，仍应适应社会的新发展，进行深入的研究与探索，才能更好地继承与发展中医。

要想学好一门全新的知识，不付出辛苦是难以达到目的的。中医学与西医学是两个不同的医学理论体系，中医医籍文字生僻，语言晦涩难懂。由西医改为中医，一切都得重新开始。我自矢志中医始，即遍读中医古籍，凌晨即起，入夜不眠，即使在"文革"中被诬为"臭老九"而被批斗游街之余，仍能潜心于书海之中，阅读了我院馆藏的所有中医儿科文献，读书笔记达数十万字之多。我认为学习先贤并不应墨守成规，应潜心探索并勇于创新。1969 年，全国兴起认、采、种、制、用中草药的运动。当年夏天，在中药老师的帮助下，我迅速掌握了认采中草药的知识，并把药物引入儿科，制成各种剂型，应用于临床。8 年间，和儿科同志一道，共采集中草药 2 万余斤，筛选出 8 种疗效可靠的儿科常用药，如白屈菜治疗百日咳，香茶菜治疗厌食，委陵菜治疗腹泻，白毛蒿治疗肾炎等。其中以白屈菜的发现尤为重要。

1970 年，我用白屈菜治疗小儿腹泻，疗效较好。有一次，在给一个腹泻兼百日咳的病儿服用此药后，病儿腹泻未止，咳嗽先愈。我立即将此记录下来并查找文献做深入研究。白屈菜最早记载于明代《救荒本草》，其谓"煮后取汁，用以充饥"。《中国药植志》谓其"治胃肠疼痛及溃疡。外用为疥癣药及消肿药"。白屈菜在民间有治疗腹痛、疮毒等作用，为罂粟科白屈菜属植物白屈菜的带花全草，别称土黄连、牛金花、八步紧、断肠草等。我从那时起开始研究其止咳作用。由于文献研究证明白屈菜为有毒草药，所以它的毒性反应、小儿用量及适应证等需详细研究。本着科学的冒险精神，我亲身服药，仔细观察药物反应，最后终于找到了合适剂量，并把白屈菜制成糖浆剂、颗粒剂、丸剂、散剂。在后来的百日咳流行年代，白屈菜发挥了非常好的止咳之功，挽救了许多孩子的生命，临床治疗 3000 余例患儿，有效率达 94.2%。实验证明其有抑制百日咳杆菌的作用。这一研究成果引起国内普遍关注，被多部药理、药物研究书籍所引用。

在学习中医的过程中，我不仅继承前贤，而且认真研究并借鉴今人经验。我曾参与组建全国中医儿科学会及中西医结合儿科学会，亲自参加了各次例会，保留有建会以来所有会议资料和有关文献，每次开会回来都认真研读会议资料，掌握有关中医及中西医结合儿科的最新资料，因此能取各家所长，在临床实践中加以验证并推广应用，提高了临床疗效，并与弟子整理了我国三大儿科学会，即中华中医药学会儿科专业委员会、中国中医药高等教育学会儿科分会、中国中西医结合学会儿科分会建会以来的 34 册论文集，6013 篇文献，精选千首编撰而成《婴童金方》。我自 1999 年始，共主编反映个人学术思想与临床经验的 7

本著作，数易书稿，"咬文嚼字"，几度斟酌，一字一句反复审校，将学术经验毫无保留地传授给学生，介绍给同道，也算是对后学的最好交代。

中西汇通　西为中用效非常

我认为，作为现代中医儿科医生，应掌握现代医学知识，走中西医结合道路，中医辨证与西医辨病同用，才能取西医之长，补中医之短，这样才能在临床中突出中医特色，提高临床疗效，达到治病救人的目的。"读古人之书，达古人之意，不洞究今时之病，则难为今时之医"。经典古方是否适于现今之病；今日治病之方较古方疗效的提高；中药应用与西药之相互作用等，林林总总，皆应研究。可见现今为医，较之古时更难，故应"潜心觅古，凝志探今，备考先贤之论，博采有验之方"。在学习、实践中应谨慎行事，方能保万无一失。

尽管后来从事中医工作，但我对西医未敢有失，加之我院设立儿科病房，时有重患，故对西医用药抢救亦运用自如。自1950年《中华儿科杂志》创刊起，我就开始订阅、学习，平时经常购买专业书籍，每次出差回来都"满载而归"，家中藏书万余册，中医西医、古代现代各类书籍皆备，在临床查房、门诊工作中，能熟练应用西医儿科最前沿的知识指导临床实践。

我于临床诊疗时注重继承前贤，进而借鉴今人，古为今用，西为中用，治病先求诊，再用辨，后以理法方药统驭全局，证病同辨，不悖于古而合于今。在中医辨证论治的前提下，结合现代西医学知识，运用方药进行诊病治疗。如在治疗小儿肺炎时，除辨证施治、选方用药外，还根据肺炎的致病原因，依据具体情况选加具有抗肺炎球菌、金黄色葡萄球菌作用的药物如连翘、紫荆皮、黄芩、大青叶等，或加用抗病毒之贯众、金银花、重楼、菊花等。临证时，针对不同疾病的病理变化及发生发展规律，灵活用药。在小儿肾病蛋白尿阶段应用和解机体内环境、利水消肿、调节免疫、增加人体蛋白合成、抑制胆固醇升高、改善体质的肾病分消饮。又如根据现代医学认识，在小儿哮喘发作时可选用白鲜皮、黄芩、射干以抗感染及脱敏；地龙、侧柏叶、露蜂房以缓解气管痉挛。在临床中，坚持宏观辨证与微观检查手段相结合的方法，如遇一哮喘反复发作患儿，发时气急哮吼，口中有沫，曾用止哮、吸氧等法治疗，效果不佳，故求诊于中医。经脑电图检查，微观提示有癫痫样改变，故诊为哮喘性癫痫，辨为奇哮证，予祛风、除痰、活血、开肺之中药口服后，病情好转。又如我曾经治疗的一个反复腹痛两年的患儿，经多方应用中西药物无效，建议其查脑电图后提示有癫痫波形，故在理气止痛方药中加用治痫药物如郁金、胆星之品而获效。

我虽然由西医改为中医，但并不排斥西医，应该承认西医在急危重症抢救等方面的优势。在临床实践中，一定要将两者有机结合起来以提高疗效，应以救治病儿为共同目的。我针对目前滥用抗生素、贵重药品的时弊，指出作为中医应认真提高诊治水平，才能有助于遏制"药害"。

行医重德　慈幼广济医精诚

作为一名医生，自立志从医始，我就以治病救人为己任，在工作中严格要求自己，想尽办法为患者解除病痛。由于患者众多，曾经出现因病人太多而把医院的夹壁墙挤倒的现象。针对这种情形，我提前上班，增加夜诊，节假日放弃休息为患儿诊病。2004年8月，因身体欠佳，我有意限制诊病人数以利休息，但不少患者远从外县、外省而来，舟车劳顿加之患儿病痛，央求诊病每每都获加号，我也身拖病体为患儿诊病。因为疗效显著，尤其是治愈了诸多疑难杂症，很多患者用现金或礼物以示感谢，都被我谢绝，对于实在推脱不掉的，一定把实物换成现金还给患者。我认为，"为医者，首讲德，无德之医必为名利所困，潜方用药别有所图，往往贻害病儿，为害不浅"。

医论独到师古创新立新知

随着时代变迁，科学技术、生活条件、医疗水平的提高，儿科病种、临床表现、治疗方法与用药也发生了变化。古代儿科四大要证"痧、痘、惊、疳"已被新四大要证即"热、咳、喘、泻"所取代。故作为儿科医生要与时俱进，不拘泥于古方古药，重新认识疾病医理，在总结古人理论基础上另辟新论，有所创新才能提高疗效。

肺系疾病是小儿最常见的疾病。我毕生致力于该类疾病的研究，对其病因病机、病理均有新论。

1. 论外感热毒

"热因毒而起，无毒不起热"。小儿外感，由正气虚弱，感受外邪所致，而发热是由邪中之毒引起，所以治疗时应解毒治因，实际上银翘散治疗风热型感冒亦有此意。临床上习用发汗解表之剂，如麻黄汤等，我少用发汗之品，退热效果却很好，也并无病情反跳，实为治病求因之法。常用的方药为解毒退热汤。有关该方的药理研究表明，该药具有显著的抗炎作用。

2. 论小儿咳嗽

"肺热作祟"。咳嗽是小儿常见症状，临床多分为外感与内伤辨治。常以肺气上逆为病机。小儿肺脏娇嫩，不耐外邪，又为纯阳之体，热病居多。现今养儿，肥甘炙煿，厚衣重裹，唯恐冻饿，故临证肺热多见，同时可伴有食积内热。临床见证可有咳嗽不已，痰黄难咯，两颊红赤，手足心热，食少纳呆，睡卧不宁，大便干燥，小便短少，舌苔黄厚等。故可用钱乙之泻白散加减治之。我经常应用的药物是黄芩、生石膏。

3. 论喘

肺炎喘嗽是儿科最常见的肺系疾病。我将其病程归为咳、喘、痰3个阶段，并指出初期疗咳防喘，中期治喘防变，后期祛痰防延，对本病的防治起到了重要作用。另外，对令诸位医生棘手的迁延性肺炎，也指出它的病理改变"不在炎，而在痰"。现代医学根据肺炎的病程，将其分为急性（少于2周）、慢性（2~4周）、迁延性（超过4周）3种。对于迁延性肺炎的治疗，医者各有其理，医家多以炎症未除而继续应用抗生素治疗，但收效不佳，且患儿日渐面色发白，咳嗽无力，甚则腹泻不已，出现鹅口。我认为，其病病程日久，正气亏虚，难耐重伤，病理之变"在痰"。传统上认为"脾为生痰之源，肺为贮痰之器"，医家皆以治脾为法，我则宗"痰之本在肾"，故治久病之痰注意补肾，如姚济苍《证治辑要·久病之痰》所言："久病之痰，切不可作脾湿生痰论之。盖久病不愈，未有不肾水亏损者。"一味应用西药抗感染治疗，不仅无助于病解，尚可伤乏正气，尤其肺脾肾气，气虚则留痰为患，致使肺部啰音久不消除，故应以祛痰为要。起病性为虚，或阴虚，或气虚，虚火灼津为痰；气虚停津为痰，依证用滋阴、益气之药，并用补肾之味（芡实），始能中病。拟方理痰汤治疗，临床获效显著。

4. 论哮

哮喘是全球性公共健康问题，也是儿童期最常见的慢性疾病。全世界的发病率皆呈上升趋势。我于50年前曾诊治一暴喘患儿，但其终因病情严重加之药物匮乏，回天乏术而死，其后我即立志主攻本病，倾尽毕生精力专于小儿哮喘的研究。为了攻克这一难关，我进行了大量的临床病例观察与分析研究，进行了有关本病的发病情况调查、病因病机阐释、治法及系列方药研究、预防及预后评析等，且总结出有关哮喘的独特理论，对本病的防治大有裨益。

（1）哮喘之苗论：我通过多年大量病例观察指出，有以下诸多表现之患儿，为"哮喘之苗"，证见易感、体肥、肉松、湿疹、易泻或日久便干、发稀、夜惊等，此等小儿较易发病作喘。用中医理论释之，则此类小儿为肺脾肾三虚者，即为体质异常者，中医归为"痰蕴"状态，体质发育一般一岁可至常儿一半，两岁可如常。肺脾肾三脏虚之预后是痰邪内生而为伏邪，而伏痰留饮历来被认为是哮作之宿根，每因调护失宜、外感六淫或接触发物而病发哮喘，故临床医生若注意此种表现的小儿，及时采取预防措施，则预后将大为改善。治疗此类患儿，除对症治疗外，还用黄芪一味，其为益气之品，旨在补益肺脾肾之气，诸脏无虚，则痰无所生，故哮作机会随之减少。认识到此期之意义重大，及时防治可防患于未然，更深一步研究，将对降低哮喘临床发病率有深远意义。

（2）哮喘之三期分治论：传统上中医将哮喘分为发作期、缓解期两期，元代医家朱丹溪指出："未发以扶正为主，既发以攻邪为主。"后世医家皆遵循此法。就临床而言，上述两期患儿皆有症状，发作期咳、喘、哮兼备；缓解期或肺虚易感多汗，或脾虚乏力食少，或肾虚气短，临床用药皆有症可依，可止咳、平喘、定哮；又可补肺、健脾、益肾。我通过多年实践认为，哮喘之所以难治，在于病因复杂，容易反复，故自1988年开始增辟稳定期，即将哮喘缓解期后无临床症状与体征之时定为稳定期加以治疗，通过300例病例观察发现，与两期分治相比，预后大为改善。稳定期无临床症状与阳性体征，无证可治，用药依据何在？用我的话来说，此时之治，实际上是将古法"冬病夏治"移至缓解期后，接续治疗以防反复。其治在于益气，即益肺脾肾之气，自拟防哮汤，主要起预防效果。三期分治强调无症状与体征时期的治疗，寓巩固疗效、防止反复之意，无疑对减低复发大有裨益。

（3）精治细防根治哮喘：经过1000例的发病学调查后，我认为哮喘的治疗应"精治细防"。我在治哮专著《婴童哮论》中全面阐述了这一理论。

精治，是针对医生的要求。应备考先贤理论，附查经验之方，结合患儿实际，拟定先进之法，规范有效之方，遴选灵敏之药。首先，要求三期分治，尤其重视稳定期的治疗。根苗并重，哮喘有夙根多可被接受，而目前人们尚未对哮喘之苗加以重视，我据多年临床观察及预后跟踪与回访后发现，具有苗期表现的患儿，日后有三分之一可发生哮喘；而100例哮喘患儿，有三分之二可追问出苗期表现病史，因此强调要重视去根和除苗兼顾。按计划治疗，发作期治哮定喘；缓解期养肺、健脾、补肾；稳定期壮肾截痰，应用防哮汤，年龄不同，巩固时间亦有不同，婴儿服4周，幼儿服5周，儿童服6厨。可休药3个月后再巩固治疗4周。

细防，是对患儿及家长的要求。哮喘病因繁多而复杂，文献报道有500余种之多，所以在药物治疗的同时，应加强调护，尤其是衣食住行等各个方面。家长应注意查找引起和加重病情的原因，发现则避免，无疑可增强药物疗效，降低复发次数。

由于我多年来所采取的精治与细防相结合的治疗原则，有效提高了哮喘的缓解率，降低了复发率，就诊者接踵而来，疗效令人满意。我于2001年将此原则载入《婴童哮论》一书，同年在全国中医药优秀著作颁奖大会上，评审专家对此的评语是："哮喘在无特异疗法的情况下，精治细防在当代是最佳举措。"

（4）哮咳论：我于1982年即发现临床上有许多咳嗽病例具有如下特点：病程长（超过半个月）；病情顽固（应用抗生素及止咳药疗效欠佳）；着凉或食甜咸之品咳嗽加重；有家族过敏史。故始称其为"类百日咳"。我通过180例临床资料分析后认为"久咳痰郁终成哮"，应用苏地止哮汤以哮咳论治此病，并指导研究生将其作为研究课题，试验结果表明与以咳诊治相比疗效为佳。1987年全国小儿呼吸道疾病学术会议首次提出"过敏性咳嗽"病名，将其归为哮喘范畴。我国最新的"儿童哮喘防治常规"明确了咳嗽变异型哮喘的诊断。临证中我并不拘泥于此，认为小儿时期无慢性支气管炎，凡病期超过两周者均应考虑此病，诊断依"询病史（家族史、过敏史）、问病程（超过半个月）、查用药（止咳药、抗生素）、检体征（无感染征象）、辨症状（咽性、鼻性）"而定，并遍考国内名家名方，结合北方患儿体质、地道药材及以往用药实践，制定出针对本病的系列方剂，即哮咳饮与缓哮方，降低了误诊、漏诊率，并提高了临床疗效。

（5）治法研究：在多年的治哮实践中，我潜心研究哮喘证治，总结出该病治疗应本着治病求本、扶正祛邪、调理气血关系、调整脏腑功能的治则，将哮喘治法分为总治法与分治法。总治法用清热法、解毒法、温寒法、活血法、调气法、补益法和祛风法。分治法实际上是针对症状用药，包括止咳法、平哮法、定喘法、化痰法、消积法、通腑法、开窍法等7种方法。上述诸法系将古代之治病八法活用，我在临床中或一法独用，或多法兼施，有效地缓解了病情，改善了预后，在防止小儿哮喘转为成人哮喘中发挥了极大作用。

（6）系列方药研究：在多年治哮实践中，我以辨证论治理论为指导，研究出治疗本病的系列方药，如小儿白贝止咳糖浆、小儿治哮灵、小儿肺热平等，均已获药物审批并应用于临床多年，疗效显著。另外尚有多种院内制剂如小儿抗毒灵、小儿抗炎灵、小儿哮咳喘、小儿消咳灵，外用药物如止咳膏、治哮膏等。此外，我在其他疾病诊治方面亦有独到之处，如以开胃法治疗小儿厌食、理胃养血法治疗小儿异食癖、行气血调阴阳治疗顽固性便秘等，与常理有异，疗效殊奇。

辨证辨病　独辟蹊径巧用药

我经常说："治病之道，关键用药。"在临床实践中，我非常强调用药，常云："医者用药如将之用兵，主次分明，药味简洁，各明其职，方能中病。"在实践中不仅按照中医辨证用药，尚能与西医之辨病相结合，并且结合中药的现代药理研究提高疗效。我在《中药自得》书稿中曾云："药味数千，何能尽用，识其性而用者，十中不过一二。"因此宗儿科之圣钱乙，精方小剂治病，倡药味简洁，勿过繁杂。归纳出哮药六品，即麻黄、紫苏子、地龙、白屈菜、黄芪、黄芩；治脾八味，即人参、党参、黄芪、白术、山柰、生石膏、枳实、番泻叶。此外，在总结老中医经验的基础上，制定出68种协定处方，名曰"小品方"，广治儿科常见病，药味多在4种左右，简便、有效、易服。我主张一药多用，使药尽其效，还可减轻病家负担。

1. 古方发挥

血府逐瘀汤系明代王清任之名方，见于《医林改错》，多用于胸中血瘀、血行不畅之证，诸如冠脉硬化性心脏病的心绞痛、外伤致瘀而痛等。我认为，小儿日久头痛，乃瘀血气滞不行，故选血府逐瘀汤加元胡治疗小儿血管痉挛性头痛、外伤性头痛有血瘀表现者，效果明显。曾治一韩姓女孩，9岁，反复头痛2年。头部 CT、脑电无异常，多方求治，用多种中西药物未效，仅服此方1个月即愈，家长连声称奇，感激不已。

2. 独创新方

为医应善遵古方而创新方，集多年的临床经验，我创立多首效验之方，屡获良效。如治疗外感发热的解毒退热汤；治疗急性气管支气管炎的化痰理痰汤；治疗咳嗽变异型哮喘的实咳方与虚咳方；止咳平喘疗肺炎的肺炎方；治哮平喘的苏地止哮汤；调节免疫，防止哮喘反复的防哮汤；治疗厌食的开胃进食汤；健脾止泻的壳苓汤；调阴阳、行气血的当枳通秘汤；利湿退黄的茵陈蒿汤；安神宁志的调神汤；利水消肿、分清泌浊的肾病分消饮等数首方剂，在临床应用中均获良效。

3. 老药新用

（1）罂粟壳：罂粟壳一药，古来所述颇多，元代朱震亨认为"其治之功虽急，杀人如剑宜戒之"，故此药素有劫病如神，杀人如剑之说。小儿先天脾常不足，谷气素亏，临床诸多医家视罂粟壳为儿科禁剂。我重视罂粟壳止咳、止泻之神效，认为罂粟壳功过相半，要扬其长，避其短，发挥其治病如神之功效的关键在于如何用，要把握好症量与配伍之关系，强调慎，要求准。罂粟壳疗咳，素有留痰之弊。我在临床经过大量的科学筛选，取桔梗之力消罂粟壳恋痰之弊，而制成"壳梗汤"，罂粟壳与桔梗其量之比为1：3。临症咳重者，罂粟壳用量偏大，嗽重者，桔梗用量偏多。寒热之咳均宜，但便干者慎之，若用必取"盛者下之"，配以枳实、莱菔子或番泻叶以通腑泻肺止咳；若咳不重，痰多者少用或不用，用则必配以祛痰之品，避免留邪于内。我认为，应用罂粟壳，患者年龄越小，用量越应慎而微，且随病情、年龄而变。而罂粟壳的配伍用药也是其疗效发挥的关键，应按病情而论其配伍，治咳用罂粟壳之长，取恰当、合理的配伍抑罂粟壳之弊，每取奇效。我用辩证的观点，研究用茯苓相佐，组成壳苓汤用以治泻。其义取茯苓的渗利之长制留湿之短，此扬长避短之举。临床应用于脾虚久泻，取得满意疗效且无不良反应。

（2）白茅根：性甘寒，归肺胃、膀胱经，具有凉血止血、清热利尿的作用。临床多用来治疗血热妄行的尿血、咯血、吐血等症。于2004年始，我应用其治疗小儿厌食证（胃热型），与常用药物比较，疗效显著提高。遍考文献，尚无此药治疗厌食的先例，按《药性歌赋四百味》言："茅根味甘，通关逐瘀，止血衄血，客热可去。"所以取效与其清热、活血之功有关。

4. 一药多用

在临床实践中，我擅长一药多用，如柴胡，用之退热、镇静、止肝胃之气郁结而致的胁脘诸痛、祛痰、疗咳、健胃、调气、除疟、解毒、抗结核、脱敏；黄芩用来治疗发热、咳嗽、喘嗽、哮喘、热痰之证；紫草治疗新生儿败血症、肺炎、麻疹、幼儿急疹、传染性红斑、水痘、急性黄疸型肝炎、手足口病综合征、传染性单核细胞增多症、种痘反应性脑炎、疱疹性咽峡炎、感冒发热、病毒性肺炎、急性毛细支气管炎、支原体肺炎、口疮、感染性心肌炎、过敏性紫癜、紫癜性肾炎、川崎病、药物性皮疹等症；紫荆皮治疗易感综合征、尿路感染、急性膀胱炎、急性肾盂肾炎、急性肾炎、尿路结石、单纯性血尿（良性血尿、局灶性肾炎、IgA 肾病）、小儿湿疹等；徐长卿治疗咳嗽、鼻炎、哮喘、客忤、癫痫、多动综合征、善太息（小儿神经症）、瘾症、皮肤病、湿疹、荨麻疹、变应性皮炎以及风湿热等。灵活配伍，随证变通，药有数味即可取效，如其所言"药不在多，中病方用"。

5. 临证医案

我从医 60 余年，诊病数十万人次，患者遍及除西藏、青海的全国各个省、自治区、直辖市，亦有美国、法国、俄罗斯、日本、韩国等国家的患儿慕名而来。时至今日，有祖孙三代皆经我诊治者。其间医案无数，各个系统、各类疾病均有所载，不乏罕见、怪异之病。其中有成功者，亦有失败之例。我于 2000 年 10 月，将所治病种 176 种，215 例验案整理成书，名曰《婴童病案》，由吉林科学技术出版社出版。我在从事教学之际，深知学生虽苦读数年医书，难获效方，故将临床验案介绍给学生，被奉为圭臬。历届学生在临床时按图索骥，每获疗效。毕业之后学生反馈，用之临床治病，实用可行，实为书本所无法企及的。如曾治疗一患儿，病程 10 天，继外感风寒后出现颈项向右倾斜，伴头痛及局部触痛，曾应用静点抗生素及抗病毒药物，以及针灸、推拿按摩等，均未见效。我以戾颈（风动血瘀）诊治，用活血调气、平肝舒筋、祛风宁神方药两剂即效。又有一尿崩症患儿，病程 2 个月，一天饮水 7 斤余，久治不愈。我分析病情，认为该病虽见于下，其源在上，治上用活血，治下宜养阴，患儿服药 1 个月即痊愈。另有 6 岁女孩，患弥漫性硬皮病，皮硬延至口颊，咀嚼受阻。我多法合用，予其口服自拟当归甘草汤，配合耳针、局部按摩等治疗，2 个月痊愈。

为人师表　诲人不倦尤敬业

1962 年起我开始担任中医儿科临床课教师。我深知人民教师是神圣的职业，为人师表、教书育人责任重大。为了保证教学质量，我坚持向老中医教师学习，听他们讲课，认真做听课笔记，精心研究他人教学经验。每次授课之前，教案经常是数易其稿，有的篇章甚至写十几遍，每堂课至少试讲两三遍，而且常常对着人体模型讲课，有时还会请别人听课，请他们帮助提出改进意见。我不仅深入到学生中了解学生，而且倡导医贵有恒，勤学不辍，深受学生欢迎。在任教的最初年代，学习有方，工作得法，教学质量不断提高。

在教学过程中我特别重视教学实践，重视对学生实际工作能力的培养。1963 年，我带领学生到吉林市实习，和学生一起建立病房收治患者，以高度负责的良好医风和熟练的医疗技术诊治患儿，尤其是抢救急重病儿收到了成效，因而受到社会好评。在此期间，我和学生采用中西医结合的方法抢救麻疹并发症患儿，收到显著效果。之后师生总结经验写成《中西医结合治疗麻疹合并重症肺炎 68 例报告》及《麻疹合并喉炎 32 例分析》，在吉林省第二届年会上报告，受到一致好评。通过实践，同学们更好地掌握了书本上的知识，分析解决实际问题的能力得到了培养，因而提高了教学效果。

实习结束不久，我忽然患了臂丛神经炎，右上肢瘫痪了。虽然如此，为了不影响正常教学计划，我没有休息，仍坚持上课，用左手写字，与学生同吃同住 50 余天，终于完成了教学任务。

在为医、为师的实践中，我认为，严谨为首要之重，"医不严，遗害病家而轻生命，师不严，误人子弟而难解惑"。我首先严格要求自己，同时也严格要求学生。为了提高教学与医疗水平，我总是对实践中的病例进行分析总结。一个病例一个病例地观察、积累，一个疾病一个疾病地分析综合，一个系统一个系统地归纳、概括。我特别擅长用从古代文献中涉猎来的理论知识和老中医的实践经验，结合个人的教学、医疗实际，进行总结、提高。我倡导"知识和经验医学落实到笔头上"，教学初始几年期间，撰写了《中医儿科学补充教材》《中医儿科证治实践》《儿科临证手册》《中医儿科学纲要》《中药易知》《古代儿科文献辑要》《辨证学说与生长发育》《论钱乙学术成就》等论文、专论 40 余篇，以严谨的学风潜移默化地影响着数以千计的学生，因此学生评价我为"学习前人不倦，启迪后者不厌"，是学习的良师益友。1966 年，史无前例的"文革"严重干扰了教学秩序，我也被戴上"臭老九"的帽子遭到批斗。尽管这样，我坚信教师的责任不容推卸，忠诚党的教育事业信念不容丢弃。我乐观地认为"心底无私，志向不移"，坚持为学生讲课、辅导，哪怕只有一个学生也坚持授课。

为了提高教学水平，我首先建议举办全国儿科师资班，倡导振兴儿科学术，要从教学水平入手。我在教学中强调老师的主导作用和学生的主动学习精神相结合，运用四段教学法，将讲授、阅读、讨论、总结结合为一体，有利于教与学的双边活动，从而使启发式教学有了新发展。

韩愈云："师者，所以传道、授业、解惑也。"我至今已为师 40 余年，深知教书育人对中医传承的重要，因此至今仍坚持培养学生与高徒，希望在有生之年将自己的经验毫无保留地传授给他们，为更多的患儿解除病痛，亦使中医儿科后继有人。

天道酬勤　艰辛努力结硕果

多年来对事业不懈的努力与拼搏终于换来累累硕果。目前我已出版著作 19 部，其中主编反映本人学术思想与临床经验的专著 7 部，分别是《婴童医论》（1999 年 4 月）、《婴童肺论》（2000 年 1 月）、《婴童病案》（2000 年 10 月）、《婴童哮论》（2001 年 3 月）、《婴童哮喘防治诠论》（2002 年 11 月）、《婴童医鉴》（2003 年 12 月）和《婴童翼集》（2004 年 6 月）。共发表论文 100 余篇，分别在除西藏外的全国各省的省级以上杂志发表，在每年的中医儿科学会、中西医结合儿科分会及吉林省儿科学会上均有专论发表，并多次获选优秀论文。另外撰写科普作品 44 篇，研制新药 8 种。

清代叶天士《临证指南医案·华序》云："良医处世，不矜名，不计利，此其立德也；挽回造化，立起沉疴，此其立功也；阐发蕴奥，聿著方书，此其立言也。"我在工作与学习中时时以此鞭策自己，虽已耄耋之年，唯愿发挥余热，继续为中医儿科事业尽绵薄之力。

（孙丽平、王延博协助整理）

姚廷芝

姚廷芝（1930— ），山东省临沂市人。出生于医药世家，其祖父姚定三在临沂开设姚德生堂药店，亦医亦药并经营中药材批发。其父姚功臣专事经营中药材业务，1945年其父在济南普利门开设德记药庄。姚廷芝15岁即随其父兄从事中药材收购批发业务。1956年公私合营后，调济南市药材站业务股工作，由于工作热忱，业务技术精熟，其后被任命为业务股长。1962年国家实施名师带高徒中医政策，师从名药师李岐山先生，尽得其传。1972年调济南市药品检验所工作，并晋升为副主任药师。1990年退休后，应聘于济南市建联中药店，任副经理。

姚廷芝先生家学深厚，又得名师传授，加之刻苦自励，勤于实践，遂由一名学徒，而成长为一名饮誉山东药材界学验俱丰的中药材鉴别高级人才。多年来在国家和省市级杂志发表学术论文10余篇，多次在省市学术会议作中药鉴别学术讲座，曾参加山东省中药材标准、炮制规范审评会，著有《中药真伪经验鉴别》一书。该书收载常用中药材正品156种，按其来源分为五大类，其中植物类124种，动物类25种，矿物类1种，树脂菌藻类5种，加工类1种。每种药材项下都在简述其来源、别名、产地、功用之后，介绍商品规格、药材鉴别，并详细介绍常见的混淆品、伪品的来源等。该书以介绍传统的中药经验鉴别为主，突出真伪药材的鉴别要点和简单易行的鉴别方法，可作为从事中药检验、经营、生产、使用和科研等方面的人员参考学习之用，尝可作为各类中药鉴定培训教材。

一

宋代《太平惠民和剂局方》尝云:"夫济时之道,莫大于医;去疾之功,无先于药。"意谓驱除疾苦,医与药是同等的重要。古之为医师者,先当识药。药之所产,方隅不同,则精粗顿异,收采不时,则力用全乖。又或市肆饰伪,足以混真。苟非确认形质,精尝气味,无有不为其误者。对此,清代杨西山进而有"济世之道,莫先于医,疗疾之功,莫先于药。医为九流魁首,药为百草根苗,丸散未修,药性先识"之论。所以民间药店,大都是前堂看病卖药,后堂采购加工的亦医亦药的经营模式。1930 年我出生于医药世家,祖父姚定三公在临沂开设"姚德生堂"药店,亦医亦药,并经营中药材批发业务。父亲姚功臣公专事经营中药材收购、营销业务。如地产金银花、全蝎、蟾蜍等中药运往济南、天津、上海等地,药店在临沂本地及上海、天津、济南均有较高的声誉。父亲功臣公就是在祖父的口传身授、日积月累的传承模式下成为一名优秀的药师。1945 年祖父去世,父亲在济南普里门开设"德记药庄"。由于"姚德生堂"老字号招牌的良好声誉及家父的苦心经营,药庄以货真价实的良好口碑跻身于济南乃至山东药材经营界。我兄弟三人均师事家父功臣公从事中药材业务。我行二,15 岁入店学徒,入店的第一件事是接受店规训示——《左传》"太上有立德,其次有立功,其次有立言"之训。当时年少不甚明了,成年以后方知道它的含义;而《礼记·大学》"德者,本也;财者,末也",尝知其大意,即经营药材要以德为根本。及长,当学《本草思辨录》时,家父以"辨本草者医学之始基,实致知之止境","人知辨证之难甚于辨药,孰知方之不效,由于不识药者亦半。证识者,而药不当,非特不效,抑且贻害"语训之,从而加深了我对"去疾之功,无先于药"及《大戴礼记》中"行德则兴,倍(背)德则崩"古训的理解,深深地印在脑海里,永不晦暗,并坚定了我一生从事中药材真伪鉴别的专业思想,恪守"德者,本也;财者,末也"之祖训。所以在 1956 年公私合营后,我服从组织分配,调到济南市药材站业务股从事中药材的采购、营销工作,由于工作热忱,业务精熟,后被任命为业务股长。

祖父定三公亦医亦药,源自唐代《证类本草》之古训:"古之善医者,皆自采药,审其性所主,取其时节早晚;早则药势未成,晚则盛势已歇。"并以"今之为医者,不自采药,且不委节气早晚,又不知冷热消息,分两多少,徒有疗病之名，永无必愈之效"为鉴，及至家父主营药材生意，则承接"德者，本也，财者，末也"之训，药材收购、加工皆遵古法，上溯唐《证类本草》之论："凡采药时月，皆是建寅岁首，则从汉太初所记也。其根物多以二月、八月采者，谓春初津润始萌，未冲枝叶势力淳浓故也。至秋，枝叶干枯，津润归流于下，今即乃验之，春宁宜早，秋宁宜晚，花、实、茎、叶及各随其成熟尔。"所以，在父兄的带教下，我对药材的采购、加工、营销知识有了一定的了解，为其后从事专业药材经营业务及中药材检验工作奠定了坚实的基础。

二

在济南市药材站业务股，我主要从事中药材进货工作，从而熟悉了全国各地的药材产销情况，当时我发现全国各地出售的牡丹皮都是野芍药根皮，并大量出口。由于我1952年在产地安徽陵山自行收购牡丹鲜根、自行加工，所以对质量情况掌握得比较深刻，出于对药材质量的关心，我致函卫生部药政局反映情况。后收到有关部门给全国停止收购销售的抄件，其函并称经派人至产区调查确系芍药皮。

1962年，济南市卫生局组织名老中医、药师带徒重点培养。我拜李岐山先生为师，先生原是专门为宏济堂购买贵细药材的行家，对药材的真伪鉴别有丰富的经验。汉代王充《论衡·效力》尝云："人有知学，则有力矣。"故而我很珍惜师事名师的难得机遇，经常跟随恩师一起鉴别一些珍贵药材，如羚羊角、麝香、牛黄、犀角、鹿茸等，从而继承了恩师的一生经验，为之后的工作打下了坚实基础。在名师带高徒结业大会上，我受到了政府的表扬和奖励，并在大会上表了决心。1964年我在药材站检验科工作，负责进货验收出现各种有关质量的工作，我牢记"理有疑误而成过，事有形似而类真"之古训，"广其学而坚其守"，辨伪识真，从无一丝懈怠。该站负责多个专区三十多号的供应工作和收购大量的地产药材，全国各地调济南的药材都由我把关验收，药材品种多，数量大，规格多，产地不同，质量差异大，国家调给山东的进口药材如广角、羚羊、豆蔻、沉香、朝鲜参（高丽参）、砂仁等，常由济南转运各地市。验收是极好的学习机会，因此我对全国各地产的药材和进口药材的质量情况有了深入的了解，对一些伪品药品的产地来源心中有数，丰富了鉴别知识。"文革"期间，我以工农教授的身份与山大陈机等多位教授一起为学生讲授中药鉴别，并带学生上泰山、崂山、昆嵛山、蒙山、沂山等地采集标本，识别药材真伪，经过两年多的教学与实践，学到了许多药用植物学知识。此即《礼记·学记》中的"学，然后知困知不足，然后能自反也；知困，然后能自强也。故曰：教学相长也"。

"始知五岳外，别有他山尊"。1973年，我调至济南市药检所负责中药鉴别工作。由于工作面广，接触医疗单位、经营单位、生产单位多，接触的药材品种多，是提高鉴别经验的极好机会，如药厂由外贸调进的整支犀角和犀角工艺品、犀角杯、图章等都经我鉴定。我坚守《老子》"不自见，故明；不自是，故彰"之训，勤勉工作。《战国策》尝云："物多相类而非也，幽莠之幼也似禾，骊牛之黄也似虎，白骨疑象，碔砆类玉。"中药材市场历来存在真伪优劣问题。如20世纪80~90年代假劣麝香泛滥，经我发现的就有数十批，数量少者公斤以上，多者数量惊人，造假程度基本不含麝香成分，手感无弹性，鼻闻、口尝无麝香气味，火试无跳跃、不起泡、无香气、有火星出现，水试水液浑浊、有漂浮物、无麝香香气。当时因此类麝香受骗上当者屡见不鲜。有的厂家购进虎骨（现用代用品，下同）40架欲生产虎骨酒用，经我鉴别全系豹骨（现野外猎捕豹类和收购豹骨已被禁止，下同），只好生产豹骨酒。中药材经验鉴别主要靠实践和刻苦钻研逐步积累起来的。一种药材可以用多种鉴别方法配合，来鉴别真伪优劣、掺杂使假品种，以得出准确的结论。"去疾之功无先于药"，药乃"续斯人之命，而与天地全生之德不可一朝泯也"，故我从事中药材鉴定业务，恪守《孟子》之训："学问之道无他，求其放心而已矣。"一生践行"博学之，审问之，慎思之，明辨之，笃行之"。60多年的时间里掌握了常用的经验鉴别方法，如眼看、手感、鼻闻、口尝、水试、火试等，并钻研了一些特殊品种的试验，如天然牛黄一小块置水中浸泡不崩解、不染水，伪品则崩解，水液染成黄色且浑浊。麝香当门子置水杯中不散碎水渍，久贮周围微显棕黄色，线水不浑浊有明显的麝香气，伪品当门子置水中即崩解，水浑浊、上有悬浮物、无麝香气味。蛤士油置烧杯中用清水浸泡，呈棉絮状，伪品蛤士油（中华大蟾蜍）置水中浸泡呈鸡肠状，真品常温30℃存放3天有腐败现象、有臭气，而伪品则无腐败现象。西红花置水中柱头呈喇叭状、水黄微红、水清不浑浊，如水面浮有油状物即掺有油脂，如有成条状无喇叭者，可用手搓之即成糊状，说明是用淀粉伪造的，此外尚有将花柱掺入其中的。对于沉香的鉴别，可用眼看表面是否颜色为黄棕色至棕黑色，纵剖纵纹粗顺而明显，手感质地是否硬而重，鼻闻是否有沉香香气，燃试是否边沿有油渗出，香气浓而持久，口尝香气浓，味苦。水试法现已不适用，因沉水的假南香等规格除保留的样品外，已不见踪影，即使是半沉半浮的沉香也很少见。当前国产沉香合格品已不多见，多以白木香木材含树脂甚微者加工而成，醇浸出物都在10%以下，为不合格品。用其他木材劈成长条状木块油浸、染色伪造的沉香与正品沉香毫无共同点，但化验竟合格，醇浸出物24%以上。看来仅依据醇浸出物确定是否合格是不科学的，该伪沉香燃试冒黑烟，火苗大，毫无沉香气味，但上当者竟是大公司。沉香的经验鉴别只用一种方法即可确定是否合格，如燃试边沿有较多的油点渗出，有较浓的沉香气味，室内都有沉香的香气即符合标准，醇浸出物都在10%以上，再如口尝嚼之有明显的沉香气味即合格，如木渣松散感无沉香气味、不苦，即不符合标准。传统经验鉴别方法容易掌握，便于操作，省时，鉴别准确，实用性强，在科技高度发展的今天依然应用广泛，充分说明经验鉴别的生命力。如1991年6月，时任山东省卫生厅厅长张奇文去澳大利亚讲学返济，从澳带回一小块牛黄，是澳方的朋友请他鉴别真伪的。6月25日他在南郊宾馆参加全省医学科技工作会议，利用晚上的时间约我与姜保生先生到南郊，把他在澳大利亚遇到的难题如实地告诉了我们。我接过他带回的小块牛黄，戴上老花镜，先是仔细观察，后又舌舔口嚼品尝味道，又在手指甲上搓擦，最后我肯定地告诉他说："这是块假牛黄。"他问我有何根据，我说根据有五：①形状：真品断面有明显的层纹，清晰自然，此品虽有层纹，但模糊不清。②颜色：真品断面或呈金黄，或呈棕黄，上下均匀一致，此品呈土黄色，且浓淡不一。③口尝：真品嚼之易碎，不粘牙，味苦气清香而后甘，有明显的清凉入喉感，此品嚼之有黏糊感，味苦而无清香之气。④挂甲试验：真品一小块用水湿后，擦指甲即染成黄色，且不易脱落，俗称挂甲，而此品染甲后，用水一擦即脱落，不能挂甲。最后，我用玻璃杯倒了一杯清水，做了一个小实验：取小块牛黄，放入杯中，告诉他若系真牛黄，小块沉至水底，也不会崩解；若为伪品，很快即行崩解。果然不出所料，此牛黄颗粒沉至水底，即很快溶散，呈现一片土黄浑浊。据此五点，我断定此牛黄属伪非真。为了进一步证实此牛黄的真伪，他第二天又请省药检所将所剩部分进行理化指标检验，报告结果确系伪品。

三

古语云："学向勤中得。""人之学如渴而饮河海，大饮则大盈，小饮则小盈。"多年来，由于我对中药材真伪鉴别工作锲而不舍地学习与实践，积累了一些经验。回想父兄及恩师李岐山先生，辛苦传授，毫不保留地将终生经验传授给我，同时在政府的培养下，我由一名普通药工成长为一名具有高级职称的药师，受"君子之学，或施之事业，或见于文章"古训的影响，及为"为往圣继绝学"的责任感，鞭策我撰写学术论文，进行学术交流。多年来在国家和省市级杂志发表学术论文十多篇，在省市学会多次作中药鉴别学术报告，曾参加山东中药材标准、炮制规范的审评会。并将终生所学著为《中药真伪经验鉴别》一书。我虽于1990年退休，应建联药店之邀仍为药材质量把关，为保证人民用药的安全有效和建联药店的发展做出了一定的贡献。

"学以为耕，文以为获"。《中药真伪经验鉴别》一书，是我在家传师承的基础上，加之刻苦自励，奋志芸窗而成。该书主要介绍了对中药真伪常用的经验鉴别方法。经验鉴别就是用眼看、手摸、鼻闻、口尝、水试、火试等十分简便的方法来鉴别药材的外观性状，确定其真伪优劣、产地、规格等，这些方法是几千年来中医药工作者鉴别药材经验的总结，具有简单、易行、迅速的特点，该书是从事中药经营、采购、验收、保管、鉴定、教学工作者可资之书。

1. 眼看

眼看就是凭借人的眼睛，看药材的形状、大小、表面、颜色、断面，从而判定药材真伪优劣的方法。

（1）形状：一种药材的外形性状一般是固定的，如圆柱形、纺锤形等。如炉贝母呈圆锥形，平贝母为扁球形；天麻长椭圆形，假天麻紫茉莉根呈圆锥形。有些品种老中药师鉴别时使用的语言很形象，如防风的根茎部分称为"蚯蚓头"，海马的外形为"马头、蛇尾、瓦楞身"。这些形容既简单又生动，易懂易记。在观察外形时，有些叶、草、花类药材很皱缩，可用温水浸泡一下，然后摊平观察。如参叶、金钱草、凌霄花等。

（2）大小：药材的大小（指长短、粗细、厚薄）一般有一定的幅度，如测量的大小与规定有差异时，应测量较多的样品，允许有少量高于或低于规定值。如黄芪、党参有长有短，有粗有细，枸杞有大有小，乌药片有厚有薄等。

（3）表面：药材的表面特征各异，尽管是同一品种也常因产地、采收季节等因素，而使表面特征不尽相同，如光滑、根痕、粗糙、皮孔、皱纹等。单子叶植物根茎及球茎节上的膜质鳞叶、根痕，蕨类植物的鳞片、毛等，这些特征的有无和程度常是鉴别药材的重要依据之一，如天麻与假天麻紫茉莉根，天麻表面有潜伏芽排列而成的多轮横环纹，紫茉莉根则无。

（4）颜色：商品药材的色泽一般是较固定的，色泽的变化与药材的质量有关，如玄参、生地色要黑，红花要红，山药要白，青黛要深蓝，紫草要紫，蒲黄、黄连、松花粉要黄。如果加工不好，贮藏不当，就会改变药材的固有颜色，降低药材的质量。如黄芩变绿不能药用，枸杞因保管不善由红变黑，牛膝变黑等。在观察颜色时，药材应干燥，不应在有色光下进行，在描述药材颜色时，如用两种色调复合描述，还应说明以哪一种色调为主。如黄棕色，即以棕色为主。

（5）断面：指自然折断面，观察皮、木、藤、枝及条状的根或根茎时常用此法，如厚朴、秦皮、沉香、苏木、青风藤、海风藤等。折断时要观察折断时的现象，如有无粉性、响声，断时的难易，断面的情况（颜色、质地、纤维等）等。用刀横切平面，要观察皮、木两部的比例，射线与维管束的排列形状，如菊花心（黄芪）、车轮纹（大血藤和防己）、星点（大黄），以及有无棕色油点或油室等特征，在鉴别上都很重要。

2. 手摸

手摸即用手去感受药材的软硬、坚韧、疏松、黏性或粉性等质地特征。常用术语很多，如松泡，表示质轻而松，如通草；粉性，表示含有一量的淀粉，如广西粉葛根；角质，表示含有多量已加热糊化的淀粉；柴性，表示纤维较多，如柴胡采收季节不当即显柴性。

3. 鼻闻

鼻闻法又叫嗅气法。某些药材有特殊的香气和臭气，这是药材中含有挥发性物质的缘故。闻气味时有的药材可揉碎再闻，或用开水烫一下再闻，有的则需点燃一下以闻烟的香气，有些药材的气味很特殊，常成为鉴别的主要依据之一，如檀香、沉香、降香、麝香、樟木、乳香、没药、白胶香都有香气，但又各异。土大黄有浊气，松香制造的假血竭有松香气，墓头回有特异的臭气。

4. 口尝

尝味是鉴别药材的重要方法之一。口尝即通过味觉感受酸、甜、苦、辣、咸的各种味道，来判别中药材的真伪优劣。由于舌尖部只对甜味敏感，对苦味敏感的是接近舌根部，所以在口尝药材时，在口里需咀嚼片刻，使舌的各部分都接触到药液，方能准确尝到药味，然后再吐出来。尝味可以判断药材的真伪优劣。如乌梅、木瓜、山楂以味酸为好；黄连、黄柏等越苦越好；党参、甘草、枸杞以味甜为好；肉桂以味甜辣、无渣为好。大黄片炒后气微，口尝可以鉴别；真假厚朴片掺在一起也需口尝来鉴别；松贝、青贝母、炉贝母与奉节贝母、伊贝母、平贝母颗粒和形状相似者的鉴别也主要靠口尝。药材的味是区别品种和质量的重要标准，绝不能轻视。

在口尝药材时，要注意具有强烈刺激性和毒性的药材，尽量不用此法，口尝时必须取样要少，尝后立即吐出并漱口，再嚼点甘草，以免中毒。

附：经验鉴别常用名词术语注释

1. 钉角：亦称"疙瘩钉"。按照植物解剖分析有以下 3 种情况：①未长成的支根痕呈瘤状突起，如川、草乌。②未发出的芽痕呈疙瘩状突起，如泽泻、姜黄。③皮孔呈疣状明显突起，如大血藤、白芷的表面。

2. 狮子盘头：党参顶头部的茎痕及芽痕，呈疣状突起聚集在顶端，常用于地道药材纹党和东党参的鉴别。

3. 珍珠盘：鹿角的基部周边，有骨钉呈圆盘状聚集。银柴胡的顶头，茎痕呈疣状突起，密被于顶端呈圆盘状。

4. 砂眼：亦称"棕眼"。砂眼一般是指翻砂过程中，气体或杂质在铸件内部或表面形成的小孔。鉴别药材的含义有：根及根茎类药材表面的须根痕，如天南星、银柴胡的表面；其他药材表面凹陷的小孔，如自然铜的表面。

5. 筋脉点：筋脉点是古人对药材内部某些组织内部的认识，按现在植物解剖学看包括：①药材横切断面的分泌组织，如防风的油管、白芷的分泌腔、生晒参的树脂道。②维管束或大型木质部导管，如水菖蒲、牛膝的断面均可见到。

6. 星点：指大黄横切面上的异型维管束，因为大黄的异型维管束排列不整齐，像众星星一样散在，习惯称星点。

7. 朱砂点：指像朱砂红色一样的点，包括朱红色的油室、分泌腔或光亮的油点，如苍术、羌活、木香；麻黄断面含有色素的中央髓。

8. 金星点：指石韦等一些蕨类植物体，被有金黄色孢子囊。

9. 涡纹：指马宝的横断面，从中心向外，有数层环纹，像以石击水而形成的水波。

10. 年轮：又叫生长轮，指植物生长期间，形成层的分裂活动受季节的影响，细胞间隙密度不一，呈现同心环层，从组织疏松到紧密处的一般为一年生轮，多用于一些较大的木本药材的鉴别，如苏木、毛冬青、萝芙木等。

11. 车轮纹：药材的横切面，维管束与射线相间放射状排列到周皮，或木质部与木射线放射状排列的形成层处，形成较大的放射花纹。常见的有大血藤、防己、青风藤等。

12. 车轮纹与菊花心：植物组织内部无大的差别，菊花心多指一些直径小的药材，车轮纹用于一些直径较大的木本药材的鉴别。

13. 门桩：指鹿茸的第一个分枝。

14. 独挺：即未分岔的独角鹿茸，多为二年幼鹿的"初生茸"，又名"一棵葱""大鼓锤"。

15. 拧嘴：指鹿茸大挺的顶端，初分枝杈时，顶端嘴头，扭曲不正者。

16. 骨化圈：鹿茸锯口的周围，靠皮层处，有骨质化的一圈。

17. 抽沟：鹿茸大挺不饱满，抽缩成沟形者。

18. 乌皮：梅花鹿茸的表皮棕黄色，因加工影响，部分皮变成乌黑色。

19. 存折：鹿茸内部已折断，表皮未开裂，但有痕迹。

20. 窜尖：鹿茸渐老时，大挺顶端，破皮窜出瘦小的角尖。

21. 莲花：指马鹿的嫩锯茸，短二杠、大挺有了小的分岔，称莲花。

22. 老毛杠：指三、四岔以上的老马鹿茸，快成鹿角者，但未脱去皮茸，习称"老毛杠"。

23. 骨豆：指鹿茸逐渐变老硬的特征，多在鹿茸的下部表面生有一些明显的小疙瘩，习称"骨豆"。

24. 起筋：亦称棱筋、棱纹。指收割较晚的鹿茸，因已经开始骨化，中下部已有形成的纵行棱纹。

25. 砂底：指犀角的底部满布针孔状小眼，习称"砂底"。

26. 窝子：指犀角的底面，从犀角头部取下时留下的一个较大的凹陷部分。

27. 马牙边：指犀角的基部周边处，有一圈凹凸不平的突起，习称"马牙边"。

28. 天沟：指犀角前面的中下端，有一条宽 $0.5 \sim 2.5\,cm$，长 $3 \sim 10\,cm$ 的纵深陷沟。

29. 地岗：犀角的底部与天沟相对处，有一条长 6 ~ 7cm，高 1 ~ 2cm 的脊状隆起。

30. 刚毛：犀角的下端，常有刺手的毛，直立不弯，习称"刚毛"。

31. 芝麻点：犀角薄片对光观察，可见像芝麻式样的组织，习称"芝麻点"。

32. 通天眼：又称透天眼。指羚羊的内中央有一扁三角形的细孔道直通角尖，习称"通天眼"。

33. 血丝：指嫩枝羚羊对光透视有血红色斑纹，习称"血丝"。

34. 齿轮纹：指羚羊角的底部，羚羊塞与外部角质组织彼此成齿轮状嵌合。

35. 合把：指羚羊角外部的环脊，用手握之，四指正好嵌入凹处，有适手感，习称握之"合把"。

36. 挂甲：将牛黄沾水涂于指甲上，指甲即被染成黄色并经久不退。

37. 层纹：指牛黄在胆囊内自然形成的层纹。

38. 乌金衣：指牛黄的外表面带有一层黑色光亮的皮，习称"乌金衣"或"乌金皮"。

39. 子眼清楚：指麝香仁，颗粒自然，疏松，色质油润。

40. 钻舌：口尝麝香时，味先苦辛，后甜，并有刺舌的感觉。

41. 银皮：又叫云皮，麝香囊内中层皮膜呈银白色，并呈透明样。

42. 油皮：麝香囊的内膜，呈棕红色，带油性，习称"油皮"。

43. 冒槽：指鉴别麝香囊时用特制的沟槽插入麝囊，抽出后与沟相平的香仁会膨胀，高出沟槽，习称"冒槽"。

44. 马头、蛇尾、瓦楞身：对海马的外部形象描绘，马头指海马的头像马头，蛇尾指海马的尾巴弯曲像蛇尾，瓦楞身指海马体上有瓦楞形节纹，习称"马头""蛇尾""瓦楞身"。

45. 丝腺环：指僵蚕的横断面，原丝腺胶液凝结排成的四个环圈。

46. 胶口镜面：僵蚕折断面胶块呈现出光亮的圆面，习称"胶口镜面"。

47. 珠光：指某些贝壳类药材，如珍珠母、石决明等内表面有珍珠般的光泽，习称"珠光"。

48. 宝光：多指一些角质状药材，角质呈蜜白色而细嫩，光泽润滑，明亮诱目。如质嫩色泽好的羚羊角、天麻等药材半透明角质，习称"宝光"。

49. 牛奶头：指覆盆子系未成熟的聚合果，其形状像牛奶头。

50. 鹦哥嘴：又叫鹦鹉嘴、红小瓣。指天麻顶端有红棕色至深棕色鹦嘴状的芽或残留茎基，习称"鹦哥嘴"或"红小瓣"。

51. 肚脐眼：指天麻末端有脐样疤痕，习称"肚脐眼"。

52. 起镜面：指天麻折断时，断口处呈半透明角质面。

53. 蓑衣：指藜芦的干燥品，残留的棕色叶基维管束围在药材外面，习称"蓑衣"。

54. 金包头：指毛知母顶端残留有叶痕及茎痕，呈浅黄或棕黄色，习称"金包头"。

55. 五花之层：又叫五花纹。指五花龙骨等的内部，有红、黄、蓝、白、褐色相间的层，习称"五花之层"。

56. 虎皮斑：炉贝母的外表面加工时留有未撞净的皮呈斑点状残留，俗称"虎皮斑"。

57. 怀中抱月：松贝母外层鳞叶两瓣，大小悬殊，大瓣紧抱小瓣，未抱部分呈新月形，习称"怀中抱月"。

58. 观音座莲：正品松贝，因粒粒含有苞芽，被认为是最佳品，习称"观音座莲"。

59. 罗盘纹：指商陆的横切片边缘皱缩，木部隆起，形成数个突起的同心性环轮，习称"罗盘纹"。

60. 蚯蚓头：某些根类药材根头部有明显密致的环纹，习称"蚯蚓头"，如防风等。

61. 糊头：又称油头，指川木香、越西木香、大理木香等的根头部，偶有呈黑色发黏的胶状物。

62. 马牙芦、竹节芦、元芦、灯心芦、雁脖芦：多指野山参的根茎，生长年久，形成的不同形状，瘦长、紧密，芦碗整齐排列成环，边楞齐，形似马牙者称马牙芦，弯曲多节者谓竹节芦，年久芦碗消失，呈圆柱形，谓灯心芦或元芦，细长并弯曲的叫雁脖芦。

63. 枣核丁：又称下垂丁，指野山参的不定根短粗，形如枣核，习称"枣核丁"。

64. 铁线纹：指野山参的主根上部横纹紧密而深，坚结，明显清晰，习称"铁线纹"。

65. 落肩膀：人参芦以下，参体的上端，上细，向下渐粗型。

66. 细结皮：指山参生长年限长，皮细密而硬，带有纹理，但不显粗糙，习称"细结皮"。

67. 少数腿：指山参的支根仅 1~2 条，很少多条腿。

68. 皮条须、珍珠尾：山参须根清疏而长，质坚韧，嚼之如麻不易碎，习称"皮条须"。须根上生有明显的小疙瘩，习称"珍珠"或"珍珠疙瘩"。

69. 横灵体：亦称短横体。指山参的主根短粗，观之较园参灵活，习称"横灵体"或"短横灵体"。

70. 云锦花纹：又叫云纹、锦状花纹。指某些药材内部的大量异型维管束，从横切面看，像花纹散在。如何首乌的周边有云朵状花纹环绕。

71. 方胜纹：指蕲蛇背部两侧"V"形纹 17~25 个，其"V"形的两上端在背中线上相接，形似方胜（方胜为一种首饰）故名。

72. 连珠斑：指蕲蛇的腹部，有黑色类圆形斑纹，习称"连珠斑"。

73. 玉带束腰：又叫腰带。指山慈菇中间有 1~2 条凹成或凸起的环，以杜鹃蓝慈菇最为明显。

74. 过桥：又叫过江枝。指黄连根茎的中间一段，细瘦光滑，习称"过桥"。

75. 钉头：指赭石佳者一面有圆形突起，习称"钉头"。

76. 八哥眼：胡黄连断面木部有 4~10 个类白色点状纤维管束排列成环，颇似八哥眼。

77. 疤痕：果实或种子类药材的种脐、种阜或合点常习称"疤痕"。如娑罗子上的种脐、巴豆顶端的深色合点，均称"疤痕"。

78. 白眉：白扁豆的一端有隆起的白种阜，习称"白眉"。

79. 板片状：从粗大树干剥下的树皮，干燥后呈板状或片状，如海桐皮、杜仲、黄柏等。

80. 斑纹：果实或种子表面的花纹，习称"斑纹"，如蓖麻子表面具大理石样斑纹。

81. 边墙：乌龟的腹甲与背甲两侧由 5 块小板围绕相连，呈翼状，习称"边墙"。

82. 邦骨：虎的后肢下节由两骨合成，主骨粗大，另一根很细，习称"邦骨"。

83. 棒骨：虎的后肢上节呈圆柱形，能四侧放平而不晃动，习称"棒骨"。

84. 苞：指未开放的花，即花蕾。如丁香、辛夷、玫瑰花等，习称"苞"或"苞头"。

85. 冰糖碴：大块黄精的断面色黄透明，习称"冰糖碴"。

86. 彩晕：花蕊石表面呈类白色或黄白色，有黄白色或绿色花纹相夹其间，习称"彩晕"，对光观察有闪星状亮光。

87. 槽状：树皮类药材因内皮、外皮含水量不同，干燥后向内方卷曲，习称"槽状"，如秦皮等。

88. 柴性：药材柴性大即认为质次，如新疆藁本。柴胡由于采收季节不当断面多呈木纤维，亦常称"柴性"。

89. 长嘴：老鹳草（牻牛儿苗）有宿存花柱，长可达4cm，形似鹳喙，习称"长嘴"。

90. 抽沟：药材表面的沟纹习称"抽沟"。如百部、党参、天麻等。

91. 抽沟洼垄：甘草表面有明显纵皱和沟道，习称"抽沟洼垄"。

92. 刺：药材表面长有刺状物，习称"刺"，如蒺藜、苍耳子、刺猬皮等。

93. 粗皮：主要指药材外表粗糙的老树皮，如未去净老皮的杜仲、黄柏等习称带"粗皮"。

94. 大挺：花鹿茸具有一个分枝者为"二杠"，其主枝习称"大挺"。

95. 单门：马鹿茸侧枝一个者，习称"单门"。

96. 蒂痕：肉豆蔻的种脐习称"蒂痕"。

97. 蝶骨：虎的寰椎，背面似蝶形，习称"蝶骨"。

98. 钉刺：海桐皮表面上的乳头状突起，习称"钉刺"。

99. 茬口：药材折断后的断面，习称"茬口"。通过对药材的折断面的观察，如平坦与否、粗糙或细致、色泽花纹、边缘形状等，来鉴别真伪优劣。

100. 粉霜：药材表面附着的粉状物，习称"粉霜"，如冬瓜皮、皂角等。

101. 粉性：又称粉质、粉状。主要指含粉性多的药材，如花粉、山药、粉葛根等，常以粉性的多少来分优劣。

102. 凤头鹤顶：产于浙江省於潜、天目山、昌化等地的白术，因形状有异和因产地而习称於术。其体形瘦小弯曲，带有较长的地上茎，呈鹤颈状，根茎部位略似圆球形，呈凤头状，故称"凤头鹤颈"。

103. 凤尾：川橘络丝细长而整齐似"凤尾"，习称凤尾橘络。耳环石斛因茎末梢细亦称"凤尾"。

104. 凤眼：虎骨前肢上节的下端，靠近骨环处内侧面，有一扁长孔，习称"凤眼"。

105. 佛指甲：蕲蛇尾部末节呈扁三角形，角质，似尖指甲，习称"佛指甲"。

106. 双筒状：又称如意形。某些树皮类药材产地加工时常卷成双筒状，习称"双筒状"或"双卷"，如双筒厚朴。

107. 高粱碴：质优的大黄，碎后断面呈颗粒性，呈红棕色，习称"高粱碴"，亦称"槟榔碴"。

108. 虎胫：虎的膝盖骨，习称"虎胫"。

109. 鸡眼：黄精表面有地上茎脱落的痕迹，呈圆形凹陷，俗称"鸡眼"。

110. 金牛玉栏：药材的断面形成层成环，将木部及皮部分成内外两部分，如皮部呈黄白色，木部呈淡黄色，常习称为"金牛玉栏"，如人参、黄芪的断面。

111. 金钱环：有的果实类药材果柄痕周围具环状纹理，习称"金钱环"，如香橼。

112. 糠：冰冻变质发松的大黄、玄参，习称"糠"或"糠心"。有的亦把虚松的药材也称"糠"，如枯萝卜（仙人头），也称糠萝贝。

113. 连三朵：款冬花的长圆棒形的头状花序，常2~3个花序连生在一起，习称"连三朵"。

114. 连珠：根与根茎的膨大部分排列如连珠者，习称"连珠"，如巴戟天。

115. 亮银星：有的药材表面或内部常析出结晶，在光照下可见点状闪光，习称"亮银星"，如牡丹皮、厚朴等。

116. 龙头：耳环石斛其一端茎部留下的短须根，习称"龙头"。

117. 龙头虎口：蕲蛇头部呈三角形而扁平，鼻尖向上口较大，习称"龙头虎口"。

118. 毛茸：果实种子类药材外皮具有毛的习称为"毛茸"，如毛绿七爪红、马钱子等。

119. 门庄：花鹿茸具一个分枝，且离锯口1m处分出侧枝，习称"门庄"。

120. 捻头：老五岔马鹿茸分枝顶端多无毛，习称"捻头"。

121. 翘鼻头：蕲蛇头呈三角形而扁平，其吻端向上，习称"翘鼻头"。

122. 实心：茎不中空，质坚实，习称"实心"。

123. 顺纹：犀角纵部面上的纵走纹理顺直，习称"顺纹"，亦称"顺丝"。

124. 丝瓜楞：甘草表面的沟纹，习称"丝瓜楞"。

125. 缩皮凸肉：山柰横切片，中央常鼓凸，边缘皱缩，习称"缩皮凸肉"。

126. 糖性：含糖药材如桑椹子、枸杞、瓜蒌等，习称有"糖性"。

127. 铁结白肉：猪苓质地结实，皮黑、肉白，习称"铁结白肉"。

128. 一包针：千年健有许多黄色针状纤维束，折断后针状纤维束多而明显，且参差外露，习称"一包针"。

129. 糟皮粉碴：赤芍外皮易脱落，断面白色，粉性大，习称"糟皮粉碴"，为道地赤芍的标志。

130. 坐骨生牙：虎、豹的臼齿呈"山"字形，锯齿状，齿骨深入腭骨内部，习称"坐骨生牙"。

（柳少逸、张奇文协助整理）

张云鹏

张云鹏（1930— ），江苏启东人。早年求学于江苏启东董氏中医学校，后又入上海中医学院深造，相继拜吴安庆、陈大年、章次公、姚揖君、曹惕寅等名家为师。1986 年获主任医师职称任职资格，1992 年起享受国务院政府特殊津贴待遇，1995 年获"上海市名中医"称号，1996 年获"上海市老有所为精英奖"，1997 年荣获全国老有所为奉献奖。1997 年、2002 年两次被国家人事部、卫生部、国家中医药管理局确定为全国老中医药专家学术经验继承工作指导老师，2004 年为"全国优秀中医临床人才研修项目"上海指导组专家。

先后供职于上海市公费医疗第五门诊部、上海市公费医疗医院、上海华东医院，1971 年任昆明市延安医院中医科主任，1980 年任昆明市中医医院内科主任，1988 年受聘为上海市中医文献馆馆长助理兼老中医经验及民间医药研究室主任。历任上海市中医文献馆学术委员会主任等职。还受聘为上海中医药大学、上海市中医药研究院专家委员会委员，南通市良春中医药临床研究所名誉董事及专家委员，全国中医药学名词审定委员会委员，中国中医药学会内科脑病专业委员会学术顾问，"全国中医、中西医结合肝胆疾病诊疗指南"课题组顾问，上海市防治传染性非典型肺炎中医药科研协作组专家，上海市突发公共卫生事件应急专家组成员。

发表论文 101 篇，主编《中国百年百名中医临床家丛书·张云鹏》《中国中医独特诊断大全》等 8 部著作，协编《心脏病基本知识》等 8 部（共 500 万字）著作，负责、参与国家级科研项目 2 项，先后获得各级科技成果奖 17 项。

伤寒入门　旁及诸家

我在从事中医临床、科研、教学、文献研究逾半个世纪的实践中，逐步形成了"以仲景学说为经，诸家论述为纬，兼收并蓄，融合汇通，坚持发展，重在实效"的治学思想。

我在学医过程中，对张仲景的《伤寒论》产生了极大兴趣，源于先师吴安庆先生之教诲，他说："《伤寒论》不但能治伤寒，且能治温病，不但能治温病，还能治一切内伤外感之百病"，"盖病能虽有万变，总不出六经范围，天地间只有此六气，人身中只有此六经，见六经中之何经为病，即知六气中之何气为殃，按而推之，不失毫厘，施于临证，效若影响，此仲景所以为百世师也。"我遂用毛笔抄录《伤寒论》原文，日夜背诵熟记，先生还逐条进行讲解，如前后对比分析、汤证鉴别、临床应用等，使我初步打下了基础。其后阅读柯韵伯《伤寒来苏集》"六经之为病，不是六经之伤寒，乃是六经分司诸病之提纲，非专为伤寒一证立法也"。徐灵胎也说："医者之学问，全在明伤寒之理，则万病皆通。"加深了我对《伤寒论》的认识与研究。

我对《伤寒论》的版本及注家也进行了研究，如现通行的宋本、明代赵开美复刻本、白云阁藏本、桂林古本、日本康平本、康治本等，愚意还是宋本为优。

至于《伤寒论》注家论著，我虽藏有百余种，然推崇者仅柯韵伯《伤寒来苏集》、尤在泾《伤寒贯珠集》、邹润安《本经疏证》、左季云《伤寒论类方汇参》、黄竹斋《伤寒论集注》而已。或有人对《本经疏证》有疑问，然考查该书取《本经》《别录》为经，《伤寒论》《金匮要略》等为纬，其精髓以仲景证本草，以本草证仲景，研究张仲景用药，实为可读之书。至于郑钦安之《医法圆通》《医理真传》，也有参考价值。

20世纪60年代，鉴于中医学术界对《伤寒论》与《素问·热论》的关系有争论，我有感而作，题为"对《伤寒论》与《素问·热论》关于六经问题的我见"，发表在《上海中医药杂志》1963年第9期。文章主要观点为："《伤寒论》与《素问·热论》之间，是既有联系又有区别，所谓联系是从历史发展上来认识；所谓区别，是从内容实质上来考虑。仲景运用《内经》六经的名称，而赋予了新的意义和新的内容。因此，在实质上和《素问·热论》有了原则性的区别。"该观点得到了上海中医学院《伤寒论》专家章巨膺、沈济苍的赞同。文章发表后，还得到了研究《伤寒论》学者的引述。

20世纪80年代，我撰写"《伤寒论》要义"，对《伤寒论》的主要精神及内容进行了概括。中心思想为：整体观念是《伤寒论》的基本精神，辨证准确是《伤寒论》的精髓所在，论治严密是《伤寒论》的关键之道，六经提纲是《伤寒论》的辨证要领，合病并病是《伤寒论》的常中之变，汤证对比是《伤寒论》的临床鉴别等。文章长达数万字，1981～1983年在《云南中医杂志》上连载7篇，对于帮助读者系统理解《伤寒论》有积极意义。

《伤寒论》厥阴病历来有争议，为千古疑案；同时中医界重视《伤寒论》有寒厥，但忽略了热厥。所以，我从临床实际出发，结合《伤寒论》厥阴病，发表了"厥阴病中寒厥与热厥的探讨""从《伤寒论》厥阴病探讨危重急症的辨治法则""厥逆释义与临证"3篇文章。

在《伤寒论》教学方面，我也做了些努力，早在20世纪50年代即在上海警备区西医学习中医班讲授《伤寒论》，得到好评；20世纪60年代，我在上海中医学院第二届中医进修班讲授《伤寒论》，得到《伤寒论》教研室主任赞赏；20世纪70年代先后在中华全国中医学会云南分会专题讲座、"云南省中医研究班"、云南中医学院讲授《伤寒论》；2000年4月，我为"上海市培养高层次中医临床人才研究班"解读《伤寒论》，既阐明基本精神，又联系临床实际，具有指导意义；2003年在"全国第三批继承老中医药专家学术经验研究班"作了"《伤寒论》述要"的报告。最近，我又撰写了"《伤寒论》辨证方药临床运用探析"一文，作为交流之用。

唐代韩愈《师说》云："古之学者必有师。""师者，所以传道授业解惑也。"师承是培养中医人才的一条重要途径。20世纪50年代，我得徐福民主任推荐，拜章次公先生为师，侍诊于上海市卫生局公费医疗第五门诊部。先师赴北京任卫生部中医顾问前夕，承蒙关爱，以《柳选四家医案》相赠，并亲笔题字、署名，题字如下："医案为古人积验所在，近贤经验之总结亦汇集于医案，特持云鹏同志揣摩，章次公时同事于第五门诊部。"兹举先师教诲一则如下：

一日，痹证患者求诊于先师，师问：《金匮要略》桂枝芍药知母汤由哪些药物组成？我虽有所知，但未能背全，遗漏了防风。师正言批评说："《金匮要略》

为治疗杂病之典范，桂枝芍药知母汤为《金匮要略》之名方，理应熟记烂背。"我低头汗颜不已，自忖对《伤寒论》尚能背诵，对《金匮要略》确为不足，遂重点攻读"中风历节病、血痹虚劳病、肺痿肺痈咳嗽上气病、胸痹心痛短气病、痰饮咳嗽病、黄疸病、惊悸吐衄下血胸满瘀血病、呕吐哕下利病"等篇。其后，我在临床实践中，运用桂枝芍药知母汤治疗痹证，其效果佳。先师治学严谨、重视经典的精神，对我影响颇大。正如《礼记·学记》所云："凡学之道，严师为难。""师严然后道尊，道尊然后民知敬学。"20世纪80年代，我进行主任查房时，一位主治医师介绍说，桂枝芍药知母汤为治疗热痹证的主方，令我大吃一惊，即问该方之组成，该医师竟然只说出桂枝、芍药、知母三味药，而不知有麻黄、附子之温药。次日，我下令全科各级医师，皆要重视经典著作学习。

我学习《黄帝内经》先从《内经知要》开始，为了通晓全貌，认真学习了王冰注《黄帝内经素问》与张隐庵的《黄帝内经素问集注》。《黄帝内经灵枢》则以陈梦雷《古今图书集成医部全录·医经注释下》为主；至于张景岳《类经》是以《素问》《灵枢》两书的原文，根据内容性质从类分门，因而称之为"类经"，便于检索，阅读方便，作工具书之用。为了研究"六经之含义""心系病之证治""热病之论述""不整脉的脉象与主病"及"养生之道"，我多次查阅《黄帝内经》全部原文，并加以分析。从临床出发，在通读的基础上认真钻研有关章节也是学好《黄帝内经》的方法之一。

我对温病学说之学习，始于《六因条辨》，因系崇明陆子贤所著，地域相近，时病相似，论述简而明，约而赅，既有提要，又有分注，故作为初学之阶梯。然后我细读了叶天士《外感温热论》、吴鞠通《温病条辨》，再读吴又可《温疫论》、杨栗山《伤寒瘟疫条辨》、余师愚《疫疹一得》，以及陈平伯《外感温病篇》、薛生白《湿热条辨》、雷少逸《时病论》等著作。

我在上海中医学院深造时，有人主张伤寒与温病合并，《伤寒论》派人士也开始认为温病学派在治疗上的确有所发展，遂酝酿编写一本《伤寒温病新编》，初稿虽成，终因意见纷纭而无法出版。我作为当时的主要编写人之一，从中得到了提高与体会，"伤寒与温病统一"的思路时在脑海中盘旋。通过临床实践，我撰写了"急性发热辨证施治探讨"一文，发表于《上海中医药杂志》1965年第8期，提出了"伤寒温病融化统一论"的学术观点及热病辨证纲领，其后又撰写了"发热初议"一文，被中华全国中医学会召开的第一届中医学术会议选为大会交流文章，该文从临床出发明确指出，热病分恶寒期、化热期、营血期、伤阴期、阳虚期五期；以表寒、表热、半表半里、气热、里实、血热、阴虚、阳虚八类作为外感热病的辨证纲领。

20 世纪 80 年代，我又发表了"外感热病治疗要点探讨""清代名医风温医案选析""对《临证指南医案·温热门》病案之初步分析""从外感热病话统一""治温良机在气分""答热病之疑"等论文。我曾任教于昆明市卫生局西医学习中医班第 1～3 期，主讲《温病学》及临床经验，并在中华全国中医学会云南分会主讲"温病学说"，经民意调查，认为我"学术水平、讲课艺术，名列前茅"，引起中医界的关注。

清代林珮琴尝云："学者研经，旁及诸家，泛览沉酣，深造自得，久之源流条贯，自然胸有主宰。"故我主张学宗仲景，旁及诸家，既悟经方之旨，也集时方之长。对汉以后的各家学说，也要善于吸收。研究各家学说要不存成见，而是独立思考，临床验证，为我所用。孙思邈是唐代杰出的医药学家、养生学家，他强调医德，以"大医精诚"为医家宗范，主张博学多能，启迪后人，重视脏腑辨证。他在养生方面提出的自慎为本、情志颐养、起居应时、饮食三要、房事适度等，很有见地。金·张子和强调汗、吐、下三法。我认为，以汗吐下专治疾病很独特，但也有缺陷；然对张氏的"良工之治病者，先治其实后治其虚"之论，颇为赞同，为临床"祛邪为先"的理论依据。我治咳喘，寒者从《伤寒论》选用小青龙汤，热者从《景岳全书》选用桑白皮汤，不囿一家之见。赵养葵论述命门相火甚详，形成了肾为机体调控中心的认识，积累了从肾着手诊治杂病的经验。

明代杰出的传染病学家吴又可创立了"杂气"学说，主张治疗用药针对病因，确为真知灼见，可称为中医学上的重大突破。他主张祛邪以宣通为主，急症急攻，常用下法，喜用大黄，对此我十分欣赏，并在黄疸、中风、肠梗阻、中毒性休克、肝胆疾病的治疗中使用，效果显著。对此，我还发表了《攻下法在急症领域治疗中的地位》《攻下法治疗急症介绍》《攻下法拾零》等文章。

关于叶天士的学术思想，我在临床实践中不断推敲总结，如治疗昏迷、谵语病人，既遵《伤寒论》阳明腑实证，以攻下通腑，又从温病逆传心包理论，配以芳香开窍之药；又如治邪热壅肺，既用麻杏石甘汤清泄肺热，也加用银花、连翘清热解毒。《临证指南医案》中指出："今叶氏发明内风，乃身中阳气之变动，肝为风脏，因精气衰耗，水不涵木，木少滋荣，故肝阳偏亢，内风时起。治以滋液熄风，濡养营络，补阴潜阳。"我很赞赏此段有关中风的论述，结合《内经》"诸风掉眩皆属于肝""血之与气，并走于上，则为大厥"的著名论断，提出中风发病重在"气血逆乱"。

我非常佩服王清任敢于指出前辈不能自圆其说的矛盾的勇气和创新精神，尤其是他的活血化瘀法，对后人很有启发和推广使用的价值。我曾撰写"王清任瘀血学说与常见心脑病的临床探讨"一文，参加了全国王清任学术思想讨论会。在临床上，我常用活血化瘀法治疗中风后遗症、高脂血症、心血管疾病、瘀滞型肝炎黄疸、肝硬化腹水及各种疑难杂症。

我非常推崇清代陈士铎的《辨证录》，陈氏辨证细致，用药精当，某些药物剂量较大，有异军突起之妙，符合抓住事物主要矛盾，解决主要方面的辩证思维逻辑。我在用药构思时，在某种程度上也参考了陈氏的观点。

我尊重历史，更注重时代的变迁，从实际出发，学宗仲景，伤寒入门，旁及诸家，兼收并蓄，融合汇通，形成了坚持发展、重在实效的治学思想。虚心学习，吸取各家之长，提高临床水平，是我永恒的课题。

名师指迷　多向领悟

"发皇古义，融会新知"是先师章次公先生同陆渊雷、徐衡之创办上海国医学院时制定的校训，同时也是他自己一生所奉行的治学理念与事业宗旨。所谓"发皇古义"，即是重视经典著作，研究探索和阐明中医传统理论精髓，并使之发扬光大，很好地传承下去。"融会新知"，则是在继承的基础上，不断吸收新兴学科（包括现代医学）之长而兼容融合，为我所用。这对我很有启迪，影响了我一生的从医生涯。

章师临证写作，均全神贯注，一丝不苟。临诊时详问病史，记录有序，切诊察舌时，或凝视，或点头，或思索，总是聚精会神，香烟燃至手指全然不知。其病案从实际出发，可长可短，长者整整 2~3 页，短者寥寥数语，确也切中要害，不拘一格，可谓巧矣。章师诊治疾病，主张"双重诊断，一种治疗"，甚有见地，具有历史指导意义。说到历史指导意义，回忆先师曾云："中医本身不能深入钻研，去继承祖国的医学遗产，而首鼠两端，犹豫不定，或者以利为先，不求精进，斯乃真可忧耳。"事隔逾半个世纪，仍不失为警世之言。章师对附子颇有研究，他说："应用附子之目的，在振起功能之衰减，不限定处所，譬如脉现沉微迟弱等象。"给我很大启发。我在日后的医疗实践中广泛应用，初步摸索了应用附子的主要指征、参考指标及临床疾病分布、证候分类、舌象脉象、配伍应用、中毒解救等，积累了不少经验。

我还师从沪上妇科专家陈大年先生，先师认为，妇人以调治血分为要，扶持元气为本；少女青春期月经不调，关键在肾；中年妇女多见肝气郁结之证；老年血衰，关键在脾。我后来又拜姚揖君先生为师，姚师为徐相任先生之门人，临床重在经方应用，善用温药与补肾，与我伤寒入门、学宗仲景是一致的，促使我以后加强了经方的临床应用。其后，我再拜曹惕寅先生为师，曹师为苏州名医曹沧洲之侄，常将外治方药用于内科病而取效，称为"导邪外达法"，主张万病唯求一通，药取灵通流动之品，使我"祛邪为先"、善用"攻下通腑"的观点，拓宽了思路，丰富了内涵，得到了发展。

张镜人先生为上海市中医界张氏医学派的主要传人，他学识渊博，为人淳厚，曾任上海市第五中医进修班班主任，我有幸参加学习，从此称张镜人先生为老师。我对他非常敬佩，尊敬有加，经常上门请教，直至今日，每年春节必登门拜年。张老的学术思想对我很有启迪，如"内伤杂病的治疗前提在扶正，所谓精气夺则虚；外感时气的治疗前提在祛邪，所谓邪气盛则实。新感非表不解，伏气非透不愈。救阴尚易，达邪最难，邪去则正安，热退则津还，与其养痈遗患，无如曲突徙薪"。张老常说："我家继承和吸收了张仲景及吴、叶诸家的学说理论，贯彻了卫气营血的辨证纲领，掌握了'表'与'透'的两大治疗法则，师古而不泥古，治伤寒、温热于一炉。临病之工，无非出于实践的积累。"其中"邪去则正安""实践的积累"使我尤为难忘，领悟亦深。近年来，我还参与了整理张老宝贵的临床经验汇编成册的工作，从中继续学习与受益。

"他山之石，可以攻玉"，西医学习中医，中医也可以学习一点现代医学知识，中西医各有所长，也各有所短，通过学习，可相互取长补短，促使自己认识事物比较全面、比较真实、比较客观，也可借助他方的长处，使中医药事业得到更好的继承和发展，进一步提高中医药防病治病的能力。

20世纪50年代，是我努力提高学术水平的重要阶段，我利用业余时间到上海八仙桥青年会、上海市开业医师医学进修班学习现代医学知识，听取上海市第一流西医专家讲课，达3年之久。由于我学习认真刻苦，被推选为学习委员，这次进修班的学习，使我加深了对现代医学知识的掌握。同时，我对著名教授上课的思维方法、语言表达、姿态风范等也进行了悉心观察，为以后的教学工作提供了有利条件，为调入上海市公费医疗医院筹建中医病房奠定了良好的现代医学工作基础。

我国从20世纪50年代中期由著名科学家钱学森主持，开始了系统工程的研究。20世纪80年代，我有幸与钱博士会见，对其渊博的学识非常钦佩。钱学森院士认为："中医理论是祖国几千年来实践经验的总结，非常珍贵，要发展我国传统医学，是万万不能丢掉中医理论的。"这是多么有远见的话语。钱院士又说："中医、中西医结合就是要强调中医学术的整体观念、辨证论治思想，治病要人、病、证三结合，以人为主统筹考虑。这就是要把人和环境作为一个复杂的体系来考察。"由此，我非常重视系统科学的发展，及其与中医学理论的相关性。我认为：系统科学中占有重要地位的"整体性""巨系统""母系统""子系统""多层次观念""加和性与非加和性""综合性原则"等在中医学的"整体观念""天人相应""三因论""藏象论""元气学说""辨证论治"等理论中，几乎都可以找到某种原始思想。我应"光明日报"之约，撰写了题为"中医学理论与现代科学发展总趋势相适应"的文章，得到北京有关人士的好评。系统观念也包括生物圈的概念，医学气象学研究的兴起，使天人相应的观点得到了重视。我在20世纪80年代与上海中医学院有关专家合作，进行了日全食对人体有无影响的观察研究，主要负责观察日全食对心血管疾病患者心电图、血压、症状的影响，客观地揭示了天人相应观点的正确性。

从系统观念出发，我主张多元辨证，提出从多层次、多侧面、多因素、多变量、多方位地考察疾病的始因与变化。运用系统观念的"关系"，辨人、辨时、辨地、辨病因、辨病态、辨病机等，对疾病的认识不但要看到现在的症状，还要了解过去的症状，同时要预测未来的症状。就辨证而言，中医有八纲辨证、病因辨证、气血津液辨证、脏腑辨证、经络辨证、六经辨证、卫气营血辨证、三焦辨证、七情辨证等，医者必须从整体出发，全面审察，统筹考虑，优化选择，不能执一而论，失之偏颇。在多项式的辨证过程中，要运用综合调节原则。疾病是复杂多变的，证候的显现有真象也有假象，故有"舍脉从症"和"舍症从脉"的理论。还有，在治症、治病、治人上，何者为先，何者为急，都必须在系统整体观念上，采用综合的原则去认识疾病、分析疾病、处理疾病。《素问·阴阳应象大论》说"治病必求于本"，这个"本"是指凡属一切造成这疾病的综合性名称，治其本也就是综合调节，使生命回归到正常轨道上来。

如要获得名师指点，还需要自己时时留意，不放过一切大大小小的机会，如请院外中医专家来会诊时，要细致观察，详细记录，勤于积累，善于思考，为我所用。20世纪60年代我在上海市公费医疗医院工作时，曾邀请上海市中医文献研究馆第一任馆长顾渭川先生来院会诊，他师从孟河学派费绳甫，擅治内科杂病，以养阴见称，治虚劳主清润平稳，养胃阴则主气味甘淡，独树一帜，成为一派。北沙参、大麦冬、大白芍、生甘草为其常用之药。又请山东名医刘惠民前来会诊，刘老善用枣仁治疗不寐，用量颇大，有时生熟枣仁同用，每能获效。再如厦门康良石先生会诊，其诊脉实行三部九候，针对肝炎提出了"六郁相因"理论，用药取芳香化浊、分利湿热之品。上海姜春华先生对肝脏疾病亦有深入研究，他在会诊时指出：早期肝硬化先瘀后滞，治以化瘀。如采用疏肝理气为主的方法是不够全面的，应予下瘀血汤为主。晚期肝硬化腹水，虚中兼实，攻补配合。姜老晚年在上海市中医文献馆设教学门诊，我当时任老中医经验及民间医药研究室主任，对姜老学术思想及临床经验的整理责无旁贷。1989年，"姜春华教授临床思路与方法研究"经审批列为1989年国家中医药管理局课题，我为课题第一负责人，特别对"截断扭转学说"进行了深入阐述，得到了姜老的首肯。1994年10月，我主编了《姜春华学术经验精粹》一书，由中国中医药出版社出版。研究编写的过程，也是我再一次学术与领悟的过程。

精诚服务　创新求效

在人生道路上，我遵循"唯物求是、以和为贵、精诚服务、旨在奉献"的原则，以"宽容、至诚、创新、求效"八字为座右铭。

"夫济时之道，莫大于医；去疾之功，无先于药"，故"医者，济困扶危之术，仁人孝子之心也"。鉴于此，我总是把病人放在第一位。求诊病人多时，一天可达100多号。有人提出限额，我认为不妥，限额会造成紧张气氛，病人多，可以分为三个时间段慢慢看。也有人说可以用提高诊疗费的方法解决，我为病人着想，认为也不妥。自1989年以来，我一直坚持在单位所属卢湾区瑞金街道和家住的普陀区石泉街道义诊服务,《新民晚报》曾报道"名医下里弄六年如一日",《新普陀报》也以"为了提高居民的生活质量"为题,对我进行了报道。在漫长的医疗生涯中,我多次被授予"先进工作者""优秀知识分子"称号。1986年,我在昆明市中医医院任内科主任时,《春城晚报》以"云厚雨猛,弓劲箭远"为题,以"一封不寻常的感谢信"表扬了我们的医德医风,称赞我们的创新求效为"极有见地的一招"。

我识疾治病,遵循从整体出发、多项辨证、分析标本、分清缓急、坚定果断、机动灵活的原则,力求医术精湛、辨证细致、疗效卓著。我对热病、高血压病、冠心病心律失常、高脂血症、中风、脑血管疾病有独到见解与用药新招;治疗乙肝、脂肪肝、肝硬化、肝癌也积累了丰富的临床经验,颇有特色;对月经不调、不孕症、老年病、养生保健等亦有深入研究;擅治疑难杂症。总的思路是全局着眼、调理脏腑、分清虚实、标本兼顾、抓住难点、综合施治。

应用经方,还要善用经方。如用桂枝汤治外感风寒表虚证、营卫不和谐自汗证及雷诺病、冻疮等;桂枝麻黄各半汤治汗出不彻外邪不解证及身痒证;麻杏石甘汤治邪热壅肺之咳喘证;芍药甘草汤治胃肠痉挛及肌肉挛急证;小陷胸汤不仅可治消化系统的痰热互结证,也可治呼吸系统的痰热互结;泻心汤辛开苦降,治心下痞胃气不和以及寒热错杂偏于湿热的消化道疾病;小柴胡汤常治寒热往来半表半里少阳证,也可加大剂量治肾周围脓肿之寒热往来;大柴胡汤治胰腺炎和肝脓肿;茵陈蒿汤治阳明发黄、肝胆湿热所致的阳黄;白虎汤为阳明经证之主方,又对病毒性脑炎有效;大承气汤攻下通腑,用于急腹症可收到满意效果,同时用于治疗中风闭证有釜底抽薪之妙;我非常推崇四逆散,此方是柴胡疏肝散、逍遥散的组方,以疏肝解郁、升降气机、调和透邪见长,可治肝郁气滞、月经不调、邪热内郁以及情志不遂等多种疾病;四逆汤回阳救逆,治少阴阳虚而阴寒内盛之证,并可统治各种疾病发展为阳气虚脱、周围循环衰竭、休克之证。

明察邪正态势,果断攻补有序。我认为:人体是一个有机整体,构成人体的各个组成部分,以各自不同的功能在生理上既相互依赖又相互制约。疾病是逐渐痊愈还是日趋严重,关键在于人体的邪正态势。有时扶正为了祛邪,有时祛邪为了正安,医者要根据邪正态势,来正确把握祛邪与扶正。我正是善于从众多的症状中抓住要领,分清邪正盛衰、主次关系及矛盾的主要方面,正确观察疾病邪正的走势，不失时机地运用有效的攻与补，从而治愈了很多疑难杂证。如甲型病毒性肝炎，发病急，来势凶，有强烈的传染性，我认为其为感受时行疫疠之邪，具有外感热病中瘟疫病的特征。肝胆湿热、热毒内盛是甲型病毒性肝炎的主要病机。因此治疗要着眼于消除疫毒、疏理肝胆。急性期以祛邪泄热为主，稳定期以调整机体为主。祛邪不要太猛，扶正不宜蛮补，理气防止过分香燥，疏肝注意不耗伤阴液。我以上述方法治疗甲型肝炎功能持续异常者240例，临床治愈率达96.7%。半年后随访，仍达到基本治愈标准。

又如肝硬化，我认为此系邪毒久恋，痞塞中焦，脾不运化，肝失疏泄，气郁血凝，肝络瘀阻，脾肾两虚，三焦壅塞，气化失司，水湿内停所致。正虚为本，瘀浊阻结为标，是虚实夹杂、寒热交错的复杂重症。治疗主张攻法与补法相结合，内服与外治相结合。内服汤剂重在辨证施治，调节整体，提高免疫功能。当见到肝硬化腹水，胸腹膨胀绷急，气急不能平卧，饮食不下，大小便少而难通，苔腻，脉弦数有力者，常用舟车丸、葶苈子等攻下逐水；外敷利于药物吸收，直达病所，疏通经络，改善门静脉血流。我认为：病达肝硬化腹水阶段，已是邪既实而正却虚，攻逐腹水虽可缓一时之急，但毕竟是权宜之计，临证要根据患者的寒、热、虚、实、气滞、血瘀、兼湿、夹痰、脏腑虚损的不同，结合肝功能生化指标的具体情况，分清主次先后，何时可攻，何时则补，做到攻补有序。一般采取首先退黄疸，依次降酶、降球蛋白、升白蛋白，使三阳转阴。我以此法治疗87例肝硬化患者，经过1~3个疗程的治疗，都获得了良好效果。

再如，我曾治肺炎患者，先予麻杏石甘汤，患者服药后症状有所好转，但面色苍白，汗出较多，脉细无力，表现为阳气不足。我认为：此患者有邪实的一面，但不能忽视阳气虚的另一面，故采用麻杏石甘汤中加入附子治疗，果然药到病除。

在近半个世纪的临床实践中，我比较推崇"祛邪为本""邪去则正乃安""祛邪即是扶正"，这充分反映了治病如用兵，主动出击，掌握有利时机，进退有节，积极进取的大将风度。

"医术之精粗，在能辨证。辨证之真确，在能明理。"崇于此，使我在临床实践中颇有特色与创新，辨证深思明鉴，用药广取巧配，形成了自己独特的学术风格。我善于运用经方，明辨寒厥与热厥，重视系统观念，主张先治其实，后治其虚。如治疗乙型肝炎，我提出解毒与调控免疫双管齐下，以解毒驱邪为先；脂肪肝为痰瘀互阻，肝络不和；脂肪性肝炎从毒论治为要；肝脏疾病凡临床具有血热征象者，均可用犀角地黄汤加减；肝硬化治以解毒软坚法；高血压治以滋阴平肝降火为主，活血润肠利水次之；对冠心病的发病，我认为，心脏为发病的场所，肾虚为发病的基础；中风的病机，可概括为"气血逆乱"四字；不寐治有十五法；常用虫类药及补肾温阳法，治疗疑难杂病；善用攻下法及清热解毒法，以救危急，屡建殊功。

近年来，我参与了 SARS（严重急性呼吸综合征）的防治工作，经常思考疫病的发生发展是否存在共同性与规律性。下面初步提出的"中医疫病证治通则"，遵循"天人合一，整体观念，审证求因，辨证论治"的精神，应用六经辨证、卫气营血辨证、三焦辨证的方法来反映疫病的疠气、热、毒、湿的共性，体现了疫病的传变规律及预后，是热病研究的延续，共分 18 个证候。

（1）疫毒犯卫：宜疏散时邪，清热解毒。方如银翘散加减或桑菊饮加减。

（2）疫毒夹寒：宜解表散寒，驱邪外出。方如荆防败毒散加减。

（3）疫毒夹湿：宜解表化浊，渗湿祛邪。方如藿朴夏苓汤加减。

（4）疫及表里：宜升清降浊，消解疫毒。方如升降散加减。

（5）疫伏膜原：宜开达膜原，辟秽化浊。方如达原饮加减。

（6）疫毒壅肺：宜泻肺清热，化痰解毒。方如麻杏石甘汤加减或桑白皮汤加减。

（7）肺毒移肠：宜苦寒清热，解毒止利。方如葛根芩连汤加减。

（8）肺热腑实：宜宣肺化痰，泻热通腑。方如宣白承气汤加减。

（9）疫漫三焦：宜清热解毒，泻三焦之火。方如黄连解毒汤加减。

（10）疫入气分：宜大清气热，甘寒生津。方如白虎汤加减。

（11）疫毒迫血：宜凉血散血，清热解毒。方如犀角地黄汤加减。

（12）疫扰气血：宜清热解毒，清气凉血。方如清瘟败毒饮加减。

（13）疫传阳明：宜峻下热结，釜底抽薪。方如大承气汤加减。

（14）疫陷心包：宜清心解毒，芳香开窍。方如清宫汤加减。送服安宫牛黄丸。

（15）疫盛动风：宜凉肝息风，清热解毒。方如羚羊钩藤汤加减、紫雪丹。

（16）疫闭外脱：宜芳香开窍，扶正固脱。方如安宫牛黄丸或苏合香丸、参附汤。

（17）气阴两伤：宜甘寒生津，滋养肺胃。方如沙参麦冬汤加减。

（18）肺脾两虚：宜益气健脾，培土生金。方如香砂六君子汤加减。

我在临床医疗实践的同时，先后在上海、北京、云南、山东等地担任中医伤寒、温病、诊断、内科、妇科等教学任务和开展讲学活动，为培养国内外中医、西医学习中医人才，做出了积极贡献。我对《伤寒论》的分析讲解尤其令人钦佩。专题讲座"攻下法的临床一得""附子的辨证运用"，理论联系实际，使人信服。1987年，我被云南中医学院评为"教书育人优秀教师"。

近十几年来，我为上海第一、二、三届名老中医药专家学术经验继承教学，倾注了极大热忱。我先后担任上海市继承老中医药专家学术经验研究班副班主任、导师，"全国老中医药专家学术经验继承工作指导老师""全国优秀中医临床人才研修项目"上海市指导组专家，经我培养的学生遍及国内外。我深深感到：课堂教学、临床带教的过程，也是自己继续学习，努力提高，精诚服务，创新求效的过程。教学相长，发展中医，提高中医临床水平是要务。

在国际学术交流中，我也做了许多工作。1986年，我在国际科技交流传统医学专修班教授"心病中医疗法"，深受国外学者欢迎。1994年在"首届中韩学术研讨会"上，作了"中风病治则研究述评"的发言，受到中外学者的肯定，与韩国韩医师协会国际委员长裴元植教授、大韩韩医学会内科学会会长林逸圭教授相识与交流。1996年，我的"肝病辨证心法"一文获第三届世界传统医学大会国际优秀成果奖（美国旧金山），1998年，"脂肪肝防治思路新探讨"科研论文获第四届世界传统医学大会国际优秀成果奖（美国洛杉矶）。1998年，我出席了在马来西亚槟城召开的"98世界医学成果博览及现代医学论坛大会"，被推选为荣誉主席，在会上交流了"脂肪肝防治要领"，获"98世界医药成果杰出论文优秀奖"。2001年我应日本东京临床中医学研究会、广岛中医研究会特邀作为中国首席代表赴东京参加"第十六届中日传统医学学术交流会"，作了"四逆汤类及其主证主药的研究"的专题学术报告，受到欢迎，还参加了日本东洋学术出版社《传统医学》杂志编辑部召开的《伤寒论》研究座谈会，就《伤寒论》经方临床应用进行了交流。

总之，勤于积累，善于思考，继承不泥古，创新不离宗，立足于中医，立足于临床，立足于疗效，为中医事业不断做出贡献，是我的一贯主张和信念。

石仰山

石仰山（1931—2015），名锡煜，江苏无锡人。1950年高中毕业，从父石筱山学习中医伤科、针灸、外科，并师从黄文东医师攻读医学经典著作，1955年开业行医。1968年进入上海市黄浦区崂山地段医院任伤科主治医师，1980年调入黄浦区中心医院，1987年任黄浦区中心医院副院长、伤科主任医师至今。同年被推荐为上海市中医药学会常务理事、上海市伤科学会主任委员。聘为中国中医研究院特约研究员，上海中医药大学首批兼职教授，上海中  医药大学、上海中医药研究院专家委员会名誉委员。1990年9月任黄浦区中医医院首届院长。1983年、1985年、1987年三次荣获上海市劳动模范，1986年获全国卫生文明工作者称号，1991年享受国务院政府特殊津贴，1992年被评为黄浦增辉十佳个人，1995年被评为上海市名中医。任上海市继承老中医专家学术经验研究班指导教师。2006年获中华中医药学会中医药传承特别贡献奖。2013年被评为第二届"国医大师"。在"石氏伤科"历代传人中，其中医理论功底丰厚，临床经验丰富，几十年来，既遵循先辈"十三科一理贯之"的辨证施治古训，又博采众长，把中医各派各科的长处融会应用于伤科临床。熟练运用先辈"外伤内治"的手法，进一步强调"人是一个有机整体"，不论是脏腑、经络（脉），或是皮肉、筋骨等处受伤，都离不开气血二字，治疗伤病一定要内外兼顾，整体调治。故"外伤内治、气血并重"为石氏伤科的核心。

继承创新　探求岐黄

余原籍江苏无锡前州镇石家岩，先祖19世纪70年代迁沪悬壶济世，历经石兰亭、石晓山和石筱山、石幼山三代传人的努力，光绪至建国初期，"石氏伤科"誉满沪上，成为中医骨伤的一大流派。

（一）言传身教，精读原著

余为上海"石氏伤科"第四代传人，1950年高中毕业后，从家父石筱山学习中医伤科及针灸。余开始学医的时候，家父要求余一定要学好中医基础知识，掌握中医的思维方式，把握中医理论的精髓，为"运用之妙，存乎一心"打下坚实的理论基础。家父筱山公十分强调对中医经典原著的学习与体会，要求原汁原味地体会中医之道，而不是简单地学习一些经过别人编辑的东西。待余具备了一定的中医基础理论之后，就一边随父亲上临床，一边还不断进行理论学习，实现理论知识与临床实践的互动。余学医后，只要筱山公为患者切诊，就一定要余端端正正地坐在一边，看他为患者摸比、按捺，最后由他口述，让余抄写处方。起初筱山公开药时，总要向余讲解药的用途，后来遇到同样病情的患者，筱山公便让余拟写处方，由他修改、增减，并让余陈述药的用途、为何用此药、药量何多何少等。

家父筱山公根据自己多年实践，深感当一名合格的医生仅有临床经验是远远不够的，还必须精读医书，具备扎实的医学理论基础。如果有了扎实的理论知识，又坚持实践，就能够在医学领域中自在游弋，不断攀登新高峰。本着这一指导思想，家父亲自登门拜访了当时著名的中医专家、他的莫逆之交黄文东先生，恳切要求黄文东收余为弟子。黄文东见一代名医如此诚心，自然满口应允。这样一来，余白天跟父亲学习临床经验，晚上便到黄文东先生家里，听黄先生讲解中医学理论及中医内科等方面的知识和经验，回家后还要继续刻苦攻读卷帙浩繁、晦涩难懂的医学典籍，直至夜阑人静。余跟随父亲和黄先生学习5年，经考核于1955年开业行医，1967年分配至上海市黄浦区崂山地段医院伤科，并晋升为首批伤科主治医师，1980年调入黄浦区中心医院伤科，1987年任黄浦区中心医院副院长、伤科主任医师，1990年任黄浦区中医医院院长。

（二）勤思感悟，善于总结

学习中医学不仅要夯实基础，而且要善于思考、善于归纳，在大量的医学实践中，不断体悟、不断提高。余认为中医的特色是辨证治疗，这与西医的

"辨病治疗"有本质之不同。中医将人看作是一个阴阳、气血、虚实矛盾运行的整体，在西医看来一样的病情，由于病人的病因、体质、年龄、性别等的不同，中医的用药就会有所不同。严格地说，由于每个人都是独一无二的，因此，一名优秀的中医在开药方时，凭借的是理论与经验交融产生的瞬间灵感，过后则很难把握住。正如《局方·附指南总论》所云："故医者，必须澄心用意，穷幽造微，审疾状之深浅，明药性之紧缓，制方有据，与病相扶，要妙之端，其在于此。"亦即"学者善悟其妙，而以意通之"之谓也。

明代李士材云："方者，定而不可易者也；法者，活而不可拘者也。非法无以善其方，非方无以疗其症。"故方者一定之法，法者不定之方也。名医处一方，必有一方精意存于其中。故余认为，抄方是一个很好的学习方法，通过分析研究，可知老师处方之法则、定例，可知其治疗之规矩准绳，可以体会老师的灵感，使自己的水平得到提高和升华。

（三）博采众长，寻求突破

余不囿于自家所学，常要求自己和学生善于学习他人之长，通过学习借鉴其他学派的经验，进一步提高自己的医疗水平，完善石氏伤科的学术体系。

余既遵循先辈"十三科一理贯之"的辨证施治之古训，又博采众长，把中医各派各科的长处融会应用于伤科临床，以熟练运用石氏"外伤内治"的方法，贯穿整体，注重气血，因此临证运用颇见实效，且又很少有后遗症，使石氏伤科学得到了更大发展。余建立了"石氏伤科"研究室，总结整理了"石氏伤科"的理论体系、经验秘方、诊断手法及外敷药剂型的改革，强调治疗伤科要内外兼顾、整体调治，形成了擅治伤科及骨质疏松症、颈椎病、腰腿痛等疑难杂症的学术特色。余主持课题四项，两项获上海市科技进步三等奖。从医几十年，余深感中医学是中华民族优秀传统文化的重要组成部分，它的生命根源于民族文化。中医药学的理论体系是建立在中国古代哲学、人文科学和大量临床实践基础上的，中国的传统文化是中医学的核心。因此，余亦注重哲学和人文学科等方面的学习，以寻求在中医伤科领域中有所突破与创新，此即"儒之从政，医之行道，皆以救世济人为其责任者也"。诚如清代蔡陆仙所云："夫欲明了中国之整个医学，非先根据中国医学史以入手研究，殊不能溯本穷源，贯穿百家，作有系统之精密整理焉。"

伤科论治　一理贯之

学者研经，旁及诸家，泛滥沉酣，深造自得，久之源流条理，自然胸有主宰。余推崇薛己"十三科一理贯之"的论述，从各科各派中寻求治疗伤科疾病的一贯之理，强调气血兼顾，以气为主，以血为先；筋骨并重，内合肝肾；调治兼邪，独重痰湿；勘审虚实，施以补泻，将一理贯之的整体思想，贯穿于伤科论治的整个过程。

（一）以气为主，以血为先

《内经》论疾病的发生道理，是基于阴阳而归结到气血的。《素问·调经论》云："血气不和，百病乃变化而生。"家父石筱山认为："伤科疾病，不论在皮肉筋骨或在脏腑经络，都离不开气血之变，故治伤的基本原则，应当是气血兼顾，不能专主血或专主气，而有所偏。"所以损伤而致疾病，关乎气血阴阳之变，疗伤时气血兼顾而不可偏废。然而形体之抗拒外力，百节之屈伸活动，气之充也；血能化液濡筋，成髓养骨，也是依靠气的作用，所以气血兼顾而宜"以气为主"。不过积瘀阻道，妨碍气行，又当祛瘀，则应"以血为先"。总之，"以气为主"是常法，"以血为先"是变法。在伤科临床上单纯用活血化瘀药，或者单纯用理气药的情况是少见的。有时虽有侧重，但两者均不可偏废。从中医学的角度来看，血和气沿着经脉一起流行，互相联系，互相制约，是矛盾的对立统一。"气为血帅""血随气行""气行则血行""气滞则血凝"，因此治疗伤科疾患，不论内伤外伤、内治外治，都必须注意流通气血。

因此，余认为理气宜气血兼顾，气血的关系则是以血为先、以气为主，故提出了"以气为主"的观点。余又从临床实际诊治情况出发，认为气血兼顾、以血为先是临床常用的治标之法，以气为主的气血兼顾为刻刻留意的图本之计，这是"石氏伤科"理伤掌握的原则。气血理论是与损伤有关的基础理论的核心，也是指导治疗的关键。余正是在这一点上，继承前贤经验，在新的高度提出了带有规律性的观点，从而发展了"石氏伤科"的伤科理论。此即"丘山积卑而为高，江河合水而为大"之谓也。

（二）筋骨并重，内合肝肾

伤筋动骨之病，关乎筋骨肝肾，筋束骨，骨张筋，筋骨关系殊为密切，治时要筋骨并重。肝主筋，肝藏血，肝血充盈才能"淫气于筋""束骨而利关节"；肾主骨，肾藏精，精生髓，髓养肾，骨的生长发育乃至损伤以后的修复，需依靠肾脏精气的滋养。故余在治疗筋骨损伤时注重"内治者，当主祛瘀和营，调气化滞，固筋壮骨；人有勇怯，伤有轻重，积瘀而体盛者，宜先祛瘀而后调益；质弱形羸者，宜先调益而后祛瘀。留瘀不多，不宜妄施攻逐；气滞不结，弗能乱投破耗；老弱者，刻刻顾其元气；质盛伤重者，骨续之后，终须调补肝肾。"充分体现了石氏伤科筋骨并重、内合肝肾的中医学术思想。

（三）调治兼邪，独重痰湿

余认为：凡非本病，其发生不论前后而有一个时期与本病同时存在的，都叫兼邪。由于损伤后气血失和，易致风寒湿邪外袭或内生痰湿留络而损伤气血。郁阻日久，气脉闭塞，脘窍凝滞，更突出表现为痰湿入络的特征，或本虚标实或寒热夹杂，波及脏腑，使病情复杂，迁延不愈。故清代尤怡《伤寒贯珠集》有"治病者，必先识病。欲识病者，必先正名。名正而后证可辨，法可施"之言；清·翟良尚有："法无定体，应变而施；药不执方，合宜而用"之论，即贵临证之通变，勿执一之成模也。

验诸临床，余认为兼邪当着重从病人的全身情况入手，辨证求因而治，并将兼邪的概念逐渐加以深化、理解，把"损伤变证"也包括在内。损伤变证是指损伤起因，变生他证。而且这一"证"不只是个别的症状，而是一个病证。如伤后结毒就不只是郁瘀化热的症状，而是由损伤引起的与损伤并存的病证。

在伤科临床上，常见痰与风湿瘀诸邪相合为患。痰湿入络，其症或损伤而致，而更多是积劳所致。因反复损伤，致气血呆滞，痰湿因之留恋，痰瘀交凝，筋损失用，而成缠绵难已之疾。正因如此，余提出"调治兼邪，独重痰湿"的观点，结合家传治痰湿名方，广泛运用于伤科临床，收到了非常好的疗效。

（四）勘审虚实，施以补泻

"百病之生，皆有虚实"，损伤之病亦不例外。一般说来，损伤之初多属气滞血瘀的实证，若素体虚弱而损伤者，可能出现邪实正虚、虚中夹实之证。损伤日久，逐渐由实转虚，或虚中夹实，此时纵有实候可言，也多为宿瘀，而气多呈虚象，治当先调补虚怯之体，痊后祛瘀，或攻补兼施，视具体情况而定，关键是审定患者是否耐攻。正如《景岳全书》所云："补泻之法，补亦治病，泻亦治病，但当知其要也。"

石氏伤科强调理伤勘审虚实，施以补泻，最根本的就是求其"实者泻之，虚者补之"原理。实者运用石氏新伤续断汤辨证加减治之，虚者则运用石氏调中保元汤辨证加减治之。余认为：伤损之后，实证阶段比较短，虚证则为时甚长。故理伤取攻逐之法是其变，用补益之法方为本，且有"病有宜补，以泻之之道补之；病有宜泻，以补之之道泻之"之论。故补法的应用是多样的，或先攻后补，或先补后攻，或攻中寓补。临诊虽可灵活多变，但万变不离其宗，总以温补脾肾为主。所以在伤损后期或慢性损伤时，余多予其经验方调中保元汤，充分体现了勘审虚实、施以补泻的伤科临床指导思想。

理伤续断　辨证求因

在"一理贯之"的理论指导下，根据临床实际，余从损伤的病情程度、病变部位和病变性质出发，寻求和把握理伤续断辨证求因的论治原则。

（一）跌打损伤，治分三期

跌打损伤分为初、中、后三个时期，这是根据损伤后气血和筋骨的情况来划分的，同时对损伤内服药的运用提出了三点要求：其一，四肢的损伤，主要是血瘀，因此以活血化瘀为主，稍佐理气药物，躯干损伤则往往气血兼顾。其二，瘀血容易化热，活血化瘀要偏于凉血、活血，热象明显者还要加重清热药，但凉药不宜太过，时间也不能太长。其三，就是要结合全身辨证，辨别虚与实而分别施以补泻，这对于损伤的治疗有着非常重要的指导意义。

1. 初期

筋损骨折，气滞血瘀，治疗一方面要接骨续筋，用手法固定等措施，另一方面要采用活血化瘀、消肿止痛的内外用药。方以荆芥、生地、当归、地鳖虫、赤芍、忍冬藤、泽兰叶、王不留行子、炙乳没、青陈皮、桃仁。

2. 中期

筋骨已开始接续，瘀血散而未尽，气血仍未调和。治疗一方面继续固定，另一方面嘱患者关节适当活动，使气血通畅。方以当归、丹参、独活、川断、狗脊、川芎、泽兰叶、红花、伸筋草。

3. 后期

肿胀消退，筋骨接续，但尚未坚固，酸软少力，关节活动也觉牵强。这一时期的治疗，就是要加强活动，使气血通畅，使筋骨的力量恢复，内服益气养血、健筋壮骨药。方以炙黄芪、炒党参、焦白术、当归、独活、川断、狗脊、红花、伸筋草。

（二）内伤病变，治在定位定性

《难经·六十一难》云："望而知之谓之神，闻而知之谓之圣，问而知之谓之工，切脉而知之谓之巧。"故医有神、圣、工、巧之妙，人不可不知，药有寒热温凉之性，医不可不晓。而伤科亦应四诊合参，不可偏一。清·黄元御《四圣心源》云："凡人之身，骨以立其体干，筋以束其关节，脉以通其荣卫，肉以培其部分，皮以固其肌肤。"故伤科应根据骨、脉、肉、皮的损伤程度及部位，运用脏腑经络辨证而施治。

1. 头部

头部受震，脑海震荡，眩晕呕吐，肝经之证，初期可用柴胡细辛汤、天麻钩藤汤等加减，日久当属肝而及肾，可用调中保元汤治之。

柴胡细辛汤

功效：祛瘀生新，调和升降。

以柴胡理气调和为主药。余认为柴胡能升能降，因而得一"和"字，只要善于使用，不论病在上、中、下哪一部位都很适宜，可谓是治疗伤科内伤的一味良药，同时，柴胡又为引经之药，可使药力随经气循行而通达上下；辅以细辛起到辛开苦降、升阳降浊之功，治头痛脑动之疾；半夏为使，能降浊止呕，薄荷辛散以助之，更用归尾、地鳖、丹参、川芎，泽兰等化瘀治血之品。全方重在化瘀升清，体现了石氏伤科以气为主、以血为先的指导思想。

天麻钩藤汤

功效：平肝宁神，和营养血。

本方以天麻治头部内伤、头晕头痛为主药，天麻能治头痛头晕，通血脉而开窍；并辅以钩藤、白蒺藜等清利头目；配当归、川芎、丹参等养血和营，活血通脉，取四物之理；更用枣仁、茯神等养心安神，以治头部内伤所致的心悸不安、夜寐不宁之患。全方以达平肝宁神、和营养血之功。

2. 胸部

胸胁之伤，证见胸满而痛，难以呼吸，乃败血留于足厥阴经。治以胸胁内伤方，若瘀结成形者，加软坚散结之药；若损伤肺气者，合入理气宣肺之品；若阳气沸腾者，须增清降之味为宜。

胸胁内伤方

功效：活血化瘀，理气止痛。

胸胁内伤是指外力伤及胸壁的软组织、骨骼、胸膜和胸内器官而引起的气血经络和脏腑等的损伤。余认为"胸胁内伤临床上每多以气血伤损为主"，提出气血兼顾、以气为主、以血为生的论治原则。组方以柴胡、香附宽胸疏肝，宣通气道，行其郁结，入厥少两经，为其君药；辅以当归、郁金、降香、木香、丹参、玄胡等和血活血、行气息痛之药，使血各归其经；佐以桃仁、蒲黄等逐络中之瘀，使血各从其散；同时运用青陈皮、枳壳等健脾和胃、消痞散结。然瘀血易化热，血瘀之处，必有伏热，故用竹三七、杏仁清之、通之，由此使气血升降畅行，胸胁内伤疼痛自平。

3. 腰部

腰部之伤标者，风寒气滞血瘀也；本者不外乎肾气亏损。若风寒闭塞者治以温经强腰汤；气滞血瘀者可用理气固腰汤；肾督亏虚者可选益肾健腰汤治之。

温经强腰汤

功效：温经强腰，散寒止痛。

腰部是足太阳膀胱经和督脉循行的通道。余根据风寒闭塞型腰痛之特点，研制了温经强腰汤，专治风寒闭塞型腰痛，颇有实效。该类腰痛主要是由于太阳经脉被风寒所袭，而致腰部疼痛板滞，遇寒则甚，活动受牵制。故用药取太阳伤寒主方麻黄汤之意，用麻黄辛温，发散风寒，开启腠理；桂枝通阳解肌，助麻黄之力，又取麻黄附子细辛汤之理，用制川草乌易附子，以温少阴之络，引太阳督脉之阳气；用肾经表药之细辛，辅佐期间，从里及外，以驱逐风寒之邪。风为百病之长，寒主收敛，风寒凝滞，则经脉闭阻，血气不行，故用通行十二经脉之威灵仙、辛散之白芷、通络之地龙等行散之；用红花、泽漆等活血通利之，并辅以青陈皮行气血，狗脊固其肾，从而达到温经散寒、通络止痛之功，充分体现了伤科理伤治病注重兼邪的基本原则。

理气固腰汤

功效：理气活血，固腰息痛

腰为肾府、手足太阳膀胱经、带督二脉之枢纽。余根据气滞血瘀型腰痛之特点，研制了理气固腰汤，专治气滞血瘀型腰痛，临床运用具有良效。该类腰痛主要是由于跌打挫闪，损伤腰部或腰之附近经络，使瘀血留于经脉所致，从而可使肾之真气受损。故方中用川楝子、香附、青陈皮理气，气行则血行，当归、玄胡、桃仁、丹参等活血化瘀，配以制草乌通畅太阳督脉阳气，以助行气活血；狗脊、桑寄生以固真气之损；白芥子的运用，为其用药之妙，因气滞血瘀，肾气不利，可能会引起津气凝血不畅，与气血相互结滞，白芥子不但能够通导行气，更能开结宣滞，从而增强了治疗效力，以期气行血活。全方充分体现了理伤内治气血兼顾，以气为主是常法，以血为先是变法的基本原则。

益肾健腰汤

功效：益肾健腰，养血活络

腰者，肾之府，转摇不能，肾将惫矣。说明了肾虚腰痛的特征。该类腰痛病程较长，肾之本必虚，是由于腰部伤损后治疗不及时、不彻底，导致症情缠绵，腰痛反复发作，即所谓"久病及肾是也"。故余根据肾督亏虚型腰痛之特点，结合家传之经验，拟定了益肾健腰汤，专治该类腰痛，在临床上取得了良效。方中菟丝子、补骨脂、淫羊藿温肾补其精气，生熟地、山萸肉滋补肾之阴血，温凉结合其意在温通，阴中求阳；杜仲、苁蓉、寄生健筋壮骨、固腰以益养肾之气血，当归养肝之血以生肾中之阴（肝肾同源关系）；青陈皮行气和血健脾胃；独活通行少阴督脉，以助气化，为引药。全方用药把阴中求阳与阳中求阴辨证统一起来，其意在治病必求于本。

（三）陈伤劳损，治在辨证求因

陈伤劳损，非一病也，乃宿昔伤损，因治不如法，或耽搁失治，迁延积岁，逢阴雨劳累，气节之变，反复不已。其病根者，不外瘀结气滞，而气之所凝，必由血之所瘀，血之所结，必由气之所滞，气血互根，相为因果，故治当疏运气化，和营通络。如夹邪者，当求其所感而治之。

余曾撰文"注重先天后天调治陈伤劳损"，其中指出：陈伤劳损证是骨伤科的一大门类，广泛涉及颈椎综合征、骨质疏松症、腰椎间盘突出症、骨质增生病、肩关节周围炎等现代医学诸病。陈伤乃缩伤，俗称老伤，顾名思义就是伤科中的陈旧性损伤病症。劳损亦劳伤也，不同之处为"劳伤"是劳损之渐。劳伤不愈，则成劳损。陈伤劳损表现为经脉之气不能贯串，气血失其常度，故易见肩背酸痛，四肢疲乏，动作无力，进而腰酸，纳呆头晕，甚至关节变形等症。此病症实为先天后天不能为续，盖脾胃为后天生化之源，主四肢；肝肾命门为先天元气之所系，主筋骨。所以对陈旧劳损之症，余多从先天后天论治，治疗时牢牢抓住其先天后天的作用，自拟调中保元汤，在临床运用中每多获得良效。

方中以党参、黄芪、白术、茯苓、甘草等调补脾胃，益气培源；配以陈皮开启中州，健脾和胃，调肝解郁，以助动气血之源，推动气血运行而生新血，不断地补充先天之精。更用熟地、山药、山萸肉、川断、补骨脂、枸杞子、炙龟甲、鹿角胶等补益肾本，填精益髓，以固元阴真阳，而滋养温煦五脏六腑、四肢百骸、筋脉经络、肌肉皮毛。全方脾肾同论，气血精津共调，以求解除陈伤劳损之苦。

手法运用　十二字诀

石氏伤科认为"手法是医者用双手诊断和治疗损伤的一种方法"，并要求用"稳而有劲，柔而灵活"的手法施以治疗。余"一般常以十二字为用，即：拔、伸、捺、正、拽、搦、端、提、按、揉、摇、抖（亦作'转'）"。拔、伸、捺、正主要用于正骨。唐代的《仙授理伤续断秘方》治疗骨折就是用这四种手法。拽、搦、端、提则主要用于上骱。拽是向前拉，搦是握住，《世医得效方》说"拽直""搦教归窠"。端为端托，提乃上提。这四种手法应用时往往两手并用，左右分工。如右手或端或提，相机而行，左手为辅，或拽或搦；或助手拽搦，医者端提，互相配合。按、揉、摇、抖多用于理筋。《伤科大成》用治伤筋说"轻轻揉捏""摇动伸舒"。抖是用手抖动，也有舒筋的作用。

余认为在运用这些手法时要注意两点：一是"这十二法在应用上并没有严格的界限，无论正骨、理筋上骱，随需要可互相换用"。因此，不宜机械地划分正骨手法和理筋手法。二是理筋手法不独用于伤筋，"接骨前后亦须注意理筋，使之活动顺和"，"骨折接续后期，亦应以理筋为辅助手法"。这一点，余在临证时极为重视，目前仍有必要予以强调。

（一）正骨手法举例

清代胡廷光认为，上髃要"法使骤然人不觉，患如知也骨已拢"。其实，以往不用麻药，整复骨折更要达到这个要求。余正骨以拔、伸、捺、正为总则。拔伸不是一味依靠猛力，而是刚柔相济，在要点使巧力以恰到好处，如《仙授理伤续断秘方》所说："拔伸当相近本骨损处，不可别去一节骨上。"以使发力达到最大效能，并且在拔伸时结合推按、旋转。然后，依骨折移位加以捺正。这样，在配合默契的助手协助下，各类骨折多能在瞬息间达到比较满意的功能复位。继之，顺络理筋，绑扎固定。

以桡骨远端骨折为例，具体的手法为：先摸清楚断端移位情况。患肢中立位，助手固定前臂上段；医者两手拇指在背侧，其余四指在掌侧，把握骨折近断端处；两手边拔伸边向下滑移，刚及断端即在拔伸同时稍旋转，同时以拇指用力为主，捺正向背桡侧移位的骨折远端；两手继续边拔伸边向下滑移，及骨折远端时整复已基本完成；随即一手握住断端，另一手捏手掌，稍带拔伸而小范围掌压背伸腕关节；最后逐个牵拉手指。

这个手法虽完成于瞬息之间，但是顺序明确，兼顾了各个方向的移位。拔伸时纠正嵌插和旋转移位，捺正纠正成角移位，以背桡侧拇指用力为主，顾及了桡骨的掌倾角和尺倾角，小范围活动腕部能涉及关节面的骨折，使关节面趋于平整，逐个牵拉手指则使伸肌腱能更好地纳入桡骨远端背侧的骨沟内。

复位后仍由医者为主予敷药，衬以棉花垫后夹板绑扎，棉花垫在断端掌侧及尺骨茎突部稍厚，绑扎的着力点主要是断端。以后2～3日复诊更换敷药，其时仍握住断端，轻度活动关节以使筋络顺和。3～4周骨折基本接续，更以拇指舒理筋腱。

（二）上髃手法举要

上髃似乎是伤科医师最基础的手法。"石氏伤科"上髃极注意患肢的体位，认为只有特定的体位才能使脱出的髃复位。如肩关节前脱位复位时，要求"一二助手，捏住患者臂肘及腋窝部"牵拽，骱头下移将及骱位时，则改"手掌向上翻"的体位，即先顺势，而改旋后位牵拽，医者则搦住肱骨头下拽并端提上托。髋关节后脱位则取俯卧位，以利医者发力，在助手牵拽下推动向后上移位的股骨头，使向下纳入髋臼。

其次，在不同的脱位整复中把握住重点手法。如颞颌关节脱位整复时，以拇指在口内或口外推按牙关尽处为重点。虽然许多介绍中还提到其余手指要端托下颌，其实往往难以顾及，而只要拇指用力推按，克服颞部肌紧张，使脱向前的下颌骨关节突向下、向后滑过颞骨关节结节，自然能进入下颌窝而得复位。如小儿桡骨小头半脱位，复位时应以一手把握肘部，一手捏住患肢掌拽直患肢，重点则在使患肘充分旋转（先是伸直位旋后，不成功则旋后位屈曲，偶尔旋前位屈曲），有时在旋转的最后几度才能成功。

半脱位虽有"牵拉肘"之称，而关键的外伤暴力不是牵拉而是旋转。众所周知，半脱位实质上是关节囊嵌顿，牵拉仅有使关节囊向内吸引的趋势，只有旋转才会使关节囊前外侧挤入关节间隙嵌顿其间，所以也只有充分旋转使关节囊拉紧，同时也使桡骨头旋转，才能把口岸嵌顿的关节囊挤出来。施术中，医者应一手捏手掌的把握部位，也有独到之处（一般介绍均不强调这点）。部分患儿其病在腕，复位的弹响在腕，年龄稍大的幼儿也可能指出痛在腕部，但是毕竟多数幼儿难言其病所，故施术中，当以捏手掌而施手法，兼顾肘、腕。

再次，在骱位得复后，必施以按揉摇转以理顺筋络，在复诊时也必施以适当的按揉摇转，以助早日康复。脱位实质上是严重的伤筋，复位只是治疗的开始，尚须使损伤的筋络恢复其原，适度的手法能舒筋疏通气血，并减少关节周围的粘连。只有这样，才能使患处尽快得痊。

（三）关于伤筋与理筋手法

伤筋是临证最为常见的病证。余把它分为三类，包括手法在内的治疗各有不同。一称为不显著的伤筋，指劳倦又兼寒湿外袭而成，外象并无青紫肿胀，但觉酸痛麻木，治疗以药物为主，手法按摩仅为辅佐，抑或辅以针灸。二是不甚显著的伤筋，系扭蹩或支撑伤及腕肘膝踝等处，外无显著青紫，但旋转失常，治疗以理正筋位的手法为主，并辅以药物。三是外形有显著改变的伤筋，由较明显的外伤如支撑等造成，筋络离位而突出，部位多见于膝前或肘后，该部有粗筋隆起屈伸不利，治疗必须先用按捺屈伸的手法将隆起的粗筋纳入筋位，使隆起平复即能恢复屈伸活动，每辅以药物。第三类伤筋施以手法是绝对必要的，手法之前必须注意这与骨折是绝对不同的，要注意鉴别。法之所施，以肘后伤筋为例，一手按压鹰嘴后上两侧隆起粗筋，一手将患者处于半屈半伸而又难以屈伸的上肢急骤伸直，而后充分屈曲，或屈曲后充分伸直，手法也要"骤然人不觉"，否则因患者会有强烈的酸楚感而予以抵抗以致难得屈伸。施以手法后症状即基本消失，不做手法则极难在较短时间内痊愈。

遣方用药　独具匠心

余秉家传师承，在几十年的临床、科研中，针对伤科临床的不同病证，博采历代诸家伤科用药特色，总结出了一系列有规律的、疗效确切的药物配伍方法，进一步体现了石氏伤科临床用药的独到之处。

（一）内服药

根据损伤的不同部位、性质和伤后兼邪的各异，余将伤疾分为外伤（伤及皮肉筋骨）、内伤（损伤及脏腑经络气血）、伤科杂症（风寒湿诸邪的留滞等）而予以分类用药。

1. 外伤

一般指四肢筋骨损伤，如伤筋、骨折、脱臼等。可分为初、中、后三期而分治之，仅举骨折为例，其他诸证均可仿此加减参阅之。

初期　以活血祛瘀、消肿息痛为主。

常用方药：新伤续断汤（当归、地鳖、丹参、苏木、桃仁、泽兰、炙乳没、骨碎补、煅自然铜、川断、元胡、桑枝）。本方功于化瘀消肿、续骨息痛，用治新伤骨折。

肿胀剧烈者，可选加紫荆皮、刘寄奴、留行子、荆芥、防风、南星、万灵丹等；疼痛剧烈者，可选加血竭、三七、制草乌、磁石等；瘀血化热可选加丹皮、赤芍、生地、忍冬藤、连翘、山栀、制川军等；大便秘结可选加枳实、川朴、生川军、元明粉、瓜蒌仁、郁李仁、火麻仁等。

一般伤在上肢加姜黄、桑枝，下肢加牛膝、威灵仙，除去续骨药亦可主治伤筋、脱臼所致的瘀滞肿痛症，视病情的不同亦可加用生地、花粉等，以补充骨折后津血的消耗，并可加用枳壳、陈皮等理气药以助血行。

中期 以和营生新、接骨续筋为主。

常用方药：和营续骨汤（当归、赤白芍、川芎、生地、杜仲、川断、骨碎补、五加皮、红花、陈皮、桑枝、独活）。

肢麻酸楚选加黄芪、桂枝、木瓜、鸡血藤等；脾虚面色苍白选加党参、白术、山药、茯苓、甘草等；阴虚津少选加沙参、麦冬、玉竹、石斛等；湿困纳呆选加苍术、川朴、蔻仁、谷麦芽、生山楂等。

后期 以益气血、补肝肾为主。

常用方药：坚骨壮筋汤（党参、黄芪、白术、白芍、当归、熟地、川断、狗脊、鹿角、鸡血藤、红花、陈皮、茯苓）。

如关节疼痛、活动不利选加千年健、络石藤、伸筋草等；关节酸麻选加蚕砂、木瓜、五加皮、乌梢蛇等。

2. 内伤

一般指头脑、胸腹等躯干部的损伤，即以脏腑经络气血受病为主，按损伤的部位、久暂而分治之。

内伤诸证较严重者，可现气闭昏迷之证，宜先服苏合香丸或至宝丹以开闭宣窍，如化热烦躁不宁的亦可服琥珀抱龙丸、安宫牛黄丸或紫雪丹等。

胸腹内伤、气滞窜动作痛者，以理气通络为主，活血化瘀辅之。常以小柴胡汤及金铃子散加减，亦可用验方理气止痛汤出入（柴胡、香附、当归、川楝子、玄胡、木香、青皮、枳壳、乳没药、路路通等）。

胸腹内伤、瘀滞疼痛者，则以活血化瘀为主，理气和络辅之。可用复元活血汤（柴胡、花粉、归尾、甲片、大黄、桃仁、红花、甘草）或膈下逐瘀汤（当归、赤芍、川芎、桃仁、红花、枳壳、香附、元胡、乌药、五灵脂、丹皮、甘草）等加减出入。

胸部内伤有咳痰者，可选加杏仁、贝母、桔梗、前胡、旋覆花、白芥子、黛蛤散等。

有瘀血者，可选加茜草、蒲黄炭、仙鹤草、藕节、旱莲草、三七等；纳呆泛恶者，可选加姜半夏、姜竹茹、藿香、建曲、砂仁、茯苓等；腹部胀滞者，可选加大腹皮、槟榔、枳实、木香等；大便秘结者，可选加大黄、元明粉、瓜蒌仁、郁李仁、麻仁丸等；疼痛较剧者，可选加降香、血竭、三七等。

少腹部或会阴内伤而见小便涩滞者，可用柴胡桔梗汤（柴胡、桔梗、升麻、元胡、乳没药、地鳖虫、归尾、丹参、泽兰、小蓟炭、牛膝炭、梗通草、琥珀）。

陈伤延久不愈、瘀化未尽者，可予三棱和伤汤（三棱、莪术、青陈皮、党参、白术、当归、乳没药、枳壳、甘草）。

头部内伤用药，一般亦以三期辨证用药法。

早期常用柴胡细辛汤（柴胡、细辛、薄荷、归尾、地鳖虫、丹参、半夏、川芎、泽兰、黄连）和防风归芎汤（防风、当归、川芎、丹参、桃仁、泽兰、苏木、荆芥、蔓荆子、乳没药）以升清降浊、化瘀宣络为主。

中期常用天麻钩藤汤（天麻、钩藤、白蒺藜、当归、丹参、赤白芍、川芎、枣仁、茯神）参以川芎茶调散加减，以平肝息风、和血宁神为主。

后期常以补气养血、养心宁神、平肝和胃等法参合应用，如以六味地黄汤、补中益气汤、归脾汤等加减出入。

如见神昏痰蒙可选加胆星、竹沥、天竺黄、石菖蒲、白金丸等；胸闷可选加姜竹茹、姜半夏、藿香、左金丸、玉枢丹、砂仁等；头痛剧烈可选加川芎、白芷、蔓荆子、全蝎、蜈蚣等；心烦失眠梦多可选加茯神、远志、朱灯心、枣仁、合欢皮、夜交藤等；躁动不安可选加羚羊角、钩藤、龙牡、磁朱丸、马宝、玳瑁、全蝎、蜈蚣等；目眩、视物昏糊可选加钩藤、蒺藜、菊花、石决明、杞子、茺蔚子等；病久肢冷偏废不用可选加黄芪、桂枝、细辛、鹿筋、蜈蚣、地龙、僵蚕、归尾、桃仁、红花等。

3. 伤科杂证

一般指损伤而兼有风寒痰湿等痹着之邪留滞及筋骨劳损、骨节变形等似伤非伤之夹杂证。

损伤未彻而兼有风寒甚者，常用麻桂温经汤（麻黄、桂枝、红花、桃仁、赤芍、白芷、细辛、甘草）以祛邪宣络、活血止痛。

兼风邪痰湿入络之证而见关节肿胀、筋结成块、肢节活动牵掣或为麻痹疼痛者，常以牛蒡子汤（牛蒡子、僵蚕、白蒺藜、独活、秦艽、白芷、半夏、桑枝）加减治之。

腰腿痛兼邪或夹瘀血留滞太阳经者，常用独活寄生汤合地龙散（地龙、肉桂、苏木、麻黄、归尾、桃仁、黄柏、甘草）加减。

劳伤筋骨、损及元气而见腰背酸痛、四肢疲乏、动作呆滞无力、头晕纳呆、甚至关节变形诸症，常以调中保元汤（党参、黄芪、冬术、熟地、山药、萸肉、川断、补骨脂、甘杞子、龟甲、鹿角胶、陈皮、茯苓、甘草）加减。

疼痛剧烈者可选加制草川乌、附子、威灵仙、羌独活或虫类搜剔药如甲片、乌梢蛇、全蝎、蜈蚣及活血化瘀药如当归、赤芍、桃仁、红花、虎杖等；兼肢麻痰湿流注者选加南星、白芥子、指迷茯苓丸等；肿胀重滞选加茯苓皮、泽泻、防己、木瓜、米仁等；痿软无力可选加苁蓉、锁阳、淫羊藿、鹿角、黄芪等；关节变形可选加生熟地、骨碎补、威灵仙、蜂房、蕲蛇等；湿热下注选加苍术、川柏、牛膝、防己、虎杖、川椒目等；关节不利可选加伸筋草、寻骨风、海风藤、石楠叶等。

以上对伤科内服方药作一不全的概括，从中可以看出，外伤用药以化瘀消肿、和营止痛、坚骨壮筋、舒筋通络为重点；而内伤用药则侧重于活血理气、和络止痛，并以调整脏腑之功能为主；损伤之杂症，又以祛邪蠲痹、调益肝肾气血为要务。

（二）外用药

伤科外用药的种类和剂型很多，大都是古今医家的经效验方，各具特色，一般常用的有敷药、膏药、掺药、熨药、搽擦药、熏洗药等，分别应用于损伤的不同阶段和不同症状表现。

1. 铁扇散（乳香、没药、石灰、龙骨、象皮等）用于创伤，具止血生肌、拔毒敛疮之功。

2. 金枪膏（金银花、紫花地丁、川连、乳没药、血竭、象皮等）用治疮伤及破皮断骨，具清热解毒、止血生肌之功。

3. 红玉膏（东丹、熟石膏）具护肤生肌之功。

4. 三黄膏（大黄、黄芩、黄柏、东丹等）具清热以消瘀退肿止痛之功。

5. 三色敷药（紫荆皮、黄金子、番木鳖、当归、赤芍、丹参、白芷等）以活血化瘀、消肿止痛见功。

6. 伤膏药（生川草乌、生南星、当归、红花、地鳖、麻黄、细辛、透骨草等）具温通活血散滞之功，善治损伤风湿诸证。

7. 消坚膏（泽漆、大戟、僵蚕、生南星、生半夏等）具软坚散结之功，用治伤后瘀疼、关节僵硬及患处结块坚硬、肿胀积液等证。

8. 黑虎丹（山甲、全蝎、蜈蚣、蜘蛛、乳没药、腰黄、麝香等）能祛瘀消肿散坚，用治挫伤结块坚硬及无名肿毒。

9. 桂麝丹（肉桂、丁香、麝香）能温经散寒、透窍止痛，用治损伤风湿痹痛。

10. 接骨丹（血竭、骨碎补、煅自然铜、乳没药、麝香等）具接骨续筋止痛之功。

11. 伤筋药水（生川草乌、生南星、苏木、红花、威灵仙、山奈、樟脑等）用治损伤风湿筋骨麻木疼痛、筋络挛缩诸证。

12. 经验洗方（生川草乌、甘松、山奈、羌独活、当归、紫草、海桐皮等）用治骨折及软组织损伤后期，筋骨疼痛、关节不利等证。

以上举例仅说明了对外用药的应用，亦当因证而异地施之于损伤性疾病的不同阶段，且其方药的配伍均有一定的法度和侧重点，如有活血消肿、清热消瘀、止血生肌、温经止痛、舒筋活络等的不同。

（邱德华协助整理）

李济仁

李济仁（1931—2021），安徽歙县人，皖南医学院弋矶山医院教授、主任医师，首届"国医大师"。从医七十余载，早年行医于乡里，其后在安徽中医学院、皖南医学院从事教学、临床和科研工作。倡说《内经》教学法，参加了首批卫生部高等学校规划教材《内经》《中医基础理论》等的编写。他以《内经》为宗，融合古今，结合中西，确立中医时辰学、中医地理学等学术生长点，先后设计并完成了五体痹证、五脏痿病等研究专题，是我国《内  经》、风湿病学科带头人之一。他身体力行于新安医著的校注整理工作，潜心提炼新安医学诊治之特色规律，带领学生成功还原了尘封于历史的 668 位新安医家、400 余部新安医籍，并厘清和阐明了新安医学对急、危、难、重病证的诊疗经验和规律，是新安医学研究的倡导者和先行者之一。

在中医内、妇、儿科诊治上积验甚丰。在痹证诊治上，提出寒热辨治、气血并举、痹痿同治的"三期疗法"，强调痹痿同病同治，倡立"痹痿统一论"，在用方服药上，提出并制定了"选择方药剂型，重视作用特点""强调服药时间，注重动静宜忌""推崇数方并用，主张定时分服"等辨治纲领；摸索创立了富有疗效的系列方药与治法，代表方药和治法有治疗痹证的清痹通络饮、治疗冠心病（胸痹）的归芎参芪麦味方、治疗乳糜尿的苦参消浊汤系列方、治疗慢性肾炎蛋白尿的固本益肾汤、治疗胃病的"和、降、温、清、养、消"六法等。共撰写《济仁医录》《痹证通论》《痿病通论》等学术专著 14 部，发表学术论文 100 多篇，获省部级科研奖 5 项，对中医学的发展、新安医学的学术传承和创新起到了重要的示范作用。

岐黄之路 甘苦自知

（一）怀善从仁入医道

我出生于古徽州歙县小川乡的一个贫寒家庭，原名李元善，取自《周易·乾卦·文言》"元者，善之长也……故君子体仁，足以长人"之意，父亲希望我成长为道德高尚之士。黄山脚下、新安江畔的古徽州，乃程朱故里，宋明理学发源地，几乎家家户户都贴有这样的对联："第一等好事只是读书，几百载人家无非积善""孝悌传家根本，诗书经世文章""事业从五伦做起，文章本六经得来"。在这片被尊称为"儒家圣地"的土地上，每一片山川都弥漫出一种宁静、悠远而浓郁的人文气息。新安医学就是徽州文化孕育出的一朵奇葩，有"天下名医出在新安"之说。我7岁入私塾，诵读四书五经，后入新式学堂，1941年7月高小毕业后，以优异成绩考入歙县深渡师范中学，12岁时因病而被迫休学。山村缺医少药，医疗条件差，我萌生了弃学从医的念头。我有一个哥哥，年轻时因患肺结核病，为庸医误诊误治而离世。"天下之至变者病也，天下之至精者医也"，"为人子者，不可不知医"，在切身感受到疾病的痛楚之后，我立志学医，以医道济人济世。1942年10月，我不满12岁就开始拜在徽州歙县名医汪润身门下习医。1945年底又毛遂自荐到歙县定潭"张一帖"张桂根门下拜师，继续深造。未敢抱经国治世之宏愿，但常怀拯疾济羸之仁心，为表明自己"济人济世"的志向，我后来还改名为"济仁"。

"张一帖"名号始自明代嘉靖年间始定居于定潭的张守仁（1550～1598），其家传"十八罗汉"末药及其他效验良方一帖见效，历经明、清、民国，代代相传，传至张根桂（1908～1957）已历13世。张根桂对家传"末药"加以完善，进一步提高了疗效，擅治急性热病、经隧之病等急危重症，立法强调除邪务速，特点是"稳准狠"，辨证准、用药精、剂量重，往往一两剂即起疴回春。国学大师吴承仕先生患痼疾，遍访京师名医皆不效，回家乡歙县以后，经张根桂医治而愈，感佩之余，特奉赠一联——"术著岐黄三世业，心涵雨露万家春"。其祖上每逢冬春流行病高发季节，还会在家门口置一巨型大缸，将提前准备好的预防药物熬制后，日夜免费发放，村民和过路的人就像领救济粮一样，至今徽州民间仍流传着"定潭向有车头寺，半夜敲门一帖传"之语，但凡急性热病即使深夜里也要打着灯笼"赶定潭"，其医术在民间有"随地拔草一根就能救急救危"的种种神奇传说。张根桂膝下无子，次女张舜华悉得家传指授，遂破"传男不能传女"之家规，成了远近闻名的"女张一帖"。后来我也被恩师张根桂相中，招为女婿，1957年与张舜华缔结姻缘，一起成为"张一帖"第14代传人。

1942～1948年，我随恩师系统学习、诵记《内经》《伤寒论》《金匮要略》《本草备要》等中医经典，并随师出诊临证，得两位恩师亲授教引。启蒙恩师告诫说："药书不厌千遍读，熟读深思理自知。"至今我背诵《内经》、本草经文和汤头歌诀，仍然滚瓜烂熟。"书读百遍，其义自见"，宋代理学家朱熹也说过"不记则思不起"，尤其学习中医，只有通过熟读深思才能打好扎实的基础。

1948年底，我学成出师，在家乡行医。记得开业不久，时值炎夏，就遇到一农民患湿温重症。患者初起胸窒腹胀，身热少汗，渴不欲饮，服中西药皆不效，致症情加重，高热不攘，昏迷抽搐。由于病人抽搐、不省人事5天，家人恐其不治，已制作棺木准备后事。来诊时其体温39.8℃，观其颈项胸腹漫布水疱，状似水晶，诊其脉濡数，察其舌苔黄厚腻。我断定此白也，乃因病初外邪失宣，致湿热蒙蔽、痰浊内阻。急拟清热祛湿、宣透开窍，药用青蒿、藿香、佩兰、青豆卷、连翘、石菖蒲、滑石、川贝、芦根，另服太乙紫金丹。服药3剂，汗出较畅，神志渐醒，抽搐遂平，唯神困形疲，纳呆欠运。原方再加白蔻仁、沙参、石斛、薏苡仁，连服10剂，调理善后而愈。病人得救后惊动近村，影响很大。

由于家中贫穷，加之为哥哥看病欠了很多股债，为了生存我不得已还与他人合股开过药店，由此对中药的鉴别、炮制加工、采收和生产经营也有所了解，从中也学到了不少中药材知识。之后又到本县较为繁华的三阳坑镇"长春堂"药店里开设诊所，吃住不要钱，由此能够安心看病，在当地小有名气。20世纪50年代初，应乡里要求我回到小川，因陋就简办起了联合诊所，并担任所长。仅仅三五年时间，小川联合诊所就崛起于歙南地区，声名远播。

1955年8月，我以优异成绩考取了安徽中医进修学校（安徽中医学院前身）师资班，学习1年。1957年底区里决定扩大规模成立大联合诊所，7个乡的7个诊所合并成1个联合诊所，由我出任所长，人员统一，经济统一，团结协作，成绩突出，医疗业务开展得有声有色。业务上我继承了"张一帖"稳准狠之心机活法，在五六十年代诊治了不少急性危重病证，屡起大症重疴。如1958年6月底，一农村社员，女，35 岁，暑令时节在田间劳作而发病，高热灼手，便下紫血量多，一日四五行，持续十余日。来街口区联合诊所就诊时，其头汗冷黏，四肢厥逆，神困肢软，间或神志不清，舌质红，苔少，脉数而细软无力。辨为暑温（阳随阴脱型）之证，其消化道出血乃因暑邪侵扰，强力作劳，阳热上浮，脉络受伤被灼，血海失藏所致。温病便血十分罕见，病家高热迁延，亡血失津，阳随津脱，阴从血去，属血汗双夺、阴阳离决之危重证候。《内经》有云："夺血者无汗，夺汗者无血，故人有两死，而无两生。"阴绝于下，阳气无主而浮于上，阴阳相离，险象环生。其病变已由实证转为虚实夹杂。以虚为主的证候，此时非补气不能益其津，非回阳不能攘其热、救其脱，苦寒攻伐之品切不可妄用。治当回阳救逆、益气止血，药用制附块 15g，炮姜炭 10g，北五味子 15g，炙黄芪 15g，炒蒲黄 15g，炒地榆 15g，炙甘草 10g，细生地 15g，红参 15g（炖服）。上药两剂后，其便次减少，血少汗敛，四肢转温，高热渐退，神志已清。阳回而热退血止，撤停附子、炮姜和止血之剂，改以石斛、二芽、薏苡仁等益阴和胃之品调之，而收全功。

1958 年 8 月，我再次被选派到安徽中医学院《内经》师资班学习一学年，1959 年 6 月学习期满即奉命调入歙县人民医院，10 月又被选拔到安徽中医学院任教并参与附院的筹建工作。时值"大跃进"时代，在短短一年多时间，我从乡村走到县城，又从县城走到省城，在家乡引起轰动，街头巷尾一时传为美谈。

（二）梅花香自苦寒来

1959 年安徽中医学院筹建之初，我就担任《内经》教研组组长、大基础教研室主任，主讲《内经》《中国医学史》两门课。当时中医工作正处于举国初创时期，刚刚兴办的几所中医院校还没有统一的教材，一切必须从零开始。《内经》成书于 2000 多年前，文辞古奥，理论深晦，较难理解，而且我从私塾开始一直接受的是徽州方言，只会用歙县南乡方言教学，而学员则来自省内外各地，南腔北调，一开始完全听不懂我讲课，普遍反映是在"听外语""说天书"。我心里非常着急，一面请名老中医林耀东等当顾问，在组内试讲，一面又到学生中去广泛征求意见，加强辅导。语言上有一定障碍，我就在文字上、备课上多下功夫，自编教材《内经知要通俗讲义》及《中国医学史》，内容深入浅出，简明易懂；列提纲、写讲稿，做好读书笔记和心得，不断修改教案。钱穆在《朱子新学案·朱子读书法》中说过，教学要"宽着期限，紧着课程"，期限宽就不会着急，课程紧就不会懈怠。通过不断总结，我不仅归纳出《内经》本身内含的"因材施教、启发诱导、辨异求同、由博返约"教学法，而且摸索出一套行之有效的《内经》教学方法，灵活运用于教学实践之中。如运用比较法以提高学生辨异、求同的思辨能力，运用探索学术发展源流的方法，今古相比，古为今用，以今证古，以微见著。要给学生一杯水，自己就要有一桶水。由于准备充分，我上课时不带讲稿、不看提纲，学生们一二堂课适应后都能聚精会神地听讲，普遍反映我讲课生动风趣。同道对我如此熟谙《内经》这部典中之典也十分佩服，一致认为能够用"吴侬软语"把深奥难懂的《内经》讲解得通俗易懂，确不简单。

经常有学员和同道询问我：学习经典有什么诀窍？我的诀窍就是"梅花香自苦寒来"。元代新安理学家程端礼说过：经典著作"百遍时自是强五十遍时，二百遍时自是强一百遍时"。读经必须反复阅读体味，经典著作日久弥新，反复不断地品读会有新的体会、新的感悟。作为中医，特别要学好《内经》，才能高屋建瓴，在中医学各分支领域左右逢源，举一反三。不仅仅是学习经典，做学问都是要下苦功夫的，聪明人也要下笨功夫，治学就要坐得冷板凳，耐得住寂寞。《朱子语类·总论为学之方》就曾再三强调："凡人便是生知之资，也须下困学、勉行底工夫，方得"，"大抵为学虽有聪明之资，必须做迟钝工夫，始得"。我认为，不管是什么样的出身，什么样的学习方式，最关键的还在于用心不用心。

功夫不负苦心人，我的刻苦努力得到了党和政府的充分肯定。1960年8月，我光荣加入了中国共产党；1961年5月，《光明日报》还进行了长篇综合报道，报道中说："安徽中医学院有一位青年教师李济仁，原来教课比较吃力，后来，得到一位70多岁老中医的指导，他努力进修，刻苦钻研，业务上进步较快，现在已能独立开课，效果较好。"1965年，我被推选为安徽省青年联合委员会第三届委员会常务委员，并获"安徽省社会主义建设先进教师"荣誉称号；1965年6月~1966年6月，又作为安徽省的代表到北京中医学院（现北京中医药大学）《内经》师资班学习，并在郭子化、吕炳奎的亲自领导下，参加了《中医基础理论》《内经》等首批卫生部高校规划教材的编写工作。

教学工作开阔了我的诊疗思路，也进一步提高了临床诊治水平。临床中我结合《内经》等理论，对疾病的发生、发展、治疗、恢复进行全面分析，用方服药各方面因素都细加考虑，往往能在他医屡屡不效时创造出奇效。1965年冬，时在合肥创作的著名黄梅戏演员严凤英，因患顽固性失眠而慕名前来诊治。严凤英因创编新戏目，竭尽心计，用脑过度，严重失眠已一年有余，屡服安眠药及中药鲜效，周总理对此特别关心，还特意送其德国进口的高效安眠药片。然用久之后也渐渐失效，现竟日夜目不交睫。诊见头昏烦躁，腰膝酸软，口渴咽干，大便秘结，眼眶四周青黑凹陷，脉弦数，两寸尤显，舌绛少苔。不寐之证病因多端，中医临床多分为心脾不足、心肾不交、心胆气虚、胃失和降四型，而患者既无心胆气虚又无胃失和降之证，观前医用药，又曾拟心肾不交和心脾不足施治而无效，故上述四型看来难以概括其病变。清代王清任有血瘀致不寐说，可用血府逐瘀汤施治，但患者除眼眶青黑凹陷外，无其他瘀血征象。严凤英系著名黄梅戏演员，在国内外都享有盛誉，每次演出均日夜筹划，过度谋虑，希望锦上添花，此实乃不寐之因。《内经》曰："肝者，将军之官，谋虑出焉。"谋虑过度，必损肝本，而肝色青，主弦脉，经脉布胁走眼，症见胁肋酸胀、眼眶青黑凹陷、脉弦等，显然与肝有关。患者又有头晕眼花，口渴咽干，脉弦数，舌绛少苔，是阴虚之证。明代张景岳在《类经》中说："寐本于阴，神其主也，神安则寐，神不安则不寐。其所以不安者，一由邪气之扰，一由营气之不足。"可见其不寐因肝而致，病机在于肝阴不足，虚火炎上，上扰心神。辨属肾虚肝旺型，治疗当滋阴养肝以除虚火产生之源，清火宁心安神以抑虚火妄动之标。方用生牡蛎 30g、细生地 30g、白芍药 15g、黑玄参 20g、杭麦冬 15g、莲子心 12g、酸枣仁 15g、生竹茹 15g、合欢花、合欢皮各 15g、夜交藤 20g、灯心草 3g。又考虑人体阴阳昼夜消长变化规律，凡属病本在阴者，每于午后、夜晚加重，故嘱其服药择时安排，每剂两煎于午后和晚睡前各服一次，以便药效及时发挥。并嘱其停用任何安眠西药。上方服 7 剂后，能得睡 4 个小时。腑气已行，头昏减轻，眼眶青黑色渐淡。惟仍心烦，睡时梦多，舌脉同前，拟前法增炙远志 12g、茯神 15g。服 5 剂后能很快入寐，睡时酣香，极少梦扰，眼眶青黑色淡，精神转佳，脉弦，舌起白薄苔。守方去竹茹、夜交藤，加柏子仁 10g、蒸百合 12g，滋养心阴，再进 10 剂，巩固疗效。随访半年，未见复发。

天有不测风云，人有祸福相依。严凤英在"文革"中受到迫害，吞下了留下来的大量安眠药片自杀，因救治拖延而身亡，令人扼腕叹息。

（三）隐于杏林献薄技

"文革"浩劫，风雨如晦，一场人生与人性的考验没有行业和地域之分。

1969年2月安徽中医学院被撤并，我转入安徽医学院（现安徽医科大学）工作，任内科医疗组组长。在那一段煎熬与正直做伴、折磨与气节为邻的岁月里，我因为"根正苗红"，所以敢于实事求是地保护老干部、老专家，而被贴上"铁杆老保"的称谓。

省会合肥与皖南隔了一条浩浩的长江，过去交通极为不便，为了能够照顾家乡歙县的妻小，1972年9月，我请调到芜湖的皖南医学院附属弋矶山医院工作，任学院学术与学位委员会委员、中医教研室主任及附院中医科主任等职。有了理论与实践、经典与临床的紧密结合，遇到各种疑难奇异之杂症时，我往往能于少效乏效之中另辟一条蹊径，取得比较好的疗效。1973年炎夏，芜湖市某大医院一乙脑患者抽搐、壮热、神昏多日，曾邀中西医专家会诊多次，壮热略平，但抽搐依然，神昏、神靡依旧。病人家属焦急万分，慕名来请我会诊。症见其神昏谵语，角弓反张，强直抽搐，脉虚数，舌绛乏苔。乃热灼阴伤、血虚生风、经脉失养之故，治以清热育阴、息风定痉，方拟大定风珠化裁。药用石膏、知母、生地、白芍、龟甲、鳖甲、牡蛎、蜈蚣、全蝎、阿胶等，以养阴止痉。药服3剂，4小时鼻饲1次。药后抽搐反张渐平，原方减牡蛎、蜈蚣，加沙参、玉竹，以增养阴之功。继服5剂，热退、痉平、神清，嘱以沙参、麦冬、百合、莲子、枸杞、红枣等食疗，调治1个月而愈。

对于痿病的治疗，医生往往束手无策，所谓"良医不能措其术，百药无所施其功"，尤其是其中的进行性肌营养不良症，是世界性疑难痼疾。我治疗多例，均有不同程度好转，多数痊复，少数也能稳定不发展，提高了患者生命质量。1978年5月下旬，皖南广德县一位17岁少年，出现两下肢酸痛、鼻塞、流涕，三四天后疼痛加重。在当地用草药外敷，十余天后疼痛好转，但渐觉四肢麻木乏力。又经十余日，四肢疼痛麻木消失，但两下肢乏力逐渐加重，大腿肌肉萎缩，步履艰难，走几步即跌倒，同时伴有食欲下降。7月3日前往弋矶山医院神经科住院治疗，其时两下肢进行性痿软无力已40天，不能行走已有1个月。体检发现存在脊柱生理弯曲，全身肌肉萎缩，以两下肢大腿肌最为明显。翼状肩胛，鸭行步态；神经系统检查发现，两上肢肌力、肌张力对称但减弱；两下肢肌力2~3级，肌张力减退；两上肢桡骨膜反射、肱二头肌反射、肱三头肌反射存在但减弱；两下肢膝反射、跟腱反射消失，腹壁反射消失，病理反射未引出。实验室检查：血红蛋白14.5g，血白细胞计数 14×10^9/L；中性粒细胞 0.78，淋巴细胞 0.22，血沉 6mm/h，血清钾 7.0mmol/L，肌酐 176μmol/L，肌酸 45μmol/L，血糖 1.6~2.2mmol/L，氯化物 123.12mmol/L，蛋白质 0.38g/L。病理检查：镜下可见肌间质小血管充血，部分肌纤维束变细，肌肉普遍呈颗粒变性，横纹不清楚，并有部分肌浆溶解。符合肌营养不良性改变。入院后诊断为"进行性肌营养不良"。经激素、胰岛素和多种维生素治疗半月，肌肉萎缩一点没有好转，走路还是容易跌倒，患者开始失去信心。其家长慕名请求我会诊。诊见患者面色苍晦，形体消瘦，两腿肌肉萎缩，时感麻木疼痛，步履蹒跚，姿似鸭步，足跟疼痛，耳鸣，食欲不振，夜尿增多，大便正常。脉沉濡，舌淡苔薄。证属肝肾不足，气血虚弱，筋骨关节肌肉失养。法拟益肾养肝、舒筋活络，方以右归丸化裁治之。药用熟地、山萸肉、甘枸杞、补骨脂、桑寄生、怀牛膝、当归、千年健、宣木瓜、鸡血藤、活血藤各 15g，杜仲、桂枝各 10g。5 剂后患者感觉好转，肌力似增，信心开始恢复。前方去活血藤，加菟丝子 15g，制附子（先煎）10g。进服 10 剂后，能自行短时走动，鸭行步态已不明显，脉象较前有力。再进 5 剂，病情继续好转，能在医院走廊里短时间散步，行步渐趋平稳，于 8 月 4 日出院。

出院后因路远不便，我还主动提出通过信函处方，让患者继续服用中药治疗。8 月中旬其已觉两下肢较前有力，能步行 1 千米，腿部力量也明显增加了，唯食欲不振。患者住院期间素有食欲减退，此乃脾虚之征。予原方出入，加入健脾益气之品：川桂枝、苍白术各 10g，甘枸杞、肉苁蓉、怀牛膝、太子参、鸡血藤、活血藤、宣木瓜、千年健各 15g。服药 20 剂后，到了 9 月中旬，患者每天已能步行七八千米路上学读书，并参加一般体育活动，食欲恢复正常，耳鸣消失。只是走路时间过长，足跟仍觉疼痛。继以补肾健脾、舒筋活络之品常服，药用枸杞子、巴戟天、炒杜仲、山萸肉、菟丝子、怀牛膝、炒续断、制黄精、金狗脊、宣木瓜、五加皮各 15g，苍白术、桂枝各 10g，生炒薏米各 20g。继服 30 剂后，共服中药大概半年时间，患者恢复健康，后来还当上了小学体育老师，至今未见复发。他还把病历和处方当作特殊的纪念品珍藏至今。

（四）只争朝夕盼柳荫

1978 年，邓小平同志做出了"要为中医创造良好的发展与提高的物质条件"的批示，改革开放的春风吹散了中医药天空中的阴霾，这一年我晋升为副教授；

1981年作为首批全国7名《内经》专业硕士生指导老师开始招收硕士研究生；1985年晋升为教授、主任医师；1991年被确定为首批全国名老中医专家学术经验继承人指导老师，全国500名老中医，获首批国务院政府特殊津贴；1995年7月，我作为首批全国500名老中医的10位代表之一，在人民大会堂受到了中央领导的亲切接见。满怀着为中医学做贡献的心愿，我撰写和发表了大量的学术论文和著作，其中治疗胃病"和、降、温、清、养、消"六法，《赤脚医生杂志》（现人民卫生出版社《中国临床医生杂志》）1979年第四期排在头版头条发表；以苦参为主治疗乳糜尿的验方，自1978年《新医药学杂志》等书刊登载后，读者纷纷引用，效果显著；以补肾法治愈进行性肌营养不良症的经验，1984年《中医杂志》、1985年日本《汉方临床》杂志发表后，引起了海内外专家的高度重视，各地患者纷纷来信求医，影响很大；对痹病、痿病、胆囊炎、慢性支气管炎、慢性肾炎、不育不孕症等的诊治经验，也在《中医杂志》及其英文版、日文版多次以专题笔谈等形式予以发表；创方立法成果被30多部中医著作收录和引用，如《现代名中医颈肩腰腿痛治疗绝技》一书，就重点引用和介绍了我所提出的"顽痹从虚从瘀从痰，痹痿合病重调肝肾"的学术观点。

家族链的传承方式是新安医学一个显著的特征，也是徽州文化最重要的理念，而"张一帖"世医就是新安医学家族传承的典型代表。我非常注重师承，但并不持门户之见。为了中医事业的明天：中医教育不能仅仅局限于家族师门。我要求学生"览观杂学"，多读广采，只有上知天文，下知地理，中晓人事，才能全面科学地把握中医学理论。要注重培养学生抽象、概括的思维能力，《内经》把对知识咀嚼、消化、吸收的过程称为"约方"，"夫约方者，犹约囊也。囊满而弗约，则输泄，方成弗约，则神与弗俱"。学到的知识不提炼、概括、总结，就会杂乱不精，运用起来就不能出神入化；博学只有约取，才能在杂乱纷繁的知识中理出头绪，抽出精髓，这是驾驭知识的一种能力。孔子认为"不愤不启，不悱不发"，我经常与学生平等自由地交谈，不预设框架地讨论各种学业课题，互学互补。研究生培养是高层次中医人才的教育，其一，要注重培养其独立思考、质疑解难的能力，要启发他们迅速吸收最新科研成果，以丰富完善中医理论体系；其二，认真读书，认真临证，二者不可偏废，学习理论的目的是用来更好地解决临床上的难题，研究生必须挤出时间从事临床实践，以实践来验证《内经》理论的正确性和科学性，修正、完善和丰富中医理论；其三，培养接班人要站得高、看得远，不能局限于"小我"，新安乡贤前辈程门雪有一句名联——"徐灵胎目尽五千卷，叶天士学经十七师"，我经常告诫学生说"学我者生，似我者死"，不要坐井观天。

作为新安医学"张一帖"的传人，我对于新安医学文献的整理、考证和研究一直是十分重视的，也做了一些工作，取得了一些成绩。如1991年12月，我主编的《杏轩医案并按》《新安名医考》获首届全国中医医史、文献图书及医学工具书铜奖和优秀奖；1994年5月，与余瀛鳌、王乐匋共同主编的《新安医籍丛刊》，获第九届华东六省一市优秀科技图书一等奖。我还领着自己的研究生组成科研团队，统筹规划，团结协作，积极开展中医药科研攻关，所主持的科研课题曾获省科学技术奖三项、高校与卫生厅科学技术奖两项，其中安徽省重点项目"新安医家治疗急危难重症经验的研究"，获2000年省高校科技进步二等奖、2002年省科学技术三等奖；省中医局项目"新安名医考证研究"，获1994年省高校科技进步奖二等奖、1997年省自然科学三等奖。除新安医学外，我的团队还在中医时间医学和中医治疗肿瘤方面做了大量的工作，如"中医时间医学系统理论与应用研究""名老中医治疗肿瘤的经验和理论研究"，也分别获1994年省科技进步三等奖和1997年省科学技术成果奖。弟子们博采兼收，不断进取，并在'学术上努力突破家传囿规，形成一个充满活力和创新精神的群体，在中医领域开创出了一片片新的天地，在全国也起到了弘扬中医学的作用。学生们的成绩就是我最高兴的，1987年我在参加巡回医疗时曾赋诗一首，曰《读医经偶感》，表明了我的心迹——

读罢医经掩卷思，欲将薄技献明时。

甘当红烛常忘我，为济苍生永吐丝。

三寸银针通寿域，一腔热血育新枝。

巡回长忆江南道，杨柳春风尽人诗。

岐黄之学　贵在建树

(一)《内经》学术寻坠绪

少年时代我从师学医6年，其中就花了两年时间攻读《内经》。正是这部被中医学界奉为圭臬的经典著作，把我引入了中医的殿堂。《素问》"邪之所凑，其气必虚"之说，包含有"外因是条件，内因是根据，外因通过内因起作用"的唯物辩证法思想。对《内经》病机理论，一般中医教材中以邪正斗争、阴阳失调、升降失常来概括病机规律，这种概括过于笼统模糊，不能深刻反映疾病的本质。我认为基本病机可分化为三个主要方面：病理变化、病传规律（包括传变转归和因果变换规律）、自我阴阳调节与代偿，其基本病理变化可以用源自《内经》的不足、有余、郁滞、逆乱概念表达；而传变转归不外表里、上下及相关脏腑间三种基本途径；施治上则要着重抓住传变因果规律中的主要环节，打破恶性循环；临床上要重视疾病过程中自我阴阳调节的状态，合参病理改变与疾病传变，制定最佳的治疗调节方案。临证分析病因、探求病机要遵循一个基本法度，即《内经》"一人之气，病在一藏"，要求一元化地分析病情、解释病因、探寻病机，这样才能从纷繁的症状中把握疾病的根本。

《内经》提出了望闻问切的诊断方法，对问诊十分重视。《灵枢·师传》曰："入国问俗，入家问讳，上堂问礼，临病人问所便。"《素问·征四失论》曰："诊病不问其始，忧患饮食之失节，起居之过度，或伤于毒，不先言此，卒持寸口，何病能中，妄言作名，为粗所穷。""张一帖"一帖见效就是建立在诊断辨证准确基础之上的。诊断一定要全面深入，既要问清既往病史，又要问清现在病情，否则贻误战机，害人不浅。《内经》所说的切诊包括切脉、按虚里和诊尺肤，其切脉方法又有"独取寸口法""人迎诊脉法""三部九候法"，但以"三部九候法"为主（与后世寸口三部九候有区别）。"三部九候法"（遍身诊脉）将人体分为上中下三部，每部又分天地人三候。上部天地人分别为两额、两颊及耳前动脉，分别候足少阳胆经、足阳明胃经和手少阳三焦经之脉气；中部天地人分别为经渠、合谷、神门之穴，分别候手太阴肺经、手阳明大肠经和手少阴心经之脉气；下部天地人分别为五里、太溪、箕门之穴，分别候足厥阴胆经、足少阴肾经和足太阴脾经之脉气。至《难经》则提出"独取寸口"和"根本枝叶"问题，后世有"七表八里九道二十四脉"，更有二十八脉的分析。临床中我还常运用遍身诊脉法，如心肾疾病神门之脉明显，糖尿病趺阳脉明显；又如痹痿区别，可以从脉论痿，通过辨脉可察感何邪所致及邪之浅深、病之转归，以识别痹痿，并选择脉位对比结合病变外观的形色变化、患部感觉及对各种刺激的反应以辨治痿痹，脉象应为诊断痿病的一个重要参考指征。可惜这种方法现在很少有人使用。

《内经》的因地制宜论实际上总结、概括和整理了当时的地理知识和医药知识，不仅对我国的地理环境进行了分区，而且对各地域的气候、水土、物产、风俗习惯等特点对人体的影响，各地区人群体质、性格、寿命的差异，各地多发病和相应的诊断治疗等都进行了描述。地理环境对历代医学流派的形成也有一定的影响，如南北地理环境的差异亦是伤寒、温病学派产生的主要因素之一；又如新安医学的形成和发展，与新安江横贯四面环山的古徽州，从而形成封而不闭的地理环境是分不开的。

《内经》是世界上翔实记录时间生物学内容的最早文献。在自然周期变化的影响下，人体相应地表现出一些生理、病理变化的周期节律性。《内经》中有"人与天地相参，与日月相应"，"谨候其时，病可与期，失时反候，百病不治"，这里强调的"时"，主要包括寒暑更替的四季、月亮生盈亏空的周期、阴阳消长的时日、疾病变化的时间节律。根据这些变化的规律，能够帮助选用治疗手段、择取药物方剂及确定用药施针时机等。从"施针服药要择时"分析，《内经》时间治疗学的内容有四：一是根据季节变化施治，包括冬季闭塞，少用针石，用寒远寒，用热远热，春夏养阳，秋冬养阴；二是根据月亮盈亏施治，包括日空络虚不宜针刺，月生无泻，月满无补；三是根据时日阴阳气血盛衰施治，包括针刺补泻，候气逢时，阴阳消长，顺势施治，视月死生，以为痏数；四是根据疾病变化时间节律施治，即根据五脏病变时间节律、五行休旺及其时间节律施治。如就针灸而言，就有因季而宜取穴针刺、因月盈亏针刺补泻、因病而宜适时针刺、因经气衰旺择时针刺。其时间治疗学的特点有三：一是择用时间注重反映客观外界变化，二是择时施治注重人体的整体性，三是时间治疗学起源于临床，要与临床实践紧密相关。阴阳昼夜消长，治宜顺势而为；病有变化之期，贵在截之适时。根据《内经》及新安医学理论，我在风湿病等病证的辨证用药上，具体提出并制定了"强调服药时间，主张定时分服"等择时施治的辨治纲领。我之幼子李梢，通过大病例的流行病学调查和数理分析做了进一步的论证，如对 1143 例风湿病患者疼痛症状的昼夜节律变化观察表明，其节律明显，统计学处理分析表明，与《内经》"昼轻夜重""旦慧昼安夕加夜甚"基本相符；又如风湿病疼痛的流行病学调查与太阴月节律分析表明，月相盈亏、气血盛衰、体温变动等节律现象，与疼痛轻重、休作变化虽然不是同时得以呈现，有一定的延滞性和交错性，但风湿病疼痛规律近似月节律周期与朔望月周期。

"因人制宜"思想也源于《内经》，其内容包括个体的性别、年龄、体质、生活条件和居住环境等多方面的差异，并根据这些差异，合理地选择治疗手段以及针灸、方药；而体质学说研究的是先天禀赋不同，加之后天生活、工作环境和条件造成的个体素质。《内经》体质学说的内容，其有代表意义的是以木火土金水五行比类法，将人体素质分为五大基本类型，又从五声出发，将每一类各分为五，五五二十五亚型。临证辨证论治必须因人制宜，但也不排斥治证、治病，治证、治病、治体应有机结合运用，以期达到最佳疗效。

五体痹证是因与五体（皮、肌、脉、筋、骨）相合的脏腑、经络气血不足，感受了风寒湿热等邪，导致五体等部位气血闭塞不通的病证，《内经》对其分类，主要有按病位区分的五体痹和按病因病性区分的风寒湿三痹，《医宗金鉴》分别称之为五痹和三痹。自《金匮要略》倡三痹学说后，后世多言三痹，五痹之说逐渐淹没，以至今日多把痹证与关节炎画上等号。这大大缩小了痹证的范围，与《内经》原旨非常不符。五痹为纲，三痹为目，一横一纵，纲目分明，各自从不同角度反映了痹证的本质。喻嘉言《医门法律》有"经论诸痹，然有大阙，且无方治"之论，《内经》确无一治痹的内服之方，但说"无治"则欠妥，《内经》五体痹的治则，即明辨寒热，逐邪务速，调和气血，谨守病机，顾护阴血，把握病位。《内经》五体痹证的体系应引起重视，我们研究《内经》应持"不薄古更不非今，尚经典尤尚实践"的态度。

痿病最早也记载于《内经》，书中详细阐述了痿病的病因病理、分类、临床表现及其治疗原则。其五脏痿论即心气热生脉痿，肝气热生筋痿，脾气热生肉痿，肾气热生骨痿，并总名肺热叶焦而产生的痿病为痿躄。"治痿独取阳明"和"各补其荥而通其俞"，是《内经》率先提出的两大治则。其实"治痿独取阳明"不仅适用于针刺，也适宜于临床用药。

关于五脏水证，《内经》中的论述虽较为散乱，但通过对其有关条文的分析、综合、归纳，就不难发现《内经》不仅有"五脏水"分类的端绪，且对水肿的病因、病机、证候、治法等各方面均有具体而深刻的认识。自明代张景岳提出水肿成因由乎"肺、脾、肾"的三脏说后，五脏水论渐趋淹没。我参考历代医家的论述，结合现代医学进行了系统的整理研究，分析了五脏功能失常、气化失调两大水肿基本因素，归纳了辨主症以求病源、辨阴阳水以定病性、辨兼夹证以明标本的辨治方法，恢复了水肿关乎五脏的原貌，并对《内经》开鬼门、洁净府、去菀陈莝等治法方药进行了深入分析探讨。

《素问·举痛论》有一句名言："善言天者，必有验于人；善言古者，必有合于今；善言人者，必有厌于己。"只有善于融合古今、结合中西、理论联系实际，才能更好地把握中医学稳步发展的方向。不仅要博采西学之长，还应该倡导多学科研究中医。我的研究生运用控制论理论研究《内经》藏象学说，建立相应数学模型，探讨脏腑系统及其联系、控制、干扰、调节和内平衡关系，我很支持。一门科学的发展不是孤立的，而是与其他学科紧密相关、互相渗透、互相促进而发展的，尤其医学（包括中医学）从来就是靠"拿来主义"发展的，因此传统的中医模式与研究方法，在保持和突出中医药传统的治学基础上，应当揉进现代科学的内容，汲取现代科学研究手段，取长补短，这是中医发展的必由之路。

（二）"新安医学"溯本原

新安医学以历史悠久、医家众多、医著宏富著称于世，自宋迄清，有史料记载的新安医家达800余人，医学论著达800种之多，是中国传统医学中具有徽州地域人文特色的综合性学术流派。新安医学沉潜既久，众多史料难以觅及，我带着学生们收集资料，严密考证，对历代新安名医及其著述进行系统的考证疏理和校注整理，提炼新安医家诊治特色，成功"还原"了尘封于历史的668位新安医家及400余部新安医籍，主编的《新安名医考》特别重视各家的学术思想和诊治特色，追溯新安医家之间的师承、私淑关系与学术交流梗概，不仅是一部人物史实考证的传记，也是论述中医学术沿革发展的史书，起到了承前启后的推动作用；集新安医著之大成的鸿篇巨制《新安医籍丛刊》，作为主编之一，我以·张一帖"为典型代表，辨章学术，考镜源流，深入探悉新安医学流派形成、世袭、发展之路径，系统发掘提炼新安医家诊治痹病、痿病、中风等疑难危重病证的诊疗经验和富有特色的诊疗规律，丰富了新安医学的文献史料，为新安医家学术思想与诊疗经验的传承与创新做出了自己的贡献。

新安医学涉域广博，研习《内经》之著述众多，我着重对明代吴崑《素问吴注》、汪机《读素问钞续注》，清代汪昂《素问灵枢类纂约注》、胡澍《内经素问校义》、汪之兰《医津一筏》和罗美《内经博议》等，加以总结分析，以彰显其功，阐其微言大义。通过前后互参，同中求异，我认为新安医家研究《内经》有两个特点，一是精研声义，勤于校注；二是结合临床，阐发经旨。

在新安医家中，汪机特别值得推崇。汪机是明代四大医家之一，对《周易》及程朱理学多有研究，研易以究医理，行医不忘研易，倡发"营卫统一气论"，治病以擅长使用参芪培本固元著称。不通乎易无以精乎医，我的长子张其成主要从事中医文化与易学研究，以"易"融贯儒、释、道、医，创立了"易道主干"说，明确提出由本体理念、思维方式、价值取向三个层面构成的"易道"，才是中华文化的主干，并注重于中医学思维方式、价值理念、生命意识、人文功能及文化社会背景的研究，开创了"当代新易学"学派和"中医文化学"体系。

在新安名医方论中，吴崑的《医方考》和汪昂的《医方集解》久已为人们所熟知，以往医家入门没有不以此为教材者，今日数版高校教材中的骨干内容仍以两书为蓝本或内核。明代新安医家吴嘉言在《医经会元》中尝谓："夫医药方书，乃拯病资生之轨也。"认为搜求方治以"详于治法，卓有效验为难得"。如对吴澄《不居集》中理脾诸方的分析，十分精要可取，启迪良多。新安医学外治方药丰富，历代新安名医如徐春圃、吴亦鼎、吴谦、程王介、郑梅涧等，对运用外治疗法治疗各科常见病或疑难病证多有详论，其法如振梃疗法、药线、药枕、药筒疗药、雷火针法、结胸灸法、神灯照法、白降丹法等，富有特色和良效。

研究新安医学是为了服务于临床，应注重医案等有实际价值的部分。新安医案较为突出的是明代江瓘的《名医类案》、汪机的有关医案和清代程杏轩的《杏轩医案》。如程氏对治案追访日久，记叙了远期疗效和疾病变化规律，详述治疗急性病的方法和抢救措施，载录诸多失误和不效病案，其病案言简意赅，立法、遣方经验丰富，用药精而巧妙，临床价值颇丰，堪以师法。我在《杏轩医案并按》一书中，对每一案例还再加评按予以阐析，以加强对所引述医案的理性认识。

研究新安医学，更应践行新安医学。我在临证中辨治慢性顽疾，参合汪机"调补气血、固本培元"思想，以培补肾本为证治要义，提出以补肾法为主，健脾和胃、养血舒筋治疗进行性肌营养不良症；以益肾养精、清热祛湿杀虫为主辨治尿浊证；以培补肾本、健脾固涩之法辨治慢性肾炎蛋白尿等。《医方考·痿痹门》曰："痿、痹二病也，今详《内经》亦有称痹为痿者，故而合一。"又云："肉痿即肉痹也。"依据明代吴崑在《医方考》中正式提出的痹痿合论，我结合临床加以倡扬发挥，系统提出了痹痿统一论，制定了完整可行的痹痿合治方法。清代新安医家程杏轩创造了"数方并用、定时分服"之法，在汲取其精华的基础上，我于临床用方服药方面系统提出并制定了一系列完整的辨治纲领。对妇科疾患如月经不调、崩漏、带下、不孕等，我培补肝肾兼顾气血，也常参以程杏轩之法为治，疗效显著。

针对临床上的新病情新变化，我根据新安医学和经典理论，灵活运用于临床，解决了很多西医难以处理的问题。"暑必兼湿"说为清代新安医药学家汪昂和温病学家叶天士所倡立，新安医家程国彭立有四味香薷饮，清代温病大家吴鞠通新立新加香薷饮。如果掌握了暑湿之精髓，临证就能游刃有余。1981 年 7 月，安徽省一位领导入住弋矶山医院手术，术后高热不退，体温高达 41℃，病房内用冰敷不能凉其体，使用青霉素、链霉素等不能退其热，均无济于事，西医束手无策，院长特邀我会诊。诊见其高热，无汗烦渴，头痛如裹，神志欠清。在排除术后刀口感染所致发热后，我认为长夏季节暑湿当令，暑多夹湿，暑温交蒸，故高热不退。诊为外感暑温，治当解表祛暑、芳香化湿，方用新加香薷饮透表清暑渗湿，加减白虎汤清气退热，兼用板蓝根、大青叶、金银花等清热解毒之品，具体用药如下：香薷 6g，佩兰 9g，生甘草 9g，藿香 9g，连翘 9g，大青叶 15g，金银花 15g，丹参 15g，知母 9g，薏苡仁 18g，板蓝根 30g，鲜芦根 30g。翌晨，患者微汗出，高热渐退，神志渐清。暑湿之邪将从外泄，当因势利导，原方去丹参、甘草，加白蔻仁 6g，扁豆衣 9g，六一散 15g（荷叶包）。用药三剂而热尽退，唯神倦肢软，纳谷呆钝。邪却体馁，健脾祛湿以调养之。一剂取效，三剂而安，显示了新安医学的神奇功效。

（三）各家学说兼备及

《内经》和新安医学之外，各家医史人物、医籍文献等都有精当的论述，不可偏废。仲景辨证选方极有特色，如外感风寒、表阳受遏的麻黄汤、桂枝汤证，寒邪入里、损伤中阳的理中汤证，心肾阳虚的桂枝甘草汤证、四逆汤证，乃至阴盛遏阳、浮阳外越的通脉四逆汤、白通汤等证，都显示了阳气在人体生命活动中的重要地位。仲景所创诸方，不仅治一般阳微阴甚之证，且在抢救心肾阳衰、病濒危殆的逆证中，亦有明显效果，充分体现了中医治疗急性病的特色。《伤寒论》"治利"之法归纳为十三法，仲景辨治下利着重水液代谢、脾胃功能、阳气状态三方面情况，其治法丰富多彩，我根据其论，在治痢中制定了缓急轻重、攻补温清等措施，疗效明显。《金匮》中的"胸痹"和"心痛"既有联系又有区别，胸痹是胸阳虚滞，治当宣通胸阳，立方瓜蒌薤白白酒汤主之，心痛主方是桂枝生姜枳实汤，两者有根本区别。

张景岳提出"阳非有余，阴常不足"的学术观点，我也颇有感受。张景岳所处的时代，举世皆克伐"有余之阳"，奉知母、黄柏为神丹，用药克伐阳气之风甚盛，景岳补偏救弊，反其道而行之，实矫枉必须过正之举。张景岳理虚解表有三大特色，即辨证上强调虚实疑似之间以脉为主，治则上强调间者并行、甚者独行，治疗上强调求法于血；其以温补治虚人外感，不但从理论上批驳了"伤寒无补法"等偏见，而且从实践中发展和丰富了理虚解表的辨证方法和治疗原则。张景岳阴中求阳、精中生气的思想，对治疗气虚证有普遍的指导意义，并不仅限于肾气虚，这启发我提出"气证治血"之说。景岳对致痿病因论述也有独到见解，其认为"元气败伤则精虚不能灌溉，血虚不能营养者亦不少矣"，并创制鹿角胶丸以治之，从中我也得到了痿病辨治研究的新思路。

明末医家周慎斋及其《慎斋遗书》，清末洪缉庵及其《虚实启微》，学术颇具特色。周氏有"理、固、润、涩、通、塞、清、扬、逆、从、补、泻、提、越、应、验"十六字圆机活法，其《慎斋遗书》有关痿病的论述，如"痿有风、痿之别，痛则为风，不痛则为痿"，"盖痛为实，不痛为虚"等，对于临床辨治痿病也颇有参考价值。

对前贤关于"病毒"的诸论，我联系临床做过综合概括。"病毒"一词始见于晋代《肘后方》和《小品方》，《内经》称其为"毒气"。《内经》所说的寒毒、湿毒、热毒、燥毒、清毒、苛毒及历代医书所说的疫疠、温热毒、时行毒等，均属病毒范畴，中医之"病毒"并不等同于西医之病毒概念，而是泛指一切生物性致病因素。其成因和危害性、传染途径、证候特点、治疗方法和预防各方面论述，都可以科学的思维方法予以阐扬。譬如在传染途径上，可以归纳为食饮传染、飞沫尘埃传染、接触传染、昆虫传染四大途径，至今仍有指导意义。

学医要善于总结归纳，勤于笔耕，"博学多闻"然后"一以贯之"，继承之中才会有开拓创新。只有从经典医籍中源源不断地汲取滋养，才能成就一番超越前人的学术成果和济世救人的事业。

岐黄之术　唯有创新

（一）自创验方求良效

"千方易得，一效难求"。20世纪50年代初，我在乡里行医期间，多以经方萆薢分清饮为主加减治疗乳糜尿，诊治过数例农村患者，有有效者也多有乏效不效者。其中有一例，初诊后几个月都不来复诊，后见面时方得知其病已痊愈。我很纳闷，一了解方知系服用民间单方苦参治愈的，赶忙翻阅本草典籍，苦苦思索，一日恍然大悟。乳糜尿本系丝虫病引起，而历代本草均有苦参杀虫之记载，李时珍《本草纲目》中有"苦参补肾……治风杀虫"的记载，能治好乳糜尿就不足为怪了。于是我在前方中加上该药，前服多剂中药无效的患者即获效机。乳糜尿其因不外脾肾不足、湿热下注两方面，其病机特点在于脾肾不足为本，湿热下注为标，苦参既能益肾养精，又能清热祛湿，标本双顾，可谓治乳糜尿之要药。我以苦参为主，取六味地黄丸中三味补药（熟地、山萸肉、山药）以求固本，以萆薢分清饮（萆薢、石菖蒲、益智仁、乌药）温肾化气、祛浊分清，自拟为苦参消浊汤，用于阴虚白浊尿频的治疗，每每奏效。

该方对一般乳糜尿症均适用，临证还必须结合辨证予以加减。如见尿浑如膏，甚则如涕，溺时涩痛，此为膏淋，当加赤苓、石韦利水通淋；如小溲色红，状如膏糊，淋涩不畅，此为赤浊，当加白茅根、炒蒲黄、琥珀末（分吞），以清热止血，活血祛瘀；如见小溲浑浊，色白如米泔，此为白浊，当重用萆薢，另加煅龙牡以分清固涩，以达填阴固精之目的。在此基础上，我进一步研制出了治疗乳糜尿的系列效方，治疗30多例，用药5~45剂后，除个别不明情况者外均治愈，血检、尿检均阴性。为便于后学临床验用，现将自己所创乳糜尿系列方编成汤头歌诀公布如下。

李氏苦参消浊汤，怀山萸肉甲珠藏，车前萆薢兼乌药，益智菖蒲熟地黄。

加减苦参消浊汤，方源基础酌更张，偏湿熟地改生地，萸肉酸温亦应删；溲红琥珀加翻白，脾虚增术人芪当。

加味萆薢分清饮，苦参翻白台乌灵，益智固精能缩尿，车前利水又通淋，射干除热兼蠲毒，山甲疏经络亦清，湿热蕴藏宜灸服，乳糜尿去效如神。

李氏消浊固本丸，山药地黄丹续和，燥湿苦参须重用，射干清热酌增多，健脾术草芪升陷，萸肉补肾逐病魔。

苡仁芡枣乳糜疗，尿浊脾虚效更高；芹菜煎汤当水饮，清除湿热病邪消；怀山莲肉熬成粥，长服养生胜醴醪。

除乳糜尿系列方外，我还创立了治疗慢性肾炎蛋白尿的固本益肾汤，治疗慢性乙肝的乙肝转阴方，治疗痹证的清痹通络饮，治疗冠心病（胸痹）的归芎参芪麦味方等效方验方。这些从实际中得来的经验简单实用，简明扼要，易学易懂，便于掌握，花费不大却能看好病，可解决老百姓看病难看病贵的实际问题。

固本益肾汤药用 12 味：黄芪 50g，潞党参 20g，炒白术 15g，川断 15g，金樱子 15g，诃子肉 15g，覆盆子 15g，乌梅炭 15g，川萆薢 15g，石韦 20g，白茅根 20g，旱莲草 15g。方中重用黄芪、党参、白术健脾益气为主药，治其本；辅以川断、金樱子、诃子肉、覆盆子、乌梅炭，补肾壮腰，收敛固涩，以防蛋白的大量流失；川萆薢、石韦利湿清热，分清泌浊；白茅根、旱莲草凉血止血治其标。全方共奏健脾补肾、收敛固涩之功。临床应用时再结合具体病情化裁治之。

归芎生芪麦味汤组成：当归、潞党参、紫丹参各 15g，川芎、五味子各 10g，黄芪 20g，麦冬 12g。用以治疗多种类型的胸痹。方中当归专擅补血，又能行血，养血中实寓活血之力，与川芎配伍，益增活血祛瘀、养血和血之功，故推为主药。党参、黄芪益气补中，实为治本求源之施，辅主药以共同扶正。丹参治瘀治血，麦冬养阴益肾，润肺清心，于冠心病确有佳效。又取五味子以益气生津，改善血液循环。

清痹通络饮以性味苦寒、清热燥湿、祛风解毒之苦参为君，仿《圣济总录》苦参丸治疗肌痹之意；以黄柏、青风藤为臣，黄柏性味苦寒而清热燥湿、泻火解毒，青风藤性味合参，配伍上兼具"辛以通络"的特点。功擅清热除湿，通络开痹。我幼子李梢对其抗风湿、抗血管新生等作用机理进行了深入的科学研究，并获得国家高技术研究发展计划（863 计划）、国家自然科学基金等的资助。实验表明，该方具有抗炎、抑制络脉血管新生、改善软骨破坏等作用，研究成果在 2003 年《American Journal of Chinese Medicine》、2008 年《Chromatographia》

等国际刊物上发表，获得发明专利，并被剑桥大学 Fan TP 教授等在国际药理学顶级刊物《Trends in Pharmacological Sciences》的综述论文中，列为抗风湿病血管新生唯一的代表性中药复方。目前李梢在清华大学带领了一个团队，还在继续从事这方面的科学研究。

（二）选剂择时辟蹊径

方药剂型古今多种，运用之妙，存乎一心。施药之际，须详察剂型、药性之特点，剂型不同其作用亦有异，临床上必须取决于治疗要求与药性特点。临证视具体病情，或汤，或散，或膏，或丸，灵活选用，不可千篇一律，唯"汤"是从。如治疗胃部疾病时，对炎症、溃疡等喜用散剂。因这些病变病灶均在胃内壁，散剂在胃内停留时间较长，且可直接黏附于病灶，渐渍而散解，发挥局部性保护与治疗作用，犹如体表部位痛肿疮疖、溃烂破损等局部外敷散剂治疗一样，可提高治疗效果。方剂多以乌贝及甘散和黄芪建中汤改散交替使用，空腹服，药后两小时内以不进饮食为善，临床证明疗效甚佳。如治谢某，男，58岁，干部，胃脘痛已 8 年余。发作时上腹胀痛，空腹及夜间尤甚，喜温喜按，嗳气吞酸，困倦乏力，四肢欠温，大便色黑。苔白质淡，脉濡细。大便隐血阳性，钡餐透视检查示十二指肠球部溃疡。曾多次接受中西药治疗，服过黄芪建中汤，疗效均不理想。我以黄芪建中汤改散，加服乌贝及甘散为治，两日后大便即由黑转黄，隐血试验阴性。继用两月余，再次钡餐透视检查，原溃疡病灶已不明显，临床诸症基本消失。

在服药时间选择上，依据人体阴阳昼夜消长变化规律，我摸索制定了一套择时服药的规则。前述治愈严凤英失眠症一案，择时安排服药就发挥了重要作用。人体脏腑气血阴阳之生理活动与病理变化无时不处于动态之中，《素问·生气通天论》曰："故阳气者，一日而主外，平旦人气生，日中而阳气隆，日西而阳气已虚，气门乃闭。"《灵枢·顺气一日分为四时》曰："夫百病者，多以旦慧昼安，夕加夜甚。"因此，服用方药亦应结合人体之动态和药物作用之特点，选择最适宜时间，动静相宜，以充分发挥其功效。现已广为推广的月经病时间周期用法，就是典型的例证。我治疗肝脏病变，根据"肝藏血""人卧血归于肝"之理论，常常嘱患者睡前服药，或药后即卧，宜静忌动。药物有效成分进入血中，流入于肝，肝血流量愈大，药物在肝内有效浓度相应增高，疗效也就愈彰。

如治某患者，男，36 岁，工人，患病毒性肝炎近两年。肝功能长期不正常，自觉神疲肢软，乏力纳差，食后则饱胀不适，矢气较多，胁肋胀痛及背，肝肋下一指，质中，触痛，大便初硬后溏。舌质淡，苔白，脉弦。前治效微，我处以紫丹参 30g，广郁金 10g，败酱草 20g，怀山药 20g，焦白术 10g，炒枳壳 10g，粉甘草 6g，随症加减，用药与前医出入不大，所不同的是嘱药后卧床休息两小时以上。患者共服药 20 剂，肝功能恢复正常，除胁肋偶有不适外，余症悉平。又治一急性黄疸型肝炎病人，初用茵陈蒿汤加减为治，服药多剂，黄疸虽有减轻，但其他症状与肝功能均未好转。加大药量，并告之患者服药期间卧床休息，续用 10 剂，病情迅速减轻，再服 20 剂，诸症尽失，肝功能恢复正常。由于重视用药时间和注意药后动静宜忌，我常能在病人前治无功的情况下，用方虽无大异，取效却能较捷。

新安医家程杏轩有"数方并用，定时分服"之法，不同剂型并用，既可避免药物之间的杀恶反畏，又增加了医治途径，使药力殊途同归。一是针对复杂病情，运用数种方剂定时分服，以避免药物配伍之相杀、相恶、相反、相畏等作用。如治一妇人崩漏，日久不愈，辨其证属留瘀，治须攻瘀，瘀去血始可止。但妇人病已久，气血早虚，单纯攻瘀则体不能任，若单纯补益则出血未止。惟攻其瘀而止血、补气血而扶虚，两法同举，方为妥帖。我以八珍汤补气益血煎服，失笑散祛瘀止崩另吞服，终使瘀去血止，正亦未伤。不将汤散合一，原因在于八珍汤之人参与失笑散之五灵脂相畏，分服后既可各尽其能，又不犯相畏之戒。二则程氏之法可异其剂型，各取服用机宜，获取良效。我在临床上，对虚实夹杂老年性慢性支气管哮喘，既有寒痰渍肺、气道受阻之实证，又有下元不足、肾不纳气之虚证，可吞服金匮肾气丸的同时，煎服射干麻黄汤，每每获效甚捷，较之单法独进疗效高且疗程短。肾虚其位在下焦，治宜缓图，故用金匮肾气丸以补肾纳气，改善老年人常见之肾虚病变；肾虚之体又易外感风寒，而有寒痰渍肺、气道受阻之证，证情较急，病位在上焦，治宜急取，故与射干麻黄汤并用，标本同治。我还常拟程氏之法，数方并用，补泻兼施，各按相宜时间服用，每得良效。如以早服健脾丸、晚服桂附八味丸，治愈脾肾两亏之腹泻多人；以早晚分服麻子仁丸，上、下午分服补中益气汤治愈老年性虚秘患者甚众。

择方不易，用方更难。选药如同选兵，用方如同布阵，若选方精良，而用方失法，亦难克敌制胜。我于临床常备有汤药、末药、丸药等不同剂型，或丸散或膏汤，加减取舍各随所宜；常数方、数型并用同治一病，注重定时分服；并讲究择时服药，动静相宜；必要时辅以针灸，重视针药并施，本标兼治。通过长期实践的验证和不断地总结归纳，并融会《内经》与新安医学理论，我明确提出了"选择方药剂型，重视作用特点""强调服药时间，注重动静宜忌""推崇数方并用，主张定时分服"等精辟论见，丰富了中医辨证论治的内容。

（三）"痹痿统一"立新论

痹证在《内经》中分类有三，风、寒、湿三因痹，皮、肌、脉、筋、骨五体痹，心、肝、脾、肺、肾五脏痹。病因、病位、病机从何入手，我认为诊断既要相对固定化又应不断变化，既需从大的方面区别归类，又应对局部症状条分缕析，以应不变中之变与变中之不变。治疗要胸有大法，因痹证很难在短期内完全治愈，治疗时应以某方为主，大法基本不变，辅药随症加减，以体现变中不变、不变中有变的特点。守方守法相当重要，切不可主方大法变动不息。为简化诊断，我主张先分寒热再作分型，热痹予白虎汤或清痹通络饮加减，寒痹用桂枝附子汤加减。对于痹证组方，附子、川乌、草乌是不可缺的，不论属寒属热均可在基本方上加用。三药峻猛，走而不守，性烈力雄，犹如奇才怪癖，有补火回阳、通经散结之功，善治一切沉寒痼冷之证，为祛散阴寒的首选药物。附子用量一般在15g以上（先煎），必须视病情而量要大，量小则疗效不显。对血虚而兼瘀者，我喜欢鸡血藤、活血藤两者同时并用，有相得益彰之合力。对痹证偏风者，川芎一药不可缺。中医治法中有通因通用、塞因塞用、寒因寒用、热因热用之反治法，我认为还应有如川芎祛风行血之"行因行用法"。痹证偏风，疼痛游走不定，可谓行因；川芎作用行而不守，可谓行用。在内治基础上辅以外治法，对疾病的缓解、痊愈将有很大裨益，应该提倡。常用的有巴豆饭外敷法、止痛擦剂、解痛药棉、熏洗法、外用通治药等，以及针灸、按摩、发泡等治法。

诊治痹证要深入细致，辨病与辨证结合，如只将治痹药物罗列堆砌，是难以取得预期效果的。曾治一65岁的男性，系退休工人，西医诊断为类风湿关节炎。初用强的松等激素可控制病情，近年来则病情加重，关节冷痛，呈游走性，涉及皮肤，喜叩打，面黄黝黑微浮，蹲下则难立起，站立则难坐落。舌质偏暗，苔薄白而干，脉弦缓等。曾服用一年轻中医之中药70余剂，自诉未有任何改变。细观所服之方，皆系雷公藤、川草乌、二蛇及温肾活血化瘀之品等。其证属寒痹偏风重型，故以阳和汤合蠲痹汤加减，虽未用雷公藤、川草乌、乌梢蛇、白花蛇等，但却三剂痛减，五剂病除。后询前医组方之由，年轻中医振振有词地回答说：温肾药有类激素样作用，用之可增强所服强的松的作用，而雷公藤等药理证实可祛风湿，抑制变态反应。我告诉他，现代对治痹用药研究较多，诸如雷公藤、川草乌、乌梢蛇、白花蛇等，有的医生每人必用，每方必用，未能辨明证属何痹及何阶段，虽可能治愈一两例，但若欲提高诊治水平则难上难矣。

痹证病因诊断固然重要，病位诊断也不可忽视。治痹不仅应重视成因中"风寒湿杂合而至"的特点，还应注重从人体内脏功能、气血功能入手，综合施治，以助祛除邪气，不能为"治痹即用风药"所拘。治痹之久者补益脾胃很重要，尤其湿痹，我常佐健脾祛湿之品，常用党参、白术、山药、薏苡仁之类。痹证迁延不愈，相合脏腑因之受累，经络气血虚弱，阴阳已失谐调，致成顽痹，又当气血并举。我并制定了辨治顽痹四法，即顽痹从虚辨治、从瘀辨治、从痰辨治、痹痿同病从肝肾论治，取效颇佳。在继承基础上，我突出审病求因、证候分析和施治大法，从而在痹证诊治上，系统提出了寒热辨治、气血并举、痹痿同治的"三期疗法"。

痹证服药时间，最好是晨初起与睡前各服一次。因痹证运动障碍以晨起为著，其疼痛夜间为甚。晨晚分服中药，意在病作前及时截治，有利于药物作用的发挥，控制病情的发展。其择时服药均来自实践，不是机械地靠天干地支来配属决定。在风湿病防治时间和节律的择优化研究上，李梢进行了深入探讨，根据其调查结果得出以下结论：一是春季为预防风湿病起病的最佳季节；二是夏季为体质纠偏、治病求本的最佳季节；三是秋冬季节应因季用药、因地制宜；四是需因月调治，女性风湿病需经前、经后分治；五是风湿病当择时服药；六是风湿病应节律性给药；七是风湿病要考虑起伏给药。

痿病指以形体某部分枯萎瘦削、萎弱不用为主要临床表现的病证，主要症状有肢体瘫软、麻木不仁，四肢拘急、瘦削，皮毛枯槁。究其实质，莫过于一个"虚"字。脾胃虚弱，五脏内损，气血无化，精气亏损，四肢百窍失养而变生。《内经》有治痿"独取阳明"之说，此乃强调从脾胃着手，但临证不可拘泥，不能为"治痿独取阳明"所拘，须辨证施治。其治痿则"专重肝肾"，重视肾精亏虚、肝血不足之病机。因肝肾同源，精血互生，当以补肾法为主，如其以右归丸化裁治愈进行性肌营养不良症。依据《内经》"治痿独取阳明""足受血而能步"和肾经充则骨不软之理，我系统提出益肾填精、健脾和胃、养血舒筋等系列治法，率先治愈进行性肌营养不良症、多发性硬化等顽疾多例。一般认为痿病不能过分活动，我认为一定要活动；一般认为痿病与遗传因素有关，而我发现不完全属遗传性疾病。这些都是我从临床摸索出的点滴经验，非常实用。

痹痿相关，痹证非感受六淫不为病，风寒湿热均是常见的致病因子，痿病以湿热淫邪致痿较多，病因虽有所区别，但临证往往难以泾渭分明。有谓"痹证均有疼痛"，我认为其实不然；有曰"痿证肢体关节一般不痛"，此也不全然，《汪石山医案》就记载有治愈"痛痿"的病例。临床既要强调痹痿两证的鉴别，更要强调痹、痿可分但不可强分，两者常同病或转化，痹证日久常可转化为痿证，痿证夹实邪又常见痹之证候，临床表现常相互错杂。痹痿虽病名相殊，但病位相同，均为肢体筋脉的病证，都表现为皮、肌、筋、脉、骨的症状，且证候相类，诸如皮痹与皮痿，筋痹与筋痿；在病因病机方面，体质内虚是患痹、痿病的共有因素，风寒湿热六淫邪气客袭，由不达致不荣是痹痿病的类同病机，痹久成痿是痹痿病变发展规律；在治则治法方面，存在以通法去其邪、补法扶其正、辅以外治等共性，舒筋通络、培补肝肾是痹痿的共同有效治法，痹痿同病可合而论治。在明代新安医家吴崑"痹痿合论"的启发下，我从病位、病因病机、辨证论治三方面分析后，系统地提出了"痹痿统一论"的论点。

凡痹痿同病多有阴虚体质的内在倾向性，而顽痹转痿都有肌肉瘦削、痿弱不用的临床表现。无论是痹痿同病或由痹转痿，素体阴虚乃为其潜在病根，治法当以培补肝肾为主。如治某男，19岁，两肢进行性痿软载余，宿恙"关节炎"。近出现两下肢痿弱无力，步履艰辛，下肢时常疼痛，曾诊为痹证。经用化湿通络之法治疗疼痛减轻。但两下肢肌肉渐见萎缩，经各种生化、病理检查，诊为"进行性营养不良"，属中医痿病。患者舌苔黄，舌质红，脉细弦。服用多种维生素、激素等西药治疗无效，求诊于我。此痹病转痿，痹痿同病，故拟用益肾养肝、舒筋活络之法。方用虎潜丸加减。药用：肥知母10g，黄柏10g，干地黄12g，虎骨（缺，现用代用品，下同），怀牛膝12g，锁阳10g，炙龟甲10g，杜仲10g，当归10g，白芍15g，鸡血藤、活血藤各15g。服药20余剂，药符病机，诸症好转，肌萎控制，行走稍得力。再守原轨损益，用知柏地黄丸内服，以巩固疗效。

（四）岐黄之道，普济苍生

中医就像卞和手中的和氏璧，很多内容是西医无法理解的，以西医实证的眼光来审视中医，人们由于看不清其实质才会纷纷弃之。比如中医所谓的左肝右肺、左肝右脾等，如果仅仅从形体上看当然都不对，但从相互关系、功能属性上看，却是正确的。生命现象确实是有其物质基础的，确实可以从机体内部的组成物质本身去寻找，但只有从生命活动中探索生命的本质，才能对生命现象做出符合客观实际的结论。当然，由于历史的局限性，中医难免有少许糟粕，对此应以历史唯物主义和辩证唯物主义为指南，既要反对一味地抱残守缺、尊经崇古，更应抵制那种轻易否定中医，把西医理论解释不通的中医内容一概视为糟粕的民族虚无主义态度。

"中西医并重""扶持中医药和民族医药的发展"是正确的抉择，2007 年已明确写进党的十七大报告，2009 年《中共中央国务院关于深化医药卫生体制改革的意见》强调坚持中西医并重方针，充分发挥中医药作用，中医药事业迎来了第三个春天。只要大家齐心努力，中医药事业必将会迎来一个又一个的春天。我出身贫寒，多靠政府扶持，2009 年我有幸忝列全国首届 30 名"国医大师"，无以回报，特赋诗一首以表感恩之情。

首评国医青史扬，华夏旗帜标杆长；

千载岐黄传德业，三十大师著华章。

稽首党恩施甘露，深心亿兆沐霞阳；

愿将仁术化"一帖"，普济苍生永安康。

（黄辉协助整理）

张士杰

张士杰（1931—2016），北京人。首都医科大学附属鼓楼中医医院京城名医馆主任医师，国家级名老中医，第二、三、四批全国老中医药专家学术经验继承工作指导老师。曾任中国针灸学会荣誉理事，北京针灸学会顾问，北京传统医药研究促进会理事，中国中医科学院针灸研究所国际针灸培训中心客座教授，日中友好中国研修之旅客座教授，日本大阪传统医学中心客座教授等职。

从事针灸、中医临床工作六十年。擅长以《内经》"援物比类"之古法，应用太溪等少量气穴治疗百余种疑难杂病。如针刺治疗顽固性失眠、发作性睡病、神经性厌食、三叉神经痛、秽语多动综合征、面肌痉挛、面瘫、膈肌痉挛、假性球麻痹、偏头痛、多发性大动脉炎、多发性硬化、神经性耳聋、支气管哮喘、泌尿系结石、颈椎病、骨性关节病、类风湿关节炎、强直性脊柱炎、痛风、硬皮病、重症肌无力、进行性肌营养不良、脑瘫、甲状腺功能亢进或减退、寻常性痤疮、脂溢性皮炎、湿疹、白塞综合征、黄褐斑、习惯性便秘等，人赐雅号"张太溪"。著有《古法针刺举隅》《古法针刺灵方治验》等书，发表学术论文20余篇，其中《援物比类应用太溪》《中风浅识》《浅谈腕骨和昆仑》曾被选为世界针联学术大会论文。先后赴印尼、日本、韩国、澳大利亚等多个家进行访问、医疗和讲学，曾获韩国针灸学会主席颁发的特别奖杯。学术成就在《人民日报》（海外版）、CHINA DAILY、《中国人才报》《中国科技报》《健康报》《中国医药报》《中国中医药报》《家庭医药报》《北京晚报》《北京日报》《中华名医》《中华魂》，以及日本、韩国、美国、意大利等国的刊物上皆有报道。

医途略述

1931 年 5 月，我出生于一个较为殷实的工商业者之家。家父兼通文史和方技，并设同春堂国药店，延揽诸多名医坐诊，并与之切磋医道。我自幼耳濡目染，因之对中国的文、史、哲、医，也由知而好。1948 年完成国民高等学校学业具有一定文理知识后，在家父及诸医指引之下，开始攻读《老子》《易经》《黄帝内经》《伤寒论》《金匮要略》等典籍。为了检验个人之学识，于 1956 年将个人编写之针灸学讲义，送北京市卫生局备案，申请开设针灸传习班，获得当时之主管方和谦先生口头准许，开办两期后，全市之私立传习班皆停办。1957 年经国家鉴定考核取得医师资格，并由北京市卫生局发给开业执照。1960 年任职于北京市第二中医门诊部针灸科，1976 年任职于北京建国门门诊部针灸科，1986 年调至首都医科大学附属鼓楼中医医院针灸科，1994 年退休，后返聘于鼓楼医院京城名医馆。迄今为止，行医已近 60 年。回想我的学医、业医之途，漫漫而修远，愿为诸位所分享的，是那一段循古悟道的心路历程。

（一）诵经

"将登泰岱，舍径奚从；欲诣扶桑，非舟莫适"。抚今追昔，我之所以能初步应用古法针刺临证，及引经据典书写文章，实有赖于年少时在家父及诸医的指引之下，勤求古训之结果。古训不仅是古人之准则，也是一种朴素的认识天地万物（包括人体）变化规律的真理，验之当今，依然可靠。《内经》《老子》《易经》等经典古训，每诵读一次，都有不同的理解与体会，通篇来读，试以古人之思维而读，多有收获与感思，而记诵其内容，则可为以后开智、力行之基础。

（二）开智

经典古籍，文义高古，寓意渊微，上极天文，下穷地纪，中悉人事，意欲融会贯通，则实非易事。但我却迎难而进，学而知，知而好，乃至力求从容于其道，因之而乐，终可"力学穷理，则识益明"。苦研《易经》，我浅悉"变易；不易；简易"宇宙之法；耕读《老子》，我了悟"人法地，地法天，天法道，道法自然"顺应之理；细诵《内经》，我发现"揽观杂学，及于比类……循法守度，援物比类，化之冥冥，循上及下，何必守经"以及"治病必求于本，治之极于一"的用针之道，将之付诸临证而每获良效。

（三）证道

诵诸典籍所论之医道，将之于临床验证即可证明道乃针之要，从而也能更深刻地理解"知其要者，一言而终，不知其要，流散无穷"之经旨。如我在1985年9月接诊一姚姓患者，诉6年来晨起至日暮，双目不欲睁而如冥状，整日胸闷，悬心，短气，脘痞，嘈杂，进食可稍缓解，少顷诸证又加剧，饥则恶心而不欲食，屡治罔效。诊：脉浮弦，沉取微滑，舌质淡，苔白微厚。根据《灵枢》"肾足少阴之脉——是动则病饥不欲食，心如悬，若饥状"之经旨，将其流散无穷之症状，浑束为一，为之针刺肾原太溪，得气有如鱼吞钩，诸症当即缓解。共针4次，病衰大半。这样的病例很常见。对于很多疾病，我根据其症征而常用援物比类之古法为之施治，每每取得"守正出奇"之效。

针理初探

针灸之理、法、道，源远幽深，个人所领悟者，不过一隅。其中体会较深者，除前述者外尚有气穴、体表经穴定位、针刺补泻及手法、针刺补泻气调之标志、针刺补泻气调之条件、针刺得气，以及后世之"烧山火"与"透天凉""五门十变"针法等，并为之著文论证，如《浅谈针刺补泻及手法》《针刺补泻及手法之沿革》《〈内经〉针刺补泻及手法之归纳》《〈内经〉针刺补泻及手法之组合》《针刺补泻气调之标志》《针刺补泻之条件》《浅谈针刺手法"烧山火"与"透天凉"》《浅谈五门十变针法》《浅谈针刺得气》《气穴浅识》《略论阿是穴》《体表经穴定位浅识》《取穴贵在精少》《中国针灸新世纪发展之管见》等，兹仅就对气穴之感悟略抒己见，其余诸项，可见拙著《古法针刺灵方治验》。

（一）论气穴

《灵枢·官能》曰："是故工之用针也，知气之所在，而守其门户，明于调气，补泻所在，徐疾之意，所取之处。"《素问·八正神明论》曰："知其所在者，知诊三部九候之病脉处而治之，故曰守其门户焉。"《灵枢·九针十二原》云："节之交，三百六十五会，知其要者，一言而终，不知其要，流散无穷。所言节者，神气之所游行出入也，非皮肉筋骨也。"《类经·八卷》曰："神气之所游行出入者，以穴俞为言也。"《素问·气穴论》曰："三百六十五穴，针之所由行也……气穴之处，游针之居。"上列文字说明气穴乃神气所游行出入之门户，三部九候之病脉处，正邪共会之所，是游针之居。因之，将气穴中的针下气纳入腧穴研究之中也诚属必要，如是则不仅对诊治而且对腧穴之定位、定性，亦将大有裨益。

（二）论调气

《灵枢·九针十二原》云："粗守形，上守神，神乎神，客在门，未睹其疾，恶知其原……粗守关，上守机，机之动，不离其空，空中之机，清静而微。"此段经文在《灵枢·小针解》中有较为详尽的解释。如"粗守形者，守刺法也。上守神者，守人之血气有余不足，可补泻也。神客者，正邪共会也。神者，正气也。客者，邪气也。在门者，邪循正气之所出入也……粗守关者，守四肢而不知血气正邪之往来也。上守机者，知守气也。机之动，不离其空中者，知气之虚实，用针之徐疾也。空中之机，清静以微者，针以得气，密意守气勿失也"。唯其中"粗守关者，守四肢"则令人质疑，后世医家如马莳、张志聪等，均将之释为四肢关节。考《素问·骨空论》曰："坐而膝痛，治其机……夹髋为机。"又曰："坐而膝痛如物隐者，治其关……腘上为关。"可见"四肢关节"之说欠妥。"粗守关"之"关"亦非"十二原出于四关"之"关"。十二原所出之四关，非但手不过腕，足不过踝，而且还包括位于腹部的膏之原鸠尾和肓之原脖胦。如若将"粗守关者，守四肢而不知血气正邪之往来也"，诠释为徒守形身四肢门户之关，即气穴之门户，而不知关中血气正邪之往来，亦即不知守空中之机，似更妥帖。

（三）论气至

《灵枢·九针十二原》曰："刺之要，气至而有效。"然而气至之状却也易陈难入。除针下寒热外，如《素问·宝命全形论》之"见其乌乌，见其稷稷，从见其飞，不知其谁"即可证。张景岳将之注为："此形容用针之象，有如此者。

'乌乌'言气至如乌之集也，'稷稷'言气盛如稷之繁也。从'见其飞'，言气之或往或来，如乌之飞也。然此皆无中之有，莫测其孰为之主，故曰不知其谁。"直到金代窦默之《标幽赋》"气之至也，如鱼吞钩饵之沉浮"面世，才使人们对气至有了一个形象生动的概念，将之付诸临床也确实得心应手。如偏瘫之五指拘挛屈曲，掣不可伸，刺腕骨得气有如鱼吞钩饵之沉浮，即可见指掌及指间关节之反复抖动，五指可立即展开；疗下肢之强直内收，足跖下垂内翻，刺太溪有如鱼吞钩，下肢立即可外展，足跖之下垂内翻，亦可反复背伸和跖屈有若鱼吞钩时鱼竿和鱼漂之沉浮。针刺反应有如鱼吞钩饵之沉浮，实乃已补而实，已泻而虚，谷气已至之兆，然而将鱼吞钩释为针下紧涩则谬矣。紧而疾者邪气未去也，或"不中气穴，则气内闭；针不陷肓，则气不行"（《灵枢·胀论》）也。鱼吞钩饵之沉浮，就其状而言，乃如鱼吞钩时鱼竿或鱼漂之沉浮也，或使术者有鱼欲挣脱之感为是，如刺太溪治疗偏瘫或截瘫之足下垂时，伴随电击感，可使患者之足跖反复伸屈，腓肠肌及股四头肌等开、阖、枢相关之组织亦可呈现强烈伸缩。刺腕骨时，伴随电击样反应，开、阖、枢相关掣不可伸屈之五指可立即抖动并伸展，诚如鱼欲挣脱之状，倘能切身垂钓则易知沉浮之谓。

（四）论气调

此外，时空及机体条件也与气至与否相关，如天温日明则人血淖液而卫气浮，故血易泻，气易行；天寒日阴则血凝泣而卫气沉，气至亦难。《灵枢·行针》云："百姓之血气各不同形，或神动而气先针行，或气与针相逢，或针已出气独行，或数刺乃知。"如刺阴阳和平之人，其血气淖泽滑利，故针入而气出疾而相逢；多阴少阳之人，其气沉而气往难，故数刺乃知。针下紧而疾者，用动退空歇迎夺右而泻之之法调之，针下徐而和则去之，如闲处幽堂之深邃者，用推内进搓随济左而补之之法调之，针游于巷徐而和乃去之。迎之随之，术者亦尽可应用各自习惯之补泻术式调之，使之气调而止。唯不可仅拘泥于针下气，尤其对其阴气多而阳气少，阴气沉而阳气浮之针已出气独行者而言。故尚需参照其他有关气至之标志。如《灵枢·终始》"凡刺之道，气调而止，补阴泻阳，音气益彰，耳目聪明，反此者气血不行。所谓气至而有效者，泻则益虚，虚者脉大如其故而不坚也，大如故而益坚者，适虽言快，病未去也。补则益实，实者脉大如其故而益坚也，大如其故而不坚者，适虽言快。故未去也。故补则实，泻则虚，痛虽不随针，病必衰去……所谓谷气至者，已补而实，已泻而虚，故以知谷气至也。邪气独去者，阴与阳未能调，而病知愈也。故曰补则实，泻则虚，痛虽不随针减，病必衰去矣"者是。

医术浅识

自传说中的"伏羲制九针"至《黄帝内经》之成书，历经久远，故展现在该书中有关针刺之独特理论亦势必更加完善，乃至迄今仍为人们所尊崇和效法。遗憾的是该书中"览观杂学，及于比类"之法则，却被今人所忽视。我根据《素问·示从容论》"援物比类，化之冥冥，循上及下，何必守经"等理论认为，针灸临床治疗所遵循的根本法则是难以单凭方脉辨证概括或取代的，应寓援物比类于其中，审视色脉予以分析，再加以综合，使类者比之，以尽格物致知之道。如是则可澄其源而流自清，灌其根而枝乃茂，做到补泻勿失，用针稀疏，从而避免"不知比类，足以自乱"。在这一思想指导下并结合"人肾中之元阴元阳，乃生长发育的根本，五脏六腑、四肢百骸皆根于肾"的中医理论和自己的临床经验，选取肾经之原穴"太溪"或佐以少数气穴即可，治愈顽固性失眠、发作性睡病、神经性厌食、三叉神经痛、秽语多动综合征、面肌痉挛、假性球麻痹、多发性大动脉炎、多发性硬化、神经性耳聋、支气管哮喘、泌尿系结石、强直性脊柱炎、痛风、硬皮病、重症肌无力、进行性肌营养不良、脑瘫、甲状腺功能亢进或减退、白塞氏综合征等百余种疑难杂病。今列举几例如下（其余案例可参见拙著《古法针刺灵方治验》）。

（一）不得卧

陈某，女，38岁，中医。1985年来诊。患失眠10余年，若环境欠宁静，则通宵达旦不寐，曾多方治疗，罔效。查：脉浮弦沉弱，舌体瘦小质微红，苔薄白。诊为阴虚不得卧，用壮水之主，以镇阳光法，为之针双太溪，得气有如鱼吞钩，当夜即一觉睡至天明。按：若仅用脏腑辨证，则不得卧之病因可分为心脾血亏、阴亏火旺、心胆气虚等，而其临床表现也不尽一致，治法亦有所不同。而应用比类之法，则不论何脏所发之不得卧，皆可按"今厥气客于五脏六腑，则卫气独卫其外，行于阳不得入阴……阴虚故目不瞑"而调肾以治。盖因肾者先天之本，受五脏六腑之精藏之，滋肝木复灌中土而上济心肺，肾者主液入心化赤而为血，流溢于冲任为经血之海是也。

（二）呕血

刘某，女，68岁。胃脘痛10余年，近两周加剧，伴有腹胀闷及呕吐，口干渴，但欲漱，而不欲咽，大便一周未通，小便短赤。查：脉沉而微滑，舌质微紫红，苔白厚腻，胃脘部喜温而拒按，双下肢凹肿Ⅰ度，始则辨为血寒湿，每日为之刺中脘、三里、三阴交，三日后胃痛虽减，但大便仍不通，呕吐亦不止，于第四诊时，患者自觉恶心，旋即呕吐100毫升有食残物之紫暗血块。色脉却已如前状，唯舌下可见少量曲张之络，考《金匮要略·惊悸吐衄下血胸满瘀血病脉证治》"病者如热状，烦满，口干燥而渴，其脉反无热，此为阴状，是瘀血也，当下之"之论，以及唐宗海《血证论》"血之归宿，在于血海，冲为血海，其脉系于阳明，未有冲气不逆上而血逆上者也"之言，因之体会到患者吐逆便秘，今调其脾胃而未收阳明下行为顺，吐之使通之效，实当责之于肾，肾者胃之关，关门不利故能积水上下溢于皮肤而为浮肿，肾气冲逆，水邪入胃，而坏决，亦可为呕血，为二窍不通。故为之改刺双太溪穴以开关门亦即下之之意。翌日大便通，呕吐止，凹肿亦见消。问日一次，共为之针刺12次，迄今已逾半载，一如常人。

（三）急性一氧化碳中毒（中度）

李某，女，32岁，工人。因夜晚封火不当，晨起头剧痛，头昏头胀，耳鸣眼花，心悸乏力，恶心呕吐，站立不稳，意识模糊，口唇黏膜及指甲呈樱桃红色，面色潮红，多汗，脉弱而数。舌质淡红，苔薄白。援物比类：肾者，先天之本，居坎位而寓水火于其中，水火未济则清阳不升，浊阴不降，而导致头痛、昏、胀、恶心及呕吐。肾开窍于耳，肾气不充则耳鸣耳聋。目之所以能视物乃肝肾精华之所照，肾精不足，则眼为之昏花。肾脉其支者从肺出络心，肺根于肾，坎离水火不相既济则呼吸频数而心悸。肾主作强且主志，司技巧，虚则肢软乏力，意识模糊。口唇、指甲、黏膜及颜面潮红，皆为阴阳格拒，阴极似阳，至虚有盛候之象。肾者主蛰，封藏之本，主固密，固密无权则自汗。故为之针双太溪，立已。

（四）重症肌无力（眼肌型）

祁某，女，62 岁。双眼睑下垂两年半，始为左眼，继而右眼。1983 年 10 月及 1984 年 8 月分别于两家医院诊断为重症肌无力（眼肌型）。X 线片示上纵隔未见肿块影，遂给予新斯的明、阿托品、枸橼酸钾、复合维生素 B、维生素 E 等药物治疗，始则有效，继则无效，因之于 1985 年初来我院要求针刺。来诊时，症见双眼睑下垂，右轻左重，晨起症减，日晡加剧。双目调节反射迟钝，无复视，亦无吞咽障碍、鼻腔返溢、声嘶及肢体肌群之症征，深反射正常。脉沉弱，苔白微腻。《灵枢·大惑论》云："肌肉之精为约束。"张隐庵《黄帝内经灵枢集注》云："约束者，目之上下纲。太阳为开为目之上纲，阳明为阖为目之下纲。"双上睑下垂者，乃太阳经气虚乏之征。膀胱足太阳之脉，其直者，从巅入络脑，还出别下项，约束者裹撷筋骨血气之精而与脉并为系，上属于脑，后出于项中，故可取膀胱经之腧穴以为治。援物比类用上病下取法针双昆仑穴，得气如鱼吞钩，双眼裂立即增大，未及 20 次，恢复如常。

针情永续

就个人而言，古法针刺已成为我的立业之本，并以之解除了很多人的病痛，从而成为全国老中医药学术经验继承工作第二、三、四批指导老师，培养了一些中青年医师，也算是为传承古人智慧做了些贡献。近来，日本等国的一些学者和临床大夫对传统针灸之道的复兴也开始重视起来，不少机构和个人常力邀我前去讲学，或来华求教，古法针灸也因此继续传播至海外，惠及友邻。针理永恒，针髓无限。我试从以下几个方面略加阐述。

（一）追本溯源

饮水思源，业医以来，要说最使我感念的，莫过于能将古人智慧保存并流传至今的历代医家与学人，因为他们我才能够勤求古训，端本澄源，施行古法而不泥古，如对某些腧穴之定位，不拘泥尺寸，而以《灵枢》"陷者中""穴者窟也，窟者空也"等理论为依据取穴。兹举 3 例如下：①太溪：《灵枢·本输》"太溪，内踝之后，跟骨之上，陷者中也"之取法较之《针灸大成》"足内踝后五分"及教材"内踝高点与跟腱之间凹陷中"更易于中的。因此穴并不见得皆在足内踝后五分或内踝高点与跟腱之间，为数不少的人是在内踝高点稍上与跟腱之间才能触及凹陷，这也就是"气穴之处，游针之居"。②昆仑：《灵枢·本输》云："昆仑，在外踝之后，跟骨之上。"此穴《资生经》引《明堂》有上昆仑、下昆仑之说，今虽已不详，但可上可下似无异议。临床时通过循扪切按，大多是在外踝高点之上与跟腱之间才能触及凹陷，刺之也易于得气。可见《甲乙经》所描述的"细动脉应手"和《针灸大成》的"足外踝后五分"就难免画蛇添足之嫌。③养老：《甲乙经》曰："养老，手太阳郄，在手踝骨上一空，腕后一寸陷者中。"《针灸腧穴图考》曰："以指按踝骨，令手腕内转，一空见矣。"此穴分明就在手踝骨上，转手骨开一空中，亦即尺骨茎突尺侧，转手骨开之隙中，却舍此于尺骨茎突桡侧缘凹缘中取穴，就不仅失手踝骨上一空之义，而且亦非手太阳之所过。《内经》云："经脉十二者，伏行分肉之间，深不可见……诸脉之浮而常见者，皆络脉也""人经不同，络脉异所别也"。临床验之，诚如其言。

（二）继古开今

《易经》的教导告诉我们：在继古的前提下，还要"与时消息，与时偕行"。用传统针灸来解决现代难治疾病，就是我开今的动力与方法。但开今与继古的关系必须清晰，不能含混其意。如我在 1986 年 7 月接诊一 30 岁患白塞综合征（Behcet's syndrome）10 年余的女性病人，诊其左颊黏膜、舌缘、齿龈及唇之右内侧，可见不规则或圆形溃疡多处，深浅不一，边缘清楚，基底红晕，底面中央有黄色坏死，伴剧痛；阴道及阴唇亦有类似之溃疡数处；眼科表现为复发性虹膜睫状体炎伴前房积液。足少阴肾乃先天之本，受五脏六腑之精而藏之，滋肝木复贯中土而上济心肺，假卫气以温分肉，充皮肤，肥腠理而司开阖。肾者主蛰，乃封藏之本，肾失所藏则固密无权，是以感邪而发是病，故为其针刺肾原太溪以治之，使"气至"，乃至"气调"，隔日 1 次，未及 20 次症征皆已。为巩固疗效，防止复发，每周 1 次，又为之针刺 20 次，迄今已 20 余载，仍未复发，且再未流产而喜得一子。《中医病证诊断疗效标准》却将之类为狐惑病，令人费解。《金匮要略·百合狐惑阴阳毒病证治》载："狐惑之为病，状如伤寒，默默欲眠，目不得闭，卧起不安，蚀于喉为惑，蚀于阴为狐，不欲饮食，恶闻食臭……初得之三四日，目赤如鸠眼。"权且不论"目赤如鸠眼"究属狐惑抑或阴阳毒，尚难定论。仅就狐惑之蚀喉而论就和白塞氏综合征有异，后者的溃疡是见于颊黏膜、舌、牙龈及唇而非蚀于喉。早在《内经》等典籍中对口腔咽喉就有详尽的解剖记载，因之，仲景也绝不会以喉概括口腔中的诸多部位和器官。此外，若将狐惑之"其面目乍赤、乍黑、乍白，蚀于上部则声喝……蚀于下部则咽干……蚀于肛者"等与白塞综合征两相对照，就更加有别。予兹可见，开今当知古、明古，万不可断章取义，牵强附会。

（三）同心传道

孔子曰："独学而无友，则孤陋而寡闻。"我作为针灸从业人员中年龄较长者，于后学之辈可谓"是以眷眷，勤求俊杰"，并与之交。在对传统针灸的传承与实践中，发现后来者中不乏杰出之才。其中，尤以尊我为先辈、我恭称其为志同道合之友的山东中医药大学高树中教授，更值得赞颂。高树中教授所著的书中有一本《一针疗法——灵枢诠用》，将《灵枢》之经典理论诠释得较为深刻，多有独到见地和绝妙验案。如他所提出的"门"就是穴位，对四关本义的分析，对"荥输治外经""合治内府""病在阴之阴者，刺阴之荥输""病时间时甚者取之输"的诠释及应用，以及对大杼穴的考据等，莫不令人信服和赞同，有些解读甚至发《灵枢》以降之未发。临证中，高教授常采用一针，或寥寥数针，治疗诸疾，也常获得立竿见影之神效，甚合"取穴贵在精少"之经旨。对于古法针刺的体会，我与高教授可谓"同声相应，同气相求"。庄子云："人生天地之间，若白驹之过隙，忽然而已。"岁月将我送到了耄耋之年，但我对中医、针灸的热爱非但丝毫未减，反而愈增，且常以"童蒙"自处，以童眼观世界，悠哉乐哉。我此一生付诸中医针灸事业，一则希望在有生之年能多为众生解决疾病之苦；二则喜见越来越多的志同道合之士能很好地传承针灸古法之道，不辱古人之训，不误后人之思，为治疗现代疑难杂症发挥我们"针灸人"自身的特长，实现针灸本有或应有的价值与优势，留住我们的根，并让中医针灸之树更加枝繁叶茂。

（刘兵、孙铌协助整理）

夏桂成

夏桂成（1932—　），汉族，江苏江阴人，硕士研究生导师。早年得列于江阴名医夏奕钧门下，入中医学之门径。20世纪50年代中期考入江苏省中医进修学校，结业时被评为"优秀生"。期年就职于江苏省中医院，即南京中医药大学附属医院妇科，翌年拜科内黄鹤秋主任为师，侍诊三年，得其心传。1960年，于青岛参加全国首批中医高等一版教材《中医妇科学》编写工作。20世纪60年代初即在《中医杂志》上发表傅青主妇科学术特点之研究文章。20世纪70~80年代，从事月经周期及调周法之研究，运用调周法研究不孕不育病证之深层治疗。擅长治疗月经不调、痛经、功能性子宫出血、不孕症、先兆流产、更年期综合征等妇科疾病。20世纪90年代深研易学八卦，提出心－肾－子宫生理生殖轴之观点，后又研究易数律，未病调治。由于调治不孕症卓有成效，被誉为"送子观音"。曾多次赴欧美、澳洲讲学，颇得海外学者好评。著有《实用妇科方剂学》《月经病的中医诊治》《中医妇科理论与实践》等。全国500名老中医药专家师承学习指导老师之一。享受国务院政府特殊津贴。中国中医科学院学部委员，"国医大师"。

余乃江苏江阴人氏，幼年乡居，因家境困顿，终至中途辍学，稍长则由族人推荐得列于江阴名医夏奕钧门下。余视师如父，谨事慎行，白天随师抄方侍诊，习诊法，观脉象，察组方，研用药；晚上则研医著，录笔记，撰心得，理脉案；早起诵经文，背汤头，记药赋，如斯三易寒暑，方入中医学之门径。夏奕钧老先生乃江阴城东望族，家学渊源，幼承庭训，学术颇精，勤于临床，勇于实践，诊疗细致，一丝不苟，尝谓"读书无眼，病人无命，息息相关，切莫等闲"，并书于横幅，裱挂厅堂，尤为警人。其人光明磊落，胸襟开阔，学术毫无保留，乐于传人，余受其影响颇深，年幼学习之经历，所感所悟，历历难忘。

20 世纪 50 年代中期，值中华人民共和国成立初期，百废待兴，适值江苏省中医进修学校刚刚成立，余独自负笈来宁赶考，所幸被录取。清代刘奎尚云："无岐黄而根底不植，无仲景而法方不立，无诸名家而千病万端药症不备。"故余非常珍惜难得之学习机会，博览群书，精研医理。在此期间，余潜心阅读了大量的中医古籍，从《内经》《伤寒论》《金匮要略》到《丹溪心法》《脾胃论》，均认真体会，逐步完善了中医理论基础。时毛主席倡导中西医结合，余在进一步认真体会中医之博大精深的同时，亦加强了对西医学知识的学习，日后能稍融中西医知识，与当时学习的基础是分不开的。常言"三人行必有我师"，当时的江苏省中医进修学校名医荟萃，高手云集，余窃喜能有如此之机遇，遂充分利用一切机会向众贤求教，如此经验日增，医术益精。毕业时余以优异的成绩被评为"优秀生"。

1958 年余就职于江苏省中医院，即南京中医药大学附属医院妇科，承担西医学习中医班、中医学院医疗本科班的教学任务。翌年，有幸拜科内黄鹤秋主任为师，黄老从医 50 余载，擅长调理月经和不孕不育病证的治疗，曾用消食化积治疗癥瘕，得效享誉金陵，求治者众。余尊师敬业，侍诊 3 年，颇有心得，出而应诊，每获良效。曾有一妇，年逾知命，绝经 3 载，腹部膨大，赴某医院诊治，判定为盆腔肿块，颇难治疗，继因感染遂致神糊呓语，腹部更大，均谓无治，举家惶惶，已备后事，适有其亲友，与余相交甚笃，求余出诊。余谨察细思，据其脉象细糊，重按有力，舌苔干涸根部焦黄，遂用表里双解，重在清泄，热解后转用黄老消食化积法前后调治经年，肿块消失，体健逾昔。余经此医事，虽有成功之喜悦，但更感行医责任重大，余以为医家处剂治病，决病家之生，定病家之安危，为医难，而为病家信赖如斯者更难。诚如清·赵学敏所言："盖医学通乎性命，知医则知立命。"故无恒德者，不可作医。且中医乃博大精深之学，非一门一派、一经一典所能涵盖。非勤读巧思用心于临床不可，余遂更加肆力于学问，精研古籍。《灵枢》《素问》《难经》《神农本草经》、妇科诸书及当代有关医事报道，无不津涉启其，而所研精读者，《傅青主女科》《景岳全书·妇人规》《妇人大全良方》也务求其大意，通明指归。

余所研古籍之中尤重《傅青主女科》，缘于傅山先生医学造诣精深，医德高尚，其医有自己独特鲜明的风格，对后世有深远影响。顾炎武在为傅山之医学著作《大小诸证方论》作序说："予友傅青主先生，学问渊博，精实纯粹，而又隐于医。"傅山常说："医犹兵也，古兵法阵图无一不当究，亦无不当变，用运之妙，在乎一心。妙于兵者，即妙于医矣。总之，非不学之人所可妄谈。"又云："处一得意之方，亦须一味味千锤百炼。文章自古难，得失寸心知，此道亦尔。鲁莽应接，正非医者救济本旨。"故其用方配伍精湛，效如应桴。傅氏提出经水出诸肾，肾中水足则经水多，肾中水亏则经水少，并由此创制两地汤、养精种玉汤等著名方剂，以求血中补阴，阳中求阴。傅氏在治疗不孕症时又注重温补肾阳，相应地创制了温胞饮、温土毓麟汤等补阳方剂，于气中、血中、阴中求阳。余日后在临床创研补肾调周补阴补阳之验方不无受其裨益。

人之所病，病疾者多；医之所病，病方者少，病良方者更少，所以为医者，不可不知方也。何谓知方？知其方名，识药仅半，虽能用于临床，效不如意者，不可谓知方也；知方识药，洞悉方意，又知其配伍，能运用巧妙，证之临床，能获良效者，始可谓知方也。故明·李中梓《医宗必读》有"病无常形，医无常方，药无常品。顺逆进退，存乎其时；神圣工巧，存乎其人；君臣佐使，存乎其用"之论。余将历代妇科有关方剂悉数整理，从中探寻制方规律，化裁古方，发皇新义，创制新方，应证于临床。余筛选中药，逐味试探，仔细体味，集药组方，得失之间，虽感艰辛，亦有快慰，实有"两句三年得，一吟双泪流"之感。如此千锤百炼，所得诸方剂均能够解决病人痛苦，有的药后诸证悉解，患者喜形于色奔走相告。然余更加肆力于新药新方之创研，以期能为更多患者解除痛楚。如此几十载亦能积存数方，在余所著《实用妇科方剂学》《妇科理论与实践》及《妇科临床用药心得十五讲》中析及。如余所制之清心健脾汤，即是从前人的资生健脾丸合清心滋肾汤演化而来。因发现有相当部分患者绝经期出现明显心脾失调，除有烘热汗出外，尚脘腹作胀，矢气频作，大便溏泄或小腹冷感，四肢冰冷。此时不宜用滋肾清心汤，余从临床需要出发，创制了清心健脾汤，上清心肝之火，下温脾肾阳气，特别是脾胃之阳气。方中以钩藤、丹皮、莲子心、黄连、青龙齿清心肝安魂魄，党参、白术、木香、砂仁等健脾理气，如此清上温中，临床每获良效。曾有一黄姓妇女，年已五十，绝经1年，有轻度的绝经期诸证，后因精神刺激，以致胸闷烦躁，夜不能寐，抑郁焦虑，有时哭笑无常，但已有腹胀矢气，大便溏泄，日2次，脉细弦，舌质红苔白腻，曾服用更年冲剂、更年安、镇静安眠剂，效欠佳。予以清心健脾汤，服药即有效，后不慎冷饮，烦躁，病又发，遂于前方加炮姜 5g，结合心理疏导，病情基本得以控制。

余自 20 世纪 60 年代起，即对月经周期及调周法有所认识，70 年代中期，受人工周期法的启迪，开始用中药进行周期治疗，80~90 年代通过对调周法的运用和探讨，不断加深认识，系统地将一个周期分为行经、经后、经间、经前四期，从生理、病理及治疗等方面潜心研究，形成了一整套自己的见解。余以为"调经必须调周""调周才能更好调经"，并在调周理论的基础上创制了一系列方剂，疗效显著。然余始终坚持用中医理论来指导临床诊疗，并以中医的思维将理论创新完善。"问渠哪得清如许，为有源头活水来"，中医妇科近代以来理论上创新不多，要寻求突破，仍当从中医理论的发源地着手。《素问·五常政大论》云："治病者，必明天道地理，阴阳更胜，气之先后，人之寿夭，生化之期，乃可以知人之形气矣。"故明代孙一奎有"深于《易》者，必善于医；精于医者，必由通于《易》。术业有专攻，而理无二致"之论。余以为月经顽证，常与月经周期演变失常有关，月经周期之演变，之所以形成节律者，必与阴阳消长转化之运动变化有关，与天、地、人三者间之生物钟有关，故余深研易学八卦、奇偶数律，并从时间医学、心理学、遗传学等西医学科中获取知识灵感，创立了心－肾－子宫生殖轴学说、脏腑学说及补肾调周理论，与妇科实际结合，更新了当今中医妇科理论，为其发展建树了实际内容。余治疗月经疾病，于行经期理气活血调经，以排经泄瘀为要；经后期养阴，奠定卵子发育基础；经间期益肾调气血，促进卵子排出；经前期阳长至重，成为受孕或泄经之前提。四期既有别又相连，协调一致，气血运行不悖，阴阳盛衰有序，则诸疾十去其八，余以为此相应于西医学内分泌功能之恢复。西药调整内分泌有其明显之弊端，余所治之疾，不少均为服用西药后月经益加紊乱者，用中药调整周期，因势利导，推动自身恢复节律，疗效显著。余以补肾调周法结合脏腑学说治疗不孕症亦有不俗疗效，故而纷至沓来者十之七八为不孕症患者，余不敢胜任"送子观音"之美誉，但愿最大限度使求医者喜结珠胎，顺利胎产。余曾治疗一张姓患者，30 岁，护士，结婚 5 年，一直未孕。月经初潮 10 岁，平素月经经期 7~8 天，周期 30 天，末次月经 1998 年 5 月 24 日，量多，色红，有血块，腹不痛。曾在某院查血雄激素、泌乳素（PRL）偏高，蝶鞍摄片，尿 17－羟、17－酮未见异常，B 超监测排卵示卵泡发育不良。1998 年 6 月 4 日来我院求治。刻下月经周期第 12 天，乳头溢液，量少色清，口干，心烦易怒，腰酸，带下量少，脉细弦，舌红苔薄腻。证属脾肾亏虚，肝经郁火，冲任失资。治从经后期论，法以滋养肝肾、疏肝健脾，方选二至地黄丸合越鞠丸加减。药用女贞子、墨旱莲、山药、山萸肉、牡蛎、丹皮、茯苓、川断、菟丝子各 10g，苍术、香附各 9g，广陈皮 6g。服上方 7 剂后，患者乳房胀痛有所好转，口干亦有好转，继以补肾调周为治疗大法，以恢复排卵，并配合疏肝理气以降低患者的泌乳素水平。排卵期以补肾促排卵汤加减为主，以补肾促排卵。经前期患者自述易出现便溏，治以健脾补肾、疏肝和胃，方选健固汤和越鞠二陈汤加减；经期则采用理气活血调经法，以助经血排泄，方选越鞠丸合五味调经散加减。患者经两个完整周期的调治后，未再出现乳头溢液，腰酸状况有所好转。1998 年 8 月 8 日复诊时，基础体温高相 19 天，尿 HCG（+），遂转为补肾养血、和胃安胎，以收全功。

余曾多次赴欧美澳洲讲学，阐述月经周期与调周法及余所研究之易数律，颇得海外学者好评。余与国外著名妇产科生殖医学专家交流后，愈加坚信余之理论对于妇女生殖节律调节、优生优育之独特重要性，不仅能够治愈月经顽疾，亦能调整妇女整体素质，提高不孕症患者辅助生殖之成功率，中西医结合治疗不孕症将大有作为！近年余之得力弟子谈勇教授创建成立了生殖中心，为余之理论实践提供了更加广阔高层之平台。愿能勤将理论实践结合，发扬余之理论，在国际学术界占有一席之地。余虽年逾古稀，然壮心未已，余愿更加潜心完善调节生殖节律之内容，希冀能有所得，完成余调节生殖节律优生优育理论之书，以飨后人。

宋·张载云："教人至难，必尽人之材，乃不误人。"中医妇科理论之发展需要更多有志之优秀人才加入，近年来余承担了全国师带徒任务，余常谓，弟子不必不如师，唯愿尽己之所能，倾囊相授，启迪后人，深愿其在妇科领域有所建树，为中医妇科乃至中医事业发展贡献更大力量。

此乃余之从医五十载心得，最后寄语片言："进与心谋，意在论治未病，隔二隔三之治也，治病与治人相合也；退与病谋，对症处理，亦当抓住主证，辨证论治，切忌胶柱鼓瑟也。"

郭子光

郭子光（1932—2015），字茂南，成都中医药大学教授，著名中医学家。从事中医教学、科研及临床工作近六十年。在国内外发表医学论文 130 余篇，主编或编著出版医学专著 13 种，参与编写著作 20 余部。1992 年 10 月被国务院评为为发展我国高等教育事业做出突出贡献的专家而享受政府特殊津贴，为第三批全国老中医药专家学术经验继承工作指导老师，四川省政府首批确定的学术技术带头人。"郭子光学术思想及临证经验研究"课题，被纳入国家"十五。"科技攻关计划加以研究。2009 年由国家人力资源和社会保障部、卫生部、国家中医药管理局等部门联合评选为我国首届"国医大师"。

学术上，提出"病理反应层次"学说解释六经方论，被认为是伤寒新说；还提出创立"六经辨证新体系"作为发展伤寒学说的远景目标。在全国率先开掘中医康复学科领域，提出创立"现代中医康复学"的框架构想。提出"三因鼎立"学说，被认为是对中医病因发病学的完关概括。临床上，总结出"病证结合"诊疗的四种形式和临证必须遵循的八个治疗步骤供临床应用，擅长治疗中医内科疾病，尤其留心研究外感疾病、心脑血管和血液疾病、肾脏疾病以及癌症的中医诊治。

童年砥砺　终身受益

1932 年 12 月，我出生于四川省荣昌县（现荣昌区）仁义镇郭氏中医世家。这个离县城约 50 里的镇上，住有 200 多户人家，郭氏是其中的主流大族。这里物产丰富，空气清新，恬静幽美，绿意醉人，是居家求学的风水宝地。在抗日战争时期，曾吸引大批逃亡四川的高学历教师到此来教小学、中学，对提高当地的教学、文化水平相当有贡献。

郭氏宗族尊儒家文化，捐资办学，小镇的名字曰"仁义"，其墙壁、楹柱尽刻有礼义廉耻、忠孝仁爱、自强不息等语以砥砺道德气节，勤奋好学蔚为风尚。小镇上浓郁的儒家文化氛围，抚平了我那颗因 4 岁丧母，7 岁丧父而伤痛、迷惑、彷徨的幼小心灵，激发出一股不畏艰辛、勇于追求的力量。父亲去世后，我与继母搬到离小镇 10 里的龙家沟居住，靠父亲购置的房舍和几亩地聊以为生。每天早出晚归，从不辍学。我从小记忆力强，读过的古典文章多能背诵和引用，成绩一直保持甲等。小学时的作文就常被老师用"此文描写得颇佳，传观"等批语示范。我还非常富有想象力和好奇心，喜欢提问题。如读小学自然课的时候，我问老师："天有没有边边？如有边边，之外，之外——又是什么？"老师瞠目结舌，无言以对，只说我是"钻牛角"。中学化学课时，我又问老师："物质是怎么来的？如物质来源于另一物质，那最元初的物质又是怎么来的？"化学老师陈聚光不能回答，却对我多加注意，经常叫我去寝室聊天。陈老师的寝室里还住有国文老师周大其、数学老师肖芳醇，他们都是从中央大学来到亲仁中学教书的。在多次攀谈中我又提了一些问题："人为什么会做梦？""人死后灵魂真的还存在吗？"三位老师都说：你提的问题太深奥了，现在都没有解决。我成了三位老师的"爱生"，被送以图书、文具等，其中肖芳醇老师所送数学参考书上的赠言——为学如逆水行舟，不可一篙放缓，成为我终身治学的信条。

我的童年弥漫着抗日战争的硝烟，并不能宁静地读书。我和小同学们组成宣传队，经常走在小镇的街道上，唱着《大刀进行曲》《义勇军进行曲》宣传"抗战到底"；唱着"从军乐、从军乐……弹穿胸膛倒地卧……"欢送志愿参加"远征军"去缅抗日的年龄稍长的同学。每当在集会或课堂上，老师报告"独山危急"之时，那种义愤填膺、知耻而勇、爱国忧民而又沉着稳重的神态，以及抗战必胜的信念，深深地感染着我们每个幼小的心灵，都希望快长大为祖国而战。

根基牢实　严谨治学

家父治安先生继承祖久公医术，精研内外方脉、《内经》《难经》、仲景之书，每起沉疴于危急之际，名噪一方。终因诊务太忙，积劳早逝，时年仅四十有二，弟子廖济安尽得其传。济安先生是我的舅父，精医理，擅临床，治"暴证"尤过其师，他品德高尚，凡求其诊者，一视同仁，遇赤贫者则送诊施药，称得上是一位医术与仁术紧密结合的典范，方圆百里，有口皆碑。我在孩提之时，以及入学攻读之余，两位"安先生"就教以诵读家传之《伤寒歌括》《温病百言》《药性六字经》以及陈修园《医学三字经》等书，耳濡目染，心中已树立矢志岐黄之愿。

济安先生为报我父亲治安先生授业之恩，精心培育其甥，坚信基深建高墙、临证知真谛的治学之道，嘱咐我先去上私塾攻读《论语》《中庸》《诗经》等一年余，以提高对古籍的阅读能力，然后才教以《内》《难》、仲景及后世诸家医学之理。同时，紧密结合临证所见的典型病例，引经据典地讲解其理法方药的要点，对疑难病例则指明其疑难之处，再遇同类病例则要我先辨证开方，指出其是与不是，并说明为什么。如此"手把手"的教习，为我未来的医学成就奠定了较为坚实的中医临床基础，亦使我养成数十年从医生涯中一贯重实践、讲疗效的风格。

我幼时继承家学，学习中医，侍诊两年有余，继承了济安先生的许多独到见解与经验。如用大剂柴胡白虎汤治高热证，认为多系三阳合病，重在少阳阳明，也有高热证属寒温合邪所致者，当寒温并治，柴胡白虎与银翘大板合用；用半夏泻心汤加味治吐泻证，认为吐泻多寒热夹杂；用大剂生脉散加茵陈治夏日暴厥虚脱脉微之证，认为此类证候在蜀地多夹湿郁，加茵陈通利更利于气机升降和大气回转；用养阴清肺汤和自配吹口丹治愈流行一时的白喉病，指出白喉本质为阴虚，切忌辛温发散，若误用之则生变证。如此等等，我承袭而沿用至今，历历不爽，尝得济安先生"郭氏医术后继有人"之赞。

我年未弱冠，从师卒业，悬壶乡里，小有名气，但我并不满足，而是立志深造。1953 年，考入西南军政委员会卫生部中医进修学校专修班进修 1 年，虽学习内容全是西医，却大大拓宽了知识领域，认识到对人体生命活动认知、疾病诊治等，还存在另一套学理甚精的理论体系。这次学习使我萌生了探讨中西医学之间的联系、差异与实质的想法。结业后仍回乡行医，医事日益精进，调入县城关医院任内科医生兼医院主任。白天看病，晚上看书，广泛阅读。深感学海无涯，自己对西医尚属初识，而中医典籍的概念深邃，哲理性强，结论多，论证少，要探讨中西医的异同与实质，非尽量掌握现代自然科学与方法论的认识手段和思维方法不可。于是我继续谋求深造，1956 年考入成都中医学院（现成都中医药大学）医学系本科，又受到众多四川中医界名老前辈的教诲，1960 年提前毕业留校任教，一边工作，一边修完本科六年制全部课程，获得该校首届毕业生文凭。

之后，我的求知欲和探索精神与日俱增，除中西医学外，还是文史哲和方法论的爱好者。我认为知识都是有联系的，认为"学术上广博而不精深者有之；精深而不广博者，未之闻也"。所以，古今典籍、名著、期刊，无不广泛阅读。我每读一本书或一本杂志，都要将其中的重要事实、独到见解、名言名喻摘录在册。我认为："不要太相信自己的记忆，只有摘录下来的东西才可靠。"我的一大堆笔记和上万张卡片，就是"读书破万卷"而成。临床时，我白天应诊，晚上必翻阅中西医书籍，弄清当日所见疑难，对典型的或有体会的病案，必作翔实的搜集整理。如此日积月累，从中有所发现时才动笔著述。

继承是手段　发展是目的

我将毕生的精力都投入了中医事业，密切关注整个中医的前景，深深感到在我国的学术环境中，中西医之间存在的激烈竞争是不以人们意志为转移的，而社会选择如同自然选择一样严峻，"优胜劣汰"的规律是不可抗拒的。政策的支持和领导的讲话只有短期的暂时作用，中医存在的价值关键在于提高疗效。要怎样做才能提高疗效呢？我认为，要以继承为手段，继承就是发掘、发挥，而不是"炒冷饭"；发展就是现代化，而不是"西医化"。我循着这条思路，为了不断提高疗效，实现中医昔日辉煌的回归，重返主流医学的梦想，在漫长的近 60 余年从医生涯中，执着追求，不断积累。

我认为，中医防治疾病的理法方药体系是直接在人体上反复实践几千年而形成的，蕴藏十分丰富，现在临床上使用的只是其中很少的一部分，因而发掘潜力很大。而几千年在人类进化中不过一瞬间，古代人和现代人的脏腑、气血、体质、代谢等没有多少差别，除极少数疾病古有今无和古无今有之外，绝大多数疾病古今都一样，古人用之有效的理法方药，今天用之同样有效。这就是所以要继承、发掘的理由，也是提高疗效的重要途径。还要看到，尽管西方医学突飞猛进，但真正可治愈的疾病其实并不多，有些疾病在治疗的同时又会引起另一种疾病发生，一大批难治之症困扰着临床医生，显然，从中医宝库中寻求解决之道无疑是一个重要选项。我认为中医前景乐观，提请同仁：不必在意别人怎么说，只求注意自己怎么做。回顾我数十年的从医历程，主要有下述几个方面的积累：

1. 《伤寒论》新说

我认为，《伤寒论》体现了中医辨证论治、理法方药的最高水平，是提高疗效的必读之书。通过研究，我发现《伤寒论》经历了狭义伤寒（宋以前，针对伤寒病）、广义伤寒（宋代，针对包括温病在内的外感热病）、伤寒杂病合论（清代，为百病立法）的发展历程。历代数百注家通过校勘、注释与编次的形式，把自己的经验与认识融入其中，不断提高其确定性和扩大其应用范围。近千种伤寒注本，都是不同的实践产生的不同认识，一般不存在谁是谁非的问题。所以我认为，现今《伤寒论》是一部不断丰富和发展的集体智慧的结晶。

我深入研究六经方证的结构与联系后，提出这个辨证论治的理论框架具有显著的系统论特点。这个框架把机体疾病视为一个过程，每个证候都是由机体不同层次的病理反应状态确定的，证候加上调治的方药称为方证，都是通过调节其反应状态而达到治疗目的的。古代一切良好的医学思想，如个性与共性结合、整体与局部结合、内因与外因结合等都寓于其中。据此著《伤寒论汤证新编》，提出"病理反应层次"学说解释六经方证，被认为是现代研究伤寒颇有影响的新说。与此同时，以临床事实为据，对伤寒理法发挥不少，如提出具体临床指标，解决了阳明病最易误治的两种情况；提出不仅少阴寒化证气阳虚极可致格阳证，少阴热化证气阴虚极亦可致格阳证，若有水停聚者，当用利小便以通阳气的治法。诸如此类，补充了前人之未备。然而，我认为，今本伤寒六经方证体系是古人对疾病自然过程诊治的观察、总结，虽至今仍效验彰著，但不可否认今天的社会、学术环境与古代大不一样了，对疾病的自然过程干扰很大，书中描述的某些反应状态及其传变规律，今天已不可见了。同时，随着时间的推移和经验的积累，尤其是近现代对伤寒方证的应用，又大大突破了书中的规范。基于这些事实，我提出应创立"六经辨证新体系"，作为发展伤寒学说的远景目标。

2. 临证的发挥

我幼儿学，壮而行，认为要提高中医临床疗效，还应遵循以下几点：①病证结合的临床思维。②"杂合以治"的治疗方法，即综合多种方法进行治疗，如内治与外治结合，针灸与药物结合，二联、三联等。③避免分科过细的误区，以免割裂整体观念，认为《医宗金鉴》将病种分成内（伤寒、杂病）、妇、儿、外、眼、骨、针灸等科，比较符合中医学术特点。我运用中医理论和方法（从不用西药）广泛诊治外感和内伤杂病，把中医固有的理法方药，发挥出具有现实启示价值的新意来，解决临床疑难病证的治疗问题。例如我发挥"肝主疏泄"学说治疗血液病，指出历来对"肝主疏泄"，多言气，少言血，多言气血运行，少言气血质量。认为肝的自身是一整体，其疏泄功能也受其他功能影响。如肝阳、肝火、肝气亢盛，必然疏泄太过，升发过盛，藏血有余，而使白细胞、红细胞、血小板、蛋白等增多；如肝阳虚、肝气弱、肝气郁，则疏泄不及，升发低下，藏血不足，而使血中各种细胞、蛋白等减少。两者都表现为肝的藏血功能紊乱，实则疏泄失调所致。我据此理别开门径，治疗大量血液疾病，疗效满意。又如我大胆纠正"肾无实证"之说，发挥肺主治节、肺合皮毛、通调水道的理论，以治肺为重点而兼治。肾，同时结合"久病入络"学说，适当搜剔络脉等，治疗大量慢性肾炎、慢性肾衰等，显著地提高了疗效。又如指出现时把肾等同命门、肾阳等同命门之火的弊端，提出命门火衰的四项具体辨证指标，以病案为依据，指出其治疗当以益火之源、温阳填精为大法，只用温阳疗效不佳。命门火衰常见于甲状腺功能减退、慢性肾上腺皮质功能减退、慢性再生障碍性贫血等病的过程中，我对命门学说的发挥，无疑提高了中医治疗这些疾病的疗效。

此外，我运用"久病入络"学说治疗各种神经痛和顿喘咳，用"攻邪已病"学说辨治癌症，用"气虚血瘀"学说辨治冠心病心绞痛、心律失常和"扩心病"心力衰竭，以"寒温结合"辨治外感高热等，都是对固有理法大加发挥而促使疗效提高的范例。以古籍文献为据结合临床事实，阐明辨治慢性疲劳综合征的理法方药，则是发掘中医治疗潜力的范例。我通过临床观察提出的发病公式：原因＋诱因＋素因→疾病，是对中医病因发病学的概括。我还总结出临证必须遵循的8个辨治步骤，是我自成体系的临证特点。

3. 发展的趋势

我承家学而不泥，师古尤重今。我发现近几十年来，由于现代科技的飞速发展和社会需要的日益改变，中医逐步处于"学术危机状态"，这意味着中医固有的理论不能解释新发现的某些事实，中医方法不能适应日益提高的某些社会需要。早在20世纪60年代，我就撰文提示中医存在"无证可辨"等学术危机问题。之后，我始终密切关注这一趋势的发展，认定自然而然出现的"病证结合"诊疗方法，可以克服"无证可辨"，适应日益提高的社会需要的同时，大大提高中医疗效，促使传统中医朝现代方向发展已成必然趋势。我前后发表了19篇探讨中医学术发展战略的文章，论证了中医现代化是历史的必然及其含义，指出其目标有三：一是适应社会和临床需要，二是提高中医临床疗效，三是重建全新的中医学术体系。其途径有二：一是现代科技中医化途径，二是中西医结合途径。主要通过两个转变来实现：一是在思维方式上，把传统的整体观念转变为现代系统理论，以克服传统的整体观念不完备性缺陷；二是在临床上，把传统的辨证论治转变为"病证结合"诊治，以克服"无证可辨"及其缺乏对疾病的成因和病理损伤的本质认识的缺陷，从而提高疗效和疗效的确定性。我认为整个中医现代化，必定以中医临床医学的现代化为先导，以"病证结合"的不断完善来实现，并总结出"病证结合"的四种形式供临床应用。

为总结时代的新经验、新认识，促进中医现代化趋势的发展，我约请近百名中日韩各科临床专家，共同编著《现代中医治疗学》巨著，并任第一主编。由我确定编写方针，设计编写内容与体例，撰写样稿和部分稿件，以及进行各个病种的审定与统稿。历时5年，稿经四易，该书于1995年问世，后又多次印刷和再版，颇获读者好评。王琦教授评价该书"新颖实用，与时代同步"，"堪称一部中医各科医生必备的大型临床治疗性工具书"。李廷谦教授等更评价该书具有里程碑意义。

4. 开掘新学科

我观察到，随着社会物质文明的提高与科学技术的进步，人类对医学的要求已经不是仅仅治好疾病，而是进一步消除疾病留下的后果（功能障碍），于是现代康复医学应运而生。这门科学突出地标志着生物医学模式向生物→心理→社会医学模式的转化，是现代医学的高层次发展。我发现中医学有关康复的内容十分丰富，但尚未形成一门具有特定范围与目标的学科体系而加以应用。有关中医康复学术的理论、方法与经验，散见于历代典籍与各科著述之中，所以，发展中医康复医学实际上是一种创新。我广泛收集古今文献资料，把有关中医康复的零零碎碎的经验、认识，提高到学科体系的高度进行系统化、条理化整理、研究，作为第一作者于1986年出版《中医康复学》一书，在全国率先开掘中医康复学科领域。此后发表多篇论文，并在中国康复医学研讨会上提出创立"现代中医康复学"的框架构想，引起与会学者关注。我认为，养生与康复是两门不同的学科，不能混为一谈。中医养生学是以研究人体寿夭衰老的原因、过程和祛病抗衰延年的方法为范围，以形、神、精、气为基本理论的独立学科，这门既古老又很新鲜的学科颇具东方文化特色，是中医学的重要组成部分。我从20世纪60年代撰文阐述有关中医对寿夭衰老的原因、过程和长寿的方法的认识以来，不断探索，更有发挥。如我对人的心理衰老分级分度的探讨，对"顺应自然"包括大自然和人体自然的诠释等，都有独到的见解。

5. 改革旧教材

我坚持在教学第一线长达40余年，讲授中医内科、《伤寒论》、中医各家学说和中医养生康复等课程，教学内容充实，富有启发性，列举的事实新颖，论证充分，概括性和逻辑性强，语言丰富，妙喻横生，无不受到热诚欢迎。

我认为，提高教学质量的关键在于教材改革，教材不能一劳永逸，要一版一版地不断编写，目的就是不断地反映时代的新经验、新认识。我指出作为中医本科后期提高性课程的《中医各家学说》原统编教材，对著名医家的选择止于我国清代，要求只叙述各个医家的学术思想与成就，拒绝后世中外医家的发挥与发展，是狭隘的继承与封闭式教材的典型。1986年，在兰州召开的西南西北片区高等中医院校教育工作会上，我提出"全面、系统、独特、实用"的编写原则作为《中医各家学说》教材改革方案，获得与会者一致赞同，并被推选为片区教材主编。该教材内容全面，包容古今中外著名医家的学说经验，以及后世的发挥和现代研究。在内容上除必要的联系外，主要编写各个医家独特的学术经验，而为其他学科所没有包括进去者，有多少写多少，以避免重复；并力求学术观点与临证应用紧密结合，有论有案有方，学以致用。如此改革，使教材由封闭式变为开放式，以发展的观点代替狭隘的继承，因而具有相当的深度和广度，面目为之一新，真正起到了"后期提高性课程"的作用。该教材在各校使用中一致反映良好。

6. 促中医交流

从医多年，我还致力于促进中医学术交流。长期在物欲横流的社会里安之若素，埋头笔耕，坚持临床，带过数以百计的日、韩、美、德、法、新加坡、比利时等国的留学生、进修生临床实习。我主持和参加了多次国际学术交流会议，曾先后5次应日本汉方医界邀请东渡讲学、交流，韩国韩医界也曾邀请我去首尔、釜山等地交流、访问。在这些交流中充分展现中医学的理论与临床优势，获得好评。同时，我注意到以中医学为母体的日本汉方医学和韩国韩医学的形成与特点，认为以"方证相对"为特点的日本汉方医学和以"四象医学"为基础的韩医学是以辨证论治为特点的中医主流派所衍生的两大分支学派。

1989年，我主编的《日本汉方医学精华》出版，这是新中国成立以来系统介绍日本汉方医学特点的唯一专著，提醒同仁"科学无国界，能容则大"。日本汉方医学家矢数道明博士发表专文高度评价该书。为达到中日传统医学长期交流与合作的目的，我促成了多个关系的建立，如与日本广岛、东京建立起每年一度的交流关系，为一批中年中医提供了走出国门的机会，还促成日本广岛济生病院与乐山市中医院互结为姊妹医院，交流技术与设备。我还约请日本汉方学家小川新、十河孝博，韩国韩医学元老裴元植教授等，参与编著《现代中医治疗学》，共同推进中医学的发展。同时与美国、德国、加拿大、新加坡等国家，以及我国港台地区的中医也交往颇多，为促进中医学的传播交流竭尽全力。

我虽已年过古稀仍热心于提携后学，每年都受大学生科协、《中医学与辩证法》编辑部之邀主讲临床专题或中医发展战略专题，场面爆满，学生反映"听郭老演讲是一种享受"。1978年以来，历届西医学习中医班、中医进修班、全省中医院技术骨干培训班、各种全国性师资提高班等不同层次的学习班，都邀请我做专题讲座。中国中医科学院研究生部、北京中医药大学、南京中医药大学、广西中医学院、甘肃中医学院等，以及广西中医学会、甘肃中医学会、辽宁中医学会，还有四川省内成都、达县、温江、内江、江津、简阳、泸州、乐山等地的中医学会，都曾邀请我讲解《伤寒论》专题或中医发展战略专题等。

结语

在我一生为中医事业奋斗的历程中要感谢我的夫人、令人尊敬的冯显逊教授对我无私的支持。她1966年毕业于成都中医学院医学系6年制本科，为学院附属医院中医妇科专家。她出身书香门第，文静秀雅，善良和蔼，勤奋严谨，淡名利，乐文史，勤于医技钻研。为人治病，认真负责，一丝不苟，深受病家爱赞而门庭若市。临证之余，我们夫妻二人常讨论当日所遇疑难，或收集、整理学术资料，潺潺不息，未曾稍息。可以说，我的成绩与她的鼎力内助紧密相连。

数十年间我在国内外刊物上发表了学术论文130余篇，主编或编著出版医学专著13部，参与编写著作22种。现在，虽已年逾古稀，仍然自比犁铧，宁愿在耕耘中磨损，也不愿在无为中锈蚀。除为研究生讲课、继续临床工作外，仍然积极撰写论文、书稿，参与国内外的有关学术活动，还带领几位弟子研习医道，将毕生对中医的所感、所悟及临床经验积累倾囊相授，为培养中医后学继续做一些力所能及的工作。我的一生都在实践着自己的人生格言——"人生的目的是对人类事业的开拓进取，无私奉献；人生的品格是诚实宽容，作风正派；人生的价值是在人们心目中有为有位。"

（江泳协助整理）

姜保生

姜保生（1932—　），名元佑，号乐安。山东省章丘县官庄乡闫满村人。出生于五代相传的中医药世家，原籍有老字号"恒仁堂"药店，祖父、伯父均为当地名医，父亲主事药业。先生6岁入私塾，接受传统国学教育7年，1946年随父兄在济南开设"久生堂"恒记药店，从而步入药师人生。在父兄的指教下，从事药材的加工及营销工作。1956年公私合营后，被安排到"敬修堂"药店任私方经理，仍从事药材加工、药品营销的药师工作。并先后调"颐和药店""宏济堂""万年堂"等药店工作。由于听从分配，任劳任怨，积极工作，加之业务精熟，得到市委统战部、工商联和企业领导的信任，被誉为私方人员接受社会主义改造的领头人；1959年被选为市中区人民代表、市青年联合会执行委员。1956年，调济南市药材站工作。1967年调药材站仓库，专事中药材加工工作。并师从"万年堂"老药师张绍岐先生，得其真传。自1968年始每年春、秋两季，负责济南站基层员工的药材炮制培训工作，其间曾先后到长清、历城、章丘中药炮制学习班授课，主讲其著《饮片炮制规程》。先生从一名药工到私方药店经理，再到一名药工，无怨无悔地忠诚于新中国的中医药事业，直至1983年退休。1986年又应聘于济南市建联药店任门店主任，恪守"修合无人见，存心有天知"祖训，恢复传统经营模式及规范中药材传统加工方法。为了中药的传承事业，撰写学术论文，进行学术交流，多次应邀参加全国和省中药炮制学术研讨会。发表了如《对中药炮制焖煅法、笼蒸与炖法的自我见解》《严格依法炮制确保人民用药安全有效》《中药中的俗名及处方应付规定的见解》《200味中药饮片炮制前后外观形态研究》等论文，其中《200味中药饮片炮制前后外观形态研究》被评为一等论文和三等奖。先生将一生的中药炮制经验进行总结，著成《饮片炮制规程》，该书的特点是实用性强，先生根据其经验，注明每味药经炮制后的损耗率。先生在建联发挥了晚年余热，得到了党和政府的关怀，1988 年被授予全国工商联办企业文明职工，1989 年被评为全国商业劳动模范，济南市中区政协三届、四届常委，市工商联七届、八届执行委员，多次被市工商联和市民建评为优秀会员。

一

1932 年，我出生于一五代中医药世家。6 岁入私塾，接受国学传统教育 7 年。祖父仲栋公带领伯父正泰公、父亲正坤公，在原籍开设老字号"恒仁堂"药店，为传统的亦医亦药的经营模式，并兼以收购、加工地产药材，成品销往章丘和济南等地。祖父、伯父是当地的名医，尤擅长外科。父亲主管药事及地产药材加工。1946 年，我父兄到济南开设"久生堂恒记药店"，伯父正泰公仍在原籍经营"仁堂"药店，直至公私合营加入联合诊所。由于老字号"恒仁堂"的声誉，加之父兄秉承"修合无人见，存心有天知"之祖训，及"善积者昌"之职业道德，苦心经营，故"久生堂"药店在济南有良好的声誉。同年，我入店学徒，蹬碾子、切药、炒药、打水丸、做蜜丸、吊蜡壳、熬膏药、站柜台、做调剂、记账核算，凡药店零售工作，无所不学，无所不干。同时，在业余时间，读《药性赋》《四百味药性歌》《汤头歌》《医学三字经》《伤寒论》及《脉诀》等，打下了坚实的中医药基础知识。药店这一系列业务，唐代称"合和"，唐代孙思邈《备急千金要方·卷一》有"合和"专篇，首先提出"合和汤药，治诸草石虫兽，用水升数，消杀之法"为何，强调"凡药治择熬炮吃，然后称之，以充用，不得生用"，继而详细表述了药物合和、炮制之法。而宋代称"修合"。修者，实行、遵循、整饬、修制之谓也；合者，和合、整合、合度之谓也。故"修合"，修制合度之意。其语源自宋代"太平惠民和剂局"，"和剂局"是宋代官府设立的一种买卖药材和成药的机构。宋代对药材多实行官卖，11 世纪在京城设"太医局卖药所"，制造、出售丸、散、膏、丹和药酒。此后几经改名，而不少省、州、县也相继设立。当时把药物制剂的部分称为"收买药材所"或"修合药所"或"和剂局"；把出售药物部分称为"卖药所"或"惠民局"，或"太平惠民局"，专门经营药材和成药，加强了对药材及成药配制质量的监督作用。可见宋朝初期"其恤民瘼，可谓勤矣"。诚如宋代《太平惠民和剂局方·进表》记云："爰自崇宁增置七局，揭以'和剂''惠民'之名，俾夫修制给卖，各有修司。又设收买药材所，以革伪滥之弊，比诏会府，咸置药局，所以推广祖考之德泽。"《局方》附有许洪《指南总论》，卷上"论合和法"有"凡合和汤药，务在精专，甄别新陈，辨明州土，修制合度，分两无差，用得其宜，病无不愈。若真假非类，冷热相乖，草石昧其甘辛，炮炙失其体性，筛罗粗恶，分剂差殊，虽有疗病之名，永无必愈之效。是以医者必殷勤注意，再思留心，不得委以他人，令其修合"之论。由于皇家重视医药，士大夫晓医，故宋代是我国医药卫生事业发展的一鼎盛时期。而"和剂""惠民"模式传承于民间，得以衍生出亦医亦药之店堂诊所，于是亦有了"修合无人见，存心有天知"之职业道德规范的传承。

及长，家父正坤公让我主学中药修合炮制一职。白天忙于营业及中药加工炮制，学习只有"三余广学"——"冬者岁之余，夜者日之余，阴雨者时之余"。"为学之道，莫先于穷理；穷理之要，必在于读书"。于是在父兄的指引下，学研诸家本草。家父以明代陈嘉谟语导之："夫医有《素》《难》，犹吾儒之有六经也。其有《本草》，犹吾儒之《尔雅》诸训诂也。不观《尔雅》，无以达之经言之奥旨，不读《本草》，无以发《素》《难》治病之玄机。是故《本草》者也，方药之根柢，医学之指南也。"可见家父于本草诸籍中，尤重陈嘉谟《本草蒙筌》。家父训曰："该书为学医习药启蒙之书。陈氏'五易其稿，七阅岁而始成，题其名曰《本草蒙筌》，以授诸弟子。书名蒙筌，为童蒙作也；筌者，取鱼具也，渔人得鱼，由于筌。俾童蒙习熟，济人却病，立方随机应变，亦必由此得尔，故谓蒙之筌云'。"该书全书 12 卷，共载药 742 种，以对语体进行表述，并附有按语，便于初学。故李时珍赞曰："名曰蒙筌，诚称其实。"该书"总论"篇有"出产择地土""收采按时月""藏留防耗坏""贸易辨假真""咀片分根稍""制造资水火"之采收加工炮制之论；尝有"修合条例""服饵先后"二论，均为药师之必修。举凡"修合条例"有十三则之表述，均为药师"和剂"之必晓，药房"修合"之极则。他如书中 742 味，"乃陈氏取诸旧本，会通而折衷之，先之气味降升，有毒无毒；次之地产优劣，采早采迟；又次之诸经所行，七情所具，其制度，其藏留，与夫治疗之宜及诸名贤方书应验者，靡不殚述"。故家父复训曰："一部《本草蒙筌》，乃医师用药之圭臬，药师修合之极则也。"其后熟读了明代李中梓之《雷公炮制药性解》、李时珍《本草纲目》、清代赵学敏《本草纲目拾遗》及汪昂《本草备要》等书。诚如乐府古辞所云："昼短苦夜长，何不秉烛游。"于是"焚膏油以继晷，恒兀兀以穷年"，而"日异其能，岁增其智"，及早胜任了工作，得到父兄嘉许。

二

1956 年国家实施公私合营，我被安排为敬修堂药店私方经理，该店在济南药行属中型企业、老字号，后又调到颐和药店、宏济堂、万年堂等店做营业员，博采众店业务技术之长，极大地提高了零售店的管理和业务水平，后又调济南市药材站批发部工作。由于我听从分配，积极工作，埋头苦干，任劳任怨，得到了市委统战部、工商联领导和企业党组织领导的信任，被誉为私方人员接受社会主义改造的领头人，1957 年被选为市中区人民代表、市青年联合会执行委员以及民建会药材站支部主任，直至"文革"。

1967 年我调至药材站仓库从事中药材炮制加工工作，并师从名药师张绍岐先生。恩师是万年堂有名的制药工，在药行享有盛名。汉代杨雄《法言·学行》云："务学不如务求师。"从师几年，我勤奋好学，故尽得恩师真传。此即汉代王充《论衡·勉力》篇所云："人有知学，则有力矣。"以前在门店炮制加工药品是小打小闹，而药材站则是大批量生产，每年炮制药品 100 吨以上，再加上加工净选，年产量在 400 吨以上，加工组共 12 人，都是加工能手。"功崇惟志，业广惟勤"。我刻苦学习，脚踏实地，不怕脏不怕累，一直干到退休。多年来使自己的炮制药品技能有了质的飞跃。在中药炮制加工业务中，打下了较为坚实的理论基础，积累了较丰富的实践经验，并撰写多篇学术论文，如《对中药炮制焖煅法、笼蒸与炖法的自我见解》《严格依法炮制确保人民用药安全有效》《中药中的俗名及处方应付规定的见解》《200 味中药饮片炮制前后外观形态研究》等。其间于每年春秋两季去长清、历城、章丘等地，举办中药加工炮制学习班，为基层培训中药材加工炮制人才。并将一生中药炮制经验进行总结，著有《饮片炮制规程》，作为教材进行讲授。

在培训班中，我发现原有的一份讲义有两点不足：一是收录的品种较少，二是个别品种讲的有误，所以就以拙著《饮片炮制规程》为讲义，即按我的实践经验来系统地传授。

中药是我国的宝贵遗产，几千年来为人民防病治病立下了卓著功勋。其中药材加工炮制功不可没，因为绝大多数药材不经过加工炮制是不可以入药的，这就是在处方中，药材改称饮片的含义，所谓加工炮制是指切片加工、挑选加工、炮制加工三个方面。药材不经切片加工，就无法调剂，也无法进一步炮制；不经过挑拣，就不能除去杂质净化药材；不经过炮制，就不能增效，或改变药性，或除去毒性。所以中药炮制工作责任重大，此即"修合无人见，存心有天知"古训之谓也。中药为什么要炮制？因为中药材多是草根树皮、果实动矿，为天然质品，成分复杂，除有效成分外，还含有很多杂质。同时因药材入药部位的不同，其疗效和副作用也不相同，所以需要通过不同的炮制方法，发挥它应有的疗效。

炮制的目的，大致分为以下四点：①使药材矫臭、矫味、纯净、清洁，便于服用。如鸡内金、水蛭制后矫臭矫味，菟丝子、蝉衣炮制后纯净清洁等。②便于切制、粉碎、调剂，易于煎出有效成分。如刺猬皮、象皮制后便于切制、调剂；矿石煅后便于粉碎和吸收；果实种子制后易于煎出有效成分。③有增强、改变或缓和药材疗效的功能，除去非药用部分。如生麻黄解表发汗，炙后平喘止咳，改变了药性；大黄、槐角制后缓和其寒性；诃子制后除去了非药用部分。④除去或降低药材的毒性或副作用。如远志生用戟人咽喉，制后则刺激性降低。我在多年的制药工作实践中，将炮制过程总结为三句话：依法炮制，火候适宜，色泽均匀。方法为十个字：炒、炙、烫、煨、煅（火制法）、蒸、炖、煮、烊、提（水火共制法）。遵照药典和传统炮制规范进行炮制，做到操作规程一丝不苟，所用辅料一丝不苟，加工方法一丝不苟，火候适宜，做到该用武火就用武火，该用中火就用中火，该用武中火就用武中火，该用文火就用文火，用火得当，色泽均匀，做到翻炒均匀，勤翻动，翻均匀，铲铲亮锅底，出锅迅速，色泽一致。所制品种，均做到火候适宜，数量适中。诚如《本草蒙筌》所云："凡药制造贵在适中，不及则功效难求，太过则气味反失。"

现将传统的"十字"炮制法介绍如下：

（一）炒法

炒为火制法，分清炒和拌炒两法。

1. 清炒

不加辅料炒谓之清炒。炮制后可矫味，能稍变药性，使药物膨胀鼓裂，易于粉碎，增加健脾胃的功效，便于煎出有效成分。方法有三：

（1）炒黄（含炒爆）：用文火炒至表面微黄或颜色变深，能闻到药材固有的气味即得。一般种子药多用炒，故有逢子必炒之说。品种有大力子、蔓荆子、苏子、冬瓜子、黑丑、白丑、苍耳子、栀子、草决明、莱菔子、瓜蒌仁、白芥子、王不留行、槐花、槐米、扁豆、枣仁、菟丝子、白芍、谷芽、麦芽、稻芽、山楂、九香虫、青葙子、茺蔚子、内金等。

（2）炒焦：用文武火炒至表面焦黄色或焦褐色，内部黄色或淡黄色即得。炮制后具有消食健脾和胃的功能，药材炒焦能缓和药性。品种有栀子、神曲、谷芽、麦芽、稻芽、山楂、白芍、白术、槟榔、草果、干姜等。另外还有习惯常用焦内金、枳壳、枳实等三神。

注意事项：①炒后不能当日入库，告知值班人员，露天过夜防止意外。②草果是以炒代煨，不能先去皮后炒。③出锅后搅拌散烟。

（3）炒炭：用武火炒至表面黑色或黑褐色，存性，冒浓烟时即得。炮制后，可以改变药材性能，增加止血、止痢的功效。一般说来止血多用炒炭。品种有荆芥、大黄、艾叶、黄芩、椿皮、陈皮、红茜草、地榆、大蓟、小蓟、蒲黄、槐花、槐角、藕节、当归、贯众、黄柏、杜仲、升麻、丹参、毛根、卷柏、芥穗、香附、乌梅、石榴皮、银花、侧柏等。

注意事项：①在炒前先加工，要大小厚薄分档，像卷柏、贯众先掰碎，槐角掰开。②艾叶每在炒好出锅前喷洒清醋15%，加水适量；杜仲喷盐水，用盐2%。③炒炭前必须存性，不能炭化；掌握火候，待冒浓黄烟时即得，黄烟过后，即时白烟就过火了。④炭药不能当日入库，必须露天存放，须告知值班人员注意以防意外。⑤药出锅后，必须立即散烟。

2. 拌炒

加固体辅料与药材同炒的谓之拌炒。

（1）麸皮拌炒：用文武火将锅烧热，将麸皮撒入烧热的锅内，待麸皮冒浓烟时，立即倒入药材，勤翻动使均匀，炒至表面熏成黄色，出锅立即筛去麸皮，放凉即得。炮制后具有健脾胃功能的药多用麸炒。品种有神曲、薏米、椿皮、枳实、枳壳、僵蚕、芡实、山药、白术等。

注意事项：①炒后麸皮必须立即筛出，以免麸皮热，药色变深，甚至起火。②薏米、芡实、椿皮、山药四种药，麸皮筛出后，必须用簸箕簸一下，因麸皮内含有碎的药，否则损耗加大。③用料标准：每百斤药用麸皮10斤。

（2）土炒：取灶心土细粉，放锅内用文火炒热，立即倒入药材，炒至药材表面挂匀土粉，并带火色，嗅到药材与土的混合气味时出锅，筛去余土粉即得。用土量：每百斤药用土15斤。炮制后具有增强补脾和胃、止呕止泻的作用。一般说来健脾止泻的药多用土炒。品种有白术、山药、薏米、芡实、白芍、当归等。常用只有白术一种。

（3）米炒：将米拌湿撒入锅底，待米热时倒入药材，炒至米焦黄，药材变色时，出锅筛去米即得。炮制后具有缓解毒性和健脾的作用。用米量：每百斤药用米2.0斤。炮制品种有斑蝥、红娘（去翅、足、头）。

（二）炙法

药材与液体辅料共同炒谓制，或称炙，可分为蜜炙、醋炙、酒炙、盐水炙、米泔水炙、油炙、羊脂油炙、姜汁炙、吴萸汁炙等制法。

1. 蜜炙

蜂蜜性味甘平，有补中润肺、镇咳、润肠、解毒的功能。炮制时先将炼开的蜂蜜对入适量开水，约15%，稀释成蜜液，拌入药内，上盖物闷3~4小时，待蜜液浸润于药材组织内，然后炒至药材水分去尽呈黄色或挂火色，松散，不粘手为度。炮制具有增强药材润肺止咳及补中益气作用的功效，还能矫味、赋色、综合药性作用。品种有麻黄、桑枝、桑叶、前胡、白前、紫菀、百部、马兜铃、米壳、复花、冬花、槐角、黄芪、百合、甘草、瓜蒌仁、杷叶、升麻等。

注意事项：①稀释蜂蜜，用水量在15%左右为宜，不宜太多，水多如炒至水分不尽可生霉。②百合、槐角、蒌仁必须先炒药后加蜜（即倒入锅），其他药不宜倒入锅，必须先拌后炒。③蜜炙药出锅后，不宜翻动，否则发黏。④蜜炙药不能露天过夜，否则吸潮发黏。

2. 醋炙

醋其味酸苦，性微温，入肝经，有引药入肝、行水解毒、消痈肿的功效。炮制后具有增强药效、减低毒性、矫味、矫嗅作用。一般说来入肝、理血、行水的药多用醋制。操作方法：将选净的药材，加入适量醋拌匀，稍闷或喷，炒至挂火色或黄色为度。品种有柴胡、三棱、没药、乳香、五灵脂、香附、青皮、内金等。

注意事项：乳香、没药、五灵脂炒后出锅，不宜翻动，防止发黏，更不宜露天过夜，防止吸潮发黏。

3. 酒炙

酒炙用绍兴酒（南酒），即墨老酒（黄酒）。黄酒味甘辛，性大热，有引药上行、活血通络祛寒的作用。将选净的药材拌入适量的黄酒，装入罐内，炖至酒吸尽，药材发黑为度，例如一缸装 75 千克左右，约炖 8 小时为宜。炮制后可改变药性、增强药材的滋补作用，一般说来，滋补药材多用酒蒸，俗云："滋补不嫌熟，泻火不嫌生。"品种有大黄、黄精、女贞子、大云、萸肉。五味子用醋，过去还有首乌，现改用黑豆水制，不用酒。

注意事项：酒炒的药必须先闷后炒，不宜随炒随喷酒，蛇类药必须先去鳞、头、尾。

4. 盐水炙

食盐味咸性寒，有清热凉血、软坚散结及矫味防腐的作用。用量：每百斤药用盐 2 斤，盐水适量，以约 15% 盐水为宜。操作方法：先将食盐化成盐水，将选净的药材与盐水拌匀闷半日许，用文火炒至表面黄色鼓起或挂火色即得。炮制后具有引药入肾、增强药效的作用。一般说来，补肾、固精、治疝、利尿的药多用盐炒。品种有泽泻、车前子、小茴香、知母、蒺藜、黄柏、故纸、川楝子、沙苑子、益智仁、芦巴子、橘核、荔枝核、韭子等。

注意事项：车前子用盐水拌后，即过筛，搂开结块，再炒，否则结块，见热凝固。

5. 米泔水制

米泔水性味甘寒，有清热凉血利水的功效，对油有吸附作用。米泔水即淘米水（大米、小米皆可），第 2 次淘米水俗称"二泔"。米泔水为污水与淀粉的混悬液，对油有吸附作用，用于降低药物燥性。操作方法：取净苍术与适量米泔水拌匀，约 20% 水即可，闷半日，炒至表面挂火色即得，耗 3%。炮制后可减低挥发油的含量，缓和其药性。炮制品种有苍术。

6. 油炙

即用香油炸。香油沸点较高，常用来炸制坚硬或有毒的药材，使之疏松，毒性减低。炮制后药材易于煎出有效成分，易粉碎，耗 3% 左右。以虎骨为例，操作方法：把香油熬至 6 成热时，下药，炸至金黄色捞出，控净油，用刀子刮去浮肉即得。炮制品种有虎骨、豹骨，过去还有马钱子，现改用沙炙。

注意事项：油太热不能下药，防止炸煳。

7. 羊脂油炙

羊脂油即羊尾油，炮制后可增强补肾壮阳、祛风除湿的功效。操作方法：如制淫羊藿时，先将油喷淋于净叶上，后用微火，炒至油挂满全叶上带火色即得。炮制品种有淫羊藿。

8. 姜汁炙

鲜生姜味辛，性温，有祛除寒性、温胃止呕、健胃和中解毒的作用，并能矫味、矫臭。将生姜洗净捣烂，加适量水，约药材的 10%，压榨取汁，重复 1 ~ 2 次，至姜汁取净为止。如无鲜姜，干姜亦可，将干姜加水煎汤 2 次，取汤。用量：生姜 10%，干姜 3%，取汁量 10% 为宜。操作方法：取净药材与姜汁拌匀，闷至姜汁被药材吸尽，用文火炒至药材表面黄色或挂火色即得。炮制后可缓和药材的寒性及燥性，增强和胃止呕的功能。品种有黄连、竹茹、草果仁、栀子。

9. 吴茱萸炙

吴茱萸性味辛苦大热，入肝、脾、肾经，功能疏肝下气，温中散寒，燥湿助阳。用 10% 吴茱萸加适量水蒸煮，取汁去渣，拌入黄连内，闷透，用文火炒黄微干挂火色即得。炮制后可抑制黄连苦寒之性，使其清气分湿热，散肝胆郁火。

（三）烫法

烫法分沙烫、蛤粉烫、滑石粉烫三种。

1. 沙烫

沙子即建筑用青沙或黄沙，以黄沙为优，沙子常用于提高温度，炮制的药材温度较高。取选净沙子置锅内，用文火炒热，略烫手为宜，千万不能火热，否则药焦实不透。将药材放入，勤翻动，翻均匀至药材表面呈黄色或鼓起，随即出锅，过筛，动作要迅速，需要醋淬的药，马上倒入醋内稍泡捞出晒干。炮制后药物易于粉碎和煎出药效。品种有金毛狗脊、毛姜、马钱子、龟甲、鳖甲、山甲等。

2. 蛤粉烫

蛤粉味苦咸，性平，有清利湿热、化痰散结的作用，其加热后温度较低，适合炙胶质药材。如将阿胶分成小丁块，大小分档。将蛤粉置锅内，用文火烧热，以略烫手为宜，然后下胶，勤翻动，翻均匀，至胶鼓起，内无生心时，迅速出锅过筛即得，用量 30%。炮制后可增强润肺平喘、止咳化痰作用，使阿胶黏性降低，补而不腻，便于煎煮。损耗率 8% ~ 10%。品种有阿胶。由于蛤粉必须煅后研细，成本较高，自 20 世纪 60 年代起改用滑石粉。

3. 滑石粉烫

滑石粉性味甘寒，有清利湿热、利水解暑的作用。炮制时，将滑石粉置锅内，用文火加热，至滑石粉烫手时，将药材下锅，如刺猬皮烫至黄色出锅，筛去滑石粉，切粗段；象皮烫软切片，随烫随切；水蛭烫鼓出筛，筛去滑石粉即得。用量 30%。炮制后具有矫味、使药物易于煎出有效成分及易粉碎的作用。炮制品种有刺猬皮、象皮、水蛭。

（四）煨法

将药材用湿面或湿纸包裹或用吸油纸与药材隔层分放，进行加热的方法，称为煨制法。煨制的品种有肉蔻、木香。葛根、诃子，这四味是常见品种，其他可根据处方要求，随时煨制，煨法一样。

（五）煅法

煅法分为焖煅、直火煅两种。煅的温度最高，一般说来火势要猛烈，方能达到要求，但某些个别品种又不需要猛烈火势，因此要根据不同药物采用不同处理方法。

1. 焖煅

药材在高温缺氧条件下烧煅成炭为焖煅。炮制后具有止血作用，还能减少某些药品的刺激性或毒性。操作时，锅内放入需要煅的药材，上盖一锅，要小一号，上压重物，周围用泥封严，四周贴白纸（在两锅封泥处留一小孔，以备煅时放出锅内部分蒸气，减低内在气压，煅至一定程度，再将小孔封闭），用木柴烧至白纸发深黄色停火，冷却后出锅。品种有血余、干漆、荷叶、莲房、棕边、灯心草、生地、熟地等。

注意事项：火候要均匀，煅好后，间隔 2 小时出锅。

2. 直火煅

直火煅又叫明煅，将药材直接放在火上煅烧，或置容器内煅烧的方法（某些在直火上不容易拿出来的药材，要置容器内煅）。直火煅，必须用无烟煤，最好是焦炭。待火旺时，将药直接或间接放在火上，煅红透，如需醋淬、酒淬的药，趁热置于醋或酒内淬，磁石、赭石要反复2～3次。凡不需加辅料淬的药材，煅至红透待凉出炉即得。炮制后药材易于粉碎，便于煎出有效成分，易于胃肠吸收。品种有紫石英、白石英、自然铜、磁石、赭石、赤石脂、白石脂（醋制）、阳起石、阴起石（黄酒淬）、石膏、寒水石、海浮石、金礞石、青礞石、蛤壳、瓦楞子、花蕊石、珍珠母、龙骨、龙齿、牡蛎、蛇含石、石决明、紫贝齿、白贝齿、禹粮石、钟乳石、鹅管石、白矾、人中白等。

以上为炒、炙、烫、煨、煅五法，属火制法。

（六）蒸法

将净制的药材不加辅料，置笼屉内用水蒸气蒸制的方法为蒸，亦叫清蒸。加辅料的药，不宜用笼屉蒸，应用蒸缸炖煮的方法，为炖法，故区别介绍。蒸制的目的为保存药效，软化药材，使其便于切片，有的药材蒸后，可减少副作用或改变药性。蒸制的品种有生桑蛸、蜂房、元参等。另外切片的药有些用蒸法，主要为的是软化药材，便于切片，如瓜蒌、人参、木瓜等。

（七）炖法（炖煮法）

将加工的药材，拌入一定比例的辅料，装入制药的容器内，入锅，隔水加热，至辅料吸尽药炖透的方法为炖法，又叫蒸炖法、炖煮法、蒸煮法等。通过炮制可改变药性，如何首乌；提高药效，如黄精、大芸；缓和药性，如制大黄。炮制的品种有熟大黄、制首乌、制黄精、制女贞子、制五味子、制大芸、制萸肉。

注意事项：加入辅料的药材，应宜炖煮的方法，不宜笼蒸，因为笼蒸药材直接接触水蒸气，辅料容易随水蒸气挥发，药材的疗效也同样受到不同程度的破坏。炖法是隔水加热，药是通过缸受热而发生质变的，不直接接触蒸气，故保证了疗效。

（八）煮法

将药材放入锅中，加适量清水或再掺入定量辅料共同受热达到炮制的目的称为煮，又叫水制。可分为加水共煮与煎汤共煮两大类。用一定的辅料加入适量的水，同药共煮，至汤吸尽，为加水共煮。用一定的辅料加适量水煎汤，去辅料与药浸透，至汤吸尽为煎汤共煮。炮制目的：除去毒副作用，如远志、吴茱萸；改善药性，增强疗效，如元胡。炮制的品种：加水共煮的有元胡、商陆、狼毒、甘遂、大戟、芫花等；煎汤共煮的有远志、吴茱萸、巴戟天等。

（九）燀法

将药材置沸水中浸煮短暂时间，立即捞出，进一步加工的方法为燀法，或称"水烫"。燀制目的：除去药材中的非药用部分，如桃仁去皮；破坏药材中生物酶的活性，保存有效成分，如杏仁；分离药材治病的不同部位，如扁豆。燀制的品种有苦杏仁、桃仁、白扁豆。目前白扁豆已带皮炒用，多不去皮了。

注意事项：①燀制的水一定足量、宜多，以防投入药后，水温骤降影响燀制质量。②燀制的药，一定一次性晒干，即当天晒干，防止长时间不干，药色变黄泛油，影响药效。③燀扁豆在捻去外皮时，一定皮仁分开，以防晒干后仁仍缩回在皮内。

（十）提法

某些矿物药，经过溶解、过滤、重结晶等处理去杂质的方法为提净法，简称提法。提净的目的：使药材纯净，提高疗效，缓和药性，降低毒性。提净的品种有芒硝、硼砂。

以上蒸、炖、煮、燀、提五法，属水火共制法。

（十一）其他制法

包括某些专业加工的药材的制法，如发酵、发芽的制法；某些冷背或不常用的小品种的炮制方法，如制霜、铅制、豆腐制、葱白制、挂衣制等制法。有些品种已经多年不炮制加工了，其制法濒于失传边沿，为了使后人有所了解，我在教学中仍予以介绍。

三

唐代韩愈尝云："百年距几时，君子不可闲。"我1983年6月退休后，于

1986 年应济南市建联药店之邀，任门店主任。当时是十方九不全，抓药更比求医难，病人为配齐一剂药，托熟人靠朋友，有时也难以如愿。于是，我牢记"修合无人见，存心有天知"祖训，暗下决心，要在有生之年把自己的一技之长发挥出来，解决病人抓药难的问题。之后，我吃住在店，忘我工作，一住就是12 年。我分管门店零售，首先恢复传统经营，药品单称单包，附药性说明，退称合包，饮片生、制有别，杜绝以生代制或生、制不分的不良经营作风，做到有生品就有制品，以顶方为耻辱，不以生代制或生制不分。然而，这并非是轻而易举之事。因为，自公私合营后，就实行了大合包，装药袋子，根本不退称，凭眼力目测分摊，特别是"文革"时期，都是放下戥子大把抓。冰冻三尺，非一日之寒，要改变这种局面，难处可想而知。老职工只能说服，我决心从青工抓起，办培训班，手把手包小包、摞大包，讲炮制调剂知识，在强调计量准确时，对青工讲过这样的比喻：一张处方好比一首歌曲，药名是歌词，计量是歌谱，只有计量准确，歌唱出来才好听，否则就是南腔北调了。处方的计量是医生按病情斟酌而定的，计量不准会影响治疗效果。除和员工讲清道理外，我还制定了调配处方操作规程，安排专人抽查，若一剂药总重量误差太大，超出规定，则重新调剂，损失由调剂员负责赔偿。同时，以身作则用示范来带动青工，影响老职工。在调配处方时，发现有缺药或缺炮制品，立即回报门店主任，任何人无权顶方。如处方中有酒洗生地、当归头、童便炒当归、红花汁炒枳壳等，则一一满足顾客。同时提出代客炒制加工，有的顾客在其他店抓的药，没有制品，叫顾客回家自己炒（这种情况在当时屡见不鲜），把困难推给顾客，顾客怎么会炒，病人找到建联药店，代客炒制不收分文。恢复了夜间售药，中医坐堂，代配丸散。同时，开展了代办邮寄、代客煎药、送药上门、介绍名医等多项便民利民的服务项目。药店一年 365 天开门营业，春节照常上班，得到顾客的广泛赞誉。

"岁月不居，时节如流"。我年已届八十了。回想我一生走过的中药炮制修合之路，爰之笔端，以供广大药师借鉴。古人有"志士惜年，贤人惜日，圣人惜时"之语。张奇文老厅长是我学习的榜样，他为振兴全省中医药事业操碎了心，先后三进三出泉城，始终没有忘记欲振兴中医，必先振兴中药；中医中药本为一家，密不可分。从建联中药店的筹建，到逐步发展到在济南和全省开设30 多个分店，张厅长都给予了我们极大的关心和支持。他对我们这些药工出身的人特别关心，一有空就找我和姚廷芝老师谈心、问疑。在济南历任山东省中医药研究所所长、中医学院中医系主任、中医学院党委书记、正厅级副厅长期间，他肩负要职，走到哪里看病看到哪里，上至中央领导和省委领导，下至黎民百姓，开的药方都让到建联中药店配方，到处宣传"待要药配全，赶快上建联"，宣传建联的中药质量好。几乎所有的建联老人都认识张奇文厅长。我记得1987 年 10 月他出访肯尼亚、塞舌尔、坦桑尼亚三国，将在国外诊治病人的处方用传真传到建联，配好药后，让我们再送往北京外交部非洲司，让信使带给各国的朋友。我记得他在肯尼亚为巴基斯坦驻肯大使诊治糖尿病，一开就是两个月的处方，我先后 3 次坐着火车去北京，当天来回，至今我还留着使馆的地址。每次接到张厅长的传真，为国际友人送药，我和我的同事们都认真单秤单包，每味药都加上小标签，说明药名、功效应用，需不需要先煎、后入等，受到外交部和驻肯大使馆的多次来信表扬。奇文同志在非洲住了近两个月，但我们为国际友人配药、送药至北京，时间多达半年之久，分享了他为国际友人服务的快乐。事后，卫生厅保健处和外事处在建联专设了户头。奇文同志退休后，在潍坊市先办"本草阁"，后办"百寿堂"，每年至少 3 次邀请我和姚廷芝老师前去为他带的学生讲课和现场指导，一直到现在先后 17 年，我与姚老都为他虚心好学和惜时如命的精神所折服，并与他成为莫逆之交。我与姚老都受他的委托，各自把自己在中药行业的几十年所学进行了认真总结。为传承五代相传的中药炮制经验，我正致力于完善《饮片炮制规程》一书，以期"能究其本根而枝叶自举"也。

（张奇文、柳少逸协助整理）

夏治平

夏治平（1932—2021），名国庆，字治平，生于江苏省海安县东夏殷庄，幼入私塾读书，后就读于张夏小学和泰县第四中学，因战争学校停办，遂从当地名中医黄子丹先生学习中医内外科5年，出师后参加海安县中医学习西医班学习。1953年任曲南区联合诊所副所长、所长，1956年考入江苏省中医学校针灸师资班，1957年留校（南京中医药大学），在针灸教研组任教，1975年为照顾家庭而调回海安，先在人民医院后在中医院工作，从事内科、针灸科、男性科临床工作，历任主治医师、副主任医师、主任中医师、针灸科主任，先后兼任中国针灸学会文献研究会理事、江苏省针灸学会常务理事、南通市针灸学会理事长、南京中医药大学博士生导师、江苏省海安针灸推拿学校名誉校长。连任海安县三届政协委员，当选为江苏省人大代表。受海安县政府记大功多次，为南通市劳动模范、江苏省卫生先进工作者、全国卫生系统模范、江苏省名中医、全国老中医药专家学术经验继承工作指导老师。主编和参编医学书籍19部，享受国务院政府特殊津贴。

严师勤生

15岁时，我就读于中医黄子丹先生处，于兹5年，不敢曰尽得其传，但打下了中医学的坚实基础。

黄子丹先生，祖籍姜堰镇，长期扎根于农村，为海安县名中医，从事内、外、妇科治疗，精于温病学，但同时重视应用经方，能鉴别中药优劣，诊务纷繁，文学基础深厚，擅长诗文书法。我在先生处读书时，见其治病确效，爱举数例。诊治白喉20例，无1例死亡，先生简言其要为："内服养阴清肺汤，外吹人中白散，白喉忌表，连桔梗、薄荷亦不可使用。"一患喉痈病人，呼吸困难，自忖必死，已穿好寿衣停卧于棺盖之上，家人邀先生诊治，为其出脓，脓尽而起，立饮稀饭3大碗，遂愈。我家庄上有一庙宇，内住4个僧人，俱患痨病，已死2人，当家和尚病亦重，求先生治疗。先生予益肺养阴之药为主，并嘱每日食用鲜鸡蛋三五枚，僧有难色。先生说，鸡蛋未受精者不生小鸡，并非杀生，食之不妨。僧听其言，调治半年而愈。一日来了一个垂髫女郎，头肿大，目已难睁，其母哀号不已，先生说不妨，这是大头瘟，服普济消毒饮5日而愈。一人患热病经旬，已换了几个医生治疗无效，远道而来求出诊医治，先生诊后回来告诉我病为湿温，并不难治，其苔甚腻，是热易清而湿难化，假以时日调治便瘥，果如其言。一干部，颇有文化，白天一如常人，但入夜即痛无宁时，如此十余日，家人疑鬼疑神，延僧拜佛数日无效，不得已延先生治疗。先生笑骂说："枉为党员，迷信僧道，宁不愧乎，此非鬼祟，乃病在阴分，治之当愈耳。"开了两味药，即麻黄与熟地各5钱，连服3日而愈。先生多次为陈毅元帅治病，颇为相得，赞陈不愧为儒将，本当从其参军，奈四子俱幼，最小的尚在襁褓，不利于行军而辍。

先生择徒较严，问我读过何书，答以："私塾读完四书，学校读至初中。"又叫我写了一篇作文，认为"文化基础太差，应该先补学文"，叫我读《周易》。我读了数日，虽然先生也讲述易理，可仍然不能理解，索然无味。先生皱着眉头想了一想说：改读《古文观止》吧。我这才渐入佳境，同时读《千家诗》和唐诗，亦感兴趣。9个月后，先生认为我可以读医书了。

读医书的顺序基本是：《医学三字经》《神农本草经》《濒湖脉诀》《四言脉诀》《医方汤头歌》《时方妙用》《时方歌括》《温病条辨》《温病条辨汤头歌》《内经知要》《难经本义》《伤寒论》《金匮要略》《十二脏腑经络证治》《医学心悟》《明医指掌》《万病回春》《济阴纲目》《达生篇》《医林改错》《外科金鉴》和《柳选四家医案》。以上书籍，有的仅为阅读，有的则必须背诵，特别是《温病条辨》连有些注释也要背诵。先生督教甚严，当时收了5个学生，因读得吃不消，走了4个，尚剩下我1人，老师大恚，对我说："你如不愿下苦功读书，也可以走，我不会收读四年以下的学生，以免出个半吊子医生污我之名。如愿读，我不收学费，还解决你的困难，争一口气。"见我学习略有松懈，便劝说："趁此时埋头苦读，免他日仰面求人。"但有国民党部队下乡扫荡，便带着我向偏僻旷野之地躲避。一天，我一时兴起，写了一首五绝，尚记得最后一句是"秋江舟半渡"，先生见了，提起笔来续写了四句："侧耳听钟声，征夫问前路，滩头宾客迎，车马当代步"，意谓需刻苦学习到底，不可半途而废。我在先生那里5年整，每日背诵读得声嘎，未违师训。今日回忆及此，学子差劲，惜无硕果，愧对先生苦心栽培。

先生是纯中医，不懂西医也不用西药，但却尊重西医，他劝我购买《西医五种》《中西汇通医书五种》《医学衷中参西录》等书备读，并嘱咐："你年轻，要学西医，看人家是怎样看病的，他山之石，可以攻玉，医本无派，择善而从。"先生教我读书时，虽侧重时方，但同时亦重视经方，堂上供奉的是张仲景先师的牌位，每日一炷香。

5年于兹，一直是读书、侍诊和试诊，稍有闲暇，便是练字，我写的处方和老师的笔迹如出一人之手。5年紧张学习，尚未能读《黄帝内经素问》和《灵枢经》，先生说，这是中医最基础的书籍，现在读不及了，将来还要读。不过读书不可死于句下，不是什么都好，比如运气学说还是有争议的，古代张飞畴说过："百步之内，晴雨不同，千里之外，寒暄各异。"这16个字就把运气学说否定了。先生盛赞王清任是个了不起的医学家，敢于实践，纠正古代之误，言活血祛瘀之方，临床对症的确效如桴鼓。先生不擅儿科，言曾治一小儿，未药即死，还找不出死因，也常对我讲为人医治失败的例子，叫我遇到此类疾病，务宜详察。先生偶尔也为人针灸，但少之又少，如牙关紧闭针颊车，昏迷针人中，仅此而已。先生书橱中有《针灸大成》，我询问其中内容，答言未学，不能解答。出师时，先生深夜于灯下手书一卷，交付与我："你出师了，我无物相赠，此卷录了我外用验方20余个，将来有用。"

我现在已是79岁，回忆起来，先生的言行已影响了我的终身，我的老师是名副其实的恩师，先生已逝世40余年，我无法再报答于他。但我也做老师了，且学生以千计，我勉励自己像老师待我一样去对待我的学生，以此来纪念我的老师。

"百家"争鸣

1951年秋，我参加了海安县举办的中医进修班学习现代医学，该班学风好、考试严，系统讲授基础和临床各科，所讲内容贴近实际，使我初窥现代医学之门。但学习时常把西医与中医对照，比如阿司匹林是相当于辛凉的柴胡、辛平的荆芥，还是辛温的麻黄，引得老师和同学哈哈大笑。在学习时，认识了班上的秘书王益谦先生，他为人谦虚好学，中医水平较高，认为我是可造之才，常鼓励我要认真读好中西医书籍（此时学习虽然肤浅，但为我后来在南京工作时跟班系统学习西医课程打下了一个基础）。学习班结业了，我觉得医学太深奥了，青年应以学为第一。有关同学间相互约定，回家绝不私人开业，组织联合诊所。经批准，我任副所长兼业务主任，后来任所长，从事内科工作，这个所中西医书都买，还买了一本《新针灸学》，该书写得通俗易懂，我学得入了迷。当时规定吗啡类药品由我专用，去买药时也由我盖章，但实际上这些药被大家用完了，也不知是谁用的。我觉得很危险，出了事怎么办，干脆我不盖章，此类药也不再购进，遇有痛证我就针灸，效果很好，其他医生也跟着使用针灸。一天，我睾丸疼痛，工作辛苦，得不到休息，两天下来，疼痛加剧，夜深之时，我开了一个橘核丸的汤药方子叫一个员工去买，他建议我针灸，我知外面下雨，他怕苦，但我也乐意采纳他的建议，按照《新针灸学》所载的穴位针了关元、中极、曲骨、三阴交等穴，第二天早上，竟然症状完全消失，使我更有信心使用针灸治病了。

在县卫生科工作的王益谦先生通知我，上海中医学院在江苏招收 60 名青年中医，免试入学，学制 6 年，县里已决定让我去读。我因家庭负担太重，自己又是家庭经济收入的主要来源人，实在不能长时间脱产读书，县卫生科领导连声说："可惜！"时隔 1 个月，县卫生科又把我叫去说：现在江苏省中医学校又招收 1 年的速成师资班，但要由县推荐数人，还要去南通市考试，择优录取。我同意了，而且运气不错，被录取于针灸师资班。

我分在针灸师资班第 5 组，这个组有 3 个人学习成绩好，即单健民、袁九棱和我，分别包干后进同学，故这个组的平均成绩是最好的。针灸师资班的课程绝大多数是我在黄老师那儿学过的，所以学得轻松，唯有《灵》《素》和《针灸》未学，我把《内经讲义》和《针灸学讲义》这两门课的内容读得滚瓜烂熟，考试则门门 5 分（满分）。

理论课程未结束，即转入教学实践，像部队一样，开展兵教兵工作，由同学试讲给同学听，然后再大家评论。一次检阅性的试教，教研组及有关校领导听课，我见试讲同学实在不能代表我们班的水平，因他讲时存在着很多缺点，待他讲完后我就教学重点内容、叙述层次安排、语言技巧以及板书等问题，认真、诚恳地提出了改进意见。发言结束后，程莘农老师把我叫去问了些情况，即叫我准备收拾行李到泰州市教学组去实习。这次谈话时间很短，但却基本决定了我留校工作的未来，是难得的机遇。

泰州市卫生局见来的教师竟多数是学生，遂向省卫生厅反映，抱怨学校不重视该市。由昆校长得知后，急电教学组组长施震，指出第一课必须是学生讲，而且只准成功，不准失败。教学组的老师们商量后，决定第一课由我讲，下课时全场报以长时间的热烈掌声，首战告捷。

不几日，学校通知我返校，到针灸教研组协助工作，组长是程莘农，给我的第一个任务是帮他抄写稿件。其时他正在编写《难经讲义》，他用毛笔草书写稿，我用钢笔抄写于稿纸上，每格一字，不准有一笔潦草，我初时以为这个工作太轻松了，哪知不然，他写稿的速度是惊人的，我只好起早带晚地誊写。事后程老师讲："我以为你誊写赶不上我的写稿速度，哪知你日超万字，我也只好起早带晚地拟稿了，不然赶不上你抄。"我的天，他是毛笔写稿，又要动脑筋，我只是用钢笔不动脑筋地誊写（当然要在格子纸上繁体楷书），如再赶不上，也太差劲了。不久，学校又组织我们到省内各县去巡回教学，出奇的是竟然叫我做教学组长，只派了李锄老师藏在幕后，幸好我是个老实人，不懂就请教李老师。工作紧张得我吃不下、睡不着，直到一个月的教学任务完成，我一顿饭吃的多得惊人，李锄老师很奇怪，问我何以平时吃得那么少，而这次却吃得这么多。我说：任务完成了，吃得下了。我与李老师合作得很好，这次教学凯旋而归。事后才知，这是学校派李老师去考察我这个后生小子的，看看有没有工作能力、谦虚不谦虚。

学生生涯结束了，我留校工作，分配到针灸教研组，我们班先后留校的有单健民、袁九棱、姚石安、吴鹏和我。这时才知道针灸是一个庞大的教研组，组长程莘农，副组长张宗震。江苏省中医学校分部内住着孙宴如、邱茂良、李春熙、程莘农、杨长森、杨兆民、肖少卿、李锄、杨甲三、李鸿逵、梅健寒、江一平、张静安、张谷才、苏新民、唐锡元、何兴伯、宋学儒、陶明忠、贾桂歧、钱忠顺、施震、邱士成、王韵白、祁燕然，加上我们留校的几个同学，共计30余个针灸人员，内有很多名家，可谓人才济济了。

　　我们学习时，只讲哪条经有哪些穴，不讲经络。说穿了，经络是什么，大家都不懂，就在我们留校前后，针灸组展开了大辩论，中心议题是经络与针灸处方。因为我从泰州教学回来便在针灸教研组，所以经历了这个过程。由昆院长、程莘农组长牵头，每天争论不休，这里没有级别，校长不像校长，组长不像组长，老师不像老师，学生也不像学生，我自然而然也参加进去了。大家毫无顾忌，畅所欲言，争论非常激烈，个个面红耳赤，唾沫横飞，指手画脚，拍案而起。但是大家讲的都是实话，不讲大话、空话。那种场面至今记忆犹新。由校长辩论胜了说："哈哈，今天是我胜了，你们得听我的，我的意见有道理嘛！"输了就说："不说了，输了，输得服气，听你的。"要是争论无结果，便慎重地说："明天还要讨论，不然这课怎么上，书怎么写，大家回去好好准备。"在南京工作的前几年，这种辩论是持续的、长期的，无怪乎在由昆主持教学期间，南京中医学院蒸蒸日上，当时确是中国中医高等教育的楷模。那时我们的生活条件很艰苦，一次北京中医学院的学生来访南京，宿舍和办公室都只好让给他们住，我们7个人连住宿带办公住在一个阁楼上。

　　此后的十余年，我以教学为主。有人问我，你上课时学生反映好，有何宝贵经验，我答有8个字：即"实事求是、'吹牛拍马'"。前4个字好理解，面对学生不可说谎话，知之为知之，不知为不知，是什么就说什么，这是丝毫不能走样的。至于"吹牛"是指讲话的技巧，哪句话放在前面讲，哪句话放在后面讲，都得事先考虑好了，由浅入深，引人入胜。"拍马"有两个含义：一是鼓励学生学习，一是后生可畏，今天他是你的学生，以后他长足进步了，是要超过我的（如我曾带教过陈佑邦、项平、徐恒泽、徐福松、黄成惠等人），这马屁嘛，我看还是拍得越早越好。

经络之谜

　　做教师时，学生问我最多的问题是经络，我最难解答的问题是经络，临床想得最多的问题也是经络，困扰着编写的难题还是经络。我在南京工作期间，阅读和整理的资料，涉及经络的内容远远超过腧穴、刺灸、方药，调回家乡从事临床后，对经络的兴趣仍然不减。

　　从针灸学的实用角度看，经络似乎是该经腧穴主治的示意线，比如手太阴经的腧穴主治重点治肺，手少阳经的腧穴重点主治侧头特别是耳。其实这是表象，如果没有其内在联系，哪里能够出现这样的腧穴主治规律。

1969年，我在苏州乡下巡回医疗时，与南京医科大学的朱树华、陆凤翔两位教授同住一室，我们三人在工作之余从未玩耍过，各自自学，互不干扰。一天朱问："你整天搞经络，你说说看什么叫经络？"我说："经络是脏腑之气转输灌注的通路。"朱说："能不能说得通俗一点？"我说："经络是内脏功能在机体的特定反映线。"朱说："差不多。"我说："什么差不多？"朱说："我这个日文里所说的意思和你说的差不多。"其实我回答的并不完整，应该还要加上"经络是穴与穴、穴与某些组织器官之间特定的联系者"。朱说："请遇到经络现象时叫我看看。"事有凑巧，第二天即遇到两个病人出现明显的经络现象，一个循任脉，一个循手厥阴，出现了典型的针下感应，朱感到很惊讶。

有人说，针灸是通过神经而起作用的，所以经络就是神经。经络就是神经吗？不对，只有少数地方是指神经，比如手太阳经筋在肘部"弹之应小指之上"，这是尺神经，但经络与神经的差异毕竟很大。我曾为一牙痛患者在上午针刺合谷，针感缓缓沿上肢桡侧经腕、肘、肩、颈而达口部，疼痛立止。下午又痛，再针合谷无效，改针"脚合谷"，那时我不知道有太冲穴，只当成脚上的合谷，针感又缓缓沿胫内侧、股内侧、阴部、腹部、胸部、颈部又到口部而痛止。这种感觉较之神经传导速度慢得很多，且跨越骶、腰、胸、颈、脊神经节段而达到脑神经分野。

有人说，中医没有解剖，经络成了姜子牙的坐骑"四不像"。解剖一词，首先见于《灵枢·经水》："其死可解剖而视之……脉之长短……皆有大数。"古代的解剖是粗浅的，但不是没有解剖，至于"四不像"，那倒是真的。原因是除了针灸学科而言之经络（以《灵枢·经脉》为主）外，尚有许多内容，涉及多方面。如《灵枢·经水》中的"夫经水者，受水而行之……经脉者，受血而营之"，前指淋巴管，后指血管。《灵枢·经脉》云："经脉十二者，伏行分肉之间，深而不见，其常见者，足太阴过于内踝之上，无所隐故也，诸脉之浮而常见者，皆络脉也。"《难经》的"十二经中，皆有动脉"以及古代的刺络法、诊络法，皆指血管，连动、静脉也有了。至于《灵枢·经筋》则主要记载了十二经脉循行部位的肌肉与肌腱。

如从中医内科学的角度看，古代的有关经络记载大量讲的是血管，活血通络法是中医的一大特点。另外，伤寒六经已演变为辨证形式而贯穿着表里寒热虚实的应用，作为辨证分类方法的纲领。至于《温病学》中的手太阴温病、两太阴温病等，则为脏腑的代称。

以上情况表明：针灸学中的狭义经络是独特的，但中医学（特别是内科学）所言经络则是广义的。明白了这一点，也就无怪乎高校二版《针灸学》教材把经络定义写成"经络是运行气血，联络脏腑，沟通内外，贯穿上下的径路"了。

狭义的经络到底是什么，这是今天广大医学界所应该研究的课题，他的现象客观存在，而实质却未弄清。

立足临床

我留校工作后，学校指定由孙宴如老师临床带教，孙是兼擅内科与针灸的大家，带教又善于讲解，我自忖在这样的老师带教下，成才不难，不料时未经年，孙老逝世。所以我在针灸教研组不是教学便是编写书籍，临床不多，时隔6年，由昆院长在听取了我们的意见后，决定将学院教研组迁到附院——江苏省中医院合并办公。针灸科的主任是邱茂良老师，他先从张山雷先贤学内科，后从承淡安先贤学针灸，因才华横溢为承所赏识，留在身边协助办学与带教，后则长期临床，硕果累累。在邱老的指导下，与以往坐办公室书本子来、书本子去大不一样，我眼界大开，进步迅速，从此决心立足临床。

在临床中我逐渐感受到了针灸的优越性，因自己也是先学内科后学针灸的，所以临床针、药并重。至50岁以后，因工作之需，转而从事男科。爰举数例，可见针灸之神，他不仅是扶伤，且亦能救死。

1959年秋，我和张谷才同志去如皋的林梓镇带教学生实习，当时正值三年自然灾害之际，疟疾流行，生产队已无法出工，但中西医抗疟药俱无，我与学生一起到两个生产队去逐户治疗（针灸）了112个病人，5天内诸患者病愈复工。嗣后又用注射用水或生理盐水行大椎、间使等穴穴位注射，结果发现以注射用水1mL注射内关穴治疗疟疾疗效佳，常常治疗一次即愈。从穴位注射得到甜头后，我即留心于此。运用中西药物数十种，治疗疾病亦数十种，采取了多种特殊方法与穴位，特别是结合穴位的解剖特点进行注射（因我在学校工作时，曾在解剖室内蹲了一个学期，故对解剖较熟悉），终于成功地运用"穴注"治愈多种疑难病。如治疗三叉神经痛，一支痛者注射鱼腰，二支痛者注射四白，三支痛者注射内颊车或下关；冈上肌腱炎注射秉风透肩髃；阳痿、早泄、遗精注射秩边；臂丛神经痛注射极泉等。其疗效远远超过一般针灸。

"文革"期间，避免卷入"斗争"的好办法是下乡巡回医疗，为此我连续下乡或到县城7年，由于当时缺医少药，针灸便成了"及时雨"。

在淮安，一农民抱一女孩，到了医疗基地便喊"救命"。患儿哮声特高，不能言语，在患儿胸部听诊，哮鸣音反不清楚，知为喉头痉挛。当时连常用的解痉药阿托品都没有，当地医生大吃一惊地讲："此是'喉风'极易死亡。"我即为之针灸天突、廉泉、少商，3分钟内哮喘消失（第二天晚，又有一女孩患同样病亦治愈）。

也是在淮安，一位71岁的老太太，初为拉肚子，1天后不拉了，但却大便不通，3天后腹特大如大鼓，叩之中空有声，患者腹胀难忍，经涟水县人民医院急诊室诊为中毒性肠麻痹，治疗无效，来医疗队求治。行腹部听诊，静悄悄地毫无肠鸣音。当即为之针刺气海、天枢（浅刺）、上巨虚（深刺），留针，每隔15分钟行针1次，3小时后腹部听到肠鸣音，4小时后连续放屁，顷刻腹减小到正常，病人痛苦消失。

春日返乡，乡人抱邻家男孩来求诊，见其昏迷，周身青紫，摸不到脉搏，看不出呼吸。我首先想到的是肠源性青紫症，曾在巡回医疗中见到几个小孩发过此病，但没有这么严重。因家中无治此病的药物，只有速刺人中，捻至第6下，见患儿眉头微皱，知其未死，信心大增，再刺内关、足三里，脉象由无到有，由小到大，患儿哼出声来，续刺十宣出血，于10分钟内青紫全部消退。

在泰县人民医院带教学生期间，一血吸虫病性肝硬化腹水患者，脾已切除，放腹水2次。医院邀我会诊，见病人骨瘦如柴，腹却大得惊人，不能平卧，只能半坐位。我为之针刺期门、日月、水分透气海、足三里、阴陵泉等穴，每日1次，1周后，见腹部凹进去了些。因需在门诊带教学生，无法每日到病房针灸，于是叫来在该病区的实习生，教她如法针灸，再叫患者的母亲为之艾灸关元、气海等穴。半月后患者家属找到我，言我徒弟针灸不高明，坚请我针灸。见患者腹大如故，我在针刺到水分透气海时，患者说行了，有效了。我问其缘故，患者讲："当先生针刺到此穴时，针感便一直向下放射至外生殖器，当天夜间的小便就特别多，而学生针时无此感觉。"我即叫来学生针水分透气海，见其将针斜刺，针身实系浮游于腹水中，于是我再示范针法，指出针身由脐的基底部穿过，沿皮刺达气海。之后学生掌握了刺法，一个月后患者腹水消退，每日在街上散步两小时。

有人把针灸的作用概括为三点，即调节阴阳、扶正祛邪和止痛。我认为，止痛的作用仍来自调节阴阳和扶正祛邪，以扶正与祛邪的关系来讲，扶正是第一位的，祛邪是第二位的，祛邪是通过扶正来达到的。如以调节阴阳与扶正祛邪的关系来讲，调节阴阳是第一位的，扶正祛邪是第二位的，扶正祛邪是通过调节阴阳才能达到的。

笔耕生涯

程莘农老师任南京中医学院针灸大组长时，从两届针灸师资班中挑选了杨甲三、李鸿逵、梅健寒、江一平、袁九棱、姚石安、吴鹏、单健民和我等人充实到针灸组中，其中李鸿逵、梅健寒、袁九棱和我 4 个人分配在针灸教研组（其他人则在巡回教学组和门诊组，老专家不算在针灸组中，组长不能领导他们），实际上是"针灸编写组"，这是由昆、程莘农的一支"打不垮的嫡系部队"（因工作太苦，其时自我嘲笑）。我们从来没有任何一个人在晚上 10 点钟之前离开过办公室，这已养成了习惯，所以之后在我主编任何书籍时（包括 70 岁主编《实用临床针灸推拿学》），每天均工作 12 小时。

在南京工作时，"文革"以前，编写工作约占 1/3 强，最早的一本书是写大本子《针灸学》，那时梅健寒的"经络所通，病候所在，主治所及"和局部、邻近、循经的处方三个规律的观点已为大家所接受，所以《针灸学》的编写速度很快，把现有资料连续起来即成书稿，立即付印出版，故稿件文字粗糙，学校派李鸿逵和我二人住在印刷厂修改已打印好的毛样，李鸿逵同志与我同室工作 3 年，他把我当成小弟弟，指点着我的文字工作。其时程莘农老师和王玉川、董建华、颜正华等人已调往北京中医学院，故程老师仅参与《针灸学》制订计划而未及参与编写。

接着，《中医学概论》也即将付梓，其中的经络部分是组内交给我写的，写时不困难，只需与《针灸学》保持一致就行。

从《简明针灸学》开始，我已进入编写主力军的行列，我写的是治疗和序言部分，该书的经络方面写得十分详细，绝不简明。

1958年，针灸教研组从石婆婆庵的分部迁到汉中门的学院本部，人员几经变动，最后相对固定。组长是李春熙，副组长是杨长森，成员是张谷才、肖少卿、杨兆民、袁九棱和我。我在这个组中很是舒适。李春熙教授是我的老师，杨长森教授为人正直，肖少卿教授很随和，杨兆民教授是我的副班主任，张谷才教授像大哥，袁九棱教授是我同班同组的同学，我最年幼，是小弟弟。这时我提出要学一学理科，由昆校长说："好，应该如此，学校内有物理和化学教师，待过一时期办一个内部的专修班，现在你可以先到业务文科大学就读，把写作功底加厚一下。"于是我便就读了文科。1959年初夏，全国中医高校教材筹备会召开，针灸方面的代表有上海的陆瘦燕，北京的程莘农，南京的邱茂良、李春熙、杨长森和我等。会上，为针灸教材制订了框架，基本是南京的老本子加上陆瘦燕教授的建议，落实该讲义由南京方面主编，初稿完成后，由杨长森和我二人统稿，我协助杨长森在各个疾病的治法后写了方义解释，这个新事物一出现，很受欢迎，在后来的40年中，各个针灸书籍中绝大多数加了方义。个人认为，那时方义中套进了很多的中药方义内容，难免牵强附会。如药物有寒热温凉平，而穴位本身却无此属性，把合谷写成清热解表，也可写成祛寒解表，加之每病必写，也难以避免重复。故我主编的书籍中，方义写得便少了。以后有关书籍写方义，应从针灸本身的特点来写。

1962年，高校教材进行第二版修订，临床性质的教材编审会议在合肥召开，这次针灸组人才济济，有南京、北京、上海、江西、成都、福建、黑龙江、河南等中医院校的代表参加，其中有后来被评为国医大师的程莘农和裘沛然。

该书由魏稼、肖少卿和我3个人统稿，我的任务甚多，但比较容易，写的是治疗总论、经络腧穴各论和约半数的治疗各论，而魏稼教授便不同了，写的是经络腧穴总论，仅是一个经络的定义就不好下，五易其稿，最后按照大家的意见写成："经络是运行气血、联络脏腑、沟通内外、贯串上下的径路。"我和魏稼同住一个房间，随时相商，对如此定义并不满意，但又想不出更好的说法来代替。那时我30岁，魏比我小1岁，他比我成熟多了。我们两人都写近体诗。我记得参观佛子岭水库回来后，我们盛赞工程伟大，还能发电，他写的诗，我还记得两句："夜来千里外，灯火遍万家。"我就没有这个胸襟，可以预测他未来的前途，我是无法与之相比的，但两人成了莫逆之交。对于子午流注，绝大多数代表认为其内容不符合临床治疗规律，只能列入附篇，作为参考内容，也不作课时规定，这实际上是对子午流注的否定。由于这次教材充分吸取了各位代表的意见，编写得比较成熟，故该教材使用时间比较长，影响着之后的针灸著作几达 20 年。

该书有一处失误：在水分穴下讲："腹部水肿患者，本穴不宜针。"原稿作者可能有古籍依据，但实际上，我曾针过水分透气海治一腹水病人，使水肿消退，故该书所言不确。此处是我在统稿时忽略了。

"文革"期间，江苏 5 所医学院校联合编写教材，我参与编写了《针灸与新医疗法》和《中医基础及其临床应用》，前者由我承担了大部分编写工作并作全书统稿。

仍是"文革"期间，江苏省卫生厅组织班子主编"赤脚医生自学丛书"，其中的针灸与推拿部分已历时数年，未能出版。"四人帮"倒台后，省卫生厅将该书交给我负责，江苏人民出版社社长蒋迪安对我讲，按照卫生厅的意见，这本书要界定在大专教材之上，至于原稿，可以推倒重来。我见原稿实在无法修改，只好从头重新编写。既然是我做主编，那就好办，坚持实事求是，绝不浮夸（因为"文革"时期把所谓的"新针疗法"浮夸到了不恰当的程度）。我认为针灸与推拿都是外治法，都是以经络学说为指导，施术部位也有共同之处，建议合为一书编写，出版社无异议。由于要适合于自学使用，解释的内容较多，为力求通俗易懂，该书除了请许瑞征教授撰写耳针部分外，还不时请教陈巩荪教授和邵铭熙教授。因出版社要求在 5 个月内完到，我估计一个人难以办到，急需有一助手协助工作，经左言富同志（南京中医药大学党委书记）推荐，省卫生厅从淮阴卫校调来了潘朝曦同志，他带着各种毛笔和颜料，我初起以为是一个画家住到我这房间来了，询问之后才知是来协助我工作的。我见他很年轻，认为一个小青年能够抄抄写写就满意了。我先把少量的最容易写的腧穴部分交给他试写，能按要求完成，继之叫他写了一个病，也是写得有板有眼，我大吃一惊，他不是搞针灸专业的，能写得如此实属难得。我的工作劲头历来很大，过去邱茂良老师说过我能坐得住，少出差错，写的东西他放心，我每晚不过 10 点是不会休息的，哪知他不过 11 点不休息，比我的工作劲头还大。我二人的稿件字体端正美观，标点符号规范，责任编辑孙世光说："这样的稿件多年未见，太棒了。"我们不到 3 个月的时间就完成了任务。首本针灸与推拿合写的书籍《针灸学、推拿学》一次印刷了 22500 册，很受读者欢迎。蒋迪安社长诚心希望我与潘二人调到出版社工作，我愿搞临床，不愿变换工作，而潘对我讲："在出版社总强似在淮阴卫校。"我力劝他回去复习，考一个著名中医的研究生不成问题，潘最后考取了国内首屈一指的内科名家张伯臾教授的研究生。

1980 年，我受省卫生厅的派遣，去广东参加全国中医士统编教材《针灸学》的编写，与安徽的汪瀛乐先生、山东的曲衍海老先生和广东的李道生教授等人通力合作，我编写经穴总论和治疗总论。

1981 年起，我参加了《中国医学百科全书·针灸学》的编写，这是一本代表国家水平的出版物，要求具有高度的科学性、权威性和相对的稳定性，要求水平高于高校教材。主编是王雪苔教授（当时为中国中医科学院副院长），副主编为邱茂良教授（当时为南京中医学院针灸系主任）、查少农教授，我任编委。由于该书是首创，无可借鉴，只好摸索前进，先从基础工作做起。江苏、江西方面共同承担治疗部分。我与魏稼教授再度合作，魏负责整理北宋以前的资料，我负责整理金（含南宋）以后的资料。邱老说：你是编委，身上有聘书，何不聘几个人写写。我说不行，南京人多，有的还是我的老师，我怎能聘他们，当然还是你做主。南京参加编写的人先后有杨长森、肖少卿、盛灿若、钱真良、顾兆钧等多人。该书最后在北京由黑龙江的裴廷辅研究员、陕西的陈克勤研究员、安徽的高忻洙教授和我统稿，我负责治疗部分。该书陆陆续续编写先后历时 10 年，时间长得惊人，由上海科技出版社出版。

针灸与推拿合编首次尝试成功，写得简洁、通俗，可深度便不够了。故于 1986 年计划编写一部较为全面而深刻一点的针灸、推拿治疗专著——《实用针灸推拿治疗学》，这是我一生中唯一主动写作的一本书，我把该书读者对象界定在县级医院专科医生这一级上。因是我自己主编，便自行制订了一个编写原则：实事求是，开门见山，不做文章。在每一个系统疾病之前加了一个治疗概述，编写人员以海安县为主，涉及南通市及所属各县的针灸推拿专业人员（南通市以外的只有南京医科大学的戴秋苏和扬州医学院的孙丽娟两位教授）。全书写了 230 个病种，计 67 万字。由于编写人员多数经验不足，稿件质量不能保证，但大家都能在干中学，我也昼夜兼程改稿，终于保质保量地完成了任务。该书确实实用，发行量大，数次印刷，被评为优秀图书，获华东区二等奖。

1989 年，上海中医药大学出版社约我主编"八五"重点图书《乡村常见病的针灸与推拿治疗》，该书为双主编，一中一西，我推荐江苏省针灸推拿医院李玉堂院长为西医主编，两人搭档共同写作但由我统稿，历时5个月完成。

1997年，应上海中医药大学出版社之邀，我主编国家"九五"重点图书《中国推拿全书》，该书由上海中医药大学赵毅教授，南京中医药大学王中林教授，江苏省海安针灸推拿学校吉传旺、许方荣二位副校长担任副主编，以海安为编写基地。该书全书183万字，行销大陆及港、澳、台地区。

1998年，受程莘农老师之邀，我参与了《中国经络文献通鉴》的编写，任副主编。主编为中国中医研究院针灸研究所所长邓良月。该书分为三大部分，分别由3个人统稿。上海中医药大学李鼎教授负责总论部分，北京中医药大学陈子富教授负责奇经八脉部分，我负责十二经部分。我在写足阳明的样稿时，写进了较多的解释性内容，但在编委会上未能通过，因为该书只搜集资料，要求不加编者观点，"述而不作"，因它只起查询资料的作用（写此书时，发现黄龙祥先生虽然年轻，但专业基础深厚）。因个别编者迟迟不能交稿，我闲着无稿可统，且6个月之约已满，必须按时回海安，不然我院要批评我了，我的剩余工作由上海中医药大学李鼎教授接替，李是搞文献的大家，和黄龙祥一起将该书几个部分联起来。该书后获得国家图书奖。

1999年，应复旦大学出版社之邀，我主编该社的实用临床系列之一的《实用临床针灸推拿学》一书。考虑到针灸推拿合编书已有4部（其中3部是我主编，另一本大专统编教材为天津中医学院石学敏教授主编），如不能超越前书，那就不如不写。我从特发性面神经炎入手，写出样稿和以前几本书相比，确已超越前者，于是制订计划，同时邀请国内诸多名家执笔，各写其治疗所长，以期达到5年内不落后。其余编写人员均在海安。该书也设了双主编，另一位是搞推拿的吉传旺同志。4位副主编分别为马小平、陈安（以上两人均从事针灸）、景荣芳（神经科）、魏爱淳（骨科）。这样我连同定计划共脱产了4年，写了364个疾病，140多万字，终于在2003年出版。

在上述书籍之后，母校南京中医药大学通知我，校方仍将我列在该校专家名单中，学校将出版一本《南京中医药大学针灸推拿学专家集》，要我将自己的学术继承与发展、临床经验与体会两方面的内容写成稿件。该书由科学技术文献出版社出版，后更名为《名医针刺经验用典》。

我在海安主编书籍时，十分重视两点：第一是实事求是，把王清任的名言

"利己不过虚名，损人却是实祸"作为座右铭。第二注重培养人才，我坚信，今日做我助手之人（在南通市范围内），总有几个前途不可限量，现在王茵萍、郭志力、马小平和陈安等人在地方已崭露头角。

我觉得最难的是说老实话，一不小心就滑边，所以我写了一首七绝：

一生做事只平凡，编教临床俱等闲，

或问为何心不静，总因求实最艰难。

纵观我的从医路，总是在良师的教导和益友的帮助中度过，心情十分愉快，所以我又写了一首七绝：

一生做事只平凡，一介书生几日闲，

纵有小成多得助，如无师友难加难。

刘镜如

刘镜如（1932— ），字子见，号雪松，主任医师。医学教授。原籍山东省诸城县（现诸城市）逄戈庄（现划归高密），徙居青岛。1954 年毕业于山东大学医学院，1968 年毕业于山东中医学院，从事临床工作近七十年，勤恳耕耘，忠于职守，著有《中医实话》《世界医学史记》《人生健康》《人参芦不致吐》《营养·养生·保健》，主编《常见急腹症》等，医课之余喜文史，著有《刘镜如文集》《雪松山房诗集》《学海一蠡》《纪念诞辰一百周年——刘季三诗词书法集》《刘氏家乘》等。行医倡导"大医精诚"，临证辨证与辨病结合，经方、时方好方便用，治疗好用"调气血、补五脏、蠲痰湿、祛瘀邪"，提倡"不治已病治未病"，摄生要顺应天时，综合调养，因人而异。

我的中医之路

我出生在一个传统医学家庭，据我所知，自温病学家刘奎到我父亲一代，已经家传六代了。祖父景文公在原籍诸城行医，医课之余，教我父亲季三公学习《十三经》，父亲聪慧好学，所读之书皆朗读纯熟，尤精于《说文》，为学习医学奠定了基础。受家庭影响，父亲立志学习医学，对《黄帝内经》《难经》《伤寒杂病论》《金匮要略》《神农本草经》及温病著作皆熟读、领悟，尤其对《伤寒论》研读最精，对一百余家注释的《伤寒论》均仔细攻读，比较研究，辨其精微，融会贯通。理论学习结束后，17 岁时根随祖父应诊，抄方按脉，勤苦实习三年，20 岁开始独立行医于诸城、高密之间。1934 年应约到青岛，悬壶济世一生。我受家庭影响，也走上了医学之路。

一百年来，诋毁、消灭中医的议论不断，中医受到诽谤排挤，地位低下，但中医先哲们对中医药学深信不疑，为了生存，披荆斩棘，继往开来。我中学毕业时，没有中医学院，便考取了山东大学医学院，医学院毕业后一直从事内科临床工作。中华人民共和国建国初期倡导西医学习中医，每周有一两个下午脱产学习，学习《内经知要》，我学得很认真，把它背下来，漫漫消化，开始了系统学习中医的征程。在工作中坚持自学，寻求解决西医解决不了的问题。1960 年山东中医学会在济南成立，我提交了一篇《无黄疸肝炎的中医辨证治疗》为大会录用，这是我第一次写中医论文，也是第一次参加中医学术研讨会。在小组讨论中，我以现代科学观，谈了对中医理论与临床的体会，得到大家的认同，在座的山东卫生厅中医处叶强民处长找我谈话，希望我能参加即将举办的"山东省西医脱产学习中医班"，并诙谐地说："许多西医反对中医，你不会反对老子吧！"1965 年，自全省选来的十二名学员调入山东省卫生厅，送到山东中医学院脱产学习三年。在校期间，我尽量学好课程的内容，学习之初，我按学西医的方法，重在理解，后来感到学中医必须背熟经典原文，背熟药物的气味、归经与应用，背熟汤头歌诀。于是便对教材《内经》《伤寒》《方剂》《本草》天天读，读到背熟。我体会学中医的要领：一是"读"——熟读、熟背；二是"悟"——理解、会用，二者缺一不可。

这个学习班原意是学生毕业后留在山东中医学院、山东省中医研究所、山东省中医医院从事中医研究的，一场"文化大革命"，计划破灭，我回到了青岛，当时正值"文化大革命"最疯狂的时期，父亲被打成"反动学术权威"，被批斗、游街、关进牛棚，家被抄，藏书被破"四旧"，社会动荡，等待遣返，生活不保，前途茫然，惶惶不可终日，但我信念不易，克服困难，坚持学习，继续从事中西医临床的探索、教学、科研工作。实践中我体会到，中医药学博大精深，包含着哲学、伦理学、天文地理、自然生态、临床医学、预防医学、康复医学等内容。中医帮助我"恬淡虚无""精神内守""正大光明""忧勤惕厉"；晓得"阴阳之道"，开拓医疗实践的思维，看病辨证施治，着眼整体调治，丰富治疗方法，提高了医疗水平，更好地为病人民服务。

理论是实践的先导

一名中医必须有好的中医理论基础，传统的四大经典是基础的基础，中医经典、名篇、名段，必须牢牢记住，熟读深思，领悟精神实质，时时学，处处学，温故而知新，做到老学到老，这一点很重要。《内经知要》《伤寒论》《本草讲义》《方剂讲义》，我都把它背熟了。《金匮要略》《温病讲义》的重要章节我也是背熟了的。熟能生巧，临证自然灵活善辨。古典医集言简意赅，理解它，运用它，需要在学习中领悟，在实践中体验。家严在《松荫庐医话》中说："世医畏《内》《难》仲景者，特患其不可解者多耳，使能通训诂，则必无隔阂之患。""习医必明训诂。"学习中医经典要有文学基础，注意加强自身的文化修养，这很重要。焚膏夜读，一生不懈，这更重要，"学如逆水行舟，不进则退"是至理名言。

中医理论的基本原则和方法，正确地指导着临床实践，保护着人们的健康。如：人与自然界共生共荣的天人相应学说；保健医疗的整体学说；养生要精神保养、饮食调养、体育锻炼、劳逸结合，要顺应四时变化的基本观点；不治已病治未病的预防为主的思想；临床辨证施治的原则等，都是十分正确的。临床中要善于运用、正确运用中医理论指导。我曾写过一篇《经方在急腹症中的应用》，就是根据《黄帝内经》"六腑以通为用"的原则，按照《伤寒论》的辨证施治方法，在临床取得良好效果而撰写的。此篇论文曾在全国中医学会年会上交流，得到与会专家认同。中医理论要活学活用，《松荫庐医话》说："《内》《难》、仲景之书，不过予人以规矩，非使人印版法也。""使按死法而求，岂非大错。"理论指导实践，实践创造理论，理论再用于实践，医学在不断实践中坚持真理，修正错误，发展与提高。

医学是研究人类生命变化与防治疾病，保护健康，延长寿命的科学体系，中医几千年的实践经验丰富多彩。读中医理论，要忠于原著，参阅各家论著，在临床实践中研究，不断总结升华，不可食古不化，胶柱鼓瑟，也不可妄加非议，不辨真伪，不明白的存疑代考，要以科学的态度，历史的责任，继承发扬中国医药学宝库。中医是科学的，必须以科学的态度对待。

在实践中求真理

科学是关于自然、社会和思维的知识体系，是反映客观事实规律的。研究中医药学要从实际出发，用实践检验过去的、未知的、现在的、其他的客观现实规律。就临床实践而言，我所遵循的原则是：①在临床实践中，遵守"天人相应""整体观念""因人施治"的思想，贯彻辨证施治的原则，因人、因地、因时辨证、立法、处方、用药。不断总结经验，寻求规律，指导实践。②注重科学研究。特别是在进行临床研究时，要有符合实际的选题，合理的设计，认真收集和整理文献，实事求是地总结，做出正确的结论。③辨证与辨病结合。症与证是完全不同的概念，症指疾病发生的症状，而证则是病因、症状、病位、病势的综合概括。中医通过"望闻问切"四诊的方法，搜集临床资料，进行综合分析，探讨疾病发生的原因，病变的部位，疾病的性质，以及发展变化的趋势，进行辨证，这一辨证过程，靠中医理论的指导，靠正确的思维方法，观察，整理，提炼，总结，全面反映疾病的本质，正确的辨证，达到正确的治疗。中医要坚持中医理论指导下的辨证施治原则，进而寻求辨病，要善于吸收西医的诊断方法，丰富发展自己。中医传统思维是包容兼蓄的，所谓"海纳百川，有容乃大"，《黄帝内经》就充分利用当时的科学成就，《本草纲目》载入不少国外药品，《医学衷中参西录》用阿司匹林治外感，都反映了中国文化的包容性。中医药学的发展，要充分利用人类的智慧和成就，丰富和发展自己。④广交博览，读书有恒。知识是无穷尽的，要向别人学习，向书本学习，在实践中学习，养成不断学习传统的知识、不断探讨新学问的习惯。不耻下问，人人皆可为师，克服骄傲自满和浮躁，要承认自己的知识匮乏，尚需继续努力，要踏踏实实做人，踏踏实实做学问，踏踏实实做医生，只有付出巨大努力的人，才能遇上成功的偶然机会。中医不读书学习是不行的，一曝十寒、浅尝辄止、见异思迁是不行的，要做好医生，就要矢志不移地做学问。子曰："日知其所亡，月无忘其所能，可谓好学也矣。"学才能做好医生。

无德不可为医

学医之初，父亲教育我说："医者意也，医者德也。"我受家庭教育的影响，自励自勉，恪守中华传统医疗道德。医德是医生的职业道德，它包括两个方面，一是主观心理活动的道德观念、情感、行为和品质；一是客观上社会人与人之间的关系，以及反映这种关系的道德规范和准则。道德的根源产生在物质利益之中，道德意识产生于社会实践中。马克思、恩格斯曾说："思想、观念、意识的产生，最初是直接与人们的物质交往，与现实生活的语言交织在一起的。"道德是人类特有的现象，是一种社会意识形态，是由一定的社会经济基础决定的，并随着社会经济基础的变化而变化。道德存在于各种社会关系之中，医学道德是整个道德思想体系的一部分，表现为医务工作者工作中的职业道德。

中国传统的医学道德，是以儒家思想为规范的，最早见诸《周礼》，据《周礼·天官》记载：周代已建立专业医生制度，分为食医、疾医、疡医、兽医，并建立医师考核制度和死亡报告制度，医德考核自然包括其中。战国时期成书的《黄帝内经》中，明确提出以人为本的思想，说："天覆地载，万物悉备，莫过于人。"隋唐时期的医学家孙思邈是规范医德的创新者，他在《备急千金要方》序中说："人命至贵，有贵千金，一方济之，德逾于此。"他一生救死扶伤，不计报酬；贫困贵贱，一视同仁；全心全意，不图馈酬；态度庄重，作风正派；谦虚好学，精勤不倦。形成中国医学仁爱救人，赤诚济世，清廉正直，一视同仁，不为名利，不欺病家，扶贫济世，勤奋好学的优良传统和医学道德规范。中医的传统道德观和实践，是继承发扬中医药学的重要内容，"大医精诚""德艺双馨"，仍应是医生为人民服务的座右铭。

医学道德，应该包括：做人的品德修养，行医的道德规范；科学的理论指导，科学的实践行为；谦虚谨慎，团结同事；勤奋苦读，不断进步；实事求是，不沽名钓誉；全心全意地为人民健康服务。医学道德是社会道德的一种表现，医学的道德准则、是非优劣，是社会政治经济、社会变革的现实反映。在现代经济社会里，各种文化思想激烈地碰撞与交融，现实生活中对唯物质利益的崇拜、价值观扭曲、道德诚信缺失、坑蒙拐骗、欺世盗名等，必然反映到卫生队伍中来，这和中华民族的道德文明是相背拗的，"凝浩然正气，法古今完人"，人要活得堂堂正正，胸怀坦荡，修己以敬。"贫而勿谄，富而勿骄"，学做好人，做好医生，"见贤思齐"，努力学中做，做中学，时时做，一生学，一生做。

路漫漫其修远兮

1840 年后，中国形成两大医学体系，一种是以传统医学理论为指导的中医学派，称之为中华传统医学，简称国医，中华人民共和国成立后称中医；一种是以现代医学理论为指导的现代医学派，因来自西方，称西医。一百多年来，中医面临严峻的考验，中、西医经过长期的交织与碰撞，争论与冲突，排斥与融合，形成医学史上的中国医学现象，出现传统中医学派、西医学派、中西医汇通学派（1949 年中华人民共和国建立以后称中西医结合）。近代新文化运动兴起，全面否定中华传统文化的民族虚无主义思潮悄然兴起，民族文化、民族道德、民族精神在部分人心中淡化，"言必希腊，忘了祖宗"，在医学界反对与消灭中医的言论随之兴起，南京政府 1929 年通过取缔中医案，一些官府要员、文化名人也骂"中医杀人"，直至现代，否定、消灭中医的思潮依然存在，然而中医是消灭不了的，因为中医是科学，科学是永恒的。中医存在与发展的基础是正确的哲学思想、科学的理论原则、预防医疗保健的有效方法、广大民众的信任、《中华人民共和国宪法》的保护。

欧洲中世纪经历了漫长的黑暗时期，到 14～16 世纪文艺复兴运动蓬勃兴起，思想大解放，新思想、新知识迅速发展，探求真理的风气如日中天，新的科研方法不断出现，推动着医学的进步与发展，医学从传统观念的枷锁中解放出来，充分利用科学知识，探求医学与生物学的奥秘，取得医学革命性的进步，解剖学、生理学、化学、生物学、流行病学、显微镜学等都取得惊人的成就。18 世纪自然科学与医学的发展，为 20 世纪现代医学的发展奠定了基础。文艺复兴后，世界生产力的中心由中国转向欧洲，随着资本主义的兴起，现代医学为世界所接受。1840 年鸦片战争后，伴随着帝国主义的政治、经济、军事入侵，文化教育、医学科学也大量传入中国。19 世纪以后西医成为中国的主要医学体系，同时中医药学也在中国延续下来。究其原因：一是世界文明古国中，唯有中华文化在继续传承与发扬，中医作为中华文化的重要部分，自然也继承下来。二是中医药是科学，为中华民族的健康繁衍做出了重大贡献，适应中国人的思想意识、文化习俗、道德观念，为大众依重与信赖。三是中医理论的基本原则和方法正确地指导人们的健康保健，几千年的实践证明是科学的有效的。四是中医的治疗方法普通、简约、廉价、适用、有效。五是群众医疗保健需要中医。中华人民共和国成立之前，广大农村，几乎没有西医，中医是主要的医疗预防保健力量。六是临床疗效好，至今许多疾病，西医尚不能解决，而中医可以取得很好的疗效。七是中药多是植物药，极少引起药源性疾病的发生。化学药物的使用，造成药源性疾病的增多，植物药的使用备受重视。八是中医的理论是经验医学的总结，经过漫长的历史实践，认识不断提高，研究不断深化，形成中医药学理论化、系统化、科学化的医学体系。

中医理论对人的认识是整体的、宏观的，传统中医药学，经验丰富，应该正确地认识，科学地解释，恰当地运用。传统医学与现代医学理论上有极大差别，现代医学充分利用现代数学、物理学、化学、生物学、材料学、方法学等成果推动着医学的快速发展。21 世纪是医学大发展的时期，对人体奥秘、健康与疾病的认识将发生革命性的改变。现代的中医已吸取并采用西医的诊断治疗方法，帮助辨证施治，丰富发展了中医学的内容。西医也采用中医的一些理论和治疗方法，进行医疗，在中国形成传统医学和现代医学结合，互为补充、共存共荣的局面。

时代潮流浩浩荡荡，现代科学日新月异，当代中医科学需要继承，又需要发展，只有继承才有发展，只有发展才能提高；整理知识，取其精华，去其糟粕是发展；修改知识，创造知识，探索未知的问题也是发展。否定中医的科学性是错误的，随意诋毁摒弃中医科学的理论与方法是片面的，固守错误的观念与方法也是不符合自然科学发展规律的，不善于利用现代科学成果丰富发展中医药学，是不明智的，也不符合中医药学发展的历史规律。一部科学发展史是不断积累经验，修正错误，获得对事物规律本质认识的过程和总结，任何科研的成功，都是思想的解放，方法学的成功。要认真发掘、探求中医药传统理论与实践经验，充分利用现代科学与医学研究的成就，研究中医药，深入阐明中医药理论，发展中医药学，为人类健康服务。正确的观念，科学的方法，认真的研究是一切科学研究不可缺少的。

中医的继承发展关键要有一支献身中医药事业的人才队伍。这支队伍中的人应具有医学道德、理论水平、临床经验；应热爱中医，不为名利所动，甘心默默做学问，矢志不移，献身中医事业。树立提倡学术民主，开展学术争鸣的风气；培养科学的临床研究设计与思维能力；树立辩证的思维方法，唯物历史观，正确认识中医理论体系，指导临床实践，做到古为今用，洋为中用；熟读中医经典，中医的四大经典《黄帝内经》《伤寒杂病论》《神农本草经》及温病学著作必须熟读，领会实质，学会辩证应用，循序渐进，继而学习历代名著。中医理论言简意赅，要在学习中领会，实践中领悟；重视临床实践，学以致用，活学活用，学中用，用中学，不断提高；中医是实践科学，只有不断总结经验，才能不断提高；要学习临床科研艺术与技巧、科学选题、收集资料、整理组织、文学处理、阅读书籍、论文答辩；要立足中医药的继承，谋求发展与创新；要提高中华传统文化的修养，读懂中医药典籍，理解中医药表述的含义，避免文义不清，甚至误解，没有中华传统文化基础是不行的，要当一名"儒医"；适应现代社会发展，应有一定的现代科学、现代医学知识，满足临证需要；要学一点医学发展史，了解自然科学与医学发展的过程，借鉴经验与教训，寻求智慧和答案，不断提高自己的能力。

世界各国人民创造的历史文化、科学技术，推动了文明进步和社会发展，应为人类共享。历史上中国的临床医学、法医学、预防医学、心理医学、饮食营养学、康复医学等诸多领域都处于世界领先的地位，世界各国，特别是亚洲各国争相学习、应用，中国医药学曾为世界医学发展、人类健康做出过极大贡献。医学发展到今天，对中医药学的认识有不同的学术观点，是正常的，开展学术争鸣是有利的，但说中医不科学是无知的，诋毁中医的言论是极其错误的，有意消灭中医，是历史上崇洋媚外、民族虚无主义的翻版，必需严厉批判。对待中医，不能"雾里看花""瞎子摸象"，要客观地、历史地、全面地、发展地看待中医药学，继承中国传统医学是必须的，学习世界先进医学，丰富发展中医药学也是必需的。

我的父亲季三公临终遗言说："我深深地热爱中国医药学事业，并为之献身一生……医生必须始终学习，博及医源，精勤不倦，专心治学，用自己的知识服务大众，凡一切有损于病人利益的事，必须抛弃，以人道主义精神，用自己的精湛技术，对待每一个病人。临证首先考虑病人的利益，帮助他们有一个健康的身体。……当前，中国医学的发展，首先要继承，要学习经典、学习医史、学习现代，取其精华，去其糟粕，同时要发展，要在继承中发展，在实践中发展，在学习现代科学、现代医学中发展……文学基础是学好中医经典的基础，中医经典必须熟读深思，而后尽力多学习历代医学名著，从中吸取营养，拓宽知识，提高水平……20世纪下半叶以来，科学技术发展很快，在这样的历史条件下，中医药的发展不能故步自封、闭关自守，应充分利用现代科学的成果，为中医药学发展与提高服务，中医药学只有在继承中发展才有生命力……中国医药学博大精深，愿今之学者，团结一致，奋发图强，切磋琢磨，弘扬中医药学术，攀登新的高峰！"

我遵循教导，努力实践。"路漫漫其修远兮，吾将上下而求索。"我始终坚信，中医是科学，科学的东西必定要发展，中国医药学的继承与发扬，必将随着中国的进步与繁荣，取得更大的成绩，造福于中华民族和全人类。

刘宝厚

刘宝厚（1932—　　），男，甘肃兰州人，中共党员，大学学历，兰州大学第二医院主任医师、教授、博士研究生导师，甘肃中医药大学终身教授，首届全国名中医。

1957 年毕业于西安医学院医疗系本科，1959 年在甘肃省首届西医离职学习中医班学习中医 3 年。中国中西医结合学会、中华中医药学会第一、二届肾病分会副主任委员，第二、三、四、五批全国老中医药专家学术经验继承工作指导老师。第一批中医药传承博士生导师。享受国务院政府特殊津贴专家。2004 年甘肃省人民政府授予"甘肃省名中医"称号。2017 年国家人力资源和社会保障部、国家卫生和计划生育委员会（现国家卫生健康委员会）、国家中医药管理局授予"全国名中医"荣誉称号。

几十年来诊治肾脏病患者 8000 多人次。在学术上提出的"中西医双重诊断，中西药有机结合"的临床医学模式，得到同行的广泛认可；创新"病位病性辨证"法，提高了临床辨证的准确性、规范统一性及可操作性，是中医诊断学的一大创新与发展。提出的"标本兼治，祛邪安正，瘀血不去，肾气难复，湿热不除，蛋白难消"三大肾脏病治疗原则，对提高疗效起到了指导作用。据此，研制出的清热健肾、益气健肾、补阳健肾、通淋健肾、蛭龙通络、活血止血、温阳泄浊等 7 种制剂，临床应用 20 多年，疗效显著，无不良反应，服用方便，深受广大患者欢迎，创造了社会效益和经济效益。

主持完成多项科研课题，分获国家和省级科技进步奖 6 项。在核心期刊发表论文 70 余篇，其中《慢性肾小球肾炎中医辨证分型的研究》1985 年被中华中医药学会肾病分会采纳为全国试行方案，1993 年由卫生部收入《中药新药临床研究指导原则》。率先将血液流变学检测运用于肾脏病血瘀证的辨证及疗效评估上，为肾脏病血瘀证提供了一种简便的检测方法及微观辨证指标。他先后编著出版《内科诊断与治疗》《刘宝厚诊治肾脏病经验》《我的中西医结合之路》《病位病性辨证精解》《刘宝厚——肾脏病临证精要》《杏林耕耘拾珍——病位病性辨证精要》等医学专著6部。2006年由中国中西医结合学会收录《中国中西医结合医学家传》。

先后培养了10多名硕士、博士研究生及继承人，国家中医药管理局建有"刘宝厚名医传承工作室"。协助建立的甘肃中医学院附属医院和兰州市第二人民医院中西医结合肾脏病科，于1999年被甘肃省卫生计生委分别批准为"甘肃省中西医结合肾脏病诊疗中心"和"甘肃省中医肾病诊疗中心"。

在我童年时代，家里人不管是老人还是小孩，有了病都是看中医、吃中药。记得在我14岁那年，因高热不退，请来中医大夫（正是我日后学习中医的老师）说是我得了"伤寒"，天天吃中药治疗，不到1个星期烧就退了，但身体很虚弱，又经过中药调理，1个月后完全康复。所以，在我幼小的心灵中就对中医药产生了信任感和神秘感，这也是我日后学医的缘由。

1957年我从西安医学院毕业后被分配到兰州医学院工作，1年后正值中共中央要求各省市举办西医脱产学习中医班，组织西医系统学习中医。1959年初甘肃省卫生厅受卫生部委托开办了第一届西医离职学习中医班，院党委决定派我去学习，这正圆了我渴望学习中医的梦想。通过3年的系统学习，使我对中医学有了一个全面认识。我认为，中医药学不仅是中华民族优秀文化瑰宝的组成部分，而且也是世界传统医学中的一朵奇葩，它有5000多年的历史，有一套完整的理论体系和独特的诊疗疾病的方法，在疾病治疗中有很好的疗效。在西医传入中国以前，人们全靠中医药防治疾病，可以说中医药对中华民族的繁衍昌盛做出了不可磨灭的贡献。因此，我在学习中非常刻苦，毕业时因成绩优秀，荣获卫生部颁发的"继承发扬祖国医药学"一等奖。毕业论文《中医肺肾相关理论是指导防治阻塞性肺病的理论依据》亦得到了高度评价。

毕业后回到医院，我改行成了中医，并拜我省著名中医柯与参研究员为师，跟师学习，每周1~2次，认真学习柯老如何运用中医的望、闻、问、切四诊方法收集病史，进行辨证论治，确立理、法、方、药的思路和方法。柯老早年曾遍访当代名医，汲取各家之长，故在中医学术上造诣颇深。他常说："学习中医要有虎穴探子的精神，万卷虽多必择要，一方有效即穷源，只有穷源择要，知常达变，才可领悟其中之奥秘于万一。"当有人问他属于中医哪一学派时，他十分严肃地说："为什么非要属于某一派不可呢？"他认为，时代在前进，科学在发展，对历代医学家学术派别，不应盲目毁誉，而应各取其长，他非常注重中医与西医的结合，熔各方于一炉，这正是对我搞中西医结合临床医学的一个启蒙。这样的临证学习持续了3年，使我受益匪浅，从此我与中医结下了不解之缘，走上了中西医结合之路。1969年，我被抽调出来搞慢性气管炎的防治工作，在防治过程中，我逐渐体会到治疗慢性气管炎单靠西药抗生素及止咳、化痰、平喘药是不够的，必须借鉴中医治疗咳、痰、喘的理论和经验。中医认为，咳、痰、喘与肺、脾、肾三脏有密切关系，"痰之成贮于肺，痰之动主于脾，痰之本源于肾""肺不伤不咳，脾不伤不久咳，肾不伤咳而不喘""肺主呼气，肾主纳气"，以及在治疗原则上提出"发作时治肺，缓解时治肾"的理论，对我启迪很大。我在这些中医理论的指导下，对慢性气管炎中医辨证分型进行深入的探讨，通过对300多例患者5年的系统临床治疗与观察，结合X线胸片和肺功能检查提出的三型、三期的中医辨证分型方案，对指导临床、提高疗效起到了积极的指导作用。1975年在江西上饶召开的慢性气管炎分型座谈会上得到了与会代表的高度评价，并采纳、修订为全国试行方案。本研究成果获得了卫生部科学大会奖，我作为我省医学界的代表出席了全国科协大会。下面谈一点我从事中西医结合的认识和体会：

一、临床医学开展中西医结合的思路与方法

任何一门科学必须要顺应时代的发展而发展，才能具有强大的生命力，否则就会落后，甚至被时代所淘汰。现代科技发展日新月异，传统的文化必须汲取先进的元素，不断充实自身体系，才能达到不断发展与完善，医学亦不例外。我认为，发展中医不仅要继承和发扬中医学的特色，而且还要具有时代的特色。中西医结合的发展离不开中医，中医的发展也需要中西医结合。中西医结合既不能取代中医，也不能取代西医。中西医结合是中医学与时俱进中所形成的一个学派，而且是一支主力学派。

1. 中西医结合的历史与现状

中西医结合渊源已久，始于明清之际的思想家、哲学家、自然科学家和医

学家方以智，他在接受明末西方传入的科学知识的同时，也接受了西方医学知识。他在《物理小识》中设"人身类""医药门"等，收集了当时有关生理、病理、药理方面的中西医学知识。如《物理小识·人身类》中既有中医脏腑气血的基本理论，又有西医解剖学的描述，体现了方以智的中西医汇通思想。方以智所著的《医学会通》是我国第一部论述中西医汇通之专著。清康熙年间，《人体解剖学》被译成满文、汉文。清代医家王清任主张医学理论必须与医疗实践相结合，重视尸体解剖。当时瘟疫流行，很多小儿死亡，他不畏艰辛，不避污秽，亲自到义冢中去剖视尸体，观察人体内脏形态和结构，并详细记载了主动脉、颈动脉、锁骨下动脉等10多条血管的走向，绘制出25幅人体脏腑图。他治病非常重视调理气血，善用活血化瘀法治疗疾病，有独特的疗效。清代医家唐容川认为，医学以人体为研究对象，无论中医或西医都各有所长亦各有所短，中西医学要取长补短，致力于中西医汇通，著有《中西医汇通医书五种》。同期的张锡纯主张衷中参西，不分畛域，择善而存，以彼之长，补己之短。张锡纯著《医学衷中参西录》30卷，其中有不少中西医结合治疗疾病的事例，如石膏阿司匹林汤治温病初期，肌肤壮热，脉浮而滑者；创用阿司匹林与中药玄参、沙参等配伍治疗肺结核发热；用麻黄汤治疗外感风寒证时，若服药后一个半小时仍不发汗者，可服用西药阿司匹林以助发汗。主张中西医汇通的医学家还有很多，如恽铁樵、蔡小香、周雪樵、杨则民等。中西医汇通是在中西两种医学体系开始撞击的时候出现的一种学术现象，仅仅是中西医结合的雏形，但也经历了300多年。

中华人民共和国成立后，国家高度重视和扶持中医药事业的发展。近半个多世纪以来，中西医结合在防治疾病、保障公众健康方面，取得了显著成绩。目前全国已有很多中西医结合医院，全国各地的"西医学习中医"班培养出了许多中西并举的人才，这些西学中人员有的从事中西医结合临床，有的从事中西医结合基础。

2. 中西医结合是我国医学发展的必然趋势

中西医两种医学都是研究和探索人体的生命科学，研究和探索防病治病的理论和方法，共同的对象都是人。但由于两种医学形成的历史条件和哲学思想不同，因而形成了不同的理论体系和思维模式。中医学的基本特点是宏观和整体，重视人体各脏腑及其功能之间的联系，而不重视这些脏腑的实体病变。西医学正好相反，它非常重视微观和局部，而不重视整体。归纳起来，中医学和西医学主要有以下不同点：

（1）从理论构建来看，中医学采用宏观取象，西医学采用微观观察。

（2）从思维方式来看，中医学应用比类取象的逻辑思维，西医学应用抽象逻辑思维。

（3）从学术形成来看，中医学是经验的归纳，西医学是实验的演绎。

（4）从医学模式来看，中医是自然整体医学模式，西医是生物－心理－社会医学模式。

（5）从治疗疾病方法来看，中医是"辨证论治"模式，西医是"辨病论治"模式。

由此可见，中西医两种医学各成体系，各具特色，各有所长，亦各有所短，中西医结合就是要取长补短，发挥优势互补的效应。所以，中西医结合无疑会提高人们对疾病的认识，拓宽治疗的思路和方法，促进医学科学的发展，为人民提供更加有效的医疗保健服务。

现在国际上兴起的结合医学（Integrative Medicine）是由传统医学或称补充及替代医学（Complementary and Alternative Medicine，CAM）与现代医学的结合发展而来的，并在医疗机构中广泛应用。CAM 疗法一般是指服用草药等天然产品、整脊、指压、按摩和针灸等多种疗法，包括中医药在内的很多传统医学疗法皆归于此类。一项回顾性研究发现，CAM 疗法全球使用率在 23% ~ 62%。需要指出的是，多数人是在接受现代医学疗法的同时寻求 CAM 疗法结合治疗。CAM 疗法的广泛使用促进了结合医学的发展。美国医院协会（AHA）2005 年对全国 6439 家医院所提供的 CAM 疗法情况进行了问卷调查，收回有效问卷 1394份（应答率 22%），其中 370 家医院为患者提供 CAM 疗法。在德国，3/4 的医师使用 CAM 疗法，77% 的疼痛门诊提供针刺服务。我国的中西医结合医学不单纯是中医疗法和西医疗法的联合使用，而是中西医在理论和方法上的有机结合，是高层次的"结合医学"。

3. 中西医结合的临床医学模式

中医受历史条件所限，疾病的命名有以病因命名的，如伤风、伤暑等，有以病机命名的，如郁证、痰饮等，而大多以症状命名，如咳嗽、心悸、胃痛等，显得笼统而又模糊。辨证论治才是中医临床诊疗疾病的基本法则，是中医学的特色和精华。辨证是中医诊断学，论治是中医治疗学，证候简称为证，是中医学术体系中特有的概念，它既不是症状，也不是病名，而是疾病发生发展过程中某一阶段的病因、病位、病性和病机的概括。辨证的过程是以中医学的阴阳、五行、脏腑、经络、病因、病机等理论为指导，通过四诊所搜集的病史、症状、体征（包括舌和脉）等，进行综合分析，辨明疾病的病因、病变部位、病变性质以及邪正双方盛衰状况，从而得出的综合性诊断，为治疗提供依据。

中医学认为，疾病的过程是邪正斗争，此消彼长，不断发展变化的过程。疾病的每一个阶段都有不同的病机特点，所以在同一疾病中可以表现出多种证候，而在不同疾病中又可以出现同一种证候，这就形成了"同病异治"和"异病同治"的治法，说明证是决定治法和方药的前提。所以，朱丹溪强调治病应"药证相对"，吴鞠通指出"不求识证之真，而妄议药之可否，不可与言医也"，这都说明证候与治法是紧密相关的。为此古人归结说，面对病人议法、选方、遣药之时，必须按照"有是证"才可"立是法，选是方，用是药"的原则去进行治疗。所以，中西医结合诊疗疾病，首先要把中医的辨证与现代医学的辨病结合起来，即先用现代医学的诊断手段和方法，诊断清楚是什么病（包括病理诊断），然后按中医辨证的方法辨明是什么证，病证结合，这就是"中西医双重诊断"的内涵。只有这样才能全面了解患者的整体状态，明确疾病的病因、病位、病性、病机、严重程度和预后，进一步选择中西药在治疗上的各自优势，取长补短，优势互补，进行"中西药有机结合"的治疗，必能取得较单纯西药或单纯中药治疗更好的效果。所以说"中西医双重诊断，中西药有机结合"是中西医结合最佳临床医学模式。

4. 中西医结合的关键在于找准"结合点"，标准看疗效

中西医结合治疗疾病的方法不是千篇一律的，而是要根据疾病当前中医、西医在治疗上的最新进展，最有效的疗法和药物，取长补短，优化组合，确定最佳治疗方案。要做到这一点，关键在于找准结合点，结合点找准了，疗效就提高了，否则就会失败，所以，中西医结合的成败，关键看疗效。疗效提高了，或疗程缩短了，或西药的毒副反应减少了，或患者的痛苦减轻了，或改善了患者的生存质量等，都是反映中西医结合成果的标志。

以感染性疾病来说，细菌性感染必须首选敏感抗生素治疗，配合中药以解毒，采取"菌毒并治"的措施；治疗病毒性感染则应以中药为主，辅以西药对症治疗。2009 年我国甲型 H1N1 流感期间，北京朝阳医院、东直门医院等采用我国传统治疗热病的麻杏石甘汤和银翘散加减联合西药奥司他韦治疗，明显缩短了患者的退热时间，就是很好的例证。治疗冠心病采用活血化瘀的中药，可防止冠心病介入治疗术后再狭窄。治疗肾病综合征必须以糖皮质激素为主，配合滋阴降火的中药（知母、生地、丹皮等），可明显改善患者的代谢和内分泌功能紊乱，减轻激素的副作用。难治性肾病综合征在采用糖皮质激素联合细胞毒药物治疗时，配合益气健脾的中药不仅能减轻细胞毒药物的毒副作用（如骨髓抑制、胃肠道反应），还可提高疗效。慢性肾小球肾炎必须以中医辨证论治为主，配合降压药为辅。治疗高血压、糖尿病必须以降压、降糖西药为主，配合中药调理气血、活血通络为辅，这样不仅血压、血糖控制理想，而且患者的自觉症状、精神状态也得到改善。

在同一疾病的不同阶段，中西药物的应用也各有不同。如治疗肾病综合征，一般来说在激素首始治疗阶段多采用滋阴降火法，可减轻激素的副作用；激素减量阶段采用益气养阴法，可保护肾上腺免受外源性激素的反馈抑制作用（主要是对垂体–下丘脑–肾上腺轴的反馈抑制作用），以减少复发或反复；激素维持治疗阶段采用补肾健脾法，可巩固疗效，防止反跳。治疗慢性支气管炎的急性发作期，必须选用抗生素治疗，辅以中药止咳、祛痰、平喘，到了缓解期就需要中药补肾纳气法治疗，即所谓"发作时治肺，缓解时治肾"，如此可减少复发，提高患者的免疫功能。慢性肾脏病（CKD）当 CKD1～3 期时，以低蛋白饮食＋降压药＋中药治疗，以缓解症状、减慢 CKD 进展，降低心血管病的患病危险；CKD 发展到 4～5 期时，就要考虑或采用替代治疗，配合调理脾胃，补益肾气，活血通络的中药，以减轻症状、提高患者的生存质量。

所以说，"中西药有机结合"是治疗方法上的最佳模式。当前"中西医双重诊断"亦称"病证结合"模式，已为临床各科普遍应用，但在治疗上显得比较混乱。譬如，有采用中西药混合治疗的，即在西医常规治疗的基础上，盲目加用中药，形成了中西药物的堆砌；有采用西医常规治疗联合中药专方、专药治疗的；有采用以中药为主，西药为辅的；有使用中成药不是辨证用药，而是辨病用药等。

中西医结合要想立足于国内，走向世界，必须要在疗效上有所突破，提供一套既安全、有效，又重复性强的防病治病指南，将是一项极其重要而又迫切需要的任务。目前，中西医结合在临床实践中的优势虽然不断显现，但在许多疾病中尚未形成中西医有机结合的诊疗指南，特别是西医尚缺乏有效治疗药物或西药毒副作用较大的病种，应该大力提倡"中西医双重诊断，中西药有机结合"的诊疗模式。找准结合点，创最佳疗效，为人民提供更加有效的医疗保健服务。

二、肾脏病中西医结合的研究与防治

基于上述思路与方法，我从 20 世纪 70 年代末便开始探索在肾脏病治疗上如何做好中西医有机结合这一个课题，这也是我 20 多年来反复思考和探索的一大课题。我认为，中西医结合的关键在于找准"结合点"，标准是疗效。譬如，慢性肾炎的治疗西医除对症治疗外，尚无有效的治疗药物和方法，中医中药有一定的优势，但首先必须要把慢性肾炎辨证论治的规律客观化、规范化，才能有规律可循。为此，我从 20 世纪 70 年代后期通过对 130 例慢性肾炎患者的临床观察，结合 13 项实验室指标，对其中医辨证分型规律进行了深入探讨，提出四个本证（肺肾气虚、脾肾阳虚、肝肾阴虚、气阴两虚）五个标证（风邪、水湿、湿热、血瘀、痰浊）相结合的分型方案。1985 年南京第二次全国中医肾病学术会议采纳修订为全国试行方案，并由卫生部收入《中药新药临床研究指导原则》。

对肾病综合征的治疗，我采取中西药有机结合分阶段治疗的方法：

第一阶段：大剂量激素首始治疗阶段，在此期间病人常出现阴虚火旺的证候，如潮热、多汗、兴奋、失眠、食欲亢进、满月脸、水牛背等症，此时若配合中医滋阴泻火的药物治疗，既能减轻激素的副作用，又能提高病人对激素的敏感性。

第二阶段：激素减量阶段，在此期间病人常出现气阴两虚证候，如神疲体倦、头晕目眩、自汗、易感冒、五心烦热、口干咽燥等症，此时若配合中医益气养阴的药物治疗，既可防止激素撤减综合征，又可防止复发。

第三阶段：激素维持治疗阶段，此阶段激素量已接近人体生理剂量，患者逐渐出现脾肾气虚证候，如疲乏无力、食欲不振、动辄汗出、易感冒等症，此时若配合健脾补肾的药物治疗，可巩固疗效，以防复发。

在上述 3 个治疗阶段的用药中如加入活血化瘀药物，能明显提高疗效，这与活血化瘀药能改善肾脏微循环有关。

为了检验这一分型方案的实用价值，我于 1991～1994 年将符合原发性肾病综合征诊断的 132 例患者随机分为两组，对照组 54 例采用纯标准疗程的激素治疗，治疗组 76 例采用激素＋中药分阶段治疗。结果：经 8 个月治疗后，治疗组和对照组的完全缓解率＋显著缓解率分别为 65.4% 和 37.0%，总有效率分别为 88.5% 和 59.3%。提示：中西医结合分阶段治疗可明显提高临床疗效。同时对减轻激素的副作用和减少复发，治疗组明显优于对照组［中国中西医结合杂志，1994，14（11）：658］。1997～1999 年我又采取同样的方法，将 106 例符合难治性肾病综合征诊断标准的患者随机分为单纯西药对照组（激素＋CTX）和西药＋中药分阶段治疗组，疗程 24 个月，停药后随访 1 年。结果：治疗组和对照组的总缓解率分别为 94.64% 和 64.0%。提示：中西医结合分阶段治疗，不仅能提高近期疗效，而且能提高远期疗效，对减少复发和减轻激素、细胞毒药物的副反应也有良好的作用［中国中西医结合肾病杂志，2000，1（1）：28］。

所以，中西医结合一定要找准结合点，采取中西药有机结合的方法，取长补短，才能取得好的疗效。

在实验诊断上，我在国内较早地将血液流变学检测应用于肾脏病血瘀证的诊断、辨证分型、治疗和疗效判断上，发表的论文为国内学者广泛应用，成为一项公认的客观指标。

通过 30 多年的临床工作，使我对中西医结合诊治肾脏病的思路和方法有了不断提高和完善，归纳起来有以下几点。

1. 标本兼治，扶正祛邪

慢性肾小球疾病的中医病机是本虚标实，本虚主要表现在肺、脾、肝、肾四脏不同程度的虚损，其中以脾、肾虚损尤为重要，是形成肾脏疾病的主要病机。标实是指一些致病因素和病理产物，如风、寒、湿、热、血瘀和湿浊，其中以风寒、血瘀、湿热的危害最大，往往是病变持续发展，迁延不愈，以及肾功能进行性减退的重要因素。因此，治疗这类疾病务必辨明标本虚实的孰轻孰重，采取标本兼治，或扶正祛邪，或祛邪安正为主的治疗原则。

2. 瘀血不去，肾气难复

我曾通过 184 例急性肾炎、慢性肾炎、肾病综合征和慢性肾衰竭患者的血液流变学测定，并与健康人进行对照观察。结果：全部患者均呈高黏血症，只是程度轻重不等，以肾病综合征者最重，其次为慢性肾炎、慢性肾衰竭、急性肾炎。这表明血瘀在肾小球疾病发病过程中，自始至终均有存在，只是程度不等，因此，治疗上一定要加用活血化瘀药物，如当归、川芎、红花、益母草、水蛭、莪术等，通过改善肾脏微循环，便可以达到改善肾脏功能的目的。中医把肾脏的这种功能称之为"肾气"，所以说"瘀血不去，肾气难复"。

3. 湿热不除，蛋白难消

临床上经常见到肾脏病患者一旦感冒，或扁桃体发炎，病情即可加重，蛋白尿、血尿随即加重。我曾通过574例慢性肾炎和肾病综合征患者的临床资料，对湿热与肾脏病的关系进行了分析，发现在365例慢性肾炎患者中，有湿热证者209例，占57.26%，209例肾病综合征患者中有湿热证者147例，占70.33%，足见湿热证的发生率很高。湿热有上焦湿热，常见于急性咽炎、扁桃体炎、上呼吸道感染以及皮肤疔疮疖肿等；中焦湿热多见于急慢性胃肠炎、胆囊炎等；下焦湿热常见于尿路感染、前列腺炎、盆腔炎等。总之，肾脏病患者体内若有感染病灶存在，临床上就有湿热证的表现，治疗必须根据湿热的病位以及病情的轻重缓急，采取标本兼治，或急则治标的方法，彻底清除湿热，便能收到好的疗效。所以说，湿热不除，蛋白难消。若湿热留恋或湿热未净，过早应用温补之品，就会造成闭门留寇之弊，导致患者长时间蛋白尿难消。

三、创立"病位病性辨证"法

辨证论治是中医诊疗疾病的基本原则和方法，是中医诊断学的重要组成部分。由于传统的辨证方法很多，主要有"六经辨证""脏腑辨证""经络辨证""八纲辨证""气血津液辨证""六淫辨证""卫气营血辨证"和"三焦辨证"等8种。这8种方法都是在不同的历史条件下所形成、发展和完善起来的，是历代医家的临床经验总结，有不同的理论基础、归纳方法和适用范围。它们既有各自的特点，又有各自的不足，临床实用时，须相互借鉴，相互补充，显得过于繁杂，给学习中医造成了不少困惑，亦阻碍了中医学的传承与交流。早在20世纪70年代末，我国著名中医学家方药中教授就曾提出过"定位定性合参的辨证论治七步刍议"。2004年朱文锋教授提出创立"以证素为核心的辨证新体系"。近十几年来，作者通过对中医传统8种辨证方法的剖析、研究和不断实践，认为这8种辨证方法的核心目的不外是识别疾病的病变部位（病位）和病变性质（病性）两大要点。如八纲辨证中的表、里，气血津液辨证中的气、血、津液，脏腑辨证及经络辨证，都属于病位辨证的范畴。风、寒、热、虚、实、痰、湿、燥、滞、瘀、毒等都是属于病性辨证的内容。唯独阴阳二纲，既属于病位辨证，又属于病性辨证，它无所不指，也无所定指。把病位与病性辨证结合起来，实行病位病性辨证法，起到了删繁就简，提纲挈领的作用，对提高中医辨证水平具有重大意义。

"病位病性辨证"法，既体现了中医辨证思维方法，又涵盖了传统 8 种辨证方法的核心内容，既规范统一，又有规律可循，临证时先辨病位，后辨病性，病位病性相参，便是辨证的结论，对提高辨证的准确性、规范性和可操作性具有显著的效果。其实用价值是：提纲挈领，准确规范；一种方法，临床通用；易于掌握，便于推广（详见《杏林耕耘拾珍——病位病性辨证精要》）。

四、带徒授教，甘为人梯

桃李不言，下自成蹊。我 1988 年获得招收中西医结合临床专业硕士研究生的资格，1997～2012 年被确定为第二、三、四、五批全国老中医药专家学术经验继承工作指导老师，先后培育出硕士、博士研究生和师带徒五批，共 12 人。他们各个奋发图强，已成为我省医疗、教育、科技战线上的领军人才或部门领导，或业务骨干，或全国劳模，有不少弟子已成为"甘肃省名中医"。青出于蓝而胜于蓝是学生对老师的最好回报，亦是老师的夙愿。

1995 年，我协助甘肃中医学院附属医院和兰州市第二人民医院建立了中西医结合肾脏病专科，每周定期上门诊、查病房，为培养肾脏病专业人才，指导医疗、科研付出了心血，做了大量工作。1999 年经甘肃省卫生计生委批准，两院分别建立了"甘肃省中西医结合肾脏病诊疗中心"和"甘肃省中医肾病诊疗中心"，现均已成为甘肃省重点学科。

五、结语

我坚定不忘初心，牢记使命，奋发图强，锐意进取，继承好和发扬好中医药学，使继承和发扬相互促进，相得益彰，充分发挥中医药的特色和优势，创最佳疗效，为患者服务。我要继续培育更多、更优秀的中医药学术精英。业余之际，不断总结经验，著书立说，留于后学。"老骥伏枥，志在千里"，在有生之年，能为社会尽我所能，多做一些有益的贡献，是我最大的心愿。

田 文

田文，男，（1933—　），主任医师，教授。毕业于山东医学院、山东中医学院西医学中医脱产学习班。曾任烟台毓璜顶医院副院长、院长兼党委书记，烟台市中西医结合研究所所长。为烟台市、山东省第一、二、五届中国共产党代表大会代表，烟台市第八届政协常委，国际时间生物学时间医学会会员，中国时间生物学时间医学会副理事长，山东中西医结合研究会副理事长，山东中医学会副理事长，山东省科协委员，山东省卫生厅技术委员会委员，烟台市中医学会理事长，烟台市科学技术协会副主席。为《山东医药》编委，《山东中医杂志》编委。

1961年和1983年两次受到卫生部的通报表彰，1987年和1990年两次被评为烟台市科技拔尖人才，两次被评为山东省卫生系统先进个人。1991年享受国务院政府特殊津贴，1995年被山东省卫生厅、人事厅确定为山东省继承中医药专家学术经验指导老师，带徒1人。1996年载入英国剑桥国际名人传记中心《国际名人传记大词典》，美国名人传记学会董事会人选名誉委员。1996年被评为全国优秀院长。2002年被国家中医药管理局、人事部确定为全国第三批老中医药专家学术经验继承工作指导老师，带徒2人。2003年获山东省名中医药专家荣誉称号，2009年当选烟台十大医界名人。

在省级和国家级刊物上发表论文30余篇，获山东省科技进步二等奖两项、三等奖一项，获烟台市科技进步奖多项。编著《伤寒论症状各论》，主编《烟台中草药》，合编《肿瘤防治问答》。

融汇中西，享誉京华

我 1954 年毕业于山东医学院，在毓璜顶医院经过四年临床实践，1958 年又入山东中医学院西医学中医脱产班学习 3 年。是毛主席倡导"中西医结合"的第一批学员，为此深感毛主席对中医政策宏观导向上的伟大英明。三年的"西学中"我深深懂得了我国中医药学博大精深。毕业那年，论文《暴盲症 21 例中医药治疗报告》获得卫生部优秀论文二等奖。

4 年以后，卫生部直属中医研究院充实科研人员时，成为山东省唯一人选。中医研究院的科研基地分布在西苑医院、广安门医院和东直门医院，被安排在东直门医院从事医学研究。导师朱颜系杭州人，一位著名的"中学西"专家。在导师朱颜的指导下，全身心扑在了内科血液病的研究课题上。有闲暇，就去秦伯未教授那儿陪诊、求教，并广泛收集京城其他名医经验，查阅中医经典，反复对照和琢磨，汲取各家精华，为日后的学术研究和临床经验的丰富，起到了重要作用。

1969 年受"文革"影响重返烟台，仍然坚持中西医结合临床及科研工作。在基层医疗实际工作中，除了继续研究血液病外，更多的精力投入到中西医结合治疗常见病的探索上。由于对中西医学均有系统的学习，而且在中医研究院领略过中医大师们的神韵，因此，在临床实践中，博采众长，准确辨证，疗效显著。论文不时地在省级和国家级的医学刊物上发表。由于在中西医结合治疗方面成绩显著，所以 1982 年，在全国中西医结合工作会议上受到卫生部通报表彰。

博采古今，审时应天

我以《黄帝内经》为纲，遵循"天人相应"这一思想脉络，毕生精力用于人与自然环境的研究，探索实践医学的奥秘。

五运六气是中医学术理论的核心。早在《黄帝内经》，就运用五运六气学说研究天文、气象、物候与人体生理、病理相关性，探讨五运六气节律变化与人体、气候的关系。

中医的"天人相应"思想，自然观、整体观、恒动观、气化学说、病因病机学说、治则治法、制方选药等均渊源于《黄帝内经·素问》的五运六气七篇大论（《天元纪大论》《五运行大论》《六微旨大论》《气交变大论》《五常政大论》《六元正纪大论》《至真要大论》）。这七篇大论从寥廓的宇宙悬朗周旋于天空上的日月星辰，到地面上的草木虫兽、谷肉果菜，从寒暑的往来更替到生命的生长壮老已，在如此广阔的背景上，揭示出了人体生命现象、病因病机、诊断治疗、遣方用药、养生防病等一系列规律。充分反映了中医理论体系的形成过程，是中医理论的基础和渊源。《黄帝内经》的精髓来之于古人进行"五运六气"的实践活动，是"五运六气"把整个中医理论与人体生理病理、与大自然紧密地联系在一起，运转了起来。五运六气是中医"天人相应"医学模式的运转机制。

五运六气具有实践性。地球自然界所以能产生万物，其根本原因在于"九星悬朗，七曜周旋"，相互运动所产生了阴阳五行之气（风火湿燥寒）的运行，而万物的正常变化又赖于五气的正常和协调。

五运六气具有操作性。古人把观察到的天文气象变化影响生命活动（动物、植物及人体）的周期（5年、6年、12年、30年、60年）规律与天干地支纪年统一起来，形成一套预测疾病、防治疾病的操作系统，用天干地支就可推算某年的气候特点、物候变化、人体发病的情况，这样就可将自然界气候变化与人体发病结合起来，进行疾病的预防和诊治，从而达到《黄帝内经》"上工治未病"的境界。

五运六气是中医理论的源泉，也是当今生物医学模式向生物－心理－社会医学模式转变所需要的框架结构。充分的事实证明，五运六气是古人长期对自然环境与人体发病相关性进行系统观察而总结出来的反映真实客观规律的医学体系。五运六气揭示了运气规律，气象、物候、民病的变化与五大行星之间的对应关系，是集预防、诊断、治疗、选方用药于一体的整体医学体系，是中医学术理论的核心内容。

自然环境如天文气象、日月星辰的周旋、四季春夏交替、昼夜日落星起的变化，这一切作用于人体使人体生理病理表现出各种节律，这就是时间医学要研究的内容。研究时间医学不能形而上学地空谈时间，要研究某事物表现出的时间规律的物质基础。

《黄帝内经》是最早研究时间医学的专著，系统提出了中医时间医学基础理论，描述了人体多种节律，如人体阴阳昼夜节律，营卫之气运行的昼夜节律，五脏病慧静昼夜节律，脉象变动节律等。制定了时间治疗学的基本原则，如针刺补泻，因时随迎，药物治疗讲究春夏养阳、秋冬养阴，用寒远寒、用热远热等。

通过研究《伤寒论》临床时间特点发现，《伤寒论》治病用药、诊病防病均注重时间性，全书397条与时间有关的就有100余条，其核心为六经辨证，六经的实质是古人认识到的人体生理病理时间节律。六经的"六"是日、地、月及五大行星相互运动影响人体生理病理变化的常数。《伤寒论》54条云："病人脏无他病，时发热、自汗出而不愈者，此卫气不和也，先其时发汗则愈，宜桂枝汤。""时发热、自汗出"是指有时间规律地发热自汗；"先其时发汗"是指在了解病人发热时间规律的前提下，在发热之先用药发汗治疗。157条"十枣汤……平旦服"；263条"麻黄连轺赤小豆汤，温服三服半日服尽"；310条"猪肤汤温分六服"；173条"黄连汤昼三夜二服"等，均是择时服药的例子。

我用了近20年的时间研究脑血管病的发病与自然环境的关系，课题"脑梗死发病运气节律与气象天文相关性分析"对1978～1989年1927例脑梗死患者的发病时间规律进行统计分析，发现脑梗死发病具有五运六气节律（简称运气节律），与《黄帝内经》运气七篇大论中40余处的描述相吻合。采用目前国际时间生物医学通用的余弦法检验表明，1978～1987年各年脑梗死发病总数即大运具有生物节律性，$P < 0.01$。峰值位于1984年和1985年，各年五运六气的发病均具有生物节律性，$P < 0.01$。各年五运节律的峰值位于客运和主运为宫土的运步上，各年六气节律峰值分别位于三、四、五气，其中太阴湿土客气加临时发病最多，其次为厥阴风木和阳明燥金时，与《黄帝内经》运气七篇大论所述的中风发病时间规律基本吻合。研究表明，脑梗死运气节律与气象变化及天文背景三者之间有对应关系。经烟台气象台气象资料分析显示，烟台市脑梗死发病率与本地的气温、湿度、气压及大风暴雨等大气现象的变化均有相关性，与《黄帝内经》运气七篇大论所述的气象变化亦相吻合。对北京天文台和紫金山天文台提供的天文资料进行分析，发现木火土金水五大行星视半径的变化与气象变化和脑梗死发病均具有对应关系，提示为形成运气节律的主要天文背景。如木星近则出现风暴，火星近则炎热，土星近则雨湿流行等，从而表明《黄帝内

经》运气学说"上应五星"的观点是有天文背景的。

此研究通过翔实资料史实揭示出了"上应五星"的科学意义，提示地球环境气候变化及生命活动与太阳系的行星亦有着密切联系，为运用五运六气学说防病治病提供了科学依据。此研究论文3万余字发表于《山东中医学院学报》1991年第六期，于1992年获山东省科技进步三等奖。此成果得到国内学者的高度评价，如中国中医研究院方药中教授说："本文以中医运气学说为依据，集合天文气象资料，对12年1927例脑梗死发病时间进行了统计分析，结果发现本病发病时间有运气节律，与《黄帝内经》运气七篇大论有关内容基本符合，为预测防治脑血管病提供了理论依据。本文提出运气节律与五大行星运动有着明显对应关系，这一提法为运气学说'上应五星'的提法提供了气象天文学依据，从而论证了运气学说的科学性。对今后进一步研究运气学说意义十分重大，居国内外同类研究的领先地位。本文根据对本病贯彻统计分析结果联系《黄帝内经》运气七篇所提出的'太虚寥廓，肇基化源'的基本认识，对中医关于人体生命来源及'人与天地相应'的提法作了高层次的深入分析，通过材料对这一根本认识进行了一定论证。这在澄清当前对运气学说的模糊认识及临床运用上有很重要的意义，十分难得。"中国科学院紫金山天文台徐振韬教授评价说："据有关资料，以严格数学方法研究五运六气的作用，此项研究尚属首例，对今后运气学说的深入研究定会产生积极的影响。《素问·气交变大论》详细论述了五星定常和非常运行对疾病的影响和作用，但至今未见中医界涉足此类研究。此项研究填补了这项空白，对《黄帝内经》科学价值的深入认识和现代天文医学的发展均有重要的意义。作者以五星视半径变化反应五星对地球影响的大小，而解释'五运终始'的原理，这是一个有意义的勇敢尝试。此文首次用现代天文学原理阐释中医经典，为中医现代化做出了很好的贡献，为中医研究和现代天文学联姻奠定了良好的基础。"本文发表后引起美国、英国及澳大利亚等国家有关学者的注意，并来函邀请讲学。

几十年来，用时间医学的观点治疗心脏病，是我一直关注的课题。尽管中医学文献早就有过关于人体机能状态的阴阳变化与昼夜、寒暑有密切关系的记载，现代医学也承认人类机能活动的节律不仅有其自身机体的内在原因，而且还受着宇宙因素的外来影响。但是，将这些观点如何具体地用于心脏病的临床实践，仍是一个难解的谜。

古代医学家认为，气血循环在一昼夜中有着极盛和极衰的节律变化；现代医学家还发现，心脏有节律的跳动，不仅受自身自主神经的调节支配，并且还有一种外力在控制心脏跳动的节律。以此为依据，我对冠心病的时间医学规律亦进行了探索，1982 年发表论文"时辰与心肌梗死发病关系的探讨"（《山东中医学院学报》1982 年第 4 期）。课题"正常人与心脏病人心功能的昼夜节律""冠心病患者对中药'时心灵'时辰敏感性的临床研究"发现冠心病患者 24 小时的心功能均比健康人低下，而且最佳心功能和最差心功能出现的时间，均比健康人落后了 2 小时。就是说，健康人最佳心功能出现在 6 时，最差出现在 18 时，而冠心病人最佳心功能出现在 8 时，最差出现在 20 时。找出并确认冠心病患者服中药"时心灵"的最佳时间在 7 时 30 分，为最有效改善心肌缺血、改善心功能的时间。同时发现在 9 时 30 分、13 时 30 分和 15 时 30 分服药为疗效相反时间，使心功能呈减弱趋势，这又是一个有意义的发现。经 15 年的临床实践证明，冠心病患者每天早晨 7 时 30 分服 1 剂"时心灵"均能收到满意的疗效。住院病人一般经过一个月（即 1 个疗程）治疗，各种症状如胸闷憋气、心律失常就会基本消失，心电图改善或恢复正常。治疗 2 ～ 3 个疗程，能使异常的心功能节律恢复或接近正常。可见，中老年人冠心病多与心功能低下有关。本论文 1988 年 10 月参加首届国际事件生物学时间医学会议（成都），受到与会 21 个国家和地区学者的好评，称这是目前国内外重要择时治疗冠心病并取得显著疗效的唯一论文。该研究成果于 1994 年获山东省科技进步二等奖。

临床治疗各种疾病的具体处方用药也很注意时间问题，如脾肾阳虚的五更泻、肾阳虚的肾喘（哮喘）、表虚证的外感在早上或上午自然界阳气盛时服药疗效较佳。桂枝汤证，若夜间服用发汗常伤阳气，造成感冒迁延不愈。肾阴虚宜夜间一次性服六味地黄丸。慢性胃炎或结肠炎脾虚湿盛者，春季少佐以平肝药物，暑季雨水旺时则佐以芳香化湿之品，更能收到良效。

崇尚中西医结合

中医和西医是世界上两大根本不同的医学体系，虽然在他们之间的理论体系和指导思想中存在着许多根本不同的方面，但不是水火不相容的，都是对人体科学的研究，对象是一致的，在我国出现中西医结合具有必然性。中西医结合不仅促进了中医的发展，同时也促进了西医由"分析时代"向"系统时代"的发展。它是我国未来新医学的基础。

中医、西医存在不同的具体表现。从思想方法、医学理论及临床上来看，由于中医深受中国传统科学文化思想的影响，对人体始终以直观的方法、重在功能活动上的研究。强调对立统一、广泛联系、动态变化等，具有朴素的"系统论"思想。例如："阴平阳秘"是对立统一观，"五行生克乘侮"是联系整体观，"天人合一"是人与环境统一观（人天观）等。因此对人体的健康和疾病的防治，首先重视调整人体生理和恢复自然功能及人与大自然的联系上。主张把治病的重点放在内因上的"扶正固本"，即提高机体的抵抗力，达到"正气存内、邪不可干"的目的。这对于许多由"内因"（先天素质、精神活动等）为主所致疾病的治疗，确是一个根本的措施。西医在"实物中心论"的影响下，对人体研究的重点放在寻找最小的功能单位上。对疾病强调明确的定位，寻找病灶和特异性致病因素等。如把人体分成器官、组织、细胞分子等形态结构。检查或寻找致病的病毒、细菌等，研制相应的抗病毒、抗菌药等。这对于许多由"外因"为主所致的疾病的治疗（如传染病、感染性疾病）是十分有效的。但要意识到这些疾病有"内因"在起作用。

从目前科学的角度来看，西医用实验方法来研究人体的疾病，注意定性和定量，重视疾病准确定位及其与机能变化的关系，可重复性强。中医则注重整体功能变化，不着眼于具体的结构，有着灵活性和模糊性，这与现代科学控制论的符号系统和模糊数学相似。因此这就造成了西医解剖概念和中医脏腑学说的全然不同。前者是具体的器官和功能，后者每个脏腑除了独有活动功能外都包含着多种功能，类似于西医的多种系统、多种组织器官的功能，是整体联系多功能趋向某方面的代名词，是"客观无形"的客观实在。不意识到这一点，就难以理解中医。另外中医还重视"悟性"，重视把抽象思维得出的结论与临床相验证。

在对病人的观察上，中医主要是靠人体的感官，依赖于长期积累的临床经验。虽然常有独到之处，有时凭敏锐的感觉和体会比西医诊断得快和全面。但要做到这一点要经长时间的观察和总结。如中医的脉诊主要凭经验，不同阅历的医生常常诊出的脉象不同。"心中了了，指下难明"正是一语道破了依赖感官的局限性。西医对人体的变化用定量和客观的标准测定。如测体温用体温表，测血压用血压计，测脉搏用计时器等，从而很大程度上避免了依赖感官而造成的主观随意性。

以上可以看出，中西两医之间存在着整体与局部、无形与有形、联系与孤立、运动与静止、模糊与精确、主观与客观、内因与外因等许多不同点。正是由这些不同导致了两者体系的巨大差异。

中医和西医反映了客观实在的两个方面，由于两者似乎向着两极发展，双方都不能完整地认识客观实在，不能完整地认识人体和疾病，都有着一定的局限性。因此中西医结合是横架中西两医之间的桥梁。历史的原因，西医传入了中国，并且迅速地发展壮大了起来，形成了一支与中医相并立的理论体系和队伍。由于医学发展的需要而产生了中西医结合，形成了一支起着平衡中西两医理论体系的队伍。由于中医和西医都是以防治疾病、保障健康、延长寿命、维系种族繁衍为目的，都是研究人体的，有着共同基础。所以在某些方面是能够理解与合作的。实践证明，中西医结合在中西医之间起着相互取长补短、互相引进理论和技术的桥梁作用。不仅促进了中医的发展，为中医现代化奠定了基础，而且对西医向整体化的深入发展也有促进作用。

对人体和疾病的认识西医和中医是具有很大差别的。前者以"还原论"的思路来认识人体，从局部或具体结构上来研究疾病，所以在治疗上也是局部的。后者则以"系统论"为指导思想，从整体和功能状态上来研究人体和疾病，所以在治疗上也是整体的。但必须尽快使中医现代化，对中医理论用现代科学的方法论（系统论、信息论、控制论、耗散结构理论等）进行深入的研究，赋予它新的内容。这样从中揭示出的规律定能填补世界医学的许多空白。不论是从哲学角度，还是从临床角度来看，西医只有同中医有机地结合起来，才能对人体和疾病有一个完整的认识，只有这样才是目前医学的出路。

重视老年气衰

经 40 年的临床实践，我在中老年病方面形成了自己独特的思路，提出了新见解，发现老年病主要为整体机能衰退或低下，即"气衰"。以治病必求于本的原则，在方剂配伍上重点提高脏器的功能，参考现代科学已证明了的病因病机和中药药理，体现较高层次的中西医结合学术思想。如对慢性胃炎的认识，其病因不仅为西医目前认为的与饮食不节、胆汁反流、鼻咽口腔炎症分泌物的刺激及幽门螺杆菌等有关，也不仅仅是胃的受纳和消谷作用下降，而更重要的是全身机体功能低下所致的胃阴亏损或脾阳不足，即胃肠功能低下，胃炎只是全身状态的局部表现。在治疗上不能只进行局部治疗如解痉制酸、胃黏膜保护等，还应借鉴中医的整体观，辨证施治，以调整机体功能为主，如温中、补气、养阴等。强调慢性胃炎以中气虚寒为多见，应用加味黄芪建中汤有很好疗效。又如高血压病，西医着重注意小动脉痉挛，治疗主要扩张血管以降血压，但不能消除导致血压升高的综合性因素，不能改善一系列引起小动脉痉挛产生高血压的整体的功能状态，如阴虚阳亢、脾肾阳虚等。在中医治疗100例中老年高血压病人的临床观察研究中发现：气血两虚、脾肾阳虚及阴虚阳亢型者占90.2%，绝大多数属虚证，气衰是导致此病的重要原因。气衰时血压升高是机体的代偿反应，因而不能一味地降血压，因这样能引起脑的供血不足或全身功能下降，一旦停药反而血压会反跳得更高。所以应纠正气衰，即改善机体整体功能低下的问题，这样血压自然会趋向平稳的正常状态。每重用黄芪、肉桂、附子之品治疗老年高血压病（气衰脾肾阳虚者），收到疗效巩固、甚至痊愈的效果。对2型糖尿病、冠心病及脑血管病的看法亦是如此，认为也是机体脏器和全身功能衰退所致，临床亦多以气虚和痰湿多见，故治疗应以中医辨证施治来提高全身和脏器功能，辅以现代医学手段，或降血糖，或降血黏度，或扩张冠状动脉及促进脑血流等，从而达到标本兼治、治病求本的目的。

对《伤寒论》证治规律的探讨

《伤寒论》以六经辨证为核心，总结出许多典型的"证治规律"。这些规律是中医学运用辩证唯物观、整体恒动观、对立统一法则、时空观等认识疾病的典范。六经病提纲是从典型的各经疾病中提炼出的每一经病所具有特征性的脉证，是精髓，包含着每一经病的发病规律和总病理病机。在六经病的辨证中起着主导作用。在学习方法上，如果只知道桂枝汤、麻黄汤为太阳病的主方，白虎汤、三承气汤为阳明病主方，小柴胡汤为少阳病主方，理中汤为太阴病主方，四逆通脉汤为少阴病主方，乌梅丸为厥阴病主方，是不能达到灵活运用的境界的。因为上述只是掌握了一点梗概，还必须抓住证治特点，才能方因病投、法随证转。六经病证的传变，在《伤寒论》中是一个重要问题。无论传经，或是直中，或是转属，都必须以临床现症为依据，按照证治规律来处理。绝不能拘泥条文而反从发病日数来论治。所以明确各方所主的证治规律，这是辨证论治的基本前提。

误治条文表述一种病理状态；要重视《伤寒论》组方配伍特点。《伤寒论》中还有许多死症及难治案例，如吐利、喘冒、躁烦、厥逆等种种危象，如此亡阴亡阳或阴阳俱亡的险症，必须及时救治。

余瀛鳌

余瀛鳌（1933—　），江苏阜宁人，世医家庭出身，师承于父亲余无言先生和著名中医学家秦伯未先生。任中国中医科学院学术委员会委员、研究员，北京中医药大学客座教授，博士研究生导师，中华中医药学会医史文献分会名誉主任委员，全国古籍领导小组成员。从事中医科研及临床工作六十余年，重视临床文献的整理与研究。审查医著60余种，编纂医著约30种，主编大型医著如《中华大典·医药卫生典》《中医大辞典》等，已刊行较有代表性的医著有《历代中医名著精华丛书》《中国传统医学大系》《中国科学技术典籍通汇·医学卷》《中医文献词典》《中医古籍新点新校新参考系列》《新安医籍丛刊》《现代名中医类案选》（有日译本）、《中医古籍珍本提要》《宋以前医方选》《中华文化通志·医药学志》等医籍，发表学术论文300余篇。1961年主办内蒙古包头市西学中班教学，从1978年开始指导硕士研究生，后又陆续指导博士、博士后，共指导培养研究生30名。为"全国中医药传承博士后合作导师"，已培养博士后人员3名，并在全国性文献研究班（共2期）担任临床文献研究方面授课老师。2013年被评为"首都国医名师"。第四届"国医大师"。临床精于中医内科，主张辨证与辨病相结合，研究通治效方，尤长于治疗肝病、肾病、心脑血管病、泌尿生殖系疾病、糖尿病、癫痫等多种疑难病证。

世医家学　师授要领

我出生于一个世医家庭，先父无言公告曰：余氏先祖约在清代早期由安徽歙县迁至江苏阜宁县，比较明确的是先曾祖赞襄公业医于道光至光绪中期，诊务繁重，是阜宁县的名医，惜无医著存世。先祖父奉仙公（1860—1939）受教于先曾祖，熟读经典，旁及历代名著，早年即悬壶问世，诊治富于胆识，经方、时方择善而从，于伤寒、温病、疫病及内妇诸科疑难杂症多所致意，效验卓著，中壮年时即已名播千里，是晚清"苏北三大名医"之一（另两位是淮安张子平和兴化赵海仙）。40 岁前后曾一度在南京行医，后因诊治逊清湖南记名提督董宝泉重症伤寒获效，受聘于提督府，为五品顶戴，主持诊疗并佐治戎机。回阜宁后，因该县与邻近诸县（包括宿迁、涟水、泗阳等）均有疫病流行，求诊者户限为穿，经过多年的探索、研究，使得先祖父在诊治疫病方面学验宏富、卓有心得。这在他晚年所撰《医方经验汇编》中，有充分的载述。该书所记述之疫病治验，在 20 世纪 30 年代曾有部分医案在上海《医界春秋》杂志连载，《医方经验汇编》全书则由先父余无言予以整理、刊行。先祖父对于疫病有丰富的诊疗经验，堪称是近代诊治疫病和伤寒温病卓有贡献的名家之一。奉仙公除精于诊疗外，复擅长书法、诗词吟咏，所撰《无聊斋诗集》，已大半散佚不传，但诗集中的名句，如"虚心竹有低头叶，傲骨梅无仰面花"作为他本人业医、为人的座右铭，为道中人所传颂、赞誉，也直接影响了我辈人的业医、处世、为人，他晚年给先父的信中说，"《医方经验汇编》中之医案，只不过是治验中的十分之二三而已"。

先祖父奉仙公生有二男，大伯不学医，先父无言公（1900—1963）作为先祖父的次男，原名余愚，字择明，别署不平。年少时即受教于先祖父，攻习经典医籍，选读各家名著，术业精进。1918 年开始应诊，鉴于当时西医学东渐，并受时贤张锡纯的影响，于 1920 年去上海先后向俞凤宾博士和德医维都富尔学习西医内外科，1926 年回家乡益林镇开办医院。1929 年二次赴沪定居，先后与《医界春秋》主编张赞臣先生合办诊所，并与之共同创办《世界医报》。在当时汪伪政府采取限制、消灭中医政策的形势下，他站在保卫中医的立场上，为维护中医合法权益，推进中医教育，进行了不懈的努力。1934 年应聘任中央国医馆名誉理事兼编审委员，在 20 世纪 30 ~ 40 年代十余年中，先父又是中医教育战线的一名辛勤工作者，他先后执教于上海的中国医学院、新中国医学院、中国医学专修馆、苏州国医研究院等，主讲《伤寒论》《金匮要略》和外科等课程。1937 年先父与张赞臣先生创立上海中医专科学校，请陈无咎任校长，丁福保先生、张伯熙先生为副校长，他与时逸人先生掌教务。在执教中为培养中医后继人才呕心沥血，所著医籍颇多，其中以《伤寒论新义》《金匮要略新义》等尤为著名。在临证中，他先后带教的生徒较多。中华人民共和国成立后，先父看到党的中医政策得到落实甚为欣慰。1954 年，他出席了华东及上海市中医代表会议，向大会秘书处提出改进中医工作提案四则。1956 年春，受卫生部中医研究院之聘，他赴京工作，与于济道先生主持中医研究院编审室工作，室内有陈苏生、谢仲墨、耿鉴庭等中医名家。先父并受卫生部委托为首届"西学中"研究班主讲部分课程。1958 年被调往北京中医学院任教，参加部分临床、教学工作及高干保健会诊，于 1963 年因脑出血病故。

作为世医家庭出身的我，当然受到先辈们的一些影响。由于先父早年赴沪开业，我出生在上海，住家和诊所同在一处。我父亲的住处是一幢新楼，诊室比较宽敞，室内有几个书柜，其中有一个木质大书柜，书柜上题了一副对联。上联是：好古不求秦汉后；下联是：知医当在和缓①间。这实际上是标明了先父为医治学的渊薮，也就是说先父的治学重视早期的经典医籍打基础，为医诊病，崇尚古朴醇厚的医风。此副对联，我在小学、中学、大学阶段，每天都要看到，我排行偏小，上有三个姐姐，两个兄长，其中二姐（毕业于上海中医专科学校）和大哥都是学中医的，但他们早年回故乡行医。我高中毕业是在新中国建立初，当时没有中医高等院校，先父建议我先学西医，取得正规学历，以后有机会再学中医。1955 年，我从上海第二医学院医疗系本科毕业后，分配到北京中央直属机关第二医院内科工作。是年冬，卫生部委托中医研究院主办第一届西医学习中医研究班，我遂报名参读，为期两年半，于 1958 年 5 月结业。在学习期间，即 1956 年，先父让我拜秦师伯未先生门下（当时秦师任卫生部中医顾问）。我接触中医诊疗最早是在高中时候，当时全国尚未解放，每逢暑期休假期间，我便坐在师兄旁协助为先父抄方，获悉了一些病名、药名。在西学中研究班学习期间，我有机会受教于全国诸多来京执教的名医。但对我学术、诊疗影响最大的主要是两位，即先父与先师伯未先生，他们二老长期在上海临诊，先父以经方驰名，先师则多以时方鸣世，他们各有所长，对我多强调要"勤求古训，博采众方"。1958 年我被分配在中医研究院编审室工作，由于我偏爱中医临床文献，伯未先生认为，我在中医研究院工作，图书馆馆藏资源优越且丰富，遂向我们研究室主任建议，"应该让余瀛鳌在文献研究的基础上结合临床诊疗"，故

---

① 和缓：指我国春秋晚期的名医医和和医缓。

我从 1958 年冬季开始，每周抽两个半天在广安门医院门诊部从事中医门诊工作。以后我在数十年中一直是文献研究与临床诊疗相结合。同时秦老出门诊，或外出会诊，我亦随从侍诊，先生有问必答。

在学术方面，我也深受父、师教诲，由于先父较早病逝，我受秦师的影响更大。秦师指出，学问的增长，学术经验的丰富，主要靠"学习、钻研、积累、探索"这八个字。他说："一个临床医生不加强学习是十分可惜的，当医生和其他学科不一样，有的在相当年轻时就在学术与临床方面取得了成就，成为名医；有的当了一辈子医生，经治的病人也很多，但效验就是提不高，学术上也缺乏长进，这是为什么？首先是重视学习不够，基础没有打好，不具备勤奋学习的基础，也就谈不上钻研。有些医生平时也比较注意学习，甚至从古书中抄录大量的资料，也就是说他注意到学术的积累，但由于缺乏探索精神，没有掌握临床中如何将这些学术资料加以分析鉴别和应用，也就难以取得更多的收获……这里需要强调的是，要打好中医理论基础，即学好《黄帝内经》《伤寒论》《金匮要略》等经典著作，还要加强文学和医古文方面的修养。因此这个基础就必须打得比较深广，应有计划、持之以恒进行艰苦的学习，钻研其义理所在。如果让提一个较高的要求，就是要学得深透一些，这样你再学习晋唐以降的各家著述，就会感到源流清晰，易学易用。"秦师在治学方面所强调的这八个字，对我数十年来的科研、医疗、教学起到重要的指导作用。

在学术方面，秦师精于《黄帝内经》（以下简称《内经》）研究，过去有多种《内经》类的编著，故在上海有"秦内经"之称。值得纪念的是，秦师在1929 年出版《内经类证》，当他获悉我主要从事中医临床文献后，建议我将《内经类证》予以重订。他让我在阅习《内经》全文的基础上，将书中有关病证的阐述摘录在卡片上，并注明篇章出处（原著中病证条目未标明篇章）。我用了将近一年的时间，共摘录了一千多张卡片，将《内经类证》予以重订，全书分44 个病类，311 种病候，每类病证均写一篇按语，使《内经》中的病证能进一步"提纲挈领，揭示线索"，这是我们师生合作编撰的《内经》类著作，署名为：秦伯未原编，余瀛鳌重订。1962 年 4 月在上海科学技术出版社刊行问世。秦师这种对于经典著作的启发性研究思路，使我在此后 50 余年的临床文献学习、工作和研究中受益匪浅。

教学相长　利人利己

我是"西学中"的成员，中医药受教主要是在 1955～1965 年。在首届"西学中"班得以聆听国内众多名医的精辟讲学，又因为是世医家庭，我先后又受到先父余无言和先师秦伯未先生较多的教诲，因此获益良多。1958 年我在"西学中"班结业后，分配至中医研究院的编审室（后来改名为文献研究室）工作，主要从事编写或审阅、修改中医药方面的论文和书稿，并在广安门医院每周出两次门诊。1960 年卫生部组织医疗队，让我院派一批医生去内蒙古包头市从事援助医疗工作。当时我被分配到内蒙古包头钢铁职工医院门诊和病房工作。这一年主要是医疗任务。次年春，我再次来到包头，并和卫生部中医司的路志正医师共同主办了一个西医学习中医进修班，全班约有 40 余名当地的西医参加学习。而担任教学任务的只有我们两个人，每人一天教学，一天带临床实习。包头市的领导安排我们俩在包钢专家招待所居住，这个"西学中"进修班的时间比较短（约 9 个月），要求我们择要的讲解中医药的主课。当时的路志正先生 40 岁左右，我还不足 30 岁，而学员们的年龄从 20 多岁到 30 多岁的都有。进修班的学员在这大半年中，既要学理论，还要跟着我们看门诊，我们确实是非常忙碌。晚上还要紧张备课，学习时间紧、任务重，对于我们也是一个难得的教学锻炼机会，这也是我担任教学的开始。返京以后，教学工作暂停，紧接着"文革"动乱，大家的工作都受到了影响。到了 1978 年，中医研究院成立了研究生部，班上王大鹏研究生愿意攻读中医文献专业。他在研究生班学习必读课后，经该班副主任方药中教授与我联系，由我和马继兴教授共同培养，而我二人分工明确，马老主讲的是基础文献，我主讲的是临床文献。这是中国医史文献研究所第一次培养文献专业研究生。在 1979 年我们又招收了 3 名，此后我先后陆续招收培养过硕士和博士研究生近 30 名。所攻读和培养方向均是临床文献专业。值得一提的是，中国医史文献研究所首次举办的全国性的中医文献研究班，名为"中医古典医籍进修高级班"。学员来自全国多个省市的文献专业人员，师资除我院、我所（王雪苔、程莘农、王伯岳、路志正、马继兴、余瀛鳌、李经纬、蔡景峰、马堪温、于文忠、赵璞珊、王致谱等）专家外，并邀请了北京中医学院（任应秋、王绵之、程士德、赵绍琴、刘渡舟、周笃文、钱超尘等）专家担任教学，为期一年半，学员加上旁听的研究人员有六十多人。其后在 1985 年又举办了一期。这两次文献高级班的课程涉及中医文献、医学史、各家学说和医古文等，为全国中医药行业培养了大批中医文献研究人才，我主讲的是中医临床文献。

我在担任中国中医科学院研究生院和北京中医药大学客座教授期间，也曾为学员们做过一些中医文献专题讲座。2007 年国家中医药管理局设立了"著名中医药专家学术经验传承博士后工作室"，聘任我为传承博士后合作导师，以我的学术研究和临床经验传承为培养方向，先后带了 3 名博士后研究人员。

我认为，中医药的学术经验传承，应根据从业人员不同的学历与经历，同中有异，区别对待。就我个人来说，读高中的时期，曾在上海跟随先父无言公抄过方，后来拜秦伯未先生为师，也曾跟诊抄方，或外出会诊。我在施诊带教实习时也有学生或侍诊者协助抄方或做问诊记录。在临床方面，我愿将个人临证摸索积累的治疗经验，扼要地向从学者介绍。其中我比较重视常见病、多发病的通治方研究，并根据证候变化加减化裁，在整个辨证论治过程中，注重将审因、辨证、辨病相结合，在处方前一定是要"立法"予以衡定。如治疗癫痫，立法为"潜镇止痫、化痰通络"；治疗肝硬化、脾大、腹水，立法为"调肝软坚、健脾利水"。确立了治疗大法，这样就比较容易"立方遣药"。又譬如我研究中医临床文献，为文献专业人员讲课时，就必须要认真研读中医古今临床文献，需在众多的名医名著中精选精读，阐述与提炼临床学术要点，特别是在评述该书学术特色方面，力求在临床实用性方面做出比较客观的评价。久而久之，数十年间粗略统计，我阅习的临床医籍约 3000 余种，其中涉及较多的是内科杂病方面的医籍著述。对历代医籍逐步形成了一定程度的鉴识能力，体会最深的是临床诊治疾患，应在精读精用经典名著的基础上，力求做到博采诸家之长。治学宜谦谨，诊疗求实效，这也是我对学生提出的基本要求。

对于一名中医师，临床经验不能单靠家传或师授，离不开向古人学习，但更离不开从临床中探索、学习，要不断地在临床实践中予以反复鉴别、积累。我在治疗脑血管后遗症方面，在采用经验方补阳还五汤时，应用于脑梗死（腔隙性脑梗死）和脑出血半身不遂有所不同，区别主要在于君药黄芪的剂量上。治疗因于脑梗死的半身不遂，必要时可加大生黄芪剂量；而对脑出血初发的病人，则加以控制剂量，如果不慎过用，往往会引起第二次出血，造成不可逆转的局面。补阳还五汤是清代王清任创拟于 1880 年。在此以前，中医治疗杂病中风都用其他方法，从张仲景之后对于中风半身不遂的辨证，一直从风从痰论治，而王清任却提出从补阳补气、活血通络论治，前者效果明显不如补阳还五汤。王氏可以将生黄芪剂量加大到 120 克。但是经我临床观察，认为这情况只适宜于脑梗偏瘫的患者，而对于脑出血的病人要慎用，以避免引起已经敛合的病灶重新破裂，造成第二次出血。在临床应用补阳还五汤，首先要区分是脑出血还是腔塞性梗阻，这就要参阅西医病理报告。西医的病理报告对于临床治疗具有重要的意义，因此对于本病来说，在实际临证过程中必须坚持辨病与辨证的结合。

再者，从早年的教学经历中，我深深体会到，一个学医者对自己的要求应该是"自强不息"，争取为社会多做贡献。我认为一个青壮年学子不可过多地依赖老师。我在青年时期，曾参与医院的门诊和病房工作，秦师向我提出："你在今天的门诊或者病房会诊中，如果感到诊疗患者的方治不太合适，或所治病证你比较陌生，就应在其后抽时间查阅文献或请教有经验的医生，不可放任自流，否则你学术经验的增长就成了一句空话。"我也以此转告我的学生们。应该说我做得不够理想，但回想我在"西学中"结业后不久，就在包头为该市"西学中"进修班主讲较多课程并带教临床实习，晚上还要备课学习，使我真正感受到"教学相长，利人利己"。后来在中医文献提高班，因为需要讲授中医临床文献，使我能够将临床各科的名医名著加深阅习、对比，并将之联系诊疗和编撰相关医籍，从而获益良多。

需予说明的是，由于目前我已届耄耋之年，为博士后做长篇大论的讲授，已受到精神体力上的限制，但是学术经验的传承又是博士后的主要教学任务，故在阐教经验方面，突出介绍自己的治学和学术经验，并希望后学能够博取诸家之长，使他们较快地成长并超越师辈，这也是我的衷心愿望。

诊疗生涯必当重视临床文献研究

业内的同行们都知道，中医文献的丰富多彩和博大精深是世所公认的，它主要包括基础医学和临床医学两大部分，其中的临床医学图书占 85% ~ 90%，根据薛清录教授主编的《中国中医古籍总目》统计，1949 年以前的中医书籍即有 13455 种，1949 年以后出版刊行的中医药图书亦"数以千计"，故古今合计的中医药图书，其中的临床文献亦逾万种，体现了临床医学文献的发展与提高。人所共知，东汉张仲景的《伤寒杂病论》，堪称是各科临床的基础。张仲景创立了比较规范的辨证论治体系和方法，并重视辨证与辨病相结合。书中有各科论治的"八纲""八法"和"治未病"等内容。有人将张仲景及后世在学术和临床方面影响卓著的医家，归纳为"四大家"。明代王纶《名医杂著》首先提出"外感法仲景，内伤法东垣，热病用河间，杂病用丹溪"。也就是说，把这四大家作为临床各家中最有代表性的学术流派。2011 年 1 月，我在《中医基础医学杂志》发表了一篇论文——《试论中医学术流派中的主心骨》，其中引述清代王翰臣《万全备急方》中的一段话，他说医生诊病、立方、用药，能"神而明之者，则长沙、河间、东垣、丹溪诸大家"。清代最著名的临床家叶天士，也是以"四大家"的学术临床作为他临证处方的主线和指导要法。难能可贵的是，叶天士临证又不拘泥于"四大家"，而是博取历代名医诸家之长，同时又积累了个人的学术经验。所以我们既要学习具有代表性的名医流派和医著的学术经验，又要博取诸家之长。当然这种临证思维方法，我在学医早期阶段，受先父无言公和先师伯未先生影响较大。譬如我治疗肾病取法于张仲景，但又吸取近代医家的学术经验；治疗肝病中的肝炎，最初常以柴胡疏肝散加减施治，1960～1961 年，我诊疗了多例流行性病毒性肝炎，起初用柴胡疏肝散，结果有效、有不效，令人不太满意。后来我写信请教业师秦伯未先生，他复函让我查看清代魏之琇《续名医类案》中的医案，其中治疗"肝燥胁痛"用的是一贯煎方。后来我从案例中获知，20 世纪 60 年代初，当时正值三年困难时期，肝炎患者属于"肝燥胁痛"的病状较多，故此受到启发，在疏肝的同时，必须重视养肝柔肝。其后若干年，我治疗多种肝炎，往往又加上"三鸡"（鸡内金、鸡血藤、鸡骨草），对于改善患者临床症状和化验指标具有比较可靠的疗效。秦师告诫我，在诊治过程中如果遇到困难，疗效不理想，应该多读临床文献。

又如我在内蒙古包头市包钢职工医院参加医疗队期间，主管过一段时间病房，当时有些大叶性肺炎患者，我常用张仲景的麻杏石甘汤加减治疗，疗效相当可靠。后来又收治过一些病毒性肺炎，症状虽然与大叶性肺炎相似，但用治疗大叶性肺炎的方子疗效欠佳，当时在方中加入了现代药理研究有明显抗病毒作用的药物，治疗效果明显提高。自拟麻杏石甘汤加味方以宣肺清金、止嗽养阴。处方为：麻黄 9 克，杏仁 12 克，生石膏 45 克，生甘草 6 克，黄芩 12 克，生地黄24克，板蓝根15克，忍冬藤12克（见李宝顺主编的《名医名方录》第一辑）。如病毒性肺炎患者高烧在39℃以上，宜一日服两剂。关于此方的加减应用，痰多者去生地黄，加川贝、黛蛤散；大便干燥，加大黄、瓜蒌仁；咽痛加玄参、桔梗；胸痛加枳壳、橘络。由于选方结合诊断、病候，使疗效得以显著提高。

又如治疗糖尿病，我比较赞赏近现代名家施今墨先生的方治，选药多用生黄芪、生地黄、熟地黄、苍术、玄参、葛根、山药等，但糖尿病患者除气阴虚等病因病机外，多数情况还兼有肾虚，张璐《张氏医通》治疗消渴病，常用沙苑子等补肾，我亦适当选用。如糖尿病患者内热严重，亦可选加黄芩、黄连等清热。祝谌予先生告诉我，他学习施老治糖尿病，为了避免合并症的发生，在方中往往多加活血通络药，收效甚佳。

我多年来治疗偏头痛的经验，也是结合研究临床文献加上实际诊疗、反复斟酌形成的成果，自拟方"柴芎蔓芷汤"，组成：柴胡、川芎、蔓荆子、白芷、秦艽、当归、生杭芍、菊花。临床中根据不同的症情予以加减变化。如有颠顶痛须加藁本，夹痰则加化痰药。此方的形成，我参阅了《兰室秘藏》的清空膏，《传信适用方》的杏芎散，《类证活人书》的柴胡半夏汤，《同寿录》的治头痛方，四方的方药予以综合考虑、加减变化而成。患者如果是偏头痛，柴胡基本上是必用，而方中的川芎、当归用量比较大。全方治重调肝、养血、祛风、通络以止痛。

综上所述，可见在诊疗过程中，多看中医临床文献，有利于提高临床疗效。最重要的是，我们的诊治思路得以拓宽，使在医疗实践中，能逐步学到圆机活法，这也体现了方治中的权变性。再者，在中医临床文献中，古今医案著作应该尽可能地参阅，我十分赞成章太炎先生对医案的评价，他说："中医之成绩，医案最著。欲求前人之经验心得，医案最有线索可寻。循此钻研，事半功倍。"近代医家周学海先生也曾说："每部医案中必有一生最得力处，潜心研究，最能汲取众家之长。"我在多年的临床文献研究中认识到："医案是中医文献研究中与中医临床结合得最为密切的科研领域"。因此，"中医医案是最值得我们认真学习、研究和总结"。中医学史上，影响较大的医案有《薛立斋医案》、江瓘《名医类案》、魏玉璜《续名医类案》、喻嘉言《寓意草》、叶天士《临证指南医案》、顾鬓云《花韵楼医案》、齐秉慧《齐有堂医案》等。明代江瓘《名医类案》提出医案著作的重大作用是"宣明往范，昭示来学"。清初李延罡谓："医之有案，如奕者之谱，可按而覆也。"清代俞震《古今医案按》指出，多读医案，可以指导医者辨证、立法，方治中的灵活变化，给习案者一隅三反的启示。中医临床诊疗的传承与创新，主要见于医案著作，我们从中既能学到诊疗中的定法与活法，又能见到诸多创新的治法。同时，医案还能重点反映医家的经验心得和方治特色，其中包含一般方书、论著所不易学到的临床见解和诊疗心得。从历代各家医案，我们还可以看到它的时代性特征，其中比较突出的是近现代的名家医案。这些医案在病名诊断方面也尽量地选用现代医学诊断病名，但这样的学术变化有利于西医的学习，有利于中西医结合，更有利于我国的传统医药面向世界，从而为国际临床医学交流和诊疗水平的提高贡献一分力量。

我对于常见病、多发病，比较重视通治效方的研究，但通治效方的形成，往往需要看很多的临床文献予以斟酌、定方。其中的加减法也需要参阅前人学术经验，往往在诊疗选用方面有一个试用的经历，而这个过程，中医临床文献的研习是起到重要作用的。所以我以数十年来临证探索的经历和体会提出：作为一名新时期的现代中医，诊疗生涯中必当重视临床文献的研习。

突出中医临床文献的研究和编著

中医药学作为我国传统文化气息浓重的科学，当前的重要任务是传承与创新。我这一辈子，主要精力和实干的内容则是中医临床文献，为此在中青年时期，我在中国中医科学院图书馆曾经泛阅古今临床医著三千余种，主编过多套中医临床医学丛书，并撰写、评述较多的医籍文献，可以说在传承方面做了若干工作，但缺乏创新的意念与水平。我希望后继者能在继承的基础上，多做一些学术临床创新的工作，使我国优秀、隽永的中医学更进一步有所提升。

我从事中医临床文献研究，始于 20 世纪 50 年代后期，当时在研究室内与有关学友共同编撰《伤寒论语译》《金匮要略语译》，使我对医圣张仲景的《伤寒杂病论》的临床价值加强了认识，也使我决心在今后学术工作中，增强对中医临床文献研究的旨趣，所以立志终生以从事临床文献研究为主项。当我将此心愿转告先父无言公和先师伯未先生后，他们认为我所工作的中医研究院具备博览医籍以及临床诊疗的两方面条件，因此都为我的选择表示赞同。此后，我便在中壮年时期撰写了大量论文，对于历代多种临床文献予以评介或荐读。中年以后，又能比较全面系统和摘要地编纂、整理中医临床名著，使我在临床文献的研究中积累了一些学术知识和诊疗经验。我对临床文献的编纂、整理和研究主要可分为以下几个方面：

1. 综合性编纂

主要是选取历代医籍中在学术和临床方面较有代表性的名著，其中又以经典名著为主，所选医籍具有影响深远的传世佳作，如我在 1993 年应全国古籍整理出版规划小组之请，参加任继愈先生作为总主编的《中国科学技术典籍通汇》的编纂整理。任先生找我面谈，让我领衔编纂《中国科学技术典籍通汇·医学卷》，我组织中国中医研究院有关专家共同整理编纂，全书共六个分册，所选古代名著，在学术和临床两个方面，都有一定的权威性。包括第一分册中的《黄帝内经》《难经》《神农本草经》《针灸甲乙经》《诸病源候论》；第二分册的《肘后备急方》《备急千金要方》；第三分册的《伤寒论》《金匮要略》《三因极一病证方论》《宣明论方》《脾胃论》《格致余论》《温热论》《温病条辨》《寿亲养老新书》；第四分册的《妇人大全良方》《小儿药证直诀》《外科正宗》《仙授理伤续断秘方》《银海精微》《重楼玉钥》《兰台轨范》；第五分册的《证类本草》；第六分册的《本草纲目》。以上所选典籍，在学术和临床方面，均有足够的规范性和代表性，较为重要的是，所择编的全部医籍均为中国中医科学院图书馆的珍贵版本之影印，较好地保持了刊本的原貌，减免了排印本的错讹。其中对每一部著作，整理者均写了一篇提要，对其中学术价值、编著特色和历史意义予以阐介。

2. 向作者荐读临床各科具有学术权威性的名著

有关岐黄医学现存的历代医籍中，绝大部分属于临床医学论著。我们要从中选取具有规范性、权威性和学术代表性以及对后世影响极为深远的名著，向读者做一个总体性的阐介，这是我从事中医临床文献研究近 60 年的夙愿。为此，我在数年前决定组织有关专家编写一部新书，书名为《中医临床必读名著 30 种》。我在近万种古今临床医著中精选 30 种，其中包括：综合类名著，选取《医学入门》《证治准绳》《寿世保元》《景岳全书》《医门法律》《医宗金鉴》；内科名著（含杂病、伤寒、温病、瘟疫），选取《伤寒杂病论》《黄帝内经素问宣明论方》《脾胃论》《丹溪心法》《温疫论》《温病条辨》；外科名著（含骨伤科），包括《刘涓子鬼遗方》《外科正宗》《疡医大全》《仙授理伤续断秘方》《伤科补要》；妇产科名著，选取《妇人大全良方》和《傅青主女科》；儿科名著，选取《小儿药证直诀》《幼科铁镜》；针灸推拿类名著，选择《针灸甲乙经》《针灸大成》《厘正按摩要术》；医案名著，选《名医类案》《续名医类案》《临证指南医案》。全书共分 8 类 30 种医籍。以上是极具临床文献代表性的名著，那么我们应该如何向读者介绍其诊疗价值和学术特色呢？我们对每一部名著，均从作者简介、内容概要、背景回顾、传承导读、必读理由、前贤点评、延伸阅读等不同的角度和层面，介绍了该书的学术全貌，尽可能恰当地阐论该书的学术精粹和方治特色。使读者能较快地阅习该书的学术精髓、要义，掌握学习方法，为提高读者临证水平打基础。

3. 去粗取精，融古汇今

历代名医名著，或有与先贤论述类同者，当然最为宝贵的是论著中的创新点和论治中的新法、新方，因此，需要我们做一些整理工作，重点在于"去粗取精"，突出介绍该书的证治精华，并适当介绍原著中立方遣药对后世的影响。如李东垣的补中益气汤功能补中益气、升阳举陷，是临床治疗脾胃病证的最常用名方之一，原治脾胃气虚而致身热有汗，渴喜热饮，头痛，恶寒，少气懒言，饮食无味等，但此方经后世不断地临床实践，几乎扩展到多个临床科别的病证。如内科的重症肌无力、肌萎缩等，外科的脱肛，妇科的崩漏，儿科的肌营养不良……均可用此方加减获效，并已有很多的临床报道。所以我在临床研究中，很重视古方的诊疗新用，并将之介绍给读者，真实目的在于"弘扬古方，阐介新用"。

鉴于上述的学术、诊疗思路，我先后主编过以下一些突出临床文献整理、研究的图书。如《历代中医名著精华丛书》（1998 年科学出版社出版），共选《外台秘要》《圣济总录》《古今医统大全》《普济方》《证治准绳》等 10 种；《中医古籍新点、新校、新参考系列》（2007 年辽宁科学技术出版社出版），共选《千金要方》《景岳全书》《医宗金鉴》《医学衷中参西录》等共 10 种；《中医古籍临床新用丛书》（2007 年贵州科学技术出版社出版），共选《太平惠民和剂局方》《张氏医通》《古今图书集成·医部全录》等 10 部名著中的学术经验，这套丛书对所选古籍中的名方，又突出以"临床新用"为重点。关于以上几套丛书，整理编纂方法，不是照录。因为这些书中有相当一部分是属于内容重复、缺乏新意的，为了有利于读者较为便捷地获取书中精粹，我们在精选方剂和扩充临床使用范围方面下了很大功夫，特别是将所选方剂中的现代临床应用作为阐论重点。我们从上述三套丛书的书名中也可获知，《历代中医名著精华》是所选医籍的"精华本"，《中医古籍新点、新校、新参考系列》中对所选医籍的书名（原书名加"集要"二字）做了些改动，如《外台秘要集要》《圣济总录集要》《普济方集要》等，也就是说这套丛书是所选医籍的"集要本"，反映了我对中医临床文献新的编纂、整理方法。2013 年 8 月，《中医古籍新点、新校、新参考系列》丛书已被国家新闻出版总署和全国古籍整理领导规划小组选入"首届向全国推荐的优秀古籍整理图书"。

此外，我还参与主编和领衔主编过多种中医辞书，并在临床文献研究中，重视方剂学的研究，如我和安徽中医学院王乐匋教授主编《中国传统医学大系》，其中有方剂大成分册。还组织有关专家主编刊行过大型方书《宋以前医方选》《中医通治方精选》。在医案文献整理方面，回顾我在向秦师学习期间，秦师对我说他过去主编过《清代名医医案精华》，希望我着手编一部现代名医的医案选集。故在"文革"后不久，我约高益民教授，共同主编了《现代名中医类案选》（1983 年人民卫生出版社出版）。该书出版后在不长的时间内再版了 3 次，印数近 8 万册，并有日文本刊行问世。前几年，我又请陶广正教授做了一些补充，故重订本由我和高益民、陶广正共同主编，这是现代医案著作中较有学术影响的一种。

此外，我对地域医学也有所涉猎，如以安徽省为主的新安地区（包括安徽省所属歙县、祁门、休宁、绩溪、黟县和今属江西省的婺源），在历史上的名医、名著甚多。1985 年冬，应安徽中医学院和新安医学研究会之请，我和有关专家参加该会的成立大会和第一届学术讨论会。会上，安徽中医学院王乐匋教授提出，让我和他，还有李济仁、吴锦洪教授等共同主编一套大型的地域性医学文献——《新安医籍丛刊》，这套丛书按门类精选历代新安医家的名著、精论，全书共 15 个分册，约一千多万字，由安徽科学技术出版社陆续刊行。这套丛书在选本、校勘等方面下了很大的功夫，全书刊行后，1996 年获得华东地区科技出版社优秀科技图书评委会颁发的"第九届华东地区科技出版社优秀科技图书一等奖"。嗣后，我还为孟河、燕京、海派等地域医学做过一些工作，使我得以泛览与了解经典医著之外丰富多彩的地域医学流派学术思想。

"通治方" 思路的形成与临床实践

传统中医的临床实践，从医圣张仲景开始就已经渐趋规范，《伤寒杂病论》突出辨证论治结合辨病论治的诊疗思路和诊疗要法。所谓的"通治方"主要是针对不同病证的，张仲景论著中即有若干的载述。举例而言，《金匮要略》对于黄疸病证，就有"诸黄，猪膏发煎主之"，"诸黄，腹痛而呕者，宜柴胡汤"。我们应该注意到的是，此处所谓"诸黄"，指的是各种黄疸，其中并无辨证分型的含义。又如在《金匮要略·呕吐哕下利病脉症并治》中有"诸呕，谷不得下者，小半夏汤主之"的载述，也就是说各种病因所致的呕吐，均可用"小半夏汤"作为辨治的通治方。对于外科的"金创"，是指由金属器刃损伤肢体，包括伤后感染、溃烂或疮，张仲景曰："病金创，王不留行散主之。"这与后世外科专著中所列"金创"相比，张仲景突出辨病论治和运用通治方的学术特色相当鲜明。但也说明后世医家对疮疡病证的辨证和治法上的变化与进展。值得一提的是，张仲景对于妇产科病证颇多阐介辨病论治和通治方，如《金匮要略》中说："妇人怀妊，腹中㽲痛，当归芍药散主之。""妇人脏躁，喜悲伤欲哭，象如神灵所作，甘麦大枣汤主之。"又说："产后腹中㽲痛，当归生姜羊肉汤主之。"并说妊娠患水肿病，用葵子茯苓散通治。他还指出："妇人六十二种风及腹中血气刺痛，红蓝花酒主之。"这里所说的通治方治病，实际上是诊疗大法中的"圆机活法"，其目的是为了使读者容易掌握运用。这里着重阐介的是，张仲景对于妇女的医疗保健，十分重视通治方的运用。如"妇人妊娠，宜服当归芍药散主之。"又说："妊娠养胎，白术散主之。"须予注意的是，从以上各条原文可知，妊娠并无明显症征，这让我们体会到张仲景"治未病"的养护、保健思想十分鲜明，值得我们深入思考。

从东汉以后的历代临床文献中，均可看到一些名医名著中涉及对某些病证的经验通治效方，但往往比较散见。到了明代，孙志宏所撰的《简明医彀》，他对多种病证的方治部分，则有主方、成方及简方之分，便于读者有较多的选择。该书中所述各种病证，绝大多数均列主方，这些主方都是根据该病的病因病机等实况，参酌古今文献，结合他个人的诊疗经验所拟的自订方。虽无方名，但立方缜密，遣药灵活，且多附列证候变化中的加减法，每能切中病机，反映了孙氏为了使习医者较易掌握常见诸病的证治，探索多种病证的治疗规范的精神。《简明医彀》的"主方"内容堪称是该书的主要学术特色之一，而在论病方面，则备而不冗、约而不漏，说理明晰、晓畅为其撰著的特点。其"主方"即有了通治效方思想的雏形，这样使读者易学易用。如书中所说的"喘证"，其主方为：陈皮、半夏、枳壳、桔梗、紫苏、麻黄、杏仁等分，甘草减半，加生姜三片，黑枣一枚，水煎服。加减法：嗽加桑皮、冬花、紫菀；气壅加瓜蒌、莱菔子、苏子；乍喘乍止，加贝母、麦冬；肺火加黄芩、枇杷叶，甚则加葶苈子、槟榔。此方简洁实用，来源于诊疗实践，以此作为治喘主方，在临证中加以适当的变化和调整，可以起到"以一应百"通治之效。

我生平临证，十分重视审因、辨证和辨病相结合，适度的临床分型是必要的，但我又不同意临床分型过细。因为病证如分型过细则往往并不符合诊疗现实情况，来诊病人的主诉往往分别见于主观分型的诸型中，使得难以在过细的分型中论治。其次，读者不易学习，更难以推广应用。有诸多同道向我反映，现在中医药高等院校毕业的学生往往受到所学教材分型过细的影响，真正掌握医疗实践的基本能力往往不够理想，我为此也曾向国家中医药管理局的某些领导反映过这些问题，他们也觉得应该适当修改，这将有利于中医药学术的传承与发展。

数十年来我在临证中比较重视研究通治效方。15年前，我很想与同道们合作编写一部临床各科的通治方丛书，当时与上海中医药大学文献研究所所长萧敏才教授商定组织一些国内专家共同编写。这套丛书当然比较重视在古今医籍中"博采众方"，希望力求实用、实效。多年来，我在临床中也对一些病证的通治方进行过筛选、观察和研究。如我在青壮年时期曾在医院主管过肾病病房，门诊经治的慢性肾炎尤多。医界共知，慢性肾炎的治疗难度比较大，特别是尿蛋白的控制和恢复正常更是不易。也有些患者除身体状况较差，或有轻度水肿外，并无明显症征，就是化验指标经年下不来。从肾炎多见的水肿而言，慢性肾炎多属于"阴水"，多由脾肾两虚所致；急性肾炎所致水肿多属于"阳水"，往往是感受风邪、肺失宣肃所致。可见人体的水液代谢与肺脾肾三脏的关系密切。对于慢性肾炎的治疗，我的通治方，基本上是济生肾气丸、二仙汤合理中丸加减，还经常加入土茯苓、生黄芪、山楂等，有利于消除尿蛋白；或加丹参、红花等通络活血之品，以改善肾循环，增强肾功能；如尿中有隐血，则需结合清肾治法。患者经治后，往往肌酐等下降，尿蛋白、尿隐血消除，症情明显好转，但是亦不宜急于停药，可以原方加减配制成丸药，继续服用数月，以巩固疗效。

又比如说我生平治疗的癫痫患者较多，最初我常选用古方"白金丸"（见清代王维德《外科证治全生集》）。我认为此方两味药，即白矾和郁金，确立了治疗痫病的核心药物，但总觉得此方照顾得不够全面，故在数十年临证中，体会痫病的治法应以潜镇止痫为主，故立方往往以生牡蛎、生龙齿、生白矾和郁金四味药为主。但是在溯因、辨证中可以看出求诊者的不同情况，有些患者曾在出生时因产钳伤脑，或在少儿时期头部受伤，故在施治时，又宜增加活血祛瘀药物，如丹参、鸡血藤、桃仁、红花、赤芍等药。又有若干患者并无外伤史，或有家族史，痰证十分明显，当加胆南星、杏仁、竹茹、陈皮、制半夏等。头目昏糊的往往又加远志、石菖蒲以开通脑窍。由于方药的调整变化，使临床疗效明显提高。当然在加减药物中，有时所遇的痫症非常顽固，往往会加入僵蚕、全蝎或琥珀末等药，以冀协调治法，提高疗效。

再有，通过临床总结，我拟定了治疗急性膀胱炎的通治方——生地连栀汤（收入《名医名方录》第一辑），药用：生地黄 20~30 克，黄连 9 克，山栀 9 克，赤芍 9 克，丹皮 9 克，瞿麦 12 克，滑石 9 克，木通 9 克，地骨皮 9 克。症情急重者，可于原方另加琥珀 2 克（研末，分冲）、生牛膝 15 克；溺时灼热感明显者，加侧柏叶 12 克、螺厣草（又有镜面草、地连钱等名）24 克；溺时涩痛甚者，原方去丹皮、地骨皮，加小蓟 15 克、生蒲黄 9 克；口干腰酸者，原方去滑石，加麦冬 15 克、续断 9 克；病情缠绵、反复发作者，原方去瞿麦、地骨皮，加阿胶 12 克、生牛膝 18 克，另加服六味地黄丸以育阴扶正。此方的加减应用也取得了一定的临床疗效。

我从当前中西医并存和中西医结合的临床现实考虑，希望同道们进一步深入研究探索通治方在诊疗中所起的积极作用，同时为了便于促进中医药学的对外交流、学习和运用，研究和拟定临床中高效且针对性较强的通治方，这是十分迫切和需要的。

结束语

回首学医、行医、治学的六十余年，我不禁感慨"逝者如川、时不我待"。

由于我是中医世家出身，幼年接触的环境，加上后来又拜卫生部中医顾问、名医秦伯未先生为师，使我对中医药学有异于常人的亲切感。参加工作后，中医研究院的学习条件又比较好，所以在学术和临证中还是不断有所收获的，我的成长经历或许能够给后学的青年人提供一些思路。

中医药学是我国优秀传统文化中的精品，从悠久的历史和对整个医药界的积极贡献而言，科学性和创新性是不言而喻的。我认为，立志于学习中医药的青年学子，首先应该热爱这个专业，有了这样的思想基础，就应该以《易经》所说的"自强不息"要求自己，初学时一定要打好学术、理论的基础，对于必读经典应予涉猎、研究。在学习、临床过程中遇到疑难之处，要多多请教师长、学友，或者翻阅相关文献，才能解惑、加强认识。在诊疗实践中，宜重点习读名医名著，打好基础，也要博采诸家之长和其他名家的方治经验。当前的中医药学强调的是"继承与创新"，有的中医专家号召学医要做"铁杆中医"，我认为打好中医的学术临床基础是必要的，但我认为"铁杆中医"尚不符合"高标准、严要求"，还有待于改进和提高。应该在突出中医药学术临床的基础上，重视中西医结合，只要是有利于中医诊疗传承和创新的科学知识或方法，我们都应该予以吸取。面对科学技术高速发展的今天，只有做到自强不息，才能真正通过努力实现中医学术的繁荣和开拓。

中医历代圣贤所主张的治学方法和精神是值得我们重视和学习的，张仲景说"勤求古训、博采众方"，南北朝时期褚澄《褚氏遗书》中言"博涉知病"，汉代大儒王充在《论衡》中强调治学应"多闻博识"，并指出"人含百家之言，犹海怀百川之流"。我认为，中医治学之所以要强调"博学"，是和中医学本身"博大精深"的学科特色相一致的。我非常赞同清代名医赵晴初在《存存斋医话稿》中所提到的"医非博不能通，非通不能精，非精不能专，必博而专，始能由博返约"。最后，以此作为我们从医的同仁们在治学道路上的共勉之言。

（李鸿涛、李哲协助整理）

徐经世

徐经世（1933—　），字筱甫，祖籍安徽巢湖。安徽中医药大学第一附属医院内科主任医师、教授，硕士生导师，安徽省中医药学会肝病专业委员会主任委员，安徽省"国医名师"，第二届"国医大师"，享受政府特殊津贴专家。历任安徽中医学院成人教育部主任，安徽中医学院附属医院副院长、代理院长、党委书记。先后被选聘为第二、三、四、五批全国老中医药专家学术经验继承工作指导老师，全国优秀中医临

床人才研修项目指导老师，首批全国中医药传承博士后合作导师。获全国首届中医药传承特别贡献奖和中华中医药学会终身成就奖。

临床七十年，学验俱丰，提出"杂病因郁，治以安中""肝胆郁热，脾胃虚寒"病机理论和"尪痹非风"等学术观点。总结出"疏肝理气，条达木郁；补益肾水，清平相火；理脾和胃，和煦肝木；活血化瘀，燮理阴阳"的三十二字调肝法；"护脾而不碍脾，补脾而不滞脾，泄脾而不耗脾"和"补不峻补，温燥适度；益脾重理气，养胃用甘平"的调理脾胃"三原则，四要素"。其用药尚平和，注重双向调节，善用反佐和药对，寓奇效于平淡。研制出"扶正安中汤""消化复宁汤""迪喘舒丸"等多个特效专方。在糖尿病、感染性疾病、消化系统疾病、风湿病、妇儿科病、肿瘤等多种疾病的诊治上富有成效，整理出版《徐恕甫》《徐经世内科临证精华》《杏林拾穗——徐经世临床经验集粹》等临床专著。

少年苦读奠根基

我祖居安徽省巢县西乡著名的军徐文化村，曾祖徐树官乃当地饱读诗书的

晚清秀才，清末民初因见国是日非，谢绝仕途，把精力放在培养寻机报国的学子们和子女身上，终生操童子业。祖父非常关心桑梓文化建设，以一己之力独纂了军徐村五凤堂第一部家谱，惜毁于"文革"。祖父徐恕甫（1884—1964），字道忠，自幼受家学和军徐村往昔无一白丁的读书风气熏染，五六岁开始在父母的严督下，研读"四书""五经"，涉猎诸子百家之说，古文字功底颇深。其文思敏捷且工书法，常以为士君子立身处世当怀抱匡世济人之心。惜身处乱世，列强侵凌中华，无法以身济苍生，于是边操童子业边寻思改弦更张，遂立誓不为良相便为良医，以仁术救众黎于水火之中。于是悉心询道于江淮名医、杏坛高手，穷研内难、伤寒、金匮诸坟典。由于天资独慧，加上锲而不舍的精神，很快在医理、医术上取得突破性进展，是民国时期江淮间名老中医。其承续先祖教书育人、为人师表之家风，先率其子徐少甫悬壶于合肥县东南乡、巢县一带，因其治病救人，医术精湛，厚德广施，深得合、巢百姓尊崇和赞誉。严父徐少甫（1907—1936），字宏翔，天赋聪慧，自幼熟读诗书，写得一手上好书法。弱冠后承祖塾业兼执父医业，在 20 世纪 20 年代即成小有声誉的一名儒医。惜乎英年早逝，我那时才年满 3 岁，未能得教于父亲。

1940 年我 7 岁时到 1949 年 17 岁的十年，在故乡"朝霞书堂"读经识典，接受系统而严格的塾师教育。"朝霞学堂"处在原合肥县东南乡（现属肥东县）四顶山下，是一所传承明、清古"朝霞书院"国学堂教育模式的经典学府，曾先后有合肥东南学者徐邦图、沈叙葵、徐安全、吴前鉴等先生执教。昔日东南乡四顶山下"朝霞学堂"求学之风，溢香各地。

在学堂之时，我从《三字经》《千字文》《百家姓》《尺牍注解》到《上、下论》《古文观止》《唐诗三百首》《论说精华》等文学启蒙，日日诵读。当时文章虽不甚解，但背诵纯熟，使我养成了爱读书，喜欢熟读成诵的良好习惯。后学堂有又开设了《开明英语》《平面几何》《代数》等课，使我所接触学科更加全面。其时每天两张大小字必写，首先是描红，而后是临帖——放手写，以学习柳字为主。课余时间常常上四顶山游览，进朝霞寺寻古，俯瞰巢湖风光。年少时的寒窗苦读，传承"朝霞学堂"之"渴望读书，刻苦求知；诵读经典，爱国立志；热爱四顶，颂赏朝霞"等精神，让我有了一定的文化根基，缅怀恩师，追忆往昔，常令我百感交集。

从师侍祖初习医

"朝霞学堂"停办后，祖父先后被调往滁县、肥东、合肥任教。年近弱冠时，我随祖父从塾师学堂走进医学经典书房，在其严格教诲下，历经6个寒暑学习中医理论。如今，我忝列国家第二批"国医大师"，能有这样的学术地位，是从背诵《药性赋》《汤头歌》《医学三字经》《濒湖脉学》《伤寒赋》开始启蒙的。后读经典及历代名著，并反复阅览《医学实在易》《医学心悟》《临证指南》等指导临床的医籍，深刻领会祖父徐恕甫先生的辨证思维和处方用药的技巧。这正是一个从理论到实践，再由实践到理论的不断深化过程，使我登上了又一层楼。

在学习过程中，我曾归纳出"读、看、练、记"四字诀。"读"，就是埋头学习中医基础理论，站在理论的高度上；"看"，是随师应诊，学习老师的诊治经验，从实践中加深对中医理论的理解；"练"，是在中医典籍和老师的指导下，经过历练，不断地提高医术；"记"，是在实践中多写多记，对中医典籍的学习心得、师诲及临床成功经验——记录，认真揣摩，心领神会，以期不断提高医术和医论水平。这些经验性总结，让我在成功的路上插上了一双翅膀，我是深有体会的。就是在这样崇文习医的家庭熏陶下，熟读儒家经典名著及诸子百家之言，兼而系统学习中医理论，打下了良好的行医基础。

1956年，祖父被安徽省卫生厅调至省城的"安徽中医进修学校"（即现今安徽中医药大学前身）任研究员，从事中医教学和临床工作，为安徽中医学院附属医院创建做出了特殊的贡献，并自1958年始当选为安徽省人民代表大会代表，曾是接纳治疗抗美援朝伤病员的中医顾问。祖父临证注重细考病机，详审脉理，辨证用药，尤擅长内科脾胃病治疗，曾被遴选入"中国百年百名中医临床家"。那时我随祖父调动，被推荐进入安徽省中医进修学校系统学习中西医理论，并接受组织安排，师从享誉杏林的陈粹吾、陈可望、高翰府、崔皎如等数位全国著名中医临床大家，深得真传，对中医理论及临床领会更深，临床更为扎实。毕业留校后又经过几年中医理论的深造和临床实践的历练，此时我对中医思想的理解、各家学说的领悟、临证审慎的把握、施治方药的运用已初步形成自己的风格。

书海游弋重博采

有现代中医教育经历，加之家传、私淑，使我在辨证施治中逐渐顺手。崇尚勤求古训、博采众家；强调尊古而不拘泥于古，继承与创新并重；注重集思广益、贵在实践。这些也是我深有体会的。我临床期间涉猎病种、病症广泛，偏长于中医内科疑难杂症，长年坚持门诊、会诊和查房工作，多年来积累了不少临证经验。

一般来说，临床之难，难于内科。内科是从人身的整体来辨证施治，而今中医内科创以专科理念立于局部对症主之。医学分科，专科研究精细深化，专治一病、学有专攻的人成为专病名家，是当今中医发展之趋势。然专病治疗之提高，仍在于全面掌握，广泛涉猎，由博到专，这才是专之前提、成家之上策。可惜的是当前内科接触病种日趋减少，教科书中所列病证不全，临床上更为涉及鲜寡者。因此，扩大病种，提高诊疗水平，多出实践家，乃是未来中医学科建设的关键所在。我数十年一直以小技而施治杂病，偶有一得，竟起沉疴。对于未解之难题，常沉思心中，自责少技，感叹患者有失所望。如何在辨证中游刃有余，得心应手，救患于痛苦，尚属老马奋蹄，苦心探索，不断提高医术，解决诊疗难题，此乃为医者终生之追求。

治内科诸病，注重脏腑生理病理的演变，知常达变，以复其平。如治肺系疾病重"翕辟"，宜敛散结合，复肺之宣发肃降；治肝系疾病重"体用"，条达肝气，柔养肝体宜同施；治脾胃疾病重"升降"，以效为度，药尚平衡；治心系疾病重"通养"，宜温通心脉，益养心阴；治肾系病重"补泻"，宜实中有泻，泻中有补；治皮肤病尚"以内之外"，重肝脾调和等。

取方用药，圆活变通是我在方药把握上的用心之处。治疗用药一定要严把分寸，抓住主要矛盾，权衡利弊，统筹兼顾。施治用药有时"重拳出击"，有时"点到为止"，有时"润物无声"，有时"双管齐下"。尤其是药对之宜，生制之异，唯求协同以增其效，制约以矫其偏颇。我之处方，每于证后提示病机，明申其法，据证投药，又于每证后加"宜""拟""仿"等之语，从不轻易用"主之"之语，寓有斟酌之意。对疑难杂症，我认为多缠绵难愈，或因病邪峻厉，或因正气不支，或因症情复杂，宿疾而兼新病，内伤而兼外感，寒热错杂，虚实互见，系由多种因素凑合而成。所以，其病因、病机主要应从中医辨证施治出发，而不能局限于西医诊断的某种病名，应联系临床实际，抓住主要病机进行分析，强调分型合理，立法严谨，辨证清晰，处方用药融入自己独特的经验，坚持"病千变，药亦千变"，但这个"变"绝不是漫无边际的乱变，而是要有"准则"的圆活，"万变不离其宗"。选方用药则应采取"调养""调节"的方法，还要掌握好守方与变方的关系，切不可操之过急，只要辨证不误，治疗方向正确，药方能切中病机和病位，就不必轻易改弦更张，而应守法守方，缓以图之。我有鉴于疑难病症机因复杂，在用药中往往超越常规，另辟蹊径，取以"兼备"及以"反佐"，正合古人"假兼备以奇中，借和平而藏妙"之说。所以然者，使我在临证过程中能够得心应手，达到运用自如的境界。

经典临证渗新知

我认为要想精于医理，临证丰富，就要善于总结，以扎实的功底，敢于实践，遇难而上。如面对现代医学科学发展，急性病证治疗手段上对中医的挑战，常思中医必须摆正位置，在继承上大胆创新，有所突破和作为，对一些急性病仍然可以用中药汤剂或丸剂而得到快捷的效果。如新加麻杏石甘汤治疗中毒性肺炎、五味败毒饮解除败血症等高热不退医案，均使患者热退神清。

只要苦心钻研，则必然有收获。经过数十年的临床，针对常规治疗取效不显且无明显器质病变的病症，我本丹溪"气血冲和，万病不生，一有怫郁，诸病生焉"和"凡郁皆在中焦"之论，提出"杂病致因在郁，治以安中"之说。随着当下社会的高速发展，人们的工作、生活节奏发生大幅的改变，尤其熬夜与饮食失节十分常见，造成肝脾慢性耗伤，又人多欲而不达，易致情志不遂，气机阻滞于中而变生诸症。临床从"郁"立论诊治疑难杂症，多收意外之功。"安中"之说，以肝脾同为人身中枢，从"肝胆脾胃同居中焦，制化于中以衡五脏"立论，使中枢运转如常则气机升降无碍，肝脾调和则郁自消。"安中"之法的具体运用，因临床病症表现不同，又有标本寒热之分，着手点有从脾调肝，从肝调脾和肝脾同调之不同：①从脾调肝：提出脾胃调理"三原则，四要素"，即根据脾胃生理功能及病理特点，综参前贤"理脾阳""养胃阴"的观点，提出"护脾而不碍脾，补脾而不滞脾，泄脾而不耗脾"三原则和"补不峻补，温燥适度，益脾重理气，养胃用甘平"四要素，使脾胃升降平衡，五脏随之而安。②从肝调脾：立 32 字调肝法，调肝舒郁。因肝在五脏中既有生化调节之功又有制约平衡之用，其为血脏，主司条达，一旦失常则致气血不调，血脉瘀滞而致病，治则转枢少阳，和缓中州，条达木郁，反克取胜，从而使气机复常而郁解。临床立"疏肝理气，条达木郁，补益肾水，清平相火，理脾和胃，和煦肝木，活血化瘀，燮理阴阳"32 字调肝法，调肝舒郁。③肝脾同调：立"肝胆郁热，脾胃虚寒"病机新论。临床常见症状除了肝胆脾胃寒热分明者，表现为肝脾同病而寒热各居其位证候的患者亦不在少数。针对这种寒热并存的证候表现，提出"肝胆郁热，脾胃虚寒"新观点，实为新学说，为消化系统疾病的临床诊疗开辟了新的思路与理论依据，不仅丰富了中医学理论，而且对于指导临床实践，提高疗效，具有一定实际意义。

对"尪痹"提出非风所致的新论点。"尪痹"为中医痹证中的一个特殊证候，此证类似于现代医学中的类风湿关节炎。对其病因历代医贤多推崇"风、寒、湿三气杂至合而成痹"之说，但在风寒湿之中又首推风邪为患，故导致后学者见"痹"则意味有风、治痹不离祛风的观点。我认为，本病成因非六淫之风所致，而乃由阳气虚惫、肝血亏损而致寒凝血滞，痰湿流注所形成的一种变态性疾病，并在临床治疗实践中得到验证。

此外，通过临床研制出消化复宁汤、止咳宁、复方凤尾草冲剂，为胆胃病、顽固性咳嗽、尿路感染等病症的治疗提供了有效的组方，解决了诸多治疗难题。

薪火传承振国医

中华人民共和国成立前，中医多为世医家庭的家传以及拜师的相承。我的传承方法可谓兼而有之，既有家传、私淑的传统方法，又有现代教育的经历。

除了跟随祖父临证抄方及在中医进修学校时拜师，我尚私淑历代诸多名家，如理脾宗东垣，和胃效天士，崇尚丹溪滋阴学说，提出了一些弘扬医理的观点。我国中医教育的历史，历来虽以师徒传承为主，但不排斥正规化的中医教育。祖父徐恕甫于 1956 年任安徽省中医研究所研究员，一边临床，一边在安徽中医药大学前身——安徽中医进修学校任教员，自行编撰《伤寒浅解》等教材 4 册，为全省招收的进修学员讲授经典课程。我先随祖父调动，被举荐到学校深造，毕业后任安徽中医学院内科教授，为学生以及附属医院实习生讲授临床课程，同样以临床为依托，理论指导临床，再从临床升华理论，两者结合，反复经临床、教学和实践的历练。

人事部、卫生部、国家中医药管理局曾共同下发《全国老中医药专家学术经验继承工作管理办法》文件，给每期500名老中医每人选配1~2名中青年业务骨干为继承人，采取师承方式进行培养，以达到继承、整理老中医药专家的学术经验和技术专长，培养造就高层次中医临床人员之目的。遴选的继承人报国家中医药管理局审批后，报人事部、卫生部备案。我曾先后被遴选为全国第二、三、四、五批老中医药专家学术经验继承工作指导老师，以此方法培养了多名优秀继承人。为培养"安徽省跨世纪中医学术和技术带头人"，国家中医药管理局及安徽省人民政府相关领导出面主持拜师仪式，随后实施3年的培养计划，每年进行20余项指标之考查或考核。我也是这项工作的指导老师，且拜师学生甚多。我的体会是，现代意义上的师承教育，是在专业基础教育及实践之后的切实可行的继续医学教育。优秀学生甚多，如弟子张国梁，现为安徽中医药大学第一附属医院感染科主任、主任医师、硕士生导师，系国家"十一五"科技支撑项目、"十二五"科技支撑项目负责人；再如弟子王化猛，从皖北的一家医院跟师随我已近17年，现已成为安徽省首届江淮名医，安徽省名中医，全国基层优秀名中医，他们均是徐氏医学第四代传承人的优秀代表。

国家中医药管理局曾在2006年授予我全国首届"中医药传承特别贡献奖"，予以表彰；2007年还授予我"全国老中医药专家学术经验继承工作优秀指导老师"光荣称号。这是对我极大的鞭策和鼓励。

我认为中医传承要过以下四关。

一是突破文字关。中医古籍文献是以古文字写成的，和现代白话文距离较大，又流传辗转，版本繁杂，字词驳错，诠释者既多，言人人殊。如果没有一定的古文知识，古籍文献就不易读懂；读懂了，也难于读深。古今精于医者，无不文理精通。文是基础医是楼，文理不通则医理难明，学好古文当是学好中医的基本功之一。而有些人连《本草纲目》的序言都无法读懂，焉能学好坟典浩瀚的古代中医！古文字基础是从小就练出来的，我迄今还能熟练背诵很多条文，如《黄帝内经》及《傅青主女科》诸多经典著作的重要原文。

二是打下经典关。加强传统文化和中医经典文献学习，培养传统思维模式，将中医放到传统文化大背景下，才是中医传承的当务之急。一些学者所带的研究生毕业论文是实验研究性的论文，没有突出中医药学术，认为西医方法点头才行。再过十年，等这些研究生成为教授以后，中医就全变味了。

我家书橱，至今仍摆放着厚厚一摞我们祖孙三代的中医经典古书手抄本。祖父的《伤寒论》《汤头歌括》等手抄本，由于年代久远，有些纸页已经破碎，可以看出他当年是付出过艰辛的。传统的中医一般采用师带徒方式，注重实践能力的开发。可现在的中医教育大部分都在教室与实验室进行的，许多学生眼高手低，不注意经典的学习，认为只要实验成功了，就可以去治病。但是，许多学生毕业后，连一张完整有效的中药处方都开不好，这不能不让人担忧。

三是确立思想关。没有坚定的中医信念，没有顽强的自立精神，没有刻苦钻研的毅力，没有高度的责任感，都是无法成为精诚大医的。中医的命运就是自己的命运，任何反对中医、玷污中医，甚至是取消中医的奇谈怪论都无法让一个中医人动摇。我常常告诫学生和弟子们，中医的教育方向有待完善。院校的学生是无辜的，问题出在我们的教育者队伍之中。

中医基础教材随着不断改版，中医信息日趋减少，思维模式越来越偏离中医，有专家曾公开称教材编写丧失了中医的灵魂——传统的思维模式，以致本科5年教育未见中医宗庙之美，更不用说登堂入室了，不能够用中医思维方式临证看病，那么辨证施治不过是说教而已。俗语云，"三人成虎"。试想，学生每天被如此这般的教育引导和灌输，能否胜任传统中医的继承和发扬，答案是明摆的。许多老中医包括焦树德、邓铁涛、任继学、王永炎等感叹，几十年来没有培养出多少真正的中医来，即没有培养出多少能用中医的思路、方法看病的中医。甚至中医硕士、博士不会用中医理论与技能看病，可见让学生们确立中医姓"中"的思想，是何等重要。

四是尊古创新关。昔年学术继承使人们圈子局限，加之各承家技，秘而不宣，很多经验很难被医学界共同掌握。所以，中医要与现代院校规模化教育密切结合起来，取长补短，为我所用。时下的循证医学要求医生将个体经验与最佳科学依据结合起来做出决策，不但要有知识经验，而且要全方位地搜集证据，分析、运用证据，还必须通过研究去发现新的证据。毋庸置疑，创新开拓精神是实践循证医学当然也是中医学的客观需要。熟读经典，不是墨守成规，而是承接薪火，并在遵循中医思路的基础上进行创新。在中医这个独特的体系里，创新首先应强调是在继承基础上发展的，没有继承就谈不上创新。而今恰恰相反，一些人没有进入中医圈子便高呼要跳出圈子，这是对中医的一种漠视和亵渎。

值得一提的是，我认为中医的传与承不仅仅表现在医术上，也同时表现在治学方法上，更表现在医德、医道诸方面，这些都值得人们去研究，去借鉴。

2000 年，我已过七旬，诊余之暇偕徒弟数名，对祖父徐恕甫的遗存手稿进行抢救性整理。此项研究应该是一项抢救性的发掘工作，被安徽省教育厅列入自然科学基金研究项目，此为安徽省对老中医的发掘整理研究立项开了先河，对安徽省老中医经验继承和发扬起到了积极的推动作用。随后多年，有安徽诸多中医类似项目列为本省研究课题。祖父遗留的大量医案、医话和临证心得手稿，字字珠玑，难得至极，我结合往昔的言传身教，参阅遗存手稿进行整理，出版了专著《中医临床家——徐恕甫》，2003 年还获得安徽省科学技术奖。

我还先后率弟子将自己的学术思想和临床经验，整理出版了《徐经世内科临证精华》《杏林拾穗——徐经世临证经验集粹》二书，并在诸多杂志刊发学术经验文章，尽个人的沧海一粟之力，以昭示于后来学子。2007 年安徽省中医院专门下文成立了"徐经世名老中医研究室"，配备必要的硬件设施和助手，对我的学术思想、临床经验进行总结。2010 年，自己的学术经验研究课题，再次获得了安徽省科学技术奖三等奖。

老骥伏枥心犹痴

学中医贵在"悟"。知识分为意念知识和记忆知识，中医属于意念性知识，所以在熟读经典和丰富的临床实践之上，需要"悟"，更需要带着问题去"悟"。就是要能够"思及人所未想"，这样才能在治疗疑难杂症时，收到满意的疗效，在"悟"中不断升华。"运笔不灵看燕舞，行文无序赏花开"，这句话本意是指读书、写书用脑时间长，观燕赏花可以缓解疲劳，焕发灵感。但也可以活用它作为治病的追求：诊病施治时，既要像花序那样井井有条，具有规律，又要像燕子飞舞那样敏捷施展，不无自在。所以，严谨的科学态度和刻苦钻研的精神，对于一名临床医生，尤其是中医来说，无疑是锦上添花的。

真诚期望青年中医学子学中医、爱中医，但愿我的所作所为能够影响到一批青年中医学子。须知，中医是一门应用科学，它的发展来源于实践，是在实践和总结前人、继承古训基础上逐渐完善的。创新不能空穴来风，没有继承就得不到发展；没有好的继承，发展就是空中楼阁。因此，发展才是当今振兴中医的关键所在。

创新是需要在继承的基础上不断深化的。所谓深化，就是要认真读"经典"。因为"经典"是中医学的根基，正如没有根的树木，何以能够枝繁叶茂。今天我们强调学习中医经典，锻炼中医思维，此目的绝不仅仅是为了继承，而是为了更好地发展。我们应该明确，中医学确有其自身的理论体系，要遵从其自身的固有规律和思维方式。因此对其研究一定要在深刻把握中医学的内涵，保持其学术特点的基础上，实行自主发展。然而在发展中也应当看到大自然的变化，疾病本身也在变化之中，新的病种层出不穷，所以要使中医能够顺利发展，需要把现代科学有机地融进中医学中来，以便更好地促进自主发展。

值得深思的还有，就中医临床而言，如何把现代科学有机地融进中医，尚存在不少潜而未述的问题，其中最关键的就是如何处治疾病，往往单纯依赖于实验报告去处方用药，而没有很好地在为我所用上下功夫，这样当然会出现疗效不高，甚至把一些本来用中药可以治好的疾病也丢失掉，使中医接触的病种越来越少。因此发挥自身优势，保持特色，才能与时俱进，绝不能在武装了自己的同时，反而捆绑了自己。这是必须有机利用现代科学目的之所在。

随着时代的发展，疾病谱的变化，中医内科的阵地越来越窄，医用仪器设备日渐先进，提高了疾病的诊断率，急性病的治疗都由西医去应对，中医在此领域几乎没有了空间，倘若我们自己再不为之努力，有可能一丢再丢，一些慢性病也渐渐减少，直至丢空殆尽。因此，我们中医必须摆好自己的位置，寻找突破口，对一些急性病仍然是可以用中药汤剂或丸剂而达到快捷效果的。中医只要有胆有识，敢于实践，也可在急性病领域中走出自己的路子。

常言道："熟读王叔和，不如临证多。"中医学子当富有朝气，倘若熟读王叔和，再有临证多，那么距离名医则不远了。

早在 1982 年，根据衡阳会议精神，针对中医附属医院科室中医特色不足问题，我开始扶持中药加工制剂室，大胆把中医药力量放到第一线，启用中医院校毕业且专业思想比较牢靠的同志担任骨干，进行科室调整，端正办院方向，随后扩大了中医附属医院规模。

中医能够经久而不衰，关键在于疗效。振兴中医是多方位的，是一项庞大的系统工程。教学质量的提高，科研成果的涌现，其落脚点应在临床。毛嘉陵所著《第三只眼看中医》用"发展才是硬道理"来比喻中医"有疗效就是硬道理"，是也。如今中医为何发展滞后？其中很重要的原因应归咎于疗效问题。要取得好的疗效，首先是要有优秀的中医临床人才，有了人才，才可使中医药的传承与发展沿着正确的方向前进。为此，我曾奔走联系祖兄、美籍华人徐经方先生奉献爱心，无偿资助，先后在安徽中医学院、安徽大学，设立"忠恕奖学金""育才奖学金"，在安徽省高教系统产生了很大的影响。

目睹国内中医之现状，我有时感到痛心疾首。中医讲究整体观理念，强调天人合一、五脏一体，是真正具有中华民族特色的原创医学体系，但现在真正的中医特色治疗越来越少。有临床经验的少了，用纯中医方法诊疗的少了，甚至连科研成果也多来自实验室。望眼杏林，一片奢华。然不见花红，不闻药香，铁杆中医者鲜少。目前，科研、评奖、新药开发、医院制剂评审等几乎都不分中西医，没有考虑到传统医药和现代医学的区别。

脚踏实地，不搞花架子，只有重视临床，认真总结经验，积极进行理性思考，注重提炼规律性的东西，才能推动中医学术的进步。例如，膏丹丸散是中医治疗重要特色，但现行医院制剂室建设和院内制剂生产标准中西药不分，过于严格，导致许多偏方、验方失传；虽然鼓励中医服务进社区，但至今仍缺乏引导性政策；科研主体缺乏临床实践，仍以现代科学对中医的解释为重。中医院不姓"中"了，中医药管理不遵循中医药自身规律而实行分类管理，这是国内中医院多年来所犯的通病。我曾在许多媒体呐喊过，如《中国中医药报》《新安晚报》《市场报》等。在《安徽日报》上，我曾呼吁说：不同的时代，对传统文化的态度也不同。现代年轻人传统文化底子薄弱是一大不足。作为中国文化几千年来传承不衰的主要载体之一，中医和中国古典文学是相通的，和中国传统文化易道是相融的。整体观的理念，人天和谐的精神，济世治病的追求等，无一不是来自中国的传统文化。

我很赞成一位同道的说法："灭六国者，六国也，非秦也；亡中医者，中医也，非西医也。"中医的生命力在于疗效，只有不断提高疗效，才能站稳脚跟。能传下去的东西叫作传统。现在年轻一代在中医思路、方法上丢得的确太多了，传承是当今振兴中医的关键所在，希望全社会重视中医，越来越多的人加入中医事业。有了优秀的人才，中医学术特色和传统经验才会一代代传承下去。我冀望于青年中医，故常专做讲座以弘扬国粹。

第二届"国医大师"表彰之后，我就拟定了关于建立安徽省"国医沙龙中心"的建议稿，其宗旨就是面向不同层次、批次的学术继承人及带教老师，通过师生互相问答的形式，以临床疑难问题为导向，解难答惑，集中开展学术讲座，以期提高临床医生的中医水平。

光阴如驹过隙，如今我已两鬓如霜，垂垂老矣，体会愈深，犹思来日无多，当乘业志未减，不失学业激情，痴心尚存之年，我愿以所志学医、从医之路，为中医学的承传、发展和勃兴而鼓之、呼之。

（王化猛整理）

刘启廷

刘启廷（1933— ），江苏铜山人，主任中医师。山东省级名中医，全国老中医药专家学术经验继承工作指导老师，国家级名中医药传承工作室老中医专家。自幼酷爱中医，1950年10月考入治淮委员会医训班，师承名中医，学有所成。相继在国家、省级医学刊物上发表学术论文近百篇，编著出版医学专著14部。获得省、市级科技成果二、三等奖12项。1956年被评为安徽省先进卫生工作者，1991年被评为市级科技拔尖人才，
1995年被评为山东省先进助学个人。历任临沂地区人民医院医务科主任、临沂市中医医院副院长。兼任中华中医药学会内科分会消渴病专业委员会委员、山东省中医药学会理事、临沂市中医药学会理事长。1999年退休，返聘在临沂市中医医院工作。

从事中医临床工作七十年，积累了大量的临床经验，有独特的治疗方法，善于治疗各种疑难杂病，临床用药以简便廉捷而著称。倡导养生护正论，倡导中医治疗疑难杂症要"敢"字当头。提出感冒病因无热论，创立"辛温化湿、清热固本"方。

成才之路

我成长经历中一直秉承：干字当头，学字为要，定方向，打基础。

首先，我是一名中医药的酷爱者。因为早年家父患慢性肝病，长期和中医药接触，家父病故后，我就萌生了学医念头。恰好1950年底治淮委员会医训班来学校招生，我毫不犹豫地报名参加了考试并被录用，如愿以偿地走上了从医的道路。在医训班学习半年后，就被分配到治淮工地医院工作。当时工地医院由三个人组成一个门诊，其中两名老医生，一个西医，一个中医，我是负责拿药和管理防疫的。两名医生，一个坐门诊，一个到工地上巡诊。我先是跟着到工地巡诊，在老师的指导下，接触到了很多常见病和多发病，一开始我是什么都不懂，就跟着学，由于我学习心切，时间长了，就很快学会了一些简单的诊疗技能。特别是中医赵学彦老先生，曾是教私塾的，是过去考秀才的落榜生，自学中医，精通经典，特别是张仲景的《伤寒杂病论》，运用自如。他的方小，药味少，花钱少，效果快，在当地的名气很大。他文学底子很深，看的书也多，他是中医、针灸都会，他的针刺技术很神，针到病除。他教我马丹阳《十二穴主治杂病歌》，我背得很熟，反复练习，很快就能熟练掌握针灸的基本技能了，临诊时运用自如，在工地上很受广大民工的欢迎，也得到各级领导的重视。在工地工作期间，我一直兢兢业业，恪尽职守，始终把病人的疾苦放在首位。1953 年 5 月，工地卫生局领导写了一篇《活跃在治淮工地上的模范小医生刘启廷》，在安徽日报上发表。工地上每年总结，我都被评为劳动模范。1955 年调整工资时，因我们这批学员都按防疫队员招的，没有正规学历，不能按医生定级，就给我报了一个护士长，定为医务 14 级。由于我出色的表现，1956 年又推荐我出席了安徽省卫生先进工作者代表大会，受到表彰和奖励。1957 年调到山东省临沂地区医院工作。

这六七年的时间，我是初出茅庐不怕苦，在工地上病人的痛苦就像生在自己身上一样，急病人所急，想病人所想，通过自己不懈的努力，很快就掌握了一些中西医基本的诊疗技能。在这期间，我除了跟老师巡诊学习，就是从书本上学，我把西医的内科、外科一般知识背得很熟，又学习了中医学院的部分教材和《内经摘要》《伤寒杂病论》《药性赋》《濒湖脉学》及《医学三字经》等，使我看得高，望得远，为下一步的学习和工作打下了良好的基础。

第二步，干字当头，勤学领先，多干勤学基础牢。1957 年 6 月，我被调到山东省临沂地区医院，这个医院的前身是家美国教会医院，中华人民共和国成立后改名为临沂行政专属医院。当时医院没有中医，向领导汇报了我的工作情况后，就根据我调来之前的职务安排到手术室当护士长。因为原先在治淮工地医院工作时身兼数职，什么都干，对手术室我也有所了解，所以到手术室后很快就适应了工作环境，干出了一些成绩，领导很满意。一年后又把我调到医务处工作，那时医务处只有一名主任，是由外科主任兼任的，许多工作都得我去做，由于经常去临床，我很快就和各科人员熟悉了，特别是内科、儿科，我经常去内科、儿科跟着查病房，门诊忙了，我也去门诊。

1958年年底，从省中医进修班分来几位老中医，医院要成立中医科，院领导又叫我去组建中医科、中药房。后来中医科又成立了党支部，选举我担任党支部书记。沂南县有名老中医叫高金藩，是县人大代表，威望很高，领导叫我去考察，并调来地区医院工作。老中医高金藩是地方名医，医术高明，调来后，我就身影不离地跟着照顾他，后来领导就安排我以名师带高徒的形式，拜高老为师，从此我就成了中医科的成员。

在高老师的言传身教之下，使我对中医药有了更进一步的认识，能够将理论知识与临床诊疗相结合，总结出大量的临床经验，为我以后的中医工作打下了良好的基础。我除了跟师查房、门诊抄方外，有空就到中药房帮助配方拿药。领导见我工作颇有成绩，1959年地区选拔组建新中国十年大庆省观礼团，推选我出席，受到省领导的接见。后来，除了工作，我就利用一切时间学习，又读了中医院校二版教材和《内经》《伤寒论》《金匮要略》《温病学》及一些临床书籍。之后我又把勤学转移到勤总结、勤撰写文章。1962年省中医学会征集稿件，我总结了老师的经验6篇，其中4篇收录在1962年省中医学会论文集中发表。1963年又总结了10篇，其中《小儿危重性肺炎救治》发表在《中医杂志》1964年第一期。1964年又撰写了2篇论文，被1964年省中医学会论文集收编。

1965年，地区召开全区中医工作会议，卫生局领导在会议上表扬我学习中医有成绩，奖励了我一些中医名著，并给我定了中医师的职务。

"文革"期间，我的工作更忙了，门诊病人多，病房会诊的多，其他琐事就少了，因为我活动参加得少，时间就多了，除了门诊、病房看病外，大部分时间都用来学习，丰富临床知识，不断总结经验，撰写论文，积累了很多宝贵的经验，医疗水平有了较大的进步，在治疗内科、妇科、儿科等疑难杂症上有独特的见解，自此我在中医界也算稍有名气了。

第三步，孜孜不倦，实践出真知，传承促发展。1976年6月，领导派我去筹建地区中医院。地区中医院是山东省1975年投建的，我到时门诊楼基本竣工，卫生局又为医院分配来一批毕业生。当时什么都没有，我们去后即刻筹划门诊、病房一切办公用品及一些常用的医疗器械，到10月基本就绪，上级领导又从各医院调来了一批医疗骨干，于12月30日完成建设，开展门诊各项诊疗工作，病房也开始接受病人住院治疗。

按省里的要求，中医院要办成地区医疗、教学、科研的中心。为办好中医院，我又带领 6 名干部，到外地取经学习，从徐州到广州，一路参观了大小 20 多家医院。回来后，汇报了所参观医院办医院的经验，全院职工得到很大的鼓舞，对医院今后的发展基本上方法清、方向明。来院后我主要主持业务工作，作为中医专业的领头人，除了做好门诊和病房工作外，为了提高全区中医药人员的医疗水平，我组织相关人员，利用 8 年的时间，办了两期老中医经典温课班，两期西医学习中医班，对县区级中西医骨干培训一遍，两期基层中医骨干提高班，两期中医学徒理论学习班，两期针灸推拿学习班，一期中药人员学习提高班。同时接收院校学生临床实习，为全区培训中医药人员近千人次，现在全区各医院都有中医院培养的骨干，对全区中医事业的发展有很大的促进作用。

1979 年地区中医药学会成立，选举我为秘书长，上级要求把中医药学会办成会员的家，成为学术交流的中心。首先，学会创办了学术刊物《沂蒙中医》，每年 4 期，后改为 2 期，定时出版。主要是发动全区中医药人员总结临床经验，进行交流，除发给中医药人员外，并与全国各大中专院校及医药单位进行交流，此刊物被收入《中医年鉴》，直到现在还每年刊出一期。学会要发展，学术交流不能少。在我担任中医学会领导工作期间，从 1979 年至 1999 年，自己组织了省、地级学术经验交流会 12 次，皆邀请到国家、省级知名专家来讲学。到外地参加国家级、省级学术经验交流会议 25 次，对我的学术境界有很大的提升。另外，还督促全区各县成立县级中医药学会，每年都召开学术经验交流会，对全区中医药学术水平提高有很大的促进。1985 年主持全市自学高等考试辅导工作，让全市千余人得到了学历教育，被评为"省先进助学个人"。

在科研方面，我认为只有不断地研究提高，才能推动医学的发展。自 1985 年起地区科委首次立项中医科研项目，我自己主持的项目先后在省、地级科研机构立项 15 项，均取得二至三等科技进步奖。其中感冒系列药品以及降脂稳压茶已在全国推广应用，总结的攻补协调法治疗肝硬化腹水被多家医疗机构作为参考，并取得满意的疗效。连续 9 年被评为市级科技拔尖人才。

在医学论著方面，应该说从中医院成立后，为了适应中医门诊急症工作的需要，编写了《新编常见急症诊疗手册》《伤寒论方证现代应用》，后又相继出版了 20 部专著，有两部重印，并在全国新华书店发行。为了让中医学术在基层普及和发展，我将《常见病一方通治经验方》及《临证求真》免费发给基层中医药人员。在临床经验论文方面，从 1962 年起，先后发表近百篇，其中有 4 篇被其他学者引用收编入自己的著作中。现正在筹编《刘启廷医学经验全集》。

在学术经验传承方面，1993 年被省人事厅、卫生厅聘为老中医药专家学术经验继承工作指导老师，2003 年及 2012 年又被国家人事部、卫生部聘为第三批、第五批全国老中医药专家学术经验继承工作指导老师，2011 年国家中医药管理局立项，成立刘启廷中医药经验传承工作室。近几年，为了响应政府的号召，弘扬传统医学，普及中医药在农村的推广使用，我又承担了全区基层全科中医传承学习班数十期教学任务，培训基层全科中医近百人，他们回去后都能学有所用，许多学员反馈我的经验非常实用，也很有效，对遇到的疑难杂症也常来讨教，受到了当地群众的好评。

治学经验

（一）书非深不能精，非熟不能用，非博不能广

书是人类进步的阶梯，知识的宝库。读书破万卷，下笔如有神。知识来源于勤奋。中医学意博、理奥、趣深，欲达到很高的境界，必须勤奋刻苦，专心致志，既不能畏难而退，也不能浅尝辄止。唐·韩愈《进学解》有云："业精于勤，荒于嬉；行成于思，毁于随。"我认为，读书从薄到厚，是知识量的积累，再由博返约，是知识质的飞跃。非博不能致约，非约不能致精，非精不能致远。如何读书学习，怎样才能步入中医学堂呢？

1. 学透经典，取其精华

中医理论博大精深，中医书籍浩如烟海，汗牛充栋，系统学习是必须的，但若全面精通，确非朝夕易事。我在 20 世纪 50 年代就系统地读完了《黄帝内经》《伤寒论》《金匮要略》《温病条辨》《神农本草经》《难经》等经典著作。学习中医应该从学习中医经典开始，因为中医经典是中医的源头，必须反复研修经典著作，然后旁及诸家，这才是中医走向成才的必由之路。因此，熟读经典，识明医理是学习中医的基本功，只有读深学透，才能打下坚实的理论基础。对于用什么方法读书，我常引用苏东坡关于读书的一段话指导学生。东坡曰："卑意欲少年为学者，每一书皆作数过尽之。书富如入海，百货皆有，人之精

力，不能兼收尽职，但得其所欲求耳。故愿学者每作一次意求之，勿生余念。又别作一次，求事迹、故实、典章、文物之类，亦如云，它皆仿此。此虽愚钝，而他日学成，八面受敌，与涉猎者不可同日而语也。甚非速化之术，可笑可笑。"这样专心致志、集中精力、各个击破的读书方法，若不是真正善于读书、读活书的人，是说不出"此中三昧"的。在读书时，亦是采用"每一书皆作数过尽之"的方法进行，宁肯"愚钝一些"，不求"速效"之术。

《黄帝内经》162 篇，14 万余言。虽说浩瀚，但其中的最主要内容，无非是阴阳五行、五运六气、脏腑、经络、病因病机、病症、诊法、辨证、治则、针灸、方药、摄生 12 个方面。每读一次，都要带着这 12 个方面的某一个问题，边阅读、边思索，这样一遍又一遍地阅读下去，每阅读一遍，便把某一问题深入一次，解决一次，巩固一次。无论读哪一部经典著作，哪一部医书，每次都带着问题读，直到掌握了精神实质。在这个基础上，再看有关的参考书，就一定会做到多多益善，开卷有益。关键在读书的时候，态度务须认真，精神务须集中，遇到不了解或不完全了解的地方，必须查问清楚，不应该一知半解，自以为是。

如《素问·热论》云："今夫热病者，皆伤寒之类也。"对伤寒的认识，在中医界的过去和现在，一直有争论，相持不下，延续到今天还没有统一的结论。我对此深入研究，立足实践，从实际出发，认为现今之伤风属外感病的范畴，其机理为，太阳为诸阳之会，主一身之表，寒邪外袭，太阳受邪，肌表固密，阳气不得宣散，则郁而为热。结合《灵枢·百病始生》"风雨寒热，不得虚，邪不能独伤人"及张景岳"人伤于寒而为热者，寒盛则生热也，寒散则热退"的论述，提出感冒一病，均系外感风寒所致。一年四季，盛夏寒暑，世人皆曰受凉而感，无言受热者。但邪可郁而化热，或夹湿、夹燥。故治疗当以辛温散寒为主，辅以清凉透热，佐以扶正祛邪，创制了治疗感冒的系列方剂。其中感冒一号方苏柴益感汤，由苏叶、羌活、荆芥、柴胡、黄芩、太子参、甘草组成，具有散寒透热之功，主治感冒恶寒发热、头痛、鼻塞、流涕、全身关节酸痛等；感冒二号方清解利咽灵，在一号方的基础上加牛蒡子、板蓝根，具有散寒透热、清解利咽之效，主治感冒恶寒发热、头痛、鼻塞、咽喉肿痛、全身不适等；感冒三号方苏杏宣肺饮，在一号方的基础上加炙麻黄、杏仁，功能散寒透热，宣肺止咳，主治感冒恶寒发热、头痛、鼻塞、咳嗽气喘、全身关节不适等；感冒四号方苏柴玉屏散，在一号方的基础上加黄芪、白术、防风，能散寒透热、益气固表，主治身体虚弱易患感冒，发病时冷时热、汗出、头痛、鼻塞、全身关节不适、咳嗽、咽喉肿痛等。临证时辨证运用，疗效显著。其中二号方和四号方均制成院内制剂，广泛使用。

2. 学以致用，勤于临床

中医是一门实践性很强的应用科学，医疗经验是从实践中积累起来的，经典著作，绝非空洞浮泛的理论，大多对临床实践具有指导意义。因此，学习经典，不能只停留在文字表面上，必须深入到医学的实际工作中去，要理论联系实际。熟读王叔和，不如临证多；多诊识脉，屡用达药。一要认真读书，二要勤于临证，学以致用。

读书学习，关键在于学以致用，不在空谈。如高血压病、冠心病、糖尿病、脑血管意外等疾病，已被世界卫生组织定为生活行为病，多是由于饮食、起居、劳逸等不良日常生活习惯造成。如何预防这些疾病的发生？关键是规范个人的日常生活行为。世界卫生组织称此为"人类行为保健"。美国把行为保健作为第二次卫生革命。其实《黄帝内经》对此早有明训："上古之人，其知道者，法于阴阳，和于术数，食饮有节，起居有常，不妄做劳，故能形与神俱，而尽终其天年，度百岁乃去。今时之人不然也，以酒为浆，以妄为常，醉以入房，以欲竭其精，以耗散其真，不知持满，不时御神，务快其心，逆于生乐，起居无常，故半百而衰也。"说明对合乎天地规律的人类养生之道，必须严格遵循。因为它是根据天时地理对人体的影响而形成的一套生活行为规范，能使人心理平衡，营养合理，工作学习精力充沛，是人体健康之本。现在，由于生活水平的提高，冬有暖气，夏有空调，吃的精米白面，大鱼大肉，喝的烈酒饮料，生活过于安逸，致使这些"文明病""富贵病"发病率大幅度上升，严重威胁着人类的生命。我编写的《生活行为规范》一书中，强调人们的饮食、起居、工作、学习、运动、休息、思想行为都应有一定的规律。饮食有节，则不伤胃肠；起居有常，则不殃其精神；不要做任何无意义的脑力、体力劳动，则气血调和，以安其心神。只有这样，才能使形与神俱，以度天年。

3. 广阅博览，勤思善记

作为学者，必须博文卓识，勤读善记，具有广泛的知识面，只有这样，才能在临床上做到思路开阔，左右逢源。《医宗金鉴·凡例》教育我们："医者，书不读则理不明，理不明则识不清，临证游移，漫无定见，药证不和，难以奏效。"中医理论博大精深，中医书籍浩如烟海，若想全面精通，必须系统学习。由此也促进了我写书读书的习惯，见有用的书刊我就阅览，我家现有藏书近千册，虽然不能本本熟读，但能需要什么读什么，坚定了有时间就系统地读，遇到问题随时读，各级中医杂志我是天天读，及时汲取先进的经验，丰富和提高我的治学能力。

（二）学古不泥古，学中不弃西，实践创新知

要勤求古训，精研岐黄。中医经典理论，经方、时方均是前人经验的结晶，皆要继承借鉴学习。经典理论是继承的基础，继承是发扬的途径，发扬是提高的手段。但经典学习不是简单的重复，任何继承都是辩证的继承，而不是思想上的因循守旧和方法上的陈陈相因。要师古而不泥古，而不是食古不化。学习古代经典是手段，发展提高才是真正的目的。在临床治疗中，我始终坚持病证结合，不管是中医的病，还是西医的病，必须找出中医的证，有证才有治，有治才能有方和药。诊病坚持中医的四诊合参和现代科学检查结合，能四诊合参诊断清楚的，不做不必要的检查。治病坚持方证结合，善用经方、验方、小方。根据几十年的临床经验，我创建了百余首一方通治经验方，其方味少、药力足，组方严谨，一般不超过 10 味药，充分发挥专方专药的优势。

学习古人，要同对待其他文化遗产一样，应当有分析、有批判，决不能良莠不分地简单承袭。在继承工作中要边学习、边思考、边研究，甄别良莠、抉择疑义，既要把前人的理论阐述清楚，又要使之逐步完善，要把中医理论体系中的有关问题进行认真系统地梳理，在阐发科学内涵的同时，对已有的概念、法则、原理进行提炼，方能理解透彻，准确运用。

中西医各有所长，现代医学是建筑在现代科学技术基础上的，它注重解剖，讲求微观诊断明确，擅长诊断器质性疾病，而对功能性疾病的诊治较难；中医学是建立在辩证唯物论的基础上的，强调整体观念和讲求宏观的辨证，对器质性疾病不易定位定性，而对功能性疾病诊治疗效好。因此在临证时要中西医结合，利用先进的科学技术手段和现代医学知识，以求明确诊断，再依据病证辨证论治，走辨证辨病结合之路。

（三）识病循因，治病求本，用药要精炼

《黄帝内经》云："治病必求其本。"诊病必详审其因，辨明机理为要。识病循因，治病固本，是中医各种辨证方法的共同目标。疾病的表现尽管极其复杂，归纳起来，不外阳证和阴证两大类；病位的深浅，不在表，就在里；疾病的性质，不是热，便是寒；正邪的盛衰，正衰为虚，邪盛为实。总之，八纲是辨证的总纲，为各种辨证法的核心。知其要者，一言而中，不知其要，流散无穷。在临床上识病首在寻找病因。病因为本，症状为标，必伏其所主，而先其所因。

如何才能询其病因？除问清病情变化的过程外，对起病因素、治疗经过以及病人既往健康情况、生活嗜好、饮食起居、周围环境等都要详细地询问清楚。既要抓住重点，又要了解一般，没有重点，也就抓不住主要矛盾，特别是对发病原因的询问，要追根问底。因为掌握了发病原因，治疗时才能截断病源，以图根治。如治疗风湿痹证，其发病原因多与环境因素有关，即久居卑湿之地，风寒湿三气杂至合而为痹。在临床治疗中，除运用祛风、散寒、除湿的中药外，还应询问患者生活环境、工作场所，嘱咐患者脱离潮湿的环境，才能使治疗取得满意的效果，否则，即使用药，也难获得好的疗效。如曾治一例心率缓慢且伴房室传导阻滞的病人，用药方证甚合，但取效不大，后经反复追问，方知患者系农药、化肥仓库保管员，其慢心率并房室传导阻滞与慢性农药蓄积中毒有关。因此嘱患者脱离工作环境，再加以中西药物调治而愈。又如曾会诊一女孩，16 岁，高烧、关节痛已 3 个月而住院治疗，使用多种抗生素及激素，也服用一些中药，一直没有解决问题。经仔细询问得知：初春淋雨，衣服湿透，而后起病。结合关节疼痛、经闭、舌苔白腻等，知其病因为寒湿郁闭潜伏，有化热外透之势，即从寒湿论治，通阳宣痹除湿而愈。以上事例均说明，只有针对病因，从根而治，才是消除疾病的根本措施。治病求本包含了针对病因的治疗。

在临证施治时，要重视固本。治病不能只认证，不认人。在立法用药前，必须对患者整个机体要有个全面了解，如身体的胖瘦，气血的虚实，阴阳的盛衰，以及饮食、二便等情况，这样才能有的放矢地使用药品。中医特别强调固护胃气，有胃气则生，无胃气则死，胃气是饮食精华之源，人离开了精气的供养，光凭药物又有何用。所以，无论用什么方法，什么药物，都要先固护胃气。金代刘完素《素问病机气宜保命集·卷上本草论》就指出："治病之法，必以胃

气为先。"

固护胃气之法，一是注意病人的食欲，胃气的盛衰，主要从食欲、消化、吸收等功能方面着眼，调理脾胃功能；二是注意病人大便，大便通否代表病人胃气的气化功能，特别是便秘的病人应及时通便，一则畅理气机，二则使邪有出路。在固护胃气的同时还应注意津液的多少。津液是人体生命之源，温病学家非常重视固护津液。如清代叶天士在《温热论》中说："存一分津液，则有一分生机。"说明固护津液的重要性。固护津液之法，一则注意药物的调配；二则要注意不要治之太过，特别是汗、吐、下、利之法应适度。即所谓"用药要中病即止，不可过之"。

在临床上用药需慎重而精炼，圆融活变，轻灵而平稳。用药如用兵，药物可以治病，也可以致病，如"水能浮舟，亦能覆舟"，错用滥用，无病用药，均为扰乱因素，对人体反而不利。必须掌握药物的性能、特点，临证时才能得心应手，准确无误，还要注意知药善任，如同是活血化瘀的川芎、当归、丹参，临证时不要有瘀血见证而盲目投用。川芎温燥，善走窜，上达头颠，下达血海，外彻皮毛，旁通四肢，又能行气散风，为血中之气药，若血瘀气滞有寒兼风邪或风湿者，用之最宜；当归甘补辛散、苦泄温通，既能补血，又能活血，兼能行气止痛，故血瘀兼有血虚、气滞有寒或大便秘结者，用之最宜；丹参性偏凉，长于活血化瘀，又善凉血、清热安神，有血热瘀滞或兼心烦失眠者，用之最佳，而阳虚寒滞之血瘀则当慎用。

任何药物都有长处，也都有短处，治病时要取其长而避其短。如同为补气药，人参、白术、黄芪、炙甘草都有效，但用后易产生胀满感，如何纠偏呢？以我的经验，服人参者，加槟榔以运之；服黄芪者，加陈皮以行之；服白术者，加枳实以消之；服炙甘草者，加砂仁以和之。如此监制得当，副作用就会少，疗效也会提高。

在临床处方时，既考虑到药与病合，也考虑到组方原则，要将药物配伍组合成为一个有机的整体，使之更好地治疗疾病，而不致诛伐太过。在组剂处方中，用静药，佐以动药；用动药，佐以静药，动静结合。补剂必加疏药，使补而不滞；通剂必加敛药，使散中有收。常可收到好的临床效果。

行医之道

只有心系民众，大医精诚，才能搞好医患关系，提高病人的信心和疗效。

（一）心系病人

为医，不仅要具有精良的医术，而且要具备高尚的品德。只有正确处理好医患关系，才能不断提高医疗水平。有人说病人是上帝，这是千真万确的，有病才有医，没有病要医生有什么用。有病治病，把病治愈才是提高医术关键之所在。要用孙思邈《大医精诚》的行医规则，告诫自己，处处为病人着想，对待病人一视同仁，不敷衍。对所接诊病人的识病、立法、用药都要周密观察，细致分析。常言道，药怕一味差，棋怕一步错。如曾经治疗一位慢性颈下淋巴结肿急性发作的病人，其整个下颌部肿胀、微红、质硬、疼痛，伴有寒热往来，拟软坚散结解毒化瘀汤，药用夏枯草、连翘、赤芍、炮山甲（现用代用品，下同）、全蝎、蜈蚣、浙贝母、陈皮，嘱3剂2天服完。看起来方药比较合理，但细分析其病属阴稍有阳化，乃为寒凝气滞血阻，若加点温经活血化瘀药可能更好。第三天改方时加乳香、没药，既能温经散瘀，又能消肿定痛，用后效果很好。对于一些不明病因的疾病，必须查找资料，有理有据。如曾接诊一个多动症的小儿，过去对此病见识较少，当时只能根据症状、脉象、舌诊来推理立方用药，是否恰当心中无数，我晚上回家除查找有关资料外，又打电话向儿科专家咨询，后来调整治疗方法而取得满意效果。所以说医术的提高来源于实践，而实践的对象是病人，这种每天回顾往事再学习的方式，是提高医疗水平的有效方法。

仅具有良好的医德是不够的，还必须具有精良的医术，因为这是为人民服务的本钱（本领）。在临证中要孜孜不倦追求一个"精"字，即精于求理、精于组方、精于选药，根本的一点就是精于辨证施治。要做到"精"字，就必须刻苦钻研业务，不断学习中西医学的新知识、新进展、新技术。临床治疗许多疑难危重病人，中西并举，可愈顽疾。如曾治一顽固性的肾病综合征患者，全身高度浮肿，伴有大量蛋白尿。根据水为阴邪，得温始化的道理，拟益气温阳利水的方剂，患者服药后浮肿大部分消失，然蛋白尿仍时高时低，难以祛除。后给患者加用环磷酰胺和雷公藤片，中药则重用黄芪，加白花蛇舌草、续断，终使患者尿蛋白消失而病愈。

（二）治病先安神，心安病自除

人的生命之柱，主要是神，有"得神者昌，失神者亡"之说。一个良医识症、立法、用药首先要注意对病人精神的调养。病人对医生的言语、表情、动作都非常敏感，稍有不慎即可给其带来不良影响。如遇一病人在某医院做胸透时，医生看后眉头一皱，说一句"明天拍片再说"，结果病人认为自己得了不治之症，吓得一夜未眠。第二天早上即找我询问，我看过胸透单提示右肺上有一片阴影建议拍片排除结核。根据病症认定是明显的肺内炎症，向病人讲明病情，说问题不大，只要积极治疗很快会好。病人如大石落地，心情舒畅，结果服中西药治疗3天后症状减轻，5天痊愈。有的医生为炫耀自己，往往把病人的病情说得很严重以恐吓病人。也有的为图取点私利，为病人做些不必要的理化检查，不仅给病人增加了经济负担，更重要的是给病人的精神增加了压力。有人说如果医生同病人谈话之后，病人没有变得轻松些，这样的医生不是好医生。早在公元前400多年前，古希腊医学家希波克拉底就认识到，医生的语言在治病中有着不可忽视的作用。他说医生有两种东西能治病，一是语言，二是药物。再如《灵枢·师传》说："人之情，莫不恶死而乐生，告之以其败，语之以其善，导之以其所便，开之以其所苦，虽有无道之人，恶有不听者乎？"这里包括了四个方面的内容："告之以其败"是指出疾病的所在及其危害，使病人认真对待疾病；"语之以其善"是安慰病人，指出只要病人能与医生配合治疗得当，是可以恢复健康的，强调病人战胜疾病的信心；"导之以其所便"是告诉病人如何调养，让病人遵照医生的治疗原则行事；"开之以其所苦"是解除病人的忧愁烦恼。即使对于那些脾气不好的人，也应以诚挚的态度进行规劝说服。可见古人是高度重视语言的治病作用的。

临床上接诊病人，首先要使患者精神安定，即所谓的"医病先安神，神安病自宁"。常言说："善言胜灵药。"语言具有极大的力量，它能通过大脑作用于人的心理和生理。每当人们听到好的消息时，就会眉开眼笑，欢欣鼓舞，心情愉快。每当听到坏消息时或想起懊恼的事情时，就会双眉紧锁，心情沉重，精神萎靡，焦虑而苦恼。所以，对于病人来讲，医生的语言影响就更大了。许多轻症病人和情绪不畅引致的疾病，给以精神安慰的疗法，辅以中药调治，便可痊愈。即便是危重患者，施以精神心理疏导，亦可使病情减轻。如一女性患者，因境遇不遂，心情沉闷，久之则喜怒无常，头痛头昏，睡眠不宁，多方求治，反复检查，服用中西药物，花去上万元，不见任何效果。进而对生活缺乏信心，整日以泪掩面，怀厌世寻死之念，家人非常焦急，慕名前来，经仔细询问病史，本着"心疾还需心药医，是以心乱则百病生，心静则万病悉去"，遂对患者和颜细语，耐心细致地做其思想工作，动之以情，晓之以理，阐明利害，终使患者胸襟大开，解除了精神上的负担和心理上的压抑，再辅以理气解郁之剂，调治半月而恢复正常。

（三）药食互补，减少痛苦

当医生的不要以为药是万能的，我认为药食结合，诚为至稳至善之方。民间素有"三分治七分养"之论。饮食调养是至关重要，无论用什么药都要以护胃为先，千方百计协调饮食和精神，这就是治"本"之意。

战国时代名医扁鹊说："若能用食平疴释情遣疾可谓良之。"唐代名医孙思邈也云："凡欲治疗，先以食疗。"药品，可以用来治病救人，但有时也可引起人的生理、生化机能的紊乱和结构变化等不良反应。诚如徐大椿所言："兵之设也以除暴，不得已而后兴；药之设也以除疾，不得已而后用。"故有"药补不如食补"之说。但传统的食疗只是对食物药理作用的简单利用。如山楂、鸡内金用来消食开胃；用姜来温胃散寒止痛，因而治疗效果有其局限性。我们需要博纳古今药食之长，有所发明，有所创造。治疗疾病，应当药食并举，补其短而用其长。首先，治病不要忌口过严，只要不与药理作用相反者皆可食用。人之所以发病乃为正气不足。其正气之源一是来源于先天的精气，二是来源于后天的精气，而后天的精气来源于水谷精微。若忌口过严或不注意饮食的调养，必使精气缺乏，而正气过虚，正不胜邪，药难奏效，所以在用药的同时一定要向病人讲清饮食的重要性。要根据病情指导病人饮食，一定要保持饮食营养各种要素的供应，否则会引起营养不良，正气虚损。第二，要注意药物治疗中病即止，如明·黄承昊在《折肱漫录·医药篇》提出："以药攻病者，去其大半，即宜养正气而佐以祛邪，正气充则邪气自尽，若必欲尽去邪而后补正，将正气与邪气俱尽而补之难为力矣。"张从正也提出："善用药者，使病者而进五谷者，真得补之道也。"在治疗中，除用药之外，还应结合食谱指导。如冠心病、高血压，当前发病率增高的原因主要是人们摄入肉、蛋、奶等高脂食物增加，而谷、薯、蔬菜类食物减少，所以调节膳食结构是减少和治疗冠心病的关键。饮食结构不调整，病根不除，再好的药又有何用。我为冠心病、高血压病制定了"五多五少"原则，即多粗少细、多杂少单、多素少肉、多醋少盐、多果少糖的膳食结构，绝大部分病人都取得满意效果。为病人制定的膳食标准有通用的，也有专用的。如复合面粉即适合所有人通用，即由大米或小麦4份，小米2份，黄豆2份，玉米2份组成。这种混合面营养价值极高，而且含人身不能合成的几种氨基酸，干稀都能吃。再者是专用食品，如针对糖尿病患者饮食难于调剂的老大难问题，我根据多年的临床经验，结合现代食疗，创制了以苦荞麦、小麦、大米、大豆、小米、玉米、山药、葛根等为主要成分，经科学加工，制做出适合糖尿病患者长期服用的平衡系列营养食品，包括面粉、面条、粥料。经大量临床验证，具有明显降血糖、降血脂功效，且口感好，深受糖尿病患者的欢迎。

还以绿茶为主要原料，配合木灵芝、菊花、绞股蓝等中药，制作成降脂稳压茶，经近5年千余例临床验证，疗效可靠，并具有简、便、廉的优点。

学术思想

我的工作之所以这样顺利，主要是在实际工作中始终坚持以下这三种学术思想，这三种学术思想，是我一生事业成功的根源。

（一）"倡导养生护正论，强调养生即是保护生命，护正就是提高抗病能力"

诊治疾病，治疗与预防密不可分。中医护正，重在调理阴阳，固护正气，畅达情志，调和气血，以维护人体的功能动态平衡，正所谓"正气存内，邪不可干"，保持阴平阳秘，精神乃治。在临诊时，我常把"上工治未病"思想放在第一位，未病先防，既病防变，指导病人把养生护正落实到日常生活中。利用业余时间，我为市老年大学讲了三十多年的卫生保健课，并主编卫生保健知识书籍5部，分发给学员。就是教大家如何强身健体，抵抗疾病的发生，达到提高生活质量、预防疾病、延年益寿的目的。

（二）"中医无病不治论"

人是一个有机整体，天、地、人合为一体，在正常的情况下，人的健康是恒定的，一旦发生了平衡失调，就会得病，而中医治病是调整机体的平衡。我在临床中经常遇到许多现代医学诊断不明、无法治疗的疾病，在使用中药治疗后，病情都有明显改善。所以，我认为中医没有不能治的病，不管是什么样的病状，通过四诊合参，辨证论治，都能找到病根，明确治疗方向。现在我遇到的疑难杂症特别多，积累了很多的经验，在当地治疗疑难杂症方面知名度较高。

（三）"感冒无热论"

本论原出于《素问·热论》："今夫热病者，皆伤寒之类也。"张介宾认为："人之伤于寒，而传为热者，寒胜则生热也，寒散则热退。"世人没有哪个说"我今天热感冒了"，经典内也没有热感冒的记载。我立法散寒透热、扶正祛邪，组方苏柴透解汤治疗感冒，一般1~3剂均可治愈，治疗了近万例感冒病人，疗效相当好。

总之，中医成才之路，我的经验是"师承加自学是一个很好的路子"。只有在干中学、学中干，不断地提高，我才能从一个对医学一窍不通的少年学生发展到今天的国家级较有威望的中医主任医师。不是说正规院校培养不出名医，关键在个人的勤奋和努力。我现在年已八旬，仍坚持正常的学习和工作，每天接诊五六十病人，仍坚持国家级名医传承带教工作，有人说我放着清福不享，就是看中钱了，我觉得一个人的幸福，不应该是闲着没事，应该放在能为别人做点有益的工作上。我觉得看好一个病人，是我最大的安慰，所以，我不愿无事安乐度晚年，要积极工作永向前，将自己一生的经验贡献给祖国的中医事业。

（刘荔协助整理）

邹燕勤

邹燕勤（1933—　），女，南京中医药大学教授、主任中医师、博士研究生导师，第三届"国医大师"。历任南京中医学院中医系副主任以及江苏省中医院副院长、党委副书记（主持工作），江苏省第六、七届政协委员，中华中医药学会第二届理事，江苏中医药分会第五、六、七届理事，江苏省中医肾病专业委员会首届主任委员，全国中医肾病专业委员会副主任委员，国家食品药品监督管理部门及省食品药品监督管理部门药品审评专家。江苏省首批名中医，享受国务院政府特殊津贴。任中华中医药学会肾病分会、世界中医药学会联合会肾病专业委员会、华东地区中医肾病专业委员会、江苏省中医肾病专业委员会顾问。江苏省中医院全国中医肾病医疗中心暨中医肾病学重点学科学术带头人，南京博大肾科医院名誉院长。第二、三、四、五批全国老中医药专家学术经验继承工作指导老师，全国中医优秀临床人才第一、二、三批指导老师，国家中医药管理局名老中医专家学术传承邹燕勤工作室专家。1957 年及 1968 年分别毕业于南京师范大学生物系及南京中医学院中医系，获双学士学位，其间曾任植物学及药用植物学助教 5 年。20 世纪 70 年代初期参加名老中医学术继承班在职学习，师承其父著名中医学家，中医肾病、老年病专家邹云翔教授，继承、协助老师医、教、研工作 20 余年，尽得其传，是"孟河医派"名医费伯雄之第四代传人。擅治各种肾脏疾病，如急、慢性肾炎，急、慢性尿路感染，糖尿病肾病，高血压肾损害，尿酸性肾病，狼疮性肾病，过敏性紫癜性肾病，多囊肾，慢性肾功能衰竭，肾系肿瘤等。对内科疑难杂症、老年性疾病的诊治，膏滋的调治都有很高的造诣。

20 世纪 80 年代初期开始主持或以主要科研人员身份参加卫生部及省级科研项目多项，获省人民政府科技进步二等奖 2 项，三等奖 2 项，四等奖 2 项。获南京中医学院科技先进工作者奖及江苏省卫生厅、江苏省中医药管理局授予的江苏中医药科技、教育先进工作者奖。科技成果由单位转让厂家，已获2个国家新药证书。发表学术论文50篇，出版学术专著《邹云翔医案选》《邹云翔学术思想研究选集》《中国百年百名中医临床家丛书·邹云翔》《中华中医昆仑·邹云翔卷》《现代中医肾脏病学》《中国现代百名中医临床家丛书·邹燕勤》等9部，参编著作3部。

光阴飞快，自我1962年踏入南京中医学院开始我的中医人生，一晃已近60年，一个甲子快过去了。回望毕业时年轻的自己，八个字与大家共勉——不忘初心，不枉此生。

学中医中药，要耐得住寂寞。我们在学习过程中，必定要经过一个漫长的枯燥的时期。你要背《内经》、背《金匮要略》、背中药汤头歌、背方剂歌、学找全身409个穴位，你要跟着导师抄方，你要学习医案，这个过程真的很难熬。但是，终于有一天，当你厚积薄发、独当一面，当你治好了你的第一个病人，看到他露出笑脸，那种成就感、那种满足感会让你觉得，这一切的辛苦煎熬、寒窗苦读都是值得的！不为良相，便为良医。这世上，除了教书育人的老师，还有什么比当一名医生更好的职业吗？我这一生，能够做一名被很多病人需要的医生，我很幸福！我相信，终有一天，你们也会找到这种幸福！

经过近60年中医中药的学习、工作，我的体会是要"四个结合"：

1. 学校教育与跟师结合

我的父亲邹云翔是我国现代中医肾病学的奠基人，也是南京中医学院建校之初的副校长、省中医院的院长（任院长28年）、国家领导人的保健会诊医生。1962年为了更好地保护传承他的学术思想，组织上安排我进入南京中医学院学习，继承父业、传承家学。学校6年本科制教育为我打下了深厚的基础，我的授课老师都是全国一流的名医名师，是南京中医学院的骄傲，我至今很感激他们。我同时还要跟随父亲出门诊抄方，在病房由父亲查房指导，整理医案。这样系统知识和临床经验相互印证，相辅相成，让我得以快速成长。

2. 古典医著和名医医案相结合

要多读书、背书，毕业后仍然要读书。我读的书分两类，一是经典古籍，《内经》《伤寒论》《金匮要略》等，要反复读、要深读。二是医案类，历代著名医家的医案医论。我很努力地读书，但仍觉不够，而且每隔一段时间读，都会有新的收获。例如，每隔几年，我回头去看我父亲的方子，就越觉得深奥，越觉得有道理、方子开得好。这说明我自己也在进步，才能越来越领悟到名家的精妙之处。

3. 门诊跟师抄方与病房跟随名师查房相结合

要跟名师临床，这点非常重要。我很幸运，出生在中医世家，从小就看着父亲救治病人。学医也是自然而然，兴趣所在。跟名师要认真地在门诊抄方，还要跟随名师查房，这样临床水平会进步很快。现在各地名师很多，只要我们虚心，就能找到名师。我们要尊敬老师、虚心求教，也要关心爱护老师，老师找到传承人也会倾囊相授。

4. 采众家之长与悟一己心得相结合

我们可以学的老师很多，只要老师有特色，就多学几位老师。学习的方法很多，明确跟师是一种，具体到讨教一日师一事师也行，总之要采众家之长。我父亲对我说过，"医无宗派之分，术无流派之囿，中医要像蜜蜂一样，采集百花之精英，为临床实践服务"。父亲是这样做的，我也是这样做的。例如，附院脾胃病专家张泽生教授、肝脏病专家邹良才教授，我都跟他们抄过方。江苏省中西医结合医院西学中的老专家顾景炎、顾亚夫、何熹延、徐长桂等，我都向他们学习过。如肾脏病中合并高血压、冠心病、心衰等疾病的治疗抢救，我就跟外科专治脉管炎的西学中专家顾亚夫老先生看护病人。所以要多学习、多拜师，才能在临床中触类旁通，提高疗效。

回想我读中学时，家里孩子多。如果不能每年考到全校前三名，就没有全额奖学金，就会从学费昂贵的汇文女中（也就是今天的人民中学）辍学。后来我还成了班主任的儿媳妇，婆婆去世后，为了感恩学校，鼓励后学，我设立了以婆婆名字命名的奖学金。

我毕业于当时全国排名第一的中医院校——南京中医学院，何其光荣！今天我们迎来了我国中医药事业前所未有的"天时、地利、人和"的大好时机，生逢其时，何其幸运！

我们做任何事情，都不要侥幸投机，不要好高骛远，不要轻言放弃，不要惧怕困难。要想成为一名好医生、好药师，没有捷径，唯有专注。任何人用10年时间，全神贯注、心无旁骛地做一件事情，都会成为顶级人才！最后，我把我父亲邹云翔先生经常对孩子们说的一句话送给大家：鸟能逆风而飞，鱼能逆水而游，人能逆境而安。无论顺境逆境，我们都要不骄不躁，向着梦想，砥砺前行！

吕景山

吕景山（1934—　　），河南偃师市人。享受国务院政府特殊津贴，第三批全国老中医药专家学术经验继承工作指导老师。1953 年就读于山西省太原卫生学校医士班，1956 年考入北京中医学院，1962 年毕业后分配到山西省中医研究所（即山西省中医院）工作。1975～1977 年参加支援喀麦隆共和国医疗队。1986 年调山西中医学院执教，任针灸系主任。1991 年主持山西省针灸研究所工作，任所长、主任医师。1996 年退休。历任中国针灸学会第三届理事会理事，中国针灸学会腧穴分会副理事长，中华全国中医学会山西省分会常务理事，山西省卫生系统高级职称评审委员会委员；山西省政协七届委员会委员，山西省科协四届委员；《山西中医》杂志编委会副主任委员、编委，《山西医药杂志》编委，《中医药研究》杂志编委等职。受聘担任加拿大中医针灸学院名誉教授，加拿大中医针灸学会顾问，新加坡康民中医针灸学院学术顾问。主要著作有《施今墨对药》（荣获 1982 年度全国优秀图书一等奖）、《吕景山对穴》等 10 多部，发表论文 50 余篇。1983 年荣获山西省卫生先进工作者称号，1984 年被山西省劳动竞赛委员会记一等功。2006 年在山西省老年科协"我为山西立新功"评选活动中荣获"突出贡献奖"。2007 年荣获太原市人民政府颁发的"名老中医专家"证书。

师承名门

新中国的中医大学是 1956 年创办的，培养目标是"高级中医师"。如何实现这一目标呢？北京中医学院首任教务长祝谌予教授联合上海、广州、成都中医学院的教务长，提出了早临床、多临床的办学思路。当我们学完四部经典著作后，祝老亲自带领我们到京西矿务局医院实习。他老人家利用早晚休息时间给同学们讲小课，专题讲述"施氏对药"（祝老是施今墨先生的高徒）。

正当大家熟读"对药"之时，我的同窗好友李允昌同学拿出他家珍藏的《祝选施今墨医案》展现在同学面前，近水楼台先得月，我如饥似渴地拜读，认真做好笔记。祝老见我好学，在实习结束返校后，将办公室的钥匙给了我一把，供我早晚安静读书之用。

实习期满后，要求每人写一篇心得体会，我就祝师运用"炭药"治疗急性细菌痢疾的经验写了一篇短文。1960 年学院举办第一次年会，这篇文章被选入大会交流，从而坚定了我认真学习施门学术思想与临床经验的决心。

1961 年，我们进入毕业实习阶段，祝老担任我的导师。那时他老人家除了肩负教务重担之外，奉周总理之命还要整理、编辑施老的医案，门诊时间有限。我恳求祝老能否到施府聆听教诲，祝老欣然答应，施老亦表欢迎。就这样，我伴施老身旁，侍诊于左右。

毕业实习结束后，我提交了《论中介药物在中药处方中的中介作用》的论文。论文完成后，我又着手整理施门"对药"，在施、祝二位老师的指导下，增加"对药"百余对，并用表格形式写出。成文后，先经祝老审正，再请施老过目。施老当时年逾八旬，治学十分严谨，令我到府上逐字逐句修正。关于定名一事，祝老提出两个方案，施老赞同用《施今墨临床用药配伍经验集》，并赐墨宝云："对药作用即辩证法中相互依赖相互作用的实践。"经验集油印成册后，颇受历届学友欢迎，屡经翻印，使施氏对药传遍大江南北。

1962 年毕业后，我服从组织分配，离京奔赴晋阳大地。临行之时，前往施府向老人家道别，他又为我上了永生难忘的一课。施老说："毕业了，该为人民服务了。先期在晋工作的有谷精波、张俊民、靳文清等同学，你去后主动和他们联系，多向他们学习。晋阳好友甚多，有李汉卿等人，代我向他们问好，有疑点、难点时，多向老一辈请教。在应诊的过程中，面对病人不可许诺，诸如二帖、三帖药保好等言词是绝对忌讳的，即使有十分的把握，也得留有余地，把话说大、说尽是不科学的，若对某些疑难病证尚无把握时，要给病人讲清楚：'您这病很复杂，头绪较乱，今天先开三服药观察一下，探探路子，然后再集中兵力打歼灭战。'""白天应诊，下班后静下来，把一天看过的病人在脑海里过一下电影，想想哪个病人的处方不全面，必要时应准备一下复诊时的处方。""经验要从点滴积累做起，要多临证、细观察、详记录、勤整理，学会用辩证法去指导临床。"

学术渊源

对药的学术渊源，起源于何时尚无定论。上溯至《神农本草经》之"七晴和合"论，始见于《内经》中的半夏秫米汤。据统计，东汉张仲景《伤寒论》《金匮要略》中载有对药 147 对。药对专著相传有《雷公药对》《徐之才雷公药对》《新广药对》等，惜已亡佚。"施今墨对药"，有源于经方者，有来自时方者，有施氏独创者。整理编写成书，填补了对药配伍专辑的空白，对指导临床用药有重要意义。"施今墨对药"具有协同为用、互制其短、相互为用三个方面的功效。据其组成法则与配伍应用，可分为相辅相成、相反相成、顾护胃气诸类。中介药物临证恰当应用，可沟通寒热格拒而取效。

对药又叫药对。对者双也，配伍也。古人原以单味药立方，即谓之单方，后来体会出药物配合应用后，较之单味药立方疗效增强，尤其是两味药配伍运用，其效更彰，由此对药随之产生。《神农本草经》指出："药有七情……有单行者，有相须者，有相使者，有相畏者，有相恶者，有相反者，有相杀者。凡此七情，舍而视之，当用相须、相使者良，勿用相恶、相反者。若有毒宜制，可用相畏、相杀者，不尔，勿合用也。"后世对中药"七情和合"有进一步深入认识和发展，又不断丰富了对药的内容。关于药物两者相配的应用，始见于《内经》以半夏秫米汤治疗胃不和则卧不安之不寐证。《施今墨对药》乃今之《药对》矣！

一代宗师施今墨先生对国医国药造诣极深，通晓古今医籍，发岐黄之秘，融今人之新，被中医界誉为"名方中的名方"。朱良春教授说："施氏药对脍炙人口，传诵甚广，嘉惠医林，厥功甚伟。"

《施今墨对药》，系 1958 年北京中医学院首任教务长祝谌予教授带领我等学生下京西矿务局医院实习期间，详尽讲述"施氏对药"百余对，然后由我整理成册的。1961 年毕业实习时，祝老是我的导师，经其引见，我侍诊于施今墨先生左右，聆听教诲。在施老的指导下，又增辑百余对，并经施、祝两老师过目、审正，定名为《施今墨临床常用药物配伍经验集》，颇受广大学生、同道厚爱，屡经翻印传抄，广为流传。毕业以后，我遵照老师的教诲，边读书，边临证，理论结合实践，潜心钻研施师用药配伍之经验，于 1978 年着手撰写《施今墨对药临床经验集》，并呈祝谌予、李介鸣老师审阅、指正。该书收编对药 277 对，按照药物功能和主治分为 24 类，每组对药均介绍其组成、单味功用、伍用功能、主治病证、常用剂量及临证经验，条分缕析，详明具体。这些对药，有的寒热并用，有的表里并用，有的一阴一阳，有的一脏一腑，有的一气一血……开阖相济，动静相随，升降相承，正反相辅，配伍巧妙，疗效卓著。该书 1982 年由山西人民出版社出版后，受到广大读者和专家的赞扬。叶橘泉教授说："《施氏对药》是一本饶有趣味和具实用意义的资料，对于后学者来说可以作为学习中药和方剂的桥梁。无论古方的桂麻、姜附、硝黄，时方的荆防、银翘、桃红等，都是构成处方的相须相使合理配伍，由此进而研究方剂学中的配伍规律，不是更好吗？"周凤梧教授说："北齐徐之才曾有《药对》一书之作，惜已亡佚。吕景山同志整理施师及前人经验，编写成书，不仅填补了自南北朝迄今 1400 多年以来药物配伍专辑的空白，而且对诱掖后学、指导临床实践必将起重要作用，对丰富中医学是一项有意义的贡献。"李维贤教授认为，药对是一门新兴的学科，药对应称之为药对学。他说："药对学不同于药物学，因为它有简单的配伍性；它也不同于药方学（即方剂学），因为它不具有药方学那样配伍的完整性。但是，从药物学上升到药方学，不去研究药对学，那么自己就不会去处方，也绝对处不好方。"叶廷珧教授说："本书搜集施老对药配伍，较为详尽，数量为他书之冠，分类详尽，查阅方便。对药的单味功用、伍用功能及主治叙述较详，因而具备了系统性和科学性。"建国 35 周年之际，中国革命博物馆还将该书列为"重大成果"进行展出。

《施今墨药对》1961 年定名为《施今墨临床常用药物配伍经验集》。1978 年改名为《施今墨对药临床经验集》，1982 年由山西人民出版社出版，荣获 1982 年度全国优秀科技图书一等奖。在颁奖大会上，当时的卫生部部长沈鸿代表评委会讲话，高度评价了《施氏对药》，他说："这是一本好书，好就好在它不存在过时的问题，永远有实用价值。"1996 年该书最终定名为《施今墨对药》，由人民军医出版社出版。发行 10 年，改版 3 次，先后发行 10 余万册，被誉为军医版品牌图书（畅销书）。日本、韩国将该书翻译为本国文字并出版，台湾出版了繁体字版本。2005 年军医版第三版发行时，谢海洲教授评曰："继承创新，渐臻佳境。"他指出："现在医学著作几年就要改版更新，如《中华人民共和国药典》每5年出一新版，增删改动与时俱进，保持'新'。吕景山医师著的《施今墨对药》有继承又有创新，不断增补新材料、新经验，既弘扬了施老的先进思想，又有个人创新之举。古人云：'有志者事竟成。'吕景山大夫可谓达到了如此境界，但愿5年后能有新的版本问世。"

对药研究

（一）对药配伍分类

施老临床经验的核心就是对药，其组成法则即"一阴一阳""一脏一腑""一气一血""一寒一热""一升一降""表里兼顾""虚实合参"……配伍巧妙，疗效卓著，体现了开阖相济、动静相随、升降相乘、正反相佐的用药艺术，将中医学"阴平阳秘""以平为期"的博大智慧表现得淋漓尽致。仅将对药的配伍应用简介如下：

1. 相辅相成类

（1）同类相从：如麻黄与桂枝为对。麻黄辛温气薄，中空外达，善行肌表卫分，开腠理散寒邪，开玄府以发汗；桂枝辛温发散，色赤入营，解肌以和营，协同麻黄入于营分，随麻黄又出于血分，以引营分之邪达于肌表，令汗出而解。二药伍用，发汗解表，善治感冒风寒以致发热、恶寒、无汗、头身疼痛之表实证。取其温散寒邪作用，可用于治疗风寒湿所致痹痛诸证；表邪壅盛，阳气不得宣发而致之咳喘诸证也可用之。根据不同病情以定二药孰主孰辅。尝治高寒地区患者，冬日深夜外出感冒，用麻黄汤一剂而解，此时麻黄开玄府卫气，桂枝解肌表和营气同时并重。若以治痹痛，则用桂枝温经散寒，并以通血脉为主，而麻黄解风寒宣卫气为辅。用以治喘，则麻黄为之专功，则须以麻黄为主矣。

（2）异类相使：如苍术与黄柏为对。苍术辛烈温燥，可升可降，功擅祛风胜湿，健脾止泻；黄柏苦寒沉降，能清热燥湿，泻火解毒，善清下焦湿热。二药参合，一温一寒，相互制约，相互为用，并走于下，清热燥湿，消肿止痛，除湿止带的力量增强。主治湿热下注，筋骨疼痛，下肢痿软，以及湿疮诸证；湿热为患所致之小便淋浊，女子带下诸证。笔者还用之治疗风湿性关节炎，有风湿活动者，以及结节性红斑，常与赤芍、归尾、丹参、乳香、没药、鸡血藤参合，其效亦佳。

（3）和解表里：如柴胡与黄芩为对。柴胡辛寒，疏肝开郁，和解退热，升举阳气；黄芩苦寒，清热燥湿，泻火解毒，止血，安胎。柴胡解半表半里之外邪，黄芩清半表半里之里邪。柴胡升清阳，黄芩降浊火。二药参合，升清降浊，调和表里，和解少阳，清少阳之邪热甚妙。柴胡又长于开郁，黄芩又善于清热。两药相伍为用，既可疏理肝胆之气机，又能清泄内蕴之湿热。主治少阳病，症见口苦、咽干、目眩、往来寒热、胸胁苦满、心烦喜呕、纳呆等，也可用于妇女伤寒、热入血室，以及疟疾、黄疸等杂病见少阳证者。临床体会：凡是肝、胆、胃、胰之疾患，表现有少阳证者用之均有良效。

2. 相反相成类

（1）寒热并用：如黄连与吴茱萸为对。黄连苦寒，清热燥湿，泻火解毒，清心除烦；吴茱萸辛热，温中散寒，下气止痛，降逆止呕，杀虫。黄连苦寒泻火，直折上炎火势；吴茱萸辛散温通，开郁散结，降逆止呕。二药伍用，辛开苦降，有反佐之效用。以黄连之苦寒，泻肝经横逆之火，以和胃降逆；佐以吴茱萸之辛热，以类相求，引热下行，以防邪火格拒之反应。共奏清肝和胃制酸之效，以治寒热错杂诸证，如肝郁化火，胃失和降，胸胁胀痛，呕吐吞酸，嘈杂嗳气，口苦，舌红苔黄，脉象弦数等；以及急、慢性胃炎，胃、十二指肠溃疡，细菌性痢疾，急性肠炎表现有寒热错杂者。黄连、吴萸伍用，出自《丹溪心法》左金丸，治肝经火郁，吞吐酸水，左胸作痛，少腹筋急为疝。黄连、吴萸各等份，张景岳命名为黄连丸，治肠风便血、痔疮肿痛等证，还可治肝火胁肋刺痛，或发寒热，或头目作痛，淋秘泄泻，一切肝火诸证。施老认为，寒热错杂之证，临床之际颇为多见，但寒热的比重，却是千变万化，故用药的分量也应随着寒热变化而增损，如热较甚者，多取黄连，少佐吴萸；反之，寒甚者，则多用吴萸，少取黄连；若寒热等同，则二者各半为宜。

（2）补泻兼施：如枳实与白术为对。枳实辛散温通，破气消积，泻痰导滞，消痞止痛；白术甘温补中，补脾燥湿，益气生血，和中消滞，固表止汗。枳实辛散性烈以泻为主，白术甘缓补中以补为要。枳实以走为主，白术以守为要。二药参合，一泻一补，一走一守，一急一缓，相互制约，相互为用，以达补而不滞，消不伤正，健脾强胃，消食化积，消痞除满之功。主治脾胃虚弱，消化不良，饮食停滞，腹胀痞满，大便不爽等证；又治肝脾肿大，内脏弛缓无力，胃下垂，子宫脱垂，脱肛等。二药伍用，出自《金匮要略》枳术汤，治水饮停滞于胃，心下坚，大如盘，边如旋盘者。张洁古以白术60g，枳实30g组方，名曰枳术丸，治胃虚湿热，饮食壅滞，心下痞闷等证。笔者体会，枳实、白术用量多寡，临证时应详尽辨证，审因增损，若体壮新病者，则以枳实为主，白术为辅；反之，体弱久病，脾胃虚弱，消化不良者，应以白术为主，枳实为辅，否则易伤人也。施师临证处方时，枳实、白术习惯以同炒伍用，一则可缓其药性，二则能增强疗效。另外，枳术汤与枳术丸的运用亦有法度，《张氏医通》云："《金匮》治水肿心下如盘，故用汤以荡涤之；东垣治脾不健运，故用丸以缓消之；二方各有深意，不可移易。"

（3）开合相济：如五味子与细辛为对。五味子酸涩收敛，敛肺滋肾，生津敛汗，涩精止泻。细辛辛散温通，温肺化饮，发散风寒，祛风止痒。肺主气司呼吸，肺气宜宣。外感风寒，则致肺气抑郁，应以宣通肺气、温散寒邪为治。咳嗽伤气，气伤则张，故云肺气宜拢、宜敛。五味子收敛肺气，细辛宣肺散邪，温肺化饮。二药伍用，以细辛之辛散，制五味子之酸敛；五味子之酸敛，又制细辛之辛散。二药参合，一散一敛，一开一合，相互制约，相互促进，止咳平喘甚妙。主治风寒感冒，咳吐白痰，或寒饮咳喘诸证；以及肺肾两虚，久咳虚喘等证。根据辨证施治的原则，细辛、五味子的用量应灵活掌握。咳嗽初起，以开、宣为主，多用细辛；久咳之后，以敛肺气为要，多取五味子。五味子、细辛伍用，即古人谓，五味子之敛，制细辛之升发，二者参合，则升降有度而咳喘自止矣。盖"肺气阳中有阴，故能降，治肺气以阴降为主，然气之降先本于升，五味子合细辛升降皆备，所以阳邪伤阴，固宜清阴，以之收阳；阴邪伤阳，亦宜此辛温畅阳，而寓收阴"，此即细辛合五味子畅阳治咳喘之机理也。

（4）动静相随：如滑石与甘草为对。滑石寒滑，质体滑腻，故可利窍，上能清水源，下可通水道，荡涤六腑之邪热从小便而出，此药走而不守为动药；甘草甘缓泻火解毒，缓和药性，甘缓善守是为静药。以甘草之甘缓，制滑石之寒滑；又以滑石之寒滑，制甘草之甘滞。二药伍用，名曰六一散，亦名天水散，除清暑热之外，又长于渗湿利水，通利膀胱，使湿热之邪从下渗泄，故又能利水通淋，治一切砂石诸淋，如石淋（尿路结石）、淋浊（急、慢性肾炎，肾盂肾炎，膀胱炎，尿道炎）表现为小便不利者。柯琴曰："滑石禀土中冲和之气，行西方清肃之令，秉秋金坚重之形，寒能胜热，甘不伤脾，含天乙之精而具流走之性，异于石膏之凝滞，能上清水源，下通水道，荡涤六腑之邪热从小便而泄。炙甘草禀草中冲和之性，调和内外，止渴生津，用以为佐，保元气而泻虚火，则五脏自安和矣。"施师经验，六一散应用范围较广，除治疗上述中暑吐泻等证之外，尝治尿路感染、尿路结石诸证均获良效，尤其尿路结石治愈后，持久服用，有预防结石复发之功。

（5）升降相因：如益元散与鲜荷叶为对。益元散为六一散加辰砂末、灯心汤调服而成，功用清热祛暑，利尿渗湿，镇静除烦，除上中下之湿热，以降为要。鲜荷叶功擅升阳散瘀，以升为主。二药参合，一升一降，相互促进，升降调和，消热祛暑，渗湿利尿，升清止泻，升阳散瘀的力量增强。施师临证处方，习惯以鲜荷叶包益元散，水煎服，适用于夏季时感之证，屡见显效。

（6）同气相求：如升麻与柴胡为对。升麻辛甘微寒，能发表透疹，清热解毒，升阳举陷；柴胡苦辛微寒，透表泄热，疏肝解郁，升举阳气。升麻以引阳明清气上行为主，柴胡以升少阳清气上行为要。升麻行气于右，柴胡行气于左。二药参合，一左一右，升提之力倍增，可以治疗清阳下陷所引起的泄泻，或中气不足、气虚下陷所引起的脱肛、子宫脱垂、胃下垂以及崩中带下诸证。升麻、柴胡伍用，出自《脾胃论》补中益气汤、《医学衷中参西录》升陷汤。二者伍用之理，张锡纯说："柴胡为少阳之药，能引大气之陷者自左上升。升麻为阳明之药，有引大气之陷者自右上升。"祝谌予老师亦常用之治疗肺癌手术后，或施用放疗、化疗后，证属气虚下陷，整体机能衰弱者，也有良效，但宜与党参、黄芪、半枝莲、藤梨根配伍使用才好。

3. 刚柔相济类

此类如鸦胆子与龙眼肉为对。鸦胆子凉血解毒，杀虫止痢，防腐生肌；龙眼肉补心安神，养血益脾。鸦胆子以驱邪为主，龙眼肉以扶正为要。鸦胆子腐蚀作用较强，内服易刺激胃肠，引起恶心呕吐、胸闷、腹痛等症，故用龙眼肉之甘缓补中，以减少胃肠刺激症状，发挥其治疗作用。鸦胆子、龙眼肉伍用，善治阿米巴痢疾，用馒头皮包裹吞服，其效亦可，还可用于治热性赤痢。

（二）对药功效主治

"施今墨对药"的功效，有以下三个方面：

1. 协同为用，增强疗效

此类功效如黄芩与黄连为对。黄芩苦寒，苦能燥湿，寒能清热；黄连苦寒，清热燥湿，泻火解毒。黄芩以清肺火为主，黄连以清心火为要。心肺同居上焦；二药参合，相互为用，清热泻火之力倍增，以治疗上焦热盛之目赤肿痛，牙龈肿痛，口舌生疮。心与小肠相表里，肺与大肠相表里，二者伍用，令火热之毒从大肠小肠而出，病可速愈。

2. 互制其短，在发挥药效的同时，减少毒、副作用，以收治疗之良效

此类功效如瓜蒌与风化硝为对。瓜蒌质体黏腻，润燥通便；风化硝咸寒软坚，清热通便。瓜蒌以守为主，风化硝以走为要。二药伍用，以瓜蒌黏腻甘缓之性，制约风化硝荡涤通下之力，相互制约，相互为用，共奏清热润燥、通便泻下之功，且无硝黄腹痛之弊。

3. 相互为用，产生特殊治疗效果

此类功效如黄连与肉桂为对。黄连泻心火，降阳和阴；肉桂温肾化气，蒸腾津液，终收水火既济之功，擅治心肾不交之失眠。笔者每遇口舌生疮，常在大队清热泻火药的处方中，加入少许肉桂，其止痛愈疮之力倍增。施师告云：此乃沟通寒热之格拒，起中介之作用也。

（三）对药应用举例

1. 口疮（口腔溃疡）

白某，女，25岁，工人，1982年6月15日初诊。

口、舌疼痛月余，加重半月。患者体质素丰，喜食辛辣，1月前口颊疼痛，继见绿豆大疮疡，渐渐增大，如黄豆大小，疼痛日益加重，严重影响进食、饮水，张口困难。每进一餐，约2小时左右才能完成，故住某医院口腔科就医。入院半月，先做细菌培养等化验检查，报告提示：无菌生长。曾用西药消炎药、中药清热泻火药为治，未见少效，邀我会诊。目下仍疼痛不已，难以进食，口、舌涂龙胆紫呈紫蓝色，脉弦数。辨证立法：口为脾之窍，舌为心之苗，心脾火旺，炎之于上，遂有口、舌生疮。急拟清热泻火、消炎止痛、去腐生肌长肉之方，用清胃散化裁。药用：生石膏、大生地、紫丹参各30g，知母、酒黄芩、丹皮、木蝴蝶、马勃各10g，酒黄连、升麻各6g，北细辛3g，肉桂1g。3剂，每日1剂，水煎服。口疮一证，临证实为多见，每遇本病，均以生地与细辛为对，止

痛；黄连与黄芩为对，清热解毒，消除病因；马勃与木蝴蝶为对，保护黏膜，促进溃疡面的愈合。方中有肉桂1g，实为关键用药。施师告云：火热之证，用寒药不效者，此乃寒热格拒也，需加中介药物沟通寒热，方可取效，此乃用药之技巧矣。上方于当日中午11时服药1次，下午5时又服1次，疼痛去大半，当晚入睡安宁；又服2剂，进食不感疼痛；继服3剂，疮面愈合，旋即出院。2005年初夏偶遇，问及病情，答曰：出院以后，至今未再复发。

2. 胃脘痛（消化性溃疡）

孙某，女，41岁，职员，1961年7月10日初诊。

上腹部疼痛5年，加重1月余。患者近5年来胃脘部疼痛，时轻时重，每当进食后稍后缓解，伴有嗳腐反酸，甚则呕吐清水，近1月来疼痛加剧，故前来就诊。形瘦体弱，抱腹而至，前胸后背包裹两块羊皮，外用腰带捆扎，舌质淡暗，苔白，根苔腻，脉弦紧。辨证立法：时值夏月，胃脘冷痛，属寒邪犯胃，络道不畅，遂有上腹部疼痛，抱腹而至，证属虚寒之故。治宜温中散寒止痛。方用附子理中汤化裁。药用：制附片、党参、焦白术、炮姜、云茯苓各10g，炙甘草6g。3剂，每日1剂，水煎服。

7月13日二诊。上方服用3剂，疼痛如故。易为十香散化裁施治。药用：广木香、砂仁、香附、乌药、高良姜各10g，降香、沉香、丁香、檀香、生蒲黄（布包）各6g。水煎服。

7月17日三诊。二诊方又服3剂，疼痛仍无进退。施师告曰：此是寒热格拒之故，宜加中介药物才可取效，并疏一方。药用：制附片、干姜炭、高良姜、香附、焦白术、云茯苓、炒枳壳各10g，醋煅川军炭4.5g。水煎服。

7月20日四诊：服药3剂，胃脘冷痛已除，遂用香砂六君子汤收功。

穴对研究

（一）穴对学说探讨

"穴对"又叫"对穴"，其说古未立论。我在施今墨药对的启迪下，应用于针灸。杨甲三老前辈说："用穴贵在精疏。"《灵枢·官能》曰："先得其道，稀而疏之。""穴对"的应用，正是"先得其道"。笔者体会，临证之际，应在精通俞穴主治性能基础上，根据客观病情辨证施治，精简取穴，非此则不能达到

"稀而疏之"、效专力宏之目的。

对穴即针灸对穴的简称，是专门研究两个穴位相互搭配使用的一门学问，对穴的理论，是在"施氏对药"思路的启迪下，大量温习古典文献，并结合临床实践逐渐形成的。

立说目的有二：

一则精简取穴。《灵枢·官能》云："先得其道，稀而疏之。"意即告诫医者，用穴要简而精，取一穴能治者不取两穴，取两穴能治者不取三穴。

二则提高疗效。欲提高疗效，必先明其经络，熟谙穴性，配伍组方，然后施以补泻。

"对穴"，是指两个穴位的配伍应用。寓有开阖相济，动静相随，升降相承等作用。用穴的基本原则是"精疏"，就是要根据证候，选穴精准，才能达到效专力宏的目的。如合谷、足三里，升清降浊。合谷为手阳明大肠经腧穴，又是该经原穴，按"五脏有疾，当取之十二原""十二原者，五脏之所以禀三百六十五节气味也，五脏有疾者，应出十二原"（《灵枢·九针十二原》）的理论，具有通经活络，行气开窍，疏风解表，清解退热，通降肠胃，镇静安神，调整全身功能的作用。现代研究表明，针刺合谷穴能使胃的蠕动减弱，缓解痉挛，治疗幽门痉挛有显著疗效。足三里为足阳明胃经腧穴，又是本经合（土）穴，按"同气相求""合治内腑""手足阳明经气相通"的理论，该穴能调整肠胃，理气消胀，化滞除满，降浊通便，理肠止泻。又据实验研究表明，针刺足三里可调整胃的蠕动功能，使蠕动弱者加强，亢进者弛缓，并使胃的总酸度和游离酸度趋于正常。合谷为大肠经的原穴，五行属火；足三里为胃经的合穴，五行属土。两穴伍用，有火土相生之妙用。合谷清轻宣气，以升散为主；足三里重浊下行，以降浊为要。两穴同用，一升一降，清升浊降，理气止痛，消胀除满，降浊通便，止泻之功益彰。用于治疗脾胃不健，升降失调，症见消化不良，食欲不振，头昏脑涨，脘腹胀满，大便秘结，或大便初硬后溏，或急、慢性泄泻。近几年来，亦常用于治疗感冒、流行性感冒（胃肠型）有阳明郁热征象者。

在师门药对经验的启迪下，我将该方法运用于针灸临床。在温习古人经验的基础上，结合自己的临床体会，于1986年成书并由山西科学教育出版社出版了《针灸对穴临床经验集》。该书收录223组对穴，分为23类，每组对穴都注明了出处和单穴功用、伍用功能、主治病证、操作方法、应用经验。用穴与用药同理，都要根据复杂的病情，并在中医理论尤其是经络学说的指导下辨证立法，选穴处方。对穴与对药的产生和发展过程一样，从单穴治疗发展到双穴治疗，进而形成一套系统的配伍原则和方法，才能更好地适应各种复杂的病证，协同发挥穴位的性能以增强疗效。对穴学说的创立，丰富了腧穴学的内容。

《针灸对穴临床经验集》一书出版后，中国工程院院士程莘农题墨宝"针灸正宗"表示祝贺。十余年后，我的传人玉娥医师在原稿基础上充实增辑，定名为《吕景山对穴》，于 2002 年由人民军医出版社出版发行，目前已印四次，销售一万四千余册。日本东洋学术出版社于 2005 年 5 月将该书译为日文出版发行，不到一年的时间就销售一空，2006 年 5 月又再版发行。韩国同道亦颇为赞誉，译为朝鲜文出版。《吕景山对穴》第二版也于 2007 年发行。中国针灸学会前副会长、上海中医药大学博士生导师际汉平教授评价说："《吕景山对穴》视角独特，言人所未言，填补了腧穴配伍文献的一个空白，丰富了针灸穴位处方学的内容，同时也提出了诸多留待探索的课题。"

（二）穴对功效辑要

1. 水沟—风府：醒脑开窍

水沟，又名人中，为督脉腧穴，位于口鼻之间，具有祛风消热、调和阴阳、醒脑开窍、回阳救逆、镇静安神、通络止痛之功；风府，为督脉腧穴，督脉与阳维脉的交会穴，居于脑后，具有祛风散邪、醒脑开窍、清热泻火、镇静安神之效。二穴一前一后，祛风散邪，醒脑开窍，通络止痛之力益彰。用于治疗晕厥、卒中、口眼㖞斜、半身不遂、急性腰扭伤等证。如用于卒中，牙关紧闭，不省人事，补水沟以开口噤，通阳安神，泻风府以搜舌本之风，舒三阳之经可使关窍立开，人即苏醒，语言自利，转危为安。此外，诸如口眼㖞斜、偏枯、半身不遂等证，虽有中经中络之别，但与卒中异流同源，选用前法，均有良效。1999 年初秋，一位青年男性患者突然昏仆，面色苍白，汗出如洗。急以寸针速刺风府、水沟，行针片刻，人即苏醒。

2. 膻中—内关：调气开窍

膻中，又名上气海，为任脉腧穴，宗气之海，气之会穴，心包络之募穴，足太阴少阴、手太阳少阳与任脉之交会穴，具有调气降逆、清肺化痰、止咳平喘、宽胸利膈之功，善治气分病证；内关，为手厥阴心包经腧穴、络穴，别走手少阳三焦经，又为八脉交会穴之一，与阴维脉相通，具有清泄包络、清利三焦、宽胸理气、和胃降逆、镇静止痛之效，善治胃、心胸诸疾。二穴相合，并走上焦，开胸散结，降气化痰，通窍醒神之力益彰。用于治疗气厥、脏躁（类似癔症）、失语（功能性者）等证。证属气滞者，膻中穴效如桴鼓；若属气虚者，似非所宜。膻中穴之刺法，多取鸡爪刺，即向上、下、左、右斜刺，其目的在于散气行滞。1996年初秋，省中研某人的外甥因情志不遂而致失语（癔症性失语），曾邀保健站的医师诊治，针刺哑门、廉泉、上脘、气海、足三里、阳陵泉等穴，前后行针4小时，病情仍未缓解。翌日下午就诊，患者表情淡漠，心中明了，尚不能言，舌淡，苔白，脉弦。选取膻中、内关，留针45分钟，每隔10分钟行针1次，每次行针5分钟，当行针30分钟时，突然言语恢复。之后又发病2次，均守上法施治而愈。另一患者焦某1982年于幼儿园上班时，有同事与她开玩笑，从背后猛惊她一下，即顷晕厥，急送我院急诊室就诊。脉证合参，诊为气厥，治宜调气开窍。取穴膻中、内关。针刺膻中用调气之法，内关用同步行针法，行针1分钟，神志清醒，胸闷诸证若失。2005年初秋，一女倪氏，55岁，因劳累过度突然头胀、头痛、胸闷、心慌、四肢厥冷、面色发白、唇色发紫。急用三棱针十宣放血，继针膻中、内关，10分钟后诸恙悉除。查心电图提示，供血不足，T波低平，后以中药调理而愈，至今未见复发。

3. 合谷—曲池：解表退热

合谷，为手阳明大肠经原穴，乃本经原气留止的部位，与三焦有着密切关系，是调整人体气化功能的要穴，具有通经活络、行气开窍、疏风解表消热（清泄肺气）、通降肠胃、镇静安神之功；曲池，为手阳明大肠经腧穴，乃本经脉气所入，为合穴，按"合治内腑"之理论，具有通调腑气、疏风解表、调和气血、消肿止痛之效。曲池走而不守，合谷升而能散。二穴相合，通经接气，清热散风，为清理上焦之妙法。合谷、曲池伍用，出自《杂病穴法歌》"头面、耳、目、口鼻病，曲池、合谷为之主"。头为诸阳之会，耳、目、口、鼻、咽喉为之清窍，禀清阳之气，以合谷之轻载曲池之走，上行头面诸窍，以收其清散之功，故能扫荡一切邪秽，调整人体气化功能。用于治疗伤风、感冒、头痛、牙痛、喉痛、鼻衄，证属风热为患，上扰诸窍者；上肢不遂，肘臂疼痛、麻木，手指挛急，以及风疹块（荨麻疹）。1965年孟春，一位中年妇女因起居不慎，以致感受风寒，恶寒发热（体温39℃），头痛，身痛，舌苔薄黄，脉浮稍数。脉症合参，证属素有蕴热，复感风寒。治宜疏风解表清热，取穴：大椎、曲池、合谷，针刺用泻法，留针 30 分钟、每 10 分钟行针 1 次。起针之后，患者自觉周身轻快，体温降至 38℃。翌日告云发热已退。

4. 合谷—光明：清热明目

合谷，为手阳明大肠经脉气所过，乃本经原穴，有通经活络、疏风解表、清泄肠胃、镇静止痛之功；光明，为足少阳胆经脉气所注，乃本经络穴，按其络穴之特性，具有清泄肝胆之火、祛风明目、通络止痛之效。合谷穴宣清导浊，光明穴升清泻火。二穴伍用，一升一降，升降和化，清热泻火，祛风明目之力益彰。用于治疗目赤肿痛，证属肝胆火旺者，假性近视、夜盲症、视神经萎缩等一切眼病，不论是外眼病变，还是内眼病证，均宜使用。证属肝胆火旺或阳明燥热者，针刺均用泻法；若证之虚、实难辨者，针刺宜采用平补平泻手法。近年来，用于治疗少年假性近视多人，近期疗效尚属满意，视力均可提高 0.3～0.5。例如患者刘某，女，18 岁，1981 年 3 月 10 日初诊。自诉：近半年来上课时，发现视板书模糊，渐加重至看不见，伴有头昏、头痛，经某医院检查，诊为近视。视力：左眼 0.5，右眼 0.3。近视度数：左眼 210，右眼 275。取穴：合谷、光明。进针 10 分钟后，自觉视物清晰。依前法治疗 5 次后，视力提高至左眼 1.0，右眼 0.8。

5. 合谷—太冲：平肝息风

合谷，为手阳明大肠经原穴，有调和气血、通经活络、行气开窍、疏风解表清热、通降肠胃、镇静安神之功；太冲为足厥阴肝经原穴，有调和气血、通经活络、疏肝理气、平肝息风、清热利湿之效。合谷、太冲伍用名曰"四关穴"，《席弘赋》曰："手连肩脊痛难忍，合谷针时要太冲。"《杂病穴法歌》曰："鼻塞鼻痔及鼻渊，合谷太冲随手取。"又说："手指连肩相引痛，合谷太冲能救苦。"合谷属阳，主气，清轻升散；太冲属阴，主血，重浊下行。二穴伍用，一气一血，一升一降，相互制约，相互为用，行气活血，平肝息风之功益彰。合谷为阳经代表性"原"穴，太冲为阴经代表性"原"穴，二穴合参，一阴一阳，相互依赖，相互促进，升降协和，阴阳顺接，斯疾乃除矣。用于治疗头痛、眩晕、高血压证属肝阳上亢者，中风属"闭证"者，气厥，癫狂痫，小儿惊风，失眠，鼻塞，鼻渊（类似慢性鼻炎、萎缩性鼻炎），痹证。一位中年妇人，因事不遂心，与人争吵，以致气机逆乱，血随气升，突然昏倒，不省人事，四肢逆冷，抽搐，牙关紧闭，六脉弦细。取上穴，施以同步行针法，行针1分钟后，病家呻吟苏醒。后经随访，一切如常。

进针手法精要

（一）无痛进针

无痛进针即速刺进针，就是右手拇指、食指呈屈曲状态持针，露出针尖3～5分，中指伸直，按压在穴位的旁边（起押手作用），进针时拇指和食指由屈曲变为伸直，中指向下用力，由伸直变为屈曲，在这一瞬间即可迅速刺入穴位。注意：拇指、食指、中指的动作一定要协调，否则，易发生弯针现象。这种进针法的优点是进针速度快、病人痛苦小、得气速、针感强、后劲大。尤其对小儿与畏针的患者更为适宜。

（二）同步行针

同步行针就是左右两手持针同时捻转行针，捻转的角度以不超过90°为宜，捻转的频率一般是每分钟200次左右，行针的时间为3～5分钟，其间也可休息5～10分钟，再行针2～3分钟。具体操作方法如下：

1. 同一经同步行针法

同一经同步行针法是指在同一条经络线上取2～3穴（即连锁取穴法），术者左右手各持一针同步捻转行针。如阳明热盛所致的牙痛、咽喉肿痛等证，取曲池、合谷，运用同步行针法，清泻阳明，消肿止痛。1985年冬，曾治一位中年男性患者，左上牙（第1、2磨牙）疼痛3天，取右侧曲池、合谷，施以同步行针法，持续捻转2分钟，疼痛缓解，又行针3分钟，痛处麻木酸胀，共留针30分钟，行针3次，痛止病愈。

2. 同名经同步行针法

同名经同步行针法是指取上下肢同名经的穴位，术者左右手分别持针同步捻转。如治疗少阳病胁肋疼痛、肋间神经痛、习惯性便秘、妇女妊娠期便秘、经前乳房胀痛、经行不畅等证，选用支沟、阳陵泉（均左侧），运用同步行针法，和解少阳，调理气机，通络止痛，清热通便。1978年夏，曾治一位青年妇女，妊娠4个多月，近2个月来，大便秘结，3～5天一行，腹部胀满，苔白腻，脉弦滑。证属热郁于内，腑行不畅。守上方，施以同步行针法后，顿觉轻快，腹胀减轻，当晚大便畅行一次。嗣后，每见便秘，均以前法施治而愈。

3. 左右交叉同步行针法

左右交叉同步行针法依据八脉交会穴的原理，选取上下肢左右侧相关的穴位配伍，采用同步行针法。如后溪、申脉，用于治疗癫证、狂证、痫证、脏躁证（癔症）及脊髓空洞症。1972年曾治一位中年妇女，因惊恐而致心神不安，下肢软弱无力，不能行走，舌淡，苔薄白，脉弦细。证属心神失养，血脉不和。取申脉、后溪，针1次，患者自觉下肢有力，可下地行走。前方加神门、三阴交，又针3次，诸证悉除。

4. 前后对应同步行针法

前后对应同步行针法是依据俞募配穴的原理，选胸腹与腰背、四肢内侧与外侧的对应点为针刺治疗点，施以同步雀啄行针法。适用于治疗各种扭伤、挫伤、肢体局部疼痛等症。1976年夏日，一位男性青年学生因打球将腰扭伤，以致腰痛不已，行动不便，以手扶腰直立而行，按压右侧大肠俞穴处有明显压痛。急取大肠俞与其腹部的对应点，依上法行针3分钟，疼痛减半，又行针2次，共留针30分钟，痛止病愈，腰部活动自如。

5. 异区同步行针法

异区同步行针法依据头皮针之刺激区，结合病情选区、配区，采用同步行针法。如中风肢体瘫痪者，取相应的运动区为治；感觉障碍者，取相应的感觉区施治等。1972年春，我在全国头针学习班任教时，曾治一位中年男性农民，下肢不遂2年余。西医诊为"脑梗死"，经多方治疗，包括使用头针治疗多次，仍然行动不便，下肢不能抬举，足尖拖地行走。根据病情选下肢运动区、感觉区，施以同步行针法，前后捻针3次，每次5分钟。针后，患者感觉良好，当第2次行针时，患者自觉有一股热流传至足趾，患肢已能抬高30cm。之后，依前法治疗5次，行走如常。

走出国门

我作为山西省首批援外医疗队先遣队的成员，于1975年7月15日赴喀麦隆共和国姆巴尔马尤工作了两年余，共治疗病人4万余例。这些患者中，有所在国元首、部长，也有广大百姓；既有驻该国的外交使节，又有毗邻国家的各阶层人士；所治病证既有常见病、多发病，又有疑难杂症。如喀麦隆共和国元首因操劳过度，遂有彻夜不眠诸证，曾邀西医专家治疗，未能见效。我以针灸治疗3次，使其睡眠时间每晚达7~8小时，诸恙悉除。又如杜阿拉一男性工人，因情志不遂，突然失语，已半月余，先由当地五官科医生诊治，未能见效，又请当地医生施治，亦不见效，反而新增咯血现象，后来我处就医。脉诊合参，证属肝郁气滞，木火刑金，宗气受累，清窍闭阻，而致失语。针刺膻中，行气散结。行针不到5分钟，即可言语，对答如流。

1993年6月，应世界针灸联合会副主席、加拿大针灸学会会长、加拿大中医针灸学院张金达院长之邀，我前往加拿大参加学术年会，专题讲对药、对穴的应用达2个小时，受到与会同道好评。会后，又到多伦多白求恩侄女的农场参观访问。他们夫妇很忙，没有时间多叙，只能见见面，合影留念。现在回忆起来，二老虽已古稀之年，仍十分敬业，既经营农场，又开糕点作坊，还开商店，自产自销，十分忙碌，那份敬业精神永远值得我们学习。

学术交流

2005年，我应广东省卫生厅中医药科技发展中心之邀前往讲学。他们称《施今墨对药》是经方中之经方，值得推广。至目前，已前往讲学四次。

2005年国庆节，应香港中华中医师公会、香港骨伤学会、香港经络医学会共邀前往讲学，连续演讲6场，听众一致反映真实可靠、效确新颖。三会一致邀请我为顾问、客座教授。2006年3月，香港经络医学会举办第六届理事就职仪式暨春节联欢大会，我为特邀主礼嘉宾，会后又做了5次学术报告。

2006年10月1日，我应香港经络医学会的邀请前往讲学，恰遇香港中华中医师公会联合举行义诊活动，即将返程时间推后，参与义诊。该次义诊，规格甚高，反响强烈，主席台右侧悬挂"皇城四大名医施今墨入室弟子"，左侧悬挂"热烈欢迎吕景山中医专家教授"的字幅。通过义诊，一则为当地老年人解除了病痛，二则宣传了中医药，实为振兴中医的一个良方。

老骥伏枥

医生的天职，就是为病人解除病痛。退休 10 多年来，只要不外出讲学，我每天定时应诊 2 个多小时。由于医术精湛，疗效卓著，前来就诊者甚伙。除了本省的患者之外，还有来自山东、辽宁、广东、甘肃等地的患者。长春有位 35 岁的男性患者，头如戴帽，十分痛苦，久治不愈，为其针刺大椎穴，10 分钟后，病痛消除。

对于身处边远地区不能来诊的患者，我就采用书信来往、电话交流的方式，免费提供治疗方案，亦收到良好的效果。

我虽年逾古稀，但总希望能为中医事业多做贡献，也希望能多收徒弟，将师门医学发扬光大。

我从医近 50 载，先学西医 3 年，后学中医 6 载。在京就读期间，有幸得到著名中医祝谌予老师的教诲，系统、全面地学习、继承了施门的学术思想及临证经验。毕业之后，先后在中医内科、妇科工作，而后由于援外工作的需要，又专攻了针灸学。本着干一行、爱一行的精神，信奉认认真真读书、踏踏实实工作、忠厚诚实做人的原则，走过了几十年。1996 年初我退休了，但我退而不休，坚持著书立说，为广大群众应诊看病，以只争朝夕的精神，不断总结经验，弘扬施师真传，为人类健康事业奋斗不息。业绩已载入新华社大型系列电视文献片《中华国医国药》。

李业甫

李业甫（1934—2023），男，安徽省定远县人，中共党员，第三届"国医大师"，安徽中医药大学教授、主任医师。历任安徽省中医药学会推拿专业委员会主任委员，省中医药学徒教学指导专家委员会委员，省卫生技术高级资格评审委员会委员，省第七、八届人大代表和主席团成员，中华中医药学会推拿分会常务理事，全国推拿治疗中医专家委员会委员，中国传统医学手法研究会常务理事及专家  委员会委员，中国盲人按摩学会副会长，国家职业技能鉴定专家委员会委员等职。安徽省跨世纪人才中医学术和技术带头人指导导师，1996年和2011年分别被评为安徽省名中医和名老中医，第二批和第五、第六批全国老中医药专家学术经验继承工作指导老师。2012年被评为国家级名老中医，2017年被评为国医大师。享受国务院政府特殊津贴。从事推拿医、教、研工作50多年，参与和见证了全国推拿事业50多年来，从小到大、从弱到强、自立兴盛、蓬勃发展的历程。

一、个人简介

中华人民共和国成立后，我受过系统的中西医两套理论的教育，特别是在我国第一所推拿学校——上海中医学院附属医院推拿学校学习3年，打下了传统推拿手法基础。在接下来的临床、教学和科研工作中，我都做了努力，发表的临床论文、出版的相关著作多次获奖，取得了一定的成果。

1. 牧童沐春，拾级而上

1934年，我出生于安徽省定远县一个贫寒的回族家庭里，4岁随父母四处逃难，8岁时被送到舅舅家放牛。舅舅家住在当时合肥县东北部的古城埧，全家最后也落户到古城，时而帮舅舅家看柿园而入住草棚，成为当地的一户雇农。

租地耕种，由于连耕牛这样基本的生产工具都没有，收获的粮食只能分到四成，旱涝无保障，本来收成就低，父亲只得靠上山砍柴、卖柴，卖山枣、花生、山楂糕之类土产来贴补家用，仍然难以糊口。古城境内有景色秀丽的岱山湖，今天是一个山水交融、度假休闲的旅游景区，而在当时却是这个贫寒之家维持生计的重要来源。

上无片瓦遮风雨，下无寸土立足地。至今我还清晰记得，晴天的夜晚，睡在"家"中的床上，可以看到天上的星星和月亮。动荡年代，民不聊生，童年缺衣少食，跟随着父母逃过荒，要过饭，给5户人家放过8年牛。到了16岁，父母送我去学篾匠，希望我掌握一门能养活自己的手艺。

当时新中国已经成立，我学篾匠不到1年，17岁时被免费送入私塾学堂读书。由于年龄偏大，不断跳级，3年就完成了小学学业。虽然基础不够扎实，但播下了通过努力学习改变生活命运的种子。

20世纪50年代开始，中学实行全市统一招考录取。1953年古城乡有12人考上了合肥四中，我是其中之一，那年我22岁。朴实的父母虽然斗字不识，却深知文化知识的重要性，寒门中能走出一个读书人，过去是连想都不敢想的事，十分欣慰也十分支持。上中学时，我家已分到了房屋和田地、农具，生活有了基本保障，但那时我已有兄弟姐妹7人，家中负担仍然很重。3年初中住校学习，每月需背上36斤粮食、走几十千米到校，因营养不良、体力不支，曾有一次在背粮上学的路上晕倒。尽管生活十分艰苦，但我很珍惜这难得的学习机会，初步奠定了自己的文化基础。

初中毕业后，可以选择报考高中，继而报考大学深造，也可以选择报考中专尽早工作。其中合肥医士学校医士专业招生，不收生活费，我毫不犹豫地报了名。我有一个弟弟，8岁时得慢惊风，当地医生用尽了办法，我的堂三叔也是当地一位很有名望的老中医，竭力救治，仍然不治而亡，这也是我坚定地报名学医的一个重要因素。

1956~1959年西医学习期间，我努力克服科学基础差、理化知识欠缺等困难，刻苦学习，积极参加学校各项活动，多次被评为积极分子，为日后走向更高、更好的平台打下了基础。

3年西医学成毕业，适逢上海中医学院附属医院推拿学校第二届全国招生，由各省卫生厅选派，目的为干部健康服务培训人才，要求出身好、表现好、学习努力。听说不打针、不吃药，用手法推推揉揉就能治好病，大家都感到很新奇，所以报名十分踊跃。这是第一次在安徽招生，全国招收130多人，安徽省选拔5人，我从众多报名者中脱颖而出，从此开始了半个多世纪的漫漫中医推拿事业。

上海中医学院附属医院推拿学校前身为上海推拿医士训练班，是我国第一所推拿学校，由朱春霆、王松山、钱卿福、王纪松、王百川、丁季峰、李锡九等推拿界前辈一起创办。除李锡九属内功推拿学派外，其他诸位大师都是一指禅推拿学派的传人，校长朱春霆还是中央保健委员会医生。他们人品高尚，从不保守，自编教材，亲自授课，口授亲传，手把手教，方法多样，每每竭心尽力，罄其所长而传之，唯恐不能尽传其术。尤其重视手法示教和临床实习指导，丝毫不苟，虽年暮体衰，全然不顾。130多名学员虽是分班集体上课，但实际上是一种跟师学习与院校教育相结合的传授方式。

赶上这样一个好的时代，又遇到这样一批好的大师，我深知机会来之不易，一门心思地想着学成后报效国家。1959～1962年在上海培训3年，包括在学校推拿门诊部、市中医第五门诊部、曙光医院等实习1年，我从未踏足上海的娱乐场所，满怀着希望和憧憬，全身心地投入到学习中去。天天练功，每天跟师练习手法，认真钻研，虽然枯燥无味，却乐此不疲。

3年推拿学校学习期间，我追求进步，积极参加各项活动，被推选为学校团总支委员，并得到了总支委员中一位女生的青睐。这位女生名白效曼，出生于革命家庭，父亲白备五抗日战争时期参加革命，曾任八路军山东纵队卫生部长，中华人民共和国成立后曾任人民卫生出版社社长等职。我和她朝夕相处，有共同的理想、共同的追求、共同的事业，逐渐走到了一起。

学校的各位老师由于师传不同，在各自的社会实践中又创造了许多独特的手法，所以手法多样，各不相同。但他们都要求学员学谁就要学到位，强调学一指禅推拿，起初要与师合，往后要与师离，与师合方能尽得师传，与师离则能兼收各家之长。所以本人一指禅推拿手法和风格，就是杂糅了各家推拿常见手法综合形成的。现在回想起来，正是系统而全面地学习到各派手法，吸取了各位老师的宝贵经验，走向临床遇到各种不同的病证时就方便多了，再通过实践不断摸索、慢慢综合消化，就会运用自如。

推拿学校毕业后，我又分别参加了 1964～1966 年安徽中医学院中医夜大，1966 年安徽省卫生厅举办的为期半年的"国术推拿"学习班，以及 1975 年卫生部主办，为期 3 个月的全国中西医结合治疗骨关节损伤学习班。20 世纪 50 年代学西医，打下了解剖生理等理论基础，掌握了西医常规诊疗技术。20 世纪 60 年代学中医，全面学习了中医基础、诊断、推拿、针灸、中药、方剂、内、外、妇、儿各科课程，系统掌握了中医推拿的学术理论和各家各派的手法。20 世纪 70 年代中西医结合学习，进一步提高了中西医理论水平，拓宽了推拿治疗范围。

8 年多时间的反复学习、进修，使我开阔了视野，在临床上已能够根据中医理法方药的思维方式，辨证论治与辨病施治相结合，经穴与手法相结合，刚柔相济，灵活自如地运用推拿诊疗技术了。我深知，理论要与实践相结合，临床各家手法技能、技巧、操作方法要融会贯通，做到"手摸心会，运用自如"，方能领悟其妙，正如《医宗金鉴·心法要旨》所述："一旦临证，机触于外，巧生于内，手随心转，法从手出。"

"春风杨柳万千条，六亿神州尽舜尧"，沐浴着新中国新时代的春风，我从一个贫穷的放牛娃，一步一个台阶向上攀登，终于踏上了中医推拿学术的崇高岗位。

2. 术为民众，心涵万家

推拿疗法历史悠久，早在 2000 多年前的春秋战国时期就广泛应用于临床，是一种行之有效的传统医疗保健方法。但在我们那一批推拿学员归来之前，安徽省长期以来没有人从事推拿医疗工作。1962 年上海中医学院附属医院推拿学校毕业时，我未婚妻白效曼的父亲要求我们留在上海，我一口回绝了，强调说是安徽派我来学习的，不回安徽服务对不起父老乡亲，同时白效曼也愿意到艰苦的地方去，坚定地跟随着我来安徽成家立业。

1962 年我被分配到安徽中医学院附属医院工作，在门诊部从事推拿医疗工作。安徽中医学院是于 1958 年底，在毛主席发出的"中国医药学是一个伟大的宝库，应当努力发掘，加以提高"的号召指引下，由安徽省中医学校与合肥医士学校（我的母校）两校合并、升格筹建的。当时推拿服务的对象主要是省市干部，这些革命干部在战争年代转战南北，有的还身负重伤，往往得不到及时有效的医疗，留下了很多后遗症。我尽心尽力，竭尽所能，遇到一些疑难病证，推拿效果不理想时，就认真分析原因，虚心向中医同行请教，补充学习，提高自己。在党的中医政策指引下，我立志走继承发掘中医学遗产之路，为发展推拿事业而奋斗终生。

1965 年毛主席发出"6·26"指示，提出要把医疗卫生工作的重点放到农村去，我积极响应，1968 年就参加了农村巡回医疗队，还被评为积极分子。1968年毛主席肯定了已实行了多年的干部下放政策，要求干部、知识分子下放到农村，接受贫下中农再教育。我因出身贫雇农，被确定留下来组建一个新医院，但妻子白效曼被列为下放对象。为了照顾妻子和子女，我响应党的号召，主动申请下放，1969～1972 年挈妇将雏，安家落户到安徽省潜山县青田大队办合作医疗。

农村缺医少药，伤风感冒、头痛脑热、小伤小痛之类的常见病多。为了更好地为农民服务，中西医科班出身的我，又学习掌握了中医挂线治疗痔漏的技术，擅长针灸的白效曼也学会了产妇接生术。来到农村后，我们很快建起了医疗室，负责全大队 1700 多人的预防接种、妇幼保健和常见病防治工作。西医打针用药，中医一根针、一把草，群众得了什么病就治什么病，就像扁鹊一样随俗为变。中医推拿不打针、不吃药，推推揉揉就能好，简便有效，也深受广大群众的欢迎。看不好的病及时送上级医院，从未耽误一个病人。而且我插秧割稻样样会，与农民同吃、同住、同劳动，深入到群众家中或田间地头看病，与农民朋友相处得十分融洽。由于服务热忱周到，随叫随到，周边县的不少群众也慕名而来。我和妻子每天从早至晚忙碌不停，十分紧张，连大年三十、初一都要出诊，从没有星期天休息的概念。

来自农村又回到农村，我如鱼得水，生活很充实，有一种先天的亲切感。组织上也十分关心，下放一年就通知我返城，但习惯于农村生活的我又拒绝了。当时很多下放干部不安心，希望尽早返城，反而没有机会。在为群众看病的同时，我还手把手地辅导和培养当地的"赤脚医生"，提高他们的医疗技术水平。正是因为他们的奉献，实际解决了一个地方农民群众的健康问题，掌起了一片小天地。我尽心尽力、尽职尽责、全心全意为农村服务，朴实的农民当然也看在眼里、记在心头。3 年后全家回城，全大队以及邻近乡村的农民朋友几百人自发赶来相送，依依不舍，场面十分感人。

听毛主席话，跟共产党走。3 年农村的下放锻炼，扩大了我临床实践的知识面。1972 年返回医院，单位领导十分重视，决定由针灸、推拿、骨伤组成新医科，我任科主任。当时安徽医学院与中医学院合并，中医称新医系。推拿治疗范围广泛，对内、外、妇、儿、骨伤、五官、神经各科的 200 多种病证都有疗效，尤其对颈腰椎疾病、颈肩腰腿疼痛、肌损伤、关节炎、风湿痛和胃肠消化系统疾病疗效独特，治疗无痛苦，无副作用，安全平稳，简便验廉，男女老少咸宜，很受患者欢迎。新医科推拿病人最多，我带头努力工作，全科人员齐心协力，科室工作开展得有声有色。当时新医科设病床 50 张，是医院第一批开设病房的科室。

1975 年安徽中医学院恢复重建，我担任医院推拿科和学院教研室主任。走向医疗、教学和科研岗位后，我更忙碌了。我一心扑在工作上，急病人之所急，想病人之所想，率先开展了家庭病房服务，送医送药上门，努力为患者排忧解难，解除病痛。有的病人经济困难，我还千方百计地为他们减轻负担。改革开放后，尊重知识，尊重人才，崇尚科学技术，使我更觉时间紧迫，以只争朝夕的精神，誓将过去耽误的时间夺回来。白天上门诊，晚上钻研学习，撰写学术论文，整天忙个不停，再累也从不叫苦。1979 年起白效曼参加援外医疗队 2 年，为了安全，我出门干脆就把 3 个年幼的孩子锁在家中。20 世纪的八九十年代，无论是临床、教学还是科研，我都走在了全院的前列，发表和出版的论文论著更是名列前茅。

在临床上，推拿科总是门庭若市，是当时医院里病人最多的科室。我不论职位高低，均一视同仁，尽心尽力服务。头痛剧烈、眩晕、闭目、头颈不能转动，痛苦难忍的病人被搀扶而来，经过治疗，立刻解除病痛，高兴而回。腰腿病痛、生活失去自理能力的病人，抬着入院，经过治疗，走着出了医院大门。凭着自己的双手，凭着一颗为人民服务的心，我治愈了成千上万的病人。

在科研上，我注重运用现代科学技术、手段和方法来解决推拿学科的疑难问题，从理论上进行研究、总结和提高。从 1975 年发表第一篇推拿学术论文，迄今共发表学术论文 40 余篇，其中一篇还获得省科协优秀论文一等奖，主编医学专著 15 部、合著 15 部，创造了"李氏推拿牵引复位法"和"李氏定位旋转复位法"及腰痛灵胶囊运用于临床，给全国各地的患者解除了痛苦，相关研究获安徽省级科研成果奖 3 项，个人和科研团队分获省科学技术先进工作者、先进集体称号。

在教学上，我手把手地帮教传带，对待每一位后辈都关爱有加。自 1985 年起开设推拿专业班以来，为全省输送高级推拿人才数百名。所著推拿专科系列教材获省高校优秀教材成果二等奖，还编制了推拿教学录像 4 部，再次获得省高校优秀教材成果二等奖，并获省优秀科普作品二等奖。1990～1991 年赴北京为香港第一届按摩师资班授课，1991 年、1993 年两次赴香港为第二、三届按摩班学员授课，并指导学员临床学习，先后为港澳地区和东南亚培养百余名按摩专业人才。

为了进一步促进推拿医术的传承发展，我参与组建安徽省推拿专业委员会，这是国内中医推拿界成立较早的学术团体。从 20 世纪开始，该学会就开展各种形式的专科班，举办培训班 10 多期，并定期邀请全国各地中医推拿的高手前来传经授道，而几乎每一场与推拿有关的会议和学习班，我都参与其中。正是在我们委员会的努力下，安徽省系统地培养出了数百名中医推拿专业人才，涌现出一批技艺精湛的青年新秀，为安徽省中医推拿事业的发展打下了坚实的基础。

1993 年，我应邀赴日本筑波参加世界推拿学术会议，开展交流讲学活动，1997 年应邀赴美国纽约参加国际气功学术研讨会，2001 年应邀赴印度尼西亚雅加达参加学术交流、讲学和专家诊疗活动，所到之处很受欢迎，为推拿学术走向世界起到了积极的推动作用。

3. 笔耕不辍，著述等身

我重视中医推拿学术经验的传承，更重视推拿学科的系统化理论建设，善于总结归纳，著述甚丰。

我积极推进推拿教学由实践性纯经验式教授向理论化的学科研习式教学转化。从 1976 年开始就发表推拿学术论文，1983 年就有著作出版，率先组织编写了全国高等院校专科推拿系列教材 6 部，填补了中医教学上的一项空白。该项目 1989 年获学院优秀教材成果二等奖，其中《中国推拿手法学》和《中国推拿治疗学》1989 年获省高校优秀教材成果三等奖，《中医推拿手法荟萃》1997 年获省级优秀教材成果二等奖，《中国传统特殊疗法集萃》《实用推拿与牵引疗法》出版后畅销东南亚。

我还积极同媒体机构合作，编制了《中医推拿手法荟萃》教学录像带、《自我保健推拿》《自我保健穴位推拿》科教片和《自学家庭推拿法》电教片等，以满足直观教学的需要和方便广大群众自学。

《中医推拿手法荟萃》教学录像带是一部理想的影像教材，影视教学，生动直观，改变了书本理论的教学模式，是推拿手法教学中的一次改革，解决了教学中重点、难点和手法技巧等问题，也比较清晰地阐明了教材中难以阐明的内容，收到了很好的教学效果，推动了学科的向前发展。

《自我保健推拿》电教片由上海科教电影制片厂录制，在全国20多个省、市、自治区公映，普及推广，满足了人民群众防治疾病、强身保健的需要，1993年被文化部对外联络处选中，译成英语、法语、德语、俄语、西班牙语、日语、阿拉伯语等7种语言，对外交流。其作为当时中国向世界推广中医学的主打影片，深受国际人士的喜爱和好评，在弘扬传统中医文化中起到了积极作用。

迄今为止，本人共主编《中国推拿治疗学》《中国推拿手法学》《中国小儿推拿学》《特殊推拿疗法》《特殊针刺疗法》等医学专著15部，参编、合著《中国推拿大成》《中医临床实习手册》《当代知识百科大词典》《中医学》等医学专著17部，编排录制《中医推拿手法荟萃》等教学录像4部，在国家和省级医学期刊上发表学术论文40余篇，其中有多篇于1983～1994年分获省科协优秀论文一、二、三等奖，《自我保健穴位推拿》1995年获省第三届优秀科普作品二等奖。

4. 融会贯通，敢为人先

站在安徽中医推拿医教研这个广阔的平台上，我系统地运用推拿诊疗技术、技能手法，持之以恒、锲而不舍地开展科研攻关，着力解决本学科中的难题，着力攻克推拿临床诊疗中的疑难重症，积累了丰富的经验，取得了丰硕的成果。

（1）自创"李氏定位旋转复位法"：颈椎病是中老年人的常见病、多发病，随着生活方式的改变，其发病年龄趋向年轻化，且患病率日益增长。颈椎病的发生是由于颈部受劳损、外伤、风寒湿等因素，引起颈椎间盘及其附体组织产生退行性变，而致脊柱内外平衡失调，刺激和压迫颈神经根、脊髓和颈部的交感神经及椎动脉，而出现一系列症状的综合症候群。轻者颈项部疼痛、头颈部活动失灵，或肩背及上肢放射性疼痛麻木，重者颈脊髓受压可致肢体瘫痪、无力，甚至大小便失禁等症状。"李氏定位旋转复位法"主要是针对各类颈椎疾病的一种治疗手法。长期以来，神经性颈椎病、颈椎错位及半脱位、颈椎小关节错位、椎动脉型颈椎病等一直是推拿手法的禁区。我根据临床实践和多年的从医经验，杂糅各家所长，针对各类颈椎病，在诸位老师的中医推拿摇法、扳法、拔伸、旋转等手法基础上，进一步钻研琢磨、汇集综合、发展革新，创造出一套独具特色的"李氏定位旋转复位法"。

"李氏定位旋转复位法"有推有揉，有牵引、导引，手感很重要，椎体定位有滑动，手法要参与诊断，治疗要注重微调，讲究技巧和力度，推法讲究指端着力点。手摸心会，意念自主，其中的微妙难以尽言。掌握了这一方法，对上述病证就很有把握，治疗手到病除，效果立竿见影。但脊髓型颈椎病还应禁止手法推拿，运用不当会造成瘫痪。

经过 30 多年的临床应用，证实"李氏定位旋转复位法"能起到针药所达不到的独特效果，其中对 250 例不同类型颈椎病的临床研究，有效率为 95.1%，治愈率为 72.8%，相关论文于 1994 年获安徽省科协优秀论文一等奖。这一施治手法以整体观念为指导，辨证与辨病相结合，突破了推拿治疗的禁区，扩大了推拿手法的临床应用范围，在中医推拿学术史上具有重要的历史意义。

（2）首创"李氏推拿牵引复位法"：腰椎间盘突出症又称"腰椎间盘纤维环破裂髓核突出症"，是由于腰椎间盘的退变与损伤，导致脊柱内外力学平衡失调，使椎间盘的髓核自破裂口突出，压迫脊神经根引起腰腿痛的一种病证。以腰 4～5 和腰 5～骶 1 之间突出最多，是常见疾病，患者肌力下降，疼痛难忍，活动力受限，影响工作和生活，最严重的可导致不同程度的瘫痪，为家庭和社会增添负担。西医牵引，中医又称拔伸。20 世纪八九十年代，中医推拿拔伸复位法是用人力将患者肢体拉开，进行关节复位，但此法无法掌握力度，耗时耗力，且疗效甚微，而西医疗法风险大、副作用大、花费昂贵，腰椎间盘突出症成了当时常见的难治性病证。

本着"古为今用，西为中用"的精神，沿着"牵引复位"的思路，我将物理力学应用到牵引治疗中。当时条件艰苦，我通过积极奔走，直接与生产厂家合作，参与设计并研制出我国第一台牵引复位床。运用首创的牵引推拿复位术治疗腰椎间盘突出症，为来自全国各地的 5000 多名患者解除了痛苦，给病人带来福音。此疗法具有显效快、疗效好、疗次少、疗程短、经济简便、无副作用等优点，经临床验证有效率为 95.5%，治愈率为 78.9%，尤其是脊髓型颈椎病牵引效果优势明显。此法在安徽省内外进行广泛的交流、推广和运用，受到同道的关注，是非手术疗法治疗中最理想的方法。

"李氏推拿牵引复位法"治疗不同类型颈椎病的临床研究，1978 年获安徽省首届科学技术大会奖，本人和科研团队分别被授予科学技术先进工作者和先进集体称号。我所撰写的《牵引推拿复位术治疗 1455 例腰椎间盘突出症临床疗效分析》一文，分别发表于 1985 年、1986 年《中医杂志》中文版和英文版，在国内外广泛交流，产生了很大的影响，1986 年获省科协优秀论文一等奖，我个人被评为合肥市先进科技工作者。相关研究论文还分别于 1988 年、1994 年分别获省科协优秀论文三等奖、二等奖。推拿牵引复位术治疗腰椎间盘突出症机理的研究，1989 年获省卫生系统医学科学技术进步奖，1990 年再获省科学技术成果奖。

"李氏推拿牵引复位法"经过 30 多年的临床实践，其疗效仍优于现代研究生产的新技术产品——三维电脑多功能牵引床。推拿牵引复位床依旧是大多数病人首选的治疗方式，病人乐于接受，充分说明本疗法是行之有效的好方法。

同时，传统的推拿技术要介入新方法、新技术，以扩大疾病的治疗范围，如对运动系统疾病，高血压、冠心病、偏瘫、脑瘫等疾病，内妇儿科相关疑难疾病，传统推拿就要结合现代技术，以不断提高近远期疗效，降低诊治费用，减轻患者的经济负担。

5. 情操高尚，医不染尘

在生活上，我从不与人攀比，平时生活极为简朴，不抽烟不饮酒，全家吃素多年，从未添置新衣，穿的都是子女不愿再穿的衣物，我将省下来的钱都捐赠给贫困辍学的孩子，助其重返校园。自 2006 年起，我每年捐助 10 个孩子成长，2013 年又增加了 8 个孩子，曾为六安市贫困地区捐助 26 万元重建一所希望小学。我赶上了一个好时代，是党和政府培养了我，如今我有这个能力，就希望能多为社会做贡献，希望能多为孩子做点事。孩子是希望，知识能改变他们的命运，而品德和爱是会传下去的，他们一定会成才，他们也一定会回馈社会、回馈更多的孩子。我已经 80 多岁了，想趁着自己还能动，多培养些学生，多治些病人，只求不给社会添麻烦，奉献自己的余热，来回报祖国和人民。

2000 年我退休后返聘，仍坚持在安徽省中医院和省中西医结合医院上专家专诊，并参与组建名医名科和名老中医工作室，努力传承推拿医术和技能，带教和培养推拿学科学术和技术带头人。至今，我仍在临床第一线为病人治疗，中医推拿治疗需要运气，是一项技术含量高的体力活，要求身体好。钟情于推拿事业的我，晚年自编保健功，一则锻炼身体，一则希望自己能够继续为病人服务。目前我正在筹划撰写《安徽推拿名家集锦》一书。

龙虫雕作事，乐道不染尘。回顾自己 50 余年的推拿生涯，我感慨万千，于

2012 年 4 月 6 日信笔赋诗《推拿心悟》一首：

少时贫寒立志郎，牛娃弃鞭上学堂；

学勤苦钻圣贤书，岐黄古训奠基础；

诸师尽授理法窍，八纲辨证是精髓；

辨证辨病相结合，明确病性施手法；

牢记八纲辨证法，医疗效果显特色；

行医执教半世纪，救死扶伤千千万；

学科研究积经验，撰著多部育后孙；

融会新知创发展，疑难重证见奇功；

古老推拿焕青春，走出国门为世人；

岁过八旬垂垂老，燃蜡发光暖人心；

名科工程意义大，传承绝技为人民；

满目青山夕照明，国宝推拿代代传。

二、我与一指禅推拿学术源流

一指禅推拿是我国传统的诊治疾病的一种外治手法，也是一指禅推拿学术流派主要的临床操作手法，以推法为主，辅以拿、按、摩、滚、揉、捻、搓、抄、缠、摇、抖等 10 余种方法。

1. 达摩面壁，尊为始祖

一指禅最早发源于我国河南洛阳地区，相传为中国禅宗始祖菩提达摩所创，我国历代一指禅传人均尊菩提达摩为始祖。南北朝梁普通元年（520），南天竺国（即印度）高僧菩提达摩来华传法，梁武帝迎至金陵，后渡江驻足于魏，止于嵩山少林寺，面壁 9 年而创一指禅推拿，距今已有 1400 多年的历史。

其实推拿疗法在我国历史更为悠久，早在 2000 多年的《内经》中就有岐伯创立按摩法的记载。佛教传入中国后，积极主动地适应和融入中华文化的环境中，在汉化中逐渐形成了中国禅宗。作为中国禅宗始祖，达摩面壁显然接纳吸收了我国上古时代按摩等传统医疗方法，综合了中国儒道理念和印度佛学思想，从而发明了一指禅。

一指禅推拿是载入《辞海》及《中文大辞典》的推拿学派。据《辞海》载："按摩术亦称一指禅。按摩创于岐伯，至达摩大备，于按、摩、推、拿四法之外，复增搓、抄、滚、捻、缠、揉六法，名曰一指禅。岐伯之术，施术者无须习内外功，而达摩一指禅，则须先练外功，使两臂及十指骨节能柔屈如棉，更练内功，调匀气息，贯全身之气力于一指之尖，使直达病源之所在，其功效有过于药石。"因此，我们有理由认为，一指禅推拿应是"一指禅"的意念和推拿按摩的具体方法相结合的产物。

"一指禅"原出自佛门，原系中国禅宗派的用语，意为万法归一。"一指"指大拇指，"禅"指静坐悟道，解脱心灵，有"专注一境""正审思虑"之意。有学者认为，一指禅推法借用"一指禅"之名，一是明确指出拇指是本法的主要着力与施术用指；更重要的是以"禅境"要求术者静思敛心，排除杂念，以一念代万念，定心冥想，专注于手法操作，即强调"意念"在本法操作全过程中的调控作用，以增强在持续运用过程中的着力点在治疗部位上的"吸定"能力。有学者强调，"一指禅"三字合而言之，就是医患双方共同将散乱的心念集定于一处，在医者为拇指之端，在患者为医者拇指所点之穴；医者调匀气息，意念守一，凝全身的功力内劲于拇指之端，潜心探究患者的疾病所在，然后循经按穴，扶正祛邪。

中医学在形成和发展中，接纳和综合了禅宗"明心见性"等思维方式，注入了佛学的新鲜空气，一指禅推拿就是一个典型的例证。

2. 传承谱系，清晰有序

一指禅推拿历经浮世沧桑，有相当长的时期在社会上无声无迹，几近灭绝。目前流传的一指禅推拿，由于缺乏文字稽考，只能根据师承相传的脉络，追溯到清咸丰年间李鉴臣大师的传承。李鉴臣传授给江苏扬州丁凤山先生，丁凤山又收弟子13人，自此至1949年前已发展门徒40余人。由于各医家在实践中不断积累经验，创造了许多独特的手法，一指禅推拿由原来不到10种手法，扩大到了30种手法，一指禅推拿趋于完整。

（1）一指禅推拿宗师李鉴臣：李鉴臣，生卒不详，河南洛阳人氏，少林寺武术高手，精于医道，尤擅长一指禅推拿。相传李氏曾为清宫御医，晚年居住于扬州。1861年前后，以一指禅手法为江苏扬州邗江人丁凤山治病，病愈后收其为弟子，由此开创一指禅推拿流派，故后世尊李鉴臣为江南一指禅推拿开山鼻祖。

（2）第二代传人丁凤山和《一指定禅》：丁凤山（1842—1915），江苏扬州邗江人，世医之后。丁凤山自幼酷爱武术，稍长随父丁富山习医。为咸丰年间武秀才，七品旗牌官。因生病不起，偶遇并结识了李鉴臣，李鉴臣以一指禅功为其点穴治疗，病愈后遂拜其为师，学习一指禅推拿。丁凤山勤学苦练，颇得李氏一指禅真谛，发展了一指禅推拿学派。他以指代针行医，治疗内外科疾病，擅长治疗脾胃病，其绝招是缠法治疗痈疽、喉痹、乳蛾。先行医江都（现扬州），后至沪上开业，就诊者接踵而至，在江浙两省颇负盛名，疗效卓著，自喻为"邗江钓叟"，又名趾禅、趾道人。今存《一指定禅》手抄本，著于清光绪二十年（1894），是一部介绍一指禅推拿的专著，被喻为"邗江钓叟袖珍之宝"，由此推测极有可能系丁凤山所著。

（3）丁凤山后裔门人：丁凤山在南京、上海一带广收门徒，入室弟子有王松山、钱福卿、丁树山等11人。

第三代传人王松山（1870—1962），江苏扬州邗江人。18岁拜师丁凤山门下，23岁业成，得其真传，先后行医于扬州、宁波、杭州、镇江、汉中、上海等地，名声噪起。后丁凤山将《一指定禅》手抄本传给了王松山，由其珍藏，"挚亲好友概不借阅"。民国时期曾任上海中医专门学校（上海中医药大学前身）教授，曾被编入民国时期的《上海名医录》。1958年执教、执业于上海中医学院附属推拿学校和上海推拿门诊部，三级教师（医师），收入室门徒有王子余、王纪松、王百川等16人。为了弘扬一指禅推拿，王松山毅然献出了《一指定禅》手抄本，油印成册，供后人学习借鉴。

第三代传人钱福卿（1884—1967），江苏扬州人，丁凤山早期弟子，15岁起随师学习达11年之久，常随师出诊，往返于江浙两省，有"小先生"之名。1911年在上海开业，曾为梅兰芳、黄炎培等名流推拿治疗。20世纪50年代起任教于上海中医推拿学校。精通"推、拿、按、摩、摇、揉、滚、点、缠、搓、捻、抖、抹、抄、弹、运、分、合"18种手法，最擅长"弹、缠、滚、抄"。著有《一指禅宗法》手稿，惜后来失落，留有部分由其孙钱裕麟收藏。弟子有钱志坚、韩樵、曹仁发、俞大方、钱裕麟等，钱裕麟再传赵毅、朱正奇、林贤、朱吉君等10余人。

第三代传人丁树山（1886—1931），江苏扬州人，一指禅推拿大师丁凤山堂侄，受丁凤山的嫡传，尽得一指禅推拿医术，来沪行医，享有盛誉，硕果尤丰。门人有丁鹤山、朱春霆、丁伯玉、沈希圣、钱砚堂、丁宝山等。

（4）第四代传人和我国第一所推拿学校：1958年，第四代传人朱春霆受政府委托，和王松山、钱卿福、丁季峰等推拿界同仁一起，创办起我国第一所推拿学校，即上海中医学院附属推拿学校，并设立推拿门诊部，自编教材，亲自授课。

朱春霆（1906—1990），上海嘉定人，出身于中医世家，上海黄墙朱氏世医后裔。从小接受岐黄熏陶，"巧岁"（15岁左右）随父侍诊，17岁父亲不幸病故，师从江苏邗江一指禅推拿名师丁树山，学习推拿医术。经过5年的艰苦磨炼，学成悬壶沪上，以一指禅诊治疾病。一连治愈数例疑难杂症后，声名鹊起，求诊者众多，不乏名人，如国画大师吴昌硕等。其以内、妇、儿科杂病见长，擅治头痛、失眠、劳倦内伤等杂病，胃脘痛、久泻、便秘等胃肠疾病以及关节疼痛等证。1957年起担任中央首长的保健工作，为刘少奇、宋庆龄、董必武、陆定一等治病，享誉京沪两地。其一指禅以散掌偏锋为特色，擅长"蝴蝶双飞势"，提出十字诀——"沉肩、垂肘、悬腕、指实、掌虚"。当时的国务院副总理陆定一称赞说，"朱春霆大夫能治顽疾，确为其他医疗方法所不能治，推拿之能独树一帜，非偶然也"。1958年创办推拿学校，亲任校长和推拿门诊部主任，著有《中医推拿讲义——文献》《推拿学概说》《推拿发展史》等著作，另将从民间所购的《一指阳春》一书贡献出来，先后培养了500多名推拿专业人员。其子朱鼎著《申江医萃——朱春霆学术经验集》，系统总结了他的学术观点。

王纪松（1902—1990），江苏邗江人，王松山长子，16岁从父王松山习推拿，22岁独立开门诊。1956年参与创办推拿医士训练班，20世纪50年代任上海市高血压研究所顾问，并协助中山医院开设推拿科，1978年起任岳阳医院推拿科顾问。擅长抄法、抹法、梳法、勾法等手法，以柔和、深透、持久、有力为特色。因拇指指间关节背伸角度较大，推法以螺纹面推法为主，手法运动时指间关节和掌指关节均行屈伸运动，一指禅推法柔和有力。实际操作时更是随势化裁，在腹部操作时，由于拇指指端和食指第一指间关节背侧同时着力，运动中犹如一空拳在腹部滚动，病家颇感舒适。临床上重视整体观念、辨证施治，提出了"辨证取穴""辨证运用手法"的观点，认为推拿要"以柔克刚"。擅长治疗高血压、头痛、头晕、胃脘痛、失眠、肾虚、月经不调、半身不遂等病证。1985年获上海市卫生局颁发的"从事中医工作五十年"奖。

王百川（1901—1977），江苏邗江人，王松山堂弟，19 岁起拜王松山为师，学习一指禅推拿，后至沪开业行医，曾拜针灸名家陆瘦燕为师，谙熟中医理论。自 1956 年先后任上海推拿医士训练班、上海中医学院推拿教师，并从事推拿门诊医疗工作，1976 年任岳阳医院推拿医师。其一指禅推拿特点为，拇指背伸幅度较大，以一指禅背腹推法为代表，还擅长振颤法、推托法、插法、摩法等，擅治消化不良、慢性胃炎、胃下垂、慢性结肠炎、失眠等病证。

丁季峰（1914—1998），丁树山之子，濡染家传一指禅医术，父殁后得堂兄丁鹤山传一指禅推拿法。1936～1952 年在沪自设诊所，改进一指禅推拿学派原有的㨰法，创造出独特的"丁氏㨰法"。1958～1960 年担任上海中医推拿学校、推拿门诊部教学、医疗工作，1979 年任岳阳医院推拿科主任，1980 年晋升主任医师，1985 年获上海市卫生局颁发的"从事中医工作五十年"奖，1990 年任上海市老中医药专家学术经验继承班指导老师，1995 年被评为上海市名中医、全国名中医，享受国务院政府特殊津贴。担任《中国医学百科全书·推拿学分卷》主编。其主要学术观点是：继承发扬，不墨守成规；取长补短，倡导中西医结合；发挥特长，尊重科学，制定适应证和禁忌证。

3. 内功推拿，融入其中

本人就读的上海中医推拿学校还有内功推拿学派马万龙、李锡九任教传授，其法也融入学员们的推拿手法之中。

马万龙（1903—1969），回族，12 岁迁居上海，随兄马万起习武，擅长武术与少林内功推拿，练就一身好武艺，有拳王之称，20 世纪 50 年代任教于上海中医推拿学校。

李锡九（1904—1994），北京昌平人，青年时来上海谋生，因贫病体弱得到马万起的诊治而复原，从而拜师学医，勤学 13 年，练就了一身好功底。医术手法有所发展。20 世纪 50 年代任教于上海中医推拿学校。

内功推拿学派的特点是，强调整体观念，扶正强身，要求患者练习少林内功的有关功势，结合于推拿治疗之中。常用手法有擦法、拿法（五指拿、捏拿）、点法（包括肘压法）、分法、合法、扫散法、理法、劈法、抖法、搓法、运法、牵伸法、击法（掌击、拳击、小鱼际击法及棒击法等），在人体按一定程序进行组合式操作，具有平肝健脾、和胃安神、温补胃阳的作用，以达到扶正达邪、解除病痛的目的。适用于劳倦内伤、胸胁迸伤、头痛、失眠、高血压、神经衰弱以及部分呼吸道、消化道疾病。常规操作：从头面到腰骶，涉及十二经脉和奇经八脉，有疏通经络、调和气血、调整脏腑的功效。理疗范围包括骨伤科疾病、内科虚劳杂病、妇科经带诸证等。

一指禅推拿学派传承主流谱系

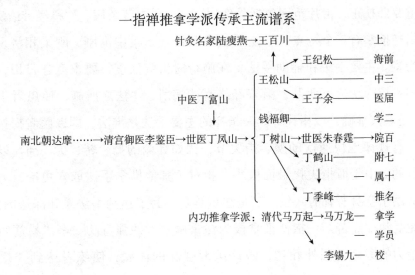

我作为上海中医学院附属医院推拿学校的前三届毕业学员，是一指禅推拿学派第五代传人。

4. 负薪构堂，扬名一指

一指禅推拿是临床医疗中不可或缺的一种医疗手段和治疗方法，既能治危急重症，又能治各种慢性病，有病治疗，无病健身，在非手术疗法中占有特殊地位，人人皆晓，深入人心，是众多推拿流派中一种独具特色的著名推拿手法，享誉江、浙、沪一带，我是这一流派的正宗第五代传人。

一指禅推拿流派以阴阳五行、脏腑经络和营卫气血等中医基本理论为指导，以四诊八纲为辨证手段，强调审证求因，辨证施治，因人而治，因证而治，因部位而治。其法具有疏通经络、行气活血、调整脏腑功能等功效，适用于气血失和，经络不通，寒湿凝滞，以脏腑病为主的病证。

一指禅推拿手法是一种治病的外治手法，主要包括推、拿、按、摩、滚、捻、搓、抄、缠、揉、抖、摇等12种手法。根据"万法归一"的法则，一指禅以推法为主要手法，故常将一指禅推法简称为一指禅。施治时强调将意气集定于大拇指，遵守"循经络，推穴道"的原则，以指代针，以柔和为贵，以动作细腻巧妙、取穴准确、接触面小而力感强而著称。临床操作循守推穴位、走经络的原则，强调手法柔和，深透有力，柔中寓刚，刚柔相济，要求必须有强劲的指力和熟练的手法，且按穴准确，手法施治应遍及全身各部穴位。一指禅推拿以推法和内功法为基本手法，遵循中医辨证施治、经络循行和标本兼治的原则，注重驱邪扶正，治疗范围包括骨伤病证、内科虚劳杂病、妇科经带诸病。

一指禅推拿有三个特点：一是手法柔和深透，柔中寓刚，刚柔相济，强调以柔和为贵。主要手法和辅助手法，在施行时讲究法度，要求意守丹田，气凝指尖，将一指禅功透入肌肤，沿着经络直达病所，"法之所施，使患者不知其苦"。二是取穴准确，以指代针。一指禅的主要手法是推法，即以医者拇指尖点按穴位，有规律地快速摆动腕、指关节，犹如针刺的捻、转、提、插，以达到治疗的目的。由于拇指尖接触面极小，相对于其他推拿手法取穴更准，力度更集中，适用于全身所有的穴位。三是注重练功。为了达到手法柔和深透的能力，使患者免受治疗痛苦，一指禅推拿极为注重施术者的强身功——"易筋经"及手法、指力的锻炼。练外壮功，锻炼医者强壮的体魄，使练者达到"缓节柔筋"、祛病健身的目的；练手指功，使指力强健，聚精、气、神于手指尖，柔能克刚。

20世纪60年代，推拿名家朱春霆首先提出了手法练习"沉肩、垂肘、悬腕、掌虚、指实"之十字诀，提出了手法持久、有劲、均匀、柔和四要素。考虑到人有强弱、证有虚实、部位有上下之分，还提出了"因人而治，因证而治、因部位而治"的推拿治疗原则。此后，推拿学者在此基础上不断总结，其动作要领是：医者手握空拳，拇指自然伸直并盖住拳眼，用拇指指端或罗纹面着力于治疗部位或穴位，以肘关节为支点，前臂行主动摆动，带动腕关节摆动以及拇指掌指关节或指骨间关节的伸屈运动，使所产生的功力轻重交替，持续不断地作用于人体治疗部位。动作要求在"十字诀"外，又加压力（自然压力，不可用蛮力），频率（每分钟120~160次），移动（紧推慢移）等。一指禅的练习是一个较为漫长的过程，手法掌握越熟练、做功时间越多，手法作用越好。

在50余年的推拿临床医教研工作中，我擅长运用一指禅推拿法，推、拿、擦、按、揉、点、拍、摇、扳、整、拔伸、定位旋转推拿复位法、牵引推拿复位法等诸法，治疗颈椎病、颈和腰椎间盘突出症、颈肩腰腿痛、颈椎半脱位、颈椎小关节错缝、颈部伤筋、肩周炎、小儿斜颈、四肢关节筋伤、骨关节炎、风湿痛、各种痛症、急性腰扭伤、腰肌劳损、退行性脊柱炎、半身不遂、胃痛、胃肠功能紊乱、消化不良、头痛、失眠、月经不调、痛经、盆腔炎、附件炎、小儿积滞、小儿消化不良、腹泻、小儿肌性斜颈等，刚柔并济，辨证施治相结合，往往立竿见影，手到病除，疗效显著。

至今，我还将一指禅推拿作为最主要的教学内容，让子弟勤学苦练一指禅推拿，并坚持将一指禅推拿应用到临床疾病中。在一指禅推拿的理论研究上，更是补充了中医推拿学的临床实践内容，拓展了中医推拿学理论知识范畴，在一指禅推拿事业中做出了杰出的贡献。

三、推拿学术思想

本人从事推拿临床 50 余年，在临床实践中总结出"病证合参，筋骨并举；博采众法，禅冠其宗；柔中寓刚，一拨见应；医禅结合，治养并重"的推拿学术思想。

1. 病证合参，筋骨并举

辨证论治是中医学术理论的主要特色，是前人在反复医疗实践中所获取的宝贵财富。辨证以脏腑、经络、病因等理论为基础，以四诊资料为依据，根据它们内在的有机联系，加以分析、综合、归纳，得出疾病的诊断——"证"。"证"是症状和体征，是脏腑气血功能异常的病理表现，提示了人体与疾病整体的规律性，是疾病发展阶段中力量对比情况的概括。这一理论在内科医师遣方用药中体现得较为明显。在临床推拿治疗过程中，不少医生往往强调对病的治疗，而对证的把握较为欠缺。

我认为，推拿治疗疾病应做到"用推如用药"，牢牢把握"辨证论治，病证合参"这一原则，辨病辨证结合运用。要根据不同的病证，运用不同的手法，在人体体表、穴位或部位上进行有规律的操作，从而达到治疗疾病的目的。在具体治疗过程中，应根据不同的病、证确定治法，辨证开方，按照"君臣佐使"的轻重关系，选取合适的推拿手法和治疗穴位，做到有的放矢。如寒证用燥法，可以解表、发寒；实证用泻法，可以通行。再具体地说，譬如在痛经寒湿凝滞证的治疗中，摩揉中脘至中极可疏经行气，化瘀散寒，故可选摩法、揉法为君法；而肝郁气滞证时，揉三阴交可疏肝行气，可选揉法为君法。根据中医证候的不同，还可辅以相关手法及穴位方，起到"应手见愈"之功效。再如，大牵引治疗腰椎间盘突出症，从三步八法到三步十法，辨证运用疗效明显。

"筋"一词早在《周易》中已出现。《周易·系辞》云："筋乃人身之经络，骨节之外，肌肉之内，四肢百骸，无处非筋，无处非络，联络周身，通行血脉，而为精神之外辅。"可见，最初的"筋"是指广泛分布于身体各部分的经络。《内经》中对筋骨有进一步的认识。《素问·痿论》载"宗筋主束骨而利机关也"，说明人体的筋都附着于骨上，筋的主要功能为连属关节、络缀形体，主司关节运动。《灵枢·经脉》曰"骨为干……筋为刚"，筋束骨，骨张筋，骨为筋起止之所，筋作用于骨而产生关节运动，为构成人身形体的重要组成部分。筋为机体活动的动力、联络之纽带，骨为全身之支架。筋络骨，骨连筋，伤筋可影响到骨，伤骨必伴有不同程度的伤筋。

《医宗金鉴·手法总论》曰："夫手法者，谓以两手安置所伤之筋骨，使仍复于旧也。但伤有重轻，而手法各有所宜。其痊可之迟速，及遗留残疾与否，皆关乎手法之所施得宜，或失其宜，或未尽其法也。盖一身之骨体，既非一致，而十二经筋之罗列序属，又各不同，故必素知其体相，识其部位，一旦临证，机触于外，巧生于内，手随心转，法从手出，或拽之离而复合，或推之就而复位，或正其斜，或完其缺，则骨之截断、碎断、斜断，筋之弛、纵、卷、挛、翻、转、离、合，虽在肉里，以手扪之，自悉其情，法之所施，使患者不知其苦，方称为手法也。"

诸如一指禅推法、滚法、揉法、拿法等松解类手法，能行气活血，消肿止痛，解除筋肉痉挛，从而达到松解软组织、平衡肌力、解痉止痛、滑利关节、促进血液循环的作用。旋转法、扳法、拔伸法、背法等整复手法，可作用于骨关节，起到矫正关节错缝的作用。在临床治疗中，尤其是伤科疾病的治疗中，常因筋伤与骨伤并存，应揉筋与正骨并举，方可起到"骨正筋柔，气血以流，谨道如法，常有天命"之功效。

2. 博采众法，禅冠其宗

我先后求学于合肥医士学校、上海中医学院附属医院推拿学校、安徽中医学院夜大及安徽省卫生厅举办的"国术推拿"学习班。学习期间，跟随中医推拿界各流派名家系统全面地学习各派手法，吸取了众流派的宝贵经验，尤其通过求学于一指禅推拿学派传人朱春霆、王纪松、王百川、丁季峰，内功推拿学派李锡九，奠定了推拿学术思想的基础。工作期间，勤于治学，本着"兼收并蓄、去杂存精"的精神，在研习了各推拿流派手法的基础上，总结出一套具有个人特色的推拿手法。

我通过对自己临床常用手法频次分布的研究发现，一指禅类手法应用频率居于所有手法之最。一指禅推法的特点是频率较快，大于每分钟200次，称为缠法，又称小步子推法。但在具体治疗不同的疾病时，不必拘于一法，可杂糅其他各类推拿常见手法。一指禅手法与其他手法有着明显的区别，它的力是在"点"的基础上连贯成"线"的，即通常所说的"推穴位，走经络"。其动作要领是"沉肩，垂肘，腕平端，指（拇）吸定，行走如直线，捺劲要大（向外摆动的力量），回劲要小（向内收的力量）"。

此外，还应强调掌握拇指与其余用指的关系。拇指要实（着力部位），手掌要虚，不能捏紧。除了拇指着力外，其余的动作都要体现出一个"松"字。如肩、肘放松则不容易疲劳，腕关节放松则摆动灵活而均匀，使力能集中在拇指上。从外表看来，医者动作非常轻松自如，并且富有节律，似乎医者没用劲，但病者被治疗的部位却有一股柔和而舒适的感受，其力由点成面，渐渐地渗透到肌体深部，从而起到治疗作用。由于一指禅手法是属于中等刺激量的手法，而且又有渗透、柔和的特点，在临床治疗中，适应证也比较广泛，在伤科、内科、妇科及儿科疾病的治疗中均有较好的疗效。

3. 柔中寓刚，一拨见应

一指禅派手法强调手法柔和深透、柔中寓刚、刚柔相济，特别强调以柔和为贵。主要手法和辅助手法在施行时讲究法度，要求意守丹田，气凝指尖，将一指禅功透入肌肤，沿着经络直达病所，"法之所施，使患者不知其苦"。

我认为，一指禅推拿手法之柔中寓刚，主要体现在四个方面，可以用巧、准、量、效四个字来概括。

（1）巧：医者在采用一指禅推拿手法治疗时，往往被动运动做得勤快，而推、捺等手法多显得不足，很不协调，这样会增加病人疼痛感，也会影响效果。整复手法一般在推、捺、揉、搓等手法进行以后（脱臼不宜）、局部软组织松弛后施行为好，否则成功率就低。手法除了常规手法还有辅助手法，其中包括俗称的"小手法"。"小手法"是医生在临床实践中根据病情的客观需要而运用的变通之法，所谓"手法之变，存乎一心"，临床必须有相当火候，才能把"小手法"运用得得心应手。所谓心灵手巧，手感很重要，手法有没有技巧不能看外表，关键在于思想内存，灵活于外。功夫要练，思想要悟，要通过长期摸索打好基础，进而融会贯通，自然熟能生巧。

（2）准："准"字有推拿手法选择要精准和穴位定位要精准两层含义。

医者在临床中，应根据病人病情、部位、身体情况的不同，准确地选择适宜的治疗手法，且有轻重、疾徐（快慢）、大小之别。同一种手法在人体不同部位，其幅度亦有大小之别。就㨰法而言，肩背腰腿部位幅度稍大，而在关节部位幅度则要适当控制。手法根据不同的病情、不同的部位，而有轻重之别。医者手法轻重是从病人的病情、体质等客观出发的，而且还须重视病人的适应度，以病人适应为宜，原则是"知者即止"。

一指禅的主要手法是推法，即以医者拇指尖点按穴位，有规律地快速摆动腕、指关节，犹如针刺的捻、转、提、插治法，以达到治疗的目的。由于拇指尖接触面极小，所以相对于其他推拿手法取穴更要求准确，力度更要集中。一指禅推拿主要是推、㨰二法，其他手法配合运用。大拇指罗纹面适用于全身、脸面部。指端适用于骨缝、关节、穴位。㨰适用于大面积、大关节处及腰背四肢，适用于湿证的治疗。

（3）量：一指禅推拿手法的力是一种功力，不能单纯理解为"用力""有力"，可以理解为医生通过长期锻炼而产生的协调力。手法很有讲究，根据手法要领、患者病情和体质的客观需要，综合考虑用力，术语曰："力宜灵，不宜滞。"其中的轻重缓急、揉软深透，大有讲究。譬如以大拇指偏峰（少商）推头面部，力度要轻；泻法治疗实证，刺激量要大，力度要强，以促进气血流通，所谓通则不滞；补法治疗虚证，要求力度要柔和，深透病灶。

一指禅派手法有两个代表性手法，即推法和㨰法。推法要领为，沉肩、肘，腕端平，手握空拳，指吸定，指实，掌虚，腕关节主动带动指关节，蓄力手掌、着力于指，摆动快而不乱，慢而不断（一般每分钟 160～200 次，缠法超过每分钟200 次），行如直线等。这一要领要求把肩肘腕等部位放松，不可有一处僵硬，同时以腕关节为主动，带动指关节及肩、肘等关节，也就是说后者处于被动地位，促使腕指关节的协调。要领中提到的蓄力于掌、着力于指，㨰法也有蓄力，㨰法手形若握杵（虚握），保持圆柱形。一般理解为圆柱形便于滚动，其实还有蓄力一层意思，即蓄力于掌、着力于手背小鱼际。蓄力手足握状，但不能紧张。至于其他手法，也以掌心微涵为好。

20 世纪 50 年代，我国对推拿手法进行了临床试验研究，尤其是手法作用机理的探讨，开展了推拿对肌肤、肌肉、关节、肌腱、神经系统、镇痛物质、血液、心血管、血液循环、淋巴系统、消化、呼吸、代谢等方面的定量化研究。21 世纪是生命科学新世纪，医学领域包括推拿学科，在新技术的带动和推动下，有全新的发展。

（4）效：所谓效，要求是一拨见应。《史记·扁鹊仓公列传》载："上古之时，医有俞跗，治病不以汤液醴酒，镵石挢引，案扤毒熨，一拨见病之应。"其原意指名医俞跗摸脚治病不用汤药、不用药酒、不用砭石、不用摇动和按摩筋骨、不用牵动和推拿皮肉、不用热灸敷药，只要找到脚上的特效穴，点拨之间就治好了病。推拿医生必须勤于治学、苦练手法，熟练把握不同疾病的性质及不同手法的功效，在临床治疗中做到"手法精巧、定位精准、力度精确"，方可起到"一拨见应"之功效。

4. 医禅结合，治养并重

"禅定"的思想在一指禅中是十分重要的。"禅"，可译为静虑、沉思，或"思维修"。"定"，指的是专注不移，一心一意。《六祖坛经》云："心尘则种种法尘，心灭则种种法灭。"一指禅推拿要求术者意守丹田，将意念贯注于手法中，正如禅修所要求的意念集中。同时患者也要安定，专注被操作的穴位上。一指禅其实就是医患双方共同将散乱的心念集定于一处，在医者为拇指之端，在患者为医者拇指所点之穴。医者调匀气息，意念守一，凝全身的功力内劲于拇指之端，潜心探究患者的疾病所在，然后循经按穴，扶正祛邪，是一种推拿操作"意到气到，气到病除"的境界。

临证中亦体现了"禅"的精神。在一指禅推法操作时，医者必须思想集中，两目凝视，舌抵上腭，鼻息调匀，气沉丹田，将全身功力运至拇指之尖。尔后，慢慢轻缓地落指于施治的穴位上，和患者息息相通，融为一体。此外，要求医者百节放松，百脉开通，四肢百骸无一僵硬，达到柔和的境地，所谓"天下之至柔，驰骋天下之至坚"。强调自然着力于指端，不要刻意向下按压和使用盲力。

在推拿治疗疾病的同时，应重视推拿的养生保健功能，即推拿的"治未病"功能。推拿具有疏通经络、调和气血、扶正祛邪、平衡阴阳之功效，常人应用推拿可达到防治疾病、强健身体、延年益寿的功效。人体的穴位很多，它是人体脏腑经络之气散发、出入的部位，又是防治疾病的处所。穴位像药物一样，有其一定的功能和主治作用，如刺激大椎、足三里、气海等穴，具有中药黄芪、人参的补气作用，刺激三阴交、血海，有同当归样的补血、活血作用。推拿属自然疗法，既能保健又治病，适用于全身，用于内外伤、五官各科疾病都有疗效，没有副作用，是中医富有特色的外治法。事实上，推拿学科现已成为我国人民健康事业必不可少的医疗保健学科。

在长期的教学临床实践中，我坚持理论联系实际，系统运用推拿诊疗技术、手法、技能、技巧及操作方法，在临证中将中医理法方药思想与辨病施治相结合，着力解决本学科教学中的难题和临床诊疗中的疑难重症，积累了丰富的经验，为我国推拿医学的传承和发展做出了重要贡献。

（黄辉、何光远、杨永晖、李韬协助整理）

罗金官

罗金官（1935—　），北京罗有明中医正骨医院主任医师，著名骨伤科专家罗有明女士的内侄和传人。从医六十余载，秉承了北京双桥罗氏家传医术的精髓，并加以总结提高，使罗氏正骨经验逐步走向科学化、理论化、系统化。罗氏伤科手法独特，疗效高，见效快，在国内外享有很高声誉，早在20世纪60～70年代就被周恩来总理所推崇，中央电视台（现中央广播电视总台）《东方之子》等媒体曾予以专题报道。罗氏伤科手法是以拿捏对位为准则，顺气行血、疏通经络为治则，即"顺行者气血通，逆行者气血阻"，以"骨当正、筋当顺、瘀血散、气血通，正骨理筋手法灵，手到病除见奇功"为罗氏正骨特点。

主要著作有《罗氏正骨心法秘诀》《罗氏正骨入门》《罗氏中医骨伤》等书。经几十年临床实践，采取传统中医正骨疗法与西医相结合的方式，运用"八字触诊法"及罗氏各种正骨手法，进一步摸索出了一整套行之有效的骨伤治疗方法。

一

余出生于河南夏邑罗氏中医骨科世家。1953年余18岁时，从老家来到北京跟随姑姑罗有明学医。人称双桥老太太的罗有明大师，从小就跟随祖母摸骨头、找感觉、听声音、看反应，16岁独立行医至今，是当今行医时间最长、治愈病人最多的大夫，有"神医圣手"之称。无论病人伤在何处，伤轻伤重，她只用手轻轻触摸，观察患者表情变化，感受受伤部位寒热程度，即可进行综合分析判断，不用看X线片，就可以分辨出骨断、骨碎、骨裂、脱臼、错缝或软组织挫伤等种种情况，同时还能诊断出骨质增生、钝厚、变硬、萎缩等状况。她以"推、拿、按、捏"和"稳、准、轻、快"的特点，使病人轻松治疗，快速康复。姑母罗有明的高超医术曾受到周恩来总理、李先念主席等国家领导人的称赞。姑母言传身教，手把手地教余摸骨头、找感觉、听声音、看反应。姑母亲授"顺行者气血通，逆行者气血阻"；"骨当正，筋当顺，瘀血散，气血通，正骨理筋手法灵，手到病除健奇功"；"借病人之力，用病人之实"的罗氏正骨心法。在姑母的严格教导和精心点拨下，加上自己勤奋好学，不断实践，余终于掌握了罗氏正骨秘诀，并有创造性发展，从而成为姑母的得意门生，为罗氏正骨第六代传人。

余跟姑母苦学3年后，21岁便能独立行医。不仅将姑母的"绝招"学到手，而且在半个世纪的临床实践中得到了验证，在家传的各种正骨手法基础上更注重中西医结合。余以"手法诊断、手法治疗、诊断准确、疗效奇速"而著称，无论病人伤在何处，伤轻伤重，余用手轻轻触摸听其伤处细微的声响，观察病人的表情变化，感受受伤部位的寒热程度，再结合手指的力度和感觉，综合分析判断，不用看X线片就能分析出是骨断、骨碎、骨歪、脱臼、错缝、筋出槽或软组织挫伤。有时在X线片上观察不出的伤情，余用手法诊断就能辨别出来。余常戏称自己是个捏骨匠，行医靠的是手感、技巧，讲究眼看手多摸，讲的是罗氏手法秘诀、八字触诊法等。

指针点穴法是余掌握的罗氏家传绝技，即按人体部位的伤情，用手或指取穴点穴，点、按、捏、拿、叩、触、推、击，冲刺穴位和经络循行路线，达到酸、痛、胀、麻或传热感。此法不但可以治伤医病，还可以缓解病情。骨科病人都希望在不开刀的情况下治好病，还有些病人确实没有经济能力接受手术，在这种情况下，用手法进行保守治疗是最受患者欢迎同时可帮助患者有效解决痛苦的方法。

余从事正骨医疗几十年，恪守明·李中梓"医者人之司命""生命反掌之操也"及清·喻昌言"医，仁术也，仁人君子，必笃于情。笃于情，则视人犹己，问其所苦，自无不到之处"之训，治好了数以万计的骨伤科患者，其中不少是高难度的治愈案例，被一些骨伤专家及名流学者认为是骨伤科史上的奇迹。如有一次在北京街头，一位母亲守着躺在担架上的少女放声痛哭，引来路人驻足。原来，这名17岁女孩来自广西南宁，由于跳鞍马不慎，使颈寰枢椎错位、骨折，压迫脊髓神经，导致全身瘫痪，连话都不能说清楚，由于颈椎固定，只能往嘴里灌点汤水。全家倾家荡产也没能让她站起来。余见此情景，将女孩抬到自己医院，将病人的固定全部取下，热敷后，经过一番摸、拿、推、拉、捏，病人的颈环椎复了位，欣喜地说："我好了！全身发热，双腿都热啦"。其母轻轻地扶女儿站起来，试着走了两步，一家人都惊呆了，躺了一年的病人只一小会儿工夫，就神奇地好了。

二

"不为轩冕肆志，不为穷约趋俗"是姑母罗有明一生之写照。姑母身怀绝技，一辈子两袖清风，淡泊名利。姑父为老长征干部，是中央警卫连排长，常是毛主席、周总理、朱老总等中央首长的座上客。余学成后，也曾为很多国家领导人治过病。但余姑侄俩并没利用这种特殊的身份谋求分毫私利，一直在基层安于本职，至今住平房挤公交，过着简朴的生活，并多次谢绝其他国家的出访邀请，多次婉拒别人的巨额礼金。受惠于罗氏医术的国画大师齐白石、徐悲鸿、李苦禅等都曾先后向余姑侄俩赠送画作。一次为徐悲鸿大师看病，徐指着挂在墙上的几匹奔马对余姑侄说："为了感谢你们为我全家治病的恩情，我的几匹马随你牵"，余姑侄俩谢绝，"给人家治病不收礼，这是我们的信条"。

随着罗氏正骨技术的推广和名声远传，每月求诊者门庭若市。为了适应患者的需求，也为了培养出更多正宗的罗氏传人，余于1981年提出申请，希望成立中医骨伤科医院。在有关国家领导人的关怀下，由国家、北京市政府、朝阳区政府三方出款，余亲手筹办的罗有明中医骨伤医院成立了。至今，医院的挂号费仍是5角钱，是北京收费最低的。姑母罗有明、余和女儿罗翠花，三代同堂，悬壶济世，姑母直到100岁还坚持看病。

罗有明中医骨伤医院坐落在北京东郊，这所名闻遐迩的中医骨伤医院与宽敞而富丽堂皇的大医院相比，确实简陋、寒酸。因为众多原因，这所专科医院20多年没有发展变化，余对此感到担心和痛心。担心的是，随着老中医的先后离世，正宗的传统医疗技术也将随之失传；痛心的是，发扬光大中医药事业的口号已经喊了几十年，不论从基础建设、学科建设，还是人才培养等方面，中医都没有西医发展得快。"为什么干中医这么难？"令人深思，发人深省。

中医药事业的发展需要社会各界的支持，特别需要政府机关和有关管理部门的重视与扶持。余认为，关键是思想认识问题，虽然国家三令五申抢救和继承名老中医的学术经验，也采取了不少措施，但具体到基层，有些部门、人员仍对此重视不够，人员配备有限，投入资金少，以致中医西化严重，按照西医模式改造中医的状况依然存在。中医药发展，关键一条是扶持不能停留在口头上，而要落实在行动中。

罗氏正骨心法经300多年的发扬，家里古书古方成堆，余愿意贡献出来，希望更多的人学习继承，把家传的罗氏正骨技术发扬光大，造福百姓。余有着一双为患者治疗骨病的手，还有一颗爱国为民的赤诚之心。如果政府支持，余打算在中医骨伤医院的基础上，办一所中医骨伤临床培训学院，培养大批临床实用人才，切实为老百姓解除病痛，将罗氏正骨技术一代一代传下去。

余常说，会看病的救了人，不会看病的害了人。其原因是耽误了病人的最佳治疗时机，致使病人残废或死亡，不仅给个人、家庭、社会带来了严重损失，还玷污了中医的崇高声誉。目前，有些学习中医的人胸无大志，学习知识浅尝辄止，又懒于实践，这样怎能掌握中医的真谛？中医药学博大精深，只要用心钻研医术，吸收古今贤达的各种医理和治疗方法，并在临床实践中加以验证，不断创新，都会有所收益的。余认为，对于中医学术的发展和中医医疗技术的提高，中医药界要达成共识，即中医首先姓"中"，这是发展中医药的方向，不按照中医的理论和方法培养中医人才，教出的学生自觉不自觉地就会偏离方向，失去了中医药学的传统，中医药学就不姓"中"了。脱离辨证施治理论指导的中医药，也就不是完整的中医药，不是原汁原味的中医药了。

几十年来，西医改造中医的做法，对年轻人影响很大。从事中医骨伤的大夫，以开刀治疗骨伤为能事，对不开刀、痛苦少、见效快、收费低的传统正骨反而不予重视，弃之不用。其实，传统的中医正骨是我国医学宝库中的重要组成部分，是关于人体骨骼关节及软组织肌筋损伤的"外因内在学"。我国古人在没有接触西方医学之前，就已经在治疗人体骨损伤疾病方面积累了丰富的经验。余师从正骨名家姑母罗有明，对师承家传学习正骨有深刻的体会。余认为，古代几乎每个时期，都有一批杰出的名医产生，那时既无大学，又无医院，这些名医是怎样成长的？学术重于衣钵，治疗积于经验。余跟随罗有明姑母多年，一起出诊，观察各种骨伤病人，其中心法秘诀，非口授不明；穴位要求，非指点莫悟。所以，中医讲究真传，重视师承家传的方法，可以使学有根底，术业日有长进。中医药的临床实践，验证了这门医学是科学的。不是中医不行，而是有些从事中医的人不行。凡是古代名医，从医的志向总是与百姓疾苦、社会的需要紧密结合在一起的，从而产生一种强大的动力，驱使他们为之奋斗。他们学医不论是拜师求友，还是闭门苦读；不论是刻苦钻研，还是勤于实践，都要付出巨大的代价。正是由于他们勤求古训，博采众方，日积月累，注重临床，才为成为百姓心中的名医打下了深厚的基础。正如陈宗锜在《医学探源》中所云："汝辈当为'明医'，精通医理，务尚'名医'。"

三

余 1953 年从师于姑母罗有明习家传罗氏正骨，秉承了北京双桥罗氏家传医术的精髓，并加以总结与提高。现在北京罗有明中医骨伤医院任职，是全国第三批名老中医学术经验继承指导教师，广州中医药大学、广东省中医院特聘教授。在多年的临床实践中，余根据罗氏正骨秘诀，注重中西医结合、经验和理论结合，摸索出了一套治疗各种骨折、骨病和软组织损伤的方法。著有《罗氏正骨心法秘诀》《罗氏正骨入门》《罗氏中医骨伤》等书，并有《人体骨营养与骨健康》《四季养生》等多篇论文发表。清·吴瑭尝云："医，仁道也，而必智以先之，勇以副之，仁以成之。"罗氏正骨此之谓也。余善结仁义，广交朋友，一切为了中医整骨事业而不遗余力之海内外同道，皆为吾之座上客。诚如《庄子》所云："身在江海之上，心居乎巍阙之下。"余之同慨也。

张奇文

张奇文（1935—　　），主任医师，教授。山东潍坊寿
光人。幼承师训，先背诵《药性赋》《汤头歌诀》《濒湖
脉学》等中医启蒙著作，继而学研四书五经、《黄帝内
经》《难经》《伤寒论》《金匮要略》及诸家医籍。1954
年考入昌潍医校，1957 年以优秀毕业生身份留校任教。
时值国家实施西医学习中医政策，翌年调入昌潍地区人
民医院中医科工作，拜儒医郄秋浦、曹同文为师，尽得
其传。其间以医德医术共馨而受到党和群众的赞誉，
1960 年被评为全国劳模，出席全国文教卫生"群英会"。1962 年又拜名老中医
蒯氏家传三代儿科专家、潍坊市中医院蒯仰山院长为师，程门立雪，凡五易寒
暑，尽得蒯氏小儿科家传之秘。其后出任潍坊市中医院院长，1979 年调入山东
中医学院任中医系主任。历任山东省中医药研究所所长兼省中医院副院长、潍
坊市卫生局党委书记兼局长、山东中医学院党委书记、山东省卫生厅副厅长
（正厅级）。为山东省政协四、五、六届委员。作为学科带头人，历任中华中医
药学会理事、常务理事，中华中医药学会儿科专业委员会主任委员，山东省医
学会会长，山东省中西医结合学会会长。临床精于儿科、妇科，且内、外、五
官科亦有所长。勤于笔耕，先后主编出版了《实用中医儿科学》《儿科医籍辑要
丛书》《幼科条辨》《古今儿科临床应用效方》《妇科医籍辑要丛书》《山东中医
药志》《实用中医保健学》《中医养生法》《孔氏医案校评》《长寿秘诀选注》
《乡村医生中医临床顾问》《温热病证治精华》《中国灸法大全》《名老中医之
路》等十余部大型著作。1996 年被英国剑桥国际名人传记中心收入《世界名人
辞典》；2003 年被评为山东省名中医药专家。

学之广在于不倦　不倦在于固志

"古之医师，必通于三世之书：一曰《神农本草》；二曰《灵枢针灸》；三曰《素女脉诀》。脉诀可以察证，针灸可以去疾，本草可以辨药，非是三者不可言医。"余幼承庭训，受业于四祖父世恩公，先熟诵《药性赋》《汤头歌诀》《濒湖脉学》等中医启蒙著作，及长学习四书五经，其后上溯《黄帝内经》《难经》《伤寒论》《金匮要略》，下及汉唐以降之诸家医籍。此即"立身之道，惟谦与学"之谓也。诸葛亮在《诫子书》中有"非学无以广才，非志无以成学"之论，且晋·葛洪《抱朴子》中有"学之广在于不倦，不倦在于固志"之语，故余"焚膏油以继晷，恒兀兀以穷年"，旦夕手不释卷，一一参明融化机变，印之在心，慧之在目，故学业日进。

习医之初，余之四祖父以范文正公"不为良相，即为良医"之言及"大丈夫不能为宰辅以善天下，即当为国医以济世人"之古训，朝夕诱掖，启迪于余。余深感"良相燮理阴阳，平治天下；良医燮理阴阳，挽回造化。故医为仁术，功与良相同"。并以龚信之语自勉："为医者，当心存仁义，博览群书，精通医理，洞晓阴阳，明知运气，药辨温凉，脉分表里，治用补泻，病审虚实，因病制方，对证投剂，妙法在心，活变不滞，不炫虚名，惟期博济，不计其功，不谋其利，不论贫富，药施一例，救死回生，恩同天地。"四祖父世恩公要余日课必先讲孙真人大医习业之一，大医精诚之二，治病略例之三，并再三叮嘱：背诵要朗朗上口，会意须熟烂胸中。此时，余刚满10岁，因政局动荡而辍学。祖父世富公早年业医于金陵汉西门外四古井附近，在余刚满周岁时因患"吐血症"返回故里，月余病逝，临终前将余托给其四弟世恩公，四祖之学医乃受业于祖父。在余孩提之年，四祖便耳提面命常与余谈到其兄临终前之遗嘱，自幼对余倍加关爱。余虽不记祖父之尊容，但四祖父常讲其兄长习医之经过及其刻苦求教之事例，余尚能心领神会，立志要继祖业之心由来久矣。

"盖医学通乎性命，知医则知立命也"。为传承祖业，弘济世活人之志，余在本村四祖与肖学文、张国祯合办之"同德堂"药店学徒3年。1947年国民党进攻解放区，四祖父以"加入共产党"之罪，被叛徒告密，五花大绑被押至离我村十里路的邢姚村，余目睹这一情景，哭着拖住四祖父的腿，被顽匪一枪托打翻在地。同德堂被查封，父亲、叔叔四处求人说情保释，谁也没想到两天之后，四祖父竟被枪杀在邢姚东弥河河滩里。收尸那天，举家悲痛欲绝，全村老少云集村南墓地。四祖父头部连中两枪，惨难入目，时年52岁。事后余连病10日，卧床不起。北半截河村临近诸村父老乡亲闻讯赶来吊唁，对国民党乱杀无辜，就连一个受人尊敬的"乡村郎中"也不放过，无不恨之咬牙切齿。国难当头，余牢记这一永生难忘的场景，同时也不时回忆跟随四祖父学习辨药、制药、配药及背诵中医启蒙著作的情景，立志做一名受群众爱戴的中医。

待中华人民共和国成立后，余中学毕业时，山东乃至全国尚无中医药院校可以考取，为传承祖业，弘济世活人之志，余于1954年考入了昌潍医校（潍坊医学院前身）。在学习西医之余，还组织了课外中医研究组，受到校长关注。1955年"五四"青年节，全校举办学生演讲大赛，余以"继承和发扬祖国医学遗产"为题参赛，获第一名。1957年，余以优等毕业生身份留校任教。时值国家实施西医学习中医政策，余于翌年调入昌潍地区人民医院中医科工作，拜晚清秀才儒医郊秋浦、名医曹同文为师，二师乃儒医也。受业之初，即以"医者，必先知儒理，然后方知医理，或内或外，勤读古今明医确论之书"为务，以"汝辈当为'明医'精通医理，勿尚'名医'"为要。随师期间，余深明"积一时之跬步，臻千里之遥程"，废寝忘食，学如不及，犹恐失之，故百倍其功。余与二师同吃同住，白天侍诊，晚上在老师指导下重新学习《内经》《伤寒论》《金匮要略》等经典著作，并结合临床学习《温病条辨》《温疫论》《时病论》《医宗金鉴·杂病及妇、儿科心法要诀》等。此即《易·乾》所云"君子学以聚之，问以辨之"之意也。余本着"术业有专攻"和"转益多师为吾师"的前贤垂训，把中医的命运和前途与自己紧紧地联系在一起，立志做一个无愧于祖宗的中国人，当一名对得起病人的称职医生。通过医疗实践，逐渐明识"医者，理也，医之为道非精不能明其理，非博不能致其约。能知天时运气之序，能明性命吉凶之数，处虚实之分，定顺逆之节，察疾病之轻重，量药剂之多寡，贯微洞幽，不失细节，方可言医"之道，从而学撷古今，法弘中西，力求成为一位"明医"。余视救急扶伤为医者天职，以必重医德而守原则为己任，因医德医术共馨而受到党和群众的赞誉，于1960年被评为"全国劳模"，出席全国文教卫生"群英会"。1962年，余又拜名老中医蒯氏家传三代儿科专家、潍坊市中医院蒯仰山院长为师，程门立雪，凡五易寒暑，尽得蒯公小儿科家传之秘。蒯师要余在精通中医基础理论的前提下，多读从《颅囟经》到《小儿药证直诀》；从《小儿卫生总微论方》到《婴童百问》；从《幼幼新书》到《幼幼集成》；从《活幼新书》到《保婴撮要》；从《少小婴孺方》到《小儿杂病诸候》；从《幼科发挥》到《幼科心法要诀》等多部中医儿科专著，对余寄予厚望，希冀余"师古不泥古，创新不离宗"，结合时代的特点，创建出高于先人的中医儿科理论体系。其后余出任潍坊市中医院院长，1979年调入山东中医学院任中医系主任，历任山东省中医药研究所所长兼省中医院副院长、潍坊市卫生局党委书记兼局长、山东中医学院党委书记、山东省卫生厅副厅长（正厅级）。作为学科带头人，余兼任中华中医药学会儿科专业委员会副主任委员、主任委员，山东省医学会会长，山东省中西医结合学会会长。不管职务如何改变，余要做一名受群众信赖的医生的初衷始终不变，坚持临床、读书、问病的天职不变，即使在主持山东中医学院工作期间，也是如此。

余多次出国讲学，并出任澳洲中医学院特聘资深教授及澳洲全国中医药针灸学会联合会名誉会长、学术顾问至今。

"无波古井水，有节秋竹竿"。余从卫生厅厅长的位置退下后，以"咬定青山不放松"的执着精神，在家乡潍城曹家巷先办"本草阁"，后在福寿街早春园办起了百寿堂中医药人才培训中心，用"师带徒"的方法培养中医药后继人才，沉潜社区，服务百姓，造福一方。余临证以十全计上律己，不以九折称良，深受半岛百姓的爱戴，被誉为"厅级郎中"。比踪古哲，忆述今贤，正如晋·杨泉在《物理论》中所云："夫医者，非仁爱之士，不可托也；非聪明理达，不可任也；非廉洁淳良，不可信也。"原山东省委苏毅然书记曾问余："奇文同志，您退休后，有什么感想和转变？""鬓发励志，白首不衰。"余感慨地向关爱自己的老领导汇报说："有两大改变和感想，一是从坐'奥迪'到'打的'；二是从吃'大酒店'到吃'路边小店'，与人民群众的距离越来越近了，就是想为继承和发扬中医药事业做点实事！"

余自撰几副对联，在诊室中悬壁以自律：

"早春园春来早年年都是春长在；福寿街百寿堂天天皆为长寿忙。"

"医易相通义理燮阴阳救急扶伤为己任；药针结合精华含日月活人济世体天心。"

"医术亦天工应世以仁慈为本；药材原地宝救人惟危急当先。"

《易经》曰："天行健，君子以自强不息。""地势坤，君子以厚德载物。"张岱年先生称"自强不息"与"厚德载物"为中华民族之精神。"道德为师，不以物惑"，此即无恒德者不可以作医之由也，故孙思邈之"大医精诚"足为医者师事之。

他山有砺石　良璧逾晶莹

历代德高望重有真才实学的名中医，都有雄厚的文史哲基础并精于医道，故有"文是基础医是楼"之说。这实际上形象地说明了医学巨匠大师们的知识结构。余一生力求学贯古今，术兼中西，精通经史，熟谙诸子百家，俾知识跨越专业界河，纵横捭阖于不同领域，治学力求以博取胜，以通成才，故在中医学术上稍有建树。《内经》有"其知道者，法于阴阳，和于数术"和"夫道者，上知天文，下知地理，中知人事"之论。孔子称"通天地人曰儒"，医亦同之。《伤寒来苏集》季序对此则有精辟的论述："世徒知通三才者为儒，而不知不通三才之理者，更不可言医。医者，非从经史百家探其源流，则勿能广其识；非参庄老之要，则勿能神其用；非彻三藏真谛，则勿能究其奥。故凡天以下，地以上，日月星辰，风雨寒暑，山川草木，鸟兽虫鱼，避之异域之物，与夫人身之精气神形，脏腑阴阳，毛发皮肤，血脉筋骨，肌肉津液之属，必极其理，夫然后可以登岐伯之堂，入仲景之室耳。"此即"医易相通"之谓也。余之诸蒙师皆儒医，对余学术影响尤深，故常以"凡学医必须参透儒理，儒理一通，学医自易"之语晓喻后学。余对中医"整体观念""天人合一""辨证论治""医药结合""针药结合"的观点，均有较深理解，故而在小儿腹泻、百日咳、麻疹肺炎、乙型脑炎、痢疾、婴儿瘫等疾病的治疗中，结合温病学说，循天之道，而冶伤寒与温病于一炉，融扶阳气、存阴液于一体，取得显效。他如小儿扁桃体炎、上呼吸道感染，均结合时令，加减化裁，亦取得可喜疗效。余专攻儿、妇科，对内、外科常见疾病也曾拜名师求教。对扁桃体肿大、鼻息肉、肠息肉、胆囊息肉及妇科的子宫肌瘤、卵巢囊肿、子宫内膜异位症等疾病的临床研究亦颇多心得，先后在国内外期刊发表论文78篇，受到了同道的关注。

清·郑世元在《感怀杂诗》中有云："他山有砺石，良璧逾晶莹。"故余以海不辞水、山不辞土石之勤学精神，而兼谙针灸、推拿、气功等非药物疗法和外治法。针对时下国内、国外有"存针废灸"之倾向，余集古今灸法之大成，主编出版了《中国灸法大全》一书，力求挽回"重针轻灸"的局面，步"扶阳学派"之后尘，阐发"阳主阴从"之道理，还其针与灸并施的本来面目，以救式微之元阳。孙思邈在《千金要方》中，开宗明义地说明了一个好医生不仅要懂医懂药，而且要懂得针灸、推拿等非药物疗法，非此者，非良医也。灸法是一种用火治病的方法，在中华大地上已流传达数千年之久，世代相传，为我国的医疗保健事业做出了卓越的贡献。灸法虽历经兴衰之变，但它的卓著疗效已被举世公认。它是中国医药学伟大宝库中的一颗晶莹璀璨的明珠，若认真发掘，定前景绚丽。

灸法在我国历史上曾有过显著地位，登过大雅之堂。《汉书·艺文志》中综合我国古代治病方法为"针、石、汤、火"，火灼是古代治病四法之一。宋太宗赵光义病笃，针汤不济，兄太祖赵匡胤亲手为之施灸，太宗痛，太祖取艾自灼亲验，此事在《宋史》上进行了记载，被后世传为美谈。灸法在古代曾是帝王、诸侯、将相治病诸法之上乘。临床实践证明，灸效不亚针效，故灸法在历史上曾列箴、石、汤三法之前。古时以灸为主，以针为辅，嗣后灸针并重，相提并论。故明·高武《针灸聚英》云："针灸药三者须兼，而后可与言医，可与言医者，斯周官之十全者也。"而今则针兴灸衰，究其原因，在艾卷温和灸发明之前，盖用艾炷着肤灸为主，灼皮之痛，灸肉之苦，且灸后发灸疮，脓水淋漓，日久不愈，灸疮结瘢，终生烙印。此时，灸法犹若"夏日之日"，令人望而生畏。患者弗受，医者难施，故日渐湮没。自艾卷温和灸和隔物灸诸法问世后，灸疗已免烧灼之苦。此时，灸法犹若"冬日之日"，令人可亲可近。随着科学技术的发展，各种灸疗仪不断推出，临床使用可定时、定性、定量，灸温可按需调节且疗效显著，使灸法这门古老又原始的疗法，绽开了鲜艳的花蕾，结出了丰硕的果实。灸法的显著特点是应用广泛，疗效既迅速又持久。它广泛应用于内、外、妇、儿、五官等各科疾病的治疗，对急性病、慢性病、常见病、疑难病均可施治。临证中常有一炷着肤，疼痛立已，一次施灸，沉疴即起的案例。灸法简便、安全、经济，易于普及，已受到海内外医家的广泛重视，继世界性的"针刺热"之后，"灸疗热"必将很快兴起。《中国灸法大全》是一部灸疗专著，共分7章，即灸法总论、灸法的种类、经络、腧穴、临床各科疾病的灸法、现代灸论综述、灸法文献摘要，后附经穴索引及参考书目。该书内载590个腧穴、168 种灸熨及 90 多种疾病的灸疗，可供临床、教学、科研工作者参考，也可作为家庭灸疗保健的指南。编写此书的目的，在于唤醒当代业医者，勿将其视为"小伎"，并言及"重针废灸"之时弊。

唐·蒋防在《惜分阴赋》中有云："君子自强，惜分阴于短刻，期硕学于缣缃。"余一生虽忙于诊务，但惜阴攻读，勤于笔耕，即使在行政任职时，也不改初衷，先后协同全国同道主编出版了《实用中医保健学》《实用中医儿科学》《儿科医籍辑要丛书》《幼科条辨》《古今儿科临床应用效方》《妇科医籍辑要丛书》《山东中医药志》《中医养生法》《孔氏医案校评》《长寿秘诀选注》《乡村医生中医临床顾问》《温热病证治精华》等十余部大型著作。

中医儿科，历史悠久，源远流长。据文字记载，扁鹊秦越人入咸阳，闻其爱小儿，即为小儿医。至宋代钱仲阳及其学生阎季中编撰《小儿药证直诀》一书，其间除《颅囟经》得以保存至今外，大部分儿科专著已历经沧桑，散佚无存。隋唐以降，《诸病源候论》《千金要方》《外台秘要》等书虽有小儿诸候及少小婴孺方诸门类，但也多属篇章概论，并非专著。钱乙以后，儿科专著渐多，至明清前，到目前仍保留者也屈指可数。凡论述小儿疾病因证脉治者，多散见于历代医家的综合著述之中。宋以前医籍所引小儿书目，传世者甚少。从胎孕、蓐养、保育、生理、病理，到小儿诸病因、证、脉、治，有的见于妇科专著专论，有的见于外科专著专论，或见于其他医籍中（如小儿变蒸学说，始见于王叔和《脉经》），查阅起来很不方便，给临床、科研、教学带来了很多麻烦。明清以后，儿科专著虽多数得以保存，但由于历史条件所限，多数著作印数甚少，只国内几家大的图书馆有此类书藏，多数医院、医学院校、医学科研机构的图书馆（室）仅有中华人民共和国成立后重印的少数中医儿科专著。至于古装线本、私人家藏，多焚于"文革"，即使幸存，也因多数中医后代已改做他行，不知其应用价值，而被当作废物搁置，致虫叮鼠咬，潮湿霉烂。整理中医儿科医籍，已成燃眉之急！中华全国中医学会儿科专业委员会自 1983 年 9 月成立以来，始终把发掘和整理中医儿科医籍作为学会工作的重点之一，每次会议都有布置、有讨论，总想趁国内知名中医儿科老前辈还健在之际，完成这一历史赋予的重任，为子孙后代造福。在王伯岳、江育仁、王静安、王玉润、徐蔚霖、何世英、刘韵远、董廷瑶等老前辈的具体指导下，自 1987 年 4 月始，儿科专业委员会与山东科学技术出版社一起，向全国中医儿科界发出了"关于编写《儿科医籍辑要丛书》的设想和意见"的通知，得到了全国各省、市、自治区中医儿科界同道们的积极响应与支持。同年 12 月，在山东潍坊市召开的全国中医儿科学术会议上，确定本套丛书共分为 6 个分册，即《儿科基础理论》《初生儿病证》《儿科常见病证》（上、下册）、《小儿时行病证》和《小儿病证外治法》。该书对历代儿科医籍进行摘录辑要、采撷精华的重新编次，取其要义，删其重复，注释提要，博采众长，融各家学说及历代医家之经验于一炉，本着"全、精、信、准"的要求，既尊重古人的原著，防止断章取义，又比较鉴别，去粗存精。在方法和体例上，在选录原文时，原则上按时代先后编次，注明原文出处，然后加校对和按语。校注主要是注解难识的字、词，以及校勘文字的谬误和疏漏，使读者不再为此而查书、翻字典浪费时间。按语，主要是编者根据古人的论点和治法，结合临床应用体会，画龙点睛，昭其秘旨，让读者学有所得，给人以耳目一新之感，不做泛泛的语释。

继主编《儿科医籍辑要丛书》之后，余又开始主编《妇科医籍辑要丛书》。中医妇科是中医学的重要组成部分，其历史悠久，源远流长，数千年来对中华民族的繁衍昌盛、保障妇女的身心健康，起到了巨大作用。据《史记·扁鹊仓公列传》载："扁鹊名闻天下，过邯郸，闻贵妇人，即为带下医。"在现存我国最早的医学典籍《黄帝内经》中，对妇女月经的生理、病理以及对妊娠诸疾的诊断、用药原则等，均有较详尽的论述；汉张仲景《金匮要略》，则有三篇专门论述妇科疾病；晋王叔和《脉经》，提出了"居经""避年"之说；南齐褚澄《褚氏遗书》，设有"求嗣"专论；北齐徐之才《逐月养胎法》，对胎儿的逐月发育论述详尽；隋代巢元方《诸病源候论》，则有八卷详述妇产科疾病的病因、病机与证候；唐代孙思邈著《备急千金要方》，独重妇人，列为卷首。此后，《经效产宝》《妇人大全良方》等妇产科专著相继问世，开创了中医妇产科的新局面。据《全国中医图书联合目录》统计，截至 1949 年，我国共有妇产科专著200 余种，存有妇产科内容的综合性医著及方书、类书、医案等，亦有 200 余种。但由于历史条件所限，上述著作有的流传不广，有的缺乏系统条理，有的良莠不分，不仅使检阅不便，还给临床、教学、科研带来了麻烦。为此，系统整理妇科医籍刻不容缓。编写《妇科医籍辑要丛书》的目的，就是要以辩证唯物主义和历史唯物主义的观点和方法，全面收集中医学中有关妇产科方面的内容，进行系统整理和研究，去粗取精，去伪存真，选取精华，分类编纂，并加以校勘、注释和按语，为继承发扬中医学，更好地指导临床、科研、教学，保障妇女的身心健康，做出我们时代的贡献。该书对上至秦汉、下迄明清历代的妇产科资料（含妇产科专著、综合医籍中的妇产科内容、医案、杂志等）进行了摘录辑要，采撷精华，分妇科基础理论、月经病证、胎产病证、妇科杂病4个分册进行原文类编。每个分册均按编写要求，以时代先后选择原文，注明出处，原文后加作者校注和按语。校注主要是校勘原文谬误，注释难识字词。按语则是根据古代医家的论治，结合临床、教学和科研中的心得体会，昭其秘旨，阐发精义，旨在不断提高中医学术理论水平，使读者学有所得，用有所据，严防断章取义，用西医的观点异化中医理论，生吞活剥地走《讲义》编写之路。

古人云："千方易得，一效难求。"证之临床，余确有同感，特别在儿科临床，体会更加明显。小儿脏气清灵，随拨随应，如能辨证准确，理法方药丝丝入扣，恰到好处，确能收到药到病除不留后患之效。但也必须考虑到，小儿正处于生长发育时期，脏腑娇嫩，根基不牢，不耐峻烈孟浪之品，且易虚易实，易寒易热，病情变化迅速，若辨证不细，用药失度，或矫枉过正，或药过病所，或药力不及，皆可贻误病机，导致病情加重，乃至遗留后患，甚至因误治而丧生。因此，凡业儿科者，必须潜心临床，仔细揣摩，认真观察，积累经验，以严谨的科学态度和方法，对古方和今方都要亲手多次验证，方能言效与不效。在此基础上，加以认真筛选，做到组方必谙合医理，遣药须遵循法度，药味多少，剂量轻重，皆应中病即止，才能达到得心应手之妙。

为了整理古今儿科的治疗经验，便于推广应用，为中医儿科中药剂型改革打下坚实的基础，中华全国中医学会儿科委员会发起了征集《古今儿科临床应用效方》（该书由余主编）一书书稿的工作，得到了全国各省、市、自治区中医学会和儿科界同道的积极响应，纷纷按体例要求，把自己亲自用过的经验效方加以整理后寄余处。这些经验效方，有的是今人应用古方和古方化裁的经验心得，有的来自师承和家传，更多的是通过临床实践研制的新方，均通过亲自应用，验证确有疗效。诚如清代王清任在《医林改错》中所云："医家立言著书……必须亲临其证，屡验方法，万无一失，方可传于后。"每方按统一体例包括方剂来源、方药组成、使用方法、适应病证、注意事项、临床疗效、辑方人等内容。这一工作得到了全国儿科界名老中医的积极支持，如董廷瑶、江育仁、徐蔚霖、王玉润、马新云、李少川、张锡君、何世英、王静安、刘韵远、刘弼臣、宋祚民等。该书的编写，还得到了当时的卫生部部长陈敏章及副部长顾英奇的关怀和重视，多次来信给予鼓励并亲笔题词。老一辈的无产阶级革命家陆定一同志，关心儿童的保健事业，在 83 岁高寿之年欣然为该书题笺题词。

作为国家中医学科带头人，20 多年来，余主持并召开了 20 多次全国性儿科学术会议，为了学习名医临床经验，褒扬名医医德，研究名医学术思想，余尚先后主持召开了全国性的"钱乙学术思想研讨会"，及现代名医"江育仁学术思想研讨会""董廷瑶学术思想研讨会""王静安学术思想研讨会""刘弼臣学术思想研讨会"等。"合抱之木，生于毫末；九层之台，起于累土；千里之行，始于足下"，通过对名老中医学术思想的研讨，展示了中医界的一座座丰碑。从每位医家的医学建树，可见其治学之艰辛。医不在高，技高则名。亦即荀子所云："积土成山，风雨兴焉；积水成渊，蛟龙生焉；积善成德，而神明自得，圣人备焉。"余认为中医药之学术思想，必须具有鲜明的中医学术特点，且具有纵向继承、横向融合的特点，并有开放度、包容度极高的内涵，汲取同时代的科学知识并融合古今医药知识而形成了其学术思想。故而研究名老中医学术思想、学习其医疗经验、弘扬其医德医风，是全国中医界的一个重要课题。因此，余又与周凤梧、丛林主编了《名老中医之路》一书，共分三辑陆续出版，为诱掖一代名医成长尽一臂之力。

去民之患　如除腹心之疾

"医之为道，所以续斯人之命，而与天地生生之德，不可一朝泯也。"2003年，"非典"疫情牵动着每个家庭、每个人的心。余虽不能亲临防治"非典"第一线，却时刻关注着疫情的发展趋势，并日夜思考和查阅资料，关注着中医中药在这场无硝烟的战斗中如何发挥作用。余通过总结 1957、1958、1959、1962年中西医结合抢救流行性乙型脑炎及 1960 年抢救重症麻疹肺炎的实践，认为"非典"属于中医"疫疠""瘟疫"范畴，用中医中药治疗"非典"是可行的，抗击"非典"应让中医中药进入主战场。余夜不能寐，考虑再三，于 2003 年 5月以"八点建议"秉笔上书吴仪副总理——"为防治非典，应充分重视和发挥中医中药的作用，给吴仪副总理的一封公开信"。

信的前四点乃阐述主题，论述了中医中药进入防治"非典"之战的必要性和可行性，并坚信在党中央的领导下，全国上下，万众一心，风雨同舟，和衷共济，定能打赢这场无硝烟的战争。其后四点乃对目前中医政策、中医医疗、中医教育存在的弊端及中医事业的发展意向，直抒己见。希望吴仪副总理在振兴中医问题上，能像抓抗击"非典"一样，为造福子孙后代，弘扬先进的民族文化，做出更大的贡献。此乃余上书的"唯一心愿"。徐相任《在医言医》中尚云："儒之从政，医之行道，皆以救世济人为其责任者也。"余上书之为，代表着全国中医药耆宿们的心愿，也是受范文公"先天下之忧而忧，后天下之乐而乐"警世之言的熏陶。此信很快得到吴仪副总理的批示，速交卫生部办理，并亲来电话告之，余欣慰至极。

应山东《农村大众》主编之约，从1986年上半年至1988年下半年，余与朱鸿铭主任医师合作，在该报开辟的"农村家庭中医顾问"栏目中先后刊登了150篇常见病的中医药防治文章。文章刊登后，陆续收到了各地读者的来信数百封，有问病求方的，有对所登方药应用要求答疑的，有按所登方药治愈后来信感谢的，有来信要求出书公开发行的，而更多的则是乡村医生写来的。他们对这种结合临床实践谈体会的文章很感兴趣，有的还把学习和应用后的体会，直接写信告知余，这对我们二人来说，是验证临床经验的一种极好的反馈。有位乡村医生在信中说："《农村大众》关于常见病的中医药防治的文章，是我们学习中医药、应用中医药的一把开门的钥匙。两年多来，我边学边用，治好了不少病人，确实体会到中医中药在农村是不可缺少的。希望作者继续介绍些有效验的方药知识。"广大读者的来信，对余二人是很大的鞭策。一封封热情洋溢的来信，使余忘记了疲劳，利用公职之暇，见缝插针地把几十年在临床积累的经验介绍给广大读者。同时，也使余体会到了振兴农村中医事业的紧迫感和责任感，能为解决农村看病难问题尽一点绵薄之力，余感到莫大欣慰。对农村基层医务人员的来信，无论公职多忙，余都仔细阅读，一一回复，但愿和衷共济，普度众生。诚如清代徐大椿所云："盖闻不朽有三，太上立德，其次立功，其次立言，圣道固然，而医何独不然。"

可能由于读者来信多是些乡村医生的关系，写来写去就不是"农村中医家庭中医顾问"了。因为每涉及方药的使用，就有如何辨证论治的问题，必须因人、因时、因地制宜地交代清楚。因此，经与山东科学技术出版社和《农村大众》编辑部共同商定，将栏目中的文章汇集，定名为《乡村医生中医临床顾问》

编辑出版。人民群众信赖中医，爱戴中医，在人民群众中蕴藏着无数宝贵的治病经验，这是毋庸置疑的。但是由于种种原因，群众"看中医难，吃中药难"的问题，至今没有得到解决。其根本原因，我认为还是人才缺乏问题。各级卫生行政部门应对此加以重视，对乡村医生进行轮流培训，使他们既懂中医，又懂中药，既会针灸，又会推拿，为农村培养更多的中医药人才，使每个乡镇都有几个群众信得过的、医德高尚的、治病效果好的社区名医。

"医道在乎识证、立法、用方，此为三大关键，一有草率，不堪司命。"此秦伯未老在《中医临证备要》中精辟论述的辨证论治在中医临床中的重要位置。余认为中医治病有三个先决条件：一是辨证论治正确。就是说，病要看得准，方要开得对，理、法、方、药，丝丝入扣。二是药品质量要好，讲究地道药材，讲究遵古炮制。诚如清代蔡陆仙所云："夫卖药者不知医，犹之可也。乃行医者竟不知药，则药之是非真伪，全然不问，医者与药不相谋，方即不误，而药之误多矣。"三是煎煮得法，服用得法。哪些药应该先煎、哪些药应该后入、文火、武火、饭前服、饭后服等，都要十分讲究。这三个条件，缺一不可。历史上中医、中药向来是不分家的，懂医的必须知药，业药者必须懂医，医药不分，医药都懂，才能算是一位好医生。特别是在基层工作的乡村医生，更需要亲自诊病，亲自开方，亲自炮制，亲自配药，甚至亲自到病人家里指导病人煎药、服药。这就需要乡村医生们勤奋学习，肯于钻研，不断总结经验。汉代的张仲景"勤求古训，博采众方"，完成了历史巨著《伤寒杂病论》；明代的李时珍，拜农夫、渔夫为师，走遍深山老林，虚心求教，不耻下问，亲自考证，亲自口尝，完成了《本草纲目》这部举世闻名的巨著；他如清代叶天士，一生拜十七人为师，为解除人民痛苦，只要有一技之长者，他都不惜一切代价，虚心前往拜师学习。"实践出真知"，这是千真万确的真理。汉·刘向《说苑·建本》云："人皆知以食愈饥，莫知以学愈饥。"汉·王充《论衡·效力篇》云："人有知学，则有力矣。"此即强学博览，足以通古今之谓也。余坚信：只要广大乡村医生在农村这个广阔天地里，虚心向有经验的老师学习，虚心向民间有一技之长的群众学习，虚心向病人学习，虚心刻苦地向书本学习，边学习，边实践，边总结，一定能够成为一位受群众爱戴的、技术优良的名中医。

功以才成　业由才广

"术业有专攻"一语，出自唐代文学家、哲学家、教育家韩愈名篇《师说》。文章不长，但意义很大，阐明了学习的重要性和必要性，是一篇很好的思想方法论，又是一篇很好的教与学的工作方法论。以往的学者都把它列为必读篇章。韩昌黎为什么要提出这个问题呢？其实质又是指的什么呢？这不能不加以分析。

"术"，系指技术、学术、数术，中国医药学是应用科学，其诊疗方法通称为医疗技术；"业"，系指所从事的专业、业务，医疗工作就是业务；"有"，系指要学习它、掌握它、应用它，而掌握的目的全在于应用；"专"，系指专心致志，只有对自己所从事的专业一心一意、聚精会神地学习和研究，才能够真正称其为"专业化"；"攻"，系指用功读书、治学、贵学、勤学，攻破难关，攻破疑团，不断前进，必须具有坚韧不拔的坚强意志，只有这样，才能学有所成，学以致用。以上仅是对辞义的一般理解，从"术业有专攻"全句的义理来看，重点在于"专"与"攻"这两个字。各行各业都有所长，各有所专。因为能专，才能用其所长全心全意地为人民服务。必须明确工作要点，如果学生专业掌握得不牢靠，就不能熟练地应用理法方药、辨证施治为病人解除疾苦，那就应该思考当今的教学思想、教学内容、教学方法是否有改进的必要。中医院校的主要任务是培养合格的中医药人才，在首先保证学好中医中药知识的前提下，学些必要的现代医学和现代科学知识也是应该的，这与西医院校的学生也学些中医中药知识一样，在当前这个各学科互相渗透、互相促进的时代，要求学生的知识面越开阔越好，这是无可非议的。但必须有主次之分，那就是首先要学好中医中药专业课，否则，在教材分量和时间上不加限制，不但增加了学生的负担，而且顾此失彼，影响了专业课的学习，也就培养不出"专业化"的人才了。此即宋代王安石《上皇帝万言书》中"人之才，成于专而毁于杂"之谓也。

"育才选士，为国之本"，中医人才的培养是解决"中医乏人""乏术"问题的重要组成部分。"致天下之治者在人才，成天下之才者在教化，教化之所本者在学校"，1985 年余任山东中医学院党委书记时，为中医人才的培养做了一定的工作。余根据习医的体会以及诸名老在言传身教中成长的经历，提出举办"中医专业少年班"，在山东省委和教育厅、卫生厅领导同志的关怀和支持下，山东中医学院中医专业少年班经过反复论证，经上级批准，于 1985 年开始招收第一届学员。少年班的学员是从 14～16 岁的应届初中毕业生中招收的，学制 8 年，包括 3 年预科和 5 年本科。预科学习阶段的主要课程设置有：高中的数、理、化，加文、史、哲和中医的启蒙著作，如《汤头歌诀》《药性赋》《濒湖脉诀》《医学三字经》《医宗必读》《医学心悟》等，学好古汉语和一门外国语。本科学习阶段，在继续学好古汉语及一门外国语的同时，主要攻读中医的四大经典著作，兼学习一些历代中医名著的原著，以及一些必要的现代医学知识，后期进行专业定向带教和培养。

试办"中医专业少年班"，是中医高等教育改革的一个重要举措，得到了国内兄弟院校的支持和拥护。本着改革的精神，创办中医专业少年班，使少年班的学员从少年时期就确定了牢固的专业思想，培养其对中国医药学这个伟大宝库的浓厚兴趣，使其立志在发掘这个宝库中贡献自己的毕生精力。毫无疑义，这是时代的需要，是振兴中医的需要。我坚信，经过 8 年的正规中医教育和进一步深造，这批年轻的学员将成为中医药战线上的生力军。《名老中医之路》一书，征集国内知名的中医专家著文谈自己的治学与成才之路。绝大多数的名老，都是靠自学、师承和家传这三条途径成才的，而绝大多数又是从少年甚至童年开始，受到家庭或亲朋的熏陶，先学文，或医文并进，或先学中医启蒙著作，背诵歌诀及原文，后再拜师解惑，由浅入深而登堂入室的。事实说明，要想培养一代名医，必须从少年时期开始就打下牢固的基础。不少名老中医都体会到：要学好中医，就必须学好古汉语，学好文、史、哲。在课程设置上，进行一些大胆的删繁就简的改革，才能真正解决中医后继乏人和素质下降的问题。这也是余力挺创办中医专业少年班的缘起。

兴办中医专业少年班，其目的在于从根本上扭转中医后继乏人和从业人士素质下降的被动局面。不抓紧培养专业人才，只在口头上说要扭转被动局面，那是不现实的。要把后继乏人转变为后继有人，把素质下降转变为素质提升，这是时代赋予的历史使命。所以，办好少年班责任重大，此即"功以才成，业由才广"之谓也。

中医专业少年班的特点是：这些青少年学员对于中医药这门专业，可以说还是陌生的，所以必须了解中国医药学的基本知识，为进一步学习、掌握、应用、拓展我国的传统医药学奠定牢固的基础。宋·欧阳修在《吉州学记》中有

"教学之法，本于人性，磨揉迁革使趋于善"的记载；宋·张载在《语录抄》中尚有"教人至难，必尽人之材，乃不误人"的论述。鉴于此，少年班在前期着重学习基本知识，后期进行定向培养。中医有分科，如内、外、妇、儿、骨伤、五官、痔瘘等专业，而其基本理论、治则、治法、方剂、药物等则是具有共性的。昔秦越人过邯郸，闻赵贵妇人即为带下医；过洛阳，闻周人爱老人即为耳目痹医；入咸阳，闻秦爱小儿即为小儿医。男妇老幼患者，内外疾病的治法，既有它的特殊性，又有它的一般性，经过系统学习，全面掌握，就能得到确切效果，这体现了中医"一专多能"的特色。这对于方便群众就医，特别是在荒山僻岭的农村，是有积极意义的。少年班的前期或后期都是打基础的，必须首先把中医的基本理论学深、学透，才能具备坚实的基础，过早地定向分科会使学习的内容片面。故课程的安排，宜精不宜繁。在教学方法上多采用启发式而不是灌注式，循循善诱，热情爱护。此即颜渊评其师"夫子循循然善诱人"之教学方法。

清代程文囿云："夫医之为道大矣哉！体阴阳五行，与《周易》性理诸书通；辨五方风土，与官礼王制诸书通；察寒热虚实脉证，严于辨狱；立攻补和解之陈，重于行军，固难为浅见寡闻道也。"而清·刘奎又有"无岐黄而根底不植，无仲景而法方不立，无诸名家而千病万端药症不备"之论。由此可见，中医药学的内容十分丰富，故必须牢记其基本知识，方能运用自如，才不致临阵磨枪。如脉诀、汤头、药性、经络、穴位等都要熟记，甚至连《内经》《伤寒论》《金匮要略》等一些经典著作的条文也应该熟烂胸中。青少年杂念少，记忆力强，从幼年开始，用其所长，该熟记的要能背诵，才记得牢、用得上。人到中年，理解力强，而记忆力不如青少年，往往开卷了然，闭卷茫然，似有所知，而胸无定见。幼而学，长而行。但同时必须注意不能死背、死记。特别是那些启蒙书，都是用文言文或韵文写的，青少年刚入学，首先碰上的就是文字关，这一关过不了，会给学习带来很多困难，所以教学方法很重要。不管哪门课程，第一要先教他们识字、写字；第二要让学员懂得文义，这样才有助于理解。韩昌黎《师说》首先提出："师者，所以传道授业解惑也"。就是要给学生传授知识，讲清道理，解除疑惑。汉代称"文字学"为"小学"，因儿童入学先学文字得名。隋唐以后，成为文字学、训诂学、音韵学的总称。故文字学、古汉语都是基础课。余建议文字学、古汉语的课程应结合初学必读书讲授，并加以书法课，使学生真正理解中国字的创字内涵。对此，明·缪希雍在《本草经疏》中有精辟的见解："凡为医师，当先读书，凡欲读书，当先识字。字者，文之始也，不识字义，宁解文理？文理不通，动成窒碍，虽诗书满目，于神不染，触途成滞，何由省入？譬如石墙，亦同木偶，其拯生民之疾苦，顾不难哉？"

知行合一，重在实践，此乃古今贤哲之治学方法。如唐代韩愈在《复上宰相书》中有"愈之强学力行有年"句，"强学"即勉励学习，"力行"即努力实践。中国医药学是一门实用性很强的学科，单有书本知识不联系实际是不行的。古人说的"熟读王叔和，不如临证多"，确是千真万确的经验之谈。少年班的实习问题，一定要预为之谋。实习基地、带实习的老师、实习的方法等都要规划好。实习多采用以师带徒的办法，一位老师带几个学生，不宜过多。先让学生细心观察学习老师是如何诊病和立方遣药的，继而协助老师问病，代写简明病历，然后由老师诊断后代写处方，有哪些不明白的地方，等病家走后再问老师。这样边看边做，结合实践，亲身体会到书本知识是如何巧妙应用于临床的，才容易入门，才能学到技术。此即《医宗己任编》所云："学者善悟其妙，而以意通之"之谓。对此，民国中医教育家恽铁樵亦有精辟的论述："治医必明病理，究药效，理论必与事实相符，如此然后有进步"，强调了理论与事实相符是进步之原则，不合此原则者，不可为训。

同时，中医和中药向来是不分家的，知医必须懂药，学药也必须知医。少年班从一开始，就应该树立医药统一观。要教会学生认药、识药、鉴别药，还要教会学生切药、炒药、炮制药，既要熟记药性、汤头，又要会制膏丹丸散，方能医药一体，独立工作。

孔子提出的"学而时习之"，以及博学、审问、慎思、明辨、笃行和"温故知新"等传统的学习方法如能正确地掌握并结合应用，一定会取得好的效果。

指陈当世之宜　规划亿载之策

《中华人民共和国宪法》第二十一条明文规定："国家发展医疗卫生事业，发展现代医药和我国传统医药。"卫生部也在向中央请示报告中指出：应"充分肯定中医药学是我国医疗卫生事业所独具的优点和优势"。明确指出"要把中医和西医放在同等重要地位发展"。早在 1958 年，毛泽东主席就提出："中国医药学是一个伟大的宝库，应当努力发掘，加以提高。"邓小平总书记提出："要为中医创造良好的发展与提高的物质条件。"1991 年江泽民总书记又提出"弘扬民族优秀文化，振兴中医中药事业"。中医要发展，中医要提高，写进了我国的《宪法》，党的几代领导人都有明确的指示和殷切的期望。中医事业有了突飞猛进的发展，这是任何人都不能否定的事实，尽管在前进的道路上还有不少曲折和障碍，但从主体看，中医事业在不断地向前发展，取得了举世瞩目的成就，这是有口皆碑的。2001 年，中医药高等教育学会儿科分会二届三次会议在大连市召开，其时余虽然已离开中医药高等教育的工作岗位，但怀着"非参加不可"的责任感和使命感，余参加了会议。会议期间，就中医教育之现状及中医药儿科专业高层次人才培养问题，各抒己见，做了"对培养中医药专业高层次人才之我见"的发言，意在"指陈当世之宜，规划亿载之策"。

（一）中医教育之现状

中医药高等教育起步较晚。新中国成立前，除北京、上海等地创办有国医学院外，其他省市办中医学校者有，但办高等中医药院校者则寥若晨星。新中国成立后，以毛泽东主席为首的党中央批判了歧视中医的现象。为办好中医药高等教育，培养中医药高等教育师资，各省市相继办起了中医进修学校和中医进修班。1955 年，北京、上海、广州、成都等地首先办起了中医学院，学院的师资多来自进修学校的教师与学员。1958 年，毛主席对卫生部关于举办西医离职学习中医的报告进行了批示，各省市中医药高等院校相继创办，到 1998 年全国已有中医药院校 32 所，在校学生 5.3 万人。1978 年中医药专业首次招收研究生，1981 年正式建立中医药硕士、博士学位授予制度，实现了与国家学位制度的接轨。建国 50 余年来，中医药高等教育取得的辉煌成就，这毋庸置疑，应当予以充分肯定。但通过在山东中医学院工作的 3 年以及到山东省卫生厅分管中医工作 7 年的实践，余感到中医药高等教育存在的问题也相当突出，主要表现在：

1. 专业思想不稳

中国医药学有着数千年的历史，其理论基础都是来自我们祖先与疾病做斗争的经验总结，是博大精深的东方文化瑰宝，由于受时代限制，与现代医学有着根本的差别。考入中医高等院校的学生，第一学期往往中西医基础课程同时开，上午讲中医基础理论，下午或许是讲西医的解剖学。讲授中医理论基础时，往往先讲阴阳五行，多本《内经》，都是些看不见、摸不着且难以理解的古汉语；而西医的解剖学往往先从骨骼讲起，且多附有可见可摸的实物标本，一虚一实，易导致学生有"误入歧途"之慨。尽管高教委对中医药高等院校课时规定了中医与西医课程为七三开，然而中医药院校所用西医课程的教材，却与其他西医药院校用的教材相同，只是讲课时老师在内容上进行了一些压缩。中医课程的讲授，应该先从《内经》《难经》《伤寒论》《金匮要略》《神农本草经》等中医经典著作开始，但不知何年、何月、何人将这些系统的经典之作，经过肢解、加工、炮制，变成了一部《中医基础理论》。有的院校增加了《内经知要》或《内经选读》，但多数都照本宣科。如此等等，使新入学的学生对中医产生了疑虑。尽管入学教育讲"中国医药学是一个伟大的宝库，有着数千年的历史，中医药学生应该'姓中不姓西'"，而在这些身处科学技术迅猛发展的今天的高中毕业生眼里，中医药院校成了学生玄妙莫测的"殿堂"，尽管国家教委规定中医与西医课程的学时比例为七三开，然而学生用在中西医课程上的工夫，却是五五开或者三七开。之所以造成这样的结果，固然有认识问题，但余认为更重要的是人为因素。要改变这样一种极不正常的现象，应该好好借鉴韩昌黎的《劝学篇》中所提出的"术业有专攻"的治学思想。

2. 基础知识不牢

清代陈梦雷《古今图书集成医部全录》云："医之为道，非精不能明其理，非博不能制其约。是故，前人立教，必使之先读儒书，明《易》理，《素》《难》《本草》《脉经》而不少略者，何也？盖非《四书》无以通义理之精微，非《易》无以知阴阳之消长，非《素问》无以识病，非《本草》无以识药，非《脉经》无以从诊候而知寒热虚实之证。"故而，中医药高等院校培养出来的学生，应该精通或比较牢固地掌握中医基础理论，然而因为上面所说的人为因素等，加上中医药基础理论尚未被现代科学所证实，中医与西医课齐头并进，一个是抽象的，一个是直观的，一个是过去的，一个是现代的，弄的学生脑子里天天在"对号入座"。西医老师所讲的能与中医对上号的，就认为是科学的，对不上号的，就认为是唯心的；不讲原著用讲义，肢解了的中医基础理论与系统的西医生理、病理课程相比，未免使人有支离破碎之感。就中医专业的本科生而言，在校 5 年，有的竟未读过一本原著，这样中医在其脑海中所形成的概念，就难免有些含糊不清了。另外，教师与学生见面的机会很少，除授课的时间外，课余时间很少接触，有的学生甚至连教师的名字都不知道，这又如何体现韩昌黎《师说》所提出的"师者，所以传道授业解惑"的古训呢？这种在中医药高等院校，中医西医齐头并进、"相互满堂灌，课后不见面"的局面不知何时能了。余认为学生的中医基础理论掌握不牢，问题不在学生，而在于办学方向，在于培养的目标是中医还是中西医结合？因此，在课程设置和时间安排上，需要"动大手术"，需要有明确的目标。余不反对中医学院的学生学习现代医学知识和技能，问题是在什么时候学。余曾设想过，如果把现代医学的基础理论课如解剖、组胚、生理、生化、病理、药理等放在入学 3 年之后再讲，在不影响学生树立牢固的专业思想的前提下，另编一套适合中医药高等院校学生的西医教材，比原封不动地搬用西医院校教材进行选讲、节录的办法，更有利于中医药院校学生中医基础理论水平的提高和巩固。

3. 动手能力不强

"治学贵在实践"。中医临证如临阵，用药如用兵，必须明辨证候，评审组方，灵活用药。诚如清·张睿所云："医学之要，始而论病，继则论方，再次论法。而法有条理，病有原委，方有成局。"故不知医理，即难于辨证，辨证不明，无从立法，遂致堆砌药味，杂乱无章。故理论与实践的统一，是任何一门学问、技能、专业所不可忽视的。学习的目的在于应用，动嘴与动手、知与行是不可分割的。而当今的中医药高等院校，却恰恰难以解决此问题。原因是多方面的，师资队伍的现状、临床基地的建设、课程配置、实验室和实验手段的投入、学生专业思想的偏离等，都是影响学生动手能力的因素。其中最根本的原因是师资队伍的素质和科技手段的滞后，其关键又在于中医药高等教育跟不上时代的发展和对中医药高等院校投入的不足。当前中医药高等院校教中医的师资，走的是"本科生→硕士生→博士生→留校任教"这条"近亲繁殖"、司空见惯的路。有人说"中医教授，越教越瘦"，"进校门，入教室门，到家门"，"三年寒窗伴姑苏，格子山上下功夫，只要会说外国话，哪怕老马不识'徒'"。教中医基础理论课的老师脱离临床实践，教临床课的老师不能与学生一起解惑、答难，课是讲了，又有谁来帮助学生动手呢？《难经·六十一难》云："望而知之谓之神，闻而知之谓之圣，问而知之谓之工，切而知之谓之巧。"又云："以外知之曰圣，以内知之曰神。"故临证当望闻问切四诊合参，方可有神圣工巧之妙。王叔和的《脉经》共十卷，乃中医脉诊之"源头活水"，有哪些讲切诊的教师能结合自己的临床实践，讲得入微入细，真正使学生体会到"在心易了，指下难明"，诚能留心研究，究其微妙。在当今的中医院，切脉几乎普遍地形同虚设，《脉经》不读，《濒湖脉学》不学，又如何能证实中医切诊的重要性呢？《伤寒论》六经辨证张仲景是证脉并提，《金匮要略》以疾病分类，是以病脉证三者并论，岐伯、华佗之论又如何为学生理解呢？难怪群众普遍反映，当今的中医院不是什么中医院，而是"第二人民医院"。中医药高等院校毕业生，毕业工作几年后，多数是送上级西医医院进修，进修回来后，在西医面前，他是中医的专家，在中医面前，他又是西医的专家。临床上用的是西医的诊疗技术；学术会议上讲的是西医的学术进展；面对西医无法诊治的疑难病，亦是束手无策，只是在应用西药的同时辅以无关痛痒的中药，且多是协订处方，尚美其名曰"中西医结合"。还有一些中医药高等院校毕业的学生，工作几年后，竟然考上了西医院校的研究生。中医药高等院校毕业的学生，不懂中药如何炮制、不识饮片、不辨中药真伪的，屡见不鲜，更别说能自制膏、丹、丸、散了。博士生、硕士生的毕业论文，往往是依其导师的某方，经过剂型改革，做成某种口服液、颗粒剂等，临床观察了多少例病人，又经过动物实验，写了篇连导师都看不懂、闻所未闻的东西，通过答辩委员会提问、答辩，半天的时间，结束了3年的研究生学业。"一篇论文"花费了3年时间，一旦学位到手，就成了到处争聘的高层次人才，此风已经成为当前中医药高等教育的"时尚"。所谓动手，据余所知，多数是从养老鼠、喂兔子开始；所谓高水平，都是借鉴于西医药高等院校和专门研究机构的实验室。一篇论文只为照顾关系就署名一大串，更有甚者，实验报告的数据根本不是研究生亲自动手得来的，而是凭关系东拼西凑而来的，连研究生本人都讲不清楚，何谈其科学性呢？答辩委员会的组成，除本院校的以外，再邀请几位其他单位的正高专家，一是为照顾导师的"面子"，二是为照顾学生的"面子"，很少有不通过的。这的确是逼出来的路子。在一无经费、二无实验室条件的情况下，3年间，除将大部分时间花在外语上外，研究生的主攻方向就是这篇毕业论文了。教师在取得了硕士点和博导头衔后，也就高枕无忧了。余之所以讲这些，并非对中医药高等教育以及高层次人才的培养持否定态度，旨在探讨中医药专业的硕士生、博士生与国际学位接轨的着力点应该放在哪里，怎样才算扬长避短，怎样才算"洋为中用"，该从何动手，提出来供大家评析。当然，以上所举，并非指所有的中医药院校和所有的研究生都是如此，多数研究生和导师还是尽职敬业、不图虚名的。

4. 创新意识不够

中华人民共和国成立后，党和国家领导人都非常重视中医事业（包括重要的中医学术）的发展，20 世纪 50 年代毛泽东主席提出要"努力发掘，加以提高"；60 年代初提出"继承与发扬"；70 年代初及"文革"期间，提出要"中西医结合"；80 年代初邓小平总书记提出"发展与提高"；90 年代初江泽民总书记提出"弘扬与振兴"；世纪之交，上级领导对中医工作又提出要"继承与创新"。所以余认为"创新"一词，是针对新中国成立以来中医药高等院校学生"创新意识不够强"的问题而提出的。国家中医药管理局 2000 年全国中医药工作厅局长会议上，卫生部副部长兼国家中医药管理局局长朱庆生同志在代表国家中医药管理局所做的工作报告中提出：去年，中共中央、国务院召开全国教育工作会议，提出了深化教育改革全面推进素质教育的任务。以实施素质教育为出发点，深化各项教育改革，将使我们进一步强化对人才培养在中医药发展中的战略地位的认识，对于我们中医药教育观念、教育体制、教育结构、人才培养模式、教育内容和教育方法等，都将带来深刻的影响和变革，有助于解决中医药教育长期以来存在的一些突出问题，包括培养出的学生不同程度地存在着专业思想不够稳、基础知识不够牢、动手能力不够强、创新意识不够高的问题。故余以上所说，就是按照朱副部长的工作报告来分析原因的。

"创新意识不够高"的提法是对的，问题的"癥结"是在什么界限上"创新"，是以现代医学的观点来衡量？还是以中医的观点来衡量；是以中医基础理论来衡量？还是以"中西医结合"的观点来衡量。"意识"不高是客观的存在，但余认为，没给中医创造良好的发展与提高的物质条件，是创新意识不够高的主要原因。虽然口头上讲了三个"同等"，但实际上中医药高等院校比起西医药高等院校来，无论是在房屋建设还是实验室条件、院校招生规模等诸多方面，都是有天壤之别的。总而言之，欠账太多、投入太少亦是制约中医药事业发展的根本原因之一。

即使在这样的条件下，中医事业仍然在不断发展，中医学术仍然在不断提高，因此，说中医保守是不对的。中医从来就不保守，如民国医学大家张锡纯以"广搜群籍撷其精，参以西学择其粹"之治学方法，而有《医学衷中参西录》

闻于世。余去澳大利亚讲学时，在大金山金龙博物馆发现在众多的英文解说词中，有一张 1851 年老中医用墨笔竖写的补中益气汤加枣仁、远志的处方，从字的老练程度上分析，这位老中医至少在 60 岁以上，且方子开得非常工整，一切都按中医的用药习惯进行了遵古炮制，如蜜炙黄芪、土炒白术、酒炒当归等。在这张处方面前，余除了拍照留念外，还想了很多很多，最后的结论是：哪里有中国人，哪里就有中医。

余十分赞赏钱伟长老 1987 年在山东剧院的一次学术报告中所讲过的一句话："在'文革'批斗我时，说'三钱'以钱伟长最差，他光从人家的文章缝里找题目，是小打小闹"。钱老理直气壮地告诉"造反派"："我就是从人家的文章缝里找题目。"没有发掘、继承和弘扬，哪里来的提高、发展和振兴，没有提高、弘扬，哪来的创新。"欲察病者，务求善方；欲善其方者，务求良法"。从"求善方"到"求良法"的过程，就是中医治学创新的过程，故"为医拘常禁，不能变通，非医也，非学也。"（《儒门事亲》）京城四大名医孔伯华的真传弟子宋祚民教授，经过 50 余年探索发现《内经》所述"赤色出两颧，大如拇指者，病虽小愈，必卒死"的症状与急性心肌炎猝死密切相关，证明了上述《内经》条文的科学性，能让"死证不死"，难道不是创新吗？儿科专业委员会名誉会长、德高望重的南京中医药大学江育仁教授提出了"健脾不在补而在运"的理论，上海百岁名医董廷瑶老用乌梅丸加减治疗小儿结肠炎，他还提议在癫痫治疗中，应补充一个"胎元受损"的类证，这些难道不算是创新吗？诸老的经验是十分可贵的，他们的实践不是来自老鼠、兔子，而是通过几十年的临床得来的。墨尔本皇家理工科大学生物医学院院长安迪·科仓汗斯先生曾对余讲：中医理论博大精深，需要通过多学科的渗透，联合作战，才能解开人体生命的奥妙，我们希望的是原汁原味的中医，而不是中西医结合。一个外国人能说出这样的话，余认为是十分了不起的。试问国内有哪家理工科大学办起了中医学院？又有哪个国家通过高教委批准在一所具有 120 年历史的名牌大学创办中医学院呢？这个学院中医系毕业的"洋中医"，促进了维多利亚州中医立法的成功，余认为这才算真正使中医药走向世界，这也是前人未走过的路，也应该是"创新"之例。

5. 医与药、针与灸脱节

宋《太平惠民和剂局方·论用药法》中有"夫济时之道，莫大于医，去疾之功，无先于药"的记载；恽铁樵在《伤寒论辑义》按中有"凡欲和汤合药针灸之法，宜应精思。必通十二经脉，知三百六十孔穴，营卫气血，知病所在，宜治之法，不可不通"的论述。此二论形象地说明了药和针灸与医的密切关系，以及在临床中的重要地位。然而，在现今的中医药高等教育中，医与药脱节是一个十分值得重视的问题。中医药高等院校培养出来的学生，学医的不但要精通医理与辨证论治的精髓，而且应在生药学、炮制学、鉴定学、方剂学、制剂学等方面，能有一套实实在在的本领。不但要懂医药，而且要精通针灸，要学会一切能用于临床处理疾病的方法。从目前的现实来看，虽然在学校里，该讲的课都讲了，但走出校门，踏进院门，面对医、药、针、灸等华夏祖先长期与疾病做斗争的武器，却不懂如何使用的现象，还普遍存在。学医的不知药，学药的不懂医，学针灸的不用灸，中医药院校毕业的学生，竟然不懂如何炮制药，不辨饮片的真伪，只管开方，不管药的质量，这样又怎能担当起帮助病人战胜病魔的重任呢？针与灸本来是相提并论的，至今世界针灸联合会（简称世界针联）仍然是针、灸并提，世界卫生组织积极向世界各国介绍和推广中医药，并已建议各国对 43 种疾病采取针灸疗法，并以"2000 年人人享有卫生保健"作为当时的工作主题。日本全国有 20 多所针灸培训机构，国家规定参加考试者必须在文部省或厚生省认定的针灸培训机构内，经过 3 年时间学习，参加国家针灸师考试，按照针灸执业资格确认合格者，由厚生大臣颁发针师、灸师执照，尚未"存针废灸"。为什么在针灸发源地的中国，却存在用针多、用灸少的现象呢？试问那些中医药院校毕业的学生，除分配到针灸科的外，其他医生有多少针灸、医药并施的呢？老祖宗留下来的治病武器丢了，拣起来的是中药加抗生素、激素、维生素，所谓三素一瓶（指"吊瓶"），这还能算得上是中医吗？澳大利亚共有注册的中医药人员 5000 余人，而针灸学会就占了 3200 余人，且90% 以上是洋人，针灸从业的中国人将近 1000 人，但多是用针不用灸，且用电针的多，用手法的少，久而久之就是"存针废灸"了。《史记·扁鹊仓公列传》载齐太仓公淳于意诊疾 25 例，其中灸案 5 例。淳于公医术精湛，曾为济北王、淄川王、齐王府培养太医 5 人，2 人兼习针灸术。宋太宗皇帝赵光义病笃，针汤不济，兄太祖赵匡胤亲手为之施灸，太宗痛，太祖取艾自灼亲验，此事在《宋史》中有记载，被后世传为美谈。灸法在古代曾是帝王、将相、诸侯治病的上乘之法，为什么今天被弃而不用呢？其他如膏贴、膏摩、熨法等，也遭到了同样的扼杀厄运，难道这不是中医药高等教育不与临床结合所导致的后果吗？余官至正厅，又主持过山东高等中医药学府的工作，分管过一个省的中医工作，虽到处奔走呼号，但势单力薄，难以完成党和人民的重托和历史赋予的使命。因此，本应还干3年厅长，余先后3次提出辞呈，以此为咎，弃官为民，归故里办本草阁、慈幼堂、百寿堂，"三进泉城"一时传为奇谈。归故里13年的基层工作和6次出访澳洲，使余从旁观者的角度看到了中医药高等教育存在的上述弊端。

（二）中医儿科专业高层次人才培养问题

中医儿科，源远流长。古典医学著作中，如《黄帝内经》《难经》《神农本草经》《伤寒论》《金匮要略》等，皆与儿科的不断发展有着极其重要的关系。历代医家不仅重视儿科，而且兼擅儿科，由于他们精通中医理论，能够联系儿科实际，从而能使病因、病机、辨证论治方面的认识逐步深化，不断提高，在实践经验方面，也更加丰富。早在春秋时期，名闻天下的扁鹊秦越人入咸阳，闻秦人爱小儿，遂为"小儿医"，是医家兼擅儿科最早的先例。隋代的巢元方，唐代的孙思邈、王焘等名家著作中的有关儿科部分，都是从理论到临床自成体系。如孙思邈在《千金要方》中有"夫生民之道，莫不以养小为大……然小儿气势为弱，医士欲留心救疗，立功差难"的论述，说明了儿科一道，自古为难。宋代钱乙是中医儿科的一代宗师，他的儿科专著《小儿药证直诀》学术造诣很深，成就很大，是中医儿科的奠基人。他在儿科辨证、治则、制方等方面，都师法岐黄及仲景学说，并在掌握应用时，结合小儿的生理、病理特点，有了突破性的创新。故从少小、婴孺、稚子、幼科，直乎小儿科，钱仲阳就是倡导人之一。嗣后，金、元各家学说，明、清两代发展起来的温热病学，对儿科学术的发展推动也很大。河间善用寒凉、子和擅长攻下、东垣的脾胃学说及丹溪的"阳常有余，阴常不足"的论点，都对儿科学术的发展起到了巨大的推动作用。余认为，其中温病学家叶天士及其《幼科要略》、东垣的脾胃学说以及黄元御的"中气升降"理论，对后世儿科的临床影响最大。中医儿科，顾名思义，它既要能够反映中医的特点，又要反映中医儿科的特点。中医的特点，表现在它具有独特的、自成体系的理论体系，表现在它对理论与临床实践的紧密结合，也就是理、法、方、药的一致性和完整性；儿科，其特点主要表现在小儿的生理和病理与成人不同，以及小儿的特有病证，因此在诊法、治疗等方面存有差异。

有人说"小儿绝不是成人的缩影"，在小儿保育、疾病预防、疾病诊治等方面，有它自己的特殊性，这是不无根据的。而特殊性又总是与普遍性相联系的，所以无论哪一科都必须以中医基本理论为指导，儿科自然也不例外。

宋徽宗赵佶《圣济总录》有云："凡小儿之病，与大人不殊，惟用药分剂差小耳。"古人称内科为大方脉，儿科为小方脉，说明方脉有大小之分，而原则上却是基本一致的。元·危亦林在《世医得效方·小方科》中有"为医之道，大方脉为难，活幼尤难"之论，说明了历代医家对儿科的重视。许多医家在著作中对儿科的论述，均与内科相提并论，就是这个道理。但儿科绝不是内科的附庸，它是多学科的相互渗透，皮肤、疮疡、骨伤、妇科、五官……都有与儿科相关的疾病。一部《本草纲目》，李时珍几乎在常用药中均提及了小儿疾病的适应证，足见中医儿科的博大精深。余之所以追述这段人人皆知的历史，旨在说明中医儿科不像有人说的那样"在医院里是无足轻重的小科"，中医儿科不应该受到冷遇，更不应该自卑，若按孙思邈"若无于小，卒不成大"的说法，为了祖国的未来，为提高全民族身体素质，必须"从娃娃抓起"，儿科医生任重道远。

那么，在中医高等教育中又该如何培养高层次的中医儿科专业人才呢？余认为有以下几点，值得探讨。

1. 建立中医儿科专业的最高学府和专门研究机构

目前，全国有 32 家中医药高等学府，据余所知，还没有一家创建了中医儿科系；中国中医研究院至今也未成立中医儿科研究所。除南京、北京、上海几所中医药大学设有中医儿科专业博士学位授权点、几所院校借南京之名设有博士科研流动站外，在一个有 3 亿多儿童的国家，又将发展中医写进了《宪法》并将中医摆在了与西医同等重要的地位，却连个中医儿科系都建立不起来，又怎能说是落实邓小平同志指示的"要为中医创造良好的发展与提高的物质条件"。发展靠人才，提高靠科技进步，靠研究机构的建立，就目前而言，中医儿科专业的高层次人才极其缺乏，中医儿科研究机构极少，全国所有省、市、自治区及地、市级几乎都有儿童医院，且受到了像加中儿童健康基金会这样的赞助，但中医儿童医院除西安西城区午雪峤老尽毕生精力，四处奔波办起了一处外，至今余尚未听到有第二处中医儿童医院开业。午老的这处中医儿童医院，至今命运如何，余尚不知，是发展了还是退缩了，有待再去咸阳"爱小儿"的秦地考察。余本人虽然也申请批准创建山东潍坊中医儿童医院，但限于资金、人才、能力等诸多因素，至今仍将文件压在"慈幼堂"中，多年来的上下求索，深知午老的苦衷和难处。

是人民不需要中医儿科吗？否也！成都的王静安老、北京的刘弼臣老、上海的王霞芳老……每天诊病都在百人以上，患儿家属从早上五点就排队挂号。谁说人民不喜爱信任中医儿科？就连年轻的一代，如深圳市的朱锦善教授、济南市的李燕宁教授、上海市的孙远岭教授、宁波的董幼祺主任医师……也都是"长龙"排队，这就是中医儿科专业的希望所在。全国出现了不少"小儿王"，余认为这是件大好事，中医界应引以为骄傲，千万不能自卑。据余所知，自卑者都是中医院小儿科那些"少数"搞中药加西药的"专家"，真正的中医儿科还是受到人民群众的拥护和爱戴的。因此，余在此大声疾呼：中医儿科界的志士同仁，共同呼吁卫生部、国家中医药管理局、高教委、国家科委及当地政府卫生行政等有关部门，及早创建中医儿科高等教育学府，创建中国中医研究院领导下的中医儿科研究所，此乃中医药事业发展的需要、国计民生大业的需要。

2. 严格把握中医儿科高层次人才的培养方向

中医儿科专业高层次人才的培养方向问题，是我们这一代人十分关注的问题。余认为，中医儿科高层次人才的培养，首先应该是中医的，研究中医儿科必须是在精通中医基础理论的前提下，熟读《颅囟经》《小儿药证直诀》《小儿卫生总微论方》《婴童百问》《幼幼新书》《幼幼集成》《保婴撮要》《少小婴孺方》《小儿杂病诸候》《幼科发挥》《幼科新法要诀》等多部中医儿科专著，以从他人"文章缝里找题目"的精神，在"师古不泥古，创新不离宗"的前提下，结合时代的特点，创建高于先人的中医儿科理论体系，以"沙里淘金"的毅力，取其精华，弃其糟粕，带给中医儿科理论质的飞跃。唐·王勃云："征实则效存，徇名则功浅。"千万不要再做些断章取义、东抄西转的堆砌文章了。在首重临床实践的前提下，真正借鉴现代科学手段，拿出"让中国人看了点头，让外国人看了也点头"的科研成果来。对一时尚讲不清、看不准的先人经验，不要急于"枪毙"，应留待后人继续研究，否则就会导致学科的终止。

3. 多培养些理论与临床实践相结合的临床家，从"分型施治"的框子里跳出来

现今的中医界有三种专家，即中医学者、中医教授、中医临床家。余所说的中医学者，是指那些为中医文献工作日夜爬格子山、白黑跑图书馆的专家；中医教授是指专事教学，从卧室到教室，出家门进校门的教育工作者；中医临床家，是指那些一天到晚应付病人"排长龙"，坐得腰酸背痛的实践家。三者兼而具备者有，但为数甚少。作为一门学科，三者均不可缺少，但目前在结合上做文章是一个十分值得重视的问题，特别是培养真正按照中医理论"辨证施治"的临床家，就显得尤为重要。在基层市（地）级以下的中医界人士，虽然未进行过吴鞠通、叶天士、薛生白家史族谱的考证，只学过一部《医宗金鉴》和一部《温病条辨》，但不少人从临床实践中体会到了"读书宁涩勿滑"的好处，尝到了"从无字处看出有字来"的甜头。"德之休明，不在位之高下"，这些人不会写文章，但懂得六经辨证、卫气营血辨证、三焦辨证、脏腑辨证及经络辨证的精髓。他们白天看病，晚上读书，一部《本草纲目》连小注都查遍了，以"治好病"为前提，整天与病人打交道，没有时间写文章。虽然他们没有什么著作、文章，更未评上什么主任医师、教授的头衔，但在一方一地却受到了群众的信任和爱戴，病人很多，疗效不错。余认为这就是中医的"脊梁"，实实在在的中医临床家。其中有的人将《伤寒心法要诀》倒背如流，有的《汤头歌诀》脱口而出，就凭着几本中医启蒙著作，悟出不少在讲义中未曾写进的方药，治愈了不少在大医院治不好的病人，从而达到了宋·苏轼所称的"故书不厌百回读，熟读深思子自知"的境界。这些人都是带着"济世活人"的初衷上下求索的，他们不图名，不图利，不登广告，不自吹自擂，不计较什么头衔，与人民群众在一起，以治好一个病人为乐趣、为天职，以"菩萨心肠"体察民意、民情、民痛，是值得称道的，亦即苏轼所称誉的"以至诚为道，以至仁为德"之立品。对此，早在《礼记·大学》中就有"德者，本也；财者，末也"的记载。

培养真正的中医临床专家，余认为是当前中医药高等教育的当务之急。如何培养？迫在眉睫的是将讲义中的分型施治回归到辨证论治上来。中医的精髓应该是因人、因时、因地制宜的辩证思维方法。一部《伤寒论》，397 法，113 方，并不是什么太阳型、少阳型、阳明型……型者，形也，如用土作坯，以框作形，疾病的发生与发展，因体质不同，因人制宜；因病因不同，瞬息万变；因所处环境不同，用药各异。春温、夏热、秋凉、冬寒，一个普通感冒，治疗起来都各有千秋，何况那些内因外因结合、中西医结合、久治不愈的慢性病呢？

"久病多虚"是一般规律，但也不可忘记"大实有羸状""至虚有盛候"的经旨。余常常看到有些文章中所述的治疗过程，虽然病种不同，但在治疗中，却完全是一致的分型，什么气虚型、血虚型、气血两虚型；脾虚型、肾虚型、脾肾两虚型；气虚型、阴虚型、气阴两虚型等，医易相通，易者变也，哪有不变的事物，哪有不变的人和病呢？细菌、病毒都在变异，何况人乎？新中国成立以来，高等院校的五版教材，虽然也在变，但限于主编和参编者的临床阅历和实践经验，尽管一版比一版好，但仍未脱离分型施治的窠臼，用讲义教出来的学生，也就被框死在屈指可数的几种类型上了。近闻，在"用中医药的标准化促进中医药的国际化"的倡导者的敦促下，国家中医药管理局正在投巨资实施一项伟大的工程，即"中医药标准化"。中医儿科分会被要求制定40余种疾病的标准。余看了小儿腹泻与流行性腮腺炎两病的"标准规范"样稿，统称为"中医、中西医结合某病治疗规范"，余仔细推敲后，深感不安，上书卫生部余靖副部长，"在当前中医院较普遍地存在中药、西药一齐上，中医几乎等于虚设的情况下，再编写这样不伦不类的'规范'，应慎重从事。如果以此'标准'要求国内、外的业中医者，都要执行，那么中医就难以应付千差万变的疾病，辨证论治就会僵化。倘若以此'标准'发布全国，就等于自己往自己的脖子上套绳索，我相信这是任何一位真正的中医都难以执行的。其结果是促进中医院的'西医化'，而不是促进中医药的国际化！"儿科自古以来就有"走马看小儿"之说，小儿稚阴稚阳，病情易虚易实，瞬息万变，岂有自入院至出院一成不变之理。更有不可信者，说用某口服液就可以主治某疾病。因经济利益的驱动，药厂希望的是专病专方，为了卖个专利，也只得选几味药组成一个方，让老鼠、兔子说话，经过专家评审、签字，报送药政部门给个"准"字号，或许赚他个八万、十万，以补充知识分子的"清贫"，这也是容易被人理解的。但作为高层次的中医药专门人才，应本着"治病必求于本"的大道，来制约眼前的"蝇头小利"。鉴于此，余曾多次大声疾呼：中医就是中医，学好中医必须读好中医的四大经典著作，学好历代儿科的专著，用原汁原味的中医中药理论，去发掘中医儿科中闪光的东西。

4. 中医儿科的研究方向，应该是治疗常见病、多发病以及现代出现的疑难病和药源性疾病

随着人民生活水平的提高，中国提倡"一孩化"以及儿童商品类食物的增多，儿科的疾病谱也在不断地改变。20 世纪 50～60 年代，小儿胃肠病以腹泻多见，但进入 20 世纪 80 年代之后，小儿便秘的发病率却在逐年增多。根据中医"肺与大肠相表里"的理论，喂养不当是导致便秘患儿增多的主要原因。"复感儿"引起的急慢性扁桃体肥大，也成了临床常见病之一。西医主张，凡扁桃体 Ⅱ度、Ⅲ度增大者，宜及早手术摘除，以免遗有后患。但余认为，行扁桃体摘除，失去了把门的"哼哈"二将，并没有真正解决小儿的"复感"问题，且其因扁桃体摘除而导致的肺系感染出现的频率，不亚于未摘除扁桃体的患儿。1999 年 1～5 月份，余共诊小儿患者 654 人，其中大便干结者 337 人，占总人数的 52%；因咽部红肿伴有咳嗽、咽痛、发热等肺系症状者 469 人；扁桃体肿大者 185 人，其中 Ⅰ度肿大者 39 人，Ⅱ度肿大者 137 人，Ⅲ度肿大者 9 人，伴发烧者 119 人，其中体温在 38℃ 以上者 102 人，37～38℃ 者 17 人，无发热者 66人。扁桃体肿大的 185 例患者几乎全为"复感儿"，其中每月感冒 2 次以上者 115 例，平均每月感冒 1 次者 46 例，2 个月感冒 1 次者 15 例，3 个月感冒 1 次者 9 例。其发病除咽部充血、咳嗽、咽痛、咽痒、流涕、发热外，伴有腹痛、便秘、喜俯卧、偏食、恶心、呕吐等消化系统症状者，共计 135 例，足以证明中医"肺与大肠相表里""肺胃肠相关"理论的真实性。那么如何用中医的方法消除已肿大的扁桃体呢？余认为清热解毒、疏风散热、清利咽喉等法，只能缓解症状，不能起到根治的效果。咽喉病证不能仅从肺经考虑，应首先考虑到肝经，其次才是肺经、大肠经，再次是胃经。根据这样的设想，余研制了咽喉摘桃丸，配合针刺少商、角孙，点刺放血及耳边割治，取得了满意效果。余之所以举出以上例证，旨在说明只要按照中医理论，在辨证论治的前提下，熟悉中药药性，不失组方法度，中医是有能力来处理一些儿科常见病、多发病和疑难病的。

其他如抗生素、激素滥用所致的西医治疗起来非常棘手的菌群失调、肾上腺功能低下，以及癫痫、多动症、脑瘫、小儿风湿热、强直性脊柱炎、进行性肌营养不良症、肾病、过敏性疾病等，余坚信，只要大家遵照辨证论治的思维方法，拾遗补缺，进行协作攻关，借鉴现代先进的诊断手段，开展全国大协作，一定会找到好的治疗方法。中医儿科一定会大有可为，一定能走出国门，为世界人民公认，为子孙后代造福。

5. 为解决"小儿服中药难"的问题，借鉴现代高科技手段大力推进小儿用药剂型改革

通过剂改解决"小儿服中药难"的问题，是我们的先人曾为之奋斗数代的事情。自伊尹创汤液始，中药剂型不断发展，秦汉时期的《内经》已经记载了丸、散、膏、丹、酒等剂型；东汉时的《伤寒论》《金匮要略》中所载剂型已发展到栓剂、洗剂、软膏等；晋代葛洪提出成批量生产中成药，以备急用；唐·孙思邈著《千金要方·少小婴孺方》，从初生到内、外科诸病共分九门，载方552首，其中记载了汤、丸、丹、散、膏、乳、粥、吮、熨、摩、糖浆、饴脯、含漱等不同的剂型和给药方法达19种之多，可谓"中医儿科剂改的先行者"。下面余就这些剂型在儿科中的应用以及剂型改革问题，提出自己的管窥之见。

（1）继承和整理先人的经验，使儿科用药的新剂型尽量符合中医辨证论治的要求。没有继承，就很难谈到发扬，正如前面所述，小儿服中药难的问题，是历代医家在不断实践探索中发现的，至唐《千金要方》所载剂型就有19种之多，那么，唐之后数百年的历史中，又有多少新剂型出现？值得今天认真研究和整理。余翻阅了宋《太平惠民和剂局方》，在治小儿诸疾中，共载方123首，其中圆剂36首，散剂32首，汤剂27首，丹剂16首，膏剂5首，饮子3首，香剂4首。以圆剂为最。圆剂，亦即今之丸剂，《局方》特别交代了制作小儿丸剂的大小和服用的方法。大小，有黄米大、粟米大、黍米大、莱菔子大、绿豆大、麻子大、皂子大、梧子大等不一。有以金箔为衣，有以银箔为衣，有以朱砂为衣，有以青黛为衣，各不相同。在服法上，冲服或化服丸剂的药引，也根据病情各有说明，如有以薄荷汤化服者，有以人参汤送下者，有以奶汁研服者，也有以温米汁送下者。另外，《局方》所载27首汤剂和3首饮子，其服用方法也不尽为煎剂，不少是先制作成粗末或细末散剂，然后再交代每用一钱或二钱，煎汤或沸水点服。这里特别值得指出的是，用"沸水点服"的方法以及粗末煎剂，既方便服用，又节约用药，值得效法和推广。汤剂先制成粗末煎剂不是《局方》才开始倡导的，《伤寒论》《千金方》就已有记载了，如《伤寒论》某方药味之下，注明"㕮咀"二字，即含有将饮片加以"细化"，也含有用口咀嚼以辨别药物真伪之意。同时在每张方后都加以详细注明，以水几斗或几升，煎多少沸，共得几升或几合，分多少次服，服后取汗不取汗，宜与不宜，都交代得一清二楚。现在科技发展了，时代进步了，而对于中药汤剂的应用，依余看，不但没有进步，相比之下反而"倒退"了。为什么会出现这种现象呢？主要是在继承方面没有下功夫，也就是说，对古人的用药方法，很少有人去探究，即使有医生去研究，药剂人员也没有很好配合，方后注明得再详细也无济于事。因此，医生也就"删繁就简"，以"水煎服"三字代之，习以为常、约定俗成了。《局方》所载 123 首治小儿诸疾方，虽然散剂居第二位，但算上并入汤剂中的"沸水点服"，应该说"散剂"还是居第一位的。再看闫季忠整理的中医儿科大家钱仲阳的《小儿药证直诀》，载方 120 首，其中圆剂 62 首，散剂 30 首，汤剂仅有 5 首。圆剂的服用方法，也如《局方》所示，根据病情，应用不同药物煎汤化服，体现了"既有原则性又有灵活性"的辨证论治精神。对古人这些好的经验，我们应当加以认真研究，并在剂型改革中，予以重视和汲取，才能提高疗效。余非常赞同已故王伯岳老 1982 年在全国儿科中药剂型改革会议上指出的：具体问题，做具体分析，不同质的矛盾，采用不同的方法来解决。中医的辨证论治，因人、因时、因地制宜，正是这种精神的体现。中药剂改不能丢掉这个精神。丢掉了就是失败。剂改中所遇到的困难，可能以此为最。

（2）改剂的目的是为了使中医药在儿科临床中发挥特有的疗效，就简、验、便、廉而论，应以"验"为主。小儿由于抗病力弱，得病急骤，变化迅速，易虚易实，正如清·江笔花在《笔花医镜》中所说：小儿之病，百病难于方脉……易虚易实，药过一分，变幻百端，此非绝顶聪明，好学精思，心知其意者，未易胜任也。至于护惜之深，姑息之至，则饱暖失宜，果物姿食，畏苦废药，或求速杂投，则又非医家之咎矣。在中国提倡计划生育的今天，如何使中医中药在儿科领域有"用武之地"，是近年来人们一直在探索的问题。卫生部首次宣布淘汰 127 种西药之后，求助于中医中药的病儿越来越多，儿科中药剂改问题亟待解决。因此，余曾经设想，把儿科中药剂改作为一个重要内容，让全国各地的专家进行集思广益的讨论，以造福子孙后代。余也曾冒昧地向各省市准备出席中医儿科学术经验交流会的专家们发过函告，让大家准备有关剂改方面的经验。各地寄来了不少儿科剂改的方剂，其中有不少为改变了原有剂型的古方，但多数是通过临床实践验证过的新方和改型后的新剂，有以病名命名者，如肺炎Ⅰ号、腹泻Ⅱ号、肝炎Ⅰ号、疳积冲剂、百日咳冲剂等。剂型包括以药物组成命名的，如蒲薄羌蓝牛蒡汤、代百散、茵陈赤芍连翘甘草汤、茎苏散、苓前合剂、楂曲合剂等；有以治疗作用命名的，如抗毒散、清热散、荡痫平、蛲疳膏、抗癫灵、疏表散、增食丹等。剂型包括丸、散、膏、丹、片剂、冲剂、栓剂、胶囊、气雾剂、糖浆、浸膏剂、含化剂、软膏剂、洗剂、眼膏剂、注射剂等，其中散剂最多，静脉滴注剂最少。余还曾设想，传统的儿科中成药南北各地配方各异，临床应用范围也不尽相同，难以统一观察疗效，有必要对同名异方、异方同名的各种剂型作统一的修订，将其适应证写清楚，便于推广应用。

简、验、便、廉，验是第一位的，其次是廉。至于简易、方便，都是以效验、廉价为前提的。经临床验证之后，为了使原有方剂更有效，更方便于小儿应用，在原有的基础上，首先保持或提高原有的效果，经过改进，使价格更低，用起来更简易、方便，这才是剂改的目的。如果越改疗效越低，价格越高，无论药品外形多好看，体积再缩小，群众也不会欢迎，这样做就失掉改进剂型的实际意义了。

那么怎样才能保持剂改的效验呢？以余之管见，要保持儿科剂改的效验，首要的是体现辨证论治的精神，其次应是在继承前人剂型的基础上加以剂改，实际上这两者是相互联系的。余常想，为什么历代儿科喜用丸、散、汤剂？无非就是因为这些剂型使用起来灵活、方便，体现了辨证论治精神。加之小儿急性病多，易虚易实，易寒易热，备以丸、散，配药方便，加用不同的汤引，又能体现辨证论治，故历代多采用之。结合科学的方法，现在许多剂型都进行了改进，有的已在药店出售，有的还收入了《中国药典》。为了体现新剂型的效验，体现中医辨证论治的精神，在不同的剂型适应证方面应该交代清楚，余相信其效验就更能得到保证。如以"感冒冲剂"为例，各地药厂生产了不少，服用起来也确实方便，病人乐于接受。但使用时多以"商标"标签说明书为准，不以辨证论治、药物组成、理法方药为前提，风热、风寒、夹暑、夹湿等无从区别，这样的效果就很难令人信服。因此，无论什么剂型，无论广告说得如何效验，都应该把适应证写明白，才能更符合临床实际。余认为这是保持剂改效验的第一点。

第二点就是药材的质量问题。中药"货讲地道"，众所周知，产地、炮制方法、贮存及采集时间等因素，均可影响药材的质量。加之一味中药成分多样，生物活性不是单一的，在加热或用有机溶媒的提取过程中，易使不少成分遭受破坏。因此有人说"时至今日，我们现在的科学手段，连一棵草也未完全弄明白"，这是否是事实，暂且不讲，但中药质量的优劣受多种因素影响，这是大家共识的。在剂改过程中，就应该把这些因素都考虑在内，否则也就很难保证剂改的效验。

结　语

中医药事业的发展和振兴，从根本上说，要依靠学术水平的提高，学术水平的高低是中医药事业生命力之所在。我们要的是"推陈出新"，不是"弃陈出新"，更不是"灭陈出新"。

唐·吴兢《贞观政要·崇儒学》有云："勤于学问，谓之懿德。"余从省卫生厅厅长的位置退下来后，仍以"士有百行，以德为首"为信条，开展中医学术活动，主持召开了多次全国性中医儿科学术会议，仍以"济时之道，莫大于医；去疾之功，无先于药"之初衷，悬壶家乡潍城百寿堂，造福一方。余深知"业医难，习医尤难，教人习医则更难，著医书而教人习医，尤为难乎其难"，在工作之余，仍"劳于读书，逸于作文"；"发愤忘食，乐而忘忧，不知老之将至"。余愿为传承华夏文化、振兴中医药事业，做到学到老、辛勤工作到老、与国内外有识之士共勉到老！

"良医处世，不矜名，不计利，此其立德也；挽回造化，立起沉疴，此其立功也；阐发蕴奥，聿著方书，此其立言也。一艺而三善咸备，医道之有关于世，岂不重大耶！"余愿以此与中医药界同仁共勉，此亦余"学以知道，行以成德"之谓也。

（柳少逸、张振兴、张振宇协助整理）

晁恩祥

晁恩祥（1935—　），河北唐山人。1962 年毕业于北京中医学院（现北京中医药大学），毕业后支边到内蒙古中蒙医院工作，1970 年在北京"全国中草药新医疗法展览会"任编辑，1971 年开始进行 COPD（慢性阻塞性肺疾病）的防治研究，多次下乡巡回医疗及防治克山病，1976 年参加全国中医高级研究班并毕业。1984 年由内蒙古调至中日友好医院，先后担任中医处处长、中医肺脾科主任兼中医大科主任，为中日友好医院主任医师，教授，博士研究生导师，中医内科首席专家，中央保健会诊专家。多次应邀到日本、澳大利亚等国家讲学。享受国务院政府特殊津贴。

从医六十余年，先后承担中医内科、呼吸系统、消化系统疾病及急症的临床治疗研究，负责过多项攻关课题及省部级研究任务。对哮喘、咳嗽变异型哮喘、COPD、肺心病、肺间质纤维化等肺系疑难病和肺系感染性疾病有较丰富的经验，并参与了对 SARS（严重急性呼吸综合征）的研究、诊疗方案的制订和会诊工作，参与 2005 年人感染禽流感的防治方案制订及肺系病新药开发和研究。曾到 10 省市讲学及会诊。多次应邀参加部、局、基金会、学会等评审与制定规范工作。多次应邀参加多省市大学硕、博士研究生及博士后的论文答辩、出站评议工作。

兼任中华中医药学会、世界中医药学会联合会肺系病专业委员会会长，中医内科分会副主任委员兼秘书长，中医急诊学会主任委员，内科肺系病专业主任委员；北京市中医药学会常务理事，肺系病专业委员会主任委员，感染专业委员会名誉主任委员；全国中医药学名词审定委员会委员；中国中医科学院学术委员会委员及中医临床基础医学研究所科学技术咨询委员会委员；药监局突发公共卫生事件应急处理防治药品早期评估特别专家组成员（SARS、人感染禽流感药品）；中华医学会北京医学会医疗事故鉴定委员会专家；《中医杂志》《北京中医》《中国药物警戒》《中药新药临床药理》等杂志编委，《中国中医急症》《继续教育杂志》中医分册主编等。

撰写医教研论文 80 余篇，担任《临床中医内科学》《中医内科手册》《今日中医内科·中卷》主编及《中医急诊医学》《碥石集》（第二册）等著作副主编。

获省、部级科技及荣誉奖励多次，如内蒙古科技进步三等奖，国家图书提名奖，北京市科技进步一等奖等。获中国科协"全国防治'非典'优秀科技工作者"称号，获中华中医药学会"抗击'非典'特殊贡献奖"，2005 年度获"中央保健工作先进个人"称号。2006 年又获中华中医药学会首届中医药传承特别贡献奖。

学医之门和行医之路

（一）启蒙·初涉·毕业

我出生于河北唐山，曾就读于唐山市育英小学和唐山二中，1956 年高中毕业后，受当时二中语文老师冯殊军先生的引导，我考入了北京中医学院，成为学院首届大学生。中医办学在 1949 年之前已有，但都是规模不大的中医专门学校，中医大学尚属首创。怀揣着祖父母对我的殷切希望，在老师的指点下，我从唐山来到北京。大学初始学习，内容多以中医为主，老师大都是有名的中医、悬壶济世的名家。学习内容为传统的读经典、背汤头、学本草以及中医临床各科，随着学习、了解，我逐渐喜欢上了中医。当时的老师很受学生爱戴，他们总是将经验毫不保留地传授给我们，也对我们抱以期望。已过世的许多现代名家，如秦伯未、刘渡舟、余无言、任应秋、祝谌予、陈慎吾、时逸人、杨甲三等，都是我们当时的任课老师。我们还学习了医学史，从中了解历代名医的各家学说，同时也学习了西医学基础以及部分临床。毕业实习大都在中医院、中医诊所跟师抄方。由于求知欲望很强，每次课间或短期门诊、下厂、下矿实习时都要向老师不停提问。经过毕业实习，我于 1962 年 9 月毕业。六年的大学学习我们还是以中医为主，中医基础尚较扎实，但也深深感到联系实际的实习十分重要。一年的临床实习为我毕业后当大夫提供了与患者沟通、诊治疾病的机会，并打下了初步的基础。大学培养了我，让我走上一生追求为患者服务的道路及与疾病斗争的生涯。医生的一生是神圣的、奉献的一生，追求的一生，永无止境的一生，我们的老师、先辈为我们树立了永远学习的榜样，患者的病情好转与恶化带来的欣慰与失望、欢乐与悲伤时刻在脑海中回荡。道德、义务、责任对我的一生提出了更高的要求，"学海无涯苦作舟"，当看到病人因解除了病痛出现笑脸时，我从"苦"中也感到了愉快与平静。我现在尚未退休，仍在工作岗位上，也有"小车不倒只管推"的味道！

（二）支边·从医·下乡

中医学院属于全国分配院校，1962年我作为首届毕业生，毕业后与夫人、也是同学的王秀珍一同支边分配到内蒙古呼和浩特中蒙医院。在内蒙古参加工作是我入医门之初，但我认为却是学习、锻炼提高的机会。在那里因刚刚毕业尚无临床经验，故于临证中真是体会到了心中了了、指下难明，并且笔下无方，经历了住院医的自行寻觅、学习积累，并在医海中艰难跋涉的难忘时光。当时的中蒙医院规模不大，医生少，有经验的老年医生更少。刚到那里时，医院仅有100张病床，几年后才有了300张床位，也开设了门诊，所以我们初到内蒙古很快就肩负了一些医疗任务。除了病房、门诊，还参加了全区开办函授教育的工作，因为我们是从北京来的大学生，就诊的人多，也就更加繁忙。那时，诊疗技巧要自己摸索，记得我负责过一个肾脏病患者，诊断为慢性肾病，患者全身高度水肿，腹水，少尿，且已经持续了一段时间，在病房住了好几个月却治疗无效。当时我就给患者试用了芦氏丸，记得是做成丸药服三天的量。服药后患者腹痛，大便稀，一夜五六次，甚至十几次，后来则变成水样便，小便也多了。三天药服完后，患者身体衰弱，不欲饮食，服药时恶心呕吐，实在痛苦，但水肿和腹水症状有减，小便得通。后又运用益气和胃、健脾利水之法以巩固疗效。出人意料的是，病人竟日渐好转。芦氏丸收于《内科手册》中，系由黑白丑、甘遂、大枣等药制成丸方，利水功效很猛。我以前并未用过，那次凭着初出茅庐不怕虎的劲头，大胆用药，用后虽未出大问题，但现在回想起来真感后怕，仍心有余悸，所幸患者年轻体壮，虽痛苦但坚持服药也很难得。我还曾治疗过一位风湿热患者，病人持续半个月发热38℃以上，汗出不解，全身关节肿痛难耐，痛如虎咬，血沉快，脉洪大而数，苔腻中黄，大便干，小便赤。我认为是属历节风。历节病，《金匮》多从风寒治，善用乌、附、麻、桂，但此例因见大热、大汗、大脉，热郁于里，故治以疏风通络、清热祛湿之剂，以白虎汤加桂枝、白芍、羌活、独活、木瓜治之，10 余天热退、疼除、汗止，病情缓解。在患者住院医疗时，我仔细观察，反复摸索，分析用药，积累了不少经验与教训。

在内蒙古期间，我度过了学习积累的初出茅庐阶段，上级医师少，主要靠自己干，如编写函授讲义、搞函授辅导通信等，都由我们几个从北京、上海刚来的中医大学生承担。"文革"中我参加所谓的激烈运动很少，却常下乡巡回医疗，或参加内蒙古医学院学生的下乡搞教育改革活动。我作为一名中医与十几位西医共同于河套地区边教学、边医疗。中医的四诊（望、闻、问、切）与西医四诊（望、触、叩、听）都是收集病人情况的方法。但中医方法更简便，老百姓更易接受。中医的中药、针灸、拔罐等疗法也很受欢迎。在内蒙古时我记忆最深刻的就是四次下乡、下牧区、隆冬季节到北大荒进行防克医疗。1964 年秋，我们一行六人被派到内蒙古西部乡下进行宣教工作，每天晚上给农民讲时事政策，几天之后老百姓就知道了我是医生，还是从大学毕业的中医医师，消息很快传开。当时农民生活很苦，条件差又缺医少药，但都十分热情，主动向生产队长请求为我们派饭，吃完饭后我总要看几个病人，有时还扎针。1966 年、1967 年两个冬天包括两年的春节我都是在北大荒莫达瓦旗、阿荣旗两个内蒙古边远地区度过的。那里人烟稀少，十几里路难见一个村，一个村只有几十户人家的情况不在少数，而当时的气温一般在零下 30℃ 至零下 40℃。克山病是一种心肌病，在当地发病率高，原因不明，患者常因抢救不及时而死于心脏骤停。那里条件差、气温低、缺医少药，每年都要派医疗队去防克，当地也有类似"赤脚医生"的防克员，平时小伤小病由他们应付。我们去后除防克工作外还要诊治不少其他杂病。而克山病当时的治疗方法很不规范，我们另外增加了一些中医辨证给药，对病人也有很大帮助。我两次参与防治克山病均未发现死亡病例。

在下乡时，我还曾治疗过一例青年颈淋巴结核患者。病人患病两年，患处流脓淌水，伤口久治不能收口，家境因病而致一贫如洗。患者身体衰弱，消瘦痛苦，当时患处仍流脓水，且脓水稀薄，偶有低热。我曾在资料上见有治结核散的验方，方由全蝎、土元等药研细面，取一钱，打两个鸡蛋调匀，蒸熟后同鸡蛋早晚分服一次，同时疮口消毒后应用中药药捻置入伤口。依法而治，药后月余竟然口收脓液止流，患者精神好转，三个月后病情缓解，能生活自理，心情转好，还可以参加少量农活。1970 年下乡时我还曾为一老年脑血管病患者治疗，当时患者神昏，右半身不遂，语言不清，喉中痰鸣伴发热，经月余应用中药化痰通络清热与针灸治疗后，已能自己活动锻炼。无论下乡防治克山病，还是教育改革下乡，或是宣传政策下乡，由于我是一名医生，总有病人找我看病，我也深感内蒙古农牧林区缺医少药的不便，更感医生是多么重要，尤其是中医药在农牧林区治疗疾病大有可为！

在内蒙古工作时，我还担任过医学院中医系的教学工作。1971 年由周总理主持攻克老年慢性支气管炎的科研工作，时值"文革"时期，医学研究几乎停顿，但一说攻克"老慢支"，调动了全国各地中、西医界人员的积极性，我当时也从中医药角度参与了攻克老慢支的任务。老慢支虽难于攻克，但我在攻克过程中发掘了不少中医治疗慢性咳喘病的有效方药，也提高了医学界对呼吸四病（感冒、慢性支气管炎、肺气肿、肺心病）的认识及防治水平，在呼吸病的基础理论、病理生理知识水平及检测方法方面都有很大的提高。之后我虽在大内科范围工作，在皮肤科、妇科、内科以及其他学科也积累了一定的临床经验，但呼吸系统疾病仍然是我的重点研究课题。我在大方脉的基础上开展了广泛的医疗实践，通过不断积累经验，提高了诊疗技术水平。

在内蒙古的 22 年里，我从临床实践走上了医学科研之路，是从参加由周总理主持的攻克老年慢性支气管炎的工作开始的。内蒙古地区是呼吸道疾病多发地区，我下乡做过慢性支气管炎的普查流调，参加过九省市慢性支气管炎辨病分型协作组、华北地区呼吸四病协作组以及多次的学术会议，参加了制定肺心病、气管炎的诊疗标准等工作。

（三）展览会·研究班

1969 年，我从内蒙古回到北京参加了当时全国性的大型学术性、普及性很强的中医药展览会。来自全国各省的几百名编辑、美工、制作业务人员及领导，每天在美术馆选编、出样，写说明词、讲解词，这些都又一次给了我提高、长见识的机会。当时工作十分辛苦，经常为赶任务而加班加点，挑灯夜战。我担任的是一个馆的部分展览工作，经常要面对领导的审查，面对广大观众以及同行的推敲与评议，工作十分艰巨。当时我承担了为中西医结合馆撰写前言、后语及部分图片和实物的讲解词的工作，既要准确反映照片与实物内容，又要用精练概括的语言来表述，因而经常是加班工作到很晚才能回住处，反复多次修改才可以拿出来审核，从制出展览小样转而再由美工用色彩布置到版面，贴上放大的照片。一张张照片的选择，一段段文字的撰写，都凝集了来自全国各省市的每个参与者的心血。记得我们馆的前言是我执笔写的，要求不超过400字，自己修改还不算，编辑小组讨论审查后又反复修改了10余次，才算通过有关部门审查，可见其难度。到最后审查上版，估计修改了20余次。我深感那次参与筹备展览的机会，大大提高了我的业务水平和能力，我们都为当时参与中医学术展而感到高兴、自豪。展览会终于与观众见面了，展示了中医药宝库的充实丰满。开馆后每天来自全国各地的群众与医务人员人山人海络绎不绝，很多人挤着抄处方，讨论中草药的防病治病功效。展览会开展之前，周总理亲临视察观看并在人民大会堂接见了全体办展人员，我们十分荣幸地听到了周恩来总理对办展人员的鼓励，对一根针、一把草的肯定，对中医药伟大宝库的赞扬。

还有一次让我一生受益的再教育的机会，即1976年3月我再次来到北京，有幸参加了全国中医高级研究班。该班是由国医大师岳美中教授提议，并由国家五位副总理支持批示开办的。当时国家百事待兴，这几件对中医工作表示支持重视的工作，真是非同小可。研究班要求每省选派一名中青年医生到京参加学习，我有幸与各地30余名同学共同在该班学习。当时"文革"尚未结束，研究班请全国名家到京为学员讲课，真是难得，一些有学问、有技术、有专长的名老中医大都刚刚落实政策，每个人都满怀激情高兴而来，非常愿意把自己的终生所学传授给我们这些学员。我记得姜春华、潘澄濂、张海峰、岳美中、王文鼎（研究班的班主任）、赵锡武、祝谌予、方药中、刘渡舟等名家都登台演讲，介绍自己几十年的经验心得，令人感到诸位老师均德高学深，在临床上多年积累的经验十分丰实，在教学中仍不忘传承与发展。我记得上大学时方鸣谦老师曾经给一同学开了一张治疗阳痿的配药酒的中药方，药味简单但有效，我曾在内蒙古为一些患者应用，心中一直未解其源。在西苑医院中医研究班跟师学习时，王文鼎老师亦开具与之相似之处方治阳痿，我便问此方何名，王老为我讲，此乃"一杯千口饮"，出自《验方新编》一书，查知果然不错，其方我曾在《燕山医话》中介绍发表。

内蒙古是我的第二故乡，我在那儿奉献了青春年华，得到了技术、学术上的锻炼和提高，也培养了我作为一个医生的基本素质，如今回顾那一段时光，心中仍感到欣慰、充实。如今，我依然坚持每天清晨5点起床看书、写作，这便是在内蒙古时养成的习惯，记得当时我家灯亮的时间是最早的，今日依然。难忘在内蒙古的支边生活，它永远让我回忆，让我自豪！

积极求索　不断进取

（一）回京·临床·医疗

1984年春节，我的大学老师，时任中日友好医院副院长的印会河教授，给我和王秀珍来信，推荐我们到中日医院工作，我们见信很是高兴。1984年上半年，我们终于在中日友好医院开院之前调到了北京。回北京也是希望在业务上更上一层楼，因而带着新的希望，告别了让我留恋、为其奉献廿余年的内蒙古，回到了首都北京，并很快投入到了中日友好医院的开院筹备工作中。新的单位、新的工作，对我提出了许多新的要求。出于对事业的责任心和老师、同学、领导的企望，以及个人的信心与决心，我仍然选择了求索、进取、奋斗、开拓的高标准要求，希望在北京开拓新的历程。谁知刚到北京，组织安排我担任中日友好医院首任中医处处长，虽然一直不愿意搞行政工作，但由于初到北京，不敢造次，硬是接下来了，但只干了两年多时间，还是回到了科里，并担任肺脾科主任，之后又兼任了10年中医大内科主任的职务，让我在业务及与技术相关的领域得到了拓展。我愿意在学术和中医药事业方面下功夫，我愿意在求索中开拓，为发展中医药学术奉献自己的一生。

我独衷临床工作，当回到临床第一线时，自然心情平和了许多，日常的门诊与查房工作，虽然加重了我的压力，但每当见到病人解除病痛的笑脸时我也增添了许多快乐。回科后我由副主任医师晋升为主任医师，但每当我查房时总是对临床住院医师阶段的锻炼念念不忘，一直认为住院医师若当不好，或没有那个阶段的锻炼是很难做好主治医师工作的，而主治医师做不好，则会对自己担任副主任及主任医师产生影响；我深深地认识到：作为医生，各个环节、阶段是相互依存、密切联系、不可分割的。不能不重视住院医师、主治医师时期的锻炼。比如对一些难治性疾病住院患者，今天治疗无效，明天面对你的仍然是他痛苦的面容和愈病的期待，你还要在查房时绞尽脑汁，冥思苦想为其解除痛苦，责任心仍然支配你想方设法地为患者的诊断、治疗、康复竭尽全力，这就是我的理念。此"医乃人之司命，非志士而莫为"之谓也。随着年龄的增长，老一辈的老师们也将一些重要的工作逐步向我辈传递，院内外会诊机会多了，有些会诊专门请中医为其提出解决方案的要求多了；一些重要评审咨询等活动也多了。我曾经多次到外省市会诊，并到一些西医医院参加会诊，而且承担了中央保健会诊任务，这些会诊都是很具体、很明确地要你想方设法解决问题。难忘 2003 年时，广东地区首次发现非典型肺炎病人，我便应广东省中医院邀请，于元月 28 日（春节前夕）飞往广州会诊原因尚不明确的"非典型肺炎"。当时病人持续高热、干咳、气短、气促，舌苔白腻，脉象滑数，肺部炎症进展较快，X 线显示肺部阴影发展也很迅速。当时有些问题尚未明确，从中医角度来考虑，虽在早期未能确定病因是病毒还是细菌，或是其他病原体感染，但可以根据患者临床表现，运用四诊八纲进行分析，并给予辨证立法处方，这完全是可行的。我们根据整体观念、辨证论治和四诊八纲内容以及中医几千年诊疗温病或称瘟疫的历史经验，认为中医对于 SARS 应该有自己的见解和诊疗方法。在几个月的抗击 SARS 的工作中，中医药也确实收到了预期的效果，并被世人所瞩目。2004 年继之而来的人感染禽流感的发生，再一次令人感到心惊。虽病人不多，但人们担心病毒的变异有可能造成人间传染的机会，并可能给人类带来更大危害。2005 年春，我曾参加卫生部考察团，到中国香港地区，以及越南等国家考察人感染禽流感疫情。SARS 期间及人感染禽流感流行时期，我这个搞呼吸病的中医自然也就首当其冲被推到了第一线，参与制定中医药防治方案，观察病情、会诊等，从而与同道们共同推动了中医药在防治突发传染病中发挥作用。SARS 期间我还曾接受过吴仪副总理的接见，多次在中央电视台（现中央广播电视总台）、北京电视台及凤凰卫视讲解中医药治疗温疫及传染性疾病的经验。这些任务、工作、突发事件为我开阔了眼界，看到了自己作为一名医生的责任仍然任重道远，病无止境，学无止境！

（二）探索·创新·科研

我个人时常考虑，一名从事中医医疗的医生，临床工作当属首位，往往重视继承而容易忽略创新，可能是由于工作繁忙，也就不去更多的思考。一名临床医生，每天忙于业务，总会遇到新问题，常常会有新的病人和没见过的疾病，这并不奇怪！那么能够在实践中进行思考，积累总结临床经验是不可缺少的，对于诊疗工作加以深入、分析，找出规律，同样能够探索创新，这在中医学中早有先例。《内经》中的一些理论，诊疗规律以及创立的天人合一、整体观念学说；张仲景总结的辨证论治、六经辨证规律以及大量治疗疾病的方药；历代名家的论著，金元四大家各具特色的观点以及明清时期温病、瘟疫学说的创立，卫气营血、三焦辨证及其理、法、方、药的应用，无不是来自于临床的细致观察以及知识的不断积累，再经临床验证并整理提高、逐步完善。此时方悟"博学而笃志，切问而近思，仁在其中矣"之意。我在内蒙古工作时曾参与了九省市老年慢性支气管炎病证分型研究协作组工作，各单位统一方案、统一方法开展流调，收集四诊病证，舌脉以及 X 线、实验室检测，并综合分析确定慢性支气管炎的辨证分型，该项研究获得了卫生部奖励。我负责的慢性支气管炎研究小组还通过药学、制剂、毒理研究和临床观察研制了"固本止咳夏治片"，在临床应用中颇受欢迎。1983 年，"固本止咳夏治片"还获得了内蒙古科技进步奖。

　　我曾经根据临床观察对哮喘病的证候与病机进行了分析，传统认为哮病多以"痰为中心""痰为夙根"，痰阻而喘；我们认为哮病与现代支气管哮喘相伴。我们通过临床观察发现，除了痰阻、痰气搏结，确还有一组病人乃以风邪为患，致使气道挛急，而以疏风宣肺，缓急解痉，从风论治的方法而获效，从而总结出了"风哮"这一证型。随着风哮的研究深入，又在临床发现观察到"风咳"，即临床所说以咳嗽为主要表现的一种咳嗽变异型哮喘，虽为哮喘但以咳嗽为主而并无哮喘表现者亦从风论治，也收到明显效果。我曾经为硕、博士研究生提出以从风论治咳嗽变异型哮喘为内容的研究课题，并且由我的女儿晁燕开发了治疗咳嗽变异型哮喘与感冒后咳嗽的苏黄止咳胶囊，为治疗该病提供了一种新的中成药。中医学中有许多闪光点均可以去发现、去研究、去捕捉。我曾经发表了《关于咳嗽变异型哮喘中医临床研究》《关于中医肺系病临床研究学术发展之意见》《春夏养阳，冬病夏治防治慢性支气管炎》《关于慢性阻塞性肺病的中医证治分析》等文章，都是从临床的观察中提炼出来的，也是我个人在中医学学术发展中注重临床同时亦注重科研的例证。我对于难治病，如肺间质病变及肺纤维化、不明原因发热、新发疾病 SARS、高致病性禽流感等都曾做过调查研究，也发表过一些论文。一个医生，必须是一个具有理论知识的医生，必然要有更多的思考，尤其是从临床方面去探索、追求，希望有新的认识、新的发现。当然研究还有更深层次的、更广泛的课题内容。在研究中方法学很重要，尤其是在中医研究中，符合中医特点的方法学更是一个必然遇到的问题。但中医学原创内容的研究方法尚感缺乏，这也是必须要解决的问题。

（三）学会·教学相长

我一直热爱学会工作，早在内蒙古之时就任内蒙古中医学会首任副秘书长。我热衷参加学术会议，是学会工作的义工。1982年中医学会恢复成立中华中医药学会时，我便写了三篇论文参会；1983年内科学会成立之时，我又参加了大会学术交流，后来被选为中华中医内科学会秘书长，继之又被选为副主任委员兼秘书长。20世纪末，内科学会十分活跃，并根据学科发展成立了15个学组，我是肺病专业学组副组长、组长，并在后来发展为三级学会性质的学术机构担任学术主任委员；积极参加急症及突发事件工作，组建了肺系病急症协作组，并任组长，同时又被急诊分会选为副主委、主任委员；世界中医药学会联合会成立之后，又被推选为世中联呼吸病专业委员会的会长；同时担任中华中医药学会理事，北京中医药学会常务理事等。我在学会工作上花费的时间、精力是比较多的，但我还是心甘情愿。内科学会范围广，人员多，影响大，开始创建时董建华教授任主委，继之我的同窗好友王永炎院士担任内科学会主任委员，我们共同为能参与内科学会工作感到愉快。我们召开学术会议讲求不谋私利，开会讲究以学术为主、奉献为主，从不借开会之机高收费；学风、会风一直受到赞扬！随着年龄的增长，我们均将逐步退出学会领导舞台，但我们会大力支持推举年轻人，希望年轻的一代中医能够继往开来，注重学术，团结业内人士，使学会工作得以延续发展。作为学会的义工、志愿者，尤其是我们内科学会、急诊学会，在王永炎院士的领导下，我们积极参与学术活动，经常组织学会的专家成员参与中医的学科建设，如撰写病历书写规范以及中医内科、急诊的诊疗规范。我们还通过学会组织编写中医专著，如曾获全国图书奖、北京市科技进步一等奖的《临床中医内科》及《今日中医临床》《中医急诊医学》等；还曾组织大家到老少边地区支边，如曾到延安、海拉尔、延边、恩施等地区进行义诊、讲学、基层调研等。我和我们一些学会的积极分子们多年来不惜时间与精力，齐心团结、任劳任怨地为专家服务，为学术提高发展而努力，多次受到政府、总会的好评，并深受同行的认同。回想内科分会，从内科发展了急诊分会、风湿病学会以及十余个属于内科的肝病、心病、脾胃、肺病、脑病、肾病、难治病、血证、血液病等专业，我主管的肺系病专业也有了很大的发展！随着年龄的增长，我会逐步辞去学会的领导职务，但为学术发展而奉献的热情还将持续，并将依然积极参与一些活动。

《礼记·学记》云："学，然后知不足；教，然后知困。"此即教学相长之谓。同时，教学相长、尊师爱生也是中华民族的淳风美德。我从医已达50年，经历了学医、行医过程，也经历了从学生到老师的过程，我的老师很多，甚至我上小学、中学的老师，我还经常怀念他们。小学时有一位语文刘老师，当时已经年近50岁，每天不但批改作业，还自留作业、读书，每天写一篇毛笔小楷字，令人敬佩；中学时的冯殊军老师不但文学水平高，中医学也很有造诣，他指点我学中医；大学时的任应秋老师总是诲人不倦，我曾向他请教过问题，他不但详释细解，讲析清楚，次日清晨散步时遇到我，又给了我一张卡片，进一步回答我的问题，令我十分敬佩；我在全国中医研究班学习时写了一篇近30页的关于学习《内经》的体会文章送给任老审阅、修改，任老不仅细阅而且逐字逐句红笔批改，令我十分感动；忘不了刘渡舟老师总是那样细致高声讲述《伤寒论》的立法方药以及其临证经验；在全国中医研究班学习时，岳美中老师总是谆谆教导，深入浅出地论证中医诊疗疾病的优势，重视辨证论治、整体观念；方药中老师中医学造诣深远，精心讲课，详尽论证病机十九条……为培养人才、为了中医药事业，他们全心全意为组织安排好教学费尽了心机，呕心沥血，给我们树立了榜样。近些年来一些老师如邓铁涛、路志正、颜德馨、任继学、焦树德等不辞辛劳地为中医事业几次写信向中央献计举策，强调中医的继承、传承，并为传统中医学的科学性、实用性、有效性进行论证；同时建议大力发扬中医药学，不断创新，强调临床效果，强调教育的重点。路志正、任继学两位老师还经常推荐我参加《碥石集》的讲学和一些重要工作，我十分感激他们的器重与指点。老师们发展中医药的心愿、期望应该会逐步实现！我对老前辈们的所作所为表示钦佩。

《礼记·学记》尝云："既知教之所由兴，又知教之所由废，然后可以为人师也。"随着岁月的流逝，我由学生逐步成为医生，也成了老师，不仅为一批批本科实习生讲课，而且指导了一批硕、博士研究生。研究生教育中我比较重视从临床寻找课题指导研究，重视临床疗效的再验证，以及中医理论、方药的继承和发展，因而对学生们的中医理法研究比较关注，如"疏风解痉"治疗"风哮"风咳";重视中医治法研究,如"调理肺肾法治疗虚喘","肺心病治法概要","下法的临床应用",以及强调中医理论研究,重视对现代科学研究方法的吸纳,更重视科研方法与中医自身规律的结合;先后指导了广东省和本院的两名主任医师及浙江、河南、山东等省及北京市的一批高徒,他们大都是主任医师,并已是中医呼吸和急症方面的骨干。我还承担了第三批老中医继承指导老师的工作等。我所接触的学生们都很努力,上门诊、跟查房、听讲课、写东西……不断地总结发表了一些文章。我还参加了一些优秀人才、高徒培养考核及名医评审工作,对于学生,我强调重视"读书""临床""讲写"。《礼记·学记》尝云:"凡学之道,严师为难。"我对自己要求严格,对于学生同样比较严格,要求他们行医做事认真严肃不可马虎。近来我们又得到了国家中医药管理局和北京市中医管理局的支持,批准建立了北京市中医工作站,继续从事继承、创新工作。

(四) 社会兼职·指导医疗

由于坚持、努力以及对学术的追求,我不仅得到了有关部门的关注及支持,而且还接受国内外一些中医单位、部门、医药企业厂家、大学、研究机构的聘任,担任了一些职务,如北京中医药大学、天津中医药大学的客座教授、博士生导师,在一些医院承担顾问职务,如担任浙江省名老中医研究院研究员、学术委员会委员;我还是中国中医科学院首届学术委员会外聘学术委员及中医临床基础医学研究所科技咨询委员会委员,中华医学会、北京医学会医疗事故审评专家,多年担任药监局评价、新药审评专家,为发展中医药参与了不少活动,如应邀到外地讲课、查房、会诊、为一些企业进行新药开发咨询等,我也从这些活动中学到了一些知识,了解了中医学科进展及学术发展的动态。

我曾三去日本两到澳大利亚讲学。另外,我还应邀去台湾长庚医院讲学、指导医疗,去香港参加过临床门诊与研究工作。这些经历使我了解到一些国外及我国港台地区的情况。如1986年和1990年,我分别应日本金泽医科大学邀请讲学,主讲中医冬病夏治片防治慢性支气管炎的研究,在松山老年病院主要咨询和讲解中医药康复保健,第三次去日则是应日本大学医学部与东京练马区的友好邀请,属医院委派我从事指导医疗。在日本,患者挂号诊病,我出诊时每次由一位博士陪写处方,为时一年,受到了东京练马区区长及民众的欢迎,中医临床效果也得到了光丘病院及会诊患者的肯定。我还曾为光丘病院神经科设计了治疗老年性痴呆的中药方，日本大学医学部也聘我为客座教授。在东京的一年时间里，我还曾经为日本东京某中医学校的学员讲课并到一些医院会诊。虽然日本对中医（他们称汉方医）主要认可《伤寒论》《金匮要略》方，并已做成颗粒剂且纳入了医保，日本一些民众对中医药也比较认同，但仍有诸多严格限制。1986 年到 1995 年间，我三到日本，所见到的情况是中医学在发展，服中药的人数在增加。曾有一段时间，日本来我国留学学习中医的人员在留学生中占了相当比例，他们也较重视中医研究、开发。1996 年，我应澳大利亚全国中医学会之邀到澳大利亚讲学并被聘为名誉顾问。当时那里满街都是中药店，虽有找中医看针灸、服中药的民众，但真正有理论知识又有丰富临床经验的中医生并不多。2005 年春节期间我到澳大利亚探亲之时，又应当地中医界同行邀请见面交谈并讲课一次，从谈话、讲学的提问中可知，澳大利亚中医药同行的水平大有提高，在澳大利亚，中医也由于当地同道及国内中医药界的大力支持而颇受重视，并已受立法保护。

1998 年，我应台湾长庚医院邀请到长庚医院中医部（林口）进行讲学、指导医疗。去台湾的学者原本极少，长庚医院很重视中医学术，注重医务人员学习。中医部的医生们每天早晨上班前一小时均组织讲课或开会，每日签到，讲课后并提问讨论，讨论的问题也很尖锐、深刻。我在台每周上班五天，均有一位主治医师跟我抄方，病人大都是医生自己久治效果不佳者或疑难病转诊者，由我边讲解、边分析、边开药，他们对于大陆医生很尊重，很客气，我则有问必答，认真对待医疗，并向侍诊人员讲述中医理法。在两个月的时间里，我还到中医药学院、长庚大学基础部，以及桃园县中药界、长庚医院组织的学术会议讲学，每次讲课结束后都有不少人提问，受到了医生院方的热情接待和患者的热情欢迎。长庚医院创始人、台塑大王王永庆董事长还三次邀请我到他家中做客。

谈医论药述心得

从事中医工作大半生，我自然对中医有着深厚的感情，但对于中医的感悟未必深透，因而解惑、论医、思索、探讨是一生的追求。这里论医仍然是为了求知，创新为了求深，求发展是为民健康而求。

（一）中医学·褒之·贬之

中医药学博大精深，深奥无穷，是一般人的看法，有人褒之、求之，也有人薄之、贬之。在我看来，我这几十年的摸爬滚打，求之、行之、论之也只是皮毛而已。我深深感到中医学几千年的历史，是不断实践、不断验证、不断创新、不断发展的，是与历史发展规律相合的，实践、传承、创新从不间断，生命力之强、活力之旺表现在近百年来她面对强大的西洋医学的冲击仍然青春永在，仍不断博得国人的崇爱、国家领导人的支持，并推动了世人的求索。"中西医并重"就是肯定中医的历史作用，就是发展中医，因而中医学走向世界也是顺理成章之事。中医学几千年来为中华民族的繁衍昌盛做出了伟大贡献。但是，近来又有一股反对中医、视中医为伪科学的逆风，这实际与民国时期西医刚刚进入中国时一些人提出中医不科学、提出废医存药的主张相类似。而今，历史的重演并不奇怪，少数人提出"废医存药""退出正规医疗系统"等可能是出于认知不同，可能是看问题的角度不同，可能是一种误解，也可能是一种无知或有意攻击。好意也好，恶意也好，我认为中医学仍然会按着科学的规律发展、提高，按着中医药发展纲要的"继承、创新、标准化、国际化"的方向前进，任何人也阻挡不了其自身的发展和走向世界以至被世界人民所接纳的趋势。

（二）脉症·辨证·证候

"治病不难用药，而难于辨证。辨证既明，则中有所主，而用药自无疑畏"，此清代毛祥麟在其著《对山医话》中言简意赅地阐明了辨证在临床中的重要作用。几十年来，我一直依照并运用中医传统的四诊八纲方法诊疗疾病，通常以望、闻、问、切为收集患者相关资料的方法，但对于西医的诊断及理化检查内容同样重视，我们参与的《中医病历书写规范》中也有双重诊断；而八纲则是辨别阴阳、表里、虚实、寒热的大体分析；中医证候包括了症状与舌脉，也在证候中体现了病因、病机、病势、病证，几个方面内容的相互联系构成了辨证的一个体系；脉症乃指症状及舌脉，症状与舌脉是需要收集的，证候是需要辨别、分析的。辨证也有不同的方法，如六经辨证，脏腑、卫气营血、八纲辨证等。我曾经在 1976 年全国中医高级研究班毕业论文中撰写了《对中医证的认识》一文，阐述了脉症与证候的原则问题，证候体现了整体观念及其相关理论内容。在另一篇《关于中医辨证论治若干问题探讨》中，我收集了临床查房中发现的辨证方面的问题，逐一提出，并给予分析，该文发表于 2004 年《北京中医》。我在其他一些文章中也曾多次阐述了临床诊疗过程中注重理法方药的一致性，并认为证的辨识是诊断方面的关键。《临证指南医案》中说："医道在乎识证、立法、用方，此为三大关键，一有草率不堪司命……然三者识证尤为重要。"证候是治疗立法处方的依据。至于辨证与辨病结合之原则有两种含义：一是中医之病，二是西医之病。两者的链接也是当前诊疗疾病中的倾向！证候是重要的，证候要素也是重要的。的确，中医在识证之时也有着诸多的要素，如在病机、病因、病性方面存在着诸多虚、实、寒、热、毒、瘀、痰、湿、风、火等因素，这些在历代的病机、八纲、脏腑、六经、卫气营血等辨证中均讨论过，但从要素角度论证尚须进一步探讨，均是值得研究的课题。此即清代徐灵胎所讲的"凡辨证，必于独异处着眼"的道理。

（三）治则·治法

《素问·至真要大论》云："谨守病机，各司其属，有者求之，无者求之，盛者责之，虚者责之，必先五胜，疏其血气，令其调达，而致和平。"由此可见，治则是中医学中治疗疾病或辨证论治时的总原则，即所谓"治之大则"，是中医治疗学的重要组成，也是历代医家不断在临床中总结出来的大法。《辞海》中认为治则是"中医学名词"，是中医医生临证、立法、处方、用药必须要遵循的，治疗不可违背的原则。治则重视整体观念，重视人之邪正情况，重视与辨证的协调，故"谨守病机，各司其属""协调阴阳""阴平阳秘""寒者热之，热者寒之，虚者补之，实者泻之，正治反治""急则治其标，缓则治其本"或"标本兼治，扶正祛邪"以及"不治已病治未病"……都是一个医生必须在头脑里经常思考并且时刻运用于临床的大法，它不同于普通的治法。我曾经在广东《新中医》发表过《对中医治则研究之我见》一文，阐述了有关治则的内容。治则指导我选择立法、处方、用药。

至于治法则丰富得多，如《素问·脏气法时论》有"开腠理，致津液，通气也"的记载；《素问·汤液醪醴论》有"平治于权衡，去宛陈莝……开鬼门，洁净府"的论述；之后不仅《伤寒论》《金匮要略》中有大量治疗疾病的治法理念，更有《医学心悟》中所谈"汗、吐、下、温、清、补、和、消"八法的总结性论述，同时强调了"一法之中，八法备焉，八法之中，百法备焉"，我们所说立法处方，即这个阶段的立法，即所谓"方中有法"，"法中有则"，"则中有理"。《素问·五常政大论》中所论"病有久新，方有大小，有毒无毒，固宜常制矣"，并指出"大毒治病，十去其六，常毒治病，十去其七，小毒治病，十去其八，无毒治病十去其九"。临床运用八法为基础治法，可以协调叠加，两法甚至三法协调并用。我在临床上十分注重治法与方药的关系，中医治法的体现，在于临床运用，治法在临床上可以随着临床辨证而有不同，其运用往往可以随证候的不同而有变化，在论治中强调理法方药一致。我在临床实践中不断总结治法在诊疗疾病中的灵活运用，认为理法方药均应协调，不可或缺。对治法在具体疾病诊疗中灵活运用的分析与思考，反映了我在医疗过程中注重理论对临床指导的理念。对于治则、治法及其运用，我也曾发表过一些相关文章。

（四）疾病·链接·创新

在现阶段"中西医并存"，"中西并重"，"中西医两法"同用之际，从中西医的前景分析，有人企盼融合、结合、贯通，在我看来，中西医结合的希望很好，但那种全新的一体化的结合尚属等待之事；也有人说"结合"倒像是一种学派，是一种追求，而我认为当前是以"中西医两法""中西医并重""中西医链接"为主，将来也许是有真正的中西医结合的局面。

多年来我个人并不排斥西医，并且重视西医诊断与治疗以及各种检测手段，但也重视中医之病和西医之病的联系及链接。

"风哮"的病名包含病因内涵的研究，也是基于临床多年的积累。哮病，历代各家过于强调"夙根""痰"为中心，《内经》中并无哮病，但可能是有部分疑似病例与一般所说喘证相关而纳于哮喘中。而我通过临床观察及中医硕、博士研究生的课题研究工作，发现哮与喘确实有别，中医哮病与西医支气管哮喘相同，临床观察哮喘并非完全是以痰浊为中心，也有"风证"表现者，这一类我则称之为风哮；而见诸以咳嗽少痰或无痰，具突发性、阵发性，或有过敏因素，只见咳嗽并无哮喘者之咳嗽变异型哮喘乃取巢元方氏之"风咳"立名，其主要表现有咽痒、突发性咳嗽阵作，"有善行数变、风性挛急"之状，故认为以风证为主，从而治疗亦"从风论治"，取疏风解痉，止咳利咽。又如咳嗽分外感咳嗽、内伤咳嗽两类，即一为新感咳嗽，二为反复发作的慢性咳嗽。慢性阶段者为内伤，其实慢性咳嗽与外伤咳嗽二者有着内在的联系，临床为了诊治方便而在认识上划分为外感咳嗽与内伤咳嗽，其实质并非两种。

近些年，对于肺间质病变或肺纤维化等疾病，我认为其病理发展过程的演变是肺间质改变，造成肺中氧的交换失常，又常常反映了一组疾病的表现。而中医肺痿临床表现有咳吐浊唾涎沫、短气、动喘、难治，过去其说不一，它也是一组肺之虚损性疾病。如今也有不同意见，但我们经分析则命名为肺痿。肺痿，指肺叶痿弱不用，肺痿与肺间质纤维化相互链接，有其相通之因和表现，反映了肺痿之实质病理状况。治疗也以调理肺肾、纳气平喘、活血通脉为主，但有时也因合并感染而用清肺化痰，久病喘促又当纳气平喘、止咳化痰。阻塞性肺疾病也是一种跨度较长的疾病，中医辨证论治也好，证候分类也好，但在有气喘者也是调理肺肾，标本兼治，区别缓急的阶段性治疗。我曾经撰写过《阻塞性肺疾患中医诊疗》《哮喘的中医证治》《咳嗽变异型哮喘的中医临床研究》及《肺痿的中医证治》等文章，已有详细论述，这里不再赘述。

（五）新药·开发·不良事件

新药主要是指采用新剂型为中医药的大生产提供方便的依照中医药理论开发的新的中成药。传统的汤剂虽然仍为老、中年医生所习用，同时也有大量患者喜欢应用，汤剂是量体裁衣的，是针对患者当时病情进行的辨证论治，个体化强，但煎煮、服用比较麻烦，有些患者不愿接受。历代中药制剂多为丸（蜜丸、水丸、糊丸）、散（原粉）、膏、丹等剂型，比较传统，随着时代的发展，中医药除了汤剂饮片，在制剂方面几乎与西药制剂相差无几，但同时也为中医药的大发展带来了一些新问题：如在选择应用时有的医生感到辨证的困惑，新药制剂的有效性、安全性是否有保证，以及天然药物是否保存了中医特色等问题亦常为争论之焦点！

在当前开发的中药新药中，从复方来看，有传统名方，也有近世经验方，这部分比较注意理法与君臣佐使、方解的论证等中医的原创内容，但中医辨证论治的系统新药开发仍然难以全面反映，制剂中对传统炮制方面注意不够，系列中医药也体现的很少。近几年来比较重视某中药或天然药物的成分或组分的研究，有些成分虽从中药中提取，也有与中医药的联系，但这更与天然药物研究相近，如金纳多、联苯双酯、青蒿素等；有的已是化学合成。我历来认为中药与天然药并非一种，中药有中医理论指导，有四气五味、寒热温凉的内容，如何再与某饮片或生药及经过炮制、切制的中药饮片相同呢？中药是经过几千年的实践应用所得，如麻黄可以发汗、利尿、平喘、解表等，而麻黄碱却已是化学合成之西药，二者不同，而且有着明显的差异。另外，对于新开发的仿制药及改剂型药，只是对某些新药的进一步研究，不能称为新药！我曾经撰写过《关于中药新药开发的几点意见》及《谈系列中成药开发与研究》的文章，论述过这方面问题。

药物不良反应是全球性问题，中、西药均可出现药物不良反应，系指正式生产的上市品种在临床使用中出现的不良事件或不良反应，如过敏或全身性、部分脏器损害反应等。而中药学的所谓"不良反应"，包括的范围很广，原因很多，这类相关问题在历代中药著作中论述也颇多。中医学不仅发现了药物的大、中、小毒，并且有许多应对药物毒性的办法，如七情配伍、君臣佐使，提出了中医理论指导在临床上正确与不正确的使用，如是否符合证候要求、用法用量与疗程要求等，提出过中药炮炙加工减毒，十八反、十九畏以及妊娠禁忌，成人及老、幼人群用药剂量与疗程的差异。我在《碥石集》讲座中讲过《再谈中药不良反应问题》并在报刊上发表过《关于中药不良反应》等文章。"关木通"问题闹得整个世界沸沸扬扬，然而龙胆泻肝丸金元时代的原方中并不是应用的关木通，而是川木通、白木通。关木通与以上两个品种并非相同，也不是一个种属，实属误用之过。其实，中药中确有一些药物具有一定毒性，但已知的大多给予了提示，并提出慎用、炮制、剂量、疗程等方面要求。中药是药，不可以认为其纯天然，并认为属动、植物的品种无任何毒副作用！对于少数有毒中药应当告诫注意，不可妄为大胆过量开方！好在现代开发新药时，除少数应用已久的古方外，余者均需按法规要求进行急毒、慢毒及药理研究，对临床试验的安全性也很重视。历史经验告诉我们，中药相对安全是事实，但也不能放弃对不良反应的观察，有些品种在临床观察时偶见不良反应也不需要大惊小怪，注意就是了！

（六）三重视·四多

我在刚刚毕业之时，曾经有过对工作的思考，自己提出了对医教研的三重视，即重视医疗、重视教学、重视科研。近年来又逐步开始认识到：作为一个医生，要做到四多，即多读书、多临床、多思悟、多总结。此即《礼记·中庸》"博学之，审问之，慎思之，笃行之"之谓也。

我早期从医的理念最重视医疗。所说重视医疗，即是重视当一个好的医生，把医疗临床工作当成首要任务。初到内蒙古首府时，刚毕业的有北京、上海中医学院毕业生共9人，1962年的内蒙古让人感觉很荒凉，缺医少药，医生不多，并且大多已是年迈的老医生。我们作为首批中医大学的毕业生很受重视，有的被分配到中医院校的教学单位，有的分配到中医院或研究所（院、所在一起）。我和我的夫人王秀珍同在中医医院工作，因而上门诊、查病房、做住院医的生活便开始了我从事中医临床的生涯。

二是重视教育。当时医院、中医系、中医研究所合合分分，但我们一直在医院带教中医系的实习生，后来又为中医系授课，带学生下乡搞教育改革，另外我们刚到内蒙古的三位医生还举办了全内蒙古的中医函授班。当时我们热情很高，编写讲义、函授辅导资料，将函授班搞得有声有色，全区总共700余学员，有时我们还要到内蒙古东、西部地区面授讲课辅导；后来我还承担了内蒙古医学院中医系本科生的授课任务，参加了教研组的工作。

第三点是当医生也要重视科研。这种认识当时是要求我们必须承担当地的医、教工作，医院也是教学医院，当然我们也就照章办事；所说搞科研我个人并不熟悉，但由于是我的追求，因而也就十分重视，经常挂在心上。我曾经多次参加学术会议，尤其是1971年之后，在大搞老年慢性支气管炎防治的热潮中，参加了由蔡如森、翁心植教授领导的华北地区肺心病协作组，我承担了中西医结合方面的研究与总结工作；还曾参加了包括北京、天津、福建、浙江、江西、内蒙古、山西等九省市慢性支气管炎的中西医结合辨证分型协作组，每年都开会研讨方案，观察病人，该项研究还获得了卫生部的成果奖；我们还曾经与北京广安门中医院合作开展过咳喘膏外贴冬病夏治的观察研究，当时还写过关于冬病夏治片及贴敷法的研究的文章，为华北肺心病协作组撰写过《肺心病中西医结合的临床总结》等文章。

所说的四多，这里指的是多读书、多临床、多思悟、多总结。多读书是我几十年的追求与实践，不仅读中医的古今书籍，而且西医的临床专著也经常参考查阅，还有现代各种报纸杂志。此即我在临床过程中求教的无声之师。经典专著自然看的多，并且我也最喜欢张仲景的《伤寒论》《金匮要略》，我喜欢的经方如麻黄汤，大、小青龙汤，苓桂术甘汤，小柴胡汤，肾气丸，茵陈蒿汤，三承气……经方不仅国人喜欢，在国外也很受重视、欢迎，尤其是临床用之有效的方药。所读的书包括古代书籍，更有后世对中医学的发挥、创新，如宋代《和剂局方》，明代李时珍、张景岳的专著，金元四大家等各家学说以及清代的《医宗金鉴》也经常研读；《笔花医镜》《医林改错》《医学衷中参西录》《医学传薪录》等均各具特色。我读书常常是带着问题找书，无论是写作，或是针对病人，或是为了解答学生的提问都需要认真读书，查阅资料，学以致用。"为学之道，先于穷理，穷理之要，必在于读书"。读书给我以知识、力量和智慧，我几乎每天都在读书用书。清代陆九芝《世补斋医书》尝云："读书而不临证，不可以为医；临证而不读书，亦不可以为医。"陆氏言简意赅地说明了读书与临证的辩证关系。故多临床，这也是我几十年没有离开过的工作，就连在担任处长和在全国中医高级研究班时也没有离开过临床医疗工作。我喜欢诊治病人，虽然病有可治和不可治者，但我愿意接触病人，可以说对医疗有着浓厚的兴趣！我一直在病房和门诊工作，医院要求我们要中、西医两法诊治，双重诊断，因此每次再版的《实用内科学》我都要购买，并经常查阅和详细阅读，但更注重中医理论、理法方药对临床的指导！三多即是多思悟，就是去思考、探求在工作中发生的问题，需要解决的重点与方法。中医的辨证、诊断、论治、方药、理论与临床均需要分析、辨别，作为中医更需要多想、勤悟要解决的现状与进一步问题。举个小例子，我学医之时认为大承气汤是很猛烈的方子，但通过多年临床深思，认识到大黄、芒硝（我习惯用元明粉）的配比比例是很奇妙的，同时还要熟知患者的体质、年龄、适应能力的差异，用得好也是非常奏效的。许多老医生都强调学中医、做中医，时刻都应当注意"悟性""领悟力"，我也有同感。四多，为多总结，这也是我的任务之一，早年的医疗工作主要是以学、练为主，练习当医生，甚至有摸索、试验中医疗效之意。随着与时俱进的不断追求、奋斗、积累，多少对中医也从开始摸索到逐步了解、深化，也可以发表点意见了，我大约写了八九十篇文章，大部分已经发表，少部分是写完就放在一边了，也有的文章改过多次，讲过多次。我不太愿意匆忙发表什么意见，SARS 肆虐之时，我当年 1 月就曾去广州会诊，有诊治几个病人的点滴经验，待北京发生 SARS 之时，刚开始就有出版界的朋友嘱我牵头写书，我不肯接受，我虽然去过广州，在北京也多次参与会诊、研讨、制定防治方案等，但我认为我尚未对该病有更多的了解而婉拒牵头！另举一小例子，我曾经早在 1976 年全国中医研究班时就撰写过《对中医证的认识》及《辨证论治若干问题探讨》等文章，都是经过多年的思考、研究、修改才总结、撰写成文。总结非常必要，对于中医病名、中医病证、诊疗方法、理论与实践的联系，我都愿加以总结，留给后人和我自己。

张学文

张学文（1935—　），陕西省汉中市人，全国著名中医内科学家。15 岁起便在其父亲的严格要求下，背诵中医典籍、药性赋、脉诀、汤头歌诀，切药认药，并随其父临证看病。18 岁时经县统一考试，以优异成绩出师，开始了独立应诊的医学生涯。1956 年入"汉中中医进修班"学习。

1958 年入陕西省中医进修学校（陕西中医学院前身），毕业后留校工作，1959 年被派往南京参加卫生部委托南京中医学院举办的"全国首届温病师资班"学习，师从孟澍江教授。其后历任陕西中医学院附属医院内科主任，陕西中医学院医疗系主任、副院长、院长等职。任北京中医药大学兼职博士生导师、中华全国中医学会常务理事、国家中医药管理局医政司中医急症脑病协作组组长、陕西省科协常务理事、陕西省中医药学会副会长等职。1990 年被国家二部一局确定为首批全国 500 名需要继承学术经验名老中医之一。1991 年起享受国务院政府特殊津贴。1991 年被评为陕西省有突出贡献专家。

张学文教授在中医急症、中医脑病、温病学、疑难病、活血化瘀等诸多研究领域均有一定的学术造诣，对"毒瘀交夹""水瘀交夹""痰瘀交夹""气瘀交夹""颅脑水瘀"等病机理论的认识颇多创新，自成体系。先后在全国省级以上学术刊物发表论文 60 余篇，出版学术专著 10 余部，获国家、部省级、厅局级科技成果奖 10 余项。

我出身中医世家，祖父是家乡一带远近闻名的良医，家严致东公继承祖父衣钵，亦是橘井流芳。我幼承庭训，耳濡目染，15 岁随父学医，攻习《内经》《伤寒论》等典籍，打下了较为坚实的中医功底，18 岁经考试合格后即独立行医。1959 年从陕西中医进修学校中医师资班毕业后，留陕西中医学院任教至今。40 余载一直坚持科研、教学工作，且勤于临床，并积极开展中医急症、温病、血瘀证、中风及脑病领域的科学研究。在中医急症、中风病的防治理论和临床研究方面，积累了一定的经验，并且对从事中医有了些感悟。

五十余载事医的些微体会

（一）文化奠基，医贵心悟

古人说："秀才学医，如笼内捉鸡。"著名秀才陈修园在其《医学实在易》的著作中已说明学医必须具备基本的文化素养和人文知识。历史上不少名医，多有弃官从医而出名，就印证了这一点。另外，关于悟性和逻辑思维在中医成才中的作用，也是非常重要的。虽然"勤能补拙"，一部分人通过刻苦努力，可以弥补一些智力上的差距，但由于中医四诊及辨证论治是一个综合运用多因素进行理性思维的过程，如果四诊搜集不细不全，辨证粗疏草率，逻辑思维条理不清，都可能辨证失误，治疗出错或疗效不佳，这不仅是个学风问题，其思维的逻辑性，学习钻研的领悟程度，文、史、哲等多学科的知识素养，都是中医成才不可缺少的。只有具备良相的能力、魄力、文化水平、决策水平，才可以成为良医，也从另一个方面说明了中医成才的最基本条件。现在中医院校的学生都具有高中以上文化水平，应该说初步具有成才的基本条件，在这种基本条件具备的情况下，刻苦钻研的程度、勇于实践的探索精神、严密辨证的逻辑思维、不断积累的临证经验等，就成为优秀人才的成长要素。

（二）坚持临床，科研创新

我从 18 岁独立应诊，至今已经 50 多年了，谈到多年的临床体会，感慨良多。我虽工作繁忙，但遇到求诊者，总是来者不拒。这使得我见到的病人病种既多且杂，而且实践机会也大大增多，对此我无任何厌倦，反而乐此不疲。我认为，病人找我求诊就是对自己的信任，而且又增加了一次实践的机会。

我认为，中医学是一门实践性非常强的科学，理论比较抽象，与临床所见具体的病人有一定距离，非临床则体会不深。如今一些人不经实践轻易否定中医理论，或对中医临床实践不重视，其实都是对中医这门以实践为主的学科的曲解。

自 20 世纪 70 年代以来，我参加了一些科协活动，学习了理工科和现代医学研究的科研申报、立项审查论证、结题评审流程，慢慢对中医科研有了新的认识；并逐渐参与了一些全国性的科研协作组织，如全国中风协作组，独立研制了中医复方"通脉舒络液"应用于临床，取得了较好疗效，该成果曾获 1986 年度国家中医药管理局重大科技成果乙等奖；以后又陆续申报了一些比较大的科研课题，通过这些科研活动，得到了很好的锻炼，学术水平、写作能力提升较快。我深深体会到，单纯当中医，不主持或参与科研，理论的提高比较慢，学术造诣加深亦慢。当把现代科技引入中医学研究以后，可很快提升中医自身的发展，有利于推动中医走向世界，使其更具科学化、规范化，对本人成长也功莫大焉。

近三十年来，我比较重视科研工作，积累病历资料，总结临床经验，不断申报课题，到目前为止，已撰写论文 70 多篇，出版《瘀血证治》《疑难病证治》《中风病防治研究》《张学文医学求索集》等学术专著 10 余部，完成科研课题 10 多项。在温病理论、瘀血理论、中风辨治、疑难病辨治等方面都提出了一些见解。对此我认为，中医科研是中医人才成长的动力，是中医进步的阶梯，现在的研究生知识面广，计算机运用熟练，实验方法先进，具备搞科研的良好基础，但中医功底不够坚实，创新性不足，有重实验轻临床的缺点，学风浮躁粗疏，诸如此类应该加以改正。

（三）进行交流，切磋经验

近几十年来，我与董建华、邓铁涛、任继学、焦树德、路志正、朱良春、颜德馨、张琪、吉良辰、李今庸、王永炎、晁恩祥等名家一起，开展科学研究，组织学术讲座，出国访问，参加研究生答辩、师资培训等各种学术交流活动。与这些著名中医药名家在一起，互相交流经验，讨论学术理论，收获颇大。在国家中医药管理局领导下，我应邀在广州、北京、长春、宁夏、云南、武汉、西安等地举办过多次讲座，并与上述专家教授在一起交流临证心得体会，聆听专家几十年经验的结晶，每每受益匪浅。我认为，要培养高水平人才，名师的指点非常重要，而现在这种高档次、高水平的学术交流活动越来越少，对人才培养十分不利，我主张各种专业和多个层次的学术活动应该多加开展，少追求一点经济效益，静下心来多研讨一点学术问题。

（四）培养医德，治学严谨

中医是一门科学，又是至精至微的，关乎人的生命。从事中医工作研究必须养成严谨、认真、细致、一丝不苟的学风。孙思邈说过："人命贵有千金，大医必须精诚。"这个"精诚"即为医术要精湛，态度要诚恳，这是为医必须做到的。张仲景在《伤寒论》原序中所说的"不念思求经旨，以演其所知……省疾问病，务在口给，相对斯须，便处汤药，按寸不及尺，握手不及足，人迎跗阳，三部不参，动数发息，不满五十"，即是对敷衍患者的不认真、不严谨医者的针砭。作为一名医生，必须树立好的学风、医风，否则要成才是很困难的。

我认为对待病人和蔼亲切，既缩小了医患之间距离，可以建立信任感，又使医生心态平和，头脑比较冷静，辨证用药比较准确，疗效更佳。心态浮躁、动辄生怒或过多考虑收入，会使人利令智昏，疗效肯定会受到影响。

我如今已带了国内外共 10 名学术继承人，培养了 4 名博士生，70 多名硕士生，其中考上博士及博士后的有 30 多位，可谓桃李满天下。我认为培养研究生和师带徒的方式很好，师生之间可以相互学习，老年与青年交流，互相汲取对方长处。在做人方面，培养过硬心理素质方面，养成良好医德医风方面，都可以以对方为师，言传身教，互相启迪。我对于个别人名利思想太重的现象，经常持批评态度，而对踏实认真、诚实守信、爱学习、肯钻研的弟子和学生则赞誉有加，是非褒贬非常鲜明。

学术经验介绍

（一）致力于中医急症的研究

对中医内科急症的研究和探索，尤其是对中风、高热、昏迷等内科急症的病理机制和防治方药的研究，是我多年来倾注心血进行研究探索的主要领域之一。中医能否治疗急症？如何开展中医急症学理论与临床研究？中医急症学研究的意义是什么？讨论这些问题是我们开展中医急症研究的重要内容之一。历史经验告诉我们，张仲景之所以能创立伤寒六经学说，吴又可能发挥温疫杂气学说，叶天士、吴鞠通之创立温病卫气营血、三焦辨证，无一例外都是在防治急症的临床实践中，不断总结而取得了理论上的重大突破。由此可见，中医急症学研究的突破，势必成为中医理论创新之突破口，从而带动中医学术的大发展。

有人对中医能否治疗急症持有异议，而我一直坚信，中医不仅能治急症，而且极有深入研究的价值和广阔的发展前景。抱着这一信念，20 世纪 60 年代初期，在从事温热病学教学和科研工作期间，我在吸收叶天士、薛生白、吴鞠通、王孟英等温病学家理论的基础上，结合自己临证体会，提出应重视"毒"在四时温病发病及其病机演变中的作用，认为"毒"的形成除外感六淫过盛可以化毒之外，亦可直接感受邪毒而致病。卫分气分轻证一般不称毒，而高热邪盛者必多夹毒；气分重证及营血分证则多由毒邪炽盛所致。临证观察到在温热病的病理演变中，特别是在温病重证如高热、神昏、抽风、痉厥、斑疹、出血等证中存在"毒瘀交结"的病理现象，于是在温热病的治疗中提出"解毒化瘀"的治疗法则，主张针对这一特征性的病理机制，灵活运用清卫化瘀、清热化瘀、清营化瘀、凉血化瘀、解毒化瘀、开窍化瘀、息风化瘀、益气生津化瘀、滋阴清热化瘀、滋阴透邪化瘀等治疗方法，以缩短病程，提高疗效。经进一步研究提出营血分瘀证有热灼营阴、瘀热不解；热毒壅盛、瘀滞发斑；热壅瘀阻、迫血妄行；瘀塞心窍；瘀阻气脱；瘀热在营、引动肝风；余邪留阴、瘀滞不解；邪久入络，凝瘀交固等病理变化。用以指导乙脑、出血热、钩端螺旋体病、败血症、肝昏迷等危急重症的辨证治疗，取得了较好的疗效。

这方面的主要心得体会可用以下六个方面来概括：其一，继承与发展相结合。如治疗中风急症，既要很好地继承前贤的独到经验，又必须融入自己的心得体会和用药特长，要敢于大胆创新。其二，医疗与护理相结合。对急症、重证，及时准确的诊断用药与精心护理密不可分，要尽可能发挥中医辨证护理的特色和优势。其三，药物与非药物治疗相结合。应充分发挥中药、针灸、推拿、按摩等综合治疗优势。其四，防病与治病相结合。对于急症一定要重视未病先防、既病防变。如对中风急症我主张"无痰要防痰""有痰先治痰""大便宁稀勿干"，对缺血性中风病亦主张中医药超早期治疗，以减少并发症及后遗症的发生发展。其五，传经方药与剂型改革相结合。要加快中药剂型的改革，扩展给药途径，以提高临床救治的成功率。并就高热应用冷敷、透邪外出、醒脑开窍等法，在温热病的理论与实践方面的研究，阐述了自己的观点。这方面的学术思想在相关论文中有一定的反映。其六，普通教学与倡导急证研究相结合。积极开展中医急症研究，是发展提高中医学术，加强巩固中医队伍的大事，应逐病（证）攻克，协同作战，努力编写出版此类书籍，积极认真参与这项工作，建议编写中医急症学教材，开展对学生这方面的教学，哪怕是先开展这方面的学术讲座也可。

（二）中风病防治的研究

中风病位居古代四大难证（风、痨、鼓、膈）之首。现代亦将其列为死亡率及复发率、致残率最高的疾病之一。据世界卫生组织对 57 个国家的调查结果显示，将急性脑血管病列为发病前三位的有 40 个国家，我国也每年投入大量人力、物力、财力加强对该病的防治研究。为此，我从 20 世纪 70 年代中期开始，即组织课题组开展了中医药防治中风病的专题研究。

1. 未病先防，注重中风先兆证的研究

《内经》云："上工治未病。"中风病乃古今危难重症之首。由于其后遗症多，复发率高，一旦患病，冀其后遗症完全康复，难度较大。因此，强调预防为主，防患于未然，有着重大的现实意义。中风先兆证，医者可以察之。正如刘完素所云："虚邪贼风，避之有时，故中风者，俱有先兆之余症。凡人如觉大拇指及次指麻木不仁，或手足不用，或肌肉蠕动者，三年内必有大风。"中风病发生之前所以有先兆表现，是由于"形有余则腹胀，经溲不利，不足则四肢不用，血气未并，五脏安定，肌肉蠕动，命曰微风"。历代有关中风先兆证的论述颇多，王清任《医林改错》记载有 34 种之多，张锡纯《医学衷中参西录》中归有 5 大类。我们认为中风先兆证常为中风病变的量变过程，在此时积极有效地进行干预治疗，对医者来说事半功倍，对患者而言则受益匪浅。我们从 1983 年起，首先从中风先兆证的文献研究着手，从中筛选出最有代表性的先兆表现，同时对既往千余份中风病病案进行了系统的综合分析，深入剖析了中风先兆证的病因病机和发病规律，提出中风先兆证的病机关键当属"肝热血瘀"，其证候学表现为一过性眩晕，肢体麻木，或头痛易怒，舌质红或暗红或有瘀点、瘀丝，舌下脉络迂曲，脉弦滑等。治宜清肝和血、化瘀通络。并对先兆证的概念、证候学特征、诊断标准及疗效评定标准进行了规范化研究。在此基础上，研制了预防中风先兆证的中药复方制剂——小中风片（清脑通络片），如气虚每日加黄芪 15～30g 泡水冲服；兼有痰热每日则加竹沥水一支，开水兑服；肝热目赤加菊花 12g 泡水送服。对 723 例中风先兆证进行临床对照观察研究，成效显著。治愈率达 73.1%，总有效率为 86%。随着服药时间的延长，其有效率、治愈率均有所提高，大大降低了中风病的发病率。以上表明：①中风病的中医药防治是可行的，也是必要的。②中医学预防中风病，历代医家积累了极为丰富的宝贵经验，必须下大力气发掘，并加以提高。③在中风病防治研究中，必须突出中医特色，亦尽可能借鉴现代科学，包括西医的先进手段和研究方法。

2. 病名研究

中风病之病名古籍多有记载，而为了避免与杂病中的中风称谓的混淆，便于国际学术交流，可以考虑将其定名为"脑中风"或"脑卒中"。

3. 中风病的证候学演变规律

经过多年大量的临床观察和研究，我认为气血逆乱、瘀阻脑络是中风病发病的关键。概而言之，其虚则损在肝肾，精血不充，血少则舟楫不行或行迟而为瘀；气虚则帅血无力亦可致瘀，嗜酒肥甘，脾失健运，痰湿内生，痰滞脉络终致痰瘀交夹，或瘀痰生热，因热生风，风助火势，燔灼津血，而为痰火，或肝阳上亢，生风化火而致瘀。诸般因素由量变到质变，致使脏腑功能失调，气机升降逆乱，瘀血阻滞脑络，终致中风的发生。脑络为气血津液濡养脑髓之通路。瘀阻脑络，其不甚者，致脑失清阳之助、津血之濡，而致缺血性中风的发生。瘀阻甚者，络破血溢，神明失司，发为出血性中风。因此，瘀血证候贯穿中风病变的始终。总结中风病发生发展规律可概括为四期六证，四期即中风先兆期、急性发作期、恢复期、后遗症期，六证则为：肝热血瘀、痰瘀阻窍、瘀热腑实、气虚血瘀、颅脑水瘀、肾虚血瘀。

肝热血瘀证，表现为头痛，眩晕，或目胀面赤，心烦躁急，或短暂性语言謇涩或失语，或一过性肢瘫无力，大便秘结，或排便不爽，舌质红暗，或舌下散布瘀丝、瘀点，脉弦滑或细涩。此期为中风早期常见的病理表现，治宜清肝化瘀，通脑活络。自拟清脑通络汤（菊花、葛根、草决明、川芎、地龙、水蛭、赤芍、天麻、山楂、磁石、丹参、川牛膝等），收效甚佳。

气虚血瘀证，系元气虚衰、中气不足而致气虚无力行血，血行迟滞而为瘀的一种证候。症见半身不遂，或肢体麻木虚浮，神疲乏力，语言不利，面色㿠白，舌质淡暗，苔白或白腻，脉细涩等。可见于缺血性中风发作期、中风恢复期及后遗症期。早在 20 世纪 70 年代，我们就以益气活血立法，研制成功"通脉舒络液"（丹参、黄芪、川芎、赤芍等）静点加辨证口服汤剂治疗缺血性中风病，总有效率达98.2%。应用于中风病恢复期、后遗症期，均取得了良效。

痰瘀闭窍证，症见突然昏仆，神志不清，肢体偏瘫，喉中痰鸣，语言不利或失语，脉弦滑，舌体胖大或歪斜，舌质暗，或有瘀点、瘀丝，常见于中风急性期闭证或康复初期。由于津血同源，痰瘀相关，决定了瘀血痰浊为本病发生发展的常见结果，久则痰瘀交夹，盘踞脑窍，压迫脑髓，急则神昏窍闭，缓则经络失养而成瘫痪。治宜涤痰开窍，活血化瘀。我们研究成功"蒲金丹"（菖蒲、郁金、丹参等）肌注，收效甚佳。临床观察配合北京中医药大学研制的"清开灵"静滴，效果更佳。

瘀热腑实证，症见神志昏朦，偏身不遂，舌强语謇，口舌喁斜，面红气粗，痰声辘辘，呕恶便闭，舌质红，苔黄腻，脉弦滑，常见于中风急性期。治宜通腑化痰，活血化瘀。方选生大黄、芒硝、丹参、川牛膝、菖蒲、胆南星、瓜蒌等。

颅脑水瘀证，颅脑水瘀系指瘀血与水湿痰浊互阻于脑络，致神明失主、九窍失司、肢体失用为主要表现的一类证候。具体表现：①神明失主：神志不清，昏聩不语，痰涎壅盛，烦躁不安，行为怪异，呆滞迟钝，失眠健忘，言语错乱。②九窍失司：口舌喁斜，视物昏蒙，鼻流浊涕，口角流涎，目光呆滞，或二便自遗，或头痛甚剧，呕吐等。③肢体失用：肢体麻木，或偏身不遂，重滞无力而肿胀，手足震颤，脉弦滑，舌质暗红，舌下脉络曲张或舌体胖大或边有齿印等。小儿如见头颅膨大，囟张不合，头面青筋怒张，皆为颅脑水瘀证形诸外的客观指征。颅脑水瘀证乃"血不利则为水"所致，为诸多脑病之病理关键，常见于中风急性期或恢复期以及其他脑病。本证急则可因瘀血水浊之病理代谢产物压抑脑髓而变证丛生，病情危重。缓则脑髓失养转为"脑髓消"。治宜通窍活血利水为大法，可仿王清任通窍活血汤加丹参、川牛膝、白茅根、茯苓、琥珀等，我们在此基础上研制成功"脑窍通口服液"治疗中风失语，可有效降低颅内压，对小儿脑积水、中风早期康复及脑肿瘤有明显疗效。

肾虚血瘀证，症见音暗失语，心悸，腰膝酸软，半身不遂，舌质红或暗红，脉沉细等。由于肝肾同源，精血相生，尤以中风病后期，患者肝肾本已亏虚，精血衰耗，脉络之瘀滞不去，清窍失濡，肢体失用，治宜补肾益髓，活血化瘀。常用地黄饮子加减，如加丹参、鹿衔草、桑寄生、川牛膝、肉苁蓉、桃仁、红花等，或佐黄芪以益气活血，水蛭以祛瘀生新。活血化瘀法是针对瘀血内停、脉络瘀阻、血行失度而采取的以改善血液循环，化除体内瘀滞为基点的一种有效治法，故本法活血化瘀治疗中风病的卓越功效早已为临床及实验研究所证实。我经临床体会，活血化瘀药物虽有通经活络、化瘀止痛、祛瘀生新、醒脑开窍的功能，但应用必须有的放矢，适可而止，以免过用伤正，产生流弊。

（三）内科疑难杂症的研究

1. 瘀血证的研究

瘀血是多种疾病的共同发病因素和病理结果，从研究温病瘀证之始，到发现内伤出血、外感寒热、外伤、痰湿、气郁、杂病等均可致瘀，提出"久病顽疾多瘀"，并体会到治疗瘀证尤需辨明寒热虚实，然后用药方能药证合拍。总结归纳出理气祛瘀、温经化瘀、清热化瘀、祛风化瘀、化痰活血、渗湿活血、攻下化瘀、养阴化瘀、补气化瘀、破瘀止血等治瘀十法。指导临床治疗破伤风、肾病综合征、肝硬化、肺性脑病等40余种疾病，取得了不同程度的疗效。我对丹参、赤芍、川芎、山楂、益母草、水蛭、鹿衔草、黑木耳等常用药物的使用心得体会，在《瘀血证治》一书中，均有详细的阐述。

2. 疑难病的研究

疑难病的诊治是当今医学研究的热点之一。中医学对疑难病的诊治，历史悠久，有较扎实的理论和丰富的临证经验，具有相当的优势。张景岳谓："医不贵能愈病，而贵能愈难病……病之难也，非常医所能疗。"实质是强调中医不仅要善治一般常见病、多发病，而且要擅治一些疑难病，才是中医赖以生存、发展，立于不败之地的关键。

我在总结多年治疗疑难病经验的基础上，撰写了《疑难病证治》一书，就疑难病的概念、疑难病证治思路与方法、内科疑难病的辨治、疑难病方药的应用心得体会等方面，总结阐述了多年来辨治疑难脑病的观点和体会。我认为在诸多脑病中，"颅脑水瘀"是其病理之关键。在水、血与脑之生理功能关系方面，认为水血同源并行，相互渗透，为脑主神明的物质基础，血病累水，水病及血，常相互交结为患，水瘀交结亦是脑病形成与发展的关键环节。这些心得对疑难脑病的证治有一定的指导意义，指导中风病、解颅、老年性痴呆、高血压脑病、植物人、脑出血昏迷、脑瘤等疑难脑病的治疗，均获得一定疗效。自拟的"治痫灵"化裁治疗癫痫病，已取得了阶段性成果。自拟"眩晕停"治疗风痰内阻，气机不畅或逆乱，肝阳上逆脑窍所致眩晕病，疗效尚佳。

（四）对中医学术研究的几点主张

1. 中西互参的问题

中西医是产生于不同时代的两种医学体系，各有所长，目前尚难断言谁将取代谁，故只有相互间优势互补、扬长避短才能更好地造福于人类的健康事业。科学技术已相当发达的今天，对有些疑难病借助于现代科学仪器的检测手段，一般均可以得到正确和及时的诊断。而这些检查、化验和诊断手段，对于我们提高中医辨证论治的精确度和诊治水平，有很好的参考价值。纵观 CT、B 超、核磁共振等，也并非由西医发明，西医却能善加利用，借以发展自己。而结合化验检查、CT、B 超等手段，亦可扩大我们望诊的范围，有助于使"四诊"深入到微观层次进行辨治，何乐而不为？因此，我主张发扬"拿来主义"，凡一切对中医辨证论治有实用意义和参考价值的现代科学技术与手段，概不排斥，且应善加利用。此外，中西互参还体现在对中药药理、方剂的现代研究成果的充分利用上。如人参、黄芪可提高机体免疫力；川芎嗪可以扩张脑血管，改善脑供血；六味地黄丸有护肝、降血脂、防癌功效；丹参及其制剂可降低心肌耗氧量、钙拮抗作用；水蛭及其制剂有明显的降脂、降压、降低血黏度及止血的功能等。在疑难病的治疗中，在准确辨证的基础上，合理应用现代研究成果，可以大大提高临床疗效和辨证论治水平。

我在临证中发现有的患者虽经体检和仪器检查仍然未发现阳性体征，或诊断不明者。在这种情况下就要发挥中医辨证论治的优势了，往往经过中医仔细辨证，服用中药后就会收到较好的疗效。但值得注意的是，人的病理状态处于一个不断变化和运动的过程中，在未能弄清西医检测指标与中医辨证关系的前提下，临床辨证用药，虽可参考西医检查结果，但一定不要受其束缚。

2. 处理好动物实验和临床研究的关系

20 世纪 80 年代初期，我们开展了以建立动物模型为核心的中医实验研究，代表了此后的一种学术思潮，特别是成了各类中医研究生毕业论文的必备内容。中医实验研究起步较晚，如何建立病证相符的中医证候学模型，突破过去以"指标"为重心的中医动物模型研究思路，可能是今后开展中医实验研究首要解决的问题。近贤梁启超曾感慨："中医尽能愈病，总无人能以其愈病之理由喻人。"在这里需要说明的是，开展实验研究的目的是加速我们的经验观察以及经验积累的过程，是要在实验研究中开拓创新我们的理论和思路，是对中医临床科研的有益的补充，有助于中医与国际的学术交流与合作。但一定要处理好实验与临床研究二者的关系，掌握好"以我为主，为我所用"的原则，方不至于误入歧途。

3. 处理好继承、创新和发展的关系

中医学理论体系博大精深，为中华民族的繁衍昌盛做出了巨大的贡献。中医历代文献中所涉及的病名、病种几乎涵盖了现今临床所有病证，列及的理法方药和治疗手段亦非常之丰富。例如在中风先兆证的研究方面，西医在 20 世纪70 年代才正式发现并确认中风确有先兆表现，而我们古人则早已发现并明确提出中风先兆证，并对其临床表现和发病机制做了大量论述，这对现今中风病的预防仍有指导意义。因此，我们无论从事临床还是科研工作，都可以从中得到启迪。我称之为"字字珠玑，开卷有益"。

回想我们这一代中医的成长道路，无一例外都要苦读中医经典著作，勤于临床实践，阅读大量医案，从中汲取宝贵经验，开阔视野，培养中医素养。许多老前辈至今尚能对中医经典原著口出成诵，耳熟能详。有感于目前不少中医院校毕业生中医水平的下滑，甚至于我们的一些硕士、博士也存在同样的问题，我认为其根本原因还在于淡化了对中医经典著作的学习，忽视了对临床实践的刻苦磨炼。一句话，没有处理好继承和创新之间的关系。我们说继承是创新的前提，创新的目的是为了发展，没有继承也就无所谓创新。没有继承的创新，最终都是无本之木，成了空中的楼阁，中看不中用，不会有生命力，更谈不上发展中医。"问渠哪得清如许，为有源头活水来"，几千年来古人给我们留下的丰厚的中医学遗产，就是我们今天发展中医、扩大中医临床阵地的源头活水，要想发展中医，非此难以达到目的。

回顾四十余年的从医历程，我深深体会到中医药学的博大精深，即使我倾全部精力去学习也未必能登堂入室，窥其奥妙。也使我感到只要打下坚实的中医基础，下决心深入钻研和理解，汲取前人的经验和教训，诚恳地向同道学习和请教，勤于临证，勇于实践，大胆创新，科学总结，就一定会对中医药事业的发展做出有益的贡献。有感于斯，寄语后学，并与同道共勉。

黄乃健

黄乃健（1935— ），男，壮族，广西南宁人。先后毕业于济宁医学专科学校和山东中医学院。山东中医药大学附属医院肛肠科主任、主任医师、教授，北京中医药大学和山东中医药大学博士生导师。兼任中华中医药学会肛肠专业委员会常务理事、副会长、顾问，世界中医药联合会肛肠专业委员会副会长，中国中西医结合学会大肠肛门病专业委员会副主任委员，中医药高等教育学会肛肠分会终身名誉主任委员，国家自然科学基金评审委员会评审专家，《中国肛肠病杂志》编辑委员会主任委员，《中国肛肠病杂志》主编，山东中医药学会肛肠专业委员会主任委员等职。山东省政协第六、七、八届常务委员。为我国肛肠学会和《中国肛肠病杂志》的创建者和发展者之一。其临床经验丰富，多年来为广大肛肠病患者特别是来自全国的一些疑难重症患者解除了疾苦，受到了患者的好评。为了表彰其所取得的突出成绩，被评为山东省优秀科技工作者。1989 年中国国际广播电台记者来济南采访，以《为肛肠病患者造福的黄乃健医生》为题，将主要成绩用几种语言向全世界播送。1992 年、1997 年被评为山东省医药卫生拔尖人才。1994、1995 年被英国剑桥大学国际名人传记中心等国际名人传记组织，收载于世界名人和世界医学名人录中。2003 年获山东省名中医药专家称号。中华中医药学会2005 年颁发荣誉证书称：在全国中西医结合防治肛肠病三十年来成绩卓著，予以表彰。2007 年被评为全国中医肛肠学科名专家。被中医药高等教育学会临床教育研究会授予"全国中医肛肠教育突出贡献名专家"称号和"肛肠专业高等教育知名专家"称号。

学术思想和主要业绩

一、一般概况

我50余年来致力于中医学的继承和发扬，在肛肠病的中西医结合方面做出了显著成绩，造诣颇深，在国内外有一定影响，为中国当代杰出的肛肠病学专家。多年来在肛肠病的研究中总结、改进和创用一些治疗方法，提出了一些新的论点。

在专科器械的研究中，我与有关人员合作，研制成功不同类型的内痔套扎器、新型肛门拉钩、隐窝钩、隐窝钩刀、高位肛瘘挂线器械、新型痔钳等。

我对中医历代主要著作中有关肛肠疾病的论述进行过系统考证，撰写了《祖国医学肛肠病学文献初考》一文。这是一篇最早全面整理我国古代医学家对肛肠疾病论述的文献。1980年全国肛肠学术会议暨学会成立大会时，大会演讲者5人，我代表中医界发言。当时任卫生部副部长的崔月犁同志给予很高的评价。我对李东垣治疗痔疮等病的经验，进行了深入学习和发掘，并有所发展。在此基础上，总结出的治疗痔疮和溃疡性结肠炎的方药，经多年临床应用，效果良好。我被誉为中国当代肛肠学科对李东垣学术思想继承和发扬的典范，在这一领域具有独特的建树，处于我国领先水平。

我先后获8项成果奖，6项国家级发明专利。我主编的《中国肛肠病学》一书，是一部大型专著，反映了中国肛肠学科的进展和全貌，全书240余万字，是最有代表性的权威著作，1999年获教育部科技进步二等奖。编著7部专著，发表论文50余篇。主编国家级专科杂志《中国肛肠病杂志》，得到各级领导包括原卫生部崔月犁部长、吕炳奎司长等的重视和支持。对开展肛肠科国内外学术交流，发展我国肛肠学科有一定影响，为中国赢得了荣誉。

二、学术思想

我的学术思想主要受金元时期李东垣学术思想的影响，注重顾护脾胃。

1. 整体辨证忠于岐黄

肛肠疾病病变部位在局部，局部的处理十分重要。但我更强调整体调理，从整体观点来认识疾病的发生、发展及演变过程。临床时始终遵循《黄帝内经》

之训，谨守病机，治病求本，同时注重调理脾胃。

2. 疑难重证首用药物勿多勿重

在疑难重症的诊治中，特别是多脏腑功能失调，机体内环境严重失衡的患者，我对复杂的证候理出属性后，参照舌苔、脉象所见，以主证为切入点，立法用药。在处方用药方面，对一般患者掌握药味宜少不宜多，药量宜轻不宜重的原则，在逐步认识患者发病规律的前提下，根据证候的变化及时调整方药，常使重证沉疴治愈。

3. 用药简便，不失法度

要抓住主要矛盾，药贵精专，注重配伍。

三、主要成就

1. 痔的研究

（1）牵拉式内痔套扎器的研究：我于1964年研究的牵拉式内痔套扎器可用于治疗内痔、直肠黏膜脱垂、直肠黏膜松弛、直肠前突、结直肠息肉等病。具有操作简便、疗效确切等优点。该项研究给我国填补了一项空白，1978年全国科学大会评为二级成果，当时为世界领先水平。

（2）新型痔钳的研究

1）背景资料：几个世纪以来，一直认为痔是一种常见病、多发病，可采用手术、结扎等将痔核去除的方法治疗。意大利肛肠病学专家 Longo 根据英国外科专家 Thomson 1975 年提出的痔为肛垫即痔不是疾病为正常结构，肛垫下移称痔病的观点，1998 年创用了一种新的痔手术方法，称为吻合器痔上黏膜环切术（procedure for prolapse and hemorrhoid，PPH）。此术在治疗技术上不切除痔体本身，仅切除痔上 2~3cm 宽环绕直肠 1 周的正常黏膜，然后将上下两黏膜切缘进行吻合。由于切除了痔上部分正常肠黏膜，破坏了痔的血液供给，再加上向上牵拉痔区，近期可使痔体缩小。这种治疗痔的方法是不去除痔体本身，但需去除痔上相当宽度的环周正常肠黏膜，由于手术操作的损伤，可能使直肠该区的生理功能受到影响，这也是此术的最大不足。另外，如操作不当可发生术中大出血和术后直肠狭窄等并发症和后遗症。此术近年引进我国，正在广泛推广。PPH 所用器械主要是进口产品，用一次性吻合器和附件，每套价格昂贵，再加上手术费、治疗费较高，患者经济负担太重，更不适合在广大农村应用。为此，探索一种既不切除痔体，又不切除痔上正常黏膜组织，而能使痔萎缩的手术方法是非常必要的。

2）新型痔钳的研制：20世纪60年代，曾应用内痔切除连续缝合术治疗内痔，当时没有柔软的可吸收线，铬制肠线柔软度差，故常用细丝线缝合。治疗后患者的病变局部将终生存留丝线异物，每做指诊时即可触及直肠腔内面显露的部分线体。而当时所用的器械多为大号或中号直形或弯形血管钳。操作时先用血管钳在痔基部夹牢，剪去钳上部分痔体，然后采用捆绑式的缝合法将痔残端连同钳夹之血管钳一并连续缝合。缝合时如一次紧线，环形的缝线可将痔体残端连同血管钳一并紧固。手术结束时，钳夹的血管钳将不能取下。故缝合时采用分次紧线法，即先松松缝合，然后再将环形缝线逐一抽紧，此时边退钳，边紧线，至血管钳完全退出再紧线后手术才能结束，这样的操作程序不方便，手术时间长。为了解决此术缝合与紧线的矛盾，我当时设计了此种痔钳的结构。近年Thomson痔的衬垫学说和Longo的PPH技术相继引进我国，在此基础上，不去除痔体又不去除痔上正常肠黏膜，用此种痔钳以可吸收线缝合内痔的新手术就显得非常必要了。

3）新型痔钳的设计原理及其优点：治疗原理：此种新的内痔缝合术不去除痔体，亦不去除痔上正常直肠黏膜，可使痔体在原位萎缩。其操作程序先用新型痔钳在痔基部钳夹，此种钳夹对痔是一种损伤，但不能使痔体发生坏死，继之又在钳夹的基础上将痔体以可吸收线连续缝合，连续缝合时缝针对痔体的穿刺也可造成痔体损伤，两种机械损伤均可引起痔体的变化。缝入痔体内的可吸收线在一定时期内（即在未吸收前）对痔体亦是一种刺激，有类似非药物性异物枯痔钉的作用。上述刺激可使痔体内发生无菌性炎症，炎性渗出物可经缝线引流，使痔体逐渐萎缩。待可吸收线将被完全吸收时痔体已明显缩小。因此，机械损伤和异物刺激是使内痔萎缩的主要因素。

此缝合术与PPH比较：此缝合术不切除痔上直肠环周的正常黏膜，能完好地保留痔上直肠的生理功能。即使PPH对直肠的生理功能无明显影响，痔上的正常黏膜还是不切除为好。

疗效确切：新的内痔缝合术是直接钳夹缝合痔体，痔体迅速萎缩。实践证明，本疗法近期、远期疗效较好，既保留了肛垫，又使痔体萎缩，与PPH比较有明显的优点。

解决了内痔连续缝合术一次紧线的难题：传统的内痔切除连续缝合术，是用松松缝合，分次紧线法，即边退钳，边紧线，至钳退出才能完成紧线程序。本新型痔钳解决了这一难题，即解决了缝合与紧线的矛盾。缝合与紧线可同步进行，边缝合边紧线，当缝合完成后立即取下痔钳，手术操作结束。这是新型痔钳创新点之一，我的此项研究为世界首创。

（3）痔环切后遗肛管黏膜外翻的研究：首创臀部皮肤移位肛管成形术治疗本病，在国内外有较大影响。

2. 肛瘘的研究

我对诊治肛瘘有独特的方法：

（1）创用肛瘘复合触诊和加压移动触动法，即于肛瘘管道区施加一定压力，并顺管道做平行往返移动或垂直管道做往返移动，结合肛内与肛外触诊，可大大提高肛瘘诊断的准确率。

（2）研制肛隐窝钩和肛隐窝钩刀，前者用于肛瘘内口的检查，后者用于肛瘘内口的切开。

（3）修订索-哥规则，明确肛瘘内外口和管道曲直的关系。在长期临床实践中体会到所罗门定律与歌德索规则对诊断长管弯形瘘尚感不足，提出修正规则：以肛门中央横线为基准，以外口离肛缘的距离为范围，在横线之前者，如其管道短于5cm或外口距肛缘5cm以内，则管道多直，内外口多相互对应；在横线之后者，则管道多弯曲，内外口多不对应，如后位管道超过肛门中央横线之前，其外口虽距同位肛缘超过5cm，但管道亦较弯曲，内外口亦不对应。

（4）直肠环纤维化的发现。高位肛瘘是肛肠科疑难疾病，治疗除有一定技术困难外，易发生大便失禁。高位肛瘘如何一次切开曾是研究的重点，于1960年首先发现直肠环纤维化现象并指出直肠环硬变在高位肛瘘治疗中的作用。高位肛瘘由于脓肿范围广泛，直肠环区发生硬变，高位肛瘘给直肠环带来的硬变损害，降低了其弹性，减弱了括约肌功能，但硬变本身却给手术治疗创造了有利条件。此时若将直肠环切断也不会引起肌纤维的回缩而使大便失禁。

（5）提出了高位肛瘘诊断的临床指征。①肛瘘管道沿肛管方向走行，即瘘管平行或近平行于肛管。②瘘管深在，不居表浅组织，故检查时仅触得肛瘘溃孔区局限硬结或部分硬索。③探针检查除证实上述瘘管方向外，一般深约4cm以上。④探针指诊复合检查，肛内手指于直肠环上肛瘘管道内端对应区的肠壁，感触探针冲撞。⑤直肠环纤维化。上述现象和指征在实践中具有重要的意义。

（6）确定了高位肛瘘手术治疗的原则。

（7）研制了高位肛瘘挂线器械并总结了临床疗效。

（8）猫眼草膏对结核性肛瘘的治疗作用。于1959年首用猫眼草膏治疗结核性肛瘘疗效显著，能祛腐生肌，一般炎症如创面组织腐败、分泌物多时，亦可应用。

（9）创用成人肛瘘微创伤手术内口切开术。几十年来取得较好疗效。

（10）肛瘘膏治疗小儿肛瘘。此药主要由祛风除湿活血等作用的中药组成，以内口局部涂敷的方法，可使肛瘘内口闭合而使肛瘘治愈。应用本法治疗小儿肛瘘已有几百例取得了良好的效果，并进行了相关的实验研究，如细胞培养药物干预等，开创了中药局部涂敷治愈小儿肛瘘之先河，在小儿肛瘘以药物治疗的非手术疗法研究中取得了突破性进展，打破了肛瘘非手术不可治愈的论断，是肛瘘治疗史上几个世纪以来的重大革新，为世界首创。

3. 溃疡性结肠炎的研究

以秦艽椿皮汤治疗溃疡性结肠炎口服及保留灌肠具有相似的疗效，均优于柳氮磺吡啶。秦艽椿皮汤对免疫功能具有双向调节作用，对金黄色葡萄球菌、柠檬色葡萄球菌有轻度抑制作用。提出脾虚湿蕴，气血瘀滞为溃疡性结肠炎的基本病机，健脾祛湿、行瘀导滞是治疗溃疡性结肠炎的基本方法，并阐述了秦艽椿皮汤治疗溃疡性结肠炎的机理：①调节免疫，双向作用，既能抑制偏亢的体液免疫，又能提高低下的细胞免疫功能。②调节机能，止泻止血。③促进新生，修复溃疡。本方意在祛湿邪、散瘀滞，湿邪去，瘀滞除，则大肠气血得以畅行，病损之处方能生新修复。

4. 直肠脱垂的研究

我对直肠脱垂的治疗有丰富的经验，早在1959年我即首用7%明矾注射液适当多量一次注射法，治疗直肠全层脱垂，疗效颇佳。对该病的研究已有几个世纪，但仍有一些问题尚待解决。为此实施的"直肠脱垂动物标本的采集和动物模型的建立"，以探讨发病机理和最佳治疗方法的研究课题，有如下创新点：①直肠脱垂发生的机理。通过直肠脱垂动物标本的采集与动物模型的建立，已证实直肠脱垂不是一种单纯的局部病变。其脱垂的发生是在全身内环境失衡的基础上发生的，也可以说，直肠脱垂的发生不是单纯的肠管脱垂现象，是全身内环境失衡的局部表现。当机体通过调整使失衡得到纠正时，在新的平衡条件下局部病变可继续存在。本课题所揭示的这一重要的发病机理，对指导临床包括检查、诊断和治疗均有重要的意义。②澄清了人类直肠脱垂仅有滑动性脱垂，原分类的套叠性脱垂是滑动性脱垂病情加重的现象。③多年临床经验所发现的脱垂返折沟的检测是判定直肠脱垂的重要依据。④脱垂重演试验。直肠脱垂重演试验是判定直肠脱垂类型和疗效判定的重要方法，为国内外首创。⑤直肠脱垂发病的年龄特点。本课题所采集的标本如兔、犬、猪、鸡、鸭等除 2 例成年犬外，均为幼龄动物，与人类直肠脱垂多发生于小儿的年龄特点完全相同。这揭示了自然界中虽然物种不同但有一个普遍的相似规律。成人发生慢性腹泻，则很少引起直肠脱垂。⑥直肠脱垂的实质。本项研究在世界上首次提出了人类直肠脱垂的实质是直肠与直肠套叠，其脱垂平面较低且较为恒定，即在直肠壶腹部。即使脱垂肠管较长，也是低位肠管脱垂牵及高位肠管下降，不是乙状结肠与直肠套叠，如合并会阴疝的话，腹内容物如小肠或网膜等也容易纳入腹内，故人类直肠脱垂很少发生肠梗阻的症状。⑦最佳治疗方法。实践证实，人类直肠全层脱垂最佳的治疗方法是注射疗法，即在直肠黏膜下主要是直肠左右两侧壁黏膜下注射适宜浓度较多量的硬化剂。早年应用 7% 明矾注射液，采用适当多量一次注射法即可治愈。如直肠脱垂合并肛门严重松弛，可配合肛门括约肌紧缩术。⑧建议废止直肠脱垂开腹等手术方法。通过直肠脱垂动物标本的采集与动物模型的建立，提示直肠脱垂患者实行开腹肠管固定、肠管切除或其他复杂的腹部和会阴部手术已无必要。为此提出不再实施上述手术的建议，如此建议得到公认，将为世界直肠脱垂患者带来福音，这是直肠脱垂治疗史上的重大革新。⑨直肠脱垂是可预防性疾病。随着人民生活水平的提高和科学技术的发展，只要注意儿童腹泻的及时治疗，儿童直肠脱垂即可避免。为此，可以预测直肠脱垂随着时代的发展其患病率将逐渐减少。此项研究为世界领先水平。

5. 便秘的研究

（1）对直肠前突的研究：直肠前突（rectocele，RC）一直被认为是女性排便困难的一个主要原因，目前手术是治疗 RC 的主要方法，但效果并不理想。为探讨 RC 合理的治疗方法，对 682 例各种肛肠病的女性患者进行了相关的检查，发现大部分患者直肠前壁薄弱，占 65.98%。为此，提出了 RC 新的检查诊断标准。RC 的相关问题：①RC 的形成与耻骨联合区和括约肌装置间的距离密切相关。当耻骨联合区位居肛管直肠环以上水平，二者不相重叠，其间间距较宽，则易形成 RC，这是构成 RC 最重要的解剖学因素，即直肠前壁肛管直肠环区肌组织薄弱，而又缺乏强有力的骨性屏障；如耻骨联合区位于肛管直肠环下，二者不相重叠，因骨性屏障区距肛管外括约肌群下部较近，其间并无较大距离，这类患者不可能产生 RC。如耻骨联合区与肛管直肠环区相重叠，可有 3 种情况：一是耻骨联合区位于肛管直肠环区稍上，仅部分重叠；二是二者完全重叠；三是耻骨联合区位于肛管直肠环稍下，仅部分重叠。其 RC 的形成由第一种情况至第 3 种情况依次减少。通常耻骨联合在肛管直肠环平面上方，但临床观察，此处存在着解剖变异，故 RC 重症者较少。另外，分娩阴道损伤较重时，有助于 RC 的形成或加重 RC 的程度。②RC 的实质。通过对 682 例系统观察，发现大部分女性直肠前壁较薄弱，基于此现象，RC 存在着普遍性，但从本质上讲，RC 的概念尚较模糊。女性直肠前壁薄弱应属正常现象，不应归于病理现象。从形态学讲，真正的 RC 即直肠前壁甚为薄弱，肠壁肌张力差，指诊时向前易压成较大或大的凹陷，而使直肠前壁向前呈囊袋状凹陷，这种情况方可称为 RC，但此情况并不多见。③RC 与便秘的相关性。通过对 682 例的系统观察，以便秘为主诉的患者仅 46 例，占 6.75%。故认为便秘不是 RC 的必有症状，在动态情况下，即排便时，由于增大腹压，粪便由结肠下行，当粪便运转至直肠壶腹时，由于直肠压力较大，可在短时间内使粪便排出体外，如认为粪便在直肠堆积很难排出，是粪便向直肠前壁挤压，而使直肠前壁向前膨出的结果，即直肠前壁囊袋内有粪便积存，由于这种积存而发生了梗阻现象，也就是说由于囊袋内粪便的积存而使排便困难，其理由不甚充分，因为囊袋内积存粪便甚少，怎能阻止整个结肠排便功能的进行？为此，出口梗阻（outlet obstruction）的概念只是一个形象的比喻，按病证的实质来说，是不妥当的。也就是说，即使直肠向前膨出，呈囊袋状，甚至囊袋内有少量粪便积存，也不可能在排便时对结直肠内较大的压力产生如此强大的阻力，而使粪便受阻不能排出。故认为，RC 的病名亦不妥当。大部分女性患者直肠前壁薄弱，与便秘无密切关系。为了尊重他人的研究，现仍采用既定的命名，但不采用文献的诊断标准，仅把直肠前壁甚为薄弱的女性患者称为 RC。通过系统观察，认为便秘不是直肠前突的必有症状，故手术不是首选和最佳治疗方法。对伴有便秘症状的直肠前突，按照中医整体治疗的原则，辨证论治可收到较好疗效。

（2）服药治疗：服药治疗便秘的主要作用是改变大便性状，增加粪便容积。根据不同体质，辨证论治，一般实证便秘较易治疗。

（3）启动和加强排便功能：人体是一个非常复杂的有机体，根据中医整体学说，机体体表与脏腑功能密切相关。通过多年临床实践，创用一套可启动和加强排便功能之法，用于指导患者进行自我调整，可加强人体功能的有序化，使失调的排便功能恢复正常。

1）本法适应证：主要适用于慢性功能性便秘，特别适用于无排便反射者，顽固性便秘亦可收到较好的效果。对大便干燥者在服用润肠通便药物或保健品的同时，也可采用此法。

2）刺激部位或穴位：两手十指，手掌包括大鱼际、小鱼际、掌心（劳宫穴），手腕，头面部，双足掌跖趾部等。

3）刺激方法

按摩法：以右手拇指按摩左手五指和手掌，按摩时右手食指放在左手被按摩的手指下面，以承托之。一般先按摩拇指，继之按摩食指、中指、无名指、小指。可由手指近端向远端按摩，也可由手指远端向近端按摩。按摩拇指后再按摩第一掌骨背侧和大鱼际。刺激的强度多用轻刺激法。右手按摩结束后，以同法用左手拇指按摩右手五指和手掌。

指掐法：以右手拇指为主，食指协助，用右手拇指指尖掐压左手各手指指甲、手指和手掌。先掐压指甲，顺序为拇指、食指、中指、无名指、小指，亦可掐压指甲上部和两侧的软组织。再掐压左手拇指尖端，此处横掐纵掐皆可，继而掐压拇指指腹，常用横掐法。由手指的远端至手指近端继续掐压，掐压的位置依次为：拇指尖、拇指末节、拇指末节与拇指第一节指间横纹处、第一指骨中央、掌骨与指骨关节处、第一掌骨中央（于第一掌骨可掐压二三处）、掌骨与腕关节之间。掐压方法为横掐法。掐压的强度为中等强度，掐时被掐处可有微痛。掐的频率每处掐9次，连掐3次后略停，再掐3次后再略停，至掐完9次后再掐另一处。也可先掐拇指背侧，再掐掌侧。

指压法：以右手拇指末节前部压左手各手指和手掌。与指掐法的区别为：指压法用右手拇指末节前部施压，压的范围较大，但刺激强度较指掐法小。

点击法：以右手拇指末节前部和指尖与同手其他四指末节前部和指尖相碰撞，即拇指先后与食指、中指、无名指、小指相碰撞，两指碰撞次数不限。左手手指点击法与右手相同。

指刮法：以右手拇指指尖刮左手各手指和手掌，指刮的部位同按摩法，先刮掌侧或背均可。此法可与指掐法结合应用，如刮某部位时，刮一定范围手指停刮，于该处再掐片刻。

面部按揉：主要按揉面部两颧骨处。用右手或左手拇指和食指或拇指和中指按揉两颧骨处，按揉次数不限，按揉强度一般为轻刺激，也可用中等强度即略微用力。效应：按揉片刻即觉肛门部有下降感，这是肛门放松的征象，继之即可产生便意。也可以用同样方法按揉两下颌骨处，或以拇、食两指指尖按揉两侧鼻翼与两颊交界处，或以中指按揉鼻尖。

脚掌跖趾部移动法：将略前伸的右腿前后移动。足底踏于地板，跖趾部用力，有足趾抓地之势。右腿前后移动时脚掌有 3 种方法：一种是脚掌前后移动时，跖趾部均等用力，即脚掌后拉和前伸时用力相同；另一种方法是脚掌移动时，跖趾部前伸时用力或后拉时用力；再一种方法是脚掌向后移动时，跖趾部旋转用力，旋转用力也可用均等用力法。

鼓漱咽津：此法为历代养生方法之一，是通过口腔的动作，即作漱口的动作，由于连续鼓漱，口内可产生唾液，然后下咽，即谓咽津。此法在养生保健方面有不可估量的作用。作者在长期习练此法时，发现其有帮助排便的功能。后思之，由于颜面两颊部参与了鼓漱动作，可影响该区之经穴，与按摩两颧骨处可帮助排便之理相似。鼓漱的动作应柔和，次数多少不拘。在排便过程的始终均可鼓漱咽津。但初学者作鼓漱后不一定有唾液产生，无唾液不需咽，故此时只有鼓漱而无咽津。

擤鼻涕法：即捏住鼻子再增大鼻腔之压力，使鼻涕排出之法（以下简称挤鼻法）。方法：通过采用上述方法虽有明显便意但不能排出大便时，可怀疑大便前端干燥，即可试用此法。取一块卫生纸放于鼻处，用一手拇指和食指或拇指和中指隔此卫生纸压于鼻翼两侧，以鼻腔排气法，增大鼻腔压力，同时口唇闭合，不能张口。如粪便前端略干，因此法增力较大，可使大便部分排出，可连续作几次，待大便干燥部分排出后，粪便稀软部分由其自行传运，至粪便排尽为止。如觉有粪便部分存留，可再重复此法以排之。如粪便前端干燥范围较大，作几次挤鼻法粪便仍不能排出时，可加用肛门收缩法（简称缩肛）。再重复挤鼻一次，如觉有少许粪便已排至肛门口，此时缩肛因括约肌收缩可使干燥粪便变形，如已有少许粪便排出，即有完全排出之可能。再重复挤鼻重复缩肛，至干燥粪便完全排出，粪便较软部分由其自行传运。如怀疑粪便前端甚干燥，不宜强作此法。应立即起身离厕，休息片刻后再加用此法。即戴医用手套后，取洗衣肥皂一小块，放入一容器中，倒入少量温水，排便前用戴有手套的食指沾温肥皂水少许，将指伸入直肠把干硬粪便分离成小碎块，或取出部分粪便，再施以挤鼻法。

喷气法：闭口两唇接触，突然用力喷气，此时口略张开，发出"波"或"扑"的声音，此法可增大腹压，协助排便。

转腕法：两手掌十指分开，适当屈曲，向内向外转动手腕，转动速度适中。此法可启动排便功能。

用力推身体附近固定物如墙壁、暖器等：因上肢呈用力状态，可增强排便力量。

抖动肢体：有节律地抖动下肢和上肢，亦可促进排便。

4）实施程序

排便前准备：如以晨起排便为例，起床前先做保健按摩，主要按摩腹部和四肢的相关部位，以增强胃肠的蠕动；起床后如有排便感觉，即刻入厕，如无排便感觉，可先做些其他工作，不要急于入厕；因工作等原因需及时排便而无排便感觉时，入厕后先不急于坐于坐便器上或下蹲，可站立片刻做肢体抖动或行跖趾移动法或掐压指甲等，可启动排便功能，如排便感觉明显，坐于坐便器后不再刺激肢体穴位或部位。

坐于坐便器者：身体的重心在坐便器的左侧，右腿略前伸。如排便感减弱，再鼓漱或掐压指甲及临近指甲的软组织，至有排便感觉为止。

蹲位排便者：如无坐便器设备，取蹲位排便时，刺激脚掌跖趾部的方法即不能实施。可用鼓漱法、手掌刺激法、面部相关部位刺激法等。

5）注意事项

轻松自然：刺激方法有启动和加强排便之功能，可使机体恢复正常的排便能力。实施时心情应愉快安详，轻松自然，要忘记便秘带来的各种痛苦，使不良的刺激在大脑中的印迹作用逐渐减弱至消失。要有战胜便秘的决心。此法主要用于大便不干燥但无排便感觉或肠道传输功能减弱的患者，因此便秘者应注意饮食调节，勿使大便干燥。

与其他疗法联合应用：便秘患者初始采用刺激方法时，原应用的各种治疗方法均不能停止，待排便反射重新建立后或自觉排便功能明显加强时，其他通便法再逐渐减量或停用。

要重视准备动作：待便意感明显时再排便。

初练刺激方法须知：初习练此法可能收效不明显，应坚持做一段时间。这可能与个体对体表局部刺激的敏感程度有关。上述刺激方法和部位较多，一般患者掐压手指指甲或指甲上部及两侧的软组织既可启动排便功能。如粪便头部干燥，可配合挤鼻法、喷气法和推固定物法。

大小便同时排出的问题：大便时如欲小便，应先排小便，待小便排完后再排大便，两者不宜同时进行。

定时排便的重要性：人体的各种生理功能都在有序地进行。长期的定时排便，在大脑中也会产生印迹作用。如以早晨起床后即刻排便为例，因已形成习惯，晨起后人体参与排便的相关功能均处于启动状态，故可产生便意感。这种具有时间性的对生理功能始动的影响，称为时间效应。在此时采用启动和加强排便功能法，效果更好。

便秘的整体研究即服中药改变粪便性状、增加粪便容积，如无排便反射者采用启动和加强排便功能之法，使患者恢复正常排便功能，不必采用手术方法如结肠切除术等治疗便秘，这是便秘研究的重大进展，为国内外领先水平，启动和加强排便功能之法为国内外首创。

四、人才培养

1. 研究生的培养

我 1986 年始带硕士研究生。根据优势互补的原则，1999 年我又受聘为北京中医药大学外科学肛肠专业博士研究生导师。我当时为我国中医药大学第一位肛肠专业博士生导师，后为第一位博士后导师。此后又主持申报了山东中医药大学外科学博士点，为该博士点的成功批复起到了重要作用。此外多次参加学术会议，交流学术经验。

2. 师承教育

根据我国中医肛肠学科的现状，我对中医肛肠学科缺乏按照中医学的整体观，以辨证论治诊治疑难病证的人才匮乏表示深深的担忧，于 2005 年曾上书吴仪副总理和国家中医药管理局佘靖局长，上级领导对此事十分重视，并将此信函批转国家中医药管理局科技教育司办理。该司在充分了解有关情况并组织专家进行讨论后做出批复。文中充分肯定了我对中医药事业发展的关心，以及对师承教学工作的肯定和支持。文件云：黄乃健符合师承导师条件。建议在做好研究生带教工作的同时，可根据学生自愿跟师的方式，解决其学术和临床经验的继承问题。为此，我决定除带好本科室弟子外，并在全国挑选有高水平的肛肠学科带头人，在自愿的原则下，作为跟师弟子，在师生和谐相处的条件下，经过培养使学生成为我国一流水平的中医肛肠病学专家，为中医药事业的发展而共同努力。为了总结教学经验，我于 2006 年 10 月在济南主持召开了师承教学工作会议。来自北京、南京、广州、厦门等地的肛肠学科带头人汇聚泉城，与山东的弟子共 11 人，研讨了我的治学经验和科学研究的有关重要问题。至此我的门下已有我国 4 所著名中医药大学即北京中医药大学、山东中医药大学、南京中医药大学、广州中医药大学的精英人士作为跟师弟子。其中有博士生导师 3 人，硕士生导师 4 人。会上，山东名中医专家乔鸿儒先生这样评价："像黄教授这样收弟子，人数之多，层次之高，实不多见。"中华中医药学会发来贺电称赞：黄乃健对我国肛肠学科作了一件大事。国医大师、广州中医药大学终身教授邓铁涛老先生为会议题了词："培养铁杆中医以振兴中医。"

我的成长之路

一、热爱本职工作，致力于中医学的继承和发扬

1. 向老一代名医学习

①向本科名医韩长太、济南市痔瘘专家王震光等学习。②"文革"期间我院痔瘘科、外科、骨科三科合并为一科，统称外科，向外科名医张瑞丰，骨科名医杨锡钴、梁洪恩学习。③向外省名医学习，如参观学习我国西医肛肠学科大师张庆荣手术操作等。

2. 立志成才，购买专业图书

如当时《中华外科杂志》是外科的唯一学术刊物，它的前身为《外科学报》，为了全面掌握《中华外科杂志》早期至当时发表过的肛肠病学论文，应该拥有《外科学报》，那时山东省图书馆、山东医学院图书馆均无此刊物，我利用外出开会和讲学之际，都要去书店主要是古旧书店购书，最终我在北京、上海

旧书店将《外科学报》购全。另外，并购得部分英文原版旧书，如培根编著的《肛门、直肠、乙状结肠诊断和治疗》（第三版，上下册）等，这对多年后我们联合编著《中国肛肠病学》一书提供了参考。

3. 深入学习古人的经验

我对中医历代主要著作中有关肛肠疾病的论述进行系统考证，先后查阅了百余部（包括不同版本）著作，撰写了《祖国医学肛肠病学文献初考》一文。这是一篇最早全面整理我国古代医学家对肛肠疾病论述的文献。基本掌握了古代医学家在常见肛肠病的病因、诊治等方面的传承和发展，一些论述至今仍有重要意义。如金元时期李东垣在其《兰室密藏》一书中，拟有八首痔瘘方。其中，第一方称秦艽白术丸，第二方称秦艽苍术汤。此二方药味差别较小，李东垣在其秦艽苍术汤中列有 10 味药，方中大黄为少许，无明确用量。同代窦汉卿所著《疮疡经验全书》所载秦艽苍术汤中大黄定为一钱。李东垣本人心意中之主方为秦艽白术丸并论述了此方的功效。同代和后世即元、明、清医家对上述方剂的反响亦基本如此。明朝申斗垣所著《外科启玄》一书载有止痛如神汤，并说"止痛如神汤即秦艽苍术汤加减"。实际药味全同，但大黄量有别，李东垣为大黄少许，申斗垣可能参照《疮疡经验全书》把秦艽苍术汤大黄定为一钱之举，也将大黄定为一钱而把此方改名为止痛如神汤。清代《医宗金鉴·外科心法要诀》将止痛如神汤中大黄改为一钱二分。此足以证明古代医家对历代名方传承的重视。1980 年全国肛肠学术会议暨肛肠学会成立大会时，大会演讲者 5 人，我代表中医界发言。当时任卫生部副部长的崔月犁同志给予很高的评价。30 余年后，一些医者在《中国肛肠病杂志》上发表古代方药应用研究的论文时，上方多用止痛如神汤之名并言出自《医宗金鉴·外科心法要诀》，仅有少数医者将上方用秦艽苍术汤之名，但他们均不知秦艽苍术汤与止痛如神汤有何关系。通过考证我对李东垣治疗痔疮等病的经验，进行了深入学习和发掘，并有所发展。在此基础上，总结出的治疗痔疮和溃疡性结肠炎的方药，经多年临床应用，效果良好，我被誉为中国当代肛肠学科对李东垣学术思想继承和发扬的典范，在这一领域具有独特的建树。这说明了学习中医经典，学习临床古代医籍的重要性，同时证明了学习中医首先是继承，没有继承不可能有创新。

4. 受命办刊

1982 年，《中国肛肠病杂志》因为质量、经费等问题面临着停刊的危险。全国的相关单位没有一家愿意接办这个刊物，我受命办刊，分管了这份杂志。《中国肛肠病杂志》已创刊32年，出版32卷。32年来，在上级领导亲切关怀下，在广大读者、作者热情支持下，走过了一段不断发展的历程。《中国肛肠病杂志》创刊以来的32年也正是我国肛肠学科蓬勃发展的32年，该刊作为我国国家级肛肠专业期刊，真实地记载了32年来我国肛肠学科所取得的进步和成就，现已成为我国肛肠专业必不可少的信息载体，并在世界六种专业期刊中占有一席之地。

二、对"教学相长"的体会

我担任过原山东中医学院多年级肛肠病学的课堂教学和临床带教工作。在给1977年和1978年入学的两届学生讲课时，在系统讲解治痔名方"槐角丸"的来龙去脉时，一位名叫郭洪涛的学生将此方编成了歌诀并告知予我。此歌诀谓："槐角丸是局方，二一榆归芩壳防。"此歌诀前面说的是槐角丸的出处，后面是槐角与其他药的比例，槐角为二倍，其他药为一倍，槐角为主药，其他药即地榆、当归、黄芩、枳壳、防风，六味药的槐角丸甚易记忆。我把此方的歌诀写进了我的教案，给以后年级的学生上课时均予以讲解，并说此方歌诀为郭洪涛所作。通过考证，我把后世所有含有这六味药的槐角丸和含有这六味药或以这六味药为主加减的方剂称为正统槐角丸，其他方名相同而药味不同的称为非正统槐角丸。以此比较容易判定当今中药厂生产的槐角丸为上述哪一类。

三、对科学研究的体会

科学研究是一项非常艰辛的工作，不付出巨大的努力是不可能取得成功的，为此，除工作勤恳、勇于创新外，要善于思考，对研究的课题要很好地论证。科研设计开始可能觉得比较合理，如通过实践发现不完全符合实际情况时，可及时修改和补充。通过实践、认识、再实践、再认识，以这个认识事务的至关重要的法则，作为科学研究的具体措施，则能够揭示你所研究的事物的本质。在一些功能失调性疾病的研究方面，不要单纯依据器官组织形态学的改变来处理，应以中医的整体观辨证论治。

冯宪章

冯宪章（1935—　），河南省长垣县人，1962年于
河南中医学院毕业，后在河南中医学院第一附属医院皮
肤科作临床教学和科研工作。河南中医学院教授。曾任
河南中医学院第一附属院中医外科主任、中医皮肤科主
任。为第一附属医院名老中医学术工作指导老师，全国
名老中医药专家专业学位硕士研究生导师，曾兼任河南
中西医结合皮肤病协会总顾问，郑州市整形美容协会理
事。2000年赴日参加日汉皮肤病经验交流会，会后成立
日汉皮肤病研究组，任组长等职务。自1972年起，对皮肤病的疑难病如红斑狼
疮、皮肌炎、银屑病、白塞病、紫斑病、天疱疮、各种过敏性皮肤病等病的病
因病机及治疗进行深入研究，取得了较好的疗效。有论文25篇，其中国际论文
两篇，研制的消癣气雾剂曾获得河南省科技进步二等奖，该项成果已被国际学
术研讨会认可。消癣气雾剂治疗体癣、股癣、手足癣等，其疗效居世界先进
水平。

冯宪章出生于河南省新乡市长垣县吴占村，当时本村有一位名老中医吴春，
在当地治病很有名，冯宪章在家一边上学一边跟他学习。高中毕业后，冯宪章
考入河南中医学院，开始系统地学习中医学，毕业后留校，分配到河南中医学
院第一附属医院皮肤科。几十年来他一直应用中西医结合方法治疗皮肤病。在
工作的实践中，他体会到一个名医光有实践没有理论不行，仅有理论没有实践
也不行，必须既有较高的理论，又有丰富的实践经验，理论和实践相结合，才
能成为人民的良医。故此为提高自己的理论水平，冯宪章经常学习《黄帝内经》
《伤寒论》《本草纲目》《外科大成》《医宗金鉴》等书，以提高自己的理论水
平。在实践方面以"勤求古今训，博采众良方"为原则，阅读现代名医赵炳南、

朱仁康、顾佰华等名医的临床经验集，加上自己的独特见解，丰富了自己的实践能力。1964 年为了进一步提高自己的理论水平和实践能力，赴上海华山医院拜名医杨国亮和朱光斗为师，学习一年，大大提高了自己的中西医结合理论水平和实践能力。

中医和西医两个学派各有所长，也各有所短，取两个学派长处方面的理论相结合，辨病与辨证相结合，诊断与用药相结合，用于临床，治愈率高，复发率低。

中医学治病强调整体观念，是人所共知的，临床治疗皮肤病也是如此。中医认为"损在外，因必内"，必须以四诊八纲相结合，皮损辨证与内科辨证相结合，应用于临床，就会取得满意疗效。现将我从医 50 年来临床的一些心得体会和一些临床经验介绍如下，希望这些心得体会对临床医生有所帮助和提高。

中西医理论相结合

中医学和现代医学是两个不同的理论体系，各有不同的特点。中医学是从宏观的和整体的角度观察人体的，它强调阴阳之间、表里之间、气血之间、经络与皮肤之间的内在联系，针对人体在疾病过程中的动态生理与病理变化进行治疗，具备一整套辨证论治及理法方药的独特理论与经验。现代医学理论是从微观的角度观察人体的。它是建立在解剖学、组织学、生理学、病理学和生物化学等学科基础上，按系统、病理，借助现代医学检测手段来认识人体和疾病的。中医和西医都各有所长，各有所短，我们应该取长补短。中医应重视理论研究，并用以指导临床实践。我们应该学习西医系统的理论知识，运用其先进的仪器和检验手段，更好地服务于中医学。我毕业于河南中医学院，参加工作后到上海华山医院皮肤科进修学习一年，奠定了扎实的中医基础和西医的临床实践能力，从事临床工作 50 年来，一直坚持走中西医结合的道路。在临床实践中，能够在准确辨证的基础上把握疾病的关键，全面掌握药物的性味主治以及药物的现代药理研究，根据实际情况随证化裁，灵活运用。如在临床实践中发现丁香治疗足癣效果不错，然后就运用现代医学手段对丁香进行试验研究，发现丁香确实有抗真菌的作用，于是就以丁香为主药做成了"消癣气雾剂"，用于治疗手足癣，取得了很好的疗效。

辨证与辨病相结合

辨证是中医治病的第一步。西医治病，诊断是先决条件，西医的诊断就是辨病，中医与西医的目标是一致的，对象也是一致的，结果也应该是一致的。但是中医的某个证候可以出现在西医不同的疾病中，而西医的某个病又包括中医不同的证。我常教导我的学生，在临床实践中，必须根据中医理论对疾病进行准确辨证，同时运用现代医学方法明确病名诊断，从病理、生理、生化等方面明确疾病的病理机制，使辨证辨病客观化、规范化。在临床实践中，我采用西医辨病与中医辨证相结合的方法，即先采用现代医学诊断技术的优势，明确诊断，进而运用中医理论辨证分型治疗，例如对银屑病患者，根据病史病理和临床表现将其分为进行期、静止期和消退期，中医辨证分为血热型、血燥型、血瘀型。银屑病的病理表现为表皮角化不全，真皮层毛细血管迂曲扩张达真皮乳头层，故在银屑病急性期禁用活血化瘀类中药以免加重病情，我平时善用一些抗癌类中药，如用喜树果来治疗银屑病以抑制表皮细胞的过度分化。其次也可以用中医辨证和西医辨病相结合，针对不同的疾病运用有针对性的药物。如带状疱疹是由水痘-带状疱疹病毒感染而引起的神经损伤，故在治疗带状疱疹时除根据中医的辨证论治外，还要适当地加用马齿苋、板蓝根、紫草、薏苡仁以清热解毒，而这些药物经现代医学证实具有抗病毒的作用。又如皮肌炎临床表现为紫红色浸润性红斑，皮肤肿胀，肌肉疼痛，肌无力，皮肤病理表现为真皮层细胞间有黏蛋白沉积，我在治疗皮肌炎时，在中医辨证论治的基础上加丹参、红花、丝瓜络、鸡血藤等活血化瘀药以活血化瘀消斑，而现代药理研究证实，这些药物具有改善循环，促进真皮层黏蛋白吸收的作用。另外还有异病同治、同病异治，如带状疱疹、湿疹、药物性皮炎等可用龙胆泻肝汤来治疗，又比如带状疱疹急性期用龙胆泻肝汤治疗，到后期可用血府逐瘀汤治疗，所以我们只有将中西医融会贯通，有机地结合起来，才能正确地认识疾病，抓住疾病的本质，解决好主要矛盾，在临床实践中才会收到较好的疗效。

中医内科辨证与皮肤辨证相结合

皮肤病在中医学中属外科病范畴，它虽然表现在外，但与机体内在的脏腑、气血、阴阳等有着密切的关系。古人云："有诸内必形诸外。"故中医内科辨证与皮肤辨证有着密切的关系。我主张中医内科辨证与皮肤辨证相结合。

1. 用八纲辨证来辨皮肤病

八纲辨证是内科辨证的大纲，同样也是皮肤病辨证的大纲。八纲是表里阴阳寒热虚实，任何一个病证都可以用八纲辨证进行归纳分析，我认为凡急性期、泛发型、瘙痒和疼痛剧烈、病情重、变化快的皮肤病，多伴有口干，心烦，大便干，小便黄，皮损颜色鲜红，肿胀，舌质红，苔黄、白腻，脉数、洪大、滑数等，此多属阳证、表证、热证、实证。反之，一般慢性病，皮损干燥，脱屑，肥厚，皮损颜色暗，自觉症状轻微，病程长，反复发作的皮肤病，多伴有四肢无力、便溏、腹泻、四肢畏寒怕冷、口淡、不思饮食，舌质淡、边有齿痕，舌苔白滑，多属阴证、里证、寒证、虚证。

2. 用卫气营血辨证来辨皮肤病

卫气营血辨证是温病学常用的辨证方法，它一方面代表病情变化进展的深浅，另一方面代表疾病病理损伤的程度。卫分在生理上是具有保卫肌肤表面，抵御外邪的卫气，气分证是卫分证向里转变进入气分，卫分证和气分证是疾病的初始阶段，临床很难截然分开，临床表现为发热，疼痛，口干，汗出，大便干，小便黄，舌质红，苔黄，脉数。急性湿疹、皮炎、药疹等急性发作期皮肤潮红、肿胀、灼热、渗出，体温升高，全身不适等，多属于气分证。营分证和血分证是由于气分邪热未解，病邪向里传入营分和血分，临床表现为高热不退、心烦失眠、神昏谵语、斑疹隐隐、吐血、便血、皮肤瘀点瘀斑，如过敏性紫癜、变应性血管炎、多形性红斑、结节性红斑等多属于血分证。

3. 用脏腑辨证来辨皮肤病

我认为急性泛发性、带有热象的皮肤病多属于心肝火旺或肝胆湿热，如急性湿疹、药疹、带状疱疹、各种皮炎急性期多属于此类。一些色素性皮肤病如黄褐斑、黑变病和斑秃等多属于肝肾不足。一些痤疮、粉刺多属于肺胃实热。一些慢性皮肤病的后期，出现皮肤粗糙肥厚、干燥脱屑、四肢无力，如天疱疮、慢性湿疹、红斑狼疮等多属于脾气虚弱、肝肾阴虚、血虚风燥。发生于下肢的皮肤病如丹毒、结节性红斑多属于脾湿不运、湿热下注，出血性皮肤病多属于血热或脾不统血。急性瘙痒性皮肤病如荨麻疹、皮炎等多属肺胃有热、肺脾气虚。

4. 用气血辨证来辨皮肤病

气血辨证是以气血的虚实变化、通畅和瘀滞的现象来判断疾病的性质。中医学认为，气是一切生命活动的动力，人体各种机能活动无不是气作用的结果。血本源于先天之精，再源于后天水谷精微，经过气的转化而成，以维持人体各器官的生理功能。气血之间有密切关系，共同维持人体正常生理机能及生长发育。气血变化与皮肤病有密切关系，临床表现为气滞血瘀、气血双虚、气虚血燥、血热等。如带状疱疹后遗神经痛、结节性红斑、硬红斑、结节性痒疹多属气滞血瘀。慢性荨麻疹、红斑狼疮、硬皮病、天疱疮后期多属气血双虚。大疱性多形红斑、银屑病急性期、过敏性紫癜多属血热。

5. 据皮肤损害来辨皮肤病

斑疹分为红斑、色素沉着斑、色素减退斑。红斑压之褪色为气分有热，压之不褪色为邪在血分，颜色鲜红为血热，颜色暗红为血瘀。色素沉着斑为气滞血瘀或肝肾不足。色素减退斑为气血亏虚，外受风邪。红色丘疹多属于心火旺盛，热毒炽盛。血痂性丘疹为血分热盛。红色丘疹表面有鳞屑为血热风燥。慢性苔藓样丘疹多属脾气虚弱，气血亏虚。红色风团为风热，白色风团为风寒。红色结节为血热，紫色结节为血瘀，非炎性皮色不变的结节多为寒湿凝滞或痰核流注。水疱多属于湿热或热毒，多见于湿疹、天疱疮、疱疹样皮炎、带状疱疹等。脓疱多因湿热或热毒炽盛所致。糜烂多属于湿热所致，溃疡红肿热痛多属于毒热。慢性溃疡平塌不起，创面肉芽晦暗，多属于气血亏虚或寒湿。脓痂多属于热毒未清，血痂多属于血热伤络，滋痂为湿热所致。浆液性痂为湿热。抓痕多为风盛或内热所致，皲裂和苔藓样变多为血虚风燥，肌肤失养。

6. 据症状来辨皮肤病

瘙痒由风、湿、热、虫、毒和血虚等因素引起。风瘙痒特点为发病急，游走不定，时隐时现，遍身作痒，时作时休。湿痒特点为皮疹糜烂渗出，病情缠绵难愈。热痒的特点为皮损潮红肿胀，皮损灼热，舌质红，苔黄，脉滑数。虫痒特点为奇痒难忍、痒如虫行，遇热或夜间加重。血虚痒特点为皮肤干燥脱屑或苔藓样变，舌质淡，脉沉细。疼痛在皮肤病自觉症状中，多由于寒邪、热邪、痰凝或血瘀所致。寒症疼痛表现为局部青紫，疼痛遇寒加重，得温则减；热症疼痛表现为局部红肿、灼热，遇热加重，得寒则减；痰凝血瘀疼痛表现为局部痰核结节，或瘀斑，疼痛部位固定不移；气滞疼痛表现为疼痛游走不定；虚证疼痛多表现为喜温喜按。麻木多为气血运行不畅，经络阻隔，阻塞不通，或者气血亏虚，经络失养。

内治与外治相结合

皮肤病的病变部位多在皮肤和黏膜，但皮肤病是人体全身疾病在皮肤上的表现，许多全身性疾病可反映在皮肤上，如红斑狼疮、糖尿病引起的皮肤瘙痒，副肿瘤性天疱疮；皮肤的局部刺激也可引起全身性病变。因此中医治疗皮肤病强调"治外必本诸内"，局部与整体并重，内治外治相结合。皮肤病常用的内治方法有疏风清热、疏风散寒、祛风胜湿、搜风潜镇、清热解毒、清热凉血、清热利湿、健脾化湿、滋阴除湿、养血润燥、凉血润燥、理气活血、活血化瘀、温阳通络、通络除痹、消痰软坚、活血软坚、滋阴降火、温补肾阳。不同的皮肤病，皮损情况不同，外治法也不同。我认为皮肤病的外治法可以概括为："湿对湿，干对干，不干不湿用油剂。"对于一些急性皮肤病，渗出较多或脓性分泌物较多的皮损，可以用溶液、洗剂，如复方黄柏液、三黄洗剂，或用苦参、黄柏、马齿苋、蒲公英等煎成药汁冷湿敷、溻渍、熏洗、药浴、涂擦等。对于一些慢性皮肤病具有结痂、皲裂、苔藓样变等皮损，可以用黄连紫草膏、皮肤净软膏、黑豆油膏、硫黄膏等；对于亚急性皮疹，可以用油剂，如蛋黄油、紫草油、青黛油、香油等以起到滋润皮肤、解毒收敛、止痒生肌的作用。在使用外用药时需要注意以下几点：根据病情阶段用药，注意控制皮肤感染，用药宜先温和后强烈，尤其是儿童和女性，面部、阴部皮肤慎用刺激性强的药物。用药浓度宜先低后高：先用低浓度制剂，根据病情需要再提高浓度，同时要注意过敏反应，外用药膏后禁用热水、肥皂、盐水刺激皮肤。

中西药结合应用

我认为皮肤病的治疗有时单靠中药或单靠西药治疗效果均不理想，只有中西药结合才会取得更好的疗效。中西药结合不能简单地理解为中药加西药，如果中药加西药作用相同只能是用药的重复，我们应该确切地掌握各种中药和西药的特性，有针对性、有目的地使用既有理论依据又有疗效的方法。例如中西医结合治疗红斑狼疮、皮肌炎、白塞综合征、寻常型天疱疮等自身免疫性皮肤病，在急性期应首选糖皮质激素，尽快地控制病情以免病情进一步恶化，此时单用中药治疗是不理想的，急性期病情控制后，病体消耗，正气亏虚，出现阴虚火旺、气阴两伤、气血瘀滞等虚证，就应及时采用扶正祛邪、益气养阴、活血通络解毒的中药，减少激素所引起的副作用和不良反应，加快减少激素的用量，甚至可以停用激素，使机体得以恢复。又如一些比较重的顽固性银屑病患者，我们可以选用阿维A胶囊来进行治疗，但阿维A胶囊有肝肾损伤，皮肤干燥，皮肤瘙痒，胎儿畸形等副作用，一些患者因无法耐受而被迫停药，对于这种情况，我会给予一些滋阴润肤止痒之类的中药，如麦冬、花粉、石斛、女贞子、白蒺藜等药物来减轻阿维A胶囊的副作用和不良反应，中西药合用，起到增效减毒的作用。

建立和谐的医患关系

目前医生和患者之间缺乏良好的沟通，缺乏基本的信任，这中间包括医护人员未很好地履行告知照顾义务，另一方面，部分患者无事生非，故意闹事。这种不和谐的医患关系正在严重冲击着医疗服务市场，成为社会不和谐的因素之一。我常常教导我的学生，作为一名医生，要和病人进行很好的沟通，要很好地照顾和保护病人，我们不仅要有良好的政治素质、心理素质，而且要有高深的专业素质、广博的人文素质，构建和谐的医患关系，只有这样，才能取得病人的信任，病人用药后才能取得好的疗效。

治与防相结合

治疗与预防在皮肤病的治疗中显得都很重要，二者缺一不可。预防指的是未病先防，治疗指的是既病防变。《黄帝内经》最早提出了"治未病"思想，在《黄帝内经》以来的2000多年中，众多医家对此进行了大量的理论研究和临床实践，形成了系统的理论，积累了丰富的经验。"治未病"是中医防治疾病的理论核心，其内涵的实质是采取有效的措施，预防疾病的发生与发展，避免和减轻疾病对人类的危害，进而促进人类的健康和提高人类的生活质量，促使整个医学体系和医疗工作由"治病医学"向"健康医学"转变，其基本理论内涵就是："未病先防""已病早治""既病防变""瘥后防复"。未病先防指未病之前先要预防，主要针对的是健康时状态和亚健康状态。由于影响健康的因素是多种多样的，所以，预防也必须从多方面入手，不仅包括对各种疾病的预防，还包括对环境卫生、食品药品、工业生产等方面的监督；同时还要注重心理情绪的调摄、思想品德的培养、生活质量的调整。既病防变指有病早发现、早治疗，以防病情加重，主要针对的是已病早期状态。瘥后防复指局部痊愈后预防复发。六淫、七情、饮食、劳倦是病情复发的常见原因。医学经典称之为：食复、劳复、感邪再发等。可见，在疾病初愈时药物的巩固治疗、饮食的调养、情志的调摄、防御外邪的侵袭、劳逸的适度、体质的增强对防止疾病的复发会起到积极的临床意义。对于那些有明显季节性、昼夜性、周期性等时间性发作的疾病或宿疾的发作，采取先期择时治疗的方法，以达到控制发病或宿疾发作的目的。根据中医学"天人合一""春夏养阳""秋冬养阴"的理论和时令、地域、人体禀赋气质进行调理，先时治疗，防止复发均具有良好的效果。应借鉴古代医家治未病的学术思想，在临床工作中，治疗与预防相结合，以期收到好的效果。例如对于银屑病患者，我会嘱咐病人每年春季和秋季预防性地服用中药，预防疾病的复发。同时忌食辣椒、牛羊肉等腥发之品，要生活规律，劳逸结合，心情舒畅，避风寒，在临床中有效地减少了病情复发，使一些银屑病患者痊愈后三到五年未复发，甚至部分患者十年不复发。

治标与治本相结合

治标与治本的论述最早见于《黄帝内经》，用来分析探讨疾病发展过程中主要矛盾和次要矛盾以及矛盾的主要方面和次要方面的关系。换而言之，标本是指疾病的主次本末和病情轻重缓急的情况，一般以为，标是疾病表现于临床的现象和所出现的证候；本是疾病发生的病机，即疾病的本质，或者相对地指先病的脏腑及其病理表现。故《黄帝内经》云："知标与本，用之不殆""知标本者，万举万当；不知标本，是谓妄行"，说明疾病是千变万化，错综复杂的，但只要明确标与本的关系，施以正确的治疗，就能收到理想的疗效。标本治法的临床运用，一般是"治病必求于本"，但在某些情况下，标病甚急，如不及时解决，可危及患者生命或影响疾病的治疗，则应采取"急则治其标，缓则治其本"的法则，若标本并重，则应标本同治。我在临床实践中，能够很好地权衡疾病的标本缓急，做到急治标、缓治本、标本同治。我在治疗红斑狼疮时，认为红斑狼疮是本虚标实的疾病，肾阴亏虚、阴虚火旺是本病之本，临床表现为五心烦热、失眠多梦、关节疼痛、四肢无力、脱发、月经不调、心悸不安、舌质红、脉沉细。这些症状贯穿疾病的始终。而在疾病的某个阶段表现为热毒炽盛为本病之标，故在治疗本病时根据病人不同病情、不同阶段的特点，采取标本兼治、扶正为主，在疾病的急性期采取急则治其标的原则，也不忘扶正固本。

扶正祛邪、标本同治、分期论治白塞综合征

白塞综合征又称眼－口－生殖器综合征，是一种多系统损害的慢些复发性自身免疫性疾病。除眼、口和生殖器发病外，还可累及血管、消化道、关节、皮肤及神经系统。本病与中医学的狐惑病相似，本病西医主要应用糖皮质激素治疗。我认为本病病位在肝脾肾，肝脾肾亏虚为本，湿热毒蕴为标。肝经之脉绕阴器，循少腹，网络胆府，散布于胁上，通咽喉口唇，开窍于目，故前阴、咽喉、眼的部位病多属肝。肾开窍于二阴，前后二阴的病多属于肾。脾经之脉夹咽连舌，散舌下，开窍于口，其华在唇，主四肢肌肉，口唇四肢的病多属于脾。本病因患者先天禀赋不足，肝肾阴虚，生内热，加之后天失养，脾虚失于健运，水湿内停，湿热内生，蕴久成毒，毒热内盛，不得外泄，充斥上下内外，循经走窜于口、咽、眼、二阴、四肢，湿毒侵袭而蚀致溃烂、溃疡。我根据自己 50 多年的临床经验，将本病分为急性活动期和缓解期。急性活动期临床表现为发热、口舌生疮、目赤肿痛、皮肤出现红斑、双下肢红斑结节、外阴溃疡、头昏头重、胸腹胀满、大便干、小便黄、舌质红或淡、苔腻、脉滑数或沉缓。盖因患者身体虚弱，脾虚失运，清浊失常，而见头昏头重，胸腹胀满；脾湿化热，湿热内蕴，湿热之邪无从发泄，充斥内外，毒热内攻，故见不规则发热；湿热上蒸则口舌生疮、目赤肿痛，湿热下注则双下肢红斑结节、外阴溃疡、皮肤红斑、大便干、小便黄。治疗以祛邪为主、扶正为辅，以健脾除湿、清热凉血解毒为治法，常用的药物有当归、黄柏、黄连、生地、赤芍、白茅根、青葙子、龙胆草、甘草等。缓解期临床表现为长期反复低热缠绵，头昏目眩，口干

咽燥，失眠健忘，腰膝酸软，五心烦热，下肢结节，口舌生疮，舌红少津，苔少，脉沉弦或数，皆属肝肾亏虚、湿热内蕴。盖因患者病程日久，湿热之邪耗伤阴液，而见溃疡时轻时重，反复发作，低热缠绵；肝肾亏虚则见头昏目眩，口干咽燥，失眠健忘，腰膝酸软，五心烦热；临床治以滋补肝肾、清热除湿，常用的药物有熟地黄、山药、山茱萸、女贞子、菟丝子、枸杞子、玄参、何首乌、鳖甲、知母、黄柏、牡丹皮、泽泻等。另有患者临床表现为全身无力，少气懒言，食欲不振，头晕耳鸣，腰膝酸软，足跟痛，口渴不欲饮，低热缠绵，口舌生疮但色淡，外阴溃疡常于月经前后反复发作，大便溏泄，舌质淡，苔薄白，脉沉细，此型为脾肾两虚，阴阳气血失和，治疗以益气健脾补肾、调和阴阳气血为法，常用的药物有黄芪、党参、白芍、白术、茯苓、菟丝子、熟地黄、淫羊藿、附子、枸杞子、女贞子、鸡血藤、何首乌、钩藤、天仙藤、牡丹皮、黄柏等。肝肾阴虚、湿热内生，久则伤阴液，劫烁肝肾之阴，经脉失其所养，孔窍失其滋润，口腔、二阴、眼睛溃烂而不愈。湿热阻络，气血凝滞，郁于肌肤，而致四肢红斑结节，疼痛不适。阴虚日久必损及阳，脾肾阳虚，阴寒凝滞，阴阳气血失和，病情反复发作，缠绵难愈。总之，本病病因病机复杂，从脏腑辨证来看，肝脾肾三脏虚损为本，湿热毒蕴为标。从阴阳辨证来看，本病的病理基础为阴虚阳亢。由肝脾肾之阴阳互变，湿热毒邪内生而发本病。白塞综合征的发病病因十分复杂，与饮食、情志、六淫、劳倦等因素有关，也与个人体质关系密切。该病"肝脾肾亏虚为本，湿热毒蕴为标"，以疏肝健脾、滋阴补肾、扶正解毒为治则，拟定专病专方：当归20g，白芍30g，陈皮30g，怀山药30g，薏苡仁30g，金银花30g，赤小豆40g，黄芪30g，茯苓20g，白及10g，枸杞子20g，女贞子20g，白茅根30g，黄柏10g，连翘20g，泽泻10g，青葙子10g，佩兰10g，菊花10g，龙胆草15g，白术10g，丹参20g，炒枳壳10g，甘草10g，水煎服，日一剂。临床取得了很好的疗效。

运用气血辨证治疗银屑病

银屑病是一种临床常见的慢性皮肤病，因其缺乏特效的治疗药物而成为全世界皮肤科重点防治的疾病之一。我针对银屑病的不同病期，提出"凉血、解毒、养阴、活血"等治法。我认为血热是银屑病的根本病机。而血热的形成又有多种因素：可以因七情内伤，气机壅滞，郁久化火，以致心火亢盛，热毒伏于营血；或饮食失节，过食腥发动风之物，脾胃不和，气机不畅，郁久化热，复受风热毒邪而发病。热壅血络则发红斑；风热燥盛肌肤失养则皮疹脱屑，色白而痒；病久阴血内耗，夺津灼液，则血枯燥而难荣于外；气血失和，经脉阻隔则肌肤失养；若血热炽盛，毒邪外袭，蒸灼皮肤，气血两燔，则郁火流窜，积滞肌肤，形成红皮。

我认为银屑病进行期宜凉血解毒。进行期银屑病皮疹以丘疹、斑丘疹为主，新疹不断出现，基底皮肤颜色鲜红，刮去鳞屑见点状出血，有同形反应，可有不同程度瘙痒，伴咽痛、口渴、便干、溲黄、舌红、苔黄、脉数等。我认为，此证是疾病的初发阶段，毒邪偏盛，充斥气营，波及血分，因此治疗应以清阳明气分之热为主，兼清营凉血，故以大剂清热解毒之品与凉血之品并用，常用银屑1号（土茯苓、板蓝根、大青叶、鱼腥草、白花蛇舌草、生地黄、丹皮、赤芍、生槐花、紫草、羚羊角粉、水牛角丝、虎杖等）。静止期宜活血凉血：静止期皮疹病程较长，皮损局限，相互融合成斑块，肥厚浸润，似皮革状或苔藓样变，覆有较厚鳞屑，经久不退。若皮损厚硬皲裂，可伴有疼痛，舌质暗红或有瘀斑、瘀点，脉涩或细涩。现代研究认为，此型患者血液黏稠度高，红细胞变形能力下降，真皮毛细血管扭曲，血管通透性增强。我认为皮损浸润肥厚，颜色暗红，舌质紫暗为其辨证要点。治疗上宜凉血活血，解毒通络。常用消银2号（常用药物有生地黄、丹皮、丹参、当归、鸡血藤、夏枯草、红花、土茯苓、白花蛇舌草、半枝莲、赤芍等）。消退期宜凉血养阴：消退期银屑病皮疹变薄，颜色转淡，鳞屑干燥，同时伴有皮疹夜间瘙痒，五心烦热，舌质瘦红或淡红，少苔，脉细数。我认为，银屑病病程迁延，常历经数十年而不愈，反复发作则耗气伤阴，而以阴血亏虚为著。我强调血虚生风，肌肤失养，因此在治疗上强调滋阴养血、凉血清热。方选消银3号（常用药物有生当归、丹参、鸡血藤、生地黄、石斛、麦冬、玄参、南沙参、北沙参、茅根、白花蛇舌草、土茯苓等）。

我认为银屑病是皮肤科顽症，饮食调护相当重要。一般医生认为，银屑病患者应当严格忌口，但是银屑病患者大量脱屑，很容易造成低蛋白血症。若一味强调忌口，会导致蛋白质摄入不足，更不利于疾病的恢复。我认为，一些辛辣之物只对血热证患者不利，因此强调银屑病患者应忌酒及羊肉，其他食物则因人而异。另外银屑病患者应起居有时，劳逸适度，否则耗气伤血，疾病容易复发；还应积极锻炼身体，预防感冒；应心胸宽广，开朗豁达，避免精神刺激。

扶正固表、调和营卫、祛风止痒法治疗慢性荨麻疹

荨麻疹俗称"风疹块"，是常见的过敏性皮肤病，临床表现为皮肤上出现瘙痒性风团，发无定处，骤起骤退，消退后不留任何痕迹，属中医"瘾疹""风"。本病分急性和慢性两类。急性者多因禀赋不足，又食鱼虾等荤腥动风或不新鲜食物；或因饮食失节，肠胃食滞，饮酒过量，外感风邪；或七情内伤，营卫失和而致本病。日久则多属虚证，因此治疗当以祛风为主，配以益气养血之法。我根据多年的临床经验，治疗本病强调益气扶正、调和阴阳气血。慢性荨麻疹多因皮疹反复发作，经久不愈，耗伤气血，卫表不固，或产后气血亏损，风邪外袭，以致内不得疏泄，外不得透达，郁于皮肤腠理之间，邪正相搏而发为本病。或因情志不遂，肝郁不舒，郁久化热，伤及阴液，阴虚内热，血虚生风。治疗上应益气养血扶正，调和阴阳气血为主。重用黄芪、当归益气扶正固表养血，白芍、桑枝调和营卫。当归经现代药理研究证实，有降低毛细血管通透性及抗组织胺作用，黄芪有增强细胞免疫作用。荨麻疹临床表现为风团，为正常皮肤上出现瘙痒性风团，发无定处，骤起骤退，消退后不留任何痕迹，符合风邪致病特点，风邪是本病主要外因，故治疗应祛风止痒，以防"闭门留寇"。我平时善用荆芥、防风、地肤子祛皮里膜外之风，僵蚕祛顽固性风邪，全蝎、羌活以除内风，路路通、全瓜蒌以活血除风。荆芥、防风经现代研究有抑制组织胺释放、抗乙酰胆碱作用及抑制毛细血管通透性增加作用。我根据多年的临床经验，总结治疗慢性荨麻疹经验方如下：当归20g，徐长卿30g，威灵仙10g，白芍30g，黄芪20g，桑枝10g，路路通10g，白蒺藜20g，甘草10g，全蝎10g，羌活10g，防风10g，白术10g。方中黄芪益气扶正固表，白芍、桑枝调和营卫，路路通、全瓜蒌活血除风止痒，取"除风先活血，血行风自灭"之义。徐长卿、威灵仙抗过敏。其中黄芪得防风，则固表不留邪，防风得黄芪则祛邪而不伤正。《古今名医方论》柯琴曰："邪之所凑其气必虚，故治风者，不患无以祛之，而无以祛之，不畏风之不去，而畏风之复来，何则？夫以防风善驱风，得黄芪以固表，则外有所卫，得白术以固里，则内有所据，风邪去而不复来。"防风可抑

制小鼠迟发性变态反应，提高巨噬细胞吞噬功能，抑制超敏反应，从而达到抗炎抗过敏的作用。临床根据具体情况随症加减。晚上皮疹多加鳖甲、熟地；胃痛加陈皮、川朴；热盛者加生石膏、浮萍、栀子；寒盛者加桂枝、干姜皮；风盛者加五加皮、白鲜皮。

饮食禁忌：治疗期间及恢复期间应注意饮食禁忌，忌食鱼虾、辣椒、牛羊肉及烟酒等腥发动风之品，以免引起该病复发。

调理肝脾肾三脏，消斑增白治疗黄褐斑

我认为黄褐斑的发生与肝脾肾三脏的关系密切。肝藏血，主疏泄，若肝郁不舒，则气血郁结；脾统血，主运化升清，乃后天之本，若脾失健运，则水谷精微不能上输，气血生化乏源；若肾阴不足，则虚火上炎，肝失肾水滋养而肝失条达；若肾阳不足则阴寒内盛，气血不得温煦而滞涩不畅，脾失温煦水谷不得气化而生化乏源。因此，肝脾肾三脏的功能失常，均会导致气血瘀滞或气血亏虚。气血瘀滞，运行滞涩不能上荣于面，颜面失于荣养是发生本病的病机关键。

我根据自己多年的临床实践，认为治疗黄褐斑应以健脾补肾、疏肝理气、活血化瘀、消斑增白为治法，总结出经验方如下：当归、白芍、夏枯草、丹参、枸杞子、炒杏仁、冬瓜子、白芷、生牡蛎、白茯苓、僵蚕、蝉蜕、珍珠粉、郁金、杭菊、细辛、生石膏、甘草。

方中枸杞子、白芍滋补肝肾；杏仁、冬瓜子、白芷、生牡蛎、白茯苓、僵蚕、夏枯草、细辛、珍珠粉消斑增白；蝉蜕走表，引药达表；郁金疏肝理气；丹参活血化瘀消斑。

随症加减：临床发病部位不同，所属经络不同，用药也不同。引经药可直达发病部位：上额属心，加黄连、麦冬、石菖蒲养心舒心气；下颌属肾，加知母、泽泻清泻肾火；左颊属肝，加蒺藜、牡丹皮疏肝清火祛风；右颊属肺，加桑白皮清金肃肺；鼻属脾，加苍术、陈皮运脾畅中；眼眶周围区大多属肾虚，加山茱萸、枸杞子补益肝肾；鼻唇区属胃，加生石膏、玉竹、麦冬清胃滋阴。

重视调理：①生活调理：要起居有节，防止过度的紫外线照射，日晒是黄褐斑的重要诱因之一。此外，房事过度，久伤阴精，则水不制火，颜面不得荣

润而成褐斑，切忌纵欲过度。②饮食调理：饮食宜荤素适宜，忌食辛辣煎炸及饮酒类。③精神调理：要保持心情舒畅，禁忌忧思恼怒，因暴怒伤肝，忧虑伤脾，惊恐伤肾，这些皆可使气机紊乱，气血悖逆，不能上荣于面而生褐斑。当归具有激活 SOD 活性的作用，SOD 是氧自由基的重要清除剂。酪氨酸酶参与黑色素的生物合成，抑制酪氨酸酶活性的中药具有祛斑脱色效果。乌梅、桂皮、蔓荆子、山茱萸、夏枯草抑制酪氨酸酶。

用药规律

用细辛配冬瓜仁、生薏苡仁、白附子、炒杏仁褪色有良好作用，特别是黄褐斑。用全蝎息风止痒治疗顽固性皮肤瘙痒。用丁香配黄精治疗真菌感染有一定的效果，丁香配香附煎水外洗可除瘙痒，配五加皮治疗湿疹。用藁本治疗粉刺有一定的疗效。用苦参配蝉蜕、乌梢蛇、麻黄治疗全身瘙痒。用泽泻祛湿泄热，治疗发蛀脱皮。用赤小豆能行水、散结清热、解毒，配丹参治疗狐惑。用金钱草能止痒。用山豆根研汁外涂能治秃疮。龙胆草清肝胆实火，是治疗阴中湿疹，女阴溃疡的主药。青蒿内服外洗均有良好的止痒作用。金银花能清风湿之热，解血分之毒，炒炭则专解血分热毒，有退热之效。玳瑁能解毒治多形红斑，对牛皮癣（红皮病型）疗效可靠。羚羊角凉肝息风，治疗红斑狼疮高热甚效。茜草，血滞能行，血瘀能活，能提高免疫能力。西红花治疗斑秃甚效。槐花可治疗银屑病。郁金治疗带状疱疹伴有神经痛疗效可靠。泽兰补而不滞，行而不峻，是治疗女性各种皮肤病的要药。淫羊藿对银屑病静止期顽固皮损有良效。五加皮治疗女性阴中湿痒。威灵仙、苍耳子、地肤子、艾叶煎水外洗，治疗掌趾脓疱病。苦参配蝉蜕、麻黄治疗全身痒。泽泻配羌活治疗脂溢性皮炎。赤小豆配丹参治疗白塞综合征。

姜兆俊

姜兆俊（1935— ），山东潍坊人。15 岁起在伯父姜绍成创建的滋生堂学徒，20 岁随伯父在潍坊市立中医院临证，23 岁考入山东中医学院。曾随全国名医李廷来主任医师学习，受益匪浅。主任医师、教授、硕士研究生导师，全国第二批老中医药专家学术经验继承工作指导老师，全国名老中医师承工作室专家，山东知名老中医专家，山东非物质文化遗产传统医药项目代表性传承人，山东中医学会外科专业委员会、中西医结合皮肤病性病专业委员会顾  问。曾任原山东中医学院附属医院党委书记，原山东中医学院外科教研室、附属医院大外科副主任，国家自然科学基金委员会中医药评议专家，中国中医学会山东分会理事、外科委员会副主任委员，中华全国中医外科学会乳腺病专业委员会委员、中西医结合病科专业委员会委员，中国中医学会外科学会外治法专业委员会委员，山东中医药高级职称评审委员会委员等职。

姜兆俊擅长诊治外科疾病，特别对乳腺疾病、甲状腺疾病、周围血管疾病、外科感染疾病、慢性溃疡、皮肤病、癌病术后等有丰富的诊疗经验，临证时强调诊断要明确，重视整体观念，采取整体辨证与局部辨证相结合、辨证与辨病相结合、辨证论治与专病专方相结合、内治与外治相结合。临证组方遣药尊古而不泥古，知常达变。1978 年参与"中西医结合治疗血栓闭塞性脉管炎的临床研究"，获全国科学大会一级成果奖。近四十年来，致力于乳腺病、甲状腺病的临床治疗和基础研究，做出了成绩，是山东中医药大学附属医院疮疡、乳腺、甲状腺科主要创建者之一。1998 年，"温阳散结法治疗乳腺增生病的临床及实验研究"获山东省教委应用成果三等奖。1997 年，"消瘿汤为主治疗甲状腺瘤 50 例"获国际优秀论文奖。2002 年"理气散结法治疗甲状腺良性结节的临床及实验研究"获山东省高校自然科学二等奖。发表论文 30 篇，主编、副主编、参编

《中医外科学》《中医外科经验集》《外科病中医外治法》《英汉实用中医药大全·外科学》等著作 17 部。

不寻常原因，走上学医路

我出生于山东省潍坊市。祖父辈精通药性，经常采集当地出产的蒲公英、地丁、野菊花、车前子、萹蓄等，家园中种植瓜蒌、连翘、芍药、红花等，并自制刀伤药，经常用简便小方给乡邻家人治疗小伤小病，从小目睹中药能为人们治病，给我留下深刻的印象。我走上学医的道路是受到伯父姜绍成的影响。伯父年轻时得过一场病，这场病改变了伯父的一生，也影响了我的一生。

伯父少入私塾，继进中学，抱实业救国的理想，后因手患疔疮，在当地找一个中医外科大夫治疗，治疗很长时间，却时好时坏，不能彻底治愈。原来是这个大夫想多贪病人的钱，病人要是很快治好了，他就赚不到钱了，所以就故意拖着，最后导致 5 个手指第一节全烂掉了。后来我爷爷把那个大夫请到家对他说："我孩子快结婚了，只要能尽快治好，你要什么我给你什么，花钱我不心疼。"结果那个大夫又开了 10 剂药，伯父的疮口就逐渐痊愈了。这个大夫的无道加上自身的残疾，使伯父放弃了实业救国的志向，走上了学医的道路。多年以后在潍坊地区也就多了一位姜姓的中医外科名医，其创办的滋生堂在当地也是名闻遐迩，人们只要一提到中医外科首先想到的就是姜绍成。"不为钱财，济世救人"是当初伯父行医时立下的誓言。而我从小跟伯父长大，亲聆教诲，耳濡目染，也坚定了学中医、爱中医、做中医的理想，当我正式踏上学医的道路时，伯父首先传授的就是"不为钱财，济世救人"这八个字。自此，伯父行医的八字誓言，也伴随了我的一生。

熟读医药典籍

我从 15 岁起开始在滋生堂学徒，从最基础的活开始干起，包括抓药，制膏、散、丸、捻剂等，并在伯父的指导下开始苦读一些中医学经典书籍，尤其是中医外科书籍，如《药性总赋》《外科正宗》《外科证治全生集》，其中《医宗金鉴·外科心法要诀》就读烂了两本。因为伯父常说："熟读《金鉴》定出名医，你就把这本书读熟了、读好了，将来就能成为一个好大夫。"在以后的临床实践中用《医宗金鉴》中的方剂确实治好了大量病人，充分验证了伯父以前说过的话。如对痄腮（流行性腮腺炎）用《医宗金鉴》中的柴胡葛根汤、乳痈（急性乳腺炎）用瓜蒌牛蒡汤都取得了良好的治疗效果。

跟伯父学徒 5 年，熟悉了中医外科学基本理论和常见外科病的治疗及外科常用药物的制作，为以后从事中医外科专业奠定了基础。尤其是对外用药物制作的熟练掌握，使我在临床上多了一个治疗的工具，一生受用无穷。曾经有个老年病人，由于小腿大面积溃烂治疗了很长时间都没有疗效，各种外用药物都快用遍了，溃烂不仅没好，还出现了严重的过敏反应。在走投无路的情况下病人找到了我，通过分析她的病情，我认为药物的过敏反应很可能是外用药中香油和蜂蜜的成分引起的。于是我突发奇想，决定用猪油、猪骨加中药制成药物治疗。因为过去我伯父在给病人治病时，对于那些家庭困难的病人，他都会用一些简便有效的方法，比如买块猪大油来挂在墙上，随时割下一块给病人的疮口贴上，病人的疮口慢慢就长好了。我从那时就体会到，猪的油脂有生肌作用。我也曾看过一个英文翻译成中文的材料，介绍猪骨头有再生作用。所以我就下定决心用猪骨头加中药煎汤来给这个病人治疗溃疡。每次煎出药后先对病人的疮面进行淋洗，然后慢慢地滴着洗，洗了以后再贴上用猪油熬的药膏。就这样治疗了近两个月，病人的疮口竟然全部愈合了。《疡科纲要·论外治之药》说："疮疡为病，发见于外，外治之药物，尤为重要。凡轻浅之证，专持外治，固可以收全功，而危险大疡，尤必赖外治得宜。"徐灵胎亦在《医学源流论》中说："外科之法，最重外治。"代表了外科医家对外治法重要性的深刻认识，也就是说外治法在中医外科治疗中占有十分重要的地位，是中医外科的一大特色，外科之所以不同于其他临床学科，重视和强调外治法是主要原因。临证时应注意充分发挥中医外科内、外结合治疗的特点。由于现今在外科临床上现成的外用制剂比较少，临证时常常根据病人的具体情况临时制作一些简单的各种剂型的外用药物如油膏、酊剂、熏洗剂等应用于临床，往往能起到意想不到疗效。如一 30 岁陈性男子，因右前臂较大面积瘢痕并瘙痒来求诊，病人不愿行手术治疗，即选用验方"黑布膏"以收敛、止痒、软坚，药用五倍子 45g，蜈蚣 5 条，威灵仙 15g，甘草 10g，上四味药共研细末，每次取少许与蜂蜜混合，将醋放热锅中煮浓，然后加入混合物中，边加边搅，混匀后摊于黑布上外敷患处。每日 1 次。

很快局部瘙痒消失，两个多月后瘢痕亦消失，仅留下部分色素沉着。1991 年我应邀参加山东中医外治法大会，在会议上当场演示了"千锤膏"的制作，赢得了与会专家的一致赞扬。

求学深造，勤奋研读

1955 年随伯父参加潍坊市立中医院临证。随着临诊病例的不断增多，自己却越来越感觉到以往所学知识的肤浅及不系统，比如写文章，人家很快就写出来了，我思想上也想写，也付诸行动，但就是写不出，因为系统的医学知识太少。特别是由于一开始入门就将重点放在了中医外科这样一个临床学科，无论是掌握的基本理论还是临床技能，都是偏重于中医外科，知识面比较局限、狭窄，对中医学传统的经典理论和其他学科的知识了解和掌握都不全面。学医的基础打不好，日后也很难在中医外科方面有大的发展。只有熟读中医经典，博览群书，掌握中西医外科知识，才能提高中医外科水平，于是萌生求学深造的念头。

1958 年经过自己的努力，顺利考入山东中医学院（即今山东中医药大学），在校期间学习了《黄帝内经》《伤寒论》《金匮要略》《温病条辨》等中医学经典著作及中医各临床学科知识，从而得以全面而系统地掌握了中医学的基本理论和基本技能，并系统学习了现代医学知识。从过去偏重中医外科一门临床学科到能窥见中医学的全貌，这对于自己的知识结构来说是一个质的飞跃，也为我以后在中医外科方面有所建树、有所成就打下了坚实的基础。四年后以全班毕业考试第二名的优异成绩留校，专门从事中医外科学临床和教学工作。当年学院派我去济南市中医院，跟随德高望重、医术精湛的全国名医李廷来主任医师学习临床、教学、炼丹技能，尽得其传，并与恩师编著《英汉实用中医药大全·外科学》，获益匪浅。1964 年春回山东中医学院附属医院上班，同年给业大班上课，1966 年正式给本科生上课。为了胜任临床教学工作，坚持勤奋学习，读经典，多临床。在学习过程中，反复阅读《黄帝内经》《伤寒论》《金匮要略》等典籍中有关中医外科内容的章节、中医外科古典医籍及有关医学杂志，以开阔知识领域，启发思路，使医学知识水平不断提高。如果仅仅阅读几遍《中医外科学》是不能掌握中医外科学的精髓及全部内容的，也就不能适应临床教学及科研的需要。在 20 余年的教学中，我保持了"循循善诱""诲人不倦""教书育人"的优良作风，深受同学们的欢迎，曾两次获山东中医学院教学优秀奖。1983 年获山东省优秀教师和全国卫生先进工作者荣誉称号。

在学习上，勤奋是中医大师共同的治学经验，只有通过勤奋努力，持之以恒，才能起到成效。除勤奋之外，积累知识的方法也很重要，我采用卡片积累知识是个十分有效的方法，收集现在和将来用的资料（报纸、杂志、书籍）以便应用。老前辈读书多，临床经验丰富，并有某种专长，应虚心学习他们的长处，这是克服知识局限取得不断进步的方法之一。在临床实践中，通过对每个病人的问诊，病历记录，从中找到为我所用的经验、知识和学问，将点点滴滴的经验积累起来。熟练掌握了中药归经、功效、现代药理研究、各家用药经验，临证时组方用药，才能得心应手，疗效突出。对常用有效方剂，我背诵了 300 多首，这些方剂是几千年流传下来的经验总结，具有极高的临床应用价值。

修德敬业，术绍岐黄

在 20 世纪 60～70 年代，中医外科治疗的主要疾病是疮疡，即发生于体表的感染性疾病，包括疖、疔、痈、疽、发、丹毒、瘰疬、流痰、脱疽等，以及皮肤病及外科杂病。尤其是对体表感染性疾病的治疗，中医外科学积累了丰富的临床经验，体现了中医外科学的基本特点。在临床实践过程中，我不断地将跟随伯父临证中所学到的临床技能和在中医学院学到的系统理论有机结合起来，并且不断地进行总结和发挥，渐渐地形成了自己的治疗风格，也每每取得良好的治疗效果。20 世纪 70 年代，针对淋巴结炎、淋巴结核、乳房慢性炎块等炎性疾病，自行组方研制出"散结片"，作为山东中医药大学附属医院的院内制剂应用于临床，至今已经使用了 40 余年，具有疗效确切、效果显著、价格低廉等优点，治愈了众多病人，在广大病人中具有良好的口碑。如今"散结片"适应证范围也不断扩大，对于大多数体表可以触及的肿块，如急慢性淋巴结炎、淋巴结核、甲状腺瘤、甲状腺肿、桥本病、乳房慢性炎块、乳房纤维腺瘤、乳腺增生病、男性乳房发育症等，均有良好的止痛和消散肿块作用。此外，著有《中医外科学》等著作 9 部，"中西医结合治疗血栓闭塞性脉管炎临床研究"获 1978 年全国科学大会一等奖。

20 世纪进入 80 年代以后，由于人们生活水平提高，体质得以改善，再加上卫生保健水平的提高，中医外科的疾病谱发生了改变，疮疡不再是主要的疾病，而乳腺疾病、甲状腺疾病的发病率越来越高，于是我开始致力于乳腺病、甲状腺疾病的临床和基础理论研究。在坚持中医基本理论原则下，查阅古典医籍，结合现代医学知识和药理学研究，自拟"乳块消汤 1 号""乳块消肠"，对肝郁血瘀痰凝型、肾虚冲任失调型乳腺增生病取得了满意疗效，对提高乳腺增生病的治疗效果起到了一定的作用。此外，我在临床上看到有些病人属中医畏寒体质，表现为全身明显发凉怕冷，冬天手脚冰凉，乳房怕冷，愿意穿暖一些。这种病人中医辨证为肾阳虚，阳虚寒痰凝结于乳房而成。以清代王洪绪《外科证治全生集》中的"阳和汤"作为基础方，再加上一些消肿散结的药物取得了较好的疗效。根据大量临床病例的观察和总结，我于 1995 年提出乳腺增生病有阳虚寒痰凝结型，提出用"温阳散结法"治疗乳腺增生病，从而为乳腺增生病的治疗开辟了一条新的治疗思路和方法。1998 年"温阳散结法治疗乳腺增生病的临床和试验研究"获山东省教委应用成果三等奖。此外，2002 年"理气散结法治疗甲状腺良性结节的临床及实验研究"获山东省高校自然科学二等奖。1997～2000 年成为全国第二批老中医药专家学术经验继承工作指导老师，2011年经国家中医药管理局批准成立了"姜兆俊全国名老中医药专家传承工作室"，逐渐地将自己在几十年从事中医外科学临床、教学、科研工作中所取得的经验和教训进行整理、总结和提高，并悉心地传授给徒弟、研究生和其他年轻医生，力求使中医外科学的学术思想和临床技能能够原汁原味地传承下去，以促进中医外科学的丰富和发展。在此期间，我根据自己的临床经验主编了《中医外科经验集》《外科病中医外治法》等著作，出版后获得了广大读者的好评。

掌握中医外科学的特点

历经几十年的理论学习和临床实践，自己感觉到中医外科学与其他中医临床学科既有相同之处，又有不同之处，而这些不同之处，也正是中医外科学的特色所在。导致中医外科学不同于其他学科的最根本原因就是研究对象的不同。中医外科学研究对象主要是发生于人体体表的疾病，发病时临床上有形征可查，治疗后效果不须借助其他手段就可以观察到。因此导致了中医外科学在诊断和治疗上就有不同于其他学科的特点。我认为主要应注意三个方面：①重视整体观念：外科疾病大都生于体表，既有全身表现又有局部表现，所以中医外科辨证特点是既要全身辨证，又要局部辨证。中医外科学理论体系的特点就是强调用"有诸内必形诸外""治外必本诸内"人体内、外统一理论去认识疾病的发生和发展，从而指导临床辨证论治。因此，临证时强调要从整体观念出发，整体与局部辨证并重，并把二者结合起来综合分析，既重视全身脏腑、经络、气血功能失调在外科疾病发病中的作用，又注意局部病变对全身脏腑、经络、气血影响，从而达到辨证的完整性，以此观念来指导临床实践才能提高临床疗效。例如，发生于体表的慢性皮肤溃疡疗效差的原因之一就是忽视了全身因素在本病发生发展中的重要作用。慢性溃疡的病理发展有其自身特点，"虚"和"瘀"为其基本病理特点。治疗中强调要以内治为主，以益气活血为本，配合外治以提高疗效。②治疗时基本原则是以辨病论治为主，辨病与辨证论治相结合。中医外科学与其他学科的最大不同之处是其研究对象是"病"而不是"证"，其整个理论体系都是以"病"为纲的。因此，中医外科自古以来就强调辨病。诊断时，先辨病后辨证，辨病与辨证相结合；治疗时以病为纲，据病立法，拟定专方专药，然后结合寒热虚实辨证加减用药，实现辨病论治与辨证论治的结合。在临床实践中辨病与辨证结合方式主要有两种：一种是分期论治：根据外科疾病发病过程中不同时期、不同阶段的病机变化特点进行辨证论治。主要适用于各种感染性疾病。此种方式的关键是病机辨证，重在详察各阶级的病理变化，从而确定相应的治疗原则。另外一种方式是以固定方加减论治：就是针对某病的病因病机固定一方为基础，再根据具体病情加减论治，通治一病。在治疗外科其他疾病时使用最多的就是这种方式，其核心和关键就是要谨守病机，详察变化，辨病与辨证相结合。这种学术思想集中体现于对乳腺增生病的病因病机分析和治疗方法的选择上。③突出内、外结合治疗的特色：如前所述，外科的治疗特点在于整体与局部相结合的内外合治法，这是整体观念在外科治疗学上的具体体现，体现了局部结合整体，治标结合治本的治疗思想，是提高临床疗效的关键。

良好的医德医风

高尚的医德医风是医务工作者的灵魂，历代名医没有一个不重视医德医风的修养，"医乃仁术"，要淡泊名利，济世救人，无偏对任何病人，要一视同仁，细心诊治，一丝不苟，要深知病人来医院就诊的不易，在不违反院规下尽量满足病人的要求。对科室同事，要相互包容，宽容大度，真心对人；对上级医师要尊重，虚心学习；同级别的医师要相互学习，取长补短；对下级医师要关心爱护，注重培养。

总之，我的学医道路是传统师承和现代正规教学方式的结合，通过 50 余年的实践，我的体会是，要成为一名好中医，必须熟读经典，博采众长，拜名师，多临床，善总结创新，刻苦勤奋，一世敬业。

（杨毅协助整理）

赵绚德

赵绚德（1935—　），汉族，山东省金乡县人，主任医师，教授。曾任山东省中医医院、山东中医药大学附属医院外科主任，周围血管病科主任，山东中医药大学外科教研室主任。1995～2000年，组织返聘，担任山东中医药大学"九五"省级重点学科建设中医外科学学科负责人。为中国中西医结合学会周围血管疾病专业委员会委员。

从事中医外科医疗、教学、科研工作近六十年，具有丰富的医疗实践和科研教学经验，对中医传统理论和治病方法有较扎实的基础。发表学术论文30余篇。参加的"中西医结合治疗血栓闭塞性脉管炎临床研究"获1978年国家科委科技成果一等奖，"活血化瘀法治疗血栓闭塞性脉管炎临床研究"获山东省优秀学术成果二等奖，"中西医结合治疗血栓闭塞性脉管炎387例临床分析"获《山东医药》优秀论文一等奖。主编和参编出版的教材及主要学术著作有高等中医院校临床系列教材《中医外科学》，中医外科专业试用教材《中医外科学》《实用中医外科学》《新编中医外科学》，中国传统医学丛书《中医外科学》《中西医结合实用周围血管疾病学》，高等医药院校中医学专业教材《中医外科学》及《中西医结合治疗闭塞性动脉硬化症》《中西医结合周围血管疾病学》等。

走进中医殿堂

1954年我考入济宁医学专科学校（现在的济宁医学院）学习西医三年，毕业后于1957年8月被分配到山东省中医院工作，对我来说这是极大的荣耀，也是极其难得的机遇。能到省城省级大医院工作的人当然是幸运的，我们学校一起分来的有四个同学。我虽然并非中医世家出生，但是我对中医有种说不出的特别感情，这也是我与中医的缘分。在学校时我最喜欢阅读的课外书籍就是中医方面的基础知识，经常到学校图书馆阅览室，总喜欢看些中医方面的东西，像《中医杂志》一类的杂志，并经常抄录一些中医治病的单方和验方。我在校学习成绩排在前几名，还是校排球队队长，又喜欢蹲图书馆看杂志，深得校长的喜爱，因此我想我能得到少数的几个名额分到省中医院来一定是校长在帮助我，我由衷地感谢我们的校长。是他送我走进中医的殿堂，得以在中医学府里继续学习深造。我下定决心一定要好好学习中医，继承和发扬中医学宝贵遗产。

继承与提高

我非中医世家出身，中医药知识为零，学习中医必须从头开始。概括说来我的学习方法有二：一是拜师学习，全面继承老师的学术思想和临床实践经验；二是通过参加山东中医学院举办的业余大学系统学习深造理论。我刚来省中医院就被分到外科，当时外科有三位老医生都是家传的专科医生，分别负责治疗疮疡、痔漏和正骨。我被安排给韩长泰老师名下学习中医手术治疗痔漏方法。韩老师来自农村，深具农民的朴实特点，他本人识字不多，凭着家传三代中医治疗痔瘘秘方和独特的手术方法受聘于山东省中医院工作。他待人热情，没有架子，视病人如亲人，服务热情周到，深受广大病人的爱戴。传授技术和经验毫不保留，在生活上对我还很照顾，我们师生相处非常融洽。由于老师认真教，我也专心地学习，很快我就基本上掌握了这种传统的中医治疗痔漏手术疗法。并且于1959年在卫生厅刘慧民厅长的关心和支持下，我结合自己学习的心得体会整理出版了《痔漏中医手术疗法》一书，作为对老师的汇报，这也是山东省中医院第一本专著了。

1961年我又转到外科，师承山东名医张瑞丰老师学习。张老师学识渊博，临证经验丰富，不仅对痈、疽、疗、疖、乳腺炎等常见的外科感染性疾病有着很好的治疗方法和临床经验，对当时被认为疑难的几种疾病如脱疽（又称脱骨疽）、瘰疬、骨结核等的治疗也多有潜心钻研。20世纪五六十年代，由于生活水平和环境卫生条件较差，患瘰疬（淋巴结核）的人很多，张老师采用火针疗法，既简便又省钱，效果也很好，深受患者欢迎。不过随着人们生活水平提高，健康状况好转，这种疾病目前已经极为少见，此方法就没价值了，但它却是中医治疗的一种有效方法。当时脱疽病人也挺多见，这种病痛苦大，中西医都没有很好的治疗办法，严重者往往需要截肢，造成病人终身残疾。张老师敢于攻关，博览群书，悉心研究，探索用中医中药治疗脱疽（血栓闭塞性脉管炎）的办法，通过长期的临床实践，运用中医辨证法则，单纯中医治疗取得了可喜的效果。我根据对不同病人治疗过程的实地细心观察，结合老师对立方用药的深刻讲解和自己领会及学习心得，在得到老师的同意后，把有较系统观察的三十几例病例进行分析探讨，初步总结出了中医治疗血栓闭塞性脉管炎（脱疽）的规律，撰写了《脱疽证治》一文，并在山东省中医学会1962年年会上宣读，得到与会代表的好评和卫生厅领导的重视。1964年经过再次补充修改写成《血栓闭塞性脉管炎治疗总结》，发表在《山东医刊》第四期上。我们认为，血栓闭塞性脉管炎尽管总体上说属阴寒之证，但从发病过程和临床表现上大体上可以分为三型，即偏阴型、偏阳型和半阴半阳型。其治疗法则分别为：偏阴型，应用温阳散寒、活血通络法，方以阳和汤（熟地黄、白芥子、鹿角胶、肉桂、干姜、麻黄、甘草）加减；偏阳型，用清热解毒、活血消肿法，方以四妙勇安汤（金银花、玄参、当归、甘草）加味；半阴半阳型，用益气养阴、解毒通络法，方用顾步汤（黄芪、当归、党参、金银花、石斛、牛膝）加减。对于脉管炎病人来说，疼痛是个大问题，当时中医院是不用任何西药的，包括止痛药和消炎药。我们的止痛措施就是用老师拟定的四虫散（全蝎、蜈蚣、地龙、土鳖虫）、元胡粉作为备用止痛用药。为了进一步对血栓性脉管炎进行深入研究，提高治疗效果，在省卫生厅直接领导下，我院成立了中西医结合治疗血栓闭塞性脉管炎临床研究小组，并邀请山东医学院、山东中医学院有关基础教研室协助做各种相关西医学检查。1972年由山东省中医院牵头主办了全国中西医结合治疗血栓闭塞性脉管炎经验交流大会，把我们的经验向全国推广。这项研究成果获得了1978年全国科学大会科技成果一等奖。作为血栓闭塞性脉管炎中医临床治疗研究的奠基人——张瑞丰老师功不可没。

恩师张瑞丰在中医外科不仅有深厚的理论造诣及丰富的临床医疗实践经验，还深谙炼丹术。据老师讲他家的《炼丹密录》已家传三代，传统观念这种秘方和烧炼技术是传男不传女的，更不会传外人了。我深得老师的厚爱，张老师毫不保留地把家传秘方传授给我，实属难得，我不但要好好保存起来，更应加以发扬光大。家传《炼丹密录》中共载有二十八个药方，烧炼办法大概分为两大类，那就是"升丹法"和"降丹法"。中医界有句老话叫作"红升白降外科的家当"，所以临床上最常应用的也就只有红升丹和白降丹两种，其他很少用。1962 年济南市成立肿瘤治疗研究小组，有个协定方叫神农丸，因为方内应用了丹药，特邀张老师参加，专施炼制丹药，我也得到了极好的学习和实践锻炼机会。我在炼丹室呆了半年之久，在老师的亲自指导下，从配方、碾药、烤胎、封锅到如何掌握火候，一切巨细都得到真传。为了把这一技术世世代代传下去，不致断绝，在征得老师的同意后，我结合实践的体会撰写了《升降丹的炼制与临床应用》在山东中医学院学报 1983 年第一期发表。虽然当今时代丹药在临床上已经比较少用了，并且有了工厂小型化生产的升丹供应，但是作为中医药学的一项宝贵遗产，我们仍然有责任加以传承和发扬。张老师家传炼丹方法有其独到之处，他采用生石膏粉来封口（有人用牛皮纸封口），烤胎和火候应用也有严格要求。我就以红升丹和白降丹两种丹的具体操作为例，做简要介绍如下，供有意学习和研究者参考。

（一）升丹法

1. 配方

大红升丹：水银、白矾、皂矾各 30 克，朱砂、雄黄各 15 克，火硝 120 克。先将朱砂、雄黄二味分别研细，再同其余各药一块放入铁药碾内速研 2 分钟，以水银不见星为准。

2. 烤胎

将药粉拌匀，倒入小生铁锅内，摊在锅底中心部，范围大小必须小于丹碗口径，以便于扣碗。然后将小铁锅坐在铁锅撑子上，下面点燃木炭火，开始烤胎。药粉受热渐渐变成液体状，至沸腾后随水分蒸发而变干涸，形成固体的胎块。在药粉溶化、水分逐渐蒸发过程中，要用高粱秸秆或竹筷子不断地搅动，防止靠近锅底和周边的部分先变干涸。当药物凝成稠厚的胎块不易搅动时，停止搅动，用高粱秸秆在胎块上插数个小洞，以助出丹。

3. 装锅

胎烤好后，将丹碗（口径 18 厘米左右，质细体厚形似钟形的白瓷碗）扣覆在胎块上，使碗口与锅底紧密接触，不留缝隙，并立即封口。用新鲜的生石膏粉在丹碗周围填压封固，勿使漏气。然后再倒入细黄沙至与丹碗碗底平齐处，须边倒沙边用手指捣结实，以防在烧炼过程中因碗内压增高将丹碗顶开。最后在碗底上放一杯清水（图1），取其阴阳相合、水火既济之意。

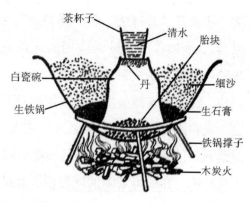

图1　炼升丹的装置（纵剖图）

4. 烧炼

锅下放置木炭（荆木炭或柞木炭最好），点燃，先用文火（细软的小火）烧一小时，生石膏受热后慢慢变成熟石膏，体积膨胀，变得致密而坚固，能起到很好的封缝作用。用蒲扇将炭火略加扇旺，以文武火（中等火力）再烧一小时，切忌火力不能太大了，否则碗内压力升高太快，易将丹碗顶开，致成跑丹。最后将火扇旺，用武火（大火）烧一小时，停火。将锅移开，令慢慢冷却。

5. 取丹

用小铲子将沙子和石膏挖出，动作要轻，避免震动丹碗，以防丹药坠落。然后将丹碗迅速揭起，放在桌子上。此时可见色红如朱、晶莹发亮的结晶粉末附于丹碗的底上，厚0.5~1.0毫米。用铲子或小刀将丹刮下，研细收存在棕色瓶中备用。

（二）降丹法

1. 备罐

先将备好的阳城罐（现已买不到，可用普通直筒瓦罐代替，外用黄黏土掺头发与食盐和成泥，在管的外边糊上一层，厚约1厘米，罐底部3~4厘米，阴干勿使裂缝）放木炭火上烧热。

2. 配方

大白降丹：水银30克，朱砂、雄黄各6克，硼砂15克，食盐、白矾、皂矾、火硝各45克。先把朱砂、雄黄分别研细，再和其他诸药共混均匀，放药碾内速研2分钟，以水银不见星为准。

3. 烤胎

将研细的药粉拌匀，投入已经加热过的阳城罐内，坐在木炭火上，用小火徐徐溶化，开始用细高粱秸秆不断搅动（图2），防止靠近底部和周边药粉先变干燥而影响结胎的坚固性。至药物逐渐变稠不易搅动时，立即停止搅拌，令其慢慢干润，凝结成十分牢固的胎块。可从观察烟雾的颜色变化及通过把白瓷盘扣覆在阳城药罐上，看是否还有水汽凝结来判断胎块是否合格。因为降丹的装置不同于升丹，是把药罐倒放，罐口在下罐底在上，所以要求胎块一定得牢牢地结在罐底上才行，这是炼降丹的技术关键所在。烤胎操作必须认真细心，严格掌握火候，切记心急用火过旺，要用文火徐徐加热，时间应在1~1.5小时烤成，比升丹烤胎多费时1~1.5倍。否则，操之过急，结胎不牢，必将发生堕胎而致失败。

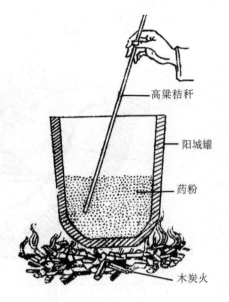

图2　降丹烤胎法

（图中标注：高粱秸秆、阳城罐、药粉、木炭火）

4. 装锅

在进行烤胎的同时，即在炉灶旁边做好如下准备：将二号大饭盆平放在地上，使之牢稳，盆内放上三块半截砖，呈三角鼎立状，再倒入清凉水1~2碗于盆内，水的深度以刚好不湿锅底为准。在砖块上放小铁锅，锅底再放一个白圆瓷盘，要水平稳固。然后在胎块已烤成时，速用铁钳子或以棉纸数十层浸湿后垫手将阳城罐抱起，并将之倒转，使口朝下底朝上，此时可轻轻地抖动一两下，一方面可以除去灰烬和一些细小的凝结不坚的碎药粒，另一方面再最后检查一遍结胎是不是牢固。若结胎不牢，易被震落，应重新烤胎。然后将阳城罐口朝下底朝上轻轻放置在锅内白瓷盘之上，在罐口周围和瓷盘相接处，用新鲜生石膏粉封口，按压结实，勿使漏气。再将锅内填满细沙，露出阳城罐一寸高即可。

5. 烧炼

将已经燃红了的木炭移至阳城罐底上（图3），先用文火烧一小时，然后增加木炭，将罐体外露部分全部包围，用扇子将火扇旺，武火烧一小时，再改文武火烧一个小时，停火，令慢慢冷却。

6. 取丹

将沙子和石膏挖出，轻轻拿走阳城罐，露出瓷盘，此时可见有丹聚在盘上，

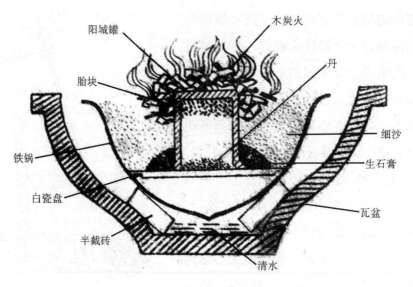

图3　炼降丹的装置（纵剖图）

呈白色雪花状或粉霜样的结晶，有光泽，不具异色。用铁铲或小刀刮下来，研细装有色瓶内备用。

中西结合　融会贯通

中医和西医是两个完全不同的理论体系。中医诊治疾病主张从整体出发，针对人体在疾病过程中因生理病理变化所出现的一系列现象，来确定是何证，然后进行辨证施治。经过长期的医疗实践，积累了丰富的经验，已经形成一套完整的独特的医疗体系。但这种诊断比较笼统，不够具体。西医则从微观角度出发，在充分利用解剖、生理病理学等研究成果的基础上，更结合先进的仪器检测等手段来确定疾病所在部位，明确病因病位，再决定治疗方法，比起中医要直观具体，针对性更强。中医和西医各有所长，也各有所短，中西医结合融会贯通，取长补短，是我国医学发展的正确道路。中华人民共和国成立后，在党的中医政策指引下，经过创办中医院校，提倡西医学习中医，现代的中医已经吸取并采用了西医的诊断和治疗方法，丰富发展了中医学的内容，西医也在运用中医学的理论和一些治疗方法，来补充西医治疗的不足，两者结合，走出中国医学的独特发展道路。

传统中医外科治疗的范围主要为体表的化脓性感染性疾病，包括痈、疽、疗、疖、发、丹毒、流痰、瘰疬，以及水火烫伤、冻疮、虫咬伤及皮肤病等，称疮疡外科。我进院时的治疗病种基本如此。中医对治疗这些疾病的经验是很丰富的，不仅有辨证施治方药，更有各种膏丹丸散外用制剂，疗效是显著的。但随着社会发展，人民生活水平提高，医疗卫生条件改善，这种一般体表感染性疾病日益减少，中医外科学的内容也在发生根本性改变。目前中医医院的外科早已中西结合了，不只是形式上的结合，更是实际应用的结合。首先在疾病诊断上，统一应用西医学病名，再根据中医传统理论，通过望、闻、问、切四诊进行辨证，实行辨病和辨证相结合的诊断，丰富了诊断的内涵。实践证明，中西医结合治疗外科疾病更具有优越性。就以妇女产后乳腺炎来说，在发病的初期，中医治疗比西医治疗效果好。乳腺炎初起，患部红肿热痛，排乳不畅，或有结块，伴有寒热等全身症状，属于肝胃蕴热，乳络阻塞，采用疏肝清胃，和营通乳法治疗，常用瓜蒌牛蒡汤（《医宗金鉴》）加减（瓜蒌 30 克，牛蒡子 10 克，蒲公英 30 克，连翘 15 克，柴胡 10 克，黄芩 15 克，王不留行 15 克，皂角刺 10 克，甘草 6 克，水煎服），配合吸乳（建议让患者亲属用口吸，吸奶器效果不理想）或外敷药膏，效果很好，一般一两服药即可治愈。对已经化脓的病人，按照传统中医办法，先服透脓散〔金银花、蒲公英各 30 克，连翘、黄芪、当归各 15 克，穿山甲（现用代用品，下同）、皂角刺各 10 克，水煎服〕，使之移深居浅，令其自行破溃，或者用小刀刺破放出脓液，但由于破口过小，引流不畅，很难愈合。此时若用西医切开手术，由于将脓腔彻底打开，引流通畅，术后愈合迅速。如此结合则大大提高疗效，也深受患者欢迎。

对于外科常见急症，像急性阑尾炎、肠梗阻、胃穿孔、胆囊炎、胆石症等，尤须中西医结合治疗，因为这一类疾病发病急、变化快，严重危及病人生命。要很好地把握治疗时机，正确运用中西医结合治疗措施，确保病人安全。对中医治病的基本原则，如"急则治其标""缓则治其本""扶正以祛邪"和"祛邪以扶正"等的辩证关系应切实把握，灵活应用。通过多年的临床实践，证明应用中西医结合的方法治疗急慢性阑尾炎、一般胆道感染和胆石症，比较安全可靠，疗效肯定；对于急性胃穿孔、急性肠梗阻、梗阻性胆管炎则风险大，最好及时手术，术后可结合病人情况给予中药或针灸治疗，促进恢复，预防肠粘连等并发症发生，提高疗效。对于阑尾炎的治疗，我基本上按照中医辨证分型，应用几个协定处方治疗：①瘀滞型（相当于急性单纯性阑尾炎，或其他各类阑尾炎经非手术治疗炎症消退的后期病例），用阑尾化瘀汤：生大黄15克，牡丹皮15克，桃仁10克，川楝子15克，木香15克，败酱草30克，延胡索10克。气滞重者，加青皮、乌药各10克；血瘀重者，加红藤30克；形成较硬包块者，加三棱、莪术、穿山甲各10克。②湿热型（相当于化脓性阑尾炎、急性阑尾炎合并局限性腹膜炎，以及阑尾周围脓肿的病例），用阑尾清化汤：金银花30克，蒲公英30克，败酱草30克，生大黄15克，牡丹皮15克，赤芍30克，桃仁10克，生甘草10克。热重时重用清热解毒药，热退后再加活血化瘀药物，否则脓肿可能扩大。③热毒型（相当于较重的化脓、坏疽性阑尾炎、阑尾穿孔并发局限性或弥漫性腹膜炎病例），用阑尾清解汤：金银花60克，蒲公英30克，冬瓜仁30克，生大黄20克，牡丹皮15克，木香15克，川楝子10克，甘草10克。水煎服。通过单服中药绝大多数病人可以治愈，一般疗程应在半月左右。不能在病人腹痛一消失后立即停药，因为症状消失不等于炎症就完全消灭了，应在局部压疼消失后一周再停用药，达到根治目的。对于不能服药或者不接收中医治疗的病人，以及反复发作的慢性阑尾炎病人，则应采取手术治疗。

对周围血管疾病的研究

晚年我在周围血管病科继续从事常见周围血管疾病血栓闭塞性脉管炎、动脉硬化性闭塞症、糖尿病性坏疽、大动脉炎、下肢深静脉血栓形成、血栓性浅静脉炎及淋巴水肿等疾病的临床治疗研究。总结规律，血管疾病有个共同的特征，如常见的几种动脉性疾病都是以血管腔狭窄闭塞为其病理特征，因为造成闭塞远端供血不足而发生各种缺血的表现，其症状和体征大致是相同的，即从中医辨证角度看同属于一种证，根据中医治病原则，可以实行"异病同治"，就是说不论临床诊断是血栓闭塞性脉管炎或是动脉硬化性闭塞症，只要具备了这种证，就可以应用相同的治疗法则进行治疗，其效果也是相同的。由于疾病发展有不同的阶段，同一种疾病临床上也会出现不同的证型，如初期阶段以脉络受阻气滞血瘀为主，通常称血瘀型，病情发展瘀久化热，就成为湿热下注型了，到恢复期则又表现为气血两虚症状。治疗应根据不同阶段表现出的实际证型进行辨证论治，遣方用药，方能够取得良好效果，这在中医学里又称"同病异治"。"同病异治"和"异病同治"体现了中医治疗的灵活性。近年来我在治疗动脉闭塞性疾病时，基本用方就是：①血瘀型：肢端发凉麻木、疼痛，皮色暗有瘀点等，宜活血化瘀益气通络法，用活血通脉汤：黄芪30克，当归30克，金银花30克，土茯苓30克，赤芍30克，全蝎10克，地龙15克，蜈蚣3条，甘草10克，随症加减。②湿热下注型：肢端红热肿痛，有溃疡或坏死者，宜清热解毒活血通络，用四妙勇安汤合黄连解毒汤加减：金银花60克，玄参30克，当归30克，黄连10克，黄柏10克，黄芩15克，全蝎10克，地龙10克，延胡索12克，甘草10克。③气血虚型：恢复期病人，肌肤甲错，形体消瘦，面容憔悴，创面肉芽不新鲜，脓液清稀等，宜补气养血滋阴解毒为主，用顾步汤加减：黄芪30克，党参30克，当归30克，白芍15克，石斛30克，金银花30克，牛膝15克，甘草10克。对动脉硬化合并有冠心病和糖尿病的患者，则同时配合西药对原有疾病认真治疗，很好地控制血压及血糖至关重要。对于静脉疾病，常见的为下肢深静脉血栓形成，我是根据发病阶段分为急性期和迁延恢复期进行治疗，急性期静脉血管堵塞，血液回流受阻，表现瘀血肿胀疼痛或伴有发烧症状，治宜活血化瘀清热利湿，方用清化汤：金银花30克，土茯苓30克，益母草60克，赤芍30克，川芎10克，苍术12克，黄柏10克，牛膝15克，三七粉6克（冲服），琥珀粉3克（冲服），同时应用尿激酶做溶栓治疗，外敷芒硝冰片散（10:1比例），消肿止痛。迁延恢复期，堵塞血管部分再通，肿胀大部消失或为朝轻暮重，治以活血通络为主，辅以清热利湿，用舒络通脉汤：苍术12克，黄柏10克，薏苡仁30克，金银花30克，当归15克，白芍15克，全蝎10克，水蛭6克，穿山甲9克，甘草10克，水煎服。目前对于常见周围血管疾病应用中西医结合治疗已取得了颇多的经验，疗效满意，已成共识。

王世民

王世民（1935—　　），河北省元氏县人，山西中医学院（现山西中医药大学）教授，主任医师，执业中药师，硕士研究生导师。1992年起享受国务院颁发的政府特殊津贴。曾任山西省中医研究所主任医师、副所长兼附属医院副院长，山西中医学院副院长兼方剂研究所所长、院学术委员会主任委员。历任中华全国中医学会山西分会理事兼秘书，中国中西医结合学会中药专业委员会委员，中华中医药学会微量元素专业委员会副理事长，山西省微量元素学会名誉会长，山西省中医药学会药膳养生专业委员会主任委员，山西省药膳养生学会终身名誉会长，国际东方药膳食疗学会副会长，山西省食品科学技术学会名誉理事长，北京中医药大学校友会山西分会名誉会长，三通摄生研究会名誉会长。为山西省卫生系列、科委系列及普通高校高级职称评定委员会委员，山西省药品评审委员，卫生部新药审评委员，《山西中医》编委，《中医药研究》杂志副主编，《山西中医学院学报》名誉主编，山西省卫生厅中医局高级顾问。2007年被太原市人民政府评为"名老中医专家"并获证书。

1962年毕业于北京中医学院医疗系（今北京中医药大学，简称北中医，下同），同年分配到山西省中医研究所工作。先后师从孔嗣伯、白清佐、谢海洲、印会河、刘寿山等。1990年调入山西中医学院，是中医实验方剂学的首倡者和开拓者、硕士研究生导师。在临床上提倡方剂辨证，善用补与泻和药膳食疗。编著和参编的著作有《中医方药手册》《局方别裁》《中药新用手册》《中华本草》《微量元素与中医药》《生命元素与药物应用研究》《印会河抓主症方解读》等8部，协助整理老中医的著作有《谢海洲医学文集》《谢海洲临床经验集录》孙华士老师的《幼科金针》《小儿药证直诀释译》，印会河教授的《中医内科新论》等。科研方面先后获省级科技成果二等奖3项，已发表医学论文和译述及实验研究报告、杂论 150 余篇。

利人益己，立志学中医

1. 天遂人愿，考取北中医

1953 年春天，母亲因外伤感染得破伤风被庸医误诊而早逝，继而我患面神经麻痹，东奔西跑求治经年而无效，激起我立志学医的情怀。1956 年我高中毕业时，正是中华人民共和国成立后的第一个五年计划时期，百废待兴，要实现工业化，需要大量的钢铁、汽车、化工、地质、煤炭等技术人才，青年学生也都争先恐后地报考工科院校，我校高中两个班一百来人，只有我一人报了医科——中医学专业，所以格外显眼。时任我们班主任的陈唯实老师，操着标准的东北口音，十分不解地大声打趣道：王世民要学"汉医"（中医）。是的，我就是要学中医！这大概是当时自己对民族传统科技"一知半解"尊崇的心理使然。天遂人愿，幸运地被北京中医学院录取，成为该校的第一届大学生，走进了中医的大课堂。一般认为，学中医者常常以家学为贵，故有"医不三世，不服其药"之说。我没有这个福分，在我的祖辈中虽有业医者，但到我出生时，被乡里崇敬的曾祖父早已作古，只留下高悬于大门上由患者高全敬献的"佩德神医"之匾额，当然谈不上耳提面命的家传了。遗留的"大字中间夹着两行小字"的医书，由于连年的战乱，到我学医时早已散失殆尽。当时学院的条件不论是教师还是校舍都是很不理想的，大约到 1957 年以后，大批中西医药界的知名人士、专家、学者先后调入。中医药学方面，有北京的于道济、方鸣谦、陈慎吾、马龙伯、胡希恕、刘渡舟、谢海洲、赵绍琴、朱颜、祝谌予、单玉堂、刘寿山等；上海的秦伯未、章次公、余无言；天津的宋向元；四川的任应秋、李重人；江苏来的最多，如王慎轩、程莘农、印会河、杨甲三、董建华、颜正华、王玉川、刘弼臣、孙华士、王绵之、黄庭佐、孔光一、施汉章、王子瑜等数十人。西医基础课是当时的沈阳医学院（今中国医科大学）来的，如刘国隆、金恩波、邱树华、贾长恩、齐治家、曹治权、巩国本、张瑞林、姜明瑛、陶晋舆、朱培纯等。真可谓"群英荟萃"。他们中有的是鬓髯涂霜的老者，有的则是如日中天的壮年，但都是医德高尚、学验丰富的楷模，再加行政、工勤人员的热心服务，可以说为培养我们付出了不容忘怀的心血，终于使我们完成了学业，踏上了利人益己的从医之路。

2. 敬业敬师敬友，唯实是求

入校学习之后，对中医有了较为深刻的认识。因为学校的安排是"先中后西，中医为主"，中西医的比例是6∶4。如前所述，数以十计的各学科、各门类和众多学术流派的老师、学者轮番登台讲授，耳提面命的实验、实习、临证襄诊，再加上学校图书馆的丰富藏书，从这些古今书刊中也能吮吸到甜蜜的"智识乳汁"，也可以说是"营养丰富"。转眼之间就到了毕业临床实习阶段，没想到能把我分配到了全国著名的北京同仁医院，在同仁医院中医科，有幸受到了京都名医陆仲安之哲嗣陆石如、北平四大名医汪逢春之入室弟子吴兆祥、四大名医孔伯华之哲嗣孔嗣伯（祥珊）的亲炙，当时的吴老、陆老都已年近花甲，而孔老师正值中年，三位老师都是倾囊相授，我是受益良多。实习将结束时，我做有关命门的毕业论文，孔老师赠我《四部备要》一部，还将太老师的未刻本《藏象发挥》中的《命门辨》一节，用毛笔抄录，装订成册，在首页题写赠言后亲授予我，迄今我仍珍藏着，视作"传家之宝"，不轻易示人。关于孔门的学术观点"脾湿肝热说"和用药特色，我曾撰文发表于《世界中西医结合杂志》。毕业后我被分配到山西省中医研究所，有幸又受到山西四大名医白清佐先生的亲炙，白老私淑黄元御、傅青主之学，是一位有胆识的临床家。说来也巧，在京时学的是寒凉派，在太原的老师则是温阳派。北京孔嗣伯老师继承了孔太老的衣钵，识病首重肝胃，组方遣药善用寒凉，诸如生石膏、滑石、代赭石、旋覆花等，其效甚佳。太原白清佐老师论病尤重脾肾，倡导脾湿肾寒，立法用药善用温燥的附子、肉桂、干姜，效亦昭彰。较详细内容可参阅拙文《侍师医话》（《山西医学杂志》，1964）或黄文东主编的《著名中医学家的学术经验》（湖南科学技术出版社，1984）。我一直认为，坚持尊师敬业敬友，学无止境，躬身进取，才能学到真东西，所以在读书期间和工作之后，对师长的学问可以说都是顶礼膜拜，在京城的老师如祝谌予、谢海洲、刘渡舟、印会河等，中药文献学家刘寿山、药理学家周金黄、组织胚胎学专家贾长恩、微量元素专家曹治权、儿科专家孙华士、南开大学生物物理专家蔡载熙教授等，都是数十年来往不断，他们对我的问道求教，总是有求必应。在太原一道工作的更可谓是忘年之交，如中西医结合的医史学家、老所长贾得道，文献学专家李茂如、赵德三，傅青主研究专家何高民，药理学专家王玉良等，都可以说是良师益友，得到他们多方面的指教和帮助，受益良多。在太原的同窗好友朱进忠、吕景山、刘志太、刘文敏、徐生旺、侯竹青等，更是学术上切磋，生活上关怀，亲如手足。这里我没有阿谀奉承之意，只是想说明一个观点，中医药学是一个综合的学科，其治学之道，家传师承固然好，然而没有这个福分的人，把自己的位置摆正，放在晚辈、学生的位置上，勤学好问，谦恭以诚，从师不论门户，求知不问长幼，方能见他人之才，得其道，得其真。所以孔夫子说"三人行，必有我师焉，择其善者而从之，其不善者而改之"，确是至理箴言。

瘼体在抱，视病人如亲人

"为人民服务"，这在前些年可以说是中国人的口头禅，也是评价一个人道德品质的"金指标"。在今天的经济转型为商品经济，我看还是应当有一点守旧的标准，"君子爱财，取之有道"嘛！换句话说，就是在今天商品经济的条件下，人的品德、诚信、友爱、"礼仪廉耻"仍然放在第一位为好，才能做到"生财有道"，在为民众服务中有道生财。作为一个医者，一个中医人，更应如此。医乃仁术，这是中国传统文化对业医者的描述，也是为医者的准绳。所谓"仁"者，爱人者也，即仁爱之意。它是中国传统医学医者的人文特征，也就是通常说的"医德"。药王孙思邈把医德医术总结成四个大字——"大医精诚"，按我的理解，"精"是讲医术，"诚"是讲医德的。明代的李中梓说"检医典而精求，对疾苦而悲悯"，我看就是对这句话的注解，观历代的大医、良医都是"德艺双馨"者。所以我把"修身淑世""仰古尚新"八个字作为我的座右铭，也作为科徒的"师训"。

治病救人是医生的天职，必须尽职尽心。记得是在"文革"刚开始的1966年秋天，某日，在门诊接诊了一位青年，王某，精神疲惫，自诉腰脊困楚疼痛，眼泡肿，下肢沉重无力等。经查尿常规，蛋白（＋＋＋），RBC（＋＋），并有颗粒管型，拟诊为肾小球肾炎，确需住院治疗。患者称他是保卫干部，有重要工作在乡下，离不开，我再三解释病情，说明不住院治疗，对身体影响太大，随即下命令似地给他开了住院证，大概是因为我认真的劝说与解释，他才非常勉强地住了院，经过一段时间的治疗，基本上恢复了健康。出院时，他再三表示对我的感谢，并和我成了好朋友，几十年来交往不断。

治病救人，医生要有仁心，还要有仁术，要千方百计地为病人解除疾苦。1965 年在大同地区下乡，当地是盐碱地，再加气候寒冷，在 20 世纪 60 年代人民生活很艰苦。有一位女青年农民，和她已年近花甲的父亲相依为命，住在我们包队的村东头的两间旧房中，因患肺结核，咳嗽咯血，骨瘦如柴，因为无钱买药治疗，也用了很多偏方、土办法均无效果，找我求治。观其颧红如妆，瘦弱得像个纸糊的人，营养不良，发热，盗汗，脉细数，舌质红等。这样的病人，首先应当改善其营养，扶助正气，才能提高其抵抗力，战胜痨病，可是当地以"毛糕"（即不去糠皮的黍子面蒸制的黏糕）为主食，连药都买不起的人家，上哪里去增加营养呢？当时正值秋季，地里的蚂蚱、蝗虫很多，我想起了叶橘泉先生给我说过的蚂蚱这东西蛋白质含量很高，又富含钙等无机元素，正是痨病的补益良品。我就教她及其父亲用旧布做个小网袋，绑在竹竿上到田间地头捕捉蚂蚱、蝗虫，然后把头一揪，就能连其内脏全部摘除，再去翅，在铁锅里用小火焙干研末吃，不限量，以增加营养；同时，采摘田里的刺儿菜（即小蓟），洗去泥土，用水煮后稍加盐拌着吃，每次一把，一日 2 次，以凉血止血。就这样吃了一个多月后诸症见好，又吃了三个多月，女孩的面色有所好转，也有月经来潮，第二年开春后，还能下地干活了。后来，北京中医学院的印会河老师曾亲笔给我题写了"瘝体在抱"的条幅，以资鼓励。

不言有成，偶有一得

我生性不敏，虽然自诩还算努力，但还是平庸之辈。参加工作后，性格倔强，敢"言人不敢言"的脾气没有改变。几十年来临床治病、教学、科研都是不同阶段的主要工作任务，虽然没有什么大的成绩和功劳，但总还是有些，或者说也有些经验教训，写出来与诸君共勉吧！

1. 良医之成，识药为要

中药是中医用于战胜疾病和养生保健、益寿延年的主要武器，古代医生的用药多是自采自用，医生对于药的形态、性能了如指掌，所以古代的名医都称之曰"药王"，如扁鹊、孙思邈。随着生产力和社会的发展，医药渐渐分家，各行其是，各执其业，这应该说是一大进步，不能尽厚其非。现在想要再返回去令医生上山采药，自采自用，那已不可能了。有言曰"工欲善其事，必先利其器"，对中医来说，这个器就是中药。因此要做好医生，必须下功夫熟谙中药。我认为中医与西医不同，中医与中药犹如鱼儿离不开水一般，应当"相濡以沫"。所以明代医家缪希雍有言，"凡为医者，当先识药"，确是经验之谈。所谓"良医之成，识药为要"，就是说中医良医要知药事也。这是因为：

第一，中药品种复杂，古今有所不同。中药和中医一样历史悠久，再加我国幅员辽阔，自然环境多样，物产丰隆，又限于当时的历史条件，难于及时交流，所以中药的"同名异物""一多种名"现象严重，难免有"张冠李戴"的。如前些年败酱草治肝炎的问题，争议很大，实际是南方用的败酱草为十字花科植物菥蓂的全草，北方则用菊科植物苣荬菜，当然效果不同。这种现象至今似仍存在，如党参，有党参、素花党参和川党参，其原植物虽然都是桔梗科植物，但品种不同，临床疗效上是否完全一样呢？就是同一种植物，由于老、嫩（即采收期不同）其效用也可能有别，如连翘秋天果实初熟尚带青色时采收者习称"青翘"，果实熟透时采收者习称"老翘"，一般认为前者为优。还有古今药物品种的兴衰与变迁更是复杂，有的千百年来不曾变化，如黄芪、当归、人参等；有的则今非昔比，如太子参，原是用幼小的五加科人参，因其就和人一样，是尚未长大的小人参，所以也叫孩儿参，或美其名曰太子参，使其名更加响亮和显得尊贵，现在则变为茜草科植物孩儿参的块根；白附子历史上用的多是毛茛科植物黄花乌头，而今则以天南星科植物独角莲的块茎做白附子用。此外，还有些品种分化，如芍药今有白芍和赤芍之分，术有白术和苍术之分，古典医著中芍药是白芍还是赤芍？凡此种种，不仅可能影响临床疗效，还可能干扰对经典著作的正确评价。说到经典，中医的四大经典即《黄帝内经》《伤寒论》《金匮要略》《神农本草经》。本草者，今之中药也。而今之经典已把本草"边缘化"了，观夫今天中药市场的混乱现实，应该恢复《神农本草经》的经典地位，以唤起医者、业药者重视中药方剂的研究探讨，提倡中医临床家"医应识药"的风气，以免重蹈日本小柴胡汤事件、中草药肾病误传谬说之覆辙。

第二，熟读成诵，精思有得。临床常用中药不少于400种，因此要想用得得心应手，必须熟记，方能信手拈来而施用于病家。学习的方法就是背诵、熟读，这个基本功是"百年大计，背诵第一"。背诵的问题，不用说中医大家，个个都有很好的背诵功夫，就是我国的一些文人、科学家中的饱学之士也都有很好的背诵功。据说大数学家苏步青教授背诵数学公式如数家珍；陈寅恪先生55岁失明后的 24 年里仍在大学里任教、著书立说，都是凭借着原来背诵积累的知识。由此可见背诵是基本功，是硬功夫，文理皆然。尤其是中医典籍，往往是哲理、医理和药理的交汇复合体，只有反复吟诵才能"顿悟"其精义奥旨，这是经验所得。中药歌诀中龚廷贤的《药性歌括四百味》就是一个良好的读本，朗朗上口，背熟之后，百年不忘。孔夫子有言"学而不思则罔，思而不学则殆"，可见熟读还要精思，书本的知识不经消化吸收，不能化为己有，读书无心不能有得。背诵熟读不仅指中药，方剂亦然，因为临床上使用的是方剂，不是单味药，所以方剂的歌诀——"汤头歌"也需要下同样的工夫。只有方、药娴熟于胸中，临证时才能心不慌，手脚不乱，应变于俄顷。好的汤头歌，如"葛根黄芩黄连汤，甘草四般治二阳，解表清里兼和胃，喘汗自利保平康"（见《汤头歌诀白话解》），这个歌的第一句是方名与药味，第二句是病位（太阳、阳明）、是理，第三句是法，第四句是证，可以说是理、法、方、药、证兼备，熟记在心，临证自然心不慌了。另一方面，一个汤头不仅是一个方剂的方药、病理、辨证及加减的概括，而且还代表着一定的理法和临床经验，特别是临床上常用的方剂汤头，更是千百年来经过临床验证而行之有效的代表性方剂，因此如能更进一步地体会它的"法"和经验，就能在临床上更加灵活地运用。因古人制方选药，多自经验而得，主证主方、主症主药，自有规矩；君臣佐使，定有法度。例如：张仲景常把某些病称之曰某汤证，而应用某汤治疗，可见在一般情况下，一个证大体上都是有一个主方的。故临证时，"因病以求方，因方而举药"，变而通之，则理法方药兼备，虽不能万全，亦不致发生大的错误。

2. 胃肠疾病，莫忘通导

凡具有通导大便，消除积滞的方剂，可称谓通下剂。使用通下剂以治疗疾病的方法应属于八法中的下法。下法是临床上常用的治疗方法之一，其多用于胃肠病中。盖胃肠属六腑，腑者传化物者也，以通为顺，以通为补，因此通下剂自然使用的就多些。兹就个人管见所及，结合临床上的一点粗浅体会，分述如下。

（1）食积：顾名思义，可知本病乃由饮食停滞而得，多因脾胃运化失常，食物积滞不行所致。症见胸脘痞满、嗳腐吞酸、厌食、脘腹痛而拒按、大便秘结、舌苔厚腻等。此证尤多见于小儿及素日体壮阳盛之人。盖此类病人恃其体壮胃健，常因饮食不节而损伤胃肠，致使积滞不行，郁而化热。故临床上以嗳嗳食臭、厌食、便秘不通为诊断要点。因其为实、为热，故治疗上以通下积热为不二法门。然仍应细斟其实之多少，热之轻重，辨证选方。常用的方剂有保和丸、四消丸、三黄枳术丸等。一般说来，保和丸重于消，通导之力不足；四消丸则偏于消伐；三黄枳术丸以通下清热为胜，最宜于过食辛辣厚味之食积证。笔者喜用自拟的加减保和汤，其方剂组成是：炒三仙、半夏、陈皮、炒莱菔子、黄连、大黄、槟榔，此方即保和丸去连翘，加黄连、大黄、槟榔，对伤食积滞的便秘、脘腹胀满作痛、嗳腐厌食、舌苔黄厚者，其效尤良，大便一通，诸症即瘥。笔者体会，保和丸中之连翘改用黄连最好。盖连翘虽有清热散结之功，但系指气血郁滞的疮疡而言，故有"疮家圣药"之称，非指食积化热者也。《本草求真》说"连翘多用则胃虚食少"；费伯雄也说"此（保和丸）亦和平消导之平剂，惟连翘一味可以减去"，可见古人亦发觉连翘在此方中不甚恰当。黄连苦寒，能燥湿清热，厚肠胃，厚肠胃者，健胃之谓也。即黄连不独能清热泻火，还有健胃之功。临床上我凡用保和丸，皆以黄连易连翘，未见偾事。

（2）胃脘痛：胃脘痛也叫胃痛，是一个常见病，通常以胃脘部疼痛为主症，并多伴有烧心、吐酸、食欲不振、大便不调等症。因其病位在脐上心口部，所以古人亦常称其为心痛或心口痛，病多缠绵不解。究其辨证分类，一般认为虽有寒热虚实数端，但就临床所见，所涉及的脏腑多为肝、胃、脾，久病患者尤以脾胃虚寒者为多，故秦伯未老师认为从根本上说是一个脾胃虚寒的疾病，治疗上最多用的是黄芪建中汤。是方出自《金匮要略》，由小建中汤加黄芪组成，小建中汤是由桂枝汤倍芍药加饴糖组成。桂枝汤一般都被看作是标准的调和营卫、解肌发表的解表剂。桂枝汤何以能解肌发表？究其本，是假其补中健脾之功。盖桂枝汤中的桂枝、生姜、甘草、大枣，皆能健脾胃，芍药能"益脾"（见《本草备要》），所以说桂枝汤实际上是一个补中健脾胃的方剂。刘渡舟老师曾明确指出："桂枝汤的调和荣卫是在调和脾胃的基础上建立起来的，由此推论，桂枝汤调和荣卫乃其末，调和脾胃是其本，发汗解肌是其末，鼓舞中气促谷精内充，揆度阴阳的运行是其本。"可见桂枝汤的本意就有温运脾胃、健复中气的作用。小建中汤为桂枝汤倍芍药加饴糖，饴糖甘平，乃健中补脾之圣药，与桂枝相配，辛甘化阳以温中；芍药与甘草相配，酸甘以化阴，缓肝急以止痛；再加黄芪，甘温以补益脾肺，更恃其生肌长肉的作用，促进溃疡的愈合。因此说是药证相合，对大多数的虚寒性胃脘痛有较好的疗效。实际临床上还可根据症状辨证加减。如胃脘痛日久而又有瘀血证候者，根据久痛入络的理论，加丹参、云南白药。云南白药是一个复方制剂，功专祛瘀止血，对大便隐血阳性、胃痛如刺者效果甚好。如伴有烧心吐酸，加乌贝散，解痉止酸，还能涩肠，因此对伴有大便溏泄者最为合拍。若大便干燥或初硬后溏者，笔者常重用当归和全瓜蒌，以润肠通便。瓜蒌甘寒而不败胃，用之无防。实践表明，大便一通，对食欲的增加，胃痛的缓解是有很大好处的。中医说"通则不痛"的理论，于此亦可见一斑。

（3）反胃：反胃亦称翻胃、胃反，其主证是朝食暮吐、暮食朝吐，吐出者为未消化的食物，吐出则舒。中医学对本病之认识，亦多责之于饥饱忧思，损伤脾胃，以致中焦虚寒，不能消化水谷，病久及肾，下焦无火，所谓釜底无薪，不能腐熟水谷云云。治法多为温中健脾、降逆和胃之剂，如丁香透膈散等。笔者认为，此症乃因瘀血内阻，幽门不通，胃气不得下降，阴津不能滋润大肠，故大便干结，腑气不行，浊气上逆而反胃作吐。治宜活血润燥通便，成方可用润肠丸、通幽汤、当归润肠汤等。润肠丸（《沈氏尊生书》方，由当归、生地黄、桃仁、火麻仁、枳壳组成），顾名思义可知其能润肠通便，又因其内有桃仁、当归之属，还有活血祛瘀之功；通幽汤为李东垣方，其组成是，生地黄、熟地黄、当归身、桃仁、红花、升麻、炙甘草、槟榔；当归润肠汤即通幽汤再加麻子仁、大黄，作用相近，而祛瘀活血通便之力较胜。

通幽汤原用于治疗噎塞便秘，大抵亦包括了反胃。《汤头歌诀白话解》说："本方是治疗胃的幽门（就是胃的下口）不通，大便艰难之剂。"由于幽门不通，浊气不得下降，不独大便艰难不行，还会引起胃气上逆而反胃。故方中用二地、归身养血润燥，桃红活血祛瘀，升麻升清，槟榔降浊，甘草和中，俾瘀血去幽门通，清升浊降，吐逆便秘，自然消除。当归润肠，方中有大黄、麻仁，其活血祛瘀、润肠通便力强，临床上用于幽门不全梗阻等，可以缓解症状；亦可于前方中再加三七、云南白药；癌肿患者再加土鳖虫，有一定疗效。

（4）便秘：便秘是临床上常见的一个症状，它可以见于许多疾病，这里主要是指胃肠燥热引起的习惯性便秘和痔疮、肛裂、肛门手术后伴发的便秘等。这种便秘的特点是大便经常干结，隔日或数日一行，努责艰难；或伴有头昏、头痛、口臭等，服泻药可通，但停药则便秘复作。有痔疮、肛裂者，还有肛门疼痛、便血等。常用的方剂有麻子仁丸、五仁丸、五仁润肠丸等。一般说来，麻子仁丸是清热缓下；五仁丸中均为植物的种仁，纯属润下，没有清热的作用；五仁润肠丸是五仁丸的加味方，润下而又兼补。其中麻子仁丸出自《伤寒论》，又名脾约丸，是个经典的缓下剂，它可看作是小承气汤加麻子仁、杏仁、芍药。小承气汤能清热通下，麻仁为君药，能润肠通便，杏仁降肺气、润肠通便，芍药有养阴缓急之功，全方是一个清热通下与润燥滑肠同用、泻而不峻的缓下剂。临床上用于男女老幼的肠燥便秘，确有良效。但亦有人认为，该方有攻下破气之嫌，实乃拘泥于小承气汤加味之故。所谓承气者，承胃气也，"亢则害，承乃制"，是知承者，顺也，胃肠为阳腑，以降为顺，承气汤是承胃（包括肠）腑本来下降之气，况且方中的大黄、厚朴、枳实用量俱减轻，不足伤害正气，故《方剂学》（全国高等医药院校试用教材）中说，"综观本方，虽用小承气泻下泄热通便，而大黄、厚朴分量俱从轻减，更取质润多脂之麻仁、杏仁、芍药、白蜜等，一则益阴增液以润肠通便，使腑气通、津液行，二则甘润减缓小承气攻下之力，使下不伤正，而且只服十丸，以次渐加，都说明本方意在缓下，其作用主要在于润肠通便"，可谓先获我心。

（5）泄泻、痢疾：泄泻是指排便次数增多，粪便清稀，甚至如水样；痢疾古称"肠澼"，是以泻下赤白脓血，腹痛，里急后重为主症。以病势来说都有急性、慢性之分。我们这里讨论的均是指慢性者。笔者认为，从根本上说本病的主症都是有寒有湿，乃寒湿积滞于肠中，虚实夹杂。故治疗大法应是攻补兼施，用温阳通下剂。常用成方有三物备急丸、温脾汤等。笔者体会，本证又见于虚人误食生冷硬物，凝滞不化，脐腹疼痛，按之亦痛，但又能耐受，排便不畅，杂有少量黏液，舌苔白厚或浊者，可先用温脾汤，常能使寒湿尽去，排便畅利，腹痛减轻或消除，然后辨证选方，治本除根。

以上仅就管见所及，讨论了用通下剂治疗五种胃肠病的一点粗浅体会。之所以采用通下剂，主要是针对这类疾病都有邪实的一面，其病位又都在胃肠，胃肠属六腑，六腑以通为用也，通则为用、为治的理论，于此可见一斑。似还提示，熟谙中医理论，是辨证论治的基础，是提高临床疗效的根本。

3. 方剂辨证

辨证论治已约定俗成地成为中医学的优势和特色，一般认为《伤寒论》不仅奠定了辨证论治的基础，也是辨证论治的楷模。按现在的说法，辨证论治有病因辨证、六经辨证、脏腑辨证、方剂辨证、微观辨证、影像辨证等。我对方剂辨证情有独钟，略陈管见如下。

（1）方剂辨证的概念：所谓方剂辨证就是"有是证，则用是方"的意思。所谓证，就是医者按照中医理论对机体外在表征的分析概括，其实质是机体在致病因子作用下应答反应的一个特定状态。由于机体对致病因子本身及外界环境因素与机体本身的机能状态等的影响和制约，故其反应状态不一，随之表现出来的证也各不相同。中医辨证就是着眼于此，它抓住了机体应答反应的外在表现——证，而不一定去追求内在变化细节，即"有诸内必形诸外""以外揣内"就是这种认识的根据和道理。中医临床虽然形成多种辨证体系，如六经辨证、脏腑辨证、三焦辨证等，现代又提出了"微观辨证""影像辨证"等，最终还是归结到"有是证则用是方"。由此可知，方对证、药对症，方与证之间愈是丝丝入扣，疗效愈佳。由于方剂辨证是根据证而遣方选药，配伍组合，与证之间有着紧密的对应关系，因此方剂辨证不仅实用，而且对中医的发展，对外交流也有重要意义，因为中医临证治病用的是方剂，而不是什么"单味药"。

（2）"方剂辨证"始于《伤寒论》，源远流长：中医药学的发展史表明，中医治病，是从单味药开始的，随着一药对一症治疗经验的积累，开始升华为数味药对应相互有联系的多个症，到张仲景《伤寒论》的出现，可以说是对方剂辨证打下了基础和树立了榜样，他把外感热病（包括部分杂病），根据其发生、发展、演变、转归，划分为六经病，并把每一经病又具体地归纳为若干方证，论述中常常以方名证，如《伤寒论》第34条"太阳病，桂枝证，医反下之，利遂不止"，第267条"若已吐下、发汗、温针、谵语，柴胡汤证罢，此为坏病，知犯何逆，以法治之"等，突出体现了方剂辨证的思维和特点。

（3）方剂辨证的科学性和实用性：方剂辨证源于仲景《伤寒论》，它是长期反复临证实践的基础上，通过对机体功能状态的大系统，客观、动态地分析总结出来的实践经验。方剂辨证，在实际临床上着眼于方与证的对应关系，方对证、药对症，既实用，也较易于掌握，有是证，用是方，只要辨证选方遣药正确，真是效如桴鼓，立竿见影。近贤上海名医陆渊雷说："统观仲景书，但教人某证用某方，论中有桂枝证、柴胡证之名，可知意在治疗，不尚理论。"真乃言中肯綮。

4. 方剂辨证治案举隅

中医临证治病，就是辨证论治，选方遣药。方药对证，是诊治疾病的精妙之处。不论什么病，只要有是证就用是方，略事增损，其效彰彰。兹举方剂辨证治案数例，说明如下。

（1）藿香正气散证治案

①治水土不服：患者张某，22岁，河北省人，20世纪60年代，辽宁沈阳一带以高粱米为主食，张某考入该地某高校，生活不能适应，每日腹泻三次，但无里急后重及脓血，大便常规检查无异常发现，伴有消化不良，食欲减退，甚或作呕，脐腹疼痛，舌有薄白苔，脉如常，诊为"水土不服"，给予藿香正气丸三袋，每服10克，一日2次，生姜煎汤送服，服药两天即愈大半，又服4天，大便自调，饮食如常。

按：藿香正气散出自《太平惠民和剂局方》（以下简称《局方》），《中华人民共和国药典》各版均有收载，是一个常用的非处方中成药。过去的剂型多为水丸和大蜜丸，现在多为胶囊剂、软胶囊、口服液和颗粒剂等。其中藿香正气水还可以外用，治疗痱子、体癣、女性外阴瘙痒以及脚气（足癣）等。考《局方》原书，本方其主治症除了伤寒外感、吐泻、山岚瘴疟外，还能治疗"遍身浮肿，女人产前、产后气血刺痛，小儿疳伤"。本方的主要功能是解表芳香化湿、理气和中，我用其治疗水土不服，是基于其能治疗山岚瘴疟。"山岚瘴疟"一词出自《肘后备急方》，原指在岭南闽粤等人迹罕到之处感受瘴毒而引发的一种疾病。推想之，这大体相类于今人外出异国他乡，不能适应当地环境，即所谓水土不服。关于"水土不服"，《中医简明辞典》的解释是："初到一个地方，由于自然环境和生活习惯的改变，暂时未能适应而出现的各种症状。如食欲不振、腹胀、腹痛泄泻或月经不调等。"这与近年来被称作"旅游泻"的病症大体相类，盖因初到生疏的地方，机体适应力不逮，或因过敏，常见食欲减退，胃肠功能紊乱而上吐下泻。用藿香正气散，调理肠胃，正气通畅，邪逆自除，切合"有是证用是方"，故能服之有效。

②治晨泻：患者申某，女，胸满泛恶，不思纳食，已20余天，每日清晨腹泻，先有腹痛，旋即作泻，甚为急迫，泻下物为稀溏便，得泻则腹痛宽舒，偶有下坠感，小便如常。伴有失眠，头痛眼涩，肢体困倦，酸胀不适。近三天又"感冒"，鼻流清涕，咳嗽，痰白而多。舌苔灰白而润，脉软数。血、尿、便常规检查无阳性发现。观症切脉似非命门火衰之"五更泻"，当为不时之寒，袭于肌表，肺失宣肃，咳嗽流涕，邪干清窍，故病头痛；内伤饮食，湿浊之邪困扰

脾胃，清浊失序，腹痛作泻。证属内外杂邪，脾湿复盛。法宜芳香化浊以除脾胃之湿，兼以宣散外感之寒，方用藿香正气散加减，处以藿香、紫苏叶、桔梗、生甘草、陈皮、白茯苓、半夏、苍术、厚朴、大腹皮、白芷、炒六曲、白蔻仁，生姜、大枣为引，水煎服。2剂后腹痛即瘥，大便每日1~2次，饮食增加，但咳嗽、头痛未去，舌脉大体同前，原方稍事增损，又服4剂而愈。

按：本案黎明时作泻，特称"晨泻"，以与方书之"五更泻"或"鸡鸣泻"相区别。盖因后者之病因多责之于命门火衰，治用四神丸类补火生土以固下元，而本案早晨腹泻1~2次，同时伴有腹痛、头痛流涕、四肢酸楚等症，舌苔灰白而脉软数，起病仅20余日，无命火衰微之见证，应与肾虚作泻不同。何以早晨作泻，急不可缓？乃因脾胃不运，湿浊内停，清晨时分，厥阴肝木主令，其气主上升，今湿困肝木，清阳不能上升反抑其疏泄之性而下降，故有腹痛泄泻刻不容缓，然其本仍在脾胃湿浊之作祟。《景岳全书·泄泻》说："泄泻之本，无不由于脾胃……若饮食失节，起居不时，以致脾胃受伤，则水反为湿，谷反为滞，精华之气，不以输化，致合污而下，泻利作矣。"因此，在治疗上不离化湿健脾之法，藿香正气散芳香化湿、苦温理气、调理胃肠，同时还有宣散外邪、调和阴阳之能。恰如《医方集解》所言，服之"正气通畅，则邪逆自除矣"，故能应手而效。

③治饭醉：患者侯某，女。患者一年来食后即感神倦眼困，不能自制，必须睡1~2小时，醒后始能精神如常。夜晚睡眠一般，偶有心悸，食纳欠佳，大便稀溏，每日1~2次，小便略黄，月经调顺，舌苔白厚，质稍红，脉濡软无力。诊为湿困脾阳，中气不足。清阳不升，食已脾胃气壅，故昏昏欲睡，不能自制。拟芳香化浊、调畅脾胃而伸脾阳，方用藿香正气散加减，处方：藿香、佩兰、大腹皮、陈皮、白茯苓、炒白术、厚朴、桔梗、甘草、杭白芷、半夏、六神曲、石菖蒲、荷叶，生姜、大枣为引，水煎服。2剂后症状即减，因其舌偏红而去厚朴、半夏之温燥，加黄芩、黄柏（因当时无黄连）以清热燥湿，又服4剂，症状基本消除，随访8个月，未见复发。

按：本症发作必在饭后，即与饮食相关，大体与醉酒一样，属于中医的"饭醉"，《东医宝鉴》称为"饭后昏困"，是由脾胃不运、湿气中阻所致。湿为阴邪，阴遏清阳，心神不展，犹若天空云翳，遮蔽阳光，阳被阴困，恰如《灵枢·寒热》所说："阳气盛则瞋目，阴气盛则瞑目。"食后则睡的"饭醉"乃脾不运化，谷气不腾，反助其湿，欲畅其神而瞋目，必伸清阳，欲伸清阳，当先化湿（浊），俾湿浊蠲除，脾气振作，阳伸而心神畅达，病自可解。犹如天空乌云消散，则阳光四射矣。藿香正气散芳香化浊、正气调中，佐以荷叶、石菖蒲清香醒神开窍，故能取得较好的疗效。

（2）苏子降气汤证治案

①治咳喘：患者王某，男，58岁，患肺气肿，咳喘已十余年，近来日益加重，痰白而多，胸满，呼吸不利，喘咳而不能平卧，脉弦，舌苔润滑胖大。曾用温肺化饮平喘的苓甘五味姜辛汤，效果不理想，二诊细审其脉症，寸弦而尺软，并有神疲倦怠，腰脚无力，小便频数，乃诊为上盛下虚，肾不纳气的苏子降气汤证，药用紫苏子、橘皮、半夏、前胡、厚朴、肉桂、当归、炙甘草、人参、冬虫夏草，水煎服。诸症逐渐好转，连服9剂病情基本控制，临床治愈。

按：苏子降气汤出自《局方》，据考，实由《备急千金要方》卷七的苏子汤衍化而成，功能平喘降逆，祛痰镇咳，是治疗上盛下虚"老慢支""肺气肿"的名方、效方。所谓上盛是指痰涎壅滞于肺，下虚指下焦肾气亏虚、肾不纳气之意。在《局方》和后世的《医方集解》等书中多有加减，如加用橘皮则理气燥湿祛痰力增强；去肉桂加沉香则温肾之力减，纳气平喘之效增，其要在辨证选方遣药。

②治气秘：患者刘某，男，62岁，患咳喘病已近20年，多在秋冬季发病，咳嗽吐白痰，气喘短气，大便困难，甚至二三日一行，小便如常，食纳欠佳，舌有白苔偏厚，脉弦滑。此为"气秘"，痰气蕴结膈上，用苏子降气汤加减。处方：紫苏子10克，橘红10克，清半夏10克，前胡10克，厚朴8克，莱菔子10克，当归15克，肉桂3克，沉香末3克，炙甘草6克，生姜3片、大枣2枚为引，水煎服，5剂。

二诊时患者自觉气短、气喘咳嗽均减轻，大便仍感艰难，遂于前方中加桃仁、杏仁（捣）各10克，服5剂。三诊时诸症均缓解。

按：本文中不少病例是1963年在刘渡舟老师的指导下诊治的病人。时值我从北京中医学院毕业后被分配到山西省中医研究所（今山西省中医药研究院）工作，恰逢刘老带着北京中医学院58级毕业生20余人来临床实习，因此再次获得了刘老在临证上耳提面命的良机，有些病案是刘老师亲自动笔修改过的，本案即是其一。刘老指出，本案患者年事已高，肾气渐衰，喘咳而便秘，乃"气秘"之症，若误用苦寒荡涤之品，徒伐胃气，反伤津液，通而复秘。沉香、肉桂同用，温暖下焦以纳气，苏子、厚朴、半夏、莱菔子降气以达津液，苏子、当归还能润肠降气，有助于通便平喘。服药5剂喘咳减轻，腑气不行，故二诊时加桃仁、杏仁，增强润肠的作用，杏仁与前胡、橘红等相配，还有宣降肺气以助通便之功。

（3）麻子仁丸证治案：患者徐某，女，交城县人。便秘已十余年，服通泻药则大便稀溏，不服则艰难努责。患者形体较肥盛，年龄四十刚过，自患便秘症（三日一行，干结难下），体重较前增加，食纳可，睡眠、月事正常。脉弦略数，血压145/85毫米汞柱，舌有白苔，根部较厚腻。此乃胃肠燥热之习惯性便秘，治当清热润肠通便，用麻子仁丸加减。处方：火麻仁（捣）10克，桃仁（捣）10克，大黄5克，杏仁（捣）10克，厚朴10克，全瓜蒌20克，蜂蜜1小勺（冲服）。5剂，水煎服。

药后，动静不大。量轻不济，遂将熟大黄改为8克，全瓜蒌增至30克，加枳实6克，又服5剂，大便通利，基本上每日一行。后嘱改用成药麻子仁丸常服，以巩固疗效。

按：便秘是临床常见病，虽无致命之虞，但会给病人带来痛苦。病虽不大，常并发高血压、高血脂和肛痔等，因此应当积极治疗。便秘以通下为正法，麻子仁丸乃经典的缓下剂，由小承气汤加麻子仁、杏仁、芍药组成。小承气汤能清热通下，麻仁、杏仁润肠通便，芍药有益阴缓急之功，全方清热通下与润燥滑肠同用，是一个泻而不峻的缓下剂。然而有人认为，本方有攻下破气之嫌，实乃拘于小承气汤泻下之说。所谓承气者，承胃气也，"亢则害，承乃治"，是知承者顺也，胃肠为阳腑，以降为顺，承气者是顺胃肠本来下降之气，况且方中的枳实、厚朴用量俱轻，不会伤害正气。临床上对于男女老少的肠燥便秘、痔疮等，麻子仁丸方可放胆使用，确有良效，未见偾事。本例方中加桃仁、蜂蜜可增强润肠之功；全瓜蒌，性味甘寒，入肺、胃、大肠经，有润肠通便之功，后世将瓜蒌皮、瓜蒌仁、全瓜蒌分别应用，我喜欢用全瓜蒌，取其含有皮能配杏仁入肺，有降气而促进排便之功。观宣白承气汤，即伍有瓜蒌皮，谅也是此意。

（4）小承气汤证治案：患者赵某，女，25岁，住太原市义井。2012年12月19日初诊。病便秘四年余，自生小孩儿后发生严重便秘，不用泻药或开塞露不得排便，腹部憋胀但不排便，余无不适。脉弦有力，舌尖红，苔不多，面色红润。合参脉症，是属单纯性便秘，治用小承气汤润肠通下兼施。处方：熟大黄6克，枳实10克，厚朴10克，全瓜蒌20克，火麻仁15克，桃仁、杏仁各10克，炙甘草6克。水煎，取汁400毫升，早晨空腹服。2013年1月9日二诊，诉上药连服10天，排便无困难，自觉很满意。观舌苔基本如前，脉缓，关脉似滑，询其月事正常。前方有效，守方再服5剂，以求巩固。

按：便秘是临床常见病，女性尤为多见。本例年已三八，身体健康，脉来有力，余无所苦，故选用小承气汤通下，再加活血润燥、滑肠之品，证情简单，估计8味药即可解决问题，果然应验。二诊时脉有滑象，虑其妊娠，询知月事调顺，月信已过，当属安全，遂继服5剂巩固。

（5）当归润肠汤证治案：患者李某，56岁，河北籍，素有溃疡病，近3个月来便秘2~3日一行，甚至干结如羊屎，并伴有呕吐，吐出物为吃下之未消化食物，吐后反觉痛快，故常以指探喉，促使呕吐，身体明显消瘦，面色欠华润，舌有白苔，根部较厚，脉弦。自疑为胃部肿瘤，思想负担颇重，经钡餐造影诊断为十二指肠溃疡、幽门不全梗阻。此属反胃，缘于瘀血内阻，阴津不得下润大肠，故腑气不行，大便干结难下，治宜活血润燥，用当归润肠汤。处方：生地黄、熟地黄各10克，当归15克，桃仁、红花各10克，升麻5克，炙甘草6克，炒槟榔10克，火麻仁15克，熟大黄10克。水煎服，5剂。服3剂后，大便即能通畅，食后不再反胃呕吐，舌根部厚苔渐退，原方又服5剂，续用丸剂调理善后。

按：此病为溃疡病继发幽门不全梗阻。大便干结，2~3日一行，并伴有呕吐，吐后反觉宽舒，但吞咽并不困难，是本病一个特点，故病人常以手指自行探吐。本病大体属于中医"反胃"范畴，古人常是把"反胃"与"噎膈"相提并论。现代中医多责其为瘀血内阻，胃气不得降，阴津不能滋润大肠，故大便干结，腑气不行，浊气上逆而反胃呕吐。治宜活血润肠通便，用当归润肠汤施治。当归润肠汤即李东垣通幽汤加火麻仁、大黄。通幽汤原用于治疗噎塞便秘，《汤头歌诀白话解》说："本方是治疗胃的幽门（就是胃的下口）不通，大便艰难的方剂。"中医理论认为，六腑以通为顺，由于幽门不通，浊气不得下降，不独大便艰难不行，还会引起胃气上逆而反胃，故方中用二地、当归身养血润燥，桃仁、杏仁、红花活血祛瘀，升麻升清，槟榔下行降浊，甘草和中，再加火麻仁、大黄，其活血祛瘀、润肠通下之力更强，促使瘀血去而幽门通，清升浊降，吐逆便秘自然蠲除。临床上用于幽门不全梗阻，可以得到改善；亦可加三七、云南白药；肿瘤患者可再加土鳖虫，用至每剂30克，亦未见不良反应。

（6）黄芪建中汤证治案：患者林某，女，33岁，干部。患者七八年来常感胃部不适，吞酸烧心，胃痛时稍食饼干、馒头等食物可缓解。近一月来胃痛又作，痛如针刺、刀割，喜温喜按，不能吃生冷硬物，伴有嗳气吞酸、食欲不振等症，外院诊为"十二指肠溃疡"及"胃窦炎"，服维生素U等效果不理想。脉弦，重取无力，舌苔白，大便一日1次，隐血试验阳性，复经我院钡餐造影证实为十二指肠球部溃疡。辨证属中虚胃寒、脾不摄血，用黄芪建中汤加味温补中焦，兼以止血治标。处方：黄芪15克，桂枝6克，炒白芍12克，炙甘草6克，丹参10克，神曲10克，炮姜6克，大枣5克，饴糖30克（冲），水煎服。另用白乌贝散6克，一日3次，饭前冲服，连服3剂，未见著变，但有大便先干后溏。将原方去丹参、饴糖（因无货），加瓜蒌15克，炒山药15克，当归10克，又服3剂，大便基本通调，隐血阴性，疼痛亦减，遂以上方出入调理，诸症向愈，正常上班工作。

按：溃疡病的发病率很高，其主要症状是胃脘部疼痛，烧心吐酸，喜温喜按，冬季或受凉、食用生冷硬物之后发作或疼痛加重，因此秦伯未老师说，溃疡病从根本上说是一个脾胃虚寒的疾病，故用黄芪建中汤为主方治疗是很有效验的。黄芪建中汤出自《金匮要略》，乃由桂枝汤倍芍药加饴糖、黄芪而成，对于脾胃虚寒的胃脘疼痛有效，盖因其祖方桂枝汤本身就是一个健胃补中的方剂。刘渡舟老师明确指出："桂枝汤的调和荣卫是在调和脾胃的基础上建立起来的，由此推论，桂枝汤调和荣卫乃其末，调和脾胃是其本，发汗解肌是其末，鼓舞中气促谷精内充，揆度阴阳的运行是其本。"可见桂枝汤的原方即有温运脾胃、健复中气的作用，再加芍药、饴糖，即小建中汤，功专温中补虚，缓急止痛。与生肌长肉的黄芪相配，自然能促进溃疡的愈合而显效。溃疡病多属虚寒，但不一定都是大便溏泄，相反，便秘者亦不少见，此系运化失职，津液不布而便结不行，宜重用全瓜蒌，或加当归滋润通肠，甘寒而不犯胃，大便一通，对食欲的增加和胃痛的缓解都有帮助。治疗胃肠病应特别注意"通下"，即使在补益中宜常寓通，这点古人早有明训，六腑"以通为用""以通为补"也。此药的加减，即是这一治则的体现。

还有一个教训，由于药房、药店一般不备饴糖，可否用蜂蜜代替，笔者曾试用，非但无效，反增烧心吞酸，胃痛加重或发作，除了体质因素外，或与生蜂蜜性凉有关，若用蜂蜜，似应用性温的炼蜜乃合病机病证。

（7）乌梅丸证治案：患者李某，山西大同人，男，农民。患吐蛔症已有两年，除每月吐蛔一二条外，余几无所苦，有时腹痛便稀，照常下地干活。查舌脉基本正常，形体略瘦，因买不到成药丸剂，遂开汤剂如下：乌梅15克，细辛3克，干姜8克，黄柏20克，当归10克，附子8克，川椒10克，肉桂5克，党参10克，川楝子10克，槟榔10克。水煎服，每月服5天，连服3个月。

按：乌梅丸是中医治虫病的经典方剂，因为当时药房无黄连，所以加大黄柏的用量，另加川楝子、槟榔，增强杀虫的力量，川楝子还有理气止痛之功。服药3个月后，吐蛔现象消失。本例是我1965年在大同县李家小村下乡时所治的一个病人。患者36岁，身体看不出什么病象，只是每月吐蛔虫一次，且有预感，我曾亲眼见到患者从口中拉出蛔虫，长约15厘米，仍能活动。我按《伤寒论》乌梅丸主治"蛔厥者，其人当吐蛔"一语，施与病人，连服3个月，即不再吐蛔，至我1966年1月离开，未见其复发。

光阴荏苒，屈指一算，我走出校门，踏入医界已半个世纪了。不揣浅陋，撰成此文，若能对来者有所启迪或参考，或提供可作批判的材料，吾愿足矣。

（南裕民、施怀生、王永吉、王左希协助整理）

沈宝藩

沈宝藩（1935— ），男，上海人，1960 年毕业于上海第一医学院临床医学专业，即分配参加卫生部举办的全国第二届西医离职学习中医班学习。学习中医结业后在新疆维吾尔自治区中医医院工作，第三届"国医大师"，新疆维吾尔自治区中医医院首席专家，内科主任医师，教授。全国中医脑病学术委员会学术顾问，中国老年学学会中医研究委员会委员，全国中药临床药理专业委员会委员，全国名词委中医药审定委员会专家顾  问，国家中医药管理局、北京中医药大学脑病证治研究室学术委员会委员，全国突发事件中医药应急委员会专家组成员，"十二五"国家科技重大专项突发传染病中西医结合救治平台专家组成员，全国冠心病中医临床研究联盟专家组成员。国家中医药管理局审定为全国老中医药专家学术经验继承工作指导老师。连续 2 次被评为优秀导师，2013 年被国家中医药管理局审定为全国中医药传承博士后合作导师。

六十年来专注于中西医临床、教学、科研工作，多次被新疆医科大学评为优秀教师、优秀党员。悉心研究痰瘀同治法治疗老年心脑血管病，创制的西红花康复液和系列脉通片应用于临床，疗效显著。20 世纪 80 年代参与北京中医学院中风病临床试验研究，获得卫生部 1986 年乙级科技成果奖，1989 年获新疆维吾尔自治区优秀教学成果奖，"通瘀化痰法、痰瘀同治心脑血管疾病与实验研究"在 2009 年获得新疆医学科学技术二等奖。1990 年起连续 3 次被评为新疆维吾尔自治区有突出贡献优秀专家，享受国务院政府特殊津贴。出版专著 10 余部，在国内外发表论文 40 余篇。医疗特长被中国保健科学技术学会信息中心输入国际互联网全球寻医问药世界名医数据库。

一、立志当良医，为民除病痛

我升学时，因为平时品学兼优，学校准备保送我到大连海运学院和北京航空学院，尽管我很感激组织对我的器重和培养，但在征求本人意见时我还是选择了医学。

我为什么放弃了有些人求之不得的海洋和航空专业而毅然选择了终生与病人打交道的职业？这得从我初中毕业时得的一场大病说起。

我升高中的关键时刻，连续半年周身乏力，低热不退，花尽了家里的积蓄和父亲一半的月薪，四处求医，不见好转，在那绝望的时刻，幸遇一位世传的中医先生，仅用了几剂极便宜的汤药，就使我霍然痊愈，我得以及时应考，顺利升学。从那以后，我就为中医的神奇惊叹不已，对那位手到病除的老中医无限钦佩，对悬壶济世的岐黄事业无限向往。心中暗暗立下誓言，一定要掌握中医这门伟大的科学，毕生为像我这样看不起病、吃不起药的人服务。

考试比保送严格，医学专业也和其他专业一样严格，但我的报考志愿，从第一到第七，全是上海的临床医疗专业。张榜公布，我如愿以偿。在从医的道路上，我迈开了第一步。

毕业后，上医副院长黄家驷要在 700 名临床医学专业毕业生中选拔 10 余名到北京参加卫生部举办的旨在创立"东方医学派"的中西医结合学习班，我获得了学习中医的机遇，得到了我梦寐以求的专攻中医的绝好机会。我如醉如痴，如饥如渴，在浩如烟海的中医典籍中贪婪地汲取珍贵的甘露琼浆，争分夺秒地度过了那段难得的学习时光，1961 年，因为国家经济困难，学习班提前结束。我服从组织分配，来到新疆。

我认为，一个良医必须医德高，医术精，二者并重。"高"要高到如孙思邈《大医精诚》经典训示所言——不问贵贱贫富、长幼妍妍、怨亲善友、华夷愚智，对患者普同一等，视为至亲，全力救助，不避任何艰难困苦，不计任何利害得失。要把这经典医训渗透到灵魂里，溶化到血液中，落实在行动上。"精"要精到除本科专业外，各科都要知晓，药至疾愈。作为一名现代中医，不仅要通晓阴阳五行、经络腧穴，熟练运用望闻问切、八纲辨证、八法施治，在处方运用时全面考虑诸药的四气五味、升降浮沉、表里出入、寒热进退、邪正虚实等，而且要兼通西医的生理解剖、药理药效、发病机理、理化声光等检验分析治疗手段。

医德要高，不仅要视病人为亲人，而且要视自己为病人，设身处地，换位思考。只有这样，才能想病人之所想，忧病人之所忧，急病人之所急，乐病人之所乐。花钱，要为病人省，能省一分算一分，抢救，要为病人争，能争一秒算一秒。我就是这样做的。有位卡车司机请我出诊为其母治疗，那时寒冬腊月，要给我另雇出租车，我坚持只搭他的便车。巡回医疗至边境，有位哈萨克族产妇失血过多生命垂危，而方圆百里既无血库，又无血源，我首先想到自己，一验血型恰好吻合，我毫不犹豫地伸出手臂，要多少抽多少，终于使产妇转危为安。换位思考，处方选药，效高而不价昂；门诊接治，我总是当天挂号的病人全部治完，上午提前1小时上班，加班加点，不按时吃饭已习以为常，远道而来的病人给予补号，也不能让他们多住一天旅馆。

我认为医术要精，还要勇于实践，因为实践出真知，经验靠实践积累。知百药性味，识百病征象，方能游刃有余，应付裕如。刚踏上工作岗位的时候，门诊病房之余，一有空我就钻药房，亲口品尝，学习炮制，搜集整理验方。医院组织巡回医疗队，我总是报名参加，因为巡回医疗与分科接诊不同，什么病都会遇到，什么病都得诊治，什么治疗手段都得使用。20世纪60年代下乡巡回医疗时，我备置的医箱里不但装着各种急救药物，而且有产钳和手术包，在那艰苦的环境下我能在偏远的山区完成阑尾手术，小面积植皮，石膏固定，遇到缺医少药的地方，一根银针，几把艾蒿，也要把病治好。我把巡回医疗当作对自己意志的考验，同时也是对自己医术的全面锻炼。

近30多年来，我主持抢救脑中风、急性心梗等危重病人多次成功的验案，经《科技日报》《新疆日报》、中央电视台（现中央广播电视总台）等新闻媒体报道以后，北京、西安、上海等地各大医院的会诊邀请纷至沓来，各大新闻媒体的记者采访也使我应接不暇。我多次应邀赴美国、哈萨克斯坦、巴基斯坦等国进行学术交流和会诊，我的学术思想获得国内外同行的肯定和赞许。

二、抓住机遇，勤奋促成才

1962年初，一位患闭塞性脉管炎的病人（中医诊断为脱疽）左侧一个小趾已经锯掉，旁边的一个脚趾又开始溃烂，疼痛难忍，折磨得他吃不下睡不着，某医院无奈决定给他截肢。此时，我院外科前辈李玉昆医师力排众议，给患者用四妙勇安汤加味治疗，其中当归药源紧缺无货，他用大剂量鸡血藤代替。经治三个月，患者溃疡愈合，疼痛消失，避免了截肢，奇迹般地恢复了健康。我反复阅读了中医治疗脱疽的文献并专门对此验案进行整理，在 1963 年第 10 期《上海中医药杂志》上发表。这一病例的治愈坚定了我学习中医、拜师求教的决心和信心。在当时的院长王平的鼓励下，我像小学生一样，不但向下放前来我院的名中医成孚民、陈苏生、朱馨伯、周海文、丁济华等老前辈求教学习，而且还认真学习同辈们的独特创见，用他们的活知识，不断丰富和武装自己。

1970 年，卫生部医政司司长、中国红十字会秘书长林士笑来新疆任自治区革委会政工组组长时生病住院，在我的悉心治疗下，使他得以完全康复，他激动得非要利用返京疗养的机会带我到北京去深造，医院领导也乐于玉成其事。到京后，林士笑在全聚德设宴，将我引荐拜师全国名医赵锡武、魏龙骧先生。自此，我晚上轮流跟随两位名医抄方，白天则在阜外医院跟随陈在嘉、刘力生教授查房等。我为积累抢救经验，遇到危重病人，日夜守候，严密观察病情进展。当时，301 医院眼科主任宋琛（林士笑夫人）还请我用了整整三个晚上，介绍中医治疗眼病出血的方法。为此，我到北京中医研究院图书馆和北京图书馆查阅了大量文献资料，认真备课。总之，在为期 3 个月的拜师求教中，老师们叫我干什么我就干什么，我的努力和能力博得了众多名师的肯定和赞扬。这一时期的深造为我日后的发展打下了深厚扎实的基础。

20 世纪 80 年代初，北京中医学院王永炎老师牵头成立全国中风病科研协作组，聘我为其中成员。我们共同查阅、研讨文献，制定了全国中风病诊治规范标准，又共同参加了中风病临床试验研究的课题。王永炎院士善于团结、关怀、尊重、爱护基层的工作同志，无论是编著《临床中医内科学》《中医脑病学》等巨著，还是主持国家中医药管理局重大科研课题，都邀请我参加，甚至后来王院士申报世界卫生组织亚太地区中西医结合防治脑梗死指南的课题，国家要建立中国文化馆，其中要建立中医文化馆，都请我前去北京共同论证，使我获得向前辈和同辈广泛学习的机会。我认为，人的一生中可能遇到很多良好机遇，但一定要靠自己的勤奋抓住机遇才能成才。

在繁忙的日常医务之余，我十分留意总结名老中医经验，1986 年我与他人合作，编写了 20 万字的《成孚民医案医话选》，此后，又参与了《临床中医内科学》《中医脑病学》《心脑同治》的撰写，发表论文 40 余篇，其中《中西医结合防治脑中风》刊载于《美国中华东方医学杂志》1994 年第一期，《痰瘀同治法治疗中风病 160 例临床分析》获新疆维吾尔自治区首届优秀学术论文二等奖，《西红花康复液临床观察实验研究》获首届国际民族医药研讨会优秀学术论文一等奖，"心痛宁"方收载于《全国名医名方》一书和《中国中医药报》，《沈宝藩临床经验辑要》列入《全国著名老中医临床经验丛书》，一版再版，印刷万余册，获全国中医药著作优秀奖。我研制的"西红花康复液""补气脉通片""化痰脉通片""平肝脉通片"为无数的老年心脑血管疾病患者解除痛苦。20 世纪 90 年代初，在美国参加中西医结合学术会议期间，美国某医药集团以年薪 10 万美元并给予绿卡为条件邀请我留下工作，我婉言谢绝。

三、治学严谨，求真务实

中医学博大精深，医理隐奥幽微。我认为，只有熟读经典，苦读经典，有了扎实的中医理论基础，方能指导临床实践。正如有人所说："不学经典，犹如无月夜游，无足登涉，动致颠隮。"我认识到自己的"先天不足"，没有一定的古文基础，如何读懂中医古籍？不仅《内经》《伤寒论》《金匮要略》，甚至近代用文言文撰写的中医书籍也看不懂，这又怎能谈得上很好地继承呢？那就必须先当小学生，从头学！我刻苦自学古汉语、医古文，并购置了很多工具书，如《康熙字典》《辞海》等，又阅读了很多医籍的白话文注解本。凡是此类书籍，在书店一见则如获至宝，有一本买一本，如《黄帝素问直解》《难经校释》《灵枢经校释》等，并把当时南京中医学院的《内经》《伤寒论》《金匮要略》《温病条辨》等全套的教学参考资料都配齐予以通读。阅读时圈出疑难之处，随时向老中医请教，甚至我的开门弟子路桂英 20 世纪 80 年代初去北京中医学院参加西学中高级研修班学习时，我也请她将北京中医学院的《金匮要略》讲义购回，以便自学。同时，我又将古籍中学到的经典理论应用到临床实践中去帮助领悟，得到临床验证后再去精读医典原著。我认为，只有这样才能实实在在地领悟原文本义。我始终认为只有勤奋学习才能成才，在老中医成才经验座谈会上，我展示了几十年前十余本厚厚的已发黄的读书心得笔记，使我的学术继承人对我的敬意又一次从心底油然而生。

学以致用，教学相长是我成才过程中的又一重要因素。因为边疆地区本来名老中医就少，老一代名医又过早离世，我早在 20 世纪 70 年代就在医院给弟子讲《伤寒论》，20 世纪 80 年代初，在长春中医学院新疆函授班主讲《金匮要略》《内经选读》，1983 年给新疆中医学院本科班讲授《温病学》，中医经典理论教学的经历为我打下了扎实的中医理论功底。我不论是解释病情、分析处方，还是创制专病专方，都能引经据典，参古论今。

我学习中医经常不耻下问，涉猎各家学说来充实自己。

年轻时，我经常去图书馆并每月到新华书店浏览群书。我出差到外地，特别是北京、上海、广州等大城市，必进书城购书。我的消费支出中大部分用于购书。我在外参加学术活动的间隙也不忘虚心求教，一次在优秀学术著作颁奖会场上，我遇见朱兆麟教授的专著《论内经风病学》，书中载有"《内经》风病风证用药补遗""《内经》风病证候的现代医学认识"章节，我阅读后认为对自己的专业颇有指导意义，便利用会议间隙时间抄录，此举感动得朱教授将此书赠予我。

首届国医大师任继学先生厚爱我，每出版一本专著一定要寄赠我。我在学习《任继学经验集》一书的卒中口僻论治一节中发现介绍口僻验方有药味而无剂量，便上书请教，求其指明，任老不到一周时间即回函详告。《朱良春用药经验集》出版，国医大师朱良春先生亲笔签名赠书于我。这些都鞭策了我，必须努力学习和传承中医药的宝贵经验。

我对待学术就是这样广泛涉猎，并在实践中不断去探索领悟，并以自己的行动为学生做榜样。

作为全国学术继承人导师，我对每批学生都严格带教，除了每周 2 次抄方、查房、会诊的传授，每月定时讲课 1 次，每次讲课前提前十几分钟到场，并把学生的茶都沏好等候，因而学生也从不敢迟到 1 分钟。我对学生的要求十分严格，要求背诵有关古籍经文和方剂，并定期考核。学生发表我的学术经验论著，我总是逐字逐句修改，有时要修改 3～4 遍才能定稿。我还常常购买医书送给学生，鼓励他们学习成才。

我还在当科主任时，每周定期进行小讲课，讲授医学新进展、临床经验等，还每月必考，病房中遇见危重病人抢救，每天晨会后半小时开会商讨，要求大家（实习学生、主管医生、病区中的其他医生）提出对患者病情变化的治疗对策，最后，由我再集众人之智慧制定出抢救方案，有时我还要为主管医生指导如何书写危重病的记录，并对书写内容进行一一修改。

四、学术成就和经验简介

（一）提高脑中风抢救成功率，探索证治规范，创制专病治疗之主方

在临床治疗和科研工作中，我始终把多发病、危重疑难病作为重点研究课题，从20世纪80年代初我就在王永炎院士带领下参与制定了脑中风病的证治规范、诊疗标准，30多年来我对中风病取用痰瘀同治法获得显著疗效，中风危重急症抢救成功率也较高。20世纪80年代初，新疆草原研究所所长向其本突发急性脑干大面积出血，我带领全科医护人员经过连续30多天的抢救，攻克了该患者病程中高热持续不退、昏迷不醒、呼吸衰竭、心力衰竭、心源性休克、应激性溃疡出血、失血性休克（先后输血3000多毫升）等一道道难关，患者终于苏醒了。后来经过半年的康复治疗后生活基本自理。一名女性患者，脑干多发性大面积梗死，呼吸停止，昏迷2个多月，经我救治获痊愈，现生活已能自理。旅游来新疆的台商脑干多发性梗死，神志欠清，嗜睡，吞咽困难，语言不利，经治20多天痊愈。

我救治脑中风的经验有以下几点：

1. 脑出血昏迷期，证属出血性脑中风中脏腑阳闭证的，目前有的学者主张采用破血化瘀、泻热醒神、化痰息风法，但也有人认为应用活血化瘀药，尤其是破血化瘀药，会对机体的凝血机制产生影响，可使病情加重或引起再出血。我早在20世纪80年代初开始，就给病人灌服并沿用至今的三七粉，或静点三七注射液（今有同类药物脑明注射液，主要成分为三七皂苷），此类药物既有止血功效，又有祛瘀作用，无论是缺血性中风，还是出血性中风皆可用之。辨证阳闭者可加用安宫牛黄丸，阴闭加用苏合丸。

2. 安宫牛黄丸、苏合丸均为脑中风急救时开闭的常用药，一般用量为1丸，每日2次，但我主张服用剂量为1丸或半丸，可每日3~4次，严密观察病情演变而调整剂量，如服用量少或服用次数不够则缓不济急。

3. 抢救中随时注意证型演变，应注意闭中夹脱的现象。如原证候汗少、小便不多转为汗多、小便频数或失禁，脉象还未出现微细时，即认定为闭中有脱，急当加服西洋参30g，浓煎灌服以防全脱。

4. 中风阳闭当见痰火盛，痰热瘀结不解，肠腑燥结壅滞，腑气不通，大便

秘结。急当通腑泄热，取生大黄粉6g灌服。如服后大便仍不解，次日再加枳实10g，莱菔子15g，浓煎后和大黄粉一起服用，大便即能通解，这样腑气通，气机宣达，痰化热清，瘀渐消，也有促进苏醒的作用。现代药理药效研究表明：大黄具有疏通血循环、排除有毒物质和利尿消肿、降低颅内压等功效，从而能改善中风病的危重征象，这对降低病死率有积极作用。

5. 脑中风昏迷危重症救治时，给药途径当取多种方法，因为救治疗效与给药途径关系极大，尤其出现脑水肿颅内高压时，必须依靠西药脱水剂静脉给药。在抢救中，我们加用醒脑静或清开灵注射液静脉注射，必要时还可用中药保留灌肠，针灸疗法对抢救成功率的提高是极为有效的。

6. 脑中风见脑水肿时，应用甘露醇、速尿等脱水剂来防止发生脑疝十分重要。应用脱水剂的剂量和疗程不必拘于一格，只要严密观察水、电解质的平衡和肾功能情况，随病情演变而谨慎调整剂量。我们在临床中遇有一名脑干出血危重病人，应用甘露醇、速尿等脱水剂1个月，每日脱水治疗少则1次，多则3~4次。我们按上述方法和治疗措施持续近30天，抢救成功，目前仍健在，生活基本自理。

7. 中风患者病情危重时，常见痰声辘辘或痰黏胶着，这时必须及早行气管切开术，加强配用涤痰方药或配用必要的西药气管内滴入帮助排痰。临床实践证明，凡符合气管切开术适应证的患者，应当机立断，及时切开，对改善机体缺氧状态、促进康复均有积极意义。我院中风病危重患者，凡是及时配用气管切开术抢救者大多数幸存至今。

8. 提高抢救成功率，必须善用现代科学工具。脑中风昏迷危重症除了严密观察舌象、脉象和全身症状、体征，采用传统的有效中药救治外，应用现代医学检测手段和抢救措施甚为重要，如取用CT检查见出血灶甚大，而符合外科手术指征者，应及时采用手术治疗，可降低病死率。中风危重症，随时可出现多脏器衰竭危重症。故入院后及时采用心电、呼吸、血压等监护器，进行血气生化检查，通过这些监测手段及时采取必要的预防措施，有利于防止严重并发症的发生。

我几十年来在抢救其他内科危重急症，如急性心肌梗死，肺心脑病，或各类出血病证都能够最大限度地发挥中医中药优势，同时取西医西药抢救的先进措施，保证了较高的抢救成功率并探索了内伤急症的病机和治则。

20 世纪 80 年代初，卫生部组织的中医内科急症学习班上我提出内科杂病的急症大多起病急，在脏腑气血功能失调的基础上，诱因乍加，引起证候的急剧演变和加重，导致脏腑气血功能严重受损和亏耗，终致出现多种多样的危急证候。根据脏腑相关、阴阳互根和气血同源的整体观点分析，虽然这些内伤急症的病因不同，证候各异，但病情发展到危急重笃的阶段，往往导致气机的逆乱，阴阳的离决。这种气机逆乱不像温病急症那样随邪毒进出的传变规律，病程中要详审阴阳气血平衡失调的严重程度作为辨证的依据。临床上将这些气机逆乱可初步归纳为以下几种：①心气闭塞，神失所用。②阳气暴涨，肝风内动。③痰阻内聚，肺气上逆。④肾气亏损，水邪泛滥。⑤胃气衰败，拒食绝谷。⑥阳气衰微，四肢厥逆。⑦血不循经，内溢外泄。⑧气化不能，尿少尿闭等。这些气机逆乱的内伤急症，可概括为卒中昏迷，虚脱厥逆，痰鸣气阻，大量出血，呕恶厌食，少尿无尿等。此类急症，纯虚之证较少，虚中夹实者多，当时呈现邪实危重者尤多。在病情加重时，累的脏腑多非一脏一腑，常见病及两脏以上，故其急症的临床表现多随所损伤的脏腑不同，证候特点也不同。但气机逆乱所致的瘀滞，则是内伤急症不同证候的共同病理反应，所以治疗内伤急症，除了注意扶正防脱外，适当注意采用行气、活血、利水、逐饮、化浊等祛滞通瘀的治法，或单用，或并用，使其瘀滞得去，方可使其气机逆乱的急症得缓。当时我们的班主任，重庆中医研究所中西医结合大家黄星桓教授将我的发言稿整理发表于《上海中医药》1983 年第 10 期。

我在临床中善于分析探索，抓住了辨证中的关键，将一些老年心脑血管疾病的辨证体系进行了初步规范，在此基础上还拟定了一些专病的主方便于临床治疗。如将脑卒中分为风痰瘀血痹阻脉络、肝阳风动痰火瘀阻、阴虚瘀阻风动（或夹痰瘀阻风动）、痰热风火内闭心窍、痰湿蒙蔽心窍、元气败脱心神散乱，除了元气败脱当急于救脱，其他各型都取痰瘀同治法，取相应的方药加减治之。冠心病、心绞痛创立心痛宁方加减治之，还创制了益智治呆方治疗老年痴呆病，具有降脂功效的降脂汤，治疗癫痫的定痫汤，脑出血术后的醒脑开窍通络汤，治疗面瘫的面瘫宁方等，这些方药的制定都取用了痰瘀同治法。

（二）力倡中西医结合

我认为，中西医要融会贯通，必须先立足于临床实践研究，应该充分顾及二者之长，使二者在使用中浑然一体，发挥出更大疗效，进而形成新的治法，这是一种有机的结合，我在临床中取用中西医结合的方法有以下几方面体会：

1. 辨病和辨证相结合

通过西医的诊断确定西医的病名，中医确定中医的病名和证，集中西医之长，提高临床疗效。

临床中遇到一些疾病，例如肾病综合征，使用糖皮质激素治疗已见到一定疗效，尿蛋白已减少，精神、饮食情况均改善。但是病人出现面色潮红、口渴、失眠，此时激素不能骤停。我给予病人育阴潜阳、补肾宁心之中药配服，上述症状明显改善，以后激素逐渐减量，半年后停用激素，单用中药巩固调治年余而愈。一患者患类风湿关节炎、糖尿病，使用镇痛消炎类西药后胃胀、纳少，经加用中药健脾和胃之剂后上述症状消除。我在肿瘤病的治疗中与肿瘤医院共同合作，配用中药消除放疗、化疗不良反应，从而增强了抗癌治疗的疗效。放疗和化疗也是现代医学治疗肿瘤的重要手段，然其不良反应较大，甚至有的病人因此而被迫中断治疗，配用中药对消除不良反应、保证完成疗程起着重要作用。化疗过程中患者常出现发热，放疗后局部皮肤灼热疼痛，并出现烦热，皮肤干燥，口干舌燥，有的病人在治疗过程中抗病力弱，常发生继发性感染而发热，这些皆因热毒内蕴，气阴不足所致，此时可采用清热解毒佐以益气养阴之药除热邪扶正治之。

20世纪80年代初，一鼻咽癌患者接受钴60放射治疗，但在即将完成疗程时，患者出现咽痛，牙痛，口干舌燥，五心烦热，进食困难，无食欲，舌质光红欠津，转来我院诊治。治以养阴益气通络。处方：沙参13g，玄参10g，生地10g，麦冬10g，天花粉10g，太子参10g，连翘15g，桔梗10g，丹皮10g，赤芍10g，鸡血藤10g，山楂13g，陈皮6g。服用6剂后，咽痛、牙痛之症很快消除。复诊加赤芍10g，坚持服用中药。原方服用1个月，患者坚持完成了放疗治疗的原定疗程。这说明配合中药治疗，可消除放疗、化疗不良反应，而且中药还可调整机体的脏腑功能，提高细胞免疫调节功能，对巩固疗效、防止肿瘤复发有积极作用。

患者在化疗或放疗过程中，还多见骨髓造血功能抑制而出现白细胞计数降低，血小板减少，消化功能紊乱，脘腹闷胀，食欲减退，恶心呕吐，机体严重虚衰等较严重不良反应。如一晚期乳腺癌术后患者，加用环磷酰胺、甲胺蝶啶等抗癌药物治疗，疗程中白细胞减低至 $2.9 \times 10^9/L$，头晕乏力，纳少，舌暗淡，苔薄腻。我应邀会诊，采取益气健脾，和胃通络法调治。处方：生黄芪 10g，太子参 10g，白术 10g，茯苓 10g，砂仁 6g，炒苡仁 30g，法半夏 10g，代赭石 13g，旋覆花（布包）10g，山楂 13g，麦芽 10g，鸡内金 10g，炙甘草 6g。服药 1 周后，患者恶心呕吐消失，去旋覆花、代赭石，加鸡血藤 13g。服药 1 个多月，患者全身症状明显改善，食欲大增，体重增加 2kg，白细胞升至 $4.9 \times 10^9/L$，遂恢复化疗，顺利完成了预定治疗计划。

然而，中医治疗目前为止并不是完美无缺的。例如：抢救"三衰"措施还不够得力，给药途径单一而不利于急救，因而在临床中应用中医药治疗时采用一些西医疗法是必不可少的。我在抢救脑中风并发脑水肿时必加用西药脱水剂，必要时行气管切开，胃管插入保证了中药和营养的吸收。这些都是抢救成功的必要措施。

2. 中医理论指导下吸收与应用现代科学理论，巧妙配伍用药，研制开发新制剂

我在临床处方用药中常参照某些中药已被现代药理药效试验所证实的疗效，现介绍我结合中医理论，吸收运用现代科研成果，巧妙配伍用药的实例。如脑动脉硬化、耳源性眩晕、脑震荡引起的眩晕，辨证见有痰浊瘀阻证，常以川芎和泽泻配伍之，取川芎辛窜走上通达脑窍，泽泻降浊阴。重用山楂或再配伍乌梅用于治疗萎缩性胃炎，不但可增加胃液酸度，增强消化功能，又取山楂通络之功效促进胃黏膜增生。但对消化性溃疡患者，我处方中一般不用山楂，因为山楂增加酸度对溃疡不利，胃脘痛患者，虽有不泛酸者，但胃中灼热，而无其他胃热证候，我认为是胃中酸度太高、烧灼黏膜所致，常辨证取用煅瓦楞、海螵蛸、海蛤壳来制酸，胃中灼热即止，胃痛也宁。冠心病、心绞痛为血瘀作痛者常取用具有扩张冠状动脉增加其血流量、降低其心肌耗氧量又能降血脂并具有强心作用的丹参、当归、红花之类药物，从而达到养心通络之效。高血压病阴虚阳亢患者常配用既能降压又能平肝息风的天麻、钩藤、决明子等，辨证又见肾虚为主者常取用补肾而又能降压之杜仲、桑寄生、怀牛膝等。出血性脑中风手术其手术指征甚为严格，术中难免有皮层损伤，有碍功能恢复，致残率较高，按照中医学"离经之血为瘀血"，出血导致血瘀，血瘀又可招致出血，我早在 20 世纪 80 年代初抢救脑中风患者时就注意辨证选用三七粉这一既活血又止血的双向作用中药，对出血性中风和缺血性中风用之不但安全而且能取得较好疗效。现在我又创制了醒脑开窍1号，应用于脑出血术后患者，方中必配用三七粉和其他开窍通络药，促进患者早日苏醒。

我带领新疆维吾尔自治区中医医院中风病科研组人员几十年来全面细致地对中风病进行了临床研究，在中医理论指导下，借鉴现代临床药理学的方法研制出系列脉通片，应用于治疗中风病30余年，疗效显著。20世纪90年代初，我又采用当地丰富的维吾尔民族药——新塔花开发研制用于防治心脑血管疾病有较好疗效的西红花康复液，深受患者喜爱。

3. 痰瘀同治学术思想应用于老年心脑血管病

我在20世纪70年代末对老年心脑血管疾病的苔脉征象进行了长期观察分析统计后发现，这些患者的舌脉征象显示了血瘀和痰浊与其发病密切相关。我又发现，老年患者气血和五脏渐见虚损，津液输布失调，气血运行受阻，易致痰瘀同病。后又参阅了古今大量中医药文献，结合新疆地理环境、老年人饮食生活特点等多方面探索研究，提出了老年心脑血管疾病应该采用痰瘀同治法，还提出了在临床中取用痰瘀同治法当注意的一些问题。例如，强调痰瘀同病必须采用痰瘀同治法的同时还当分清痰和瘀在病程中的主次，辨别痰瘀同病之病位所在。痰瘀同治还当分清标本、寒热、虚实；痰瘀同治还应配伍理气药以助祛痰化瘀；取痰瘀同治法治疗还需注意饮食宜忌，方能获效。2000年初出版《沈宝藩临床经验辑要》和其他几本专著，其立题的主要内容都是老年心脑血管疾病当取用痰瘀同治的学术观点。当《世界中医药》杂志创刊邀约我的论著时，我写了《应用古方治疗脑中风的再认识》，发表于《世界中医药》杂志2007年第一期，现摘录于下：

（1）取用古方治疗脑中风特色举要：肝阳风动，痰热瘀阻之脑中风可取用天麻钩藤饮加减治之。方源为《杂病证治新义》（组成：天麻、钩藤、石决明、山栀、黄芩、杜仲、益母草、川牛膝、桑寄生、首乌藤、朱茯神），有平肝息风，滋阴清热之功效，为加强痰瘀同治之力度当加丹参、赤芍、丹皮等清热凉血通络药和清热化痰、润燥化痰之品，如贝母、郁金、瓜蒌、花粉等。原方中黄芩、山栀为苦寒药，易伤阴，可不用。此证型见热象和风动证候也常为阴虚生热，阴虚阳亢生风，可多用生地、玄参、鳖甲、龟甲之类滋阴清热，潜阳息风之品，这才确切符合天麻钩藤饮原方之本义，肝热确较甚则可选加夏枯草。

取用此方临诊见肝热重大便秘结时，我常用甘苦微寒，清肝明目，润肠通便之决明子易石决明。决明子按药理药效报告具有降血压、降血脂的作用，这对防治血管硬化与高血压也有一定疗效。天麻钩藤饮用于治疗痰热风火内闭心窍证时应加大清风火开闭之力度，可加用羚羊角粉以助清肝息风之功效，选加胆南星、竹沥、郁金、贝母之类清热开窍涤痰药，加用安宫牛黄丸，静脉滴注清开灵注射液是必不可少的。

风痰瘀血痹阻脉络之脑中风可取用《医学心悟》之半夏白术天麻汤加减治疗（原方为半夏、白术、天麻、陈皮、茯苓、甘草、生姜、大枣）。为加强活血祛瘀之功效当选加当归、红花、川芎、三七等温经通络药。痰湿较重可选加菖蒲、制南星、远志、苍术、炒薏苡仁等燥湿化痰，健脾利湿之药，按《金匮要略》泽泻汤之方义必须取用泽泻伍之。临证中当治疗脑动脉硬化症、脑震荡后遗症、耳源性眩晕等证属风痰瘀血痹阻者，也可取半夏白术天麻汤加用泽泻与川芎，因为川芎为温经活血通络药，其辛窜走上通达脑窍，泽泻可降浊阴，以助清阳之气的升举。药理药效实验证实，川芎具有改善脑膜和外周微循环、增加脑血流量、降血脂、降血压、抗动脉硬化之功效，泽泻能降低血脂并改善内耳迷路水肿，抗动脉硬化，这样对改善头晕症状均有良好效果。取用半夏白术天麻汤治疗风痰瘀血痹阻脉络之脑中风时，应当弃用原方中的甘草、大枣，以防助湿壅气生热令人中满。痰湿瘀阻，蒙蔽心神之脑中风阴闭证，半夏白术天麻汤缓不济急，必须配服苏合香丸，并当加用涤痰开窍之药，还应当选用其他对证之开闭急救药物。

《医林改错》之补阳还五汤（组成：黄芪、归尾、赤芍、地龙、川芎、桃仁、红花），我常应用于脑中风恢复期气虚血瘀，痰阻脉络的证型，经药理药效证实本方能增加血小板内环磷腺苷的含量，抑制血小板聚集和释放反应，抑制血栓形成和溶解血栓，以改善微循环和促进侧支循环的建立，还具有增强机体免疫功能的功效。但应注意到，这类患者不但气虚血瘀，而且脏腑虚损，水液输布功能也日益衰减，水液输布失调，易致痰浊滋生。治疗时原方中应适当加用健脾化痰药，语言不利时尤当加用菖蒲、远志、郁金等开窍化痰之品，还可取牛膝伍之以补养肝肾，促进气血上下贯通，可增强祛瘀通络之力度，促进上下肢体功能的恢复。

关于方中益气药黄芪之用量，原方用120g，此剂量为其他6味活血化瘀药总量之和的 5 倍多，原方组成之意是重用黄芪取其力专性走，周行全身，大补元气，气旺则血活，血活则瘀除，这样气血流畅才能濡养筋脉，经脉宣通则瘫痪的肢体功能得以恢复。我认为，黄芪用 30~45g 足够，使用时最好从 15g 左右开始，以后逐渐加大剂量较为稳妥，此方应用中如出现胃脘痞满可适加陈皮、炒枳壳、砂仁等理气醒脾和胃之品佐之。当伴见阴虚者应加生地、元参、麦冬等养阴药，另外，原方中各味活血药应适当加大至 10g，如此稍加大用量不会耗气伤血，却能加强化瘀通络之效。

我院脑中风科研组以上述三方为基本药物组成，结合临床应用经验，经过多次的药物筛选，按照药剂制备工艺的要求制成了系列脉通片（补气脉通片、平肝脉通片、化痰脉通片），应用于临床疗效显著。补气脉通片有益气健脾通络之功效，可应用于气虚血瘀，痰阻脉络之中风病恢复期患者。化痰脉通片具有燥湿化痰，息风通络功效，主治风痰瘀血闭阻脉络的中风病患者。具有平肝息风，清热化痰通络功效的平肝脉通片用于主治肝阳风动，痰热瘀阻的中风病患者。

治疗中风病应用上述古方时还当注意以下三点：①当病程较久，可辨证适当选用虫类药，如水蛭、全蝎、蜈蚣之类搜风通络药，以提高临床疗效。我研制的系列脉通片，配方中均配用水蛭、地龙之类药物。②各方中都应配用理气药，在天麻钩藤饮中常配以枳实等降气行气药，半夏白术天麻汤加用燥湿化痰行气药。补阳还五汤中多加用益气行气之品，这样气机调畅，气行血行，从而达到痰化瘀除风平之功效。③当缺血性中风或出血性中风初诊不能确定时，可配用化瘀止血药三七粉，这很有必要。

（2）病案举例

病案 1：王某，女，58 岁。2001 年 8 月 4 日初诊。

高血压病已多年，长期服用降压药治疗，近日劳累又与同事发生争吵，猝然昏仆 3 小时，前来急诊治疗。右侧偏瘫，喉中痰鸣，口臭，面赤气粗，时而四肢抽搐，大便已 3 日未解，舌暗红，苔黄而燥，脉弦滑数。血压 165/105mmHg，CT 示左侧内囊脑出血。

证属痰热风火内闭清窍，取清肝息风，涤痰开窍，通腑泄热之法。

处方：羚羊角粉（冲服）1g，钩藤 15g，生石决明 30g，决明子 15g，胆南星 6g，郁金、枳实、僵蚕、贝母、赤芍、丹皮、夏枯草、天麻、牛膝各 10g，大黄粉（冲服）5g。

水煎服，每日1剂，分2次灌服。

安宫牛黄丸，每次1丸，每日3次灌服。清开灵60mL，每日2次，静点。

患者下午即大便2次，抽搐止但仍有躁动，原方去大黄粉，其他治疗方药不变。第5天，患者苏醒，舌苔薄腻，舌暗红，上方去胆南星、僵蚕、贝母，加地龙9g、丹参10g。停用安宫牛黄丸和清开灵注射液。继用上法按证情演变加减调治20余天，患侧下肢已能伸动，然语言欠清晰，血压尚平稳，150/90mmHg，嘱回家常服平肝脉通片，每次6片，每日3次，卡托普利25mg，每日3次，加强康复锻炼。2个月后患者基本痊愈。

病案2：陈某，男，61岁，干部。2000年6月15日初诊。

就诊当日清晨起来即摔倒于地，神志清楚，然左侧半身不遂，患者上肢仅能左右移动，下肢痿软无力，头晕，胸闷，身困，血压158/98mmHg，两侧瞳孔等大。经CT证实为右侧脑梗死。苔白腻厚，舌暗，脉弦滑。

中医诊断：中经络（缺血性中风）。

证型：风痰瘀血痹阻脉络。

处方：天麻、茯苓、半夏、炒白术、橘红、菖蒲、川芎、红花、牛膝、络石藤各10g，泽泻13g。

水煎服，每日1剂，分2次服用。

化痰脉通片，每日3次，每次6片，口服；卡托普利25mg，每日3次。

二诊：头晕，胸闷减，苔厚腻，原方加厚朴10g、地龙10g。其他中成药、西药降压药继续服用。

上方按证候改变，守法原方适作加减。治疗近1个月，头晕、胸闷均宁，已能扶拐行走，然身困乏力，舌体胖大，苔薄腻，脉弦细，现风已平息，痰去大半，病久已体虚。改为服用益气健脾、化痰通络之补气脉通片。中药补阳还五汤加用健脾化痰药治疗月余，身困乏力明显改善，能自由行走，嘱近期继服补气脉通片、卡托普利巩固调治。

病案3：陈某，男，59岁。1998年9月15日初诊。

2个月前突然昏倒于地，急送某医院救治，经脑CT检查确诊为脑出血（左侧内囊部位），就诊时右侧半身不遂，语言謇涩，气短，周身乏力，口角时有流涎，饮食二便正常，脉细弱，舌质暗，苔滑腻，血压150/90mmHg，心肺无异常，腹软，肝脾未触及，无病理反射引出。

治法：益气健脾，化痰通络。

处方：生黄芪 15g，茯苓 13g，当归、红花、川芎、地龙、桃仁、菖蒲、郁金、远志、牛膝、络石藤各 10g，橘红 6g。

另予补气脉通片，每日 3 次，每次 5 片。

上法治疗半月余能扶拐行走，身困乏力明显减轻，已无口角流涎，苔薄，脉仍细弱。上方生黄芪加大至 20g，加炒白术 10g，去橘红。嘱病人加强康复锻炼，又经月余，患者语言已较清晰，能弃拐杖自由行动，血压稳定，脉细弱。上方黄芪增大至 30g，去菖蒲、远志，加丹参 10g，再配服补气脉通片，嘱患者注意调摄，以防卒中。

总之，我深刻体会到要为中医药事业的发展做贡献，我自己仍要加强学习，努力做好传承工作，要在做好扎实的传承工作基础上实现创新。50 多年来，我刻苦学习，为中医药事业的传承发展做了一些工作，取得了一些成绩。

中国科学院院士、中国中医科学院首席研究员陈可冀赞许我："沈宝藩是我国著名的中医药学家、中西医结合医学家，学术精湛，兼通中西医学，临床经验丰富，功底深厚，为人谦逊，讲求诚信，在海内外享有盛誉，终其一生从医从教于边陲新疆，勤勤恳恳，尽心尽责，伟岸正直，不计劳苦，为我国中医药及中西医结合医学在西北地区的传播、教育研究、发扬及临床医疗服务，春风化雨，做出了极大的奉献。"中国工程院院士、中国中医科学院名誉院长王永炎教授为《沈宝藩临床经验集》作序，夸赞："沈学长响应国家号召到新疆工作，历数十年，服务边疆人，勤奋敬业，成就卓越，确系吾辈学人之楷模，沈学长性格爽直，待人谦和宽厚，肯为团队献身，尤其是淡定淡雅的品德学风，实令人钦佩。"

（王先敏、王晓峰、洪军、王静协助整理）

张发荣

张发荣（1935—　），男，汉族，出生于重庆市，中共党员，1957年考入成都中医学院，1963年7月毕业后一直留校承担临床、教学、科研工作。1986年晋升为教授，先后担任成都中医学院教务处副处长、中医内科教研室主任、附属医院大内科主任。为博士研究生导师、享受国务院政府特殊津贴专家、四川省首届名中医、四川省优秀教师、劳动模范。1993年起连续三届当选为中华中医药学会糖尿病专业委员会副主任委员，1992~2008年担任四川省中医药学会糖尿病专业委员会主任委员等。自2004年5月起至今受聘美国俄勒冈东方医学院客座教授，2010年被该校授予荣誉博士学位。2014获中华中医药学会中医药学术发展成就奖，2016年获四川省医药卫生终身成就奖，2017年被国家人力资源和社会保障部、国家卫生和计划生育委员会（现国家卫生健康委员会）、国家中医药管理局授予"全国名中医"称号。

张发荣教授是中医科研的开拓者，他以"他山之石，可以攻玉"的心态，将现代科学融入中医药的研究中，主持研究省部级以上课题17项，发表学术论文70多篇，主编、合编《实用中医内科学》《中医内科学》《中西医结合糖尿病治疗学》《中医学基础》《中西医结合脑髓病学》《中医内科津梁》等学术专著14部。张发荣教授临床中强调病证结合，在糖尿病等内分泌系统疾病上的造诣颇深。

张发荣教授是全国首届名中医，我们作为他的学生，耳濡目染，感受到张老是一位发皇古义、融会新知、朴实无华、桃李不言、下自成蹊的岐黄名家。张老临证医疗，秉持大医精诚，对病患关怀备至；处方用药，切合病机，不拘泥经方时方；传道授业，德清风正，春风化雨，学子多成英才；传扬国医，勇于探索，积极创新，取得丰硕成果。他长期担任美国俄勒冈东方医学院客座教授，在该校 8 个博士班主讲中医内科，并指导临床实践，其中医名家风范，蜚声海外；他具有儒医功底，擅应用唐诗宋词和传统楹联体例，讴歌岐黄文化源远流长，推动中医事业的发展。由他策划，四川省中医药管理局杨殿兴、田兴军主编的《中华医药史话》，以及他的诗词楹联专著《杏林诗书》，均已由中国中医药出版社出版。

现根据张老的相关资料，将其所走过的岐黄历程和主要成就整理于后。

一、家门不幸，始生岐黄之心

张老出生在重庆北碚的农村，父亲家兄弟 4 人，都是很好的劳力，在当时的社会条件下，生活还算过得去。可是在他开始记事的时候，父亲以及兄弟几人接连病倒，后经多位医生诊治，病情皆未好转。其实，他们得的都是一种病——肺痨，也就是现在所说的肺结核，在当时是无药可医的绝症。张老回忆，他的父亲还被抬到附近的煤矿医院去开了一次"洋荤"——照电火（拍 X 光片），可是，不久后还是抱病而去。后来，家族中共有 8 人相继患病去世。目睹这悲惨的情景，他感到非常痛苦、无助。从那时起，他就立志长大后一定要学医。

1957 年，张老中学毕业，高考分数达到了大学录取分数线。当时，只有师范学院和中医学院免收伙食费。考虑到家中的经济条件以及自己儿时的志向，张老毅然选择了中医学专业。就这样，他踏上了 60 年的中医之路。

张老在成都中医学院完成了学业之后便留校工作，由于勤勉认真、成果颇丰，他从讲师直接被破格提拔为教授，并在第一个教师节被评为四川省劳动模范。他回首人生历程，常因选择学习中医专业，能为人类健康事业尽绵薄之力，实现了幼年时的愿望，而深感荣幸。

张老矢志岐黄的经历不禁让人想起医圣张仲景的从医经历："感往昔之沦丧，伤横夭之莫救"，遂"勤求古训，博采众方"，而后才有了《伤寒杂病论》的鸿篇巨制。正所谓"人生有大愿力，而后有大建树"，张老正是有发扬中华医药，救治天下苍生的鸿愿，才得以有今日的成就。我们青年学子亦当培养自己的医者情怀，从而使心志宁静平和，医技纯熟精湛。

二、扎根临床，方得临证精髓

张老认为，中医的灵魂在于疗效，他在长期的临床实践中，总结了对多科疾病的诊疗经验，其中对糖尿病、脑血管病、温热病、肾病及疑难杂症等进行了深入系统研究，遣方用药，别具特色，辨治精准，屡起沉疴。现将张老临证精华中较为特色之处予以总结。

张老自 20 世纪 80 年代开始从事中医药治疗糖尿病的相关研究，是该领域研究的先驱。他发皇古义，勤求新知，经过长期的摸索，在理论认知与治法方药上都有很多创新与提高。他认为，中医药在治疗糖尿病方面的优势主要体现在：

1. 整体性

整体性即从体质角度认识患者，从全身出发对疾病进行剖析，此优势尤其适合糖尿病这种全身性疾病的辨治。

2. 人文性

中医药强调患者症状的改善，既可补充西医虽降糖效果好但症状改善不明显的弊端，又可提高患者的生活质量。

3. 治未病

中医药通过全身调理，补益正气，化瘀通络，可明显减缓并发症的出现。他在长期的医疗实践中，创立了糖尿病"阴虚燥热，耗气伤津，阴损及阳，阴阳俱损，热瘀互结贯穿始终"的病机学说，丰富和发展了糖尿病中医证治理论。针对糖尿病并发症，提出了"治消渴，补脾肾；益气阴，清虚热；通瘀络、虚瘀并治"的治疗原则。

在糖尿病本病的治疗上，他特别强调"紧扣病机、三因制宜""祛痰化瘀、尤重脾肾"以及"发掘优势、中西合参"的重要性。比如在"因地制宜"的问题上，张老在蜀中行医六十载，对四川盆地的气候特点、饮食起居，甚至居民人格特点皆有着深刻的体会，"因地制宜"的思路在处方用药中体现得非常明显。成都由于地理环境的特殊性以及长期受到亚热带暖湿气流的影响，湿气积聚不易散发，冬季寒湿为甚，夏季湿热酿生，再加上成都人喜食火锅等肥甘厚味之品，易使湿邪蕴结中焦，困阻脾胃，脾胃受损，则更不易运化水谷，久而湿郁化热，形成了湿热困脾的体质特征。故张老在临床辨治糖尿病的过程中，常将祛湿除热作为核心环节，以葛根芩连汤合平胃散作为基础方进行治疗，取得了很好的效果。

前文所述诸多糖尿病辨治原则，终究是要落实到治法上。对于糖尿病的治疗大法，张老总结出"消渴治疗九法"，即益气养阴法、清泄燥热法、健脾化湿法、培元固本法、补益气血法、固摄精气法、利尿消肿法、活血化瘀法以及通络止痛法。在益气养阴的治法上，张老对于参类药物的把握颇具心得，针对糖尿病患者，西洋参为最佳，益气力强，兼能养阴，补气而无温燥之性，且有使气安静而不妄动之效。若讲求经济实惠，临床以太子参最为常用，效果与西洋参相似，唯补气之力稍弱，常用至30g。红参与生晒参偏温，最适宜气阴两虚兼阳气不足者，阴虚而热象明显以缓用为宜。

张老临床辨治疾病，充分体现了一个"活"字，他不拘泥于药物治疗，只要对患者病情改善有好处，他都会告诫患者。这其中常用到的方法有食疗、茶饮、坐浴、药酒、运动、情志调节等。比如，治疗糖尿病肾病水肿蛋白尿较重者，针对其气虚衰的病机特点，采用进食精蛋白为主的饮食疗法，用黄芪、枸杞、地骨皮煎汤煮鳝鱼，使不少患者病情得以控制甚至逆转。"活"法的运用更在张老的辨治思路上体现得淋漓尽致，他曾会诊一例清营汤证患者，药证吻合，似应取效，但患者服药即吐，众皆棘手称难。他诊后嘱原方中加炮姜、肉桂，结果患者服后不吐，取得良效。他曾诊治重庆某老年患者的中风之疾，在西医治疗无效的情况下，经他用中药治疗，获得神奇疗效。有很多癌症、重症肾病患者，在他的治疗下，目前仍生活得很好。之所以有如此出众的临床疗效，和张老在临床中针对患者个体情况，活学活用的辨治法密不可分。

三、他石攻玉，科研成果斐然

张老重视中医科研。他的科研思路重在于继承中发扬，在发扬中提高，以临床为中心，选题紧密结合临床实际。他认为"他山之石，可以攻玉"，应借用现代科研方法，深入学术前沿，不断探索前进。他为中医走向科学化、现代化进行了许多开拓性工作，取得丰硕成果。

虽然现代科学研究的思维模式来源于西方，但张老认为，中医科研应该有自己的思路，而不是让现代医学牵着鼻子走。首先，中医应充分认识到自身的特色与优势，只有找准了自身的定位，才能找到合理的切入点进行科学研究。其次，中医科研要找到适合自身的评价指标，比如将"证"的理念糅合进评估体系中，对科研效果进行多元化评估。最后，要找准中医与西医的结合点，应该在充分认识中西医两套认知模式基础之上进行相关工作，从而让科研成果更大限度地惠及大众。在这些科研理念的指导下，他主持、主研省部级以上课题17项，15项获省部级科技进步奖（均为第一主研或主研），成果达到国内先进水平。

四川省科委项目"中医肾虚证与细胞免疫功能变化关系研究"荣获四川省科技进步三等奖。

四川省中医药管理局项目"应用仲景学说指导治疗感染性高热研究"获四川省科技进步二等奖。

四川省教委项目"补肾法对肾虚证双向调节作用研究"获四川省科技进步二等奖。

国家中医药管理局项目"提高高等中医院校中医专业本科教学质量多因素分析"获四川省教委优秀教学成果一等奖。

"《景岳全书》整理研究"获四川省科技进步三等奖。

国家自然科学基金项目"逐瘀化痰口服液治疗急性脑出血的临床及实验研究"获四川省科技进步二等奖、国家中医药管理局科技进步二等奖。

"散寒解热口服液的制备及治疗外感发热证研究"获四川省科技进步二等奖。

"糖复康治疗2型糖尿病及2型糖尿病脂代谢紊乱的临床与实验研究"获1994年四川省科技进步三等奖。

"2型糖尿病中西医结合防治方案及其农村推广应用研究"获四川省科技进步三等奖。

积极支持并亲自参与的"优糖明中药复方治疗糖尿病视网膜病变的研究"获四川省科技进步一等奖。

此外，张老还格外重视中医药知识的集成与推广。1979年，他参加第一届中华中医药学会组稿审稿工作的3个月里，与著名中医战略家侯占元（原成都中医学院副院长）、中西医结合大家黄星垣（原重庆中医研究所所长）一道，筹划发起编写《实用中医内科学》，当即得到原上海中医学院院长黄文东、卫生部副部长胡熙明的全力支持，并对该书的问世做了积极贡献，此书现已成为中医内科学术界影响深远的鸿篇巨制。此外，还独著、主编、参编《中医内科学》

《中西医结合糖尿病治疗学》《中医学基础》《中西医结合脑髓病学》《中医内科津梁》等学术专著 14 部。

四、开拓创新，助力学科建设

张老 1974 ~ 1995 年一直担任学院和附属医院大内科副主任、主任（1982 ~ 1985 年兼任学院教务处副处长），对学校和医院内科的医、教、研工作倾注了大量精力，大力促进了学校医学系与附院临床学科的有机结合，推动了学科的发展。在他的带领下，附属医院开始严格执行三级查房制度，规范科室行为准则，培养出的一大批业务骨干，成为中医内科临床的中坚力量，为学院及附属医院的科室建设和学术发展做出了不可磨灭的贡献。

在中医内分泌学科建设上，张老也堪称时代先锋。1990 年，他筹建四川省中医药学会糖尿病专业委员会，并担任主任委员，为全省开展糖尿病研究、防治工作做出了开拓性贡献。作为全国最早的中医糖尿病专家、中医内分泌学科的奠基人之一，他与同行合作率先建立了消渴病（糖尿病）中医分期辨证与疗效评定标准。在糖尿病的防治工作上，他强调综合防治糖尿病，以预防为主，积极开展该病防治科普工作，他指导拟定的 2 型糖尿病中西医防治方案在四川各地得到全面推广应用。

为推进学科更好更快发展，早在 1991 年他就提出建设"重点学科"设想并力促实施，促成在成都中医药大学附属医院中创办内分泌科，开展糖尿病等内分泌与代谢性疾病相关研究，培养了大批优秀人才，推动了成都中医药大学附属医院乃至全国糖尿病的研究工作。他辛勤工作，为成都中医药大学中医内科学成为省级重点学科以及国家中医药管理局重点学科，附院内分泌科成为国家级重点专科以及"国家糖尿病中医临床研究基地"立下了汗马功劳。

为了使相关学科以及糖尿病基地能够得到持续发展，张老亦开始在培养中医英才上下功夫。他以口头和书面形式建言献策，力推中医教育与中医学科结合发展。如 1972 年代表成都中医学院参加在武汉召开的中医教育工作会议时，提出了"理论联系实际，老中青结合，老专家亲自动手参与教材编写"的建议，为后来五版教材的诞生起到了推动作用。1982 年代表成都中医学院参加研究中医教育办学方向的"衡阳会议"，提出"中西并重，重在临床实践"的办学建议。他参加中医教材工作会议，强调"继承发扬，古为今用"等建议。他多次向学校、附属医院、省中医药管理局建议加强中医药文化建设，建议成立中医学会中医药文化专委会，为"文化强省"战略身体力行，添砖加瓦。

五、培养后学，医道薪火相传

张老是全国最早具有招收中医专业硕士、博士研究生资格的导师之一。招收指导的 47 名博士、硕士研究生遍布五湖四海，其中不少学子已成英才，成为中医学术领域的专家、教授、学者，优秀的中医专业骨干、学术技术带头人。2004 年起，张老受聘美国俄勒冈东方医学院客座教授，前后负责 100 余位博士研究生的中医内科教学和临床带习工作，受到师生广泛好评。2010 年，被该校授予荣誉博士学位，他是该校诸多外聘教师中唯一一位。张老现仍为全国老中医药专家学术经验继承工作指导老师，指导着学术继承人、全国优秀中医临床人才、四川省中医药管理局师承项目继承人、博士及硕士研究生。

张老桃李满天下。60 年的中医药工作中，讲授过中医基础理论、伤寒论、温病学、中医内科学等多门课程，手把手指导青年教师书写教案、开展教学研究，用其深厚的专业学术知识、丰富的临床经验、良好的教学方法、高尚的教书育人风范和甘为人梯的献身精神，为中医药事业培养了一大批优秀人才。

他主持并参编的中医内科巨著《实用中医内科学》为公认的中医内科经典之作，几十年来一直是中医内科学教学、临床的重要参考书，影响了一代又一代中医人的成长。此外，他还主编了全国中医规划专科教材《中医内科学》等教材，以及《中医内科津梁》等学习及教学参考用书，为培养中医师资及人才做出了重要贡献。

在具体的课堂教学方法指导上，他特别强调以下四点：

1. 在继承与发扬的问题上，要找好平衡点，不能厚此薄彼，既要看到传统技艺中的闪光点，又要识得其中的疏漏与糟粕；既要充分学习现代科学知识，又不能在一味追求先进与创新的过程中迷失自我。用重继承，轻发扬，厚古薄今，甚至用颂古非今的观点指导中医教学，都是不符合中医学实际发展的、不利于活跃学生思维的，并且会影响教学质量的提高。

2. 在各门课程之间的关系问题上，特别强调应加强两者之间的融合，讲基础课要涉及临床，讲临床要涉及基础，推而广之，这一科要涉及那一科，那一科要涉及这一科。只有这样，学生才会有兴趣，知识才更容易融会贯通。但同时，这也构成了相互重复的可能性。故在联系的同时，还应抓住该门课程的重点内容进行教授。

3. 关于理论联系实际的问题，一是要注意教材编写，克服理论脱离实际，坚持教材源于临床，反对推理与臆测；二是要重视边教学、边实践，在教学见习和实习中学习知识；三是用典型病人于课堂示教，或放典型病人的录像，增强直观教学体验，从而让学生有更清晰的认识；四是结合书面的病案分析等，让学生理解老师的临床思路。

4. 关于个人经验与各家学说的问题，强调应重视讲稿的书写，应以教材为蓝本，贯彻少而精的原则，把基本概念、基本理论、重点、难点、易混淆需鉴别的地方，以及一些比较肯定的新观点、新概念一起写到讲稿中去，并按讲稿写出讲授提纲。此外，还应重视教学方法，应用活泼的、有启发性质的教学思路，使学生更能深入领会所学知识。

近些年，张老投身到师承教育之中，师承教育不同于课堂教学，所带的学生一般都有了一定的基础，有些还是业内著名的青年骨干。针对这批学子，他更重视学科探索、经验传承等方面的教学。一方面，他开设教学研究型门诊，约诊疑难病人，让学生参与讨论，启发他们理论联系实际，解决临床中的思维误区和辨治中的疑难问题，训练学生们的创造性思维；另一方面，他定期进行学术专题讲座，口传心授，毫无保留地传授自己的学术经验。这种带教方式，学生们反映有理论，有实践，可师可法，易学好用，张老自然也受到了广泛赞誉和爱戴。

"桃李不言，下自成蹊"，他的辛勤付出现已结出了丰硕的成果。张老现虽已83岁高龄，仍在为中医药事业贡献着力量，慕名前来跟诊学习的青年学子皆为他的医技折服，更被他这份执着与热爱所感染。正是有一批像他这样的大师默默付出，中医学才得以薪火相传，中医事业才得以枝繁叶茂，永葆生机。

六、寄情杏林，践行仁医大道

张老不仅医术高超，医德也十分高尚，他在自己的医疗实践中身体力行，践行着中医所提倡的仁医大道。张老始终以"全心全意为群众服务，竭尽全力解除百姓疾苦"为人生信条，侍诊左右，便能感受到儒者之风，感受到"仁爱"与"广博"。

张老医治病患，不仅强调汤药配伍得当，也十分重视与患者进行充分沟通。他认为，只有通过沟通，才能了解患者心里所想，才能断定其症状是否为心理问题的躯体反应，若疾病是心理障碍所致，就当加强心理疏导，而非一味地进行药物治疗。在帮患者打开心扉后，他还要与患者进行耐心交谈，并从家人、朋友的角度开导，从专业医师的角度进行健康教育，从一名老者的角度进行经验传授，患者听后，常觉心中释怀，虽未服药，病情已好了大半。

张老处方用药，不仅力求配伍得当，切合病机，还要考虑药物的口味、价格等问题。这些问题虽说常不为医者关心，但患者却常常在意，张老的药，不仅疗效好，还价格低、口味佳。为了能让处方口感较好，张老十分重视"矫味药"的使用，比如他常通过合理运用大枣、龙眼肉、桑椹、甘草等药物，来达到调整口感的作用；有些患者服用中药汤剂后易出现反胃等不良反应，张老也会建议患者试试口感更佳的膏方制剂。张老这里有太多的病人，经历了对中药由反感到喜欢的变化过程，不得不说这是张老用心处方的结果。此外，对于经济条件不宽裕的患者，他在开药时会非常关注药物的价格，争取让患者花最少的钱，达到最好的疗效。

张老非常喜欢中国传统文化，诗词歌赋样样精通，他常将中华传统文化比作中医学等应用学科的土壤，不去深入地研究土壤，单纯地学习土壤上开的花、结的果会是空中楼阁。张老平素喜欢吟诗填词，忙碌了大半生的他现将很多精力投入到中医药文化的整理与建设上，他常说中医技术固然重要，但长江后浪推前浪，学术经验不一定能对后世产生多大的影响，但中医药文化是中华文化的精髓，经过好好整理，定能对社会、对后世产生深远的影响。他将近年来所作诗词集合成册，著成了《杏林诗书》，现已由中国中医药出版社出版。除了平素的工作之外，他还喜欢遍游名山大川，将心志寄托于祖国的大好河山。

总之，张老"仁者爱人"的思想贯穿在他的行医路上，体现在他的生活之中，其宽广的胸襟既为患者带来了福音，也有益于自身的身体健康，更影响着一大批弟子，影响着身边的人。

七、传承瑰宝，力倡膏方调治

张老已 83 岁高龄，但壮心不已，仍有良好的开拓进取心态。膏方是中医传统剂型的一块瑰宝，他在临床实践中，发现传统膏方制作工艺独到，内容丰富，疗效良好，但也存在着制作工艺过于复杂，耗费时间和精力较多，难以满足当前快节奏社会生活需要的弊端，颇有改进的空间。他以近年中药的新兴颗粒剂为材质，制成治疗糖尿病、甲亢、甲减、虚劳等疾病的膏方，经几年的临床观察，确有良好疗效，既丰富了临床治疗剂型，又方便了患者。

据张老回忆，他第一次接触膏方是在 1963 年，他的中学女同学，一名中学教师，结婚多年不孕，遂请当时全国闻名的妇科大家卓雨农院长看病，卓老用膏方治疗，经治半年而孕，之后连生三胎。张老在之后长期的临床生涯中，也曾断续使用传统膏方治病，取得了不错的临床效果，并逐渐形成了自己运用膏方治疗常见病、多发病的学术思想。具体说来，张老认为，膏方这种剂型适用于内外妇儿临床各科，主要用于慢性虚损性疾病，也包括正虚邪实、阴阳气血不和、体质衰弱、病后康复等。但不适用于急性病，因急性病变化迅速，方随病变，所以不宜定制膏方。对于如何配置膏方，张老秉承了开放包容的心态，他常说，膏方之配伍并无常法，当因病而异，因医师个人经验而异，因病人的需求而异。正如佛家对佛门大法的认识，法无定法，乃是最好的大法。中医因病人、因病情、因时令、因地域、因医师个人用药经验不同，而开出不同的膏方，采用不同的制作工艺，恰恰是膏方专家辨证论治的体现。但不管如何变化，亦不应脱离中医辨证论治的本质，医者所开具的膏方都是应用中医理论指导，从不同的角度，结合自己的临床经验，遵循辨证论治纲领，谨守病机，充分发挥个人睿智之后的佳作。

除此之外，张老还就目前对膏方存在的偏见专门撰文进行了说明。长期以来，膏方医药的主流文化认为，"三九补一冬，来年少病痛""冬令进补，来春打虎"。这两句谚语，突出了两层意思，一是说膏方的主体是滋补剂，二是说膏方适用于冬季。这种传统的认识，反映了古代应用膏方的习俗，然而随着时代的进步，人文医药文化的变革，膏方的应用范围有所拓展。临床实践证明，膏方不必尽是补剂。根据病情需要，医者完全可以调配出诸如健脾化湿、祛风除湿、补肾活血、补肺化痰等不同功用的方剂来，比如大名鼎鼎的龟苓膏，就是一个滋阴润燥、降火除烦、清热利湿、凉血解毒的好方子。至于膏方只适用于冬季的说法就更不恰当了，张老认为，膏方通过因时制宜，进行灵活配伍，完全可用于一年四季。在组方规律上，一般要根据季节的不同特点，春季加以风药，夏季佐以凉药，秋季加以润药，冬季多掺温药，但同时亦要兼顾目前居民的生活特点，如冬日空调温度过高，患热疾者亦不少见。总之要灵活对待，辨证视之。

在膏方的制作工艺上，近年来出现了较大的变革，中药颗粒剂制膏逐渐成为趋势。张老勇于探索，并在临床中大胆尝试新的方法，现已取得了不错的临床疗效。另外，关于收膏药物的选择，张老同样颇具心得，常用的收膏药物有阿胶、鹿角胶、龟甲胶、鳖甲胶、蜂蜜等，但鉴于宗教信仰和习惯素食等因素，有的处方则不能用动物类胶剂收膏，或因现在有些患者担心罹患糖尿病，有谈糖色变心理，即不能用糖类赋形剂，针对这些具体情况，可在处方中选加或重用熟地、黄精等质地重浊之品，作为制膏赋形剂。

目前，张老正在筹划编写富有新意的中医膏方治疗学专著，希望通过著作的编写把自己对于膏方的心得体会记录下来，以供同道参考。

八、养生益寿，耄耋壮心未泯

张老不仅医术精湛，更是中医养生思想的实践者及开拓者，他现已 83 岁高龄，仍坚持每周 3 个半天门诊，就诊病人在 80 人左右。他耳聪目明、言语流利、思路清晰、精神矍铄、步履矫健，不仅能给病患制定科学的治疗方案，还能治愈顽疾，为中医学事业贡献着自己的力量。这一切都与他践行的养生理念密不可分。张老认为，中医养生应当法宗《内经》，在充分领悟"法于阴阳，和于术数，食饮有节，起居有常"的经旨之后，结合自身的实际情况进行合理的安排。此外，张老还非常重视情志养生，在他看来，没有什么比保持良好心境、舍去过重的欲望更能颐养心性、益寿延年了。若不能很好地调养精神、顺调意志，而违反正常的生活规律，任性放纵，过分激动，皆会使气血不和，阴阳失调，脏腑经络功能紊乱，从而引起许多内伤疾病。故《灵枢·本神》提出情志养生的原则为"智者之养生也……和喜怒而安居处"。他认为，"医文同道""医艺同道"，中医养生可以提高自己的人文艺术修养，从而才能真正成为"大医"。此外，他在繁忙的诊疗工作之余，研习格律，赋诗填词，讴歌历代医家，抒发自己的中医情怀，并正在将中医经典、中药、医史等以诗词形式予以表达，使中医药文化能更广泛地传播，从而便于后学者学习。这些工作自然也为其带来了一个良好的心态。

张老还尤其强调"治未病"思想在养生中的重要性。张老近几年一直从事附属医院治未病中心的相关工作，他本人对于中医治未病思想亦有很多独到的体会。他认为，"治未病"是一个系统工程，药物保健只是一部分，根据自身的具体情况，他强调心理、饮食、运动、药物等综合保健的重要性。他在工作之余，常约三两好友谈谈琴棋书画，聊聊生活情趣，创造一个和谐的交际氛围，虽然年老但不孤独。根据老年气血不足、脾肾渐亏的生理特点，他平时喜欢服用破壁灵芝孢子粉等药物，补益正气，平调阴阳。

张老心态平和，虽耄耋之年，仍有一颗年轻的心，他自己装电脑系统、制作视频，现代数码设备他都运用自如。

他小时候没有学过拼音，为了学计算机打字，就跟着小孙女学拼音。现在，他能熟练运用五笔盲打和拼音打字两种输入方式。

"活到老，学到老"，用这句话形容张老再恰当不过了。退休后，他开始学习写诗。为了去老年大学听诗词课，他常常提早出发。问他为什么，他回答说："我要早点去占前排的座位，好听清老师讲课。"出于对中医的热爱，他撰写了很多歌颂医家和医史的诗词，并将具有代表性的集合成册，名曰《杏林诗书》。

这些年来，他游历了很多国家和地区，时常感慨当代中国的巨变，特别感慨当前中医的发展进入了前所未有的新时代。张老参加全国名中医表彰会后，感慨万千，深受鼓舞，写了一首七言律诗，表达了对中医事业美好未来的憧憬和祝愿。

> 杏林龙凤共呈祥，盛会京华谱彩章。
>
> 向日葵花多硕果，降魔天使献枯肠。
>
> 良医富有愚公志，群叟甘为蜡烛光。
>
> 斩棘披荆铺锦绣，人间到处杏花香。

（张博荀协助整理）

孙朝宗

孙朝宗（1936—　），山东省德州市人，中医世家第四代传人。从事中医临床、教学、科研工作六十余年，擅长中医内科、针灸，崇尚仲景学说。编著有《孙鲁川医案》《经方方法论》《经方临证录》《奇经八脉证治方论》《孙朝宗中医世家经验辑要》《孙朝宗临证试效方》等。

我出身于中医世家，在"医为天职，不谋仕途"的祖训之下，自然而然地当上了一名医生，继承祖业。由于家庭教育甚严，我幼年庭授《医学三字经》《孙氏药性赋》；及长，为了打好继承中医的基础，熟读并背诵了古典文学中的《古文观止》《古文精华百篇》及《内经知要》中的重点篇章。我中学毕业后即投身医门，拜德州市针灸名家苏兆仪先生为师。号称鲁北第一针灸大师的苏师性情刚直，医术精良，治学严谨，对弟子要求也很严格：《针灸大成》中所有歌赋，背诵百分之七十以上的内容是最起码的要求。苏师天天施针，我每逢起针之时，便对某个穴的位置、针的方向细加思索。起下针来，还要看针下的分寸，并在枕头上翻来覆去地进行练习，如此学习 3 个月后，我才被允许施针。施针时，苏师在旁细看我的手法操作、取穴部位是否正确。从那时开始，苏师在重点患者施针之前，只念穴位，普通患者都放心让我施针。随着时间的推移，苏老师逐渐放心了，将我收为苏门第一弟子。3 年之后，济南北园九转回生丹制药厂的汪氏老太太患病不起十余天，不吃、不喝，气息奄奄而被医院推出，我应邀前去针灸施治。我按照子午流注法推出主穴为太冲，针刚下去，汪老太太便睁开眼睛说："哪方来的神仙？"听完此话，她们全家无不高兴万分！从那时起，我就更加迷恋针灸这门学问，进而认真学习《黄帝内经》及《针灸甲乙经》等书。1963 年，我在山东中医学院函大毕业考试中名列第一。我好读书，从不怕苦，在背诵了《伤寒论》原文之后，再读时，就把《伤寒论》的其他有关著作，如《注解伤寒论》《伤寒来苏集》《医宗金鉴》《伤寒贯珠集》等几部或十几部结合起来一起研读，一条一条地去学，一条一条地去比较，并及时写出个人的认识与看法。其中我比较推崇的有《注解伤寒论》《伤寒来苏集》《医宗金鉴》《伤寒论浅注》等。在此期间，我还广泛阅读了中医领域中的百家之书，以增长知识。一次，医院有一位住院病人，患感冒后服西药而大汗出，突然发病，状如厥证，一日发作二三次，每次发病，总感有气从少腹上冲，气到胸中时即惊叫一声而昏厥，四肢抽动，震颤不已，大约10分钟后，才能慢慢缓解，医生已无良法。我详诊后说："此为奔豚病。"《伤寒论》中早有明训：奔豚病，气从少腹起，上冲咽喉，发作欲死，复还止，皆从惊恐得之。我随即处方：茯苓45g，甘草15g，桂枝30g，大枣12枚，令取运河水煮服，服药1剂，其病只是轻微发作一次，但神志清楚，继服第2剂，则病愈出院。又一低热患者杜某，女，36岁，西药服之无数而热不退，又服中药7剂，热不已。科室组织大家会诊，意见不统一，我主张用桂枝汤法：桂枝24g，白芍18g，甘草15g，大枣12枚，生姜10片，龙骨30g，牡蛎30g。众医为之惊讶，患者服药3剂后，低热未效反而加重，复诊后，我认为辨证无误，仍当服此药，予原方3剂，并认真嘱咐病家按法服之，每日3次，患者从之。众医疑惑不解，劝我换方。我借此机会向他们细讲了"不效亦不更方"的内在道理，使大家茅塞顿开，结果3剂服后，患者体温正常，虚汗也不出了，众医更为服膺。此后，我常运用经方治疗多种疑难疾病。

广求名师，拓宽知识

我对先师和前辈，历来均执弟子之礼，虚心求教，在认真刻苦地读书钻研之外，常走出家门，拜师求学。我曾向德州市名医黄芝芗先生请教，借鉴他在临床上运用温胆汤的经验；也向刘慕韩老先生请教他研究《金匮要略》经典方的经验和心得；向焦怀君老先生学习专治妇科病的经验；向李录庆老先生学习治疗内伤杂病的经验；向马巨川老先生学习其善治温热病的经验；向毕玉田老先生学习善治哮喘的经验。我不但就近求艺，而且还走出城区，四方求教，先后向平原县刘祥甫先生请教治疗肝病的经验，向陵县妇科专家高世封先生请教治疗妇科病的经验，去乐陵市请教李松岑、朱宪亭两位先生，学习治疗肝硬化腹水的宝贵经验，还造访了商河县治疗杂病的尚炳康先生、夏津县经方名医任琴堂老先生等。对各县市名老中医的求艺求教，在很大程度上丰富了我的业务知识，为攻克疑难大病奠定了坚实的基础。例如，我曾治疗过一位产后发热病人，药用制首乌 24g，柏子仁 12g，当归 24g，有效收敛虚浮之热，纳于气血之中，不使发散于外，收效甚佳，其后屡试屡效，遂把这一首方定为三圣温海汤，立意独特。又如我治疗孕妇恶阻，药用桑叶 30g，竹茹 20g，丝瓜络 20g，酸枣仁 20g，生姜 3 片为引，和降胃气、安和冲任，屡屡收效，此后把这一方命名为安妊饮子。又如治肝硬化腹水的偏方鲫鱼煮汤频服，或喝汤吃鱼，消肿效果极其良好，临床用之亦效果非同一般，后来我又用此方治疗妊娠水肿，效果也十分理想。古代方书多云鲤鱼可治妊娠水肿，但将二方比较，发现鲫鱼的效果更优，这是为什么？对此我没有浅尝辄止，而是刨根问底，查阅方书，终于找到了答案，原因是鲤鱼属水，鲫鱼属土，土能克水，当然有人说鲫鱼中的蛋白质含量远远超过了鲤鱼，这是现代医学的一种说法，不能不说有其道理，但与中医之论绝无二致，后来我将此方命名为生姜鲫鱼汤。在几十年的临床实践中，我总结了几十个方子，如鸡血藤汤、加味正胆汤、八味金水六君煎、鹿跷汤等，大大提高了临床治疗效果。

"读书万卷，不如名师一点"，这句话曾极大地激发了我一心追求名师指点迷津的想法。毕业之后，我多次拜访求教大学时期的多位名师。其中第一位名师便是山东省卫生厅原厅长、全国名老中医刘惠民教授，我详细了解了刘老当年给毛主席治病的经过，其后又侍诊于刘老身侧，专门学习刘老应用大方的经验。刘老常说，对于重症、复杂的时病，以及气血紊乱、寒热错杂的危症，必用大方以制之，但这个大方，并不是毫无章法的，必须有条理地选用，这样才能大而不乱，重点突破。我也求教过山东中医学院老教授、全国名医周凤梧。周老说，除《内经》《难经》《伤寒论》《金匮要略》外，他最尊崇的就是《傅青主女科》，它少而精，要细读；王清任之《医林改错》也不错，虽然有不当之处，但那几首逐瘀汤确属独创，颇有高妙之处，也必须认真习用，临床大部分疾病，尽可治疗。我一一记之。我曾诊治一位慢性咽炎病人，其咽部红肿高起，并有脓点，正合王清任之血证红肿证，遂应用会厌逐瘀汤加减调之。药用桃仁 6g，红花 6g，甘草 9g，桔梗 6g，生地 12g，细当归 6g，元参 6g，赤芍 6g，麻黄 6g，杏仁 6g，细辛 2g。病人服药 3 剂，病情大减，再进 3 剂，其病十去其七，原方加减，前后共服药 13 剂，咽喉肿痛消失。我由此体会到：若为血证，必用血药，此方非银花、连翘、生地、元参、牛子、麦冬一派清凉之药可比其效。更为有幸的是，我曾拜教于全国著名中医大家、十二代家传的张镜人教授，先后两度侍诊于老师之侧诊病疗疾，学到了张老的许多宝贵经验，如：他善用平胃散加炒谷芽、炒麦芽、炒楂炭治疗胃病；常用逍遥散加炒香附、郁金、九香虫以治肝郁等。张老临床所处验方数十首我都一一收藏，每每阅之，即生敬慕之情。张老用方，虽然平淡无奇，但却立法得当，用药准确，取效哗然。我在临床中，亦多应用张老之方，每获良效。张老师也曾先后为毛主席及周总理诊疗过，给毛主席看病，他也只用了神曲、麦芽、谷芽、川朴、生姜之类的普通药，同样疗效显著。张老常说：毛主席、周总理也都和常人一样，用药并没有什么两样，只是要求医生诊治准确而已，并不是一定要用贵药珍品。真是大家之论。

执着追求，潜心研究

在科学的大道上，永远是学无止境的。学然后而知不足，教然后而知困惑，正是这样的人生感悟，加强了我锐意进取的决心。我重视实践，勤奋上进，只要认定的东西，总要努力去做，不怕累、不怕苦，非要搞深、搞透不可。

（一）对《内经》气象医学的研究

根据《内经》中的气象学内容及子午流注学说，结合当今的时间医学、时间生理学、时间药理学等理论，我进行了综合性的深入探讨，做了大量的药物筛选工作以及临床实例观察，进一步证实了中医学中的气象医学与现今的时间医学以及人体节律性变化特点之间具有密切的关系，其认识是完全正确的。我通过观察发现，夜半子时所发之证大多都是胆虚证，进而筛选出了酸枣仁、甘草两药，为治疗夜半子时发病较好的方药，并将这首方药命名为枣仁甘草汤，撰文发表于《山东中医杂志》上。这一认识在国内引起了广泛关注，产生了良好的影响。国内中医界的许多同道，将这一方法应用于临床中，经过长期观察，这一认识已经成为大家的共识。

（二）对心胆气化病的研究

根据中医心胆相通这一基本理论，我进一步研究发现冠心病的症候群大多与胆相关，因此进而温习了《医原》的"枢机论"及《内经》的"枢机"学说。心和胆，一少阳，一少阴；一为阳枢，一为阴枢。阳枢动而阴枢随，只要能拨动枢机则百病可治。在长期的临床观察治疗中，我摸索出了以正胆汤为主方拨动这一枢机的最佳方法。

（三）对中风病的研究

中风病及偏枯不遂，一般医者多局限在阴虚阳亢，即肾阴虚、肝阳亢方面，甚至只是按现代医学对脑血管病的认识来分析病性。其实，中医关于跷脉病的论述中早有其病因之说，古人认为其病位主要在跷脉，重点在脑府，表现在头目及四肢，重在下肢。《灵枢·经筋》篇指出："足少阳之筋……颈维筋急，从左之右，右目不开，上过右角，并跷脉而行，左络于右，故伤左角，右足不用，命曰维筋相交。"这说明跷脉与少阳经筋并而行之，在颈部左右交叉，所以左额角及脑府受伤，均会引起右下肢偏瘫。这种病机变化证明跷脉与经筋的关系是十分密切的。除此之外，跷脉在目部的交会，与跷脉上行至咽部，交贯冲脉，都说明了跷脉与筋脉之间的关系。中风病"阳缓而阴急，阴缓而阳急"的挛急现象，以及口歪目斜、筋脉挛急、屈伸不利、步履维艰、其足内翻等，都直接与跷脉病变有关，由此而言，如单从脑部分析来治疗中风一病是有一定局限性的。如果仅从脑治，则往往脑部病变虽已好转，但遗留一系列的手足不遂、步履艰难等，却久久不得其瘳。中医学提倡综合治疗的方法，对于中风病而言，这一综合性的治疗方法就是把脑与跷脉、经筋，以及与脏腑相关的方方面面综合分析、综合治疗，换句话说，也就是把息风镇惊、滋阴潜阳、调和脏腑、活血化瘀、通经活络、强壮筋骨等治法合理选用，在各个不同时期各有侧重，通常达变，辨证论治，一般情况下，都能取得满意的治疗效果。

（四）对经方的研究

我在对仲景《伤寒论》与《金匮要略》两书的研究中，对于各首经方中之注释，都要弄个明明白白。如仲景在桂枝一药下注"去皮"，历代不少方书中确有主张去皮者，然而《医宗金鉴》中云："去皮则为枯木也。"我们常用的桂枝也都是没有去皮的，我通过去云南、贵州中药产地进行实地考察，证实"桂枝去皮"四字乃属衍误。进而又亲赴河北、甘肃、内蒙古等地，对当地所产的甘草进行考查，结果证实甘草所谓"炙"仅仅为简单烘烤，以使之早日干燥，实际上还是防虫蛀、霉烂的生甘草，因此，仲景经方中的所有甘草均是生甘草。"㕮咀"一词，前人谓"以口咬细"，这显然是错误的，应是用口品尝，以鉴别药物的真伪。我利用业余时间，对经方的选择、炮制、煎煮、服法、杂疗、护理等各个方面，系统地进行了入微的探讨与论证，编著了《经方方法论》一书。

（五）对医林典故的收集与研究

我与好友、德州名医金东辰先生共同收集了中医古籍、经史以及杂集中的医林掌故、典故、小品类趣闻等，并与《资治通鉴》《史记》中有关内容相结合，共110余篇，经归纳分类、校正更误，同时在每篇之后加了注释、释义及按语，总集为《医林典故》一书。

（六）总结临床经验

迄今，我已行医50余年，回头看一看，既有卓著的成绩，也有内心的遗憾，所以在古稀之年，深感有必要进行一次比较全面的总结。除了一般性临床实践所得之外，我特将自己临床应用经方的成功经验加以总结，同时也把诊疗教训及治疗失误如实地记述下来，将此类内容集成《经方临证录》一书，以便后学既知灵活运用，又迷途知返。

（七）对奇经八脉的研究

我从事临床、教学、科研工作数十年，在长期的临床诊疗中，逐步将奇经与六经加以综合，积累了一些经验。为充分体现中医学的整体观念和辨证论治思想，有感于目前国内尚缺一部以奇经八脉与六经理论为一体的综合性中医论治专著，我耗费了大量时间和精力，历经数载终于撰著了《奇经八脉证治方论》一书，填补了这一空白。这部书的最大特点是推开并排除了"丹道家言"的历史屏障，展示了奇经与六经之间统一的辨证论治新途径。

教学相长，广植后进

早在 20 世纪 50 年代末，我就曾担任山东省德州市针灸培训讲习班的主讲老师。20 世纪 70 年代又作为"西学中培训班"的授课老师，主讲了中医内科、方剂学、中药学等基础课程，受到大家的广泛好评和尊敬。后来我又为武城县、临邑县等基层单位培训了为数众多的乡村医生，同时还被德州医专聘任为兼职中医讲师，先后培养了 3 届学生。20 世纪 80 年代初，山东省卫生厅聘请我担任"山东省中医师资培训班"的授课老师，与山东中医学院的徐国仟教授、李克绍教授共同为学员主讲《伤寒论》。20 世纪 90 年代，我又受山东中医药大学聘请，任"山东中医药大学中医班"之客座教授，主讲《内经》《伤寒论》及《金匮要略》等课程。

近年来，我为中医学院代培学生 30 余名，收纳弟子 10 余人，带教研究生 2 名。这些人中，现已晋升为中、高级中医职称者已逾 30 名，累计发表学术论文 30 余篇，出版专著 5 部。

朱鸿铭

朱鸿铭（1936—　），山东省曲阜市人。1952年跟随其祖父学习中医；1956年考入山东省兖州医士学校学西医，3年半毕业；后又奉命跟师朱荫楸老中医，继承其60年的学术经验，深得其传。曾任曲阜市中医院业务院长、名誉院长，曲阜市中医学会副理事长，山东中医学会肝专业委员会委员等职。从事中医临床治疗六十年，对中医内科、妇科疑难病的治疗经验丰富，尤长于脾胃病、肝胆病、肾系疾病的研究和治疗。发表中医学术论文百余篇，主要著作有《乡村医生中医临床顾问》等。

学中读西求汇通

我出生在中医世家，幼年读私塾，后转入小学就读。1952年春节过后，祖父命我跟他学习中医，有病人时侍诊于侧，无病人时他为我授课。祖父为我规定的第一批课程是：上午讲授《伤寒论》《金匮要略》《温病条辨》；下午讲授《药性赋》《本草备要》《汤头歌诀》《医方集解》。按以上顺序，讲完一本，再进行一本。祖父对我要求很严，对我说："晚上温书至深夜，黎明起来朗读；《伤寒论》（背诵的系宋本条文）、《药性赋》《汤头歌》要背诵。青年时背熟的书到老不忘，受益终生！"正当我三更灯火五更鸡、勤学苦读两年之际，祖父被调入了公立医疗机构。这时找我看病的人甚少，我对《伤寒论》的许多条文还不能了解其深义，深感胸中文墨太少，为前程计，断然决定去兖州中学读书。但我在3年的寒、暑假中，仍不忘学习中医，又念起了《医宗金鉴》。

1956年夏，我初中毕业，正赶上解放军第七康复医院撤销交地方，省卫生厅在该院设立了山东省兖州医士学校。此前我读过唐容川《中西汇通医书五种》，颇受其影响，认为系统地学习些西医学知识，对学习中医定会有所帮助，便毅然考入该校第一届一班。第一届是很幸运的，学临床课时，适逢山东省立医院、山东医学院附院高年资的专家分批下放基层劳动，省卫生厅便组织他们来校讲课，到我们毕业时，专家老师也下放期满回医院了。当时我满腔热血，服从国家需要，于1959年12月分配到历城县卫生防疫站（住洪家楼），从事传染病的防治工作。

住在省城为我继续学习中医提供了有利条件。我白天做好西医的工作，夜晚攻读中医书刊，星期天必去省图书馆或济南市图书馆读书，凡是馆内出借的中医书籍均逐一借读。当期中医杂志不出借，我就在馆内阅读，直到图书馆关门才离去。只要省市举办中医学术报告会，我必克服困难，每场必到，细心聆听。每日晚饭后，我常骑自行车到闹市区的旧书摊看看，还真买到不少折价的古旧书刊，如1955年人民卫生出版社影印的《神农本草经》《中医杂志》创刊号等。同时我还经常涉足新华书店科技部，精诚所至，金石为开，在我的多次请求下，他们竟与各地书店联系，为我购到了全套中医学院教材。

1961年，山东中医学院成立函授大学，我学习了1年，后因工作调动而中断，深感遗憾。我从《山东医刊》第10期上看到张奇文先生的论文"试论内因七情"，爱不释手，遂清晨朗读，以至背诵。同年，山东省举办继承刘惠民学术经验学习班，提倡老中医带徒弟，我祖父给省卫生厅中医处写报告，要求把我调回曲阜县人民医院，继承他近60年的学术经验。经卫生厅中医处半年多的督促和我再三请求，历城县卫生局终于放行，我于1962年6月回到了祖父的身边。祖父欣喜之余，以端庄秀丽的颜柳混合体为我写了一副对联"事业岐黄须鞠躬尽瘁；活人济世要精益求精"，横批是"业精于勤"，以示对我今后的勉励。

耳提面命在继承

我跟师的第一课学的是孙思邈的《大医精诚》，祖父强调："大医精诚传千古；要做苍生大医，不做含灵巨贼；要博极医源，精勤不倦。"之后只是每逢星期天讲授《内经》，重点是跟师临证。1962年7月，山东省中医工作会议在曲阜召开，我有幸聆听了各位老师的学术报告，尤其是张奇文先生的大会发言，对我启发甚多。晚上，我到他下榻处问难指迷，他热情洋溢地解答了我提出的许多问题，使我茅塞顿开，立志终生向他学习。在以后的岁月里，我经常向他书信求教，结下了深厚的诚挚情谊。

跟师的第一阶段是抄方侍诊，时间定为半年。因祖父年事已高，上班前打扫卫生、提开水、倒茶等杂活全由我完成。侍病时我察言观色，老师的一扬手、一掷足，都有其用意，老师想要做的事赶快做到、做周全，不要等老师指派后再去做。对老师的问症、望色、察舌、诊脉的艺术性，要随时留心记取。我把以上这些叫耳提面命。祖父为高年之人，劳累一天，不可能下班后再给我讲授经验，其经验常常是在临证中点点滴滴讲出来的，这就需要我随时留心予以记录。复诊病人时，对于确有显著疗效的用药经验和用药的加减、剂量的变化更应注意记取，我把这叫点滴继承。通过这样口传心授、耳提面命、点滴继承，就可学到书本上学不到的知识。对于平时记录的老师在临床中所讲点点滴滴的经验，积累多了，将它们分门别类地整理归纳起来，就成为临床行之有效的珍贵资料了。

跟师的第二阶段是试诊，即我先诊视病人，写好病历，开出处方，老师再诊脉、察舌、辨证，做出诊断结论，对我开的处方进行审定或修改。老师往往一边审改一边讲解，诸如病证是虚是实，在表在里，病人情志刚柔，体质寒热燥湿，均为处方不同的原因；在诊断上，要抓住病人的情志，情志不同，可发生不同的病证，治法也就不一样；在治法上，首先要区分该病的本证、兼证、夹证等，以感冒发热为例，如患者素罹胃下垂或溃疡病，此为平素中气虚馁，内体虚寒而病热，本虚邪实，治疗应在固本的基础上加以解表，即甘温守中以疏表；在用药的分量上，老师亦常告诫：太过与不及均不能贴合病情，要根据病人的胃气强弱、食量多少来决定，胃纳少者药量宜轻，食量多、胃气强者药量要重。试诊阶段，时间定为一年。此阶段为我下一步独立应诊打下了基础，是一关键时期，同时，我也为老师起到了助手作用。

1963～1964 年，全国名老中医刘惠民厅长三次来曲阜为县委一王姓老革命干部（沂水县人）看病，我均侍诊于侧。该患者罹患喘息性慢性气管炎有年，每因气候变化、过于疲劳等诱因引动而发病，用中西药物均乏效，每次服刘老处方后均能较快缓解。观刘老处方，症现冷哮时用厚朴麻黄汤、射干麻黄汤、小青龙汤化裁；症现热哮时用越婢加半夏汤、定喘汤出入，再加地龙、桑白皮、川贝、瓜蒌、竹沥等。随刘老侍诊，使我对哮病的诊治水平大有提高。刘老当年开的三张处方，我都保存至今。1964年冬，山东中医学院韩伯衡老师参加"四清"工作队，进驻曲阜城西十五里孔家村。我每周日风雨无阻骑自行车前去，执弟子礼，问难请业，韩师向我讲授了"逍遥散十三方及其证治"，传授了许多妇科治疗经验，对我在学习与临床中遇到的问题，逐一予以释疑。

1965年夏秋之际，曲阜一带爆发流行性乙型脑炎，内、儿科病房住满了病人，省卫生厅派山东省中医院韦继贤院长和济南市中心医院中医科张吉人主任前来指导救治。韦老和张老来院的当天下午即向内、儿科医生和中医讲述了"乙脑"的中医诊治方法，分析了1956年的石家庄经验和1957年的北京经验。每日上午我随二老对住院的乙脑病人逐床诊察，辨证处方，下午诊察中午新入院的病人后，韦老上门诊观察我诊病，发现我写的门诊病历和处方有欠妥处，当即予以指正。记得有一中年女性，述说病情繁多，错综复杂，韦老指出："治病必求其本，此病人只要抓住血虚这个病机，其他症状即可不治而愈。"我随韦老、张老查房一星期，发现发病即来院的病人已痊愈出院，病情延误来院晚的亦热退神清。二老临回省城前嘱咐我，再来新病人时就按之前的路子走下去，同时要温习、熟记温病学派叶、薛、吴、王的经典著作。

总之，我虽以跟随祖父学习为主，可一旦遇上中医界学术精湛、经验宏富之师，我都不失时机地虔诚请教，广学博采，集众家之长，不断充实自己。

融会群经重实践

祖父80岁退休后，我独立应诊。由于病人都知道我跟随祖父临证多年，故而坐"冷板凳"的时间不长。我诊病时，望、闻、问、切，一丝不苟，同时态度和蔼，更在提高疗效上动脑筋、下功夫，初诊时的前3剂药一定让病人感觉出效果来。我白天看病，夜间再把诊疗过程与书上写的对照，看看还有哪些不足之处。正是由于这样，在很短时间内，找我看病的人日渐增多，竟然排起号来。"多诊而识脉，屡用而达药"，在之后的数十年中，我一直坚持白日看病夜读书。前贤所说的"熟读王叔和"，就是要求多读些书，熟读些书。我身居县城，可以说无书可借，只能自己购买。年轻时我曾两次献血600mL，当时说是为了救治病人，实际也是为了购买书刊和家庭生计。我买书是很审慎的，对于内容确实好而且个人又极需要的书，一定要买，买了就一定要精读。

中医学术的奥妙，就在于临床。要当一名好中医，就要多临床，多看病，不能怕累怕麻烦。我经常是上班后一进诊室，一看就是一上午，一看就是一下午，看完一个再看一个，到点也下不了班。多年来我养成了上班时不喝水也不去卫生间（我不提倡年轻人也这样）的习惯。我在综合医院诊病近30年，虽以内科、妇科为主，其他诸如儿科、五官科、皮肤科、外科（手术除外）的病人也找我诊治，这就要求我的知识面要宽一些，看的病人要多一些，但常使我应接不暇、头昏脑涨。不过，病人多也有多的好处，1987年春节我奉命创建中医院，边开诊边建设，病人一下子就跟了过去，并没有因工作调动而使病人减少。

1975年秋，济宁地区第一人民医院老中医廖子仰先生从《文史哲》上看到我写的"论张仲景的医疗实践"，高兴非常，夜难成寐，遂赋诗一首寄来，诗曰：

识荆一十二年前，术有祖承学有渊；曾见虚怀乐下问，早将吾道许中坚。

文通今古方为用，医贯中西庶不偏；好趁杏林风浩荡，勤挥健笔写华篇。

这首诗对我既寄予了希望，又赋予了鞭策和鼓励。前些年，我曾遇到思而不解之惑，向廖老求教，他均热忱地予以指迷。1976年夏，我被临时抽调至济宁地区第一届西医学习中医班讲课时，济宁地区卫生局通知我："卫生部举办全国中医研究班（师资），给济宁一个名额，卫生局研究决定叫你去参加学习。"我向医院汇报后，医院不让去。1978年秋，国家开考研究生，年龄放宽至40岁，中医研究院招考50名，我填表报考，医院又不让去，理由是：跟你祖父学就行了，你这么多病人，还用再上学吗？你能舍下找你的病人不管吗？后来，我科一位医生在省中医院临床进修，山东中医学院的周凤梧教授对他说："你院的朱鸿铭怎么不考我的研究生呢？"我心想，这一生3次攻取高学历的机会都已失去，看来我只有依旧坚持日间临床夜读书了。

由于我先学中医，后学西医，再学中医，因而不存在"西医学中医"时常出现的"先入为主""对号入座"的弊端。我临证时采用的是"辩证思维"，西医的各项检查与诊断我心中明了，但从不跟着西医的诊断跑，总是通过望闻问切先弄清中医的病，再进行辨证论治。我不开西药，也很少用中成药，古人的方剂也仅用作领路，总是根据具体情况现拟定方药，以贴合错综复杂的病情。

善为医者贵变通

我从医将近 50 年，从医的过程实际上也是学习的过程，要说心得有以下几点：

（一）注意自然气候影响

"必先岁气，毋伐天和"，我认为自然气候与疾病的发生、发展与转归有密切关系。如治疗暑温卫分证，若是年久晴无雨，暑热之邪外袭卫表而偏于热，治宜透热解暑，我拟定清暑银翘汤：银花、连翘、竹叶、牛蒡子、薄荷、菊花、鲜荷叶、西瓜翠衣、竹茹、鲜苇根；若是年阴雨连绵，暑湿之邪侵袭卫表而偏于湿，治宜芳香化浊、淡渗利湿，拟定加减藿朴夏苓汤：藿香、佩兰、杏仁、半夏、厚朴、赤苓、滑石、通草、大豆黄卷、生薏仁（上两方被列入张奇文主编的《幼科条辨》第 113 页）。中国中医研究院沈仲圭老评论说："以上两方用药轻灵，深得叶派家法，可见编者对温病学说深造有得，故辨证用药，切中病情。"治疗内伤杂病，亦应注意气候的影响，加入相应时令之药，可提高疗效。

（二）重视治病求本

1. 正与邪

正气虚馁是疾病发生的根本原因；疾病的发展转归，也取决于正气的盛衰存亡。治病不可见病不见人，只重病邪，不重正气。如对乙肝病毒携带者的治疗，尽管乙肝病毒在人群中普遍易感，但人体能否感染、感染后趋向如何，与内在的体质因素密切相关，治疗时不可仅仅局限于强调某指标的转阴，而应从整体着眼，提高机体免疫功能，改善人体乙肝病毒感染状态，因此，扶正祛邪是治疗乙肝病毒携带者所遵循的原则。我在实践中就提出了治疗乙肝病毒携带者十法。邪之侵入，起病为实，祛邪不可迟疑，如治疗病毒性感冒高热，我拟定了十味病感汤（苏叶、藿香、荆芥、白芷、银花、连翘、板蓝根、黄连、黄芩、甘草），辛温与辛凉同用，确能退热迅速，提高解毒效果，达到缩短疗程的目的。七情致病，首贵调气，宽其胸怀，疏其血气，令其调达，此即朱丹溪创越鞠丸之理，由此，我撰写了"越鞠丸方名由来及应用心得"一文。

2. 局部与整体

人体是统一的整体，脏腑相关，经络相联，气血相通。诊治疾病，应首重整体。如冠心病患者表现为上消化道症状突出，以胃肠病前来就诊，此时不要忽略了冠心病而漏诊或误诊。我拟定了"心胃同治方"（半夏、陈皮、枳壳、薤白、苏梗、吴茱萸、甘松、元胡、荜茇、生姜）治疗该病，提高了疗效，并总结写出了"心胃同治法在冠心病中的临床意义"一文。

3. 标与本

病因为本，症状为标；正气为本，邪气为标；急则治标，缓则治本；间者并行，甚则独行。我深深体会到：不明标本，不足以求因；不明标本，不足以审证；不明标本，不足以论治。如外感病多实，实又有六淫、疫疠之分，亦有体质素虚或因病致虚者之异；而内伤多虚，虚又有阴阳、气血之别，亦有夹气滞、血瘀、痰滞、食积之异。临床所见往往内因外因错综复杂，虚实互见，故必须分主次、辨缓急。辨证分明，然后才能抉择补泻，邪实为主者以祛邪为务，若妄用补法，反贻误病机。

4. 必伏其所主，而先其所因

《金匮要略》虚劳篇立大黄䗪虫丸一法，即瘀血有所留藏，病人致羸，貌似不足，殊不知病本未去，还当治本，若误用补，必益其病。碰到疑难之病，以善于求因而效。我曾诊治一女，24岁，脐下积块坚牢，固定不移如杯大，小腹疼痛拒按，潮热，面色黧黑，肌肤甲错，两目暗黑，形体羸瘦，舌紫暗，苔厚干，脉沉涩，曾经中西药久治不效。经详细询问患者，乃知其数月前产一女婴已夭，于产后6天夜晚暴受惊恐，次日恶露全无，产后16天犯房事，次日即小腹痛、板滞，后渐摸到小腹有块，日渐增大，遂断为产后气血骤亏，暴受惊吓，复加房劳，致血行凝滞，干血内结。予破癥消瘀，佐以生新之法，服大黄䗪虫丸4盒，患者小腹硬块缩小至如枣大，改益气养血活血法，服10剂后硬块消失，予八珍汤善后调理，1年半后随访，产一男婴。

5. 力求精于辨证思维

在临床上，辨证思维运用得恰切的，诊断治疗水平就能相应提高。如外感热病辨证，重点是表里寒热，伤寒太阳主表，温病卫分亦主表，温疫热郁于表，三者皆当从表解。伤寒在表为寒，温病在表为热，瘟疫多郁火外达，治寒宜辛温解表，治热宜辛凉透邪，治疫宜苦寒透邪解表。善治者治皮毛，治表勿犯里，治上勿犯中，切忌一见发烧，不分表里即用清下之剂以退热。曾治一青年女性，逢夜间高热 18 天，屡经中西医治未效，延我诊视，断为邪郁少阳，波及阴分，予清解少阳胆热，兼理阴分之邪，投药 9 剂而病瘥。内伤杂病，重点要分清虚实寒热。内伤多虚，然须察虚中夹实、实中夹虚或大虚似实、大实似虚；即便是虚，虚在何脏，谨察阴阳，以平为期。内伤之寒热，正虚为本，阳虚则寒，阴虚则热，与外感之寒热迥异，治之有分别。

6. 注重胃气为本

大凡疾病的发生与转归莫不与脾胃有关。故察病者，必先察脾胃之强弱；治病者，必先顾脾胃之盛衰。治外感病须强胃气，胃为卫之本，胃气强者卫气始固。如只考虑"炎症"，辄用清热解毒，则有伤脾胃之弊。苦寒攻下，应辨证准确，中病即止。外感病恢复期，调理脾胃是治疗关键。伤寒近愈，脾虚气滞，治宜甘温调脾，补脾当先醒胃。温病近愈，胃津耗伤，治宜甘寒养胃，益胃当考虑柔肝。治内伤杂病尤应注意胃气：五脏六腑皆禀气于胃；胃气受戕，则内伤难复。故上损及胃，下损及中，均为难治。调治脾胃，宜升降润燥通补，融合李叶二家之长，取法于东垣而不失于保胃阴，效法于天士而不忘于振脾阳。六腑以通为补，通则健运化生气血，壅滞则病。

"一切道术，必有本源"，学习的关键之一就是溯本求源，在掌握学术本源的基础上，由源及流，博览各家学说，继承各家之长，对历代各家学说，应"博学、精思、历试"。在读书与临床中，确有心得体会，撰写文章或著述时，应尽力做到：通古今之变，汇各家之言，达抒发己见，成实用之作。

李士懋

李士懋（1936—2015），山东黄县北马镇人。1956 年毕业于北京 101 中学，1962 年毕业于北京中医学院（现北京中医药大学）。曾任河北医大中医学院教授，主任医师，博士生导师，兼北京中医药大学博士生导师。第二届"国医大师"，国家二、三、四批高徒导师，国家药审委员，2008年被授予"河北大名医"称号。

1962～1979 年在大庆油田总院任中医师、主治医师；1979 年开始任教于河北中医学院（现河北中医药大学），一直从事临床、教学、科研工作。学术上坚持中医理论指导下的辨证论治，形成了以脉诊为中心的辨证论治方法。出版专著 7 部：《脉学心悟》《濒湖脉学解索》《温病求索》《相濡医集》《冠心病中医辨证论治规律探讨》《中医临证一得集》《李士懋、田淑普脉学心得》。合著 12 部，古籍校勘 3 部。编写教材 2 部，撰论文 76 篇。获省科技进步奖 2 项、厅科技进步奖 5 项。研究开发中药新药 6项，均已获临床批件。

我的从医路程

我 1956 年于北京 101 中学毕业后，秉父命考入北京中医学院（现北京中医药大学）。学院当时仓促上马，没有校舍及起码设备、师资，从北京中医进修学校借了两层小楼，教员只有刘渡舟、张志纯等 4 名。讲义是老师边教边编，常是临上课时发几页油印的讲义。开始上课就讲四大经典，第一节课就是"恬澹虚无，真气从之，精神内守，病安从来"，我仿佛坠入五里云雾，懵懵懂懂，不知所云。由于中学都是学的数理化，是现代科学体系的思维方法，一下转到古老的中医学，所讲的概念、理论很难接受，感到很苦闷、抑郁。

第二学年，学院从北门仓中医进修学校搬到了海运仓，办学条件得到很大改善，又从全国聘来了秦伯未、任应秋、余无言、陈慎吾、赵绍琴，从南京调来了董建华、杨甲三、王勉之等一批名师名医任教，并从沈阳医学院调来一批西医老师，中国中医研究院的朱颜、耿鉴庭等名家亦兼职任教。国家在极为困难的条件下，对中医教育给予了很大支持。

我对中医开始有些认识，是从一些临床实例开始的。我母亲患高血压，余冠吾先生重用蜈蚣，四服药就治好了，且几十年一直稳定。一次母患下颌关节痛肿，嘴张不开，余先生摸了摸，说是瘀血，予桃核承气汤，两剂而愈。父患关节炎，余先生用桂枝芍药知母汤，重用附子加乌头，亦四剂而瘳。三年自然灾害时，伯父高度水肿，余先生予鸡鸣散，下黑水盈盆而除。参观广安门医院时，见有几例脊髓空洞症病人，予地黄饮子均获著效。我表妹患骨髓炎，已经封口，但仍然疼痛，我请余无言老师诊治。余先生摸了摸，说：脓尚未尽，应当排脓，我给你用药，一周内破溃流脓，脓尽而再予生肌收口。用药后，果一周内破溃，脓尽而愈，至今已五十年未再痛。通过很多具体实例，我感到中医确实了不起，逐渐提高了学习中医的热忱。

在校时，许多名师亲自执教，结合自己的体会和临床实践，深入浅出，把一些抽象、深奥的道理，讲得很生动，很容易接受。如秦伯未老师讲便秘一章时，比喻为河里行舟，舟欲行，须风的推动、水的润行。风即气与阳，水包括津液、精血，而影响阳气敷布、阴血濡润的因素有许多，对各种因素再逐一剖析，形象生动又易明了，至今我仍记忆犹新。秦老师著的《谦斋医学讲稿》都是给我们做讲座时的讲稿。1962年暑假我们本该毕业了，学院领导怕第一届经典学得不扎实，又延长了半年，请任应秋老师讲了六十多篇内经原文。在校期间，为了多接触临床，我们曾三次下门头沟煤矿进行实习，老师们亲自带队，手把手地教。一寒疝病人，我用小建中无效，孙华士老师予麻黄附子细辛汤，一剂而瘳。这一验例给我印象至深，使我领悟到寒邪直中三阴。针灸实习时，杨甲三老师站在我身旁，指导我取穴进针。大学五年级时，我又参加中央卫生工作队，到甘肃通渭医疗救灾，亦由老师带队，我和李岩同学共同管理30张病床，都是腹水病人，老师结合实例给我们讲解"大气一转，其气乃散"。毕业实习在北京同仁医院中医科，名医陆石如老师带教，倾心相授，使我受益匪浅。母校的培养，恩师的教诲，使我打下了较扎实的中医根基，影响着我的一生。

1962 年毕业后，我分配到大庆油田总院工作。当时国家极度困难，北京的公共汽车都烧炭，每辆车都背个大煤气包。大庆油田被发现后，从全国调集了几十万人搞石油大会战。茫茫荒原，一片沼泽，冬天气温常在零下 30℃ 左右。没有房子，就发动群众盖干打垒、挖地窖子；吃不饱，就开荒种地，挖野菜，硬是靠革命加拼命的英雄气概，战天斗地拿下了大油田。

由于自然环境恶劣，生活条件艰苦，所以油田病人非常多。当时油田总院中医科里，加上我和老伴及同去的一位同学，共五人。"山中无老虎，猴子称大王"，我和老伴都成了骨干力量。我任儿科专职中医大夫，老伴是其他各科的专职会诊大夫。

儿科共有三个病区，200 多张病床，旺季时常加至三四百张。主要病种为麻疹、肺炎、流脑、菌痢、中毒性消化不良等，病危者占 2/3，每年死亡者 500 多名，有时一天死亡 10 多名。尤其冬春麻疹流行时，我白天黑夜在病房，配合西医抢救，半月亦难得有空回家一次。我在儿科共 8 年，接触了大量危重病人，锻炼了中医临床能力，打下了较坚实的基础，也亲自感受到中医治疗急性病、危重病的巨大优势，所以我历来认为中医的优势在于治疗急性病。

那时我刚毕业，学识浅薄，更谈不上临床经验，又重任在肩，每天面对着那么多危重患儿，总是企盼能有人带带我，但又不可得。我努力学习温病著作，遍及历代温病名著，渐渐医技有所长进，也治好了一些急难危重的患儿，突显了中医的优势，使儿科的西医大夫乐于与中医合作进行治疗、抢救。

1970 年，大庆南区医院设立中医科，调我夫妻二人任中医大夫。其时科内中医大夫只有我们俩人，病人多得看不过来，只得每天限号，病人多是头天夜里排队，第二天抢个号。并非我们医术多么高明，而是因中医大夫太少，所以只能限号。当时求诊的各科病人都有，大量的实践机会确也锻炼了我们的临床能力。

1979 年，因吾儿脑出血继发癫痫，父亲在京患胃癌，我不得已调至河北中医学院任教。自转为教学工作后，有机会阅读大量中医书籍，理论水平有所提高，再回顾以前临床中所遇到的案例，仿佛有豁然开朗之感，反倒比整日忙于应诊，收获更多一些。因为能从理论高度来认识每个病，理解就更深刻一些，互相之间产生一些联想，确有"柳暗花明"之感，欣悦之情油然而生。我虽改从教学，但临床从未间断，除定期出诊外，登门求医者无虚日。从理论到实践，再从实践到理论，相互印证，不断深化，日益体会到中医理论的博大精深，我乐此不疲，兴趣盎然，虽已古稀，难了情缘。

自 1991 年晋升正教授后，我参与学术活动的机会渐多，如科研立项评奖、职称学位评审、稿件审阅、学位论文修改、国家新药评审等，这些都需要广博的现代科研知识，尤其自带硕士、博士后，须指导研究生的学位论文设计、研究，因此，又着实学了几年西医基础和科研方法学。相较而言，我的所长是中医，其他皆为吾之短。所以我决心专注中医经典、各家及中医临床，以期能有所长进。过去虽也对经典下过些功夫，但总觉得不深不透，所以再集中时间、精力，又对《伤寒论》《金匮要略》下了番功夫，从串读、类方、脉、症等不同角度反复阅读，所写的笔记摞起来有一米多高。虽一生不断读经典，但每次都有不少启悟，常读常新，并产生许多联想，益感经典之博大精深，临床再用，多了几分自如和创见。我读书学习，突出一个问字，不断提出问题、解决问题，就能不断前进。问，是前进的起点。学问者，既要学，且要问，有了问题，才能进一步思考，以求解决。孔子曰："学而不思则殆，思而不学则罔。"极富哲理。许多问题一时解决不了，就先存疑，记下来，不知什么时候或读到那本书，突然激发了灵感，有所启迪，就可产生许多联想，豁然开朗，大有振聋发聩之感。

到了古稀之年，回想一生，颇多遗憾，尤其见电视、报刊介绍那些东方之子、大家时，我羞愧难当。若能重走人生之路，当会少一些弯路，或能比现在出息一些，只是不会再有这种机会了。逝者不可追，只能朝前看，珍惜余年。所以我今年写的春联为：上联：古稀未觉老皓首读岐黄。下联：秋实胜春华晨星著文章。横批：桑榆未晚。算是自我鞭策之意吧。

我在有生之年，还想再写两本书，一是通过验案，展现我以脉诊为中心的辨证论治方法，书名暂定为《脉诊的临床运用》；另一本是我五十年来临证碰壁后，渐有所悟的心得，本想名之曰《马后炮集》，夫人嫌其不雅，故拟改为《一得集》，意为愚者千虑之一得吧。

概括起来，我在学医道路上能有所长进，主要归功于以下五点：

一是大学时期，母校的培养，名师的教诲，为我打下了较坚实的基础。

二是几十年来坚持临床实践，尤其是在大庆的 20 多年，大量的实践机会锻炼了临床能力。

三是教学后，努力钻研经典，博览各家，理论上有了较大进步，理论与实践相互印证，相得益彰，颇多启悟。学而时习之，不亦乐乎。

四是在学习态度方面，我以古为师，努力领悟；以古为友，平等探讨；以古为徒，敢于评说；以古为敌，勇于否定，建立自己的见解。

五是勤于总结写作，凡有启悟或闪光的灵感，我就记下来，先写个提纲，再不断完善。撰写个题目，总得查阅大量资料，深入思考，方能逐渐完成。这种勤于动手的方法，有助于思维的深化。

我的一些学术见解

我的学术特点，可概括为以下五点：

一是严格遵循中医辨证论治体系，法无定法，方无定方。

二是在辨证中，严格遵从中医理论，以脉诊为中心，以脉解证，以脉解舌。

三是辨证首分虚实，虚实之要在于脉之沉取有力无力。

四是崇尚经方，尽量避免中西医混用，以免干扰。

五是倡温病本质为郁热，传变只有气血之分，治为清、透、滋三法。

以上五点，本非什么特点，乃是一个中医大夫应有的素质要求，但在学术异化的今天，却成了我本非特点的特点。

（一）以脉诊为中心的辨证论治方法

临床中，我常碰到一些疗效差、甚至久治不愈的病人，心中茫然不知所措，甚感愧疚。都因我辨证论治水平不高，所以努力学习经典及名著，又难于一蹴而就，心中仍难了了，故苦闷之情常萦绕心头。

如何提高辨证论治水平？我临床前十几年，主要倚重舌诊。因舌诊比较直观，易于观察，且望舌能洞观五脏六腑，所以辨证中以舌诊为重。然临证既久，发现一些舌证不符的现象，如再障患者舌淡胖大，怎么补也不好，改予凉血散血方愈；有的冠心病患者舌暗红或光绛，清热活血无效，改予温阳通脉而瘥；有的舌绛而裂，养阴反剧，温阳舌反渐红活苔布；有的苔黄厚，温阳化湿而瘳。舌证不符的医案，动摇了我以舌诊为中心的辨证论治方法，转而渐渐倚重脉诊。

临床辨证，虽曰四诊合参，但四诊的权重不同。自古皆云：望而知之谓之神。望什么呢？望神、望色、望形态。我现在应诊的患者，急性病及危重病较少，而慢性病及疑难病较多，病人的形色神无显著变化，望舌又常出现舌证不符的现象，难以将望诊作为辨证的主要依据。"闻而知之谓之圣"，闻诊无非声味，一些慢性病病人亦很难出现声味的显著变化，所以闻诊亦难作为辨证论治的主要手段。问诊，那是必须问的，要知道病人之所苦所欲。但是有的病人症状很少，如就是个头痛，没有其他症状，无法仅据问诊辨其寒热虚实；有的病人主诉一大堆，能说上半个钟头，甚至有些怪异的症状，如有一病人从腰至下肢，有流沙或流粉条之感，从上到下无处不难受，使辨证茫然不知所措。且仅据症状，也很难判定其病机，所以问诊也有相当大的局限。常遇有些人请我开个方子，治疗某病，或说的是一些症状，或说的是西医诊断，我很无奈，未诊脉，寒热虚实不明，确难拟方。

我倚重脉诊，一是受大学恩师的影响，很多老师都强调脉诊。陈慎吾老师讲，一摸脉，就可知道病的性质。学生时虽无体会，但给我的印象颇深。二是在学习经典时，从《内经》，到《伤寒论》《金匮要略》，都非常重视脉诊。如《内经》云："微妙在脉，不可不察"；"气口成寸，以决死生。"很多疾病的性质、吉凶顺逆，死证，皆以脉断，内容非常丰富。《难经》中论脉的篇幅，约占全书的四分之一，确定了寸口诊法，并予全面论述，为后世所宗。仲景于《伤寒论》开首即设辨脉法与平脉法论脉专篇，而且每卷都将脉诊置于突出位置，曰"辨某病脉证并治"。每个病都有大致相似的临床表现，但病机又各不相同，因而一病之中有若干证。证是如何确定的？仲景谓之"脉证并治"，是依脉的变化来确定证。证即疾病某一阶段的病机总和，法依病机而立，方依法而出，这就形成了完整的以脉为中心的辨证论治体系。再看历代名家论著及医案，无不以脉为重。

纵观《内》《难》《伤寒》《金匮》及历代名家所论，更坚定了我以脉诊为中心的辨证论治方法。由于几十年专注于脉诊，窃有所悟，就斗胆写了本《脉学心悟》的小册子，在这本小册子中，我主要谈了以下几点见解：

1. 脉诊的意义

脉诊在疾病诊断中起着决定性作用，若用数字来估量，大约可占50%～90%。自古以来，四诊依其价值来排序，当依次为望闻问切，而我认为这种排序是指四诊应用的先后，而非重要性的排序，因脉可以定性、定位、定量、定势，所以脉诊当为四诊之首。

2. 脉的从舍

历来都认为脉有假脉，所以有"舍脉从证"与"舍证从脉"之说。我认为脉无假，关键在于是否识脉，任何一种脉象的出现，都有其必然的生理、病理基础，舍而不论是错误的。

所谓假脉，无非脉证不一，阳证见阴脉，阴证见阳脉；表证见里脉，里证见表脉；寒证见热脉，热证见寒脉；虚证见实脉，实证见虚脉。这些与证不一的脉，不仅不假，恰恰反映了疾病的本质。

阳证见阴脉者，阳极似阴也。例如阳热亢极，反见沉迟、涩、小、细等阴脉，此为火热闭伏气机，气血不得畅达而出现的阴脉，此正说明火热之甚，并非假脉。阴证见阳脉，阴极似阳也。如阴寒内盛，格阳于外，反见浮大洪数之阳脉，此正说明阴盛之极也，何假之有？

表证见里脉者，伤寒初起，寒邪外束，经脉不通，气血凝泣，出现沉紧之里脉，乃理势然也。温病初起，温邪上受，首先犯肺，肺气膹郁，气机不畅，气血不能外达以鼓荡血脉，反见沉数之里脉，恰恰反映了温病的本质是郁热。里证而见表脉者，可因里热外淫，或里虚真气浮越于外而脉浮或浮大。

热证见寒脉者，热闭气机，气血不得畅达，脉反见沉迟小涩乃至厥。寒证见热脉者，因寒邪搏击气血，脉紧而数；或阴寒内盛，格阳于外而脉浮大洪数。

实证见虚脉者，乃邪阻气机，血脉不畅，脉见细迟短涩。虚证见实脉者，乃真气外泄，胃气衰竭，经脉失柔，反见强劲搏指之实脉。

此类脉象，何假之有。张景岳说得好，"虽曰脉有真假，而实由人见之不真耳，脉亦何从假哉"。《医论三十篇》亦云："舍脉，乃脉伏从证，不得不舍，非脉有象而舍之谓。"这段话是很明确的，所谓舍脉，只有脉因邪阻而闭厥，无脉可据时，才不得不舍脉从证。除此而外，只要可摸到脉象，就不存在舍弃的问题，所以该书又说："如停食、气滞、经脉不行；或寒闭气塞，脉伏不见，惟据证以为治。"脉断然无假，根本不存在什么舍证从脉、舍脉从证的问题。

3. 脉诊纲要

脉象有很多不同的变化，各医家将其分为24种脉、27种脉、34种脉不等，另外还有怪脉、真脏脉。而且，两手脉象各不相同，寸关尺三部亦可各异。除单脉外，常又有很多兼脉，纷纭繁杂，的确难于掌握。如何执简驭繁、纲举目张呢？历代医家都做过许多有意义的尝试，将脉分为阴阳，以浮沉迟数为纲，或浮沉迟数虚实为纲，亦有将浮沉迟数虚实滑涩合为八纲者。景岳独具慧眼，提出以虚实为纲，曰："千病万病不外虚实，治病之法无逾攻补。欲察虚实，无逾脉息。"又曰："虚实之要，莫逃乎脉。"脉虚证虚，脉实证实。

脉的虚实，当以沉候有力无力为辨。因沉候为本，沉候为根，沉候有力无力，才真正反映脉的虚实。对此，《内经》及后世医家都有明确的论述。《素问·至真要大论》曰："帝曰：脉从而病反者，其诊何如？岐伯曰：脉至而从，按之不鼓，诸阳皆然。帝曰：诸阴之反，其脉何如？曰：脉至而从，按之鼓甚而盛也。"对这段经文，景岳阐述得很清楚，脉至而从者，为阳证见阳脉，阴证见阴脉，是皆谓之从也。若阳证虽见阳脉，但按之不鼓，指下无力，则脉虽浮大，便非真阳之候，不可误为阳证，凡诸脉之似阳非阳者皆然也。或阴证虽见阴脉，但按之鼓甚而盛者，亦不得认为阴证。这就明确指出，即使临床表现为一派阳证，浮取脉亦为洪数的阳脉，但只要按之不鼓，指下无力，就是阴证、虚证。即使临床表现为一派阴证，脉见沉迟细涩等阴脉，但只要按之鼓甚，便是阳证、实证。《医宗金鉴》更明确指出："三因百病之脉，不论阴阳浮沉迟数滑涩大小，凡有力皆为实，无力皆为虚。"《脉学辑要》亦云："以脉来有力为阳证，脉来无力为阴证。"《医家四要》云："浮沉迟数各有虚实。无力为虚，有力为实。"但必须指出，若脉过于强劲搏指，不得作实脉看，恰为胃气衰败，真气外泄之脉。

沉取有力无力，此即诊脉之关键。不论脉分27种还是34种，皆当以虚实为纲，何其明快。

4. 脉诊原理

脉虽纷纭多变，但只要理解脉象形成的原理及影响脉象变化的因素，对诸脉也就能了然胸臆，不为所惑了。

脉的形成原理，一言以蔽之，乃气与血耳。脉乃血脉，赖血以充盈，靠气以鼓荡。正如《医学入门》所云："脉乃气血之体，气血乃脉之用也。"所有脉象的诸多变化，都是气血变化的反映。气为阳，血为阴，气血的变化，也就是阴阳的变化。诚如《素问·脉要精微论》所云："微妙在脉，不可不察。察之有纪，从阴阳始。"气血，是打开脉学迷宫的钥匙。倘能悟彻此理，则千变万化的各种脉象，可一理贯之，触类旁通，而不必囿于众多脉象之分，画地为牢，死于句下。恰如《脉学指南》云："上古诊脉，如浮沉迟数等，名目不多，而病情无遁。后世胪列愈伙，指下愈乱，似精反粗，欲明反悔。盖求迹而不明理之过也。"《诊家枢要》亦云："得其理，则象可得而推矣。是脉也，求之阴阳对待统系之间，则启源而达流，由此而识彼，无遗策矣。"

（1）气的变化对脉象的影响

气盛：气有余，则鼓荡血脉之力亢盛，气血必动数而外涌。气血外涌，则脉见浮、洪、实、大、长、缓纵而大等象；气血动数，则脉见数、疾、躁、促等象。

气郁：气为邪阻，气机不畅；或情志怫逆，气机郁滞，则气不能畅达以鼓荡血脉，脉见沉、伏、牢、涩、迟、细、短、结乃至厥。气机不畅，阳气不得敷布，经脉失却阳气之温养，致收引拘急，脉见弦、紧、细、涩等象。此等脉象，貌似不足，实则乃邪气亢盛所致。其与虚脉的鉴别，在于按之中有一种奔冲激荡、不肯宁静之象，与虚脉之按之无力者异，这就是以沉取有力无力分虚实。

至于病机相同，为何脉象有沉、伏、涩、短、迟等不同的区分？这是由于气机滞塞的程度、部位不同，引起气机滞塞的原因不同，因而同一病机，产生不同的脉象。脉虽各异，而理却相通。

气虚：气虚无力鼓荡血脉，则出现脉来无力的缓、迟、微、弱、濡、代、小、短、涩等脉象。气虚不能固于其位，气浮于外而脉浮，可见浮、虚、散、芤、微、濡、革等脉。气虚，则虚以自救，奋力鼓搏，脉可数，然按之无力，愈虚愈数，愈数愈虚。若气虚极，脉失柔和之象，亦可见强劲坚搏之脉，此乃真气外泄，大虚之脉，不可误认作实脉。

（2）血的变化对脉的影响

血盛：血为邪迫，奔涌激荡，血流薄疾，则脉见滑、数、疾、促等象。血流奔涌于外，则见脉浮、洪、实、长等象。

血瘀：由于邪阻、气滞，血行瘀泣，脉道不利，则见沉、伏、牢、涩、细、小、短、促、结等象。

血虚：血虚不能充盈血脉，则脉细、小、濡、短、涩等。血行不继，则脉歇止而见促、结、代等。血虚不能内守，气失依恋而外越，则脉见浮、虚、微、芤、革、散、动等。血虚经脉失于濡养，则脉拘急而弦细。

为了论述清晰，故将气与血分别论述。气与血的病理变化，虽有所侧重，但往往相互影响密不可分。气血是脉象产生和变化的基础，明白了这个道理，就可以"知其要者，一言而终"。

5. 脉象的动态变化

古人对各种脉象，做了很多规定、描述，而且列举了很多形象的比喻，使后人能对各种脉象有个清晰的概念，可谓用心良苦。我们学习脉诊，不仅要了解各脉脉象的界定标准，准确地认脉，而且要掌握脉理及其所主的病证。能正确地识脉，还要以辩证的观点动态地辨脉。各脉不是孤立的、静止的，而是互相联系，有着不断的动态变化的。掌握了这种动态变化的规律，就可活泼地看待各种脉象，守绳墨而废绳墨，驾驭整个病理进程及脉象的各种变化，随心所欲不逾矩，达到出神入化的境地。

例如风温初起，脉可沉而数，可用升降散、银翘散之类。随着郁热的亢盛，热郁极而伸，淫热于外，则脉由沉数变成浮数。热邪进一步亢盛，激迫气血外涌，脉由浮数变为洪数，可用白虎汤治之。热邪亢盛而伤津耗气，则脉由洪数变为芤数，可用人参白虎汤。若气被壮火严重耗伤，则脉由芤而转虚大乃至散，可用生脉散。若正气浮越而脱，则可由阳证转为阴证，脉转为沉微欲绝，可用参附汤、四逆汤回阳救逆。若热邪由卫分逆传心包，脉见沉数而躁急。若热传营血，阴亦耗伤，则脉见沉细数而躁急。温病后期，邪退正衰，肝肾阴伤，脉转为细数无力。若阴竭阳越，脉又可变为浮大而虚。阳越而脱，转为阴阳双亡时，脉又可沉细微弱。

再如气机郁滞，气血不能畅达以鼓荡血脉，随郁滞的程度不同，脉可逐渐转沉，进而出现沉、弦、迟、涩、细、短、结、伏乃至脉厥。这些虽是各不相同的脉象，但由于病机相同，仍是有机联系的，是一种病机动态发展的不同阶段、不同程度所出现的不同变化。这样就可以将诸脉以一理而融会贯通，就可由守绳墨而废绳墨，辩证地、灵活地看待各种脉象，而不必机械、刻板地死于句下。

欲达到守绳墨而废绳墨的境地，就必须了解脉理。理明自可判断各种脉象的意义，进而判断病证的性质、病位、程度。掌握脉理的关键，在于气血的相互关系及变化规律。

6. 脏腑分部

一种说法是，浮取以候心肺，中以候脾胃，沉以候肝肾。这种说法，临床不适用，难道心肺的病变都在浮候而不见于中候、沉候吗？肝肾的病变都在沉候而不见于浮候、中候吗？如病人喘而寸脉沉数，当知肺中蕴热，迫肺上逆而作喘。此证非于脉之浮候察得，而是于沉候诊知，何以言心肺之疾独于浮候诊之。

还有一种说法，以寸尺内外分候脏腑。寸口乃区区之地，细如麦秆，再过细地分为内外上下，难于掌握，且近于玄虚，临床也不这样用。

比较一致的意见，是以左右脉按寸关尺分布。左脉寸关尺分别为心、肝、肾；右脉寸关尺分别为肺、脾、命。心包在左寸。两尺有的认为都属肾。

关于腑的分配，胆在左关，胃在右关，膀胱在尺，诸家意见比较一致。关于大小肠的分布，分歧就比较大。约有三种意见：一种是以表里经络关系来分，心与小肠相表里，且有经络相通，故小肠居左寸。肺与大肠相表里，且有经络相通，大肠居右寸。第二种意见是以气化功能分，大小肠都传化水谷，属胃气所辖，故大小肠居右关。第三种以脏器实体部位来分，大小肠皆属下焦，所以分配于尺部。三焦的分布，有的主张上中下三焦分居寸关尺；有的认为三焦气化取决于肾，应居尺；有的认为三焦与心包相表里，且有经络相通，应居左寸。各执己见，令学者莫衷一是。

脏腑的分部，不宜过于机械刻板，否则不仅玄虚，而且也不适用。笔者判断脏腑病位，根据寸候上焦病变，包括心、肺、心包及胸、颈、头部；关候中焦病变，包括脾、胃、肝、胆、上腹；尺候下焦病变，包括肾、膀胱、大小肠、女子胞，及下腹、腰、膝、足等。至于属何脏何腑的病变，要结合该脏腑及其经络所表现的症状，综合分析判断。如寸数咳嗽，寸数为上焦有热。上焦之热究竟在心、在肺、在胸、在头，尚不能单凭脉以断。察知病人咳嗽，咳嗽乃肺的症状，结合寸数，可诊为肺热。若同为寸数，出现心烦不寐的症状，则可断为心经有热。考之于《脉经》，即以寸关尺分主三焦，而没有机械地将寸关尺与脏腑硬行搭配。《脉经》分别三关境界脉候所主，曰："寸主射上焦，出须及皮毛竟手。关主射中焦，腹及胃。尺主射下焦，少腹至足。"这种定位的方法，简单、实用、确切，没有故弄玄虚或呆板、烦琐的弊端。

7. 脉象要素分解

脉象，是由脉位、脉体、脉力、脉率、脉律、脉幅、脉形七个基本要素组成。由于这七个要素的变动，演变出了纷纭繁杂的诸多脉象。若每种脉象，都能从七要素入手，加以分解，并弄清影响这些要素变化的原因、机理，则有助于对各种脉象的掌握、理解和融会贯通，不致有如坠五里云雾之感。

（1）脉位：脉位可分浮中沉三候。

脉何以浮？无非是气血搏击于外致脉浮。

气血何以搏击于外？常脉之浮，可因季节影响，阳气升发而脉浮。病脉之浮，可因邪气的推荡，使气血鼓搏于外而脉浮。如热盛所迫，或邪客于表而脉浮。若正气虚弱，气血外越，亦可因虚而浮。同为浮脉，一虚一实，以按之有力无力分之。

何以脉沉？常脉之沉，因于季节变化，阳气敛藏而脉沉。病脉之沉，一可因气血虚衰，无力鼓荡而脉沉；一可因气血为邪所缚，不能畅达鼓荡而脉沉。同为沉脉，一虚一实，以按之有力无力区别之。

（2）脉体：脉体有长短、阔窄之分。

脉长而阔者，健壮之人，气血旺盛，或因夏季阳气隆盛，脉可阔长。病脉之阔而长，可因邪气鼓荡气血，使气血激扬，搏击于脉乃阔而长。正虚者，气血浮动，脉亦可阔长。二者一虚一实，当以沉取有力无力别之。

脉体短而窄者，一因邪遏，气血不能畅达鼓击于脉，致脉体短窄。或因正气虚衰，无力鼓搏，亦可脉体短窄。二者一虚一实，当以沉取有力无力别之。

（3）脉力：脉力分有力无力，当以沉候为准。无论浮取脉力如何，只要沉取无力即为虚，沉取有力即为实。

沉而无力者，阳气、阴血虚衰也，无力鼓击于脉，致脉按之无力。沉而有力者，因邪扰气血不宁，搏击血脉而脉力强。若亢极不柔者，乃胃气败也。

（4）脉率：脉率有徐疾之别。疾者，儿童为吉。病脉之疾，可因邪迫，气血奔涌而脉疾；亦可因正气虚衰，气血惶张，奋力鼓搏以自救，致脉亦疾。二者一虚一实，当以沉取有力无力分之。

脉徐者，可因气血为邪气所缚，不得畅达而行徐；亦可因气血虚衰，无力畅达而行徐，且愈数愈虚，愈虚愈数。二者一虚一实，当以沉取有力无力分之。

（5）脉律：脉律有整齐与歇止之分。气血循行，周而复始，如环无端，脉律当整。若有歇止，则或为邪阻，气血不畅而止；或为气血虚，无力相继乃见止。二者一虚一实，当以沉取有力无力分之。

（6）脉幅：脉来去（即脉之起落）之振幅有大小之别。常脉振幅大者，气血盛。病脉之振幅大，或因邪迫，气血激扬而大；或因里虚不固，气血浮越而脉幅大。二者一虚一实，当以沉取有力无力别之。

脉幅小者，可因邪遏或正虚，致脉来去之幅度小。二者一虚一实，当以沉取有力无力分之。

（7）脉形：气血调匀，脉当和缓。因时令之异，阴阳升降敛藏不同，脉有弦钩毛石之别，此皆常也。若因邪扰或正虚，气血循行失常，脉形可有弦、紧、滑、代之殊。弦紧皆血脉拘急之象，或因邪阻，或因正虚，经脉温煦濡养不及而拘急。滑乃气血动之盛也，或因气血旺，脉动盛而滑，如胎孕之脉；或邪扰，激荡气血，涌起波澜而脉滑；或正气虚衰，气血张皇而脉滑。二者一虚一实，当以沉取有力无力分之。

脉代者，因寒暑更迭而脉代者，此为常。若脏气衰，他脏之气代之，脉亦更代，动而中止不能还，因而复动。

脉之变化多端，无非是构成脉象的七要素之变动。七要素的变动，无非是气血的变动。气血之所以变动，无非邪扰和正虚两类。故气血为脉理之源，虚实为诊脉之大纲。倘能知此，则诸脉了然胸臆，不为变幻莫测之表象所惑。

对具体各脉，我都从脉象特征、脉理及其所代表的病理意义三个方面进行了系统的论述。这些论述，不是简单沿袭古代的观点，炒冷饭，而是有自己的见解、观点，详见拙著《脉学心悟》。

（二）论汗

1. 关于正汗

太阳中风本有自汗，但在桂枝汤将息法中，仲景孜孜以求者亦为汗。曰"遍身微似有汗者益佳，不可令如水流漓，病必不除。若一服汗出病差，停后服，不必尽剂。若不汗，更服依前法。又不汗，后服小促其间，半日许令三服尽。若病重者，一日一夜服，周时观之。服一剂尽，病证犹在者，更作服。若汗不出，乃服至二三剂。"区区一将息法，仲景五次言汗，何也？对这些经文深入思考，可提出一连串问题：

第一个问题：邪汗与正汗的区别。

太阳中风自汗，是风伤卫而引起的。风为阳邪，伤卫则卫强，卫强则不能固护而腠理开，津液外泄而自汗。这种自汗，乃是邪汗。邪汗的特点：一是局部汗出，往往头部或身体上部汗出；二是往往头部大汗；三是阵汗出；四是随自汗出，表证不除。而正汗，恰与邪汗相对：一是微似有汗，而非大汗；二是遍身皆见，躯干四肢、头面皆汗出；三是持续不断，可持续数小时；四是随正汗出，脉静热衰，表证随之而解。

第二个问题：正汗的机理。

《内经》云："阳加于阴谓之汗。"正汗得出，必阴气敷布，阳气蒸腾，乃能作汗。吴鞠通据经旨进一步阐明道："汗之为物，以阳气为运用，以阴精为材料。"阳施阴布，乃可作汗。

阳根于肾。肾中阳气布散，须通过三焦、腠理，达于毫毛，此即《内经》所云"肾合三焦膀胱，三焦膀胱者，腠理毫毛其应。"所以，肾中阳气，必由三焦腠理，通达内外上下，直达于毫毛。阳气无处不在，邪无藏匿之所，此种状况，乃能称阳气布施，方能蒸腾阴液而作汗。阴液根于肾，生成于中焦，宣发于上焦，内则脏腑，外则肌肤毛窍，布散于全身内外上下。此即阳施阴布，方能阳加于阴，正汗乃出。

影响正汗出的因素不外正虚与邪实两端。正虚者，阳虚不化则无汗，或阳虚不固而汗泄；阴涸者，或乏作汗之资而无汗，或阴虚阳动而邪汗。邪实者，可阻遏阴阳之布散而无汗，亦可因邪阻阴阳不调，营卫不和而邪汗，或邪迫津泄而汗。治疗大法，无非祛邪扶正两端。待阴阳和，营卫调，正汗自然而出。反过来，临床见此正汗，即可推断已然阴阳调、表里和矣。这就是据汗以测病机的测汗法。仲景孜孜以求者，即此正汗。

第三个问题：测汗法临床指导价值。

首先提出测汗法者乃叶天士，于《吴医汇讲·温热论治篇》曰："救阴不在补血，而在养津与测汗。"王孟英未解测汗之奥义，于《温热经纬》中改为"救阴不在血，而在津与汗"，将测字删除。后世沿袭王氏所改，使测汗法这一重要学术思想几致湮没，亦使原文"晦涩难明"。

测汗法广泛应用于临床。仲景于桂枝汤加减诸方，葛根汤、麻黄汤乃至小柴胡汤等，皆以"微似汗出"之正汗为判断病情的依据。

测汗法在温病卫气营血各个阶段亦普遍适用。新感温病邪在卫分时，由于温邪犯肺，肺气膹郁而无汗或自汗。治当辛凉宣透，肺膹解，气机畅，卫阳得宣，津液得布，里解表和，自然津津汗出，此即正汗。临床据此正汗，即可推断肺郁已解，阳施阴布，此即叶氏所说的"在卫汗之可也"。

对于"在卫汗之可也"，后世多解为汗法，或卫分证的治则，这是原则性错误。温病忌汗，这是许多温病学家一再告诫的一条法则。吴鞠通曰："温病忌汗，汗之不惟不解，反生他患。"于《温病条辨·汗论》中再次强调："温病断不可发汗。"叶氏于《幼科要略》中云："夫风温、春温忌汗。"于《临证指南医案·风温》中又指责那些以汗法治温病的庸医曰："温病忌汗，何遽忘也。"杨栗山斥以汗法治温病为大谬，为抱薪救火，于《寒温条辨·发表为第一关节辨》中曰："温病虽有表证，一发汗而内邪愈炽，轻者必重，重者必死。"

温病何以忌汗？邪在肌表，固当汗解，而温病初起，是温热之邪犯肺，其本质是郁热在里，虽有表证，实无表邪，汗之既伤阴，又助热，变证丛生，故当忌汗。正如吴鞠通所云："病自口鼻吸受而生，徒发其表，亦无益也。"

既然温病忌汗，那么"在卫汗之可也"当如何理解呢？此非汗法，乃指正汗而言，意即卫分证经清透以后，只要正汗出来就可以了。对此，赵绍琴老师独具慧眼，曰："汗之绝非发汗之法，它不是方法，而是目的。"所谓目的，恰与桂枝汤将息法理出一辙，孜孜以求者正汗也。

测汗法，不仅适用于卫分证，温病的各个传变阶段，包括温病后期的真阴耗伤，尽皆适用。当热结胃肠而灼热无汗，或仅手足溅然汗出，肢厥脉沉时，用承气汤逐其热结，往往可遍身漐漐汗出，脉起厥回。这是由于阳明热结一除，气机通畅，阳气得以宣发，津液得以敷布使然，据此汗，就可推断已然里解表和矣。当热陷营血而灼热无汗时，清营凉血养阴透邪后，亦可见正汗出，据此汗，可推断气机已畅，营血郁热已然透转。当阴液被耗而身热无汗时，养阴生津后，亦可见正汗出，据此汗，可知阴液已复。正如张锡纯所云："人身之有汗，如天地之有雨，天地阴阳和而后雨，人身阴阳和而后汗。"近贤金寿山亦曰："大多数温病须由汗而解……在气分时，清气分之热亦能汗解。里气通，大便得下，亦常能汗出而解。甚至在营分、血分时，投以清营凉血之药，亦能通身大汗而解。"所以，测汗法具有重要意义。正如章虚谷所云："测汗者，测之以审津液之存亡，气机之通塞也。"

第四个问题：最佳药效标准及疗效标准问题。

在讨论中西医结合问题时，有人提出中医没有标准。诚然，中医缺乏西医那样规范、统一的标准，但中医也有大量颇具特色的判断疾病吉凶顺逆的各种标准，只是缺乏深入的发掘、整理。

仲景在桂枝汤将息法中就提出了最佳药效标准及疗效标准，这个标准就是正汗！

太阳病，服桂枝汤后，病究竟好没好？是停药还是应继续服药，还是加大用药量及缩短服药间隔，依据什么判断呢？乃正汗也，只要正汗出，就达到了最佳药效，即可停药。

疗效标准，亦依正汗判断，仲景没有以发热（体温）为判断指征，亦未以是否头痛、项强、鼻鸣、干呕等症为指征，仍然以正汗为标准。正汗已出，即使表证未全除，亦不足虑，必将随正汗出而解。这项标准，可作为中医外感热病的疗效标准，具有广泛意义。

2. 关于汗法

汗法，是中医治则中的重要法则，可惜已渐趋萎缩，仅在外感表证时应用。若无表证时汗法用否？若正气已虚时汗法用否？我认为汗法仍然大有用场，关键在于把握使用的指征。

外邪袭人，不仅在表，尚可内传，亦可直中脏腑，而呈现繁杂的内伤病证。外邪引发的疾病，病程可数日，但亦可深伏于内，久羁不去，数年不愈，如《素问·痹论》之五脏痹。其病不论在表在里，数日或数年，皆可汗而祛邪，使阴阳畅达调和而正汗出。即使正气已虚，客邪仍在，亦当扶正祛邪。基于这种理解，则纳入汗法治疗的病种就大大增加，汗法也就得到了广泛应用。

我在治疗冠心病、高血压、干燥综合征、类风湿及各种痛证等时，只要指征符合，就用汗法治之。我掌握的主要指征为脉沉而紧滞。寒主收引，寒主凝泣，寒邪羁留不去，故血脉拘紧凝泣。所以我将此脉作为汗法的主要指征。

例：胡某，男，50岁，连云港人。2004年4月19日初诊：10个月前突感胸痛、胸闷，短气，怵惕，惊悸，无力，畏寒，下肢凉。心电图：T波广泛低或倒。血压：170/105mmHg。脉沉而拘紧，舌尚可。诊为寒痹心脉。嘱停全部西药。方宗：小青龙汤主之。用药：麻黄4g，桂枝9g，细辛4g，干姜4g，半夏9g，白芍10g，五味子4g，茯苓15g，炮附子（先煎）12g，红参12g，炙草6g。

上方加减，共服110剂，至8月9日来诊，症状消失。心电图正常。血压130/80mmHg。10月4日又来诊一次，一直无何不适，劳作如常人。心电图正常，血压稳定于120/80mmHg。

按：为何诊为寒痹心脉？因脉沉紧，知为寒闭，出现胸痛、惊悸怵惕的心经症状，故断为寒痹心脉。何以知有内饮？因短气、惊悸，此乃阴盛，水液停蓄而为饮，或素有痰饮，外寒引动内饮，上凌于心而心悸怵惕。小青龙主"伤寒表不解，心下有水气"。若寒邪束表，麻桂自可解散表邪。而本案并无表证，小青龙尚可用否？俗皆以麻桂等为辛温解表之品，似无表本不当用。然寒凝于里，虽无表证，麻桂可照用。因麻黄解寒凝，发越阳气；桂枝解肌振心阳，通心脉，对寒凝于里者，用之何疑。经云："肾合三焦膀胱，三焦膀胱者，腠理毫毛其应。"三焦为原气之别使，腠理为元真通行之处。肾之阳气，通过三焦、腠理充斥周身，上下内外，阳气无处不在，犹天运朗朗，邪无可遁，何病之有，此即"天运当以日光明"。若阳虚而阴凝者，麻桂可用否？当阳虚时，虚阳易动，本不当再用麻桂升散，宜以干姜、附子辛热回阳。然又有阴寒凝泣，理应以麻桂解之。在姜附回阳的基础上，虽用麻桂，亦不虑其耗散，此亦扶正祛邪，麻黄附子细辛汤，深寓此意。若阳虚而脉虚浮涌动者，乃虚阳浮动之象，此时不可再用麻桂辛，反应用附子伍以山萸，防阳暴脱，脉暴起，成阴阳离决，格阳、戴阳。若阴血虚而兼寒凝者，麻桂可用否？在补阴基础上，亦可伍以麻桂，散阴凝而不伤阴，如阳和汤之麻黄配熟地、鹿角胶。血压高时，麻桂可用否？皆云麻黄升压，视为禁忌。脉沉而拘滞，乃寒邪凝泣之象，以麻桂剂发其汗，寒去脉可起，血压反可降下来。此例就是高血压患者在停用降压药后，血压反恢复正常水平且稳定。麻黄可提高心率，皆云心率快者禁用麻黄。脉拘紧而数，乃寒凝阳郁，不散寒，则郁热不得透发，此时麻桂仍可应用，寒散热透，心率反可降下来。以脉象言，拘紧而数者，数脉从紧，麻桂不仅不忌，反而必用。

（三）论"火郁发之"

1963 年，我刚毕业一年，治一武姓产妇。产后悲怒，头痛心悸，肢冷畏寒，厚被热炕，犹觉周身凉彻，面色青白，舌质略红，脉沉弦躁数。我以为产后多虚，肢冷畏寒，当属阳虚，遂叠进四逆、参附之剂，附子由三钱渐增至三两，经旬肢冷畏寒不解，反增神志昏昧。我百思不解，束手无策。

毕业约 20 年后，读赵绍琴老师《论火郁》一文，恍悟此案为火郁证。虽肢厥、畏寒，但舌红脉沉而躁数，乃火郁于内，阳不外达而寒，法当宗"火郁发之"，透热外达。自此，对火郁证进行了深入学习，窃有所悟。

1. 火郁的概念

"火郁发之"，首见于《素问·六元正纪大论》。郁者，抑遏之谓；火郁，乃火热被遏伏于内不得透发。发之，是火郁证的治则，即疏瀹气机，使郁火得以透达发越之意。

火郁非一病之专名，乃一系列病证的共同病机。凡因火热被郁遏于内不得发越而引起的一系列病证，皆可称为火郁证。因火与热同性，故火郁又常称为热郁。

2. 火郁的病因病机

人身之气，升降出入，运行不息，神明变化所由生也。一旦气机郁遏不达，升降出入不畅，阳气失其冲和之性，即郁而化热，此即"气有余便是火"之谓。费伯雄曰："凡郁病必先气病，气得流通，何郁之有。"

气机何以被郁？一为邪气阻滞，二为七情所伤，三为正虚无力升降，致阳气郁而化火。《医碥》曰："六淫、七情皆足以致郁。"又曰："气不足以郁而成火，东垣所谓阳虚发热也。"由此可见，形成郁热的原因非常广泛，六淫七情、气血痰食、饮食劳倦、正气虚馁，凡能影响气机升降出入者，皆可使阳郁化热而为郁热。

3. 火郁的临床特点

因火郁证包括范围甚广，且致郁因素不同，所郁部位有别，郁闭程度不等，正气强弱之殊，兼杂邪气之异，因而表现得纷纭繁杂。尽管千差万别，但由于都具火郁于内这一共同病理基础，故临床有其共性可循。下面从脉、舌、神、色、症几个方面加以叙述。

（1）脉：典型的火郁脉为沉而躁数。若见到这种典型的火郁脉，则火郁证的诊断起码可以肯定50%～90%。

沉主气，由于气滞不畅，气血不能外达以鼓荡血脉，故脉沉。凡火郁证，皆有气郁不畅这一共同病理改变，故脉皆当沉。恰如《四言举要》所云："火郁多沉。"

躁数之脉，乃火热被遏伏之象。火热属阳，主动。火热被郁于内，必不肯宁静，奔迫激荡，致脉沉而躁数。此脉在火郁证的诊断中具有极为重要的意义。

关于躁数脉，在《内经》《伤寒论》中都有很多重要论述。《内经》曰："有病温者，汗出辄复热，而脉躁疾不为汗衰，狂言不能食……名阴阳交，交者死也""汗出而脉尚躁盛者死"。《伤寒论》曰："脉数急者，为传也。"数急即躁数。

脉躁数，乃热邪亢盛，阴不制阳，阳亢无制，主病进。它不仅是热病是否传变的一个重要判断指征，而且是热病判断生死转归的一个重要指征，意义非常重要。

我多年来经临床反复体验认为，躁脉的意义确如经典所言，不仅可作为热病传变、转归的判断依据，而且据脉躁数的程度，还可大致判断体温变化的程度及发展变化的时间。如有的患儿体温在40℃左右，若其脉虽数已趋缓和，可以判断此热不足虑，一经清透之后，少则半日，多则一日，体温就可趋于正常；也有的体温已然正常，但脉尚躁数，可预知不逾半日，体温将复又升高。还可据躁数程度，大致估计体温升高的度数，此已屡试不爽。

火郁脉，因郁闭程度及火热盛衰的不同，也有很多变化。若热郁而伸，已有外达之势者，脉可由沉位渐浮起，呈浮数、浮洪之象。若郁闭重者，脉可见沉细、沉迟、沉涩、沉而促结，甚至脉伏、脉厥。脉虽细、迟、涩、结，但绝非阴脉，按之必有一种躁急不宁之象。如《医家心法·诊法》曰："怫郁之脉，大抵多弦涩迟滞，其来也必不能缓，其去也必不肯迟，先有一种似数非数躁动之象。"《寒温条辨》云："温病脉沉涩而小急，此伏热之毒，滞于少阴，断不可误为虚寒。"

（2）舌：火热郁闭，不得外达而上灼，其舌当红。由于火郁轻重之不同，舌红程度亦有差异。轻者，舌质可无改变，但必不淡；郁热初起者，可舌边尖红，或舌尖起粟点；重者红；再重则绛而少津，甚至绛紫干敛，或舌謇。

（3）神色：面色当红而滞，总有一种热邪怫郁不达的红而暗滞之感。

（4）神志：轻者心烦少寐，重则谵语、狂躁，甚至昏厥。

（5）症：内呈一派热象，如渴喜冷饮、口哕喷人、气粗喘促、胸腹灼热、溲赤便结或下利臭秽等。外呈一派寒象，如恶寒肢厥，甚至通体皆厥，或脘腹冷、背冷等。

由于热郁部位不同，尚兼有不同脏腑见证。如心经郁热，见烦躁不寐、谵狂昏厥、斑疹疮疡、口舌生疮等；肺经郁热，见咽痛咳喘、胸闷胸痛等；肝经郁热，见头晕目眩、胁肋胀痛、烦躁易怒、抽搐瘛疭等；脾经郁热，见身热倦怠、呕吐下利、脘腹胀满、牙痛龈肿等。

4. 火郁的治疗

火郁的治疗，概括起来就是清透二字。有热固当清，有郁固当透。

"火郁发之"，王冰以汗训发，失于偏狭。发之，固然包括汗法，然其含义，远比汗法要广。凡能畅达气机，使郁热得以透发者，皆谓之发。张景岳喻之"如开其窗，揭其被，皆谓之发"。

如何使气机畅达？原则是"祛其壅塞，展布气机"。首先要分析致郁之因，采取针对性的措施，以祛其壅塞，使气得以展布。如外感致郁者当散邪，气滞致郁者当疏达，血瘀致郁者当活血，痰湿致郁者当涤痰化湿，热结致郁者当攻逐热结，食积致郁者当消导。凡此，皆谓祛其壅塞，展布气机。清热透邪当贯彻火郁治疗的全过程。若不知火郁之机理，见热即清，过于寒凉，以期截断扭转，往往冰伏气机，反使郁热内走。瞿文楼曰："温虽热疾，切不可简单专事寒凉。治温虽有卫气营血之别，阶段不同，但必须引邪外出。若不透邪，专事寒凉，气机闭塞，如何透热，又如何转气？轻则必重，重则无法医矣。"

由于对火郁证有了一定认识，临床就多了一些从容。仅举二例说明：

例一：杨某，女，23岁，社员。1987年7月23日诊。时值暑伏，酷热难耐，我正袒胸读书，汗流浃背，突来一农妇，身着花布棉衣裤，头裹头巾，裤腿怕透风以绳系之，俨然一身冬装。诉产后患痢，周身寒彻，肢冷，厚衣不解，虽汗出亦不敢减衣。腹满不食，恶心呕吐，溲涩少，便垢不爽。曾用多种抗生素，输液打针，中药曾予补益气血、健脾止泻、温补脾肾、温阳固涩等剂，终未见效，恙已一月半矣。诊其脉沉滑数，舌红苔黄厚腻，面垢。此湿热郁遏，气机不畅而腹满、呕吐、便垢不爽；阳郁不达而肢厥身冷。予升降散合葛根芩连汤：僵蚕12g，蝉蜕4g，姜黄9g，大黄4g，葛根12g，黄芩10g，黄连10g，茵陈15g，石菖蒲8g，藿香12g，苍术12g，川厚朴9g，半夏9g。

7月27日二诊：服上药1剂即脱棉衣，又2剂腹胀、呕吐皆止。尚觉倦怠，纳谷不馨。予清化和胃之剂善后而愈。

按：涩痢留邪，湿热蕴阻，阳气被遏而身寒肢冷。沉脉主气，气血被郁而脉沉，沉而有力。脉滑数为热郁，且苔黄腻舌红，据舌脉不难诊断为湿热蕴阻、阳遏不达之证。清化湿热，宣畅气机，透热外达，恶寒随之而解。肢冷、腹冷、周身冷等，乃临床常见之症。阴盛或阳虚固可冷，然阳郁而冷者亦不少见。若脉沉而躁数舌红者，不论何处冷，甚至冷如冰，皆为阳郁所致，不可误用热药温阳。若脉虽沉数，然按之无力，当属虚寒。凡脉沉而无力者皆虚，且愈虚愈数，愈数愈虚，当予温补，不可误作火郁，犯虚虚实实诫。

例二：姚某，男，21 岁，学生。1982 年 6 月 4 日诊。下利半月，日五六度，小腹冷如冰。曾以寒利而服理中丸、四神丸等方无效。脉沉而躁数，此火郁迫津下泄而为利，予四逆散合葛根苓连汤，2 剂而愈。

按：恶寒一症，寒袭者有之，法当辛温散寒；阳虚者有之，法当温阳；然火郁者亦有之。气机内闭，火热内伏，阳遏不达，亦必寒凉。凡此，不可不辨，切不可一见腹冷辄予热药，乃实其实也。肢厥身寒，或局部觉寒，皆可因火郁而致，如痛经之小腹冷，胃脘痛之脘腹冷，肢体痹痛之肢冷等，皆可因火郁阳气不达所致，其脉当沉而躁数，或沉而滑数，郁遏重者，脉亦可沉伏细小迟涩，然必有奔冲躁扰不肯宁静之象，此是辨识火郁之关键。

（四）关于温病的见解

我长期从事儿科的急性病及危重病的救治，认真读了些温病名家的著述，到河北中医学院后，又从事了几年温病教学工作，因而对温病理论萌生了一些自己的见解，写了本小册子，名曰《温病求索》。在书中，我提出了如下主要观点：

1. 温病的本质是郁热。

2. 温病只有温热与湿热两类，其他分类皆可蠲除。

3. 温热病皆分卫气营血四个传变阶段，我主张只有气血之分。湿温传变，我赞同薛生白的正局与变局传变规律。

4. 温病的治则，概括起来只有透清滋三法。

限于篇幅，其他学术见解可参拙著《相濡医集》《冠心病中医辨治求真》《中医临证一得集》及《李士懋、田淑霄脉学心得集》。

李广文

李广文（1936—　），1964年毕业于山东医学院（原齐鲁大学医学院，现山东大学医学院）医疗系。毕业后留附院妇科工作，得到著名妇产科专家江森教授的指导。1972年参加山东省西学中班，结业后留中医系妇科教研室任教，1976年山东医学院与山东中医学院（现山东中医药大学）分开后于山东中医学院中医妇科教研室工作，曾任中医妇科教研室副主任、主任，附院妇科副主任、主任，硕士研究生导师，享受国务院颁发的政府特殊津贴。为中华中医药学会男科分会理事，中华中医药学会男科学会不育症专业委员会副主任委员，山东中医药学会第二届妇科专业委员会副主任委员，山东中医药学会第三届妇科专业委员会名誉顾问。1997年获美国柯而比中心医学部颁发的"国际著名替代医学专家"证书。1997年被人事部、卫生部、国家中医药管理局确定为"九五"期间全国名老中医药专家。

从事妇科临床、教学、科研工作五十余年，精于妇科，兼擅男科，尤其在以中医中药为主治疗不孕症方面理论精深，临床经验丰富，疗效突出，在中医妇科领域有较高的学术地位，是全国知名专家。出版学术专著一部，主编著作两部，两人合编一部，副主编及参编著作10余部，发表学术论文60余篇。参加科研两项，均获省科技进步二等奖。

我1964年毕业于山东医学院医学系，毕业后留附院（现齐鲁医院）妇产科工作，1970年山东医学院与山东中医学院合并，号召西医学习中医，1972年派我参加山东省西学中班，结业后留中医系妇科教研室任教，在山东中医学院附属医院妇科上班。从此我加入了中医行列，踏上了用中医研究妇科疾病的道路。

理论篇

（一）从头开始　埋头苦读

以往中医学院的学生在校学习中医 5 年，而中医研究班只学习 1 年，二者相比差距太大了。这就是他人之长，自己之短。要迎头赶上非下苦功不可。在中西医结合的道路上要想取得好成绩，首先要学好中医基础理论，打下坚实的中医根基，否则就会成为无源之水、无本之木。常言道："工欲善其事，必先利其器，器利而后工乃精。"为此，我到数百千米之外的楼德分院，与学生一起系统地听张珍玉教授的中医基础课，努力学习中医基础知识，白天在课堂上听讲，晚上与张教授同住一舍，质疑问难，深得教诲。我还虚心向具妇科专长而又深谙各家学说的张志远教授求教，以求全面掌握中医妇科知识。通过那段时间的学习，收获甚大，打下了较为坚实的中医理论基础。要想成为名副其实的中医大夫，只能从头开始，埋头苦读。

中医有几千年的历史，古籍之多，浩如烟海，汗牛充栋。我下决心钻到古书堆里去拼搏。我不是天资聪慧之人，但我深信勤能补拙。"书山有路勤为径，学海无涯苦作舟""有志者事竟成"，每天苦读至深夜，节假日也不例外。原先我对古典文学很感兴趣，也有较好的古典文学基础，我抱着热爱中医、热爱古典文学的双重兴趣去学习，越学越有劲。研究班结业后我没有马上到临床工作，说是埋头读书一点也不为过。我除了翻阅《素问》《灵枢》《金匮要略》《诸病源候论》《神农本草经》《景岳全书》《医宗金鉴》《世医得效方》《千金要方》《医方一盘珠》外，为掌握更多的中医妇科知识，还阅读了几十本妇科书籍，如《妇人大全良方》《证治准绳·女科》《济阴纲目》《妇科玉尺》《女科辑要》《傅青主女科》等，其间还发现了一些鲜为人知的古籍珍本，如《秘本种子金丹》《广生篇》等。博览遍观，以广其实，重点内容则时时背诵，潜心精读。日积月累，至精至熟，引经据典，可脱口而出。我认为对中医文献应求其本源，因任何事物都有根和源，对某一问题必须搞清来龙去脉，否则即成无源之水、无本之木。

（二）中西互参　潜心专科

我 1964 年毕业于西医院校，从事西医妇产科临床工作近 10 年，已经具有较为系统的西医理论基础和临床经验。20世纪70年代，国家提倡中西医结合，不论是中医还是西医对传统中医的继承和发扬是共同目标。在这个过程中，西医离职学习中医是个重要环节。对西学中者，有利也有弊。有利的地方是有一定的现代医学基础，具有一定去伪存真的能力，有利于中医现代化，逐渐与国际医学接轨；不利的地方是西医知识先入为主，往往摆脱不了先入者为是的框框，不利于中医思维的建立。我认为，最好先把学过的西医知识放在一边，认真学到地地道道的中医知识，建立纯正的中医思维模式，达到一定程度之后，再逐渐结合汇通。比如就五脏六腑而论，对心肝脾肺肾的认识中西医概念完全不同。中医学说的心肝脾肺肾是功能单位，而西医的心肝脾肺肾是器官，是解剖单位。西医对脾功能亢进者，可行脾切除，而中医没有脾是不行的。又如西医的肾是泌尿器官，而中医的肾就其功能而论，包括了西医的生殖系统、泌尿系统、神经系统、内分泌系统和免疫系统的功能。这样理解，中西医并没有什么矛盾。以中西医结合的观点看待中医妇科书中的激经、暗经、居经、闭年、阴吹等，就可以正确理解，写出的文章使中西医学者都认可。首先认真学习中医的传统理论，然后才能中西医汇通，更好地发展中医事业。中西医理论体系虽然不同，但其研究对象是相同的——那就是病人。

从20世纪70年代开始，我就一直潜心于不孕症的研究，在临床实践中逐步形成了自己独特的学术思想。不孕症的原因很多，涉及许多疾病，临床须中西并用，结合现代检查手段，综合分析，找出原因，治疗才能有的放矢。中医文献资料中，不孕症证型较多，辨证繁杂，重复性不够好。我根据女性排卵障碍性不孕症、输卵管阻塞性不孕症、免疫性不孕症以及男性精液异常等所致不孕症的辨证论治提出了自己的见解。我认为西医学不孕症的病因分类与中医学的"证"存在相关性。女性不孕症排卵功能障碍、输卵管阻塞、免疫功能异常三大病因，可辨证为肾虚、血瘀、肾虚邪实三大证型。因排卵障碍性不孕症主要表现为不孕和月经失调，经本于肾，肾主生殖，肾气旺盛，任通冲盛，月事如期，两精相搏，方能成孕，肾气盛是卵巢功能正常的基础，故排卵障碍性不孕症证属肾虚；输卵管阻塞患者多有附件炎病史，有少腹疼痛的症状，据"不通则痛"的机理，输卵管阻塞符合任脉瘀阻不通的特点，证属血瘀；免疫性不孕症其本在肾，外邪内侵是本病发生的诱因，肾气虚弱，邪气乘虚而入，客于胞宫，正邪交争，损伤冲任，精血凝聚，故不能摄精成孕。我坚持西医病因与中医辨证相结合，据因辨证，制定补肾调经助孕、活血祛瘀通络、补肾扶正祛邪的相应治法，并创立了相应的方剂。男性不育症中的精液异常则"辨精论治"：精子稀少治宜补肾填精，益气养血；精液不液化治宜滋阴清热，解毒祛瘀。对部分没有临床症状的不孕患者，亦审因论治。可谓中西合璧，相得益彰，形成了独特的病、因、证相参的学术思想，以及疾病→病因－证型→专方的鲜明诊治特色，提纲挈领，抓住了不孕的主要环节，临床治疗常获事半功倍之效。

（三）师古不泥　研创新方

《傅青主女科》序言中说得好："执成方而治病古今之大患也。昔人云，用古方治今病，如拆旧屋盖新房，不经大将之手，经营如何得宜？诚哉斯言。"毛主席曾说过，对待古代的东西"要剔除其封建性的糟粕，吸取其民族性精华"。中国医药学是个伟大的宝库，但起源于几千年前的封建社会，其错误和不足之处难免。要继承其精华之处，更要对其进行深入发掘、整理，继而不断创新发展。在几十年的临床过程中，我根据中医学理论，从阅读的大量中医古籍中筛选出 200 余首方剂作为参考，结合自己的经验，创立了数首行之有效的方剂。

1. 既遵法度，又参药理

我根据方剂学家周凤梧教授"组方知法度"的说法，以法系方，精心组织每一首方剂，并经临床反复验证修改，然后确定。遣方用药，遵古而不泥古，灵活而不失原则，善于吸取众家之长，融合诸家经验，组方有法，用药有据，既遵循中药传统的性味归经、升降浮沉，又结合现代药理研究成果，参考药物的药理作用，对有效药物进行筛选。如治疗无排卵性月经或排卵障碍性不孕患者时首选紫石英，因紫石英功能温补肝肾，药理研究表明其能提高卵巢功能，促进女性激素分泌，促进排卵。再如治疗免疫性不孕症，在辨证用药的基础上，多选用经药理研究证实有调节机体免疫功能的中药，如菟丝子可明显提高 T 细胞值，淫羊藿对 γ－干扰素有诱生作用，并能兴奋性腺轴，故为补肾药之首选。当归、丹参可增强网状内皮系统的吞噬功能，提高血清调理素的活力，丹参还能清除血液中已沉积的抗原抗体复合物，故为活血药首选。又如治疗滑胎，本病主因肾虚，不能固摄胎元，治疗重在补肾安胎，在补肾药中首选续断、杜仲，并以其为主药组方，因二药不仅能补益肾气，药理研究还证实续断含有大量维生素 E，杜仲可降低子宫的敏感性，防止宫缩，安胎疗效肯定。在理气安胎药中常选用香附、陈皮，二者理气健脾，药理研究有抑制子宫平滑肌收缩的作用，故安胎效果好。在遵循中医辨证施治的原则下，遣方用药灵活地将中药的性味归经与药理研究相结合，两条思路并进，取得显著疗效。

2. 遣方有道，选药有据

临证制方严谨，遣方有道，加减化裁，独具匠心。如通任种子汤是我治疗输卵管阻塞性不孕症的经验方，因证属血瘀，在活血化瘀药的选用上，根据输卵管阻塞的病理特点，选择了既能祛瘀，又有消炎止痛作用的丹参、桃仁、川芎、赤芍，这些活血化瘀药可改善局部微循环，有利于炎性渗液的吸收，减轻管壁水肿，缓解粘连，不仅可以消除输卵管炎引起的少腹疼痛症状，而且可使炎症消退后的输卵管复通，临床疗效显著。方中穿山甲（现用代用品，下同）更是画龙点睛之笔，用量较小，重在取其走窜之性引诸药直达病所，既能化瘀通络，又实为一味引经药。对病情复杂者，常以"法外套法""方内套方"为治，攻补兼施，标本兼治，寒热并用，方法灵活独到，而且组方用药一般10~16味，药物少而精。

3. 配伍精当，善用对药

我组方用药重视中药的配伍，并在长期临床实践中形成了一些固定的药物配伍模式，如赤芍配白芍，赤芍以泻为用，清热凉血，活血祛瘀通经脉，药理研究证实其有消炎止痛之效；白芍以补为功，能补血敛阴，柔肝和营，具有缓急止痛的作用，二药配伍应用，敛散相抑，补泻并举，有养血活血、和营止痛之效，对虚中夹瘀或因瘀致虚者用之尤宜，常用于治疗输卵管阻塞性不孕症、痛经、盆腔炎等。在用量方面，治疗输卵管阻塞、盆腔炎重用赤芍，取其活血祛瘀、清热止痛之效；治疗痛经重用白芍，取其缓急止痛之功。再如紫石英配淫羊藿，二药同以补肾为功，淫羊藿甘温补肾，壮阳强筋，性燥不润；紫石英以补养肝肾为主，有润燥养荣之效，可减淫羊藿之燥性，二药配对应用则补肾之力增强，故用于肾虚性不孕、闭经等，实验研究证实二药相配有促排卵、健黄体的作用，可提高雌、孕激素水平，我的经验方石英毓麟汤就是应用这一药对的代表方。肉桂配牡丹皮也是我常用对药之一，肉桂辛甘大热，温中补阳，散寒止痛，宫寒不孕、痛经、闭经常用之，因其大热易生火，配牡丹皮凉血活血，可制约肉桂燥热之性，且凉而不滞，效果较好。再如知母配黄柏，知母苦寒泄热，善泻肾火，且质柔性润，有滋阴生津之效，黄柏清热燥湿，善清下焦湿热，二药配用，清泻肾火之力增强，泻火而不伤阴，我在临床中常用于治疗男性精液不液化，我之经验方液化汤即是应用这一药对的代表方。

4. 临证用药，顾护脾胃

由于不孕症病程较长，病情复杂，故治疗时间相对较长，能否坚持服药是治疗成败的关键。我在遣方用药时特别注意顾护胃气。一方面尽量不用有异味、对胃刺激性强的药物，如乳香、没药、五灵脂、败酱草、水蛭等，因服用这些药物患者常可产生恶心等不良反应，对药物产生畏惧感，心理负担增加，容易中断治疗。对脾胃素虚的患者用药尤其谨慎，必要时，用量不宜大，可适当加用健脾和胃之品。另一方面，采用间断服药法，即连服3天停1天，使胃得到"休息"，这种服药法不但顾护了胃气，又因不用天天服药，也使得患者在精神上得到放松，有利于治疗效果的提高。

5. 择时用药，提高疗效

择时用药法由张仲景首创，如《伤寒杂病论》中麻黄汤、小青龙加石膏汤等方药的特殊服法，均强调了择时与疗效的重要关系。我在临床中结合中西医理论及妇女生理、病理特点，为择时用药法赋予了新的内容。《内经》云："女子七岁，肾气盛，齿更发长；二七而天癸至，任脉通，太冲脉盛，月事以时下，故有子；三七，肾气平均。"《内经》此论以7为基数，且女子正常经期在7天以内，对于月经规律、原因不明的不孕症，我让患者于月经周期第7天开始服药，服3天停1天，服完6剂药后再同房，因服完6剂药正值排卵期；同时能节欲保精，以使肾精充足，待机而动，提高受孕机会。每月只服6剂药，减轻了患者服药之苦。

实践篇——治疗不孕症临床经验

中医古籍对不孕症的分类非常繁杂，明代薛己《校注妇人良方》曰："妇人之不孕，亦有因六淫七情之邪，有伤冲任，或宿疾淹留，传遗脏腑，或子宫虚冷，或气旺血衰，或血中伏热，又有脾胃虚损，不能营养冲任。"清代陈士铎《石室秘录》云："女子不能生子有十病……一胞胎冷也，一脾胃寒也，一带脉急也，一肝气郁也，一痰气盛也，一相火旺也，一肾水衰也，一任督病也，一膀胱气化不行也，一气血虚而不能摄也。"就脏腑气血而论，常见的因素有肾虚、肝郁、血虚、血瘀、痰湿等。诸因素可以单独为患，亦可相兼为病。

我临证时注重西医病因与中医辨证相结合，强调明确病因。西医学根据不孕的发病原因，将其分为排卵障碍性不孕、输卵管性不孕、子宫性不孕、宫颈性不孕、阴道性不孕、免疫性不孕等，需通过妇科检查、内分泌化验、输卵管通畅试验、超声检查、免疫学检查等，找出病因，明确诊断。针对排卵功能障碍、输卵管阻塞、免疫功能异常三大主要病因，我通过多年的临床实践确立了相应的治法，并创立了专方，以专方为主，如有兼证，则适当加减。

（一）排卵障碍性不孕

1. 证属肾虚，治当补肾调

排卵障碍是女性不孕症的主要原因之一，占 25%～30%，常表现为月经失调，如月经稀发、闭经、功能失调性子宫出血等。中医学认为，女性的生殖功能以肾－天癸－冲任为主轴线，肾是主导。肾藏生殖之精，泌至天癸，使任通冲盛，为月经产生的物质基础，肾虚血海不能按时满溢可见月经后延；源流断竭则表现为月经停闭；肾气虚，封藏失职，冲任不固，不能制约经血，致月经不按周期而妄行。肾虚泌至天癸功能异常，冲任气血亏虚，直接影响到孕育功能，导致不孕。临床所见排卵障碍患者常有腰膝酸软、性欲淡漠等肾虚表现。我认为排卵障碍性不孕乃由肾虚所导致，补肾促排卵是治疗的关键，故治疗排卵障碍性不孕以补肾为大法。通过补肾而达泌天癸、补冲任、调经助孕的目的。近年来国内"肾主生殖"的临床与实验研究亦表明，补肾药尤其是温补肾阳药对人下丘脑－垂体－卵巢轴具有多元性作用，有助于使紊乱的神经内分泌调节机能恢复正常，对性腺轴功能失调引起的排卵内分泌障碍作用是肯定的，并认识到补肾调节性腺轴的作用在下丘脑或更高的部位。

临床较多见的多囊卵巢综合征（PCOS）常可导致排卵障碍性不孕。其临床主要症状有月经不调（月经稀发、闭经、功血）、不孕、肥胖、多毛等，伴双侧卵巢多囊性增大。这是一组复杂的症候群，患者可具备以上典型症状，也可以只有部分症状，因排卵障碍而致不孕是 PCOS 的主要临床表现之一。PCOS 的发病原因目前尚不清楚，可能与下丘脑－垂体－卵巢轴功能障碍、高雄激素血症、胰岛素抵抗及高胰岛素血症等有关，而肾上腺皮质功能异常在发病上也起一定作用。由于精神紧张、环境改变、营养失调或激素类药物过度刺激等内外因素的影响，丘脑下部分泌促性腺激素释放激素（GnRH）失去周期性，以致垂体分泌的促卵泡激素（FSH）及黄体生成激素（LH）两者比例失常，LH 过多分泌而缺乏周期性变化，月经中期不出现 LH 峰，FSH 正常或相对较低。由于 FSH 少量持续刺激，使卵泡发育，但不能完全成熟，许多发育到不同阶段的卵泡可持续存在而无排卵，而过量的 LH 持续性刺激，使卵泡膜细胞增生和黄素化，形成卵巢多囊性的变化。由于某些酶的系统缺乏，影响了雌酮及雌二醇的合成，体内雄烯二酮和睾酮积聚，故出现男性化特征，如多毛、痤疮等。高水平的雄激素又可经芳香化酶的作用转变成雌激素，扰乱下丘脑－垂体功能，导致 LH 及 FSH 比例失常，从而发生一系列变化，形成 PCOS。

该病在中医学中无记载，根据其症状特点可归于中医的"月经后期""闭经""不孕"等范畴。因 PCOS 患者有肥胖的体征，近代妇科临床多倾向本病为痰湿不孕，苍附导痰汤、启宫丸是常用方剂。古人对肥胖伴闭经、不孕亦有论述。如元代朱震亨《丹溪心法》云："若是肥盛妇人，禀受甚厚，恣于酒食之人，经水不调，不能成胎，谓之躯脂满溢，闭塞子宫，宜行湿燥痰。"并有"躯脂满经闭"之论述，首倡痰湿闭经与不孕，并提出了行湿燥痰的治法，用导痰汤或胆星、半夏、苍术、川芎、防风、滑石、羌活等药物。清代傅山的《傅青主女科》谓："妇人有身体肥胖，痰涎甚多，不能受孕者，人以为气虚之故，谁知是湿盛之故乎！夫湿从下受，乃言外邪之湿也，而肥胖之湿，实非外邪，乃脾土之内病也。然脾土既病，不能分化水谷以养四肢，宜其身躯瘦弱，何以能肥胖乎？不知湿盛者多肥胖，肥胖者多气虚，气虚者多痰涎，外似健壮而内实虚损也……夫脾本湿土，又因痰多，愈加其湿，脾不能受，必浸润于胞胎，日积月累，则胞胎竟变为汪洋之窟矣！且肥胖之妇，内肉必满，遮隔子宫，不能受精，此必然之势也。"

"痰"是水液代谢障碍所形成的病理产物，正常生理条件下，津液的代谢是通过胃的摄入，脾的运化和转输，肺的宣散和肃降，肾的蒸腾和气化，以三焦为通道输送、转化、排泄的。肾中精气的蒸腾气化，实际上主宰着整个津液代谢，肺、脾等内脏对津液的气化均依赖于肾中精气的蒸腾气化。脾阳根于肾阳，肾阳不足，阳虚火衰，则无以温煦脾阳；脾阳久虚，又可损及肾阳，而成脾肾阳虚之证，运化功能失职，湿聚为痰。故肾阳虚是 PCOS 患者出现痰湿表现（如肥胖）的根本。然而并不是所有的 PCOS 患者皆出现肥胖的症状，PCOS 亦不能与痰湿不孕相等同，并且通过我长期的临床实践也证明了单用化痰法治疗 PCOS 疗效并不理想，我认为 PCOS 的发生主要是由于肾－天癸－冲任轴之间相互调节失约，肝、脾、肾功能失调所致。古云："经水出诸肾"，"肾水本虚，何能盈满而化经水外泄"。肾中精气亏虚不能促进天癸的泌至，则无以促使任通冲盛，诸经之血不能汇集冲任而下，故无经血产生而闭经。而肾阳虚是 PCOS 发病的主要环节，胞络者系于肾，胞宫全赖肾阳之温煦，肾阳虚衰，胞宫失煦，不能摄精成孕。治疗应以温补肾阳为主，温补肾阳方为治本之法。

2. 专用方剂——石英毓麟汤

该方是我自创之治疗排卵功能障碍性不孕的方剂。

（1）药物组成：紫石英 15～30g，淫羊藿 15～30g，川椒 1.5g，菟丝子 9g，肉桂 6g，续断 15g，当归 12～15g，白芍 9g，川芎 6g，枸杞子 9g，赤芍 9g，川牛膝 15g，香附 9g，牡丹皮 9g。

（2）功效：温补肾阳，调经助孕。

（3）用法：水煎服，每日 1 剂，2 次分服，连服 3 天停药 1 天，至基础体温升高 3 天停药。

（4）方解：方中紫石英、淫羊藿补肾壮阳，温暖胞宫为君；菟丝子、肉桂、续断补益肾阳为臣，以加强君药的治疗作用；当归、枸杞子、白芍养阴补血，阴中求阳，川芎、赤芍、川牛膝、香附通行气血调经，牡丹皮凉血活血消瘀，并制约温热药之燥性共为佐药；川椒专入督脉，取其温肾补火之功为使。全方重在补肾阳，佐以养精血，并调畅气血，使火生胞亦暖，阳回血亦沛，月经如期，则能摄精成孕。

（5）组方思路及依据：肾主生殖，为生胎之源，肾与排卵功能及受孕有直接关系，肾虚则胎孕难成，治疗女性不孕从肾入手，是古今医家公认之法。中医古籍论述较多的因肾阳亏虚所致的宫寒不孕，是临床常见的证型。清代陈士铎《石室秘录》曰："胞胎之脉所以受物者也，暖则生物，而冷则杀物矣。"晋代王叔和《脉经》谓："妇人少腹冷，恶寒久，年少者得之，此为无子。年大者得之，绝产。"宋代《圣济总录》曰："妇人所以无子，由于冲任不足，肾气虚寒故也。"清代傅山《傅青主女科》云："夫寒冰之地，不生草木，重阴之渊，不长鱼龙，今胞胎既寒，何能受孕？"我认为，肾主系胞，小腹为胞宫所居之地，子宫脉络与肾相通，胞宫赖肾阳温煦和肾精滋养才能孕育胎儿。禀赋素弱，肾气不足，或后天摄生不慎，均可损伤肾中真阳，肾阳虚衰，不能温煦胞宫，宫寒则不能摄精成孕。临床所见排卵障碍所致不孕患者，多有肾阳虚衰的表现，故石英毓麟汤以温补肾阳为主。女子以血为用，月经、胎孕均以血为主，故配以养阴补血，实为善补阳者，必阴中求阳，则阳得阴助而生化无穷。古谓督脉为病，女子不孕，所以选用川椒以温督脉。临床及动物实验表明，紫石英有兴奋卵巢功能和提高性欲的作用，淫羊藿可使正常大鼠垂体前叶、卵巢、子宫重量增加。温肾药物加养血活血药可以促使排卵。

对月经正常且无明显症状，经系统检查亦非输卵管、子宫、宫颈、阴道及免疫等因素的原因未明不孕者，亦从肾论治。我用毓麟珠加紫石英、淫羊藿、香附、赤芍，以鹿角胶易鹿角霜，每月服 6 剂，自月经周期的第 7 天开始服，每日 1 剂，连服 3 天停 1 天，服完最后 1 剂的当天同房（恰好为排卵期），1~2 天后再同房 1 次。

3. 典型病例

（1）刘某，女，29 岁，因结婚 8 年未避孕未孕，月经后延 15 年，于 1997 年 5 月 6 日初诊。夫妻同居，性生活正常，2~3 天一次，未避孕一直未孕。月经 15 岁初潮，40 天至 6 个月一行，经期、经量正常，色红，有少量血块，无腹痛。末次月经 4 月 26 日（黄体酮撤血，距上次月经 4 个月）。白带量少，色白，平日腰酸痛，手足凉，纳眠可，二便调。曾用人工周期、克罗米芬及中药治疗，仍未妊娠。2 年前输卵管通液示通畅。B 超示 PCO，形体正常，体毛不多，挤压双乳房无溢乳。舌淡红，苔薄白，脉细，妇科检查无异常。男方精液化验，不液化。中医诊断：①不孕症。②月经后期。西医诊断：①原发性不孕。②月经稀发。治宜温肾助阳，调经助孕，予石英毓麟汤加减：紫石英 30g，淫羊藿 30g，赤白芍各 9g，当归 15g，续断 15g，菟丝子 9g，枸杞子 9g，制首乌 12g，香附 9g，肉桂 6g，川牛膝 15g，川芎 6g，桃仁 9g，川椒 1.5g。12 剂，水煎服，日 1 剂，连服 3 天停 1 天。克罗米芬 100mg，1 日 1 次，连服 5 天，己烯雌酚 0.25mg，日 1 次，连服 10 天。男方予液化汤（自拟经验方）24 剂。

1997 年 6 月 4 日二诊：服药平妥，月经于 6 月 3 日来潮，距上次 38 天，经前腰酸，恶心，纳差。舌脉同前。上方加姜半夏 12g，15 剂。

1997 年 7 月 11 日三诊：末次月经 7 月 6 日，距上次 34 天，无明显不适。上方继服 12 剂。

1997年8月14日四诊：服药平妥，末次月经8月8日，5天干净。舌脉同前。上方继服12剂。

1997年9月24日五诊：月经40余天未行，轻微恶心3天，纳可，无腹痛。舌质淡红，苔薄白，脉细滑。尿HCG阳性。诊断：早孕。嘱禁房事，调饮食，适寒温。

1998年丈夫来报：1998年4月19日顺产双胞胎，男孩2550g，女孩2700g。

（2）李某，女，26岁，因结婚3年未避孕未孕，于1997年5月19日初诊。夫妻同居，性生活正常，3~4天一次。月经18岁初潮，30天一行，经期、经量正常，经行小腹隐痛，腰痛，末次月经5月13日。白带正常，纳眠可，二便调。曾用人工周期治疗，用药时月经紊乱。4个月前在当地医院通水，结果不详。舌淡红，苔薄白，脉细，妇科检查无异常。中医诊断：不孕症（肾虚）。西医诊断：原发性不孕。治宜补肾益气，调冲助孕，毓麟珠加味：紫石英18g，淫羊藿18g，菟丝子9g，川椒1.5g，川芎6g，香附、当归各12g，赤白芍各9g，炒杜仲12g，鹿角胶6g（烊化），党参18g，白术9g，茯苓9g。6剂，水煎服，日1剂，连服3天停1天。

1997年9月29日复诊：服上方6剂，月经未行，6月下旬恶心，在当地医院查为"早孕"。就诊时停经4月余，查：宫底脐下2指，胎心正常。

（二）输卵管阻塞性不孕

1. 证属血瘀，治当化瘀通络

输卵管阻塞亦是女性不孕症的重要原因，大多由于慢性输卵管炎及其周围结缔组织炎，使输卵管水肿、僵硬，炎性渗出致管壁粘连，而影响了输卵管的功能，阻止了精卵结合，导致不孕。中医学认为，"任脉通，太冲脉盛，月事以时下，故有子"，输卵管阻塞患者多有附件炎病史，有少腹疼痛的症状，据"不通则痛"的机理，输卵管阻塞符合任脉瘀阻不通的特点，证属血瘀。瘀血阻滞，精卵不能相合，而致不孕。故治疗应以活血化瘀为主。活血化瘀可促进全身血液循环，改善输卵管及其周围组织的血液循环障碍，有利于炎症的吸收，促使粘连缓解，使病灶瘀血水肿得以消散，从而使输卵管复通。

2. 专用方剂——通任种子汤

该方是我自创之治疗输卵管阻塞性不孕的方剂。

（1）药物组成：香附9g，丹参30g，赤白芍各9g，桃仁9g，连翘12g，小茴香6g，当归12g，川芎9g，延胡索15g，莪术9g，皂角刺9g，穿山甲3g，炙甘草6g。

（2）功效：活血祛瘀，通络止痛。

（3）用法：水煎服，每日1剂，2次分服，连服3天停药1天，经期停药。

（4）方解：方中丹参、桃仁、赤芍活血祛瘀止痛，当归活血补血；川芎活血行气；香附理气止痛，助活血祛瘀之力；白芍补血敛阴，缓急止痛；连翘清热解毒散结；小茴香入肝经，理气止痛；延胡索活血祛瘀，行气止痛；莪术行气破血止痛；皂角刺攻走血脉，直达病所，具消肿排脓之功；穿山甲性善走窜，可透达经络直达病所，功能消肿排脓；炙甘草既能缓急止痛，又可清热解毒。

（5）加减：少腹痛重者，加生蒲黄9g；附件炎性包块者，加三棱9g；腹胀者，加木香、陈皮各9g。

对检查输卵管通畅，但妇科检查为附件炎，且无其他不孕因素者，也给予通任种子汤。

3. 典型病例

康某，女，32岁，1994年年底因未避孕未孕8个月，就诊于外院，检查输卵管不通。经三家省级西医院治疗仍未怀孕，于1996年6月3日就诊。予通任种子汤，每月服6剂，月经第7天开始，服3天停1天。至9月份怀孕，予寿胎丸加味14剂，1997年6月4日剖宫产一男婴，体重3450g。

（三）免疫性不孕

1. 正虚邪实，治当扶正祛邪

女性免疫性不孕症主要由抗精子抗体（AsAb）所致，也有部分由抗卵巢抗体（VAoAb）、抗子宫内膜抗体（AEmAb）等引起。在不孕症患者中20%～40%是由免疫因素引起的。随着各种原因引发的生殖系统炎症的增多及检测技术的提高，其发病率有逐渐增高的趋势。我根据中医学肾主生殖的理论及现代中医对肾的研究，结合多年临床经验，认为本病与肾虚有关。免疫性不孕症其本为正气虚，外邪内侵是本病发生的诱因，肾气虚弱，邪气乘虚而入，客于胞宫，正邪交争，损伤冲任，精血凝聚，故不能摄精成孕。

肾为先天之本，主生殖、藏精，肾中精气的盛衰主宰着人体的生长发育及生育功能的成熟与衰退。肾又主骨生髓，中医学的"髓"包括了骨髓和脊髓。

现代研究表明骨髓是免疫系统的中枢免疫器官，是免疫活性细胞的发源地及分化成熟的微环境，在免疫应答及免疫调节过程中起重要作用。只有在"先天之本"肾的涵养下免疫系统才能发挥正常免疫功能，因而认为肾为免疫之本，肾除对生殖系统有主导作用外，对免疫系统亦有稳定和调节作用。现代对"肾"的研究也证实，中医的肾包括了西医学的生殖系统、免疫系统、内分泌系统、神经系统等。实验研究发现，肾阳虚者细胞免疫或体液免疫都很低下，T细胞平均值显著低于正常人，通过补肾药可使低值升高或正常，同时细胞免疫得以改善。亦有实验表明，益肾治本的方药，可通过直接兴奋红细胞膜上的 C_{3b} 受体，促进吞噬细胞吞噬免疫复合物的能力，加快红细胞运送处理循环免疫复合物（CIC）的作用，达到增强红细胞免疫黏附活性和清除 CIC 的目的，以阻止 CIC 沉积于组织，造成免疫损伤。这充分说明肾对机体的免疫起着重要的平衡、调节作用。因此，我认为免疫性不孕症的病因之本在肾，而外邪内侵则是本病发生的诱因。古人云："正气存内，邪不可干。""邪之所凑，其气必虚。"肾气虚弱，湿浊邪毒乘虚而入，客于胞宫，正邪交争，损伤冲任，精血凝聚，瘀血阻于胞宫，故不能摄精成孕，故免疫性不孕症肾虚是本，邪实是标，瘀则是其变，虚实夹杂是其特点。

2. 专用方剂——种子转阴汤

该方是我自创之治疗免疫性不孕的方剂。

（1）药物组成：紫石英、党参、续断各15g，淫羊藿15g，黄芩、徐长卿、菟丝子、当归、白芍、白术、茯苓、炙甘草各9g，熟地12g，川椒1.5g，鹿角霜、川芎各6g。

（2）功效：温补肾气，祛邪抑抗。

（3）用法：水煎服，每日1剂，2次分服，月经第7天开始，连服3天停药1天。

（4）方解：菟丝子、续断补肝肾，调冲任；川椒、鹿角霜温肾助阳；紫石英、淫羊藿补肾壮阳；八珍双补气血；黄芩、徐长卿解毒祛邪。

（5）组方思路及依据：该方是毓麟珠以续断易杜仲，加黄芩、徐长卿、紫石英、淫羊藿四味而成，故曾名四新毓麟汤。毓麟珠方出《景岳全书》，功能补气养血益肾，是治疗肾虚不孕症的要方，加紫石英、淫羊藿，使肾气更足，冲任二脉更加充盛。《傅青主女科》曰："妇人受妊，本于肾气旺也，肾旺是以摄精。"因 AsAb 常在生殖道感染、局部炎性渗出增加情况下产生，故选用具有清热、泻火、解毒作用的黄芩和徐长卿。药理研究表明，党参、白术、甘草可提高网状内皮系统的吞噬功能；白芍具有免疫功能的双向调节作用；当归有免疫抑制作用，可促进清除抗原，防止免疫复合物产生；徐长卿有抗免疫作用；黄芩能减少抗原抗体反应和过敏性介质释放，具有免疫功能的双向调节作用；熟地、川芎有免疫调节作用；菟丝子、续断可增强免疫功能；淫羊藿对机体免疫功能有促进及双向调节作用。通过抑制亢进的免疫反应，提高低下的免疫功能，使免疫机制恢复平衡状态，抗体转阴。

3. 典型病例

（1）左某，女，27岁，1998年10月28日初诊。结婚2年余未孕，月经规律，量较少，色淡红，无块，经期腰酸痛，无腹痛，末次月经10月12日。平素感腰酸，四肢乏力，易感冒，纳呆，二便正常。舌淡红，苔薄白，脉细弱。妇科检查：宫颈糜烂Ⅰ度，余（-）。查 AsAb（+），AEmAb（+），VAoAb（-）。输卵管通水通畅，BBT、双相。男方检查精液常规正常。诊断：免疫性不孕症。予种子转阴汤，水煎服，日1剂，于月经周期第7天开始服药，服3天停1天。服药24剂后复查，AsAb（±），AEmAb（+），腰酸乏力等症皆消，继服上方1个月。1个月后复查，AsAb（-），AEmAb（-）。嘱停药观察。

1999年4月13日再诊，月经40天未行，恶心呕吐，昨日出现少量阴道流血，1天即止。查尿HCG（+），舌尖红，苔白，脉细滑。诊断：先兆流产。给予寿胎丸加味以补肾安胎：续断30g，菟丝子12g，桑寄生12g，阿胶11g（烊化），炒杜仲12g，黄芩9g，炒白术9g，砂仁9g，苏梗9g，竹茹9g，陈皮9g，香附9g。服上方6剂，恶心加重，未再出现阴道流血，上方加姜半夏9g，去阿胶，继服12剂。再诊时恶心呕吐减轻，B超示胚胎发育良好，探及胎芽及胎心。

（2）陈某，女，31岁，因未避孕4年未孕，于1999年7月4日就诊。患者结婚5年，避孕套避孕1年，近4年未避孕未孕。1997年查血，AsAb阳性，用强的松治疗1个月后转阴性，后又呈阳性。月经26天一至，经期、经量均正常，经血色红，无块，经行腰痛，无腹痛。白带正常，纳眠可，二便调。舌质淡红，苔薄白，脉细，妇科检查无异常，1周前查血，AsAb阳性。中医诊断：不孕症。西医诊断：原发性不孕（免疫性）。予种子转阴汤，水煎服，日1剂，连服3天停1天，经期停药。嘱避孕套避孕。

1999年10月29日诊：服药平妥，3天前复查血 AsAb 阴性。舌脉同前。上方继服，连服 2 天停 1 天，排卵期不避孕。

1999 年 12 月 17 日三诊：月经已 34 天未至，无呕恶，查尿 HCG 阳性。诊断：早孕。予寿胎丸加味。

结语

每个人的学习中医之路都各有不同，但成功者有其共同点，就是热爱中医事业，下苦功夫博览群书，对经典内容熟读强记，通过深思熟虑，去粗取精，去伪存真，彻底消化吸收，活学活用，才能达到理想的境界。我作为一名响应国家号召的西学中者，是先学西医再学中医，既有系统的西医知识，又有基本的中医知识，两种思维方式、两种知识体系共存，这样在临床过程中就可以更好地比较两者的差异、各自的优势，从而选择较好的治疗方法，或中或西，或中西结合。从另一方面讲，只有对两种医学体系都了解，才能够做出正确的比较。现在各大中医院有一批名老中医都是当时的西学中者，有一部分已成为医院的学科带头人，他们中西汇通，为我所用，确实更好地解除了患者的痛苦。

经过几十年的努力，自认为在中西医结合治疗专病专科方面取得了些许成绩，为广大不孕患者解除了痛苦，为许许多多家庭带去了幸福，全国各地的患者皆慕名而来，每日因门诊量较大而不能按点下班。同时我还被人事部、卫生部、国家中医药管理局确定为"九五"期间全国名老中医药专家。作为一名大夫，这些都是应该的，然而作为一名西学中者，我觉得却是难能可贵的，"难"的是能够把西医和中医这两种完全不同的医学体系都掌握好，且不相互排斥，能为我所用；"贵"的是能够充分利用所学中西两套医学知识为广大患者解除病痛，且疗效显著，相得益彰。在中西医结合方面，虽然取得了一些初步的研究成果，但这只是中西医两种医学模式非常浅层次的、简单的组合，并没有达到理论上的汇通，以更好地指导临床，要想从理论到临床做到真正的中西结合，必须学贯古今，学贯中西，建立较为系统的中西医结合理论，必须下苦功夫、大气力，中西医结合还有非常漫长的路要走。古语道：长江后浪推前浪，青出于蓝胜于蓝。希望后学们能够学贯古今，汇通中西，把中医学发扬光大，为人类的生命与健康事业而奋斗。

（王东梅、刘静君协助整理）

金洪元

金洪元（1936— ），男，回族，江苏省南京市人。新疆维吾尔自治区中医医院主任医师、教授，享受国务院政府特殊津贴专家，首届全国名中医，首届新疆中医民族医名医。第一、二、三、四批全国老中医药专家学术经验继承工作指导老师，全国名老中医药专家传承工作室项目专家，新疆维吾尔自治区有突出贡献优秀专家。1962年毕业于成都中医学院，1976年选派参加中国中医研究院全国中医研究班学习。历任新疆维吾尔自治区中医医院院长、党委书记，中华中医药学会常务理事，新疆中医药学会会长，中华中医药学会肾病分会理事、脾胃病分会委员、肝胆病分会委员，新疆中医药学会名誉会长，新疆维吾尔自治区中医医院首席专家，新疆维吾尔自治区政协委员，新疆维吾尔自治区人民政府专家顾问团成员，香港中科中医癌症治疗中心荣誉顾问等职。从事中医临床与教研工作50余年，临证擅长治疗胃肠疾病、肝胆疾病、肾炎、糖尿病，以及内科疑难杂症。主编《现代中医治疗学》《中医胃肠病学》等。

我年少时，因家中有幼儿患病夭折，而医家莫能救之，而起学医救人之心，幸逢新中国成立，迎来时代机遇，党和国家重视中医教育和发展，成立中医学院，虽无家传，而能受业于科班。在成都中医学院就读期间，勤奋学习，习诵经典，得诸多名老中医教诲、指导，打下了深厚的理论基础。毕业实习期间，多次亲见中医疗效显著，更坚定了中医能治病的信念，学习兴趣日增。毕业以后，如鱼入大海，日间临证，闲暇时即博览群书，勤求古训，不断总结提高，先是潜心钻研仲景之学，掌握了辨证论治基本规律，运用于临床，得到病家的肯定，后又研读《景岳全书》《医学衷中参西录》《神农本草经》《医方集解》《温病条辨》《医宗金鉴》等书，不断领悟前贤经验智慧，验之临床并转变为自己的经验与智慧。

1976 年，我受组织选派，有幸参加卫生部委托中国中医研究院举办的全国中医研究班，得以聆听全国各地中医大师教诲，更加深入系统地学习中医理论，亲见岳美中、方药中、秦伯未、关幼波等名医临证，领略名家风采，而又有感悟——要博采众方。不但要学习古典医籍，也要学习现代名医及自己身边有真才实学者的经验，还要学习民族医学、现代医学，只有具备宽广的胸怀，才能广博，才能发展和前进。自此，在实践中不断学习，不断总结，不断重复着理论到实践，实践再到理论，理论再指导实践的循环往复、螺旋上升的认知过程，经过长期的勤奋努力，逐步形成了成熟的学术思想和风格。在内科杂病，尤其是肝、肾、消化及代谢系统疾病方面独树一帜，疗效显著，深得病家热爱和同行认可。

因挚爱中医，故倡导突出中医，发挥中医优势，西为中用，发展现代中医，用中医基础理论去理解新知识、新经验，发展中医新思想、新方法，形成了清晰的病、症、证、征辨治体系，尤其对肝、肾、消化系统疾病病势演变、病机转变规律认识深刻，曾提出慢性乙肝、丙肝基本病机为毒邪蕴伏、肝郁脾虚、湿热瘀阻，立疏肝达郁、扶脾解毒、清热化湿、养阴柔肝基本法则，定益肝转阴汤基础方，提纲挈领，指导临床辨治，临床验案颇多。对慢性肾炎提出基本病机为热毒成瘀，湿热蕴阻肾络，迫精血外溢致肾精阴血损耗，立滋肾解毒，化瘀利湿基本法则，定金氏肾炎汤基础方，指导临床，知守知变，疗效显著。

同时，我不排斥西医，主张衷中参西，提倡将西医各体查指标作为中医四诊之延伸，为他医所不及。宏观与微观并进，辨证与辨病相结合，创制了乙肝冲剂、金氏肾炎丸、鼓胀黄疸方、滋肾化瘀汤、益肝转阴汤、清香降糖饮等方药，均取得满意疗效。

一、师法仲景，博采众长

我一向崇尚仲景学说，认为经典著作是中医专业知识的基础，是中医学的本源。仲景的《伤寒杂病论》历来被视为临证医学之宗，它确立的辨证论治大法，一直指导着后世医家的临床实践。不读仲景之书，则临床治无法度，医无准绳，因此，"当医生要当名医，不当庸医，要认真钻研中医经典著作，只有扎实的中医理论基础，才能在学术上得到发展和提高"。我青年时代就读于成都中医学院，从医后刻苦攻读《内经》《难经》等经典著作，对《伤寒论》《金匮要略》更是推崇备至，钻研学习从未放松，反复熟读、精读全文，对重点的句、段做到背诵无误，及时记下学习心得和临床应用体会。学习《伤寒论》主要应探讨其辨证施治大法，掌握其基本法则和规律以指导临床，辨证用药要有理有法，理法方药应严谨统一，"立法必严，处方必精"。《伤寒论》和《金匮要略》两书所载的260多首方剂有很高的实用价值，用经方治疗内科杂病，左右逢源，应付自如，在临床使用经方时，根据治疗需要，常以经方与经方、经方与时方联合运用，治疗多种疾病。

二、重视脾胃后天，善调脾胃治杂病

脾胃学说是中医学理论的重要组成部分，是长期医疗实践中形成和发展起来的。自《内经》《伤寒论》《金匮要略》，李东垣《脾胃论》之升阳补脾，叶天士之滋养胃阴，历代中医大师们对脾胃的生理病理及临床治疗进行了深入研究，并做出了卓越的贡献。脾胃为后天之本，为气血生化之源，治病必求于本，因此治本主要在于调理脾胃，脾胃充则能灌溉四肢百骸。我认为，"临床各科疾病都应以调理脾胃为重点"。无论何邪所侵，何脏所损，皆能困脾伤胃，病久亦必伤脾胃。脾胃之疾有别于其他疾病，饮食、药物的摄入、运化、吸收、输布、排泄全赖脾胃出入气机功能的强弱。《医林绳墨》曰："脾胃一虚，则脏腑无所禀受，百脉无所交通，气血无所荣养，则为诸病。"由于脾胃的这些特性，治疗各种疾病均须兼顾脾胃。实践证明，调理脾胃在临床各科占有十分重要的地位，就连以补肾著称的名家张介宾也承认王节斋关于"人之一身以脾胃为主……故洁古制枳术之丸，东垣发脾胃之论，使人常以调理脾胃为主，后人称为医中王道，厥有旨哉"的结论，甚至还提出"人之自生至老，凡先天之有不足者，但得后天培养之力，则补天之功，亦可居其强半，此脾胃之气关于人生者不小"的论点。当代脾胃之病多先湿食伤脾，而致脾虚乃至五脏失调。就历代文献资料和现代研究脾胃学说的结果来看，脾胃病发生率高，且脾胃所辖的范围广泛，从唇口、食管、胃、小肠、大肠至肛门的疾病都属于脾胃，外感风、寒、湿，情志不遂，饮食劳倦，病虫毒邪等均可导致脾胃病，其他脏腑，如肝、胆、肺、肾等病变都可直接或间接引起脾胃病，而其他脏腑的疾病又都可以通过调脾胃得到治疗。我深知调理脾胃在临床中的重要意义，在《内经》人"以胃气为本"和仲景"四季脾旺不受邪""保胃气，存津液"的学术思想指导下，并受李东垣、叶天士等前贤的影响，撷取众家之长，融会贯通，冶于一炉，逐渐形成了以调理脾胃为中心的学术思想。所有疾病的发生其根本原因就是人体正气亏虚，即所谓"正气存内，邪不可干""邪之所凑，其气必虚"。人之正气的生成来源于水谷精气，水谷精气的盛衰与脾胃功能的强弱有着内在联系。脾胃功能强则正气充盛，反之则正气不足，而正气的强弱，又直接或间接地影响到预防和抗病能力，正如李东垣所说"内伤脾胃，百病由生"。因此，在临床实践中论治常以脾胃为先，处处顾护脾胃，具体应用主要体现在如下几个方面：

1. 从脾胃论治肝胆病

慢性病毒性肝炎病因为湿热疫毒，一旦湿热疫毒盘踞肝脏，肝之疏泄功能即受障碍，气机郁滞，进而血脉瘀阻，这就形成了肝炎。根据病因病机演变分为三期：初期湿热疫毒聚集于肝脏，气机郁滞；中期肝木郁脾土壅，湿热不化，脉络瘀阻；后期湿热留恋，瘀热互结，而耗伤肝阴，而致肝肾阴亏。这是病毒性肝炎的基本病机。治疗以清热解毒，行气祛湿，活血化瘀，滋补肝肾为主，但无论病至何证何期，应重视疏肝运脾，见肝之病，知其传脾，治肝之病，当先实脾，知脾之病，优先疏肝，肝与脾在病机上相互影响，因此在治疗肝病时，重视顾护脾胃，临床中相当一部分慢性病毒性肝炎患者，往往在体检中发现肝炎病毒标志物阳性，甚至肝功能异常，而患者尚无明显肝病的症状和体征，但伴随脾胃运化失司的胃胀、腹胀、纳差等症，则以疏肝运脾和胃法为基本治则进行治疗。对于慢性病毒性肝炎的治疗，早期重点在保肝解毒，病程中始终贯彻疏肝运脾法是非常重要的。在肝硬化腹水的病机认识中，《金匮要略》曰："血不利则为水。"这说明肝硬化所致腹水，除脾虚不运的原因外，还有肝失疏泄，气血瘀滞，血不循经，津液内渗，水液潴留而成。因此，治疗肝硬化、腹水，除运脾利水，则常用疏肝柔肝，活血祛瘀，消除血脉瘀滞，以达到利水消肿的目的。这就是《内经》所谓"去菀陈莝"的治疗原则。治疗肝硬化要从整体着眼，兼顾正气，培补脾气，滋养肝肾，其独具特色的治疗原则，既可起到攻邪而不伤正，补益而不恋邪的效果，又可增强机体的抗邪能力，达到"扶正以祛邪"的目的。

2. 从脾论治胃肠病

根据新疆地区地处高原，风疾土燥，气候寒冷的地域特点，以及新疆人喜食生冷瓜果、辛辣肉食的饮食习惯，经长期临床观察，将胃脘痛分为脾胃虚寒，肝胃不和，虚实夹杂兼有血瘀三种证型。其中脾胃虚寒最为多见，尤其是溃疡病，脾胃虚寒者占70%以上，胃炎则以肝胃不和为主。我提出"知脾之病优先疏肝"之观点，验证临床，每每有效。常结合现代医学胃镜检查，认为肥厚性胃炎多为脾胃阳虚，痰湿内阻，治宜温胃化湿；浅表性胃炎多为脾胃虚弱，肝胃不和，治宜益气健脾，理气和胃；萎缩性胃炎多为脾胃虚弱，胃阴不足，治宜滋养脾胃为主。脾胃虚寒由寒凝气滞所致，症见胃脘隐痛，夜间痛甚，痞满胀闷，食后更甚，喜温喜按，泛酸嗳气，或呕吐清水，便溏，舌淡苔薄白或白腻。主方以黄芪建中汤合良附丸，或香砂理中汤、香砂六君子汤加减。肝胃不和多因肝气郁滞横逆犯胃所致，症见胃脘作胀、疼痛，生气则痛甚，嗳气频频，心情抑郁，睡眠不佳，舌红苔腻，脉滑。主方以四逆散配苏梗、香附、厚朴、炒白术、内金、生麦芽等药治疗。对于虚实夹杂兼有血瘀者，其虚多以脾胃虚寒为主，实则多见肝气郁滞，瘀血阻络，或夹杂痰湿湿热，要根据证情，或益气运脾为主或疏肝理气，化瘀通络为主，常用香砂六君子汤、四逆散、失笑散等方加减，痰湿者配以清半夏、陈皮、白茯苓等，湿热则配公英、马齿苋、黄芩、连翘等品。对于胃脘痛、脾胃虚弱、胃阴不足者，常用一贯煎为主方，用北沙参、麦冬、石斛、玉竹、生山药、黄精等药进行调治，尤其对于萎缩性胃炎，胃阴亏虚者，确有较好疗效。久泻多属脾虚湿盛，脾肾阳虚，我擅治久泻，以擅用参苓白术散、四煨汤、四逆汤、四君子汤见长。我认为，泄泻虽有风寒、湿热之分，但急性泄泻缠绵不愈，可致久泻，久泻者脾必虚，必须扶正以祛邪。脾主运化而司摄纳，肾主二便为封藏之本，故久泻着重在脾肾。对于脾虚湿盛者，应益气运脾，行气化湿，用参苓白术散，此方平淡无奇，但我用之颇得心应手，我认为"虚固宜补，但不宜峻补"，久泻至此，脾胃功能衰弱，虚不受补，难以速效，故只宜平补，使脾胃逐渐恢复生机。

3. 从脾胃论治慢性肾炎

慢性肾炎治疗中采用滋肾解毒，益气健脾等法是将中医客观辨证与西医微观辨病有机结合起来，所采用的方法行之有效，临床应用疗效显著。慢性肾小球肾炎临床以蛋白尿、血尿、水肿、高血压、贫血和肾功能不全为特征。本病多由热毒、风邪侵袭，肺气失宣、脾气郁遏，肺之治节失司，水道不通，以致风遏水阻，风水相搏，外溢肌肤而发为水肿，但内因是正气内虚，卫外失固而致热毒内郁，损伤肾络，血液外溢，出现血尿，肾精失固，脾精失于统摄，出现蛋白尿。本病发病特点为病程长，迁延难愈，正气内虚，无力抗邪。临床常可见患者面色㿠白，肢冷畏寒，腰膝酸软，乏力纳呆等脾肾阳虚之证。若病情反复，日久不愈，浊湿壅滞，热毒泛滥，脾肾进一步亏损，则进入本病后期，肾功能不全期。治疗慢性肾炎，总的原则扶正为健脾、补肾，祛邪为解毒、利湿、化瘀，在临床应用，收效甚著。

4. 从脾胃论治慢性肾衰

《内经》云："诸湿肿满，皆属于脾。"肾衰患者大都具有水肿胀满的症状，中医认为，脾肾在人体的物质水液代谢中，起着极其重要的作用。通过脾胃功能，水谷能纳化，精气得产生与转输，使五脏六腑、四肢百骸皆得濡养。同时，代谢过程中的废物、浊湿又通过脾之转输，肺之肃降，三焦之决渎，膀胱之气化而排出，从而维持机体的"气和而生，津液相成，神乃自生"的正常生理功能。正如《素问·经脉别论》所说："饮入于胃，游溢精气，上输于脾，脾气散精，上归于肺，通调水道，下输膀胱，水精四布，五经并行。"其精辟地论述了水液在人体内的代谢过程，这过程虽然是通过五脏六腑、十二经脉的协调作用来完成的，但脾胃的运化转输、散精、泻浊功能是其中极其重要的环节，证明诸种水湿、肿满之证与脾胃功能失调的密切联系。鉴于慢性肾衰病机特点，用药常取不燥不腻、柔润平和之品。对危重病人重在"保胃气以留正气抗邪"，即调理脾胃，温运平补，缓缓图治。正是由于顾护脾胃为先，存后天之本，使患者感生活质量提高，乏力、纳差、肢软、畏寒等症减轻，并减少了由于大量驱邪伤正之品损伤脾胃以至脾胃运化功能失司而生痰浊瘀毒的恶性循环。

5. 从脾胃论治消渴病

中医认为，糖尿病的主要病机是阴精亏损，燥热偏盛，病变主要在肺、胃、肾上中下三焦。结合地域民族的体质及饮食结构，我认为"过食肥甘厚味，脾胃功能失调，是本病的重要病机"，是新疆地区消渴病患者的辨证要点。饮食入胃后，肺、脾、肾三脏相互协调、运化、输布饮食，其中，重要的枢纽脾的升清降浊，运化出入，输布精微起着关键作用。清阳之气没有脾的运化布散，则不能敷布，化生饮食水谷无力，不能正常输布精微，造成痰浊内盛，阻滞血脉，呈现"凝、聚、浓、黏"状态，形成痰瘀互结。从脏腑解剖探讨，中医自古以来对胰腺的功能甚少论述，仅《难经·四十二难》有："脾重二斤三两，扁广三寸，长五寸，有散膏半斤，主裹血，温五脏。"其中"散膏"即指胰腺，为脾之副脏，有协同脾统血、主运化、温养五脏的功能。胰与脾胃同主运化，消磨水谷为本职。现代医学认为，胰腺是参与三大营养物质的代谢及消化吸收的重要脏器。胰作为脾之副脏，参与水谷运化，输布精微，这与中医脾之运化功能是一致的，这从组织结构上和病理生理上为糖尿病从脾辨治提供了依据。因此，诊治糖尿病从调理脾胃入手，常以益气运脾为主，或滋补肝肾或化瘀通络，或清化痰浊，取得了较好疗效。

综上所述，从脾虚肾精不足辨证，以运脾化湿，滋肾化瘀通络之法为主，寓意深刻，切合临床实际。当然此类病证，饮食节制、畅情志、适劳逸的生活方式的长期干预是很重要的措施，在就诊时应对患者明确此点。

三、运用"培土生金"法辨治慢性咳喘病经验选萃

1. 从脾胃论治咳喘病的理论依据

咳喘为肺气上逆之病，外感内伤均可致之。外感者或风或寒或热或燥，多与肌表不固，肺卫失守有关。内伤者或气虚，或肾虚，或痰湿内生，又多与气、血、津、液失常有关。中医基本理论认为，肺主气、司呼吸，主一身之气，而脾主运化，为气血生化之源，脾和肺的关系，主要表现在气与津液之间的关系。首先，由于久咳伤肺，化源不足，肺气受损，肺气失宣是咳喘病机之关键，而肺气的盛衰在很大程度上取决于脾气的强弱，故有"肺为主气之枢，脾为生气之源"之说。脾肺两脏相互配合，共同参与气的生成与运动。正如李东垣所云"脾气虚，则肺气先绝"。《医权初编》云："饮食先入于胃，俟脾胃运化，其精微上输于肺，肺气传布各所当入之脏，浊气下入大小肠，是脾胃为分金炉也。"在五行生克关系中，脾属土，肺属金，脾土与肺金之间是母子关系。《薛生白医案》云："脾为元气之本，赖谷气以生，肺为气化之源，而寄养于脾也。"由此可见，在慢性咳喘病演变中肺脾两脏在气的生成与运动中互相影响。其次，痰饮是咳喘发病关键的病理产物，当痰湿产生以后，必然蕴积在气管，阻塞气道，使呼吸气机不利，造成咳嗽痰多，胸闷喘促。"脾为生痰之源，肺为贮痰之器"，脾失健运，水湿不化，聚湿生痰而为饮为肿，则肺失宣降而喘咳，而痰湿聚成

后又必困阻脾胃，加重其运化失常。

因此，咳喘关键在于治痰，而治痰之要，首先应恢复脾胃运化功能，运化复健则痰无从化生，痰除则咳喘自平。治疗咳喘既注重治肺又强调治脾，尤其运用"培土生金"法辨治咳喘病的经验颇为深厚，深谙"五脏六腑皆令人咳，非独肺也"之理。

2. 案例举隅

喘证（慢性支气管炎、肺气肿、肺心病）

王某，男，70岁。

咳喘反复发作10余年，加重3年伴下肢浮肿。患者每到冬春季或气温变化明显时诱发咳嗽。近3年来，发作频繁，咳喘加重，甚至倚息不得平卧，下肢浮肿。曾多次在自治区人民医院、自治区中医医院进行胸片、心电图等检查，诊断为慢性支气管炎，肺气肿，肺心病，予以抗炎、强心、利尿、化痰止咳等中西医方法治疗，病情缓解。就诊时因夏季炎热贪凉感寒，胸闷，喘促加重，咳嗽，痰白黏稠，不易咳出，脘腹作胀，纳呆，口唇青紫，下肢轻度水肿，舌暗红体胖，苔白浊腻，脉弦滑数。辨证为肺脾气虚，痰湿瘀阻。治当清肺化痰，运脾利湿，化瘀消积。

处方：鱼腥草30g，杏仁9g，炒白术9g，云茯苓20g，陈皮9g，厚朴10g，全瓜蒌12g，冬瓜仁12g，车前草12g，前胡9g，桃仁9g，神曲9g。

二诊：服上方7剂，咳喘尚能平卧，纳食增加，痰黏偶咳，心悸，面色晦暗，下肢浮肿，舌暗红，苔白腻，脉弦滑。继上方略有加减。

处方：鱼腥草12g，杏仁9g，党参12g，炒白术9g，白茯苓20g，陈皮9g，川厚朴9g，冬瓜仁12g，前胡9g，车前草12g，丹参12g，神曲9g。

三诊：服上方6剂，咳喘明显减轻，痰少，下肢浮肿减轻，脘腹得舒，纳食增加，心悸缓解，二便调，舌暗红，苔白腻，脉弦滑。

上方加内金9g、生麦芽12g，连服12剂，咳喘即平，水肿消退，诸症缓解。

继以宣肺理气，运脾化痰之剂，调治善后。

按：明代张景岳把喘证归纳成虚实两大证，《景岳全书》说："实喘者有邪，邪气实也；虚喘者无邪，元气虚也。"实喘治肺，以祛邪利气为主。虚喘以培补摄纳为主，或补肺，或健脾，或补肾，阳虚则温补之，阴虚则滋养之。至于虚实夹杂、寒热互见者，又当按具体情况分清主次，权衡标本。此患者咳喘日久，由肺及脾，脾失健运，加之外邪引动痰浊，内阻气道，肺失清肃，血脉瘀滞，水道不利，其病在肺，其根在脾，方中以党参、茯苓、白术、陈皮等健脾益气之药，实为"培土生金"之意，效果颇佳。

3. 体会

咳喘病为临床难治性疾病，常反复发作，迁延难愈，故有"外不治癣，内不治喘"之说。辨证首当分清虚实，实证又当辨外感内伤，虚证应辨肺虚，脾虚，肾虚，心气、心阳衰弱。肺虚者劳作后气短不足以息，喘息较轻，常伴有面色白，自汗易感冒；脾虚者常伴有纳呆，腹胀，便溏，少气懒言，咳喘痰多。临床中辨证是关键，"培土生金"法的应用当辨证准确，有是证用是法。如辨证脾气虚弱，运化失常，水谷精微不得入肺以益气，导致肺气虚弱，主症多见食少、便溏、腹胀、少气懒言、咳喘痰多，甚则浮肿等脾虚肺弱（土不生金）之征。反之，久病咳喘，肺失宣降，影响及脾，脾因之而不能输布水谷精微，中焦失养，则肺气亦虚，而现咳喘痰多、体倦消瘦、纳呆腹胀等肺虚脾弱证。所以，肺气久虚，常用补脾的方法，使脾气健运，肺气便随之逐渐恢复，亦有扶脾即所以保肺之说。又如脾失健运，水不化津，湿浊内生，聚为痰饮，贮存于肺，使肺失宣降，而出现咳嗽、喘息、痰鸣等主症，其标在肺，其本在脾。痰之动主于脾，痰之成贮于肺，故治应健脾燥湿，肃肺化痰。反之，肺气虚弱，失于宣降，不能通调水道以行水，导致水液代谢不利，水湿停聚，中阳受困，而出现水肿、倦怠、腹胀、便溏等症。总之，在治疗慢性咳喘病时，依据主症，辨证精准，善用"培土生金"法调治咳喘，常用黄芪、党参、茯苓、白术、神曲、麦芽、鸡内金、厚朴、陈皮、车前草等药健脾化痰，鱼腥草、桔梗、杏仁等药宣肺理气，疗效显著。

四、从肝郁脾困论治代谢综合征经验探析

1. 运用中医辨治代谢综合征临证经验

（1）预防为主，早期干预：保持良好的生活方式，平衡饮食，适当运动，调控情志，可有效预防代谢紊乱；早期干预可以发挥中医中药的优势，多靶点作用，不仅能改善胰岛素抵抗，还可保护内皮细胞，抑制高凝状态，缓解炎症反应；长期治疗，相对安全。

（2）异病同治，扶正祛邪：了解代谢综合征发生、发展、变化的复杂性和

规律性，从正虚、邪实两方面考虑问题，分清矛盾的主次。以疏肝达郁，益气运脾扶正为主，兼以祛湿、活血、化痰、通络。在痰瘀诸症显著时，以涤痰化瘀祛邪为主，兼以调节脏腑功能，扶助正气，并将这种治疗贯穿始终。

（3）益气运脾，固本扶正：由于代谢综合征以脾失运化，脾不升清为本，因此治疗应以运脾益气为主。益气能促进血液的生成，固摄血液，推动其运行，并调控津液的生成、输布和排泄。气化生热，可温煦人体，营养人体脏腑经络、四肢百骸。脾升胃降，纳化有常，中焦健运，枢机得利，气血和调，正气渐复，肝木得养，使气血充足，痰无所生，血行通畅，则湿邪得化，湿去热除。

（4）调肝活血，调畅情志：调肝即顺其舒达之性，适其柔润之体。顺其舒达之性，即顺应肝喜条达之性，适应肝恶抑郁而易抑郁的病理特征，顺势引导，使肝气调畅，恢复其自然本性，以利机体的康复。肝体本是柔润的，但脾气虚弱则肝失濡养，湿热内阻造成肝之阴血亏虚。故适其柔润之性，即是滋助肝血，涵养肝阴，使肝体丰固，气机调畅，瘀去新生，痰浊消，津液复，湿热清。

2. 案例举隅

张某，男，49 岁。2015 年 11 月 7 日初诊。

患者 2012 年 10 月单位体检发现血压高，150/100mmHg，空腹血糖 6.2mmol/L，总胆固醇 6.7mmol/L，高密度脂蛋白 0.93mmol/L，低密度脂蛋白 4.93 mmol/L，甘油三酯 5.98mmol/L，谷丙转氨酶 78U/L。B 超：脂肪肝。体重指数 27.8kg/m²，其父有冠心病及脑梗死病史。患者无明显不适感，未予诊治。近日因工作繁忙，应酬较多，感头闷重，四肢困倦，胸脘满闷，胃脘部及右上腹隐痛间作，就诊时精神欠佳，面色暗，双颊偏红，形体偏胖，腹围超标（101cm），舌暗偏胖，边有齿痕，苔薄白腻，舌尖红，脉滑微数。中医辨证：肝郁脾困，痰瘀阻络。治法：疏肝达郁，运脾和胃，利湿化瘀。

处方：柴胡 6g，郁金 9g，香附 12g，生黄芪 30g，党参 12g，生山药 15g，白术 9g，厚朴 9g，全瓜蒌 15g，丹参 15g，西红花 0.5g，生麦芽 12g，鸡内金 9g。

7 剂，水煎服，每日 1 剂。

复诊：服药 7 剂后，患者精神明显改善，头闷重、倦怠较前好转，效不更方，原方略行加减。

其后一直不间断服药 2 个月，同时嘱患者调整饮食结构，控制体重，保持良好心态，乐观情绪，每周固定运动，半年后复查，上述异常指标均大致正常，病情稳定。患者于 2016 年再次复诊，因春节饮酒较多，感精神欠佳、倦怠，故上方略行加减，继服半月，症状明显改善。

按：本例患者虽无明显自觉症状，然经检查可明确代谢综合征诊断，患者每因饮酒、劳累后症状加重，病程日久，影响脾胃运化，同时由于长期受工作、环境压力的影响，患者多伴肝郁气滞，进而肝木乘脾土，又因肥甘厚味壅滞脾胃，内生湿浊，日久郁而化热，故本病病机多为肝郁困脾兼痰瘀阻络。以黄芪、党参、山药、白术、生麦芽、鸡内金运脾和胃；以柴胡、郁金、香附疏肝理气，助脾运化；肝郁困脾，湿浊瘀阻，佐以厚朴、全瓜蒌、西红花祛湿化瘀。上方扶正祛邪，方证相符，疗效满意。

3. 代谢综合征用药经验

代谢综合征有其特殊的形体体质特点，因此，从体质归因上探求病变可能发展的结果，可以及早防治。在临证中，对于这类患者常归为"痰湿较甚，脾虚肝郁，气血郁滞"，现代医学认为，患者皆有糖脂代谢紊乱，大部分患者血黏度高，伴微循环障碍，虽然尚未表现出很明显的临床症状，但中医从病机上选方用药，主张以疏肝达郁，运脾和胃，利湿化瘀之法治疗此病证，常用陈皮、全瓜蒌、白茯苓、清半夏、薏苡仁、生山楂、丹参、昆布、海藻、西红花、柴胡、黄芩等，以疏肝健脾益气，兼解气、血、痰、火、湿、食六郁，酌加栀子、茵陈、天花粉、玄参等。常用柴胡、香附、郁金等疏肝达郁理气，以复肝木条达之性，配用生麦芽、鸡内金健脾化湿治肝实脾，再配赤芍、丹参、西红花等活血化瘀之品，促进循环，对已经沉积的脂肪，有促进吸收和消除的作用。特别是西红花能扩张血管，改善微循环，改善血管内皮的功能。代谢综合征发展到后期，就会出现心肝肾等大血管及微血管的损害，因此还要注重行气调血之品的临床应用。所谓调血包括两个方面，一是凉血活血，二是养血活血，如果病变日久，已有湿热内甚，瘀血搏结，宜用凉血活血法，如果瘀血渐去，阴血耗伤者，宜用养血活血法调之。常用生地、丹皮、沙参、麦冬、西红花之品，改善微循环障碍，对代谢综合征的远期疗效具有积极作用。另外，扶助正气，保护胃阴、肝阴，扶助脾阳是选方的重要原则，不能一味强调痰湿瘀毒郁热，而频用清热燥湿伤阴之品，日久损及胃阴脾阳，以致正气不复，邪气再复，病情迁延。

五、病证结合治疗脾胃病经验选萃

1. 调治脾胃注重五脏相关的整体性，尤重疏肝健脾

五脏相关学说认为，"五脏之间是促进、抑制和协同的关系，而五脏之间相互作用是难以用利或害来界定的，多脏共同完成人体某一功能时发挥互补的作用"，因此，在人体整个消化过程中，任何一个脏腑的病变都会影响协同作用的其他脏腑。脾为后天之本，顾护脾胃就显得尤为重要。肝与脾具有"相克关系"，即"木克土"，首先木的条达、活泼之性使脾土不致阴凝板滞，水谷才能正常运化，脾胃气机方能升降有序。一旦肝失调达，肝气郁结，则横逆犯脾。肝木乘脾土既有木旺乘土，亦有土虚木乘，两者主次不同。脾胃与肺为子母关系，土可生金，补土可生肺金，肺主气，脾益气，脾为生痰之源，肺为贮痰之器，肺痰甚必影响脾胃运化。脾胃与心即火与土的关系，心火生胃土，命门生脾土，心火亏，多胃中痰饮，命门火亏，多脾胃虚寒。脾胃与肾具有相克关系，土克水，补土以制水，命门生脾土，补肾命门以暖脾土。同时，肝对五脏而言，在病理状态下，肝则常常有扰乱他脏的趋向，如冲心、犯肺和侵犯脾胃等，被古人称为"五脏之贼"，处于影响五脏一体的主动地位，故在调治脾胃病的过程中既注重五脏相关的整体性，又擅长运用疏肝健脾法。

2. 因地制宜，调治脾胃

新疆地处祖国西北，长期的临床实践证实，脾胃病的基础多以脾胃虚寒为主，现代快节奏的生活及心理压力而至肝气横逆脾土，则致脾胃运化失司。脾胃虚寒由寒凝气滞所致，症见胃脘隐痛，夜间痛甚，痞满胀闷，食后更甚，喜温喜按，泛酸嗳气，或呕吐清水，便溏，舌淡，苔薄白或白腻。主方以黄芪建中汤、左金丸、五味异功散及良附丸辨证加减运用。肝胃不和多因肝气郁滞横逆犯胃所致，症见胃脘胀闷、疼痛，生气则痛甚，嗳气频频，心情抑郁，睡眠不佳，舌红苔腻，脉滑。主方以四逆散配苏梗、香附、厚朴、炒白术、内金、生麦芽等药治疗。对于虚实夹杂兼有瘀血者，其虚多以脾胃虚寒为主，实则多见肝气郁滞，瘀血阻络，或夹杂痰湿湿热，根据证情，或益气运脾为主或疏肝理气，化瘀通络为主，常用香砂六君子汤、四逆散、失笑散等方加减，痰湿者配以清半夏、陈皮、白茯苓等，湿热则配公英、马齿苋、黄芩、连翘等品。考虑到西北燥盛的地域特点，遣方用药时辅以养阴药品，对于胃脘痛、脾胃虚弱、

胃阴不足者常用一贯煎为主方，用北沙参、麦冬、石斛、玉竹、生山药、黄精等药进行调治，尤其对于萎缩性胃炎胃阴亏虚者，确有较好疗效。

3. 案例举隅

刘某，男，59岁。2009年1月初诊。

因反复胃部隐痛、嗳气、烧心、反酸5年就诊。胃镜：慢性萎缩性胃炎，反流性食管炎。病理：中度肠上皮化生，HP（＋）。症见：胃胀痛，反酸，打嗝，纳呆，舌红，苔薄白腻，脉滑。辨证：脾胃虚弱，肝胃不和。治法：益气运脾，疏肝和胃降逆。

处方：党参12g，苏梗12g，炒白术9g，白芍12g，香附9g，郁金9g，合欢皮12g，川连5g，吴茱萸4g，陈皮9g，枳壳9g，良姜6g。

服药2周后，复查HP阴性，症状缓解。守原方服用1个月，症状减轻。因时有胃部隐痛，故再加丹参12g、五灵脂9g，以奏化瘀之效，后继续服用2个月，症状消失。建议定期复查胃镜，间断服用中药。

按：慢性萎缩性胃炎伴肠上皮化生以胃黏膜退化，胃壁变薄，胃腺萎缩为特征。临床多见虚实相兼或虚多实少之症，初病在气，久病见阴虚、络瘀或虚寒兼瘀。多因饮食失节，情志内伤等多种因素损伤脾胃所致。病机以脾胃升降失调为重点，多以脾阳虚弱或胃阴不足为本，湿热郁阻，气滞血瘀为标。治疗上，一要补虚扶正，二要活血和络，三要调理升降，使阴平阳秘，寒热平调，升降复常，防止癌变为最终目标。《素问·至真要大论》曰："诸逆冲上，皆属于火""诸呕吐酸，暴注下迫，皆属于热"，可见，本证呕逆，吐酸等皆为火热上冲所致，故方用左金丸，以黄连苦寒泻火，少佐吴茱萸辛热，可制黄连之寒，且入肝降逆，使肝胃和调；以白芍、枳壳、郁金、合欢皮柔肝解郁，紫苏梗为益气健脾，行气消胀之要药；以党参、炒白术、陈皮、良姜、香附、枳壳等味有五味异功散与良附丸合用之意，共奏益气健脾，运脾化湿，疏肝和胃之功；后以丹参、五灵脂化瘀通络收功。

六、辨治消渴胃痞经验解析

1. 运用三型辨治消渴胃痞

（1）肝郁脾虚证：患者胃脘顶胀或胁肋胀痛，或呃逆，嗳气，或恶心，呕吐，腹胀，时有泛酸，便溏不爽或便秘，或伴情绪抑郁，急躁易怒，善太息，乏力，舌质淡，舌苔白腻或黄腻，脉细滑或弦滑。治法：疏肝理气，运脾和胃，清热化湿。

处方：柴胡疏肝散加减。

柴胡9g，郁金9g，苏梗10g，香附9g，党参12g，炒白术9g，陈皮9g，枳壳9g。

加减：若见泛酸烧心加黄连、吴茱萸；若见恶心呕吐明显者加用旋覆花、代赭石；面色萎黄、乏力明显者加炙黄芪、当归；脘腹疼痛明显者加木香、良姜、佛手；便溏者加用炒山药、肉豆蔻、扁豆、补骨脂；口苦便干者可加用黄芪、全瓜蒌；口干乏力、胃阴不足加石斛、玉竹、沙参。

（2）气阴两虚证：患者胃胀，嗳气，或恶心，呕吐，喜揉，善太息，口干，咽干，乏力，大便滞下或便秘。舌质淡红，舌苔薄白或腻，脉细数。治法：益气养阴，健脾和胃。

处方：自拟三参二黄汤加减。

党参15g，玄参12g，沙参15g，黄芪12g，黄精15g，云苓12g，陈皮9g，枳壳12g，厚朴9g，苏梗12g。

加减：若见恶心呕吐明显者加用旋覆花、代赭石；脘腹疼痛明显者加木香、元胡；便溏者加用炒山药、肉豆蔻、扁豆、补骨脂；口苦便干者可加用全瓜蒌、火麻仁。

（3）脾胃虚寒证：患者胃脘隐隐作痛，或呃逆，嗳气，或恶心，呕吐，喜按喜暖，善太息，乏力，怕冷，小便清长，便溏不爽或便秘。舌质淡，舌苔白腻或水滑，脉细或弱。治法：温中健脾、和胃止呕。

处方：四君子汤加减。

党参12g，炒白术9g，云苓12g，炙黄芪12g，苏梗10g，良姜6g，香附9g，陈皮9g。

加减：若见恶心呕吐明显者加用旋覆花、代赭石；脘腹疼痛明显者加木香、元胡；便溏者加用炒山药、肉豆蔻、扁豆、补骨脂；便干者可加用肉苁蓉；口干乏力加石斛、玉竹。

2. 案例举隅

阿某，维吾尔族，36岁。2010年7月初诊。

糖尿病病史24年。确诊1型糖尿病，并发糖尿病视网膜病变，糖尿病肾病四期，糖尿病周围神经病变，糖尿病胃轻瘫。患者近 5 年胃顶胀，嗳气频作，稍食不慎，则胃脘不适，平日焦虑，心中闷重不适，不予言谈。近日不慎感受外邪，出现鼻塞，流涕，头闷重，予以疏风清热之品后，外感症状减轻，但感心下痞闷，胃热口苦，腹满而胀，时欲饮食，而食后胀满加重，时伴呕吐，肢重乏力，溲黄便干，舌暗红，苔黄腻，脉滑弦。诊断：消渴胃痞（糖尿病胃轻瘫）。辨证：脾湿胃热，气机壅遏。治法：清化湿热，运脾理气，消滞除胀。

处方：黄芩、党参、半夏、陈皮、白术、枳实、厚朴、香附各 9g，全瓜蒌、茯苓、鸡内金、麦芽各 12g。

服 6 剂，二便通畅，恶心欲呕，腹胀大减，黄腻之苔渐化，唯感身困乏力，口干口苦，舌红，苔薄黄，脉滑数。再拟：运脾消滞，疏肝达郁，养胃生津。

处方：白术、枳实、黄芩、郁金、香附各 9g，陈皮 6g，石斛、玉竹、麦冬、沙参、鸡内金、合欢皮、麦芽各 12g。

上方加减数诊后，腹胀消除。

按：消渴胃痞，病在中焦多与脾虚失运、气机失调有关，且与肝郁条达失司，湿热阻滞，胃气不和有关，需辨证用药，不可妄投大剂破气之药，图一时之快会损伤脾胃之气。此患虽为消渴之证，但时下表现为胃胀，嗳气，恶心，腹胀为主，考虑外因为卫阳不足感受外邪，服用清热苦寒之品再伤脾胃，内因为患者病程日久以致脾胃虚弱，再加情志不舒，"木郁乘土"，以致脾胃不能运化水谷精微，聚湿生热，辨证属脾湿胃热，气机壅遏，用清化湿热、运脾理气消滞之方，取得显效。方中党参、白术鼓舞脾胃清阳之气，陈皮行气化滞，适用于脾胃不足，中气久虚致气机失畅，升降失宜所致腹胀。故对脾胃虚弱、中气下陷之腹胀，治以五味异功散合补中益气汤，实为古今沿用之良方，但治疗中需注意守方，盖脾胃虚弱多由先天不足和久病失调发展而来，不能因暂时不效而弃之不用，或轻改他方，一病杂治，故而治之不效。对年老体弱，久病体虚腹胀者，治疗中还需要注意用药不能峻补，以防气壅滞中，宜缓治图效，做到补而毋滞，才能达到不治胀而胀自除之效。

3. 临床心得

在治疗消渴胃痞尤其症状难以缓解，病情迁延不愈时予以中药辨证施治，糖胃贴敷方外治法的特色应用，减轻患者初期胃轻瘫造成的药物吸收障碍，能较迅速地缓解症状，且可延长病情复发的时间，同时中药内服及外用多靶点的干预可改善患者血糖，增强胰岛素敏感性，降低幽门螺杆菌，改善胃肠动力，对于使用西药不易撤减或停药后易复发的患者，能减少西药剂量，甚至达到停药的目的，充分体现了中药在治疗消渴胃痞方面的优势。在糖胃贴敷方的处方基础上，利用现代科学技术，改进剂型，增强中药的局部透皮作用，提高临床疗效。但临证中亦有不足之处，首先，中医药治疗糖尿病性胃轻瘫疗效肯定，但是对于气阴两虚型，治疗的有效率较其他两种分型偏低。其次，中药应用在预防消渴胃痞复发方面有优势，但是服用药物的时间及疗程尚未确定。

七、辨治肾小球肾炎的中医临证经验探析

1. 诊治肾炎的临证要点

（1）以滋肾为本：肾为水火之宅，先天之本，藏元阴元阳，热毒内侵，多致肾络瘀损，肾精失固，精微泄下而见蛋白尿，血溢于脉外而见尿血，或精血同源，流失日久，则肾阴亏耗，肾中元阴元阳失于平衡，诸症皆生。滋肾之法在诊治肾炎中尤为重要，固本扶正，才可驱邪外出。一可凉血解毒，驱邪外出，而治血尿；二可滋肾固精，燮理肾中阴阳平衡，固精以治蛋白尿；三可滋肾补阴，坚阴壮阳以治水湿；四可滋肾潜阳以平虚热。

（2）以顾护脾胃为先：诊治肾炎，切不可忽视健脾之法在治疗中的功用。脾胃为后天之本，气血生化之源，散精微而运水湿，固摄精血，使之循于常道。故健脾之法，一能健脾以固精微，助肾之封藏固蛰，以消精微下注，而治疗蛋白尿；二能健脾化湿而利浊，以助肾之气化，减轻肌肤水肿、肿胀之症；三能增强脾气统摄之功，使血不溢于脉外，治久病气虚之血尿。

（3）以清热解毒为辅：对于改善肾脏疾病相关的炎性变态反应，清热解毒的运用在减轻肾脏损害方面有着重要作用。风热袭表、咽干、皮肤疮毒、乳蛾均能加重肾炎病情，故在肾炎诊治中不可低估清热解毒之法，这是免除和减轻肾炎变态反应重复加剧的一个重要治疗靶点。

（4）兼施益气养血活血：肾气虚，阳气不足，迁延至血虚及瘀血证候，血虚不能濡养脏腑经脉，肾气虚，肾阳不足，不能温煦及固摄，气血不畅，至肾脏络脉痹阻（肾小球动脉硬化），正虚邪恋，久病不愈。因此，基于慢性肾炎病情缠绵，反复易发，病程久等特点，补益肾气，活血养血对于肾病后期至关重要。

2. 案例举隅

李某，女，汉族，17岁。2008年10月18日初诊。

颜面及下肢浮肿5个月。患者于2008年3月因外感发热、咽痛，继而出现颜面部及下肢浮肿，遂于某院就诊，查尿蛋白（+++），红细胞3~5个/高倍视野，诊为"急性肾小球肾炎"，予抗生素、强的松治疗有效，1个月后，查尿蛋白阴性，故逐渐撤减激素，于2008年8月初停服强的松，10天后得查尿常规，蛋白（+++），红细胞3~5个/高倍视野，颗粒管型1~2个/低倍视野，故来我院求治。就诊时症见：双下肢浮肿，咽红，溲黄，舌红，苔白腻，脉细。此为热毒阴亏，湿热互结，拟滋肾解毒，化瘀利湿，佐以运脾。

处方：金氏肾炎汤加减。

生地黄12g，黄柏12g，银花12g，连翘9g，益母草12g，车前草12g，石韦9g，生薏仁12g，白茅根12g，炒白术12g，茯苓12g，赤小豆12g，大小蓟各12g。

上方连服2个月，复查尿常规，蛋白（+），红细胞1~3个/高倍视野，治疗有效，但是患者拒服中药汤剂，改为口服金氏肾炎丸，每服9g，每日3次，连服3个多月，浮肿消退，纳食增加，精神好转，多次复查尿常规均正常，症状完全缓解，随访半年，未复发。

按：慢性肾炎患者，病位多在肺、脾、肾，在风、寒、湿、燥、火毒等病邪侵袭时可由肺系入侵体内，致肺气失宣，水液通调不利，湿邪内生，蕴久酿湿生热，湿热之邪壅阻肺络，致肺失宣肃，膀胱气化不利，水道不通，外溢于肌肤而水肿；湿热下迫于肾脏，热伤于肾络，可见血尿；水湿困于脾，脾失于健运，气机生化而无权，加之肾阴亏虚，肾精耗伐，固摄无力，而使肾精外溢，可产生蛋白尿；久病致虚，久虚至瘀，可致虚瘀互结，使病势缠绵，肾阴亏虚、湿毒留恋、瘀阻肾络是其基本病机。故在治疗时，必须解决肾阴亏虚、郁毒内蕴、血瘀不化等几个问题。我以多年经验自创"金氏肾炎汤"加减治疗，以生地、益母草、大小蓟、白茅根滋肾化瘀，石韦、赤小豆、车前草、生薏仁配炒白术、茯苓运脾利湿，银花、连翘、黄柏清热解毒，本法对消除尿蛋白，红、白细胞及各种管型均有较好的疗效，并有助于肾功能的改善。

此外，在临床中常以"金氏肾炎汤"为基本方进行加减运用。气阴两虚型，加太子参、黄芪；脾肾阳虚型，减黄柏，加杜仲、续断、菟丝子、肉桂；肝肾阴虚型,加女贞子、旱莲草;肺肾气虚型,加冬虫夏草0.5g(研末冲服);兼夹外感者,加重金银花、连翘用量;兼夹湿热者,加重黄柏用量并加用知母;兼夹血瘀者,加丹参、泽兰;兼夹湿浊者,加陈皮、半夏、大黄、槟榔;兼血压高者,加石决明、钩藤、杜仲、川牛膝;兼肾功能不全者,加大黄、黄连。

八、辨治白塞病思路解析

1. 辨治注重"扶助正气",以顾护脾胃,补益肝肾治其本

白塞病是一种全身性免疫系统疾病,与自身"正气"密切相关,"正气存内,邪不可干",故辨证施治过程中一定要注重"扶助正气"。临床各科疾病都应以调理脾胃为重点。《医林绳墨》云:"脾胃一虚,则脏腑无所禀受,百脉无所交通,气血无所荣养,则为诸病。"此即所谓"邪之所凑,其气必虚"。人之正气的生成来源于水谷精气,水谷精气的盛衰与脾胃功能的强弱有着内在的联系。脾主运化水谷精微,化生气血,为后天之本;肾藏精,主命门真火,为先天之本。脾的运化,必须得肾阳的温煦蒸化,始能健运。正如《张聿青医案》所云:"脾胃之腐化,尤赖肾中这一点真阳蒸变,炉薪不熄,釜爨方成。"《傅青主女科》曰:"脾为后天,肾为先天,脾非先天之气不能化,肾非后天之气不能生。"因此,肾精又赖脾运化水谷精微的不断补充,才能充盛。《医门棒喝》曰:"脾胃之能生化者,实由肾中元阳之鼓舞,而元阳以固密为贵,其所以能固密者,又赖脾胃生化阴精以涵育耳。"这充分说明先天温养后天,后天补养先天的辨证关系。因此,辨治白塞病首要"扶助正气",以顾护脾胃,补益肝肾治其本。

2. 案例举隅

张某,女,42岁。2014年2月28日初诊。

患者反复出现口腔溃疡,溃疡此起彼伏,在大、小阴唇也可见溃疡,疼痛症状比较明显,但发生频率较口腔少,乏力,纳食欠佳,时有恶心,大便滞下不爽,伴耳鸣,腰酸困,舌质红,苔微黄腻,脉细数。口腔溃疡时自行以龙胆紫或地塞米松贴膜处理,症状缓解,但发作次数未减少,后因外阴溃烂在西医院确诊为白塞病。中医辨证:脾肾两虚,湿毒熏发。治法:健脾补肾,养阴疏肝,祛湿解毒。

处方:生地30g,北沙参15g,玉竹12g,地骨皮12g,醋柴胡9g,升麻6g,

马齿苋 12g，茯苓 12g，炒白术 9g，香附 9g，知母 9g，忍冬藤 12g，土茯苓 12g，黄柏 9g。

7 剂，水煎服，日 1 剂。

服药后患者口腔溃疡疼痛减轻，面积缩小，继以此方少佐补益脾胃之品，治疗 2 个月，患者口腔溃疡发作次数明显减少，外阴无溃疡，乏力、耳鸣、腰酸困等症缓解。患者后因工作劳累，再次发病，遂坚持服药半年，未再发生。

按：该病表现为全身性症状，多与患者体质及免疫状态相关，与"湿热虫毒阻滞中焦，下蚀前阴，上扰咽部"之病机相吻合，张仲景用甘草泻心汤治疗。我尊古意而不泥古方，拟辨证为肝肾不足，湿热熏发所致，反复发作与患者脾胃弱，清气不升，浊气不降，湿浊不化，郁而化热，熏蒸皮肤，以至病情反复相关。因此，在治则上以滋补肝肾，健脾祛湿通络为法，且定要坚持服药，方能收效。白塞病因其以口腔溃疡为首发并迁延不愈，医者多认为此系胃火上炎，故多服清热解毒之剂，或以阴虚火旺证视之，亦多拘于壮水之主，以制阳光，治以养阴清热类方，有医者以口溃散之类外用，也仅能取一时之效，均非良法。在治疗该病时，应辨证考虑到该病特点既有先天肝肾不足，又有后天脾胃运化失常，而使湿浊郁而化热。由于患者长期服药，切忌长期应用苦寒之品，顾护脾胃可收到事半功倍之效。平素起居饮食以固护胃气为要，胃气足，元气盛，气血旺则百病自除。

（马丽协助整理）

王自立

　　王自立（1936—　　），男，生于甘肃省泾川县。1964
年毕业于北京中医学院，本科学历，甘肃中医药大学终身
教授，甘肃省中医院首席主任医师，博士研究生导师，首
届全国名中医，首届甘肃省名中医。历任甘肃省中医院消
化科主任、肾病科技术指导，甘肃省中医药学会副会长，
甘肃中医药大学终身教授，甘肃省中医院首席主任医师、
肾病科技术指导，兼任中华中医药学会理事，中华中医药
学会内科学会委员，甘肃省中医药学会内科专业委员会主
任委员，《甘肃中医》（现《西部中医药》）主任。1991 年 11 月开始连续三批任
全国老中医药专家学术经验继承工作指导老师，1992 年 12 月被卫生部、人事
部、国家中医药管理局授予"全国卫生系统模范工作者"称号，1993 年 10 月获
国务院政府特殊津贴，1994 年 7 月被甘肃省人民政府授予"甘肃省优秀专家"
称号。主编了《中医胃肠病学》《中医痰病学》《生殖疾病的中医治疗》3 部著
作，参加编写和整理了《中国现代医学家丛书之一·著名中医学家学术经验·
席梁丞经验》《中国医学百科全书·中医基础理论》《中医男科临床治疗学》
《中国中成药优选》《临床中医内科学》《中医医论医案医方选》《席梁丞治验
录》《窦伯清医案》等多部著作。公开发表了有独到见解的学术论文 10 余篇。
从医 60 余年，在内科、儿科、妇科等方面积累了丰富的临床经验，精于消化系
统疾病诊治，对温病，脾胃病，肾病，肝病，小儿泄泻、肺炎、惊风，以及妇
女月经不调、不孕症及各种疑难杂症的治疗更有独到之处，形成了独特的学术
思想，被列为"十五"国家科技攻关计划。

一、成才之路

（一）学医过程

我的父亲王子隆系陇中名医，余自幼侍立案头，耳濡目染，每见父亲起沉疴而济民，深感中医乃仁人之术，遂立志于杏林。自幼习读《医学从众录》《医学三字经》等书籍，并于 1952 年考入兰州卫生学校学习，1954 年 8 月毕业后分配至甘肃省中医门诊部（甘肃省中医院前身），工作之时，踏实苦干，勤奋学习，虚心好学，工作之余，阅读了大量中医典籍，使学识水平和临床能力脱颖而出。1958 年 8 月赴全国中医最高学府——北京中医学院学习。在北京中医学院学习的 6 年中，系统学习了中医基础理论和经典著作，并得到全国著名中医专家秦伯未、任应秋、董建华、王绵之、刘志明等老师的悉心指点，打下了坚实的中医基础，并使临床诊疗水平日益提高。1964 年 9 月毕业后主动要求回甘肃工作，支援家乡中医事业，回甘肃后一直在省中医院从事临床一线工作，并在甘肃省名老中医张汉祥、席梁丞、窦伯清等老师的言传身教下，临床经验日益丰富，诊疗水平得到进一步提高。1975～1978 年拜名医席梁丞为师，脱产系统学习席老临床经验和学术特点，学成后在甘肃省中医院工作，先后任中医内科医师、主治医师、主任医师，多次被评为甘肃省卫生系统和医院先进工作者，2017 年 6 月获得"全国名中医"称号。

学术特长与成就。我从事临床已 60 载，喜用经方，擅长中医脾胃病、肝胆病、热病、血证及疑难杂症等的治疗。先后创制了运脾汤、调中扶胃汤、益气安肠汤、活血安肠汤等系列方剂治疗萎缩性胃炎、消化性溃疡及溃疡性结肠炎。临床论治脾胃病，确立"健脾先运脾，运脾必调气"的治则，创立运脾汤。论治肝病，提出"治肝必先柔肝，柔肝先养肝"的原则。论治淋证，另辟蹊径，认为其发病多与外感有关，提出"清上源、行气化、利水道以通淋"，创清利通淋汤。论治习惯性便秘，不主张峻攻，倡"补而通之"，创健脾润肠通便汤。论治外感夹湿，善用清气饮子。遵冬病夏治，创补肺益寿合剂治疗慢性咳喘病。运用补中益气汤从脾论治久咳不愈、气虚失摄之尿血。"无积不成痢，痢疾不怕当头下"，无论新痢、久痢，宜先用芍药汤合白头翁汤以清除肠道积滞，再依病情调治。论治慢性乙型肝炎，认为以气血阴阳亏虚为本，邪毒内袭为标，宜标本兼顾，常用益气养血、滋阴补肾之剂配合清热解毒之法，并常用贞芪扶正胶囊、虫草冲剂等增强机体抵抗力，以驱邪外出。论治糖尿病，认为饮食疗法为第一要务，中西医结合，长期坚持。临证之时，常重用白术治疗肝硬化腹水及便秘；重用川贝、浙贝治疗胃炎、溃疡；重用细辛治疗各种顽痹痛证；重用仙鹤草治疗血证、虚证；常用葛根、川芎治疗头痛、项背强痛；常用马齿苋治疗腹泻；常重用苍术、马齿苋、地骨皮治疗糖尿病。业医60年来，勤求古训，遵仲景，法东垣，学而究源，锲而不舍，积累了丰富的临床经验。

（二）读书心要

中医药学是中华民族灿烂文化的重要组成部分，中医成才离不开承接前人经验，读书学习就是承接前人经验的最主要方式之一。因此，学习中医，必须重视读书如何得法的问题。

1. 熟读古籍

对于古籍的选择，值得推荐的古代医书有《内经》《类经》《伤寒论》《金匮要略》《景岳全书》《千金要方》《本草纲目》《温病条辨》《温热论》《医林改错》等。《伤寒论》《金匮要略》《内经》《类经》《温病条辨》《温热论》《医林改错》等宜精读。《千金要方》《本草纲目》《景岳全书》等书籍可粗读。四大经典是中医的立足之本，习中医者须熟读而习诵之，对其中的重要章节宜能够背诵，力求做到临证之时能够自动浮现于脑海中或者能脱口而出。在临床中要有悟性，对经文要深刻理解，悉心体会，举一反三，各种医学流派是对经方派的有益补充，习中医者均应广泛涉猎以弥补经方之不足。学中医者应通过读古籍体会中医思维方式的独特性。比如，与天地四季的取象比类，"合人形，以法四时五行而治""亢则害，承乃制"；与社会人事的取象比类，"十二脏之相使"，这是联想与实践的结合，这一思维在现实临床中处处可见，后世的"上焦如雾""中焦如沤""下焦如渎"就是一例。由仲景条文观之，许多汤证都有其关键症状。有的靠脉象，如"脉得诸芤动微紧，男子失精，女子梦交，桂枝加龙骨牡蛎汤主之"。有的仅靠二便，如"湿痹之候，小便不利，大便反快，但当利其小便"。有的靠痰声，如"咳而上气，喉中水鸡声，射干麻黄汤主之"。这些汤证并不是仅有一两个症状，而是这一两个症状是关键。每一条文都是一则病例，阅之如亲临现场，这是由证径直到方药的思路。当然，这一思维习惯也不是读一两遍经典就能养成的，必须经历症→证→方的过程。《内经》中对学习中医学的方法进行了精辟的阐述。此即《素问·著至教论》中所谓之"诵、解、别、明、彰"。这5个方面可以作为学习中医学所需要掌握的主要方法与要求。诵，一是诵读，二是背诵；解，即晓悟、理解之谓；别，即分开、区别之意；明，即在诵、解、别的基础上，明确其义理；彰，是指能够通过诵、解、别而明了医学理论，用于临床医疗实践，取得显著的效果，并进一步有所阐发。众所周知，学习的目的在于应用，中医学既有系统完整的理论，又是一门实践性很强的科学，如果脱离实际，崇尚空谈，则既不能于临床解除病人的疾苦，亦无助于中医理论的充实与发展。所以，学习中医最忌纸上谈兵。正如前人所说："熟读王叔和，不如临证多。"

2. 注重实践，在实践中提高

作为一门实践性很强的医学，临床实践是中医学的命脉，因而一定要把理论与实践相结合，在基础理论指导下加强临床实践，在科学总结临床实践的过程中完善和丰富基础理论。中西医的发展有各自不同的历史背景，中医源于中国古典哲学，以阴阳五行、脏腑经络、气血津液为基础，通过调理整体的阴阳平衡来达到治疗局部疾病的目的。故学习中医者，除应学习中医基础理论外，尚应掌握四大经典，了解中国古代哲学，并应多临床、早临床，通过实践验证所学，并以所学来指导实践。由于理论体系的不同，在中医的学习中，实践较西医具有更重要的意义。

（三）临证要诀

1. 强调四诊合参，辨证论治为主，结合辨病用药，随症加减

辨证是决定治疗的前提和根据，论治是治疗疾病的手段和方法，通过治疗结果又可以检验辨证的正确与否。辨证论治的过程，就是中医认识疾病和解决疾病的过程。只有正确辨证，才能得出正确的治法，开出切合病情的方药，获得满意的疗效。若要准确辨证，必须熟知医理，精于医道，力争达到"望其形而通其神，闻其声而明其圣，问其由而得其工，切其脉而续其巧"之境界，并四诊合参，辨明病机证候，审证求因，审因论治。临证处方之时，不可拘于用某一方来治疗某一疾病，即所谓"医不执方"。即使不同的疾病，若病机相同，则常用同一方剂治疗，即所谓"医必有方"。辨病论治应同西医诊断学及各种先进科学相结合，改进、演化、发展，优势互补是必由之路。中医的辨证论治是中医学之精华，是中医传统辨病论治的深化和提高，同病异治、异病同治、证同治同等，皆在长期大量的临床实践中得以证实其科学性、先进性及实用性，应在辨病范围内辨证，辨证基础上辨病，辨病辨证相结合。只有这样，中医病名及诊断才能达到准确、严谨、清晰、简洁、信息量大、通用性能好的语言规范标准。总而言之，辨病论治和辨证论治是临床诊断学两大学术理论体系，是临床诊疗的指导理论，是对疾病病理本质认识的理论。中西医用不同的说理对疾病综合分析，用不同的术语进行概括，对疾病进行诊断，指导治疗用药，二者有本质上的共性，各具特色，应该互相取长补短。

临证需明辨证、病、症之间的相互关系。证为证候，是疾病发生和演变过程中某阶段本质的反映，它以某些相关的脉症，在中医理论指导下，不同程度地揭示病因、病机、病位、病性、病势等，为论治提供依据。病指疾病，是在病因作用和正虚邪凑条件下，体内出现的具有一定发展规律的邪正交争、阴阳失调的全部演变过程，具体表现在若干特定的症状和各阶段相应的证候。症即症状，是患者自觉感到的异常变化及医者通过四诊等手段获得的形体上的异常特征，是疾病和证候的外在表现。证、病、症三者之间存在着有机的联系，若将中医诊疗系统看成是一个平面坐标系，疾病即是其横坐标，证候则是其纵坐标，症状便是对其进行定位的坐标点。中医治病的过程，就是在中医理论指导下将四诊资料进行归纳、总结，辨识其证候，然后在辨证的基础上立法、选方、用药。临床上无论古方、名方、效方、验方，并无优劣之分，都是针对中医证候而设，非为西医疾病的病名而设，且每一方对应和契合的是相对稳定的证候，而证候则仅出现在某一疾病的某个特定阶段。故全面的症状采集及辨识疾病都是为更好地辨证服务的，准确的辨证不仅是正确治疗的前提及取得临床疗效的关键，还是判断病情轻重及其转归的依据。临证之时，在坚持并熟练运用辨证论治的基础上，宜结合辨病用药、随症加减以提高疗效。比如，萎缩性胃炎，缘其久病入络，常酌加莪术、丹参等；低蛋白血症，系脾虚精微化生乏源，常重用白术至 $60 \sim 120g$ 健脾助运，以资化源，实践证明确实能够提高血浆白蛋白；慢性前列腺炎，多因炎症导致局部血行瘀滞，常加用丹参、赤芍、王不留行、益母草、车前草等活血化瘀利水之剂以改善血液循环，促进炎症吸收和消散；前列腺增生，系痰瘀互结，凝结成块，常加穿山甲（现用代用品，下同）、夏枯草、皂角刺、牡蛎、浙贝、丹参等以活血化瘀、软坚散结；慢性肾炎蛋白尿长期不消者，缘于久病入络，血脉不畅，津液不归正化，聚湿生热，伤及肾气，固摄失司，精微外泄，若瘀血不去，则肾气难复，湿热不清，则蛋白难消，故常以补阳还五汤合平胃散为基础，酌配白花蛇舌草、虎杖、红藤、车前草、大黄、牛膝等药；肝胆及肾结石者习用四金（郁金、金钱草、鸡内金、海金砂）；咽喉肿痛、扁桃体肿大者习用青果、僵蚕、王不留行；糖尿病者重用马齿苋、苍术、地骨皮等。然治方如治国，当君臣佐使分明，用药如用兵，应动静结合，行止并用，选药宜精不宜杂，对于兼症，少佐两三味即可，若用药过多，则使药力分散，相互制约，疗效反而下降。

2. 活用经方，善用时方，遵其法而不泥其方

经方为诸方之祖，为医者当反复揣摩，烂熟于胸。在经方的应用上，提倡遵其法而不泥其方，师其方而不囿其药，用其药而不拘其量，宜灵机圆活，合理变通。临床上常在辨证的基础上选用桂枝汤、小柴胡汤、麻黄附子细辛汤等方加减治疗感冒；用麻杏石甘汤、小青龙汤、苓桂术甘汤等方治疗气管炎、肺炎；用理中汤、吴茱萸汤、大小建中汤等方治疗各种虚寒性胃病；用真武汤、五苓散等方治疗各种水肿；常辨证运用一贯煎、逍遥散、龙胆泻肝汤、大柴胡汤、柴胡疏肝散等方治疗肝病；用四神汤、六神汤、痛泻要方、芍药汤、葛根芩连汤等方治疗泄泻；用温胆汤、补阳还五汤、柴胡疏肝散等方治疗梅尼埃病及颈源性眩晕；用养阴清肺汤、沙参麦冬汤、蒌贝二三汤等方治疗上呼吸道感染；用完带汤、易黄汤、逍遥散、当归芍药散、温经汤、温脐化湿汤等方治疗带下、月经不调、痛经等病。

3. "健脾先运脾，运脾必调气"的运脾思想为临床主导思想

（1）脾失健运、升降失常乃脾胃病的病机关键：脾胃为后天之本，气血化生之源，系全身气机升降运动之枢纽。一旦脾胃功能受损，运化失健，升降失常，枢机不利，清浊不分，相干于中，变生百病，若脾胃一败，化源断绝，诸药莫救。脾胃功能主要通过脾气来实现，而脾气极易为各种因素所耗伤，正如《内经》所说"饮食自倍，肠胃乃伤""劳则气耗""思则气结"。脾胃病常以气虚为本，运化失健为基本特点，亦即"实则阳明，虚则太阴"之理。脾失健运，则胃难和降，升降失常，清浊相干，由虚致实，产生痰饮、湿阻、食积、气滞、血瘀等，形成虚实夹杂之证。故脾胃病以本虚为主，常由虚致实，虚实夹杂，以升降失常为主要病机，以脾气不行为主要矛盾，兼见痰饮内停、气滞血瘀等。

（2）"健脾先运脾，运脾必调气"思想的提出：脾胃病的治疗既离不开一个"补"字，又不能单纯事补而不顾其实。应该从动态的观点出发，以健脾助运、调整升降为要。滋补药品多有滋腻碍脾、壅滞胀满之嫌，久用易致脾胃之气停滞不行，变生他证。若由虚致实，过用滋补则犯"实实"之戒。通过健脾促运、调气和胃之剂，可以使脾气得运，从而避免了滋补所致之壅滞。所以，运脾的关键不在于直接补益脾胃，而在于通过调理气机以促进运化，即"脾以运为健，以运为补"。故临证之时强调"健脾先运脾，运脾必调气"，此实乃运脾思想之精华，是治疗脾胃病的大法、通则。

（3）重视脾胃功能，时时顾护胃气，形成独特的运脾思想：临证之时，应重视脾胃功能的调理，时时处处顾护胃气，用药宜轻灵，攻补应适宜，当动静结合，行止并用。用药之时力求攻勿伤正，慎用苦寒攻下之剂以防伤脾败胃，宜小剂投入，中病即止，如大黄仅用 1～3g。补勿敛邪，滋补药中酌配健脾助运之剂以防碍脾妨胃，临证之时常在方中酌加枳壳、石菖蒲、炒麦芽、陈皮、仙鹤草等药以促进脾胃运化。由此从最初运脾汤的应用逐渐发展、完善，最终形成了完整的运脾思想。

（4）创立运脾汤补运同举，作为治疗脾虚失运证的首选方剂：在总结前人经验的基础上，结合自己多年的临床实践，针对脾虚失运证，创立运脾汤补运同举，获得满意的临床疗效。基本药物组成：党参、白术、茯苓、佛手、枳壳、石菖蒲、炒麦芽、仙鹤草。方义分析：方中党参、白术、仙鹤草益气健脾以助运，其中党参健脾益气，"为强壮健胃药，用于一切衰弱证，能辅助胃肠之消化"（《现代实用中药》），白术"既能燥湿实脾，复能缓脾生津，健食消谷，为脾脏补气第一要药"（《本草求真》），仙鹤草又名脱力草，功能健脾补肾，调补气血，且补而不腻，茯苓健脾渗湿，合用即为四君子汤义。佛手气味清香而不燥烈，性温和而不峻，既能舒畅脾胃滞气，又可疏理肝气以防木郁克土，且无耗气伤津之弊。枳壳善能理气宽中，行气消胀，"健脾开胃，调五脏，下气，止呕逆"（《日华子本草》），"消心下痞塞之痰，泻腹中滞塞之气，推胃中隔宿之食，削腹内连年之积"（《珍珠囊补遗药性赋》），与佛手合用则突出运脾调气之功，现代药理研究表明，枳壳水煎剂能促进实验动物胃肠有规律蠕动。"炒麦芽健脾化湿和中，宽肠下气通便，消一切米面诸果食积"（《景岳全书》），兼能疏肝理气。石菖蒲芳香醒脾，化湿和胃，而《本草从新》谓其"辛苦而温，芳香而散，开心孔，利九窍，祛湿除风，逐痰消积，开胃宽中"。诸药合用，该方既补气以助运，更调气以健运，使痰湿无由以生，则脾胃无由阻滞；兼以肝脾共调，脾肾双补，使脏腑调畅，则脾运复健，升降如常，诸病自除。方中枳壳为调气运脾的关键药物，依脾运失健的程度在用量上而有小运（10~15g）、中运（20~30g）、大运（35~60g）之别，而白术亦为不可或缺之药，依脾虚程度及便秘轻重决定药量，轻度者常用15~30g，中度用至30~60g，重度者可用至60~120g。两药一补一消，相须为用。

加减用药方面，宜少而精，临证之时应灵活掌握。若气虚明显者加黄芪；中虚有寒者加高良姜、香附；阴血亏虚者加当归、白芍；气滞明显者加香附、砂仁；兼有痰湿者加半夏、陈皮；湿盛苔厚腻者去党参，加苍术、厚朴；有郁热者加浙贝、连翘、黄芩；有便秘者在重用白术、枳壳、炒麦芽的基础上，酌加郁李仁、肉苁蓉、槟榔；若肝郁犯胃而泛酸者加浙贝、黄连、吴茱萸；食积呃逆者加鸡内金、生姜；痰积者加瓜蒌、浙贝；确诊为萎缩性胃炎或久病入络者加莪术、川芎、郁金。

临床运用：不仅消化系统疾病，诸如胃痛、胃痞、纳呆、呃逆、泛酸、反胃、呕吐、胆胀、腹胀、腹痛、泄泻等属脾虚失运者，用运脾汤治疗获得显效；而且各科疑难杂病，如肾衰所致的恶心、呕吐，减肥节食过度、大病重病后出现的厌食、纳呆，神经肌肉病变所致之四肢软弱无力，颜面锈斑、黄褐斑者，亦可以本方取效。本方现已成为治疗消化性溃疡、溃疡性结肠炎、胃肠功能紊乱、各种急慢性胃炎及食管炎等病属脾虚失运的常用及首选方剂。

4. 肝病的治疗特点

（1）"治肝必柔肝，柔肝先养肝"是肝病的治疗大法：《临证指南医案》中说："肝为风木之脏，因有相火内寄，体阴用阳，其性刚，主动主升，全赖肾水以涵之，血液以濡之，肺金清肃下降之令以平之，中宫敦阜之土气以培之，则刚劲之质得为柔和之体，遂其条达畅茂之性。"若或内因七情暗耗，外为燥热诸邪所伤，致机体阴血津液亏虚，则肝血亦虚，肝体失养，肝气失制，肝火内炽，肝阳上亢，发为多种疾病。故治疗肝病不可一味疏泄、清解、攻伐，否则肝之阴津受伐而病势反增，应以养肝为第一要务，据此我提出"治肝必柔肝，柔肝先养肝"的肝病治疗大法，以肝血得养，肝体得柔，则肝气自疏，肝火不炽，肝阳自平。此亦即"养肝即是柔肝，柔肝便为疏肝"之义。临证之时常在辨证的基础上选用一贯煎以滋阴养血柔肝、逍遥散以解郁养血柔肝、沙参麦冬饮以生津润燥柔肝、参芪地黄汤以益气养阴柔肝、归芍六君汤以健脾养血柔肝，并常在疏肝理气之剂中加入木瓜、五味子、山茱萸、乌梅、白芍等以养肝柔肝。

（2）"扶正祛邪，攻补兼施"是治疗慢性乙型病毒性肝炎的基本原则：患乙肝者多系正气内虚，机体抵抗力低下时感染乙肝病毒。由于正虚无力祛邪，致其久踞肝内，蕴生毒邪，扰乱肝之气血，日久则气血毒邪蕴结，遂致癥瘕、鼓胀之顽疾。本病治疗应以扶正为本，驱邪为辅，攻补兼施，坚持长期服药，俟正气来复，以助驱邪。万不可图一时之功，妄用攻伐之品，更伤正气，使邪气愈深。自拟扶正驱邪保肝汤治疗本病，效果明显。方中用黄芪、党参、仙鹤草、白术、茯苓等药补气助运以助肝之用；女贞子、枸杞子、五味子养阴生津以柔肝之体；酌配柴胡、枳壳、香附、麦芽等以行气导滞，既防滋补碍胃，又助药力行散，且能引药入肝；酌配苦参、虎杖、草河车、红藤、白花蛇舌草、茵陈、七叶一枝花等以清热解毒，祛湿杀虫。常配服贞芪扶正胶囊、复方虫草冲剂以助正驱邪。

5. 运用清上达下法治疗热淋

淋证是以小便频急、淋沥涩痛为主症，常伴有小腹拘急、腰部酸痛、小腹坠胀等症状，临床常分为热林、血淋、气淋、石淋、膏淋、劳淋等六型论治。历代医家多认为本病病位在膀胱与肾，病机为湿热蕴结下焦，膀胱气化不利。正如《诸病源候论》所说："诸淋者，由肾虚而膀胱热故也。"验之临床，确以热淋为多见，对于热淋，现代医家多用清热利湿通淋之法，常用八正散、五淋散、导赤散等方化裁。热淋与肺密切相关，肺为水之上源，外邪袭肺，肺气失宣，影响津液分布，上源不清，水道不利，气化不行，水湿停滞，郁而化热，酿成湿热，下注膀胱，发为热淋。故治疗上提倡清上达下法，创立清利通淋汤，清上源、行气化、利水道以通淋。基本方药组成：金银花 30g，连翘 30g，竹叶 6g，车前草 30g，白茅根 30g，生地 30g，黄芩 10g，甘草 6g。方中金银花、连翘清解肺热，使上源得清，则水道自利；竹叶清热利水；车前草、白茅根清热止血，利湿通淋；生地清热凉血养阴，尚可防通利太过而伤阴；黄芩既能助金银花、连翘清解肺热，又能燥湿；甘草清热泻火，调和诸药。诸药共奏清上利水通淋之功。若见尿色紫红或尿检有红细胞者，酌加小蓟、蒲黄、仙鹤草以凉血止血；小便浑浊者，加萆薢、石菖蒲以分清泌浊；发热者，酌加蒲公英、栀子、红藤、虎杖以清热凉血解毒；日久气虚血瘀者，加红花、赤芍以活血化瘀；病情时作时止，遇劳即发者，加杜仲、牛膝以益肾；小腹坠胀、小便点滴而出者，配合补中益气汤以益气升陷。

6. 治疗咳喘经验

（1）运用清气饮子治疗外感夹湿证：外感夹湿，即为在感触风寒或风热表邪的同时兼夹湿浊为患，临床极为常见，多因患者脾胃虚弱，酿生痰浊，复感外邪，内外相合为患，或因风寒湿邪或风湿热邪同时侵犯机体为患。湿为阴邪，其性黏滞，难以速去，且易于从阳化热，从阴化寒。故临证之时宜用轻清宣散之剂使表邪外解，芳香化湿和中之剂使湿从内外分消，健脾祛湿化痰之剂以杜绝痰湿内生之源，则湿去邪解而不伤正。临证之时常以验方清气饮子化裁而获效。方药组成：藿香、银花、蝉衣、紫苏、半夏、陈皮、茯苓、甘草。方中既有辛温解表、化湿和中之藿香、紫苏，又有甘寒清热、疏风解表之银花、蝉蜕，合燥湿化痰之二陈汤，共奏祛风解表、化湿和中之功。

加减用药：临证之时，若见咳甚痰少者，加桑白皮、地骨皮以清肺止咳；痰多者加紫菀、枇杷叶以化痰止咳；痰稠色黄者，加连翘、黄芩、大青叶、浙贝以清肺化痰；痰味腥有成痈之势者，加鱼腥草、芦根、桃仁、冬瓜仁、败酱草以清热解毒，化瘀消痈；痰多胸闷者加瓜蒌、浙贝、杏仁、白芥子以化痰止咳，宽胸理气；咽喉肿痛、充血、淋巴滤泡增生及扁桃体充血肿大者，加青果、僵蚕、王不留行以清热疏风，利咽解毒；头颈强痛者，加白芷、川芎、葛根、钩藤以祛风活血，柔筋止痛；四肢疼痛者加桑枝、秦艽以祛风除湿，通络止痛；鼻中时流清涕者，加荆芥、防风以解表散寒；舌苔厚腻者，加苍术、厚朴以行气燥湿；小便频数或淋沥不尽者，加白茅根、车前草、竹叶以清热利湿通淋。

（2）治疗久咳经验：新咳易治、久咳难医。久咳之人，一看虚，二看湿。虚证当分气、阴之不同，对于肺脾气虚久咳不止者，遵"损其肺者益其气"之经旨，治以培土生金法，常以补中益气汤加减；对于阴虚燥咳不止，偏肺胃阴虚者，以沙参麦冬汤为主，偏肺肾阴虚者，以六味地黄汤为主，若兼有外感风热而致咽喉肿痛、扁桃体肿大者则首选养阴清肺汤，偏肝肺阴虚、木火刑金者，以一贯煎为主，均酌加紫菀、枇杷叶、杏仁等宣肺止咳之品。"脾为生痰之源，肺为贮痰之器"，脾虚失运，聚湿生痰，上贮于肺，肺失宣肃，治以健脾化痰、宣肺止咳，常选萎贝二三汤化裁，继以补中益气汤善后；若兼外感者，常选清气饮子化裁。

（3）遵经旨而创验方：慢性支气管炎、肺气肿、支气管扩张、过敏性哮喘等疾病常反复发作，经久难愈，其症以咳、喘、痰、嗽为主，多于冬季加重，夏季减轻。究其之为病，多系年老体弱之人，脾肾阴阳交亏，脾虚失运，肾虚不化，水湿聚为痰浊，上蕴于肺，久成窠臼，遂成宿疾夙根，阻碍肺气之宣发肃降。入冬则阴盛而阳衰，痰浊每随风寒而动则病情加重；入夏阳气转盛，痰浊阴邪潜伏于内，则症状减轻。对于此类顽疾，宜在发作之时急则治其标，消息之时缓图其本。遵冬病夏治及春夏养阳、秋冬养阴之经旨，创制"补肺益寿合剂Ⅰ号""补肺益寿合剂Ⅱ号"治疗本病，既调补脾肾以扶正固本，又止咳化痰以祛邪达标，标本兼顾，疗效显著。

7. 治疗习惯性便秘经验

便秘当分虚实论治。实者宜攻，虚者当补。若邪滞不去，日久暗耗气阴，或反复使用泻下之剂，耗伤津气，终致阴亏肠腑失于濡润，气虚肠道运行无力，大便排出日益艰涩，形成久秘（习惯性便秘）。倘再施以峻泻，大便虽得一时之畅，然必重伤津气，则如雪上加霜。自拟运肠润通汤攻补兼施，寓攻于守，以补虚运肠为主，俟气复津回，肠腑得以润降，则便秘自愈。基本方药：白术、枳壳、党参、郁李仁、肉苁蓉、槟榔、炒麦芽等。临证之时，诸药宜从小量用起，逐步加量，并当随症加减。常加大黄 1 ~ 3g 以引气下行，导滞而不伤正，加杏仁 10g，既润肠通便，又宣降肺气，以提壶揭盖。

8. 胃痞的辨治经验

胃痞一病，古无此名，首次于 1982 年在武汉提出，1987 年正式将萎缩性胃炎命名为中医之"胃痞"。其主症为：正心下痞，按之濡。其特点为：胃脘部痞满闷塞不通，可伴饱胀、食后停滞、呃逆、嗳气等，有别于大陷胸证（急腹症）从心下至少腹胀痛，按之石硬，疼痛，手不可近。随着胃镜的普及，本病的诊断率日益增加且有年轻化趋势。在辨证论治的基础上结合辨病用药，疗效显著。临床常分为以下 5 型论治：

（1）脾虚不运：脾以运为健，以运为补，健脾先运脾，运脾必调气，首选运脾汤补运同举，临证之时可酌加活血化之丹参、莪术，清解郁热之连翘、黄芩等。

（2）肝胃不和：以胀闷为主，甚则及胁者，以四逆散化裁，疼痛者用柴胡疏肝散。

（3）湿热滞中：以苔黄厚腻为要点，常以柴平汤加减，热重者酌加黄芩、连翘、滑石等。

（4）胃阴不足，肠燥津亏：以舌红少苔、脉细、便结为特点，常以沙参麦冬汤加减，若单用行气消胀则更伤阴津。

（5）气虚血瘀：以胃脘胀闷作痛如针刺、舌质紫暗为要点，常以补阳还五汤加减。

9. 泄泻的辨治经验

《内经》云："诸病水液，澄澈清冷，皆属于寒""湿盛则濡泄""清气在下，则生飧泄"。"无湿不成泄"，泄泻之成，多责之于脾肾二脏。脾主运化，肾主闭藏。若脾虚失运，津聚成湿，下注肠道而为泻。日久及肾，命门火衰，无以燔土，土不制水，水饮直走大肠而为泄。故治泻之法，不离脾肾。若脾虚饮停者常用苓桂术甘汤，脾虚湿盛者常用平陈汤、六神汤，湿郁化热者先予芍药汤，肾阳虚者用真武汤，脾肾俱虚者用四神汤等。然临证之时，不可拘于温补脾肾，须结合患者年龄老幼，体质强弱，病程新久，有无兼证，分清寒热虚实，辨证论治，并灵活运用《医宗必读》之治泄九法以加强疗效。

二、晚年情怀

现行中医教材内科部分添加了西医的诊断及诊治内容，在讲述时应充分强调中医辨证施治的精髓，不能给学生造成中医病名与西医诊断生搬硬套的感觉。以往的师承方式是从背诵基础理论、经典篇章开始，从采药、认药及药材加工炮制入手，真正体会和认识药材的属性，经过一个阶段的学习，通过全面评价和临床实践，达到一定年限后才允许独立行医。这种方式比较合理，但缺乏统一标准，造成良莠不齐，且这种师承方式不利于大量中医药人员的培养。国家五批名师带徒，总体是好的，对培养中医骨干力量有极大的促进，建议学徒全脱产跟师并增加集中学习经典的时间，从而从基础理论学习到跟师临床实践，都有时间保证。

对临床中西医结合的看法或建议：经过 60 余年临床探索，中西医结合之路对中医的发展有一定的促进作用。但现在也存在许多误区，如生搬硬套西医诊断，丧失辨证论治的中医精髓，虽取效于一时，但有引中医入歧途的危险，建议进一步进行这方面的研究与探索工作。

当前，中医临床分科有逐步细化的趋势，这是一件好事，有利于临床人员集中精力研究专业问题，但要注意，专业细化不能以丢失辨证论治为代价，同时要注意分科的细化不能硬搬西医分科的模式。

三、寄语后学

孙思邈在《大医精诚》中说："凡大医治病，必当安神定志，无欲无求，先发大慈恻隐之心，誓愿普救含灵之苦……勿避险巇、昼夜、寒暑、饥渴、疲劳，一心赴救，无作功夫形迹之心。如此可为苍生大医。"当代中国医务工作者应以自己的行动，实践大医精诚的优良传统。现阶段中医药事业虽然取得一定进步，但也存在许多误区，如生搬硬套西医诊断，丧失辨证论治的中医精髓，有引中医入歧途的危险。因此，寄望于后学，一是"医者，仁人之术"，一定要竭心为患者服务；二是要努力为中医药的发展做出贡献。

（王煜、王建强整理）

温如杰

温如杰（1936—　），男，生于山东省招远县城关山口温家村。中专学历。副主任医师、副教授。1962年毕业于山东省莱阳中医药学校（今山东中医药高等专科学校）。参编《实用中医保健学》，主笔首篇绪论。《山东省中医药志》副主编。《中国灸法大全》《中国灸法》副主编，主笔总论。《中国敷贴疗法》主审，主笔总论。主编《实用中医药字典》《姓氏溯源》《中国当代谣谚大观》《杏林集效方》等书。发表论文20余篇。获国家专利两项。内科以治心血管及胃肠病为主，妇科以治经带病为主，兼治外、儿、五官科疾病。治病善用经方，药少、力专、效宏。

先父温凤展业岐黄术。1956～1958年我随父学医。1958年修业于烟台中医药学校（后改称莱阳中医药学校）。1962年毕业由学校分配到枣庄矿务局中医院工作，任中医士。1972年支援新矿区调至莱芜矿务局中心医院工作，任中医师。矿业多在山区，我围绕荒山野岭转了30多年，没进修一天，也未函修一次，未经名师教诲指点，岂敢妄之自称名医。《名老中医之路》主编张奇文教授首次邀我入书，我谢绝，今他接二连三信函督促，盛情难却。无甚业绩可示范，谈谈我的读书路吧。

一、独怜幽草丛林生

阅《名老中医之路》所载诸君之业绩及"国医大师""省级名老中医""教授""主任医师""研究员""硕士、博士研究生导师"等显赫头衔，犹如丛林中可为栋梁的参天大树，是充足的阳光，丰沛的雨露，优沃的土壤培育而成。与其共生的还有那些纤细荏弱的幽草，它们生活在阴暗潮湿的地表上。这些荏弱幽草在我眼里，犹如我和我的父亲这样一大批工作在基层乡村的"草泽医"。由于各种条件欠缺，生活和工作困难重重，唯一的出路是自怜、自爱、自强不息。这些小草虽非栋梁之材，但也绝非尽是牧草烧柴，身价不菲的人参、灵芝、冬虫夏草等尽在其中，人尽其力，物尽其用，各有所用。基层乡村医生，犹如站在与疾病做斗争第一线的士兵，保护了大多数人的安全和健康，是卫生事业的有功之臣，应在文化层面上有他们的一席之地，让他们展示自己，鼓励他们安心于基层工作，保障人民健康。

《名老中医之路》一书，我读了一部分，感觉有二：在理论方面，引用《周易》者很少，《周易》曰之言寥若晨星。古训"不知《易》不足为太医"。在临证遣方方面，经方使用比率不及 1/10，时方为主，似乎本末倒置。以上两点，显示当代杏林思路、踪迹及趋向，不可不言，不可不知。

以上之言，是余对诸位尊者、师者、贤者发出的逆耳之言，但非不敬之词——"忠言逆耳利于行"。作《周易》者是有忧患意识的，"故其辞危，危者使平，易者使倾"。尽管《周易》言如此，余还是斟酌再三，可言与不可言。前哲有言："不可与言而言，谓之失言；可与言而不言，谓之失时。"时难得而易逝，余以为可言，良机莫失。

《名老中医之路》实为"指路"，是立在十字路口指示东西南北的路向标。入册者皆是为来者指路人，应告诉来者，中医这条路并非笔直宽敞的康庄大道，而是一条曲折的路，坎坷的路，漫长的路。"善教者为人立其志"，行者必须具备矢志不移的决心和坚忍不拔的毅力方可得道。难点在于它是集天文、地理、人事三者于一体，博大精深且古老。敢问路在何方？屈原曰："既遵道而得路。"遵道即得路。道者，《易》《内》《难》《本经》《伤寒》《金匮》是也。读经典书，"其始难知，其上易知"，即先难后易。

我的路是我父亲指的，是他曾经走的仲景开拓的路。我的父亲温凤展医生是自学成才的，青少年时代他是一位农民，立志学医，谈何易。春、夏、秋三季在田间，或耕或耘忙忙碌碌，只有大雪封门的冬季，阴雨天或夜间才是学习时间。经老师指导学习《医学三字经》《药性赋》《汤头歌》《难经》《伤寒论》《医宗金鉴》等书，经三五年的努力，有志者事竟成。中华人民共和国成立后他被分配到一乡镇卫生所工作，成为一名专职医生，他治病喜用经方，自称是古方（经方）派。他留下一本《中医临床医案》（手抄本），内载病例 201 例，多用经方治疗。据余粗略统计:《伤寒论》方91例,《金匮要略》方34例,共计125例,占共用223方的56%,可见用经方比例之高。所用之方有:太阳篇的桂枝汤、麻黄汤、葛根汤、麻杏石甘汤、大青龙汤、小青龙汤、五苓散;阳明篇的大承气汤、小承气汤、调胃承气汤;少阳篇的小柴胡汤、大柴胡汤、半夏泻心汤;太阴篇的桂枝加芍药汤、桂枝加大黄汤;少阴篇的四逆汤;厥阴篇的乌梅丸、当归四逆汤、吴茱萸汤。其中用得最多的属葛根汤,用于治疗前额痛、三叉神经痛、结核性脑炎、神经衰弱、梦游症、过敏性哮喘、胰腺炎、恶疮、骨髓炎、四肢麻木、泪管炎、不闻香臭;葛根加石膏汤,治外伤性头痛、胆囊炎、颈淋巴腺炎、全身性顽癣等。其治疗疾病达23种之多。典型病例如下:

1. 葛根汤治疗梦游症案（梦游症是日本人著《皇汉医学》中名称）

徐某,男,10岁。

其父代诉:每夜睡眠中猝然惊起,或笑或哭,或手舞足蹈,已有4个月,多处医治无效,因头痛不能上学。余拟分两步治疗,先治头痛,待头痛好再治梦游症。拟葛根汤三剂:葛根、麻黄、桂枝、白芍、生姜、大枣。水煎服。药后其父来诉:"这药真效,夜间睡到天亮还不知起来,头也不痛,昨天上学,是否还用吃药?"我说:"好了就不用再吃了。"

此方治此病4例,2例效,2例不效。

2. 当归四逆汤治疗尿失禁案

房某,女,23岁,未婚。

自诉:自17岁开始小便不知不觉尿出,自知小便,不能控制。四处求医,吃药、打针、针灸都不效。别无他病。拟当归四逆汤:桂枝、白芍、甘草、大枣、当归、木通、细辛、吴茱萸。水煎服,3剂。药后来告痊愈。

3. 加味桔梗汤治疗肺脓肿案

考某,男,46岁。

咳嗽,右侧胸痛,每日不规则发热,痰中带血,经县医院透视、化验检查,确诊肺脓肿。经用青霉素、链霉素注射20天,X线透视复查显示阴影较前增大。前来求诊服中药治疗。余以为本病是《金匮要略》中的肺痈证,桔梗汤主之。给予拟加味桔梗汤。处方:桔梗、甘草、双花、连翘、薏米。水煎服,3剂。再诊诉:药后吐大量脓血一次,烧退,痰中稍带血丝。依前方拟5剂服。三诊:咳嗽轻2/3,痰中没有血丝,痰不臭。拟桔梗汤,处方:桔梗、甘草。水煎服,12

剂。药后复查，肺部阴影消失。各种症状亦消失。

4. 葛根汤治疗骨髓炎案

张某，女，52岁。

自诉："5年前得病，脸右侧肿痛，主要右下食牙痛，牵连右耳及头痛。在公社及县医院吃药打针无效。去莱阳医院牙科诊断为骨髓炎，吃药打针亦无效。请你看看开点中药吃。"余为之拟葛根汤、小柴胡加石膏汤各2剂，前者先服，后者后服。6日后复诊诉："吃这4剂药真效，一点不痛，肿消了，嘴也能张开。昨天晚上又有要犯的样子，我想再吃几剂。"依上方各开4剂。10天后来告痊愈。大喜曰："打了80多支抗生素，吃了很多药片没治好，没想到吃几剂草药就好了。"患者感谢不尽而去。2年后来看别的病，言未复发。

5. 调胃承气汤治愈久病不愈案

张某，男，62岁。

自诉："患病年余，不想吃饭，胃里热，大便像算盘珠一样，七八天一次，便前须先用肥皂水灌肠。曾住县医院，没查出病，治疗无效。请你开几剂中药吃。"我认为是调胃承气汤证，但不甚明显。给予拟调胃承气汤，处方：芒硝、大黄、甘草各三钱，水煎服，2剂。药后3小时排便，胃里不发热，想吃饭。只吃1剂，剩下1剂。1个月后，他在县委组织部工作的儿子特来登门道谢。他说："我父亲的病幸亏您给他治好了。2剂药不到一角钱，我父亲吃了1剂就好了。我祖父84岁，和我父亲病一样，把剩下的1剂药吃了，也好了。花不到一角钱，治好2个久病不愈的人。"

《中医临证医案》余进行了粗略统计：服药1剂治愈19例，2剂43例，3剂38例，4剂28例，5剂2剂，6剂21例，7剂4例，8剂15例，9剂4例，10剂3例，共计177例，占88%。1~3剂治愈者适100例。为了对读者负责，余将一剂是什么方，治愈什么病择例如下：

（1）麻黄汤治愈感冒日久多治不愈案，药后得汗，诸症尽失，"汗愈不必尽剂"。

（2）调胃承气汤2剂治愈2例大便干结案。

（3）温脾汤治脐腹绞痛，服药1剂，得泻痛止。

（4）坤草汤治乳腺炎案，一患者取药2剂，服1剂，痛止肿消。剩1剂一邻家妇亦患此疾，取服亦愈。

（5）加味生化汤治难产案，李妇临产一日不生，助产士注射催生剂 3 次不产，取中药 2 剂，服 1 剂，2 小时顺产，母子平安。

方剂药味少，是本医案的又一特点。据统计共用 223 方，其中一味药 4 方，二味药 19 方，三味药 24 方，四味药 30 方，五味药 37 方，六味药 38 方，七味药 32 方，八味药 27 方，九味药 2 方，十味药 6 方，共 219 方。十味药以上仅 4 方。这样既节约了资源，亦减轻了患者经济负担，且效良。方不在大，药不在多，在对症。

当前杏林用方，如韩信用兵，"多多益善"，大行其道，少则十多味，多则二三十味，甚至四十味的巨方亦有所见。然而十味药以下的方却少见。究其原因有二：一是受经济利益驱使。二是医术不精，鸟枪战术。以致社会"吃药贵"的呼声经久不息。子曰："节用以爱民。"

上文可见，基层医生多为身兼内、外、妇、儿、五官多科，虽没有著作、论文、科研成果，但治病经验确是丰富的。"尺有所短，寸有所长"。欲知山中路，须问打柴人。敏而好学，不耻下问。

二、三更灯火五更鸡，正是男儿立志时

我的父亲业岐黄术，是自学成医的，学习大多在三更半夜。他的刻苦勤奋深深地影响了我。他选择了我为他的事业继承人，1956 年我随父学医，指定背《医学三字经》《药性歌括》《汤头歌》等。卫生所里人少事多忙不开，我常帮干些杂务或下农村搞爱国卫生，学习是夜间的事。一年后，改读《难经》《伤寒论》《金匮要略》，背主要条文，晚间讲解。

1957 年夏末的一天，父亲要我去农村给一名肾炎水肿患者注射利尿剂。患者是一青年女性，肿得很厉害，眼都睁不开，十指像小胡萝卜，握不起来。我问她："病是怎么得的？"她说："下地干活，天忽降暴雨，往回跑，出一身汗，受风吹雨打，感冒，随之小便不利周身肿。"我认为，本病像《金匮要略》中的风水甘草麻黄汤证，建议用此方试治。父亲采纳了。患者服药后大汗淋漓，暴肿如失，小便亦通。后经调理，很快康复。《内经》曰："开鬼门，洁净府。"这是我学医以来的首诊，终生莫忘。继此例之后，与我同宿舍的丁某遗精，服中西药物无效，向我苦诉隐情，我建议用桂枝加龙骨牡蛎汤治之。服药 3 剂，病减其半，又服 3 剂，痊愈。我看到了经方的伟力，加深了对经方的热爱，奠定了我

业医善用经方的基础。

1958 年，烟台中医药学校成立。学校招收的首届学员是从各县中医带徒中考试，我应试被录取，得到学习机会。学校坐落在烟台市东郊金沟寨村，依山傍海，是个美丽的山村。没有教室、宿舍，是租用的民房。没有课桌用连椅代替。没有床铺用海草打地铺。尽管条件如此之差，但校长及师生们都情绪高昂并珍惜机会。入学时正值三秋大忙季节。"教育与生产劳动相结合"是时代的最高指示。第一堂课是下地"学农"近 1 个月，本学期正式坐下来上课的时间只有 2 个多月，1959 年春刚开学不久，又去乳山县冯家公社支农 2 个月。此时尚没有全国统编教材，由教师们编写的讲稿刻印成讲义，校长要我刻写讲义，占用我一年的学习时间。1960 年春季，市里批给了建校地，在烟台市西郊世回尧，迁校于此。校舍依旧是租用民房，条件比先前更差。建校经费拮据，只好靠勤工俭学接济，建筑用的砖瓦、水泥、沙子、木材、钢材都是师生们用地盘车从三四里以外运来的。一春夏几乎没上课，秋季开学后又去牟平县城关公社支农 2 个月。回校开课，上级指示，由一日三餐改为一日两餐，空闲时间上课，余下时间回宿舍休息，减少体力消耗。经过师生们努力，年终时教学楼完工。1961 年刚开学不久，接上级指示，举校师生赴即墨县防治浮肿病（营养不良性水肿）。我们组由刘云亭老师带队，共 10 人。每人分几个村子，定期赴农户逐人检查。医者用手指按压受检者小腿内侧足上方处，仅有凹陷为一度，较深陷但不没指为二度，深及没指为三度，四度一看很明显，粗胖（大致如此）。一度不计，二度以上统计，在册者发给一种特药"糠麸粉"，成分是谷糠＋麦麸合炒磨粉＋少许食糖，可以充饥，颇受欢迎。最严重和可怕是干瘦病（恶病质）。

在这里半年多，9 月底返校，学校由烟台迁往莱阳，三年三迁，犹如"孟母三迁"。这里有原来的一个工厂留下的几排平房和一个有围墙的院落，它比先前两地都好。我们第一次有了专用的教室及宿舍，也有了电灯，环境改变，皆大欢喜。坐下来学习到年底。

1962 年是最后一个学年。开学后上了 2 个多月的课及毕业考试。4 月末去潍坊中医院实习。该院条件不错，诸多名闻一方的医生供职在这里，门诊人山人海。我在此结交了张奇文医师，他长我 3 岁，彼此志同道合，我称他为师，50 余年来，信函来往从未间断，互相关怀，互相学习，互相砥砺，没有闲言碎语，尽是同心之言，友谊与日俱增。

1962 年毕业，实习结束回校后被分配到枣庄矿务局中心医院工作。离校时，我带着一道题、一个设想走出校门。一题是金生水的实质是什么？一设想是写一本《中医药字典》为学中医解决生字关。这所医院是我步入社会的起点，它坐落在远离城市的乡镇小村，拥有 300 张床位，技术设备条件优越。中医科只有三人，一位老者是从乡村招上来自学成医者，一位中年是部队的药剂员转业到地方后进修的，再一位是我这初出校门的，当时情况如此。没有病房，只有门诊，每天都有上百人次的门诊量，上午占 2/3。接诊，开始那五六个伤病员尚能按望、闻、问、切的步骤诊断、辨证、遣方、用药，之后的来不及了，只能问问主要症状，开点成药吃，不然完成不了门诊，中午下不了班。工作质量可想而知，起步情况如此。我利用夜晚时间读书，从 7 点开始到 11 点休息，每晚可得到 4 个小时的学习时间。重点依然是背《伤寒论》，兼读《医宗金鉴》。读一回，抄写一回，累了用冷水洗把脸再学。休息前喝一大杯温水，清晨被尿憋醒了，5 点多钟起床再学。天天如此，月月如此，可谓日新月异，坚持 2 年多，收获丰硕。美中不足的是，只追求背条文忽略读注释，缺乏理解，且无师指导，难以运用自如。

1964 年春，在学校时想写《中医药字典》的设想又萌发，欲动手。先向人民卫生出版社发函咨询可否，出版社回信说，他们已委托有关单位编写一部《中医学辞典》，其中包括部分单字，为了避免重复，不宜选此题。我认为字典与辞典并不矛盾，有了《辞源》《辞海》，各种字典照常出版发行，各有所用，故继续筹划。此时又给时任山东省卫生厅副厅长的刘惠民先生发函请教，刘老回信说此书需要，表示支持。得到刘老的支持，开始编写。先从收集资料开始，晚间在诊室翻阅古籍，从中搜出生僻字，凡能借到的中医药书籍我都借来查阅。我将收集到的 6000 多个生僻字按部首编辑成序，下一步始作注释。在山东省召开的中医学术会议上，我向秘书组汇报了写字典的事，他们对此举很惊讶，也很重视，进行了研究，提议我与山东中医学院医古文教室合作编写，因为他们在编一本类似的书。他们各方面的条件都比我优越，是难得的机遇，我欣然接受，彼此合作很成功，进展顺利，完成了编写任务，并且让我丰富了知识，锻炼了写作。

在写这本字典的同时，我还凭兴趣收集了部分姓氏方面的资料，发现汉族姓氏都具有源自何地，因何命姓，始祖何人，出自何姓系等多方面内容，凡见到必收录之，日积月累，收集数千条。我将这些支离破碎的资料辑成文，取名《姓氏溯源》。适逢因公出差去北京，顺路去历史研究所咨询，他们介绍我去民族研究所拜会费孝通所长。费老热情地接待了我，他说没有想到现在还有人研究这门学问，有意义，可以写。得到他的支持，我继续写，可是越写越困难，主要是资料严重不足，担心笔下有误，主动放弃。

写此书有收获。1987年春末夏初之际，我应邀出席了济南市在长清县灵岩寺召开的"扁鹊里籍学术研讨会"。会上我直言不讳地说："扁鹊里籍之争，历史上是齐国的卢邑与赵国的鄚邑之争，现在则是山东的长清县跟河北的任丘市之争，用的都是地理资料，争了上千年，结局莫衷一是。今天我们依然是用陈陈相因的重复资料，结局依然是莫衷一是。我认为，应当从地理范围之外找出新证据。如扁鹊姓秦氏，名越人，是没有争议的。我们为何不从秦姓起源于何地来考证扁鹊里籍？秦，在《春秋》一书中有'公筑亭于秦'。其地在今河南省范县地南三里处，春秋时为鲁国邑，原属山东省，1958年划归河南省。《左传》中有'秦子为公御'及'秦亭大夫'。《孔子家语》中有秦堇父，此人与孔子之父'纥俱以力闻'。《史记·仲尼弟子列传》载'秦商（堇父子）。字丕兹，孔子弟子，少孔子四岁'。秦姓，是春秋时鲁国秦亭大夫因地名命姓，姓秦氏。扁鹊生当此时，应是鲁国秦氏家族中的一员，秦氏后裔。为医或在齐或在赵。"我的话音刚落，山东大学历史系主任刘敦愿教授立即发言。他以高亢的语声说，温大夫的发言是创新，是建树，为扁鹊里籍争论达千年之久无定论，他提供了无可辩驳的史料证据，是我们本次会议的重大收获（大意）。继刘老的发言之后，诸多大家围绕我的发言亦评亦赞。我破解了困扰史学界、中医学界长达千年之久的难题、悬案。这是我写《姓氏溯源》一书的劳动所得。有位学者曾说："不怕学了没有用，就怕用时没有学。"信哉。

三、欲为良医必有良药

欲为良医必有良药，此言是余从"欲善其工，必利其器"一语中悟出。医者，犹杀敌安邦之将士也；病者，犹凶恶之顽敌也；药者，犹克敌制胜之利器也。此为医、药、病三者的关系。《太平圣惠方》云："夫济时之道，莫大于医；去病之功，无先于药。"良医无良药，是"巧媳妇难为无米炊"。1962年，正逢"三年自然灾害"将尽未尽之际，凡物皆缺，中药材尤其缺，人参、党参、黄芪、白术、茯苓、当归、川芎、熟地、山药、川贝、砂仁等常用药皆缺，连四君子汤、四物汤方都配不齐。尽管处境如此之差，我还是尽心、尽职、尽责地工作。虽不敢自诩临床经验丰富，但也多少有些心得体会，有几个典型病例写出来，供读者参考。

1. 暴衄案

1970 年我院五官科收一名老年女性患者，衄血不止，经常规治疗无效，又经院内外会诊无效。邀余会诊，见血色鲜红，口渴欲冷饮，脉象弦数，舌质赤。诊为阳明胃热，火邪上干。治以清热降火为法，方用犀角地黄汤。处方：犀角（锉末）2g（现用代用品，下同）、生地黄30g、丹皮6g、芍药10g、石膏30g、知母10g。水煎服，分 3 次服，3 剂。1 剂衄止大半，尽剂全止。二诊，拟清胃散。处方：生地、当归、黄连、升麻、知母。水煎服，6 剂，兼以五官科调治，药后痊愈出院。

注：犀角奇缺且价格昂贵，吾父经验用川升麻6g代用，效不亚犀角。

2. 重度肌无力案

赵某，女，12 岁，小学五年级学生，系我院妇产科赵医生侄女。

不明原因猝发周身无力，不能上学，在当地治疗无效，来我院求治。经内科检查诊断为重度肌无力，因无药可治，未收住院，住姑妈家。约余诊治，见双目闭合，无力睁开，手指不能持筷勺进食，足软不能上下床，全靠别人扶助。检查：面色萎黄，语声低微，呼吸表浅，肌肉松弛，脉象细缓，苔白薄。诊为气血虚，以肺虚为主。治以益气养血为法，方用补中益气汤加味。处方：黄芪、党参、白术、当归、陈皮、升麻、柴胡、五加皮、淫羊藿、炙甘草。水煎服，6剂。二诊：药后眼可半睁，手指能动，原方拟十剂。三诊：药后陆续眼可闭合，手能持筷勺进食，自己能上下床。又服原方十几剂康复，回家上学。

3. 产后尿潴留案

宫某，女，32 岁。

1980 年冬初，因足月临产住我院妇产科。产后无尿，治疗无效，全院会诊亦无效。后又请莱芜市、泰安市多家医院专家会诊，亦无寸效。中药、西药、针灸、推拿、电疗、听流水声等，亦无寸效。十几天后，邀余会诊。余采用外治法，用大葱外敷。处方：大葱 1kg、食盐 2g。用法，将大葱去根叶及老皮取白，锉粗末，炒热加入食盐调匀，纱布包成饼状覆脐腹，上加热水袋即可。医生、护士们对这张见所未见，闻所未闻，土得掉渣的方子毫无执行之意。首日没用药，次日在我多次督促下勉强试之。晚8时许依方用药，12点多奇迹出现，二便俱下，且量大。至晨8时又小便2次，畅通无阻。当日下午出院。仅仅4小时就解决了十几天困扰不解的顽疾！人们常称中医为"慢郎中"，其实不慢！此属危证也，古籍称"不治杀人"。

此后，妇产科用此方法治本病20余例，皆一次治愈。此法我写了一篇题为《大葱敷小腹治疗产后尿潴留》的短文，发表于《国医论坛》。本文见刊后，全国近百家刊物转载，可见影响面之广。

此法不仅限于产后尿潴留，各种疾病引起的尿闭均可使用。

4. 自汗盗汗案

朱某，男，12岁，青岛市某校小学五年级学生。

其父代诉：自幼多汗，昼则自汗，夜则盗汗，衣被常浸湿，上体育课时，头发眉毛上像下雨一样往下滴汗，回到教室周身酸软像瘫痪了一样。曾去多家医院看过，服药打针都没效果。脉象沉细微数。诊为：①肺气虚，肌表不固。②心火旺，下乘肾阴。治以益气固表，滋阴降火。方用玉屏风散加当归六黄汤。处方：黄芪、白术、防风、当归、生地黄、熟地黄、黄柏、黄连、黄芩。水煎服，6剂。复诊言病去大半，拟原方6剂服。药后其父亲来告痊愈。

四、文是基础医是楼

文是基础医是楼，此言是清代名宿林则徐的一语，他阐明中医学与文化的密切关系。此处之"文"是指五经、四书等。中医学之所以历经千秋，履经风霜而不衰，是它的根深深地植于中华文化丰厚的土壤中。根深方能叶茂，欲行此道者，必先夯实文化基础。

我在学生时代比较喜爱文史，在即墨防治浮肿病时，每天没有多少工作，有很多时间可供自己支配。我在复习专业课程之外读了一些唐诗和散文，如白居易的《长恨歌》《琵琶行》等，古散文《阿房宫赋》《吊古战场文》等，用功背熟，可通背如流，时常吟咏，伴我终生。春秋多佳日，登高赋唐诗，人生各有所乐。凡事，有其形必有其影，有其声必有其响。由于我经常吟诵，我那刚两三岁牙牙学语的二女儿晓锐也跟着我吟，日久天长，当她五岁半上学时，以上四篇诗文能通背如流，收获丰硕，终身受益。每当同青中年同道们交谈时，我都告诉他们"背书是学中医的基本功"。去年春季，余心血来潮向母校提出建言六条，其中第三条即"提倡学生背书，不逼迫，要引导，每年春秋两季开两次背书竞赛，设一、二、三等奖，发证章、证书，激发背书热情，形成背书风气。"这是我走过的路，也是我向初入门者指的路，行与不行在己，路在足下。

我喜欢屈原的《离骚》及司马迁的《史记》，二书不仅文章上乘，而且作者人品高尚。作品即人品，学文先学做人。《离骚》与《诗经》齐名，合称"风骚"，由于年代久远，词意深奥，难背难记。我把一本《楚辞》读得"面目皆非"，再抄到笔记本上，装到衣服口袋里，随身携带，走到哪里学到哪里，手不释卷。如此多年，我终于能把这2300余言的长篇大作通背如流。这是收获，喜在心里。缺点依然是没名师讲解，消化不了，完谷不化。

读《史记》，基于"历史给人以智慧"。五行学说在中医学之外的文化层面中消失得无影无踪，但它依然运行在社会的各个领域。这样一门有实用价值的古老哲学，人们却找不到它的归属。余读《史记》太史公自序："《易》著天地、阴阳、四时、五行，故长于变。"此乃圣人之言，使我恍然大悟，五行学说是《易》学四道之一，是用于研究变化的。

太史公的话可为定论？且往下看。后天八卦之序为，乾、坎、艮、震、巽、离、坤、兑，是人们所共知的，但人们却忽略了它是五行相生之序。木生火，震、巽为木，离为火；火生土，离为火，坤为土；土生金，坤为土，兑、乾为金；金生水，乾为金，坎为水；水生木，坎为水，震为木，无土不生，艮为土。可见，八卦与五行融为一体，八卦言象，五行言形，在天成象，在地成形。

改革开放使百业振兴，百花齐放。文化振兴出现了《易》学热，各行各业都在学，也引起了我的兴趣，买了本宋儒朱熹著的《周易本义》。怎么学？无人指点，只好从头至尾普读一遍，问问路。余选择了"《易》有圣人之道四焉"的第一道"以言则尚其辞"，《易传》中最大的一篇，多达3755言的《系辞》，把它抄到笔记本上，随身携带，不间断地背，经过数年不懈努力，终于背过，至今部分章节，张口就来，背得十分流畅，又是一大收获。《系辞》文美，但理幽意奥，很难理解，只好逐步消化，得多少是多少，不贪多，不求全。读《周易》的收获是：观察、分析、判断事物有了依据，如对天、地、人、生、死、鬼、神等有了概念性认识。

读《易》"乾为天、为金"及《类经》"天一生水，地六成之"，解开了当年离校时带出的"金生水"的难题。金生水，实为天生水。乾既代表天，亦代表金。以天地论则曰天生水，五行论则曰金生水。金生水的卦象演变是天一生水。乾为天，坎为水。乾卦"☰"之中爻，下交坤卦"☷"之中爻，坤卦即由六断变成坎"☵"中满。坎为水，坎卦横"☵"则为坎，竖则"𠈌、𣲗"为水。此意即地气上升为云，天气下降为雨，天地气之交象。雨字从天从水，外天内水。水在天曰雨，降地为水。明白此理，我撰写了《论金生水的实质》一文，在《山东中医学院学报》上发表，了结了我长达 25 年的心愿，是学《周易》收获的"第一桶金"。

　　我业余时间还读了《孙子兵法》，下功夫背下来。1995 年我提前退休了，有了学习时间，静下心来读了《尚书》《礼记》《大学》《中庸》《论语》《孟子》《左传》《汉书》《三国志》《资治通鉴》《中国人史纲》等书，走马观花读了一遍，写了几十本笔记。过去没有接触这些书，不知其中讲了些什么，而今一读方知，其中多治国安邦之大道，修身齐家之要言，能得一读，可为眼福。

薛伯寿

薛伯寿（1936—　），男，祖籍江苏泰兴，1963年毕业于上海中医学院，为杰出中医学家蒲辅周先生入室弟子。中国中医科学院主任医师。曾任广安门医院大内科副主任兼党支部书记；邯郸赤脚医生大专班及卫生部中国中医研究院西学中班主任；中国中医研究院专家委员会、高评委员会委员；中华中医药学会老年病分会副主任委员兼秘书长等职。多次应邀出国讲学、诊疗、科研。1986年被评为国家级有特殊贡献技术专家，享受国务院政府特殊津贴。全国医德标兵，首都国医名师，第三届"国医大师"，中央保健委员会会诊专家，博士研究生导师，全国老中医药专家学术经验继承工作指导老师，首批全国著名中医药专家传承博士后合作导师。

全面继承蒲氏经验，擅治外感热病，在中医药诊治艾滋病、严重急性呼吸综合征、流感中发挥了重要作用；善于辨证论治，突出中医特色，善于治疗内、妇、儿科疑难病证。继承、发扬、推广蒲老医学经验，造福于人民。勤奋追求达到至善至美，参加整理《蒲辅周医案》，负责编写《蒲辅周医疗经验》，两书获全国科技大会奖；主编《蒲辅周学术医疗经验——继承心悟》《"非典"辨治八法及方药》《蒲辅周医学真传——外感热病传承心悟》。致力于蒲老再传承，培养了数百名中医骨干人才，获首届中医药传承特别贡献奖、北京中医药薪火传承贡献奖、岐黄中医药传承发展奖等。

一、医学之路

1. 夙遭疾苦，立志学医

我出生在江苏省泰兴县一个贫苦农民家庭，那时还是抗日战争时期，国无宁日，民力凋敝，度日维艰。父母说我命大，我1岁多时患惊风，昏迷两三天，家里人已不抱希望，但我竟顽强地活了过来。我祖母同时间患霍乱，因乡村缺医少药，又无钱前往县城医治，终不治而亡。我6岁那年和哥哥在村头路上遇逃窜的疯狗，哥哥为了保护我，左脚被咬伤，当时凡被疯狗咬伤者，必发狂而死，全家人焦急万分，听闻百里之外的南通有中医擅治此病，虽战火纷飞，亦借钱艰辛前往，得治而愈。幼年时的我目睹了普通百姓生活窘困，因缺医少药，罹病患疾，往往死于非命。后来我在启蒙老师的引导和启发下，童年时即萌发淳朴慈善之念——学医救人。

因战争、家贫，中华人民共和国成立前我只读了半年私塾，泰兴黄桥解放后才有机会续读小学。我深知求学之不易，倍加珍惜，开始即读三年级，后又跳级一次，皆取得班级第一。1952年小学毕业，我以优异成绩考入著名省立泰兴中学。初一下学期，血吸虫病防治普查，全校有30多名学生感染了血吸虫病，我就是其中之一，我们被送到大洋庄血吸虫病防治站免费接受治疗。该村庄为血吸虫病的重灾区，大约有2/3的空户被设为病房。该村幸存者也基本感染了血吸虫病，且有数名肝硬化腹水生命垂危的病人。经过20多天的治疗，泰兴中学的学生全部病愈返校，危重的肝硬化腹水病人，经中西医治疗后亦重获新生。通过治疗血吸虫病，从"万户萧条鬼唱歌"的悲情，到枯木逢春重获新生的思考中，从亲身患疾至病愈返校的经历中，年轻的我更坚定了学医救人的信念。因此，从中学时代起，我便开始读扬州名中医《任继然临床经验录》及朱颜编著的《国药的药理学》等。我的班主任钱老师是泰州市名中医之后，因知我酷爱中医，遂极力推荐我报考上海中医学院。我青年时代，对新中国、对党、对师长满怀感恩报恩的心情，学习非常自觉，刻苦努力，如愿考取上海中医学院。

2. 求学沪上，服务乡亲

上海中医学院可谓人才济济，名医汇聚。诸如程门雪、黄文东、章巨膺、陆瘦燕、石筱山、顾伯华、裘沛然、刘树农、刘鹤年、陈大年、朱小南、张镜仁、张伯臾等中医大家均在校任教。程门雪先生时任校长，施行了较为开明的教学方案，以中医为主，兼设西医基础课程。因夙愿所系，向来酷爱中医，我深感机会难得，聚精会神聆听每位老师讲课，记忆领悟，时刻准备看病运用。在中医学院6年的学习中，我系统学习了中医理论知识，而且得到众多名家在理论及临床方面手把手的指导。因过高追求学业，毕业实习过度劳心，我不幸染上了浸润性肺结核。当时带教的刘鹤年老师亲自为我诊治处方，我自己练习太极拳，以增强体质，没想到本来至少要半年才能控制的浸润性肺结核，1个月就吸收钙化了。我再次体会到中药确切的疗效和运动的益处。

立志岐黄，就是为百姓看病，当一名好医生。我深知农村患者求医之难、少药之苦，学以致用，所以每年寒暑假都义务为家乡父老看病。大学一年级徐辉光教授讲中药学，临床经验极为丰富，介绍了不少简、便、验、廉的小方、验方。假期我便用于患病的乡亲，多有效验。随着学习的不断深入，寒暑假找我看病的人也越来越多，疗效也不断提高。临证时常会遇到许多不能解决的病证，由此感到学以致用实非易事。后来到北京工作，得蒲老培育，每年一次探亲假，从到家到离家每日为乡亲们义诊60余人，甚至上百人，我以为父老乡亲服务为乐，父母也以之为荣而十分开心。

我体会到院校对培养中医人才非常重要，不可或缺。上海中医学院的老师为我夯实了中医理论和临床的基础，也教授了一些现代生理、病理、生化、解剖知识。我能跟随蒲老深造，得益于大学里良好的基础。我十分感念学院里众多可敬的老师们。

3. 拜师蒲老，传承德艺

周恩来总理称颂蒲辅周先生为"高明医生，又懂辩证法"。耿鉴庭先生对蒲老这样评价："在新中国中医工作中，虽然做出历史性贡献者不止蒲老一人，可是就学术上的全面，品格上的端方，操行上的循良，关系上的团结，他都是无疵可索，无美不备的。"1963年，我被分配到中国中医研究院工作，当年落实周恩来总理指示，"要给蒲辅周这样的名中医配2~3名徒弟"，我有幸被选拔拜蒲老为师。感到党对自己的信任，更感到继承蒲老学术医疗经验责任极其重大，我立志不负党和国家交付的神圣使命。

蒲老深感党的中医政策英明，党和人民给他的荣誉，中央首长的关怀照顾，唤起他对中医事业的忘我奉献，唤起他培养人才的热情。蒲老对学生非常爱护，又严格要求，他带徒首先抓基本功的训练，指出："《内经》《难经》为指导，《伤寒》《金匮》为基础，熟读深思，以求鲜明，再读诸家以充实知能，功夫独到，自有发挥。"蒲老对每一位学生因材施教，但有两点共同要求：一是读经典旁及名家，勤思领悟化用；二是医理指导下多临证，多思考，追求疗效善总结，要求对医疗技术必须精益求精。蒲老常教导学生："书要读活，不能读死，要为我用，融会贯通。"倡导学生要"多提问题"，认为只学不问，无以启思；只问不学，无以明理。我在老师的心目中，为勤奋钻研，善于思考，善于化用，努力上进的弟子。

蒲老更重视医德教育，强调说："医德即是人品素质，为医先要学会做人，医者乃性命攸关之事，切不可贪求私利、骄傲自矜、不思进取。"我出身农民家庭，纯朴真诚，虚心好学，追求当一名好医生。我学习《道德经》"圣人无常心，以百姓心为心"，领悟到医者应无私心，以病人心为心，关心体贴病人，全心全意为病人服务，对此蒲老十分欣慰。蒲老晚年以传授自己学术经验、培养徒弟为重大己任，我更深感自己为继承发扬中医事业责任重大，更感学习之紧迫。在长达13年的跟师学习中，不仅老师出诊、会诊必在，业余时间、节假日，也总陪伴在老师身边，一方面照顾好老师，一方面抓住一切机会多学多问，也正因此师母对我的关爱胜过自己的子女。蒲老一直坚持每日七点半前上班，为的是带学生诊治更多患者，传授自己的医疗经验，下午首长保健及各大医院危重病证会诊，时间安排得很满，他却总是乐此不疲。蒲老耄耋之年，每日仍手不释卷，甚至用放大镜看文献及杂志，时常结合临床病例，给我们答疑解难，画龙点睛，日积月累，讲授了大量宝贵的学术思想和临证经验。蒲老为培养接班人，呕心沥血，鞠躬尽瘁，吾辈终身感念。

我一方面跟师临床，揣摩老师的思路，聆听教诲，总结恩师的学术医疗经验；另一方面开始更加系统深入地进行理论学习，反复研读了《内经》《难经》《神农本草经》《伤寒论》《金匮要略》等经典医著，还在恩师的指导下阅读了诸如《千金要方》《千金翼方》《金匮翼》《金匮要略心典》《温病条辨》《温热经纬》《温疫论》《寒温条辨》《伤寒指掌》《通俗伤寒论》《伤寒论本旨》《王旭高医书六种》《医学心悟》《医宗金鉴》《傅青主女科》《临证指南医案》《内外伤辨惑论》《丹溪心法》等大量的医学典籍。我到北京50多个春秋，就是在勤奋读书与认真负责临床看病中度过的，"俗事日繁，亦必抽空读书，心中时刻存一'虚'字"，开卷有益，亦不为书所拘泥。如金元四大家，若看河间只知清火，看东垣则万病皆属脾胃，看丹溪则徒事养阴，看子和唯知攻下，则失于偏。河间在急性热病方面确有创见，子和构思奇巧、别出手眼，东垣何尝不用苦寒，丹溪何尝不用温补。当博取各家之长，善于化用。我崇敬先师蒲老，学习他为人、为医、为师之道，我像老师一样对中医事业充满自信，自强不息，追求提高疗效。

4. 贯彻 "6·26" 指示，为农民服务

蒲老督促指引我多参加农村医疗队，认为其一，农村外感发热、急性传染病多；其二，疑难病多，农民用药单纯，疗效易观察而可靠，这些都更能锻炼医生的临证诊治应变能力；其三，为平民百姓治病，可克服城市喜开补药贵药而不追求疗效的弊病。我本为农家子弟，不忘初心，为了贯彻把医疗卫生工作的重点放到农村去，曾五下农村医疗队。

"6·26" 指示发表前，中国中医研究院组织专家赴顺义农村医疗队由著名针灸专家叶心清任队长，我任秘书。叶老是四川人，得名医魏庭南金针绝技，1955 年奉调至京，跟蒲老一起在我院高干外宾治疗室工作，曾多次出国为外国元首治病，屡获奇效，被誉为 "东方神医"，可谓医术独到。叶老擅长以针灸结合中药治疗各种疑难病证，当时在农村巡回医疗各点，病人甚多。我对叶老照顾周到，虚心求教，得到叶老特长真传，除善于针灸，尚善用乌梅丸、酸枣仁汤、小柴胡汤等。记得有一位病人，常于夜晚犯病。犯病时，剧烈的腹痛让她难以忍受。更加奇怪的是，病人有时要跑到祖坟上去，在坟头上坐或睡一宿，天一亮所有的疼痛都消失得无影无踪了。一年一年过去，看遍了北京所有的大医院，花光了每年挣的钱，就是查不出原因。老乡们都嘀咕着她是犯了 "鬼"，没得救了，全家人也都为她的病发愁，却也无计可施。那年我刚毕业 2 年，仔细研究了患者的病情，根据叶老经验，将医圣张仲景的乌梅丸改为汤剂，3 剂药后，多年顽疾怪病彻底治愈。消息传开，轰动当地，有人夸奖说："叶老的弟子真了不起，连'鬼怪'都让他给赶跑了。"这是我初出茅庐，治愈怪病的一个故事。

顺义农村医疗队结束后，我又赴山东临沂农村科研医疗队任秘书。当时派方药中老中医任顾问，我对方教授非常关心，照顾细致并真诚求教，学习方老用经验小方为贫苦百姓诊治了众多病证，包括疑难病证。1967 年春，我与协和医院陆召麟院长及数名西医教授一同赴湖北麻城医疗队，运用中西医结合方法救治了大量大脑炎的患者，所得经验是用银翘散合升降散可治疗较多脑炎轻症患者，而重症脑炎患者必须先用西药控制，而后再用中药调理，可获理想效果。我曾奉命首批赴海南岛试用中草药治疗恶性疟疾一年，爬山采药，环境非常艰苦，筛选当地的中草药治疗无效，后来医疗队决定来年用青蒿试治，曾获 "5.23" 医疗队 "先进标兵" 称号。

1975 年，广安门医院在河北邯郸野河医院办赤脚医生大专班，我被派去负责教学工作。记得当时接站的车刚到野河医院，我就被请进了病房。病床上躺着一位病人，高热不退已 20 余天，用了所有能用的抗生素，但高热始终不退。病人面色灰黄，乏力神萎，纳呆痞闷，咳嗽不畅，脉濡数。一番望闻问切之后，我心中有底了。患者舌苔白厚腻如积粉，属秽湿闭阻三焦证，我便果断处方，以吴又可《温疫论》中的达原饮合孙思邈千金苇茎汤加减。一剂体温始降；二剂病情减半；三剂热退病愈。看到味少、量轻，简简单单的 3 剂药就把高热 20 余天不退的患者治愈了，他们眼睛亮了、心服了："真行，不愧为蒲老的高徒。"一时间，我的名字在邯郸当地传开了。

我在邯郸任教期间，救治甚多危重病人，治愈不少疑难病证。在患者心里能治好病的大夫就是好大夫。我从邯郸返京前，广安门医院党委书记亲自到邯郸地委，询问当地百姓有什么要求，邯郸地委的几位领导异口同声地回答说："我们没有别的要求，只希望薛教授每年能来邯郸，继续指导所培养的赤脚医生。"从那时起，我基本每年都要赴邯郸 2~3 次，继续为学员讲医德医术，为当地的百姓义诊，看病会诊。当然，患者中有领导，但更多的是普通百姓。

每次临下医疗队前，蒲老都要写一些极为实用的手稿给我，虽内容甚精简，但既含中医理论结晶，更含蒲老临床经验心得，我不但在农村反复学习，反复运用思考，回到北京亦常翻阅，从中受益颇深。医疗队的工作使我接触了大量急性时病及疑难病，继承运用蒲辅周、叶心清、方药中等老中医临证经验有实践基础，每次参加医疗队我都被评为先进。

二、教学相长

"学然后知不足，教然后知困。知不足，然后能自反也。知困，然后能自强也"。学了才知道自己不足，教过才明白自己的欠缺，继而自强进取。我在国内外讲学过程中，对此有切身体会。我先为蒲老的学生，后又担任西学中班、邯郸赤脚医生大专班主任，收带徒弟较多，培养中医人才。

我深入钻研中医经典著作，在临床运用中体悟，明白了中医之道：一元气论，阴阳、五行、八卦学说，以及结合人之生理病理的藏象、脏腑经络学说，天人合一、精气神学说为中医博大精深的理论体系，具有精深先进的科学内涵。深刻领悟"象"思维，淳朴自然唯物辩证法最为重要，中医临床思维本于此，从千变万化的现象，透视疾病的本质。医理不明，就无从立法，中医以法治病，追求圆机活法，在中医理论指导下，产生了丰富多彩、精湛的治疗方法，中医学的临床经验是在极其庞大的人体、在医理指导下直接治病所获得，极其珍贵，并且经历几千年临床实践的检验而存在和发展，中医学名副其实是中国古代科学的瑰宝，是一个伟大宝库。我能成为继承名中医的榜样，离不开对中医"自信自强"的信念，我培养中医人才，亦首先引导他们对中医自信而能自强。

蒲老临床教我时，注重思维方法的传授。如会诊汪某，因肝炎而住院，后肺部感染发热24天，经用多种抗生素治疗，发热不退。蒲老问我，前医有用大柴胡汤者，有用白虎汤者，为何无效呢？我答曰：可能因肝炎住院，发热，便干，考虑少阳阳明合病；汗多，便干，口干，又考虑为肺胃实热证。蒲老启发：患者虽汗多，视其舌质艳红有裂纹，脉弦大按之无力，出汗多，微恶寒，口干不欲饮，不烦，大便干燥，不可按实火治，当辨为气阴两伤。用玉屏风、甘麦大枣汤加味，3剂热退。蒲老对徒弟的培养，循循善诱，从来都是毫无保留，心怀民众疾苦，一心想把好的经验思路传下去，造福更多的人。正所谓"善教者，使人继其志"。我当老师，一直以一代大师蒲老为榜样，真心诚意，全心全意培养人才，促使学生走德艺双馨、大医精诚之路，冀希学员们青出于蓝而胜于蓝。

中医关键在于疗效，要把真正的医疗经验传给学生。韩愈曾说："弟子不必不如师，师不必贤于弟子。"荀子也说："青，取之于蓝，而青于蓝；冰，水为之，而寒于水。"所以，我认为学生"胜于蓝"既是对老师的崇敬，也是老师最喜悦的成就。1971年在全国卫生工作会议上，周恩来总理指出，"蒲辅周老中医是有真才实学的医生，要很好总结他的医疗经验，这是一笔宝贵财富"。中国中医研究院及时成立蒲老经验继承组，委托我负责。1975年秋，鲁之俊院长和我参加当时卫生部召开的蒲老经验继承会，钱信忠部长指出，"蒲辅周医疗经验继承组是周总理亲自抓老中医经验继承工作的点，必须努力做好这项工作"，并传达周恩来总理对蒲老学生的要求，"继承、发扬、推广蒲老医学经验，造福于人民"。

半个世纪以来，我始终遵循蒲老对中医事业"自信与自强"的遗训，一直努力贯彻执行周恩来总理关于"继承、发扬、推广蒲老医学经验，造福于人民"的指示精神，勤奋奉献在教学临床之中。我先与戴希文，后和冉先德（著名中医学家冉雪峰之子）共同主办了卫生部、中国中医研究院西医离职学习中医班，我担任了十多届的班主任、多门课的主讲教师，我讲每节课皆极其认真备课，欲使学员听明白，必须对所讲内容胸有成竹，在讲述思考中亦能产生智慧，提高了理论临床水平。为了提高讲课水平，我同戴希文一起去著名老中医赵锡武、岳美中家问询、聆听讲《伤寒论》《金匮要略》的心得体会，各有五六次。每届西学中班毕业前均请北京众多名医大家进行学术讲座，如董建华、赵绍琴、刘渡舟、祝谌予、刘志明、路志正等，尚有上海吴涵香、庞泮池教授等。他们的讲稿由我汇集成册，这是我博采名医之长的最好时机。我在讲课之外，每日坚持在门诊出诊。尽管每天上班都提前到七点，但仍门庭若市，就诊病人很多，很难准时下班，我当时可以说是广安门医院门诊量最大、接触病种最广的医生，这使我继承运用蒲老经验救治病人有了广阔天地，学术水平、临床诊疗水平得到迅速提高。在教学中，从基础课程到经典著作，从《伤寒论》、温病学到中医内科学，我将理论联系临床实践，并结合蒲老的经验讲述自己的体悟，使其精深的中医理论，奥妙的中医治病经验，通俗易懂，使历届学员易于吸收领悟。另外，中国中医研究院每年主办 1~2 期高级中医提高班，皆请我介绍蒲辅周学术医疗经验。不断讲述蒲老经验过程中，每次都有新的感触和心得体会，使我较快地、较全面地继承了先师蒲老擅治热病，以及内、妇、儿科疑难病证的经验，同时也将蒲老的经验传授给了学员。借此我培养了大批中医、中西医结合的骨干，当年西学中班的不少学生成了如今的国内学术带头人，亦有取得国际大奖者。

我对学生的要求比较严格，能因材施教，赴邯郸野河医疗队，我任广安门医院赤脚医生大专班主任，兼中医主讲老师，聘请广安门医院各科主任前往讲课，亦聘请兄弟医院能讲西医基础的老师。教学方面，我尽量做到深入浅出，并结合蒲老医疗学术经验，要求学员听得明白，要能看病。作为班主任，首先引导学员自觉刻苦学习的积极性，只有学得好，领悟深，将来才能为民服务。我时常对学员进行考察，督促学习，更关心他们思想境界的提高，故学风非常正。毕业时，为了让同学继续深入学习，用节省下来的教学经费给每一位学员购买了当时北京新华书店里能购得的所有中医书籍。数十年来，我每年必去邯郸指导学生，并为百姓义诊看病。在邯郸大学班毕业 40 年薪火传承研讨会上，邯郸卫生计生委主任周海平感慨道："60 余位学员现已成为我市中医界中坚力量，大多数晋升为中医高级职称，其中高社光、刘建设考入首届全国优秀临床人才，高社光终期毕业总分第一，后又被评为全国最美中医，他们现已成为有影响力的知名专家、二级教授。"

肩负中国中医研究院任务，1989～1991年赴荷兰神州医药中心，我创办了欧洲高级中医提高班。在荷兰期间边讲学，边临床指导诊病。2年间，培养了20名针药并用的高级中医人才，我对医学严谨的态度、对病人的高度责任心，深受国际友人的欢迎。有学员想高薪聘请我，许以丰厚薪水，并可安置全家，我坚决辞谢，毅然回国。还有不少国际友人，知道我是蒲辅周先生的传人，医术好，想高薪聘请我到国外工作，给予优惠待遇。我告诉他们："我是蒲老的弟子，立足于祖国，才无损于恩师的声望；只有自强不息，为中医事业多做贡献，才不辜负党和国家的培养。"

国家授予我"国医大师"的称号，深感惭愧，若与先师、裘沛然前辈这样的大师比起来，差距何止一星半点。但我知道，国家给予的不仅仅是一个荣誉，更是一种责任。蒲老晚年，身体不佳，视力极差，但是还每天坚持勤苦学习、教授徒弟，就是为了中医传承大业，为了报效祖国。"老骥伏枥，志在千里，烈士暮年，壮心不已"。现今我已经80多岁了，除了临证为人看病解除痛苦为乐事，培养出高级临床人才更快吾心。白天看病指导学员，晚上研读文献，每天早晚进行太极运动，增强体质及思维能力，以更好地为中医事业做贡献，这已成为我生活的主旋律。

三、古文化修养

跟师3年后，蒲老就嘱咐我要读诸子百家，当时还想，医书已观之不暇，何来余闲博览百家？师知我心态，指出要读懂医学典籍，无《周易》等功底，甚难！而且，古代优秀文化中包含了做人做事、人生修养的大义准则。我研读药王孙思邈之"若不读五经，不知有仁义之道；不读三史，不知有古今之事；不读诸子，睹事则不能默而识之；不读内典，则不知有慈悲喜舍之德；不读《庄》《老》，不能任真体运，则吉凶拘忌，触涂而生""若能具而学之，则于医道无所滞碍，尽善尽美矣"。我渐渐明白若以中医为大树，《内经》为其根，中华优秀传统文化则为之沃土。

我所崇敬的程门雪、岳美中、裘沛然、任应秋等中医大家，皆有深厚的古文化底蕴、人文修养。观其文，斐然成章，粲然可观；察其人，意气娴雅，大家风采。我自小未读过四书、五经，古文化基础薄弱。数十年来我加强古文化修养，反复探究古代哲学思想，《周易》与《道德经》之理与《内经》息息相通，皆"道法自然"，为"淳朴唯物辩证法"，这是我们开启《内经》宝藏的金钥匙。

《周易》为群经之首，广大悉备，有天道，有人道，有地道，是解开宇宙人生奥秘的宝典。相传伏羲观象于天，观法于地，近取诸身，远取诸物，根据河图、洛书、丹书九九归一图而作八卦。八卦的发明开创了中华文明的新纪元。八卦为《周易》的象征，是象数理的核心，八卦"通神明之德""类万物之情"，内含阴阳、五行的自然哲理，是研究天地万物本源规律准则的大学问，"八卦定吉凶，吉凶成大业"，为上知天文、下知地理、中通人事，天地三阴三阳立体象思维，为中华民族智慧之学。先天八卦主一日十二时辰阴阳变化；后天八卦更侧重一年十二月四季五运六气变化。天人合一，宇宙大人身，人身小宇宙，人与日月相应，与天地相参，宇宙自然之道，通生命阴阳之理。

阴阳、五行、八卦是中医象数思维的源头和基石，被用于认识人体生理与病理，指导辨证施治，由此在与中医临床结合中形成了藏象、脏腑经络学说以及精气神学说。从中悟出：任督及手足三阴三阳之十二经，实导源于八卦学说的乾坤三阴三阳，天人合一，天地相参，任督为乾坤，十二经就是宇宙自然运动的十二律。仲景《伤寒论》阴阳六经病脉证并治，就是阴阳、五行、八卦学说，藏象、脏腑经络、五运六气学说在生命医疗科学中的运用。自然科学发展促进医学发展，而中医防治疾病的成就，证实了自然哲理及中华文化的光辉。

中医历来认为人与自然为统一整体，人本身又为统一整体，治病必讲究因时、因地、因人制宜。恽铁樵先生曾言："《易》理不明，《内经》总不了了。"除了阴阳五行、取象比类、天人相应等思想《周易》与医相通外，《内经》的五脏经络系统、三阴三阳、运气理论等都与《周易》密切相关。如河图内层之生数，均需与中央五相加，才能得到四方之成数，《内经》脾土不主时，治中央，以四时长四脏，土者生万物而法天地，与之一脉相承。孙思邈云："不知易，不足以言大医。"其所著"大医精诚"，历来为医者之座右铭。孙真人为著名得道者，他的医学成就巨大，与他博大深厚的中华文化修养有关，也与他淡泊名利、善于养生长寿有关。老子《道德经》将阴阳、五行、八卦学说总结开创为淳朴自然唯物辩证法，以此认识顺从把握自然规律与准则。道是中国古代一切科学技术思想的基础，使中国成为科学人道主义最早发源地之一。《道德经》的要旨为"道生一，一生二，二生三，三生万物""人法地，地法天，天法道，道法自然"，从八卦学说论证"道法自然"之理。鲁迅先生云："不读《道德经》就不懂中国文化。"

老子云："常无，欲以观其妙；常有，欲以观其徼。"宏观整体事物之有，可见之见，"观其徼"；思维微观之无，不见之见，"观其妙"。微观与宏观，为科学的"众妙之门"。《素问·灵兰秘典论》谓："至道在微，变化无穷，孰知其原，窈乎哉！"老子倡"为之于未有"，防患于未然，"处无为之事"。与《内经》上工"不治已病治未病，不治已乱治未乱"为相承同义。

天地清静无为，天清地静对万物无为而无所不为，生育滋长万物而不图报，推天道以明人事。《道德经》倡导慈、俭、谦下，上善若水，利万物而不争，认为罪莫大于可欲，祸莫大于不知足，咎莫大于欲得。《道德经》说，"既以为人己愈有，既以与人己愈多"，就是忘我奉献，就是全心全意为人民服务之崇高思想境界。

老子认为"高以下为基""贵以贱为本"，自然万物皆本于一元之气，倡导自由平等，反对剥削与歧视，倡导"容乃公，公乃全"，主张包容，海纳百川，"圣人无常心，以百姓心为心"，这就是老子倡导百姓至上，人民至上。

从中医者，要有良相高尚人品、才干，走德艺双馨之路，不断提高治病疗效，应知所谓"不治之症"，皆当今未得其术，一切为了病人，力求少花钱，治好病，不可亏待前来求诊的患者。我在从医生涯中，医德水平也是与时俱进的，小的时候受父母纯朴的教育影响，我从小参加了儿童团、少年先锋队、共青团，1966 年入党，在党的培育下，党性不断提高，又得到诸多名医的教诲，热爱中医，有强烈的社会责任感，发愿为病人谋幸福，为中医事业谋复兴。

四、上工治未病

世界卫生组织认为，西方对抗医疗方法在人整个生命过程中只起 8% 的作用，这是西方医学只治病不治人的必然结果；而人的精神情绪、生活方式等作用却占 60%，遗传基因、先天禀赋起 15% 的作用，尚有生活环境起 17% 作用。历来高明的中医必对这几方面全面精准干预。要贯穿防重于治，治病中也得倡导养生。

养生防病，首先得通晓病源，病源多为失于养生之道。现在因思想境界，或是情绪焦虑、心志不畅所致的疾病相当之多，心神活动与脏腑功能之间有密切联系。蒲老曾教导，医生治病务先治其心，某些情况下七情伤人，更甚于六淫，而精神怡养治疗的作用在许多内伤疾病中都远甚于药物。即使是六淫所伤，病者的精神状态正常与否，对于药物的治疗作用也大有影响。养生首重养性，心平气和，消除七情内伤之病极为重要。中医素有"治病容易，治人难"之说，心灵之疾尤甚于形体之病，思想境界高低与疾病关系密切相关，医者只有自己真正达到思想高境界，方可倡导病人如何修身养性。《灵枢·师传》云"告之以其败，语之以其善，导之以所使，开之以其所苦"之旨，即系治神的方法。治病过程中，必须配合情志的调整，针对性的语言疏导，设法解除患者心中的忧郁、焦虑、烦急、恐惧等思想，或温语安抚，或正色责斥，或顺或逆，与病相宜方可。我非常重视养生修炼，体悟到养性安神，敛气存神非常重要。正如《内经》所言"恬淡虚无，真气从之，精神内守，病安从来。是以志闲而少欲，心安而不惧"，故不可轻视精神情志对健康的影响，不可忘记精神的作用。

另外，"膏粱之变，足生大丁"，营养过丰，贪膏粱美味，必导致很多严重疾病，如高脂血症、高尿酸血症、高血压、糖尿病、心脑血管病等，给人造成痛苦，甚至危及生命。故在饮食方面，应以五谷素食为主，多吃时令蔬菜、水果，辅以鱼肉等，饮食多样化，保持营养均衡。要知道人自身需要的营养有定数，尤其是鱼肉海鲜宜少，人非肉食动物，如果摄入过多，增加脏腑的负担，乃生膏粱之疾；然而营养缺乏，亦影响体质，导致免疫力低下。还应向大众讲明"药补不如食补，食补不如精补"。药食同源，孙真人治病，首先用食疗，合理饮食对健康极为重要，而温良洒脱、开朗愉快为健康的保证。

"流水不腐，户枢不蠹"，生命还在于劳动与运动。健康水平的提高，要靠运动，以太极运动最佳。我在研读《道德经》时领悟到"清静无为""反者道之动、弱者道之用"为太极运动讲究静松、柔顺、圆的理论之源。老子讲修身养性功夫，"载营魄抱一，能无离乎？专气致柔，能如婴儿乎？涤除玄览，能无疵乎"。这些均为养生指导思想。太极运动，可益智强身，防治疾病。

重视养生，纠正不合理的生活方式及行为，淡泊名利，精神内守，饮食有节，起居有常，不妄作劳等，看似无足轻重，实为治本之法，乃无为之治，可大大减少疾病，病者真正讲究修炼，可大大促进痊愈康复。医生不是救世主，必须在医疗的同时教会别人怎样养生，怎样去防病，以自己的慈、俭、淳朴的人格风范，上善若水的境界去引导病者纠正不合理生活方式及行为，中医防治疾病过程充满古文化情怀，包含人文科学理念。

上工治未病，以养生法度示人，现代很多人对于治未病中"治"的理解，认为是治疗，其实不然，治是养生、摄生、防病之意，即《道德经》"为之于未有""治未乱"之意。在诊治过程中，我经常劝告患者：要追求奉献，清心寡欲，不为名利，要讲和谐，人与自然和谐、与社会和谐、与家庭和谐、与身心和谐。"清静无为"，忘我奉献，不求名利，此为养生奥旨，所谓德者寿，仁者寿。

不少疾病，单单依赖药物作用有限，常常需要患者正心调身才能有理想疗效。余创"修养四心饮"，心正忠诚，心慈奉献，心善无私，心仁博爱，上善之水为引，九转修炼，可防治百病，并自创益智强身太极运动，益智健身，亦可防治百病。

五、临证启悟心得

1. 必须擅治热病，尤其是传染病

外感发热性疾病发病率高，涵盖病种甚多，包括多种传染病。"伤寒"为伤六淫、疫疠之邪，当时为外感热病总称，即"今夫热病皆伤寒之类"，故我认为《伤寒论》实为伤邪论。在阴阳、五行、藏象、脏腑经络学说指导下，仲景结合大量有效病案，总结先贤医疗经验，开创六经病脉证并治，可以说伤寒热病研究开拓创新铸就了医圣张仲景。叶天士善于领悟经典，善于多拜名师，博采众长，善于临床发挥，创卫气营血辨证，"辨卫气营血虽与伤寒同，若论治法则大异"，其提高了温热病的诊疗水平，为中医的自身发展创新做出了贡献，温热病的开拓创新铸就了中医大师叶天士。

我的老师蒲辅周先生参百家之学，熔伤寒、温病、温疫于一炉，擅治外感热病及疑难重症，融会贯通，推陈出新，故成一代宗师，名扬海内外。1956年8月，"乙脑"在北京暴发流行，用前一年石家庄"乙脑"治验无效，有的反加重。蒲老审时度势，知常达变，提出了独特的见解：用温病治疗原则治"乙脑"正确无误，石家庄治疗"乙脑"的经验是很宝贵的，关键在于要具体问题具体分析，辨证施治。石家庄与北京的"乙脑"虽同处暑季，但前者正值酷暑，久

晴无雨，天暑地热，证偏热，属暑温，用白虎汤清热润燥，切中病机，故见奏捷；而后者正值立秋前后雨水较多，天气湿热，证偏湿，属湿温，如果不加辨别，沿用白虎汤，就会湿遏热伏，不仅高热不退，反会加重病情。蒲老指导采用通阳利湿、芳香化浊之法，则湿去热退，颓势顿即扭转，一场可怕的瘟疫得以迅速遏止。蒲老总结出"乙脑"治疗八法，选定66方，弥足珍贵。蒲老曾与西医紧密协作，会诊治疗大量的麻疹、肺炎、腺病毒肺炎患者，总结出一套行之有效的正治法、救逆法。在与"瘟神"一次次的较量之中，蒲老出类拔萃，独树一帜，每能见解独特，另辟蹊径，辨证论治准确精巧，配伍用药胆识过人，为同行和后学做出了表率，增强了医疗界运用中医药治疗急性传染病和危重症的信心，指明突出中医特色，发扬辨证论治的重要性。因此，亦可称蒲老擅治热病，铸就了杰出的中医药家蒲辅周。

继承蒲老的学术医疗经验，我在防治艾滋病、流感、严重急性呼吸综合征等方面有所发挥。1987年，我作为首批赴坦桑尼亚运用中医药治疗艾滋病成员之一，在工作中总结认为，艾滋病既似虚劳，又属瘟疫；发病上，重感于邪，正虚为本；治疗上，强调分期立法，内伤与外感互参，透邪解毒与扶正并举。《中医杂志》英文版发表《中医药试治艾滋病经验》一文，得到同仁认可，也为后继研究奠定了基础。

春天有寒疫，冬天有风温，1998年冬季，有非时之暖，当时北京流感暴发，在门诊可看到一家四代人相继发高烧，冬应寒反大温，临床表现为高热、咽痛、咳嗽厉害，一两天即有黄痰，这是温邪上受，首先犯肺。已到冬至，正因天暖，易脱衣着凉，这批病人又都有形寒、四肢酸痛、汗出不畅之症，即有寒包火的特征。当时估计要流感大流行，姜在旸副院长让我拟方，我据病情分析为温邪上受外有寒束，取银翘散、三拗汤、升降散加减，拟名"速解流感饮"，被医院作为流感普济方制成汤剂，大锅熬，患者排队取药，夜晚加班，当时此方广施而供不应求，没多久，卫生部召开流感会议，称赞此方价格便宜，效果非常了不起，广安门医院因此受到表扬。

2003年4月，严重急性呼吸综合征刚蔓延到北京，形势严峻，时间紧迫，我便夜以继日，从蒲老学术经验中加以发展创新，总结出严重急性呼吸综合征辨治八法及方药，提出辛凉宣透、表里双解、宣化痰浊、逐秽通里、清热解毒、清营转气、生津益胃、育阴补肾八法。根据疾病发生发展过程中，不同阶段所表现的寒热虚实变化，辨证指导选用不同的方剂。可见，中医治疗外感热病，尤其传染病有丰富珍贵的经验，到现在依然有广阔的用武之地。

外感热病一般起病急暴，尤其疫病危害更烈，救死扶伤，外感热病居先，不可延误，治疗当立竿见影，是为医者之使命，也最易检验医者之诊疗水平。目前，外感疾病依赖西医已成普遍现象，抗生素泛用导致患者脾胃损伤，体质下降，反而易于感染发热，不少药物首先伤害脾胃，日久伤及肝肾，且由于泛用大量抗生素，过敏、耐药问题日益突出。中医同道及有志于成大医者须发挥中医药优势，努力改变此局面，中医为患者谋幸福，为中医药谋复兴，继承发扬外感热病为先。西方医学在青霉素、磺胺类药物没有发明应用之前，中医治疗外感热病可称世界领先水平，其实中药中金汁、僵蚕、马勃等药，可比原始抗生素。我认为，提高中医临床水平的关键在于研究继承发扬外感热病诊治，若无外感热病学术治疗经验，则很难提高内伤杂病的诊疗水平，更难提高疑难病证的疗效。

2. 必须融会贯通"伤寒""温病""温疫"学说

蒲老曾说："六经、三焦、卫气营血等辨证皆说明生理之体用，病理之变化，辨证之规律，治疗之法则，当相互为用，融会贯通。"我亦认为，伤寒学说开温病学说之先河，明清温病、温疫学说的发展是对伤寒的补充发挥。我们应当摒弃门户对立的偏见，扬长避短，融会贯通"伤寒""温病""温疫"学说，可以互为充实，真正解决临床实际问题。

治外感热病首先必须精研《伤寒论》，治温病、温疫必须研究吴又可《温疫论》、杨栗山《伤寒瘟疫条辨》、叶天士《温热论》、吴鞠通《温病条辨》、王士雄《温热经纬》、吴坤安《伤寒指掌》等。

伤寒和温病所论皆为外感热病，皆含温疫内容，虽有寒温之异，但从学术渊源上伤寒为温病之基础，温病为伤寒之发展创新补充，吴鞠通著《温病条辨》是"羽翼伤寒"并非取代之！伤寒、温病所论之病重点不同，病性有异，侧重不同，叶氏云："辨卫气营血虽与伤寒同，若论治法则大异！"故外感热病的治疗则宜择善而用，融会贯通。

温病学说，温邪在卫，用辛凉透邪，有银翘散、桑菊饮，尚有新加香薷饮、桑杏汤等；湿温留恋气分，立芳化、通阳利湿法，有三仁汤、藿朴夏苓汤、甘露消毒丹等；温疫初起，即宜宣郁解毒逐秽为先，有双解散、凉膈散、升降散等，为热病初起祛邪增添治疗新法；热入营血，开创透热转气、凉血散血、平肝息风、开窍宣闭、滋阴息风、育阴复脉等法，为抢救热病气营双燔、血热妄行、昏迷痉厥、真阴欲绝等重症开辟了新的治疗途径，实补《伤寒论》之不足。然辛温解表、温阳救逆等伤寒之法亦不可废。《伤寒论》已有麻杏石甘汤的辛凉法，是否不需桑菊、银翘，或温病创立桑菊、银翘再不需要麻杏石甘汤呢？我认为其各有所长，必须并存，酌情选用。如蒲老曾治急重乙脑患者，呼吸障碍而用呼吸机。蒲老细察病情，认为邪尚在卫气之间，急用辛凉轻剂桑菊饮而挽回危局。一重症腺病毒肺炎幼儿，脾阳大伤，气弱息微，喘嗽不已，体温尚高而汗冷肢凉，大便清稀失禁，脉细微，舌淡红苔白，用《金匮要略》肺痿方"甘草干姜汤"救逆，频频滴服，患儿恢复生机而康复。

"伤寒宗仲景，热病从河间"，仲景河间之书，皆有温疫之治。"内伤宗东垣"，然治大头瘟的名方"普济消毒饮"却为李氏经验方。明代吴又可《温疫论》对温疫的病因、发病、流行等皆有惊人的创见，所创达原饮治秽湿之疫有效。余师愚的《疫疹一得》创清瘟败毒饮治疗火毒之疫有效。蒲老认为，治疗急性病，尤其急性传染病，要研究杨栗山的《伤寒瘟疫条辨》。温疫要灵活运用杨氏温疫十五方，而升降散为其总方。治温疫之升降散，犹如四时温病之银翘散。另外，四时温病之中亦偶有兼秽浊杂感者，须细心掌握，治疗须与温疫相参，才能提高疗效。我临床发挥运用，如烂喉痧用加味凉膈散；大头瘟用增损普济消毒饮；春温火毒甚者，选用增损双解散，加味六一承气、解毒承气等方皆有较好疗效。

融会贯通地运用伤寒、温病、温疫诸法诊疾疗病，不但用来治外感时疾，还可用于治疗内伤杂病。病无分内外，外感热病可以影响内在脏腑气血，内伤杂病亦可导致肌表营卫失和。内外相因，治疗要有整体观念，治外勿忘安内，治内勿忘调外。内外之病，皆可用和解分消兼融之法随证治之。

3. 倡升降散之妙及推广运用

我曾于《中医杂志》1981 年第 4 期首页发表《杨栗山温疫证治钩玄——蒲辅周老师对〈伤寒瘟疫条辨〉推崇》一文，同时在《江苏中医》杂志发表《杨栗山温病十五方的临床应用》，引起全国中医同道对《伤寒瘟疫条辨》的关注。文中倡导温疫乃至一般外感热病灵活运用升降散可提高临床疗效，亦可应用于疑难内伤杂病而提高疗效，引起中医同道广泛运用并取得良好的推广效果。

杨栗山承吴又可杂气学说，认为温疫乃"杂气由口鼻入三焦"，倡"温疫热郁自里达表，亦宜解散，但以辛凉为妙"，指出若用辛温解表，是为抱薪投火。主张升降散、增损双解散尤为对证之药。若热毒至深，倡用升降散合凉膈散、三黄石膏汤加减。然温疫火毒甚，传变极速，一日可数变，故必要时辛凉宣透多与黄连解毒汤、诸承气汤相合使用。

杨栗山强调，"非泻即清，非清即泻"，同时推崇吴又可"温病下不厌早"，宗吴氏"承气本为逐邪"，并深得喻昌旨趣，指出"温病治法急以逐秽为第一要义"。他博采前贤经验，结合临证体会，创制以"轻则清之"为法，则用神解散、清化汤、芳香饮、大凉膈散、小凉膈散、大复苏饮、小复苏饮、增损三黄石膏汤等八方。"重则泻之"为法，则用增损大柴胡汤、增损双解散、加味凉膈散、加味六一顺气汤、增损普济消毒饮、解毒承气汤等六方。十四方中皆有升降散之君臣药僵蚕、蝉蜕。升降散，辛凉宣泄，升清降浊，以僵蚕为君，蝉蜕为臣，姜黄为佐，大黄为使，米酒为引，蜂蜜为导。

温疫治疗首要环节为辛凉宣透，升降散在温疫中轻重皆可用。温疫毒火至盛，表里俱实，必须辛凉宣透表闭之僵蚕、蝉衣与清热解毒（白虎汤、黄连解毒汤）而逐秽（诸承气汤）并举，内外分消其势。温疫初起，升降散可选加薄荷、荆芥、连翘、金银花等以增强宣透之力。

蒲辅周云："温疫最怕表气郁闭，热不得越，更怕里热郁结，秽浊阻塞，尤怕热闭小肠，水道不通。"我认为，杨氏三焦分治祛邪，辛凉宣透，清热解毒，攻下逐秽，辨证使用，甚为重要。若用之得法，可无表气郁闭，里气郁结，热闭小肠，邪入心包之虑。

我从温疫范畴的急性传染病临床实例得到印证，升降散合银翘散加黄连、全蝎、羚羊角粉治疗流行性脑脊髓膜炎；升降散合普济消毒饮治疗大头瘟；升降散加清心凉膈散治疗痄腮；升降散合银翘散加减治疗猩红热与手足口病；升降散合荆防败毒散治疗时疫感冒；升降散合茵陈蒿汤治疗急性黄疸。这些都有很好的疗效。我在非洲运用中医药治疗艾滋病，对于表热证者，选用升降散合升麻葛根汤，或合银翘散加减，邪在少阳者，以升降散合小柴胡汤加减，湿热郁闭三焦，用升降散合甘露消毒丹加减，取得一定疗效。

应用于四季热病，杨氏云："盖能涤天地疵疠之气（温疫之邪气），即能化四时不节之气。"我临床用桑菊饮合升降散治咳嗽、红眼病；升降散合银翘散治急性扁桃体炎咽痛高热；麻杏石甘汤合升降散治咽炎、肺炎；凉膈散合升降散治热象重之感染性发热；三黄石膏汤合升降散治重症肺炎；暑温初起有表证用新加香薷饮合升降散；湿温见湿热并重用甘露消毒丹合升降散。以上均可明显提高疗效。

应用于内伤杂病，正如丹溪用越鞠丸治内伤诸郁，我认为内伤七情气机失调之病，若辨证运用四逆散、逍遥散、越鞠丸、四七汤等，有时要合用升降散（可以去姜黄、大黄，用郁金、栀子）；饮食不节积滞，若辨证选用保和丸、枳实导滞丸、大柴胡汤等，有时要合升降散；内伤病属痰瘀互结，辨证选用十味温胆汤、桂枝茯苓丸、血府逐瘀汤、丹参饮等，有时要合升降散。此皆为提高疗效之奥秘。

4. 精研疑难病证，提高疗效

我平日门诊有很多从全国各地甚至海外来求诊的疑难病患者。疑难病证大都具有病程长、病情时轻时重、迁延难愈的特点。我认为，此类病多为外感内伤交融在一起，表里、寒热、气血、虚实错综复杂，治病求本，必须考虑到伏邪、蕴毒、痰饮、瘀血、积滞等因素。历来文献既有怪病从痰治之说，亦有顽疾从瘀解之论，然而正气虚损，首当调脾胃，使生化有源；滋养精血、固护肾气，以荣五脏，治疗精选复方为要。同时，应知寻常药物亦常常治愈疑难病证，平淡之中见神奇。

《内经》有"疏其血气，令其条达，而致和平"，我传承蒲老"气以通为补，血以和为补"思想，认为内伤正虚，易感外邪，外邪滞留，导致内虚，正虚之人，易致七情内伤。气血冲和，万病不生，一有怫郁，诸病生焉，故人生病，多生于郁。有因病而郁，有因郁而病。治外感病，尤其内伤杂病、疑难病证，甚至防治衰老，皆必重视调畅气血。补药的堆积，既不能防病亦不能治病。疑难病证，亦有不少患者从调畅气血治疗而获愈。

蒲老去世后，数十年来，我谨遵师训"对病人无所求，而技术精益求精"，接替先师承担了首长的保健工作任务，工作得到肯定。

回望我的中医之路，自幼至今，勤奋不息，一直追求当名副其实的好医生。小学立志中医，初中业余自学，大学学院教育，随后获中医大师蒲老师徒传授，竭力培养。昔者，叶天士拜名师十七，我则有幸伺学数十名师，加之教学相长，临证不辍，使学术得以不断长进。我的临证心得、培养人才的收获、对上工治未病的体悟以及对古文化修养的认识等，皆是遵先师"自信自强"之遗训，为振兴中医、全心全意为人民服务所得。

在党的培养下，我的思想境界也不断提升。新时代中医者，当为患者谋康寿，为中医药学谋振兴，切实把中医药这一祖先留给我们的宝贵财富继承好、发展好、利用好，应当发愤图强，坚持与时俱进，融合现代科学成果及西医之长，为健康中国起先锋作用。

末以拙诗陋词为记：

七言

夙遭疾患悯众忧，囊萤映雪志欲酬。

伺学蒲氏沪上来，桃李承传四方走。

岐黄回春数执鞭，悬壶济世名不留。

精研方术疗百疾，升降出入自然瘳。

寒温疫疬无仲伯，博古采今民臻寿。

慈俭谦逊上善水，四心忘我奉献求。

浪淘沙

岐黄寒温统，五十载匆。良相难遂良医崇，除瘵拯疾先师愿，弟子心同。

杏林中西融，一道圆通。医道承传术广弘，深慰斯时百家鸣，众子与从！

（薛燕星、孙良明协助整理）

金树滋

金树滋（1937—　），安徽省合肥市人，幼承家学，1964 年毕业于上海中医学院。历任中华中医药学会第三届常务理事、中国针灸学会第三届常务理事、安徽省中医药学会理事长、安徽省药学会副理事长、美洲针灸中医药协会技术顾问、安徽中医学院常务副院长、安徽省卫生厅副厅长兼中医管理局局长。擅长内、儿科及针灸，主编《安徽省中草药》，主持植物抗菌药百蕊草的临床和实验室研究，以及三类新药治疗 2 型糖尿病的中药欣芳消渴康颗粒的研究和开发，两药均已投入市场。

父亲的言传身教

我出生于合肥，祖籍新安医学发源地徽州休宁县，儒医世传至我已八代。家父金容甫，幼时在祖父金少卿的熏陶下，立下济世活人之志，18 岁独立行医，未越数载，百十里外，疑难杂证患者登门求医，络绎不绝。1919 年合肥地区流行瘟疫，某妇神昏谵语，角弓反张，气急脉微，危在旦夕，前来求诊，适逢祖父出诊未归，家父代诊，竟三诊而愈。病家遂送匾"秤砣虽小，能压千金"，从此传为佳话，蜚声中医界。祖父以前金氏以儿科著称，家父不仅继承其衣钵，且又精攻内、外、妇诸科，其常强调只要基础理论扎实，各科医理均可触类旁通。其经验为：①有计划系统熟读和背诵经典著作。②针对临床疑难病证，参阅各家论述。③对四时温病都要在季节到来之前，温故知新。

受家庭熏陶，我自记事起便在父亲的严格要求下练起了"童子功"，课余时间背诵《药性赋》《汤头歌》《医学三字经》、针灸《百症赋》《玉龙歌》，进而熟读《内经知要》《伤寒论》等。"医学南阳方入室，道宗灵素得真传"的祖训，每年春节必以此为楹联挂于厅堂，实为后代金氏子孙之座右铭。父亲常说：当一名好医生，没有扎实的基本功不行。小孩子记性好，背熟了一生受用。现在不管懂不懂，将来当了医生慢慢体会自然就明白了。因此我就囫囵吞枣地背诵下来。上初中时每年寒暑假，父亲都将我兄弟几人送去私塾补习古文，如《古文观止》《幼学琼林》等，为我以后学习中医和临床打下了坚实基础。

父亲的精湛医术和救死扶伤的精神，令我十分敬佩和感动。一次父亲卧病在床，求医的病人被母亲在门外挡驾，他听见了便道：不就是讨一张救命的纸么？于是唤病人近前，在床前为病人切脉处方。对生活困难的病人，他也总是送医送药，一次父亲出诊回来经过药店门口，见一位病人为钱不够买药而犯愁，当即为他付了钱，还把收了诊费的哥哥狠说一顿。我在高中读书时，曾根据眼科五轮八廓的理论为一急性红眼病患者拟了张处方，居然三剂而愈。父亲知道后严厉批评我：人命关天，糊涂胆大，未经过临床实践怎能随便给人开方？父亲对病人高度负责的认真精神和高尚的医德医风，潜移默化地影响了我。

方剂配伍中"动、静、开、阖"规律的探讨

家父诊病处方遣药，以汲取诸家之长著称。《明医杂著》云："外感法仲景，内伤法东垣，热病用河间，杂病用丹溪，一以贯之，斯医道之大全矣。"家父批曰："诸子百家熔为一炉，方称医道之大全。"他治疗水肿除用泻下逐水药物外，还视病情轻重，投以宣肺或温阳化气之品。这就是根据陈修园"导水必自高源"之说，行"提壶揭盖"之法；亦吸取了"大气一转，其气乃散"的俞氏《大气论》之精髓。

在家父的引导下，我反复认真学习《大气论》，特别是这段："五脏六腑，大经小络，昼夜循环不息，必赖胸中之大气，斡旋其间，大气一衰，则出入废，升降息，神机化灭，气立孤危矣。"它精辟地阐明了属阳、属动的"气"在人体和生命活动中的重要意义。家父将这个理论成功地运用到水肿病的临床治疗上，使我深受启迪，并由此探索出方剂配伍中的"动、静、开、阖"规律。

疾病的发生，在于肌体内、外环境的动态平衡失调。"百病皆生于气"，此"气"指的是致病外邪侵犯肌体的外因，以及外因导致的内因变化。无论是外感、内伤，均与"气"密切相关。外感的风寒外束、风热犯肺，而致"肺气不

宣""肺失肃降";内伤泄泻,为脾气不升;喘为肾不纳气;痰、肿,为气不化水等。治疗疾病就是"谨察阴阳所在而调之,以平为期"。其法则不外乎"热者寒之""寒者热之""虚者补之""实者泻之"。然病人症状往往寒热交错,虚实夹杂,故应按其八纲,且因时、因地、因人的不同而审慎处方遣药,通过药物的不同性味及升、降、浮、沉等作用而达到治疗目的。药物的性味和升、降、浮、沉属性,正体现了"动与静""开与阖"的阴阳对立统一规律。

(一)"动与静""开与阖"的含义

"动"与"开"属阳,"静"与"阖"属阴。就药物的性味而言:温热药(祛寒助阳)为动、开(属阳);寒凉药(清热泻火)为静、阖(属阴)。辛味药(发散行气)为动、开(属阳);甘味药(调补缓和)为动中之静、开中之阖(属阳中之阴);淡味药(渗泄利窍)为动中之静、开中之阖(属阳中之阴);苦味者(燥湿泄降)为静、阖(属阴);酸味药(收敛止涩)为静(属阴);咸味药(软坚润下)为静、阖(属阴)。就药物的作用而言:升(升阳发散)为动、开(属阳);浮(温里散寒)为动、开(属阳);降(通降收涩)为静、阖(属阴);沉(清热泻火)为静、阖(属阴)。

"动与静""开与阖"是根据病症的具体情况、方剂配伍中的相互作用关系比较而言,非一成不变。

(二)经典名方配伍之妙,就在于贯穿了"动、静、开、阖"的辨证关系

辛开药中佐以酸收药,表散药中佐以益气扶正药,寒凉药中佐以温热药等。

例如小青龙汤:麻黄、桂枝、干姜、细辛为辛开、升浮之品,功能发汗解表、温中蠲饮,属动、开药。白芍、五味子乃酸收之品,属静、阖药,可防麻、桂等耗散肺气之弊。临床运用该方时,可根据病人邪正虚实的不同情况,灵活运用"动、静、开、阖"规律。若正邪俱旺,则以开为主,麻、桂等用量宜大,以达驱散病邪之目的;白芍、五味子可酌情减少,以削弱酸收之功,防止关门留寇。若邪盛正虚,或邪正俱虚则反之。

桂枝汤:为风寒表虚证而设。桂枝为辛甘温之品,用以发汗解肌,属动、开药。佐以静药、阖药,白芍敛阴和营。从而一开一阖,一动一静,共奏解表邪和营卫之功。

四神丸：是治疗五更泻的名方。破故纸、肉豆蔻、吴萸皆为辛温之品。破故纸补命门之火，吴萸温中散寒，肉豆蔻暖胃行气消食，均为动、开之品（属阳），唯五味子为酸收之品，属静、阖（属阴）药，以敛阴益气、固涩止泻。

左金丸：为泻肝火正剂。黄连大苦大寒，为静、阖（属阴），能入心泻火，心为肝之子，心火清则肝火自平，为方中之君药。少佐吴萸辛温开、动（属阳），以防黄连苦寒直折而呈现火盛格拒的反应。

其他如香连丸、戊己丸、交泰丸等均属寒凉、温热共施，无不存在动、静、开、阖关系。

（三）重视方剂配伍中"动"的主导作用

"天之生物，故恒于动，人之此生，亦恒于动"，朱丹溪揭示出了"无动无物"的观点。"药性之温者，于时如春，所以生万物者；药性之热者，于时为夏，所以长万物也；药性之凉者，于时如秋，所以肃万物者也；药性之寒者，于时为冬，所以杀万物者也"，李中梓的这段论述极其形象地概括了不同药性的作用。而古方中寒凉药佐以温阳化气药，泻下药佐以宣肺行气药，补气补血药中佐以行气、行血药，正体现了药物配伍中"动"的主导作用。

滋肾通关丸中，黄柏与知母性味苦寒，为静、阖之品，佐以官桂三、五、八分，实为方中动开之品，即鼓舞肾气助膀胱气化，可谓"气化则能出焉"。

五苓散为化气利水之经方，方中辛温的桂枝为动、开之品（属阳），以解太阳肌表化膀胱之气，与茯苓、猪苓、泽泻、白术共奏通阳化气利水之功。

五味异功散中，四君子汤可谓补气剂中的代表方，虽属甘平，为动中之静、开中之阖，功专益气健脾养胃，但从整体上来看，偏重于静、阖，唯加一辛味陈皮为开、动之品，使脾胃素弱之人补而不腻，实所谓"气虚之人易于气滞"，可称之为妙用。后世在此基础上进一步发展为六君子汤、香砂六君子汤等，充分显示了后世医家对方剂配伍中"动"的主导作用的重视。又如补血剂代表方四物汤中，熟地、白芍乃血中之血药，可视为静药、阖药，而川芎、当归则为血中之气药，实为方中之动药、开药，互相为伍，可使补而不滞、营血调和。尤其方中白芍之酸收，川芎之辛开，互相为用，不仅血虚之证可以补血，血滞之证亦可补而不滞。

大凡经典名方，无不内含"动、静、开、阖"规律，并重视"动"的主导作用。窃以为是阴阳"对立统一"规律以及"无动无物"的古代哲学思想在方剂配伍中的具体体现。掌握和运用好这一规律，在临床处方遣药中可起画龙点睛之妙，从而大大提高疗效。

在实践中发掘和创新

在上海6年系统学习中医的过程中，我有幸聆听了刘树农、裘沛然、金寿山、凌耀星等名师的教诲，临床时又随石幼山、杨永璇等名家抄方实习，获益匪浅。

我未专攻针灸，却被其立竿见影的神奇所吸引，入学前就学过针灸并能使用盲针。在后来的医疗实践中，我更悟出了针灸与方药配合使用可提高疗效，传统针灸强调十四经穴位和经外奇穴，但对有些痛证效果并不理想和快捷。

在反复研读《黄帝内经》中《灵枢·脉度》和《灵枢·经脉》后，我对有别于经脉的孙脉和络脉加深了认识。这两篇对孙脉和络脉进行了生动详细的阐述："经脉为里，支而横者为络，络之别者为孙""经脉十二者，伏行分肉之间，深而不见……诸脉之浮而常见者，皆络脉也""诸络脉皆不能经大节之间，必行绝道而出入，入复合于皮中，其会皆见于外"。这是关于孙络的最早的理论基础。

这几段文字的大意是：十二经脉潜伏运行在肌肉外层（古人称为白肉，即皮下脂肪）和内层（古人称为赤肉，即肌肉组织）之间，深藏而不外现，络脉则浮现于表面。经脉在人体内分出很多支横的脉，这就是络脉，络脉再分出的小支称为孙络。所有的络脉都不能在大的关节之间通过，一定是在横行别出之道中通行（如网络状），又会合在皮表，它会合后都能在外显现。

现代医学的神经理论在谈到神经纤维时说：神经纤维有来自脑神经或脊神经的感觉支，多半为有髓鞘神经纤维，有来自交感神经的无髓鞘神经纤维。神经纤维在皮下分布极为丰富。这种理论恰与《黄帝内经》中的孙络理论相吻合。

在《黄帝内经素问译释》中"经络论篇第五十七"有经脉与五脏相通，络脉又与经脉相通的阐述，"调往论篇第六十二"又指出疾病的传变过程："风雨之伤人也，先客于皮肤，传入于孙脉，孙脉满则传入于络脉，络脉满则输入于大经脉。"阐明了经脉、络脉、孙脉既存在紧密联系，又存在质的区别。

《黄帝内经》中的"经脉"和"脉度"不但提出了孙络理论，且有其运用于临床诊治的简单阐述，但一直没有引起后世医家的足够重视。我认为，孙络理论在指导临床方面与十四经脉具有同样重要的意义。我摸索出了既有别于传统针灸，又不受十四经俞穴限制的"孙络针刺疗法"，其特点为进针浅，透穴多，无酸麻胀痛感，疗效高，收效快，病人易于接受。主要用于治疗各种痛证，对急性、陈旧性扭伤等引起的疼痛，如肩臂、肘、腕、指、膝、踝、背、腰、小腿等处的疼痛，都有很好的疗效，对神经、血管性头痛，肋间神经痛，肩周炎，网球肘炎等也都能起到立竿见影的效果。

1993 年，在纽约召开的首届美国国际东方医学学术研讨会上，我宣读了《孙络针刺疗法》的论文，在与会代表提出演示的要求下，临时约来一位患网球肘的法国病人，其右臂疼痛，抬举不能过胸，针后即能一下将椅子举过头。回到住处后，许多参会的同仁围着我，要求当晚办学习班，并一下约了十多位患各种痛证的病人，我一面讲授，一面操作，直至凌晨近三点才结束。与会同仁纷纷表示过去从未见过这种针法，疗效太神奇了，应该称为"金氏孙络针刺疗法"，并有几位想高薪聘我留下，均被我一一谢绝。

在 1992 年 12 月新加坡召开的"中医与针灸走向世界国际研讨会"和 1994 年珠海、美国旧金山召开的"中国针灸——微针疗法首届国际会议"的预备会和研讨会上，我都做了"孙络针刺疗法"的专题报告和演示，反响很大。《孙络针刺疗法简介》被授予优秀论文奖。特别是在新加坡的研讨会上，针对印度一位学者表示针灸起源于印度，是随佛教传入中国并在中国产生巨大影响的问题，我面对来自 27 个国家的学者，毫不含糊地指出：中国针灸有文字记载的历史就有三千多年，最早见于《黄帝内经》，而佛教是到了西汉末年才正式传入中国，直至唐朝方才开始盛行，且佛教经典中亦无针灸方面的文字记载。我以无可辩驳的事实说明了针灸源于中国，是中华民族优秀文化遗产中一颗璀璨的明珠，从而以正视听，维护了祖国的尊严。

值得回忆的是 20 世纪 60 年代末，全国掀起了"一根针、一把草"的群众运动，此间我被抽调至省卫生小组（即卫生厅）中医药研究小组，负责在全省推广新医疗法，举办学习班。这使我有机会深入农村基层发掘蕴藏在民间的单验方，并编写了《中草药方选编》的小册子推广使用。我发现民间用百蕊草治疗感冒发烧等病，为了验证，我将采集的鲜草用在几例化脓性扁桃腺炎、急性化脓性乳腺炎患者的治疗中，竟取得了意想不到的疗效。我当即向领导进行了汇报，上级很是重视，于是由我负责在省立医院组织了一班人马，在兄弟科室和单位密切配合下，进行了百蕊草的抑菌试验及成分测定试验，并进一步对其有效成分进行提取。通过对临床600多例各种炎症病人的治疗观察，证实了百蕊草是一味广谱的植物抗菌药，对肺炎、肺脓肿、气管炎、急性扁桃体炎、化脓性乳腺炎等均有很好的疗效，对金黄色葡萄球菌、肺炎双球菌、链球菌以及白色念珠菌等都有较好的抑制作用，与临床疗效相吻合。省内对此发了一期简报，北京中医研究院、《新中医》杂志等单位闻讯后纷纷来人专访，我撰写的《百蕊草治疗急性炎症疾病的临床观察》一文，也于1972年刊登在第二期《新中医》杂志上。

百蕊草是蕴藏在民间的单验方，文献上未发现记载，李时珍《本草纲目》中所载的系同名异物。在此期间，我还主编了《安徽中草药》一书。1978年安徽省召开了首次科学技术大会，《百蕊草临床观察及有效成分的研究》《安徽中草药》二项均获安徽省科技进步奖。百蕊草由我起草列入国家新药典，开发为新药后，合肥神鹿、滁州以及上海等制药厂纷纷投入生产，产品参加了北京建国三十周年成果展。

努力于中医教育和管理

1979年，我从安徽省立医院调入安徽中医学院各家学说教研室，使我有机会进一步阅读各家方书，从理论上充实自己。1983年，全国实行机构改革，推行干部四化建设，我被考核推荐进入学院领导班子，担任常务副院长，主持学院工作（院长缺）。

安徽中医界素有北华佗、南新安之称，历史上名医辈出。特别是南宋以来，随着徽州经济文化的发展，新安医学在全国独占鳌头。如南宋的张杲《医说》、江瓘《名医类案》、吴崑《医方考》，方有执重新编次《伤寒论》开伤寒论错简派之先河，郑梅涧《重楼玉钥》开创了喉科学养阴清润派，吴谦《医宗合鉴》、程杏轩《医述》，以及汪机、汪昂、孙一奎等数百家，都在中医学史上占有极其重要的位置，为中医学术发展做出了巨大的贡献。但这些都已成为历史，近百年来安徽中医逐渐衰退，特别是经历了"文革"，安徽中医学院被兼并，其附属医院被撤销，人员被下放，"文革"结束后虽然学院被批准恢复重建，但已是千疮百孔，百废待兴。

当时办学条件十分困难，学院是个"四无一有"的单位：无操场、无实验楼、无图书馆、无围墙，有一个58户180多人的蔬菜生产队坐落在校园内，猪狗鸡鸭成群散养，住户经常和教工、学生发生纠纷，甚至斗殴。在此期间，我们日以继夜地奔走呼吁、反映情况，给有关领导送医送药，争取各级相关领导的支持。一次为了解决实验大楼建设问题，我们竟在领导家门前的雪地里站了3个小时，使领导深受感动，使已打地基8年、面积1万4千多平方米的实验大楼得以迅速开工。在管理学院的各项工作中，我们除及时向省里反映问题外，还向卫生部中医司（后来的国家中医药管理局）进行了汇报，从而得到各级领导的重视和大力支持，争取到省和国家近千万元的经费。特别是胡熙明副部长，先后多次来安徽支持和指导工作，通过他的介绍和推荐，卫生部的崔月犁、陈敏章部长以及老部长钱信忠等也纷纷来肥支持和指导工作。经过我和大家4年的艰苦奋斗，学院面貌焕然一新：由两个系三个专业发展为三个系五个专业，并开设了研究生班、函大、夜大、成人大专班；附属医院由200张床位发展为500张；创建了全国第一所专科针灸医院。与此同时，我们还加强了和兄弟中医院校间的联系和交流，从封闭式办学发展为多层次、多模式办学，扩大了中医药专业和规模，特别是端正了办学和中医院的办院方向，坚持以中医药为主，突出了中医特色。我们还迎来了1985年全国中医卫生工作会议在合肥的成功召开，使得安徽中医学院在全国的位置大大向前推进了一步，并在全国产生了一定的影响。

1989年，我调入安徽省卫生厅担任副厅长、中医管理局局长，主管全省中医工作。几年来，有了长足发展的安徽中医教育与全省仅有十多个规模又小又简陋的中医院的现状很不相应，要把中、西医摆在同等的位置，真正做到"中、西医并重、并举"不是一个简单的口号。我在综合性医院（西医院）工作过十多年，深深体会到中医的作用和地位，尽管中央给了中医那么多政策，但要落实谈何容易。我在卫生厅还分管其他工作，但在厅领导班子里，我是唯一的中医出身，一种使命感和责任感使我决心在有限的工作时间里，再为全省中医医疗机构和内涵建设多做点工作。为此，我用了半年时间跑遍全省各个市、县，在对安徽省中医现状进行深入调查了解后，向各级领导汇报并大力宣传党的中医政策，借着国家中医药管理局提出的县县建中医院的目标，争取到了政策上和经费上的支持。通过几年实干，得到了国家局、省财政和市、县地方财政的各级配套经费，至 1997 年我退休时，不仅基本达到了全省县县有中医院的目标，而且还有了一批上规模的和设备较为齐全的中医院和专科医院。

为振兴安徽的中医事业，我努力于中医教育和中医医疗机构的建设，尽了自己的一分力量。

张宝林

张宝林（1937—　），河南长葛市人。1953年参加工作，1961年毕业于湖南医学院（现湖南中医药大学），留校工作。1983年于湖南中医学院三年制西学中研究班毕业，1991年在美国国家疾病控制中心（CDC）及 Emory 大学研究中美新生儿生长发育。1992年被国务院批准为享受政府特殊津贴专家。1993年被国务院学位委员会批准为博士生导师。2001年被中国中西医结合学会授予全国"中西医结合贡献奖"。历任湖南医科大学儿科教研室、研究室主任，湘雅医院新生儿科主任，国家自然科学基金同行评议专家，全国佝偻病防治与全国围产新生儿研究专家委员会委员，香港国际传统医学会顾问，《新生儿科杂志》《实用中西医结合杂志》《世界临床药物》《中国实用儿科杂志》《实用中西医结合临床》等杂志编委。

我从医50余年，医疗特色是取中西医之所长，对儿科疾病，特别是对许多单用西医或单用中医不能解决的病证，采用中西医结合方法进行诊疗，取得显著成绩，为新生儿中医学的基础与临床研究积累了丰富经验。

我先后参加编写出版专著33部，其中主编7部（如《中医儿科集成》《虞张冯中医儿科手册》《实用新生儿学》《现代中西医结合儿科手册》等），共约392万字；副主编2部（《儿科辨病专方治疗学》《儿科诊疗精粹》），共约153万字；参编英文专著4部。发表论文、译文150多篇，其中《一种用于综合评价新生儿体格发育的新指数——张（宝林）路（晴）指数（ZLI）》一文，获辽宁省科技进步奖。

作为第一负责人，我曾主持国家级及省部级11项课题研究，获省部级科技进步奖11项次（排名第一者10项次）。其中对新生儿体格发育的研究达国际同类研究的先进水平，为我国建立了不同胎龄新生儿体格发育标准及新生儿身心发育的优生标准；对新生儿中药剂量的研究为国内外首次报道，获国家中医药管理局科技进步奖。我曾获国家专利 1 项，培养硕、博士生 10 多名。

鲁迅先生说："世上本没有路，走的人多了，也便成了路。"我走上中西医结合之路已 40 多年了，在这条宽广、崎岖、无止境的道路上，我为建立中医新生儿学作了一些铺路工作，至今已 30 多年。

铺路之前

小时候，我经常看到家父抄录中医中药古籍，并用书中的验方、单方治好了一些乡亲们的疾病，为了支持我读书，他还推着木制独轮中药车叫卖四方。

1951 年（14 岁）初中毕业后，由于家居农村，经济困难，当时还佩戴着红领巾的我，奔走于郑州市，以前三名的成绩考入了当时政府开办的管吃管住的河南省第一医士学校（以下简称医校），从此步入医林。开学上课时，老师们发现戴着红领巾的学生想当医生，都感到很惊讶，但同时又因我小小年龄就有志向，对我显示出了特别的爱护与关怀。在校期间，由于怕城市人看不起农家孩子，我就暗暗使劲，以在农村练就的埋头苦干、不甘落后、奋发向上的精神，全心投入了学习。由于成绩居上，班上选我当课代表及学习股长；学校也选我为校学习副股长。在郑州市开展的义务劳动竞赛及抗美援朝捐献飞机大炮的义演活动中，我被评为劳动模范与义演模范。此后我被批准加入新民主主义青年团。

医校毕业后，我参加了地方国防建设，为修建飞机场的工作人员（主要是民工）免费进行医疗服务。当时药品来源不足，对于工地上常见的疼痛性疾病（如头痛、牙痛、胃痛、关节痛、腰背痛等）缺乏快速省钱的西药。在同事们的帮助下，我购买了针灸专著，自学针灸技术。神奇的小小银针，使许多疼痛病人针到痛止。这次针灸实践使我对中医学产生了崇拜与信仰之情。

完成机场一期修建任务后，我被调到河南省安阳市人民医院当内科医生（17 岁）。当时病人到门诊看病是自己拿着病历本，想找哪位医生看，就把病历本放在那位医生的桌前。我当时年龄小，个子也不高，几乎没有人找我看病。医院领导知道后，先后把我从门诊调到急诊、出诊及内科住院部（管 30 张病床）独立上班。这两个工作岗位均为 24 小时值班，凭着吃苦耐劳的作风和朝气蓬勃的精神面貌，我胜任了岗位工作，同时也大大提高了综合处理各科急症及内科疾病的能力，为我今后的临床工作奠定了较好的基础。

1956 年，周恩来总理做了关于知识分子问题的报告，当时政府号召在职干部投考高等学校。我脱产 3 个月，参加了政府组织的高考补习班，顺利考入了当时的"南湘雅"——湖南医学院，通过系统的医学本科教育，毕业后留校工作至今。这次参加工作后不久，狂风暴雨般的"文革"降临，在那个年代里，攻读外语、学习西方先进医学为我所用的道路是行不通的。毛泽东主席号召"中国医药学是一个伟大的宝库，应当努力发掘，加以提高"。在那期间，我多次参加了短期西医学习中医班（结业成绩 99 分，班上第一）。我在上班及业余时间里可以公开钻研中医学；组织科室人员研制中草药制剂；用中草药治疗一部分疾病；开展中草药临床科研及追踪观察疗效；编印了中草药治疗儿科常见病参考资料；发表了关于中草药治疗小儿上感、气管炎（1010 例）、腹泻（500 例）的文章（见《中草药通讯》，1972）；出版了包含中西医结合内容的《小儿感染性休克》（为主编人之一，1976），其后又出版了《实用中医儿科手册》（为第二主编，1980）。从 20 世纪 60 年代起，我从一名西医儿科医生逐渐转变为一位中西医结合儿科医生。

开始铺路

在儿科中西医结合的道路上，我为建立中医新生儿学所做的铺路工作起始于 20 世纪 70 年代。我发表的用中药治愈重度新生儿硬肿症的文章，极大地鼓舞了我。该例患儿为 7 个多月早产儿，出生体重 1250g（属极低出生体重儿），肛温在 35℃ 以下，硬肿面积占全身体表面积的 80%。西医无特效疗法。中医辨证为脾肾阳虚，气滞血瘀。通过精心护理，用鼻饲管灌服参附汤合真武汤加减治疗，患儿竟痊愈出院。此例成功使我坚定了采用中药治疗新生儿疾病的信心。

建立中医新生儿学，首先要对中医新生儿学的发展史以及中医对新生儿生理体质认识特点、病理特点、诊法特点、治法与用药特点等基础知识、基本理论进行较为深入的研究。我通过系统复习传统文献、现代文献，结合现代医学的科研方法，对上述问题进行了研究。

关于中医新生儿学的起始，最早见于我国先秦时期的长沙马王堆汉墓帛书，《五十二病方》中已有"婴儿病痫"（新生儿破伤风）的记载，在《胎产书》中曾有胎儿逐月孕育过程的记录。我国第一部系统论述中医基本理论的著作《黄帝内经》中，亦有关于人体生命孕育和形成的过程及新生儿疾病（胎病）的论述。传统中医称新生儿为初生儿、月内之儿、芽儿等；称新生儿学为初生门。将初生出腹专列为一门，始见于唐代孙思邈所著《备急千金要方》。以后的历代医学家均有对胎病、初生儿疾病的研究及有关孕育、保健护养等方面的著述。详细的研究报告，我曾用中、英文两种文字形式发表在新生儿专著（冯泽康等主编《中华新生儿学》，Victor Y Heds *Text book of Neonatal Medicine——A Chinese perspective*）上，以利于国内外学术交流。

由于新生儿许多疾病的变化特点及施治措施，均与新生儿的生理、病理及体质特点有直接关系，故明确认识这些特点，是做好中医新生儿临床工作的基础。为此，我通过文献复习，结合自己的临床实践，于1980年在中华全国中医学会、中医研究院主办的《中医杂志》上，发表了"试论新生儿为稚阴稚阳之体"的专题论述。文章列举了大量古代与现今医学的经验及事实，指出初生儿为稚阴稚阳之体，并认为纯阳之体学说对初生儿确有不少不妥之处，因为它不能完整地解释新生儿的生理、病理及体质特点，且在古时它又没有统一的含义，今人对此学说虽有比较统一的解释，但完全可以用"稚阴稚阳"来概括。"稚阴稚阳"概念统一、明确，反映了中医学的整体观点，在新生儿中医基础理论与临床实践中均能起到全面的指导作用。文章发表后，我国著名老中医李聪甫研究员于是年致函笔者，称该文"具有卓越见解"，"对我有极大的启示与教育"。

儿科古称哑科，新生儿可谓哑中之哑。因此，笔者认为对新生儿疾病的诊断方法，应以望诊为主，闻诊次之，问、切可供参考。在新生儿望诊技术中，又首推舌诊，次为审查指纹。传统中医认为"初生儿舌红无苔，此乃正常现象"，为验证此说，我对新生儿出生48小时内的舌象进行了系统观察（详见北京版《中华儿科杂志》，1981）。结果表明，足月健康新生儿以淡红舌（占70%）、微薄白苔（占98%）为主，舌红无苔者仅占2%，且均于48小时内变为淡红舌，并长出了白苔。非正常状态新生儿（如早产、过期产、宫内或生后窒息、母患妊娠高血压疾病等）虽以淡红舌（占57%）、微薄白苔（占85%）为主，但舌红无苔、淡白舌及黄苔者均较正常儿多见，且舌苔出现与生长速度亦较迟缓。我同时建议把舌苔生长速度与范围列为观察新生儿期生长发育的指标之一。该文发表后，引起了国内中、西医新生儿工作者的重视。1983 年国内召开了首次新生儿疾病学术座谈会，此次会议从 16 个省市中通知正式代表 48 人参加，我为正式代表。会议主持者（中华儿科杂志编委会等）考虑到上述论文研究之深入、细致以及我还给会议投送了中医治疗新生儿硬肿症方面的论文，估计作者一定是位很有经验的白胡子老先生，故主持人请了一位北京协和医院的老教授陪同，特派了一部小汽车到火车站迎接（我给会议发了到会电报）。我下火车后，背着小包，神采奕奕，一头乌发，疾步行走，穿着像农村的"生产队长"。当时只有我下车，她们带着试探与疑惑问我："你是张宝林吗？"我说："是的，是来开会的。"她立即说："请到这边上车。"此刻我的心跳立即加速，血压也好像在升高。这是我 1953 年参加工作 30 年以来，第一次参加全国学术会议享受到的最好的礼仪待遇，也是对我建立中医新生儿学铺路工作的肯定。通过会议交流，与主持人熟悉后，她告诉我："如果早知道你是这样年轻，我们肯定不会派专车接你"。

关于对新生儿疾病的治法，我认为元朝曾世荣在《活幼口议》中指出的治则仍应为当今医者遵循。该治则为"初生芽儿，三朝之后，满月之前，所受诸证作疾……寒则温之，热则凉之，虚则壮荣，怯则益卫，惊用安神，结用微利。审详用之，不必过剂"。由于新生儿为稚阴稚阳之体，故用药宜轻，扶正为本，以和为贵，中病即止。历代医家虽有不少应用中药治疗新生儿疾病的记载，但对于新生儿期具体的用药剂量国内尚无专文作答。为此，我曾组织湖南省第一届三年制西学中研究班部分学员（当时我是班长，时年 43 岁入学，就读于湖南中医学院）进行了深入研究。我们整理分析了 1949～1982 年各省市期刊、书籍700 多种，从中查到分布在我国东、西、南、北、中各地区 90 多位作者（多数是国内名老中医、中西医结合的教授或主治医师）应用中药（汤剂）治疗新生儿疾病的成功经验。共统计了 938 例，5433 例次的经验剂量，并以此为依据，结合笔者的实际经验，运用现代医学统计分析方法，整理出了"新生儿中药剂量表"（详见上海版《临床儿科杂志》，1986）。研究认为新生儿一般中药的每日常用量，多数药物为 1～6g，为成人用量的 1/5～1/2（特殊用药、剧毒药物例外）。其中清热泻火、清热凉血、泻下及温里药的用量宜偏小；补气药、平肝药与消导药的剂量可稍偏大。前者与新生儿稚阴未长、稚阳未充的生理特点有关；

后者与新生儿脾常不足、肝常有余的病理特点有关。文章发表后曾参加了第四届亚洲农村暨初级卫生保健会议，中华中医药学会、中华医学会、中国中西医结合研究会全国会议交流，并被国内 7 本新生儿学或中西医结合儿科学专著引用，这 7 本书的印刷发行量为 44670 册。由海内外华人新生儿学者集体编著的《中华新生儿学》中、英文版亦引用了该文研究成果。原上海中医学院院长王玉润教授来函评价该文称："已见足下功夫扎实，造诣深湛，敬佩之至。"由于本项研究为国内首次、全面、系统、专题论述了我国应用于新生儿的中药经验剂量，为新生儿疾病防治做出了积极贡献，终于在文章发表 5 年后（1991 年）获得国家中医药管理局中医药科技进步奖，并收载入《中国中医药科技成果获奖项目汇编》（1978～2002 年有关中医儿科学共收载 22 项获奖成果）。

路无境界

建立中医新生儿学不仅要做好基础研究工作，而且要做好临床实践工作。实践是检验理论的标准。从 20 世纪 70 年代起，我一直努力在病房及门诊工作中，采用中、西两法解决临床中的疾病防治问题。起初的工作是将有显著疗效的医案进行整理，我正式发表的第一篇关于新生儿应用中药治愈的严重病例就是极低体重儿重度硬肿症，前文已述，它是我为建立中医新生儿学开始铺路的鼓舞文。后来，我陆续总结了中医中药治疗下列新生儿疾病的经验：如新生儿黄疸、溶血病、肺炎、窒息、肺透明膜病、湿肺症、腹泻、败血症、TORCH 感染、化脓性脑膜炎、破伤风、脱水热、缺氧缺血性脑病、颅内出血、头颅血肿、颅内高压、坏死性小肠结肠炎、皮下坏疽、胸锁乳突肌肿、脐炎及新生儿出血症等 20 多种疾病。有关上述疾病的论述已分别发表在有关期刊及中医儿科专著（如张奇文主编《实用中医儿科学》2005，陈可冀主编《中医药临床验案范例》1994，郭振球主编《中国医学百科全书·中医儿科学》1983），中西医结合儿科专著（如张梓荆主编《实用中西医结合儿科学》1997，叶孝礼主编《中西医结合临床儿科》1989，李恩主编《中国中西医结合临床全书》1996，叶礼燕主编《儿科辨病专方治疗学》2000，张宝林等主编《虞张冯中医儿科手册》2005等），中西医结合儿科教材（如欧正武主编《中西医结合儿科学》2001，《儿科学》1996），英文版专著（Chen KJ eds. *Traditional Chinese Medicine Clinical Case*

Studies 1994, Victor YH eds. *Textbookof Neonatal Medicine——A Chinese perspective* 1996），以及西医儿科和新生儿科等专著中。鉴于前述有关中医新生儿学基础与临床研究的成果与经验均分散在各有关期刊或专著中，中南大学出版社已将《中医新生学》列入"湘雅文库"系列出版书目中，并争取早日让关注中医新生儿学的同道们评阅。

学无止境，路无境界。路是人走出来的，也可以是人铺出来的。上述为建立中医新生儿学的铺路工作，从基础到临床也仅仅是个开端。从历史的长河纵观之，它是微不足道的，充其量不过是一克泥土、一粒砂子、一块小石头、一滴沥青。在这条道路上，还需要进行大量的科学实验（从人体整体水平、器官组织水平到细胞分子水平）与长期的临床观察。通过实验—观察—再实验—再观察的反复过程，从中获取最为可靠的科学证据，使这门科学更接近于它的本质与精髓。

建立中医新生儿学之路是无止境的，就个人来说，活到老铺到老；就历史而言，需要世世代代去实践。有志于建立中医新生儿学的同道们，让我们一起努力吧。

马有度

马有度（1937—2022），回族，祖籍湖南邵阳，1937年1月出生于北京。成都中医学院（现成都中医药大学）首届毕业生，重庆医科大学中医教授、主任中医师。中华中医药学会常务理事，重庆市中医药学会名誉会长，享受国务院政府特殊津贴专家，全国新药评审专家，科普作家。全国科普先进工作者，全国优秀中医健康信使，四川省优秀中医科教先进个人，重庆市优秀科技工作者，重庆市促进中医发展先进个人，重庆市首届"十佳写书人"。独撰、主编著作有《感悟中医》《医方新解》《方药妙用》《中国心理卫生学》《自学中医阶梯》《中医精华浅说》《医中百误歌浅说》《家庭中医顾问》《健康人生快乐百年》《重庆名医证治心悟》等20余部。发明安眠新药"复方枣仁胶囊"、止咳新药"麻芩止咳糖浆"。两部著作在台湾用繁体字出版。一部著作被译成日文，向海外传播。先后获四川省中医药科技进步奖、教育部科技进步奖、全国优秀学术著作奖、全国优秀科普创作奖、高士其科普基金奖。长期从事中医临床、教学、科研、科普和中医药学会工作，其事迹载入《世界传统医学杰出人物》《中国当代中医名人志》《中医成功之路》。

一部医书引进门

1956年夏天高考之前，我一连填了三个志愿，都是报考中医学院。这使许多同学大为惊讶，一些老师和亲友也迷惑不解：生性活泼的马有度，怎么会迷恋上古老的中医学呢？其实，他们哪里知道，我和中医早有一段不解之缘哩！20世纪50年代初期，我在重庆通惠中学读初中时，就患上了肺结核、胃溃疡，且有失眠、头昏、心悸的毛病，后来进入广益中学念高中，症状日益加重，到了高三，坚持学习更加困难，只好休学。我先后到几家大医院求治，做过心电图等多项检查，吃过巴甫洛夫合剂等多种药物，但几乎没有什么效果。于是家母携我到附近七星岗一位坐堂中医那里就诊。那位老中医态度和蔼，询问详细，看舌摸脉之后，用苍劲圆润的毛笔字写就一张处方，虽然药仅五味，但连服十剂之后，病情竟一天天好起来。我因而相信中医治病确有特殊效验，对该药方也倍觉可贵，一直珍藏于箱底。

复学之后，病情反复时，我便取出药方，照配几剂，有时有良效，有时又无效。我心里纳闷，便去请教懂中医的语文老师张甫隽先生。他随手从书架上取下一本古书，翻开其中一页，便侃侃而谈起来：你服用的这个药方，是汉代医圣张仲景的名方——酸枣仁汤。它具有养心、安神、除烦的功能，适用于虚烦不得眠、心悸盗汗、头目眩晕、咽干口燥、脉弦等症。当你的脉证与此相符时，服后自然有效；如果病情变化，服后则无效果。因为中医治病，讲究辨证论治，不仅要脉证合参，而且要相天时、审地利、看体质，只有这样，才能取得良效；如果不注意辨证论治，用死方子去套活病，再灵验的药方也会失灵的。听了张老师的这番话，我心里豁然开朗，进一步体会到中医药学的可贵，它不仅有丰富的医疗经验，而且有独特的医学理论，其中大有学问，从此对这门学科产生了兴趣。

就在这次谈话之后不久，报上公布了由周恩来总理批准在北京、上海、广州、成都兴办四所中医学院的消息。我知道后十分高兴，学习中医的念头油然而生。我连夜把这一想法告诉张老师，他也十分高兴，完全赞成我的选择，当即郑重地送我一部线装的石印书——《伤寒论改正并注》。这部石印的线装书，虽然纸张粗糙，但内容丰富，论述精当。对于一部《伤寒论》，该书只用了百余字就将其精华概括无遗："总观六经之变化，三阳病则抵抗力均未衰弱，故三阳病无死证。三阴病则抵抗力均感不足，故三阴病多死证。抵抗力未衰者，可以汗，可以吐，可以下，可以和，治之甚易；抵抗力已衰者，汗吐下和皆不可施，唯有温之一法。统而言之，即三阳病唯恐其热，三阴病唯恐其寒；三阳病唯恐其实，三阴病唯恐其虚。一部《伤寒论》，盖如是而已。"

这类提纲挈领、深入浅出的精辟论述，对我后来学习经典著作，特别是学习《伤寒论》，启发甚大。例如，该书强调："六经者，乃阴阳寒热虚实表里之代名词也。"在这一论述的启发下，我细读《伤寒论》原文，发现辨阴阳表里寒热虚实者，的确比比皆是，说明六经与八纲确有密切关系。

该书作者陈逊斋先生对于一些有争议的条文，也畅发个人见解，对于某些错漏，甚至直接予以改正，所以将该书命名为《伤寒论改正并注》。陈氏的改动虽然未必尽妥，但他尊古而不泥古的精神也使我深受启迪。我的第一篇文章，就是参加关于桂枝去桂加白术茯苓汤的争鸣，发表在 1959 年《上海中医药杂志》的争鸣园地栏目。尤其值得提出的是，逊斋先生在阐发见解之后，有时还附以个人验案，读后尤觉真切，并使我悟出一个道理：读书完全在于应用，理论务必结合临床。

时间过得真快，转眼之间，50 多年的光阴已经流逝，其间虽然屡经曲折坎坷，但我始终珍藏着这部线装的石印书。我深深怀念赠我此书的张甫隽老师，我衷心感谢撰写此书而引我进入医门的陈逊斋先生。《伤寒论改正并注》分上下两册，为了更好地保存这份宝贵的文献资料，我于 2007 年 9 月特将此书郑重捐赠给我的母校成都中医药大学的图书馆。

我入门学医之后，很想进一步了解陈逊斋先生的生平业绩，但因手头资料所限，长期未能如愿，直到 1981 年《名老中医之路》第一辑出版，从中看到方药中老师的文章，才知道陈老还是方药中的老师。方老在《学医四十年的回顾》一文的开头就专门写了一节"我的老师"，满怀深情地回忆恩师的人品学识、言传身教。这时我才明白，引我进入医门的《伤寒论改正并注》，只是陈老《逊斋医学丛书》中的一部，其他还有《金匮要略浅注补正》《新温病学》《新中药学》等多部著作。

方老在文中特别写了一段话："在当时的条件下，这套书没有机会正式出版，多系油印本，《伤寒补正》《金匮补正》二书虽系石印本，但印数极少，我手边仅有的一套，焚于重庆解放前夕的'九·二'大火，片纸无存。近年来，本想着手整理一下老师的学术思想和临床经验，但几次提笔，均因手头没有原始资料而中止，愧对老师的培育和教诲。一想起来，心中就十分难过。"后来，我在北京向方老请教时，谈到了拜读《伤寒论改正并注》的感悟，并相约今后赴京将我珍藏的这部石印书呈送方老，由他亲自注解校正后正式出版，以了谢师之愿。可惜我尚未成行，方老也已作古，每想及此，深感遗憾。好在该书虽已残缺不全，但封面的书名大字仍清晰昭然，见书思故人，怀念陈逊斋先生，怀念方药中老师。人虽走，书犹在，相信传承创新中医药的精神必将世代相传。

我当年初读此书，还是血气方刚的青年，至今再读此书，已过古稀之年。尽管几十年光阴流逝，我脑海中仍然清晰地印下了这部医书使我与中医中药结下不解良缘的情景。所以，特以"一部医书引进门"作为本文的开篇，以四句顺口溜作为我与中医"喜结良缘"的感言：

> 人生喜在结良缘，嫁给中医50年。
>
> 读书临床贵感悟，乐在其中笑开颜。
>
> 智慧之学开心窍，灵验之术救病员。
>
> 万紫千红绿丛中，文化之花开满园。

读书取经靠悟性

（一）读书贵在悟精要

前贤说：医者，意也。强调研习中医，重在意会。意会什么呢？意其道，会其理。换句话说，就是感其道，悟其理。研习中医，贵在感悟。医者，悟也。

前贤又说：知其要者，一言而终，不知其要，流散无穷。做学问，贵在"知其要"，读书籍，贵在"悟精要"。粗读一书，就应抓住其要点，进而细读，更应悟其精要。

我反复研读《伤寒论》，对其精要的感悟就是八个字：八纲辨证，八法论治。

仲景《伤寒论》，创辨证之纲领，定论治之准则，组方严谨，遣药精当，理法方药一线贯穿，辨证论治环环紧扣，形成一套独特的八纲八法证治体系。

《伤寒论》的辨证纲领究竟是什么？

《伤寒论》沿用了《素问·热论》的太阳、阳明、少阳、太阴、少阴、厥阴之名，且以"辨太阳病……""辨阳明病……"等作为篇名，所以古今医家大多认为"六经"是《伤寒论》辨证的总纲。然而，对"六经"的真义仲景并未阐发，注家自成无己以下，或从经络、脏腑释义，或从经界、病位立说，甚则还从气化大加发挥。但细观原文，无一言提及气化，涉及经络者寥寥，唯辨阴阳表里寒热虚实者，比比皆是。在397条中，明确标示八纲内容的条文，几达三分之一；其他条文，虽未明言八纲，亦多意寓其中。

仲景沿用《内经》的"六经"分病，其意实为八纲辨证。早在明代《医林绳墨》第一卷"伤寒"章中，即已明确指出："究其大要，无出乎表、里、虚、实、阴、阳、寒、热八者而已。"近人陈逊斋氏在《伤寒论改正并注》的序言中则进一步指出："六经者，乃阴阳寒热虚实表里之代名词也。"笔者认为，《伤寒论》的辨证核心，就是八纲辨证。

证之临床实际，对于外感疾病，必须着重运用八纲，才能辨证准确，论治恰当。若仅以"六经"分病，而不着重运用八纲辨证，则论治无从下手。例如，仅定为太阳病，而不辨别其表虚、表实，则无从确立解肌或发汗的治法；仅定为少阴病，而不辨别其虚寒、虚热，又怎能确定扶阳或养阴的治法?!

《伤寒论》运用八纲均着眼于"辨"，而辨证的重点，一是确定病位，二是判明病性。例如，"知不在里，仍在表也"，或称"此为半在里，半在外也"，即是辨别病位的在表、在里或在半表半里。"发热恶寒者，发于阳也；无热恶寒者，发于阴也"，则是辨别病性的属阴属阳。"病人身大热，反欲近衣者，热在皮肤，寒在骨髓也；身大寒，反不欲近衣者，寒在皮肤，热在骨髓也"，又是辨别病性的属寒属热。而"发汗后恶寒，虚故也；不恶寒，但热者，实也"则是辨别病性的属虚属实。

确定病位与判明病性，必须相互结合，才能全面反映病证特色，所以书中单一标明"表证""热证""阳证"等证型者较少，而标明为复合证型者甚多，诸如"表有热""里有热""虚有寒""瘀热在里""热结在里""寒湿在里""阳绝于里"，或"表里俱热""表里俱虚""阴阳俱虚"等。此外，更有种种错综复杂的证型，诸如"表虚里实""表热里寒""里寒外热"等。

《伤寒论》运用八法，均以八纲为立法依据。表证当用汗法，所以说"病在表，可发汗"，"表未解也，可发汗"。里证则须根据病位的上下，以及病性寒热虚实的不同，而酌情选用吐、下、清、消、补诸法。邪结胸中的里实证，宜用吐法，所以说"病在胸中，当须吐之"。邪结胃肠的里实证，宜用下法，所以说"此为实也，急下之""大便难而谵语者，下之则愈"。热证当用清法，如"里有热，白虎汤主之"。寒证又当用温法，如"自利不渴者属太阴，以其脏有寒故也，当温之"。虚证当用补法，如"发汗病不解，反恶寒，虚故也，芍药甘草附子汤主之"。

尤须指出者，仲景用方，皆以八法统之，而八法的应用，又与八纲紧密相连，从而使辨证论治一线贯穿，理法方药，环环紧扣。概括说来，表证当用汗法。表寒实证宜辛温峻汗，以麻黄汤为主方。表寒虚证，则宜解肌发汗，以桂枝汤为主方。半表半里证当用和法，以小柴胡汤为主方。里实热证当用清、下两法，或选白虎汤清气泄热，或选承气汤泻下实热。里虚寒证当用温法，或以理中汤温中祛寒，或以四逆汤温肾回阳。里虚热证当用清补之法，或用黄连阿胶鸡子黄汤养阴清热，或用竹叶石膏汤补气和胃、清泄余热。

总而言之，我想强调说明一点：《伤寒论》首创辨证论治诊疗体系，而八纲辨证、八法论治就是这一体系的核心。抓住这个主轴来研究《伤寒论》，不仅能提纲挈领，执简驭繁，而且更易理解和掌握这个证治体系，便于临床运用。

（二）读书贵在抓特色

"读书难，读医书尤难，读医书得真诠，则难之又难"，这是民国时期名医陆士谔发出的感叹。正因为难，必须苦读；正因为难，又必须巧读。巧读者，讲究读书的方法也。巧读的诀窍，最关键的就是一句话：读书贵在抓特色。下面谈谈我反复阅读《医学心悟》的心得——《医学心悟》的四大特色。

1. 有的放矢，切中时弊

《医学心悟》首卷以《医中百误歌》为先导，开宗明义第一句就说："医中之误有百端，漫说肘后尽金丹，先将医误从头数，指点分明见一斑。"

针对有些时医妄用温补治实火、滥施攻泻治虚火的毛病，程钟龄又写了"火字解"篇，并在凡例中强调说："虚火可补，实火可泻，若误治之，祸如反掌。"

针对"时医更执偏见，各用一二法，自以为是，遂至治不如法，轻病转重，重病转危，而终则至于无法"的现象，程氏又对"医门八法"进行了详尽论述。而阐发的重点，均是针对"用之不当"的时弊。以清法为例，就分析了误用的四种情况——"有当清不清误人者，有不当清而清之误人者，有当清而清之不分内伤外感以误人者，有当清而清之不量其人、不量其证以误人者，是不可不察也"。又如汗法，也指出了误用的五种情况，对于其他各法都分别指出种种误用的弊端。

2. 汇通各家，取其精华

对于金元四大家，程氏认为其虽均有重大贡献，但又都有偏而不全的缺点，如"河间论温热及温疫，而于内伤有未备"，而"东垣详论内伤"，但对"阴虚之内伤，尚有缺焉"。因此，他主张汇通各家学说，取长补短，如将东垣之补气与丹溪之养阴合之，则对于内伤的论治就比较全面了。

程氏善于吸取各家之长，不仅在《医学心悟》中论述全面，而且临床疗效也大为提高。正如他的学生吴体仁所说："吾师钟龄先生，博及群书，自《灵》《素》《难经》而下，于先贤四大家之旨，无不融会贯通，以故病者虽极危笃，而有一线之可生，先生犹能起之。"

3. 看似平淡，确有效验

程氏遣方用药，看似平淡无奇，用之确有效验。例如其所创名方止嗽散，迄今仍为最常用的治咳良方。据报道，以止嗽散为基础方，治疗外感咳嗽 280 例，包括上感、支气管炎及肺炎，结果治愈 273 例，占 97.5%。程氏创制的其他方剂，如治瘰疬的消瘰丸、治痰湿眩晕的半夏白术天麻汤等方，疗效均颇确实。

程氏尤其善于借鉴前人的验方，加以创新，灵活变通而用之，常能取得更好的疗效。如程氏加味香苏散，即由《太平惠民和剂局方》香苏散加味而成。程氏柴葛解肌汤、程氏蠲痹汤、程氏萆薢分清饮、程氏透脓散等方，只要用之得当，疗效皆佳。这些方剂都是在前人经验的基础上发展创新而来，所以程氏的受业门人指出："大抵方药一衷诸古，而又能神而明之。"

4. 提纲挈领，执简驭繁

程氏认为，治病首先需要推求病因，所以特别提出"内伤外感致病十九字"，曰："风、寒、暑、湿、燥、火、喜、怒、忧、思、悲、恐、惊，以及阳虚、阴虚、伤食。总而言之，十九字不过内伤、外感而已。"纲目何等分明，示人执简以驭繁。

辨证论治是中医临床学术的精髓。程氏认为："论病之源，以内伤、外感四字括之。论病之情，则以寒、热、虚、实、表、里、阴、阳八字统之。而论治病之方，则又以汗、和、下、消、吐、清、温、补八法尽之。"寥寥数语，将辨证论治概括无余，何等精要，执简驭繁。

总而言之，程钟龄的《医学心悟》很有特色，尤多创见，倘能细心领悟，用于指导临床，幸莫大焉！

（三）读书贵在巧运用

读书悟精要，读书抓特色，都是为了巧运用。

在我研习中医的 50 年中，除了《伤寒论》之外，阅读次数最多的书籍就是

《医学心悟》。该书虽小，但对我的帮助却很大。

该书独具匠心，将《医中百误歌》放在首卷，作为开篇之作，发人深省，启发我深入思考，分析医中致误之因，探讨防止医误之道，进而联合郑家本、熊永厚、冯涤尘、包明儒、马有煜反复研讨，讲医理，举案例，终于写成独具特色的《医中百误歌浅说》一书，深受读者欢迎。

我细细品读该书《医学心悟·咳嗽》一节，程氏称"咳嗽之因，属风寒者十居其九"，而"肺有火，则风邪易入，治宜解表而清肺火"，实为精辟之论，这又启发我以"寒包火"咳作为研究对象，经过几年的艰苦努力，终于开发出独具特色的专治"寒包火"咳的新药"麻芩止咳糖浆"，该药疗效卓著，深受医者和病人欢迎。

中医思维临证魂

中医思维，是几千年中医智慧的结晶，是中医临床疗效的保证。在此奉送中医学子一句话："要想疗效好，中医思维是个宝。"

同样是中医院校的毕业生，同样是年轻的中医师，同样面对来看中医的病人，有的受冷落，有的受欢迎，有的工作几年还坐冷板凳，有的几年之后已是小有名气，何以如此？关键就在疗效好不好，疗效要看医者三基功夫牢不牢，就是要牢牢掌握每个病证的基本证型、基本治法、基本纲要，尤其要看能不能遵循中医思维这个宝。

1962年，我和师兄李正全从成都中医学院毕业分配到重庆医学院附属第一医院。我们两个刚刚进入医院的小医生，理论功底不深厚，临床经验更缺乏，却令人意外地在门诊大受欢迎。那时重医附一院在后半夜就要提前排队等候挂号的科室只有两个，一个是西医骨科，一个就是中医科。在病人特别多的时候，李师兄和我都要限额挂号。

我和李兄多次讨论，为何初出茅庐的年轻中医，不但没坐冷板凳，反而有点红火的势头呢？我们想来想去，除在毕业实习期跟师临床打下了比较扎实的基本功之外，关键就在于我们能原原本本地按照中医思维去诊治病证。用中医思维指导临床，辨证论治，遣方用药，就能取得良好疗效。病人看病重疗效，并不特别看重医生的年龄。事实教育我们，要想疗效好，中医思维最重要。

遵循中医思维诊治病证，一接触病人，上手就要认认真真去望闻问切，脉证合参，先别外感内伤，进而辨病辨证。

中医诊病，不是重在病名，而是重在证候。因为人之患病，不外脏腑经络失调，阴阳气血失衡。对于体内的病变，古代的中医既不能直视而见，也不能借助仪器和化验探知，但病人内有病变就会自觉不适而有症状出现，医者通过问诊即可得知。病人内有病变必形诸外，又会有舌脉变化等体征出现，医者望之、闻之、切之，又可据其"外象"而推求其"内变"。通过四诊，还可了解患病的起因及过程演变，或外感六淫为病，或内伤七情为病，或饮食不慎为病，或由表入里，或由寒化热……人体一旦患病，尽管病变多端，证候万千，只要遵循中医整体观，就能执简以驭繁。病变多端，总不出阴阳两端；证候万千，都可用八纲规范。

正因为中医诊病，不是重在病名而是重在证候，所以如何辨识证候，就是第一要务。只有识证准确，才能立法得当，用方对证。《临证指南医案·凡例》说得好："医道在乎识证、立法、用方，此为三大关键，一有草率，不堪司命。然三者之中，识证尤为紧要。"

要想准确识证，就必须熟练掌握体现中医思维特色的辨证纲领。

中医诊治外感疾病，有伤寒六经辨证、温病卫气营血辨证；诊治内伤疾病，有脏腑辨证、气血津液辨证。而无论外感或内伤疾病，都离不开执简驭繁的八纲辨证。只要通过八纲辨证求得正邪相争、机能失调的总体状态，就可针对病机，因势利导，采用八法论治，从而取得良好疗效。我的恩师熊寥笙有句名言："八纲辨证、八法论治，是中医治疗百病的通灵钥匙，灵活掌握，妙用无穷。"

遵循体现中医思维的八纲八法证治体系，可以不受病名的限制，既可治疗常见病、多发病，也可治疗疑难病，甚至还可治疗少见的怪病。对于一些西医诊断不明的疾病，采用中医辨证论治的诊疗体系，常能取效；对于某些西医疗效不好的疾病，经中医辨证论治，有的还能获得非常显著的疗效。

西医所称的"亚健康"，表现为"一多三少"：一多是指感觉疲劳的时候多；三少是指三种减退，即活力减退、反应能力减退、适应能力减退。常见的症状有容易疲乏，腰酸背痛，头昏头痛，失眠多梦，心情不好，吃饭不香……尽管有些人已有诸多自觉不适，但到医院请西医检查，既找不到明确的"病灶"，也没有发现异常的化验"指标"，所以无法诊断为"有病"，但又不好说这些人

"健康"，只好造出一个新名词——"亚健康"。然而，按照中医思维，这些"亚健康"人，实际上已经是不健康的有病之人。从中医辨证角度来看，其大多属于正气不足的"虚证"，有的是气血两虚，有的是气阴两虚，有的是心脾亏虚，有的是肝肾亏虚……针对这些不同虚证，中医采取补益调理的治法，大多都能消除症状，使之恢复健康。

艾滋病、非典型性肺炎，历代中医没有见过，现代中医也就没有前辈医疗经验可供借鉴，但对这两种疑难重症，中医仍然能获得一定疗效。究其道理，也不难理解。虽然中医既无抗病毒疫苗，也无杀灭病毒的特效药物，但中医按其扶正祛邪、因势利导的思维，针对正邪相争表现出的症候，就可辨证施治，取得疗效。广东治SARS（严重急性呼吸综合征）疗效显著，河南治艾滋病取得进展，就是证明。今后，即使再出现新的病邪，引起新的病证，中医都可根据"异病同治"的原则，采取这种扶正祛邪、整体调治的方法来应对，这也是中医思维的特色和优势所在。

当今的中青年中医，大多掌握了一定的西医药知识和技能。学中而知西，多了一种本领，原本也是好事情，如能做到以中为本，西为中用，那更是如虎添翼。然而，有些中医临床治病，却是反客为主，西医思维成了主导，首先考虑西医怎么诊断，西药怎么治疗。有些中医病房早已名不副实，西医西药成了绝对的主角，中医中药只是陪衬而已。即使在中医门诊采用中医药治疗，也不是原原本本按中医思维指导临床，四诊不到位，理法方药不到堂，以致辨证不准，方药不当，临床疗效也就难以保证，自然不受病人欢迎，自己对中医药也就更加没有信心。于是，不管什么病都来个中药加西药，美其名曰"中西医结合"，即使取得了疗效，自己也弄不清究竟是功归于中医药还是西医药。这样一来，身为中医而不能观察到中医中药的疗效，成功的经验看不到，失败的教训也看不到，又怎能进一步去总结提高？

一些年轻中医的"西医化"，源头就在中医思维的缺乏。究其根源，一是中医院校对中医思维的培养不是强化而是弱化；二是中医院病房的西化，门诊中医特色的弱化；三是擅长中医思维的临床带教老师很缺乏。

临床是中医之根，疗效是中医之本，中医思维是中医之魂。失去根本必枯萎，丢掉灵魂命难存。中医思维的弱化和缺失，是当今中医退化的病根。所以，我们要大声疾呼："千方百计，回归中医，回归中医的核心，就是回归中医的思维，就是回归中医的灵魂。"

科研创新中为根

振兴中医，是人民的需要，历史的必然。振兴中医，是为了发展中医。要发展，首先就要继承，不立足于继承，没有认真的、扎实的继承，所谓发展也就成了无源之水、无根之木，空中楼阁而已。然而，又绝非为继承而继承，而且世界上从来也没有孤立的继承，继承的目的就是为了发扬，继承之中就孕育着发扬。因此，不必争论重在继承或重在发扬，而应着重研究怎样继承、怎样发扬，探讨继承之道，开拓发扬之路。

（一）以中言中，发展创新

遵循中医自身发展的轨迹，向前推进中医，"就中医言中医"，即用中医传统的研究方法去继承、整理、发扬、提高中医药学术。这种研究方法容易体现中医特色，而且不需要特殊的设备和条件，只要对古今文献进行系统综合整理，并结合现代中医临床实践的新经验，就能发现新的规律，为中医学术增添新的内容，这当然是对中医学术的发展和创新。特别是这种研究方法适合于广大中医药工作者，其重要性更是显而易见的了。

运用这种"就中医言中医"的传统研究方法，固然要注意研究经典著作，但又绝不能迷信经典著作，视其为"句句皆金玉，字字是珠玑"，而应紧密联系后世各家学说，联系当代医家的见解，在发展和比较中去研究。明代陈实功说得好："古今前贤书籍，及近时明公新刊医理词说，必寻参看以资学问，此诚为医家之本务也。"参看古今的目的，全在于择善而从，并得出自己的结论。

运用传统的研究方法，尤其要注意医理结合临床，切忌坐而论道，纸上谈兵。医理是否正确，全在于能否指导临床。

运用传统的研究方法，还应特别注意总结当代中医的新经验、活经验。这些经验更加切合当今实际，尤为宝贵。这些经验的取得，既有对前人精华的继承，又有自己的独创，是活生生的继承和发扬。所以，1986 年我和丛林、李庆升联合推出《中医精华浅说》一书，力求荟萃当今老中青三代中医的学术精华，特别注重独到见解和独特经验。许多老一辈的中医名家如邓铁涛、干祖望、万友生、李聪甫、周凤梧、刘渡舟、江育仁、祝谌予、黄星垣、周仲瑛等，均畅抒高见，传授经验。一大批后起之秀如张奇文、张之文、王洪图、王庆其、高德、朱文锋、李兴培、柴中元、董汉良、戚广崇等，也各抒心得，介绍经验。我们把多达 175 名学者的精华以浅显的语言推出，尽管这只是一种初步的尝试，仍然受到同道的欢迎。昆明市中医院的马显忠来信说："本书最大优点是文章短小，文笔流畅，深入浅出，结合实际，切于实用。读之，爱不释手，用之，效果显著。其辨证立法，尤能启迪思路，开阔视野，扩大、丰富了辨证论治的运用法则，有巨大的指导价值和临床意义，实是当前不多见的好书。"该书在台湾也很受欢迎，台湾知音出版社又以繁体字出版，并向海外发行。

总结古今医家的经验，不能只报喜不报忧，既要总结正面的经验，也要总结反面的教训，特别是对致误原因的分析，对如何避免失误的探讨，也是宝贵的遗产，也是古今医家独特实践的一个重要方面。因此，我们在反复咏诵《医学心悟·医中百误歌》的基础上，著成《医中百误歌浅说》一书，不仅予以"今注""语译"，更着重深入"浅说"之。谈古论今，讲医理，举案例，分析致误之因，探讨防误之道，关键就是讲究医德，深研医术。我们大声疾呼：德为术之首，术为医之基。医德高尚，医术精良，随时可以助人、救人；医德低劣，医术平庸，随时可以误人、害人。《医中百误歌浅说》由人民卫生出版社出版后，很受欢迎，又再次印刷。

笔者采用传统的研究方法，在治则、治法和方药方面也做了一些初步的探索。

中医的治疗原则富于哲理，对于立法、选方、用药，具有重要指导作用。历代医家虽有不少论述，但大多散见于各家著述之中，进行系统整理的为数甚少，而且见仁见智，所以至今对于中医究竟有哪些治疗原则，仍无定论。有鉴于此，我便在继承的基础上，将中医治则归结为八条：整体调治、扶正祛邪、标本论治、阶段分治、治有峻缓、三因制宜、证病合参、治养结合。

中医治法，上承辨证、治则，下启方剂、药物，是辨证论治中至关重要的一环。历代医家无不重视治法，清代程钟龄对"医门八法"的论述尤为精当。但时至今日，又应有所发展。对此我提出三点看法：第一，对于八法及由此而衍生的"百法"，皆可用祛邪、扶正统之：汗、吐、下、清、消统属祛邪；补、温统属扶正；和法则属扶正祛邪。第二，鉴于现代已很少使用吐法，而固护正气之涩法应用甚广，故宜将涩法补入八法之中，作为常用的扶正方法之一，而将吐法从八法中调出，只列为备用的一种特殊祛邪法。第三，随着八法按祛邪、扶正分类，又可按以法统方、统药的原则，将相应的方剂、药物重新归类。八法经过这样的归类和调整之后，不仅与八纲辨证配合得更为紧密，而且使论治的这三个组成部分环环紧扣，从而更加有利于医者掌握和运用理法方药这一独特的诊疗体系。

笔者从医 40 余年，运用得最多的一张古方就是小柴胡汤。我的体会是，在医门八法之中，和法的应用最广，而小柴胡汤又是和法中最精炼的代表方。药物虽仅 7 味，却是寒热并用、补泻合剂的组方典范，不仅对外感病可收表里双解之功，而且对内伤杂病也有协调和解之效。如能适当加减变通，则适应证候更广，治疗效果更佳。笔者最常用的变通用法有如下 14 种：

1. 荆防小柴胡

小柴胡汤加荆芥 10g、防风 10g，用于外感半表半里证而怕风、鼻塞、清涕等表寒症状较为明显者。

2. 二活小柴胡

小柴胡汤加羌活 12g、独活 12g，用于外感半表半里证而腰膝肢节疼痛明显者。

3. 杏苏小柴胡

小柴胡汤加杏仁 12g、苏叶 12g，用于外感半表半里证兼见轻度咳嗽者。

4. 止嗽小柴胡

小柴胡汤与止嗽散两方合用，治疗外感半表半里证而咳嗽明显咯痰不畅者。

5. 藿苏小柴胡

小柴胡汤加藿香 12g、苏叶 10g，用于暑天感寒而见半表半里证者。

6. 楂曲小柴胡

小柴胡汤加焦楂 20g、神曲 15g，用于柴胡证而胃胀、食少者。

7. 银翘小柴胡

小柴胡汤加金银花 30g、连翘 30g，用于外感半表半里证而发热、痰黄、尿黄等热象较显者。

8. 四金小柴胡

小柴胡汤加金银花 30g、金钱草 30g、海金沙 30g、鸡内金 12g，用于治疗尿路感染和尿路结石。

9. 四君小柴胡

小柴胡汤加白术 15g、茯苓 15g，主治肝脾不调，胁胀隐痛，脘胀食少，大便稀溏，倦怠乏力。适用于迁延型肝炎、慢性肝炎有上述见证者。

10. 二陈小柴胡

小柴胡汤加陈皮 12g、茯苓 15g，主治肝胃不和，胸胁发胀，恶心嗳气，食少吐涎。适用于慢性胃炎、妊娠恶阻有上述见证者。

11. 归芍小柴胡

小柴胡汤加当归 15g、白芍 30g，主治肝脾不调，胸胁痛，心烦食少，大便不畅，适用于迁延型肝炎、慢性肝炎有上述见证者。

12. 四物小柴胡

小柴胡汤与四物汤两方配合，用于妇女经期外感半表半里证、肝血不足的月经不调证以及更年期综合征。

13. 枣仁小柴胡

小柴胡汤与酸枣仁汤两方配合，用于肝气不舒、心血不足引起的失眠症。

14. 龙牡小柴胡

小柴胡汤加生龙骨 30g、生牡蛎 30g，用于肝气不舒，胸满烦惊，失眠多梦。

运用小柴胡汤，既要善于加减配伍，又要注意各药剂量的比例。仲景原方的剂量是：柴胡八两，黄芩三两，人参三两，炙甘草三两，生姜三两，半夏半升，大枣十二枚。

笔者运用小柴胡方治疗外感病证，除宗仲景之意，重用柴胡 30g 之外，还加大黄芩剂量至 20g。治疗内伤杂病，则柴胡、黄芩均用 15g。无论外感内伤，均用党参代人参，治外感用 10～15g 即可，治内伤则加大为 20～30g。

古往今来的许多名医，遵循中医传统，按照中医自身发展的规律，在中医学术上不断创立新的学说，在医疗技术上不断开拓新技术、新方法，推动中医中药与时俱进，代有创新。毫无疑问，"就中医言中医"的传统研究方法，是继承发扬中医学的一条重要道路。

（二）西为中用，发展创新

"就中医言中医"的科学研究，是发展创新中医药的重要途径，理应受到高度重视，以探讨规律，发挥效益。然而，只是依靠传统的中医研究方法来研究中医理论和临床，也有局限，所以还应尽可能地利用现代科学技术的理论和方法来开展研究，其中也包括对中西医理论和临床之间内在联系的研究，这同样能够给中医学术增添新的内容，也是对中医学术的发展和创新。这种研究方法，有助于促使传统的中医学术与现代科学技术结合，逐渐趋于同步发展，从长远的观点看，对于振兴发展中医学术，尤其具有重要意义。但是，必须特别强调指出，这种现代研究也必须坚持以中为本，衷中参西，西为中用，只有这样，才能真正取得有益于中医药学术发展和疗效提高的成果。如果违背了中医的思维，丢弃了中医特色，即使投入极大的人力财力，即使采用最现代化的科技手段，也很难取得真正发展创新中医药的成果。中医的经络学说，原本是以从活人的肌体上观察到的经络现象为基础，却偏偏要在死人的尸体上去寻找解剖组织形态的物质基础，几十年来采用解剖学、组织学等各种方法开展研究，从器官、组织、细胞一直深入到分子水平，结果至今还是一无所获。中医的阴阳学说，原本是借用哲理来说明生理，分析病理，辨识病证，归纳治则、治法和方药。结果不按东方思辨的中医思维，却按西方原子论、机械论思维去寻找阴元素、阳元素，希望找到阴阳的特定物质基础，可谓用心良苦，多年艰辛的研究也取得了不少科研成果，但对于说明中医理论体系的生理病理，提高中医的临床疗效，并未产生实际的效果。

笔者认为，中医药科研应当着重于临床研究方面，既要针对疑难病，也要针对常见病，特别要放在中医药疗效显著的优势病种上。

下面谈谈笔者在皮肤病和咳嗽病专题研究中的感悟。

关于瘙痒性皮肤病的专题研究

多年以来，笔者在龙胆泻肝汤中加入白鲜皮、紫草皮、连翘，作为基础方，用于治疗湿热内蕴外兼风热的多种痒疹，屡用屡验。四川省中医研究院郑家本主任医师专门打来电话，称运用本方，疗效显著。重庆市中医研究院王仁强主任医师还在《重庆名医证治心悟》的一篇文章中特别谈到使用本方十分灵验。

对于风疹块属热者，笔者最初循常规按风热相搏于血分论治，选用疏风、清热、凉血方药，虽有疗效，但并不满意；后来改用本方，疗效明显提高，不仅对初起者效佳，而且对反复发作之顽固病例亦有良效。曾治孙某，风团反复发作 3 月不愈。就诊时见全身多处风团，述其又热又痒，夜间尤剧，难以入眠，舌质淡红而苔薄白，脉弦而稍数。辨证为湿热内蕴，风团外发。处方：龙胆草、栀子、当归、木通、泽泻各 12g，柴胡、黄芩各 15g，生地 24g，紫草皮、白鲜皮、连翘、车前草各 30g，甘草 10g。服 3 剂其症大减，6 剂即愈，随访未再复发。

用本方治疗湿疹、药疹、带状疱疹，均有较好疗效。特别是用于治疗男女外阴湿疹、瘙痒、溃疡诸疾，疗效更佳。曾治徐姓女，患外阴湿疹半年不愈，瘙痒而痛，黄带甚多，并感腰痛，其证显属湿热兼风为患，予本方主之。除内服外，又嘱其用药渣加花椒 10 粒煎汤外洗，3 剂后，诸症均减，守方 10 剂而愈。又治王某，阴囊反复溃疡 6 年，复发加剧月余，瘙痒灼痛，舌红苔黄，脉弦。此为内蕴湿热与外来湿热相搏，而湿性重浊，热郁为毒，发为溃疡，经久不愈。治宜清利湿热，佐以解毒。予本方，以黄柏易黄芩，加苦参 20g。服 3 剂，痒痛大减，黄苔退去，舌质转为淡红，唯阴囊溃疡尚无明显变化。药既奏效，原方再进，为加强局部疗效，又嘱其用药渣煎汤坐盆，每日 2 次。如此内外兼治 1 周，诸症平复。以后偶发，见证均轻，仍以前法治之，二三日即效。

各种皮疹瘙痒，只要病机以湿热为主，或兼风、兼毒，使用本方，奏效多捷。因而想到，临床常见的无疹瘙痒，如有湿热内蕴的病机，运用本方也可能有效，于是试用于临床，果然奏效。曾治周某，皮肤如常，但瘙痒难忍，入夜最甚，难以成寐，西医皮肤科诊为瘙痒症，历时 3 月，诸药无效。查其舌质红，苔薄黄，脉弦，辨证为湿热瘙痒，因兼腹胀，遂于本方中加入广木香 12g，仅服 3 剂，瘙痒顿止，1 月后随访，痒未再发。又治程某，病程月余，夜晚全身瘙痒甚剧，皮肤觉热，并有口干苦、尿黄热、大便结等湿热见证。遂予本方加生首乌 20g，3 剂症减，6 剂痒止。再一例为老年周姓妇女，全身发痒历时 9 月，遇热更甚，瘙痒难熬近日尤剧；查其舌质暗红，苔黄厚，脉弦。考虑此例除湿热内蕴之外，尚有血热血瘀，故以本方加赤芍 15g、丹皮 12g，并配合使用水牛角片，每次 8 片，日服 3 次。服药 3 天瘙痒有减，继服 3 天瘙痒大减，再服 3 天瘙痒即止，未再复发。

皮肤发疹瘙痒，甚或溃烂疼痛，固然多由外邪侵袭所致，正如《金匮要略·水气病脉证并治》所说"风强则为瘾疹，身体为痒"，但内因也不可忽视，上述皮肤病证的发病，多是内外合邪的结果。究其病机，属于火热者居多，正如《内经》所说"诸痛痒疮，皆属于心"。而内外之火，又往往兼湿，因此湿疹瘙痒多以湿热为患，固不等言；其他瘙痒性斑疹，也多为风热而兼湿；即使是无疹瘙痒，湿热内蕴也是常见病机。

针对湿热这一病机，使用清利湿热之龙胆泻肝汤，可以收到一定退疹止痒的效果。然而，龙胆泻肝汤方中毕竟缺乏擅治皮肤病证的专药，且该方凉血解毒之力不足，又无祛风止痒之功，所以退疹止痒之功效尚不满意。有鉴于此，笔者特加入治疗皮肤痒疹的专药白鲜皮，取其清热燥湿、祛风止痒之功，又加入长于凉血解毒、活血通经的紫草皮，以及擅长清热解毒、消退斑疹的连翘，这样一来，全方不仅长于清利湿热，又可凉血解毒，且能祛风止痒，乃成退疹止痒之妙方，姑且名曰加味龙胆泻肝汤。

加味龙胆泻肝汤既有良效，理应有其相关药理作用，于是进行了药理实验，果然显示本方具有显著的抗组胺和止痒作用，又有明显的抗炎、抗过敏及解热作用。这样借助西医药理实验，进一步证明本方显著疗效的取得确有现代药理学基础，这"西为中用"的药理实验也可进一步增强运用本方的信心。于是，又借用西医的辨病，在多年许多个案证明屡用屡效的基础上，采用大样本，更加严格地验证其疗效。以此方汤剂治疗观察荨麻疹、丘疹、湿疹、药疹、皮炎294例，总有效率为91.3%。继而又采用先进工艺将本方制成胶囊，经四家大医院对照观察治疗湿热内蕴、风团外发的急、慢性荨麻疹116例，总有效率为90.5%，痊愈率57.7%，显效以上79.3%。设扑尔敏、息斯敏对照组35例，总有效率为77.1%，显效以上31.4%。这种辨证论治与辨病施治相结合的且有对照的临床观察，更加客观，也更有说服力。事实证明，这种"西为中用"的科研方法，也是发展创新中医药的重要途径。

关于"寒包火"咳的专题研究

在外感咳嗽中，最常见的有风寒、风热、表寒里热三种类型。而表寒里热这种"寒包火"咳在临床极为常见，而且咳嗽频繁剧烈，常常迁延难愈。目前市场上正在销售的治咳中成药中，最缺少的就是针对"寒包火"咳的中成药。

"寒包火"咳的形成，一种是素体内有郁热，又复感外来风寒所致，正如

《医学心悟》所说:"其人素有郁热,而外为风寒束之,热在内而寒在外,谚云'寒包火'也。"另一种是本由外感风寒所致,但表寒未尽而肺热已起,也可形成"寒包火"咳。

对于"寒包火"咳的治疗,按照治病求本的要求,应以"散表寒,清肺热"为主。恰如《医学心悟》所说:"肺有火,则风邪易入,治宜解表而清肺火。"所以选取散表寒的麻黄、清肺热的黄芩作为主药,并以两味主药药名中的一个字合而作为新药名称——麻芩止咳糖浆。

中药复方,妙在君臣佐使合理配伍。

本方主治表寒里热的"寒包火"咳。全方主要分为四组药物:第一组药物,针对在表之风寒,以麻黄为首,取麻黄辛温发散风寒,宣肺止咳平喘。医圣仲景堪称善用麻黄治疗外感咳喘的祖师,现代临床报道中,许多学者仍然认为治疗风寒咳喘,麻黄有专长。笔者多年体会,麻黄确为治疗风寒咳喘的第一要药,特别是辅以苏叶、防风之后,其散寒宣肺之力更强,三药合用,共散表寒,使寒邪不再束肺,肺气得宣,不致上逆,咳喘自缓。这是遵循中医药理论治疗"寒包火"咳的第一要着,首重一个"宣"字。第二组药物,以黄芩为首,自古就有单用一味黄芩制成的黄芩散,主治肺热咳嗽,可见黄芩为清泄肺部火热的第一要药。辅以鱼腥草和连翘,则清肺解毒之力更强,肺热得清,肺气亦清,咳嗽自减。这是治疗"寒包火"咳的第二要着,突出一个"清"字。第三组药物,选桔梗宣肺祛痰,配法夏燥湿除痰,合而增强排痰之力,并能化解痰与火热相结,防止痰热阻肺,以利肺气宣畅。这是按照中医治咳先治痰的原则,体现了一个"化"字。第四组药物,用杏仁、紫菀和少量粟壳肃肺止咳,三药配合,体现一个"降"字。前三组药物,散寒宣肺,清热化痰,针对病因病机,重在治本,辅以第四组药物降逆止咳,兼治其标,奏效更佳。最后还有一味甘草,既是一味调和之药,也是擅长缓急利咽止咳之药,所以在本方中的用量与主药相等。从君臣佐使配伍来看,本方以麻黄散寒宣肺,黄芩清泄肺热,共为君药;苏叶、防风加强麻黄散寒宣肺之功,鱼腥草、连翘加强黄芩清泄肺热之力,同为臣药;桔梗、法夏祛痰利肺,杏仁、紫菀、粟壳肃肺止咳,皆为佐药;甘草调和诸药为使药。合而共奏散寒宣肺、清热化痰、止咳平喘之功效。

本项科研,以中医药理论为指导,遵循辨证论治的中医思维,始终抓住中医之"证"这个核心,不仅依"证"组方选药,而且以治"证"作为观察疗效的金标准，终获成功，关键就在于突出了中医特色，坚持了中医思维。

中医药科研，在遵循中医思维，突出中医辨证论治特色的基础上，又须借用西医西药技术，做到西为中用。我们借用西方现代制药技术，制成了质量稳定、剂量小、口感好的麻芩止咳糖浆。

中药新药研究，除了选择最佳制备工艺外，创新处方最为关键。麻芩止咳糖浆处方的由来，一是仔细分析古今医家治咳名方的精华，一是经过笔者多年治咳成败的亲身体验，反复筛选，创新而来。有关君臣佐使的配伍，前面已有论述，这里特别需要强调一点，就是在治疗外感咳嗽的处方中为何选取敛肺止咳的粟壳呢？

古今许多医家都反复强调，治疗外感咳嗽不能使用强力敛肺止咳的粟壳，否则有"闭门留寇"的不良后果。

我在初涉临床之际，也一直尊此古训和名家告诫。但后来发现，对于外感咳嗽而咳剧之人，采取一般辨证论治之方，往往奏效缓慢，而病人的急迫要求是尽快减轻剧咳的痛苦。思考再三，于是想到不妨试试在方中加入强力镇咳的粟壳。初试之后，果然奏效，此后又屡试屡验，并未出现"闭门留寇"的弊端。究其原因，关键在于本方标本兼治的配伍之妙。

对于表寒里热的咳嗽，选取强力散寒的麻黄、善清肺热的黄芩以治其本，使外束之表寒和内郁之里热皆有去路，再加入除痰要药桔梗、半夏，使郁肺之痰有出路。邪气既有去路出路，这少量粟壳也就没有闭门留寇之弊，而能充分发挥它强力止咳之效。证之本方的药理研究，其显著的抗炎、祛痰、抑菌功效，再加上显著的止咳平喘作用，治疗属表寒里热证的急性支气管炎和慢性支气管炎急性发作效果良好，也就是顺理成章的事了。

经过成都中医药大学附属医院、湖南中医药大学附属医院、湖北中医药大学附属医院这三家大型中医院的临床观察显示，麻芩止咳糖浆治疗证属表寒里热证的急性支气管炎，总有效率达93.33%，治疗证属表寒里热证的慢性支气管炎急性发作，总有效率达95.05%。与对照组相比，效以本糖浆为优。

麻芩止咳糖浆尚在临床研究过程中，就因其显著疗效而受到欢迎。许多并未参加临床观察的患者得知有此新制剂，纷纷要求试用，屡用屡效。最典型的是一位卫生局局长，患咳甚剧，经静脉输入抗生素和口服多种治咳药物治疗后，剧咳不减，后闻此药便索去倍量服用，迅即咳出大量痰液，咳嗽顿减，令其喜出望外，在新药初审会上，他还以典型病例身份到场现身说法。

事实证明，中医临床科研和新药开发，关键就在于深入继承，勇于创新，用疗效说话。既要看辨证治疗的疗效，也要看辨病治疗的疗效。而且要采用较大的样本，且有对照组对比，使疗效判断更加客观，更加可信。这项临床科研，这种新药开发，始终坚持中医思维这个根本，又借用西医药理试验、辨病施治和大样本对照观察，终于得到既有中医特色又符合现代需求的新成果。这也再一次证明"以中为根""西为中用"的科研之路，确实是发展创新中医药学的重要途径。

总而言之，无论是"以中言中"的科研，或是"西为中用"的科研，都要始终坚持中医思维这个根本，但又必须大胆创新，充分借用现代科技，做到与时俱进。关键就是一句话：科研创新中为根。

探索开拓新学科

当今世界科学技术革命浪潮有一个重要特征，一方面学科分化愈来愈细，另一方面学科之间的渗透愈来愈广。只有不断分化，才能不断深化；只有互相渗透，才能在更高层次上综合，在新的领域中深入。中医学既有长于整体综合的优势，也有分化不足的劣势；在古代具有善于吸收多学科知识的优点，在近代则暴露出不能与多学科结合的缺点。因此，加强学科分化，吸收多学科知识为我所用，开拓新兴学科，是发扬中医学术的一个极为重要的方面。

基于这样的认识，我试以"养心调神"为中心，重新浏览历代中医文献及其他有关著作，深感传统的"养心之道"，理论精辟，见解独到；传统的"健心之术"，丰富多彩，切合实用。就其基础理论而言，主要有五论：整体恒动论、人天相应论、时世异论、形神一体论、治未病论。就其基本原则而言，主要有六条：一是首重卫护心神；二是强调顺时调神；三是养生与养德结合；四是形神兼养，养神为先；五是以静制躁，动中取静；六是节欲守神，贵在适度。至于具体的养心调神方法，更是不胜枚举。仅以老人怡情自乐的方法而言，历代医家和养生家就做过种种归纳。有人概括为"五事"："静坐第一；观书第二；看山水花木第三；与良朋讲论第四；教子第五。"也有人归纳为"六一"："琴一张，棋一局，酒一壶，藏书一万卷，集录金石遗文一千卷，以吾一翁老于此五者之间，是为六一。"还有人总结为"十乐"：其一："读书义理，学法帖字，澄心静坐，益友清谈，小酌半醺，浇花种竹，听琴玩鹤，焚香煎茶，登城观山，寓意弈棋。"其二：耕耘之乐，把帚之乐，教子之乐，知足之乐，安居之乐，畅谈之乐，漫步之乐，沐浴之乐，高卧之乐，曝背之乐。

各个年龄阶段的心理卫生知识，在历代文献中均有论述。如《三因极一病证方论》谈到了胎儿心理卫生（胎教）；《幼科发挥》论及幼儿心理卫生；《万病回春》讨论到青少年心理卫生；《千金方》详论了老年人心理卫生。《简明医毂》则从"抚育幼龄"一直谈到"奉养高年"，强调在人的整个一生中始终都要注重心理卫生。

从中医学中分化出较为系统的养心调神理论、原则、方法之后，进而与现代心理学、伦理学、教育学、社会学、哲学及西医学交叉渗透，综合提炼，古为今用，洋为中用，逐渐形成既继承历史传统而又体现时代精神、立足中华而又面向世界的新学科。要创立这门新兴学科，必须从若干探索性著作开始。所以，我不揣冒昧，撰成《中国心理卫生学》一书，意在抛砖引玉，以期大家齐心合力来探索开拓这门新学科。该书出版以后，先获西南西北地区优秀图书二等奖，继而又获四川省中医药科技进步二等奖。

中医科普为万民

传承中医药，发展中医药，创新中医药，我们要特别强调"三个硬道理"：千方百计提高临床疗效是硬道理，千方百计提高学术水平是硬道理，千方百计提高民众对中医药的信任度是硬道理。要想亿万民众信任中医药，应用中医药，既要靠中医中药的独特疗效，又要靠丰富多彩的养生之道，还要靠中华文化、中医哲理的引导。

民众是我们中医的衣食父母，我们既要以"效廉简便"的中医医术服务大众，还要以中华文化、中医哲理引导大众。以哲理引领人生，以文化哺育心灵，以养生使人幸福，以疗效取胜天下，以康复服务万民。

要想达到这样的目的，要想取得确实的效果，就必须大声疾呼，高度重视中医药科普。邓铁涛教授说得好："中医学呼唤科普！"

振兴中医，既要依靠专业人才，也要依靠亿万群众，倘能把中医药知识普及到广大群众中去，对于繁荣中医事业意义十分重大，因为根愈深则叶愈茂。

中医药学扎根于大众。我们的先辈，许多人都了解一些望闻问切的诊病知识，都懂得一些寒热虚实的医学道理，有的人还会使用一些单方和民间疗法来治病。历代医药著作几乎都包含了对民间用药经验的总结。《神农本草经集注》中的"藕皮散血起自疱人，牵牛逐水近出野老"即是明显的例子。

许多医家体会到医药来自民间，扎根群众，而民间大众又迫切需要医药知识，所以十分重视中医药知识的普及。历代均有代表性著作，如葛洪的《肘后备急方》、元希声的《行要备急方》、孙用和的《传家秘宝》、无名氏的《治病须知》、郑笔峰的《卫生杂具》、薛己的《家居医录》、岳甫嘉的《家居慎疾良方》等。这些以家庭为对象的普及读物，使男女老少均能受益。正如李庚序刘昉《幼幼新书》所说："使天下之为父兄者，举无子弟之戚，少有所养，老有所终，家藏此书，庆源无穷，其为利顾不博哉？"

有些著作虽然并非专为家庭而作，但作者仍然考虑到家庭的需要，如张子和特地将其著作取名为《儒门事亲》。《四库全书总目提要》题张子和书说："其曰《儒门事亲》者，则以为难儒者能明其理，而事亲者当知医也。"程钟龄在《医学心悟》自序中，一开头就指出："古人有言，病卧于床，委之庸医，此于不慈不孝，是以为人父子者，不可以不知医。"在结尾处又强调说："以之保身而裕如，以之利人而各足。"

我深深感到，历代医家对普及中医药知识的重视，确为高瞻远瞩。他们撰写的普及读物，不仅对保障人民健康起到了重要作用，而且使中医学术扎根于广大群众，世代相传，对于继承和发扬中医药学，也具有重要意义。但近代以来，中医普及工作尚未引起足够的重视，呈现出后继乏人的局面。因此，我暗暗下定决心，要继承历代中医普及工作的好传统，要把来自大众的中医药知识，送还到大众的手中去。

然而，真正动起笔来，才知道困难重重。一是选题难，如此广博的中医药知识，究竟从何入手？二是表达难，中医学术，体系独特，在人们的心目中，又具有"神秘"色彩，而且四言八句，文字古奥，更难理解，究竟怎样表达，才能使大家看得懂、用得上？三是工作安排难，个人担负的医疗、教学、科研等硬任务，已需要大量的时间，倘若再搞科普，时间尤紧，而且安排稍有不慎，更易被误解为"不务正业"……

究竟从何入手？思考再三，当然应从大众最需要的预防疾病入手。宋朝邵雍说得好："爽口物多终作疾，快心事多反为殃，与其病后才加药，孰若事先能自防。"

选题定了，怎样表达才好呢？最起码的要求是通俗易懂。我想，倘能听懂，则定能读懂，于是试写了一篇题为《卫生传统》的广播稿，播出之后，颇受欢迎，后又重播。初战小胜，我很受鼓舞，便又以"预防要诀与长寿之道"为题，连写了八篇系列稿，播出之后，再次受到欢迎，听众还希望汇集成册。这使我意识到自己肩上的责任：广大群众是多么渴望中医科普读物啊！我深入一些家庭，征求意见，得知他们急需内容广泛而又实用的读物。两易寒暑，1983年《家庭中医顾问》终于问世。出版后，在短短时间里，就收到许多读者来信，颇多鼓励，一些专家也给我以鞭策。

任应秋先生在《湖北中医杂志》发表书评，强调中医普及工作的重要意义，他说："家庭是构成社会的基本单位，将中医药普及到每一个家庭，将大大增强中医药学这个科学的力量，这对于建设四个现代化的社会主义强国，以及努力发掘中医药学这个伟大的宝库，都是十分有利的。因此，我认为马有度同志编写《家庭中医顾问》，是一件很有意义的工作，可以称得起是中医药普及工作的热心家。"

贝润浦医师在《工人日报》发表书评指出，中医科普作品应该科学性、知识性、趣味性并重。他写道："在人们的日常生活中，中医中药的问题比比皆是。譬如'阴阳是迷信吗？''摸脉能知百病吗？''热证就是发烧吗？'等。对这些问题，人们往往似是而非，遇到家人发病，心中直发憷。《家庭中医顾问》一书，就是为了解决人们这些问题而编著的一本科学性、知识性、趣味性并重的中医科普著作。这本书能抓住中心问题，联系日常生活，举几个通俗易懂的例子，继而引申到中医学来说明生理病理，指导诊断治疗。该书各篇短小精悍，一般只用六七百字讲述一个问题。读者茶余饭后，信手翻阅，既可以了解中医学的一般知识，急用时检索方便，又可在短时间内发挥'顾问'作用。"

读者的来信和专家的评论是对我的鞭策，督促我继续探索。我在《家庭中医顾问》的编写说明中说过"笔者虽然自知功力不足，但仍试图做些初步的探索"，我当然应该继续探索下去。考虑到现代生活节奏日益加快，情绪紧张引起的身心疾病日益增多，普及有关调和情志以防病治病的知识甚为迫切。恰恰这时四川人民广播电台的专栏节目"心理卫生"约我撰稿，我欣然应命，以"七情与健康"为题，从七情致病、防病、治病三个方面进行了系统介绍，并在写法上试用了谈天论地、说古道今的漫谈笔法，引起了广大听众的浓厚兴趣。我进一步认识到，大众不仅需要通俗易懂、切合实用的科普文章，尤其喜欢生动有趣、引人入胜的科普作品。因而又想到采用文艺形式表达，于是与何道文同志共同主编了《大众中医药》一书。在我执笔的作品中，除小品以外，还采用了对话、通信、评书、小小说、广播剧等多种形式。

中医药知识来自人民大众，人民大众迫切需要中医药知识，所以中医科普读物很受欢迎。《家庭中医顾问》多次重印，仍然供不应求，于是修订再版，台湾牛顿出版公司又以繁体字出版向海外发行，继而日本医学博士龙川岩先生还奋力将《家庭中医顾问》译成日文，并从1989年起在日本《汉方研究》杂志连载。可见中医药科普不仅对维护港、澳、台同胞的健康大有裨益，而且对促进中华文化的海外交流，推进中医中药向世界各国人民传播，也具有重要意义。

几年的实践使我深深体会到，从事中医事业不仅在中医学术研究方面有广阔的天地，在中医科学普及方面也可以大有作为。

《家庭中医顾问》三次获奖，分别为高士其科普基金奖、重庆市优秀科普创作一等奖和全国优秀科普创作二等奖。

民众的需要，敦促我继续笔耕，又先后出版了《健康奥秘》《大众养生妙法》《四季药膳》等多部科普作品。其中《健康人生 快乐百年》以其"传承中华养生文化精华，展示当代世界保健新知"的特色，受到专家的好评和读者的欢迎，一版再版，重印五次，又连续三次获奖：重庆市优秀图书奖、重庆市科普创作一等奖、全国中医药科普著作一等奖。

为了更好地传播中医中药，必须把热心于中医药科普的志士仁人团结起来，共同奋斗。早在1985年，我就向中华中医药学会郑重提出建立中医药科普分会，万友生教授深表赞同，还将这一建议提交中国科协"三大"作为正式提案，并附上坚决支持的信件。经过几年的积极争取，中医药科普分会终于在重庆正式成立。大家推举我出任主任委员，从1992年到2002年，一干就是十年。2003年由王辉武教授接任，2006年又由温长路教授接任。从1988年在湖北黄石召开全国首届中医药科普研讨会开始，又先后在重庆、成都、北京、南京、洛阳等地多次召开中医药科普高层论坛，奖励全国优秀中医药科普著作，表彰全国百名中医药科普专家、全国百名优秀中医健康信使。国家中医药管理局、中共中央宣传部等 19 个部门又联合隆重推出"中医中药中国行"大型中医药科普宣传活动，2008 年中央财政特别拨款 3100 万用于加强中医药科普宣传。回顾中医药科普这 30 年经历的艰苦曲折，不禁感慨万千，中医药科普的春天终于到来，中医药科普的星星之火终于普照中华大地！

自学中医搭阶梯

20 世纪 80 年代，我十分高兴地看到，在世界上出现的中医热、中药热和针灸热，方兴未艾，有的学者还强调说："21 世纪将是中医中药的世纪。"

我国作为中医药学的故乡，振兴中医更是刻不容缓。而要振兴中医，关键就在于培养人才。因为只有培养出成千上万的中医大军，才能真正担负起继承这份遗产，发掘这一宝库，并将其发扬光大的历史使命。那么，怎样才能尽快地造就这支宏大的队伍呢？单靠中医院校来培养，显然是远远不够的，还必须依靠广大青年自学成才，这是中医人才成长的一条十分重要的途径，在振兴中医的伟大事业中，具有重要的战略意义。

然而，中医学术源远流长，中医书籍浩如烟海，自学者常常感到"摸不着门径"；即使初步入门，想要提高，也会感叹"缺乏阶梯"。我在与许多青年朋友的交往中，深深体会到他们是多么渴望得到帮助和辅导啊！自学，并非无师自通，自学需要良师，自学需要益友。令人兴奋的是，中医界的许多有识之士，都在关心自学中医的青年，不愧为循循善诱的良师，使我深为敬佩。我进而想到自己能为自学中医的青年做些什么？我可以做他们的朋友，促膝谈心，互相学习，为他们铺路，为他们搭梯。由于时间、地域等因素的限制，当面切磋的机会不多；由于精力有限，对青年朋友的来信也无法一一回复。因而想到，可以针对他们在自学中医过程中遇到的一些具有共通性的问题，采用公开信的方式加以答复。这一想法得到了《山东中医杂志》丛林同志的热情支持，《治则通信》很快就与读者见面了，在两年的时间里，我写了八封探讨中医治疗原则的公开信。

《治则通信》是我辅导青年自学中医的处女作，并不成熟。但这种写作方法，却是一种新的探索。回想当年我初学中医时，面对四言八句、文字古奥的中医书籍和论文，由于功底不深，费时多而收效少，多么希望能读到深入浅出、简洁明快的辅导材料，但终不可得，深感遗憾。光阴流逝，1983 年我已年近半百，在撰写辅导文稿时，就设身处地为初学中医的青年着想，深入浅出地讲解道理，生动具体地介绍实例，与他们共同讨论问题，启发他们独立思考，勇于争鸣。既要扎扎实实地继承，更要开拓前进，勇于创新。只有这样，才能成为一代超过前人的新人。

在与自学青年的交往中，我还深深感到，他们不仅需要具体的知识辅导，还尤其希望知道怎样自学中医才能少走弯路而尽快成才。因此，我又撰写了《治学之道》系列稿，仍采用公开信的形式和自学中医的青年朋友娓娓谈心。我的体会是：自学中医要从培养兴趣入手，只有对这一古老而深奥的学术具有浓厚的兴趣，才会主动地去学习和探索。当然，单靠兴趣是不够的，还必须立志坚韧，因为自学中医的道路崎岖不平，只有立志坚定，富于韧劲，才能顽强地战胜重重困难，取得最后成功。另外，讲究自学方法也是十分重要的。以下三点，尤其值得重视：一是读书贵在抓特色，二是资料贵在一线穿，三是理论贵在结合临床。

在撰写《治则通信》和《治学之道》的过程中，我深感个人水平有限，力量单薄，切望医界同道集思广益，精选内容，改变文风，通力合作编写辅导读物，以帮助自学青年入门，引导他们攀登。于是，我一面征稿同时又多方约稿，中医药界的 94 位专家学者纷纷热情赐稿，其中既有李聪甫、张赞臣、姜春华、谢海洲、邓铁涛、朱良春、沈仲圭、余瀛鳌、江尔逊、郑惠伯等老前辈的精彩文章，又有当时一大批后起之秀如张浩良、张奇文、王琦、项平、何绍奇、孙光荣、郁文俊、詹文涛、周临深、周文泉、贝润甫等的佳作。在老一辈中医名家、承先启后的中年专家和重庆出版社谢先编辑的热情支持下，两辑《自学中医阶梯》终于在 1984 年、1986 年和读者见面了。该书不仅在国内获奖，发行 5 万多册，受到好评，而且很快传到日本，也很受欢迎。川岛繁男先生在来信中说："在日本能看到这样的指导中医自学的书，犹如久旱逢甘雨。"他还不惜篇幅，在其主编的《汉证》杂志上摘要转载了《自学中医阶梯》中的多篇文章。

自信自强勇攀登

在重庆举办足球大赛，每到关键时刻，全场球迷就会不约而同地高喊："雄起！雄起！"随着这充满激情的鼓励，场上的球员劲头倍增，更加自信，跑得更快，踢得更准，还会赢来精彩的射门！

当今的中医药事业正处于关键时期，要深入继承，要勇于创新，首先就要充满自信，发扬自强不息的顽强精神。亿万中华民众就是我们坚强的后盾，"中医药，雄起！"这就是父老乡亲的呼声！

民众热爱中医的激情，鼓励我在2006年全国中医院发展对策研讨会上大声疾呼：继承发扬国宝，一定要做到"三个到位"——认识到位、感情到位、举措到位。

"中国医药学是一个伟大的宝库，应当努力发掘，加以提高。"毛泽东主席这个英明的论断，不仅要成为全国中医药界的共识，而且要力争成为全国各级党政领导的共识，成为全国亿万父老乡亲的共识。

我们这个"国宝"究竟宝贵在哪里？为什么称之为"伟大的"？这是因为中医药学，是智慧之学，是灵验之术，是文化之花。

就中医药界内部而言，许多老中青有识之士都有坚定的信念。然而，也确有一些圈内人士面对当今现实的种种困难，已经失去"自信"。这是极大的危险，自己都不相信，又怎能让他人相信？

知难而进，不屈不挠，这是中华民族的优秀品格，也是圣人先贤的优良传统，神农、黄帝、仲景、华佗、孙思邈、李时珍，都是我们的典范。居里夫人有句名言，也很值得我们学习借鉴。她说："我的最高原则，对任何困难决不屈服。"增强中医药界自身的信心，以自强不息，不屈不挠，知难而进，是当今亟待解决的一个十分重要的认识问题。

中医药事业的发展，当然要靠党的坚强领导，当然要靠政府的大力扶持。然而，还有极为重要的一条，就是要"自己争气"，绝不做扶不起的"阿斗"，而要做响当当硬邦邦的"创新型铁杆中医"。

怎样看待继承与创新，是摆在我们面前的又一个重要的认识问题。我的恩师陈源生在《医方新解》的序言中说得精彩："泥古不化，无以进步；执今斥古，难言继承。以中拒洋，有碍发展；化中为洋，易失本根。须当以求实精神，持慎重态度，科学整理，辩证分析，务去粗取精，毋废医存药，淹通古今，博采中西，发明中医方剂之意蕴，吸收现代药理之精英，取长补短，融会贯通，以做更大贡献。"对待中医药事业，认识要到位，感情更要到位。不管你出身中医还是西医，甚或出自其他专业，只要进入中医战线，就都是中医人，既然已经"嫁"给了中医，就不要轻言"分手"，更不要随便"离婚"，而要热爱中医，投入真情。古往今来，凡是为中医药事业做出重大贡献的人，他们一个最为突出的特点就是热爱中医，感情至深。开拓中医药事业，关键就在"中医人"，尤其是"中医人"的"中医情"。

我"嫁给"中医 50 余年的体会就是：

> 我爱中医，我谢中医！
> 中医教我做人　中医教我做事
> 中医给我健康　中医给我快乐
> 中医使我幸福　中医使我成功

学中医，爱中医，要继承，要创新。在学术上是这样，在临床上也是这样，在传承发扬先辈中医的优秀品格上尤其是这样。只有既重医德，又重医术，中医后继才有人，中医开拓才有望。

我和中青年中医朋友谈心交流，共同深切地感受到：德为医之首，术为医之基。培养高尚的医德是业医者的头等大事，练就精良的医术，才有济世活人的功底。医德高尚，医术精良，时刻可以助人、救人；医德低劣，医术平庸，时刻可以误人、害人。所以，业医者无论读书、拜师、临证，都必须紧扣医德医术这个核心。读书读医德，读书读医术；拜师学医德，拜师学医术；临证靠医德，临证靠医术。

我们要用心去感悟"名医、民医、明医"的含义。名医，知名度很高的医生，民众认可喜爱的医生，德高术精为民保健的医生。名医者，民医也。民众喜爱的名医，既要知名，更要明理：上明天理，下明地理，中明人理，还要明白哲理，尤其要深明医理。名医者，明医也。要想达到"名医、民医、明医"的境界，必须做到三多：多读书、多拜师、多临证。通过这三多，步入中医殿堂；坚持这三多，迈向精诚大医。

1981 年，周凤梧、张奇文、丛林联合主编出版了《名老中医之路》一书，当时我正值壮年，反复拜读，获益良多。时至今日，我也年过古稀，回顾自己从事中医 50 余年的历程，由入门而探路，由搭梯而攀登。在这漫长的岁月里，多少老师教导我，多少学友帮助我，多少青年鼓励我，在此一并深致谢意！周凤梧老师曾赠我一画———虎攀向山巅；鄢莹光老师配上一联——不畏险阻，志在高山。这是老一辈交给我们的接力棒，其中包含着几多鼓励和期望。我要继续跑好这一棒，更要向中青年人交好这一棒。我坚信新一代的中青年中医，一定会脚踏实地，勇探新路，开山成梯，奋勇攀登！

王洪图

王洪图（1937—2009），又名王鸿图，天津市蓟县（现蓟州区）人。北京中医药大学教授，博士生导师，主任医师。

1963年毕业于北京中医学院（现北京中医药大学）中医专业，留校任《内经》教师。历任国家中医药管理局内经重点学科带头人，北京中医药大学内经教研室主任，北京中医药大学学位委员会委员。兼任中国中医药学会内经专业委员会主任委员，北京市中医学会顾问。

主编出版专著21部，论文数十篇，其中《黄帝内经研究大成》获第四届国家图书奖。

享受国务院政府特殊津贴，曾获全国优秀教师、北京市先进工作者、全国师德先进个人荣誉称号。

因为当《内经》教师的缘故，所以我的教学、科研乃至临床的全部工作，理所当然地均以《内经》为本，虽不无辛苦，却也乐在其中。现将研习《内经》的经历简述于后，以供青年同道参考与借鉴。

粗读之 背诵之

1957年，我进入北京中医学院（现北京中医药大学）所听的第一堂专业课便是讲授《黄帝内经》，而真正主动学习却已是在步入大学四年级的时候。我想这有一个条件、一个背景和一个直接原因，条件是经过三年学习，多少有些入门，初步认识了大中医学之奥妙，非下大功夫不能得其真谛；背景是当时学校大倡"朗朗读书声"，大学校长曾在全校师生大会上讲：古人做学问讲究十年不窥园。又说：少看一部新电影算什么，十年以后的电影更新！于是全校老师和学生共同掀起了读书的热潮，《黄帝内经》《伤寒论》《汤头歌诀》《医宗金鉴》《医学心悟》《医醇賸义》等成为同学们争相诵读的书籍，我便是那为数不多诵读《内经》的一员。每个人读哪本书可能有各自的理由，而我要读《内经》的直接原因，或者称诱因则简单而明确，教务长祝谌予先生讲话时提道：任应秋老师为什么学术造诣高深？他的基础牢，熟悉甚至可背诵《内经》。我想，噢，那我也背诵它吧！要知道那时任老尚不到 50 岁，却已是全国著名的老中医。恰巧我们的教室离他家不远，下晚自习后我时常绕一个小弯，多走几步路，从他家窗下经过，看见他捧书夜读，不时传出吟诵之声，这也越发坚定了我背书的信念。

首先背《素问》，选南京中医学院编写的 1958 年版《黄帝内经素问释译》，该书除原文外，对难字、难词有简要解释并有白话语译。初读略通文意后，便朗读、背诵，从《上古天真论》"昔在黄帝，生而神灵"起，逐字逐句。每日课下晨昏，我在完成其他必修功课后的主要任务就是读与背诵《素问》。两年后，进入六年级毕业实习时，开始读《灵枢经》，这时所选读本多了，即使仅凭我自购的一部旧版《康熙字典》，也能大致读懂《灵枢经》原文，至毕业后又一年的时间，才基本把大部分经文背诵下来。但需说明，尽管我花了四年业余时间，还是没达到有些前辈的程度——能背诵全部《内经》和《难经》。对五运六气诸篇中气与运的各种变化以及《经脉》篇中各经循行的具体解剖位置、名称，还是望而却步了。对其余经文的记忆生熟不等，但起码在当时是背诵过了。这为我以后工作带来的第一个好处是，看到文章或听到讲话，当其引用《内经》经文时，往往凭直觉便知道其引用是否准确。

初读《内经》，常遇到难字、难句，所以有时会感到枯燥，但熟读后，则体会到很多文章音韵极佳，再加之逐渐领会其文意，故而不仅朗朗上口，而且会有心神愉悦之感。有些文句朗读之后，自然会找到一种发音，既便于诵读又可加深记忆。如《素问·生气通天论》"无扰筋骨，无见雾露，仅此三时，形乃困薄"句的"薄"字，若读作"部"音就很顺口。尤其是若干经文不仅理论精湛，且意境高远，文辞华丽，气势磅礴。如《素问·天元纪大论》所载"《太史天元册》文曰：太虚寥廓，肇基化元，万物资始，五运终天，布气真灵，总统坤元，九星悬朗，七曜周旋。曰阴曰阳，曰柔曰刚，幽显既位，寒暑弛张，生生化化，品物咸章"，必须一气诵来，始觉胸中畅快。身为中医药工作者，若没能品味其精妙，殊为憾事。

边工作 边学习

1963 年毕业时，全年级 40 多位同学总的工作志愿都是"党的需要就是我的志愿"。之后我再报的志愿顺序是：临床、科研、教学。而校方考虑的可能是王洪图同学读了几年《内经》，应该留校分配到内经教研室作师资。至今 45 年过去了，尽管我也持有主任医师证，但从未变更过教师职业。这样太过简单的阅历，或许是个缺憾。"文革"中批评青年知识分子们是"三门"干部——从家门到校门、机关门，而我则仅有从家门到校门的"两门"。近年也有人看重阅历，据说这是不少人工作多次"跳槽"时宣称的理由。不过，我当年信奉的是"干一行，爱一行"的"敬业"精神，尤其现已年逾古稀，更不会产生改行的念头了。

（一）教学相长

我开始工作一年后从见习助教转为助教，主要任务是随老教师听课、评阅学生作业、课后辅导并回答学生的问题。为了完成由学生到教师的角色转变，有很多要学习的东西，好在老教师对我这个"接班人"爱护有加，不仅有求必应，还时常推荐参考书籍。当然我在做见习助教的一年中，主要业余时间仍是用来诵读《内经》。

所谓做学问的过程，即是发现问题、解决问题的过程。就教师工作而言，在传授知识的同时，必然听取学生的意见，而学生的见解，常可碰撞出教师思想上的火花，对提高教学水平有直接帮助，也常为教师提供研究课题，或使原有研究更加深入。20 世纪 70 年代，我在《中级医刊》杂志上发表了关于"寸口"脉诊的意义的一篇小文，那是本人较早的作品，发表出来后，还很有点欣欣然的感觉。那篇文章就是为回答有人提出的"人身经脉很多条，肺经也很长，为什么单独取寸口？"的问题而写的。

其实，年轻医生多想早些写出文章，但苦于没有合适的题目。要在读书、座谈、临证过程中随时留意，偶有发现或头脑中闪过的念头，即《灵枢·本神》所说"心有所忆谓之意"，就记录下来，以便有时间加以补充、修正和论述。曾有一位硕士研究生就在与我日常交谈、讨论中随时留意，在校三年时间，于国内期刊上发表论文 13 篇，其中并不包括他的硕士毕业论文。

在多年指导硕、博士研究生以及博士后科研工作中，既有我对他们的指导，如研究方向、题目、要求等，作为导师必须把关；学生的工作又对我有很大帮助，如采用哪些新的方法、操作技术、指标修订，有哪些新的发现等，会促使我学习新知识、思考新问题，所谓"闻道有先后，术业有专攻"而已。

（二）在临床中学习《内经》

《内经》是古人在长期、大量、丰富的临床实践基础上产生的，因此研读和理解它的最佳方法，也必定是临床实践。本人作为教师，反复研读《内经》是分内工作，自然应该较多地了解书中的记载，对其中某些理论甚至知道后世注家有几种不同的解释，然而究竟谁的观点更可信，却往往心中无数。

如《素问·五脏别论》中"心肺有病，而鼻为之不利"一语，我在临证尚少之时，只能出于教师的责任所在，向学生解讲其理，但此理是否真的正确，心中无底。及至 20 世纪 70 年代中叶，一位我曾经诊治过的冠心病患者，突感鼻塞窒息，医院内科医生将其转至五官科，五官科检查未见有病，令其回家。患者鼻塞益甚，无奈之下乃寻出昔日治疗冠心病的中药方，购药数剂服之，症状大减。于是该患者辗转找到我，要求再予治疗，并叙说上述经过，方令我大悟"心肺有病，而鼻为之不利"确切无疑，前医不知，险些铸成大错。此后临床工作中亦见有心脏病而不闻香臭者，治其心脏，嗅觉亦随之恢复；同样也有以"鼻塞呼吸困难"就诊者，用治心脏之方获愈。又如《素问·宣明五气》篇"脾为吞"一语，注家主要有两说：一谓吞酸，一谓吞咽。由于肝脾不和"吞酸"多见，我初时便认定此说正确，另一说存疑；及至以后临床不止一次见到脾病者不停吞咽唾液，其热者用泻黄散，虚者用四君子汤类，每获良效。

若非经过临床实践，对《内经》的若干记载便不能深刻理解，不懂得它的宝贵。

学术研究　渐进而认真

本人自认为还算有事业心，和大多数中医药工作者一样，也总想在自己的工作和专业范围内做出些贡献，则学术研究就是必经之路。数十年来虽未能取得耀眼成绩，但体会还是有几点。

（一）严谨认真是首务

20世纪80年代以前，中医领域很少得到资金投入多的研究课题，那时我进行的所谓研究，主要是模仿师辈先生们从《内经》的某一文句、某一理论的分析中，提出自己的看法而写成文章。70年代末和80年代初，在北京和河南省南阳市分别召开两次"中日张仲景学说学术研讨会"，第一次会中我笔译了两篇日本专家文稿，日文稿中引用了较多的包括《内经》在内的文献，如"有故无殒亦无殒也"等。我毕竟对中医古文献语言特点较熟悉，所以文章译成中文后，虽然文白夹杂，却也得到了语言专家的肯定并在《北京中医学院学报》刊出。这里补充一点，20世纪70年代末，本人以大学期间学到的些微日语基础，曾考取本校举办的为期半年的日语脱产学习班，不仅获得翻译两篇文章的机会，而且还成为"开放"后我校较早出访日本的教师之一，在当时"走出国门"很有一点新奇的感觉。这一点日语基础，似乎在1983年晋升副教授时，还起了些"加分"的作用，我自诩"机会留给有准备的人"。现在回头看来，只觉可笑而已，因为青年学者们的外语水平都达到了四级、六级标准。

第二次中日学术研讨会上，我发表了《从治疗原则看张仲景对〈内经〉的继承和发展》一文，并分别在国内和日本杂志上刊出。以该文为开端，相继发表了关于"从治疗方法""从药物加减"看张仲景对《内经》继承和发展的文章。这些文章水平一般，但有一点还是应该肯定的，即文中的全部资料，都是从《伤寒论》《金匮要略》《黄帝内经》中，经逐字逐句阅读，摘录下来的，并且相关内容绝无遗漏，言出有据，经得起推敲。

尽量使用第一手资料，不得不使用第二手资料时必写明出处，一直是我写文章遵守的原则。1992年撰写《黄帝内经研究大成》之"藏象"部分，为证实两晋南北朝时医学界曾有"脏病热、腑病寒"的学说流派，我详细查阅《备急千金要方》《外台秘要》两书的每一行字，耗时近三周，最终落笔成《体窍所应及脏热腑寒说》总计3200字的小文，在那部460万字的书中仅占两页。这种写作方法看似笨拙，却极可靠，即使现在很多资料可以从电脑上查阅、下载，但若要使用它们，也要再次核实，以免误己害人。

（二）形成方向，持之以恒

现在的青年学者，尤其是具有硕士、博士学位的同仁，他们很幸运，在导师的指导下，比较容易确定自己的研究方向，或者在导师原有的方向上继续深入研究。但在我上学时，中医尚无研究生教育，及至有了研究生教育时，我则被推举为"指导小组"成员，不久便到了指导教师的位置。1984年因任应秋教授患病，由我代他指导已入学的硕士生，尽管那时我也已46岁了，比起现在若干博士生导师的年龄已高出很多，但对那时的我来说，指导研究生却有些茫然。即使对于导师必须具备的"研究方向"，也颇费思索，基于在《内经》理论整理方面做过"论治"研究，便比较勉强地在研究生"培养方案"项上填入"《内经》论治学说研究"。换句话说，直至1984年，已当了21年大学教师并且当了一年副教授的我，对"研究方向"这一重要问题，才被动地提了出来。

虽然自己独立招收的前两届硕士生的研究方向仍然是"论治学说"，但他们的毕业论文已比较深入地讨论了"五脏藏神"及"脾为枢轴"的问题。由于本人在20世纪70年代即曾发表过《谈脾胃转枢》一文，而且发表过用调理脾胃方治疗失眠的临床经验报道，对于脾胃在"五脏藏神"理论中的地位，逐渐有了更深入的认识，于是自1987年以后，无论培养硕士、博士，"研究方向"都以"五脏藏神的理论研究"为主，而切入点则是"脾胃转枢"问题。这个切入点最基本的依据是《素问·刺禁论》"肝生于左，肺藏于右，心部于表，肾治于里，脾为之使，胃为之市"。"使"，使役、帮助；"市"，通畅之意。五脏气机表里升降，依赖脾胃之"转枢"，才能顺利进行。前期的有关研究，我曾执笔总结于《北京中医药大学学报》2002年2期《脾胃转枢对五脏藏神调节的研究述评》一文。

此外，从学术发展的角度，应将《黄帝内经》从一部古籍的研究，发展为中医学里一个独立的分支学科，虽然没有列入"研究方向"，但却是我几十年来追求的目标之一。

持之以恒，也是认真严谨治学的一个方面，研究方向确定之后，虽然仍有可能在一定范围内适当调整修正，但不能轻谈放弃，即所谓"漂移"，必须克服困难甚至承受某些误解而坚持下去。如上所说，我自确定从"脾胃转枢"切入"五脏藏神"研究后，20余年中，虽然从研究方法、手段方面进行过完善、修改，但从无中断，所培养硕士、博士生的论文，虽有从文献整理、实验研究不同角度探讨，但总的方向并无改变，并获得了校级和高一级的博士优秀论文奖。至今，学生中已有数人成为内经专业的博士生导师。

关于将"内经学"作为中医学的一个分支学科的问题，本人作为中华中医药学会内经专业委员会主任委员，在近20年多次组织全国内经专家研讨。虽然也经历了"《内经》属于中医基础理论学科"的议论、"《内经》是伪书"的不实之词，但事实是最有说服力的。全国内经界和相关学科专家，日本国的内经医学会专家以及韩国有关专家等数十人，自1991年起经过六年多的集体努力，撰著的获第四届国家图书奖的《黄帝内经研究大成》便是以"内经学"为构架写成。全体作者，只讲奉献，没有分毫的经济补贴，本人作为总主编，在编写该书六年多的时间里，除每年春节的大年初一，再没安排过一天休息。不过，尽管工作紧张，居然没有患病，或许正是《内经》所说"精神专直"便"气以度行"的缘故。如今，中医学术界已普遍认同内经学科，同时，《内经学》一书已于2004年被列为教育部全国高等中医药院校七年制规划教材，正式使用。

再谈《内经》指导临床

我在临床诊疗工作中，主要应用《内经》理论辨证及确立治法。归纳之有以下几点体会。

（一）熟能生巧

如前所述，本人曾熟读甚至背诵过《内经》的大部分文章，但似乎不能再用这个方法要求今天的多数青年中医。不过，"熟能生巧"是永世不变的规律，所以我建议渴望提高临床疗效的朋友们，最好把近年出版的大学本科《内经》教材中的经文背下来，任何一本教材皆可，其选经文内容大同小异，都是内经专家反复斟酌精选出的理论、实用价值都很强的文章，共4万~5万字，不足《内经》全文的四分之一，已大大减轻了学习负担，也可以大致认识临床常见问题。

1974年，我还是年轻中医的时候，曾带两位西学中主任医师临床学习，遇一头外伤后遗症病例。患者为42岁男性，头外伤手术后半年余，左半身不遂，下肢尤甚，足内翻不能屈伸，行动需左右两人架扶，舌红苔腻，脉濡数。曾用中、西医方法治疗，效不显。我此前并未经治过此类病证，但知其为难治。经过分析其有湿热之象，于是心中立即出现《素问·生气通天论》"湿热不攘，大筋软短，小筋弛长，软短为拘，弛长为痿"的语句，顿时信心倍增，乃用祛湿热的二妙丸方意，加味为汤剂予服，40 余剂后，病人能够扶杖独立行走，病情大为好转。两位实习的西医师也对中医疗效十分叹服。

（二）坚信不疑

《内经》文字古朴无华，其论真实可信，其载是作者亲见亲闻，绝无浮华的成分。只有在认真研读的基础上，对其坚信不疑，才能收到奇效。我曾遇一位 32 岁妇女，患哮喘 28 年，每至秋季发作，冬至节后自行缓解。多年来靠服扑尔敏类西药维持。就诊时舌红脉略数，其病昼轻夜甚，每至夜一时许因喘息而不能睡，需服药后过一小时才得略缓。我知道喘病难治，但忆《灵枢·刺节真邪》载"振埃者，刺外经……阳气大逆，上满于胸中，愤瞋肩息，大气逆上，喘喝坐伏，病恶埃烟，饲不得息……取之天容""其咳上气……取之廉泉"，乃取天容、廉泉、列缺、三阴交穴刺之。隔日再诊，病人未服抗过敏西药，喘未大作。再用前法，并予四剂泻黄散加利肺气之药为汤剂，治疗后十余年病无再发。

我曾将上例作为讲课内容，近年有多位听过课的针灸师告诉我，用"振埃"刺法经治过敏性哮喘获良效。我虽不是专业针灸医师，但知《内经》中记载最丰富的治疗方法，确是针刺法无疑。

（三）灵活理解

由于《内经》具有"各家学说"的性质，所以尽管理论体系上一致，但诸篇具体学术观点不尽相同。即使同样的词句，其含义也常不一样，如"风厥"病名，在《素问·评热病论》中是指太阳感风，少阴气逆之证；《素问·阴阳别论》中是指肝胃不和之证；《灵枢·五变》则是指多汗表虚的卫气不足之证，虽均名风厥，却是三证，治法各异。

又因《内经》文字概括性极强，所以常一语而含多意。如《素问·生气通天论》"因于气，为肿，四维相代，阳气乃竭"，对"四维"，后世有人解作"四肢"，有的解为"四隅"。作四肢解者，又将"气"或视作"风"的代词，与全段"因于寒""因于暑""因于湿"并列，而且也符合外受风邪致水肿，用越婢汤治之获效的临床实际；但有人认为"气"即气虚，而且是"四肢交替为肿"，即手肿已而足，左肿已而右。初看此说似不可思议，但本人临床确曾见两例病人，左右两足交替水肿，约一个月交换一次，现代检查未发现与之相关的生化指标改变，然而一例用金匮肾气丸为主方治愈，另一例则以脾肾两补之法而痊。就此而言，《生气通天论》这段话本该有不同的理解，方不失经旨。所以，对《内经》中的若干字句，应从其前后文意，尤其是从总的理论体系全面分析，灵活理解，而不可胶执一端。

（四）博采众长

要想研习《内经》以提高临床诊治水平，最好的典范就是仲景先师，其发扬光大了《内经》学术思想的经典之作《伤寒杂病论》，正是在勤求《素问》《九卷》等古训，又博采众长，密切结合临床实践基础上写成的。我们首先要继承仲景学习又发扬古训的治学精神，同时也应学习他辨证论治的具体理论与方法。从《伤寒论》《金匮要略》两书看，其全部治疗法则，都能在《素问·阴阳应象大论》中找到根据。"其高者因而越之"，"酸苦涌泻为阴"，仲景用酸味之赤小豆合苦味之甜瓜蒂，制为瓜蒂散，以涌吐上焦之实邪；"其下者引而竭之"，仲景制承气、抵当诸方，设蜜煎导诸法，以导引、泻出在下焦之邪……尤其对"中满者泻之于内"，仲景制诸方以"泻心汤法"治"心下痞"满，虽古今注释《内经》者数十家，独仲景泻心汤法为第一精辟佳注。仲景书中此类实例举不胜举。又以瓜蒂散为例，临床中单用瓜蒂亦可催吐，名独圣散，初服以0.6g药量煎水饮之，便多有较好催吐效果。但仲景却用两味药组方，一方面用赤小豆缓和瓜蒂毒性而有保胃气作用，另一方面更有严格遵循古训"酸苦涌泻"之用心。

《内经》所载治法虽十分丰富，但就用药治病而言则仅有13方，所以临证之时不仅要效法仲景，还要认真学习古今诸贤。即使用仲景之方，有时亦可加减，并不违背"随证治之"而加减用药的古训。试摘几例本人效仿古今前辈治疗"发热"病案于下以说明之。

例一：张某，男，35岁，高热39℃一周，头晕口苦，食欲不振，脉数，舌苔黄腻。用抗生素治疗无效。其热势时有波动，高热之前先有恶寒。

证属少阳郁热，用小柴胡汤去人参加炒草果仁 12g，五味子 10g，三剂热退病愈。少阳郁热而夹痰湿证，以小柴胡汤加草果、五味治之颇验，此为刘渡舟教授口传。

例二：某女，31 岁。9 年前因高热住院，热退后出院，但未明确诊断。此后每值夏天在阳光下行走 1000 米，体温即达 38.5℃ 以上，无汗。多次治疗无效，其面色微红，舌红苔薄黄，脉弦细略数。

火郁发之，使用赵绍琴先师之方：荆芥、防风、炒栀子、黄芩、赤芍、焦三仙、水红花子、茅根、芦根，皆常规用量，六剂而愈，治后多年未再复发。

例三：胡女，42 岁，广州市人。2006 年国庆期间来京求治。一年半以来，反复发高热，体温 39.0～39.6℃，约每周一发，多饮热水或服发汗药后数小时热退。食欲不振，体重锐减（诊时 42kg）。大便尚通，月事量少。经查发现"肝胆管硬化"。虽经治疗，效不显。

病人就诊时诉说即将发热，因有不适及微恶寒感。我以疟或如疟认证，投以达原饮加生石膏予服，不效，病人到医院输液。五日后复诊，始意识到其"肝胆管硬化"，可作"疟母"认证。用鳖甲煎丸加减：鳖甲、白人参各 20g，射干、丹皮、红花、柴胡各 10g，花粉、当归、赤白芍各 12g，黄芩、半夏各 12g，川贝 10g，玄参 12g，生牡蛎 15g，桂枝 5g，石韦 10g，干姜 6g，生军 1.5g。水煎服，每日一剂，忌辛辣、油腻。带药返里。

病人一周后打电话称高热未作，仅大便偏稀，精神、体力渐增。嘱其原方减 0.5g 生大黄，续服。当年 11 月 27 日我赴广州参加会议期间，再诊，患者体温一直正常，体重增加三公斤。原方再服 12 剂。近一年来，病无复发。此例初诊有误，是以无效。后方以鳖甲煎丸为基础，又加入了消瘰丸成分，较好地解除了患者长年病痛。

至于暑病高热，用清暑益气汤三剂病愈；风寒高热，用杏苏散加味两剂热除的案例，在中医临床很多见。不过治外感发热，宜效仿《温病条辨》银翘散给药法，即 4～6 小时服一次药。以防药力不济，热邪复炽。

总之，在临床实践中效法仲景，学习古今诸贤，是必须的，也是符合《内经》"去故就新，乃得真人"（《移精变气论》）、"圣人杂合以治，各得其所宜"（《异法方宜论》）的基本精神的。

钱 英

钱英（1937—　），天津市人。首都医科大学中医药
学院教授，主任医师，博士生导师，中华中医药学会内
科肝胆病专业委员会主任委员，全国第三、四批名老中
医带徒指导老师。1956 年 8 月考入北京中医学院（现北
京中医药大学），为中华人民共和国成立后第一批中医本
科生。1962 年毕业后在北京中医医院工作，先后师从施
奠邦、徐季含、姚正平、郗霈龄、关幼波等多位名老中
医。1987 年调任北京联合大学中医药学院（现首都医科大
学中医药学院）业务副院长（主管教学、临床、科研）。1999 年被评为国家有突
出贡献的教育工作者，并享受国务院政府特殊津贴。1999~2001 年赴香港浸会大
学中医药学院任访问学者、客座教授。2002 年至今为首都医科大学附属北京佑安
医院特聘专家。长于肝胆病及肾病诊治，主要著作有《肝炎论治学》等四部。

　　我出生于天津市河北区的一个普通工人家庭，有幸成为中华人民共和国成
立后中医学院培养的第一批本科生，从踏入中医之门至今已五十余年。我们这
一代人走了一条前人所未曾走过的道路。回首往事，可以将自己一生的学医、
行医过程分为三个阶段，即大学期间是打基础阶段；工作前 20 年是成长阶段；
工作 20 年以后逐渐走向成熟阶段。50 余年从启蒙到逐渐成熟，得益于诸多老
师、前辈的教诲，在多年的临床、教学、科研、管理等方面也略有一些心得。
现将自己跟老师学习的情况及个人体会略述于后，备同道参考。

大学阶段

　　医学上任何成就的取得都是经过一番辛勤努力得来的，要想在中医学方面

取得一定的成就，必须在大学阶段打下坚实的基础。我在少年时期看到很多老百姓因无钱看病而长期遭受疾病折磨，甚至因病致贫，导致家破人亡，就树立了要学医来治病救人的理想。因亲眼看到一些名医药到病除的高超技艺，遂对祖国传统的中医学产生了浓厚的兴趣。1956年，我中学毕业后以优异的成绩考入北京中医学院，实现了自己学习中医学的理想。

建院初期的北京中医学院，从全国各地遴选了一大批优秀师资，可以说是国手云集，像著名的秦伯未、刘渡舟、任应秋等都是该校的任课教师。能聆听这些名医大家讲课，为我日后打下坚实的中医学基础创造了得天独厚的优越条件。我认为，对培养中医来说，大学系统的课堂教学及良好的师资比传统的师带徒教学更好，因为在师带徒的培养环境下是很难同时学习那么多大家的经验的。而目前中医院校普遍缺少有很好临床经验的授课教师，如果不能解决好这一问题，必将导致中医学后继乏人、后继乏术。不能因目前的师资问题而质疑中医本科教学的模式，虽然师带徒的模式也有很多好处，但在打基础阶段，还是系统的大学教育更好一些。在大学阶段，我们系统学习了中医基础理论、中药学、方剂学等基础课程和《内经》《伤寒论》《金匮要略》等中医经典课程及各门临床课程，其中《内经》等经典是中医学的基础，学好中医的基础就是熟读经典，而且还要在以后的临床过程中反复研读。很多难以解决的疑难问题往往能通过灵活运用中医经典中的理论、方法得以解决。中医学数千年来的各个流派，所有名医大家，其创新发展，万变不离其宗，始终没有超越《内经》等经典。所以，熟读经典是学好中医的基础，正如王冰所说的"将升岱岳，非径奚为；欲诣扶桑，无舟莫适"。

1961年到1962年，我在西苑医院进行为期1年的毕业实习。在课堂上打下坚实的中医基础后，实习阶段跟随老师开始走向临床。"熟读王叔和，不如临证多"，勤于临证是学好中医的关键。在临床实习阶段，对我影响最大的是施奠邦和徐季含两位老师。当时，徐季含老中医是内科主任，施奠邦是主治医师。两位老师重视脾胃的思想对我后来学术思想的形成有很大影响。徐季含老中医根据叶天士养胃阴思想研制的经验方"养胃膏"治愈了很多疑难杂症。我在总结两位老师的经验过程中，通过研读李东垣的《脾胃论》和叶天士的《临证指南医案》，对治疗脾胃病有了一些心得，认为很多脾胃病往往是脾阳、胃阴同时受病，应脾阳、胃阴同调，兼采东垣、天士之法。

成长阶段

大学毕业后我被分配到北京中医医院任住院医师，跟随姚正平老中医学习肾病治疗经验。当时的北京中医医院亦是名医云集的地方，北京市的名老中医在中华人民共和国成立后多数被安排在北京中医医院工作，姚正平老中医以擅长治疗肾病而闻名京城。我有幸被安排到内科肾病组跟随姚老，在姚老身边学习了很多他的独特经验。跟随姚老期间，我最大的收获是学到了是他运用三焦气化学说治疗肾炎水肿的经验。姚老根据《内经》三焦气化学说理论，治疗肾炎水肿重视调理肺、脾、肾。刚开始时，见姚老治疗肾炎，每常用大量麻黄、附子、生黄芪，用麻黄量达30g以上，颇为不解。姚老认为，治疗水肿，关键是要使三焦气化通畅。《内经》云："三焦者，决渎之官，水道出焉。"所以，三焦就是水道，绝不能因为西医称为肾炎而见肾治肾，中医治疗肾炎的着眼点要在三焦。"三焦者元气之别使""主通行水道"。肾炎水肿的根本病机在于三焦气化不行，水道不通。"上焦如雾"，肺主宣发肃降，而肺的宣发在水液的代谢过程中起重要作用。急性肾炎多属中医学风水范畴，由风邪犯肺影响了肺的宣发肃降。开肺逐邪、宣通利水，莫过于麻黄，而麻黄并非虎狼之药，麻黄不得桂枝则不热，而量大始疗效卓著，根据姚老经验麻黄用至一两利水效果较明显，有提壶揭盖的作用。"中焦如沤"，土能治水，中焦脾胃在水液代谢的过程中起主导作用，其中关键是脾的升发作用。脾主升，脾气升腾才能"脾气散精，上归于肺"。因此姚老治疗肾病水肿常用大量生黄芪，一能健脾益气，主升，使脾气散精于肺再宣发肃降；一能走表实表，使在表之邪得以宣散而使表固不受邪侵；一能补气行水，使三焦通畅而饮邪无遁藏之所。"下焦如渎"，肾主开阖，司二便，在水液的代谢中起关键作用。《内经》云："膀胱者，州都之官，津液藏焉，气化则能出矣。"姚老认为，尿液得以正常排泄的关键在于"气化"，而这"气化"的关键在于肾阳的鼓舞。鼓舞肾气，助肾气化莫过于附子。姚老重视三焦气化的理论不但对我日后治疗肾病有重要影响，并且对我后来治疗肝病也有重要影响，比如治疗肝硬化腹水、乙肝相关性肾病，虽然病因病机有所不同，但三焦气化是同样的重要。尤其是"气化之根在命门"和"水火并济在固肾"的理念，为我后来治疗肝病，重视固肾，形成"见肝之病，其源在肾，急当固肾"

的思想奠定了一定的基础。

三焦气化不畅有虚实两方面的原因，如果无形之邪导致三焦不畅时，常按以上方法治疗，而如果是中焦气滞水停的情况，则要用理气利水的方法，姚老常用木香、厚朴等行气利水。当时有一个病例，至今我仍记忆犹新，有一15岁男性患者，水肿非常明显，运用姚老行气利水的方法治疗后疗效非常明显。那时我已经产生了进行科研的想法，开展了一些简单的科学实验，为后来从事科学研究奠定了一些基础。当时我就观察姚老处方中常用行气利水的木香、厚朴是否在起作用。于是我们设计并观察了不同处方中药加减与尿量的关系，并绘制成疗效曲线图，结果发现加入木香、厚朴则尿量明显增加，减木香、厚朴则尿量明显减少，更加验证了三焦气化学说指导肾炎水肿治疗的科学性。后来我又总结了晚期尿毒症中医治疗的临床观察，发现中药治疗尿毒症也有非常好的疗效。这些内容经过整理并发表成文，在我之后的临床和教学中都经常用到，可谓受益匪浅。

在跟随姚老临证的那段时间里，他重视食疗治病的思想对我启发也很大。而且他经常打破西医禁忌，当时有患者雷某，肾衰竭比较严重，白蛋白水平也很低，西医会诊均告诫不能进食大量蛋白，而姚老嘱患者喝鲫鱼汤、鸡汤，后来患者肾功能不断好转，经中药调整最终治愈。给我留下深刻印象的是对西医的一些观点要敢于怀疑，衷中参西不离中，一定要按中医的理法方药诊治而不能被西医的观点左右。这些配合中药加以食疗的方法在我之后治疗肝病的过程中也常应用，往往可收到意想不到的效果。

1965年5月~1966年9月，我调到北京友谊医院内科任住院医师，主要是跟随郁霈龄老中医及王宝恩主任学习治疗肝胆系疾病。当时内科已成立了35张病床的病房，开展了中西医结合治疗肝胆系疾病的研究。但由于1966年"文革"开始，正常的工作都被中断，很快很多中西医专家也都受到了冲击，十年动乱使中医事业损失很大。1966年9月~1970年，我调回北京中医医院内科肾病组继续任住院医师。

1970年，关幼波老中医恢复医疗工作后，单位领导派我跟随关老抄方，整理关老经验。关幼波老先生学自家传，其父关月波为京城名医。关老最擅长治疗肝病，理论渊源于"治肝实脾"，注重调理中州，以后天养先天不足。跟随关老以后，我又开始系统学习肝病治疗，这一学就是十年，这十年是我一生中受益最大的十年。

跟随关老学习期间，我在抄方的同时，非常注重总结他的临床经验，通过整理来提高自己的临床水平。记得有一次前后有两例肝硬化病人来求诊，二人病状相似，但关老对一人用温阳的方法治疗，处方中用了附子；而另一人从清热凉血论证，处方中用了羚羊角，结果都取得了很好的疗效，这种同病异治的例子对我启发很大。关老提出治疗黄疸必须注重活血、解毒、化痰三原则，并称之为退黄三要素。此二例病人则一用羚羊角清热，一用附子温阳。后来我将关老治疗这两例病例的诊治过程进行总结，发表了论文《二例肝硬化的同病异治》。在撰写论文的过程中，我查阅了一些文献，看到先贤提出治疗疑难重症可温阳与凉血并用，温阳用附子，凉血用羚羊角，寒热相配。后来我在治疗重型肝炎时也曾应用这种配伍，确实收到了很好的疗效。

在跟随关老学习期间，我与学科组经常共同进行一些课题研究，对专业水平的提高也有很大帮助。我与陈增潭等人共同进行了病毒性肝炎的治法研究和总结，20世纪70年代末，我们经过临床病例总结认为中药治疗慢性肝炎的作用在于从免疫调节入手，并总结了采用多法联用治疗慢性病毒性肝炎的经验，发现多法联用疗效明显优于单法治疗。

在这期间我们完成的最重要的一项科研工作是建立了"关幼波电子计算机诊疗系统"。从1980年开始，我们在北京市科委领导的支持下，与数学、计算机专业人员一起，采用传统中医学与现代智能相结合的方法进行研究。这项科研工作在全国范围内尚属首创，获北京市科技进步一等奖。这一工作不但在全国开展最早，而且也是成功的典范，当时临床验证表明，计算机治疗与关老本人的诊疗符合率达到97%。总结这一工作的经验，我认为关键是我们先期系统掌握了关老的临床经验，整个研究花费了我们十年的心血。关幼波计算机诊疗系统成功建立以后，全国陆续搞了很多专家计算机诊疗系统，有些不很成功，我认为主要是因为对老中医的经验总结这一环节没有做好。

当然，跟随关老学习期间，教训也是有的。记得有一次跟随关老治疗东城区患者安某，因用药偏重温补而长期未治愈，且病情有发展，后来患者又找到善用清泄的王鸿士老中医治疗，终治愈。这使我体会到，要尊重老师，吸收老师的一切成功经验，同时也要总结老师失败的教训，还要多拜师，吸取众家之长，就如张仲景说的"勤求古训，博采众方"。当时我院的儿科老中医袁述章先生擅长治疗小儿肝硬化，并创制了柔肝丸。我虚心向他请教，他告诉我方中关键是水红花子，其能凉血活血、利水通络。后来我不但把这一宝贵经验应用于临床，证明确实疗效突出，而且还将其进行推广。可见跟师学习不要存有门户之见，要博采众长，兼收并蓄。

成熟阶段

1980年至1984年，我开始担任住院总医师，暂时结束了跟随关老的抄方学习。后任综合科主任，并在大内科任副主任，在这期间自己的知识面进一步拓宽，并在救治大量危急重证病人的过程中得到了锻炼。我尽量利用各种机会多拜师，吸取多人经验。收获比较大的是吸取了北京佑安医院王旭斋老中医善用茜草、紫草、马鞭草、垂盆草降酶的经验，还有302医院汪承柏老中医提出酸寒解毒法降酶，善用鱼腥草、升麻、葛根等药的经验。

1984年至1987年，我开始任北京中医医院业务副院长，主管医疗、教学工作。1984年，第一届全国中医药学会内科肝胆病专业委员会在大连召开，我被关老推荐担任主任委员，到2008年的杭州会议，共十三届，一直担任主任委员。这些年参加学会工作使我在各方面都有很大收获，最主要的是能有机会学习全国各地众家之长。如西苑医院陈立华提出治疗肝炎应重视阳气的主导作用，内蒙古胡志坚提出重用活血的刘寄奴、鬼箭羽等思想，对我后来治疗肝炎的思路有很大影响。所以我的经验并非凭空得来的，也不是完全个人创造的，而是在吸收了老师和全国各地专家经验的基础上，在临床过程中逐渐形成的。

1987年，我受王永炎教授委托撰写肝病中医防治的"专家述评"，在总结全国各地专家经验和研究进展时，发现302医院宋喜秀的研究显示94%的重型肝类患者热邪并未在血分而在气分，多有虚痞、胃逆、气陷证，应尽早清气分之热以阻断病势发展。这对我后来治疗重型肝炎采用"快速截断法"是有很大影响的。在"专家述评"中，我提出中医治疗肝病要敢于否定旧论，找出突破创新的关键点。当时很多专家的共同观点是中医治疗肝病最有效的作用点是调节免疫，经过这么多年的发展证明仍然是正确的。后来，我的一些新的研究思路都是来源于全国同行的观点并加以提炼而形成的。

在主持学会工作期间，我还发挥学会集中全国各地专家的优势，利用群体智囊作用，形成专家集团，研究开发了治疗乙肝的系列中成药，如与辽宁本溪第三制药厂合作研发出乙肝清热解毒颗粒、乙肝益气解郁颗粒、乙肝养阴活血冲剂等系列中成药；并把慢性乙型肝炎的主要证型从文献报道的 21 个精简到比较公认的 3 个，采用上述三种系列中成药基本都能对应治疗，并收到了方效统一的效果，一方面解决了慢性乙型肝炎证型的统一问题，一方面又为规范乙肝的中医治疗、降低治疗费用做出了贡献。

我在 1987 年调入北京联合大学中医药学院（现首都医科大学中医药学院）任业务副院长（主管教学、临床、科研），但仍坚持出门诊，并带研究生进行课题研究。在这期间，我承担了一项"八五"攻关课题——软肝煎抗肝纤维化的研究，结题后获国家级三等奖。软肝煎主要体现了我的养阴柔肝的学术思想。1998 年在昆明召开了全国中西医结合肝胆病年会，大会主席王宝恩教授邀请我参加会议，并委托我撰写中医治疗肝炎的进展和综述。这项工作迫使我对近十年来中医治疗肝病的各方面工作进行全面整理，并理清思路，找明方向，使我收获很大。

2000 年，北京市中医管理局计划在北京佑安医院建立北京市中西医结合肝病重点学科，医院和中医局都要求我担任学术带头人，指导学科建设。我当时已经 65 岁，感觉这是一次挑战。一是很多人都不愿意到传染病医院工作，尤其在我这样的年龄，确实是有一定风险的。另外，我过去长期从事中医肝病研究，确实没有深入传染病一线工作的经验。思来想去，我还是决定接受这一挑战。因为北京佑安医院作为全国最大的传染病医院，有大量的肝炎病人，特别是重型肝炎病人需要得到中医治疗，另外中医确实需要加强对危急重证的处理以积累经验、发展学术。在北京佑安医院工作的这几年，我感觉收获很多。在医院接触了大量的重型肝炎病例，重型肝炎进展迅速、死亡率高，是临床治疗的难点。过去我们在门诊对重型肝炎接触很少，缺乏治疗经验。这几年通过深入病房查房，诊治大量重型肝炎病人，积累了经验，创新了思路，提出了"逆流挽舟"和"快速截断"的治疗思想，这是我近年来的最大收获。

2003 年"非典"发生后，全国对传染病的防治非常重视，任继学教授提出要编写一部中医传染病学方面的书籍，定名为《中医瘟疫病学》，委派我负责撰写肝瘟部分。在编写过程中，我查阅了古今大量的文献资料，整理了历代治疗肝瘟的学术思想和临床经验，对自己的学术水平也有很大提高。同时，在完成国家第三、四批师带徒任务过程中，我与徒弟们师生共进，教学相长，也取得了很大进步。带徒过程中要为学生们准备大量的教案、讲座，如我撰写了《王旭高治肝卅法与重肝的治疗》，既总结了王旭高治肝的学术思想又指导了临床。我带的这些学生都是国家遴选出的高徒，在业务方面都取得了很多成就，有丰富的临床经验并掌握了先进的科研方法和最新的学术进展，所以既是师带徒，又有一个师父向弟子学习的过程。"青出于蓝而胜于蓝"，这是历史的规律，善学者师承一定要"走样"，肯定会创新，师父也要虚心向弟子学习。

总的来说，我在成长过程中主要是有比较好的机遇，在大学里聆听了众多名师讲课，后来又遇到许多名师，尤其是恩师关幼波对我的提携，使我很早就到大风大浪里闯荡，当然，北京作为首都在各方面都有比较优越的条件也是促进我成长的重要原因。

寄语后学

我们这代人是承前启后的一代人，在我们之前都是通过师带徒或自学的方式学医，没有很好的条件和政府的关心支持。我们这代人是幸运的，有机会跟随很多名医大家学习，我在学医之路上主要是得到了关幼波和姚正平两位老恩师十余年的耳提面命，同时施奠邦、徐季含等众多老师在我的初学阶段也助我打下了很好的基础。我这几十年体会最深的是要多拜师，拜名师。现在的年轻人比我们那时的条件更好了，可以考硕士，考博士，也能跟随老师系统地学习，还能结合科研不断地提高自己。跟师学习有多种模式，不一定必须跟在老师身边，当然有这种条件更好。现在是信息时代，青年中医都有很好的计算机水平，可以通过网络快速获取各种信息，通过杂志等材料可以学习各地名医的经验，并能掌握最新的学科进展。这是年轻人比我们优越的地方，应该很好地利用这些条件。学好中医离不开搞科研，现在的科研条件无论是在设备还是在信息方面都比过去先进得多。中医学要与时俱进，必须结合现代医学知识和现代科学技术进行一些探索研究，要敢于打破旧说，不要被权威吓倒。中医学搞科研要借鉴西医的先进技术和方法，如循证医学的理念和分子生物学的技术，但是一定要体现中医特色，要传统方法与现代手段相结合，不能只追求方法的先进而背离中医思想。我从医过程中有大部分时间都没离开教学，教学相长，在教学过程中经常要整理思路，查阅文献，这本身就是一个提高的过程。孔子曰"三人行，必有我师。"在教学和带徒的过程中，我也向学生们学习了很多东西，有时是学生启发了我的思路，例如在治疗重型肝炎时运用"逆流挽舟法"，就是学生在整理医案时启发了我的思路。无论科技如何进步，搞中医都离不开经典，我的体会是要熟读经典。"问渠哪得清如许，为有源头活水来"，中医经典就是我们的源头活水，是临疑难重证的钥匙，也是发明创新的理论源泉。中医经典著作要反复读，随着临证经验的积累和阅历的加深，我们对经典的理解也会逐步加深，常看而常新，每看一遍就会有新的收获。

我是中医学院本科培养的毕业生，我的成长历程对年轻人应该有一定的借鉴意义。总的来说，在大学阶段一定要在理论方面打下扎实的基础；步入临床以后要多临证，多拜师，多教学，多研究，多总结，多交流。我体会，在中医事业的长河中，继承要融会新知不泥古，创新要寻根溯源不离宗。我们由于十年动乱的原因浪费了一些宝贵的时间，使成长之路一度中断。今天的年轻人一定要珍惜大好时光，党和政府对中医药事业给予了大力支持和投入，机遇与挑战并存，我们一定要对得起党和政府，做好中医事业的薪火相传。

（杨华升协助整理）

王霞芳

王霞芳（1937—　），浙江鄞县人。上海市中医医院主任医师、董氏儿科工作室主任；上海中医药大学王霞芳名中医工作室主任、客座教授；上海市中医特色小儿厌食专科的学术带头人；中华医药学会中医儿科分会名誉会长；第三、四届国家二部一局名老中医药学术经验继承班导师；上海市高级西学中研修班指导老师。师承第一届全国名中医儿科泰斗董廷瑶教授，侍诊 16 年，专心研习，得其真传。应用外治内服法治疗小儿各型热病、厌食、婴儿吐乳、顽吐、生长迟缓、智障、哮喘、支气管炎、腹泻及慢性结肠炎、复发性肠套叠、抽动症、癫痫等疑难顽症，疗效显著，总结出系列成熟经验方。发表论文 40 余篇，主编《董廷瑶幼科撷要》等 3 部著作，参编撰写《中国中医独特疗法大全》《现代中医药应用与研究大系》《中国名老中医药专家学术经验集》《实用中医儿科学》等著作共 20 部，约 108 万字。设计中标科研课题 7 项，其中国家中医药管理局 3 项、上海市科委 1 项、上海市卫生局 3 项。已完成 5 项，其中"董廷瑶老中医诊治婴儿吐乳（火丁按压法）专长的临床研究及其机理探讨"课题，荣获国家中医药管理局科技进步三等奖，并获上海市科委、市卫生局科技进步三等奖；课题"《董廷瑶幼科撷要》"获上海市卫生局中医药科技进步三等奖。因对医学事业的执着、敬业和贡献，享受国务院特殊津贴，并荣获上海市及卫生局三八红旗手称号。

学医心愿　体弱久病访师求学

我是浙江宁波人，1937 年出生于上海，父亲经商，受西式教育。我自幼体弱多病，嗜素食，厌荤腥，形体消瘦，营养不良，10 岁时因严重贫血在校昏厥，辍学回家，间日就医注射维生素 B_{12} 及"小牛肝针"；14 岁因患肺结核，再度休学疗养，服异烟肼，注射链霉素，导致左腿神经痛，听觉低下。父亲督教甚严，我自幼学习努力成绩良好，喜爱文学、小说及戏剧、电影，小学时已读完《三国演义》《水浒传》《红楼梦》等古代经典著作以及"五四"时期的文学小说，其后又涉猎世界名著。由于年少学浅，只喜阅读故事情节，对词义、结构尚未能深入了解，一知半解，囫囵吞枣，却看得津津有味，爱不释手。广泛地阅读吸收文化知识，在不知不觉中初步打下了古汉语知识的基础，为我以后学习中医经典著作奠定了基础。然诸病缠身，痛苦不堪，打针服药效果不显，却影响了消化功能而食欲不振，形体瘦高，导致内脏下垂。

1956 年高中毕业，我虽成绩优良但因肺病未愈，体检肺部空洞未钙化，不准报考大学，郁郁寡欢，心存侥幸去市教育局申请工作，获同情被分配至上海电台业余初中广播学校任辅导教师。白天集中备课，早晚下工厂、里弄，与工人、居民一起收听广播学校的初中课程，及时进行辅导答疑，每周两个晚上集中在夜校，由我们辅导教师再次授课。由于利用业余时间上课、辅导时间长，又引发了我的支气管炎、咯血、低热，X 片检查肺结核复发，被广播学校辞退，病退回家，辍学又失业，心情万分苦闷。1958 年，家庭妇女都参加生产劳动，热火朝天。我病情有所好转，不禁心动向往，自思有为青年当投入社会主义建设中去，为建设新中国添砖加瓦贡献力量，即向街道生产组请求参加劳动生产，因家境优裕，非困难户家属而被拒绝。我即提出自愿参加劳动生产，不索工资报酬，才获同意。历时 3 年，生产组发展为街道工厂，发展良好，我也由绕线工人，逐步提升为生产组长、技术业务员、领导小组成员（三人之一），工厂成员扩展达百余人。劳动生产使我在思想和工作能力方面，都得到了磨炼提高，日渐趋于成熟，街道党委看到我的进步，批准我听党课学习提高觉悟。正当我意气风发努力工作时，1961 年国家提出"调整、巩固、充实、提高"的八字方针，调整建设速度，工厂订单减少，人浮于事难以维持，必须裁员。我又因家庭经济状况尚好，所以被动员回家暂休，以照顾困难的同事不失业。再一次被退回家，依赖父母资养，心情更是郁闷难解。虽然我业余时间仍在温课，争取投考高校，但肺结核始终未钙化，体检不合格，再次失去深造求学的机会。

1961 年上海肝炎大流行，我不幸又染上了慢性肝炎，神疲乏力，食欲全无，只能放弃重返工作岗位的机会，回家休养。我父母本受西方教育，所以带我去各医院求治。但经西医药长期治疗未果，无奈之下，改求中医药及针灸治疗，在接受治疗的同时，我就购买中医药书籍开始自学，欲了解屡患疾病之缘由及中医学之奥秘。日久阅读，渐能感受中医学的深厚内涵，虽未入门，但已滋生了浓厚的兴趣。因自己患病失去高考、就业机遇，深明"医之为道，所以续斯人之命，而与天地生生之德不可一朝泯也"之意，故立志学医。当时仰慕针灸名家，真心拜师求学。1962 年中央领导提出中医药是祖国的瑰宝，要重视发展中医。刘少奇提出"自学与家传"，号召名医子弟跟随父母学习中医药，通过师承带徒的关系，继承先辈家学，做好中医的接班人、后继者，振兴发扬中医事业。为响应刘少奇"自学与家传"的号召，市卫生局举办了名中医带徒班，公开招生贯彻师承教育，静安区内科名医有意收我为徒，我征得针灸老师的允许，先考内科打好基础，继学各科。我有幸获内科名医黄曼夷、夏谓英的首肯，为我报名投考静安区中医带徒班，所考科目有政治、作文、书法，幸亏少年时代打下的文学基础，使我能顺利考入中医带徒班，从而步入学医之路。学习程序是上午随师应诊，抄方并记录病例，下午赴学校上课。

学医方法 勤能补拙好学力行

"问渠哪得清如许，为有源头活水来"。1962 年春起，我上午随师临诊，下午去班级集中上课，半工半读。带徒班采用师带徒手把手地传承方式，全班 20 名学员，带教及上课的老师都是静安区各医院的名中医。唐代韩愈《师说》云："古之学者必有师。"《礼记·学记》云："凡学之道，严师为难。"恩师董廷瑶是我们的班主任，教授医古文，除要求学生熟读背诵外，经常选题督写游记、散文等，对我们督学很严，使我们逐年进步而能读诵理解医典文意。恩师博学多才医术精湛，为当代名医，备受全体师生尊敬，也是我最崇拜的老师。带徒班同时聘请各院有经验的中医主任讲授《内经》《伤寒论》《金匮要略》、温病学等经典，以及中药学、方剂学等。老师们教学严谨，要求我们对经文熟读背诵理解，采用上海中医学院本科班的教材，每学期考核，前后学习六年，实习期间，除门诊应诊外，还要出诊及到病房会诊，书写病案并经老师审批后再交给病家。由于老师严格又悉心的教导，接触的临床实践又多，所以到结业时，我已经能熟练掌握中医的整体观及辨证论治，有一定的临床经验，诊治收到理想的效果，被病家认可，并被称为不错的"小医生"，这更激发了我学习中医的热情，增强了我矢志不渝终生学习的信心。

"日习则学不忘，自勉则身不堕"。全班20位同学，大都为名医子弟，受家学熏陶，更有师长（父或母）晨昏指教，又年轻有为（20岁左右），记忆力好，学业突飞猛进。而我出身资产阶级家庭，年已26岁，且患有多种慢性顽病，体力脑力均无法与同学相比，记忆力更差。但我酷爱中医学，立志要学成为名副其实的中医。"人之有学，则有力矣"，故自知不足，而百倍其功，下定决心埋头苦学，诚如《论语》所云："学如不及，犹恐失之。"为克服体弱多病、年龄偏大、记忆力差等先天不足的劣势，我立志从头学起，笨鸟先飞，要比同学花加倍的功夫，多读多背，坚持不懈地勤学苦读医学理论，为今后临床实习夯实基础。宋代朱熹云："为学之道，莫先于穷理；穷理之要，必在于读书。"又云："读书之法，莫贵于循序而致精。"故在研读医籍时，先用笨法，把经文都摘录在小本子内，晨昏时躲在小阁楼中诵读，读后易忘，我唯有多花时间反复读，勤练强记，不懂经义，就死记硬背。以致我的小表弟问我父母说：姐姐每天念经，是否要"出家"？背汤头歌诀时，我就采用学英文的方法，记在小本子上，带在身边，乘电车上班、上学时背诵。前后学习了四年，初步学到了基础知识，1965年开始到静安区中心医院中医科实习（内妇儿外针推伤科），跟随各科的名师广泛接触临床，重点选修儿、外、针、伤科。从1965年起，我紧随恩师董廷瑶临床学习中医儿科达半年之久，亲见众多危重患儿得以获救，敬佩不已。清代赵学敏尝云："盖医学通乎性命，知医则知立命。"恩师乃"为天地立心，为生民立命，为往圣继绝学"之大医矣！细看导师应用古籍思路，辨证求因，选方施治，尤其是熟练而灵巧地应用经方，疗效若神，不由茅塞顿开，对医典文意有了进一步感悟，更增强了我对古圣的崇拜和学医的兴趣，回家再读经文以互参对照，获益匪浅，大有进步。两年的实习，上午随师门诊，下午自己应诊，收获颇多。为求学有所成，故强学力行而百倍其功。汉代杨雄《法言·学行》云："务学不如务求师。"我先后儿科师从董廷瑶；伤科师从陆云响（上海中医伤科八大家之一）；外科师从施梓桥；针灸科师从金福生；内科和妇科师从上海市第五门诊部的严二陵（内科）和朱小南（妇科），他们都是沪上闻名遐迩、医术精湛的名家，我有幸曾得到过他们的亲自教诲。一般科室实习时间为1~2个月，但凡是我感兴趣的科室，我就多学一个月，两年的实习使我受益匪浅，如外科的疮痈、湿疹、丹毒、瘰疬；伤科的内伤、脑震荡；针灸的痹证和内病外治；尤其是内科的郁证和妇科的经带、不孕等病证的理法方药，在各科名师的传教指点下，边学边用熟练掌握，对我之后数十年行医影响很大。明代李中梓尝云："病不辨则无以治，治不辨则无以痊。"故证要辨得对，病因要探得明，处方用药能从整体观、经络学说内外合治收到明显效果，从而为病人及时解除病痛，得到病家赞誉。我也深切体会到运用内病外治及综合疗法在临床能取得很好疗效，于是便萌生了中药剂型改革和内外合治的临床研究思路。

"智识虽浅，罄竭则深"，我从早到晚紧跟导师应诊，竟日不辍，边学边记，专心聆听患者诉述及导师的口述，理法方药一丝不苟，及时记录脉案，业余加以整理；随师出诊，遇疑难病例，先自揣摩思考治则方药，再录老师脉案加以对照，复诊时观察疗效，找出自己与老师的差距和不足而存疑。再利用节假日登师门请师释疑解惑，于是"入乎耳，箸乎心"，恍然醒悟而开窍，事半功倍地获得真知。因为有名师点化，我暗自庆幸，感激之情油然而生，终生难忘。当老师忙碌或外出时，有病家要求我代诊，我就抓住机会，很高兴地为其认真诊治，争取多临诊，多看病，增进知识，积累经验。

1968年，我学满六年，满师结业时恰逢"文革"，父母受冲击，家庭经济骤然拮据，顿陷困境，导师被批斗，我也遭受歧视。自己尚未立业，生活依赖家庭，更郁郁寡欢，肺结核又复发，卫生局暂不分配工作，我只能病休在家，靠弟妹接济，在家学做针线家务，兼带领弟妹的儿女以度日。

虽在困苦之中，我却没有放弃医业，"守其初心，始终不变"。由于六年学医是边学边临诊，理论结合实践，勤奋攻读医典外，随师临诊实践亦多，颇有启发，于是我主动免费为友邻治病解痛，也诊治了不少患者（包括亲友及邻居，老幼均找我看病）。怀着满腔热情，我细心问诊斟酌施治，遇疑难之处，即回家翻阅医籍，温故知新，寻求治病解难之方，如有把握，就处方用药，简便又价廉，往往能收到疗效，此即宋代欧阳修"广其学而坚其守"之谓。所以即使待业在家，左邻右舍或亲友有病也会先找我看，诊治的多了，自然积累了不少经验。通过自己独立将医理运用于临床，感悟更深，方对药当，往往能收到意外的疗效。迄今，诸亲朋好友及新旧邻居都信任我，虽有迁居远离，有病仍带着儿孙辗转来找我求治，令我欣慰。

清代刘奎尝云："无岐黄而根底不植，无仲景而法方不立，无诸名家而千病万端药症不备。"对中医典籍及后世诸家医籍的学习，是提高医学水平的重要途径。清代宁松生又有"博览群书，穷理格物，此医中之体也；临证看病，用药立方，此医中之用也。不读书穷理则所见不广，认证不真；不临证看病则阅历不到，运动不熟。体与用，二者不可废也"之论。我学习医典，对于《内经》先是通读。《内经》是我国现存最早的一部典籍，乃古代医家长期与疾病做斗争的经验总结。同时，它又全面阐述了中医理论体系的内容，反映了中医学的学术思想和理论原则，故中医学之所以数千年不衰，《内经》的理论体系起了决定性的作用，所以《内经》为学习中医必读之书。初学时因经文词义深奥，不甚理解，我就要求自己认真听讲，做好摘记，将较重要又切合临床实际的经文逐条抄下，多读背诵强记，然后参阅"释本"的节选注、分类注，加以融会贯通。因需学科目多，时间紧，《内经》的艰深玄冥之处只有暂时存疑。1982年，我考入上海市卫生局委托上海市文献馆举办的中医研究班（一年制），针对自知的薄弱环节，选读了《内经》，重读复读，以求能探奥解密，参透经义，而得开启宝典掌握秘诀以治病救人。

《伤寒论》创立了以疾病定性、程度定量、脏腑经络定位、疾病转归定时的六经辨证体系，被视为方书之祖，备受历代医家推崇。因其切合临床，老师要求精读，反复背诵。论中文字虽有简漏或颠倒，难释，然一次次诵读后，就有了一定的感悟，并经自己思索后做好笔记，叩问老师，之后在临床上经常应用，辨证准确时，疗效显著而迅捷。《伤寒》方不但适用于治疗外感病，还可广泛用治内伤杂病，药简力专而效宏，确有意想不到的佳效。《金匮要略》是张仲景《伤寒杂病论》的杂病部分，由于该书在理论和临床实践中都具有较高的指导意义和实用价值，对后世临床医学发展有重大的贡献和深远的影响，成为治疗杂病的典范。该书详尽论述了杂病治疗的理法方药，又以病种分篇，更载有妇人妊产、杂疗、食物禁忌等方，内容相当丰富。证脉方药集于同篇，检用十分方便，尤其对于现代医学尚不明病因，或虽有明确诊断，却无相应疗法和理想疗效的功能性病证及慢性顽疾，若能辨证精确，方药运用得当，常能豁然而愈，其效若神，令后辈医家肃然起敬。古圣仲景集几千年中华医药理论之大成，结合自身大量临床经验著成的两书，都是经得起临床验证的宝贵经验，对后世中医临床一直起着主要指导作用，其中很多方剂，既适用于伤寒，亦适用于杂病，疗效确切药简力宏，后世许多方剂都是从此基础上衍生而成，故《注解伤寒论》

序有"医之道，源自炎黄，以至神之要，始兴经方"，"以仲景方一部为众方之祖"的记载；清代张璐亦有"伤寒诸方，为古今方书之祖"的论述。故仲景被后世称为"医圣"，其方被尊为"群方之祖"。经方，即经典之方也，我所拜的名师都是敬崇仲景的经方派，每天随师临诊时，老师就引用经文，辨证求因，立法处方施治，病家服药后会来复诊，就能看到显著疗效，更加深了我对经文的理解和崇钦，顶礼膜拜直至牢记在心。之后自己独立门诊时，就有了一定的基础。如有一次一位教师来求我出诊，说他的八旬老母摔伤两天，疼痛不已，尤以腹部胀痛剧烈，呼号不已，茶饭难进，不能平卧。已经骨伤科检查处理，排除骨折。因高年只能服药，但止痛药无效，痛苦不堪，嘱儿招我出诊，希冀能解除病痛。我婉言告知此乃伤痛之病，应请中医伤科医师出诊，非我擅长，恐误病情。然病人的儿子是孝子，他恳切地转达老母心愿，直至声泪俱下，我为之感动，不知深浅地随他出诊。进门时看到老太用枕垫斜坐床上，声声呻吟呼痛，脉象弦紧，苔薄白，舌红带紫。询知不能纳食已两天，口渴引饮，腹大如箕痛而拒按，大小便不通，坐卧不能。当时就想到了《伤寒论》之蓄血证，症状相似，初拟方桃核承气汤去桂枝加水蛭虻虫，一剂，嘱其分次饮服，有疑状立即找我。回家急即翻阅《伤寒论》对照，方虽合证，仍心中忡忡，夜难成眠。次晨骑车赶去，进门看到老太坐桌旁正在喝稀饭，见到我就说："谢谢你！"其子述其母昨夜服第二次药即解大便，色深黑，水样杂物，有大半马桶，疼痛顿失，方能卧倒，今能进食。全家感谢不尽。我更扶额庆幸不已，感叹古圣学验神奇，更感谢恩师的栽培，使我学以致用，能成为真正的中医！

读经典既要精读，又要理解活用。前者要打好理论基础，培养自学能力；后者要深思冥想，结合临床勤记，再下笔成文，做到眼到口到心到手到，诚如《论语》所云，"学而不思则罔，思而不学则殆"。有了资料怎么用要看你的思路，思路的形成要综合多方面的学识，否则思路就会越来越狭窄。作为医生，一定要有独立思考的习惯及敏捷的思路，不能墨守成规，要活用古法，创立新规。此即《礼记》"博学之，审问之，慎思之，笃行之"之谓也。

仁术行医　学兼中西　厚积薄发

后我终于分配到区级医院工作，综合性医院的中医科，内妇儿外科病都要看，而且南市区居民密集，劳苦大众多经济拮据，小病拖延，至大病重病才焦急求医，为减少医药费，常来中医科请出诊，所以每天门诊量多达百余号，医生往往至天黑尚不能下班，这样一天的工作量就等于卫生部规定的两倍。清代喻昌《医门法律》有云："医，仁术也。仁人君子，必笃于情。笃于情，则视人犹己，问其所苦，自无不到之处。"盖医学通乎性命，知医则知立命。大量的临床实践磨炼了我，使我不得不更专心诊病，遇到疑难重证时，除当夜拜访恩师请求指点迷津外，还不断翻阅医书，对照审核自己的辨证立法思路，发现有偏，立即于次日纠正。但仍有许多无法理解和治疗无效的病例，尤其是出诊的病人，往往病情危重，或变坏证，我细心望闻问切后，犹不得要领，方药未收疗效时，颇为苦恼不知所措，深感自己学识浅薄，功力有限，所谓"书到用时方恨少"，悔当初学习未尽全力，学浅无能则误人性命。恰逢上海电视大学初办第一届医药专业，我想系统学习西医知识，便向医院领导提出进修西医学，领导认为党中央只提出了"西学中"，没听说过"中学西"；而且你已是中医师，不必去读电视大学（医士进修晋升医师的大专班）。我据理力争：现代医学发展迅速，突飞猛进，解剖、生理、病理一清二楚，先进的科学仪器、测试、透视，可帮助医生明白病因病理，然后正确诊断，选药或手术针对治疗，疗效确切，常能挽救危重病人。而我们现代中医如果仍按古训，望闻问切，以三指断生死，这是不够的，容易误人性命。于是我又向区卫生局反映，多方请求，终获批准。1978 年通过数理化考试，考入电视大学医学专业，系统学习西医知识 4 年。当时我已年届不惑，又是不脱产学习，且首次接触西方医学，感觉十分艰难。我下决心放弃一切体育娱乐活动，集中精力争取时间，利用星期天及节假日，甚至夜间攻读，专心一意坚持 4 年。到 1982 年毕业时，初步掌握了现代医学理论知识，能鉴别诊断，并将西医的辨病结合中医的辨证，使临床诊治水平大有提高。以致常有患者因病久痛苦到中医科来要求检查原因，而我也能选择正确的检测手段，探明病因，及时治疗，获得病员的赞颂。那段经历使我对中西医结合的重要性有了切身的体会，对之后设计科研课题有重要作用。诚如时逸人先生所云："西医论证明确，中医方药有效，必参合双方见解，方能完善。"

1981 年，上海市卫生局举办中医研究班，旨在提高在职中医师的水平，面向全市招生，由上海市中医文献馆承办。董师任文献馆馆长兼研究班主任，特意通知我去应试。我因"电视大学"尚有半年方能毕业，婉言奉告恩师，恩师虽有不悦，责我立场不坚定，不专心研习中医，改学西医，然也理解我求学心切，原谅了我。我学到的西医理论基础，对之后 20 余年的医教研工作有不可磨灭的影响。四年的艰苦学习是十分值得的，使我能运用现代医学的知识辨病，结合中医的辨证论治思路、整体观和天人合一理论，不但提高了临床疗效、教学质量，而且拓宽了中医的科研思路，在继承导师的学术经验时，能有心地撷取特色精华，上升为科研课题，从而发扬董氏儿科的特色，最后也得到了恩师的认可。次年，恩师又亲自通知我去投考，我当即向医院领导申请报考，经再三申诉恳请，蒙南市区卫生局及医院领导的批准，报考了上海市卫生局中医研究班。当时我父病重，我正在病榻边护理，慈父知我学医不易，反忍住病痛嘱我复习迎考，我含泪温习 10 天，选考《金匮》论题。考毕当夜，恩师不顾耄耋之年，寅夜摸黑登楼来我家报讯，说："王霞芳，你的考试通过了。"望着白发年迈的恩师露出欣慰的笑容，慈祥和蔼，我和父亲都潸然泪下，恩师对我的恩情比天还高！我终生难忘。经考试再次获得的进修提高中医水平的学习机会，来之不易，我十分珍惜，也正式拜董馆长为师，自此归队专攻中医儿科。

1983 年中医研究班结业后，上海市中医门诊部领导主动征询董师，希望引进 1 名在中医儿科临床方面有一定经验的学生，恩师即推荐了我。当时我属区级医院中医师，要调出南市区似乎不可能，中医门诊部领导和上海市卫生局中医处多次协调，说明继承名老中医经验工作的重要性和迫切性，经前后两年的斡旋商调，南市区卫生局才勉强同意。于是我于 1984 年与师兄宋知行一起调入上海市中医门诊部儿科，并正式组成董氏儿科学术继承组，团队包括老中青三代，由恩师带教在中医儿科医疗、教学，尤其在科研方面再度努力进取。师兄宋知行带头收集董师的临床特色资料，归纳分析，设计了科研课题，并汇编成册。正当继承工作顺利开展时，宋知行决定出国深造，继承的重担落在了我们身上，继承组力量削弱；同时我又被提干，担任中医门诊部副主任兼儿科主任，分身乏术，压力很大。幸有恩师指导，继承组成员均很努力，众志成城，边学边做，不但完成了科研任务，而且在医疗和教学方面均有所建树。迄今，继承组已有 3 位成员晋升为主任医师，3 位晋升副主任医师。而我也有幸与恩师一样享受国务院特殊津贴，并被核准为第三届全国名中医药学术经验继承班指导老师。"博观而约取，厚积而薄发"。从第一届的学生，变为第三届的老师，虽属勉强，然尚可告慰恩师于地下，我当更勤勉地把我所学得的董氏经验，毫无保留地传授给年轻的中医接班人，使董氏儿科后继有术、后继有人。

再度拜师　继承发扬董氏儿科

1991 年，中央二部一局提出为全国首批 500 位著名中医药师配备继承人，抢救国家瑰宝——数千年传承下来，对保障中华民族人民健康繁衍有重大贡献的中医药事业，培养中医各科名家的后继者，发扬名家流派特色。由名师选学生，结对传教其宝贵学术经验 3 年。我蒙恩师董廷瑶选中，经中央二部一局核准，再度正式拜师，紧随恩师临诊，学习深造继承董氏精湛奥妙的学术。恩师教导：学习古人遗训，做个真正有用的中医，非有"我要学"的精神，则很难学到手，更需要有志专不怠的恒心。中医之道，难在既有科学原理，又有哲学内涵。科学必须实事求是，来不得半点虚假，哲学就要参透明理，灵活机变，不能呆板套用，更需要有学术修养，非下苦功勤学锻炼，不能达到彼岸。我恭敬聆听后自感责任重大，唯有兢兢业业潜心苦学，方不负恩师期望。

恩师出身中医世家，家学渊源深厚，又天资聪颖过人，得父祖辈亲传，熟读经书，又遍访名师。20 岁时即承父业悬壶行医，青出于蓝又胜于蓝。恩师思维敏捷，辨证精确，遇疑难重症常能另觅蹊径，创用新法而获佳效，拯救生命，因而享誉浙鄞城乡，求诊者众多，舟楫相接诊务繁忙，成为宁波名医。抗日战争时期避难迁居上海，当时战乱频繁，小儿传染病流行，董师殚精竭虑精心诊治，对小儿痧、疳、惊、痫诸证的诊治均有独到之处，尤其对热病及麻疹、乙脑等危重症，创用了清热解毒活血化瘀等法，开门逐盗或迎头截击，力挽危重化险为夷，收到显著疗效，并总结出成熟的经验方，因而声望日隆，闻名遐迩，使董氏儿科成为沪上颇具影响的流派之一。我万幸得如此德高望重、智慧超人的大师传教，引领入中医殿堂，如鱼得水遨游于书海学海，真可谓"书山有路勤为径，学海无涯苦作舟"。恩师无私地将他经 70 余年临床辛勤耕耘、不断琢磨而形成的学术思路，和已趋炉火纯青阶段的临床经验传授于我，使我如有明灯照路，少走很多弯路，节省了许多宝贵时间和精力，为我成才提供了捷径，并一再叮嘱我，必须自学多思，"大匠诲人以规矩，不能使人巧"，学而自习之，方能有得。师恩浩瀚，我将终生铭记，"一日为师，终身为父"。我于 1962 年起沐浴师恩，至 2002 年恭送恩师驾鹤仙去，断断续续达 40 年之久，在恩师的悉心栽培下，我重温中医经典著作及各家学说，再次夯实了中医基础理论。自己已在临床实践了 20 余年，初具感性认识，重读经典时往往会想起以往临诊时的病例以及疑惑不解之处，常有新识或豁然通达明朗的愉悦，就如从曲径而入别有洞天。"木受绳则直，金就砺则利"。更有恩师身教言传答疑解惑，不断督促指导我撰写心得论文，总结经验汇编成册。我前后发表了董氏经验论文 30 余篇；主编了《董廷瑶幼科撷要》《中国百年百名中医临床家——董廷瑶》及《董廷瑶验案》3 部专著，使董氏儿科精华能以文字形式总结，流传于后世，使中医儿科学术能继往开来，持续发展，贡献于儿童健康事业；又参编撰写了《中国中医独特疗法大全》《中华养生大全》《实用中医儿科学》等 20 部著作，约 108 万字，在导师们的带领下努力向世界展示中医药的精深内涵及其无限的魅力。

"学以为耕，文以为获"。我同时团结带领董氏继承组 5 位医师，10 余年来刻意关注恩师临床上的特色经验，收集病例，及时总结疗效。对小儿疾病如气管炎、肺炎、哮喘，尤其各型热病、久热、低热；和疳积、痢疾、腹泻、慢性结肠炎、复发性肠套叠等西医药未能获效的病证，董师均有独到之法，药到病除。继承组全面整理了董师系列经验方，传承应用于临床，又进一步从中选题，用现代医学科学方法研究探索。我们设计了董氏独创的指压法治疗婴儿吐乳症机理课题，统计显示显疗率达 95% 左右，大大优于西药对照组，动物实验亦阐明了指压法治疗的机理；再从董师擅治的小儿疳积经验方中，不断筛选修改，改变剂型制成"董氏开胃散"，外敷治疗目前国内外发病率高，又无特效方药的小儿厌食症，取得理想疗效。使用该方既可不必服苦味中药，又可避免药物的副作用，价廉简便安全，患儿乐意接受，家长欣慰放心。如此对名师临床上获取佳效的方药加以观察研究，前后设计科研课题 7 项，已获国家中医药管理局及上海市科委、市卫生局科研基金。目前完成了 4 项，阐明了著名老中医的独特手法和特色方药的机理，分别获国家中医药管理局及上海市科委科研进步三等奖各 1 项，及上海市卫生局科研进步三等奖 2 项。由于较全面地继承了董氏经验，又发挥了董氏儿科继承组的团队精神，上海市中医医院儿科培养了一批高级人才，在全市具有中医特色优势，核准为上海市中医特色小儿厌食症重点专科；又经批准成立了上海中医药大学名中医王霞芳工作室及上海市中医院董氏儿科工作室。第二代师徒结对继续努力，使中医儿科的继承发扬具有持续拓展和进步创新的后劲，弥补了中医儿科人才逐渐减少的颓势，使中医中药在调理儿童常见病多发病方面起到重要作用，减少儿童常用抗生素类药物损伤机体的副作用，为保障儿童健康发育发挥中医药功效。

乐医不疲　学医行医利人利己

我母亲常对人讲：我这大女儿从小多病，为她治病花费了很多医药费，本以为她活不长，谁知她能活到 70 岁，真出乎我意料。而今我的同学们都已退休，年高体弱，他们感叹我至今仍在医院工作，每天能为几十个小朋友看病，思维尚敏捷，竟活得那么有精神，充满生机，问我有什么养生秘诀？其实我仍患有多种慢性病，近年又得了肥厚性心肌病，五脏六腑都有病，但由于我学了中医又学西医，自己知医，自己的病痛自己治，能带病延年，继续做医生为病儿服务。"幼吾幼以及人之幼"，看到孩子们恢复健康，我感到十分愉悦，以"朗如日月，清如水镜"之心境，而无奢望。《贞观政要》有云："人虽秉定性，必须博学以成其道。"我对自己有期望，不断学习进取，前后正规学习中西医达 14 年之久，40 年来理论应用于临床实践，再努力将临床经验提升至理论，归纳总结写出论文，悉心带教好学生，希望他们有所进步有所创新，成为发扬中医儿科理论的新生力量。

学习使人在心理上如海绵样保持内敛吸收状态，每有感悟新知，思维不停脑力就不易衰退。通过不断学习，我的精神境界不断提升，学无止境，精神永不朽，此即《论语》"发愤忘食，乐亦忘忧，不知老之将至"也。每天接待的病儿家长，乃至亲朋好友都时时向我咨询各种病情，我总耐心回答，尽力沟通，细心指导护养方式，乐此不疲，觉得自己老有所学，老有所为，老有所乐，一片善心能使他们增进科学健康意识，自己学能致用，对社会尚有贡献，不但不觉得累，反而深深体会到"工作着是幸福的"。

金维新

金维新（1937— ），山东省青岛市人。1962年毕业于山东医科大学，山东中医药大学教授。享受国务院政府特殊津贴，被评为山东省卫生系统专业技术拔尖人才。中国性学会理事，中国性学会中医专业委员会副主任委员。连任六届中国中医药学会男性学专业委员会副主任委员兼秘书长，中国中西医结合妇产科专业委员会委员。

多年来致力于妇科、男科尤其是男女不育不孕症的研究工作，在这一学科领域内有所突破与创新，在国内处于领先地位。研制的生精汤、液化汤治疗男性不育精子数量少、精子成活率低、精子活动力差及精液不液化有效率均达90%以上。提出对中药性味与归经的选择是治疗男性不育的关键，并总结了80余种有关常用中药。发现精液不液化的病因病机除公认的肾阴虚以外，还存在血瘀痰阻的一面，应在通常滋阴清热降火的同时，加用活血化瘀和清热化痰、软坚散结的药物，取得了事半功倍的疗效。对较难治疗的精子数量少、精子成活率低、精子活动力差合并精液不液化的病人，打破传统的先温热滋补提高精子数及精子活力，再用寒凉药促精液液化的分步治疗惯例，提出"寒热并举，清补结合"的方法，并做到温热药不过于温燥，寒凉药不过于苦寒，加快了疾病痊愈的速度。与其他同志共同研制的罗勒胶囊治疗排卵功能障碍有效率为91.2%，属国内外首创，疗效超过促排卵西药克罗米芬。创治的"通管汤"被国际生育与不育学术会议认定为最有效的治疗输卵管不通的中药方剂。对西医认为较难治疗的多囊卵巢综合征、高催乳素血症、子宫内膜异位症、免疫性不孕症、未破裂卵泡黄素化综合征等原因造成的不孕，也总结出了一套行之有效的治疗方法。

近年来共取得有关男女不育不孕症科研成果8项，并全部获奖，撰写医学著作 10 部，并担任《中国传统医学丛书》（27 部）主编，其中《不孕症的诊断与中医治疗》为国内第一部关于男女不育不孕症中西医系统诊断与中医治疗的专著，其英文版也在世界范围内出版发行，英文版《中医妇科学》待出版。另外发表学术论文 62 篇，多次参加国内国际学术会议，科研成果被国内外一百余家报纸、电台予以登载与报道，在国内外享有较高声誉。入选《中国当代医界精英辞典》《当代世界名人传》和英国出版的《国际名人录》。

家庭背景与学医动机

我 1937 年出生于山东青岛，父亲是一位防治肺结核病的医生，非常敬业，除了每天正常的八小时工作时间外，还经常利用业余时间对病人进行随访并送医送药上门，服务周到热情，工作认真负责，受到广大病员的称赞与好评，对青少年时期的我，启迪和影响颇大。看到病人处在疾病痛苦的深渊中，看到父亲从事伟大的医学事业，自己决心将来也要投身伟大而神圣的医学事业。

1955 年，我从青岛第二中学毕业，毅然报考了医学专业，当时我报考的第一志愿是北京医科大学（当时的北京医学院），凭我的成绩，录取是没有问题的，但是刚报完志愿后，一个突然的情况发生了，青岛二中学校领导突然接到上级通知，要求优秀的学生报考南京航空航天大学（当时的南京航空学院），这一突然变化对我的思想产生了极大的震撼，它使我立志学医的理想遭到破灭，当时心情非常矛盾与痛苦。20 世纪 50 年代的青年人认为服从祖国需要是神圣的，又是无可商量的，经过激烈的思想斗争，既然被组织选拔上了，只好痛苦地丢弃了医学专业，而改报南京航空学院，由于是半保送性质，所以很快就接到了录取通知，离开家乡青岛，奔赴南京，踏上了艰难而漫长的学习征途。1955～1957 年，两年的时间，我在南航学完了所有工科大学的基础课程与部分专业课程，所学的专业是飞机发动机系喷气发动机专业，在人们眼中这是一项高科技专业，将来从事祖国的航空航天事业，是荣耀而高尚的，但我心情十分沉重，我所喜欢的是治病救人，而不是飞机大炮。两年的时间我艰难地学完了十几门课程，总感到枯燥与无味，我感兴趣的是去图书馆阅读《大众医学》等医学杂志与医学书籍，为此经常感到"前途迷茫"。经过一段激烈的思想斗争，在 1957 年第二学年结束的前夕，我向学校递交了一份沉重的转学申请报告，密密麻麻写了六大张纸，许多词语后都用了 6 个惊叹号，十分真实地表达了我学医的意愿，当时我写道：我将来决心参加祖国伟大的医学事业，是为了解除千百万病人的痛苦，使他们得到幸福的生活，只要我活着，只要我还有一口气，我就要永远这样做。我的转学报告和决心从事医学事业的信念深深打动了学校领导，组织上毅然同意了我的转学请求，1957 年夏天高考时我加考了一门生物学，于 1957 年秋愉快地走进了山东医科大学（当时的山东医学院）的校门，开始了我的医科大学学习生涯。转到医学院后，我好像突然获得了新生，心情愉快，精神抖擞，学习刻苦努力，成绩非常优秀。

勤奋工作与学术成就

1962 年，我毕业后分配至山东省立医院工作，由于实习成绩优秀，被省立医院内科、儿科、妇科三个科室提名留任，最后全国有名的妇科教授苏应宽院长把我留在了妇产科工作，准备重点培养。在 20 世纪 60 年代，不孕症这一专业是妇科领域年轻的、有发展前途的专业，当时我看到许多病人因婚后不能生育非常痛苦，甚至造成了家庭的破裂，于是我重点选择了这一专业，决心要在这一领域奋发图强，艰苦奋斗，努力钻研，获取成就。我起早睡晚，不知疲劳，拼命探索，多年来付出了常人难以付出的心血，为了专业的需要，1982 年我又以优异成绩毕业于山东中医药大学，毕业后留在山东中医药大学妇科教研室工作，并在中医药大学附属医院妇科担任临床工作，从此我便开始从事妇科与不孕症的中西医结合工作。由于不孕不育多是男女双方病因所致，所以在临床与科研上又需深入研究男科学与男性不育症，在省立医院工作时，由于与外科医生同时下乡参加过男科工作并操作过节育手术，所以我可以 3 分钟做完一例男扎手术，一天可以做 99 例。经过多年的拼搏，我在妇科与不孕不育的医学专业领域中共取得了 8 项科研成果，并全部获奖，发表学术论文 63 篇，主编医学著作 10 部，并担任《中国传统医学丛书》（27 部）主编，编写了《不孕症的诊断与中医治疗》一书，该书为国内第一部男女不育不孕症中西医系统诊断与中医治疗的专著，其英文版在多个国家出版发行。多年临床工作最终使我成为一名精通中西医妇科与中西医男科的医生，我能独立处理中医妇科、西医妇科、中医男科与西医男科的多发病、疑难病，在男女不育不孕症学术领域内，我能做到全面诊断与治疗，即所谓一个医生的全面性与多样化，只有临床正确诊断率高，治疗率才会高。

勇于探索与医学创新

迄今为止，医学领域中还有许多未知，也就是说有些疾病还得不到有效的诊断与治疗，多年来我一直在勇于探索这些未知。

（一）对男性不育症的探索

中医男性学在20世纪80年代方才兴起，当时国内科研成果很少，我在80年代即与同道们开展了男性不育诊断与治疗的研究，首先我与附属医院的化验室、生化室、放免室、病理室等科室进行了男性不育现代化检测手段的研究，当时在国内处于领先水平。

在上述基础上，我又开展了中医中药治疗男性不育症的研究，该项研究从分子、器官水平以及临床辨证方面探讨了中医学肾理论与机体生殖系统之间的关系，在国内尚属首创；在男性不育的治疗方面，在全国首次提出中药性味与归经的选择是治疗男性不育的关键，并在国内第一次总结了80余种有关常用中药；对于难治性精液病与难治的精液不液化也创拟了有效的治疗方药，20世纪90年代中期在全国率先进行了基础与临床的相关研究。并开辟了分子生物学的研究。自1991年至1995年主编出版了《男性不育》《实用中医男性学》《男性不育与性功能障碍》等著作，发表男科文章数十篇，1985年作为特邀代表参加了全国中医男科第一届学术会议。由于我在男科学方面有突出贡献，被选为第一届全国中医男性学专业委员会副主任委员，其后连任六届并兼任秘书长。1996年夏天，在青岛主持了不孕不育症领域自新中国成立以来以两个全国学会（中国中医药男性学专业委员会与中西医结合妇产科专业委员会）名义举办的全国男女不育不孕症学术会议，博得了全国学术界的好评。

（二）对女性不孕症的研究贡献

1. 对女性排卵功能障碍的研究

我从20世纪80年代中期开始，对中药罗勒进行了课题研究，罗勒是一味古代用药与民间验方常用药，课题组对其进行了基础与临床的全面研究，研究成果属国内外首创，并获得两项厅级科研成果奖。对罗勒的成功研究为中医药治疗女性排卵功能障碍开辟了一个新的纪元，其疗效超过现代医学王牌促排卵药克罗米芬，在1987年南京举办的国际生育与不育会议上我做了相关学术报告，在国内外学术界引起了极大的关注与反响。

2. 通管汤治疗输卵管不通

输卵管不通是引起女性不孕症的重要原因，我创建的通管汤治疗女性输卵管阻塞性不孕症总有效率为89.8%，痊愈率为85.2%，属国内首创，临床疗效达到国内领先水平，1992年获省科委科技进步二等奖及国家中医药管理局科技进步三等奖，该方剂在国际会议上被定为治疗输卵管不通最有效的方剂。

3. 诊断与治疗子宫内膜异位症

子宫内膜异位症是妇科的常见病、多发病、疑难病，不孕患者中有30%~45%患有内异症，而内异症患者的不孕发生率可达40%~60%，甚至为60%~80%。子宫内膜异位症最可靠的诊断方法是腹腔镜检查，但由于设备条件等原因尚不能广泛开展。B超只能诊断子宫腺肌病与卵巢巧克力囊肿，不能诊断盆腔异位症，所以临床大多数病人易被漏诊与误诊。近年来我发明施用了"盆腔手法扫查"诊断本症，可使90%以上的病人得以确诊，与腹腔镜诊断率接近，对于无腹腔镜的医院或基层医院这一手法是诊断内异症的可靠实用的方法，在妇科领域无疑是一个创举。

中医中药治疗子宫内膜异位症具有独特的治疗效果，根据临床辨证论治，以活血化瘀为主，辅以理气止痛，软坚散结，补肾调经。十几年来，我应用化瘀消异汤、化瘀消异丸治疗内异症，取得了良好的治疗效果，许多患者经治疗痛经消失，不孕病人恢复了生育功能，有些病人还避免了手术治疗的痛苦。

4. 中医药治疗免疫性不孕症

由免疫抗体造成的不孕，统称为"免疫性不孕"，有10%~20%甚至30%的不孕症系由免疫因素引起。男性存在自家抗精子抗体，女性常见不孕免疫体有抗精子抗体、抗子宫内膜抗体、抗卵巢抗体、抗绒毛膜抗体、抗透明带抗体与抗心磷脂抗体，现代医学对此无有效治疗方法。长期以来，我探索了以不同发病机理组方治疗免疫性不孕症，总有效率可达95%~99%，为中医中药治疗免疫性不孕症闯出了一条新路，也填补了这一学术领域的空白。

5. 其他疾病

对于多囊卵巢综合征、各种月经病、各种排卵功能障碍、黄体功能不良、高泌乳素血症、各种出血病症、盆腔炎、卵泡未破裂黄素化综合征等，我均研究出一套行之有效的治疗方药，成功解决了现代医学难以解决的难题。

总而言之，我在男、女不育不孕这一学术领域中，做到了全方位创新，医疗、科研、著书三位一体，做到了为事业鞠躬尽瘁！

为事业鞠躬尽瘁

事业的成功在于事业心与勤奋，我数十年来为事业鞠躬尽瘁。一个人要想事业成功，必须青年立志，壮年奋发，我高中毕业为了响应祖国号召，服从组织需要而放弃了学医的志愿，将已经报考的北京医学院改为南京航空学院，而在两年之后又勇敢地向学校领导提出了转学的要求，冗长的转学报告打动了学校领导，同意了我的请求。回忆起我在转学报告中这样写道："我觉得很多人致力于研究原子弹、氢弹、核弹等神秘而又高尖的科学，而且有所发明，有所创造。而人们往往忽略了对自身疾病的治疗，对自身健康的追求，现时还有很多疾病没有办法医治，人们由于疾病的折磨而呻吟着、叹息着！有多少英雄豪杰，有多少善良的人就是由于疾病的折磨失去了青春，失去了生活的信心，甚至失去了宝贵的生命！"每当我想到这些，我就暗暗下定决心，好好学习，将来投身医学这一伟大而神圣的事业。当组织上批准我的转学请求时，我才刚满20岁，之后我勤奋地读完了医疗系的全部课程，成绩优异，毕业时被留在省立医院妇产科工作。省院的医疗工作是十分繁忙的，我的科研工作往往是利用业余时间和晚间进行的，每当取得一项科研成果开完鉴定会经常累得躺在床上起不来，但一想起青年时期的"立志"与"豪言"，就又"蹦"了起来继续工作。我的专著《不孕症的诊断与中医治疗》一书，就是在炎热的夏天用了56天时间写成的，可想而知为27部传统医学丛书的主编工作付出的时间和心血又有多少。1987年，在南京召开的国际生育与不育会议上，我作为中国仅有的中医界两名代表之一做了"罗勒治疗女性排卵功能障碍的研究"与"通管汤治疗输卵管不通的研究"的学术报告，引起了国内外专家的轰动，新华社记者当即对我进行了采访与报道。2003年，《健康报》主任记者前来济南就"中医药治疗子宫内膜异位症的研究"进行采访后于 2003 年 11 月 23 日在《健康报》进行了报道，十几年来《健康报》先后 6 次对我的工作与科研成果进行了报道，国内外一百余家报纸、电台也对我的事迹进行了登载与报道。我的"生精汤与液化汤治疗男性不育的研究"参加了德国法兰克福国际科研博览会，国内各地请我前去做学术报告，美国方面也邀请我去讲学。

回顾我的学习与工作，我上了 3 个大学（南京航空航天大学、山东医科大学、山东中医药大学），学了 3 门外语（俄语、英语与日语），取得了 8 项科研成果且全部获奖，主编著作 10 部，专著 1 部，发表文章 63 篇，完成新药研究 1 项，参加多次国际与国内学术会议，担任国内多个学术组织的主要负责人，被誉为"送子观音"，终生享受国务院政府特殊津贴，被评为省卫生系统专业技术拔尖人才，入选《中国当代医界精英辞典》《当代世界名人传》和英国出版的《国际名人录》。强烈的事业心与永恒的勤奋精神是我成功的关键，一个人只有青年立志，壮年奋发，方能在事业上取得成就。作为一名医生，崇高的医德与精湛的医疗技术是不可缺少的，几十年来我风风雨雨为病人，为祖国的医学事业呕心沥血，当回首往事的时候，我不为碌碌无为而羞耻，也不为虚度年华而悔恨，因为我把自己的一切都贡献给了祖国的医学事业，献给了人类最美好的事业！

（王光辉协助整理）

张炳厚

张炳厚（1937—　），北京市房山区人。主任医师，教授，博士生导师，全国名老中医，国家中医药继承工作第二、三、四期指导老师，原北京市中医药管理局局长。北京中医药学会会长、中华全国中医学会常务理事、北京医师协会常务理事、《北京中医》杂志副总编、中华老教授协会医学分会常委、北京同仁堂中医医院院长、北京同仁堂股份有限公司独立董事。

1958～1964 年就读于北京中医学院（现北京中医药大学），毕业后一直从事中医医疗、教学、科研及行政管理工作。

欲展鲲鹏志　先读圣贤书

我投身中医事业完全是因为中医学的博大精深吸引了我。我上初中的时候，一次体育课练习在双杠上倒立，由于手没撑住，头朝下摔下来，造成了轻度脑震荡，之后就经常头痛，上高中时，一用脑过度就会引起头痛。后经表兄介绍，到石景山一位中医大夫处治疗。这名老中医扎的穴位很特殊，一个百会，一个长强，针完后头马上就不疼了。因此，是针灸的神奇引起了我学习中医的兴趣。

这是我第一次领略中医的奥妙，也是我之后能走上学习中医道路的一个重要原因。高考时我第一志愿报的就是北京中医学院（现北京中医药大学）。1958年我考入北京中医学院，经大学 6 年学习，我已被祖国传统中医的深奥吸引住了。我酷爱自己的专业，在中医学方面显示出了超人的悟性。每逢寒暑假回房山老家时，乡亲们都登门找我这个学生郎中来看病。那时，我结合老师讲授的知识，参照着书本给乡亲们开方治病，令我吃惊的是，寒（暑）假时给乡亲开了方子，等到暑（寒）假回去时许多病人都已痊愈了，还有些病人送来了薄礼，让我惊喜若狂。于是，最初的实践更激发了我求知的欲望。我是个有心人，像海绵吸水一样尽量多吸取中医界老前辈的学问。几度寒暑，我一心想成为医生的宏愿终于实现了。

我长时间跟随秦伯未、王文鼎、宋向元、刘渡舟、祝谌予等名老中医学艺，耳濡目染，勤奋努力。

刘渡舟老师爱下象棋，我先找其他人练习，不久就可与刘老对弈了。刘老每次下棋总是先攻三路卒，还振振有词地说：这叫"仙人指路"。结果总是我连下连输。到吃饭的时候，刘渡舟老师兴高采烈的，我却老缓不过劲来。刘老笑道："炳厚，思虑过度伤心脾呀。为了以防后患，我教你一个方子。"刘渡舟老师给我开了一个"开胃进食汤"，主治"思虑过度，不思饮食"，我第二天就用上了，效果很好。至今我还记得刘渡舟老师下棋时说的一句话：别小看这个过河卒。看病和下棋一样，只要药用得精，用得对，花钱少的药也能够治大病。我在跟随老师临证时很注意细心观察，发现刘老凡在处方中用附子时，必用食指重诊尺脉，我不解其故，便虚心向刘老请教。刘老言道："附子虽能回阳于顷刻，祛寒止痛，神效无比，但其性大毒，古今服中药中毒者，附子居于首位，切不可滥用。附子又属大辛大热之品，最易伤阴，凡一切阳证、火证、热证、阴虚血衰，均须慎用，更不可重用。而虚寒重病，又必须重用之，取其药力专一，能迅速驱病，但须中病辄止。而具体用量，以适合病情为要旨。余重用附子，依据有三：即症状必见形寒肢冷，舌象必见清润有津（不拘何苔），脉象必须尺弱无力，不能浮大长数。尚需注意配伍得当，解附子热莫过知母，解附子毒莫过干姜。余用附子三钱以上必先煎，用量愈大，煎的时间愈长，若量过一两，必先煎四十分钟以上，旨在去其毒而保其性。"如是我掌握了许多用药的精髓。

山西中医所妇科专家韩玉辉老前辈治妇女病有秘方。我知道韩老师喜欢书法，为了学习医术，我每次回北京都收集碑文拓片送给韩老师，韩老如获至宝，高兴之余把治妇科病的秘方传授给我。还有著名儿科专家周慕新老师治小儿发烧、腹泻有新招，我坚持每天接送他上下班，同行时边走边请教，久而久之我就掌握了退热的良方和周老诊治小儿病的许多绝招。

总之，老先生们各有所长，我都学来"归为己有"，可谓"技兼各家"。有名人给我题词道：博采众长，独辟蹊径，陶铸古今，自成一家。实为过奖。

历练勤临证　实践出真知

大学毕业后，我一头扎到新疆石河子建设兵团，一待就是 15 年。这 15 个春秋的生活是艰难的，但却给了我丰富的临床经验。1979 年调回北京中医医院后，我那坚实的中医理论基础和丰富的临床经验，很快使我在院内外名声显赫。

我酷爱中医事业，对医术刻苦钻研。我精通中医经典著作，博览古今医籍，广纳众家所长；已有 40 余年临证经验，借助对中医理论与临床实践的刻苦研究，我揣摩出一整套以"脏腑辨证"为辨证核心的、选方新颖的、遣药奇特的辨证论治规律。

在辨证方面，力求精微入细，泛用各种辨证方法，而以脏腑辨证为核心。我非常欣赏王清任有关脏腑辨证的重要论述：著书不明脏腑，岂不是痴人说梦；治病不明脏腑，何异于盲子夜行。

在处方方面，无论经方、时方，博采伤寒、温病，冶诸方为一炉，摆脱门户之见，创出众多类方和通用方。我还善用活血化瘀、涤痰滚痰法治疗多种疑难怪证，效果甚佳。如自拟川芎茶调散类方治疗多种内伤头痛就是古方活用的例子。我以加味滋生青阳汤治疗高血压、三叉神经痛；以益气活血通脉汤治疗冠心病、心绞痛；以加味爽胃饮治疗急、慢性胃炎；以开胃进食汤、济生橘皮竹茹汤治疗胃动力减弱；以胆囊 1 号治疗胆囊炎；以止咳定喘汤治疗咳喘；以痹证三两三加减十四法治疗风湿和类风湿性关节炎；以清肾丸治疗再发性尿路感染；以五皮五藤饮治疗多种过敏性疾患；以滋阴清利汤治疗慢性肾衰等。我虽师成方，但不泥其法，不泥其药量，治贵权变，体现了我尚古而不泥古、尊古而有创新的学术风格。

在用药方面，无寒温攻补门户之偏见，权衡临床而应用。尤善用虫蚁之品、毒麻之剂，常奏意外之功。药物剂量主次分明，有时取其量大力宏，有时取其轻可去实。讲究使用引经报使药，用方新颖，选药奇特，别树一帜，力求充分体现中医辨证论治的特色。

我的临证特点可以用"全""独""怪"三个字概括。

我刻苦学习中医经典和历代前贤医籍，运用自己雄厚的中医基础理论和丰富的临床经验，临证中内、外、妇、儿兼修，因此临床诊疗技术全面，治疗各种疾病均有独特的方剂且有良好的疗效。内科疾病擅治肾病、各种疼痛、痹证、心脑血管疾病、呼吸系统疾病，以及各种疑难杂症，可谓是中医全科医师。

我擅长治疗各种痛证，尤其擅长治疗头痛。我根据传统中医理论，独辟蹊径，以独到的理论见解指导，潜心研究出一组以川芎茶调散为主方的系列处方，共11张，用治疗外感疾病的川芎茶调散整方作为引经药物，治疗各种内伤头痛，取得了独特的临床疗效。再如我应用古方滋生青阳汤加味治疗三叉神经痛，学习民间验方疼痛三两三、麻木三两三，应用自己对中医理论的理解，加减变化成为治疗多种血瘀证疼痛、麻木等的主方。我在治疗许多疾病方面均具有自己独特的理论见解和独特的用药规律。

我临床的最大特色就是人们常常描述我的一个"怪"字。临证常常选怪方，用怪药，治怪病，尤擅用虫蚁类和有毒药物，临床疗效显著。许多病人会发现，我的处方中常常有全蝎、蜈蚣、乌梢蛇等虫类药物，有时还有马钱子等剧毒药物。我应用此类"毒药"，不仅有严谨的中医理论依据，更多的是我多年临床经验的积累，甚至是我亲身验证疗效之后应用于临床的。多家媒体采访报道我时，也都用了一个"怪"字。1995年入选的由联合国教科文组织委托中国作家协会和香港文库出版社编写出版的《当代世界名人传》（中国卷）称我为"东方神医"。《中华英才》杂志因我"擅治怪病、擅选怪方、擅用怪药"而称我的临证治疗是"怪杰三绝"。中央电视台4套"中华医药"栏目，以"医林怪杰"为题对我进行了专题采访。北京电视台"城市"栏目近年来也制作了多期节目介绍我的医药经验和医学成就。

借以岐伯仁德术　康复五洲伤病人

我博览各家学说，精通中医临床，力求做到辨证细腻、立法精确、选方新颖、遣药奇特。我讲究引经报使，善用虫蚁药，人称"医林怪杰"，通过总结40余年的临床经验，形成了一整套自己独特的辨证治疗规律，在中医界可谓别树一帜。

（一）诊断严格遵循三大原则

我认为中医诊断学是在中医基础理论的指导下，从整体出发，运用辨证论治方法，以识别病证，推断病情，为防治疾病提供依据，是临床各科的基础。我临证时严格遵循诊断的三大原则。

1. 审查内外

中医学的基本理论认为人是一个统一整体，人体的生理功能与自然界的一般变化是相适应的。这种观点就是中医诊断学的审查内外原则。这一原则对于诊断疾病有十分重要的意义。

我临证时采集的四诊资料非常广泛，从表及里、从脏及经、从发病季节到发病时间、从发病环境及人的性格，无所不括。因为人们生活在自然环境中，随时受到外界环境的影响，当外界环境发生急剧变化时，人体机能不能适应，脏腑经络功能就会失调而发生疾病。例如：①季节：冬季风寒证多，夏季湿热病、胃肠病多。②地区：西北、东北地区地高风野，严寒，风寒病多；江南地区炎热多雨则湿热病多。③生活条件：重灾区人群胃肠病例增多，甚则易暴发传染病。④精神刺激：我国动乱时期，精神疾病患者就相对增多。可见疾病的发生与变化，绝对不能孤立于环境之外，要想正确诊断疾病，就必须审查患者所处的外界环境。

2. 辨证求因

辨证求因就是在审查内外方法的基础上，根据病人一系列的症状，包括病人自觉症状如四诊所得，加以分析、综合，求得疾病的本质和病因病位，从而为临床治疗提供切实的依据。

疾病是多样而复杂的，又是不断变化的。因此，要正确认识疾病，就必须从病因、病位、病程、诱因等多方面进行全面了解，而了解的依据就是"证"。这里所说的辨证求因的"因"字，其含义应当是广泛的，除了六淫、七情、饮食劳倦等普通致病因素外，还包括疾病过程中所产生的某些症结，都是辨证论治的主要依据。如气郁、瘀血、痰饮、积滞之类，这些虽然不在"三因"之列，但在辨证时也常被视为导致疾病的主要原因，可作为治疗的重要依据。所谓辨证求因，就是根据病人临床所显现的一系列具体证候，而确定病因是什么，病位在何经何脏，其病程发展及病理机制又如何？查明这些就可做出诊断，即可作为立法施治的依据。

人体发生疾病，就会出现一些异常现象，如发热、恶寒、头痛等，这些异常现象即是中医所称的症状。症状的出现是机体有了病变的客观反映，分析症状可以探求疾病的内在变化。因此，症状是辨证的重要依据之一，作为医师永远要把症状作为第一依据。但辨证的"证"字与症状的"症"字，许多人分辨不清，辨证的"证"字，它不代表仅仅是个别的症状，也不仅是表面的综合症状群。所谓的证，既包括四诊检查所得，又包括内外致病因素，全面而又具体地反映了疾病的特征、性质、病位和在这个阶段的主要症结。

例如病人自述发热，单从发热这个症状不能得出辨证的结果，因为有外感发热和内伤发热之别，这就需进一步了解病人有没有恶寒头痛，如兼有恶寒头痛而发热，那就比较明确一些，但还要看看是不是脉浮？舌苔是否薄白？病起多久？等等。如果上证具备病属初起，那就可以初步确定为外感表证的发热，而不是内伤里证的发热。但辨证至此并未终了，还要进一步辨别是风寒发热还是风热发热。如口不渴、舌不红、脉浮紧，则为风寒发热；若口渴、舌红、脉数，即为风热发热。辨证就是按照中医理论和经验，像抽丝剥茧一样诸层深入以辨证求因，从而给治疗指出方向。

由此可见，仔细地辨证就能对疾病有深切的了解，诊断也就更为准确，而在治疗上更能达到"审因论治"的较高境界。

3. 四诊合参

既然诊断要根据审查内外和辨证求因的方法进行，诊断的方法要求对病人做缜密的观察与全面的了解，预想达到这样的目的必须四诊合参。

四诊即是望闻问切。诊断要求必须四者具备，才能见病得源。因此要求绝不能把四诊割裂开来理解，以为高明医师无论何病都能一望即知。自从前贤王叔和以后，脉诊和舌诊均有很大发展。因此有些医师便出现一种倾向，往往夸大脉诊和舌诊，一切诊一望舌就判断病情处方用药，而忽视了四诊合参的原则，医师对舌诊、脉诊有精深的研究和专长固然很好，但万不能以一诊代替四诊。病人发病的经过、痛苦所在、过去犯过什么病、经过何种治疗等资料的收集，必须通过问诊。病人的声音、气味有何变化，必须通过闻诊。病人的神色形态有何变化，必须通过望诊。病人的脉象和肢体有何异常，又必须通过切诊。疾病的发生是复杂而多变的，证候的显现有真也有假，有的假在症上，有的假在脉上，故诊法有"舍症从脉"和"舍脉从症"的理论。倘若四诊不全，便得不到病人全面和详细的资料，辨证就不会准确，甚至出现错误。例如病人自述发热头痛，病情并不复杂，但绝不能只凭这两个症状来辨证，还需问明起病的时间、发热的情况，还要摸摸热在手心还是在手背，舌象脉象各如何？禀赋如何？声音状态如何？方能确定诊断。若问诊知其病所由得，初起曾有恶寒，其后发热无汗，饮食不馨，大小便如常。望诊见其神色如常，舌质正常，舌苔薄白。闻诊其声音重浊而鼻塞，脉呈浮紧。从以上四诊所得，根据八纲分析应是外感风寒表证。如果病人病已日久，每于午后发热，手心热甚于手背，有时头痛或不痛，神疲倦怠，两颧发赤，唇红或舌质深红无苔，脉见细数，按上证分析应为内伤阴虚之证。

由此可见，证候是辨证的基础，要详细搜集证候资料，就必须四诊合参。

（二）辨证要求注意五大要点

1. 证候详细确切是辨证的基础

根据"四诊合参"的原则，辨证不能只凭一个症状或脉象便仓促下诊断，必须把四诊所得的证候结合起来，作为辨证的依据。四诊不全或不确切，诊断就容易出偏差，甚至误诊。在四诊过程中，要注意每一诊是否做到详细而确切，也是非常重要的。证候是诊断的依据，依据越充足，下辨证的断语就越容易。因此，要求四诊要尽可能把疾病的证候详细地包括而无遗漏。当辨证出现可疑之点时，应掌握辨证的线索，细致地加以诊察和有目的地询问，务必把病人所有的证候全面找出来。否则，四诊虽具而不完备，辨证的基础可信度就不大。

病情有轻有重，证候的表现有简单的也有复杂的。有些病人只有两三个症状，有些病人症状很多，有些病人由于表达能力差，不能全部说出病情；有些病人由于神志的影响或隐私之故不能把病情讲清，甚至讲了一些假的情况；也有一些患者由于性格或其他原因，夸大了病情，或隐晦了某些症状，如男人的遗精、阳痿、早泄等症，女人的未婚而育等症，因此我们不能仅罗列了一连串的症状，便以为满足，必须注意症状的准确性，不能增加也不能减少。因为每个症状都是证据，特别是主症，必须掌握准确。如口渴，口渴欲饮者是热证；口渴不欲饮者是寒证；口渴欲饮而饮量多者是实热；口渴欲冷饮而饮量少者是虚热；亦有口渴不欲饮者是脾气虚，不能把津液输送到咽喉故也；口渴欲引饮而吐，名曰水逆，是膈下有蓄水。

四诊的证候是依靠医生从病人身上观察得来的，因此所谓的准确性，就要求医生客观地进行四诊，不能以主观臆测或疑似模糊的印象作为真正的证候。

这就要求我们熟练而准确地掌握四诊的方法。证候详细而确切，这就是辨证的第一要点。

2. 围绕主症进行辨证

辨证中必须要善于掌握主症。所谓主症，可能是一个或几个，这一症状或几个症状是疾病的主要环节，因此要围绕它来进一步辨证，针对它进行治疗，就会取得显著的疗效。例如呕吐一症，有一病人初起头痛、恶寒、发热、呕吐。另一患者突然腹中绞痛、呕吐、四肢厥冷、有时吐蛔。又一病人，倦怠、疲倦、四肢无力、久病而吐不止，每于食后 1~2 小时即将大部分食物吐出，七八日始得大便。以上述三例来看，虽然都有呕吐这一症状，但所处的地位不同。第一例是外感病兼有呕吐，自然呕吐属于次要地位。第二例是蛔厥，呕吐与腹中绞痛处于相同重要的位置，两症都是主症。第三例是反胃病，呕吐症处于主要地位，如果该例无呕吐，反胃的诊断就不会成立。

掌握了主症，就应以主症为中心，再结合其他症、脉、舌等，便能准确地鉴别病因、立法处方，从而取得明显的疗效。由此可见，主症是疾病的主要矛盾，解决的方法也要首先解决主要矛盾的主要方面，主要矛盾得以解决，其他次要矛盾（兼症）就会迎刃而解了。围绕主症辨证，就是辨证的第二要点。

我临证总在四诊结束前询问病人，在所述症状中你最主要的症状是什么？目的在于准确地掌握主症，以利于围绕主症进行辨证。

3. 在病变发展过程中辨证

事物都是不断变化的，疾病的过程也是一个不断变化的过程。虽然是同一种病，因为个体和条件的不同，也会出现不同的变化。即使同一个病人也会随着时间的迁移而病机不断发展，更会因治疗而引起变化。例如中医伤寒患者，今天病在太阳经，明天就可能到少阳或阳明经，或者昨天是表实，今天或因素体太虚或因治疗不当而出现表虚或其他辨证。温病也是如此，今天病在气分，明天可能传变入营或入血。又如小儿稚阳之体五脏柔弱，易虚易实，易寒易热，变化甚速。所以古人有"走马看伤寒，回头看痘疹"之说，这是深刻体会之谈，足见疾病变化迅速，辨证就必须善于从变化中去识别。应该细察起病的原因、治疗经过、效果如何，审查目前疾病的病机如何，推断今后疾病的趋势如何。总之，必须把疾病看成是一个动态的，而不是静止的过程，则辨证治疗才能心灵手巧。

不仅治疗急性病应当如此，对慢性病也应如此。如有一病人患哮喘 20 年，在当地发病时非常怕冷，天气稍冷便发作，吐痰如泡沫，经过辨证诊为寒喘，用小青龙汤而见效。后到外省旅游劳累发作不止，再服小青龙汤不但无效，且气喘更甚，再细辨证，患者面色苍白，语言低微少力，稍一动作即喘作，喘时呼吸短促，视为气虚，遂以补气，投补中益气汤加减，而制止发作。数月后，又因闻煤气而喘又作，患者自配补气方服之无效，再诊患者面红口干，头痛胸闷，苔薄黄，脉弦数，诊为风热，用辛凉之剂，服后喘止。这个病例生动地说明了疾病的变化无常。总之，辨证必须心无成见，根据证候的客观指标和内外环境的不同，灵活地进行辨证。病证未变，则辨证亦不变，病证已变，则辨证自应随之而变。在病变发展过程中辨证，就是辨证的第三大要点。

我在临证治疗慢性病或急重病的过程中，特别在效果明显、症状体征逐步改善或消失的情况下，总要询问病人：你现在的主要症状是什么？如果主症变了，立法处方也随之而变。对于病情稳定又突然发作的病人，必问其诱因，诱因不同，处方也随之而异。总之，我非常注重在病情的发展中进行辨证。

4. 个别的症状，往往是辨证的关键

一般而言，个别的症状是整个症候群的一个单位，也是由四诊所得，相加起来组成一个整体，在这个整体中的各种指征都比较统一，通过它们的互相补充，能够得出一个比较一致的辨证结果，这是一般的辨证规律。例如，病人壮热或潮热，口渴引饮，腹满痛，大便秘结，小便短赤，脉沉数有力，舌苔黄。将这些症状结合起来辨证，便可得出里热实证的结论。但也有些病人，四诊所得，各有所主，问诊、望诊是虚证，闻诊、切诊又似实证，甚至每一诊所得，也有错杂征象，辨证互相抵触，不能得出一个统一的结论，这时应该怎么办呢？可以按八纲辨证的方法，从复杂的证候中，根据个别能够反映整个病机的症或脉或舌，而断然给予辨证的结论。

我在临证时特别重视关键症状，如在舌诊中无苔必诊为胃阴虚，舌根无苔必诊为肾阴虚，遇此情况，往往多弃症从舌；如在脉诊中关部滑，我诊断为肝胃不和或湿食阻滞，此时我往往弃症从脉，调和肝脾，以资后天，有利治疗；如遇证似脾胃虚弱、饮食不馨的病人，我必问是知道饿不想吃，还是不知道饿也不想吃，后者属于脾胃虚弱，前者是脾强胃弱、脾胃不和。知饥为脾运正常，不想吃为胃纳失常。两种用方显然不同，辨证不明，则差之毫厘，谬以千里。

可见，个别症状也是辨证的关键。

5. 既要辨证又要辨病

证和病，两者有着密切的关系。有这样的病便有这样的证。但不同的病，也常常有着一些相同的证候。例如秋燥病、乳蛾病、白喉病、喉痧病皆有喉痛证，但治法却有所不同。因此，既要辨证也要辨病。如果说辨证是既包括四诊检查所得，又包括内外致病因素及病位，全面而又具体判断疾病在这个阶段的特殊性质和主要矛盾的话，那么，"辨病"的不同之点是按照"辨证"所得，与多种相类似的疾病进行鉴别比较，把各种相类似的疾病的特征都加以考虑，从而要求对病人的证候进行逐一查对，在查对的过程中，就进一步指导了辨证，看看有没有这种或那种疾病的特征，最后把那些类似的疾病一一排除，得出最终的结论。在得出结论之后，对于该病今后病机的演变，就有了一个梗概，在这一基础上进一步辨证便能预料其顺逆吉凶。而更主要的是，经过辨病之后再辨证，可使该病所有的治疗原则和方药结合得更为紧密，以达到提高疗效的目的。

作为一个中医医师，既要注重辨证，也要注重辨病。《伤寒论》就是辨别伤寒病的巨著。刘河间补充了辨别热病的方法，吴又可又提出了温疫病的辨别方法，清代温病学家又将温病详细分为春温、风温、暑温、湿毒、冬温等病。随着中医学的发展，内外妇儿各科对疾病的认识越来越深入，对疾病的鉴别越来越细，治疗效果越来越好，所以辨病之法是值得我们重视的。

我临证以辨证为主，在西医诊断明确的前提下，特别强调要既辨证又辨病。

（三）主张四诊八纲、证候分类必须结合运用

我强调四诊八纲与证候分类必须结合运用，这里概括提示，以利于临证时能灵活掌握。

病例1：发病于春季，初起恶寒发热、少汗（或无汗）、头痛、鼻塞、心烦、口渴、小便黄、舌苔黄、脉浮数。

病例2：久病，面色白，微恶寒，有时微发热、自汗、手足不温、唇白口淡、咳嗽频频、痰中带血、胸闷有时痛、倦怠无力、动则喘乏、饮食不馨、大便溏薄、舌苔白、脉虚大。

上述两个病例，根据上列症状，四诊已备，可以作为辨证的依据。

从病因辨证来看，病例 1 是六淫外感病，病例 2 是内伤病。

从八纲辨证来看，病例 1 疾病初起，恶寒发热、少汗（或无汗）、头痛、鼻塞、脉浮者均属表证；心烦、口渴、小便黄、舌苔黄、脉数等又是里证、热证。病例 2 微恶寒、有时发热汗出，似表证，但病久咳血、手足不温、倦怠无力、苔白脉虚大，则是一派里虚证。可知微恶寒、有时发热，是内伤里虚的寒热而不是外感表证。

从证候分类辨证看，病例 1 病初即口渴、心烦、小便黄、苔黄、脉浮数，可知不是伤寒，应从温病辨证。恶寒、发热、少汗、头痛、脉浮等是外感热邪伤及卫分；口渴、小便黄、苔黄、脉数，说明兼有里热。病发在春季，既有卫分表证又有内伤里证，可以断定病例 1 是春温病，治法宜辛凉解表，兼清里热。病例 2 久病咳血、面色白、胸闷、气喘，可见其主要病位在肺，肺主皮毛，肺气损伤，所以微寒微热而自汗出、倦怠无力、饮食不馨、大便稀溏，这是脾虚证。面色唇白、手足不温、微恶寒、自汗、脉虚大、倦怠、便溏则又是阳虚的症状，可以断定病例 2 是肺脏损伤兼脾虚的阳虚劳瘵病。治法宜固肺、健脾、扶阳。

综上所述，四诊八纲和证候分类在辨证与辨病过程中应相互联合运用。辨证、辨病像抽丝剥茧一样层层深入，越辨得细致，越辨得精确，对立法与处方更加有利，但并不是说在我们运用的时候，一定要从四诊到八纲，然后至证候分类，只能这样一步步地走。一个临证经验丰富的医生当四诊已毕时，八纲证候分类等辨证也已经运用并获得了结论。当然，对那些比较复杂和疑难的疾病仍要经过一定时间的观察，甚至需要几天的观察和考虑，才能肯定诊断的结论，这也是常有的；可是对一般疾病，有经验的医生能随诊随辨，当机立断。只有打好中医理论基础，学好临床各科，多临证勤临证，使理论与实践不断结合，诊断水平才能不断提高，达到熟练与准确的境界。

（四）以脏腑经络辨证为核心

我特别注重脏腑辨证，将脏腑辨证作为所有辨证的核心。掌握了四诊资料与八纲辨证所得的结果，还只是形成一个比较概括的印象。比如说，经过四诊与八纲辨证可以得出阴阳表里寒热虚实的结论，但仍然是一个初步的概念，仅能给治疗指出方向，尚未落实到脏腑经络部位及该病的病因、病机变化等问题。再进一步辨证就要依靠"证候分类"。

证候分类是中医诊断学的重要组成部分，是历代前贤在长期的临床实践过程中总结出来的宝贵经验和理论。张仲景创伤寒"六经"分证；叶天士创温病的卫气营血分证；吴鞠通创温病"三焦"分证。病因分证、脏腑经络分证更是历代各医家经反复临床实践，逐渐补充而形成的，在内、妇、儿、外临床各科广泛运用。

脏腑辨证和其他辨证密切相连。就八纲辨证而言，阴阳表里寒热虚实，在脏腑辨证中均有体现。就病因辨证而言，外因六气，初犯经络，邪气传变可入脏腑（包括六经辨证、卫气营血辨证和三焦辨证）。就经络辨证而言，每个脏腑都有其经脉，并且相互沟通。经络之病，可内传脏腑，脏腑疾病也可以反映在经络的循行部位，两者紧密相连。所以我以脏腑辨证为核心，实际也是以脏腑经络辨证为核心。

（五）顺其性即为补，补其正即为顺

在治法方面，我除正确应用八法之外，还讲究应用"顺其性即为补""补其正即为顺"的方法。这两种方法我泛用于八法中，特别在补法中最为常用，可谓得心应手，并受益匪浅。"顺"即指各脏腑主要的功能运动，我是从钻研中医的升降出入理论悟而得之。

"顺其性即为补"在治法的表现上就是在大队的补药中，加上一两味归经上符合正常气机运动的顺气之品。这样不但无碍于补，反而加重其补之力。"补其正即为顺"，是在大队行气药中，加入一两味补正之品，不仅防止理气药辛香容易损正之弊，而且可以加强行气药的作用。

我之所以提出这两种治法，是学习归脾汤、麦门冬汤所得到的启发。归脾汤出自《济生方》，功用健脾养心，益气补血。主治：①思虑过度，劳伤心脾，怔忡健忘，惊悸盗汗，发热体倦，食少不眠。②妇人脾虚气弱，崩中漏下。方中参芪术草甘温补脾益气，茯神、远志、酸枣仁、龙眼肉、当归甘温酸苦，养血补血安神，以上诸品已完全符合本方的功用，而方中为何加入一味木香呢？此正是归脾汤的妙趣。用木香理气（即顺其性）醒脾，不惧木香之香窜损其正，而用其辛香使其活，借以增强补气养血直达病所之功，以木香醒脾，使本方补而不腻，"不腻"其义有二：一是指方剂活而不呆，二是用木香调气，不障食欲，无碍脾胃气血生化之功。麦门冬汤出自《金匮要略》，功能生津益胃，降逆

下气、主治肺胃阴伤、气火上炎、咳吐涎沫、咽喉干燥而渴、舌干红、脉虚数者。方中重用麦冬生津润燥，人参、甘草、粳米补养脾胃，使中气充盛则津液自能上输于肺，于是肺得其养，半夏降逆下气，化其痰涎，与诸药合用，不嫌半夏之燥而伤阴，用其降逆下气，化其痰涎进而增强生津润燥的功效，可谓相辅相成。

对于不同脏腑以及病位，我在补剂中善用不同的顺气之品。病在肺者，用厚朴降气行气除满，用杏仁降气止咳平喘，用葶苈子、桑白皮降气除饮；病在胃肠者，用木香、厚朴行气消胀，用代赭石降气止呕；病在脾者，用升麻、柴胡升阳举陷，气陷甚者更加防风、羌活等祛风升阳之品，可参考《东垣十书》中的补中气抑阴火升阳汤；病在肝者，用柴胡疏肝解郁，将少阳之邪提发于外；肝胆郁热者用川楝子。用补气药时，病位在上焦，肺系疾病顺气用厚朴，心系疾病顺气用香橼皮；病在中焦者，顺气用木香、槟榔；病在胁肋者，顺气用薄荷、丝瓜络；病在少腹者，顺气用青皮；病在小腹者，顺气用乌药；病在肾者，纳气用肉桂、磁石、沉香、蛤蚧。有时升降药并用更利于顺。所谓的"提壶揭盖法"，就是升降同用，以降为主。桔梗与枳壳并用，一升一降，可开胸气，用于胸闷、胸痹。细辛与木通并用，一升一降，治下肢外侧风寒湿痹。川芎与牛膝并用，一升一降，治下肢内侧风寒湿痹。但必须辨证清楚是以升为主还是以降为主，用药剂量当有区别。以上药味用之机理，请熟悉上药之功能主治与归经，此处不赘述。

（六）师其法而不泥其方，治贵权变

我认为成方都是历代前贤和现代名医经过多年临床实践在中医理论指导下创立的，是中医瑰宝。每一个成方的组成都有一定原则，但也不是一成不变的，在临证时应随着病情的变化，四季的变迁，病者体质的强弱、年龄的大小，社会环境以及风土习惯的不同而灵活地予以加减应用，只有这样才能体现"师其法而不泥其方，治贵权变"。有人说，欲用成方必先审患者所患之证，完全符合成方所列的证候，才能试用，否则必须加减，若无加减可言，则另选其方。由此可知，运用成方时必须加减化裁，才能切合病情，收到满意效果。

关于药物加减：成方常因药味的加减而改变其功用和主治。例如，桂枝汤由桂枝、芍药、甘草、生姜、大枣组成，功用解肌发汗，调和营卫，主治外感

风邪表证，症见头痛、发热、恶风、自汗、舌苔薄白而滑、脉浮缓或浮弱，如果在这些证候基础上又出现喘息，就需加厚朴下气除满，杏仁降逆定喘（既成桂枝汤的类方——桂枝加厚朴杏子汤）。又如，桂枝汤误治使用下法，而出现胸满，这时桂枝汤的症状依然存在，但因桂枝汤中有芍药之酸收，对胸满不利，就应弃芍药，以专解肌散邪，这就是桂枝去芍药汤。

有人说，成方药味加减是在主症未变的情况下使用的，如若主症已变，那就是治法和方剂改变的问题了，不宜药味的加减变化。我以为不尽然，比如，由脾胃虚弱、中气不足、清气下陷所导致的脱肛、遗尿、泄泻等，显然主症不会相同，但其病因病机是一样的，主方均选补中益气汤，其不同仅在药物的加减变化及药味用量上而已。遗尿者加缩尿或清心火之品；泄泻者酌加消导与涩便药，方中还需重用白术健脾燥湿，最好用土炒白术健脾止泻；脱肛者更加用升提药，如羌活、防风等风药。

关于药物的配伍：这里主要讲使药的配伍。使药作用有二：一是辅助增强主药的作用，二是反佐主药的劣性与毒性。如在泻下药中以甘草为使，反佐缓其泻下之力；如主药为附子、川乌时用甘草反佐其毒性；如主药是熟地，治疗痹证时配麻黄，二者相配使熟地不滋腻，麻黄不发汗。

（七）从简驭繁，擅用类方

我临床擅长用类方治疗疾病。究其原，是受刘渡舟老先生影响，我系统学习过刘老的桂枝汤类方、小柴胡汤类方在临床上的应用，其辨证简洁，疗效卓著，是中医治病的一条捷径。

以二陈汤为例，二陈汤加竹茹、枳实、大枣，即为温胆汤，主治胆虚痰热上扰，虚烦不得眠，惊悸，口苦吐涎等症，亦治疗湿痰郁久化热，外闭内扰等痰证，温胆汤加黄连，即为黄连温胆汤，泻火化痰安神，主治痰热之惊扰失眠。二陈汤加人参、菖蒲、竹茹、大枣，即为涤痰汤，化痰开窍，主治中风舌强不语。二陈汤加当归、熟地，即为金水六君煎，主治肺肾阴虚，湿痰内盛，咳嗽呕恶，喘逆多痰等症。以上都是二陈汤类方。二陈汤类方的临床应用以胸脘胀满、舌苔滑腻、脉弦滑等痰湿证为辨证要点，只要有痰湿的典型证候，不论新久寒热虚实，均可用二陈汤加减变化施治。

我还自拟了许多类方，如川芎茶调散类方（包括外感风寒茶调散、外感风热茶调散、外感风湿茶调散、益气茶调散、养血茶调散、补肾茶调散、理气茶调散、化痰茶调散、活血化瘀茶调散、滋补肝肾茶调散、补气益血茶调散、益气滋肾茶调散）治疗诸般头痛，安神汤类方治疗失眠，大补阴丸类方治疗各种肾病，疼痛三两三类方治疗各种痛证等。

（八）选方新颖，遣药奇特

1. 选方新颖

我临床治疗用方，讲究用成方。成方是指有文献记载的名医方剂（包括古今名医）。因为这些方剂均为历代前贤临床经验的结晶，绝大部分迄今用之有效，可谓"道真千古更光辉"。

我运用成方绝不限于传统成方，所谓传统成方，即指中医院校教材所用之方剂和临床医者常用方剂。因为在这些成方中，有些效果并不理想，而追求疗效是我永恒的主题。因此，我博览精研百家医籍及学说，觅求更高疗效而又不为当代医者所常用之方剂，再经临床反复观察，确有卓效的方剂，我在临证时经常使用。再加之我在临证使用这些成方时，所加之品，遣药奇特，所以观之，选方新颖。下面将我常用方剂进行简单介绍。

对于脾胃虚弱者，用开胃进食汤（《医宗金鉴·杂病心法要诀》）；肝胃不和兼有痰者，用爽胃饮（宋向元经验方）；治疗冠心病，我常用冠心 6 号；肝胆湿热，常用清肝利胆汤；补肾清补法，常用地龟汤类方（又称大补阴丸类方）；治疗诸般疼痛，我用疼痛三两三（江南铃医秘方）；治疗麻木，常用麻木三两三（江南铃医秘方）；治疗高血压病以眩晕为主症者，常用滋生青阳汤（《医醇賸义》）；治疗肾阴虚、虚火旺的病证，常用导火汤（《辨证录》）；风寒痹证，常用阳和汤；冲任虚寒之痛经，常用本事琥珀散（《医宗金鉴·妇科心法要诀》）；肝郁气滞、经前乳胀，常用加味乌药汤（《医宗金鉴·妇科心法要诀》）；治疗癥结、肿块，常用消瘰汤；治疗肺系痰多吐血证，如支气管扩张，常用加味千金苇茎汤（方药中经验方）；治疗因痰而导致的癫痫等神经系统疾病，常用加味礞石滚痰丸（王文鼎经验方）；产后乳汁不通，常用下乳神效汤（《济阴纲目》）；乳炎、乳腺增生，常用神效瓜蒌散；治疗皮肤病，常用五皮五藤饮；对于不寐彻夜不眠者，常用黄连阿胶鸡子黄汤（《伤寒论》）；治疗阴阳失调的偏乖病证，如左侧寒右侧热，一面出汗一面无汗等症，我常用当归六黄汤。诸如此类，不能一一列举。

2. 遣药奇特

我选药奇特，表现在以下几方面：

（1）擅长用虫蚁药，如全蝎、蜈蚣、白僵蚕、地龙、水蛭、虻虫、穿山甲（现用代用品，下同）、白花蛇、乌梢蛇等。

（2）擅长用毒麻药，如附子、乌头、制马钱子、细辛等。

回阳救逆，我常重用附子 15～30g；治风寒痹证，以寒为主，常用制川、草乌 15～30g；治疗风寒痹证，特别是上肢冷痛，常用细辛 10～20g 等。

我用马钱子治疗麻木，为了了解其毒性，曾亲自服用，用量从 0.3g 逐日递增到 6g，无不良反应。

临床运用毒麻药，要以证为主，以自己经验为准，严防中毒和出现不良反应，望读者牢记。《本经序录》云："用毒药疗病，先起如粟粒，病去即止，不去倍之，不去十之，取之为度。"说明使用毒药应从小量开始，逐渐增加，中病即止，慎之慎之。

（3）因为我惯用成方，某些方剂中不免有些不为人常用之药，如土茯苓、干漆、硫黄等。

（4）我用成方加药，有方或有法，常用合方。如主方合用逍遥散，我只取主药白芍、当归、柴胡 3 味，主方合用三仁汤，只取其薏苡仁、杏仁、豆蔻仁，主方合用三石汤，仅取其主药石膏、寒水石、滑石，诸如此类，等等。

（九）擅长用虫蚁药，津津乐道

中药分为植物药、动物药和矿物药，其中动物药又分为补养药、凉血药和搜剔筋骨、通经活络之品。补养药，如龟甲、鳖甲、鹿茸、鹿角类及阿胶等；清热凉血药，如犀角（现用代用品，下同）、羚羊角、牛黄、猴枣、玳瑁等品。搜剔筋骨、追风定痛、活血通络、搜诸血络是动物药中的虫蚁药的共同功效。虫蚁药可与他药为伍，治疗多种病证，特别是疼痛病证，往往可取得预想不到的效果。

我用虫蚁药是受宋向元的启发。宋向元擅用活血化瘀药，在中医界众口皆碑，堪称一绝。我有幸师从宋向元，聆听教诲，但宋老师所用活血化瘀药中，罕见加入虫蚁药。我好奇地问之：您如此推崇虫蚁药，为何少见您用之？宋老说："我治病求稳，性格所定也，但希望你一定学习使用虫蚁药，必会青出于蓝而胜于蓝。"于是，我参考历代前贤有关文献，得到更大启发，临床中加以应用，受益匪浅。

唐容川在《本草问答》中指出："草本植物也，昆虫动物也，动物之功力，尤甚于植物，以动物之性，本能行，而又有攻性，则较之植物不能行者，其攻更有利也。"可见动物药功力远优于植物药。吴鞠通认为："食血之中，飞者，走络入血分，可谓无微不入，无坚不破。"所以，吴鞠通常在化瘀通络方中，在调血基础上，加入虫蚁药。叶天士认为："久则邪正浑处其间，草木不能见效，当以虫蚁药疏通诸邪。"所以，叶天士强调，痹证迁延不愈，治疗时必加入虫蚁药，叶氏还认为，虫蚁药能攻逐邪结，"借以虫蚁血之攻逐，以攻通邪结"。综上所述，不难看出，三大前贤对虫蚁药的运用十分重视，并成共识。

我认为运用虫蚁药和毒药、猛药都要遵循一个要旨，凡重病用毒药猛药（包括虫蚁药），药力专一，能迅速驱病而不伤正气，处方用药该轻则轻，该重则重，必须权衡利弊，中病即止。

（十）中药用量之不传之秘

中药用量之不传之秘是说同用一张方子治疗同一个人、同一种病，因为药物用量不同，往往疗效差距很大。不传之秘是强调药物用量的重要性。药物用量有其针对性。

1. 治疗主症药物必须重用

针对主症不同，药物用量随之而异。以《医方集解》的参苓白术散为例，功用：补气健脾。主治：脾胃虚弱，饮食不消，或吐或泻，形体虚羸，四肢无力，胸脘不宽，脉虚而缓。方解：本方由四君加山药、扁豆、莲子肉、砂仁、薏苡仁、陈皮、桔梗等组成。用四君治疗脾胃气虚，用山药、扁豆、莲子肉以补脾，以砂仁和胃理气，以薏苡仁理脾渗湿，以陈皮理气化痰，以桔梗载药上行。本方药性中和，无寒热偏胜之弊，对脾胃虚弱、饮食不消、气虚生痰、吐泻体虚等证，用以补气健脾、和胃渗湿，确有良效。若以胃脘胀痛、饮食不馨为主症者，当重用党参30g以上，山药15g以上，取其健脾和胃。若以腹泻为主症，则重用白术30~50g，以健脾利湿止泻。若以脾虚痰多为主症，则重用白术15g以上，茯苓20g以上，陈皮12g以上，以健脾理气化痰。如此用量，经临床反复观察显示，疗效倍增。

2. 针对影响主症较大的兼症，治兼症药必须重用

如用圣愈汤类治疗冠心病心绞痛，兼有汗出多者，治汗药物必须重用。因为汗为心之液，汗多必损心血，亡心气。自汗者，重用生黄芪30g以上，以益气卫表止汗；盗汗者，重用山萸肉20～30g，另煎，睡前服，以滋阴敛汗。临床观察效果颇佳，尤其是后者，其效妙不可言。

3. 配伍应用，某些药物必须重用

如以麻杏甘石汤治疗热咳、热喘、热痰，以热尤甚者，须重用生石膏30～60g，幸得刘渡舟名家所授，麻黄配石膏比例为1∶(3～5)，麻黄不过汗，石膏不过寒，二者皆为发汗药，用以上比例配伍，反而不发汗。再如治疗肾虚冷痹，我以细辛配熟地［1∶(3～5)］，常用细辛15g以上，临床反复观察，效果甚佳，只见利而未见弊。

历代前贤使用药量最悬殊者，当属王清任，其补阳还五汤、黄芪赤风汤、黄芪防风汤、黄芪甘草汤，其中黄芪用量均为四两（120g）。上四方均主治瘫痿，重用黄芪旨在生阳通阳。院校教材解释补阳还五汤重用黄芪意在补气，我不能苟同，我认为重用黄芪重点不在益气，而在生阳通阳，如果意在补气，人参补气之力远胜黄芪，何不用之？人参、黄芪均为益气药，区别在于人参大补气津，守而不走；黄芪益气升阳，通阳生阳，走而不守。而补阳还五汤等以上方剂，又均治痿瘫之证，病机虽有气虚，更有阳气不通，局部多表现寒证，重用黄芪不仅益气，关键在于通阳生阳，配合方中诸药达到温通的目的。

（十一）讲究引经报使

我用药时讲究引经报使，治疗疾病予其定位十分重要。疾病在人体中的发病部位特别广泛，可发病于五脏六腑之某一脏腑，也可发生在不同经络，或发生在里，或发生在表，或上或下，或发生在七窍九道，欲治某处之病，必须使药力达到病所，才能取得良效。方剂中载诸药达病所之药称为使药。在方剂组成中，即分君、臣、佐、使。使药有两种作用，一是引经报使，二是调和诸药。本节所讲之引经药，是属前者，又称向导，使用引经药为向导。所谓引经药，《素问·至真要大论》载："帝曰：气有多少，病有盛衰，治有缓急，方有大小，愿闻其约奈何？岐伯曰：气有高下，病有远近，证有中外，治有轻重，适其至所为故也。"适其至所，是要令药物能够到达病所，即适其病所，这就提出了引经报使的问题。又如徐大椿谓之"归经络而无泛用之药，此谓向导之师"。就是说，每味药均有其归经，而其中有些药，归经特别专注，引经药往往取用这些归经专注之品。

桃李满天下　堂前更种花

我在科研及论著方面亦颇多建树，著有《神医怪杰张炳厚的学术思想与临床经验》，由中国中医药出版社出版，《中医内科概要及形象图解》《中成药入门及形象图解》等专著，由日本东洋医学临床出版社出版。论文颇多，有《冠心病中医分型论治》等60余篇论文发表在国内外医学刊物上。"川芎茶调散类方治疗血管性头痛虚证216例临床观察与机理研究""清胆利湿汤（丸）治疗肝胆湿热型胆囊炎临床观察与实验研究""益肾通脑宁机理研究"等多项科研成果获得北京市科学技术委员会、国家中医药管理局（省部级）科技成果奖。《中医内科学问答题库》获1990年北京联合大学教育奖。与同仁堂合作研究开发的治疗血管性头痛的新药"益肾通脑宁胶囊"已获批号，正在临床研究阶段。

目前，科技推进北京名老中医学术思想传承和文化传播主题计划中的"张炳厚治疗慢性肾病学术思想、经验传承研究"等科研课题正在进行中，旨在前瞻性地搜集、整理我治疗慢性肾病的临床资料，并将其整理输入由中国中医科学院研发的临床数据采集平台，通过分析归纳，总结出我诊治慢性肾病的特色经验、创新见解、认证技巧、思辨过程、用药规律，提炼我的学术思想，将我的学术思想传播给更多中医人，使之在无法近距离跟师的情况下，也能得到我的学术思想的惠泽，使更多患者得到更好的救治。

我从医40余年，授业40余年，教书育人，学而不厌，诲人不倦，可谓桃李满天下，学生遍五洲。我的门下，既有国家中医学院教育体系下的博士生、硕士生，又有民间从师学艺的弟子、门生；既有国家批准招收的中医药继承人，又有海外慕名前来学徒、见习的学生。

我多次受邀赴海外讲学，受到海外中医学者的欢迎。1989年应日本国东京都卫生局邀请在东京都半岛病院进行临床诊疗和教学。1992年应邀赴日本国星火株式会社讲学。1993年以"中医治疗头痛经验"为题在中日学术研讨会上进行特殊演讲。2004年应日本国东京都中医药学会和广岛中医药学会邀请赴日讲学，讲题为"中医治疗疼痛的病因、病机及辨证论治"。

我是2003年全国和北京市防治"非典"的主要专家，多次参与制定对"非典"的防治方案，并多次亲临一线救治病人。因此，2003年获"全国中医防治非典特殊贡献奖"，同年获"北京市卫生局优秀党员"荣誉称号。

"欲展鲲鹏志，先读圣贤书""历练勤临证，实践出真知""借以岐伯仁德术，康复五洲伤病人"。这是我最喜欢的格言，也是我悬壶40余年的真实写照。

（常峥、张华东协助整理）

邵念方

邵念方（1937— ），河南濮阳人，中共党员，农工民主党党员，山东中医药大学附属医院主任医师、教授、博士生导师。国家名医带高徒导师，全国名老中医药专家传承工作室导师，山东省专业科技拔尖人才，山东省名中医。终生享受国务院政府特殊津贴。曾任国际第一届中医心病会议学术委员会副主席，中华全国中医学会心病委员会委员、中西医结合委员会委员，山东省学位委员会委员，山东省教委科技成果评委会委员，山东省科委科技成  果评委会委员等职。在五十年的医疗、教学和科研实践中，融古贯今，知常达变，法外求法，对内科领域的常见病、多发病和疑难危重病的诊治，具有独到的见解和诊治方法，积累了丰富的临床诊治经验，提出一系列对中医走向现代化和中西医结合发展有影响的理论学说。强调治病求本，扶正祛邪，调理气血，平衡阴阳。

生于贫苦 长而敦敏

听我母亲说，1937 年 12 月 9 日，我生于河南濮阳县东陲黄河岸边王称堌区赵庙村一座破旧的茅屋内，由于家贫，孩子多（我是最小的第八个孩子），我先天营养不良，后天贫困交加，还因重病（先患黑热病，继患天花）在死亡线上徘徊三年之久，病愈后个小体弱，骨瘦如柴，貌似愚笨，七岁了还不太会说话，见了生人就向屋里跑，乡亲们给我起了个外号叫"四傻子"。但谁也不曾想到，这个"四傻子"后来竟成了享誉全国的著名中医药专家、博士生导师。

开始，父母也认为我傻，一直不让我上学，也不让我当儿童团员。但我从懂事起，心中就装着一个美梦——读书，上大学，过上更好的生活。心态是决定一切的，拿破仑·希尔在《成功定律》一书中说：把积极的心态称作资金定律。也就是说积极的心态会带来积极的结果。保持积极的心态，你可以控制环境，反之环境将会控制你。天才和伟人之所以与众不同，起决定因素的不是智商的超常，更不是技能的高超，而是适时调整的心态。我始终抱着积极向上努力进取的心态。后来家中分得了土地，生活富裕起来，随着生活的改善，我的身体也逐渐强壮起来。到了1949年末，我实在忍不住，就自己跑到学校报了名，万万想不到的是，奇迹发生了：小学四年的课我两年就读完了，随即考上了"高小"，在越来越丰富的知识殿堂里，我似乎着了魔，而且愈发游刃有余，夜以继日地发奋学习，在煤油灯下苦读老师没讲到的课，很多知识都是自学所得，"高小"两年，我只读了一年，就于1953年从河南省考到了山东省鄄城县第一中学，三年后又考进菏泽一中。1959年考入山东中医学院（现山东中医药大学），从此与医学结下了不解之缘。

在大学里，我被博大精深的中医学哲理吸引住了，尤其是人与自然融为一体、"天人合一"的整体观念和辨证论治思想，使我的求知欲犹如熊熊烈火燃烧起来，于是如饥似渴地学习，拼命地钻研，把四大经典——《黄帝内经》《黄帝八十一难经》《伤寒杂病论》《神农本草经》的主要条文都在理解的前提下背诵了下来。当时正赶上三年自然灾害，同学们有一半以上患营养不良性水肿，三分之一患营养不良性肝炎，当然我也不例外，但仍然每天拖着浮肿的身子早晨6点起床，晨练后就背四大经典。通过中医各门课程的学习和实践，我深深体会到，中医学确实是个伟大的宝库，面对浩如烟海的中医典籍死记硬背是不行的，必须通过学习典籍的精髓来武装自己，从百家争鸣各放异彩的典籍中学立场、学观念、学方法，即学从医以人为本的立场，医生的一切思想和行为都要站到病人的立场；学整体动衡观；学辨证论治非线性思维的科学方法。只有这样用与时俱进的观点来学习，才能用中医学来防治"现代病"，才能在继承的基础上有所发展和提高，才能更好地为当代人类的健康长寿做出贡献。

在大学三年级时，中医课基本学习完之后，因当时的山东中医学院初建，没有西医教研室，学院就安排学生到山东大学医学院学习西医。在校六年，由于成绩优秀我一直享受国家最高助学金。通过西医的学习，我认识到：中西医理论是截然不同的。中医是把整体恒动观作为指导思想，是元整体观，即人的整体性具有本原性，具有不可分割性，是生命－心神－环境医学模式；西医对病因病理的认识是以实体中心论为指导思想，是合整体观，像机器一样，可以自由地组合和拆卸，具有可分割性，是机器－生物－心理－社会医学模式。中医研究健康，西医研究疾病；中医辨证，西医辨病；中医治"病的人"，西医治"人的病"。反映了两种不同的认识观和方法论，决定了中西医学不同的研究方向和理论体系。但二者的方向和目标是一致的，都是为了人类的健康和长寿。回忆起当年中西医结合的学习，那时的感受还记忆犹新，国家培养我学习了两种医学，使我对人体科学有了全面认识和理解，使我掌握了为人民防病治病的两种武器。我像个羽毛将丰的快要出巢的小鸟，恨不得立即飞出巢穴，奔向临床第一线。

博览约取　自成一家

良好的心态是使逆境改变的基础，没有坚强的意志和宽容的精神也是无法改变逆境的。《周易·乾卦·象传》说："天行健，君子以自强不息。"意思是说，天依强大的力量不断地运行不止，有道德有能力的人就应该仿效天的精神，奋发有为，勇往直前。1965年大学毕业后，因我实习成绩突出，被韦继贤院长点名要到山东省中医院内科工作。但工作不到半天就被通知随山东省社教团下高密县参加社会主义教育运动。下到大队与贫下中农同吃同住同劳动，我除了完成上级交给的政治任务外，还要给农民们看病。当时，生活条件十分艰苦，每天早上5点左右就得起床去拾粪，白天和农民一起劳动，晚上为乡亲们看病，12点以前从未睡过觉。通过一年的艰苦奋斗，被社教团层层选拔为先进工作者，并到社教团介绍为群众防治疾病与开展社教工作两不误的经验。1966年6月回到原单位。

"文革"期间，业余时间特别多，那时我就想，要成为一代名医，仅读中西医书是不够的，还要多读些文史哲及自然科学的书，我利用业余时间先后通读了《易经》《老子》《庄子》《中庸》《论语》《孟子》《孙子兵法》《本草纲目》《兰室秘藏》《中藏经》《古今名医方论》《针灸问对》《理虚元鉴》《医原》等数十部专著，大大拓展了我的眼界，为以后的医学深造奠定了基础。1973年6月，因为品学兼优，根据国务院要搞好"中医继承工作"的指示精神，医院党委选派我跟山东省中医院原院长、全国名老中医韦继贤当徒弟。虽然跟师不到一年（老师因癌症去世），但从老师那里学到了治病以病人为本，治学以中医为本的思想。老师在卧床不起时，仍然给外地赶来求他看病的病人口述处方用药；老师时时咳嗽，呼吸极度困难时，仍然用最后一点力气给我讲述临床经验。韦老师的高尚医德、深邃的医理和丰富的临床经验，使我受益终生。

机遇似乎特别青睐那些渴求知识的人。1977年5月，院领导通知我参加支援西藏医疗队，我身患慢性白细胞减少症（骨髓再生不良），但我仍然毫不犹豫地随医疗队到了西藏日喀则地区人民医院中医科。那里虽然高原缺氧，饭菜质量很差，生活条件十分艰苦，然而却为我对中医深入研究提供了广阔的舞台。在那里，很多冠心病患者因高原缺氧而口唇发紫，用活血药无效，而用补气药则疗效明显。益气活血成了我治疗冠心病心绞痛的主要方法。这一方法不仅对冠心病疗效显著，对其他疾病亦有效。尤其是时值改革开放初，国家召开了振兴科技大会，我受到了很大震动，心想知识分子有希望了，知识有用武之地了，因为我讲课的内容深受当地医生的欢迎，于是我把讲稿编辑成书，名为《脏腑证治与用药》。当时受张仲景《伤寒论》小柴胡汤证"但见一证便是，不必悉具"的启发，对每一证的诊治提出了主症和兼症，只要具备主症一至三个即可诊断。这样既便于临床，又便于科研和教学。这就创建了对中医"证"的诊断方法和标准，在中医诊断方面开了先河，做出了贡献。《脏腑证治与用药》一书，于1983年由山东科学技术出版社出版。出版后不久，在刊物上对中医的证，不少作者就用主症和兼症（或次症）来诊断了。至今，绝大多数的医疗、教学、科研领域都用这一诊断方法。1979年5月，我带着几张载满藏族同胞友谊的奖状以及优秀赴藏医疗队员的光荣称号从西藏返回山东省中医院内科工作。8月晋升为主治医师，兼任山东中医药大学讲师。1986年8月晋升为副主任医师，兼山东中医药大学副教授。同年加入了农工民主党，继之参加了中国共产党，成为一名光荣的共产党员。

潜心治学　著述等身

实践是理论的源泉，又是检验真理的尺子。中医学的理论来源于数千年的临床实践，尤其是源于急症的临床实践。不知从何时何地刮起了"中医不能治急症"的邪风。我认为这个邪风对中医学的发展是不利的，为了中医的振兴和发展，医院于 1985 年 6 月成立了急症科，任命我为科主任。一建科就配备了 40 余名精干的医护人员，以及独立的病房和门诊。我在急症科工作的 10 余年里，深深体会到，中医不但能够治疗急症，而且疗效好，花钱少，毒副作用少。就拿危害人类健康和生命最严重的心、脑血管病和恶性肿瘤来说，中医治疗独具优势，尤其是中药经过剂型改革，这个优势越来越突出。

我在急症第一线不分昼夜地工作了十余年，丰富了知识，也提高了诊治疾病的能力。《左传》云："太上有立德，其次有立功，其次有立言，虽久不废，此之谓不朽。"我深受此启迪，在工作之余，著书立说，不吝精力。先后发表论文："在临床实践之中看中医治疗急性心肌梗死的优势""论中风病腑证""从痰论治中风病""中风无风论"等论文 80 余篇；著有《脏腑证治与用药》《中国针灸中药治疗疑难病症》《中医治疗心脑病证》《中医诊断学》《中国现代百名中医临床家丛书·邵念方》等专著。还发明了"全息圆锃磁针"，此针具有活血止痛、醒神通络之功，对急性疼痛、中风病肢体瘫痪的恢复有立竿见影之效。由于工作成绩突出，1992 年我被山东省委组织部授予"山东省专业技术拔尖人才"的光荣称号，同年被国务院批准为博士生导师，1994 年享受国务院政府特殊津贴。

我知难而进，勇担风险，为开拓中医急症事业，为中医事业的振兴与发展，付出了难以计量的心血。经过全科医护人员的多年努力，成绩突出，在 1994 年全国急症工作大会上，国家中医药管理局将山东省中医院急症科评为全国先进急症科室，我被评为"对急症事业做出突出贡献"的先进工作者。2003 年我被山东省经济贸易委员会、山东省人事厅、山东省教育厅、山东省科学院评为"山东省千名知名技术专家"，12 月又被评为"山东省名中医药专家"。2006 年被全国中医界多名院士联合推荐为"中国现代百名中医临床家"。2012 年被评为"全国名老中医药专家传承工作室"导师。

带头科研　硕果累累

我凭着多年的临床经验，选择了依靠科技进步自我发展的道路。我以身作则，满腔热情地开展科研工作，取得了可喜的成绩。我参与了北京中医药大学东直门医院等单位承担的国家"七五"攻关课题"清开灵注射液治疗中风病的临床与实验研究"，于 1991 年荣获国家科技进步三等奖；"风温肺热的临床与实验研究"于 1989 年荣获国家中医药管理局科技进步二等奖。我主持研究的"调脂片治疗高脂血症的临床与实验研究"于 1990 年通过省级鉴定，被专家委员会评为国内领先水平，1998 年荣获山东省科技进步三等奖，1999 年调脂片荣获国家药品监督管理局新药证书，批准正式生产，为人类造福。我主持研究的"脑脉通口服药治疗急性缺血性中风的临床与实验研究"1997 年荣获山东省科技进步三等奖；"益精提神法治疗多发性梗死性痴呆的临床与实验研究"1998 年荣获山东省教委科技进步二等奖；"脑络宁治疗缺血性中风恢复期临床与实验研究"1997 年荣获"山东省教委科技进步三等奖"。拥有国家专利二项，"保健冰糕"和"肛肠输液器"。"保健冰糕"1998 年荣获 1997 年爱因斯坦国际发明博览会金奖。专著《脏腑证治与用药》《中医心理学在胸痹心痛防治中的应用》1989 年荣获"山东省科协自然科学优秀成果二等奖"。"论中风病腑证"1994 年荣获首届医圣杯国际中医药学术论文二等奖。

我还设计了不少具有国际水平的课题，并且在 1997 年已经做出了成果，如"心脉通防治经皮腔内冠状动脉成形术后再狭窄的研究""通脑灵颗粒对原代培养皮层神经细胞缺血性损伤的保护作用及其机理探讨"。后者是采用体外血清药理学方法，通过离体神经细胞培养，验证中药通脑灵颗粒对缺血性脑损伤具有综合的治疗作用。这个研究成果对中医药治疗脑血管病提供了有力的理论依据，为这一领域的科研开了先河。

辛勤育人　甘为人梯

作为中医心病、急症事业的开拓者，我深深体会到中医事业在世界领域内方兴未艾，中医事业亟待复兴，发展壮大，服务于全人类，要想实现这一愿望，需要几代人的不懈奋斗。这就需要培养后备人才，我以高度的事业心勇挑重担，辛勤耕耘，甘做人梯，自 1990 年任硕士生导师、1993 年任博士生导师，至今已培养博士 15 名，硕士 9 名。我同时是国家第一届名师带高徒的老师，带出 4 名高徒，他们早已晋升主任医师、教授。据不完全统计，他们绝大多数已是省市级医院的科室主任，还有不少人提升为三级甲等医院的院长、副院长、研究生导师。为中医事业的发展输入了新鲜血液，增添了新生力量。

如今我仍然老骥伏枥，志在千里。正如孔子所说："发愤忘食，乐而忘忧，不知老之将至"，不但坚持在临床一线，而且呕心沥血地在伏案著述《邵念方医道》《哲理养生》《四季养生》《生理养生》《脏腑养生》等著作，为振兴中医药事业鞠躬尽瘁。我始终认为，中医药是科学的，但是科学的东西也必须不断向前发展，如果停滞不前，只走老路，那就必将被先进的科学所淘汰。若走"中医西医化""中药西药化"的路，那将是一条非常可怕的把中医药学引向灭顶之灾的危险之路。我认为中医药也应该与时俱进，今后仍应在继承传统中医理论和经验的基础上，应用现代科学理论和技术进行中医研究，从长计议，标本兼顾，加以充实提高，发扬光大，逐步实现中医药自身的规范化、标准化、科学化和现代化。

施 杞

施杞（1937—　），江苏东台市人。1963 年毕业于上海中医学院，上海中医药大学终身教授、专家委员会主任委员、主任医师、博士生导师、博士后指导老师，香港大学名誉教授，上海市名中医，全国第二、三、四、五批老中医药专家学术经验继承工作指导老师，第一批国家级非物质文化遗产中医正骨代表传承人。为国务院有突出贡献专家，享受国务院政府特殊津贴。

施杞师从石筱山、石幼山先生，为石氏伤科传人。在中医药防治慢性筋骨病的研究方面有较深造诣，形成了"气血为纲、痰瘀兼祛、筋骨并重、内外兼顾、脏腑同治、重在肝脾肾"防治慢性筋骨病的学术思想。率领研究团队先后承担国家级及部级市级课题 146 项，共发表论文 568 篇，其中 SCI 收录论文 46 篇。获得国家科技进步奖二等奖 1 项；部、市级科技成果奖一等奖 7 项、二等奖 12 项，三等奖 6 项。申请专利 15 项。培养硕士研究生 79 名、博士 48 名，指导博士后 9 名，培养学术继承人 14 名。获上海市劳动模范、全国中医骨伤名师等荣誉。历任上海市卫生局副局长、上海市政协委员、上海中医药大学校长、中华中医药学会副会长、中华中医药学会骨伤科分会会长、上海市中医药学会会长、世界中医骨科联合会主席、中华中医药学会骨伤科分会及整脊学分会名誉会长。

厚积薄发，衷中参西

我出生于一个教师家庭，祖父是名医，擅长内妇儿科，兼从药业，名闻乡里。我的童年，适逢抗日战争时期，整个神州大地都笼罩在战争的阴霾之中。父母为我取名"杞"，乃在寓意"杞人忧天"，同时也是一种期待。相传古代春秋时杞国所产之杞木，系参天大树，父母希冀我能成为强国的栋梁之材。1957年春天，我听从祖父的叮嘱考入了上海中医学院中医系。当我拿着上海中医学院入学通知书向祖父展示时，已是 80 高龄的老人家十分激动地说："我的中医事业后继有人了！医乃仁术，你要做个令人称道的好中医。"祖父于 1958 年去世，他的遗愿得到托付。

"做一个好中医"，既是使命，也是奋斗的目标。在六年大学生活中，我们这批中医学子是很幸运的，最大的收益是得到名家的嫡传，程门雪、黄文东、章巨膺、金寿山、殷品之、石筱山、陆瘦燕、陈大年、顾伯华、徐仲才、丁济民、王玉润、裘沛然等老师，他们授课理论联系实际，深切动人，启迪后学的大家风范迄今依然历历在目，老师的学识是他们毕生探究的积累，老师的经验是前辈活人万千的延续，能得到这些大家的指点迷津，使我茅塞顿开，但往往是可期而难遇的。我们这一辈能在大学期间相逢而且相得了，作为后学的一代中医人不能不说是上天赐予的机遇。1960 年在完成前期课堂学习后，按照教学计划有半年到临床进行中期实习，我被安排在当时的上海市公费医疗第五门诊部。这里虽然被称为是门诊部，位于青海路，却有如三江之源，是中华人民共和国成立后上海和北京许多著名中医机构中医名家、骨干人才的输出地。中华人民共和国成立之初，上海的许多著名中医响应政府号召，放弃私人开业，走公立兴医之路，首先就汇集到这里。在半年的教学实习期间，我有机会跟随朱小南、蒋文芳、严二陵、袁杏佛等名医抄方，后来在 1962 年毕业实习时，又在上海市第一、第四人民医院得到夏理彬、周文斋等名家的教导，有幸感悟他们的学术思想和临证经验。老师们都是学有建树的专家，且多为名门高足，传统文化根基深厚，温文尔雅，和蔼可亲，对学生认真负责、言传身教，在临床实践中，我较生动地体验到《黄帝内经》的整体观、天人相应的理论，气血、经络、藏象学说，伤寒、温病、六经辨证和卫气营血、三焦辨证等知识如何在临床上应用，以及这些基本理论、知识的相互关系。作为临床医生，"中医基础"包括《黄帝内经》《伤寒论》及温病、本草等基本理论，是医家的底蕴和睿智之源泉，而内科则是各科临床的基础，也是一名中医医生感悟"三基"的重要途径。我人生最佳的境遇莫过于在我成长的阶段能获得一个这样良好的学习环境和获得多位良师指点的机会。我能在中医骨伤科专业上成为知名的学者和石氏伤科传人，其前提除了坚守父母的教诲，秉承了《弟子规》中"业无变"的训诚，从不改变专业方向外，主要还是得益于在大学期间的学习所奠定的基础。大学六年，每次寒暑假回家，我总要请父亲指导我读些《论语》《孟子》及唐宋诗词、《古文观止》等古典名著。儿时背诵过的一些诗句，随着人生经历和阅历的增加有更多的理解，这对学好中医也会增添一些悟性和智慧。

1963 年秋，我从学院毕业留校分配到龙华医院伤科，从此有幸立雪石门，开始了从事中医骨伤科专业的系统学习和实践，侍诊于筱山先生之侧，感悟石氏伤科的学术思想，并传承石氏伤科丰富的临床经验。当时龙华医院虽初建仅 3 年，门急诊和病房业务已很繁忙，许多骨伤病人慕名石氏伤科前来就诊。石筱山先生是全国政协委员，又是全国著名骨伤专家，各类会议会诊较多，但他仍然坚持每周定期到科室查房、门诊，不少疑难杂症，新伤宿疾经他几次诊治便药到病除。石师善用药物、针灸、手法综合治疗，外伤内损兼顾，扶正祛邪。在随师临床的过程中，我逐渐体验到"以气为主，以血为先"的真谛。筱山先生对弟子总是言传身教，循循善诱，有问必答。如骨折病人夹板固定，从如何应用扎带的技术教起，下颌关节脱位、髋关节脱位从脱位原理讲解并将多年积累的复位经验和盘托出。有时我到筱山先生家中去请教问题，可以直登他设在三楼的书房拜见，他如父辈一般厚爱仁慈。当时龙华医院骨伤科除石氏伤科特色外，还吸纳了王氏伤科的精髓，王子平先生是我国武术伤科的奠基人，他的嫡系传人吴诚德教授任科主管，主持日常业务，将王氏伤科的手法和导引引入，成为科内业务的又一亮点，并把王氏祛病延年二十势作为防治骨关节病的养生保健方法推广到社区、高校，收到很好的效果。我在进入科室第二年即定为助教，除日常医疗外，还承担了教研组教学工作，参与教材编写，这些都使我的专业训练更系统、规范、全面。

中医药事业的发展，必须坚持继承与创新结合的方向。龙华医院作为大学附属医院必须医疗、教学、科研三结合。20 世纪 60 年代前期的龙华医院名家汇聚，一批西医学过中医的高级医师和一大批刚从学院毕业的青年医生组成了一支老中青结合、学术底蕴丰厚、思路开阔、意气风发的医技队伍。当时的院领导已经开始重视推进科研工作，几乎各科都涌现了一批科研项目和成果。伤科在吴诚德主管的领导下，先后开展了悬吊复位法加外固定治疗胸腰椎压缩性骨折，三步（牵引、按跷、斜板）手法治疗腰椎间盘突出症，碘水造影加骶管药物封闭治疗腰椎病，穿针外固定法治疗髌骨骨折等，都取得了较满意疗效。其中骶管封闭在龙华医院骨伤科首创后，因具有简便、安全、有效、廉价等特点，多年来经进修医生学习、推广，现已在全国成为治疗腰突症的优先选择方法。通过科研工作，从思路形成、方案设计、严谨实施、提炼成果、撰写论文等不仅使我产生了浓厚的兴趣，也得到了基本的训练。后来我调任上海市卫生局副局长分管科研，在医院里开展的科研工作虽然水平较低，但幸亏有过这样的启蒙锻炼，到卫生局工作上手就顺利多了，中医事业应当永远保持"传统特色，时代气息"，这样才能有新的发展。中医要搞大传统，不能拘泥于门户，同时要努力对接医疗卫生事业发展和医疗市场的需求，因此要勇于创新和开拓，要不断增强科室业务的学术水平和服务能力。

我 1972 年至 1973 年去上海市瑞金医院骨科，1978 年至 1979 年去上海华山医院神经外科各进修一年，并获得了第八届全国脑外科医师进修班结业证书。同时还在参加上海市郊区农村及贵州山区医疗队的过程中通过大批手术治疗小儿麻痹症、血吸虫病巨脾症等，进一步提升了自己的医疗技术水平，拓展了中医诊疗的适应范围，把握了继承创新的主动权。在我的主导下，科室开展了小儿骨科、脑外科业务。将中医伤科内伤学说与脑外科结合，为脑外伤颅骨骨折、脑挫裂伤、手术后持续昏迷患者，运用闭证、脱证理论进行辨证，并针对不同病情运用温开、凉开法开窍醒脑促苏醒，提高了抢救成功率。我运用石氏伤科倡导的气血理论及内伤论治经验拟定的补阳还五汤加味治疗慢性硬脑膜下血肿，曾总结 105 例，治愈率达 99% 以上，仅一例失败改用手术治疗。为此还在 1986 年获国家中医药科技奖二等奖。运用石氏伤科治疗头部内伤经验结合我进修神经外科获得的学识，提高了对脑震荡及脑外伤综合征的疗效，在许多重症脑外伤抢救治疗中发挥了中医中药的优势。在继承石氏伤科经验的基础上，我总结了"以气为主，以血为先，化瘀通络，兼祛痰湿，肝脾肾同治"的学术思想，总结出包括脑外伤、脑瘤、颈椎病、腰椎间盘突出症、风湿、劳损、骨折不连接、骨质疏松、退行性骨关节疾病等临床防治经验，形成有效治疗方案。同时，我建立了脊柱病"围手术期"中医药治疗方案，发展了中医脊柱病学。

我曾两次率医疗队下乡，第一次于 1967 年，在上海郊区度过了难忘的一年。开始时用锑剂为农民治疗血吸虫病，每天上午要给 100 多名病人静脉注射药物，当时医疗条件简陋，病人都是睡在临时病房的地铺上，医生、护士就跪着给病人打针。锑剂易并发阿－斯综合征，必须及时发现，否则会导致死亡。当时我们既累又紧张，但人人都练熟了静脉注射技术和观察病情的"火眼金睛"。半年后我又奉命组织外科病房，为晚期血吸虫病并发巨脾症患者切脾。病人营养状况极差，发育不良，个个都是大肚子，手术风险极大，稍有不慎，便会在手术台上出问题。我们外科治疗组在徐长生主任的主持下，100多名手术病人都安全康复。徐老师和病人培养了我的外科技术。第二次于1976年我又作为上海市医疗队队长率队赴贵州山区巡回医疗，在那"天无三日晴，地无三尺平，人无三分银"的贫穷高寒山区，面对大批小儿麻痹后遗症致残青少年积极利用简陋的条件开展手术治疗，一年中开展手术171例，有时上午进手术室，连续手术4~5例患者，直至午夜才结束走出手术室。有一次为了抢救一例大出血病人，我还献出了自己的鲜血，病人家属知情后拎着鸡蛋来感谢时，被我再三婉言谢绝。在实践中成长，在为病人服务中增进知识和技能，一切为了病人的康复，是我长期的理念和价值观。1968年至1969年，为了培训赤脚医生，我加入了《赤脚医生手册》编写组，遍访华东六省及上海市郊，在穷乡僻壤、山野农村，了解农民对缺医少药的诉求及赤脚医生运用中草药防病治病的经验。在那个万马齐喑的年代，我和同事们怀着对农村、对农民的感情，编著并出版了全国第一本《赤脚医生手册》，居然发行了500万册。中国的医疗卫生只停留在赤脚医生水平显然是不够的。1970年至1973年，我又参加了上海中医学院"工农兵学员"（试点班）的教学，三年中和学生们同学习、同劳动、同生活，为国家培养了新一代医生。光阴似箭，一瞬也40年过去了，这批当年朝气蓬勃的青年人，后来有的继续勤奋努力，不乏成为学者、专家，当上了院长、主任，有的还成为上海市名中医。无论对病人还是学生，我总有一份难以割舍的情怀。我常对学生说，"白衣天使"应当对病人有一颗真诚的心！病人也会对你永存一份真情。我在临床上认真继承弘扬中医骨伤科特色优势，又善于中西医结合救治危急重症，深受病人好评。1977年我被评为上海市卫生系统先进工作者。

道繁石门，继承创新

石氏伤科传至石筱山、石幼山先生辈已历三代。学术内涵、医技门道，均为业内外称颂，名噪江南，成为我国中医骨伤科一大流派。我求学期间，每当聆听石筱山先生授课，倍感收获，对先生之大家风度，渊博学识无不由衷敬仰。

毕业后至龙华医院骨伤科工作，当时的科主任正是石筱山先生，因此有幸侍诊于先生之侧，成为石门弟子，感悟石氏伤科临诊圆机活法之哲理高超，施法用药之经验宏富。

适时筱山先生正主编全国高等中医教材《中医伤科学》（第二版），我为助手之一，在誊写编抄中，对石氏伤科理论涵养及学术思想有幸洞悉。筱山先生于教材中列伤科内伤一章，被当时卫生部认定为中医伤科四大病种之一，即骨折、脱位、筋伤、内伤，开近代伤科论著和教材之先河，彰显了中医骨伤科特色优势。

筱山先生谢世后，20世纪80年代初，经上海中医学院安排，我正式拜石幼山教授为师，系统地学习了中医骨伤科理论和石氏伤科经验，侍诊抄方，重温经典，进一步领略石氏伤科之精髓。1980年卫生部钱信忠部长主编《中国医学百科全书》，石幼山教授应聘为《中医骨伤科》分卷编委，命我为助手，遂在先生指导下完成所承担的"内伤"篇撰写任务。无论在案前灯下，或出差旅途中，先生毫无保留，有问必答，名方解析，用药宜忌，侃侃而谈，道出石氏伤科菁华至宝，处处体现出尊师对后辈的仁慈厚爱。随师3年虽成往事，但两位老师"一日为师终身为父"之恩德缅怀不忘。石氏伤科"以气为主，以血为先"，"内外同治，无忘兼邪"，以及"内伤"论治等学术思想和临证经验成为我在中医骨伤学业长进中取之不竭的智慧源泉。

我在弘扬石氏伤科特色和优势过程中，温故知新，渐有所悟，遵循《素问·调经论》"人之所有者，血与气耳""血气不和，百病乃变化而生"之说，认为痹之所成皆因正虚血瘀外邪入，经脉闭阻。正虚血瘀外邪入，经脉痹阻遂成痹。经曰："何为痹，脉不通也。"痹即因经络闭阻，气血运行不畅致肌肉筋骨关节酸痛麻木重着伸屈不利，甚或关节肿大灼热等为主要表现的病证。究其原因，正气亏虚为内因，风、寒、湿三气侵袭为外因，而经络闭阻、气血运行不畅则为该病的主要病变机制。按外邪袭表位置的不同，又有皮痹、肉痹、脉痹、筋痹、骨痹之分，称之为"五体痹"。我认为包括颈椎病在内的痹症的发病，患者往往本身正气先虚，然后六淫外邪遂能乘虚而入，盘踞经络，导致气血闭阻，留滞于内而成疾。因此，颈椎病是在正虚的基础上，由劳损或感受外邪导致气血不通，痰瘀内结，经脉闭阻而患病。

我根据颈椎病"正气亏虚、外邪侵袭、经络闭阻"的病机特点，遵循石氏伤科"以气为主，以血为先"的理论，在临证中善用益气养血、行气活血之法，活用圣愈汤。该方首为李杲所设，载于《兰室秘藏》卷下，由生地黄、熟地黄、川芎、当归、人参、黄芪六味组成；元代朱震亨《脉因证治》将熟地黄易为白芍；清代吴谦《医宗金鉴》又在朱氏方中加入柴胡，亦名"圣愈汤"。该方乃四物汤加人参、黄芪大补元气，既能气血双补，又有补气摄血之功。而吴氏加入柴胡，更切理伤续断之要。柴胡苦平，气质轻清，为肝胆经要药，能升能降，可达上中下三部，疏解郁滞、化瘀散结。《医宗金鉴》曰："败血凝滞，从其所属，必归于肝。"吴氏于圣愈汤中加入一味柴胡，令气血皆活。该方为先师石筱山所赞赏，柴胡亦为石氏伤科常用药物，于筱山、幼山二师临证处方中见柴胡者可过半。我在医治伤损中每以《医宗金鉴》圣愈汤加减化裁，意在传承"以气为主，以血为先"学术思想。调中保元汤是石氏伤科医治陈伤劳损之名方，由党参、黄芪、白术、茯苓、熟地黄、山萸肉、山药、川断、补骨脂、枸杞子、龟甲、鹿角胶、陈皮、甘草组成，具有健脾胃、益气血、补肝肾、壮筋骨之功效。我对陈伤劳损、脾肾不足、气血亏虚者常以圣愈汤合调中保元汤融通运用，彰显圆机活法之妙。此方亦是我对伤科内伤和损伤兼有内证患者冬令进补拟定膏方之基础。为弘扬石氏伤科，医院领导特聘石筱山先生之子、石氏伤科嫡传石仰山教授为龙华医院骨伤科顾问，我等尊其为学长，时时切磋石氏医技。

我在实践中勤求古训，以《黄帝内经》《伤寒论》《金匮要略》为学术渊源，并善于吸取历代名家精华，将金元时期张元素脏腑辨证、李东垣脾胃论、明代薛己外损内伤论、清代王清任活血化瘀等观点熔于一炉，内外兼治、整体调摄，用于腰椎间盘突出症、椎管狭窄症、腰椎滑脱症、骨质增生症、骨质疏松症、股骨头坏死等，获得较满意的疗效。临证时，我不仅好用古方、成方，而且"十三科"的单、验方，亦好借鉴，努力做到中医药学以辨证论治为基础的原则性和灵活性的完美结合，亦体现了石氏伤科"十三科一理贯之"的学术思想。

我治疗慢性筋骨病，常常在辨证候审病因的基础上，根据不同治则而施用诸家名方古方，如风寒盛者用桂枝汤或葛根汤；风热盛者用银翘散或桑菊饮；风湿盛者用羌活胜湿汤；湿热盛者用当归拈痛汤。我十分推崇王清任祛瘀诸方，也曾举用《医林改错》中"凡肩痛、臂痛、腰痛、腿痛，或周身疼痛，总名通痹症……逐风寒、去湿热，已凝之血，更不能活；如遇风寒，凝结成冰，冰成风寒已散；明此义，治痹症何难；古方颇多，如古方治不效，用身痛逐瘀汤"等来讲解王氏祛瘀诸方的运用。对于风寒湿侵犯经脉或痰瘀阻滞经脉，导致气血闭阻，经络不遂而引起的以颈肩臂酸痛，甚则周身疼痛为主要表现的患者，常用身痛逐瘀汤以祛瘀通络，蠲痹止痛；若以颈肩臂部或手足麻木不仁为主，甚者肌肉萎缩，软弱无力，此乃气虚瘀阻、经脉失养所致，常用补阳还五汤补益气血、活血通络；若因痰瘀互结，脑失所养而出现头晕头痛、恶心呕吐、胸胁酸痛、心烦等症，治当活血理气、逐瘀化痰，常用通窍活血汤或血府逐瘀汤治疗。

我在继承全国著名中医伤科大师石筱山和石幼山先生的学术思想，并吸收全国著名武术伤科大师王子平先生锻炼功法的基础上形成了防治颈腰椎病中药、手法、导引三结合的治疗方案，取得显著疗效。其中导引一法，就是我创编的"施氏12字养生功"，包括洗脸、梳头、提耳、搓颈、旋颈、按腰、转腰、摩膝、蹲髋、摩三焦、吐故纳新、调理四肢等十二个动作，主要用于颈椎病、颈源性眩晕、颈椎小关节紊乱、落枕、颈腰综合征、颈肩综合征等疾病的预防和治疗。同时，对慢性腰背痛、腰突症、腰椎管狭窄、骨关节炎、肩周炎等疾病也有较好的防治作用。该养生保健功法具有调和气血、疏通经脉、祛风散寒、益精宁神、内养脏腑、外强筋骨、心身同治等功效，能够较好地恢复颈腰椎动静力平衡失调，进而缓减椎间盘退变和相应的病状，达到有病治病，无病养生的目的。

一体两翼，薪火相传

1983 年我调任上海市卫生局副局长，主管医学教育、科研及中医中药工作。提出中医药事业的发展应取"一体二翼"的大鹏战略，即坚持以继承3000余年来所形成的中医药理论体系和丰富的临床经验为主体，以充分吸收中华民族优秀文化并积极引入现代科学技术包括现代医学为二翼，实现在继承中创新，推进中医药事业在新世纪的腾飞。

我先后参加《中医伤科学》教材二版、五版的编写；担任《中国医学百科全书·中医骨伤科分册》编委，撰写"内伤"篇；担任《辞海》主要撰稿人和中医药分科主编，负责撰写骨伤科条目。主编《病案学全书》《实用中国养生全书》《上海历代名医方技集成》《临床中医脑病学》《中国中医骨伤科百家方技精华》《历代中医学术论语通解》《现代中医药应用与研究大系》《骨伤科学》《家庭实用中医全书》《中国食疗大全》《中国中医秘方大全》《中国骨伤科学》《古医籍选读》等学术著作。

同时，我重视中医骨伤科临床与实验研究，由我主持的"益气化瘀法治疗慢性硬脑膜下血肿的临床和实验研究"1986 年获国家中医药科技进步二等奖，"痹症的实验模型和现代病理基础"1990 年获国家中医药管理局及上海市科技进步二等奖。2003 年 7 月，经 3 年筹建，成立了上海中医药大学、上海市中医药研究院脊柱病研究所，我担任第一任所长。我传承石氏伤科气血理论，融汇各家学说，确立了"以气为主，以血为先，痰瘀兼顾，肝脾肾同治"的脊柱病治疗原则，以此为主题开展了一系列临床及基础研究。分别进行了脊髓型颈椎病、神经根型颈椎病、椎动脉型颈椎病的临床疗效对照研究；进行了慢性咽喉炎与颈椎病的相关性研究；观察了会厌逐瘀汤治疗颈型颈椎病的临床疗效；开展了风寒湿痹证型颈椎病的机理研究及葛根汤、桂枝汤、身痛逐瘀汤的疗效观察。先后完成了上海市科委重点项目"脊髓型颈椎病从痉、痿论治"，国家自然科学重点项目"益气化瘀补肾方及拆方治疗退变性颈椎病及其继发脊髓、神经根损害的研究"等课题。

我主张辨证与辨病、辨型相结合；宏观辨证与微观辨证相结合；辨证与基础实验研究相结合的原则。证，是疾病处于一定阶段时病因、病位、疾病性质和正邪力量对比等各种因素的综合反映。辨证是运用中医理论，通过望、闻、问、切四诊，详尽地了解临床症状和体征，通过去粗取精，去伪存真，由表及里，由此及彼地综合分析，归纳总结而得出的结论。"论治"是"辨证"的目的。辨是为了治，是为了更好地、有效地治好病，辨出的证应力求准确。在科学技术和现代医学飞速发展的今日，取科技成果和现代医学成果为我所用，使中医的"辨证论治"更趋完善，也更能体现中医的整体观，使"治病求本"之"本"更能全面地被揭示。我认为：辨病，是对局部病理状况的辨识；辨证，是对全身状况的辨识。两者的结合，使对疾病的认识和治疗更精确化。我经常在辨证结合辨病的同时，还结合了辨该病的分型，即与辨型相结合。例如，在颈项强痛症中辨出颈椎病后，再根据症状的不同表现，分清该病种的分型，有颈型、神经根型、交感型、椎动脉型、脊髓型等，在此基础上，将其症状按中医四诊八纲进行辨证，辨明中医的辨证分类，如椎动脉型颈椎病中有气血不足类、痰阻血瘀类、肝肾亏虚类等，而脊髓型颈椎病又有痉证和痿证之分。这样的结合辨证过程，使疾病从症、病、型等方面逐个分辨清楚，对疾病的认识逐渐深化，治疗用药更有针对性，更能有的放矢，其疗效更加显著，也能得到可靠的临床重复。

对于宏观辨证与微观辨证的结合，辨证与基础实验、现代诊察手段相结合，我也是倍加推崇，并在临床广泛地采用。我始终认为基础科研对"辨证论治"具有指导意义。就以诊治颈椎病为例，在颈椎病诊察过程中，我通过观察咽喉部的红肿炎症情况，从其色、肿的状态程度，了解其属虚属实及炎症程度，推测其脊椎病变程度、预后，制定相应的治疗方案。基础实验证实椎间盘中降解酶、炎症介质等释放的多少与椎间盘病变病人临床症状的轻重成正比，也为伴有咽喉肿痛的痰火血瘀型颈椎病新辨证类别的确立，提供了理论依据。对于这类患者，我常选云南白药、麝香保心丸、珠黄散合用的新治法，原因在于实验亦证明，麝香、珍珠粉、牛黄、白药等有抑制降解酶、炎症介质释放，促进脊椎间盘病变炎症消退的作用。

源于临床，借鉴于现代科学技术探究临床经验和理念的科学内涵，更深层次把握其内在规律，其成果也完全可以反哺临床，推进中医临床工作。我开发的益气化瘀通络方，经运用模式动物病理学全面验证，提示有较好的抗椎间盘炎症和延缓椎间盘细胞凋亡作用，并按现代制剂学规范研制成"芪麝丸"，经临床试验与安慰剂进行对照，使中药的临床研究更具有客观科学性，运用循证医学原理进一步进行临床多中心试验，证实其优于对照组（安慰剂和阳性药），统计学处理有显著性差异，于 2009 年获得相关部门颁发的新药证书。

我率领的团队先后共承担各类科研项目 146 项，获国家科技进步奖二等奖 1 项，部市级科技进步奖、发明奖一等奖 7 项，二等奖 12 项，三等奖 6 项。发表论文 568 篇，其中 SCI 收录 46 篇，总影响因子大于 200，申请专利 15 项，获得授权 9 项。主编全国统编教材、专著 26 部。

弘扬岐黄，矢志振兴

我于 1983 年 10 月至 1992 年 8 月调任上海市卫生局任副局长，随后又于

1992 年 8 月至 1998 年 11 月调任上海中医学院院长，离开我致力从事的中医骨伤科专业而改行管理工作先后达 15 年。真舍不得已从事 20 年的临床工作，已初有建树，科室业务不断发展，开创了脑外科、小儿骨科以及颈椎病手术和中医综合治疗等临床和科研新业务，担任科主任也有 5 年了，在专业上我已站在新起点上，准备新的发展，信心百倍，踌躇满志。但是作为一名共产党员，我始终不会忘记个人的一切成长都是党和人民的培养，个人的一切行为也必须服从组织的安排。我毅然告别医院到市卫生局上任，按照分工，我主管全市卫生系统中医、科研、教育，逐步在熟悉情况的基础上，结合实施"六五"计划，并筹划"七五"计划。但是当时的国力有限，卫生系统又面临着任务重、摊子大、条件差的许多困境。上海的医学科研工作历来居于全国前列，人才荟萃，思路活跃，学术领先。设在第六人民医院、曾成功进行世界第一例断手再植的陈中伟教授显微外科研究室，市儿童医院医学遗传学领军人曾溢滔研究室，有着"东方一只眼"之誉的赵东生教授的眼科研究室，消化病权威江绍基教授的消化病研究室等，这些学者他们医学教研成就卓越，桃李遍布全国，名誉海外，但研究条件很差。当时有烧伤、伤骨科、高血压、内分泌四大研究所的瑞金医院，虽闻名全国乃至世界，但科研经费很少，无基金的支撑，财政拨款亦甚微。上海的医学科学家不乏大智大勇，素有艰苦奋斗、锲而不舍之精神，在我们争取到的有限资金后，迅速催生成立了一批新的研究所，同时也培育了一批有竞争力的新的学科领军人物，后来其中不少学者相继入选为二院院士。发扬上海大协作传统，市卫生局作红娘牵线组织大课题，向中央争取大项目，如联合全市显微外科专家集体出击，力挫群雄，一举中标获得 400 万元的课题经费，这在 20 世纪 80 年代难能可贵，令人振奋。我分管医学教育，除了协调上海各医药院校人才培养外，重点是主管市立及各区县卫生学校、护士学校、药剂学校，当时有 28 所之多。其中半数以上设施简陋，师资不足，教学质量欠佳，完全和上海在这方面的历史地位不相称。在我的主持下，历经近十年的努力，通过改革、规划、调整缩减为十所，加大了投入，扩大了规模，提高了教学水平，并在部分学校开办大专学历的护理专业，为全市卫生事业发展输送了合格人才。

中医工作历来是市卫生局的重点工作之一，但历史欠账太多，遗留问题也太多。市卫生局是上海市政府落实党的中医政策的重要职能部门，由于多种原因，上海和全国一样并未能完全执行《宪法》关于发展现代医药和我国传统医药的规定，中西医发展不平衡，未能体现中西医并重的方针。当时上海的中医院仅有曙光、龙华、岳阳、市中医院4家，规模小，床位少，条件差，中医学科建设薄弱。我便从认真贯彻卫生部提出的"振兴中医要以机构建设为基础，人才培养为关键，学术发展为依靠，科学管理为保证"入手，结合"七五"规划的制定，一边解决遗留问题，一边加速推进机构建设。先后通过市政府8家委办局协调，为全市"文革"前及"文革"期间毕业的师带徒学员1300余名确定了大专学历资格，评选了一批全国和上海市名中医，除个别县外，基本上实现每个区县都有中医医院或区县级中医门诊部，而且在全市108所综合性西医医院建立或加强了中医科室，改变了"被遗忘了的角落"的处境。1985年底还成立了上海市中医药研究院。原有的4家市级中医院都进行了大规模的改扩建，上海市中医医院整体搬迁新建。上海中医学院3家附属医院的床位总数在全国中医院校中名列第一，在校学生与床位比也名列全国第一，市卫生局与市高教局还联合为上海中医学院建成有20多家中医院参加的教学联合体。这些都有效地保证了人才培养的资源需求和教学质量的提高。自明代以来，上海已成为名医荟萃、药铺林立的我国江南地区的中医药中心，上海的中医界也素以海派胸怀、团结协作享誉海内外，我工作期间，努力倡导"创中华牌，建上海队"，形成了老中青合作的学术梯队。我曾先后两届担任上海市中医药学会会长，下属30多个分会，带动万名中医药界同仁坚持继承创新，促进了百家争鸣、百花齐放良好氛围的形成，并在上海渐成优良传统，得到全国中医药界的好评和赞扬。当时上海的中医药科研成果和奖项都名列全国前茅。1987年7月在上海市政府的支持下召开了全国历史上规模最大的为期五天的中医药国际学术研讨会，国内外专家八百余人前来与会，在海内外产生了广泛影响，会后日本东洋医学会会长坂口弘先生专门来函赞誉这次会议是世界上历年举办的传统医药学研讨会规模最大，也是最成功的一次盛会。

我在任职的前五年还曾主管市卫生局外事工作，积累了外事工作的经验，也出访了许多国家，扩大了视野，增加了见识。光阴如箭，在市卫生局工作一瞬九年的时间过去了，这是一段艰苦奋斗的历程，但也是颇有收获的九年。从初涉管理，到学会驾驭全局，提升境界，清晰思路，捕捉机遇，求真务实，使政策落地。上海市是全国规模最大最重要的医疗卫生基地之一，有16万医卫职工队伍，是一个没有围墙的医学胜地。学无止境，我们总是在工作中努力学习，在学习中追求进步。在市卫生局的这九年，才使我真正了解卫生工作的范围和职责，即使是一名医生也应该有大卫生的全局观念。这九年我由初涉卫生管理，到了解运行规律，并为之尽心尽力，积累了一定的管理经验，这也为我在新的岗位上履职奠定了基础。

1992 年 9 月，我奉命出任上海中医学院院长。初到学院，也正是我毕业近30 年的岁月，看到母校经历届校党政领导团结全校师生员工艰苦奋斗，努力拼搏，无论在教学、医疗、科研和管理等方面都产生巨大变化，获得骄人业绩，整体水平名列全国中医院校前列，深感来之不易。1992 年，"改革开放"的东风正在劲吹，我在全国中医院校中率先提出"创建全国一流、世界著名的中医药大学"的奋斗目标，倡导继承传统、弘扬海派特色、开创治学施教新风。上海是我国近代高等中医教育的发祥地，早在 1916 年丁甘仁先生就创办了上海中医专门学校，变个别师传为集体授课，变名著自学为课程教学，变临床侍诊单一实践为理论与临床结合分阶段教学与实习，并且开设了部分现代医学知识课程，以后数十年为各地中医院校相沿袭，乃至中华人民共和国成立后成立的各中医学院也基本上采用了这种模式，只是教学内涵、质量、设施等方面与过去相比显然非同日而语。根据现代大学生应当具有"面向世界，面向未来，面向现代化"的知识和才能，以及大学的功能应是"培养人才、科学研究、服务社会、引领文化"等要求，我认为创建一流的大学应当努力实现"一流的教师，一流的毕业生，一流的设施，一流的科研成果，一流的校园文化"。为此，我和学院党政班子成员共同努力，在软件和硬件两个方面着力推进，与时俱进。我继续秉承"一体两翼"的大鹏战略，努力推进全校学科建设、人才培养，以及学校各项事业发展。经过努力，首先于 1993 年 12 月经当时国家教委批准上海中医学院在全国首家正式更名为"上海中医药大学"，后又于 1994 年以上海市政府的名义聘请时任全国人大常委会副委员长、我国医学泰斗吴阶平教授为名誉校长。实施"三五系统工程"，培育了一批中青年优秀教师，成为日后学校教学、科研的中坚力量，并在业界脱颖而出，有了一定知名度。开展了教学、教育改革，在全国医学院校率先实行了完全学分制教学，并实行主辅修、双学历教育制度，不仅加强了主修课、必修课课程师资和教材建设，还建设并开设了一大批选修课，全校建立教研室 70 多个，较好地体现了因材施教、个性化教育理念。科学研究历来是提升教学质量的重要环节，也是我校在全国的强项，我们重视研究所和研究项目的扶植，对接中医药事业发展和医疗市场的需求，科研与教学相结合。教师以教学为主，同时参与科研，研究系列人员以科研为主，同时承担一定课时教学，促进科研成果不仅向产业转化，而且应该更多地向教学教材渗透。由于多年的培育和推进，学校至上世纪 90 年代末，已设立 13 个研究所和 6 个研究中心，形成较强的学科群和一批优秀人才，获得了一批部市级研究成果和奖项，中药研究所胡之璧教授被遴选为中国工程院院士。三所附属医院和临床医学院在 20 世纪 90 年代也都在设施现代化和基建方面有了较好的发展。全校教学、科研、医疗等业务软硬件建设整体推进，得到全面提升，博士点、硕士点、博士后流动站在中医学、中药学、中西医结合医学等 3 个一级学科全覆盖。国际交流也得到长足发展，和境外许多著名大学建立了校际合作关系，如哈佛大学、加州大学、剑桥大学、九州大学等，留学生已占在校生六分之一以上，在上海仅次于复旦大学。学校校园环境也得到较大改观，成为市级花园式单位，建成四星级宾馆式的学术交流中心，1997 年 5 月学校隆重举行了建校 40 周年大型活动，江泽民、李鹏、李岚清等中央领导为校庆题词，教育部、卫生部、国家中医药管理局、上海市委市政府发来贺信，时任市委副书记陈至立、卫生部部长张文康、上海市副市长左焕琛、著名科学家谈家桢等和全国兄弟中医院校领导专程前来祝贺，期间开展了隆重的集会和一系列学术研讨会，盛况空前，不仅体现了建校 40 年来的巨大成就，也体现了全校师生员工为"创建全国一流、世界著名的上海中医药大学"的雄心壮志和朝气蓬勃的精神风貌，给全国同道留下深刻印象。1999 年初经教育部评估我校被评选为全国本科教育优秀大学。我校经多年努力创建教学科研型大学的基础得到进一步夯实。1998 年 11 月 20 日，我年逾 61 岁，离开了校长岗位，在全校干部告别会上，市委组织部领导在致辞中赞扬我光荣地完成了党交给的各项重要任务，在长达 15 年的行政岗位上尽心尽责，成绩卓著，"画上了圆满的句号"。

1999 年的春天来了，如果以 2000 年为新世纪的开端，这便是 20 世纪的最后一个春天了。20 世纪留给世人太多的回忆和思索，悲欢离合，恩仇戈帛，铸成了一个特有的世纪，也留下了众多迷茫的历史。就在这样一个时刻，我离开了行政领导岗位，开始了生活的另一页。我喜欢读一些古代名著，这时的我也自然有一种"解甲归田"的感受。读着陶渊明的《归去来兮辞》，品味着"舟摇摇以轻扬，风飘飘而吹衣"，"云无心以出岫，鸟倦飞而知还"，油然产生"如释重负"的心情，我为这位东晋时期伟大文学家的精神所感召，"木欣欣以向荣，泉涓涓而始流"，这种借景抒情所寄托出作者的人格精神和旷世情怀，作为当代的知识分子不应该从中获取教益而肩负起历史的责任，为中华民族的伟大复兴，做出一点应有的贡献吗？根据大学关于临床研究所转制到附属医院的决定，同时受曾经工作生活整整20年的龙华医院领导热忱欢迎，我带着由我组建的脊柱病研究室团队落户到龙华医院，医院又很快为我成立了"中医伤科施杞工作室"。我在20世纪80年代已与我国中医骨伤科界有着较广泛的联系，1986年中华中医药学会骨伤分会在上海成立，我被推举为第一任会长，在以后的20年间，我连任三届会长，后来还担任两届中华中医药学会副会长及世界中医骨科联合会主席。我走遍全国大部分省市和许多国家，为推动中医骨伤科在国内外创业、弘扬广大做出了一份贡献，并为国内外培养、扶持一大批学术活动骨干和中青年专家尽心尽力。回到医院后，经过3年的努力，我和我工作室的学生、助手们一起以慢性退行性筋骨病防治理论和方法为主要范围，总结经验，提升概念，探索继承和创新的思路，找准切入点，培育生长点，明确攀登点。始终把握"研究对象要有广度，研究内涵要有深度，研究水平要有高度"，无论自我评价，或是申请课题和奖项，都离不开以这"三度"为标杆。至2003年不仅有了明确的主攻方向和清晰的研究思路，同时打造了相应的技术平台，在全国的影响已初露端倪。此时，在大学、研究院、龙华医院和市科委、教委、卫生局的支持下，我不失时机地创建了"上海中医药大学上海市中医药研究院脊柱病研究所"。对研究所的成立，各方领导表达了热情关怀，全国政协副主席兼中国工程院院长徐匡迪、卫生部副部长兼国家中医药管理局局长佘靖、上海市副市长杨晓渡等发来贺电。研究所包括基础研究部、骨伤科、康复医学科及名中医工作室，形成既有基础又有临床、既有治疗又有康复、既立足现代研究又注重传统继承等方面的综合实体。"千里之行始于足下"，作为第一任所长，我带领研究所和团队坚定不移地沿着"继承、创新、现代化、国际化"的方向前进。结合中医药和中医骨伤科学基础理论，利用生命科学以及相关学科的现代技术，在"椎间盘退变的机理研究""肾主骨本质的基础研究""气血理论与信号网络通路相关性研究""脏腑理论与干细胞相关性研究"以及中医药防治脊柱、骨与关节退变性疾病研究等方面，继承并发展着中医药理论和应用研究。

中国医药学是一个伟大宝库，岐黄之道在传承至3000多年后的今天，国人当如何对待？自100多年前西学东渐，在中国大地上也培植出一些狭隘科学主义者，他们认为真正的科学只有一种，即所谓自然科学，他们远离自然，远离社会，与人文科学水火不相容。而中医学是一门非常复杂的科学体系，具有强烈的人文性、社会性，其建立在"天人合一"和阴阳五行哲学思想基础之上的整体观和辨证论治，不仅过去为中华民族的繁衍生存做出了不可磨灭的贡献，今天依然对人们的养生保健、防病治病发挥着重要作用。中医学的理论和实践成果已经不断走出国门，为东西方学者逐渐接受，某些重要的思想也已成为共识。可是，那些庸俗科学论者总以科学卫道士自许，浮光掠影，沉滓泛起，以告别中医论蛊惑人心。中医药是中华民族优秀文化的重要组成部分，也是国家的软实力。党的中医政策已经为中医药事业发展创建了日渐良好的生态环境。现在的问题是我们作为中华儿女如何以历史的责任感和时代的使命感，在继承弘扬中医学的同时，去探索创造新的发展之路。中国当代杰出科学家钱学森曾感慨地提出：为什么当代中国培养不出第一流的领军型科学家？为什么中国不能在全球知识创新领域占有重要席位？我想起当年研究中国科技史的剑桥大学巨擘李约瑟所提的同样问题：为什么古代中国曾经产生过辉煌的科学技术，但是近代以来却远远被西方甩到后面去？历史已经严肃地向我们提出：一个大国不仅仅是物力之大，还得有影响世界的灿烂学术和思想。中国要对世界和人类有更大的贡献，不仅靠中国制造的产品，或用富裕的财力去消费别国产品，更应该靠中国制造的思想、制度和知识。在我们的脊柱病研究所内，挂着两块字匾，分别写着："大道岐黄，薪火相传"和"大风起兮云飞扬，威加海内兮归故乡，安得猛士兮守四方"，前者是我的亲笔题词，后者是我引用的刘邦《大风歌》。我始终认为培养高水平的人才不仅是我的团队、研究所的紧迫需要，更是中医药事业，乃至国家战略的需求。"江山代有人才出，各领风骚数百年。"我们要培养的是人才，是事业发展的中坚力量，是国家未来的栋梁之材，而不仅仅是培养人，给他们一个学位而已。因此，围绕着"人才"，我倾注了大量的心血，并形成"三路"经验：一是要"引路"，引导每个研究生都要有明确的学习目的，立志献身中医药事业的崇高理想境界，处理好"基础与机遇，就业与创业，做事与做人"的关系，发扬"刻苦创新"的奋斗精神和"热爱集体"的团队精神。二是要"铺路"，既要创造良好的学术氛围，帮助学生学好课程，同时也要努力创建具有一流水平的科技平台，提高学生的动手能力，让年轻的研究人员有用武之地。为此，我从多种途径争取资金，除政府专项补助外，主要是投竞标，争取各种基金项目，仅建所 10 年来中标 100 余项国家及部市局级项目，获得科研经费 1 亿多元，基本满足了开展退行性筋骨病研究的需要。研究所也先后被评为国家和上海市重点学科，教育部与上海市共建实验室，国家中医药管理局三级实验室、重点研究室，2009 年又成为国家临床基地建设单位。我们所创建的实验室，在现代化设备或功能方面，都得到国内外同行专家的好评。三是要"养路"，领军人才是在艰苦的磨炼中成长的，我们既要做铺路石子，同时也要发挥"老马识途"的功能，扶持年轻人勇敢地走上科学之旅，在中医药事业"继承、创新、现代化、国际化"的广阔天地里，施展才华，磨砺自己。多年来我总是亲自带领或陪伴着弟子们去投标、报奖、答辩，为他们示范、壮胆、减负（减轻心理压力）。为了优化弟子们的知识结构和实现学科交叉，避免近亲繁殖，也为了提高团队竞争力，强化梯队建设，我还将优秀学子 10 余人选送去美国、英国、日本等国家的著名大学、研究院所留学，以及中国香港、上海等地的著名大学、研究院所进修，从事访问学者、博士后的工作。近十余年来，我们与世界华人骨研学会、美国哈佛大学、罗切斯特大学等世界一流骨科研究机构建立了稳定的合作关系，在这些科研院所让我的弟子们感悟世界名校的学术底蕴，增强自己成才的修养基础，拓展知识面，掌握更多的现代科技研究能力。我永远是一名"养路工"，尽我所能以中华文化的魅力去影响弟子们，引导他们胜不骄、败不馁。毛泽东主席诗中有曰："宜将剩勇追穷寇，不可沽名学霸王。天若有情天亦老，人间正道是沧桑。"我引用项羽在垓下战败自尽于乌江的悲歌"力拔山河气盖世，时不利兮骓不逝，骓不逝兮可奈何，虞兮虞兮奈若何"与弟子们共同自戒，要胸怀大志，不沉沦于个人的情感之中。

2007 年我年逾 70 岁，上海中医药大学授予我终身教授，还被评为上海市劳动模范。自此，我便以参谋和后勤的身份出现在团队和弟子面前，无论申请重大课题或奖项，我都推举弟子们担当第一负责人。10 多年来，我带领团队先后培养研究生硕士 79 名、博士 48 名，指导博士后 7 名，培养学术继承人 14 名。我的团队先后被评为教育部"创新团队"，上海高校首批"创新团队"，上海市科技创新优秀团队、学习型团队等。在我的团队中已有一批出类拔萃的优秀成员，其中有全国先进工作者、全国"五一劳动奖章"获得者、全国"三八"红旗手、上海市科技精英、长江学者特聘教授、国家杰出青年科学基金获得者、国家 973 计划首席科学家、全国百篇优秀博士论文获得者等。我的学生桃李满天下，在分配全国各地工作的博士们中已有 30 多人分别担任大学院系主任、研究所所长、医院院长、科主任及省市领军人才和优秀青年标兵等。面对学生们的成长和收获，我常说："学生因老师而成长，老师因学生而光荣。这就是为师之道。"

我从领导岗位上退下来已经 15 个年头了，我以只争朝夕的紧迫感努力耕耘，春华秋实，也获得了丰收，在从医生涯的又一个阶段，我画上了新的分号。我常引用苏东坡的一首诗自励："山下兰芽短浸溪，松间沙路净无泥，萧萧暮雨子规啼，谁道人生无再少？门前流水尚能西，休将白发唱黄鸡。"看到弟子们一个个成才，一个个在获取新的成果，我在会心地微笑的同时，也总是在思考如何为他们在中医药事业继承创新的征途上多作一点自己的贡献。我寄希望于弟子们，并为他们欢呼，为他们加油！"诗家清景在新春，绿柳初黄半未匀，若待上林花似锦，出门俱是看花人"（唐代杨巨源《城东早春》）。盛世之今，我深信，我的团队在祖国中医药事业日益繁荣的进程中，也必将蓬勃成长，我们要打造中医药的世界高地，让世界和我们接轨，在 21 世纪再创新的辉煌。

禤国维

禤国维（1937—　），广东佛山三水人，中共党员，六年制本科学历，广州中医药大学首席教授、博士生导师，广东省中医院主任医师。为世界中医药学会联合会皮肤科专业委员会首任会长，中华中医药学会皮肤科分会顾问，中国中西医结合学会皮肤性病委员会顾问，广东省第十届人大代表，广东省中西医结合学会皮肤性病专业委员会顾问，广东省中医药学会皮肤病专业委员会名誉主任委员。第二、三、五批全国老中医药专家学术经验继承工作

指导教师，第一批中医药传承博士后合作导师，享受国务院政府特殊津贴专家。1993 被评为广东省名中医，2001 年被教育部评为全国优秀教师，2006 年获中华中医药学会授予中华中医药学会首届中医药传承特别贡献奖，2007 年被国家中医药管理局评为全国老中医药专家学术经验继承工作优秀指导老师，2007 年荣获中国医院协会、中华医学会、中国医师协会等授予的"和谐中国十佳健康卫士"称号，2013 年被中国医师协会、医师报社推选为当代大医精诚代表，2014 年被人力资源社会保障部、国家卫生和计划生育委员会、国家中医药管理局授予第二届"国医大师"荣誉称号，还荣获广东省白求恩式先进工作者、广东省高等学校师德标兵、新南方教学奖优秀教师等称号，被中国医院协会评为先进个人，获中华中医药学会首届中医药传承特别贡献奖、科技突出贡献奖，广东省中医院建院八十周年杰出贡献奖，广州中医药大学教学成果一等奖等多项奖励。主编《皮肤性病中医治疗全书》《中西医结合治疗皮肤病性病》《皮肤性病科专病中医临床诊治》《中医皮肤病临证精粹》《中西医结合皮肤性病学》、*Acne & Alopecia*、*Urticaria*、*Eczema & Atopic Dermatitis*、*Eczema & Atopic Dermatitis*、*Scleroderma &Dermatomyositis* 等专著 20 余部，撰有《补肾法治疗疑难皮肤病》《平调阴阳，治病之宗》《皮肤病临证见解》等 140 多篇论文。主持"中药疣毒净治疗尖锐湿疣的临床与实验研究""中医综合疗法治疗肝肾不足型重型斑秃的多中心临床研究""中药'消痤灵'治疗寻常痤疮的研究"等科研课题 13 项，获国家中医药科技进步奖、中华中医药学会科学技术奖及广东省中医药科技进步奖多项。

幼受熏陶，少立宏愿

我出生于 1937 年，从小生活在广州龙津东路，在很长一段时间内那里是广州中医聚居的地方。楼上楼下、街坊邻里中有很多中医，具有厚重的传统文化和浓郁的中医药氛围。小时候我亲见不少身患疾苦的病人在中医的调治下恢复健康，更见到不少重症如高热、昏厥、鼓胀等疾病，经名医妙手回春、力挽狂澜而挽救了生命。这些在我的心灵里烙上很深的印记，使我对中医非常向往。我在这样的环境里耳濡目染，对中医怀有一份特殊的感情。

1951 ~ 1957 年，我一直在广州有名的广雅中学学习，毕业时就立下宏愿要到大学学习中医专业。1957 年，怀着振兴中医的梦想，我毅然报考了广州中医学院，那时候的大学录取比例比现在低多了，而我喜欢的广州中医学院在那一年更是破纪录地只招 60 人。复习备考时，我不断地鞭策自己，中医是古老学科，倘若顺利考入大学，就能用现代知识去解读中医、认识中医，这样的话一定会学有所用、有所作为。同时，我也觉得自己的性格相对内向一点，做医生应该比较适合。经过一番努力，我终于成为广州中医学院 1957 级学生。"仗起死回生之能，有拯人膏肓之力"成为我心中的宏愿，我在中医药学习的道路上迈出了第一步。那是个名医辈出的年代，作为国家首批院校教育培育的第一批中医学子，黄耀燊、邓铁涛、罗元恺、梁乃津这些著名临床大家都是我们的老师，大师云集、群星璀璨。年轻的我在这片中医药海洋中如饥似渴地学习，晨起诵读中医经典、背方歌，晚上挑灯夜读、写读书笔记。那时师生关系非常融洽，我们经常到老师家里串串门，老师也把临床中遇到的病例和我们一一分享，6 年的学习与实践、大师的言传身教为我的中医路打下了坚实的基础。

博而后专，夯实基础

我 1963 年毕业后被分配到湖南中医学院第一附属医院，1976 年调回广东省中医院皮肤科，主要从事中医外科、皮肤科教学、科研、临床工作。其实，刚毕业时我觉得自己更适合内科工作，但是组织上既已安排，应该服从大局。在工作期间，我一方面一丝不苟地干好临床工作，一方面抓紧时间进行自学，精读中医四大经典以及《千金要方》《外台秘要》、金元四大家著作、明清各期著作等，打下了坚实的中医理论基础。同时，因为从事中医外科，我从《刘涓子鬼遗方》到《外科正宗》《外科证治全生集》《外科理例》《疡科心得集》等诸多中医外科著作都精读泛览，同时参阅西医教材。因为有了夯实的中医理论和中西医的比较研究，在临床实践中我发现用中医诊疗皮肤病有很大优势，于是就投入了相当一部分精力在这一方面进行更深发掘，为以后的工作奠定了坚实基础。

我虽然从事中医外科，后来从事中医皮肤科临床，但一直坚持先博后专，由博返专，先广泛博览中医经典，该精读的一定精读，该背诵的一定背诵。直到现在，四大经典的很多句子我仍然能够成诵，记忆深刻，完全得益于年轻时打下的坚实底子，坚实的中医理论基础为我日后的专科临床工作提供了深厚肥沃的土壤。

继承创新，卓尔不群

在长期的临床实践中，我根据周易的阴阳理论，结合中医阴阳平衡的理论，提出"阴阳之要、古今脉承，平调阴阳、治病之宗"的皮肤科疑难疾病治疗思想。我认为中医不是用"阴阳"来兜圈子的，而是根据阴阳的理论来解决某些临床上的问题。治疗疾病，维持正常生理活动，就要"谨察阴阳所在而调之，以平为期"，这种调节原理可以看作是控制论的负反馈调节。阴阳学说正是控制调节人体黑箱平衡的方法，可运用在诊断、辨证及治疗用药上，平调阴阳，是治病之宗。阴阳平衡中我十分重视肾的阴阳，我认为补肾法是治疗疑难皮肤病的重要方法，许多皮肤病，尤其是一些难治性、顽固性皮肤病与肾的关系更加密切，大多为肾阴虚或肾阳虚，如能恰当运用补肾法，往往可使沉疴得愈。我以名方六味地黄汤为底组成的系列验方，是临床应用最多、疗效最好的治法之一。我认为中医优势在于调整阴阳的中药不破坏人体正常平衡，具有双向调节作用，故只要辨证用药得当，就不会出现温阳而害阴、补阴则损阳之现象。对于一些结缔组织疾病、免疫性疾病，由于滥用肾上腺皮质激素及免疫抑制剂，使许多接受过这些药物治疗的患者出现免疫功能、代谢功能及植物神经功能的变化和紊乱，从中医辨证分析来看，多属阴阳失调，采用补益脾、肺、肾，调和阴阳的治疗方法可奏效。我在治疗系统性红斑狼疮（SLE）的过程中，认为阴虚火旺是贯穿发病全过程的主要病机。根据这一理论，我们研制了滋阴清热狼疮胶囊（狼疮 2 号）、清热解毒狼疮胶囊（狼疮 1 号）、健脾益肾狼疮胶囊（狼疮 3 号）系列制剂，临床上配合类固醇皮质激素治疗 SLE，疗效确切，总有效率达 91.6%。近年来，围绕狼疮 2 号治疗 SLE 的系列研究科室获得了 4 项国家自然科学基金、1 项国家中医药管理局基金、3 项省级课题基金的支持。应用此法治疗系统性红斑狼疮、硬皮病、皮肌炎、干燥综合征等常见皮科疑难疾病，疗效比较明显。

痤疮是一种毛囊皮脂腺单位的慢性炎症病变，属中医的"肺风""粉刺"范畴，纵观历代文献对粉刺病因病机的认识，均认为是肺胃血热，上熏头面所致。如《外科正宗》说："粉刺属肺……总皆血热郁滞不散所致。"《医宗金鉴·外科心法要诀》云："此证由肺经血热而成。"1994 年中医古籍出版社出版的高等中医院校协编教材《中医外科学》认为肺热血热、肠胃湿热、脾虚痰湿为粉刺（痤疮）的病因，辨证分为血热证，治以凉血清热为主；湿热证，治以清热化湿通腑；痰湿证，治以健脾化痰利湿清热。然而多年来，我通过大量临床治疗观察发现，痤疮的发病除与肺胃血热有关外，其根本原因在于素体肾阴不足，肾之阴阳平衡失调和天癸相火过旺。由于肾阴不足，相火过旺，导致肺胃血热，上熏面部而发痤疮。今之痤疮患者，除了青少年外，30 岁以上患者亦不少见，尤其妇女患者，更有明显增加之象。由于学习紧张、工作压力大、睡眠不足、生活不规律、饮食不节而病情加重。青少年生机勃勃，阳气旺盛，若素体肾阴不足，则易致肾之阴阳平衡失调，会导致女子二七、男子二八时相火亢盛，天癸过旺，发育过早，而生粉刺。况且青少年者，多喜食煎炸香口之品，又常勤读废寝，更易耗伤肾阴，致肾阴不足，相火过旺；而今之妇女痤疮者，多为职业女性，常伴月经不调，病情轻重亦与月经来潮有关，且往往有神倦、夜寐差、焦虑、经量少等肾阴不足之象，这与现代生活节奏快、工作压力大而导致内分泌失调有关。故我认为痤疮（粉刺）主要致病机理是肾阴不足，冲任失调，相火妄动。治疗采取滋肾泻火，凉血解毒之法。现代研究已知，长期紧张、压力大可刺激肾上腺分泌肾上腺素来应付压力所需，而肾上腺释放肾上腺素同时亦可制造雄激素，而雄激素会刺激皮脂腺分泌皮脂，而痤疮是一种毛囊皮脂腺的慢性炎症，发病主要与内分泌功能失调、皮脂腺分泌过多、毛囊内微生物感染和全血黏度增多等因素有关。皮脂当属中医"精"的范畴，属肾所藏。肾阴不足，相火过旺，虚火上扰，迫"精"外溢肌肤、皮毛，则皮脂增多，热蕴肌肤、皮毛则生痤疮。而从有关实验研究分析，滋阴育肾的中药可以调节人体的内分泌功能，减少皮脂腺分泌；清热解毒、凉血活血的中药有抑菌消炎和改善血液黏度作用。临床实践证明，我提出的肾阴不足、冲任失调、相火过旺的痤疮发病机理，阐发了当今社会环境对人内分泌的改变作用，以及内分泌与中医肾气的关系，从而解释了肾阴与痤疮的关系，在临床运用中确有指导意义。

善于学习，与时俱进

在中医学几千年的历史长河中，涌现出众多的中医名家和学术流派。皮肤病虽是临床常见病，但以往历代均无专著，亦无专门的皮肤科，中华人民共和国成立后才逐步从外科中分出。对其病因病机、治法的研究才渐渐深入。我在学习中吸取各家之长，不排斥现代医学，提倡中西医结合，学习和吸取现代医学的新知识、新技术，以此丰富和发展中医的理论和治疗方法，形成了独特的学术思路，逐步形成了岭南特色的皮肤病学新流派。如在 SLE 证的临床研究中，我认为证的产生归根是由于个体的差异，基因组认为不同的个体具有不同的 DNA 序列，这种 DNA 序列的多态性决定了个体的差异，这与中医的证不谋而合，所以研究 SLE 证可从基因组学的角度出发，通过基因测序，来找出基因的定位，研究基因所表达的蛋白质的功能，完善证的研究。随着现代经济的迅猛发展，环保设施未能及时跟上，化肥、农药、动植物生长素的大量运用，出现了空气、水源环境等的污染；人们工作、生活节奏的加快；新的致病微生物的出现等，都使传统的病因病机更加复杂或发生新的变化，中医学也要与时俱进，不断发展，走现代化之路。20 世纪 80 年代以来，性病在我国死灰复燃，广东地区性病的发病率在全国一直处于前列，在临床工作中，我通过不断总结，逐步摸索出补肾为主，小量解毒法来治疗难治性病，取得了很好的疗效，先后承担了广东省和卫生部用中医药治疗性病的研究课题。依据岭南的地域、气候特点，时代经济的发展和自然环境的变化，我带领科室同事建立了特点鲜明的脱发、痤疮、性病、SLE专科，深受患者的欢迎。在长期中西医结合的临床实践中，我十分重视中医辨证与西医辨病相结合，中医辨证与西医的病理、药理相结合论治，先用现代医学手段和方法明确是什么疾病，然后按中医辨证分型论治。如此，既能掌握疾病的内在规律、严重程度和预后，又能选择适当的治疗时机和方法，两者结合，更为完善。以慢性荨麻疹为例，西医认为过敏是本病的主要问题，但过敏原往往难以找到，抗过敏，加强免疫抑制是治疗的重要环节，而中医采取辨证论治的方法是提高疗效的关键。我通过长期的临床实践及对现代药理的研究，总结归纳出某些中药在辨证精当，大法既明之前提下适当配伍运用，组成药对，有消其副作用专取所长，又有相互作用而产生特殊的疗效，如麻黄与牡蛎治风寒型慢性荨麻疹，麻黄辛温，具有疏散风寒、宣肺之效，又可疏风止痒，散邪透疹。牡蛎咸寒，质地重坠，具有重镇安神、平肝潜阳、收敛固涩、制酸止痛之功用。二药伍用共奏散风解表、敛阴止痒之效，牡蛎之敛又可防麻黄宣透太过。现代药理研究显示，麻黄具有抗过敏作用，其水提物和醇提物可抑制嗜酸性粒细胞及肥大细胞释放组胺等过敏介质。牡蛎为高钙物质，其水煎剂中含 Ca^{2+}，而 Ca^{2+} 有抗过敏止痒的作用。二药同用具有协同效应。我一直积极研究和探索传统中医学的优势所在，致力于在皮肤病的整体或某个环节、某个侧面充分发挥中医的优势，提高中医的临床疗效，使中医与现代医学交相辉映，不断探索着中医现代化之路。

重视外治，提高疗效

在临床实践中应十分重视中医外治法的应用，也强调内外合治，许多疑难皮肤病经过综合治疗都取得满意疗效。我们在中医传统的治疗方法的基础上创立的"截根疗法"，用于治疗顽固性的肛门、外阴瘙痒症神经性皮炎就有很好的疗效。我认为，应用体针、耳针、头针、梅花针、电针、激光针、割治、挑治、穴位注射、中药离子导入、药物吹烘、中药熏蒸法等都可以极大提高中医治疗皮肤病的疗效，也丰富了皮肤病的治疗方法。中医外治法是中医学宝贵遗产的一部分，它和内治法一样，具有很丰富的内容。中医皮肤病的外治法根据其治疗操作的方式及配合药物的情况可概括为药物外治法、针灸疗法和其他疗法三大类。药物外治法大致可归纳为薄贴法、围敷法、敷贴法、熏洗法、掺药法、吹烘法、热烫法、烟熏法、湿敷法、摩擦法、擦洗法、浸渍法、涂擦法、蒸汽法、点涂法、移毒法等十八法；针灸疗法大致可归纳为体针疗法、割治疗法、梅花针疗法、三棱针疗法、穴位埋线疗法、放血疗法、艾灸疗法等十五法；其他疗法大致可归纳为波刺疗法、划痕疗法、开刀法等3种。从治疗效果来看，互有短长，应互相补充。皮肤病总的来说是以皮肤病变为主，所以皮肤局部的处理占有重要地位。许多皮肤病，单用外治法就可取效；对一些难治性皮肤病，如果在内治的同时配合外治法，则疗效更加满意。外治法是提高中医皮肤病临床疗效的重要方法，在皮肤病治疗中占有重要的地位。外用药物对缩短疗程、提高疗效起着重要作用。其中我们研制的"神功沐浴酒"已通过广东省科委主持的专家鉴定，认为达到国内先进水平，并投放市场。

苦思中医皮肤科的发展之路

我主张将皮肤病学科从中医外科学科中独立出来，并逐步形成了自身独特的学术体系，创新发展了岭南皮肤病学流派，"岭南皮肤病流派工作室"被国家中医药管理局确定为国家中医学术流派传承工作室。

通过我们科全体成员的努力，科室逐步发展壮大，科室成为国家级重点学科，年门诊量近40万人次，是全国中医皮肤科门诊量最大的单位之一。

随着现代科技的进步和学科分化，中医皮肤科实际上已发展成为临床二级学科。但皮肤病章节至今仍然被编排在中医外科学里面，知识体系和内容过于简单。中医皮肤病学学科的不断发展对人才的素质、知识构成和培养提出了新的要求，迫切需要改革现有课程设置，建设中医皮肤病学课程新体系。皮肤科在发展的过程中出现了一些亚学科，如皮肤外科学、美容皮肤科学，以及交叉学科，本学科到了硕士、博士培养阶段，需要在学科背景、专业面、生源等方面进一步拓展，以促进学科交叉和专业建设创新。中医皮肤病学迫切需要从中医外科学中分化出来，并进行下一层次的学科分化，如中医性病学、中医美容学等。如果继续把皮肤科学科及其专业附属于中医外科之下，将非常不利于学科发展。使中医皮肤科学持续发展，列为二级学科是我的夙愿，皮肤科逐渐从中医外科领域中分化出来，对其学科的发展将起到促进作用，这需要各位同道一起努力。

皮肤是人体的天然屏障，也是最容易受到刺激和破坏的防线，因此皮肤疾病临床极为常见，病种内容丰富，研究领域宽广。至今仍有相当一部分皮肤病、性病缺乏有效的治疗和控制手段，这些都是中医皮肤科值得深入研究的方向和领域。21 世纪的今天，社会环境和文化环境已经焕然一新，随着社会经济文化的发展、疾病谱的改变，传统经典皮肤科学目前正经历着历史性的转型时期，即从传统的以皮肤病诊断治疗为主的临床学科，逐渐演变发展成为功能性皮肤科学，从社会学、美学和心理学方面满足患者对健康皮肤的维护和修复等多方面要求。我认为，中医皮肤科学要像临床学科一样，既要开展基础理论研究又要开展临床实用研究。我们应当向中医肿瘤科同行学习，中医肿瘤学术体系分化起步较晚，但发展较快，他们提出了带瘤生存、重视生活质量的相关理论，在临床实践中取得了较好的成果。中医皮肤病学重点研究领域的选择，应该有明确的努力方向，即以病人为中心，结合自身特色，选择主攻方向。除了上述对临床常见皮肤类疾病的重视，我们在皮肤难治病及疑难杂证的研究方面更不能缺席。全国大型医疗机构应该选择临床医师困惑最大、治疗困难、危及患者生命的疾病作为研究方向，要勇挑重担，收治复杂、疑难、危重患者，主动适应医疗市场的现状和发展趋势。将中医皮肤科逐渐建设成既有鲜明学科特色，又有较强综合实力的学科。随着人民生活水平的提高，对皮肤保健、皮肤美容、解决皮肤科疑难病的需求日益增长，这些既是压力也是动力。我们应当抓住时机，努力创新，紧紧跟上其他学科发展的步伐。

改革开放以来，生活节奏大大加快，导致人们有病首先要求明确诊断，并以最短和最有效的方法治好自己的病，中医中药的独特性，抓药煎药等一系列的不方便，导致中医医院门前冷落，因此宣传中医的治疗理念和开发研制新的药物剂型已经刻不容缓。必须重视自身基本理论和诊疗思想的启迪，中医应该在继承先辈的基础上，借鉴现代的所有科学技术为我所用，推陈出新，继承中发展，不断完善，不断改进，不断突破。中医强调和谐统一、阴阳平衡的思想理念，治未病的预防思想，将是大有可为的。

中医中药是一体不分家的，辨证论治最终还是要靠药物来达到疗效。目前中药饮片研究、饮片改革取得了一些成效，炮制工艺的规范和科学化研究，促进了中药饮片的工业化生产；中药配方颗粒的系统研究，推动了中药饮片改革。

但我在临床实践中发现，现在很多老百姓反映生活节奏快、工作繁忙，中药煎煮太麻烦，泥沙俱下，口感较差。更重要的是药效不灵了，价格还涨得厉害，假冒伪劣严重。长期以来，岭南地区平素习用中药较普遍，许多群众反映，过去三五剂中药服下去疗效就出来了，现在十服八服也没见效，还担心损害健康。我感到问题很严重。现在所提倡的中药材市场化，客观上放任了以利益和金钱至上的资本进入中医药行业逐利，中药市场放开以后，药材变成了"农副产品"，没多少人指导农民种药。现在种药主要靠价格调节，哪个上涨种哪个，哪种方法长得最大最快就用哪种。中药材"野生变家种"太随意。很多项目不考虑道地药材和自然环境，想在哪儿种就在哪儿种。为了尽早上市，药农大量使用农药，违背采集规律比比皆是。中药造假，以前还只是在等级上以次充好，如今则是花样百出。一些人根本不懂中医、中药的行业基本要求，更无从说行业道德规范。从业者在乎的是赚钱。以次充好、以假逐真的逆向淘汰，导致中药材市场遭遇各种乱象，中药材质量不稳定直接影响了临床疗效。更令人担忧的是，虽然炮制技术是中药的核心技术，但是后继无人，很多厂家雇佣对中药炮制一知半解的员工来作业。在科研方面，"赶时髦"现象突出。例如，目前一些中药转基因相关研究正热门，中药作为一个复杂的化合物集合体，转基因之后是不是会影响它的性味归经，没人认真探讨，科研经费才是大家更重视的。有报道说："现在该研究的不研究。比如传统硫黄熏蒸加工方式有不足的一面，但农民收的鲜药不处理无法卖出，怎么解决？没有人研究。"中药材用途已从过去单纯防病治病，扩大到食品、化妆品等领域，用量逐年增加，导致资源过度采挖，严重破坏了生态平衡。

我认为，中药的标准、规范研究要强化，较之于其他问题这个相对容易做到。政府、企业、研究单位应该高度重视。中药标准对于保证中药产品安全稳定、质量可控具有重要意义。中药材规范化种植、农药残留、重金属含量控制、安全性评价、临床研究规范化、中药饮片质量标准、传统中成药品种质量标准的提升、中药生产共性技术（新技术、新辅料、新工艺）的研究等工作应该是当前工作的重中之重。应该首先对中药材产业加大扶持力度，加强中药材资源监测，加强中药资源保护和利用，重视中药知识产权保护。厂家应重视大孔树脂吸附、二氧化碳超临界萃取、膜分离技术等制药新技术的应用，提高中药工业生产的现代化水平。本人认为，现代生物工程技术在中药材生产中的应用前途光明，应该在科研经费上大力扶持发展。

为中医而生，献计献策助推中医药事业

作为广东省人大代表，在全国中医药工作厅局长会议上，广东省省长、省政府和名老中医代表座谈会上、广东省人大代表会上，我提出有关提案：

1. 希望政府加强对中医药的投入，重视对中医人才的培养

1997年2月在广东省政府与名老中医代表座谈会上，我与广东省省长卢瑞华、副省长李兰芳商讨如何发展全省中医药事业，我以广东省中医院门诊量在最高峰时每日达8000人次，仅医院所耗饮片每天达两吨的例子希望政府加大对中医药的投入，中西医并重，成立中医成人教育学院，支持中医事业的发展，省长表示，省政府会大幅度增加对卫生的投入，将增拨一亿元用于预防保健。

2. 希望政府对中医药民间特色疗法、适宜技术加大发掘力度，减少公费医疗的负担

1996年广州市政府在调研医疗改革状况时，我在《经济快报》提出政府对中医药民间特色疗法、适宜技术加大发掘力度，减少公费医疗的负担的建议。

3. 抓好中药制剂改革中心、中医急症中心及急症实验室建设，加强医德医风建设，加强后期临床教学，提高办学水平

1996年2月在北京召开的全国中医药工作厅局长会议上，我提议要进一步深化改革，强化管理，完善已建立的运行机制，加强内涵建设，认真实施示范中医院的二期建设方案，抓好中药制剂改革中心、中医急症中心及急症实验室建设，抓好继续教育工程，引进选拔培养拔尖人才。提高科技水平，完善服务功能，加强医德医风建设，加强后期临床教学，提高办学水平。全面提高职工福利，增强医院凝聚力，力争医院社会和经济效益再上一个新台阶。

4. 希望政府重视对精神病人的医治与管理，使社会安定

针对近期社会上出现多起精神病人伤人事件，扰乱社会安定，我在人大会上提议政府要重视精神病人的医治与管理，保证社会的安定。

5. 提出鼓励中医药毕业生下基层就业的对策和建议

针对近几年高等学校本科、研究生教育扩招幅度增大，卫生部强调在今后一段时间内，将从严控制公立大型医院建设规模和发展速度，医院发展重点将

从扩大规模转变为内涵建设的前提下，避免出现毕业生分配就业困难的局面。我在 2006 年提出鼓励中医药毕业生下基层就业的对策和建议，建议设置"助学班"全额或部分资助贫困地区的学生报考医学专业，并承诺到基层服务 5 年以上方可流动，对长期在基层工作的本科以上医学毕业生给予公务员待遇以留住人才，另外采取每年选拔一定数量的医药专业优秀毕业生下基层定期"挂职锻炼"或进行"志愿者服务"，来充实社区和乡镇的卫生人才队伍。在 2007 年再次呼吁完善鼓励毕业生面向基层就业的各项制度和办法，切实加强对他们的就业服务，落实有关政策，调动"三方面的积极性"，即政府的积极性、用人单位的积极性和毕业生的积极性，实现"三赢"，认为如能在中医药毕业生下基层就业问题上有所作为，中医药毕业生在基层就能大有作为，基层卫生事业才能得以改变和发展，这对中医药强省的战略目标早日实现将产生积极的作用和深远的影响。

我在人大代表会上以及各级报刊上提出的计策对广东的中医药事业的发展起到了一定的作用，为广东省中医院（广州中医药大学第二临床医学院）的成长和发展起到了一定的作用。

桃李满天下，弟子成绩辉煌

作为全国老中医药专家学术经验传承工作优秀指导老师，从医 50 多年，培养的弟子如今都成为中医学界的骨干力量，活跃在祖国的大江南北乃至东南亚和北美各地。如弟子陈达灿成为广东省中医院院长，目前担任世界中医药联合会皮肤科专业委员会会长，中华中医药学会皮肤科分会副主任委员，中国中西医结合学会皮肤性病专业委员会副主任委员，广东省中医药学会皮肤科专业委员会的主任委员，主攻病种特应性皮炎系列研究课题获得国家支持；范瑞强成为广东省中医院皮肤科主任，学术带头人；卢传坚成为广东省中医院副院长，广东省"千百十"工程国家级学术骨干培养对象；刘巧成为海南省皮肤病医院院长；谢文平成为越南河内医科大学传统医学院副院长、研究生导师；吴晓霞成为陕西中医学院第一临床医学院皮肤病研究所主任、外科教研室副主任；席建元成为湖南中医药大学第一附属医院皮肤科主任；刘爱民成为河南省中医院皮肤科主任等。

大医精诚，仁心仁术

在长期的临床工作中，我心里放的永远是病人。如果病人治疗效果不好，我会彻夜难眠，查找专业书籍，寻求最佳的治疗方案。我经常告诫弟子，"医者必具仁道、仁义、仁人之心"，这其实也是我在自勉。医生是高尚的职业，要做好一个医生，首先就必须有高尚的医德医风，要有乐于奉献的精神，其后才是你的医术如何。做医生，心中装着的永远是病人。

下面我就从肾论治系统性红斑狼疮进行浅析。

1. 察病机，肾虚为本

在中医文献中无系统性红斑狼疮（SLE）病名记载，其内涵分属于"红蝴蝶""湿热发斑""日晒疮""虚劳"等范畴，由于本病损害涉及多个器官、组织，临床表现复杂多端，病势缠绵，反复难愈。历代医家对其病机认识及辨证分型均不尽相同，有血瘀论，有热毒论，有阴虚论等，治法颇多，观点不一。我认为本病发病或外感，或内伤，或饮食劳欲所诱，然诸多因素必本于机体正气亏虚，肾元不足。肾为先天之本，水火之宅，亦为一身阴阳之根本，肾虚不足，百病由是而生。《景岳全书·虚损》曾云："肾水亏，则肝失所滋而血燥生；肾水亏，则水不归源而脾痰起；肾水亏，则心肾不交而神色败；肾水亏，则盗伤肺气而喘嗽频……故曰：虚邪之至，害必归肾；五脏之伤，穷必归肾。"肾虚是本病发生的主要原因，尤以阴虚常见，肾虚时五脏六腑皆不足，邪毒易侵犯各脏。血属阴，气属阳，阴阳不调，则血流不畅，故易造成气血失运而致经络阻滞，形成经脉滞涩，如复遇日光照射，邪毒化火，迫血妄行，则发生红斑。或因久病失养，耗伤气阴，致使虚火内生、内燥出现。先天禀赋不足，肾阴虚损，热毒内炽，是导致本病的主要原因。这与现代医学认为本病病因与遗传因素有关的认识也是一致的。因水亏火旺，津液不足，肤失濡养，腠理不密，再加上日光暴晒，外邪侵袭，内外之邪相互搏结，或情志不舒，或过度疲劳，继而诱发本病。现代医学研究发现，SLE起病后5年内几乎所有患者均有不同程度肾小球异常，导致狼疮性肾炎者高达40%~75%。亦常见心、肺、胸膜、皮肤、肌肉、血管、关节受损的病理表现。从中医角度来看，大多与损正伤肾有关。诚可见，肾之阴虚为其病本，元阴衰惫，五脏失和，五脏之伤，又穷必归肾，如此反复之恶性循环，使病情复杂，病入至深。

2. 辨虚实，病证结合

观之临床，本病虽以肾虚为本，但常见诸多毒瘀标实之象。我认为，人体是一个有机的整体，"阴平阳秘，精神乃治"，气血经络循行畅达，则脏腑、皮毛、筋骨、肌肉得以濡养，维持机体正常的生理功能。本病多因禀赋不足，或七情内伤，或劳累过度，以致阴阳失衡，气血失和，经络受阻。风火寒湿之邪易乘虚入侵，兼因腠理不密，日光暴晒，外受热毒，热毒入里，瘀阻脉络，可内伤脏腑，外阻肌肤。热毒炽盛，燔灼营血，可引起急性发作，疾病后期多阴损及阳，累及心、肝、脾、肾等脏，表现为上实下虚，上热下寒，水火不济，阴阳失调的复杂证候。故实为本虚标实之证。毒瘀痹阻的标实之象，或多或少，或隐或现，或以为主，或以兼夹，本虚标实，变化多端，局部致皮肤、肌肉、关节受累，甚则心肝脾肺肾五脏俱损，临床表现复杂，病情反复迁延，故临床辨证须明辨虚实、主次，抓主要矛盾，并宜辨病与辨证相结合。首先运用现代医学检验手段，对本病进行确诊，然后再运用中医四诊八纲进行辨证分型施治。针对病程不同阶段的具体情况投方用药，将中医辨证论治原则与临床实践紧密结合，方可取得满意疗效。

3. 补肾阴，标本兼治

本病虽病情多变、病机复杂，但虚虚实实之中，肾阴亏虚而瘀毒内蕴是贯穿病程之主线，补肾滋阴为其治疗前提。补虚泻实为其治疗大法，从本病最常见的临床征象——颜面红斑，身热起伏，脱发，面赤潮红，腰膝酸痛，劳则加重，头目眩晕，女子月经不调，经色紫暗，或经来腹痛，甚则闭经，反复口舌生疮，肌肤瘀点、瘀斑，舌质暗红或有瘀点，苔黄，脉细数等症状来看，补肾阴，解瘀毒，标本兼治乃切合病机之良策。我以六味地黄丸加青蒿、生地黄、益母草等为基本方，随症加减治疗 SLE，在临床上取得满意效果。方中生地黄味甘、苦，微寒，气薄味厚，沉而降，归心、肝、肾经，具有滋阴清热、凉血补血之功。熟地黄味甘，性温，能补血滋阴，益精填髓。四物、六味以之为君，其性沉降静守，能平其躁动上升之虚火。益母草活血化瘀、调经、利水，传统常用于妇科经、产诸疾，近来亦用于肾脏疾病的治疗，对于利尿消肿、改善肾功能有效。应用六味地黄汤加味，以阴配阳，诸药配伍，补虚泻实，标本兼顾，补而不滞，泻而不虚。正所谓："疏其血气，令其调达，以致和平。"现代研究六味地黄汤有提高机体免疫力的功效，使机体自我修复能力得以调动，从而逐步调整阴阳的失衡。当然 SLE 临床表现错综复杂，除肾虚瘀毒外，尚有毒热炽盛、脾肾阳虚、风湿热痹等其他证型，应辨证施以祛风散寒、温补脾肾、化饮利水、凉血解毒等法，依具体病情而定。

4. 重疗效，中西并举

SLE 常易累及多个脏器系统，临床症状复杂缠绵。病情重、发展快、预后差，有时会出现危急证候，临床应用西医的抢救措施还是必要的，目前肾上腺皮质激素和免疫抑制剂是治疗 SLE 有效的方法，但需长期大剂量服用，中药雷公藤、火把花根片治疗 SLE 亦有确切疗效，以上药物长期服用均有一定的副作用，有时甚至大于其治疗作用。而辨证施治是中医药治疗的一大特点，是中医药治疗的精华，可明显减少激素的副作用，提高 SLE 患者的生存质量。根据病变脏腑、病程分期之不同，辨证施治亦有所变化。如狼疮性肾炎，多以解毒、活血、通络立法，在辨证分型论治的基础上，加强的松、雷公藤片、潘生丁口服；心脏损害者，我认为以养阴清热、蠲饮利水、养心安神为主，以生地黄、玄参、生薏苡仁、虎杖等为主药的基本方随症加减。我认为在疾病初期、病情活动期，有高热、关节痛、斑疹等症状，应以激素治疗为主，迅速给药，保护重要脏器，同时采用清热解毒、凉血护阴的中药；病情控制后，由于炎症病变的破坏与消耗，机体抵抗力降低，加之大剂量应用激素，引起机体的代谢和内分泌紊乱，水、电解质平衡失调，中医理论认为是毒热耗伤阴血，体内气血两伤。产生如神倦乏力，心烦不眠，五心烦热，低热缠绵，自汗盗汗，舌红少苔等症状，中医辨证为肾阴血阴双阴亏耗，气阴两伤，阴阳失调，治宜扶正祛邪，养阴益气，调和阴阳。应以中药为主，调节整体阴阳气血及脏腑机能，增强免疫力。急性期和活动期以中药与激素联合应用能发挥协同作用，病情稳定期或未服用激素的早期患者可单用中药或结合少量激素治疗。我认为中西医结合既减少激素的毒副作用，又稳定病情，恢复体质，是治疗 SLE 的有效途径。

赵法新

赵法新（1937—　　），河南省新安县人，赵氏"万修堂中医"第六代传人。第四批全国老中医药专家学术经验继承工作指导老师、硕士生导师。河南省中医药研究院主任医师、研究员。

临证师承全国名医张海岑研究员，文献学师承全国著名中医文献学家马继兴、余瀛鳌研究员。学术上遵从《内》《难》，崇仲景，法李叶，融各家之长，以脾胃立论，擅治内外妇儿科杂病、温热时病及中医急症。

颇多创新思维，注重辨证论治，提出"辨证论治十法"，完善辨证论治全过程，且融入病案中，详论析、明方解、诠释辨证论治，为规范中医病案书写做了有益尝试。获"密闭冷却回流陶瓷煎药壶"等5项国家实用新型专利和"胃康胶囊治疗胃脘痛的临床与实验研究"等7项科研成果奖。主编、主审《中医文献学辞典》《乡村中医临证大全》《国家基本药物·中成药的辨证应用》《中医师承心悟》《河南名老中医临证经验丛书·赵法新脾胃病临证经验》《万修堂中医八代传承》等6部专著；参编《医案丛刊·肝病》《河南名老中医经验集锦》《近代中医珍本集·伤寒》《近代中医珍本集·温病》《近代中医珍本集·金匮》《中医词释》《儒门事亲校注》《河南省秘验单方集锦》《神州秘方》《秘验单方集锦》《中医内科学》《中医眼科学》12部；参与校点《本草全录》（副主编）出版电子书，并选编《本草必读丛书》十种：《重修政和经史证类备用本草》《汤液本草》《本草蒙筌》《滇南本草》《本草品汇精要》《药品化义》《本草从新》《本经疏证》《本草思辨录》《本草问答》。共计29部著作。发表"历代方书剂量考释""圣济总录版本流传及考证""论辨证论治十法""学习《脾胃论》要有重点"等医学论文50余篇。

为学为医、当徒当师、从医从研50余年的从医路，始于家传、师承初入医门；就读高校，由入门而登堂矣；多次进修，由升堂而渐入室也。临证磨炼、感悟升华，真正体会到中医博大精深、哲理至明、科学无比，辨证论治，神奇无限，疑难重症，总有法度。一路走来，坎坷坦途兼有，艰辛快乐俱见，此吾医路之梗概也。归结起来为：全面继承夯实基础、临证诊疗注重辨证、治学理念承古拓新、医学心悟条陈愚见。

全面继承　夯实基础

（一）幼承家传

我出身世医，系"万修堂中医"第六代传人，自清代中期，族上八世祖赵光甫创"东周万修堂拣选川广云贵道地药材老店"，誉"炮制名世术精雷桐"之美名，直到十三世我这一代，连续传承六代，业医者 15 人，兼医、有一技之长者尤多。八世祖赵光甫之长子克文（九世），"以医名世"；次子克念"学问渊博，文成一家，一代儒医"；其孙（十世）心纯"精岐黄，号神医焉"，一家三代四人为医；十一世连璧，"博学多识，执教行医，乡间儒医也"；十二世桂梧，弃儒从医，"内外妇儿术精，简便廉验驰名"。我直接受连璧爷、桂梧叔影响，对中医产生浓厚兴趣，立志继承家学。1958 年高中毕业即参加卫生工作，任新安县五头镇卫生院秘书，由叔父主持拜袁志明老中医为师，初入医道之门。

在编撰《万修堂中医八代传承》一书中，发掘整理家传治疗脾胃病的学术思想和经验，承家学重脾胃，探讨了"胃肠属腑，泻而勿藏，以通为用，以泻为补"之医理，并结合汉代养生学家王充"欲得长生，肠中常清，欲得不死，肠中无滓"养生之道，理清便秘的概念、病因、病机、治则，提出"通、健、养、解"四字诀治法。"通"则腑气畅，"健"则脾气运，"养"则胃气和，"解"则毒气消。通者，通可祛滞，通可泄热，通则不痛，通可令腑气通畅，逐秽排毒，从而周流气血，旺盛代谢，激活机体，增强胃肠动力，促进胃肠蠕动，是"以通为用"原则的具体体现；健者，健脾补气，治本之策，脾健则清阳升而浊阴降，升降有序，以复健运之功；养者，一养胃气，二益胃阴，气阴双补，令胃气和润而降，与脾健则升相匹配，以复升降之职，增强胃肠动力；解者，解其余毒也。以此指导临床，论治便秘而创"通腑宁浓缩丸"（三层分溶缓释剂），丰富了胃肠病的理论，是便秘的理想方药，较好地解决了便秘难题（发表于《新中医》）。在应用家传胃缓丸、胃蒸丸、三五七消饮等秘方名药过程中，深受启发，而创"一二三四五六七八九十个消食饮"、枳术消积丸、三七荞麦粥等新的验方，扩大治疗脾胃病的应用范围。中学时患鼻渊，爷爷处方"苍耳辛夷散"三剂即愈，疗效如此之好，在于散剂之优，免煎冲服，保全其精华（芳香挥发成分），后来临证感悟，又改变剂型和给药途径，创制"鼻炎环贴"，是鼻炎尤其过敏性鼻炎外治法新剂型，以清凉润燥、收敛生肌之功，修复鼻黏膜，增强其适应性和抗病能力，疗效显著。

（二）高校教育

1960 年调干到河南中医学院师承班拜名医张海岑为师，半天侍诊抄方，聆听教诲；半天在学院师承班听课，学习全国中医院校统编教材。尤其院长韩锡赞倡导读书活动，强调读经典，学名著，背歌诀，晨间朗朗读书声充满校园，加之恩师海岑细心辅导，连壁爷爷讲解医古文、古典医籍序跋，印象之深、影响之远，莫过于孙思邈《大医精诚》，促进医德形成。如此读书临证，相得益彰，奠定了坚实的医学理论、古文基础和临证诊疗技能。历经五年全日制理论结合临床实践学习，于 1965 年本科毕业，准予出师。院校与师承紧密结合的教育模式，催生了新一代中医，读书临证并重，理论实践双收，诊疗技能较快掌握，"师承班"学员大部分于第三学年即能独立应诊、代师值班，出师即能胜任工作。毕业当年我参加河南省农村医疗队，中西医混合编队，我曾带领小分队巡诊农村山区，每天诊治大量患者，多能得心应手。再者，第四批全国老中医药专家学术经验继承工作指导老师遴选 8 人中师承班占 7 人，证明这种新型教育模式是成功的。至此，由入门渐而登堂矣。对此深有体会，情有独钟，亦是我带徒传承中医的源泉和方法，因而编撰出版《中医师承心悟》。

我在工作期间，先后在河南卫生职工医学院"西医内科班"、河南中医学院"中医经典班"、南京新医学院"全国温病师资班"、中国中医研究院"全国首届中医文献研究班"进修，累计四年。进修学习，为我汇通中西、研究经典、文献整理、临床辨证，奠定了坚实基础，由升堂而又入室也。

（三）师承授受

学必有师，拜师学医，是一捷径，"听师一席话，胜读十年书"。老师的一言一行，都铭记不忘，第一任老师袁志明有句名言："胃火盛，火克食，消谷善饥，不治，将诸病生焉！"成为我临证推演"胃强脾弱，能食不能消"的启蒙。重读李东垣《脾胃论·脾胃胜衰论》后，认识到胃强者，邪火盛也，火克食，更能吃，故消谷善饥；脾弱者，脾气虚也，虚则不运，故食而不消，积滞胃肠，郁而化热，热甚为火，火克食，更能吃，暴饮暴疫复伤脾胃，愈食愈不消，恶性循环，积火成毒，因而诸症丛生。此为"积热证"病因、病机之演变过程。通过临证积验，归纳临证常见与此相关诸多病证，形成"积热综合征"的理论与治法，创"积术消积丸"，且应用于"治未病"。①未病先防。遵"胃肠属腑，泻而勿藏，以通为用，以泻为补"之旨和汉代养生学家王充"欲得长生，肠中常清，欲得不死，肠中无滓"养生之道，每隔一段时间服2~3次，以洁腑清肠，排毒养颜，养生保健，防病于未然也。②初病早治。偶有饮食伤胃，积滞于中，遂服2~3次，消而导之即愈。已病早治，防变之谓也。③积久化火，积热火毒而见口臭便秘、痤疮蜂起、疖肿不断、咽喉肿痛、口舌生疮者，重剂顿服，假体壮邪实，通腑排毒、泄热保津，积去热除，诸症释然。急症重拳，邪去正安也。④慢病体弱，脾虚失运，积久难消，消化不良者，小量常服，消谷磨积，健脾助运，待胃气来复，则食消药布，固本能防复矣！此药之用，未病先防，已病防变，重症重拳，慢病微调，固本以防复也！实养生之道，治未病之举。故为家庭常备良药，防患于未然，大大丰富了胃肠病的治法。当前人民生活水平提高、物质极大丰富，健康知识普及不够，大吃大喝，暴饮暴食，伤及脾胃，导致"积热综合征"尤多，此法成为最常用的简便疗法。

　　恩师海岑系河南省中医中药研究所所长、研究员，袁子震系河南中医学院教授，二位是卫生厅保健局设在中医学院特诊室的专职医生，李振华时任医教部主任，常有人请他会诊，我有机会聆听三位名医教诲，因而他们都是我的老师。他们皆重脾胃，善辨证论治——"审症求因、审因辨证、据证立法、依法遣方、权衡加减"，是其辨证论治的必然程序，理法方药，环环相扣，总能开出最合宜处方，疗效卓著，令我敬佩、仰慕不已。由此启迪，引我走上探索之路，延之后来，学习文献、临证体验、科研探索、感悟新知，认为这五个辨证论治环节，是历代医家所创，沿用至今，极其重要，必须熟练掌握。但仅仅是详于论析辨证而已，略于论治，言犹未尽，成为我长期思考探索的内容。如《医学源流论》云："煎药之法，最宜深究，药之效与不效，全在乎此……方虽中病，而煎法失度，其药必无效。"又云："方虽中病，而服之不得其法，则非特无功，而反有害。"故在院长雷新强支持下，立"中药煎服方法研究"课题，通过"古今中药煎服方法述评及创新机具设计"的文献研究而进一步设计实验方案，以"不同煎药方法对汤剂有效成分含量的影响"的实验室研究，创新"现代中药煎服方法"，说明中药"煎服用法"不可忽视。《医论三十篇》云："药有丸、有散、有饮，丸剂性缓，散剂次之，饮剂取效甚速。"明言剂型决定起效速度，直接影响疗效，故当选"剂型最优"。给药途径很多，分内服、外用两大类，各有优缺点，故当因人、因病、因时、因剂、因药之异，而选"途径适宜"。临证常见久病、疑难、慢性病患者，辗转求医，屡治不愈，忧思抑郁，志意不遂，心急乱求医，精神负担过重，多有心理障碍，常法却难奏效。盖心主血脉、脾主思虑，思虑过度，则心脾两伤。心伤则血虚不能养心，神不守舍，魂魄不定；脾伤则化源不足，元气亏损，脏腑失养。故治疗首先应从"心理调适"入手，尊重、理解、关心、爱护、安慰病人，恰当解析，冰释疑虑，缓解情绪，树立治疗信心。即使普通患者，亦不可忽视。饮食是机体获取营养的唯一来源，应视患者具体情况，给予流质、半流质、普食等清淡、易消化、好吸收、富营养的饮食；护理是精神心理的调适与满足及生活起居、饮食宜忌、劳逸活动的看护。因此，"饮食护理"也很重要。所以，"煎服用法、剂型最优、途径适宜、心理调适、饮食护理"五法，是辨证论治过程的继续，补充了辨证论治，因此，与前传统五法合称"辨证论治十法"，以完善辨证论治全过程，其中每一法都直接影响疗效，疗效是检验辨证论治的唯一标准。辨证论治是中医学的精髓和规矩、治疗学的准绳与核心，能否准确、完善地落实到每一个病案中，是诊疗成败的关键。辨证论治水平的高低，病案是最好的见证。一个临床大家的病案之所以受欢迎，既理法方药环环相扣，又方解到位，诠释辨证论治全过程，故有"读医不如读案"之说。因此，要把"辨证论治十法"真正落实到每一病案中，是进一步规范病案的必须。应重视、完善、发展中医诊籍，写好现代中医病案，使之真正成为中医文献理论和临床经验的载体，为总结经验、寻找规律、继承创新，积累翔实资料。

三位老师，虽皆重脾胃，但同中有异，张老师以疏肝理气、健脾和胃、活血化瘀为常法，擅治胃脘痛；李老师以"肝宜疏、脾宜健、胃宜和"论治萎缩性胃炎的学术思想和方法获大奖；袁老师以养阴益胃、清热保津法论治脾胃病常取良效。综合三位老师教诲，受益匪浅，经临证磨炼，学得以"疏肝理气、健脾和胃、活血消瘀、养阴益胃"为之常法，灵活辨证，应用于脾胃病论治常获良效。回忆我毕业论文"溃疡病证治"，就是继承恩师海岑的学术思想与经验，经李振华审评为"优秀论文"。其中主方"溃疡散"，是我临证几十年应用、研究、改进的验方"胃康胶囊"的前身，主治胃脘疼，包括萎缩性胃炎，1993年被列为国家中医药管理局重点攻关课题。处方经北京中医药大学王绵之教授审定修改，三年完成、结题，经国家中医药管理局组织劳绍贤、李振华等专家进行科研鉴定，达到国内同类研究先进水平，成果上报，建议作为三类新药开发。与洮南制药厂合作，在吉林长春初评通过，上报卫生部，因企业改制搁浅。一直作为院内制剂应用30多年，销量很大。

韩俊钦曾在河南省中医药研究所工作，与恩师海岑同事，也是我的老师，后调任省卫生厅中医处处长。1979年我到省卫干校"西医内科班"进修，他热情接见我们，并问学习西医的意义。我脱口答曰："中西结合，两条腿走路。"他诙谐地说："别'邯郸学步'学瘸了。"又严肃补充一句："中学西是为我所用。"一语中的，对我影响至深。学习了生理解剖对我理解中医脏腑功能有帮助，如肾小球的过滤、重吸收作用与肾气、肾阳相关，其温煦、气化则能出焉。学术界流行"西医诊断，中医治疗"，我不以为然，不完全赞同。本院外科一位西医大夫，领他同学到我门诊就医，患者三天前曾患急性胃肠炎，在自己诊所输液抗菌热退，家人用鸡汤补其虚，当夜复发，食复也。次日来诊时，体温38.9℃，白细胞$13 \times 10^9/L$，中性粒细胞百分比83％。频频呕吐，脉沉弦数，舌质淡红，苔白厚腻，体胖齿痕。证属积滞发热，急服藿香正气水，处方葛根芩连汤加消积导滞药二剂。病人问："还用输液抗菌吗？"鉴于她是西医，又开诊所，三天前自治有效，我只好答曰："用不用都行。"当天服中药同时输液抗菌一次，夜间一泻了之，脉静身凉，吐泻俱已，自动停止输液，继服完两剂中药痊愈。难道中医诊断不算吗？西医诊断"急性胃肠炎"，消炎就好了吗？中医怎么消炎？我认为积滞发热，积为病因，滞为病机，是病之本也，热为果，病之标也。治病必求于本，消积导滞祛其邪，是治本之策，积去热除嘛！主要矛盾解决了，次要矛盾就迎刃而解，或不解而解，不治而愈，"不战而屈人之兵矣！"抗菌消炎，可清其热，标也，非治其本，故食复矣！

（四）临证磨砺

继家传，承师授，秉高校教育，奠定了系统理论基础和基本诊疗技能，为临证实践铺平道路。欲求诊疗水平不断提高，仍须读书临证、磨炼感悟，才能继承创新。正所谓"新锋利刃砺础砌出"。由读书获得文献理论知识，指导临证实践，且得以印证、检验，相互为用，相得益彰，相互促进。并在实践辨证论治全过程中慎思、明辨、探索、发现、与时俱进，发展中医学术，达到最好疗效之目的。同时，有感而发，笔耕不辍，积累资料，总结、升华、继承、创新。如此理论－实践－升华－再实践，沿着反复、螺旋上升之路，勇往直前，知难而进，永不放弃，执着追求。正如哲学家冯友兰所说："对待古人的东西，有两种态度：一是照着讲，重复古人，还古人的面貌；一是接着讲，把古人的东西推向一个新境界，创造一个东西。"这就是科学技术发展的轨迹，中医临证，也是沿着这条螺旋上升之路，永无止境，攀登科学殿堂。

临证诊疗，强调将中医理论体现在四诊八纲、辨证论治的始末，把握辨证论治的全过程，其中每一环节对疗效都有直接影响，所以疗效是检验"辨证论治十法"的唯一标准。临证几十年，我是以研究脾胃病为主，兼及外感热病、中医急症及内外妇儿，人称"杂家"。我却不以为然，说"杂"不够准确，是"全面继承，重点突出"。"全面"是基础，"突出"是重点，具辩证关系。没有基础就没有重点，就像没有金字塔的底座，就没有塔尖一样。盖脾胃为纳运之总司，升降之枢纽，气血之化源，中州之要地，元气之府也。五脏六腑、四肢百骸，皆禀气于胃，故称之为后天之本。生理如此，病理关系同样密切。脾居中州，心肺肝肾分列四旁。《脾胃总论》云："中州之病，必殃四邻，四旁之疾，必趋中州，相互转易。"军事上亦有"得中原者得天下"之言。"中州""中原"乃脾胃之别称。脾胃乃戊己土也，土生万物，万物归土。故李东垣重脾胃、据要地、益化源、充元气、固后天之本，目的有二：一为养五脏六腑，此养生健体之道也；二为提高机体免疫力，此未病先防之法也。"正气存内，邪不可干"，故历代名医大家，无不重视脾胃，临床各科皆与脾胃有密切关系。具备了脾胃病学这个基础，就能运用自如，突出任何一个重点。因此，重脾胃是攀达其他专科专病之巅的基础。

临证常见脾胃病患者，多有素体不健，也常有患者说自幼脾胃消化就不好。

见多了，听多了，就由此想到防治脾胃病应从娃娃抓起。这是因小儿脾胃发育尚未完善，免疫功能低下，若喂养不当，则虚弱的胃肠又受伤害，容易导致偏食、积滞、疳症、感冒、咳喘等内伤外感疾病丛生，反反复复，少有宁日。所以有"过了三冬三夏才算娃娃"的民间谚语，一言道破三岁以下小儿体弱多病之现状，若失治、误治，更伤后天之本，延至成年，乃至终生，脾胃病缠绵、留恋、反复，由此衍生多种疾病。正所谓"脾胃一病百病由生"，故未病先防，首重脾胃，就得从娃娃抓起。为此，我曾研制了"疳积消颗粒""豫西焦饼""厌食脐贴""退热脐贴""新曲片""鲜肝泥""莲肝糊""退热擦剂""退热速肛注剂""婴儿全养糊"等儿科常用小制剂、食疗产品，用于防治儿科常见病，得心应手，既便捷、安全，又高效、速效，最适宜怕打针、难服药的小儿作为外治、食疗、食养之用。其中"婴儿全养糊"是根据"一方水土养一方人"研制而成。某个区域的自然环境、风土人情、饮食习惯，造就了自幼生长在那里的人们的一切，终生都不易改变。因此，不失时机、及早培养婴幼儿的饮食习惯和脾胃食性，增强其消化吸收功能，作为六个月龄的婴儿添加谷类饮食，先入为主，从而避免偏食、厌食、积滞、疳积发生。令其广食性，不偏食，健脾胃，养习惯，固后天，强免疫，健脑髓，聪耳目，益终生。吃什么最科学？《黄帝内经》云："五谷为养，五果为助，五畜为益，五菜为充。"饮食应全而不偏，科学搭配。五谷为养者，尤选米、麦面、山药做粥，最能健脾养胃益肾，以固先后天之根本，婴幼儿最为必须。怀山药、麦面、米补肺气，健脾胃，助五脏，厚肠胃，补中益气，煮粥可养胃厚肠，炒汤则益胃除湿（日本"玄米茶"是也）。小米、玉米煮粥香美益人，调中开胃，皆可长久赖以为命者，即"五谷为养"之谓也。五菜为充者，补充也，可选蔬菜青汁、脱水粉末，蔬菜富含多种维生素，营养丰富。五果为助者，选坚果、芝麻、核桃仁，功能补肺气，益肝肾，润五脏，填精髓，坚筋骨，明耳目，滋肾填髓，益智健脑，聪明远志，以助营养保健之力。五畜为益者，包括畜、禽、鱼、虾，凡肉食是也。此高蛋白、高热量、高营养，大益于人，可选鸡肝、鸡子黄，补肝明目，益气生血，化疳消积，开胃进食，滋阴润燥，养血息风，主小儿消化不良，且富含锌、钙、磷、铁微量元素和维生素 A、硫胺素、核黄素、抗坏血酸等。按以上思路所选药食兼用之食材配制"婴儿全养糊"就是行之有效、营养全面的理想食品，可培养婴幼儿胃气与饮食习性，保障其脾胃健壮，逐渐过渡到成人饮食，增强其适应性，打好一生的健康基础。

小儿稚阳之体，脏腑娇嫩，脾胃虚弱，易虚易实，故内伤外感疾病多见。论治亦多兼调理脾胃，常取得好的疗效，因而，招来儿科各种患者越来越多，积累了大量病案。总结、分析、归纳，寻找规律，针对婴幼儿的生理病理特点，创"防、健、消、养、补"五字诀，用来防治小儿厌食、积滞、疳积等营养缺乏症的发生、发展。"防"者，犹筑城御敌，防患于未然，处处注意保护胃肠消化吸收功能；"健"者，健脾和胃则正气旺，能食而不伤，增强免疫力；"消"者，消积导滞祛其邪，邪去正自复；"养"者，养胃益阴，健脾升阳，促进消化吸收；"补"者，食补胜于药补，在治疗的同时，配合食疗食补，故以各种粥类最能益胃健脾，促进脾胃消化吸收功能恢复。"五字诀"各有相应适宜的养生保健方法，并阐明育婴养儿的理念和用法（发表于《中医药通报》）。

妇科经带胎产四大症与脾胃关系密切，因而，临证涉及较多，积累了大量病案。就月经不调，总结归纳了"调经三法"：一曰"经前调气"，气顺血和，诸症释然；二曰"经期调血"，引血归经，以复常态；三曰"经后调补"，益气养血，固本防复。三法协调，痛经、崩漏俱愈，各有主方，分别为理气活血丹、引血归经方、十全十美汤，活机圆法，变通而已，无不愈也。

春生夏长，秋收冬藏，顺时养生，至为合宜。四季调补，各有章法，冬季主肾，封藏之本，肾精充，其人寿，冬不藏精，春必病温。故民谚曰："冬季进补，来年打虎，三九补一冬，来年无病痛。"民众早有进补习惯。冬季进补，滋膏最宜，滋者益也，膏者剂也，滋膏乃滋补之剂也。所以，每年冬季我都为患者辨证拟方，熬制滋膏，调补身体，确收良效。凡气血不足、阴阳失调、体弱多病、亚健康者，最宜冬季进补，犹如"加油""充电"，补充能量，是最好的养精蓄锐、以利再战的养生保健法。根据多年经验，优选四种滋膏为代表，辨证加减拟方，一人一证，一证一方，精制单熬，量身定做。如：

1. 补气和血膏

黄芪300克，当归100克，人参50克，白术150克，山楂200克，鸡血藤胶100克，鹿角胶200克，阿胶220克，核桃仁400克，松子仁100克，黑芝麻200克，桂圆肉200克，大枣肉300克，蜂蜜500克。功能补气健脾，益气和血，滋肾养脑。主治脾肾不足，脏腑功能失调所导致之少气懒言，虚汗自出，身体困倦，面色不华，黄褐斑现，头昏健忘，心悸失眠，精力不充，腰酸腿软，遗精阳痿，月经失调等症。

2. 新加琼玉膏

人参75克，鲜地黄800克，白茯苓150克，生山楂100克，白蜜500克。功能滋阴润肺，生津止咳，益气健脾，开胃消食。主治肺阴亏损，虚劳干咳，咽燥咯血，纳呆食少，厌食干呕，消瘦乏力，心悸气短，脉细，舌红，少苔等。

3. 二至桑杞膏

女贞子500克，墨旱莲500克，桑椹300克，枸杞200克，蜂蜜300毫升。功能滋补肝肾，养血安神。主治头昏眼花，失眠多梦，腰膝酸软，须发早白，口干口苦，舌红脉细及高血压、糖尿病眼底出血等。

4. 龟鹿二仙膏

鹿角胶300克，龟甲胶300克，枸杞子1000克，人参500克，蜂蜜500克。功能温补脾肾，填精养血。主治消瘦羸弱，面黄无华，容颜憔悴，少气懒言，梦遗泄精，目视不明，精极之证。

讲饮食，护脾胃，全营养，保健康，促健美，益长寿，六者之间因果关系，是从脾胃的生理病理特点和临证多系统、多病种相互因果关系总结归纳出来的。"民以食为天"，脾胃是消化吸收的重要脏腑，乃元气之府，气血之源，后天之本，故饮食、脾胃是营养、健康的前提条件，更是健美、长寿的必备基础。而要想健美、长寿，除养生保健、体育锻炼外，则还必须具备一定的文化品位、道德修养及良好的心理素质。因而在查阅相关文献资料之后，加之临证体验，撰写了"饮食·脾胃·营养·健康·健美·长寿"一文，阐述六者之内涵及其相互因果关系，教人"养生之道，治未病之法"，示人以规矩，防病于未然。

食疗食养，源远流长。常言道"药补不如食补""粥为天下第一补物"。现代名医任应秋老先生，曾治一大病初愈而见腹胀不食、泄泻浮肿、身困乏力，又屡被破气药伤，越治越重的外国友人。他诊后，采用出人意料的措施：先停服一切药，食糜粥养胃，七日见轻；继微药轻投，煮参苓白术散，每日煮6克，分2次服，一月痊愈。这是因为久病脾虚失运，元气不足，又被药伤所致。粥养之功在于：粥者令其黏者愈黏，稠者愈稠，黏稠之性最能留恋胃肠，益脾养胃，增食助运，以复元气而固后天之本。可见脾胃虚弱，宜食疗、食养，尽可能少用或不用药，免伤胃气。待胃气来复，食消药布，药借食力，食助药威，相互为用，相得益彰，充分发挥食药之功，这恐怕是任老诊治此案的初衷，充分显示了大医风范。食疗始于唐代名医孙思邈，他因幼年体弱多病而习医，又以食疗食养之法而健康长寿，享年 101 岁，说明食疗食养可固后天之本，极为重要。此风渐长，唐代孟诜的《食疗本草》、金元时期李东垣的《东垣食物本草》、明代卢和的《食物本草》、清代沈李龙的《食物本草会纂》等药食兼用本草著作先后问世，大大丰富了食疗文化，促进了食疗养生保健方法的发展。受此启发，我在临证应用中也颇受大益。我对粥更加重视，从文献研究到临证应用，相互印证，分析总结，积累经验，并参考《老老恒言》中之《粥谱》及其他相关资料而撰写《健脾养胃粥为先》《汤·粥·羹·糊·茶·酒释义集锦》等食疗食养多种科普著作，皆为阐述食疗食养及未病先防之法。

临证常见民众把口疮、口苦、口臭、齿痛、龈肿、咽痛、痤疮、便秘等集中于消化道的这些症状，称之为"上火"。自购三黄片、牛黄解毒片、黄连上清丸之类败火药治疗，或有可愈者，或取一时之效，但多数是屡治屡犯，久治不愈，甚至越治越坏，用药"量日增、效递减、终无效、成顽症"。为什么呢？这就是对"上火"认识的错误。火有虚实之分，实火好治，虚火难疗，新病多实，久病多虚，反复缠绵者，概为虚火。虚火又有阴虚火炎与气虚火不安位之别，概由脾胃虚弱、运化失司、积滞化热所致。前者滋阴则火降，后者补土则火伏。李东垣云："今饮食损胃，劳倦伤脾，脾胃虚则火邪乘之而生大热。"指明脾胃之气虚是阴火上乘之源。脾胃气虚则下流于肾，阴火得以乘其土位。这就是脾胃功能长期不好，消化不良，易于上火而多集中于消化道的根本原因。治病必求于本，东垣立"补脾胃，泻阴火"之大法，我遵之而创"枳术消积丸"，消补兼施，更加消积导滞、宽肠下气之药，佐以清热泻火、药食兼用之品，既与大法不悖，又寓釜底抽薪、邪去正复之妙，不用苦寒败胃、戕伐胃气之品。常用于饮食劳倦所伤、脾失健运、阴火上乘、积热胃肠诸证。积除热退，邪去正安。故为家庭常备良药，使民众未病先防，有病早治，釜底抽薪，以免积热火毒之患。反博为约，撰"上火·误区·概念·病因·病机·对策·预防"之科普文章，普及养生保健知识。

在我负责急诊科工作期间，常见胃痛、吐泻、发热之内伤外感证，特重、脱水者立即补液，纠正电解质紊乱，不必尽加抗生素，并配伍藿香正气水。一般早期患者，予藿香正气水服之，即愈，简捷方便，价格低廉。如此之好，也遭非议："不讲经济效益，拿不到奖金。"这种"一切向钱看"的观点与体制、管理有关。社会风行讲经济效益，也不可非议，但"君子取财有道"这个底线不能突破。据了解，多数医院急诊科、诊所，凡急性胃肠炎、感冒发烧，常规输液抗菌3～5天，很普遍，后遗症不少。我常接诊这类患者，多有恶心、厌食、饱胀、嗳气、胃肠不适等。此乃为何？盖胃主受纳、腐熟水谷，脾主运化，吸收输布。先由饮食不节、外感六淫伤胃，又被抗生素复伤，脾胃强者尚可承受，若素有脾胃虚弱，犹雪上加霜，不堪重负，致消化功能紊乱，恢复缓慢。藿香正气水，和中正气，化湿解表，是内伤外感、急性胃肠炎之良药，用于初感轻症甚效，重症配伍亦能缓解胃肠不适，几乎对胃肠消化功能无伤害。回忆我在急诊科的治法，无此后遗症。因此对藿香正气水情有独钟，应用广泛，但气味辛烈、难于下咽，某些人不易接受。我的办法：一令其常温单服，减缓呛人气味；二是改变给药途径，敷脐、肛注（小儿不便口服，另辟蹊径，或肛注或敷脐或洗浴小儿痱子，因小儿出现面红、心跳加速之敏感反应的教训，故令酒精挥发后用）更为简捷；三是改变剂型、调整处方，创"六和正气浓缩丸"，既具藿香正气之功，又扩大应用范围，凡脾虚湿阻、胃肠功能紊乱者甚效，尤对肠易激综合征最为对症，疗效显著。

临证诊疗　注重辨证

辨证论治是中医学的精髓和规矩、治疗学的准绳与核心。故临证诊疗应重视辨证论治，运用"辨证论治十法"，四诊合参，参考检验，才能做出正确诊断、立法遣药、详论方义，诠释论治，合宜十法，定能提高疗效，这是我临证必须遵循的原则。

一患者纳差、食少、身困、乏力、心慌、气短、胸闷、自汗、动则益甚，前医按心肌缺血而扩冠通脉，愈治愈重，久治未愈，于是求我调脾胃。诊见六脉沉细无力，舌质淡，苔白腻，体胖大，有齿痕，舌脉瘀。显然为脾虚失运、气虚血瘀之证，属元气大虚，循环障碍。治宜补气健脾、活血化瘀，用补中益气汤加味，调理月余而愈。盖脾胃乃气血之源、元气之府，气为血之帅，血为气之母，相互为用，气足血旺，循环无端，则五脏六腑、四肢百骸，皆得其营养而功能复常矣！心肌自然不再缺血了。今因脾虚而纳运失司，断气血之源，绝元气之府，造成气虚血瘀，循环障碍，脏腑皆失其营养供给，故俱病矣！前医之扩冠通脉、活血化瘀之法，有犯虚虚实实之嫌，故不愈。而补中益气，则正治之法也，中气足，纳运复，开源也；心主血脉，气足则血旺，血循如环无端，周而复始，故皆得其养，而功能恢复，诸症何有不消之理乎？这正是辨证论治、治病必求其本的道理，亦含"五脏不和调于胃，胃和五脏安"之意。这是我临证重脾胃、常以调理脾胃法广泛应用于多种病证之理。

近代名医张锡纯《医学衷中参西录》有久泻脾气大伤，气虚血瘀之论。说明久泻元气大伤的病因病机，无力帅血运行，各组织器官因缺血失养而有碍修复，故缠绵不愈。世俗以利水、收涩止泻者，罔效；清热燥湿者，无功；抗菌消炎者，更伤脾害胃，故久治不愈。又说"补气活血"是正治治疗大法，故重用黄芪、三七。读至此处，忆起初学医时见李雅言老师用桃仁治久泻不解，才恍然大悟。此乃久泻损元气，气虚而血瘀。受此启发，修订了我治疗结肠炎的验方"结肠舒浓缩丸"，从而大大缩短疗程。久泻如此，胃脘痛亦然，因"久痛必瘀"。多因脾虚元气不足，而致血瘀气滞、寒热错杂等多因素并存，故治疗除理气化瘀、益气活血外，更需补气健脾以复元气，元气复则诸症除。我研制的"胃康胶囊"即遵此组方，以求治其本，复其元，乃标本兼顾之法也。故在论治胃脘痛的同时，伴久泻、痛经、崩漏者皆获良效，乃"异病同治"之理也。

有位风湿性关节炎住院患者，坐轮椅来门诊。消瘦乏力、恶心呕吐、口干厌食、舌质光红、尖瘦无苔、裂纹满布、舌脉瘀阻、脉弦细数。此属气血不足、胃阴亏损之证。究其病因，乃久服抗生素、抗风湿类药，胃气大伤，阴津耗竭，胃气上逆所致。凡治疗风湿类的中西药物，均对胃肠有不同程度刺激，治疗矛盾突出，风湿、类风湿患者常有此症。盖胃为燥土，喜润恶燥，胃润则降。故用沙参麦门冬汤、"滋胃膏"合芍药甘草汤加减，以甘酸化阴、益胃生津之法，胃和逆降，呕止能食。继内以补气养血、健脾和胃之滋膏剂，滋胃养阴，固其本；外以祛风胜湿、舒筋通络之药浴疗法，直达病所去其邪。这就是我力倡"内外结合疗法"治风湿病的初衷。

临证常见中青年妇女容颜不佳，面色萎黄，晦暗失泽，无靓丽之光，或有痤疮，或眼袋黧黑，或黄褐斑者，首调脾胃，补气血，泻阴火，和阴阳，令生理平衡，则诸病释然。为什么要首调脾胃？夫气色者，气血之和谐也。气色白，血色赤，气为神，血为姿，说明容颜、气色、姿色与气血之关系密切，气血又源于脾胃，脾胃乃元气之府、气血之化源，故调脾胃，则化源足，气血充，自然容颜焕发。气为血之帅，帅血而行；血为气之母，携气循环，两者相辅相成，相互为用。若营养均衡，脾胃和调，则气足血充，自然和颜悦色，神清气爽，丰腴光泽，白里透红，面色红润，如帛裹朱，容光焕发，靓丽有加，是内因在起决定因素。故有戏言："涂在脸上，不如吃到嘴里。"强调了内因之重要，健美之内涵。脾居中州，心肺肝肾分列四旁。《脾胃总论》云："中州之病，必殃四邻，四旁之疾，必趋中州，相互转易。"治病必求于本，先病为本，后病为标，先治主病，则次病自愈。如因脾虚失运，纳运失司，化源不足，而致气色失和，容颜不佳，黄褐斑现，月经失调，赤白带下者，"五脏不足调于胃，胃和五脏安"。脾胃和，则诸症除，此开源堵漏、治本之法也。盖痤疮、疖肿之发，在于湿热火毒蕴蒸，毛囊感染所致。肺合皮毛，脾主肌肉，脾胃失和，积滞化热，蕴蒸肺胃，外出皮肉，发为疖肿、痤疮。当内以消积导滞、健脾化湿、清热解毒，祛其邪，枳术消积丸是也；外以清热解毒、活血化瘀、生肌敛疮、软坚祛疤之"麝珠消炎酊"擦剂。此内外并治之法也，凸显"外科外治"、内外合治之优势。眼袋黧黑、双目失神、面如土色者，亦脾肾之疾、劳倦之患也。盖眼胞属脾、主土，其色黄；肾主水，其色黑。胞黑为水反侮土，故当培土以制水，此五行之法，治本之策矣。抓住这个关键，调理脾胃，自然气色重现，痤疮不见，当无黑眼圈之患。

对中西医急救，当代中医界有不同声音：有自愧不如，有崇洋媚外，有怨天尤人，有乐于替代，有惋惜者等。然中华民族繁衍昌盛五千年的文明史，足以说明此问题。近现代西方医学传入中国，急救具有诸多优势，不可否认。但中医传统急救法成功救治的案例甚多，彰显急救方法之丰富多彩、简捷易行、高效速效。科学技术总是向前发展的，希望中西医有机、科学结合，创新发展，再造辉煌，而非替代。1993 年，我筹备河南省中医药研究院附属医院中医急诊科，亲身体会多年，现代中医院急诊科，基本是按西医院急诊科配备，这显然是替代。国家为扭转局面，规定了几十种急诊科必备中成药，很有必要，但还很不够，我们中医药工作者，应从文献整理发掘古今急救方法和有效方药，继承创新，借"他山之石"，创出诸多急救技术、给药途径、简便方法，筛选研发多种高效、速效、方便、快捷的中药制剂，丰富急救手段。"有条件的中西医结合"急救，就"能中不西"，符合好、快、省三原则。我在急诊科工作的几年中，针对常见多发外感病的发热、咽喉肿痛主证，研发"柿霜含片"和"肛注退热速"等新制剂、外治法，老少皆宜，尤宜于怕打针、难服药的小儿；"脐贴剂"治急性胃痛、小儿腹泻、便秘、痞满、厌食等；穴位拔火罐治喘咳；还有藿香正气水肛注、敷脐治吐泻，轻者立竿见影，极危重者缓解症状，赢得时间，以便输液。这仅是给药途径的改变。中医急救，内涵丰富，思路宽广，方法多种多样，要有"有志者事竟成"的决心和信心，继承创新中医急救新方法。如一邪干胃肠、吐泻并作、徒手急救案：1963年暑假，我返乡省亲。黎明，乡邻小伙赵某夜卧露宿，受凉伤食，吐泻昏迷。时间就是生命，我用缝衣针刺其金津、玉液、尺泽、内关、足三里诸穴，只见针孔，不见血流，挤压才出紫黑稠膏样血点，足见脱水之重，循环障碍之险。同时又撬开口，用"煤炭火淬生姜水"，以棉花醮药液滴入口，患者初不知咽，良久微有吞咽动作，继以勺频频灌服，吐泻均止，渐呻吟苏醒。又就地取材，改用藿香紫苏生姜汤、绿豆汤、糖盐水补液，交替频饮。经过三个多小时，约进水6000毫升，病人基本恢复，但觉身困乏力。嘱用粥养，乃至康复。徒手抢救，乃无奈之举。除针刺急救常法，更以伏龙肝补土安胃之性，合生姜温中散寒止呕之功，因紧急不便，速取煤火中炭火淬生姜水以代之，及时灌入，并就地取材，以鲜藿香、鲜紫苏、生姜和中理气，安胃畅中。此案例亦是中医传统急救法的再现。

临证常见口腔黏膜溃烂、经久不愈、反复发作、此起彼伏。此乃"复发性口腔溃疡"，是常见多发病，多为脾胃虚弱，阴火上乘，或气虚火不安位之虚火所致。简而言之，饮食不消，谷气下流，阴火上乘。我遵东垣立"补脾胃，泻阴火"之大法，以"枳术消积丸"消补兼施，更加消积导滞、宽肠下气之药，佐以清热泻火、药食兼用之品，既与大法不悖，又寓釜底抽薪、气降火熄、邪去正复之妙，则口疮自消。用于复发性口疮，除此以外，尚需配伍益气健脾、甘寒益阴之汤剂（黄芪、白术、茯苓、薏苡仁、蒲公英、马齿苋、败酱草、芦根、丹皮、赤芍、甘草），几剂可愈。再以补中益气汤巩固，能防止复发。

脾虚湿困，症见身困重，腿沉如灌铅，汗出，乏力，头昏沉如裹，渴而不欲饮，漱而不欲咽，舌质暗淡，舌体胖大，边有齿痕，舌苔厚腻，或垢腻或白或黄，舌脉瘀阻，脉沉濡缓。多见于痞证、胃脘痛、泄泻、消化不良等脾胃病。其病机属脾虚湿阻，气虚血瘀。治当以健脾和胃、大补元气为基础。若湿热互结者，首当利湿，湿去热孤，清热尤易，可谓利湿清热、分而治之也；湿浊重者，佐以芳香醒脾、化浊利湿，藿香、佩兰、苏梗、白蔻仁、甘松之类是也；

脾气大虚，肺卫不固，虚汗淋漓者，当重用白术、黄芪健脾补气、培土生金、固表止汗；久病、久痛则血瘀，以及气虚血瘀所致之胃脘痛、慢性溃疡性结肠炎者，必佐活血、理气、消瘀之品，以改善微循环，促进病损组织细胞修复，制乳香、制没药、三棱、莪术、三七等均可；若肝经郁热，吐吞酸、寒热错杂者，又当用师授吴萸连，以舒肝、清热、制酸；寒湿阻遏，阳不化气行水者，又当佐姜桂以温阳化气而行水，取五苓散之意。总之，气虚血瘀、脾虚失运、湿浊阻中诸证，皆以补气健脾为主，针对兼症，各施其法，主次分明，统筹兼顾，辨证准确，权变加减，诸法合宜，病无不愈矣！

临证常见癌症术后，表现为程度不同的虚损证，困倦乏力，纳少运迟，面色㿠白，虚汗自出，闭经，六脉沉细无力，舌质光红无苔，舌脉瘀阻，或舌质暗淡，舌体胖大、有齿痕，舌苔薄白。证属元气大伤，气虚血瘀，化源不足，难以康复。癌症病机，本多正虚邪实，气滞血瘀，免疫力低下，气血瘀滞而致癥瘕积聚为患。手术切除、化疗、放疗，反而更伤元气，免疫、修复能力更加低下，乃治标未治本，治"病"未治"人"也！缺乏以人为本的整体观。盖脾胃者元气之府，故当首调脾胃，大补元气，益气活血，固本复元，补气养血，改善循环，增强免疫、修复能力。临证遇此甚多，我多采取以下三条措施，每获良效：①食疗食养，慎用补品。五脏不和调于胃，胃和则五脏安。故当调脾胃、滋化源、复元气、扶正固本。"食补胜于药补"，先以糜粥养胃补脾益气，以复胃气。正谓："有胃气则生，无胃气则死。"②慢病微药，轻舟速行。优选滋膏剂和煮散法。因慢病久拖，脾胃虚弱，不胜药力，当小量频服调养，以待胃气来复，食消药布。因滋膏剂，口感甜润，易于吸收，为病后康复最佳剂型之一；煮散法萌芽于汉唐、盛行于两宋，现代名医蒲辅周极为推崇。我赞成并效法，在临床中辨证拟方，量体裁衣，针对性强，精制熬膏，或煮散，量病服药，多少合宜。不求速效，但求缓功，这是历代名医大家治疗慢性虚损证的经验之谈。③静养。在饮食调养、心理平衡、安静休息的前提下，加上扶正固本、益气活血法，临证治疗颇多这类病人，经3~5个月调理，大都好转。

临证常见口唇燥痒，干裂出血，热辣肿痛，结痂起屑，喜用舌舔，越舔越干，久治不愈之唇炎顽症。虽为小病，却痛苦又失美观。医家苦于方少，病家苦于难疗。究其病因，秋冬干燥寒冷，春又多风，小儿快速生长，代谢旺盛，偏食厌食，营养不良，气津大伤，乃生诸症，故多发于秋冬春三季，小儿尤多。

此病亦常见中青年，多因饮食不节，劳倦伤脾，胃强脾弱，积热胃火而发此症。其病机是气阴两虚，燥热生风，风邪外袭，复加感染所致。我常以消积导滞、清脾胃之火、养阴润燥之法治之，首以枳术消积丸推而下之；继以汤剂（枳壳、白术、焦三仙、炒卜子、蒲公英、紫花地丁、马齿苋、败酱草、芦根、连翘、辽沙参、生地黄、丹皮、赤芍）调理，祛邪以扶正，养阴以润燥；并仿《幼科金针》紫归油、《疡医大全》紫草膏、师授白颓膏、家传生肌膏，结合临证体会，加减组方做成制剂，用于唇炎甚效。故名曰"唇膏"，以此外涂，清热凉血、滋阴润燥、生肌敛疮。内外结合，三效合一，难愈顽症不难愈矣！

鉴于中药汤剂是临证应用最广泛的剂型，"力大功专，急危重症，有'汤者，荡也'之功，独具辨证加减，灵活自便，量身定做，无可替代"之特点。历代医药学家一直沿着"多溶出、少耗散"的原则煎煮中药，代有发展。但传统敞口煎法，陈旧落后，未能与现代科技同步；机煎中药，不尽符合中医药理论。因此，我潜心研究"中药煎服方法"二十年，1988 年研制成功"密闭冷却回流陶瓷煎药壶"，首次解决中药芳香成分挥发问题，获国家实用新型专利证书（专利号 88200610.3）和河南省医药科技进步三等奖。2007 年在领导支持下，立"中药煎服方法研究"课题，首先进行"古今中药煎服方法评述及相关机具设计"的文献研究而设计"实验方案"，以观察"不同煎煮方法对汤剂有效成分含量影响"。根据科研结论，设计中药煎煮工艺流程，并改进相关机具，采用"密闭冷却回流电煎药锅"（如上图），其结构由专用加热盘（调控文武火候）、锅体、防煳箅、冷却杯组成。分家用（中）和门店、诊所、医院用（大）两种类型，另有袖珍型（小），专用于煮散，出差旅游，像煮咖啡一样方便，随煮随喝。从而大大提高汤剂质量，汤质浓厚、口感纯正、质优节省、方便，现已于万修堂国医馆使用，达到了设计要求。

临床常见风湿病未愈，胃病又加的患者，皆药之过也。凡服抗风湿类中西药物，对胃肠功能都有不同程度损伤。如一位中年村妇患风湿性关节炎三年，遍服抗风湿中西药，以致胃疼、呕吐、不食、消瘦、乏力、面色无华、卧床不起，用架子车拉到诊室。又一位住院类风湿患者坐轮椅到诊室，呕吐、不食、半月无大便、消瘦、乏力、舌绛、脉细、骨节肿痛不已，亦为抗生素、抗风湿药所害。还治一老妪，双足跖骨关节肿痛，数月不愈，仅以活血通络、祛风胜湿、消肿止痛中药浴足，五日肿痛减半，十日痊愈。由此，启发思路，促使我另辟蹊径，用药浴疗法，内外结合治风湿。可谓："王道霸道分内外，各走其道无相碍，扶正祛邪有专功，疑难杂症此法通。"因而，深究其理，广试其法，恍然明白，内外治法之有机结合，是对某些疑难症提高疗效、避免毒副作用的好方法。临证经验，需要理论诠释，因而，遍查中西医药文献，寻求答案。受清·吴仪洛《本草从新》"百沸汤，助阳气、行经络"及明·吴崑《医方考》中"接汗法"的启发，重温清代吴尚先《理瀹骈文》"外治之理，即内治之理，外治之药，即内治之药，所异者，法耳"，结合寇宗奭、张子和药浴经验，吸收刘河间"玄府论"和"汗法"理论，及中西方洗浴文化传承，借鉴国际通行TTS及促透剂应用经验，在透皮吸收学说和中医药理论指导下，撰成"子和汗法与现代药浴"一文，于2000年内蒙二连浩特市"全国第三届张子和学术思想研讨会"上重点发言后，引起与会代表极大关注，并发表在《中医研究》。以中医药理论为指导，用临床验证做基础，通过改进浴器的药浴疗法，取得良效，坚定了信心与决心。针对"风湿未愈，胃病又加"的坏症，先以健脾养胃、食疗、粥养之法缓其急，滋膏调理，恢复消化吸收功能，继内以补气健脾、养血和血、滋补肝肾扶其正、固其本；并外用祛风胜湿、通经活络、化瘀止痛的药浴疗法祛其邪、治其标。内外并治，趋利避害。凡疑难杂症，皆以内外分治之法，知难而进，精心辨治，摸索经验，并研发医用药浴衣、气膜浴盆、足膝浴靴（桶）、长筒袜、长筒手套、恒温浴箱等新浴具，以便进行半身浴、全身浴、足膝浴、肘膝浴等新疗法。2005年完成《现代药浴疗法》初稿，为进一步临床试验、总结经验、升华理论、规范浴法、深入研究、完善现代药浴疗法，奠定了基础。这些新浴具的使用，将会使规范化的现代药浴疗法，规模、连锁经营成为可能。

治学理念　承古拓新

我在长期从事中医药文献研究与临证实践工作中，通过感悟、体验，逐渐悟出万事德为先，要做事先做人，以及做学问的真谛，必须理论联系实际，读书临证，相互为用，潜心钻研，及时总结，笔耕不辍，积累资料，虚心学习，采各家之长，学以致用，认认真真，一丝不苟，身体力行。

对海岑等三位恩师重辨证论治，用"审症求因、审因辨证、据证立法、依法选方、权衡加减"之传统五法，环环相扣，总能开出合宜处方，取得良效，仰慕不已。后经临证磨炼，研究文献，科研实践，又补充了"煎服用法、剂型合意、途径最优、心理调适、饮食护理"新五法，与传统五法，合称"辨证论治十法"，完善了辨证论治全过程。

受第一任老师袁志明的名言"胃火盛，火克食，消谷善饥，不治，将诸病生焉"的启发，成为我临证推演"胃强脾弱，能食不能消"的动力。重读李东垣《脾胃论·脾胃胜衰论》后，有了进一步认识。通过临证积验，将常见与此相关诸多病证，归纳为"积热症"。论析其病因、病机之演变过程，形成"积热综合征"的理论与治法，创"积术消积丸"。

鉴于中药汤剂应用最广泛，无可替代，其煎药方法不尽理想，根据"多溶出、少耗散"原则，潜心研究"中药煎服方法"二十年，创"现代中药煎服方法"。

鉴于临证常见风湿性关节炎，久治未愈胃病又加，引起思考，经学习文献，指导临床，反复验证，创"现代药浴疗法"。

医学心悟 条陈愚见

（一）新型拜师

中医之所以传承发展几千年，就是疗效好、传承好。新中国成立以来，国家已花大量人力财力，采取多种模式培养临床型人才，取得一定效果，但尚有不尽人意之处。院校能大规模培养理论系统、基础全面的学生，但缺乏临证诊疗技能高超的医生；传统师承，言传身教，潜移默化，不传而传，加之读书临证，相互印证，感悟深化，笔耕不辍，自然理论、实践双获，因而诊疗技能迅速提高。正所谓："学必有师，听师一席话，胜读十年书。"院校师承合一，是绝配，是培养临床型人才的最好模式。因而建议：本科毕业后，无论何处就业，均须拜师学艺，师徒签约，自由结合，双向选择，宽进严出，三年结业。经国家严格考核，达到临床研究生标准者，国家给予研究生学历待遇和经费补贴或奖励。开辟另一条培养临床研究生新路，如此激励，就能大规模培养临床医生，真正实施院校师承结合，大规模培养临床型实用人才的新模式。这样做的好处是，师徒共勉，教学相长，不传之秘，亦潜移默化，收效大，花钱少，事半功倍。

（二）院内制剂

院内制剂是名老中医的经验方、协定方制剂，多具简便廉验特点，是中医临证用药一大特色。当前准入门槛太高，是用西医的新药标准，捆绑中医手脚，困惑医院业务，不利新药开发，严重阻碍中医药事业发展。因而建议：按照中医用药特色，在安全、有效、节省、方便前提下，制定准入门槛，放而不乱，管而不死。

（三）切忌功利

科学技术，严肃认真，医事活动，人命关天。人心浮躁、论文造假、著作早熟、粗制滥造、学风不正、学术腐败、商业贿赂等急功近利歪风，愈演愈烈，既违道德，又不利中医学术发展。切忌！切忌！

田常英

田常英（1937—　），女，出生于山东省龙口市（原黄县）诸由公社冶基姜家村。1961年8月毕业于烟台护校，分配到青岛医学院附属医院（现青岛大学附属医院）儿科推拿室，随山东省名老中医张汉臣老师学习小儿推拿17年，是其最小的弟子。1963年2月考入青岛医学院业余大学，1965年9月大专毕业。1965年9月到1966年5月，医院派到山东中医学院推拿师资班学习，为期1年。1972年10月至1974年7月在山东医学院临床理论学习班学习，1992年12月退休。退休后创办田常英小儿推拿诊所，2012年被定为张汉臣小儿推拿流派传承人。著有《小儿推拿实用技法》。任山东中医药学会小儿推拿专业委员会顾问、山东中医药学会民间中医药传承工作委员会顾问、张奇文全国名老中医药专家传承工作室顾问。兼任《按摩与导引》杂志特约通讯员。长于小儿推拿，对张汉臣老师的望诊及手法继承并发展，又得到孙重三老师真传，能掌握其十三大手法及体穴的运用、畸形的矫正术。

我1961年中专毕业后分配于青岛医学院附属医院推拿室工作，这所医院是以西医为主的综合医院。我中专学的是西医，工作后我又考了青岛医学院业余大学，领导又派我去山东医学院学习临床理论课2年，通过这些年的学习我打下了坚实的西医基础。在小儿推拿室我随山东省名老中医张汉臣老师17年，当年恩师经常带我去会诊，1986年秋天从烟台地区医院转来一位5岁男童，给我留下永久不忘记忆。

其母代叙病史，患儿在家腹泻月余，每天7～8次，稀水样或蛋花样便，或稀便，医生给药不详，在烟台地区医院治疗18天，中西药用了个遍，不见效，甚至有加重的趋势，大便多时一天10多次，无奈转青岛医学院附属医院治疗，又治疗 8 天，中西药又用了一遍，还是无效，所以请张汉臣老师会诊。我的老师看过病例，大便常规查过数次，多为阴性，只有一次在高倍视野下偶见一个白细胞，余阴性。诊断：消化不良、脱水、酸中毒。中医诊断为脾虚泻。查体：呈昏睡状，极度消瘦，舌干苔白腻，唇燥，但年寿有光泽。老师问我推不推，我说，推吧，因年寿有光有泽，有起死回生的希望。老师又问，你怎么推。我答，手法要轻，速度要慢，时间应长。老师又问取穴。我答，补肾、二马、外劳、大肠、清天河水，每次 40 分钟，每日 2 次。老师走了，我留下推拿。方义：补肾、二马，有滋阴之功，外劳有温中和中之效，大肠有调节肠功能的作用，清天河水有清热利尿、镇静作用。我每次去时其母不理不睬，推完第 7 次，我下午一进病房，其母笑脸相迎，告诉我，昨一夜患儿未大便，我也高兴了，终于见效了，继续推到第 7 天，患儿大便每天 2～3 次，为稀便，一般情况也大有好转，病房大夫让其出院，在门诊继续推拿。其母来找我商议，我请示老师，同意病人在门诊推拿。在门诊又推拿 5 天，每天 2 次，巩固治疗，大便每天 1～2 次，患儿康复。

看年寿有无光泽对危重的病人有判断预后的价值，我遵老师的教导，认真细心推拿配合西医治疗，终于挽救了这个幼小的生命，这在我脑海中留下了永久不忘的记忆。

1965 年，领导又派我到山东中医学院推拿师资班学习 1 年。因为是师资班，老师都是骨干，上半年由毕永升老师讲孙派基础理论，从早上 5 点练太极拳、坛子功，锻炼手的功力，一直到上课，都是毕老师精心教。当时的笔记成为珍品，不少学员复印。下半年因为我随张老师已 4 年，推拿从理论到实践孙老师都满意，别人轮转，而孙老师亲自带我半年。他带我们到急诊室会诊时讲，医生一定不能看不起穷人，一定要贫富用心一致，贵贱治法无别，他遇到贫困家庭还慷慨解囊相助，这种高风亮节少有。张老师一心为病人，病房有危重病人时，他守在病人床边一天推数次，休息时也随叫随到。这三位德艺双馨的老师精工细刻，精细打磨，使我这名农村的穷困孩子产热发光。我的实力是坚固的中西医基础，这是我的优势，是我的强项，50 多年的临床拼搏和磨炼是我的另一强项，另一项能力。现将我的学术思想总结如下：

一、辨证表里、虚实、寒热

张汉臣老师以望诊为主，辅以问、闻、切，我根据老师宗旨总结了该派的辨证，即表里、虚实、寒热，详见表1、表2、表3。

表1　虚实辨证一览表

	虚	实
症状	自汗，盗汗，手足厥冷，下利清谷，小便不禁，心悸，声低胆怯，腹胀时轻时重，痛而喜按，久病体虚等	口渴，发热，腹胀不减，痛而拒按，大便燥结，小便热痛，谵语狂躁，体壮，新病等
脉象	浮、中、沉取均无力	浮、中、沉取均有力
舌苔	舌质淡而胖嫩，苔薄白	舌质红绛，苍老，苔黄厚或厚腻

表2　表里辨证一览表

	表	里
疾病部位	皮肤、肌肉	体腔、脏腑
症状	恶寒重，发热轻，头痛，身疼，鼻塞，喷嚏，无汗或有汗等	高热，不恶寒而恶热，烦躁气短，腹痛，呕吐，二便闭结或者大便稀溏、泄泻等
脉象、舌苔	脉浮，舌苔白薄或无苔	脉沉，苔黄或燥或白滑

表3　寒热辨证一览表

	寒	热
望	精神不振，似有睡意，喜缩脚蜷卧，畏寒，闭目不欲见人，爪甲青紫，舌质淡或无苔或有白苔，滑而湿润等	神气充实，躁动不安，喜仰卧，面赤貌盛，唇干，眼赤，开目欲见人，舌质红，苔黄而燥或生芒刺，或干黑等
闻	懒言少语，语声无力，痰白而稀薄，咳声重浊等	多言气粗，语声有力，痰少或有黏稠黄痰，咳声清高，口臭等
问	脘腹隐痛，遇暖则减，口不渴，不欲饮或喜热饮，唾液多，小便清长，大便稀溏或泻下清冷等	口渴不饮或喜冷饮，唾液少，小便赤或黄，大便秘结或泻下热臭等
切	脉诊：沉、迟而无力。 触诊：手足不温	脉诊：浮、数有力。 触诊：手足温

注：以上附表，将疾病之表里、寒热、虚实等进行简单对照说明，为使八纲更好地指导临床，把错综复杂的病情，用阴阳加以归纳。一般来说，表证、热证、实证，可归属于阳证；里证、寒证、虚证，可归属于阴证。为此，又可说阴阳是八纲中的总纲。八纲是辨证的纲领，在诊断治疗中占有重要位置，但必须根据儿童的病情与脏腑辨证、卫气营血辨证、三焦辨证、气血辨证相结合，

才能做出全面、正确诊断，在临床上发挥其应有的作用。

二、望诊

张老师遵古训诊断疾病以望诊为主，辅以问、闻、切，推拿界有人认为望诊是张老师独有，我著书时查古书发现古书有记载，但濒临失传，张老师把其继承下来是对中医尤其是小儿推拿的一大贡献，我继承并有所发展。

（一）提出滞色定感冒

1. 什么叫滞色

滞色为面上有不舒服相，有人说像没洗脸，不全对，有人说像冬瓜表面生一层毛，也不是很准确，其色为蒙灰色。

2. 滞色定感冒

滞色分新、陈两种。新滞色邪入体内 1～2 天，邪在表，病轻易治，直接解表即可。常用揉小天心、揉乙窝风、分阴阳、补肾水、清板门、清肺、清天河水。陈滞色，其色较新滞色深，病邪入人体 3 天以上，邪在半表半里，病情稍重，病史稍长，伤阴重，所以先滋阴（用补肾水、揉二马两穴）后再解表清热。《小儿推拿按摩秘旨》曰，"面部新滞色为外感，病在表或半表半里，陈滞为久病"，其意不属感冒，属里证，按其治疗效果不显。我认为，面色暗浊属里证。

（二）在诊断时，注意望目

《灵枢·大惑论》曰："五脏六腑之精气，皆上注于目而为之精。"《幼幼集成》曰："东方青气，人通于肝，开窍于目。夫目虽为肝窍，而五脏俱备，神之所托。故白珠属肺，黑珠属肝，瞳仁属肾，两角属心，上下眼胞属脾。五脏五色，各有所司。心主赤，赤甚者心实热也，赤微者心虚热也。肝主青，青甚者肝热也，淡青者肝虚也。脾主黄，黄甚者脾热也，淡黄者脾虚也。目无精光及白睛多而黑睛少者，肝肾俱不足也。"

（三）率先用面色定治则

1. 面色的来源

天有五气，风、暑、湿、燥、寒，风气入肝，暑气入心，湿气入脾，燥气入肺，寒气入肾，藏入人五脏，蕴其精华入面。肝蕴其精华化为青；心蕴其精华化为赤；脾蕴其精华化为黄；肺蕴其精华化为白；肾蕴其精华化为黑。故五色为青、赤、黄、白、黑。

2. 面色定治则

如面色青病在肝，首选补肾水穴（滋肾养肝法）；面色黄病在脾，先用推补脾穴；面色白病在肺，先用补脾土代之；面色赤病在心，泻心火或利小肠或清天河水代之；面色黑病在肾，应补肾。

（四）五色、五脏配五行，五色与四时的关系定治则

春令木旺色宜青，夏令火旺色宜赤，长夏令土旺色宜黄，秋令金旺色宜白，冬令水旺色宜黑，以上为顺色。反之，春令反白色，夏令反黑色，秋令反黄色，非时色也，皆当病，须调到时色方可不生病。调治原则为：春令反白色，为金克木，应抑脾肺而滋补肝肾；夏令色宜赤，若见黑色，则为水克火，要补脾肺平肝肾；秋令色宜白，若见赤色，则火克金，要滋补脾肺而泻心肝火；冬令色宜黑，若见黄色，则是土克水，要滋补肝肾而泻心脾；长夏黄为正色，若黄而青，则为木克土，要抑肝肾滋补脾肺。总之，四季都要面带黄色，尤其鼻部，因鼻属土（土属黄），无黄色为无土地气，因此，一年四季面部应略带黄色。若病人的面色与季色不相符，一定要调至相符，治疗效果才满意，否则效果差，部分可暂时无症状，但常在短时间内病情反复或再染其他病。

三、率先提出小儿推拿要把五关

1. 急性吐泻病儿要把住脱水、酸中毒、休克关。急性腹泻尤其伴有呕吐，可短时间内因脱水、酸中毒发生休克，尤其婴幼儿，瞬息多变，1~2个小时前还可以，几个小时后就变得很严重，甚至休克。

2. 吐泻可导致电解质紊乱，应把此关，严重低钾可致心律不齐，低钠可致恶心、食欲不振、乏力，所以对吐泻的病儿应尽早给予补钾和补钠，如口服补液盐或在其中加适量的 10% 氯化钾，但量宁少勿多。水果补钾也很重要，梅子含钾量为水果之首，可服鲜梅子或梅子罐头。其次是香蕉，但香蕉对吐泻的病人不适用，对高热、进食少、便秘者最适用。再次之为橘子，可服鲜橘子或橘子罐头或橘子汁。

3. 高热惊风关。发热是机体对入侵微生物的对抗，退热其实是帮了病原微生物的忙，但高热对机体损伤大，所以38.5℃以下不要给予退热，38.5℃以上（含38.5℃）应退热。因为，部分孩子可发生惊风，同时发热对机体影响很大，尤其是大脑，体温升高1℃心率增加15~20次/分，呼吸增加4次/分，新陈代谢增加13%左右。所以，高热要退热，但不要退得太快、太低，国外一般主张每次降温1.7~2.0℃，反之机体不适应。

4. 会诊关，对诊断不清楚的应会诊，以免误诊造成事故。

5. 扶正关，久病导致体虚或原有体虚者，在疾病治疗中或治愈后给予扶正，否则疾病可以反复或在短期内再染其他病。

四、处方中习惯用主穴和配穴

张老师处方严谨，组方选穴要求严格精细，治理分明，率先把中药中药对、药组的概念用到小儿推拿的处方中。老师当年讲，2个穴在一起用称配对，3个或3个以上的穴一起用称配组，近年来有人称术对、术组。我把本派常用的术对、术组整理如下，供同行参考。

（一）常用的术对

1. 滋阴术对

补肾、揉二马：有加强滋阴的作用。

2. 健脾术对

补脾、乙窝风：有健脾、温中和胃、增进饮食的作用。

3. 助气活血术对

补脾、三关：有助气活血，通瘀散结，通经活络，改变体温或改变面色作用。

4. 清腑热术对

清肺、退六腑：可肃肺，引肺热下行，凉血退热消肿，有润燥通便的作用。小天心、清天河：清心热，利尿（热不是太高，体温38.5℃）。清板门、退六腑：清肺胃膈之大小实热（体温38.5~39.0℃）。大清天河水、水底捞月：用于大热实热（体温39℃以上）及利尿为宜。

5. 解表术对

小天心、乙窝风或小天心、二扇门：透表发汗，解肌润肤。后者适用于身体好的实热性新病人，手法要重，时间要短。

（二）常用的术组

1. 安神镇静、镇惊术组

揉小天心、分阴阳、补肾、大清天河水。

2. 退热术组

（1）小天心、乙窝风、补肾、板门、分阴阳、清天河水（体温38.5～39℃）。

（2）小天心、乙窝风、补肾、板门、分阴阳、水底捞月或退六腑，或大清天河水或取天河，加耳尖、大椎，点刺出血（体温39℃以上）。

（3）用以上方法都不退热的，上述手法加捏挤背部五行（具体做法从略）。

3. 消化术组

（1）运脾术组：清补脾、逆运内八卦、清四横纹。

（2）开胃术组：清补脾、清板门、逆运内八卦、清四横纹。

（3）止吐术组：分阴阳、清板门、清补脾、逆运内八卦、清四横纹、天柱骨、天河水、点中脘、点天枢、摩腹（泻）。

（4）止泻术组：分阴阳、清板门、补脾、外劳、逆运内八卦、清四横纹、利小肠、补大肠、清天河水。

4. 呼吸术组

小天心、小横纹、平肝清肺、补脾、逆运内八卦、按弦走搓摩。

5. 扶正术组

（1）大病、久病后，全身虚损术组：补脾、三关、补肾、二马、逆运内八卦、清四横纹、揉肾顶、捏脊。

（2）单纯消化术组：补脾、板门、逆运内八卦、四横纹、外劳、清补大肠、补肾。

（3）出汗多、自汗术组：补脾、三关、二马、逆运内八卦、四横纹、肾顶。如盗汗为主，上穴加补肾。

（4）佝偻病术组：小天心、分阴阳、补肾、二马、补脾、八卦、四横纹、外劳。

（5）补血术组：补脾、三关、八卦、四横纹、补肾、捏脊法。

（6）面黄黑：补脾、三关、补肾、二马。

（7）面青黑：补肾、二马、补脾、三关。

五、推拿手法

（一）张汉臣老师的手法

张汉臣老师常用的十一种手法分别是推法、分法、合法、拿法、揉法、运法、掐法、按法、点法、捣法、捏挤法。独创捏挤法，临床被广泛采用，尤其对背部的穴位实用方便、疗效明显。手法操作要求持之有力，均匀柔和，渗透，因人因证而异，而且要根据小儿的生理特点，做到轻快柔和、平稳着实、轻而不浮、重而不滞、快而不乱、柔中有刚、刚中有柔、适达病所。

该流派注重"推法"的操作，要求操作时，不要仅用拇指的指间关节活动，应使拇指伸直，以胳膊和肘部移动，向里向外反复操作。注意肩及胳膊等部都要放松，勿须用力，使指端微用力，这样操作可以使手法持久。该流派也主张男女均推左手，因左手施术方便，认为男推左手、女推右手是没有科学根据的。该流派对手法操作有一定的要求，提出手法要因人、因病制宜。实热证，手法重，速度快（220~250次/分），一次治疗操作时间短（10~15分钟），每日推拿1~2次；虚寒证，手法轻，速度慢（150~200次/分），一次治疗操作时间稍长（20~30分钟），每日推拿一次或隔日一次；危重病儿，手法尤轻，速度慢（100~150次/分），治疗时间可长达40~60分钟之久。一般病人，每日治疗1次，实热证及危重症病人，每日治疗2~3次。

张老师在世的时候，躺在病床上，还把我叫到病床前，指导我操作手法，可见我在张老师的眼中地位之高。我的手法不仅得到老师的真传，还得到了老师的认可！

（二）孙重三老师的手法

1965年领导派我去山东中医学院推拿师资班学习1年，前半年跟随毕永升老师学习孙派的理论，下半年由孙老师亲自带我学习，学到孙老的十三大手法和体穴的运用，体穴治疗腹部疾病效果颇好。我还得到了孙老师的真传——畸形矫正手法，如马蹄内翻或外翻足矫正。孙老的十三大手法姿势优美，效果突出，这是大家公认的，尤其是收功法，临床用得很多，可使部分陈旧性疾病患者再不犯病。

复式手法又称大手法，使用频率高，临床各种病证均会配上 1～3 种大手法，而每次治疗结束后，必配按肩井收之结束，可使部分病人陈病不再犯，遇急惊风配猿猴摘果，慢惊风配天门入虎口、赤凤点头，伤乳食、腹泻配用苍龙摆尾、按弦搓摩，脾虚泻配揉脐、推龟尾并擦七节骨，噤口痢配用摇抖肘、揉脐及推龟尾并擦七节骨，腹痛属热配水底捞月，伤食配苍龙摆尾等。

（三）我的手法

小儿推拿手法对疾病治疗的效果至关重要，之所以推拿疗效好，是因为我把孙老师和张老师的两派手法进行了继承和发展，经过 56 年的揣测、体验、摸索，做到手法熟练、轻重速度适宜，达到临证法从心出，手随心欲之境界，形成了自己更有效的一套手法，效果很好，一般对外感发热，一次两次退热，一般腹泻两三次治愈，所以很多外地病人和学生都慕名而来寻医和学习。

六、发热及其治疗

（一）发热的诊断思路

发热应查血常规，尤其是高热，即体温超过 39℃。若白细胞计数很高，中性粒细胞百分数和绝对数都很高，常为细菌感染，尤其是球菌感染，可见白细胞数大于 $20×10^9/L$、中性粒细胞大于 80%。杆菌感染比球菌感染白细胞计数及中性粒细胞的百分数和绝对数相对为低，如阑尾炎的早期白细胞计数是 $12×10^9/L$，中性粒细胞在 71%～72%。病毒感染血象变化无穷，白细胞总数我总结 7 个字——可高可低可正常。高者白细胞数值与细菌感染相似，在这种情况下临床医生难分是细菌还是病毒感染，常双管齐下，既用抗生素也用抗病毒的药物，如果只选其一可放弃抗病毒的药物，因为病毒感染尤其是上呼吸道感染，一般有其自限性，数天后自愈，若细菌感染不用抗生素，上呼吸道感染常可发展成支气管炎或支气管肺炎。若炎症是 A 组链球菌感染造成，不及时治疗可引发免疫相关疾病，如风湿热或急性肾小球肾炎。青岛大学附属医院检验科查血常规的同时查 C 反应蛋白，此试验与血沉一样无特异性但覆盖面广，细菌感染为明显增高，病毒感染正常或轻度增高，结缔组织病和恶性肿瘤常明显增高，功能性疾病多在正常范围，所以看到 C 反应蛋白明显增高应小心诊治。

（二）发热的几种推法

根据病情采取相应措施：

第一种：新滞色。

查体：发热，咽红，面新滞色。

治法：解表清热。

取穴：揉小天心 3 分钟、揉乙窝风 2 分钟、补肾水 4 分钟、清板门 2 分钟、分阴阳 2 分钟、清肺 2 分钟、逆运内八卦 2 分钟、清四横纹 2 分钟、清天河水 1 分钟。

第二天热退，继续清补脾、逆运内八卦、清四横纹、清天河水，即停止治疗。

第二种：陈滞色。

查体：发热，面青，咽红，面陈滞色。

治法：滋阴，解表，清热。

取穴：补肾水 5 分钟、揉二马 3 分钟、揉小天心 3 分钟、揉乙窝风 3 分钟、清板门 3 分钟、分阴阳 2 分钟、清肺 3 分钟、逆运内八卦 5 分钟、清四横纹 3 分钟、清天河水 2 分钟。

第三种：阳不畅之高热。

查体：高热，手足凉（肘膝关节以下），面陈滞色，轻咳，诊为上感（阳不畅）。

治法：通阳，解表，清热（是我率先运用的）。

取穴：补脾土 5 分钟、推上三关 3 分钟、补肾水 5 分钟、揉二马 3 分钟、清板门 4 分钟、揉小天心 3 分钟、揉乙窝风 3 分钟、分阴阳 2 分钟、清肺 2 分钟、逆运内八卦 2 分钟、揉小横纹 3 分钟、清天河水 3 分钟。

第四种：阴亏重之高热。

查体：高热，面青，皮肤干，无汗，少尿，舌干唇燥，肘膝关节以下冷凉。

治法：滋阴，通阳，解表，清热（是我率先运用的）。

取穴：补肾5分钟、揉二马3分钟、补脾土3分钟、推上三关2分钟、揉小天心3分钟、揉乙窝风2分钟、清板门3分钟、分阴阳2分钟、清肺2分钟、大清天河水2分钟、水底捞月1分钟或退六腑2分钟。

（三）退热的顺序

第一步：即（二）中所提的四种情况，推拿后体温退下来，将原处方进行调整，巩固1~2天即可，反之进行第二步。

第二步：把第一步的处方中乙窝风换成二扇门。第一步中的乙窝风和小天心配用出汗为微汗，退热平稳。第二步把小天心和二扇门一起用，二扇门出汗多，退热力度大。若为心经热，应换上天河水系列中退热力度大的推法，如大清天河水或取天河或水底捞月。若为腑热，应加退六腑。如果经过这一步体温下降，在该处方的基础上进行调整，使体温正常后再巩固2~3天。反之选第三步，选前应请西医有关科室会诊，因其中有少数病人的发热是复杂的病情所致，西医若考虑是细菌感染需用抗生素（根据病情可口服或静脉用药），同时发热病人西医一般进行血常规及C反应蛋白检查，根据西医的诊断和化验配合推拿。

第三步：在用第二步的处方推完后加用点刺大椎（或捏挤大椎）、少商、合谷、耳尖，上述几穴分别在督脉、肺经、大肠经上，退热显著。若体温退下把第二步的穴位进行调整，巩固2~3次即可，反之采取第四步。

第四步：捏挤五行（即脊加四行膀胱经），是用第二步的处方推拿完后行捏挤五行。

这是我率先开展的，称退热四部曲，很受同行欢迎。应该交代的是，上述第三步和第四步退热剧烈，上午用了下午体温常有"反扑"，即体温比原来还高，第二天体温退到正常或低于正常。

发热是机体对入侵微生物的对抗，退热其实是帮了病原微生物的忙，更可怕的是体温降得过低细菌"反扑"过来，若为上感，可转成支气管炎或支气管肺炎，使一个小病转化成一个大病，得不偿失，所以我一般不采纳第三、第四步，如无奈时采纳，除西医西药配合外，常用改良的方法，即第三步中选1~2个穴（或部位）轻刺轻挤，适宜为度。第四步捏挤五行，书本要求呈紫红色，我一般见红即收，要求次日的体温降到低于38.5℃即可，最低体温不要低于

37.5℃，然后继续用第二步的处方进行调整，使体温降到正常后再调整处方。处方如下：清补脾 3 ~ 5 分钟，清板门 3 ~ 5 分钟，分阴阳 2 分钟，逆运内八卦 3 分钟，清四横纹每个 50 ~ 100 次，再巩固 2 ~ 3 次，原用抗生素的继续用 2 ~ 3 天。

上述的高热常见于外感，偶见于其他发热，都适用。但要注意，少数严重疾病，如各种脑炎、脑膜炎、败血症、急腹症及恶性疾病（如白血病、淋巴瘤）及粒细胞缺乏症等，也有高热，对诊断不清的临床会诊最重要，以免误诊造成医疗事故。

其实，推拿因病因人而异，推拿有别，因年龄、体质、疾病的轻重急缓推拿也有差异，为了把退热的方法留给后人，我总结出上述模式，仅供读者参考。

（四）滋阴通阳治疗（此方法是我首先运用的）

在 2003 年前，临床上见到一些肘膝关节冷凉、全身无汗、高热、舌红绛的患者，虽推了 3 ~ 5 次但不退热，治疗效果不显。经查古书受到启发，用滋阴益阳，以治本为主，在补虚扶正思想指导下，用补肾、二马滋阴，补脾、三关通阳后再解表清热，效果显著，推后 1 ~ 2 次均能退热（但要手法过硬）。此方法在山东推拿界多施用，四川、北京亦开始用。

（五）发热病人尽量口服补充热量

退休后在家庭门诊，经常碰到呕吐或腹泻病人或口疮、口糜病人因痛不能进食，造成水、电解质紊乱，因是自身免疫性疾病，药物无效，要靠自身调节，故用推拿疗效显著。如疱疹性咽峡炎患儿，因患儿高热不退、便干、咽痛而不停哭闹且不能进食，如要自然痊愈需 5 ~ 7 天，长者可达 12 天，患儿痛苦，家长更心痛。为了减轻患者痛苦，我也经常想一些方法。我会令家长做好大米稀饭加上青菜汤放凉，再买上一根冰糕，先让患儿大口吃冰糕或冰激凌，使其口腔麻木不知疼，后再大口喂大米稀饭，这样可解决进食问题及电解质紊乱。

七、多用体穴

我用体穴较张老师多。张老师主要用上肢，很少用其他部位的穴位，我随孙老师半年，得到他的亲传，学会了他十三大手法、应用体穴及畸形矫正的手法。如遇急惊风配猿猴摘果，慢惊风配天门入虎口、赤凤点头；伤乳食、腹泻配用苍龙摆尾、按弦搓摩；脾虚泻配揉脐、推龟尾并擦七节骨；噤口痢配用摇抖肘和揉脐及推龟尾并擦七节骨；腹痛属热配水底捞月，伤食配苍龙摆尾等。

张老师主要用上肢穴位，很少用躯干的穴位，我取孙老师之长用躯干的穴位要比张老师多，效果好，尤其对消化道的疾病。

八、施用运脾法

对部分病人我施用运脾法，比补脾效果好。所谓运脾是清补脾、逆运内八卦、清四横纹。现在的孩子家长多给进食多，且油腻，营养丰富，所以应用运脾法较补脾好。

九、保健治疗

在治未病的学术思想指导下，我提出保健治疗，对久病、反复生病及体虚的孩子，首先开展保健推拿。正在患病治疗的孩子，在其治疗好现有疾病后，接着给予保健推拿，避免其疾病反复或在短时间内再患其他疾病，也可对反复生病或体虚的孩子无病时进行保健治疗，一般 14 天为 1 个疗程。我们曾在科研中观察，推 14 天后，淋巴细胞活跃性增强。众所周知，淋巴细胞能产生抗体，能增强机体的免疫功能，对疾病的预防起到一定作用。经临床观察，推拿 14 天后（每天 1 次），小儿身体逐渐好转，没有特殊情况，一般半年或更长时间不生病。我们的保健治疗得到家长的认可，现接受保健推拿的儿童占门诊病人的 1/4 以上。保健治疗一般 14 天即可，但我遇到一位生产后患脐带风的患儿，经积极抢救生还，但因有并发症，如感染后贫血，又误诊为缺铁性贫血，治疗不当，造成体格极度衰弱，使患儿几乎离不开医院，到 1 岁 2 个月时来我诊所，经 8 个疗程才把其体内正气扶起，身体恢复健康，身高、体重样样达标。

病案：

郑某，男，1 岁 2 个月。

患儿出生后反复发热、食少、消瘦、大便干、贫血来诊。

以往病史：病儿生后 3 天游泳，脐带感染，2 天后发热，体温 38℃，昏睡，诊为脐带风（即为脐带感染所致败血症），收住院。抽血检查，血不凝。其母妊娠 4 个月时全身浮肿住院，诊为妊娠中毒症。胎儿诊为前置胎盘（中心形），孕期长期保胎。查体：体温 38℃，深昏睡状，颈软，心、肺（－）。脐带残端充血水肿，有脓液，余无异常。诊断：脐带感染并败血症。静滴抗生素 1 周，痊愈出院。

患儿出院后体质差，精神不振，哭闹，进乳少，大便秘结。去某院就诊。查体：贫血貌，营养差，心、肺、腹无异常。辅助检查：血红蛋白 90g/L，取微量血查微量元素，示缺铁。诊为：厌食症，缺铁性贫血，便秘。处方：铁剂口服。

患儿服药后贫血无明显好转，进食困难加重，且不断感冒，从出生到来我诊所前几乎离不开医院，离不开推拿。

查体：慢性病容，贫血貌，体瘦，身高与同龄儿无差异，心肺无异常，左下腹扪及多个粪块。阴囊大而松、软，色白纹少。

诊断：（1）厌食。

（2）贫血（感染所致）。

（3）便秘。

处方：推补脾土 5 分钟、清板门 5 分钟、逆运内八卦 3 分钟、推清四横纹每个 100 次、分腹阴阳 1 分钟、点中脘 1 分钟、点天枢 1 分钟、摩腹法（下法）2 分钟。

停口服铁剂。

上方共用 7 次，症状好转，大便每日或隔日 1 次，1～3 个粪球。服牛奶从 50mL 逐渐增至 120mL，2～3 次/日，后又加顺运外八封，大便秘结及食欲均好转。共推 5 个疗程，每疗程 14 天，即共推 70 次，病人好转，停止推拿。时隔 70 天后，又感冒，来复诊。治疗过程又因多次重感冒（每次感冒均为家人感冒传染），本次来诊共推 3 个疗程，症状控制，停止推拿。

讨论：其母妊娠期间因妊娠中毒症反复住院，又因前置胎盘，故胎儿受到影响，生后又因脐带感染所致败血症，使机体受损，食欲不振，严重感染本身就可抑制骨髓造血，引起贫血，一般炎症控制后通过饮食调理，一般贫血都可恢复，用微量血查微量元素，示缺铁，口服铁剂，又引起药物性胃炎，贫血未解决，使食欲大减，曾诊断厌食症。幸运的是及时把口服铁剂停下，否则长时间用铁剂可致严重的药物性胃炎，呈不可逆性，那就更麻烦了。另处，此病人先天不足（前置胎盘，其母妊娠期患妊娠中毒症），后天又有这么多的疾病及治疗不当，所以先后用了 8 个疗程治病兼保健治疗才把正气扶起来。这也说明，保健治疗一般病人一个疗程即可，对特殊病人要特殊安排。

十、综合医院科室齐全，会诊方便

30 年前，从农村转来一位病人，因发热肌注青霉素致坐骨神经损伤，神经科韩仲岩教授接诊，给我讲解病史及坐骨神经的行程和两个最浅点，我在推拿常规穴中加上两个最浅点（中医应属阿是穴），所以推拿效果好，一个严重病人推拿 3 个多月完全恢复。

病案：

宋某，男，3 岁，山东乳山人。

其父代述病史：左脚下垂，走路不稳 2.5 个月。患者 2.5 个月前因发热肌注青霉素（左臀部），2 小时后出现左下肢活动不灵，第 2 天不能下地走路，现虽能行走但足下垂、外展，走路不稳，一直未见好转，持续至今。

查体：神志清，颅神经及双上肢未见异常，左下肢肌萎缩，足背张力明显减弱，足内收、外展受限，左下肢感觉较右下肢减弱，左侧膝反射正常，跟腱反射消失。

肌电图：示周围神经病变（摘抄神经科病历）。

诊断：坐骨神经受损（左），腓神经麻痹（左）。

处理：维生素 B_1 每日 20mg，维生素 B_6 每日 20mg，加兰他敏 1.25mg，肌注，1 次/日，共 10 次。维生素 B_{12} 250μg，肌注，1 次/日，共 10 次。

请推拿室会诊。

推拿取穴治疗：先搓擦腰部 2 分钟，按揉胃经穴，继而揉膀胱经，承扶→殷门→委中→委阳→承山→飞扬→跗阳→昆仑。根据坐骨神经的行程，先推坐骨神经根部，即从第四腰椎的病侧推到第三骶椎的病侧，局部转温为度。坐骨神经还有两个点表浅：其一，是坐骨结节和大转子之间，其二，是腘窝尖（在此坐骨神经分为胫神经和腓总神经），在此两处按揉可取得满意疗效。每次在此两处按揉 1 分钟。

患儿共推 96 次回家。推 20 次时下肢有力；推 68 次时，行走时足下垂、外展好转；推到 70 次时，足稍能背屈；推到 77 次时，足能背屈，但足拇趾背屈差；推到 96 次时足恢复正常。

我的另一位老搭档是黄婉芬教授，碰到斜颈病人她亲自打电话请我会诊。

她讲述，乳突肌外附乳突内附胸锁关节，这是肌斜颈，让我进行推拿治疗。我有西医的解剖知识，如何去拉如何去扭我心中有数。

病案：

群群，男，1个月。2014年12月6日初诊。

其奶奶代述病情，孩子30天查体时发现颈部有肿块，并进行B超检查，诊为肌斜颈（左）。

查体：左胸锁乳突肌靠近胸锁关节处有2.5cm×2.5cm的肿块（软）。

治疗：

1. 血肿期

治法：活血化瘀，通经活络。

手法治疗：按揉法。

2. 痉挛期

治法：软坚消结，纠正畸形。

手法治疗：继活血化瘀、通经活络治疗之后，用弹拨、提拿、扳拉、旋转、擦法等。

一次治疗不宜时间太长，尤其按揉胸锁乳突肌时间太长会影响血运。一般10～15分钟，重者15～20分钟，每日1～2次。

推拿50天时，患儿颈部表面的肿块消失，但其下面还有一肿块，1.5cm×1.5cm，再推拿40天后消失，其下面又发现1cm×1cm肿块，又推拿45天，还剩下豆大的肿块，停止推拿，考虑基本治愈，但其奶奶不放心，回去用中药局敷，随访肿块消失，已痊愈。

讨论：

1. 首先复习一下胸锁乳突肌的起止点及斜颈的发病机理。此肌近端附着在胸锁关节上，远端附着在乳突（耳后高骨）。其发病机理众说纷纭，一般认为与胎儿时颈部位置不当有关，使胸锁乳突肌挛缩，局部形成结节。斜颈的推拿医生要熟悉局部解剖知识，心里要有数，知道胸锁乳突肌起止及发病机理，按摩时除按揉局部的结节外，还应知道如何去拉，如何去扭转颈部，这是治疗斜颈的基本手法之一，但用力要得当（力不足影响疗效，牢记！用力过重可致高位截瘫）。用力得当，说时容易做时难，真的要达到得当不是一天之功，需要长时间去体验，同时还应有局部的解剖知识。

2. 每次推拿都要分离局部的结节，将其与局部组织粘连分开，同时还要揉其结节以加速吸收。

3. 因患侧面部肌肉常常较对侧发育差，所以每次推拿时都要搓、擦患侧面部的肌肉。

4. 每次推完用蜡疗袋热敷，能促进局部的血液循环，有利于结节的吸收。以冬季最适宜，夏季不适宜，因为局部起痱子会影响推拿。

5. 推拿时用力要得当，勿损伤局部的皮肤，否则推拿不能照常进行。

6. 斜颈分骨斜颈、视力斜颈和肌斜颈，前二者请有关科室会诊，我们只治疗肌斜颈。

十一、本派起源于《厘正按摩要术》

1993 年退休后在家看古书，想将老师常提到的望诊内容进行总结，查了不少的教科书及名著，当查到《厘正按摩要术》时，发现了不少内容和张汉臣老师平时所说基本一致，如苗窍内容，耳、鼻、唇、口、齿、前后阴等，但内容零乱，故产生了整理的念头。从此每天多看多记，从头面部开始记录，日复一日年复一年，渐渐将老师常讲的和没讲的都一一记下，到 2003 年，用了近 10 年的时间整理完毕。查资料的同时，亦查清了张汉臣流派源于《厘正按摩要术》。张派已被青岛大学附属医院申报市非物质文化遗产，且已批准。

十二、科研及媒体资料

1962 年张老师率先用生理实验证实小儿推拿治疗疾病的机理，至今前无古人，后无来者。新加坡的学生讲道，"提前一步半边天"，而我们提前了半个多世纪，这应该是多少步呢？在这样一项重要研究中，是老师令我施的手法，可见我的手法被老师认可。恩师 1978 年去世，有关张派的工作院领导派我去做，可见我对张派的工作院领导也认可。

1982 年北京科技制片厂来拍《齐鲁推拿》影片前，厂领导先遣乔为如导演来调研。他对我们讲："北京人说你们小儿推拿是'巫医'，谁能证实其治病机理，我就给你们拍。"当时张老师的三个实验是该影片拍摄的唯一科学根据。于是我重复出第一个实验结果，并拍摄在该片之中。同时，对于恩师生前用推拿治疗的几个常见病，我也按照恩师生前所取穴位施手法，同样也录制在该片之中。此外，该片还录制了崂山县医院的（现为青岛市第八人民医院）贾氏兄弟的点穴。这部影片在全国各地多次放映，对小儿推拿的传播起到一定作用。

1986 年山东中医学院在该片的基础上又增加了临床的内容，拍摄成《推拿集锦》。其中有张老师的推拿专集，包括老师的手法及治疗，也都是我施的手法。

1993 年和 1994 年，我先后 2 次受学生邀请去新加坡讲学，除了帮助他们开展门诊工作以外，还举办了多场讲座。那时新加坡中医学院、针灸学院的院长经常去听我的讲座。经他推荐，由新加坡中医公会主办，中华医院、中医学院、中医针灸研究院、中华医药研究院 5 个单位联合邀请我对新加坡全国中医界讲一次小儿推拿。新加坡的报纸通知，"中国青岛来的教授讲座题为《小儿推拿的起源与发展及国内开展的情况和其治病的机理》"。我结合恩师当年做的 3 个生理实验进行讲解，讲完后全场沸腾起来，有的相互拥抱，有的独自跳起来，嘴里喊着"我们不是'巫医'！我们的小儿推拿是有科学根据的，中国青岛来的教授是实干派"。新加坡中医学院针灸学院的院长还上台颁发了锦旗作为纪念。次日，新加坡的报纸刊登了讲座的盛况，这对新加坡及马来西亚的小儿推拿传播掀起了一个新的高潮。直到前几年还有新加坡的学生打电话来联系学习。

1981 年参加卫生厅及山东中医学院拍摄的小儿推拿教学片，先后拍过 2 次，其中都有我演练的张老师的手法。

2015 年 8 月和 2016 年 1 月，我先后 2 次接受了教育部属科学研究项目《山东当代名老中医口述史研究》的调研。2 次调研都是在我开办张派望诊学习班时进行的，先后共 8 天。其中有我从医的过程及平时的临床，凭借办望诊班时的录音和录像，将其转化为可永久保存的数字信息。该课题属中医药资料抢救性发掘，对中医药发展研究具有重要的意义（摘自调研时的证明信）。

2017 年 7 月，接受由人民日报社主管的《健康时报》的采访，记者胡丹萍撰写的《儿童感冒推拿治》在该报 2017 年 7 月 4 日第八版刊登。同月 12 日，《健康报》第六版刊登了北京中医药大学东方学院我的学生朱钰撰写的《推拿小儿帮退热》一文。该文介绍了我的滞色定感冒及其推拿治疗。环球时报网、凤凰网、搜狐网、新民晚报网、东方今报网、重庆时报网、重庆商报网、每日财经网、大公网、青海新闻网、新农村商报网、人民日报海外网等近百家媒体以《张派传承人田常英：推拿治病也有科学依据》为题进行了转载，同时微博、微信、论坛也都进行了转载，从而得到了更多网友和从业者的好评。评论称田常英为"小儿推拿界的泰斗""小儿推拿的活化石"，此为小儿推拿传播起到一定的作用。

十三、著作、论文与国内外讲座

2015年6月，我著的《小儿推拿实用技法》由人民卫生出版社出版，全文近40万字，共计81幅图片。6月出版，8月重印。到今年8月先后9次印刷，很受读者欢迎。因该书的内容深，对低年资医生和初学者有一定的难度，所以受该社邀请，我又撰写了《田常英小儿推拿入门》。该书在文字中配有插图，图下注有二维码，用手机一扫描就可见到我的影像，听到我的录音。《田常英小儿推拿集萃》分上下两篇，上篇为"恩师与我"，其中有张老师、孙老师与我的简介、贡献与特长，下篇附病案。此书即将由人民卫生出版社出版。

编写小儿推拿教材2本，其一为山东省老年大学教材，其二为张汉臣派小儿推拿望诊教材，参编张锐主编的《小儿推拿疗法预防和治疗儿科疾病的临床运用与进展》（省级参编继续医学教育教材），我撰写并讲解的内容占整个教材的1/3，共计20000多字，我还示教了我的推拿手法。

主审张锐主编的《小儿推拿图册》，由人民卫生出版社出版。

参编及供稿教材4部，其一，《推拿百科全书推拿学》由上海科学技术出版社1985年10月出版。其二，参编丁季峰主编的《推拿大成》，该作者是《推拿百科全书推拿学》的主编。他主编的《推拿大成》是推拿书籍中的一部全书，是一部巨著，也是一部名著。全国小儿推拿流派第二代传承人中在世的唯我一人参加编写。其三，供稿张奇文主编的《幼科条辨》，山东科学技术出版社1982年8月出版。其四，参编孙承南主编的《齐鲁推拿医术》，山东科学技术出版社1987年1月出版，1989年英文版出版。

2017年8月2日，受张奇文厅长等诚邀编写《实用中医儿科学》及《名老中医之路》。

公开发表论文10篇，国内外讲座14次，包括新加坡的讲座和《按摩导引》杂志社承办的"首届国际学术研讨会"中，我代表我们国家专题交流了《小儿推拿治疗200例腹泻及临床探讨》。

（鲁岩、李岩协助整理）